Gabriele von Olberg-Haverkate

Zeitbilder – Weltbilder

Berliner Sprachwissenschaftliche Studien

herausgegeben von
Franz Simmler

Band 12

Gabriele von Olberg-Haverkate

Zeitbilder – Weltbilder

Volkssprachige Universalchronistik als Instrument
kollektiver Memoria
Eine textlinguistische und kulturwissenschaftliche
Untersuchung

WEIDLER Buchverlag Berlin

Titelbild:
Ms. Memb. I 90, Bl. 148ʳ: Die Belehnung Ottos des Kindes durch Friedrich II. 1235 nach der ältesten Bilderhandschrift des sächsischen ‚Buchs der Welt', Gotha Forschungs- und Landesbibliothek Friedenstein

Meinem Mann, Görg Haverkate,
in memoriam

meinen Kindern
Gwen, Anna, Nikolas und Dorothee

© WEIDLER Buchverlag Berlin 2008
Alle Rechte vorbehalten
Printed in Germany

ISBN 978-3-89693-526-7
www.weidler-verlag.de

Inhaltsverzeichnis

I	**Vorwort**	11
II	**Zeitbilder – Weltbilder**	13
II.1	Vorgehensweise und Materialgrundlage	13
II.1.1	Untersuchungsziele und Fragestellungen	13
II.1.2	Die Materialgrundlage	17
II.2	Das ‚Buch der Welt'	19
II.2.1	Zur Entstehung der Chronik	21
II.2.2	Editionslage und Überlieferungssituation	25
II.3	Leitbilder der mediävistischen Textforschung	30
II.3.1	Textkritik	31
II.3.2	Überlieferungsbezogene Forschung	32
II.3.3	Leitbilder mediävistischer Textforschung und das ‚Buch der Welt'	34
II.4	Das Textkorpus	36
II.4.1	Die handschriftliche Überlieferung	36
II.4.2	Tabellarische Übersicht über die Handschriften	42
II.5	Der integrativ-textlinguistische Ansatz	62
II.5.1	Die Terminologie: Textsorte, Textgattung, Texttyp, Textklasse	62
II.5.2	Die kommunikationstheoretische Textsortenkonzeption	67
II.5.3	Die Analysekriterien: Textsortenmerkmale	70
II.5.3.1	Die Textklasse ‚Universalchronik' – ein Instrument kollektiver Erinnerung	71
II.5.3.1.1	Das Deutungsmuster: Einordnung der Weltgeschichte in die Heilsgeschichte	78
II.5.3.1.2	Das Deutungsmuster: Berufung auf die Tradition	81
II.5.3.1.3	Das Deutungsmuster: Wahre Geschichtsschreibung	88
II.5.3.1.4	Das Deutungsmuster: Autorisierung der eigenen Aussagen (durch Autornennung)	91
II.5.3.1.5	Das Deutungsmuster: auf Abgeschlossenheit, Endzeit zielendes Geschichtsdenken	94
II.5.3.1.6	Das Deutungsmuster: Offene Geschichtsschreibung	96
II.5.3.1.7	Mittelalterliche Werkbezeichnungen in ihrer Funktion als Gattungsbezeichnungen	98
II.5.3.2	Textexterne, textinterne Merkmale, Arten der Textverbindungen	101

II.5.3.2.1	Textexterne Merkmale: Kommunikationsmaterial, Kommunikationsmedium, Kommunikationsform, Zeit, Ort und an der Kommunikation beteiligte Personen	101
II.5.3.2.2	Textinterne Merkmale: Initiatoren und Terminatoren, Makrostrukturen, lexikalische und semantische Merkmale, Sprachwahl (Latein oder Volkssprache, regionale oder eher überregionale Sprache), Wahl der Form (Reim oder Prosa); syntaktische Merkmale	105
II.5.3.2.3	Textbestand, Textveränderungen, Textallianzen	111
II.5.4	Das Merkmalsraster: textexterne und textinterne Merkmale	126
II.6.	Unterschiede zur bisherigen Forschung	127
III	**Die Beschreibung der externen und internen Merkmale des ‚Buchs der Welt'**	131
III.1	Die Handschriften der zweiten Hälfte des 13. Jahrhunderts bis zur Wende 13./14. Jahrhundert	131
III.1.1	Handschrift 24 (Gotha, Forschungs- und Landesbibliothek Schloss Friedenstein, Ms. Membr. I 90) – Rezension C^1	131
III.1.2	Handschrift 101 (Leipzig, UB, Ms 1314, fol. 45^{a-b}) – A_1	196
III.1.3	Handschrift *101 (Leipzig, UB, Ms 1314, fol. 45) – Rezipient der Hs. 101	198
III.1.4	Handschrift 103 (Königsberg, Staats- und UB, N° 1150); verschollen seit April 1945) – (A_1)	204
III.1.5	Handschrift 161 (Berlin, SB, Mgf 1387) – B	208
III.1.6	Handschrift 16 (Bremen, Staats- und UB, msa 033 = ehemals MS. a. 33) – B	210
III.1.7	Handschrift 1 (Wolfenbüttel, HAB, Cod. Guelf., 23.8. Aug. 4°) – A_1	229
III.2	Die Handschriften des 14. Jahrhunderts	245
III.2.1	Handschrift 17 (Berlin, SB, Mgf 129) – B	245
III.2.2	Handschrift 2 (München, Bayerische Staatsbibliothek, Cgm 55) – A_1	258
III.2.3	Handschrift 241 (Hildesheim, Stadtarchiv, Bestand 50, Nr. 283 Bl. 1-3) – C_1	266
III.2.4	Handschrift 102 –(Berlin, SB, Mgf 750, Bl. 10ra-11vb) – A_1	267
III.2.5	Handschrift 13 (St. Petersburg, M.E. Saltykow-Shchedrin-Staatsbibliothek, Nem. F. v IV No. 1) – B	268

III.2.6	Handschrift 142 (Riga, Latvian Academic Library, Mss. Nr. 397) – B	269
III.2.7	Handschrift 11 (Berlin, SB, Mgq 284) – A_2	270
III.2.8	Handschrift 20 (Straßburg, Stadtbibliothek, o. Sign., verbrannt 1870) – C_2	282
III.2.9	Handschrift 21 (Pommersfelden, Graf von Schönbornsche Schlossbibliothek, Ms. 107) – C_2	285
III.2.10	Handschrift 6 (München, BSB, Cgm 6243) – A_1	304
III.2.11	Handschrift 7 (Nürnberg, GNM, Cod. 2733) – A_1	314
III.2.12	Handschrift 122 (Kremsmünster, Stiftsbibliothek, Cod. 294) – A_2	320
III.2.13	Handschrift 071 – (Darmstadt, Hess. Landes- und Hochschulbibliothek, 3234/6) – A_1	324
III.2.14	Handschrift 141 (Münster, UB, Ms. 366) – B (verbrannt am 25.3.1945)	325
III.3	Die Handschriften des 15. Jahrhunderts	329
III.3.1	Handschrift 032 (Burghausen a.d. Salzach, o. Signatur) – A_1 verschollen	329
III.3.2	Handschrift 121 –(Salzburg, Museum Carolino Augusteum, Ms. 2319) – A_2	333
III.3.3	Handschrift 041 (Graz, UB, Hs. 470) – A_1	334
III.3.4	Handschrift 231 (Gdansk, Bibl. Polsk. Akad. Nauk, Ms. 1614) – C_1	348
III.3.5	Handschrift 15 (Leipzig, UB, Ms. 1308) – B	357
III.3.6	Handschrift 021 (Basel, Öffentliche Bibliothek der UB, Cod. E. VI.26) – A_1	363
III.3.7	Handschrift 3 (Wien, ÖNB, Cod. 2692) – A_1	380
III.3.8	Handschrift 5 (Frankfurt am Main, Stadt- und UB, Mgq 11) – A_1	385
III.3.9	Handschrift 10 (Wolfenbüttel, HAB, Cod. Guelf. 83.12 Aug. 2°) – A_1	396
III.3.10	Handschrift 4 (Heidelberg, UB, Cpg 525) – A_1	403
III.3.11	Handschrift 10a (Bremen, Staats- und UB, msb 0044-03, ehemals Ms. b 44^c) – A_1	410
III.3.12	Handschrift 18 (Dresden, Sächsische LB, Ms. J 54^d) – C_3	415
III.3.13	Handschrift 19 (Hannover, Niedersächsische LB, Ms. XI, 674) – C_3	428
III.3.14	Handschrift 22 (Kopenhagen, Det Kongelige Bibliotek, GKS 457, 2°) – C_2	439

III.3.15	Handschrift 221 (Kopenhagen, Det Kongelige Bibliotek, eingeklebt vor dem Vorsatzblatt in: GKS 457, 2°) – C_2	451
III.3.16	Handschrift 104 (Gdansk, PAN, Ms. Mar. F 305) – A_1	452
III.3.17	Handschrift 14 (Kopenhagen, Det Kongelige Bibliothek, GKS 1978, 4°) – B	460
III.3.18	Handschrift 12 (Hamburg, Staats- und UB, Cod. Hist. 10b) – A_2	468
III.3.19	Handschrift 162 (Lübeck, Stadtbibliothek, Ms. Lub. 2°4) – B	475
III.3.20	Handschrift 163 (Hamburg, Bibl. der Patriotischen Gesellschaft o. Signatur, verbrannt 1842) – B	483
III.3.21	Handschrift 9 (Strasbourg, Bibliothèque Nationale et Universitaire, Ms. 2119) – A_1	484
III.3.22	Handschrift 024 (Augsburg, Stadtarchiv, Schätze 121) – A_1	495
III.3.23	Handschrift 031 (München, BSB, Cgm 6243) – A_1	508
III.3.24	Handschrift 023 (Augsburg, Stadtarchiv, Schätze 19) – A_1	514
III.3.25	Handschrift 081 (München, BSB, Cgm 6240) – A_1	522
III.3.26	Handschrift 022 (Alba Iulia, Bibl. Batthyaneum, Ms. I. 115) – A_1	534
III.3.27	Handschrift 111 (Zwickau, Ratsschulbibliothek, I, IV,6) – A_2	541
III.3.28	Handschrift 112 (München, BSB, Cgm 691) – A_2	552
III.3.29	Handschrift 143 (Rostock, UB, Ms. theol. fol. 33) – B	558
III.3.30	Handschrift 12a (Wien, ÖNB, Cod. 2917) – A_2	562
III.3.31	Handschrift 144 (Kopenhagen, UB, AM 372 fol.) – B	568
III.4	Die Handschriften des 16. Jahrhunderts	574
III.4.1	Handschrift 082 (Hamburg, Staats- und UB, Cod. Hist. 8) – A_1	574
III.4.2	Handschrift 8 (München, BSB, Cgm 3959) – A_1	578
III.4.3	Handschrift 23 (Wolfenbüttel, HAB, Cod. Guelf. 44.19. Aug. 2°) – C_1	584
III.5	Die Handschriften des 17. bis 19. Jahrhunderts	592
III.5.1	Handschrift 24b (Weimar, Herzogin Anna Amalia Bibliothek, fol. 75)	593
III.5.2	Handschrift 24a (Hannover, Niedersächsische Landesbibliothek, Ms XIII, 778)	594
III.5.3	Handschrift 4a (München, BSB, Cgm 1136)	595

III.5.4	Abschrift der Handschrift 6 (Nürnberg, GNM, Hs. 2733 = Supplement zur Handschrift 7)	596
III.6	Sprachwahl (Latein – Volkssprache)	596
III.6.1	Der Vergleich mit den lateinischen Vorlagen, besonders mit der Frutolf-Ekkehard-Chronik	597
III.6.2	Die Rückübersetzungen	616
III.6.3	Lateinisch-volkssprachliche Sprachmischungen in den einzelnen Textexemplaren	619
IV	**Wandel und Ausdifferenzierung des mittelalterlichen Weltbildes - Kollektive Erinnerung im Rahmen der Universalchronistik**	**627**
IV.1	Modelle historischer Memoria am Beispiel der Überlieferung des ‚Buchs der Welt'	629
IV.2	Die sächsische Ausrichtung des ‚Buchs der Welt' – ein Modell historischer Memoria im 13. Jahrhundert	630
IV.3	Historische Memoria im Mittelalter und in der frühen Neuzeit	643
IV.4	Mittelalterliche und frühneuzeitliche Universalchronistik als Träger kollektiver Memoria	646
V	**Ergebnisse der Textsortendifferenzierung**	**651**
V.1	Externe Merkmale	651
V.1.1	Die Kategorien ‚Zeit', ‚Ort', ‚an der Kommunikation beteiligte Personen'	651
V.1.2	Klassifikation der externen Merkmale von Weltchroniken (13.-16. Jh.)	661
V.2	Interne Merkmale	674
V.2.1	Hierarchische Strukturierungen	674
V.2.1.1	Initiatoren und Terminatoren	674
V.2.1.2	Makrostrukturen	677
V.2.1.2.1	Die Makrostruktur des Bildes	678
V.2.1.2.2	Makrostrukturen mit Texthaftigkeit	681
V.2.1.2.3	Makostrukturen ohne Texthaftigkeit	683
V.2.3	Syntaxrelevante Merkmale	687
V.2.4	Textbestand, Texterweiterungen und -kürzungen, Textallianzen	696
V.2.4.1	Textbestand	696
V.2.4.2	Texterweiterungen (Fortsetzungen)	704
V.2.4.3	Textallianzen	709
V.2.4.4	Arten der Veränderungen von Prosa-Weltchroniken	724

V.2.5	Lexik/Semantik	728
V.2.5.1	Gattungsbezeichnungen	728
V.2.5.2	Wochentagsbezeichnungen	734
V.2.5.3	Latein – Volkssprache	760
V.2.5.4	Inhaltliche Ordnungsprinzipien	764
V.2.5.5	Die sechs Deutungsmuster	782
V.3	Die Textsorte ‚Prosa-Universalchronik' und ihre Varianten	795
VI	**Abbildungen und Verzeichnisse**	**815**
VI.1	Abbildungen	815
VI.2	Abbildungsverzeichnis	833
VI.3	Verzeichnis der Tabellen	834
VI.4	Abkürzungsverzeichnis	835
VI.5	Literaturverzeichnis	840
VI.5.1	Quellen	840
VI.5.2	Sprach- und Sachwörterbücher, Handbücher, Sprachatlanten, Grammatiken	844
VI.5.3	Weitere Literatur	846

I. Vorwort

Gegenstand dieses Buches ist die so genannte ‚Sächsische Weltchronik' – die erste Prosa-Weltchronik in deutscher Sprache. Eine der insgesamt 60 Handschriften, in denen diese Weltchronik überliefert ist, bezeichnet sich – eine treffende und schöne Selbstkennzeichnung – als *bůch von der welt* ‚das Buch der Welt'. In der Tat ist die mittelalterliche Weltchronistik wichtiger Träger der kollektiven Memoria des christlich-europäischen Kulturraums. Seit mehr als 150 Jahren hat man nach dem ursprünglichen Verfasser gesucht, meinte ihn in Eike von Repgow gefunden zu haben, hat nach Entstehungsorten, zeitlicher Reihenfolge und inhaltlichen Verwandtschaften der Handschriften gefragt. In neuester Zeit hat sich noch einmal das literaturhistorische Interesse an diesem Stoff artikuliert (Jürgen Wolf; die Faksimilierung und Kommentierung der Handschrift 24 durch Hubert Herkommer und verschiedene Fachwissenschaftler). Mit meiner Untersuchung intendiere ich eine Neustrukturierung des Textbestandes des ‚Buchs der Welt' und eine Klassifizierung der Universalchroniken vorrangig des 13. bis 16. Jahrhunderts nach textlinguistischen Kriterien. Die Handschriften des ‚Buchs der Welt' sind in Codices überliefert, die sehr häufig noch andere Texte enthalten, auch von hier fällt ein Licht auf das, was das ‚Buch der Welt' mitteilen wollte.

Eine erste Fassung dieser Untersuchung wurde vom Fachbereich ‚Philosophie und Geisteswissenschaften' der Freien Universität Berlin am 14. Januar 2004 als Habilitationsschrift angenommen. Mein besonderer Dank gilt Herrn Prof. Dr. Dr. h.c. Franz Simmler, der mein Forschungsvorhaben mit großer Geduld begleitet und die Arbeit in die von ihm herausgegebene Reihe ‚Berliner Sprachwissenschaftliche Studien' aufgenommen hat. Danken möchte ich auch den Gutachtern Herrn Prof. Dr. Dr. h.c. Volker Mertens und Prof. Dr. Dr. h.c. Richard Wolf sowie den Mitgliedern der Habilitationskommission: Frau Prof. Dr. Gisela Klann-Delius, Herrn Prof. Dr. Matthias Thumser und Herrn PD Dr. Matthias Meyer. Der Deutschen Forschungsgemeinschaft danke ich für das Stipendium. Ein Buchvorhaben, das mittelalterliche Handschriften zum Untersuchungsgegenstand hat, ist auf die gute Zusammenarbeit mit den Mitarbeitern der Bibliotheken angewiesen. Ich bedanke mich für die Mikrofilme, Mikrofiche und die CD-Rom der hier untersuchten Codices, die mir für die Arbeit zur Verfügung gestellt worden sind. Nicht zuletzt sei Herrn Joachim Weidler und Frau Gerda Eber vom

Weidler Buchverlag Berlin, die das Vorhaben förderten und betreuten, herzlich gedankt.

St. Guénolé, im November 2007   Gabriele v. Olberg-Haverkate

II Zeitbilder – Weltbilder

II.1 Vorgehensweise und Materialgrundlage

II.1.1 *Untersuchungsziele und Fragestellungen*

Gegenstand dieser Untersuchung ist die mittelalterliche Universalchronistik als Träger wesentlicher Inhalte der kollektiven Memoria des christlich-europäischen Kulturraumes und ihre Kontinuität bzw. ihr Wandel mit dem Eintritt der Volkssprache in diese Domäne der lateinischen Historiographie. Mein Gegenstand ist die deutschsprachige Geschichtsschreibung und da liegt es nahe, sich schwerpunktmäßig mit dem Überlieferungszusammenhang zu beschäftigen, der in der Forschung als erste deutsche Prosachronik gilt: die so genannte ‚Sächsische Weltchronik'. Unter der Sächsischen Weltchronik versteht man eine Schilderung historisch-politischer Ereignisse, die in die christliche Heilsgeschichte eingebettet sind. Dieser Weltchronikzusammenhang wird in unterschiedlicher Weise tradiert, innerhalb der Codices geht er verschiedene Textverbindungen ein. Gegenstand meiner Untersuchung ist nicht nur der „engere" Überlieferungszusammenhang – die Sächsische Weltchronik –, sondern immer der Gesamtcodex, in dem die ‚Sächsische Weltchronik' überliefert wird. In der mediävistischen Forschung spricht man hier von Begleit- oder Mitüberlieferung eines Textes, ich bevorzuge die Bezeichnung Textverbindung oder Textallianz.[1]

Auch anstelle von ‚Sächsischer Weltchronik' möchte ich in Anlehnung an Hubert Herkommer[2] eine andere Bezeichnung verwenden: Ich nenne den Textzusammenhang ‚Buch der Welt'. Auf diese Weise ist

a) keine Vorentscheidung in Bezug auf die regionale, inhaltliche oder sprachliche Ausrichtung der Chronik getroffen,
b) bei ‚Buch der Welt' handelt es sich im Unterschied zu dem Terminus ‚Sächsische Weltchronik' um einen Quellenbegriff. In der nordbairischen Hs. 5 (Frankfurt a.M., Stadt- und UB, Mgq 11) aus dem 2. Viertel des 15. Jahrhunderts beginnt der Überlieferungszusammen-

---

[1] Zur Begründung und Erläuterung der Bezeichnung siehe unten S. 123ff. und Kapitel II.5.1. Die Terminologie: Textsorte, Textgattung, Texttyp, Textklasse.
[2] Hubert Herkommer, Vorwort, S. X-XII und ders., Einführung, S. III-LIX. Hubert Herkommer wendet die Bezeichnung „Buch der Welt" allerdings nicht auf den Gesamtzusammenhang an, wie ich es tun möchte, sondern sein Gegenstand ist nur die Handschrift 24, die allerdings eindeutig – wie ich auch im Verlaufe der Untersuchung zeigen werde – eine Sächsische Weltchronik, ein sächsisch dynastisches Buch der Welt ist.

hang der so genannten Sächsischen Weltchronik mit einer Überschrift, die das Textexemplar als *půch von der welt* ausweist,[3]

c) die Bezeichnung *buch* mit Bezug auf die Darstellung der Weltgeschichte ist die älteste Selbstbezeichnung für den Textzusammenhang des ‚Buchs der Welt'.[4]

Die z.T. sehr unterschiedlichen Textexemplare des Überlieferungszusammenhanges können alle unter dieser neutralen Bezeichnung zusammengefasst werden.

Die Untersuchung geht von der Prämisse aus, dass die Universalchroniken als Träger eines kollektiven christlich-europäischen Gedächtnisses gelten können. Sie will die Bedingungen beschreiben, unter denen sich kollektive Memoria tradiert, und diejenigen, unter denen sie sich wandelt. Diese enge Beziehung von Textorganisation und kollektiver Memoria vorausgesetzt, zielt die Untersuchung:

a) auf die Beschreibung von Textexemplaren des 13. bis 17. Jahrhunderts, die den Textzusammenhang des ‚Buchs der Welt' bilden und die in der Forschung bislang ganz global der Textklasse bzw. Gattung Universalchronik zugeordnet werden.

b) Es sollen, ausgehend von den Ergebnissen dieser Beschreibung, bereits Tendenzen einer Textsortenbestimmung deutschsprachiger Chroniken vom 13. bis zum 17. Jahrhundert aufgezeigt werden.

c) Bei der Analyse steht vor allem die Frage im Vordergrund, ob sich ein Textsortenwandel von der lateinischen Chronistik seit der Spätantike zur deutschsprachigen Chronistik des 13./14. Jahrhunderts feststellen lässt und ob man von einer Kontinuität der lateinischen Tradition innerhalb der deutschen Chronistik vom 13. bis zum 17. Jahrhundert ausgehen kann.

Die Codices, die Gegenstand meiner Analyse sind, sind allesamt Überlieferungsträger der ersten deutschen Prosachronik: des ‚Buchs der Welt'. Ich analysiere hier die Gesamtcodices, d.h., die gesamte Überlieferung einer Handschrift. Ausgangspunkt ist das ‚Buch der Welt'. Nach dem heutigen Stand der Forschung gilt es als eine deutschsprachige

---

[3] Hs. 5, Bl. 167ra: *In dem namen der heiligen triualtickait vnd vnser lieben frawen hebt sich an das půch von der welt wie di gestanden ist sider Adams zeiten uncz her vnd des ersten di capitel als got alle ding beschaffen hat wie got die vier element des ersten beschuff vnd darnach anderes mer*

[4] Vgl. Kapitel: II.5.3.1.7. Mittelalterliche Werkbezeichnungen in ihrer Funktion als Gattungsbezeichnungen; vgl. die Einzeluntersuchungen in Kapitel III. Die Beschreibung der externen und internen Merkmale des ‚Buchs der Welt'.

Fortsetzung der lateinischen Universalchronistik seit der Spätantike. Die Universalchronistik wiederum wird als die „Vollform" der Chronik angesehen, aus der sich die übrigen Varianten wie Landeschroniken, dynastische Chroniken, Städtechroniken, Familienchroniken entwickeln.[5] Lange Jahre war die Chronikforschung hauptsächlich durch die Untersuchung der lateinischen Chronistik geprägt. Die Historiker nahmen vor allem die Chronik Ottos von Freising, das ‚Chronicon pontificum et imperatorum' des Martin von Troppau, die ‚Flores temporum' und das ‚Speculum Historiale' des Vinzenz von Beauvais zum Gegenstand ihrer Untersuchung.[6] Die überwiegend von Historikern gewonnenen gattungsspezifischen Einteilungen orientierten sich also vor allem an der lateinischen Chronistik. Sie wurden von den Literaturhistorikern weitgehend unkritisch übernommen und es besteht Einigkeit darüber, dass die für die Antike und z.t. auch für das lateinische Mittelalter geltenden historiographischen Genera: Annalen, Viten (Herrscherviten und Legenden), Historien, Chroniken, Chronographien und Gesten in ihren deutschsprachigen, mittelalterlichen Ausprägungen ganz überwiegend nur noch als Mischformen[7] zu erkennen seien. Für den Überlieferungszusammenhang des ‚Buchs der Welt' hat zuletzt Jürgen Wolf sowohl die verwirrende Fülle der Gattungen festgestellt: „[...] es existieren SW-Stadt-, SW-Landes- und SW-Weltchronikfassungen [...]"[8] als auch eine eindeutige Zuordnung getroffen: „Prinzipiell lassen sich zwischen der lat. Universalchronistik und der durch die SW repräsentierten volksprachigen Universalchronistik kaum signifikante Unterschiede ausmachen."[9]

---

5   Vgl. die Übersicht in dem Artikel ‚Chronik' im Lexikon des Mittelalters, Bd. 2, Sp. 1954ff. Siehe dort bes. Karl Schnith, B. Allgemeine Fragestellung und Überblick über die mittelalterliche Chronistik, Sp. 1956-1960, bes. Sp. 1957.
6   Vgl. z.B. Herbert Grundmann, Geschichtsschreibung; Franz-Josef Schmale, Funktion und Formen; Gert Melville, Geschichtskompendien u.a.m.
7   Vgl. z.B. die literarhistorische Einordnung des Annoliedes, das als die erste deutschsprachige chronikalische Überlieferung gilt: Doris Knab, Annolied, S. 107, 111, 112 beschreibt es als das Ergebnis der Verbindung zweier „Gattungsgroßformen" – der Weltchronik und der Volksgeschichte, ergänzt durch biographische Darstellungen. Vgl. auch Hans-Friedrich Reske, Annolied, S. 27-69, der die bisherigen literarhistorischen Einordnungsansätze – Heilsmythos, Städtepreis, Chronik, Historie, Heiligenvita, Heiligenpreis und Mirakel, Lied – zusammenstellt und zu dem Ergebnis kommt, dass das Annolied „blockhaft angeordnet, disparate Stoffe" (S. 35) vereine. Eine solche werkzentrierte Sichtweise, für die gattungsmäßige Strukturen nur zur immanenten Interpretation herangezogen werden, führt dann folgerichtig zu einer auf jedes beliebige literarische Werk anwendbaren Gesamteinschätzung: das Annolied mit seinem besonderen Aufbau, sei „ein Ding für sich" (S. 30).
8   Jürgen Wolf, Sächsische Weltchronik, S. 135.
9   Ebd., S. 2.

Das Ziel dieser Untersuchung ist nicht allein eine rein induktive Gattungs- bzw. Textklassenbeschreibung – eine Aufgabe, die an sich schon ein Desiderat der mediävistischen und linguistischen Forschung ist. Das Untersuchungsziel geht über die empirische Beschreibung hinaus und zielt auf eine Textsortenbestimmung chronikalischer Texte des 13. bis 17. Jahrhunderts im Zusammenhang ihrer Begleitüberlieferung. Der Untersuchungszeitraum ergibt sich zum einen durch den gewählten Textzusammenhang, zum anderen ermöglicht dieser fünf Jahrhunderte umfassende Zeitraum auch die Untersuchung eines möglichen Wandels innerhalb der Textsorte.

Das Ziel einer Textsortenbestimmung kann nur annäherungsweise erreicht werden, da nicht alle historiographischen Textexemplare analysiert werden können und sich die Untersuchung: Zeitbilder – Weltbilder zunächst nur auf eine ausgewählte, wenn auch repräsentative Materialgrundlage beziehen muss. Ich möchte von einer vortheoretischen Textgattung bzw. Textklasse[10] ‚Universalchronik' ausgehen und das ‚Buch der Welt' daraufhin untersuchen, in welcher Weise es sich mit seiner vielfältigen Überlieferung in diese Klassifizierung einordnen lässt.

Ich gehe von drei Hypothesen aus, die die Untersuchungsziele näher bestimmen:

1. Die heute bekannten 59 bzw. (mit der letzten Abschrift aus dem 19. Jh.) 60 Handschriften, die den Textzusammenhang des ‚Buchs der Welt' ausmachen, und die Textexemplare, die mit ihnen gemeinsam innerhalb eines Codex überliefert werden, sind repräsentativ für die deutschsprachige Historiographie des Zeitraumes 13. bis 17. Jahrhundert.
2. Sie zeigen unterschiedliche Vorstellungen von Zeit und Raum, von der Welt als Ganzem und sie drücken verschiedene Aspekte einer kollektiven Gedächtnistradition aus: Diese Tradition wandelt sich in Abhängigkeit von den Gruppeninteressen, von denen sie getragen wird.
3. Diese Weltbildunterschiede haben Auswirkungen auf die Textsortenzugehörigkeit der einzelnen Textzeugen.

---

10 Siehe dazu die Kapitel II.5 Der integrativ textlinguistische Ansatz und II.6 Unterschiede zur bisherigen Forschung.

II.1.2 Die Materialgrundlage

Die Universalgeschichtsschreibung hat als Genus eine Tradition,[11] die von der lateinischen Geschichtsschreibung über die volkssprachigen Anfänge im Annolied,[12] die frühe volksprachige Reimchronistik[13] bis zur volkssprachigen Humanistenchronik ein breites Spektrum bietet.[14] Sie gehört in den Zusammenhang historiographischer und auch biblischer Literatur, deren Abgrenzung mit den Mitteln der alltagsprachlichen Klassifizierung eher schwierig zu sein scheint.[15] Handschriftliche und gedruckte Äußerungsformen historiographischer Genera liegen in einer großen Menge vor; sie sind weder zahlenmäßig noch etwa in Bezug auf die Überlieferungsgeschichte ausreichend erfasst. Ziel dieser Untersuchung ist die Beschreibung der Gattung ‚Universalchronik' und die Feststellung der Textsortenzugehörigkeit. Es ist deshalb zunächst notwendig, aus der Fülle des handschriftlichen und gedruckten Materials eine Auswahl zu treffen, an der ein methodisches Konzept entwickelt werden kann, das

---

11 Vgl. Anna-Dorothea von den Brincken, Weltchronistik; dies., Studien; Herbert Grundmann, Geschichtsschreibung; Bernard Guenée, Histoire et Culture historique dans l'Occident médiéval, Paris 1980; Franz Josef Schmale, Funktion und Formen mittelalterlicher Geschichtsschreibung. Eine Einführung, Darmstadt 1985, S. 105ff.; Peter Johanek, Weltchronistik; Kurt Gärtner, Überlieferungstypen; Karl Heinrich Krüger, Universalchroniken u.a.m.
12 Ausgaben: Martin Opitz, Das Anno-Lied; Eberhard Nellmann (Hg.), Das Annolied; Vgl. Gertrud Gigglberger, Untersuchungen über das Annolied; Anselm Haverkamp, Typik und Politik im Annolied; Stephan Müller, Vom Annolied zur Kaiserchronik.
13 Vgl. dazu z.B. Dorothea Klein, Durchbruch einer neuen Gattung; dies., Heinrich von München.
14 Dietmar Jürgen Ponert, Deutsch und Latein in deutscher Literatur und Geschichtsschreibung des Mittelalters, Diss. München 1969, (Studien zur Poetik und Geschichte der Literatur, Bd. 43) Stuttgart 1975, S. 56.
15 „Gervasius von Canterbury z.B. unterscheidet nur *historici* (*historia*) und *chronici* (*chronicae vel annales*), hebt für beide Arten von Geschichtsschreibung nur dieselbe *intentio*, nämlich *veritati intendere* hervor und nennt einige inhaltliche Unterschiede [...] neben vor allem solchen des Stils. Zugleich betont er, daß viele Chronisten ihre Grenzen überschreiten (*historici more incendunt*). Eine solche Erklärung scheint wesentlich weniger ‚Gattungen' zu unterscheiden, als zumindest den Bezeichnungen nach existiert haben müßten, und sie zeigt auch, daß diese ‚Gattungen' offenbar nicht genau beachtet wurden, sie also gar nicht die formalen Normen darstellten, als die sie oft bezeichnet werden und als die man sie beachtet sehen müßte, wenn sie in erster Linie rhetorische Genera gewesen wären. Historiographische Werke selbst zeigen dies auch insofern, als sie oft gar nicht einem bestimmten Genus zugeordnet werden können." Franz-Josef Schmale, Funktion und Formen, S. 106. Siehe auch: Kap. II.5.3.1.7. Mittelalterliche Werkbezeichnungen in ihrer Funktion als Gattungsbezeichnungen.

1. nachvollziehbar und durchsichtig ist und
2. dadurch auch auf weitere Textzusammenhänge übertragbar wäre:

Der Überlieferungszusammenhang des ‚Buchs der Welt' erfüllt diese Bedingungen.

Die handschriftliche Überlieferung des ‚Buchs der Welt' reicht über den Zeitraum, den wir als Mittelalter[16] ansehen, hinaus, also weit über die lange Zeitperiode vom Ende der Antike bis zum Beginn der Neuzeit.[17] Sie führt bis in das 17./18. Jahrhundert. Es sind keine Frühdrucke bekannt. An die handschriftliche Überlieferung schließen sich direkt die ‚wissenschaftlichen' Editionen im 18. und 19. Jahrhundert an. „Der Gesamtanteil der historiographischen Literatur an der Inkunabelproduktion liegt nur bei wenigen Prozentpunkten. Von den etwa 27.000 vorwiegend lateinischen Inkunabeldrucken überliefern kaum 400 historiographische Texte und von diesen sind nur 10 % deutsch."[18]

Das ‚Buch der Welt' zählt – nimmt man die historiographischen Passagen im Annolied nicht hinzu – „mit der Kaiserchronik, den Weltchroniken Rudolfs von Ems, Jans Enikels, Heinrichs von München und der Christherre-Chronik [...] zu den sechs deutschsprachigen Werken dieser Gattung"[19], die zwischen 1150 und 1350 entstanden sind.

Ich habe den Textzusammenhang des ‚Buchs der Welt' gewählt,

1. weil er den Beginn der volkssprachigen Universalchronistik in Prosa markiert;
2. weil er sich über mehrere Jahrhunderte großer Beliebtheit erfreut: die handschriftliche Überlieferung beginnt in den 30er Jahren[20] des 13.

---

16 „‚Mittelalter' ist ein Verlegenheitsbegriff. Darüber sind sich die Historiker ziemlich einig [...]" Ferdinand Seibt, Glanz und Elend, S. 9.
17 „Das Mittelalter ist nämlich unter den drei großen Geschichtsepochen nach unserer Schulweisheit die einzige, deren Anfang und Ende wir kennen: Die Anfänge der Alten Welt liegen im Dunkeln und – begleitet von unseren guten Wünschen – das Ende der Neuzeit auch." Ferdinand Seibt, Glanz und Elend, S. 9. Vgl. mit weiterer Literatur Jacques Le Goff, Le Moyen Âge, S. 19-45; Peter von Moos, Gefahren, S. 33- 63.
18 Jürgen Wolf, Sächsische Weltchronik, S. 192. Vgl. auch: Dieter Mertens, Früher Buchdruck und Historiographie, S. 99; Anna Dorothea von den Brincken, Die Rezeption mittelalterlicher Historiographie, S. 219-233; Hans-Jörg Künast, Gedruckt zu Augsburg.
19 Ruth Schmidt-Wiegand, Artikel ‚Sächsische Weltchronik' (SW), Sp. 1237-1242, Sp. 1237.
20 Ich möchte von einer Entstehung um 1235 im Raum Lüneburg/Braunschweig am Welfenhof ausgehen. Diese Ansicht ergibt sich aus der textlinguistischen Analyse; ich werde sie im Rahmen dieser Arbeit entwickeln und begründen. Siehe vor allem die Ausführungen zu II.1.1.1. Die Handschrift 24. Nach Michael Menzel, Sächsische Weltchronik, S. 176-82 und Jürgen Wolf, Sächsische Weltchronik, S. 123-126 und 403-405 stammt die Erstfassung aus der Gegend um Magdeburg und wurde 1230 geschrieben. Anderer An-

Jahrhunderts und damit früher als die der gereimten volkssprachigen Weltchroniken (Rudolf von Ems, Mitte des 13. Jahrhunderts; die Christherre Chronik, ebenfalls vermutlich in den 40er oder 50er Jahren[21] des 13. Jahrhunderts); sie hält bis zum 16. Jahrhundert mit großer Produktivität an (einige Textzeugen reichen ins 17. und 18. Jahrhundert);

3. weil die lateinischen Vorbilder wie auch das wesentliche volkssprachige Vorbild weitgehend bekannt sind: Als zentrale lateinische Vorbilder gelten die so genannte Frutolf-Ekkehard-Chronik bis 1095, weitergeführt bis 1125 und die 1182 beendeten Annalen aus dem Prämonstratenserstift Pöhlde im südwestlichen Harzvorland.[22] Das volkssprachige Vorbild der Textexemplare der C-Rezension ist die gereimte volkssprachige Kaiserchronik eines Regensburger Geistlichen;

4. weil die wissenschaftliche Beschäftigung mit Textzeugen des ‚Buchs der Welt' relativ früh (Anfang des 18. Jahrhunderts) beginnt und bis in die Gegenwart nahezu ungebrochen andauert;

5. weil die Textexemplare der ‚Buch der Welt'-Überlieferung innerhalb eines Codex häufig Verbindungen mit Textexemplaren anderer Überlieferungszusammenhänge eingehen. Dies lässt Aussagen über den Überlieferungszusammenhang und auch über die Textzugehörigkeiten der einzelnen Textexemplare zu.

Der Ausgangspunkt meiner Studien ist also ein exemplarischer Textzusammenhang. Es interessieren nicht nur die formalen und inhaltlichen Kriterien der Textzuordnung, sondern die ‚Weltbilder', die Formen kollektiver Memoria insgesamt, die sich in Textkomposition und Inhalt, in der gesamten Repräsentation eines Textzusammenhanges, ja, innerhalb eines handschriftlichen Codex ausdrücken.

II.2 Das ‚Buch der Welt'

Die ca. 1235 entstandene Weltchronik gehört zu den ersten Geschichtsdarstellungen, die in der deutschen Volkssprache verfasst worden sind.

---

sicht ist Hubert Herkommer, Art. Sächsische Weltchronik, Sp.428f., der die Erstfassung als Langfassung annimmt, die um 1270 entstanden sei.

21 Kurt Gärtner, Der Landgraf Heinrich von Thüringen, S. 65-86 nimmt an, dass die Chronik erst nach 1254 für Heinrich den Erlauchten (Markgraf von Meißen) entstanden sei; so auch Monika Schwabbauer, Profangeschichte und Heilsgeschichte, S. 6-8. Dorothea Klein, Heinrich von München, S. 10f. geht mit guten Gründen und in der Nachfolge August Friedrich Christian Vilmars, Die zwei Recensionen, S. 28f. und 67-79 von Heinrich Raspe als Gönner aus und kommt damit zu einer früheren Datierung in die 40er Jahre.

22 Vgl. auch Hubert Herkommer, Einführung, S. XX-XXVII.

Sie ist die erste deutschsprachige Prosachronik überhaupt und erfreut sich jahrhundertlang großer Beliebtheit. Ihre umfangreiche Überlieferung beginnt im 13. Jahrhundert, im 15. Jahrhundert erlebt sie eine besondere Blütezeit. Die Überlieferung endet im 16. Jahrhundert, ohne dass Inkunabeln oder frühe Druckzeugnisse vom ‚Buch der Welt' entstanden sind. Handschriften aus dem 17. und 18. Jahrhundert sind auszugsweise Abschriften und zeugen von einer ersten wissenschaftlichen Beschäftigung mit den Textzeugen des ‚Buchs der Welt'. Zur Zeit sind 59 volkssprachige und lateinische Handschriften und Fragmente bekannt und es steht zu vermuten, dass noch weitere hinzukommen werden. Darüber hinaus wurde die Chronik vielfach rezipiert, z.B. durch die Braunschweigische Reimchronik, die Schöffenchronik, Jakob Twinger von Königshofen, durch Fritsche Closeners Straßburger Chronik und viele andere mehr. Eine Abgrenzung zwischen Chroniküberlieferung und Chronikrezeption ist – wie die Forschungssituation dokumentiert – schwer zu leisten.

Die Weltchronik erscheint in den Handschriften sehr häufig im Verbund mit anderen Texten. Die Zusammenstellung der verschiedenen Textexemplare in einem Codex ist nicht nur aussagekräftig für den Gebrauchszusammenhang der Handschrift. Sie spiegelt auch und vor allem das Weltbild des Kompilators und seiner Zeitgenossen und sie gibt wieder, was die Zeitgenossen für erinnerungswert hielten.

Einen großen Teil der Aufmerksamkeit, die man dem ‚Buch der Welt' widmete, verdankt es aber nicht der Bedeutung der einzelnen Überlieferung, sondern vor allem der Tatsache, dass man Eike von Repgow für den Autor der (bzw. einer der) Urfassung(en) hielt.[23] Die heutige Forschung schließt eine Verfasserschaft des Sachsenspiegels weitgehend aus. Heute genießt das ‚Buch der Welt', anders als der Sachsenspiegel Eikes von Repgow, in Laienkreisen kaum Popularität. Das liegt vermutlich daran, dass es kaum eine Edition[24] gibt, die dieses im Mittelalter und in der frühen Neuzeit sehr verbreitete Geschichtsbuch dem historisch interessierten Laien zugänglich und verständlich machen könnte. Es liegt aber auch an der selbst für Fachleute recht unübersichtlichen Überlieferungslage, die eine ‚moderne Edition' erschwert.[25] Gerade die

---

23 Vgl. Kapitel II.5.3.1.4 Das Deutungsmuster: Autorisierung der eigenen Aussagen (durch Autornennung).
24 Hiervon ausgenommen ist die sehr gute Faksimile-Edition und Kommentierung der Bilderhandschrift 24 durch Hubert Herkommer.
25 Dazu: Gabriele von Olberg-Haverkate, Das ‚Buch der Welt', S. 155-177 und dies., Überlegungen.

Materialfülle mittelalterlicher und spätmittelalterlicher Texte und die damit zusammenhängenden Veröffentlichungsprobleme bereiten Schwierigkeiten und verhindern häufig die Verbindung zum interessierten Laienpublikum.[26] Es scheint dem Wissenschaftler fast nichts anderes übrig zu bleiben, als sich mit diesen schönen Texten in seinen Elfenbeinturm zurückzuziehen.

Zum Einstieg in die Problematik der Textforschung und Textklassifikation auf der Grundlage der so genannten Sächsischen Weltchronik – des ‚Buchs der Welt' – skizziere ich die heute vorherrschende Forschungsauffassung kurz unter zwei Gesichtspunkten:

1. die erschlossenen Entstehungsregionen und
2. die Überlieferungssituation.

II.2.1 Zur Entstehung der Chronik

Die Forschung zum ‚Buch der Welt' spaltet sich in Anhänger der so genannten ‚Entwicklungstheorie' und Anhänger der so genannten ‚Abkürzungstheorie':[27] Die historischen Dissertationen von Michael Menzel und Jürgen Wolf[28] vertreten den Standpunkt der ‚Entwicklungstheorie'. Sie gehen von einer eher annalistischen, ca. 1229/30 entstandenen Kurzfassung (A) aus, die sich durch Erweiterungen über die B-Rezension zur Langfassung der C-Handschriften entwickelt habe. Der Germanist Hubert Herkommer[29] dagegen vertritt eine ‚Abkürzungstheorie': Er nimmt die Langfassung als Ausgangspunkt an und datiert damit die Entstehung der ‚Urfassung' auf die Zeit zwischen 1260 und 1275. Aus dieser Langfassung haben sich nach Herkommer durch Kürzung die Rezensionen B und A entwickelt.

Die Mehrheit der Forscher geht – wie zuletzt Michael Menzel (1985) und Jürgen Wolf (1997) – von der frühen Entstehung einer kürzeren Ori-

---

26 Vgl. zu einem Editionsvorschlag: Gabriele von Olberg-Haverkate, Überlegungen.
27 Es unterscheiden sich vor allem Michael Menzel, Sächsische Weltchronik, und Jürgen Wolf, Sächsische Weltchronik, von Hubert Herkommer, Sächsische Weltchronik; siehe auch ders., Einführung, S. III-LIX. Vgl. zu den einzelnen Rezensionen des ‚Buchs der Welt' auch die Kapitel II.5.3.2.1. Textexterne Merkmale: Kommunikationsmaterial, -medium und -form, Zeit, Ort, an der Kommunikation beteiligte Personen und II.5.3.2.3. Textbestand, Textveränderungen, Arten der Textverbindungen (Textallianzen).
28 Vgl. auch zu weiterer Literatur die beiden historischen Dissertationen von Michael Menzel, Sächsische Weltchronik, und Jürgen Wolf, Sächsische Weltchronik.
29 Diese Position entwickelte Hubert Herkommer, Sächsische Weltchronik, in seiner germanistischen Dissertation. Seinen Ansatz vertritt er sehr pointiert in seiner Einführung zur Faksimilierung der Gothaer Bilderhandschrift 24 (Rezension C). Hubert Herkommer, Einführung, S. III-LIX.

ginalversion des ‚Buchs der Welt' im Magdeburger Raum aus.[30] Die Fassung A_2 wird in Thüringen lokalisiert. Als Chronist der kurzen annalistischen Fassung nimmt man einen Geistlichen, vielleicht einen Franziskaner an. Ein Exemplar der Version A soll um 1240 in das Erzbistum Bremen gekommen sein und dort als Vorlage für eine neue Fassung des ‚Buchs der Welt' (Rezension B)[31] gedient haben. Ein besonderes Kennzeichen dieser Version ist die Übernahme vor allem historisch-politischer Nachrichten aus Bremen und dem norddeutschen Umkreis. Auch bei diesem Bearbeiter denkt man an einen Franziskaner.[32] Etwa in der Mitte bzw. der zweiten Hälfte des 13. Jahrhunderts soll ein Textexemplar der norddeutschen, erweiterten B-Fassung im Umkreis des Braunschweiger Welfenhofes von einem Chronisten umgearbeitet worden sein: Dieser habe die Vorlage durch genealogische und lokale Anhänge, Einschübe von Geschichtserzählungen, Legenden, Fabeln und durch die fast vollständige Übernahme der deutschsprachigen, gereimten Kaiserchronik[33] (nach 1140) eines unbekannten Regensburger Geistlichen zur Rezension C erweitert. Die Übernahme der Kaiserchronik geschah auf zwei verschiedene Arten: einmal in Versform (C_2) und zum anderen in Prosa (C_1 und C_3).[34] Die Beziehung zwischen beiden Übernahmeformen konnte bislang nicht befriedigend geklärt werden.[35] Mit Ausnahme des

---

30 Michael Menzel, Sächsische Weltchronik, geht von einem Entstehungszeitraum um 1229 aus, nicht weit davon entfernt ist Jürgen Wolf, Sächsische Weltchronik, der um 1230 eine Entstehung im Magdeburger Raum annimmt. Ekkehard Freise, Die Welfen und der Sachsenspiegel, S. 439-482, bes. 456, Anm. 69 bestätigt die Daten Menzels.
31 Michael Menzel, Sächsische Weltchronik, S. 269-276 geht wie der Herausgeber der Sächsischen Weltchronik Ludwig Weiland (Sächsische Weltchronik, bearbeitet von Ludwig Weiland, S. 1-384) und wie auch Hubert Herkommer, Artikel: Sächsische Weltchronik, Sp. 473-500, bes. Sp. 480 davon aus, dass es drei Rezensionen der SW-Handschriften gibt: A, B und C. Er differenziert aber stärker und gewichtet anders als Herkommer, der die Rezension C für die ursprüngliche hält: Menzel dagegen nimmt für einen frühen Ursprungstext (Rezension A_1) Magdeburg an. A_2 verweist in den thüringischen Raum, B nach Bremen, C_1 nach Braunschweig und C_2/C_3 vermutlich nach Erfurt. Siehe auch Jürgen Wolf, Sächsische Weltchronik, S. 401ff. Vgl. auch den Überblick bei Ruth Schmidt-Wiegand, Artikel: Sächsische Weltchronik, Sp. 1237-1242.
32 Manfred Zips, Die Sächsische Weltchronik, S. 7-60.
33 Vgl. Ernst Friedrich Ohly, Sage und Legende; Eberhard Nellmann, Artikel ‚Kaiserchronik', Sp. 949-964.
34 Die Kennzeichnung der Rezensionen C_1, C_2, C_3 übernehme ich hier nach Michael Menzel, Sächsische Weltchronik und Jürgen Wolf, Sächsische Weltchronik. Hubert Herkommer unterscheidet nur zwei Rezensionen C^I (das Prosimetrum entspricht C_2) und C^{II} (= C_1 und C_3).
35 Vgl. dazu Hubert Herkommer, Sächsische Weltchronik, S. 131-228; mit völlig gegensätzlicher Bewertung: Michael Menzel, Sächsische Weltchronik, S. 112-117); zusammenfassend: Jürgen Wolf, Sächsische Weltchronik, S. 403 und Anhang B S. LVIIf.; siehe auch:

thüringischen Erfurt verweisen die erschlossenen Entstehungsregionen: Magdeburg, Bremen, Braunschweig sprachlich auf das Westniederdeutsche (ohne das Nordostniederländische und das Ostfriesische),[36] also regional auf das heutige Niedersachsen, Westfalen, Ostfalen und das Gebiet um Magdeburg.

Nicht nur die Entstehungszeit und der Entstehungsraum werden in der Forschung kontrovers diskutiert, sondern auch die Autorenfrage und die Quellenvorlagen. Eine völlige Klarheit kann es in diesen Fragen nicht geben, da viele Zusammenhänge nur anhand sekundärer Merkmale erschlossen werden können:

Der Bezugspunkt der Rezensionen ist nicht das überlieferte Textexemplar, sondern eine rekonstruierte Urfassung, die ein nicht überliefertes Original wiederherstellen soll. Die Klassifikationskriterien für die Annahme der Urfassung sind die Art und Weise der Quellenauswahl (1), die Entstehungsregion (2), der Entstehungszeitraum (3) und die Autorenfrage (4). Die einzelnen Rezensionen wurden von Weiland und seinen Nachfolgern in der Weise gruppiert, weil man für die ‚Urfassungen' der drei Großgruppen jeweils eine andere Entstehungsregion, eine abweichende Quellenbenutzung und einen unterschiedlichen Entstehungszeitraum annahm. Dabei ging man entweder von einem Schreiber – z.B. Eike von Repgow – oder von mehreren Redaktoren aus.

1. Die Art und Weise der Quellenauswahl wurde durch Interpretation von Hinweisen innerhalb des ‚Buchs der Welt' gewonnen.[37] Der Chronist zitiert, um den Wahrheitsgehalt seiner Aussagen zu unterstreichen, lateinische Vorgänger, z.T. gibt er Hinweise auf eine weitere Lektüre, oder er erwähnt ganz unbestimmt, dass er diese oder jene Nachrichten gehört habe.

Mit Hubert Herkommer möchte ich das Kriterium der Quellenauswahl für sehr vage und in jedem Fall für präzisierungsbedürftig halten:

Grundsätzlich wirft die Auflistung möglicher ‚SW'-Quellen die methodische Frage auf, welche inhaltlichen und formalen Kriterien erfüllt sein müssen,

---

Thomas Klein, Ermittlung, Darstellung und Deutung, S. 110-167, bes. 114-118 u. 128-130; Kurt Gärtner, Die Kaiserchronik, S. 366-379, hier: S. 367f., 372; Volker Mertens, Verslegende und Prosalegendar, S. 265-289.

36 Vgl. z.B. Jan Goossens, Areallinguistik, S. 445-453, Karte S. 446; Peter Wiesinger, Die Einteilung deutscher Dialekte, S. 807-900, Karte 47.4.

37 Z.B. Ludwig Weiland, Sächsische Weltchronik, S. 20-33; Michael Menzel, Sächsische Weltchronik, S. 59-151; Albrecht Hagenlocher, Quellenberufungen als Mittel der Legitimation, S. 15-71.

bevor tatsächlich von einer durch die Chronik ausgeschriebenen ‚Quelle' die Rede sein kann. [...] Kleinere Berührungen oder gar nur vage Anklänge reichen angesichts der vielfachen Überschneidungen historiographischer Nachrichtenfelder und der Unwägbarkeit einer im Gedächtnis verankerten historischen Bildung für einen stringenten Quellennachweis nicht aus.[38]

2. Auch die Hinweise zur Entstehungsregion werden weitgehend aus den Texten selbst genommen: z.B. die besondere Hervorhebung bestimmter regionaler Ereignisse, die Quellenbenutzung gibt weitere Hinweise und schließlich wird die Überlieferung insgesamt herangezogen.[39] Jürgen Wolf versucht, die Frage der Entstehungsregion ausgehend von den überlieferten Handschriften zu lösen, und er stellt sich zu Beginn seines Kapitels ‚Überlieferungsgeographie' die Aufgabe:

Aber verlassen wir nun den Boden der Spekulation und wenden uns den tatsächlich erhaltenen SW-Handschriften zu. Wenn Menzels Überlegungen zu den Vorlagen der SW-Rezensionen stimmten, müssten zumindest in der für jeden Chroniktyp spezifischen Frühphase der Überlieferung einzelne Textzeugen aus dem jeweiligen Umkreis der Entstehungsorte nachweisbar sein.[40]

Das Ergebnis Wolfs ist sehr differenziert; mit seinem überlieferungsbezogenen Ansatz, der eher die Unterschiede als die Gemeinsamkeiten betont, kommt er zu dem Ergebnis: „Zumindest ungefähr, d.h. nicht immer genau auf die eine Stadt/Region beschränkt, bestätigt die Überlieferungssituation das von M. Menzel vorgestellte geographische Modell der SW-Entstehung und Rezensionsentwicklung."[41]

3. Der Entstehungszeitraum des Originals, „so es das eine Original überhaupt gab",[42] ergibt sich aus der Untersuchung der Quellenauswahl und aus der Erwähnung des im Text zuletzt genannten historischen Ereignisses (mit 1225 endend oder in verschiedenen Abstufungen erweitert).

4. Autorenfrage: Eike von Repgows Autorschaft gilt nach dem augenblicklichen Stand der Forschung als unwahrscheinlich, der Autor wird als Angehöriger eines Minoritenordens gesehen. „Da Autographen fehlen, bleiben dennoch viele Fragen offen."[43]

---

38 Hubert Herkommer, Artikel SW, Sp. 479.
39 Michael Menzel, Sächsische Weltchronik, S. 269-276.
40 Jürgen Wolf, Sächsische Weltchronik, S. 133.
41 Ebd., S. 166; vgl. auch Michael Menzel, Sächsische Weltchronik, S. 272-276.
42 Jürgen Wolf, Sächsische Weltchronik, S. 121.
43 Ebd., S. 133.

Die bisherige Forschung hat gezeigt, dass die Untersuchungsergebnisse immer sehr eng mit dem methodischen Konzept des jeweiligen Bearbeiters verknüpft sind: Der Blick auf den Entstehungsraum und die Entstehungszeit hängt eng mit der Rekonstruktion eines ‚Originaltextes' und der Suche nach einem Autor zusammen. Diese Verfahren sind Teil der textkritischen Methode.[44] Überlieferungsgeschichtliche Ansätze[45] fragen dagegen eher nach den Verbreitungsgebieten und -zeiträumen, nach den Schreibern und der Gebrauchssituation der überlieferten Textzeugen.

Die Diskussionen um die einzelnen Rezensionen oder die Verfasserfrage stehen nicht im Zentrum meiner Untersuchung. Ich werde zu Fragen der Datierung, Textgewichtung und Verfasserschaft des ‚Buchs der Welt' Stellung nehmen, wann immer meine Fragestellung – die textlinguistische Einordnung der Universalchronistik des 13.-16. Jahrunderts – dadurch berührt wird.

II.2.2 Editionslage und Überlieferungssituation

In den vergangenen Jahren sind mittelalterliche Weltchroniken zunehmend ein beliebter Gegenstand verschiedener kulturwissenschaftlicher[46] Disziplinen geworden. Die historische, literar- und kunsthistorische wie die sprachwissenschaftliche Forschung hat sich der Universalchronistik zugewandt und behandelt damit einen Gegenstand, der sich geradezu für interdisziplinäre Überlegungen anbietet. Vieles – vor allem Grundlegendes – ist aber auf dem Gebiet der lateinischen und der volkssprachlichen Chronistik noch zu tun. Die Materialfülle ist nach wie vor kaum aufgearbeitet, die bisherige Forschung konnte hier nur kleine Schneisen schlagen: Vor allem die Offenheit gegenüber anderen Vorlagen, gegenüber Erweiterungen und Fortsetzungen scheint die Edition von mittelalterli-

---

44 Vgl. Kapitel II.3.1 Textkritik
45 Vgl. Kapitel II.3.2 Überlieferungsbezogene Forschung
46 Zu Konzeption und Forschungsfeldern der Kulturwissenschaften vgl. z.B. den Sammelband: Renate Glaser, Mathias Luserke (Hg.), Literaturwissenschaft – Kulturwissenschaft. Der Würzburger Sonderforschungsbereich beendete z.B. 1999 seine Studien zur Weltchronik Heinrichs von München bzw. zu den 18 erhaltenen Textfassungen dieser gereimten Weltchronik. Die Ergebnisse sind in fünf Bänden dokumentiert: in dem Sammelband Horst Brunner (Hg.), Studien zur ‚Weltchronik Heinrichs von München, Bd. 1; in den Einzeluntersuchungen: Johannes Rettelbach, Von der ‚Erweiterten Christherre-Chronik' zur Redaktion α, 2 Bde.; Dorothea Klein, Text- und überlieferungsgeschichtliche Untersuchungen zur Redaktion β, (Bd. 1); dies., Die wichtigsten Textfassungen, (Bd. 2); weitere Untersuchungen zu Chroniken Daniele Jaurant, Rudolfs ‚Weltchronik'; Jürgen Wolf, Sächsische Weltchronik etc.

chen Weltchroniken zu erschweren.[47] Editionen, mit denen man sprachhistorisch bzw. literaturhistorisch arbeiten könnte, liegen nicht vor. Bisher gibt es nur ganz wenige Vorarbeiten, die die vielfach kompilatorisch verschränkten Fassungen der Weltchroniküberlieferung editorisch berücksichtigen. Zu nennen sind hier die Faksimilierungen einzelner Handschriften, z. B. zu Rudolf von Ems, und auch zweier Bilderhandschriften des ‚Buchs der Welt' (Hs. 16 und Hs. 24).[48]

Die kritischen Editionen der gereimten Weltchroniken des Rudolf von Ems und Jans Enikel sind, wie die Ausgabe der Sächsischen Weltchronik durch Ludwig Weiland, nicht nur veraltet, wenn man sie unter „modernen überlieferungsgeschichtlichen Gesichtspunkten"[49] betrachtet, sondern sie verzerren auch das Bild, wenn man einen Eindruck von der Literaturproduktion des Mittelalters erhalten und weitergeben möchte:

> Der Blick in neuzeitliche Ausgaben mittelalterlicher Weltchroniken vermittelt dem ‚unbedarften Leser' stets den Eindruck, dass dieses Werk in maximal zwei, vielleicht drei Fassungen im Laufe einer zwei bis drei Jahrhunder-

---

47 Vgl. Kurt Gärtner, Editionsprobleme, 1985, S. 110-118; Kurt Gärtner, Ralf Plate, Monika Schwabbauer, Ausgabe Christherre-Chronik; Kurt Gärtner, Frank Shaw, Zur Edition der neuen Ee; Siehe auch: Gabriele von Olberg-Haverkate, Überlegungen. Eine Antwort auf die Materialfülle kann auch die grundsätzliche Zurückhaltung gegenüber einer Edition mittelalterlicher Texte sein, wie sie z.B. Klaus Kirchert und in Anlehnung an ihn auch Dorothea Klein vertritt: „Erschließen heißt nicht in erster Linie Edieren, sondern Erkunden, inwieweit der textvergleichende Ansatz im Rahmen der ‚Wissensliteratur' aller Art fruchtbar gemacht werden kann." Klaus Kirchert, Text und Textgewebe, S. 245; Dorothea Klein, Text- und überlieferungsgeschichtliche Untersuchungen zur Redaktion β, S. XV. Sie bietet im zweiten Band ihrer Untersuchungen zu Heinrich von München eine Konkordanz, die „Zitat und Versbestand von sechs repräsentativen Textzeugen der Heinrich von München Kompilation für den gesamten Bereich der Alten Ee" enthält. Dorothea Klein, Die wichtigsten Textfassungen, S. VII. Diese Konkordanz bietet keine vollständigen Texte, erschließt diese nach textgeschichtlichen und überlieferungsgeschichtlichen Kriterien, ersetzt aber keinesfalls eine Edition. Der am Text interessierte Leser (sei er Laie oder Sprach-, Literaturwissenschaftler, Historiker) kommt nicht umhin, die Handschriften im Original anzusehen.

48 Z.B.: Rudolf von Ems, Wernigeroder Handschrift; Rudolf von Ems, Weltchronik Ms. germ. fol. 623; Rudolf von Ems, Weltchronik. Ms 302 Vad.; Rudolf von Ems, Weltchronik Kassel 20 Ms. theol. 4; Die Bremer Bilderhandschrift der Sächsischen Weltchronik (Staats- und Univ. Bibl. Bremen, Ms. a. 33) ist dem Benutzer in einer von Dieter Hägermann herausgegebenen Farbmikrofiche-Edition zugänglich: Sächsische Weltchronik. Farbmicrofiche-Edition; Die Gothaer Bilderhandschrift (Hs. 24) wurde von Hubert Herkommer faksimiliert: Das Buch der Welt (1996).

49 Vgl. Norbert H. Ott, Rechtspraxis und Heilsgeschichte, S. 328. Zu Fragen moderner Editionstechnik mit Diskussion der Forschungsliteratur vgl. Franz Simmler, Prinzipien der Edition, S. 37-127 und auch ders., Edition und Sprachwissenschaft, S. 851-934, bes. S. 852-856; zu den Schwierigkeiten der Weltchronikedition: Kurt Gärtner, Editionsprobleme, S. 110-118; Gabriele von Olberg-Haverkate, Überlegungen.

te währenden Überlieferungsphase 10, 50, 100 oder 200 mal kopiert und, wo nötig, aktualisiert wurde. Doch selbst so streng gegliederte Werke wie die Chronik des Martin von Troppau oder die des Vinzenz von Beauvais liegen nur in den seltensten Fällen in Form der heutzutage wie selbstverständlich zitierten Druckausgaben vor. Der extremen Vielfalt der handschriftlichen Überlieferung wird kaum eine Edition auch nur annähernd gerecht – die SW-Editionen machen dabei keine Ausnahme. Will man sich ‚ernsthaft' mit der Text- und Überlieferungsgeschichte einer der großen mittelalterlichen Weltchroniken befassen, erscheint es im Angesicht dieser Erkenntnis fast als erste Pflicht, die betreffende(n) Ausgabe(n) beiseite zu legen.[50]

Die mediävistische Handschriftenforschung sowie im engeren Sinne die Editionsforschung ist heute vor allem überlieferungsbezogen orientiert, alle unterschiedlichen Varianten werden ernst genommen und berücksichtigt. Viele Handschriften sind im Laufe der Forschung zum ‚Buch der Welt' neu hinzugekommen, die Überlieferungslage ist erheblich komplexer geworden und damit sind auch die Editionsvorhaben deutlich erschwert. Nicht immer ist in der Chronistik die Trennung zwischen Überlieferung und Rezeption von Chroniken möglich, da nahezu jede Überlieferung auch Erweiterungen und Änderungen enthält.

Die Überlieferungs- und die Rezeptionslage stellt sich nach den heutigen Forschungsergebnissen folgendermaßen dar: Die strafferen und kürzeren A-Fassungen hatten in ihrem Entstehungsraum (Nieder-) Sachsen/Thüringen Konkurrenz von den C-Fassungen und im Norden (Bremen) von den B-Fassungen. Sie lagen gegenüber den anderen Fassungen ab dem 14. Jh. – was Rezeption und Überlieferung betrifft – weit in Führung.

---

50 Jürgen Wolf, Sächsische Weltchronik, S. XI.

Tab. 1: Die Überlieferung des ‚Buchs der Welt' vom 13. bis 16. Jahrhundert nach Jürgen Wolf[51]

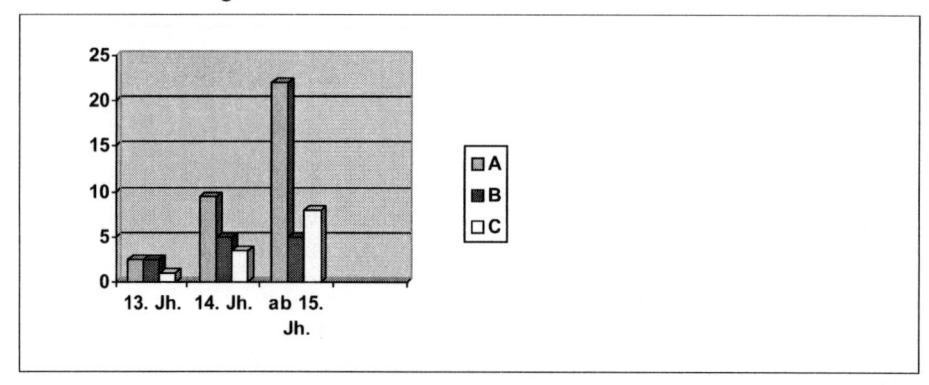

[Balkendiagramm: Werte für 13. Jh., 14. Jh., ab 15. Jh.; Reihen A, B, C]

Tab. 2: Die Rezeption des ‚Buchs der Welt' vom 13. bis 16. Jahrhundert nach J. Wolf[52]

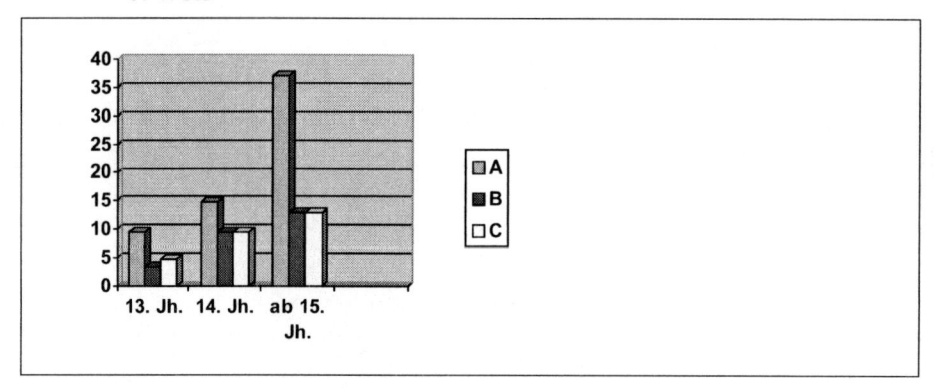

[Balkendiagramm: Werte für 13. Jh., 14. Jh., ab 15. Jh.; Reihen A, B, C]

In der heutigen Forschung gilt, dass die A-Fassung etwa Anfang des 14. Jahrhunderts in zwei Versionen weitertradiert worden ist: A_1 war eine „überaus kurze, sachliche Version",[53] die heute als A_2 bekannte Version überliefert anders als A_1 die Reimvorrede und mehr narrative Elemente. Beide Versionen kamen in demselben Jahrhundert in den Süden des deutschen Sprachgebiets: A_1 in den fränkisch-bairischen Raum und A_2 von Thüringen über Böhmen vor allem in den südostdeutsch-österreichischen Raum (Hss. 111, 12-122). Mitte des 14. Jahrhunderts erweiterte

---

51 Schaubild nach: Jürgen Wolf, Sächsische Weltchronik, S. 411. Ich habe die Schaubilder von Jürgen Wolf wiedergegeben, die Unterscheidung nach Überlieferung und Rezeption ist nicht problemlos möglich, da Rezeptionszeugen und SW-Handschriften nicht immer getrennt werden und auch nicht immer leicht zu trennen sind.
52 Schaubild nach: Jürgen Wolf, Sächsische Weltchronik, S. 411.
53 Ebd., S. 406f.

ein thüringischer Geschichtsschreiber, möglicherweise in Erfurt, die A₁-Fassung um die Thüringische Fortsetzung und nahm damit eine grundsätzliche regionale Umorientierung vor: Aus der ‚Sächsischen Weltchronik' wurde eine ‚Thüringische Weltchronik'.

Mehr noch als im thüringischen Raum erfreute sich die A₁-Version im Süden zunehmender Popularität. Bald nach der ältesten erhaltenen, Anfang des 14. Jahrhunderts wohl in Nürnberg angefertigten Abschrift (Hs. 1) entstand eine zweite kaum später etwas südlicher (Hs. 2). Die genannte zweite Handschrift war ein bereits um die bis 1314 reichende 1. Bairische Fortsetzung erweitertes Exemplar.⁵⁴

Die so entstandene ‚Bairische (Oberrheinische) Chronik' verbreitete sich schnell und wurde um weitere Fortsetzungen (bis zur 3. Bairischen Fortsetzung, die bis 1342 reichte) bereichert. Im 15. Jahrhundert erreicht die Rezeption und Überlieferung der vom ‚Buch der Welt' abgeleiteten Textexemplare eine Blütezeit („50 % aller erhaltenen SW-Textzeugen und gut 40 % aller Rezeptionsbelege"⁵⁵) – die größte Verbreitung fanden die A-Fassungen. Während die A- und B-Fassungen den Sprung von der geistlich und höfisch orientierten Geschichtsschreibung zur städtischen Chronistik schon im 14. Jahrhundert geschafft haben,

> standen C-Handschriften vornehmlich bei einem begrenzten Kreis ‚höfisch' oder ‚geistlich' orientierter Geschichtsschreiber als Quelle hoch im Kurs. Der ganz erheblich durch die ‚Kaiserchronik' und später MT-Interpolationen [Martin von Troppau-Interpolationen, die Verf.] aufgeschwemmte Chroniktext bot augenscheinlich für die mehr an Annalistik interessierten städtischen Chronisten zuviel ‚überflüssiges' legendarisches Material bzw. zuwenig streng gegliederte historische Nachrichten (brevitas-Gedanke). Als historiographisches Nachschlagewerk eignete sich die C-Version anscheinend weniger.⁵⁶

Die gegenwärtige Handschriftenforschung arbeitet nicht mehr mit einem vorrangig textkritischen, sondern mit einem überlieferungsgeschichtlichen Ansatz,⁵⁷ d.h., sie sucht nicht mehr nach einem Originaltext, sondern sie geht von den bekannten Handschriften aus und versucht sie alle als gleichwertig anzusehen. Viele Textzuordnungen der älteren Editionsforschung werden dadurch hinfällig und die Ausgaben unbrauchbar. Das trifft auch die textkritische Weilandsche Sächsische Weltchronik-Ausgabe. Die komplexe Überlieferungssituation erschwert aber auch den über-

---

54 Ebd., S. 407.
55 Ebd., S. 410.
56 Ebd., S. 410.
57 Siehe dazu Kapitel II.3. Leitbilder der mediävistischen Textforschung

lieferungsgeschichtlich orientierten Editoren die Neuedition einer übersichtlichen Textausgabe.[58]

‚Das Buch der Welt' wird zudem – wie viele andere mittelalterliche Textzusammenhänge auch – nicht allein, sondern in Verbindung, in Textallianz,[59] mit anderen Texten überliefert. Zum Teil sind diese Textzusammenhänge vom ‚Buch der Welt' abzugrenzen, zum Teil sind sie integrativer Bestandteil des ‚Buchs der Welt'. Dies wird durch die textkritische Methode weitgehend vernachlässigt. Auch die überlieferungskritische Methode trägt dem Phänomen der Textallianzen nur bedingt Rechnung, Zuordnungen und Abgrenzungen zwischen den einzelnen Textzusammenhängen werden ausschließlich nach inhaltlichen Kriterien, in der Regel aber sehr willkürlich vorgenommen.[60] Es bleibt so häufig unklar, ob die Texte eher zufällig zusammengestellt wurden oder ob der Textallianz ein bestimmtes Prinzip zugrunde lag, das auf eine Veränderung des Textes bzw. des im kollektiven Gedächtnis verankerten historischen Weltbildes hindeutet.

II.3   Leitbilder der mediävistischen Textforschung

Betrachtet man die Forschungssituation zum ‚Buch der Welt', so zeigt sich sehr deutlich, dass sie von unterschiedlichen, in wesentlichen Punkten sogar konkurrierenden, sich dann aber wieder überschneidenden Leitbildern geprägt ist. Der Textbegriff der Historiker und Philologen, die sich bislang mit dem ‚Buch der Welt' beschäftigten, ist im Wesentlichen von zwei Textvorstellungen bestimmt: einmal vom Textbegriff der Textkritik, die Text eher als Produkt einer sprachlichen Handlung versteht, und zum anderen vom Textbegriff der überlieferungsbezogenen Forschung. Hier zeigt der Textbegriff eher Prozesscharakter. Ich gehe im Folgenden kurz auf die beiden unterschiedlichen (ja fast dichotomischen) Sichtweisen ein. Sie haben nicht nur ganz allgemein das Verständnis vom mittelalterlichen Text geprägt, sondern auch das Bild vom Textzusammenhang des ‚Buchs der Welt' stark beeinflusst.

---

58 Siehe auch Gabriele von Olberg-Haverkate, Überlegungen.
59 Vgl. zum Terminus Textallianz S. 123ff. Siehe auch: Kap. II.5.3.2.3. Textbestand, Textveränderungen, Arten der Textverbindungen (Textallianzen)
60 Dazu vor allem im Zusammenhang der Editionsproblematik: Gabriele von Olberg-Haverkate, Überlegungen.

II.3.1 Textkritik

Das zeitlich ältere Leitbild vom Text, der Werkbegriff des 19. Jahrhunderts und damit verbunden die Methode der Textkritik,[61] führte zu vielen Editionen mittelalterlicher und frühneuzeitlicher Texte. Wir begegnen hier einer produktbezogenen Vorstellung von einem geschlossenen, kohärenten Text. Da ein solcher Text in der mittelalterlichen und frühneuzeitlichen Textüberlieferung selten greifbar ist, musste er gefunden, sprich: das Original, der Urtext, musste rekonstruiert werden. Ludwig Weiland edierte 1877 aus der Textüberlieferung, die einen Zeitraum vom 13. bis zum 16. Jahrhundert umspannt, einen Textzusammenhang, den er ‚Sächsische Weltchronik' nannte.[62] Er unterschied nach der textkritischen Methode drei Rezensionen A, B und C. Spätere Textforscher wie Hubert Herkommer und Michael Menzel[63] differenzierten die Rezensionszusammenhänge noch in A_1 und A_2, B, C_1, C_2, C_3.[64]

Als Beginn der wissenschaftlichen Textkritik gelten im Ausgang der griechischen Antike die Werke der Philologenschule von Alexandria (Ptolomäer seit Ende des 4. Jh. vor Chr.). Diese Philologen sahen die Notwendigkeit zur kritischen Beschäftigung mit den Texten der griechischen Klassiker, weil sie wussten, dass es keine autorisierten Handschriften und nicht einmal zeitgenössische Abschriften der antiken Dichter gab – insbesondere waren es Homer, Pindar, die Tragiker und der Komödiendichter Aristophanes. Die verschiedenen Handschriften wurden verglichen und dabei festgestellt, dass sie im Versbestand (z.B. bei Homer) stark voneinander abwichen. Das führte zu einer wertenden Auswahl aus den verschiedenen Schreibervarianten. In der Regel wählte man als Leithandschrift einen zuverlässig wirkenden Text aus. Die Aufgabe der Textphilologie war seit jener Zeit die Suche nach dem ursprünglichen, d.h., nach dem „echten" Text und seine vollständige Wiederherstellung („omnia secundum priorem textum restituere" Giovanni Lamola, 15. Jahrhundert).[65] Diese philologische Methode zur Überprüfung von Texten, die in ihrer Authentizität nicht gesichert waren, verfuhr zunächst eklektizistisch.

Erst Karl Lachmann (1793-1851) – ganz unter dem Eindruck des Werkverständnisses seiner Zeit – prüfte bei seiner Lukrezausgabe Ab-

---

61 Karl Lachmann, Mittelalterliche Texte, S. 240-267.
62 Ludwig Weiland, Sächsische Weltchronik, S. 1-348.
63 Hubert Herkommer, Sächsische Weltchronik; Michael Menzel, Sächsische Weltchronik.
64 Vgl. ausführlich zu den Rezensionszusammenhängen meine Ausführungen in Kapitel II.2. Das ‚Buch der Welt'.
65 Nach: Horst Rüdiger, Die Wiederentdeckung der antiken Literatur, S. 553.

hängigkeitsverhältnisse unter den einzelnen Handschriften und erstellte Handschriftenstammbäume.[66] Solche Stemmata hatten den Sinn, mehr oder weniger zweifelsfrei auf die Urhandschrift, das Original (den Archetypus), zurückzuführen. Die heute umstrittene Textkritik ist zunächst im Rahmen der klassischen Philologie entwickelt und dann von Karl Lachmann, Jakob Grimm und deren Nachfolgern „bis hin zu Karl von Kraus und Theodor Frings, Ludwig Wolff, Friedrich Maurer, Ulrich Pretzel und Werner Schröder"[67] auf das Mittelalter übertragen worden. Die Methode hatte schon ihre Schwierigkeiten mit den Texten der griechischen und lateinischen Klassiker. Auf mittelalterliche Texte war das aus der klassischen Philologie – aus der Theologie und Altphilologie – stammende Verfahren immer nur begrenzt anwendbar.[68] Die meisten Texte, vor allem des späten Mittelalters, waren „mit ihren Kontaminationen, Bearbeitungen und Fortsetzungen des öfteren für eine strenge Anwendung der Lachmann-Methode denkbar ungeeignet".[69]

II.3.2 *Überlieferungsbezogene Forschung*

Ungefähr 100 Jahre nach Lachmanns Einführung der Textkritik mehrten sich die kritischen Stellungnahmen und führten zur Etablierung eines anderen Ansatzes, des (so genannten) überlieferungsgeschichtlichen Ansatzes, der nicht mehr nach dem Urtext und dem Urheber des Textes sucht, sondern sich auf eine Analyse des Überlieferungsbefundes konzentriert.[70] In den 1960er Jahren kündete sich ein genereller Paradigmenwechsel innerhalb der Textforschung an. Die französische Literatur- und Textwissenschaft[71] entwickelte ein Bild, das Text als reine Dynamik ver-

---

66 Vgl. Karl Lachmann, Mittelalterliche Texte, S. 240-267
67 Jürgen Kühnel, Der „offene Text", S. 312.
68 Auch für Texte des klassischen Altertums sind jedoch die Bedingungen der Textkritik nicht immer anwendbar: Vgl. Hartmut Erbse, Überlieferungsgeschichte, S. 210f.
69 Danielle Jaurant, Rudolfs ‚Weltchronik', S. 274.
70 Vgl. z.B. den Romanisten Joseph Bédier, La tradition manuscrite du Lai de L'Ombre, S. 161-196 und S. 321-356. Vgl. zur mediävistischen Germanistik und zur Edition volkssprachiger Texte: Karl Stackmann, Neue Philologie?, S. 398-427; ders., Die wechselseitige Abhängigkeit von Editor und Literarhistoriker, S. 37-54; Helmut Brackert, Beiträge zur Handschriftenkritik des Nibelungenliedes; Günther Schweikle, Textkritik und Interpretation, S. 73-107; ders., Reinmar der Alte; Jürgen Kühnel, Wolframs von Eschenbachs ‚Parzival', S. 145- 213; ders., Der „offene Text".
71 Seit den 1960er Jahren verabsolutierte vor allem eine Richtung der französischen Literatur- und Textwissenschaft, deren Sprachrohr die Zeitschrift Tel Quel war, die prozessuale Bedeutung, die dynamische Komponente des Textbegriffes. Sie wollte den Textbegriff vom Zeichenbegriff lösen und als reine Dynamik verstehen Vgl. z.B. Julia Kristeva, Le texte clos; Louis Haye, Le texte n'existe pas, S. 147-156. Vgl. dazu z.B.: Manfred Pfister,

stand. In der deutschsprachigen Editionswissenschaft wurde die Neubesinnung des Textbegriffes vor allem durch die Kritik der Editionsprinzipien und der Textbewertungskriterien angestoßen, wie sie in der 1. Hälfte des 19. Jahrhunderts von Karl Lachmann und Jakob Grimm entwickelt worden und von deren Nachfolgern bis in die Gegenwart für das deutschsprachige Mittelalter fruchtbar gemacht worden sind. „Ausgangspunkt der Ueberlegungen zur Textgeschichte ist dabei der Zweifel an dem starren philologischen Begriff von der einmaligen und unveränderlichen Textgestalt des Werkes."[72] „[...] der Editor volkssprachiger Texte des Mittelalters sieht sich nicht mehr einer schulmäßigen, sondern einer ‚offenen' Überlieferung gegenüber."[73]

Der Textzusammenhang wird jetzt nicht mehr als Einheit verstanden, sondern die einzelnen Handschriften treten in den Vordergrund: „Ihnen kommt ein ganz anderer Stellenwert zu, als wenn man sie nur als Hilfsmittel verwendet, um nach der >Lachmannschen< Methode einen ihnen vorausliegenden älteren und besseren Text zu rekonstruieren."[74] Für den Textbegriff bedeutet dieses überlieferungsbezogene Verfahren die Hinwendung zum einzelnen Textexemplar und damit den Verzicht auf die Vorrangstellung des (in den meisten Fällen nur philologisch erschlossenen) Originals.[75] Auch die textkritische Methode hatte die Fähigkeit, das einzelne historische Textstadium wahrnehmen zu können. Es galt aber nur als ein Durchgangsstadium auf dem Wege zum wertvolleren – in der Regel nur rekonstruierbaren – Endprodukt.

Dieser Paradigmenwechsel vom rekonstruierten Original zum historischen Text vollzog und vollzieht sich aus unterschiedlichen Gründen, aber mit denselben Folgen: Der Textbegriff erfährt durch die überlieferungsgeschichtlich orientierten Arbeiten, durch den Zugriff auf den historischen Text, allein schon unter den Gesichtspunkten der Schriftlichkeit eine gewisse Auflösung. Texte erscheinen als unfest, offen, wenn man die Entwicklungsgeschichte eines Textzusammenhanges betrachtet, wenn man registriert, welche Veränderungen, welche neuen Verbindungen er eingeht. Die überlieferungsbezogene Methode wurde im deutschen Forschungszusammenhang im Wesentlichen von dem Literaturhistoriker Kurt Ruh und seiner Forschergruppe in Abgrenzung gegen-

---

Konzepte der Intertextualität, S. 1-31; Friedrich Wolfzettel, Zum Stand und Problem der Intertextualitätsforschung im Mittelalter, S. 1-17.
72 Jürgen Kühnel, Der „offene Text", S. 312.
73 Ebd., S. 318.
74 Karl Stackmann, Neue Philologie?, S. 405.
75 Vgl. ebd.

über der Textkritik entwickelt.⁷⁶ Diese Methode ist nach dem Stand der gegenwärtigen Forschung das allgemein akzeptierte Leitbild der mediävistischen Textforschung. Eine Folge dieser Methode der Textforschung ist eine zunehmende Auflösung des Textbegriffes und die sich in der Mediävistik etablierende Auffassung von der Offenheit mittelalterlicher Texte. Zumeist fließen allerdings in die empirische Textarbeit auch textkritische Prämissen nicht zuletzt durch das Festhalten an der hergebrachten Rezensionseinteilung und dem damit immer noch implizit angenommenen ‚originalen' Textvorkommen ein. In gewisser Weise trägt ja auch die produktbezogene textkritische Methode mit ihrem Blick auf die Rezensionsentwicklung dem Prozesscharakter der Texte ein Stück weit Rechnung. Gerade hier setzt dann auch die überlieferungsbezogene Forschung ein.

II.3.3 Leitbilder mediävistischer Textforschung und das ‚Buch der Welt'

Die beiden unterschiedlichen Methoden der Textforschung haben also ganz allgemein das Verständnis vom Text, spezifischer auch das Verständnis vom mittelalterlichen Text geprägt. Sie sind verantwortlich für die Auffassung vom ‚mittelalterlichen Werk', wie von der ‚Offenheit des Textes'.⁷⁷ Diese beiden Leitbilder haben auch das Bild vom ‚Buch der Welt' stark beeinflusst.⁷⁸ An dieser Stelle möchte ich kurz skizzieren, welche Folgen die beiden Forschungsleitbilder für die Wahrnehmung des Textzusammenhanges des ‚Buchs der Welt' haben und hatten.

Ludwig Weiland edierte 1877 aus der Textüberlieferung, die einen Zeitraum vom 13. bis zum 16. Jahrhundert umspannt, einen Textzusammenhang, den er Sächsische Weltchronik nannte.⁷⁹ Er unterschied nach der textkritischen Methode drei Rezensionen A, B und C⁸⁰ und richtete seine Edition im Wesentlichen nach der sächsisch-welfischen Version der Handschrift 24 (Rezension C) aus. Das hatte Auswirkungen

- auf die Namensgebung des (rekonstruierten) historiographischen ‚Werkes'. Ludwig Weiland nannte seine Rekonstruktion – ohne sich

---

76 Kurt Ruh, Prosaforschung.
77 Siehe hierzu auch Gabriele von Olberg(-Haverkate), Offene Formen?
78 Vgl. dazu Kapitel I.5.3.1. (vor allem die sechs Deutungsmuster).
79 Ludwig Weiland, Sächsische Weltchronik, S. 1-348.
80 Spätere Textforscher wie Hubert Herkommer, Sächsische Weltchronik und Michael Menzel, Sächsische Weltchronik differenzierten die Rezensionszusammenhänge noch in A_1 und A_2, B, C_1, C_2, C_3.

bei diesem Titel auf Quellenbelege stützen zu können – ‚Sächsische Weltchronik';
- auf die Auswahl der Texte, die für Ludwig Weiland zum Bestand der ‚Sächsischen Weltchronik' gehörten: Er berücksichtigte die spezifischen Textverbindungen der Handschrift 24 und die meisten derjenigen Handschriften, die der Rezension C zugerechnet werden. Die Textallianzen der übrigen Rezensionen ließ Weiland völlig unberücksichtigt.

Darüber hinaus war Ludwig Weiland der erste, der die verschiedenen Fortsetzungen der ‚Sächsischen Weltchronik' segmentierte und bündelte. Auch hier verteilte er aufgrund der regionalen Provenienz Namen: Erste, Zweite, Dritte und Vierte Bairische Fortsetzung, Sächsische und Thüringische Fortsetzung. Weitere Fortsetzungen waren Weiland durchaus auch schon bekannt, so z.B. die Fortsetzung der Straßburger Handschrift 9 (Rezension A), die den so genannten gemeinen (nach Ludwig Weiland = allen Handschriften gemeinsamen) Text um eine Fortsetzung bis zur Bannung des Jan Hus (1410) erweiterte; ebenso kannte er die Kopenhagener Handschrift 14, den einzigen fortgesetzten Textzeugen der Rezension B. Er berücksichtigte diese Varianten aber nur ganz am Rande. Durch die Priorität der Handschrift 24 bei der textkritischen Behandlung der Textzeugen, die rigide Auswahl vor allem von Textzeugen der Rezension C und durch den separaten Druck der Fortsetzungen und der essentiellen Textallianzen als Anhänge, erreichte es Ludwig Weiland, den Eindruck eines in sich geschlossenen Textes entstehen zu lassen. Den Eindruck eines Werkes ‚Sächsische Weltchronik', für das mit Leichtigkeit auch ein Autor wie Eike von Repgow in Frage kommen könnte.

Seit Ludwig Weiland hat sich die Handschriftensituation grundlegend geändert. Kannte er nur 24 Textzeugen, so sind heute 59 bekannt und das Bild von den Fortsetzungen wie auch das Bild der Textallianzen, der Texte, die mit dem ‚Buch der Welt' gemeinsam überliefert werden, hat sich vollständig gewandelt.[81] Nach überlieferungsbezogenen Gesichtspunkten lässt sich eine Grenze zwischen dem Textzusammenhang des ‚Buchs der Welt' und anderen Chroniken nicht immer mit Sicherheit ziehen. Jeder Textzusammenhang, der auch nur Bruchteile von Ähnlichkeit mit dem Textzusammenhang des Buchs der Welt aufweist, gilt beispielsweise Jürgen Wolf als Textzeuge des ‚Buchs der Welt'.[82]

---

81 Siehe dazu Gabriele von Olberg(-Haverkate), Offene Formen?, S. 274-279.
82 So z.B. auch der 1945 verbrannte Münsteraner Codex, UB, Ms. 366. Es handelt sich hier um eine Buchbindersynthese, d.h., zwei unterschiedliche Codices sind nachträglich zu-

Nach überlieferungsbezogenen Gesichtspunkten lässt sich die Grenze zwischen dem ‚Buch der Welt' und anderen Weltchroniken, die daraus schöpfen, kaum ziehen. Das erklärt in einem gewissen Maße auch die Textexplosion seit der Weilandschen Edition.

Es gilt also festzuhalten: Die beiden Leitbilder der Textforschung bestimmen auch das jeweilige Bild vom ‚Buch der Welt'. Indem Ludwig Weiland als Leithandschrift die älteste Überlieferung des Textzusammenhanges, die Handschrift 24, auswählte, präsentierte er die erste deutsche Prosachronik als Text mit einer deutlich sächsisch-welfischen Ausrichtung und prägte mit dieser Momentaufnahme das Bild eines höchst komplexen Überlieferungszusammenhanges auf lange Zeit. Dieser rigiden Auswahl mit den Mitteln der Textkritik steht nun eine eher hilflose Kapitulation vor der Fülle entgegen. Die wesentliche Tendenz der jüngsten Untersuchung zum ‚Buch der Welt', der Untersuchung Jürgen Wolfs, ist, dass das ‚Buch der Welt' nicht primär als sächsisches ‚Buch der Welt' anzusehen ist. Jürgen Wolf sieht in der A- und B-Rezension den Hauptstrang der Überlieferung,[83] in ihm glaubt er eine ungebrochene Kontinuität lateinischer Weltchronistik zu erkennen. Die C-Rezension, die nicht in dieses Bild zu passen scheint, klammert Jürgen Wolf auf diese Weise weitgehend aus und kommt schließlich trotz der immensen Fülle wieder zu einem relativ homogenen Bild.

II.4   Das Textkorpus

II.4.1   *Die handschriftliche Überlieferung*

Von dem Befund der Handschriften her und aufgrund der Erkenntnisse, die in der Handschriftenforschung mit Hilfe der überlieferungsbezoge-

---

sammengebunden worden. Kriterium für die Zusammenfügung eines Papiercodex aus dem Anfang des 15. Jahrhunderts und eines Pergamentcodex aus dem 14. Jahrhundert war der inhaltliche Zusammenhang: Der Codexteil A aus dem 15. Jahrhundert überlieferte das Sachsenspiegel-Landrecht in drei Büchern nebst weiteren durch den Sachsenspiegel entstandenen Textzusammenhängen (Johann von Buch: Richtsteig des Landrechts; Klenkoks Widerspruch gegen den Sachsenspiegel etc.) und der Codexteil B aus dem 14. Jahrhundert enthielt das Sachsenspiegel-Lehnrecht in fünf Büchern und die Sachsenspiegelglosse. In diesem zweiten Teil der Buchbindersynthese wurden verschiedene Exzerpte aus dem Textzusammenhang des ‚Buchs der Welt' zusammengestellt. Unter der Überschrift *Von Hergewäte* (Bl. 364ʳ), das sind ‚diejenigen Bestandteile der Kriegsrüstung, die Gegenstand erbrechtlicher Bestimmungen waren', wurden verschiedene Exzerpte zum Erbrecht und zur Stellung des Königs zusammengestellt. Es liegt hier keine Weltchronik vor, es wurde vielmehr aus dem Textzusammenhang des ‚Buchs der Welt' eine Auswahl getroffen, die im Zusammenhang des Rechtsbuches Sachsenspiegel von Interesse war.

83 Siehe dazu Gabriele von Olberg-Haverkate, Überlegungen.

nen Methode gewonnen worden sind, lassen sich Untersuchungen zur Textsorte nicht aufgrund von Editionen vornehmen, die den heutigen Ansprüchen nicht mehr genügen.[84] Die Editionen sind ganz häufig von Historikern – mit einem ganz anderen als einem sprachlichen Erkenntnisinteresse – angefertigt worden; sie geben den Text ohne sprachliche Genauigkeit wieder. Selbst solche Editionen, die nur wenige, behutsame Eingriffe in die Textgestalt vornehmen, sind für eine Textsortenermittlung mittels makrostruktureller und syntaktischer Merkmale[85] nicht geeignet, da sie (wie übrigens selbst manche von Germanisten besorgte Editionen) nahezu durchgängig die Interpunktion nach heutigen Regeln modernisieren oder/und von der Vorlage abweichende Absatzregelungen vornehmen. Die editorischen Interessen überdecken fast immer die originären Interessenzusammenhänge des einzelnen Textvorkommens. Es ist deshalb erforderlich, die handschriftliche Überlieferung zur Untersuchungsgrundlage zu machen.

Darüber hinaus gibt es noch einen weiteren Grund dafür, der Beschäftigung mit den Handschriften einen Vorrang gegenüber der Korpusbildung mittels Editionen einzuräumen: Die Zusammenstellung unterschiedlicher Texte innerhalb eines Codex, die so genannte Begleitüberlieferung, wird in Editionen nicht berücksichtigt. Damit wird von vorneherein unterstellt, dass sie nur „Beiwerk" ist, bedeutungslos für das Einzelwerk.

Für das ‚Buch der Welt' geht Jürgen Wolf bei mehr als der Hälfte der überlieferten Handschriften von Sammelhandschriften aus, neben dem ‚Buch der Welt' sind also Textzusammenhänge überliefert, die inhaltlich nicht zwingend einen Bezug zum ‚Buch der Welt' haben müssen.[86] Als grundlegende Fragen stellen sich nun bei der Textanalyse, ob tatsächlich in allen Fällen Sammelhandschriften vorliegen[87] und ob es sich dabei um

---

84 Vgl. auch Kalevi Tarvainen, Zur Problematik der sprachlichen Untersuchung historischer Chroniken, S. 115-130, bes. S. 115: „[...] das erste große Problem [...], dem ein an der Sprache der historischen Chroniken interessierter Forscher gegenübersteht: die Frage der sprachlichen Genauigkeit der von den Historikern herausgegebenen Texte." Und weiter: „Ein zweites Hauptproblem bezieht sich auf die Handschriften, ein drittes ist ein Komplex von Einzelfragen, die sich aus der sprachlichen Chronikuntersuchung selbst ergeben."
85 Siehe auch: Franz Simmler, Zur Valenz und Distribution, S. 129-183 und ders., Makrostrukturen, S. 213-305.
86 Vgl. auch Jürgen Wolf, Sächsische Weltchronik, Tabelle 10: Texte im Überlieferungsverbund mit der SW, S. 378f.
87 Die Begriffe Sammel- und Einzelhandschriften sind in der Handschriftenforschung üblich. Als Einzelhandschriften werden in der Regel Handschriften angesehen, die in einer für die jeweilige Rezension typischen zeitlichen Ausdehnung, mit oder ohne Fortsetzungen, aber ihrer ursprünglichen Intention nach ohne jegliche Mitüberlieferung also allein in einem Codex tradiert werden. Sammelhandschriften tradieren dagegen mehr als ein

zufällige Textzusammenstellungen handelt oder ob die Auswahl der Überlieferung planmäßig geschehen ist.

Vor allem die Editionen des 19. Jahrhunderts gingen mit dem Problem der Textkombination recht willkürlich um; sie erschufen z.B. Textzusammenhänge, indem sie planvoll aus einem Codex auswählten, oder sie erschufen Fragmente, indem sie nur nach einem bestimmten Textzusammenhang – wie dem des ‚Buchs der Welt' – Ausschau hielten und dabei dessen Einbettung in andere Texte übersahen oder z.B. Exzerpte aus dem ‚Buch der Welt' für „Fragmente" hielten.

Dieses Vorgehen wird aber der Bedeutung der Textzusammenstellungen in keiner Weise gerecht. Im Zentrum meiner Überlegungen steht deshalb das Verhältnis der Überlieferung des ‚Buchs der Welt' zu den anderen Texten, die in demselben Codex zusammengestellt sind. Ich möchte von der ursprünglichen Zusammenstellung im jeweiligen Gesamtcodex ausgehen und auch von hier aus Rückschlüsse auf die Textsorte ‚Weltchronik' ziehen:

a) Inwieweit findet sich in mehreren Codices die immer wiederkehrende Zusammenstellung mehrerer Textexemplare und
b) ergeben sich aus den Textverbindungen besondere Textsortenmerkmale? Welche Textfunktionen lassen sich aus der Kombination der zum Teil sehr unterschiedlichen Textzusammenhänge ablesen?

Ausgewählt habe ich die Codices, die in der gegenwärtigen Forschung als Überlieferungsträger des ‚Buchs der Welt' gelten. Hubert Herkommer ging in seiner Dissertation 1972 von 34 Textzeugen aus, Michael Menzel legte 1985 36 Handschriften und Fragmente zugrunde, Herkommer beschrieb 1992 im Verfasser-Lexikon 43 bekannte Handschriften[88]

Textexemplar. Gerade bei mittelalterlichen Codices kann nur eine sorgfältige linguistische und kulturhistorische Analyse zur Klärung der Frage beitragen, ob es sich in den einzelnen Fällen um Sammlungen oder um Einzelhandschriften handelt, denn die Textzusammenstellungsgesichtspunkte sind stark zeitgebunden. Der Ansatz, Sammelhandschriften als ‚Reflex von literarischen, stofflichen und ästhetischen Epochenerwartungen' anzusehen, ist schon von Konrad Burdach verfolgt worden, erst mit der überlieferungsgeschichtlich orientierten Würzburger Forschergruppe um Kurt Ruh wurde er jedoch zentraler methodischer Ausgangspunkt für viele Untersuchungen. Unter linguistischen Gesichtspunkten sind die Kategorien Einzel- oder Sammelhandschriften neu zu definieren, dabei sind vor allem Fragen der Anfangs- und Endbegrenzung wichtig, Fragen der Homogenität bzw. Heterogenität von Sammlungen, ihrer Kohärenz etc. Vgl. zu dem Problem der Sammelhandschriften aus textlinguistischer Sicht: Franz Simmler, Teil und Ganzes, S. 604.

88 Vgl. Hubert Herkommer, Artikel ‚Sächsische Weltchronik', S. 478 geht von 43 bekannten Hss. aus.

und 1997 kann Jürgen Wolf in seiner Dissertation zu den Überlieferungszeugen der Sächsischen Weltchronik die größte Anzahl bekannter Textexemplare anführen: „Zur Zeit umfasst der SW-Handschriftenkatalog 56 mittelalterliche Handschriften und Fragmente sowie drei neuzeitliche Kopien. Von diesen 59 Textzeugen gelten drei Handschriften als verschollen (Hss. 071, 103, 23). Drei weitere sind verloren bzw. verbrannt (Hss. 163, 141, 20)."[89] Die Zuordnung – vollständige ‚Buch der Welt'-Texte oder Fragmente oder Exzerpte (Textauszüge, Textteile) etc. – wird in der Forschung sehr undurchsichtig gehandhabt. Das hängt nicht so sehr mit der Materialgrundlage, sondern vor allem mit den Leitbildern zusammen, die die Forschungsarbeit bestimmen.

Jürgen Wolf rechnet seinem Textkorpus auch die neuzeitlichen Abschriften 4a (eine Abschrift der damals in Rom befindlichen Heidelberger Handschrift aus den Jahren 1758 bis 1760), 24a (eine Abschrift von J. Georg Eccard aus den Jahren 1719 und 1723, die dieser als Vorlage für seinen Teilabdruck der Gothaer Bilderhandschrift 24 benutzte) und 24b (eine Abschrift des fürstlich gothaschen Hofrats Johann Georg Ludwig Zollmann, der die Gothaer Bilderhandschrift um 1690 für seine eigene Bibliothek abschrieb) zu. Darüber hinaus legt er Handschriften zugrunde, die er aus Erwähnungen innerhalb von Bibliothekskatalogen des 15. Jahrhunderts rückschließt (Hs. *23); er bezieht in einem Fall eine Handschrift – die Altzeller Weltchronik (*101) – ein, die eigentlich ein Rezipient des ‚Buchs der Welt' ist.

Gemäß seines überlieferungsgeschichtlichen Ansatzes geht Jürgen Wolf von einem sehr weitgefassten Textzusammenhang aus, was ihn deutlich von der älteren Auffassung (der Textkritik) unterscheidet, bei der ein möglichst dem Urtext naher Text als Leitlinie galt. Die Abgrenzung der Weltchronikkompilationen von der eindeutigen Rezeption und Neubearbeitung ist schwierig, vielleicht unmöglich. „Die SW wurde im Laufe ihrer über 300-jährigen Geschichte oft kopiert und bearbeitet. Sie diente vielen historisch Interessierten an fast jedem Ort des deutschsprachigen Raumes als Lesestoff, Nachschlagewerk, Sammelobjekt oder als Quelle."[90]

---

89 Jürgen Wolf, Sächsische Weltchronik, S. 18.
90 Ebd., S. 197. Vgl. auch die Auflistung der Rezipienten bei Hubert Herkommer, Artikel ‚Sächsische Weltchronik', Sp. 495-497. Bei der Untersuchung der heute als ‚Buch der Welt'-Handschriften geltenden Textzeugen fällt allerdings auf, dass es sich in vielen Fällen gar nicht um Sächsische Weltchroniken, sondern um deren Rezipienten handelt. Die meisten Rezeptionen sind noch nicht mit den ‚eigentlichen' Textzeugen des ‚Buchs der Welt' verglichen worden, so dass sich auch keine textinternen Kriterien für ihren Aus-

Die große Wirkung der Geschichtsprosa schlägt sich in ihrer uns heute so verwirrenden Textgeschichte nieder: in der textgeographischen, textsoziologischen und textchronologischen Vielfalt.[91] Die Beachtung der Überlieferungsgeschichte eines Textes[92] wie auch die Betrachtung der Zusammenordnung von Texten innerhalb eines handschriftlichen Codex[93] haben zu einer „Neudefinition des Literaturbegriffs [...] jenseits der ästhetischen Wertung"[94] geführt. Für die Literaturgeschichte ist dieser Perspektivenwandel in der Neubearbeitung des Verfasserlexikons[95] dokumentiert, wo „neben politischen Texten auch solche etwa der Theologie und Philosophie, der Natur- und Rechtswissenschaften"[96] berücksichtigt werden.

Es ist nicht meine Fragestellung, zwischen dem Textzusammenhang des ‚Buchs der Welt' und seinen Rezipienten zu unterscheiden, denn in meiner Untersuchung steht nicht der Textzusammenhang als solcher im Vordergrund. Ich untersuche ihn als Paradigma für die Textsorte ‚Weltchronik', dabei ist eine möglichst weite Materialbasis von Vorteil. Ich lege zunächst als Gesamtrahmen 59 Textzeugen zugrunde. Darüber hinaus berücksichtige ich Handschriften der lateinischen Hauptvorlagen:

---

schluss bzw. für die Berücksichtigung innerhalb des Überlieferungszusammenhanges festmachen lassen. Dies erforderte eine eigene Untersuchung oder ist vielleicht ganz zu vernachlässigen, da die Bearbeitung von Chroniken wesensmäßig zur Textsorte hinzugehört. Eine Untersuchung muss sich also wohl eher wie im vorliegenden Fall mit den Unterschieden der einzelnen Textbearbeitungen auseinandersetzen.

91 Vgl. Kurt Ruh, Überlieferungsgeschichte, S. 268.
92 Vgl. zu einer überlieferungsorientierten Literaturbetrachtung die Arbeiten von Hugo Kuhn und der Würzburger Forschergruppe: z.B. Hugo Kuhn, 15. Jahrhundert, S. 135-155; Kurt Ruh, Überlieferungsgeschichte; Würzburger Forschergruppe, Spätmittelalterliche Prosaforschung, S. 156-176.
93 Vgl. z.B. Peter Johanek, Rechtsschrifttum, S. 396-515; Brigitte Janz, Wir sezzen unde gebiten, S. 242-266.
94 Nikolaus Henkel, Nigel F. Palmer, Latein und Volkssprache im deutschen Mittelalter 1100-1500, S. 1-18, bes. S. 7.
95 Die deutsche Literatur des Mittelalters. Verfasserlexikon (VL). Begründet von Wolfgang Stammler, fortgeführt von Karl Langosch. Zweite völlig neu bearb. Aufl. unter Mitarbeit zahlreicher Fachgelehrter hg. von Kurt Ruh (Bd. 1-8) und Burghart Wachinger (Bd. 9ff.) zusammen mit Gundolf Keil, Kurt Ruh (Bd. 9ff.), Werner Schröder, Burghart Wachinger (Bd. 1-8), Franz Josef Worstbrock, Redaktion Kurt Illing (Bd. 1), Christine Stöllinger-Löser (Bd. 1ff.), Bd. 1-Bd. 10, Lfg. 5, Berlin/New York 1978-1999 (Nachtragsband in Arbeit). Das Verfasserlexikon ist in dieser Auflage konzipiert als ein grundlegendes und umfassendes Nachschlagewerk zum deutschen Schrifttum des Mittelalters sowie in Auswahl zu lateinisch schreibenden deutschen Autoren des Bearbeitungszeitraums. Es ist alphabetisch nach Autoren und anonymen Werktiteln geordnet. Vgl. auch: Karl Stackmann, Das neue Verfasserlexikon, S. 378-387.
96 Nikolaus Henkel, Nigel F. Palmer, Latein und Volkssprache, S. 1-18, bes. S. 7.

der so genannten Frutolf-Ekkehard-Chronik,[97] deren Rezipient ja das ‚Buch der Welt' ist, und in einzelnen Fällen auch die Annales Palidenses aus dem Prämonstratenserstift Pöhlde.[98] Von dieser Untersuchungsgrundlage aus stellt sich die Frage, ob die Nähe von Produzent und Rezipient ein Textsortenkriterium der Textsorte ‚Universalchronik' ist.

Wie Jürgen Wolf berücksichtige ich auch die neuzeitlichen Abschriften 4a (1758 bis 1760), 24a (1719, 1723) und 24b (1690), nicht zuletzt deshalb, weil sie

a) das Mittelalterbild des späten 17. und des 18. Jahrhunderts repräsentieren,
b) den Umgang mit handschriftlichen Chroniken im Zeitalter des Druckes zeigen, z.B. Hs. 4a und 24b (eine Abschrift der Gothaer Bilderhandschrift durch den fürstlich gothaischen Hofrat Johann Georg Ludwig Zollmann für seine eigene Bibliothek) und
c) als Vorlagen bzw. Vorbereiter der Editionen des 18. Jahrhunderts gelten können, wie Hs. 24 (die von J. Georg Eccard als Vorlage für seinen Teilabdruck der Gothaer Bilderhs. 24 benutzt wurde). Ich untersuche diese (Teil-)Abschriften aber hier nur in Bezug auf ihre externen Merkmale.

Auf die aus Bibliothekskatalogen rückgeschlossene (Hs. *23) wie auch auf die verschollenen und verbrannten Handschriften (Hss. 032, 103, 141, 163, 20) muss ich in den meisten Untersuchungsschritten – anders als Jürgen Wolf – verzichten, da sie einer sprachlichen Untersuchung nicht zur Verfügung stehen.

Ich berücksichtige also in meiner Untersuchung die handschriftlichen Textexemplare des ‚Buchs der Welt', wie sie die bisherige Forschung zusammengetragen hat.[99] Untersuchungsgegenstand ist immer der gesamte Codex und niemals nur das einzelne Textvorkommen. Zur ersten Orientierung über die Textgrundlage und den Stand der Forschung habe ich im Folgenden die handschriftliche Überlieferung in nach Rezensionen geordneten Tabellen dargestellt.

---

97 Z.B. das Autorgraph: Jena, Universitätsbibliothek Bose q 19; Ausgaben: Georg Waitz, Ekkehard von Aura, S. 33-267; Irene Schmale-Ott, Franz Josef Schmale, Frutolfs und Ekkehards Chroniken.
98 Vgl. z.B. die Original-Handschrift Bodleian Library, Ms. Laud. Misc. 633. Die MGH-Edition von Georg Heinrich Pertz basiert auf einer Abschrift aus dem 18. Jahrhundert (Göttingen, Niedersächsische Staats- und Universitätsbibliothek, Ms. Hist. 333): Georg Heinrich Pertz, Annales Palidenses, S. 51-98.
99 Jürgen Wolf, Sächsische Weltchronik, S. 22-120.

II.4.2 Tabellarische Übersicht über die Handschriften

Für meine tabellarische Übersicht wähle ich die Eckdaten: (1) Sigle, das ist die Nummerierung, die seit Ludwig Weiland für die Einordnung der ‚Buch der Welt'-Handschriften gebräuchlich ist; (2) Codexbezeichnung, das ist die Bibliothekssigle, also die Herkunftsbezeichnung der Handschrift; (3) a) Material, die Codices bestehen in der Regel aus Papier, die älteren aus Pergament, b) Umfang, das ist die Angabe der Blattanzahl; (4) a) Zeit, das ist der Zeitraum, in dem die Chronik angefertigt wurde, oder der Zeitpunkt, an dem sie abgeschlossen war, und b) sprachliche Einordnung der Handschriften. Ich referiere an dieser Stelle die bisherigen Einschätzungen und stelle, wenn nötig, auch differierende Aussagen nebeneinander. (5) Diese Rubrik führt die Textexemplare der ‚Buch der Welt'-Überlieferung auf. Hier ist die handschriftliche Überlieferung mit dem Text der Edition von Weiland (= SW) – in Bezug auf den Umfang – verglichen worden. (6) In der letzten Spalte wird die Frage nach der Zusammenstellung des Gesamtcodex beantwortet: Welche Texte enthält der Codex? Über die Art und Weise der Textverbindungen kann an dieser Stelle noch keine Aussage gemacht werden. Dies ist Gegenstand der Untersuchung. Die tabellarische Übersicht dient der ersten Orientierung in Bezug auf die Textexemplare.

Tab. 3: Handschriften Rezension A_1

Sigle	Codexbezeichnung	a) Material b) Umfang	a) Zeit b) sprachliche Einordnung	Textzusammenhang SW	Welche Texte enthält der Codex insgesamt?
1	Wolfenbüttel HAB, Cod. Guelf., 23.8 Aug. 4^0	a) Pergament b) 83 + II Bll.	a) Anfang 14. Jh. b) ostmd. oder obd.	SW 67,1-244,32 (1225) Bl.1^r-83^r Z. 12	1. SW 2. **Nachträge aus dem 15. Jh.: Fragment des Gedichtes vom jungsten Tage u. die Fünfzehn Zeichen (Comestorfassung)** Bl.83^r Z. 1832 3. **Nachtrag Mitte/ 2. Hälfte d. 15. Jh.s (1424 Reichskleinodien in Nürnberg)** Bl. 83^v Z.1-6 + 7- 1457, z. Teil ausrasiert 4. **Nachtrag (v. anderer Hand) z. Verbot d. Priesterehe unter Papst Calixtus I. (217-222)** Bl. 83^v Z. 8-12

Sigle	Codex-bezeichnung	a) Material b) Umfang	a) Zeit b) sprachliche Einordnung	Textzusammenhang SW	Welche Texte enthält der Codex insgesamt?
2	München, BSB, Cgm 55	a) Pergament b) I+74+I Bll.	a) 1./2. Viertel 14. Jh. b) bair. oder bair. mit md.	SW 67,1-244,32 (1225) Bl.1^r- 66^v Z. 1	1. SW 2. 1. bair. Fortsetzung (1216-1314) Bl. 66^v Z. 1-74^r Z. 25 3. spätere Nachträge (1566) Bl. 74^v
021	Basel, Öffentliche Bibliothek d. UB, Cod.E, VI.26	a) Papier b) Teil I: 218 Bll. ursprüngl. 228 Bll. Teil II: 5 Bll. Teil III: 8 Bll.	a) - SW um 1420, - Appenwiler 1439-1471, - anonyme Fortsetzung bis 1473, - Sinner ab 1474, - Zusätze nach 1474 b) alem.	1. eingearb. in Verse aus R. v. Ems u.Jans Enikels: SW 73,33;74,1; 75,28 - 76,1; 76,13-24; 77,12,20 - 35; Bl. 7rb Z. 4-8ra Z. 5 2. SW 78,21-243,19 (bis 1223) Bl. 17va Z. 19-156vb	1. V. 1009-20305 R. v. Ems mit Einschüben SW zu Salmanassar u. Verse v. J. Enikel Bl. 1ra-14ra 2. Bruchstück Trojanergedicht Bl. 1ra-14ra Z. 14 3. SW m. Baseler Zusätzen und Baseler Alexander nach SW 84,32 4. 1.bair. Forts.(erw.) (-1350) Bl. 157va-179va Z. 17 5. Annalen d. Klosters Pairis, Elsaß (1335-1422) Bl. 179^v-180^r 6. Notizen(1349,1386, 1408,1453) Bl. 181^r 7. ‚Chronik' Appenwilers mit verschiedenen Einschaltungen und Fortsetzungen Bl. 180^v-231^r
022	Alba Iulia, Bibl. Batthyaneum, Ms. I.115	a) Papier b) 45 Bll. Der Gesamtcodex ist ein Fragment	a) 1476 (Bl. 1^r) b)ost-schwäbisch	SW 67,1-82,30 Bl. 1^r-33^v m. Interpolationen (Königshofen, Korrekturen n. Hs. 023)	1. SW 2. Anfang einer Augsburger Stadt-Weltchronik Bl. 34^r-45^v
023	Augsburg, Stadtarchiv, Schätze 19	a) Papier b) 180 Bll.	a)vor 1476 b) ost-schwäbisch	SW 67,1-244,32 (1225) Interpolationen aus Gmündner Kchr und anderen Chroniken Bl.1ra-132rb	1. SW 2. 1. Bair.Fortsetzung (erw. Fassung bis 1350) mit zahlreichen Interpolationen auch aus Hs.024 u. Lokalquellen 3. Bair. Fortsetzung aus einer weitergeführten Königshofen-Chronik, Flores temporum-Übersetzung, Hs. 024, Augsburger Quellen (bis 1445 bzw. 1457 am Schluss unvollständig)

Sigle	Codex-bezeichnung	a) Material b) Umfang	a) Zeit b) sprachliche Einordnung	Textzu-sammen-hang SW	Welche Texte enthält der Codex insgesamt?
024	Augsburg, Stadtarchiv, Schätze 121	a) Papier b) I+161+221 Bll.	a) Teil A: um 1470 Bl. 1ra-30vb Teil B: 1464 Bl 150ra Bl. 31ra-160vb Teil C: in d. 1460er Jahren Bl. 1^r-204^r +17 b) Teil A: ost-schwäb. Teil B: schwäb., gering. bair. Einfl. Teil C: ost-schwäb.	SW 67,1-244,32 (1225) Bl. 59ra-132ra Z. 25 (Teil B)	Teil A: 1. Stammbaum Christi (Petrus Pictaviensis, dt. m. Erläuterungen, Randbemerkungen) Bl.1ra-29va Z.8 2. Vom bösen Judas Sarioth Bl.29va Z. 9-30vb Teil B: 1.Petrus Pictaviensis dt. Bl.31ra-58rb 2. SW 3. 1. Bair.Fortsetzung erw. bis 1350 (am Ende Zusätze zur schwäb. Geschichte) Bl.132ra Z. 25-149ra Z. 7 4.weitere Forts. bis 1460 Bl. 149ra Z. 8-150ra 5.Gmünder Kaiserchronik Bl. 150va-160vb Teil C: 1.Flores temporum (dt., fortges. bis 1349) Bl. 1^r-200^v 2.Muster d. Kostenaufstellung d. Familienhaushaltes v. P.II. Mair, Bl. 201^r-202^r 3. Register zu Teil C Bl. 204^r (nicht ausgeführt)
3	Wien, ÖNB, Cod. 2692	a) Pergament b) I+86+I Bll.	a) Anf. 15. Jh. b) bair.	SW 67,1-244,32 (1225) Bl. 1^r-72^r Z. 14	1. SW 2. 1. Bair.Fortsetzung (bis 1314) Bl. 72^r Z. 14-81^v Z. 25 3. 2. Bair.Fortsetzung (bis 1348) Bl. 81^v Z. 25-84^v (Bl. 85-86 leer)
031	München, B, Cgm 6243	a) Pergament b) I+234+I Bll.	a) Teil A: 1467 (Bl. 113vb) Teil B: 2. Hälfte/Ende 15.Jh. b) bair.	SW 67,1-244,32 (1225) Teil B: Bl. 115^r-205^r Z. 7	Teil A: 1. Johannes von Neumarkt: Leben des hl. Hieronymus in der Übersetzung d. Bischofs Joh. v. Olmütz; Bl. 2^r-113rb 2. Zeugenaussage i.Fall Hansen Schlüssenhauer aus Dingolfing gegen Isak zu Stössenberg; Bl. 114^r Teil B: 1.SW 2. 1. Bair. Fortsetzung (bis 1314) Bl. 205^r Z. 7-216^r Z. 14

Sig-le	Codex-bezeich-nung	a) Material b) Umfang	a) Zeit b) sprachliche Einordnung	Textzu-sammen-hang SW	Welche Texte enthält der Codex insgesamt?
					3. 2. Bair. Fortsetzung (bis 1348) Bl. 216^v Z. 14-219^v 4. Scheyrer Fürstentafel Herzogtum Bayern v. Karl d. Großen bis Ludwig II. (gest. 1294) u. Heinrich XIII. (gest. 1290); Bl. 220^r-225^r Z. 10 5. Älteste Chronik v. Andechs Ende unvollständig; Bl. 225^r Z. 11-33^v
032	Burgha-u-sen a. d. Sal-zach	verschollen seit dem 16. Jh	a) nach 1349 od. zw. 1410 und 1437 b) obd.	SW 69,11-243,24	1. 1. bair. Fortsetzung (1314) 2. 2. bair. Fortsetzung erweitert u. fortgeführt
4	Heidel-berg, UB, Cpg 525	a) Papier b) I+326 (157+169) + I	a) Teil A: 1445-1454 Teil B: 1423 (Bl. 232^v) b) bairisch	Teil A: SW 78,11-244 (1225) Bl. 1^r-93^v	Teil A: 1. SW 2. 1. Bair. Fortsetzung (1312) Bl. 93^r Z. 5-106^r Z. 11 3. 4. Bair. Fortsetzung (1454) Bl.106^r Z. 12-154^r Z. 16 darin Hans Rosenblüts Gedicht die Flucht vor den Hussiten (Bl. 147^r Z. 17-152^r) 4. Balthasar Mandelreiß: Lied gegen die Türken (Fassung v. 1453) Bl. 154^r Z. 17-156^r; Bl. 156^v-157^r leer; Bl. 157^v verschied. Einträge u. Schriftproben 5. Teil B: Bruder Philipp: Marienleben Bl. 158^r-326^v
4a	Mün-chen, BSB, Cgm 1136	a) Papier b) 1553 S. paginiert	a) 1758 - 1760 b) Abschrift von Hs. 4 mit vielen Fehlern und Veränderungen	SW 78,11-244,32 (1225) S. 3-484 Z. 19	1. SW 2. 1. Bair. Fortsetzung S. 484 Z. 19-553 3. 4. Bair. Fortsetzung S. 554-821 4. H. Rosenplüt S. 790-809 5. Balthasar Mandelreiß S. 822-843 6. Bruder Philipp: Marienleben S. 844-1552 7. Hinweise u. Anm. zur Vorlage u. zur Abschrift v. J.A. Hirschmann, Elias Baldi u. F.H. Houwiler S. 1522f.

Sigle	Codex-bezeichnung	a) Material b) Umfang	a) Zeit b) sprachliche Einordnung	Textzu-sammen-hang SW	Welche Texte enthält der Codex insgesamt?
041	Graz, UB, Hs. 470 ← Sigle 041 Jürgen Wolf, SW, 45-47; Hubert Herkommer, Artikel SW, Sp.473: 071	a) Pergament + 4 Papierbll. b) 145+4 Papier	a) bis Bl. 122^r 16. Mai 1415 (= Heinrich v. München) Rest von zwei Händen des 15. Jh.s b) bair.	Bruchstücke aus der SW zu Karl d.Großen: SW 147,6-148,11; 150,28-40; 148,36-38 (Bl. 134ra Z. 22-145vb)	1. H. v. München (mit zahlreichen Exzerpten) Bl. 1ra-122rb 2. Bruchstücke aus d. Gmünder Kaiserchronik Bl. 122va-125ra Z. 17 3. Irmhart Öser: Die Epistel des Rabbi Samuel an Rabbi Isaak Bl. 125ra Z. 18-134ra Z. 21 4. Bruchstücke aus der SW 5. Konr. v. Megenberg: Dt. Sphaera Bl. 135ra-145vb
5	Frankfurt a.M., Stadt- u. UB, Mgq 11	a) Papier b) 263 Bll.	a) 2. Viertel 15. Jh. 1. Drittel 15. Jh. b) nord-bair.	SW 67,1-244,32 (1225) Bl. 167ra-251va	1. Jacob. de Theramo: Belial Bl. 1ra-100ra 2. Irmhard Öser: Die Epistel des Rabbi Samuel an Rabbi Isaak Bl. 101ra-121ra 3. Friedensabkommen zw. d. Stadt Nürnberg u. Markgraf Albrecht Achilles v. Brandenburg (Text d. Bamberger Richtung) Bl. 121^v-122^r 4. Schachzabelbuch dt. Prosaübers. n. J. de Cessolis, 2. Fassung Bl. 123ra-166ra 5. SW 6. 1. Bair. Fortsetzung (bis 1314) 7. 2. Bair. Forts. am Ende verstümmelt: nur bis 1335
6	München, BSB, Cgm 327	a) Papier b) 168 Bll. (78+90)	a) Teil A: 2. Viertel 15. Jh. Teil B: Ende 14. Jh. b) Teil A: lat. u. mittelbair. Teil B: bair. mit md.	SW 67,1 – 244,32 (1225) Teil B: Bl. 80ra-144va Z. 2	Teil A: 1. Ersatzansprüche bayer. Klöster an die bayer. Herzöge, 58 Schriftstücke (lat. u. dt.)Bl. 1^r-76^r Teil B: 1. Kaiserkatalog (Konrad III. gest. 1152) Bl. 79^{ra-vb} 2. Papstkatalog (1. Teil) Bl. 79vb Z. 11 3. SW 4. 1. Bair. Fortsetzung (1314) Bl. 144va Z. 2-153ra Z. 23 5. 3. Bair. Fortsetzung (1342) Bl. 153ra Z. 23-158vb; Bl. 159^r-166^r leer

Sigle	Codex-bezeichnung	a) Material b) Umfang	a) Zeit b) sprachliche Einordnung	Textzusammenhang SW	Welche Texte enthält der Codex insgesamt?
					6. Papstkatalog (2. Teil bis Eugen III. gest. 1153) Bl. 166^v 7. Katalog d. röm. Kaiser u. Päpste n. Otto v. Freising (bis Friedr. I. gest. 1190) Bl. 167^{r-v}
7	Nürnberg, GNM, Hs. 2733	a) Papier b) II+94 Bll.	a) 1391-1393 b) bair./ schwäb.	SW 67,1-244,32 (1225) Bl. 1^r-86^r Z. 15	1. SW 2. 1. Bair. Fortsetzung (1314 bricht ohne Blattverlust ab) Bl. 86^r Z. 15-93^v;Bl.94 leer
071	Darmstadt Hess. LHB, Nr.3234 /6	a) Pergament b) 1 Bl. seit 19. Jh. verschollen	a) 14. Jh. b) bair.	SW 75,23ff. u. 77,29-77,40	Fragment
8	München, BSB, Cgm 3959 Mittelbare Abschrift von 081	a) Papier b) 6+344 Bll.	a) 1. Viertel 16. Jh. b) bair. oder bair./md	SW 67,1-87,32 Schöpfungsgesch. bis Cäsar/Chr. Geb. Bl. 1ra-13ra (Bl. 13^v-14^v leer)	1.SW 2.Chronik d. Andreas v.Regensburg in der Übersetzung d. Leonhard Heff Bl. 15ra-298rb Z. 1 3.Andr. v.Regensburg: Auschnitte a.d. Consilium Constantiense dt., übers. v. L. Heff Bl. 298rb Z. 2-300va Z. 32 4. Andr. v.Regensburg: Ausschnitte a.d. Consilium Constantiense und der Chronica Hussitarum, dt., übers. v. L. Heff Bl. 300va Z. 33-338ra 5. Kurze Gesch. Kaiser Albrechts II. u. Friedrichs III. (1440-93) Bl. 338rb-339ra 6. Kurze Papstgesch. v. Nikolaus d. V. bis Paul II. (gest.1471) Bl. 339^{va-b}

Sigle	Codexbezeichnung	a) Material b) Umfang	a) Zeit b) sprachliche Einordnung	Textzusammenhang SW	Welche Texte enthält der Codex insgesamt?
081	München, BSB, Cgm 6240	a) Papier b) 334 Bll.	a) Bis Bl. 228rb = 24. Jan. 1471 fertiggestellt (Bl. 253ra Z. 35-253rb Z. 1) Rest am 26. Juli 1471 nachgetragen Bl. 253ra Z. 35-253rb Z. 1 b) obd. oder bair./md	SW 67,1-87,32 Schöpfungsgesch. bis Cäsar/ Chr. Geb. Bl.2ra-13ra (Bl.13^v-16^v leer)	1. SW 2.Chronik d. Andreas s.o. Bl. 17ra-274rb 3.Andr.v.Regensburg: Consilium Constantiense dt., s.o. Bl. 274va-276vb Z. 4 4. Auschnitte a.d. Consilium Constantiense und der Chronica Hussitarum, dt., s.o. Bl.276vb Z. 5-312rb 5. Kurze Gesch. Kaiser Albrechts II. u. Friedr. III. (1440-93) Bl. 312va-313rb 6. Kurze Papstgesch. s.o. Bl. 313vb
082	Hamburg, SUB, Cod. Hist. 8 – mittelb. Abschrift v. 081	a) Papier b) 232+1 Bll.	a) fertiggestellt 1501 Bl. 180^r Z. 28 b) süddt.	SW 67,1-87,32 Schöpfungs gesch. bis Cäsar/Chr. Geb. Bl. 3^r-11^r	1. SW 2. Chronik A. v.Regensburg s.o. Bl. 12^r-203^v Z. 13 3.A. v.Regensburg: Auschnitte s.o. Bl. 203^v Z. 14-205^r Z. 25 4.A. v. Regensburg: Auschnitte/Chronica Huss. wie oben Bl. 205^r Z. 26-231^v
9	Strasbourg, Bibliothèque Nat. et Universitaire, Ms. 2119	a) Papier b) III+297+II	a) vor 1461 Weissagungen Bl. 293va und 297^{va-vb} b) bair. u. md.	SW 90,1-245,35 Chr. Geb. bis 1225 Bl. 71ra-108rb	1. Vinzenz v. Beauvais: Speculum historiale, in dt. Übers., Buch 1, Kap. 56-Buch 6, Kap. 102, Bl. 1ra-70rb 2. SW 3. SW-Fortsetzung bis zur Absetzung Wenzels (1400/1411) Bl.108va-109ra 4. Guido de Columna, Historia troyana in dt. Übers. (Hans Mair v. Nördlingen) Bl. 116ra-184ra 5. Meister Babiloth: Alexanderchr. Bl. 184va-210vb 6.Joh. v.Hildesheim: Historia trium regum, dt. (Kap.3-45) Bl. 212ra-235rb 7. Jean de Mandeville: Reisen, in der Übers. v. Otto v. Diemeringen, Bearb. m. eigenständigem Prolog, Bl. 236va-276vb 8. Hans Schiltberger: Reisebuch, Kap. 1-28, Bl. 280ra-291rb

Sigle	Codex-bezeichnung	a) Material b) Umfang	a) Zeit b) sprachliche Einordnung	Textzusammenhang SW	Welche Texte enthält der Codex insgesamt?
					9. Joh. de Rupescissa: Vademecum in tribulatione, dt. Übers. u. Berab., Bl. 292ra-297rb 10. Gebete, Hand 16./17. Jh., Bl. 297^v
10	Wolfenbüttel, HAB, Cod. Guelf. 83.12. Aug.2°	a) Papier b) I+119+I Bll. letzte Lage verstümmelt	a) Anfang/1.Hälfte 15.Jh. b) md./thüring.	SW 67,1-246,5 (1226) Bl. 1ra-101va, Z. 26	1. SW 2. Thüringische Fortsetzung (bricht ab: 1350/1353 Bl. 101va, Z. 28-119vb)
10a	Bremen, SUB, msa 0044	a) Papier b) 163 Bll. verschied. Blattverluste am Anfang u. Ende	a) Anfang/1. Hälfte 15. Jh. b) md.	1. Kompilation aus SW 68,24-78,12 u. e. Vulgata-Fassung 2. SW 75,5-246,5 (1225)	1. SW-Kompilation Bl. 1^r-33^v 2. SW Bl. 34^r-128^r Z. 19 3. Thüringische Fortsetzung (unvollständig 1227-1322) Bl. 128^r Z. 20-163^v
101	Leipzig, UB, Ms. 1314, fol. 45^{a-b}	a) Pergament b) 1 Bl. Fragment	a) 2. Hälfte 13. Jh. b) Latein	SW 218, 15-246,5 (1148-1225) Bl. 45^{ra-vb}	Das Fragment stammt vom Einbanddeckel des Leipziger Codex UB, Ms. 1314 aus Altzelle
*101	Leipzig, UB Ms. 1314 Wirtshandschrift von 101	a) Pergament b) 48+1 Bll.	a) 2. Hälfte 13. Jh. bis Bl. 48; Bl. 49= Mitte 14. Jh. b) Latein	Kompilation SW 67,1-246,5 (bis 1225) m. Cron. Minor, Bibel und e. Forts. a.d. Cron. Minor bis 1261, Bl. 1ra-48vb	1. Kompilation SW mit ‚Cronica Minor', der Bibel und einer Fortsetzung der ‚Cronica Minor' bis 1261 2. Fortsetzung von Wilhelm von Holand bis zu Ludwig dem Bayern Bl. 49^{ra-va}
102	Berlin, SB, Mgf. 750, Bl. 10ra-11vb	a) Pergament b) 2 Bll. Fragment	a) 1. H. bis Mitte 14. Jh. b) md.	SW 233,15-233,5 u. 237,6-238,17 (1208)	Fragment

Sigle	Codexbezeichnung	a) Material b) Umfang	a) Zeit b) sprachliche Einordnung	Textzusammenhang SW	Welche Texte enthält der Codex insgesamt?
103	Königsberg, Staats- u. UB, N⁰ 1150 Seit 1945 verschollen	a) Pergament b) 180 Bll. aus 2 Teilen zusammengebunden beide Teile defekt	a) Teil A: Bl. 1ᵛ-125ᵛ 14. Jh. Teil B: Bl. 126ʳ-180ᵛ nach 1290 b) Latein – SW-Teil = Latein nach nd./md. Vorlage	SW – Übers. 67,1-203,31 (Bannung Heinr. V) SW-MT Kompilation 1277-1280 [SW-Ausschnitte 228,1-241,11 u. Ausschnitte MT 469,23-474] Bl. 137ʳ-Bl. 180ʳ u. Bl. 126ʳ	Teil A: 1. Dictionarium Latinum Bl. 1ᵛ-85ᵛ 2. Brevis expositio de vocali Y Bl. 85ᵛ+1ʳ 3. Vocab. Graeco-Latinus Bl. 86ʳ⁻ᵛ 4. Explicatio verborum Latinorum, litera A incipientium Bl. 87ʳᵃ⁻ᵇ+1ʳ 5. Epitome iuris civilis Bl. 88ʳ-106ᵛ 6. Liber synoymorum Bl. 107ʳ-118ᵛ 7. Ars grammatica Bl. 119ʳ-125ᵛ Teil: B: 1. De creatione mundi et generis humani SW-Übers. Bl. 126ʳ 2. Catalog. Imperatorum (Cäsar-Friedr. II) Bl. 126ᵛ 3. Gilberti Chron. Pont. et Imp. Romanorum Bl. 127ʳ-128ᵇ 4. wie 3. aber vollst. – Friedr. II. Bl. 129ʳ-136ᵛ 5. SW 6. Annales Silesiae superioris (1071-1290) Bl. 180ᵛ
104	Gdansk, PAN, Ms. Mar. F 305	a) Papier b) 176 Bll.	a) 17. April 1427 b) Latein nach nd.-md. Vorlage	SW, Bl. 1ʳ-43 Königsberger Weltchronik wie Hs. 103: 1.SW 67,1-203,31 (stellenweise gekürzt) Bl. 1ʳᵃ-39ᵛᵃ 2. SW-MT Kompilation Bl. 39ʳᵃ-43ʳᵇ Ergänzt: Verz. d.	1. SW SW-MT-Kompilation 2. S. Bernh. de Claraevallensis: Sermo de decem virginibus Bl. 43ᵛ-46ʳ 3. S. Bernh. de Claraevallensis: Tractatus de gradibus humilitatis et superbiae (+ Inhaltsverz. d. 1. Teils d. Hs.) Bl. 46ʳ-59ʳ; Bl. 59ᵛ-60ᵛ leer 4. Nicolaus de Lyra Bl. 61ʳ-72ʳ 5. Alphonsus Bonihominis Bl. 87ʳ-114ʳ 6. Joh Cappellanus Bl. 87ʳ-144ʳ 7. Bonaventura Bl. 114ʳ 8. S. Augustinus Bl. 114ʳ-133ʳ

Sigle	Codex-bezeich-nung	a) Material b) Umfang	a) Zeit b) sprachliche Einordnung	Textzu-sammen-hang SW	Welche Texte enthält der Codex insgesamt?
				röm. Kaiser bis Friedr. II. + Ver-zeichnis der Chris-tenverfol-gungen + Eroberun-gen Roms	9. **Hermannus de Lapide** Bl. 136^r-150^v 10. **Compendium de rariori-bus bibliae vocabulis m. dt. Worterklärungen** Bl. 151^r-165^v 11. **Alexander de Villa Dei** Bl. 166^r-174^v, Bl. 175-176 leer

Tab. 4: Handschriften Rezension A$_2$

Sigle	Codex-bezeich-nung	a) Material b) Umfang	a) Zeit b) sprachliche Einordnung	Textzu-sammen-hang SW	Welche Texte enthält der Codex insgesamt?
11	Berlin SB, Mgq 184	a) Perga-ment b) 197 Bll.	a) Mitte bis 3. Viertel 14. Jh. ripua-risch b) mfrk./köl-nisch Minnege-dichte ripua-risch, außer: Minne und Pfennig = mo-selfrk.	SW + Reimvor-rede (RV) 65,1-248,23 (1230) Bl. 1ra-53va	1. SW + RV 2. **Das schlimme Tier** Bl. 53va-53vb Z. 11 3. **Der Reiher** Bl. 53vb-54ra, Z. 19 4. **Der Anteil des Löwen** Bl. 54ra Z. 21-54va Z. 16 5. **Der Sperber** Bl. 54ra Z. 17-56va 6. **Minne und Pfennig** Bl. 56va Z. 26-57ra Z. 4 7. **Totenklage auf Willhelm von Holland** (gest. 1337) Bl. 57ra Z. 5-60ra Z. 30 8. **Die Brackenjagd** Bl. 60ra Z. 32-60va Z. 2 9. **Wappen und Minne** Bl. 60va Z. 460vb 10. **Wahre Freundschaft und Liebe** Bl. 61ra Z. 1-61vb Z. 2 11. **Bergfried der Liebe** Bl. 61ra Z. 3-63va Z. 13 12. **Tagelied des Markgrafen von Hohenburg** Bl. 63va Z. 14-63vb Z. 18 13. **Walther v.d.Vogelweide** (La 30,12-18) Bl. 63vb Z. 19-28 14. **Minnelied** (HMS III 468p) Bl. 63vb Z. 29-64ra Z. 25 15. **Gottfr. v. Straßburg: Tristan u. Isolde** Bl. 64ra Z. 26-189va Z. 30

Sigle	Codex-bezeichnung	a) Material b) Umfang	a) Zeit b) sprachliche Einordnung	Textzusammenhang SW	Welche Texte enthält der Codex insgesamt?
					16. Ulrich v. Türheim: Tristan-Fortsetzung (V. 1-2511) Bl.189^{va}Z.31-198ra
111	Zwickau, Ratsschulbibliothek, I, IV,6	a) Papier b) 450 Bll.	a) 2. Hälfte 15. Jh b) nordthüring, SW-Teil ev. nach nd. Vorlage thüring.	SW 78,22-246,9 (1226) neue Ee – NT erw. aus der Legenda aurea. Bl. 346^{ra-vb}, 348ra-356ra, 356ra-400va, 400vb-450rb Forts. n. Jacobus de Voragine (Bl. 450ra Z. 33-450rb)	1. Mitteldeutsche Historienbibel (Altes Testament – alte Ee) mit Entlehnungen aus der SW (im Genesis-Teil deutl. erkennbar), der Weltchronik des Rudolf v. Ems, dem Lucidarius und zahlreichen and. Quellen Bl.2ra-343vb 2. SW erw. durch die Legenda aurea und **Prosaauflösung v. Bruder Philipps Marienleben** Bl.356ra-400va Bl.347,358,360 leer
112	München BSB, Cgm 691	a) Papier b) 280 Bll	a) 3. Viertel 15. Jh. b) ripuarisch	SW 73,29-88,13 (viele Parallelen zu Hs. 11) Am Anfang unvollständig, bis z. Tode Cäsars Bl.1ra-17ra Z. 14	1. SW 2. **Kölner Prosa-Kaiserchronik** = Kompilation aus MT + Kölner Forts., FE, Kölner Chronik, SW; bis Albrecht I gest. 1308, danach ein Hinweis auf d. Rostocker Fürstentreffen 1311, Ende unvollständig Bl. 17^{ra}Z.15-278vb
12	Hamburg, Staats- u. UB, Cod. Hist. 10b	a) Papier b) II+II+252+I+I	a) um 1450 b) bair.-österr.	SW + RV (65,1-248,23) 1230 Bl. 1ra-106vb	1. SW + RV 2. **Österr. Chronik v. d. 95 Herrschaften bis 1398** Bl. 108ra-251va Bl. 252 leer
12a	Wien, ÖNB, Cod. 2917	a) Papier b) II+209*II Bll.	a) 1497 Bl. 84rb b) bair.-österr.	SW + RV 65,1-248,23 (bis 1230) Bl. 1ra-53rb	1. SW + RV 2. **Österreichische Chronik von den 95 Herrschaften bis 1398** Bl. 84va-208vb
122	Kremsmünster, Stiftsbibliothek, Cod. 294	a) Papier b) 139 Bll. 5 Bll . einer Sexter-nione verloren	a) Ende 14. / Anfang 15. Jh. b) bair./md. Mischung (böhmisch ?	SW 67,15-233,20 RV vermutlich verloren (Incipit u. Explicit fehlen) B. 1^{r}-139^{r}	nur SW

Tab. 5: Handschriften 13-141 (Rezension B)

Sigle	Codexbezeichnung	a) Material b) Umfang	a) Zeit b) sprachliche Einordnung	Textzusammenhang SW	Welche Texte enthält der Codex insgesamt?
13	St.Petersburg, M.E. Saltykov-Shchedrin Staatsbibl. Nem. F.v. IV, No.1	a) Pergament b) 1 Bl. Fragment	a) 1. Hälfte / Mitte 14. Jh. b) nd. (nordnd., ostfäl. Merkmale)	SW 113,13-117,20 (Interpolationen aus MT)	Fragment
14	Kopenhagen, Det Kongelige Bibliotek GKS 1978, 4°	a) Papier b) 214 Bll.	a) 1434 (Bl. 55^r); 1459 wurde eine Nachricht zum Tode Herzog Adolfs VIII. von Schleswig-Holstein ergänzt: Bl. 214^v b) (nord)nd.	SW 67,1-251,16 (1235) Bl. 55^r Z. 29-209^v Z. 28 Interpolationen aus MT, Bibel, Historia Scholastica, Legendensammlung	1. Lat. Prosafassung Aesop. Fabeln mit lat. u. nd. Moraliter-Auslegung Bl. 1^r-49 Z.12 2. Lat. Prosafassung Avianischer Fabeln mit latein. u. nd. Moraliter-Auslegung Bl. 49^r Z. 12-55^r Z. 4 3. SW 4. Forts. der SW bis Nicolaus III. (gest. 1280) Bl. 209^v Z. 29-211^r Z. 15 5. Hierarchie der röm. Kardinäle (= MT-Übers.) Bl. 211^r Z. 16-212^r 6. Gesch. v. Christi Geb. bis Petrus u. Paulus (n. MT) Bl. 212^v-214^r 7. Nachr. v. Tod Herzog Adolfs Bl. 214^v

Sigle	Codexbezeichnung	a) Material b) Umfang	a) Zeit b) sprachliche Einordnung	Textzusammenhang SW	Welche Texte enthält der Codex insgesamt?
141	Münster, UB, Ms. 366 verbrannt am 25.3. 1945	a) Pergament (B) und Papier (A) b) 365 Bll. A= 131 B= 234	a) Teil A: 1405 Bl. 87^r Teil B: 14. Jh. Carl Gustav Homeyer, Ssp. 2, S. 30 b) westfäl.	Exzerpte aus SW 90,1ff.;128, 16ff.;143,2 7ff.;147,6ff 152,40; 154,2ff.; 154,26ff.; 157,30 ff.; 158,18ff.; 159,24ff.; 159,38f.; 160,31ff.; 162,27ff. Bl. 364^v-365^v	1. Eike v. Repgow: Sachsenspiegel Landrecht in 3 Büchern Bl. 1^r-87^r 2. Lat. Verständnishilfen zu Zitaten aus röm. u. kanon. Recht Bl. 87^v-88^r 3. Joh. v. Buch: Richtsteig Landrechts m. Reg. Bl. 88^v-116^v 4. Lat. Abhdg. üb. d. Usura Bl. 117^r-118^v 5. Register Bl. 119^r-127^r; 6. Joh. Klenkok: Reprobaciones Bl. 127^v-131^v; 7. E. v. Repgow:Sachsenspiegel, Lehnrecht in 5 Büchern Bl. 132^r-161^v; 8. Sachsenspiegelglosse m. d. Vorrede Bl. 162^r-364^r; 9. Von Hergewäte Bl. 364^v; 10. SW-Exzerpte
142	Riga, Latvian Academic Library, Mss. Nr.397	a) Pergament b) 2 Bll. Fragment	a) Evtl. 1. H./ M.14.Jh. b)nd. (ostfäl Merkmale)	SW 104,34-ca. 105,25	Fragment
143	Rostock, UB, Ms. Theol. 33	a) Papier b) III+107 +III Bll.	a) 1466 Bl. 117vb b)nd./ostfäl.	SW 68,3-71,7 Anf. 1 Bl. verl. Bl. 1ra-4va Z. 13	1. SW 2. Historienbibel Bl. 4va-117vb
144	Kopenhagen, UB, AM 372 fol.	a) Papier b) 138 Bll.	a) 21.9.1482 Bl.1 37vb b) nordnd.; altdänisch	SW 67,1-71,4 Bl. 2^r-7^r Z. 12	1. SW 2. Historienbibel (wie 143) Bl. 7^r Z.13-137vb

Sigle	Codex-bezeichnung	a) Material b) Umfang	a) Zeit b) sprachliche Einordnung	Textzusammenhang SW	Welche Texte enthält der Codex insgesamt?
15	Leipzig, UB, Ms. 1308	a) Papier b) 272 Bll. Teil A: 164 Bll.; Teil B: 108 Bll.	a) Teil A: 1418 120^r Teil B: 1423 Bl. 270vb b) Latein nach nd. Vorlage	SW 67,1-251,16 m. Interpolationen aus d. Chron. Helmolds u. Arnolds v. Lübeck (1235) Bl. 165ra-263ra	1. Guido de Columnis: Historia destructionis Troiae Bl. 1ra-120rb 2. Kurze Weltgesch. bis z. Erob. Akkons im Jahr 1291 Bl. 127ra-149vb; 3. Gesch.d.Päpste (Nikol.III. 1280) Bl. 151ra-160vb 4. Verzeichnis aller Bistümer Bl. 161ra-164ra 5. SW, 6. Zeittafel – 1229 (lat. Übers. des nur in C überl. Anhangs 7 wie Hs. 24) Bl. 262va-263vb; 7. Reihe d.Geschlechter, Richter u. Könige d. Alten Testaments Bl. 263ra-264ra 8. Katalog d. röm. Kaiser u. Könige (lat. Übers. des sonst nur in C überl. Anhangs 3) Bl. 264ra-264vb; 9. Zeittafel d. 1. Jhs. n. Chr. Geb. (lat. Über. d. sonst nur in C überl. Anhang 5) Bl. 264vb-265ra 10. Katalog d. Päpste – Honorius (ähnlich wie der in C überl. Anhang 2, aber direkt aus Gilbert wie Hs. *103) Bl. 265ra-270vb; 11. Lat. Sprichwörter Bl. 270vb 12. *Iste sunt peregrinaciones terre sancte* Bl. 271ra-272vb
16	Bremen, Staats- und UB, msa 0033	a) Pergament b) II+102 Bll.	a) um 1300 b) nd. (+ dän.) (Randbemerkungen dt. u. dän.)	SW + RV 65,1-258,24 (1260) Bl. 1ra-101vb	1. Widmungsgedicht in Goldbuchstaben an Graf Gerhard v. Holstein Bl. I^v 2. Eintrag von Reinmar Kock zum Jahr 1555 (Naturkatastrophe) Bl. II^r 3. SW ǀ RV 4. Dän. Eintrag (v. 29.3.1581) zur Dürre auf Gotland 1580 Bl. 102va (von Emmike Kaas)

Sigle	Codexbezeichnung	a) Material b) Umfang	a) Zeit b) sprachliche Einordnung	Textzusammenhang SW	Welche Texte enthält der Codex insgesamt?
161	Berlin, SB, Mgf. 1387	a) Pergament b) 1 Bl. Fragment	a) Ende 13. Jh. b) (nord)nd.	SW 76,11-77,8 Bl. 1^{ra-vb}	Fragment
162	Lübeck, Stadtbibl., Ms. Lub. 2° 4 (1944 nach Sachsen-Anhalt ausgelagert, nach Kriegsende i. d. Sowjetunion, seit 1990 wieder in Lübeck)	a) Papier b) urspr. 154 Bll. jetzt: I+150+II	a) Mitte 15. Jh. b) nd.	SW + RV (SW 65,1-78,22 = bis Alexander) Bl. 1ra-12va	1. SW + RV 2. Detmar-Chronik 1105-1386 (Typ II, Sigle M) Bl. 12va-142va 3. Mecklenburgische Aktenstücke Bl. 142ra-148va
163	Hamburg, Bibl. d. Patriot. Gesellschaft, o. Sign.	1842 verbrannt	?	SW mit RV (vermutl. wie Hs. 162)	1. SW + RV 2. Detmar-Chronik, Typ II (wie Hs. 162)
17	Berlin, SB, Mgf 129	a) Pergament b) 124 Bll. (Verlust v. einigen Bll.)	a) 1. Viertel 14. Jh. b) ostfäl. (in d. RV viele hd. Formen)	SW mit RV SW 65,1-248,8 (1229) Bl. 1va-124rb	nur SW

Tab. 6: Handschriften Rezension C_3

Sigle	Codexbezeichnung	a) Material b) Umfang	a) Zeit b) sprachliche Einordnung	Textzusammenhang SW	Welche Texte enthält der Codex insgesamt?
18	Dresden Sächsische LB, Ms. J 54^d	a) Papier (Wasserschaden) b) 209 Bll.	a) 2. Viertel 15. Jh. b) (ost)md. mit nd.	SW mit RV SW 65,1-258,24 (1260) mit zahlreichen Interpolationen aus Frutolf-Ekkehard (FE) und Martin v. Troppau (MT) Bl. 25ra-193^v Z. 22	1. Verzeichn. d. röm. Kaiser u. Könige v. Augustus bis Karl IV. (gest. 1378) v. späterer Hd. erw. - Friedr.III (gest. 1493) Bl.1^r-2^r; 2. Kat. d. Päpste b. Martin V.(gest. 1431) Bl.4^r-24^v; 3. SW + RV; 4. Sächs. Forts. (1275) m. e. Zusatz über d. Päpste v. Gregor X. bis Nikolaus IV. (gest. 1292) Bl.193^v Z. 22-197^r Z. 9 5. Über d. Herkunft d. Sachsen Bl. 197^r-205^r Z. 25 6. Forts. d. Chron. bis zu Karl IV. (gest. 1378) Bl. 205^r Z. 26-207^r Z. 2 7. 15 Zeichen Bl. 207^v; 8. Stationes eccles. urbis Romae Bl. 208^r
19	Hannover, Niedersächs. LB, Ms. XI, 674	a) Papier b) 210 Bll. (A 96, B 214)	a) Teil A: 2. Viertel/ Mitte 15. Jh., evtl. 1432 Bl 93ra Teil B: 2. Viertel 15. Jh. b) SW-Teil: ostmd. mit nd. Anklängen	SW mit RV SW 65,1-258,24 (1260) mit zahlreichen Interpolationen aus Frutolf-Ekkehard und Martin v. Troppau Bl. 117^r-287^r Z. 17	1.Theodoricus Engelhus: Speculum seu imago mundi (auf Bl. 93rb nachgetragen: Nachrichten aus 1446, 1477, 1540, die Nordhausen betreffen) Bl. 1ra-93ra; Bl. 93^v-96^v leer 2. Katalog d. Päpste b. Martin V. (gest. 1431) erw. im 15. Jh. m. Eugenius IV. (gest. 1447) fehlt in Hs. 18 Bl. 97^r-115^v Bl. 116 ist leer 3. SW + RV 4. Sächs. Forts. (1275) m. einem Zusatz über d. Päpste v. Gregor X. bis Nikolaus IV. (gest. 1292) Bl.287^r Z. 22-300^r 5. Über die Herkunft d. Sachsen Bl. 300^v-308^r 6. Forts. d. Chronik bis zu Karl IV. (gest. 1378) Bl. 308^v-310^r Z. 5 7. 15 Zeichen Bl. 310^r Z. 6-27 8. Stat. ecclesiarum urbis Romae Bl. 310^r Z. 28-310^v

Tab. 7: Handschriften Rezension C_2

Sigle	Codex-bezeichnung	a) Material b) Umfang	a) Zeit b) sprach-liche Ein-ordnung	Textzu-sam-menhang SW	Welche Texte enthält der Codex insgesamt?
20	Straßburg, Stadtbibliothek, o. Sign. Verbrannt 1870	a) Pergament b) 201 Bll.	a) Mitte/ Ende 14. Jh. b) je nach Vorlage nd. (ostfäl.) bzw. eine Mischsprache hd./nd.	SW mit RV SW 65,1-258,24 (1260) mit erheblichen Erweiterungen aus MT, Kaiserchr. u. e. Zusatz aus d. Erfurter Cronica Minor Bl. 3^{ra}ff.	1. SW + RV *2. Sächs. Fortsetzung (1275) *3. Geschichte d. Päpste (1342/1352) 1.-3. = Bl. 3ra-192vb 4. Zeittafel d. 1. Jh.s n. Christi Geburt Bl.193^{ra-va} 5. Zeittafel bis zum Jahr 1240 Bl. 193^{va-vb} 6. Fünfzehn Zeichen 7. Genealogie der Welfen *8. Genealogie der Grafen v. Flandern, 6.-8. Bl. 193vb-195ra 9. Über die Herkunft der Sachsen Bl. 195ra-198va 10. Katalog der Päpste bis Urban VI. (gest. 1389) Bl. 198vb-201^r
21	Pommersfelden, Graf von Schönbornsche Schloss-bibl., Ms. 107	a) Papier b) II+207+I Bll.	a) 24. April 1370 Bl. 144^r Z. 8 Vocabular = 1410; Papstkatalog 1411 Bl. 144^r Z. 19-21 weitere Eintr. bis 1482 Bl. (ostrind28 nach nd. Vorlage oder md. nach nd. Vorlage oder md./fränk. nach nd. Vorlage	1. SW RV SW 65,1-66,98 Bl. 1ra Z. 1-1rb Z. 2 2. SW 67,1-258, 24 (1260) mit erhebl. Erw. aus MT, Kaiserchronik (Prosimetrum) u. e. Zusatz aus d. Erfurter Cronica Minor Bl. 1^{vc} Z. 1-134^v Z. 1	1. SW + RV 2. Katalog und Register der röm. Könige und Kaiser von Aeneas bis zu Karl IV (gest. 1378) Bl. 1rb Z. 24-1^{vc} Z. 4 3. SW 4. Sächs. Fortsetzung (1275) Bl. 134vb-136^v Z. 18 5. Gesch. d. Päpste (1342/1352) Bl. 136^v Z. 19-137^v Z. 7 6. Zeittafel d. 1. Jh.s n. Christi Geburt Bl. 137^v Z. 12-21 7. Zeittafel bis z. Jahr 1240 Bl. 138^r Z. 22-138^r Z. 12 8. Fünfzehn Zeichen Bl. 138^r Z. 12-29 9. Genealogie der Welfen Bl. 138^r Z. 20-138^v Z. 42 10. Geneal. d. Grafen v. Flandern Bl. 138^v Z. 43-139^r Z. 21 11. Über die Herkunft d. Sachsen Bl.139^r Z. 22-141^v Z. 33 12. Katalog und Register der Päpste bis Sixtus (gest. 1484) Bl. 142^r Z. 1–144^r Z. 28

Sigle	Codex-bezeichnung	a) Material b) Umfang	a) Zeit b) sprach-liche Ein-ordnung	Textzu-sam-menhang SW	Welche Texte enthält der Codex insgesamt?
					13. Erzählung üb. d. Bekehrung der Thüringer (v. spät. Hd.) Bl. 144va Z. 1-148va Z. 41 14. lat.-dt. Vokabular Bl. 150va Z.1-203ra Z. 5 15. Gerichtsprotokoll (v. späterer Hd.) Bl. 207^v
22	Kopenhagen, Det Konge--lige Bibliothek, GKS 457, 2°	a) Papier b) 227+I Bll.	a) 2. Viertel/ Mitte15. Jh. b) nd. (ostfäl.)	SW RV fehlt, weil die beiden ersten Bll. verloren sind SW 67,1-258, 24 (1260) mit erhebl. Erw. aus MT, Kaiserchr. (Prosimetrum) u. e. Zusatz aus d. Erfurter Cronica Minor Bl. 1vb Z. 1-223ra Z. 33	1. Katalog und Register der römischen Könige und Kaiser von Aeneas bis zu Karl IV (gest. 1378) am Anfang unvollständig Bl. 1ra-1va Z. 24 2. SW (+RV) 3. Sächs. Fortsetzung (1275) Bl. 223ra Z. 34-226rb Z. 12 4. Geschichte d. Päpste (1342/1352) Bl. 226rb Z. 13-227va Z. 18 5. Zeittafel d. 1. Jh.s n. Christi Geburt Bl. 227va Z. 19-227vb Z. 10 6. Fünfzehn Zeichen Bl. 227vb Z. 11-40 7. Genealogie der Welfen Bl. 228ra-228vb Z. 33 8. Genealogie der Grafen v. Flandern Bl. 228vb Z.33-229rb Z. 28 9. Über die Herkunft der Sachsen Bl. 229rb Z. 28-233rb Z. 27 10. Katalog und Register der Päpste bis Urbanus (gest. 1370) Bl. 233rb Z 27-236rb von jüngerer Hd. fortgesetzt bis Bl. 236rb bis Paul II. (gest. 1471)

Sig-le	Codex-bezeich-nung	a) Material b) Umfang	a) Zeit b) sprach-liche Ein-ordnung	Textzu-sam-menhang SW	Welche Texte enthält der Codex insgesamt?
221	Kopenhagen, Det Kongelige Bibliothek, eingeklebt vor dem Vorsatzblatt in: GKS 457, 2°	a) Papier b) 1 Bl. Fragment	a) 2. Viertel/ Mitte15. Jh. b) nd. (ostfäl.)	SW 151, 1-6 u. 10-15 mit Interpolationen aus MT Bl. 1$^{ra\text{-}vb}$, entspricht Hs. 22 Bl. 154ra Z.1-155ra Z.6	Fragment

Tab. 8: Handschriften Rezension C$_1$

Sig-le	Codex-bezeich.	a) Material b) Umfang	a) Zeit b) sprachliche Einordnung	Textzu-sammen-hang SW	Welche Texte enthält der Codex insgesamt?
23	Wolfenbüttel, HAB, Cod. Guelf. 44.19 Aug. 2°	a) Papier b) 2+157 Bll.	a) Mitte/ 3. Viertel 16. Jh. b) nd. mit hd. Färbung	1. SW + RV SW 65,1-258, 24 (1260) Bl. 1^r-138^r Z. 22	1. SW + RV 2. Sächs. Forts. Kap. 1-2 (1271) Bl. 138^r Z. 22-139^r Z. 4 3. Zeittafel d. 1. Jh.s n. Chr. Geb. Bl. 139^r Z. 5-19 4. Zeittafel bis z. Jahr 1240 Bl. 139^r Z. 20-140^r Z. 10 5. Sächs. Forts. Kap. 3-16 (1275) Bl. 140^r Z. 11-141^v Z. 18 6. 15 Zeichen Bl. 141^v Z. 19-142^r Z. 4 7. Welfenenealog. Bl. 142^r Z. 6-143^r Z. 34 8. Geneal. d. Grafen v. Flandern Bl. 143^r Z. 34-144^r Z. 4 9. Katalog der Päpste - Innozenz IV. (gest. 1254) Bl. 144^r Z. 4-149^r Z. 7 10. Herkunft der Sachsen Bl. 149^v Z. 8-155^v Z. 26
*23	Wittenberg, Schlosskapelle, Nr. 16 verschollen				

Sigle	Codexbezeich.	a) Material b) Umfang	a) Zeit b) sprachliche Einordnung	Textzusammenhang SW	Welche Texte enthält der Codex insgesamt?
231	Gdansk, Bibl. PAN, Ms., 1614	a) Papier b) 229 Bll.	a) 13. April 1416 b) ostfäl.	1. SW + RV – jedoch nur d. 2. Teil, SW 66,55-258, 24 (1260) Bl. 1ra-99va Z. 26	1. SW + RV; 2. Sächs. Forts. Teil I (SW 284,1-25) Bl. 99va Z. 26-100rb Z. 1; 3. Zeittafel d. 1. Jh.s n. Chr. Geb. Bl. 100rb Z. 2-26 4. Zeittafel bis 1240 Bl. 100rb Z. 26-101ra Z. 10 5.Sächs. Forts. Teil II (SW 285,1-287,16) Bl. 101ra Z.10-102rb Z. 13 6. Welfengeneal. Bl. 102rb Z. 13-103rb Z. 15 7. Geneal. der Grafen v. Flandern Bl. 103rb Z. 16-103vb Z. 8 8. Katalog d. Päpste bis z. Johannes XXI. (gest. 1277) Bl. 103vb Z. 9-106rb Z. 9 9. Herk. d. Sachsen Bl. 106rb Z. 10-108ra Z. 31 10. Großer Seelentrost (GST) Bl. 109ra-227^{v} 11. Register GST Bl. 228ra Z. 8-229^{v}
24	Gotha, Forschungs- u. Landesbibliothek Schloß Friedenstein- Ms. Membr. I 90	a) Pergament b) 166 Bll.	a) Wende 3.-4. Jh. 13. Jh. b) südostfäl. elbostfäl. oder nd.+hd. Elemente in der RV und der Kaiserchr.	SW mit Reimvorrede 65,1-258,13 (1248) Bl. 9^{v}-152^{v}	1.Herkunft der Sachsen Bl. 2^{r}-8^{r} 2. SW 3. Kat. d. Päpste bis Joh. XXI.) Bl. 155^{v}-161^{v} 4. Kat. d. röm. Könige und Kaiser v. Romulus bis Friedr. II. Bl. 162^{r-v} 5. Geneal. d. Welfen Bl. 163^{r}-164^{r} 6. Zeittafel d. 1. Jhs n.Chr. Geb. Bl. 164^{v} . Geneal. d. Gra-fen v. Flandern Bl. 164^{v}-165^{r} 8. Zeittafel 1229 Bl. 165^{v}-166^{r}
241	Hildesheim, Stadtarch, 50, Nr. 283	a) Pergament b) 2 Bl.	a) 1. Hälfte 14. Jh. nd.	Fragment	

61

II.5 Der integrativ-textlinguistische Ansatz

Mit dieser textlinguistisch-kulturwissenschaftlichen Arbeit intendiere ich eine Untersuchung, die ihren methodischen Ausgangspunkt in der Linguistik, ihren wissenschaftlichen Standort aber ebenso in den mediävistischen Disziplinen – Literaturgeschichte, Geschichte, Kunstgeschichte – hat. Die textlinguistische Methode steht also nicht allein, sie befindet sich in einem interdisziplinären Dialog mit den Methoden der historischen und literaturwissenschaftlichen Forschung und deren Ergebnissen. Ich spreche deshalb an dieser Stelle von einem integrativ-textlinguistischen Ansatz. Im Folgenden erläutere ich

1. die Terminologie;
2. die kommunikationstheoretischen Grundlagen der Textsortenkonzeption und
3. die Textsortenmerkmale, die die Grundlage der Analyse bilden.

Methodisch gehe ich zunächst induktiv von einer alltagssprachlichen Textklasse (Textsortengruppe, Gattung) bzw. Textgattung aus. In der heutigen Forschung gilt das ‚Buch der Welt' als Vertreter der Gattung ‚Universalchronik'. Auf der Basis eines kommunikationstheoretisch orientierten strukturalistischen Textsortenansatzes wird die vortheoretische Textklasse auf ihre relevanten Merkmale hin überprüft.[100] Diese Untersuchung geht über eine Texttypologie und über eine induktiv verfahrende Gattungsbeschreibung hinaus, indem ein festumrissenes Textkorpus synchron untersucht und mittels linguistischer interner und externer Kriterien analysiert wird. Die Untersuchung soll ein erster Schritt in Richtung auf eine Textsortenanalyse historiographischer deutschsprachiger Textexemplare des 13. bis 17. Jahrhunderts sein, indem hier ein Analyseinstrumentarium entwickelt werden soll, das die Möglichkeit bietet, diese Textexemplare systematisch und vergleichbar zu analysieren.

II.5.1 *Die Terminologie: Textsorte, Textgattung, Texttyp, Textklasse*

Texte lassen sich nach verschiedenen Gesichtspunkten einteilen, die alle im Einzelnen begründbar sind. Die Ursache für die Heterogenität vieler

---

100 Vgl. zur induktiv vorgehenden kommunikationstheoretisch orientierten Textanalyse: Sabine Schlüter, Textsorte vs. Gattung, S. 22f. und Kap. II. Siehe auch Franz Simmler, Textsorten politischer Rede, S. 186, 187 u. 190f.; ders. Zur Fundierung des Text- und Textsortenbegriffs, S. 32-41; ders., Vom Prosaroman zur Erzählung, S. 457; ders., Die Textsorten ‚Regelwerk' und ‚Lehrbuch', S. 258-260, 280, 300f.; ders., Glosse, S. 178-182; ders., Die informationsorientierten Textsorten, S. 64, 66 u.v.a.m.

Textklassifikationen ist die fehlende Unterscheidung zwischen empirisch vorfindbaren, historisch gewachsenen Textzuordnungen und theoriebezogenen Kategorien zur wissenschaftlichen Klassifikation von Texten. Obschon innerhalb der sprachwissenschaftlichen Diskussion dieses Problem heute weitgehend erkannt worden ist, bleibt die Verwendung des Textsortenbegriffs jedoch diffus und es bedarf einer eingehenderen Klärung, wenn man sich dieses textlinguistischen Terminus bedienen will. Bei dem Versuch, sich einen Überblick über die Literatur zu verschaffen, die sich theoretisch und auch empirisch mit Texten und Textkategorisierung befasst, entsteht der Eindruck, dass die Begriffe Gattung und Textsorte durchaus als auswechselbare typologische Kategorien verstanden werden können und ganz überwiegend so auch Verwendung finden.[101] Auch in neuester Literatur werden Textsorte, Texttyp, Textklasse und auch Textgattung noch synonym gebraucht.[102] Vor allem die heterogene Kategorienbildung – sei es in der Theorie oder der praktischen Anwendung – innerhalb der sprachwissenschaftlichen und der (literatur-)historischen Forschung erschwert eine Untersuchung über Textordnungsphänomene.[103]

---

101 Autoren wie Walter Hinck (Hg.), Textsortenlehre – Gattungsgeschichte, Vorwort, S. IX und Harald Weinrich, Thesen zur Textsorten-Linguistik, S. 161-169, bes. S. 161 sehen eine ganz allgemeine (Hinck) bzw. eine teilweise (Weinrich) Übereinstimmung zwischen dem Gattungs- und dem Textsortenbegriff. Noch weiter geht z.B. Horst Steinmetz, Historisch-strukturelle Rekurrenz als Gattungs-/Textsortenkriterium, S. 70. Für ihn sind Textsorte und Gattung deckungsgleiche Begriffe.
102 Vgl. z.B. Gabriele Maria Diewald, Deixis und Textsorten, S. 1, 3, 263ff. Sie verwendet den Begriff ‚Textsorte' in einem eher typologischen Zusammenhang: „Textsorten sind also Grundmuster von Texten, die in Abhängigkeit vom Grundmuster einer Situation entstehen" (S. 1); weitere Bezeichnungen sind: *Textklasse* Matthias Dimter, Textklassenkonzepte heutiger Alltagssprache, S. 2; *Texttyp* Ernst Ulrich Grosse, Text und Kommunikation; Egon Werlich, Typologie der Texte; Horst Isenberg, Grundfragen der Texttypologie, S. 303-342; *Textmuster* Barbara Sandig, Stilistik der deutschen Sprache, S. 173, in der englischsprachigen Literatur begegnen *genre of text, type of discourse, register:* Rugaiya Hasan, Text in the Systematic-Functional Model, S. 229f.; Vgl auch: Klaus Brinker, Linguistische Textanalyse, S. 129: „Textsorten (wir sprechen gleichbedeutend auch von Textklassen oder Texttypen) sollen zunächst als komplexe Muster sprachlicher Kommunikation verstanden werden, die innerhalb der Sprachgemeinschaft im Laufe der historisch-gesellschaftlichen Entwicklung aufgrund kommunikativer Bedürfnisse entstanden sind." Siehe zu dem Termionologieproblem auch die Darstellung und den guten Literaturüberblick bei Sabine Schlüter, Textsorte vs. Gattung, S. 27-142.
103 Vgl. dazu Wolfgang Heinemann, Dieter Viehweger, Textlinguistik, S. 144. Einige Sprachwissenschaftler plädieren für eine einheitliche Sprachregelung, bei der die empirisch vorfindbaren Klassifikationen der Alltagskommunikation mit den Termini ‚Textsorte oder Textklasse' belegt werden sollen und die theoriebezogenen Analysekategorien mit dem Terminus ‚Texttyp'.

Eine Unterscheidung zwischen empirisch vorfindbaren Kategorien, dem Objektbereich, in seiner alltagssprachlich heterogenen Klassifikation, und der wissenschaftlich begründeten Klassifikation ist unbedingt erforderlich. Merkmale alltagssprachlicher Klassifikationen könnten durchaus, vor allem, wenn dies nicht unbewusst geschieht, Eingang in eine homogene theoriebezogene Klassifikation finden. In diesem Sinne verwende ich den Textsortenbegriff im Rahmen eines induktiv-deduktiven Ansatzes,[104] der Begriff ‚Texttyp' ist demgegenüber zur Unterscheidung im Rahmen rein deduktiver Typologien zu verwenden.[105]

Ich möchte nicht – wie durchaus üblich in der Forschungsliteratur – Gattung für die Klassifizierung literarischer Texte und Textsorte für die Klassifizierung von Gebrauchstexten verwenden. Diese Spaltung würde dem strukturalistisch-kommunikationstheoretisch orientierten Textsortenbegriff nicht gerecht. Es entspräche darüber hinaus einer Unterscheidung zwischen ‚schöner' Literatur, deren Klassifikationsrahmen die Gattungen wären, und Gebrauchsliteratur, Texten, deren Ordnungsraster die Textsorten sein könnten.[106] Damit wäre der einzige Unterschied zwischen Gattung und Textsorte der lediglich wissenschaftsgeschichtlich begründete Bezug auf verschiedene Anwendungsbereiche: Textsorten würden überwiegend nur auf Äußerungsformen so genannter ‚Gebrauchsliteratur' angewandt, Gattungen dagegen innerhalb der ‚schönen Literatur'.[107] Diese metasprachlichen Aufteilungen auf verschiedene Objektbereiche sind beiden Begriffen nicht angemessen.

Die Begriffe Gattung und Textsorte sind keine auswechselbaren Kategorien. Gattungsbegriffe sind Textordnungskategorien, die historisch vor allem durch inhaltliche und stilistische Merkmale bestimmt sind. Es lassen sich grob zwei völlig entgegengesetzte Vorstellungen von Gattungen unterscheiden, die sich zum Teil mit dem Textsortenbegriff decken können:[108]

Ahistorische Gattungsbegriffe sind „für die normative Poetik bis zum Ende des 18. Jahrhunderts kennzeichnend. Auch zu Beginn des zwan-

---

104 Vgl. Kapitel II.5.2. Die kommunikationstheoretische Textsortenkonzeption.
105 Texttypologien sind vor allem entstanden, um die als nicht ausreichend empfundene Entwicklung der Textsortenlinguistik zu korrigieren. Im Vordergrund der Kritik standen das Theoriedefizit, die explosionsartige Vermehrung und Anwendung heterogener Kriterien der Differenzierung sowie die mangelnde Vergleichbarkeit der Einzeluntersuchungen von „Textsorten". Siehe Kirsten Adamzik, Forschungsstrategien, S. 99.
106 Vgl. zur Begriffsgeschichte von ‚Literatur': Rainer Rosenberg, Literaturbegriff.
107 Vgl. Hugo Steger, Textsorten und andere Textklassen, S. 25-67, bes. S. 39; Horst Steinmetz, Historisch-strukturelle Rekurrenz, S. 70; Egon Werlich, Typologie der Texte, S. 12.
108 Vgl. dazu auch Gabriele von Olberg, Ein sozialhistorisches Schlüsselzeugnis, S. 134-136.

zigsten Jahrhunderts richtet sich das Erkenntnisinteresse der Gattungspoetik auf den Nachweis ahistorisch-stabiler, idealtypischer Formen."[109] Hier gibt es keine einheitliche Theorie, die ahistorischen Gattungsbegriffe sind zumeist normativ ausgerichtet und fragen nach dem Wesen einer Gattung, indem sie dieses als eine vom historischen Wandel unberührte Konstante ansehen. Auch die Textsortendefinition kennt konstante, invariante Merkmale.

Eine solche Konstanz einzelner textueller Merkmale oder sogar ganzer Textsorten kann sprachwissenschaftliches Ergebnis des Vergleichs mehrerer synchroner sprachlicher Zustände sein, kann jedoch nicht Eingang in eine Definition finden, da Einheiten der *langue* ausschließlich aufgrund vorhandener Oppositionen zu ermitteln und zu definieren sind.[110]

Textsorten möchte ich vor diesem Hintergrund nicht als „geistesgeschichtliche Konstanten" im Sinne ahistorischer Gattungsbegriffe verstehen. Sie sind vielmehr historisch gebundene Einheiten des Sprachsystems; sie sind das Ergebnis einer synchronen Beschreibung und Klassifikation einzelner Textexemplare.[111]

Historische Gattungsbegriffe lassen sich auf ein Textexemplar einer Textsorte beziehen.

Während jedoch ein Textexemplar eine einmalige Einheit der *parole* ist, dessen konstante und distinktive Merkmale im Vergleich zu anderen Textexemplaren zum Ansatz einer Textsorte als *langue*-Einheit führen, bildet der Gattungsbegriff trotz der Hervorhebung der Variabilität der Merkmale bereits eine Einheit aus variablen und konstanten Merkmalen, ohne daß letztere genannt werden. Die Konstanz äußert sich in der Vorstellung vom Leitbegriff, der historisch variiert wird bzw. im Hinweis auf das Zusammenwirken von ‚texttypischen Invarianten' und bestimmten historisch ausgebildeten ‚Konventionen für textliche Äußerungen in der Textproduktion'.[112]

Der Gattungsbegriff, verstanden als ‚historisch variable' Größe, ist am ehesten dem Ansatz von alltagssprachlichen Textsortengruppen bzw. Textklassen vergleichbar.

Ich möchte deshalb zwischen alltagssprachlichen Textklassen/Gattungen, die sich auf vortheoretische Einteilungen beziehen, und den

---

109 Sabine Schlüter, Textsorte vs. Gattung, S. 36, setzt sich ausführlich mit dieser Position auseinander, vgl. dort auch die weiterführende Literatur.
110 Franz Simmler, Vom Prosaroman zur Erzählung, S. 458f.
111 Unter Textexemplar, auch Textfassung verstehe ich die jeweils konkrete aktuelle Sprachhandlung auf der Ebene der *parole*. Sie ist konstituiert durch eine ganz bestimmte Ausprägung der konstanten, die Kommunikationssituation bestimmenden Faktoren (Sprecher, Hörer, Ort und Zeit). Vgl. auch Franz Simmler, Text- und Textsortenbegriff.
112 Franz Simmler, Vom Prosaroman zur Erzählung, S. 458f.

Textsorten als Einheiten des Sprachsystems unterscheiden. Linguistische Textsorten sind gegenüber den Textklassen (Textgattungen) theoretische Konstrukte, sie haben ihren sprachtheoretischen Ort nicht auf der Ebene der *parole*, sondern auf der Ebene der *langue*. Bei ihrer Definition müssen Prinzipien angewandt werden, die denen anderer *langue*-Einheiten (Phonem, Morphem, Wort und Satz) vergleichbar sind. Der Klassifizierung von Textsorten gehen verschiedene Stufen der Differenzierung voraus.[113] Erst nach der Textklassenstrukturierung (1), nach der Feststellung der externen (2) und internen (3) Merkmale und der qualitativen Beurteilung der Textallianzen (4) ist die Klassenbildung innerhalb der Textgattung Universalchronik auf der Grundlage der Textüberlieferung des ‚Buchs der Welt' abgeschlossen. Vor allem mit der qualitativen Beurteilung der Textallianzen[114] bietet sich die Möglichkeit, einen weiteren Klassifizierungsschritt vorzunehmen: die Abgrenzung gegenüber Textexemplaren anderer Textklassen durch die Feststellung distinktiver, klassenunterscheidender Merkmale.

Die distinktiven Merkmale ermöglichen die Begründung von Textsorten auf der Ebene der *langue*. „Eine Textsorte lässt sich also als ein Bündel distinktiver textueller (externer und interner) Merkmale, oder genauer, als distinktives Netzwerk interner und externer textueller Merkmale auffassen."[115] Innerhalb der textsortenrelevanten, distinktiven Merkmale dieses Netzwerkes lassen sich drei Gruppen unterscheiden: textsortenidentifizierende, textsortenspezifische und textsorten-typische.[116] Als textsortenidentifizierend lassen sich solche Merkmale beschreiben, die im Rahmen des Korpus nur in einer einzigen Textsorte auftreten (Indiz für Textsortenzugehörigkeit). Textsortenspezifisch ist jedes positiv realisierte Merkmal, das innerhalb des Korpus zumindest an einer Stelle alleine, ohne Mitwirken anderer Merkmale auftritt (Funktion der Unterscheidung von Textsorten). Alle positiv realisierten, die innerhalb des Korpus nur im Zusammenspiel mit anderen Merkmalen zu Oppositionen zwischen Textsorten führen, lassen sich als textsortentypisch ansehen. Die Eingrenzung und Feststellung der potentiell distinktiven Einheiten erfolgt auf der Grundlage der Unterscheidung in externe und interne α-, β- und γ-Einheiten. Bei der Textsortenermittlung wird nur auf die α-Einheiten – minimale Spracheinheiten, ohne die ein Verstehen der mit der

---

113 Vgl. Kapitel II.5.3. Siehe auch Anm. 131.
114 Siehe zum Begriff auch S. 123ff.
115 Sabine Schlüter, Textsorte vs. Gattung, S. 159.
116 So auch Sabine Schlüter, Textsorte vs. Gattung, S. 159.

Textsorte korrespondierenden Textexemplare unmöglich wäre, zurückgegriffen:[117]

> Eine Textsorte ist eine nach dem Willen der beteiligten Kommunikationspartner abgeschlossene komplexe α-Einheit, die aus einer begrenzten Auswahl, einer besonderen Kombinatorik und einem regelmäßigen Vorkommen von externen und internen α-Einheiten besteht, den textuellen Merkmalen, die in konstituierender, identifizierender und differenzierender Sinnfunktion zu einem neuen, spezifischen Merkmalbündel zusammengeschlossen sind.[118]

II.5.2 Die kommunikationstheoretische Textsortenkonzeption

Mein textlinguistischer Ansatz orientiert sich an einer kommunikationstheoretisch ausgerichteten Textsortenanalyse.[119] Durch den kommunikationstheoretisch ausgerichteten, strukturalistischen Ansatz sind die wesentlichen Aspekte des Textsortenverständnisses bereits festgelegt:

Die Textsorte ist eine Einheit der *langue*, des Sprachsystems, wie beispielsweise die Phoneme, Morpheme und Satztypen.[120] Damit wird den systematischen, überindividuell rekurrenten Eigenschaften der Textexemplare einer Textsorte Rechnung getragen.[121] Mein Ansatz unter-

---

117 Die β-Einheiten (das Wie der Äußerung) und die γ-Einheiten (die Einmaligkeit des Kommunikationsaktes, das Wer der Äußerung) sind für die Textsortenfrage ohne Bedeutung. Siehe auch Sabine Schlüter, Textsorte vs. Gattung, S. 145-154 und S. 160.
118 Franz Simmler, Zur Fundierung des Text- und Textsortenbegriffs, S. 36f.
119 Siehe z.B. Franz Simmler, Politische Rede; ders., Textsorten politischer Rede; ders., Zur Fundierung des Text- und Textsorten-Begriffs; ders., Makrostrukturen in [...] der Regula Benedicti; ders., Makrostrukturelle Veränderungen; ders., Vom Prosaroman zur Erzählung; ders., Zum Verhältnis von publizistischen Gattungen und linguistischen Textsorten; ders., Die Glosse; ders., Zeitungssprachliche Textsorten; ders., Zur Textfunktion von Nominalsätzen; ders., Teil und Ganzes; ders., Die informationsorientierten Textsorten; ders., Makrostrukturen in der lateinisch-althochdeutschen Tatianbilingue u.a.m.
120 Vgl. zum Satzbegriff (Sätze als sprachliche Zeichen, die aus Ausdrucks- und Inhaltsseite bestehen und die auf die *langue*-Einheiten der Satztypen zurückgeführt werden) und zum Begriff Satztyp: Franz Simmler, Teil und Ganzes, S. 611; ders., Zur Synax von Volksmärchen, S. 361-389; ders., Syntaktische Strukturen im Prosaroman, S. 137-187; ders., Syntaktische Strukturen im Kunstmärchen, S. 66-96; ders., Vom Prosaroman zur Erzählung, S. 457-486; ders., Zur Valenz und Distribution von Verben, S. 134-142. Vgl. auch Hermann Paul, Peter Wiehl, Siegfried Grosse, Mittelhochdeutsche Grammatik, S. 405 (Überlegungen zum Satzbegriff).
121 Vgl. z.B. zu der Ansicht, dass bei der Untersuchung von Textsorten keineswegs nur zufällige und individuelle, sondern auch systematische Phänomene entscheidend sind: Elisabeth Gülich, Wolfgang Raible, Textsorten-Probleme, S. 144; Klaus Hempfer, Zur pragmatischen Fundierung, S. 2f., 7-9, 12; Hartwig Kalverkämper, Orientierung zur Textlinguistik, Kap. 4.1, S. 104, Wolf-Dieter Stempel, Gibt es Textsorten?, S. 175f.; Gabriele Maria Diewald, Deixis und Textsorten, S. 266f.; Franz Simmler, Zur Fundierung des Text- und Textsortenbegriffs, S. 32-37; ders., Syntaktische Strukturen, S. 67, 68f.; ders., Makrostrukturen, S. 213f.; ders., Vom Prosaroman, S. 457, 458f.; ders., Die Textsorten

scheidet sich damit von textlinguistischen Arbeiten, die die Textsorte als Einheit der *parole*,[122] der konkreten individuellen Sprachverwendung ansehen.[123]

Auf der Ebene der *parole* setze ich die alltagssprachlichen, vorwissenschaftlichen Textklassen (Textsortengruppen) oder Textgattungen an. Die Gattung ‚Universalchronik' ist der Ausgangspunkt meiner textlinguistischen Untersuchung. Es ist dabei intendiert, dass die angestrebte Textsortenanalyse der alltagssprachlichen Klassenbildung nicht völlig widerspricht, wie es rein deduktive Modelle, die die alltagssprachlichen Kategorien als unwissenschaftlich ignorieren, in der Regel tun. Denn die vorwissenschaftlichen Textklassen/Textgattungen sind ein wesentliches Steuerungsmittel bei der Textproduktion und der Textrezeption.[124]

Die Untersuchung kann sich nicht allein auf eine ausführliche Textklassenbeschreibung beschränken, da der Textsortenbegriff ein Systembegriff ist. Ziel einer Textsortenuntersuchung ist es, durch distinktive Operationen die Unterschiede zu allen anderen, gleichzeitig vorhandenen linguistischen Textsorten zu definieren. Die Textsorte existiert als signifikante Einheit der *langue* nur als Teil eines virtuellen Systems und ist ein theoretisches Konstrukt.[125]

‚Regelwerk' und ‚Lehrbuch', S. 259f.; ders., Zum Verhältnis von publizistischen Gattungen, S. 355f., 360; ders., Die Glosse, S. 181f.; ders., zeitungssprachliche Textsorten, S. 136f.

122 Ferdinand de Saussure fasst als wesentliche Kennzeichen der *langue* 1. ihre Überindividualität, 2. ihren Systemcharakter auf. Ferdinand de Saussure, Grundfragen der allgemeinen Sprachwissenschaft, S. 16f.; 95; 135, 158; vgl. zur Dichotomie von *langue* und *parole*: Eugenio Coseriu, System, Norm und Rede, S. 45-59.

123 Hier wäre dann kaum ein Unterschied zu machen zwischen Gattung und Textsorte. So z.B. Gerhard Helbig, Entwicklung der Sprachwissenschaft; Heinz Vater, Einführung in die Textlinguistik. Vgl. dazu Franz Simmler, Zur Fundierung des Text- und Textsortenbegriffs, S. 25-32.

124 Vgl. zur Bedeutung alltagssprachlicher Textklassen: Sabine Schlüter, Textsorte vs. Gattung, S. 72-75. Ob mittelalterliche lateinische oder volkssprachige Werkbezeichnungen „eine bestimmte literarische Darstellungsweise" angeben „und daher als Gattungsbezeichnungen betrachtet werden" können, muss seit der Untersuchung, die Klaus Düwel zu den Werkbezeichnungen mittelhochdeutscher Erzählliteratur vorgenommen hat, zumindest in Zweifel gezogen werden. Für die von ihm untersuchten 27 Werkbezeichnungen *aventiure, buoch, liet, maere, rede* etc.), „die man vielfach als Gattungsbezeichnungen angesehen hat", ließ sich keine eindeutige Verwendung feststellen. Nach Düwels Ansicht kann man das „Wissen um Gattungen bei den Dichtern der herangezogenen Werke" zumindest für fraglich halten. Klaus Düwel, Werkbezeichnungen, S. 199; Gabriele von Olberg-Haverkate, Möglichkeiten der Bestimmung von Textfunktionen, S. 302-331.

125 Vgl. auch Sabine Schlüter, Textsorte vs. Gattung, S. 145-175. Textsortenuntersuchungen können jedoch bei dem jetzigen Stand der Forschung nur Annäherungswerte bieten, da

Für die Analyse ergibt sich aus der Systemhaftigkeit der linguistischen Textsorte methodisch unmittelbar die Forderung nach Synchronie.[126] Die Korpusbildung erfolgt durch synchrone Schnitte; gleichartige Textexemplare eines begründeten Zeitraumes werden miteinander verglichen und bilden so die Grundlage für einen synchronen Vergleich gleichzeitig bestehender linguistischer Textsorten. Aus diesem Grunde ist der Textsortenbegriff ein historisch-statischer Begriff mit zeitlich begrenzter Gültigkeit.

Die Annahme von der kommunikationstheoretischen Orientierung der systemhaften, synchronen linguistischen Textsorte sprengt schließlich den Rahmen des strukturalistischen Systembegriffs Saussurescher Prägung. Sie führt zu einer Zweidimensionalität des Textsortenbegriffs: Die eine Dimension der Textsorte ist ihre kommunikationstheoretische Einbindung, die andere ist ihre Systemhaftigkeit. Das strukturalistisch orientierte Grammatikmodell wird um die kommunikative Dimension erweitert, um dem linguistisch signifikanten Originärzeichen Text gerecht werden zu können. Die Textsorte unterscheidet sich durch die Einbeziehung situativer, pragmatischer Merkmale von den anderen Einheiten der *langue* (Phonem, Morphem, Satztypen).[127]

Es wird durch die Situierung des zweidimensionalen linguistischen Textsortenbegriffes auf der Ebene der *langue* die Bindung an die Satzgrenze als oberster Einheit der *langue* aufgehoben: Textsorten bestehen aus mindestens einem Verbal- oder Nominalsatz und zudem mindestens einem satzübergreifenden Merkmal.[128] Der Umfang der Textsorte ist also nicht – wie in älteren Ansätzen – an das Satzmodell gebunden, sondern Textsorten sind größere Einheiten als Satztypen. Satzübergreifende Merkmale sind Makrostrukturen, d.s. Binnenstrukturierungen wie z.B. Absatz, Abschnitt, Kapitel, Verspartie, Text-Bild-Kombinationen etc., und initiierende bzw. terminierende Merkmale (Initiatoren und Terminatoren). Diese satzübergreifenden Merkmale bestehen aus Ausdrucks-

---

längst nicht alle Textexemplare eines (begründeten) Zeitraumes mit vergleichbaren Kriterien untersucht worden sind.
126 Zur Synchronie vgl. Franz Simmler, Syntaktische Strukturen, S. 68; ders., Vom Prosaroman zur Erzählung, S.457, 459; ders., Zum Verhältnis von publizistischen Gattungen und linguistischen Textsorten, S. 355; ders., Die Glosse, S. 181; Eugenio Coseriu, Textlinguistik, S. 157; Gudrun Langer, Textkohärenz und Textspezifik, S. 70, 72.
127 Vgl. die Textsortendefinition von Franz Simmler, Zur Fundierung des Text- und Textsorten-Begriffs, S. 37.
128 Vgl. Franz Simmler, Makrostrukturen, S. 213-305, bes. S. 213f.; vgl. auch ders., Makrostrukturelle Veränderungen, S. 187-200, bes. S. 187.

und Inhaltsseite und besitzen gegenüber hierarchisch gesehen kleineren Einheiten der *langue* – z.b. den Satztypen – eine distinktive Funktion.[129]

II.5.3   Die Analysekriterien: Textsortenmerkmale

Alltagssprachliche Textklassen lassen sich als Bündel spezifischer Merkmale auffassen [...] Zusammen mit der strukturalistischen Fundierung ergibt sich daraus die Erfordernis, auch die linguistische Textsorte in Anlehnung an die Sprachwirklichkeit als komplexes Merkmalbündel aufzufassen, wie es in der linguistischen Forschung auch überwiegend geschieht.[130]

Es stellt sich bei der Merkmalsbildung vor allem das Problem, ob ausschließlich invariante Merkmale zur Bestimmung der Textsorten herangezogen werden können oder ob auch variante Merkmale einzubeziehen sind.[131] Eine entscheidende Vorgabe ist dabei die kommunikationstheoretische Ausrichtung der Textanalyse: Ein Textsortenmodell, das in besonderem Maße auf die alltagssprachlichen Gegebenheiten des Gegenstandsbereiches hin orientiert sein will, kann nicht nur die invarianten Merkmale auswählen.[132] Ein solcher Strukturtyp repräsentierte ein zu starres Schema und wäre sehr merkmalsarm bzw. müsste zwangsläufig zu einer Vielzahl eng verwandter Textsorten führen. Varianten können einen Textsortenwechsel ankündigen, er muss allerdings bei ihrem Auftreten noch nicht zwingend vollzogen sein. Erst eine bestimmte Anzahl von Varianten, die in dieselbe Richtung weisen, kann in Kombination mit invarianten Merkmalen ein Bündel bilden, das eine neue Textsorte konstituiert.

Ich wende ein stufenweises, induktiv-deduktives Verfahren[133] der Textsortenunterscheidung an, wie es sich bereits in anderen Untersuchungen bewährt hat.[134]

---

129 Vgl. z.B. Franz Simmler, Makrostrukturen, S. 213f.; ders., Makrostrukturelle Veränderungen, S. 187ff.; Siehe auch Kapitel I.5.3.2. Textexterne, textinterne Merkmale, Arten der Textverbindungen
130 Sabine Schlüter, Textsorte vs. Gattung, S. 151. Siehe dort auch die ausführliche Literatur (z.B. S. 151, Anm. 16).
131 Franz Simmler, Politische Rede, S. 40f. berücksichtigte als erster variante Merkmale bei der Textsortendifferenzierung. So: Gabriele Fleskes, Textsortengeschichte, S. 16.
132 Ergebnisse neuerer empirischer Untersuchungen deuten darauf hin, dass unter Umständen die sich so ergebenden Variationsmöglichkeiten nicht ausreichen. Als zusätzliche Variationsmöglichkeiten müssen auch Varianten zugelassen werden, die gegebenenfalls ersatzlos wegfallen können: siehe Franz Simmler, Zeitungssprachliche Textsorten und ihre Varianten, S. 167.
133 Siehe dazu auch Kapitel II.5.1 Die Terminologie: Textsorte, Textgattung, Texttyp, Textklasse .

Die vier Schritte meiner Untersuchung erläutere ich in den folgenden Kapiteln:
1. die alltagssprachliche bzw. forschungsübliche Zuordnung des Textzusammenhanges des ‚Buchs der Welt' zur Textklasse (Textgattung) ‚Universalchronik' (Kapitel II.5.3.1);
2. Feststellung der textexternen Merkmale (Kapitel II.5.3.2.1);
3. Feststellung der textinternen Merkmale (Kapitel II.5.3.2.2.) und
4. Beschreibung der Arten der Textverbindungen (Textallianzen) (Kapitel II.5.3.2.3).

II.5.3.1 Die Textklasse ‚Universalchronik' – ein Instrument kollektiver Erinnerung

Das christliche Weltbild des Mittelalters basiert vor allem auf dem Geschichtsbild, das die Bibel vermittelt.[135] Die Universalchroniken nehmen dieses biblische Weltbild auf und – hier gehen sie über die biblische Überlieferung hinaus – setzen es in Bezug zu profanen Ereignissen. Die Textklasse ‚Universalchronik' steht in der Tradition der antiken Weltgeschichtsschreibung. Die christliche Historiographie stand von Anfang an unter dem Zwang, christliches Geschichtsverständnis mit antikem (profanem) Geschichtsverständnis in Einklang bringen zu müssen. In ihren Ursprüngen musste sich die christliche Weltgeschichtsschreibung mit ihren Vorläufern, der antiken Universalgeschichtsschreibung, auseinandersetzen. Orosius (Historia adversus paganos 417/18) durchsuchte – angeregt durch Augustinus – mit deutlich apologetischen Zielen als Theologe die Menschheitsgeschichte nach Kriegen, Seuchen, Elementarkatastrophen und Schandtaten, um anhand historischer Beispiele nachzuweisen, dass der Niedergang Roms nicht erst mit dem Aufstieg des Christentums eingesetzt hatte. Weil Orosius sein Erinnerungs-Material ohne Einschränkung aus den Werken römisch-lateinischer Historiker zusammengestellt hat, blieb er weitgehend innerhalb des geschichtlichen Weltbildes der römischen Antike. Auch dieses war nicht mehr vorrangig von einer zyklischen Geschichtsauffassung geprägt, sondern wurde beherrscht von der Vorstellung von einer Vielzahl selbständiger geschichtlicher Li-

---

134 So: Franz Simmler, Zur Fundierung des Text- und Textsortenbegriffs, S. 32-36; Sabine Schlüter, Textsorte vs. Gattung; dazu auch: Gabriele von Olberg-Haverkate, Offene Formen; dies., Makrostrukturen; dies., Loghene schal uns wesen leyt; dies., Möglichkeiten der Bestimmung von Textfunktionen.
135 Siehe dazu: Wilfried Härle, Christian Polke, Das Weltbild des christlichen Glaubens, S. 241-262.

nien, die irgendwann in das Imperium Romanum einmündeten.[136] In diese Vorstellung fügte sich das lineare christliche Weltbild nahezu problemlos ein. Die Christen besaßen mit dem Alten Testament ein heiliges, geoffenbartes Geschichtsbuch. Die Eckpfeiler der christlichen Memoria, wie sie in Universalchroniken begegnet, sind damit (spät)antike Geschichtskenntnisse und die Gewissheiten des biblisch-christlichen Glaubens. Die Einteilung in Weltalter und Weltreiche verbindet sich im Mittelalter in aller Regel mit dem zweigliedrigen biblischen Weltbild, das in der Textallianz: Altes Testament – Neues Testament sichtbar wird. Die Zäsur ist die Menschwerdung Christi. Eine Zweiteilung der Weltgeschichte begegnet auch in der römischen Geschichtsauffassung: Der Angelpunkt ist hier die Gründung der Stadt Rom. Antike und römische Weltvorstellung, Erinnerungsbestände, sind an vielen Punkten miteinander kompatibel. So kommt es, dass die Universalchroniken einerseits das christlich-jüdische Erinnerungswissen in Anlehnung an die Bibel tradieren und andererseits auch vorchristliches europäisches Weltwissen.

Die Textexemplare der Textklasse ‚Universalchronik' repräsentieren mit der biblischen Geschichte und den (ausgewählten) antiken Wissensbeständen das Erinnerungswissen eines sehr weiten und heterogenen Raumes, in dem sich unterschiedliche Kulturen begegneten. Der Blick auf diese Kulturen und das Erinnerungsinteresse an ihnen ist europazentriert und geprägt durch die Auffassung vom Christentum, wie sie die römische Kirche vertrat. Mit einer Ausnahme – der Chronik des Martin von Troppau aus dem 13. Jahrhundert[137] – war die Wirkung und Verbreitung der christlichen Universalchronistik auch nur auf den europäischen Raum beschränkt.

Das konkrete, datierbare Wissen war gleichzeitig Tatsachenwissen und Glaube. Es war Wahrheit, wie der mittelalterliche Chronist des ‚Buchs der Welt' im 13. Jahrhundert in der Reimvorrede (Abb. 1 und 2) sagt.

Diese Reimvorrede hebt die zentralen Leitlinien der Textklasse ‚Universalchronik' hervor, wie sie im 13. Jahrhundert Geltung hatten:

---

136 Siehe dazu: Friedrich Vittinghoff, Christliche und nichtchristliche Anschauungsmodelle, S. 17-27.
137 Eine sehr populäre Universalgeschichte des Mittelalters, die im 13. Jahrhundert entstandene lateinische Weltchronik des Martin von Troppau, schaffte als einzige den Schritt über Europa hinaus, „der persische Universalhistoriker Rašīd od-Dīn übernahm sie um 1304/06, als er am Hof des mongolischen Ilkhans Ölğäitü wirkte, in gekürzter Form als ‚Frankengeschichte', d.h. als Geschichte der lateinischen Welt". Anna-Dorothea von den Brincken, Martin von Troppau, S. 157.

‚Erfahrt jetzt alle, was uns der vollkommene Gott durch seine Gnade geschenkt hat. Wer sich gegen unreine Lust verteidigt, wer schlechtes Handeln vermeidet, die Vorsorge für sein gesamtes Leben auf den mächtigen Gott überträgt und dessen Gebote befolgt, der hat den richtigen Glauben und verachtet den Armen nicht und auch sonst keinen Menschen. Wenn er sich nach Gottes Güte richtet und mit dem, was er besitzt, zufrieden ist, kann er ein Leben ohne Sünde führen, in Sicherheit sterben und vor seinem Schöpfer stehen. Er braucht Gottes Zorn nicht zu fürchten, wenn das Heerhorn an allen Orten ertönt, das die Toten erwecken und in die Höhe führen soll. Dann wird all die verborgene Missetat zum Vorschein gebracht, die hier der Leib in Gedanken und Taten begangen hat. Sündiges Menschengeschlecht, präge dir das ein, deine Bosheit wird dann nicht verborgen sein, deine Seele muss lange Qualen erdulden, bessere dich noch schnell hier (auf Erden), damit du die Qualen vermeidest.
Darnach folgt ein Donnerschlag, den niemand aushalten kann. Der fährt aus dem Munde Gottes und weist die Verdammten, die Gott hier niemals fürchteten, in den Abgrund der Hölle. Dann werden die Guten ganz gewiss unter Gottes Schutz sicher sein.
Wer jetzt sündigt und seine vergangene Zeit eitel verschwendet hat, der sei von Gott daran erinnert, dass er sein Leben auf diesen Rat hin schnell bessere, soweit es durchführbar ist.
Gottes Dienst auszuüben, ist wahrhaft süß. Der gütige Gott wasche, ebenso wie er es für Sankt Petrus tat, unsere Füße, das bitte ich armer Mann, damit unser Wille rein sei. Wenn der böse Wille bleibt, hilft nichts, um Gottes Strafe zu entgehen.
Nun entscheidet Euch mit Eifer dafür, die bösen Gedanken zu vermeiden und gänzlich zu vertreiben. Hört gerne gute Lehren und leset in den Büchern, in denen man die Wahrheit suchen und erfahren kann. Die sind von Gotteskindern und von guten Leuten geschrieben. Dabei ist es jedoch nicht geblieben, es sind auch viele Lügen aufgezeichnet worden. Die hört ein Narr gerne, statt dass er auf die Wahrheit hört. Wonach der Sinn des Narren steht, davon hört er gerne reden. Auf diese Seite begebe ich mich nicht. Gott sei unser Geleit, seine Liebe breite sich über uns aus und bessere uns, damit wir in seine Schritte treten und dem makellosen Weg folgen, der da himmelwärts führt.
Ich habe das gut überlegt, dieses Buch wird niemals vollendet. Solange die Welt besteht wird es nur kenntnisreicher (*kunstiger*). Deshalb muss die Erzählung nun aufhören. Ich kann nicht mehr schreiben, was noch geschehen wird. Mir genügt das hier vollkommen. Wer später noch lebt, der schreibe das auf und bleibe bei der Wahrheit. Lügen sollen uns verhasst sein. Das ist der Rat des von Repgow. Die Lüge ist ein gesprochenes Vergehen. Geschrieben ist sie der Seele ein vollkommener Untergang, davor sei jeder gewarnt: sobald er eine Lüge aufschreibt, bleibt sie unvergeben. Die Sünde der Lüge muss unvergessen sein, weil Gott sie bezeugt, durch diejenigen, die sie lesen.'

In der Reimvorrede (Abb. 1 und 2) entwickelt der Chronist programmatisch die Leitlinien seiner Chronik und macht damit die Einbindung in traditionelle Deutungsmuster[138] europäisch-christlicher Memoria sichtbar:

(1) die Einordnung des Textzusammenhanges in die Heilsgeschichte: *Nv uernemit alghemein.we uns got der reine.siner genade hat bescherit.* (Bl. 9^v, Z. 1f., Ms. Memb. I 90, Gotha Forschungs- und Landesbibliothek Schloss Friedenstein).

(2) die Berufung sowohl auf die mündliche: *horet gerne gûte lere.* als auch auf die schriftliche Tradition: *vñ lesit inden bûken . dar men de warheyt sûchen mach vñ bevindē* (Bl. 9^v, Z. 26f., Ms. Memb. I 90, Gotha Forschungs- und Landesbibliothek Schloss Friedenstein).

(3) die Forderung nach wahrer Geschichtsdarstellung: *.vnde achtbare warheit.logene sal uns wesen leit.* (Bl. 10^r, Z. 7f., Ms. Memb. I 90, Gotha Forschungs- und Landesbibliothek Schloss Friedenstein). Damit ist angesprochen, dass es auch schlechte Bücher gibt, die die Wahrheit nicht verbreiten. Hier geht es vor allem um die (ausgewählte) Wahrheit in der Tradition der römischen Kirche.[139]

---

138 Ich verstehe unter ‚Deutungsmuster' (auch Deutungskategorie, Deutungsschema) begriffliche Konstrukte, die Wirklichkeit „benennen, ordnen und interpretieren wollen". Otto Gerhard Oexle, Deutungsschemata, S. 65-117, Zitat: S. 66. Vgl. auch ders., Die Funktionale Dreiteilung als Deutungsschema, S. 19-51; ders., Die funktionale Dreiteilung, S. 1-54, bes. S. 5ff.; ders., Die ‚Wirklichkeit' und das ‚Wissen', S. 61-91. Otto Gerhard Oexle, Deutungsschemata, S. 68 weist nachdrücklich auf ein Problem hin, das sich vor allem Historikern stellt, die sich mit den Deutungsmustern vergangener Zeiten auseinandersetzen: Es gilt zu unterscheiden zwischen der „soziale[n] Wirklichkeit" historischer Gesellschaften, ihrer „Wahrnehmung und Deutung bei den Menschen jener vergangenen Jahrhunderte und schließlich unsere[r] Wahrnehmungen und Deutungen jener Wirklichkeit und jener Deutungen."
Das Konzept der handlungsstrukturierenden und handlungsleitenden Deutungsmuster, die aus dem alltäglichen Wissensvorrat entstehen, wurde von Alfred Schütz in den dreißiger Jahren des 20. Jhs. entwickelt. Alfred Schütz, Der sinnhafte Aufbau der sozialen Welt. Vgl. auch: Max Weber, Gesammelte Aufsätze zur Religionssoziologie 1, S. 252; Jürgen Habermas, Theorie des kommunikativen Handelns 1, S. 72f.; Peter Berger/Thomas Luckmann, Die gesellschaftliche Konstruktion der Wirklichkeit. Zur Theorie und weiterer Literatur. Siehe auch die jüngeren Arbeiten: Bernd Dewe, Soziale Deutungsmuster; Ulrich Oevermann, Zur Analyse, S. 35-81. Christine Plaß/Michael Schetsche, Grundzüge, S. 511-536. Es handelt sich hier also um eine „dritte Ebene des Wissens und Verstehens zwischen den materiellen Strukturen auf der einen, dem Verhalten der historischen Subjekte auf der anderen Seite [...] Die Besonderheit dieser ‚dritten Ebene' besteht darin, daß sie das Verhalten der Subjekte prägt, ihrerseits aber auch von den gesellschaftlichen Gegebenheiten und den konkreten Handlungen der historischen Subjekte geprägt ist." Hans Jürgen Bachorski/Werner Röcke, Weltbilder, S. 7-17. Auch Werner Röcke, Weltbilder – Mentalitäten – kulturelle Praxis, S. 3-13, bes. S. 5-7.

139 Vgl. dazu auch Ludolf Kuchenbuch, Verrechtlichung der Erinnerung; ders., Teilen, Aufzählen, Summieren.

(4) die Autorisierung der eigenen Aussagen: *loghene sal uns wesen leit.daz ist des van repegouwe rat* (Bl. 10^r, Z. 8f., Ms. Memb. I 90, Gotha Forschungs- und Landesbibliothek Schloss Friedenstein). Eine Autorität – es muss nicht der Autor selbst sein, es können auch anerkannte Autoren anderer Bücher sein – wird zum Beweis der (Wahrheit der) eigenen Aussagen benannt.

(5) Das eschatologische Geschichtsdenken birgt ein zukunftsgerichtetes Zeit- und Weltbild, mit deutlicher Ausrichtung auf die Endzeit, das Jüngste Gericht:

.her ne darf niht uorhten godes zorn.swenne daz herehorn.wirt geblasen ouer al.dacz die toten irquicken sal.uñ iv die luht vůren.dar beginnet man růren.al uerholene missetat.die hir der lib begangen hat.an willen oder an werken.sundich mensche diz merke.erge newirt da niht uerholen.din sele mŭz lange pine dolen. [...] *Dar na volgit ein donerslach.dar nieman vor vnstan nie mach.der uerit von godes mŭde. Vñ wisit in afgrunde.der helle die uerworchten* [...] (Bl. 9^v, Z. 8-17, Ms. Memb. I 90, Gotha Forschungs- und Landesbibliothek Schloss Friedenstein)

Hierin liegt eine gewisse Spannung: Einerseits weist die Endzeitvorstellung auf ein geschlossenes Weltbild, dessen Ende dem Christen bekannt ist; andererseits deutet die Ausrichtung auf die ungewisse Zukunft, die über ein einzelnes Menschenleben hinausweist, auf die

(6) potentielle ‚Offenheit' der Chronik:

de wile div werlt stat. so uile wirt kunstiger dat.des mv̊z div rede nu bliuē . ich ne kan nicht srciuen . daz noch gescen sol.mir ghenv̊git hir an wol . swer so leue vorebaz.swaz dan gesche der scriue daz. (Bl. 10^r, Z.4-7, Ms. Memb. I 90, Gotha Forschungs- und Landesbibliothek Schloss Friedenstein)

Sie deutet damit auf das besondere Interesse an kollektiver Memoria und zeigt damit eine wichtige Funktion der Universalchronistik.

Die Reimvorrede des ‚Buchs der Welt' bestätigt die Auffassung, dass die vortheoretische Textklasse ‚Universalchronik' vor allem die Funktion hat, ein einheitliches, heilsgeschichtliches christliches Zeit- und Weltbild zu verbreiten. Dieses lineare christliche Weltbild mit seinen sechs wesentlichen Deutungsmustern hatte seine Wurzeln in spätantiken und in biblischen Weltvorstellungen, es ist – schaut man auf die heutigen Gattungsdefinitionen – wesentlicher Bestandteil der historischen Gattung ‚Universalchronistik':

Universalchroniken stellen die gesamte für sie literarisch erreichbare Weltgeschichte dar. In der Regel überblicken sie von der Schöpfung bis zur eigenen Zeit profane u n d biblische bzw. kirchliche Geschichte, auch kultur- und naturgeschichtliche Ereignisse. Alle Begebenheiten ordnen sie einem bestimmten Rahmen zu, der oft mehr als nur eine Jahrrechnung (Ära) umfasst. Den Ablauf der Zeit strukturieren sie durch die Einteilung in Weltalter (aetates), durch die Regierungszeiten der Herrscher (regna) und teilweise durch die Lehre von vier aufeinanderfolgenden Weltreichen. Dabei vertreten sie eine heilsgeschichtliche Konzeption.[140]

In den Gattungsdefinitionen zur Universalchronistik zeigt sich – ohne, dass es jedoch ausgesprochen wird –, eine wesentliche Funktion: die Sicherung der Wissensbestände des christlichen Abendlandes durch die Erinnerung. Diese Sicherung ist vor allem deshalb so wichtig, weil es sich hier auch um Glaubensinhalte handelt.

Die Universalchronistik, mit der Erschaffung der Welt einsetzend, ist ein spezifisch spätantik-mittelalterliches Genus der christlich fundierten Geschichtsschreibung, das vom 3. Jahrhundert an überliefert, erst im 17. Jahrhundert ausläuft. Die Weltchronik ist vor allem erwachsen aus dem Bedürfnis, beziehungsweise der Notwendigkeit, die heilsgeschichtliche Abfolge der Ereignisse des Alten und Neuen Testamentes mit den Fakten und Resultaten der sonst bekannten, gleichsam profanen Geschichte zu synchronisieren und in einem gültigen Verlaufsmodell Ausgang und Ende aller Menschheitsgeschichte im Jüngsten Gericht und der Wiederkehr Christi interpretierend zusammenzufassen. Wesentliche Strukturelemente dieses Prozesses bildeten dabei die sechs Zeitalter (*aetates*), deren letztes die Epoche von der Geburt Christi bis zur Wiederaufrichtung des Reiches Gottes nach dem Jüngsten Tag umspannt (Augustinus), beziehungsweise die Lehre von den vier Weltreichen im Anschluss an die Interpretation des Hl. Hieronymus, die dieser einer Traumdeutung des Propheten Daniel gab. In der Abfolge der Weltreiche nimmt das römische Reich, dem das der Assyrer, Perser und Griechen voranging, die letzte und wichtigste Stelle ein (Orosius), entspricht doch diese historische Hülle im wesentlichen der letzten heilsgeschichtlichen *aetas*. Diesen Schemata folgen zahlreiche Geschichtswerke, am berühmtesten und bekanntesten ist die ‚Chronica de duabus civitatibus' Ottos von Freising aus der ersten Hälfte des 12. Jahrhunderts, die mit dem Ausblick auf die Apokalypse schließt.[141]

Auch in den historischen und literaturwissenschaftlichen Gattungsbeschreibungen dominieren also vor allem die fünf Deutungsmuster der

---

140 Karl Heinrich Krüger, Universalchroniken, S. 13. Vgl. auch Anna Dorothea von den Brincken, Die lateinische Weltchronistik; dies., Studien zur lateinischen Weltchronistik; dies., Weltären.
141 Dieter Hägermann, Die ‚Sächsische Weltchronik', S. 7.

kollektiven Memoria, die als kennzeichnend für die Gattung angesehen werden können und die sich auch in der Reimvorrede des ‚Buchs der Welt' finden. Ich fasse sie kurz zusammen, indem ich die Auffassung der Reimvorrede mit der literaturwissenschaftlichen Gattungsbeschreibung in Verbindung setze. Die einzelnen Deutungsmuster sind in der historischen und literaturhistorischen Forschung in der Vergangenheit z.T. kontrovers diskutiert worden. In der folgenden Zusammenstellung habe ich die „herrschende Meinung" in der gegenwärtigen Forschung herausgegriffen:

1. das Deutungsmuster: Einordnung der Weltgeschichte in die Heilsgeschichte → wissenschaftliche Auffassung: Verbindung von Heilsgeschichte und Profangeschichte;[142]
2. das Deutungsmuster: Berufung auf die (mündliche und schriftliche) Tradition → wissenschaftliche Auffassung: Vorherrschen der lateinischen schriftlichen Tradition[143]
3. das Deutungsmuster: wahre Geschichtsschreibung → wissenschaftliche Auffassung: Prosaform als zentrale Form wahrer Weltgeschichtsschreibung[144]
4. das Deutungsmuster: Autorisierung der eigenen Aussagen → wissenschaftliche Auffassung: Autornähe[145]
5. das Deutungsmuster: eschatologisches Geschichtsdenken → wissenschaftliche Auffassung: zukunftsgerichtetes, aber dennoch auf Abgeschlossenheit zielendes Geschichtsverständnis,[146] führt in Folge der Zukunftsorientierung → zu der heute herrschenden Auffassung von der
6. offenen Geschichtsschreibung und der potentiellen Offenheit der Gattung Universalchronik.[147] So birgt das eschatologische Geschichtsdenken aufgrund seines Spannungsverhältnisses – dem Christen bekannte Endzeit und dem Menschen unbekannte Zukunft – zwei gegenläufige Deutungsmuster (siehe: II.5.3.1.5 und II.5.3.1.6).

---

142 Z.B. Karl Heinrich Krüger, Universalchroniken, S. 13; Dieter Hägermann, Die ‚Sächsische Weltchronik', S. 7
143 Z.B. Jürgen Wolf, Sächsische Weltchronik, S. 2f.
144 Z.B. Hubert Herkommer, Sächsische Weltchronik, S. 213-224; Jürgen Wolf, Sächsische Weltchronik, S. 2, 4.
145 Z.B. Kurt Gärtner, Überlieferungstypen.
146 Z.B. Dieter Hägermann, Die ‚Sächsische Weltchronik', S. 7.
147 Z.B. Peter Johanek, Weltchronik, S. 306; Danielle Jaurant, Rudolfs Weltchronik, S. 286.

Neben diesen sechs Deutungsmustern werden in den Gattungsbeschreibungen auch immer die Strukturierungsprinzipien erwähnt, nach denen der Stoff geordnet wird. Es handelt sich hier ausschließlich um inhaltliche Strukturierungen nach Weltären, Weltaltern, Regierungszeiten.[148] Sie können variieren. Es bleibt zu fragen, ob darüber hinaus nicht noch weitere Strukturierungen erkennbar werden und ob die Textzeugen des ‚Buchs der Welt' eine Einigkeit in Bezug auf die Strukturierung zeigen.

Ich gehe im Folgenden (Kapitel II.5.3.1.1-II.5.3.1.6) auf die sechs wesentlichen Inhalte mittelalterlicher Weltchronistik ein. Im Laufe der Untersuchung wird uns vor allem die Frage beschäftigen, ob und in welcher Weise – mit welchen sprachlichen Mitteln – die Deutungsmuster mittelalterlicher Weltchronistik innerhalb der einzelnen Textzeugen des ‚Buchs der Welt' realisiert sind. Es ließ sich zeigen, dass sich alle Deutungsmuster auch in der Reimvorrede wiederfinden, die von einigen Textfassungen des ‚Buchs der Welt' überliefert wird. Für die Frage der alltagssprachlichen Klassenbildung ist auch die Einschätzung der Zeitgenossen (Auftraggeber, Schreiber, Besitzer) von Bedeutung. Eine solche Einschätzung ist möglicherweise an den Bezeichnungen ablesbar, mit denen die Chronisten ihre Texte benennen. In Kapitel II.5.3.1.7. stelle ich die Werkbezeichnungen vor, die sich innerhalb des Korpus finden lassen.

Der nichtlinguistische Klassenbegriff ‚Universalchronik' setzt also bereits – wie auch die Zuordnung zum Textzusammenhang ‚Buch der Welt' – eine Strukturierung (mittelalterlicher) historiographischer Texte voraus. Die Kriterien dieser alltagssprachlichen Strukturierungen müssen anhand der Einzelanalyse der Textexemplare überprüft werden:

II.5.3.1.1 Das Deutungsmuster: Einordnung der Weltgeschichte in die Heilsgeschichte

Die Erschaffung der Welt ist Ausdruck des göttlichen Heilswirkens. Die gesamte Wiedergabe des Alten und Neuen Testaments verbindet in den Weltchroniken Heilsgeschichte mit Profangeschichte. Die Chronisten strukturieren den Ablauf der Zeit auf verschiedene Weise: durch die Einteilung in Weltalter (*aetates*), durch die Regierungszeiten (*regna*) oder durch die Lehre von vier aufeinanderfolgenden Weltreichen. Auch eine

---

148 Vgl. Karl Heinrich Krüger, Universalchroniken, S. 13; Dieter Hägermann, Die ‚Sächsische Weltchronik', S. 7, Anna Dorothea von den Brincken, Die lateinische Weltchronistik und dies., Studien zur lateinischen Weltchronistik; dies., Weltären.

Kombination der unterschiedlichen Einteilungen des historischen Stoffes tritt häufig auf.[149]

Universalchronistik beginnt mit dem Stoffkreis des Alten Testaments seit der Erschaffung der Welt und der Menschen, sie erzählt die Geschichte des auserwählten Volkes, der Juden. In der Schöpfungsgeschichte (Abb. 2) hebt der Chronist hervor, dass Gott der Urheber der Welt ist. Das erste Weltalter reicht von Adam bis Noah, das zweite von Noah bis Abraham, das Dritte von Abraham bis David, das vierte von David bis Nabuchodonosor (Nebukadnedsar), das fünfte von Nabuchodonosor bis Julius Cesar und das sechste und letzte von Octavianus Augustus, Christus und den Aposteln bis in die Gegenwart. Leichte Modifikationen zeigt die Weltreiche-Lehre in der gereimten Weltchronik des Rudolf von Ems, der sich zwar im Prolog auf dieses auf Augustinus zurückgehende und durch Isidor und Beda vermittelte Schema bezieht, im Verlauf der Chronik aber davon abweicht. Das dritte Weltalter beginnt bei Abraham und endet bei Joseph, das vierte führt von Moses bis zum Ende der Richterzeit und das fünfte beginnt mit Saul, die Leifigur ist David, das sechste Weltalter beginnt mit Christi Geburt. Dieses modifizierte Weltbild fand keine große Verbreitung, im ‚Buch der Welt' konnte Roderich Schmidt eine vergleichbare Einteilung nachweisen.[150]

Das Weltbild beschränkt sich so im Wesentlichen auf die Darstellung der vier Weltreiche: Babylonier, Perser, Griechen bis zu den Römern als letztem Weltreich. Der Untergang des römischen Reiches hätte nach dieser Auffassung das Weltende einleiten müssen. Durch die translatio imperii-Theorie[151] aber gab es einen Übergang vom römischen zum deutschen Reich, das historisch als Nachfolger des römischen Reiches auftrat. Diese reichshistorische Weltgeschichtsauffassung war von zentraler Bedeutung für das Selbstverständnis der karolingischen und nachfolgenden Herrscherdynastien. Im deutschen Hochmittelalter ist Universalgeschichte zunächst immer Reichsgeschichte. Die Folge von Weltherrschaften wird in Anlehnung an die antike Weltgeschichtsvorstellung übernommen und in einen christlichen Zusammenhang gestellt, obwohl ihre Profanität nicht zu verkennen ist und sie offenkundig in keiner Beziehung zur israelitischen Geschichtslinie und zum Heilsgeschehen steht. Man (der Hl. Hieronymus) beruft sich auf das Zeugnis der Bibel, auf das

---

149 Siehe dazu: Karl Heinrich Krüger, Die Universalchroniken, S. 13.
150 Roderich Schmidt, Aetates mundi, S. 308-310. Siehe auch Dorothea Klein, Heinrich von München, S. 3.
151 Siehe: Hans-Werner Goetz, Das Geschichtsbild Ottos von Freising.

Buch Daniel und die apokalyptische Bildersprache von Traumdeutung und Tiervisionen, um die Lehre von den Weltreichen theologisch zu stützen.[152] Für Dieter Hägermann werden diese Merkmale der Universalchronistik über einen Zeitraum von 15 Jahrhunderten nahezu ungebrochen tradiert.[153]

Weltgeschichte ist also nur am Anfang der Menschheitsgeschichte wirklich universal. Universalhistorisch bedeutet nicht, dass über alles in der Welt berichtet wird. Nur das Schicksal des Gottesvolkes war für das Heil der gesamten Menschheit bedeutsam. In der Tradition des Gottesvolkes steht nach hochmittelalterlicher Geschichtsauffassung das deutsche Reich, präziser noch: stehen die Herrscherdynastien seit den Karolingern. In diesem Rahmen der Reichspolitik ist die Mensch-Gott-Beziehung der Mittelpunkt des universalhistorischen Weltbildes. Es führt das Scheitern des Menschen (in reichshistorischen Bezügen) vor, der sich von Gott abwendet, und es zeigt ebenso das erfolgreiche Leben in Gehorsam und Gottesliebe. Positive Vorbilder für das eigene Leben werden auch durch die zahlreichen interpolierten Heiligenviten geboten. Dieses Prinzip – eingebettet in ein durch die Chronologie vorgegebenes Schema – wird auch durch das ‚Buch der Welt' vermittelt.

Erst 1997 stellte Jürgen Wolf fest, die so genannte Sächsische Weltchronik sei nichts anderes als die Fortsetzung der lateinischen Weltchronistik in deutscher Sprache.

> Prinzipiell lassen sich zwischen der lat. Universalchronistik und der durch die SW repräsentierten volkssprachigen Universalchronistik kaum signifikante Unterschiede ausmachen. Die Idee vom göttlichen Heilsplan, die Gliederung („Translatio imperii"), die Form (meist Prosa), der stoffliche Rahmen und die Intentio (‚historiographische Wissensvermittlung im Stil eines Nachschlagewerks'; ‚Exemplum' und Propaganda) waren ähnlich, wenn nicht identisch.[154]

Gegenstand meiner Untersuchung ist, wie weit das Deutungsmuster Heilsgeschichte in den einzelnen Textzeugen des ‚Buchs der Welt' realisiert ist und welche Aussagen sich daraus für das Weltbild der mittelalterlichen, spätmittelalterlichen und frühneuzeitlichen Weltchronistik machen lassen; wie sich das Deutungsmuster der Universalität von Geschichte anhand der einzelnen Textzeugen des ‚Buchs der Welt' zeigt. Liegt hier tatsächlich eine Kontinuität der lateinischen Deutungsmuster

---

152 Siehe: Franz-Josef Schmale, Mentalität; Hans-Werner Goetz, Geschichtsschreibung.
153 Vgl. auch das Zitat S. 76, Dieter Hägermann, Die ‚Sächsische Weltchronik', S. 7.
154 Jürgen Wolf, Sächsische Weltchronik, S. 2f.

vor? Muss man sich das kollektive Gedächtnis der christlich abendländischen Kultur über viele Jahrhunderte und viele Kulturräume, politische Räume, soziale Räume hinweg als relativ konstant vorstellen?

II.5.3.1.2 Das Deutungsmuster: Berufung auf die Tradition

Der Textzusammenhang des ‚Buchs der Welt' schöpft – wie Michael Menzel gezeigt hat[155] – in der Tat aus verschiedenen lateinischen, reichshistorisch orientierten Weltchroniken und er schöpft – nach der Aussage der Reimvorrede – auch aus der mündlichen Überlieferung, was sich jedoch schwerer nachweisen lässt als der Rekurs auf die schriftlichen Vorlagen.

Der Chronist beruft sich in der Reimvorrede, wie an vielen weiteren Stellen innerhalb des Chroniktextes, auf eine schriftliche Tradition. Er nennt z.t. seine lateinischen Vorgänger, z.T. gibt er Hinweise auf eine weitere Lektüre: *Vvo romesch rike here kommen si dat will ich iu cortliken seggen* . (Ich will Euch hier kurz erzählen, wie das römische Reich entstanden ist) *we it uorbat weten wille . de lese cronicam . eder lucanum . eder den guden orosium.*[156] (Wer mehr darüber wissen möchte, der lese die Chronik oder Lucanus oder den guten Orosius).

Diese Literaturhinweise sind jedoch lediglich Autoritätszitate. Die Forschung zum ‚Buch der Welt' hat gezeigt, dass der Chronist seine Informationen an dieser Stelle ausschließlich aus der Frutolf-Ekkehard-Chronik erhalten hat. Diese lateinische Universalchronik wurde 1099 von dem Mönch Frutolf aus dem Kloster Michelsberg bei Bamberg beendet und wenige Jahre später vom Abt Ekkehard von Aura (gest. 1125) weitergeführt. Der Hinweis auf Lucanus[157] ist nur ein Verweis auf weitergehende Lektüre und aus der Geschichtstheologie des Orosius[158] schöpft das ‚Buch der Welt' möglicherweise auch nur vermittelt über die Frutolf-Ekkehard-Chronik. Insgesamt sind die Textexemplare des ‚Buchs der Welt' Kompilationsprodukte[159] aus übersetzten lateinischen

---

155 Vgl. dazu besonders: Michael Menzel, Sächsische Weltchronik.
156 Zitiert nach der Bremer Bilderhandschrift 16, Bl. 16^v
157 Die Pharsalia – Lucanus, Bellum civile war bei mittelalterlichen Geschichtsschreibern als Quelle beliebt, vgl. dazu: Eva M. Sanford, The study of ancient history, S. 24; W. Fischli, Studien zum Fortleben der Pharsalia des M. Annaeus Lucanus, 1949, S. 18-44; Peter von Moos, Poeta und historicus, S. 106 und Anm. 23.
158 Pauli Orosii Historiarum adversum paganos. Vgl. zur Verwendung der Darstellungen des Orosius in der Sächsischen Weltchronik: Hubert Herkommer, Sächsische Weltchronik, S. 4-6; Michael Menzel, Sächsische Weltchronik, S. 3.
159 Michael Menzel, Sächsische Weltchronik S. 61ff. konnte in seiner Dissertation 1985 36 ‚echte' Quellen ausmachen, die als Vorlage für das ‚Buch der Welt' gelten können. Er hat

Geschichtsdarstellungen und anderen erzählenden Quellen.[160] Sie schließen sich weitgehend an die Kanones des Hieronymus aus dem 4. Jahrhundert an.[161] Hieronymus und dessen Vorbild Eusebios, der Verfasser der griechischen Kanones, gelten im Mittelalter als Begründer der Universalchronistik.

Die Frutolf-Ekkehard-Chronik ordnet ihren Stoff chronologisch. „Der weltgeschichtliche Verlauf wird aus einer Fülle von Quellen berechnet."[162] Es ist ihre Absicht, „die Weltgeschichte aus sämtlichen verfügbaren Traditionen zusammenzustellen",[163] dabei kann der chronographische Stil aufgrund der quellenbedingten Textvorgaben nicht immer durchgehalten werden. Er ist aber durchgängig angestrebt. Die Hauptvorlagen des ‚Buchs der Welt' sind lateinische Universalchroniken. Sie sind selbst Kompilationen, die wiederum abgeschrieben, kompiliert, und durch andere Quellen ergänzt werden, d.h., sie werden selbständig angeordnet und fortgesetzt.

Der Chronist beruft sich in der Reimvorrede zudem auch auf eine mündliche Tradition, er berücksichtigt stets das gesprochene und das geschriebene Wort: *logene gesprogen missetat.gescreuen tot siv groten val.*[164] Der Verfasser der Reimvorrede empfiehlt: *horet gerne gûte lere.*[165] Damit spricht er Themenbereiche an, die auch mündlich tradiert werden können: Dies sind z.B. Erzählungen von Wundern, besonderen

---

sich bei seiner Untersuchung a) auf den so genannten gemeinen Text und b) auf Sonderentwicklungen in einigen Handschriftengruppen beschränkt.

160 Ich möchte hier nur kurz einige wichtige Quellen nennen und verweise im Übrigen auf die Arbeiten von Michael Menzel, Sächsische Weltchronik; Hubert Herkommer, Sächsische Weltchronik und Jürgen Wolf, Sächsische Weltchronik: die Frutolf-Ekkehard-Chronik aus dem 11. bzw. 12. Jahrhundert, die Pöhlder Annalen aus dem ausgehenden 12. Jahrhundert, das alttestamentarische Geschichtsbuch, die ‚Historia Scholastica' zwischen 1169 und 1173 verfasst, die Papst-Kaiserchronik des Gilbertus Romanus aus den 20er Jahren des 13. Jahrhunderts, Paulus Orosius, Historiae adversos paganos aus dem 5. Jahrhundert, die Gesta der Magdeburger Erzbischöfe von 938-1513, die Weltchronik des Abtes Albert von Stade aus der Mitte des 13. Jahrhunderts – sie ist nur in die B und C Fassungen eingearbeitet, die Kaiserchronik aus dem 12. Jahrhundert, die in großem Ausmaß übernommen wurde, allerdings nur in den Handschriften der C-Rezension. Darüber hinaus schöpft das ‚Buch der Welt' aus Legenden, Fabeln, einer Predigt u.a.m.

161 Die stark annalistische und nicht so sehr erzählende weltgeschichtliche Darstellung des Hieronymus wiederum basiert auf der Übersetzung, Erweiterung und Fortführung der griechischen Kanones des Eusebios.

162 Michael Menzel, Sächsische Weltchronik, S. 189.

163 Ebd., S. 190.

164 Bl. 10^r, Z. 9f.: Handschrift 24: Gotha Forschungs- und Landesbibliothek Schloss Friedensstein, Ms. Memb. I 90.

165 Bl. 9^v, Z. 26: Handschrift 24: Gotha Forschungs- und Landesbibliothek Schloss Friedensstein, Ms. Memb. I 90.

Ereignissen, aber es sind auch moralische und christliche Lehren in der Form von Legenden, Fabeln, Martyrologien, und im ‚Buch der Welt' ist es auch eine so genannte Predigt oder Mahnrede, für die sich keine schriftliche Vorlage ermitteln ließ.[166]

Der Nachweis der Mündlichkeit in schriftlichen Texten des Mittelalters stellt ein nicht befriedigend zu lösendes Problem dar: Sprachliche Äußerungen des Mittelalters sind uns nur über schriftliche Zeugnisse zugänglich, d.h., Mündlichkeit als kulturprägendes Phänomen lässt sich bei historischen Texten nicht zweifelsfrei von der Schriftlichkeit trennen. Manche Techniken oraler Kulturen scheinen wiederum auch in Kulturen aufzutreten, die stark durch die Schrift geprägt sind. So war die Memoria beispielsweise als Teilgebiet der Rethorik im Trivium Bestandteil des Lehrkanons im Mittelalter – Mnemotechnik ist aber auch ein zentrales Mittel der Traditionsbildung oraler Gesellschaften. Eine ganz entscheidende Schwierigkeit ist bei historischen Texten die Vermittlerrolle des Mediums Schrift, es verstellt leicht den Blick für typisch mündliche Versprachlichungsstrategien.

Heutige Beispiele machen deutlich: Wenn Mündlichkeit Entscheidungen Nachdruck verleiht, wenn ein Gespräch den Brief wirkungsvoller ersetzt, so wird das in der Regel nicht notiert. Ein scheinbar klassischer Bereich der Mündlichkeit im Recht – die Gerichtsverhandlung – ist heute vorwiegend von der schriftlich festgehaltenen Fachsprache bestimmt und nicht so sehr vom Mündlichkeitsprinzip.[167] Und ein Beispiel aus dem Bereich kodifizierten Rechts unserer Tage macht deutlich, dass auch Gebiete ausgeprägter Schriftlichkeit – wie die Gesetzgebung und ihre Kommentierung – Aspekte haben, die von Ethnologen idealtypisch als Kennzeichen von Mündlichkeit angesehen werden: „das Moment der ‚strukturellen Amnesie', mit deren Hilfe das für das Begreifen der Gegenwart nicht erkennbar Hilfreiche aus der Erinnerung gestrichen wird [...]"[168] So werden in der Gegenwart Gesetzessammlungen und Kommentare von den herausgebenden Verlagen in der Regel als Loseblattsammlung vertrieben. Bei Gesetzesänderungen wie beim Wechsel erhält der Bezieher der Loseblattsammlung Ein- und Aussortierungshinweise:

---

166 Ludwig Weiland, Sächsische Weltchronik, S. 115, Z. 11-117, Z. 10. Die Handschrift 14 überliefert die Predigt nicht.
167 Vgl. Thomas-M. Seibert, Schriftform, S. 217-250.
168 Klaus Grubmüller, Mündlichkeit, S. 45, beruft sich hier auf die Forschungen des Ethnologen Barnes in der Vermittlung von Aleida und Jan Assmann, Schrift, Tradition und Kultur und auf Jack Goody, Literacy in traditional societies, sowie auf Walter Jackson Ong, Oralität und Literalität.

mitunter im Abstand weniger Monate. Frühere Rechtszustände sind bei Gesetzestexten für den einzelnen Benutzer – nur noch unter großem Energieaufwand – rekonstruierbar, indem man zu den ursprünglichen Gesetzen die jeweiligen Änderungsgesetze und dazu die Änderungen der Änderungsgesetze usw. hinzunimmt und sie in den ursprünglichen Gesetzestext hineinliest. Bei der Kommentierung ist diese Rekonstruktion z.T. gar nicht mehr möglich, weil auch die Verlage in vielen Fällen die jeweiligen Textzustände nicht mehr aufbewahren. Auch schriftliche Texte können also „vergessen" werden,[169] da sie nicht völlig unabhängig von den sprechenden, schreibenden, verlegenden und rezipierenden Subjekten existieren.

Diese Erkenntnis von der Amnesie im Zusammenhang mit Schriftlichkeit ist nicht neu, Platon hat sie bereits formuliert. Platon, der sich selbst einer Schriftlichkeit in Dialogform, einer „Schriftlichkeit im Duktus von Mündlichkeit"[170] bedient, wendet sich im Phaidros nicht global gegen die Verwendung der Schrift. Er stellt keine Gegensätzlichkeit her, er sagt nicht: Mündlichkeit sei der Schriftlichkeit vorzuziehen, sondern macht vielmehr auf die pragmatische Komponente aufmerksam, die bei der Textrezeption zu beachten ist. „Kritisiert wird nicht die Schrift als solche. Kritisiert wird, wer mit ihr auf unangemessene Weise umgeht und wer ihr Leistungen abverlangt, die sie nun einmal nicht erbringen kann."[171] Die kommunikative Funktion einer Rede lässt sich nicht nur ihrem Wortlaut entnehmen, sondern es ist immer auch nach dem Produzenten, dem Urheber und der Sprechsituation zu fragen. Platons Ansicht rückt damit sehr in die Nähe moderner Texttheorien. Mit diesem Beispiel ist der innere Bezug zwischen Mündlichkeit – Schriftlichkeit und Texttheorie deutlich dargestellt. Wendungen wie „Schriftlichkeit im Duktus von Mündlichkeit" und „Mündlichkeit im Duktus der Schriftlichkeit"[172], „hergestellte Mündlichkeit"[173] oder „verschriftlichte Mündlichkeit" und „vermündlichte Schriftlichkeit"[174] sowie „‚elaborierte'

---

169 Viel positiver unterscheidet Brigitte Schlieben-Lange, Traditionen des Sprechens, S. 53: „Die oralen Traditionen sind gezwungen zu vergessen, erinnern aber auch in gewisser Hinsicht ‚besser', insofern jeder Tradent sich das Erinnerte anverwandeln muß. Schriftliche Texte können unbegrenzt Traditionselemente bewahren. Sie können nichts vergessen, es sei denn sie würden zerstört [...]"
170 So Brigitte Schlieben-Lange, Traditionen S. 81.
171 Wolfgang Wieland, Platon, S. 17.
172 Brigitte Schlieben-Lange, Traditionen, S. 81.
173 Peter Koch/Wulf Oesterreicher, Sprache der Nähe, S.24.
174 Franz H. Bäuml, Verschriftlichte Mündlichkeit, vgl. auch ders., Varieties, S. 237-265.

Mündlichkeit"[175] oder „ritualisierte Mündlichkeit"[176] zeigen, dass in keinem der beiden Fälle von Homogenität ausgegangen werden kann.

Unter verschiedenen Vorzeichen ist das Thema Mündlichkeit – Schriftlichkeit mindestens seit Platon[177] und Augustinus[178] aktuell. Das Verhältnis Mündlichkeit und Schriftlichkeit ist in der Vergangenheit vorwiegend in Oppositionen diskutiert worden, wobei – wie bei einer Wippe – einmal die eine, ein anderes Mal die andere Position höher in der Gunst der Forschung stand.[179]

An dieser Stelle lässt sich der Problemzusammenhang nur andeuten. In vielen theoretischen Fragen kam der Anstoß aus der englischsprachigen Forschung. Ein entscheidender Unterschied lässt sich in der deutschsprachigen und französischen gegenüber der englischsprachigen Mündlichkeits-Debatte feststellen: Die anglo-amerikanische Forschung der letzten Jahre ist in der Diskussion um Mündlichkeit und Schriftlichkeit sehr stark bestimmt worden von den Untersuchungen des Gräzisten Milman Parry und seines Schülers Albert Lord,[180] die in den 30er und 40er Jahren des 20. Jahrhunderts auf den Zusammenhang von Formeln in schriftlich überlieferter Dichtung und mündlichen Kompositionsmustern hingewiesen hatten. Ganz im Rahmen des amerikanischen Strukturalismus gingen auch Parry und Lord – die Begründer der so genannten „oral-formulaic"-Tradition – von empirischem Material aus. Sie untersuchten mündlich überlieferte Dichtung aus Gebieten des ehemaligen Jugoslawien und zeigten, wie mündliche Formelhaftigkeit (oral-formulaic) zu schriftlicher Formelhaftigkeit (text-formula) führte. Weil die oral-formulaic-Tradition ihr Augenmerk auf die Kompositionstechnik richtete, er-

---

175 Z.B. Wulf Oesterreicher, Verschriftung, S. 278f.; Peter Koch/Wulf Oesterreicher, Sprache der Nähe, S. 30.
176 Gabriele von Olberg, Übersetzungsprobleme, S. 426.
177 Vgl. Wolfgang Wieland, Platon, bes. Erstes Kapitel: Das geschriebene Werk, § 1: Platons Schriftkritik, S. 13-38; unter der Fragestellung von Mündlichkeit und Schriftlichkeit hat sich der Gräzist Eric Havelock mit Platon beschäftigt: Eric Havelock, Preface to Plato und ders., The Muse Learns to Write.
178 Vgl. Stephen G. Nichols, Voice and Writing, S. 137-161.
179 Vgl. den Literaturüberblick bei: Ursula Schaefer, Vokalität, S. 5ff.; dies., Zum Problem der Mündlichkeit, S. 357-375.
180 Milman Parry, L'épithète traditionnelle dans Homère; ders., The making of Homeric verse; Albert Bates Lord, The singer resumes the tale; ders., The singer of the tales; John Miles Foley (Hg.), Oral traditional literature; John Miles Foley, The singer of tales; ders., Oral-formulaic theory; ders. (Hg.), Oral tradition in literature. Norbert Voorwinden, Max de Haan, Einführung, S. 1-10: „Die Romanisten standen den neueren Anschauungen zwar nicht völlig ablehnend gegenüber, einen so nachhaltigen Einfluss wie auf die Anglistik hat die ‚theory of oral-formulaic composition' jedoch nicht gehabt." (S. 2).

fasste sie eher Elemente von Schriftlichkeit und damit die statischen Elemente, die Traditionstreue. Deshalb war sie weit davon entfernt – so die Kritik heutiger ‚Oralisten' – die Eigenart einer mündlichen Kultur verstehen zu können. Der Romanist Paul Zumthor hat die andere Seite der Medaille gezeigt: den dynamischen Aspekt.[181] Er hat die Originalität der Vortragenden betont, die Stimme (voix) als konstitutives Element mittelalterlicher Literatur hervorgehoben. Er will dabei auf den Literaturbegriff zunächst ganz verzichten, da dieser den Zugang zur Stimmlichkeit (vocalité), die die Grundlage mittelalterlicher Dichtung sei, nur verstelle. Die deutschsprachige Mittelalterforschung hat die oral-formulaic-Richtung kaum zur Kenntnis genommen.[182] Stärker rezipiert wurden vor allem die ins Deutsche übersetzten Beiträge der Ethnologen Jack Goody, Ian Watt und vor allem seit 1982 (übersetzt 1987) von Walter J. Ong, deren Arbeiten sehr stark die Gegensätzlichkeit von Mündlichkeit und Schriftlichkeit herausstellen.[183]

Frühere Ansätze in der deutschen Mediävistik, die z.T. Fragen und Erkenntnisse der anglo-amerikanischen oral-formulaic Richtung vorwegnahmen und ihnen später unabhängig davon nachgingen – etwa die „Romantiker" Friedrich und August Wilhelm Schlegel, Jakob und Wilhelm Grimm, Ludwig Uhland, später Theodor Frings, Maximilian Braun oder in der Volksliedforschung John Meier. Sie haben wenig Resonanz gehabt.[184] Erst in den 1960er Jahren beginnt ein folgenreicher Paradigmenwechsel. Grund für die große Zurückhaltung der deutschen Mediävistik gegenüber Überlegungen zur Mündlichkeit mittelalterlicher Literatur bis weit über die 60er Jahre hinaus war in besonderem Maße wohl der Literaturbegriff der Textkritik: der produktorientierte Textbegriff, der ‚Werk'-begriff. So konnten nicht einmal solche Überlegungen zur Mündlichkeit weiterverfolgt werden, die im eigentlichen Sinne ‚schriftli-

---

181 Paul Zunthor, La lettre et la voix; ders., Die Stimme und die Poesie.
182 Zu den wenigen Ausnahmen gehört vielleicht: Hans Dieter Lutz, Zur Formelhaftigkeit der mittelhochdeutschen Texte, S. 432-447.
183 Z.B. die Übersetzungen von Jack Goody, Ian Watt, Kathleen Gough, Entstehung und Folgen der Schriftkultur; Jack Goody, Literacy in traditional societies; Walter Jackson Ong, Oralität und Literalität. Als Beispiel für die Rezeption in der deutschen Mediävistik: Klaus Grubmüller, Mündlichkeit, S. 41-54.
184 Z.B.: August Wilhelm Schlegel, Vorlesungen über schöne Literatur und Kunst; Jakob Grimm, Kleinere Schriften, Bd. 4; Ludwig Uhland, Vorlesungen über Sagengeschichte; ders., Schriften zur Geschichte der Dichtung und Sage; Theodor Frings, Europäische Heldendichtung, S. 1-29; Maximilian Braun, Zur Frage des Heldenliedes, S. 261-288; John Meier, Balladen.

che' Vertextungsstrategien innerhalb der Mündlichkeit in den Vordergrund stellten, wie es z.B. die oral-formulaic-Tradition getan hat.[185]

Neuere Arbeiten (vor allem der Anglisten, aber auch der Historiker und Germanisten) betonen stärker, dass das Verhältnis von Mündlichkeit und Schriftlichkeit vom Mittelalter bis zum Ende des 13. Jahrhunderts als Symbiose verstanden werden muss, in der beide Phänomene sich gegenseitig auf verschiedene Weise aktiv mal stärker mal weniger konfliktgeladen beeinflussen.[186]

Das europäische Mittelalter ist

a) als ein Zeitraum zu verstehen, in dem zunächst orale Kulturen auf bereits voll entwickelte Schriftkulturen (Griechen, Römer) stoßen, und
b) als ein Zeitraum des Übergangs.

Übergänge lassen sich einmal feststellen als Wandel von der oralen Kultur zur Schriftkultur sowie auch als Koexistenzform von oraler und schriftlicher Kultur. Bis es schließlich zur Dominanz der Schriftkultur kommt, was die kognitive und die kulturelle Prägung betrifft, findet eine lange Entwicklung mit wechselseitiger Beeinflussung statt. Diese lange Entwicklungsphase prägt vor allem das europäische Mittelalter. Das Mittelalter hatte eine ausgeprägte Schriftkultur, der Klaus Grubmüller die wichtigsten Kennzeichen zuschreibt, die „literalen Kulturen idealtypisch zugeschrieben werden": traditionalistisch, autoritativ, kumulierend, konstruktivistisch; grundsätzlich ubiquitär und mittelbar (im Sinne einer möglichen Lösung aus der Suggestion personaler oder situativer Vermittlungsinstanzen).[187] Welche Bedeutung daneben die Mündlichkeit hatte – von Hanna Vollrath als Grundphänomen menschlichen Zusammenlebens und als eine wichtige Grundstruktur mittelalterlicher Mentalität bezeichnet[188] –, in welcher Weise Mündlichkeit und Schriftlichkeit

---

185 Vgl. Ursula Schaefer, Vokalität; vgl. den Freiburger Sonderforschungsbereich 321 und besonders das Teilprojekt C1 „Übergänge und Spannungsfelder zwischen Mündlichkeit und Schriftlichkeit" zunächst unter der Leitung von Willi Erzgräber, dann seit 1991 geleitet von Ursula Schaefer, vgl. auch Ludolf Kuchenbuch, Teilen, Aufzählen, Summieren, S. 181-206.
186 Siehe zur Diskussion auch: Peter Koch/Wulf Oesterreicher, Gesprochene Sprache in der Romania; Wulf Oesterreicher, Verschriftung und Verschriftlichung, S. 267-292; Ludwig Söll, Gesprochenes und geschriebenes Französisch. Siehe auch die Sammelbände: A.N. Doane/Carol Braun Pasternack, Vox intexta; Ursula Schäfer, Schriftlichkeit; Norbert Voorwinden - Max de Haan, Oral Poetry.
187 Vgl. hierzu Klaus Grubmüller, Mündlichkeit, Schriftlichkeit, S. 45
188 Vgl. Hanna Vollrath, Das Mittelalter in der Typik oraler Gesellschaften, S. 590. Die Historikerin betont jedoch auch, dass das Mittelalter niemals eine rein mündliche Kultur gewesen sei: „[...] denn es ist ja per definitionem die Zeit, in der durch die Verbindung von

vermittelt waren, lässt sich aber nur in konkret untersuchten Einzelfällen und nicht global bestimmen. Hanna Vollrath geht bei ihren Untersuchungen für das Mittelalter davon aus, dass die orale Kultur hineinragt in die schriftliche, und für Ursula Schaefer nimmt das Mittelalter eine „Zwischenposition ein, die man als Miteinander von Noch-Mündlichkeit mit Schon-Schriftlichkeit sehen muß".[189]

Anhand der Textzeugen des ‚Buchs der Welt' möchte ich die Traditionslinien volkssprachiger Universalchronistik aufzeigen, in dem ich untersuche, in welcher Weise die historische Memoria im Mittelalter und in der frühen Neuzeit tradiert wird. Ich frage auch nach dem Stellenwert schriftlicher und mündlicher Tradition innerhalb der Universalchronistik. Wann und zu welchem Zweck werden diese Techniken eingesetzt, sind sie an bestimmte Zeiten oder gar an bestimmte soziale Räume gebunden?

II.5.3.1.3 Das Deutungsmuster: Wahre Geschichtsschreibung

Fast untrennbar mit der Frage, auf welche Traditionsstränge sich die mittelalterliche Chronistik beruft, ist auch die Frage nach der Wahrheit in der Geschichtsschreibung verbunden. Was bedeutet im Mittelalter und in der frühen Neuzeit wahre Geschichtsdarstellung? Dieses Problem ist viel diskutiert worden.[190] Mit der Frage der äußeren Form der Weltchroniken, Reim oder Prosa, dem Verhältnis von Realität und Fiktion bzw. auch von Kürze (*brevitas*) und ausschmückender Narration (Weitschweifigkeit, *prolixitas*) innerhalb des Chroniktextes ist die Frage nach dem Wahrheitsgehalt der Chroniken verbunden worden. Bis zum Er-

---

Germanentum, Antike und Christentum eine neue Epoche der europäischen Geschichte entstand, in der also die durch die Mündlichkeit geprägte germanische Kultur bereits Elemente der antik-christlichen Schriftkultur angenommen hatte." S. 587f. Vgl. auch: Hanna Vollrath, Oral Modes of Perception in Eleventh-Century Chronicles, S. 102-111 und Hans-Werner Goetz, Verschriftlichung von Geschichtskenntnissen, S. 229-253.

189 Ursula Schaefer, Vokalität, S. 231.

190 Vgl. dazu: Hubert Herkommer, Sächsische Weltchronik, S. 213-224; Hubert Herkommer, Einführung S. XXXVI*f.; Jürgen Wolf, Sächsische Weltchronik, S. 2, 4. Siehe auch Volker Mertens, Verslegende und Prosalegendar, S. 265-289; Rüdiger Schnell, Prosaauflösung und Geschichtsschreibung, S. 215-251; vgl. vor diesem Hintergrund auch die meist dichotomisch (real vs. ideell) geführte Auseinandersetzung der neueren Geschichtsforschung mit der Frage des Wahrheitsgehaltes mittelalterlicher Historiographie: Gerd Althoff, Causa scribendi, S. 118-133; Gerd Althoff, Genealogische und andere Fiktionen, S. 417-441; Werner Goetz, Das Geschichtsbild Ottos von Freising; Bernard Guenée. „Autentique et approuvé", S. 215-228; Bernard Guenée, Histoire et culture historique; Gert Melville, Der Zugriff auf Geschichte, S. 157-228; Gert Melville, System und Diachronie, S. 33-67 und 308-341.

scheinen des ‚Buchs der Welt' war die Form der europäisch-christlichen Memoria im deutschsprachigen Raum jeweils an eine bestimmte Sprachform gebunden: die volkssprachige Chronistik benutzte den Reim und die lateinische die Prosa. Das ‚Buch der Welt' ist die erste Weltchronik in deutscher Volkssprache, die sich der Prosaform bedient. Das ist keineswegs eine unbedeutende, sondern eine sehr wesentliche Feststellung. In der bisherigen Forschung hat man dies eher als wenig aufregend angesehen, da man hier eine Rückbesinnung auf die althergebrachte Form der lateinischen Chronistik vermutete. Diese Vermutung wurde vor allem durch den Historikerstreit um die „wahre Geschichtsschreibung" bestätigt, der zudem auch eine Grundlage für die Bewertung der jeweiligen Form anbot.

In der Geschichtsschreibung gibt es seit der Spätantike und dem frühen Mittelalter einen Historikerstreit um die Wahrheit. In Anlehnung an Platons Ablehnung der Dichtkunst und der Rhetorik forderte man für Geschichtswerke eine schlichte Sprache (im Stile des *sermo humilis* der Bibel), man forderte vor allem Kürze (*brevitas*) in der Darstellung und Verzicht auf ‚Redeschmuck und kunstvolle Sprache', d.h., Verzicht auf den Reim.[191] In der vermutlich später hinzugefügten Reimvorrede des Lucidarius[192] steht beispielsweise, dass Heinrich der Löwe befohlen habe, das Werk ohne Reime abzufassen und sich an die Wahrheit zu halten, wie sie in lateinischer Sprache geschrieben sei. Den Deutungsmustern ‚wahre Geschichtsschreibung' und ‚Fiktion' scheinen innerhalb der Universalchronistik unterschiedliche Sprachen: Latein – Volkssprache und unterschiedliche Sprachformen: Prosa – Reim zu entsprechen.

Beide Universalchronikversionen werden – mehr oder weniger rein – in der Tradition des ‚Buchs der Welt' überliefert: Vor allem die A-Fassungen des ‚Buchs der Welt' repräsentieren eine Prosa-Universalgeschichtsschreibung, die an der lateinischen Chronistik orientiert ist. Sie bereiten eine straffe, kurze Prosafassung in deutscher Sprache auf. Die C-Fassungen dagegen zeigen mit den Einschüben der gereimten Kaiser-

---

[191] Vgl. Huber Herkommer, Sächsische Weltchronik, S. 213-224.
[192] Vgl. ebd., S. 216f. Vgl. zum Lucidarius und seiner Entstehung am Hofe Heinrichs des Löwen Georg Steer, Literatur am Braunschweiger Hof, S. 347-375; Georg Steer, Der deutsche ‚Lucidarius', S. 1-25. Georg Steer will den Lucidarius nicht mehr in Verbindung mit dem Welfenhof Heinrichs des Löwen sehen. Er nimmt als Entstehungsregion das Kanonikermilieu im Elsass an und hält den Prolog A, in dem auf den Auftrag Heinrichs des Löwen verwiesen wird, für eine spätere welfische Propaganda. Er entwickelt, dass der Prolog A erst im 13. Jahrhundert entstanden sei. Siehe auch Georg Steer, Artikel ‚Lucidarius', Sp. 939-947; Dagmar Gottschall, Artikel ‚Lucidarius (Elucidarium), -rezeption', Sp. 2159-2161); vgl. auch: Volker Mertens, Deutsche Literatur am Welfenhof, S. 204-212.

chronik und den vielen interpolierten Legenden eine deutlich andere Chronikversion. Im Sinne der überlieferten Deutungsmuster ‚wahr – fiktional' werden beide Versionen von der heutigen Geschichtsforschung bewertet: „Der ganz erheblich durch die ‚Kaiserchronik'– und später MT-Interpolationen aufgeschwemmte Chroniktext bot [...] für die mehr an Annalistik interessierten städtischen Chronisten zuviel ‚überflüssiges' legendarisches – fiktives – Material [...]"[193] Alle C-Textzeugen, die nach der Ansicht Jürgen Wolfs zu wenig gegliedert sind, weisen gereimte Passagen auf: die Reimvorrede oder wie die Hss. 20, 21, 22, 221 die versifizierte Kaiserchronik. Schon 1914 urteilt der Germanist Hermann Ballschmiede vernichtend über die Handschriften der C-Rezension:

> Besonders bedenklich ist die umfangreiche Benutzung der Kaiserchronik; die C-Fassung verliert dadurch den Charakter eines historisch ernst zu nehmenden Werkes. Die C-Recension scheint von einem Manne verfaßt zu sein, der einem ganz anderen Ideenkreise entstammt als der Verfasser der A-Recension. Dort finden wir historisches Verständnis, Schulung des Geistes, Fähigkeit, alles nicht notwendig in den Zusammenhang Gehörige auszusondern. Für ihn ist Geschichte Wissenschaft. Ganz anders in der C-Fassung! Der alte Plan ist aufgegeben oder vielmehr überhaupt nicht verstanden worden. Die deutsche Geschichtsdichtung dringt herein, die Lust zum Fabulieren, die kindliche Freude an Zauber und Wunder. Mittelalter![194]

Die Versform scheint die fiktionale Erzählung zu repräsentieren, während die Prosa eher für die Wahrheit, die wahre Geschichtsdarstellung reserviert war. In der Forschung gilt diese Auffassung (nahezu ungebrochen von der Antike) bis heute.[195] Auch die Rezeption des ‚Buchs der Welt' scheint diese Auffassung zu bestätigen: Die schlanken, annalistischen A-Fassungen traten im Spätmittelalter, was ihre Rezeptionsgeschichte betrifft, einen wahren Siegeszug an.

Ausgehend vom ‚Buch der Welt' frage ich: Lassen sich tatsächlich unterschiedliche Wahrheitsauffassungen mit der formalen Realisation in Reim oder Prosa bzw. mit dem Verhältnis von *brevitas* und *prolixitas* verknüpfen? Gründet sich der Siegeszug der schlanken, an der lateinischen Chronistik orientierten Fassungen allein auf der Wahrheit ihres Inhalts, auf der ungebrochenen Kontinuität der lateinischen schriftlichen

---

193 Jürgen Wolf, Sächsische Weltchronik, S. 410.
194 Hermann Ballschmiede, Sächsische Weltchronik, S. 86f. Ballschmiede stellt (S. 86, Anm. 3) den Verfasser der Rezension A, den er für Eike v. Repgow hält, in eine Reihe mit den lateinisch schreibenden Chronisten Herman von Reichenau, Otto von Freising und Johann Viktring.
195 Vgl. dazu: Hubert Herkommer, Sächsische Weltchronik, S. 213-224; Jürgen Wolf, Sächsische Weltchronik, S. 2 und 4).

Tradition seit der Spätantike oder ist nicht vielmehr hier etwas Neues entstanden? Signalisiert die Volkssprachigkeit einen Wandel des Weltbildes, eine Neuorientierung des kollektiven Gedächtnisses? Lassen sich hier wiederum Unterschiede ausmachen, die mit der Form (Reim oder Prosa) zusammenhängen?

II.5.3.1.4 Das Deutungsmuster: Autorisierung der eigenen Aussagen (durch Autornennung)

Eng mit der Wahrheitsforderung und dem Verweis auf die schriftliche Tradition ist in der Reimvorrede des ‚Buchs der Welt' die Autorisierung der Darstellung verbunden. In der Reimvorrede verweist der Chronist auf Eike von Repgow. Dieser Autoritätsverweis untermauert die Wahrheitsforderung, denn er rät dazu, jegliche Lügen zu vermeiden: *logene sal uns wesen leit, daz ist des van repegouwe rat, logene gesprogen missestat. gescreven tot siv groten val.* (Bl. 10^r, Z. 8-10, Ms. Memb. I 90, Gotha Forschungs- und Landesbibliothek Schloss Friedenstein).

Diese Berufung auf eine zeitgenössische Autorität galt in der Forschung lange Zeit als Beleg für die Autorschaft Eikes von Repgow. Vor allem von Seiten der Rechtshistoriker[196] wurde schon früh und mit Nachdruck die These vertreten, der Autor des berühmtesten deutschen Rechtsbuches, des Sachsenspiegels, sei ebenfalls der Verfasser der ‚Sächsischen Weltchronik'. An der Theorie von der Verfasserschaft Eikes hält der niederländische Rechtshistoriker Julianus B.M. van Hoek[197] auch heute weiterhin fest.

Auf Seiten der Philologen herrscht und herrschte bei der Beschäftigung mit dem Verfasser des ‚Buchs der Welt' keine solche Einigkeit. 1877 erschien die Edition von Ludwig Weiland,[198] einem Schüler von Georg Waitz und Karl Müllenhof. Weiland unterscheidet als erster drei Rezensionen (A, B und C) innerhalb der Überlieferung, nimmt aber für alle drei einen einzigen Verfasser an. In diesem Verfasser sieht er allerdings nicht Eike von Repgow. Hermann Ballschmiede hält Eike von

---

196 Seit dem Bekanntwerden von Handschriften mit der Reimvorrede (heute insgesamt 14) und der Ausgabe von Hans Ferdinand Massmann, Das Zeitbuch des Eike von Repgow 1857 hat vor allem Karl Zeumer, Die Sächsische Weltchronik, S. 135-174 und 839-842, zur Verbreitung der These von der Autorschaft Eikes beigetragen. Ihm folgten Claudius Frhr. von Schwerin, Artikel ‚Eike von Repgow', Sp. 518f.; Karl August Eckhardt, Rechtsbücherstudien II; ders., Zur Sächsischen Weltchronik, S. 311-316; Hans von Voltelini, Der Verfasser der Sächsischen Weltchronik, S. 5-60 und Hans Thieme, Artikel ‚Eike von Repgow', S. 109.
197 Julian B. van Hock, Eine Untersuchung, S. 119-146.
198 Ludwig Weiland, Sächsische Weltchronik.

Repgow dagegen für den Verfasser der strafferen, an die lateinische Chronistik angelehnten Rezension A.[199]

Für eine Bewegung in der Diskussion um die Verfasserschaft Eike von Repgows sorgte 1972 die Dissertation Hubert Herkommers, der die C-Rezensionen für die ursprüngliche Version des ‚Buchs der Welt' hält und sie in die 70er Jahre des 13. Jahrhunderts datiert. Damit kommt Eike – dessen Tod man nach 1230 annimmt – als Verfasser nicht mehr in Frage. Abgesehen von der umstrittenen Datierung, die meisten Forscher gehen weiterhin von einer früheren Datierung 1229 bis 1235 aus, sind auch die übrigen Argumente für oder wider Eike von Repgow keinesfalls problemlos zu entscheiden.[200] Der inhaltliche Vergleich von Sachsenspiegel und so genannter Sächsischer Weltchronik scheint eher Unterschiede als Gemeinsamkeiten aufzuzeigen.[201] Auffällig ist in unserem Zusammenhang, dass der Chronist des ‚Buchs der Welt' im Unterschied zu dem ‚Sachsenspiegelautor' weder die Weltalterlehre noch die Lehre von den vier Weltreichen besonders betont.[202] Auf der Grundlage der bisherigen Untersuchungen lässt sich die Frage der Autorschaft nicht befriedigend klären, es ist auch nicht das vorrangige Anliegen meiner Untersuchung, den oder die Verfasser des ‚Buchs der Welt' zu ermitteln. Die Textstelle in der Reimvorrede lässt in jedem Fall zwei Deutungen zu:

a) der Verfasser nennt sich selbst – allerdings ohne seinen Vornamen preiszugeben – und

b) der Chronist zitiert hier die Sachsenspiegel-Reimvorrede, wo vor *lugendlich achtersprache* (V. 88) gewarnt wird.

In mittelalterlichen Handschriften kommt beides vor: der Autor nennt sich selbst bzw. der Autor verweist auf eine andere Autorität.

---

199 Hermann Ballschmiede, Die Sächsische Weltchronik, z.B. S. 137: „Er [der Verfasser der Rezension A, die Verf.] ist national gesinnt, und dabei frommer Christ [...] Also nüchtern, skeptisch, mit leisem Humor, aber ohne Fanatismus steht der Verfasser kirchlichen Verhältnissen gegenüber." Hubert Herkommer, Sächsische Weltchronik, S. 27 urteilt über Ballschmiedes Charakterisierung des Verfassers der A-Rezension: „Diese Beschreibung paßt aber kaum auf Eike von Repgow, den Verfasser des ‚Sachsenspiegels', dem Ballschmiede die Rezension Q zuschreibt. Sie enthält eher das Wunschbild eines Mannes aus einem liberalen, nationalen und freigeistigen Zeitalter."
200 Vgl. zur Zusammenfassung dieser Diskussion: Ruth Schmidt-Wiegand, Artikel ‚Sächsische Weltchronik', Sp. 1237-1242; dies., Artikel ‚Eike von Repgow', Sp. 400-409.
201 Siehe Hubert Herkommer, Eike von Repgows ‚Sachsenspiegel', S. 7-33; Manfred Zips, ‚Daz ist des von Repgowe rat', S. 43-73.
202 Vgl. zu weiteren Unterschieden auch die zusammenfassende Darstellung bei Ruth Schmidt-Wiegand, Artikel ‚Sächsische Weltchronik', Sp. 1237-1242; dies.: Artikel ‚Eike von Repgow', Sp. 400-409.

Man kommt nicht umhin, die Autorfrage auch vor dem Hintergrund des neuzeitlichen, gegenwärtigen Literaturverständnisses zu sehen. Der Literaturbegriff der Textkritik des 19. Jahrhunderts ist eng an die Vorstellung von einem benennbaren Autor, einem Urheber von Texten gebunden. Und das heißt in der Regel, den Text herzustellen, der dem Willen des Autors entspricht.[203] In einem solchen Zusammenhang muss auch die Frage nach dem Verfasser des Originaltextes an Bedeutung gewinnen und die Leistung der zum Teil bekannten Schreiber der Handschriften in den Hintergrund treten. Die Berühmtheit des ‚Buchs der Welt' in der Forschung muss man vor den Bemühungen der textkritischen Arbeiten sehen, die nicht nur einen Urtext rekonstruierten, sondern ihn auch noch autorisiert wissen wollten und dies durch keinen geringeren als Eike von Repgow.

Der Werkbegriff der Textkritik[204] erfordert fast zwangsläufig einen Autor. Wenn dieser nicht bekannt ist, so wird er erschlossen. D.h., der Text, das „Werk", erschließt sich im Wesentlichen über den Autor und nicht primär aus sich heraus. Vor allem die Kenntnis eines Autors bietet Erkenntnis- und Klassifizierungshilfe.

Aber auch die überlieferungsgeschichtliche Methode[205] kann vor dem Hintergrund des zerfließenden Werkbegriffes den Untersuchungszusammenhang nicht aufgeben, sie muss unbewusst bzw. unausgesprochen ein nicht genau bestimmbares Werk als Rahmengröße behalten, als Rahmengröße, die den ersichtlichen, wenn auch oft ganz lockeren, inhaltlichen und formalen Zusammenhang bildet. Ein Teil dieses Zusammenhaltes bildet auch die Autorzuweisung: Ganz will man sie nicht aufgeben, völlig lässt sie sich nicht retten. So stellt Joachim Bumke fest:

> Von den meisten Epen besitzen wir frühe Mehrfachfassungen, deren Verhältnis zum ‚Original' mit den Methoden der traditionellen Textkritik nicht sicher bestimmt werden kann. In vielen Fällen bleibt das ‚Original' undeutlich oder verschwindet ganz, da man textgeschichtlich nicht über die Fassungen zurückgelangt. Statt von einem Autor-Text können wir meist nur von autornahen Fassungen sprechen. Die autornahe Textüberlieferung ist durch einen hohen Grad an Variabilität gekennzeichnet.[206]

---

203 Siehe: Paul Maas, Textkritik, S. 5. Vgl. zur textkritischen Methode und ihren Voraussetzungen: Karl Lachmann, Mittelalterliche Texte als Aufgabe, in: Festschrift für Jost Trier zum 70. Geburtstag, hg. v. William Foerste und Karl-Heinz Borck, Köln/Graz 1964, S. 240-267.
204 Zur textkritischen Forschung siehe auch Kap. II.3.1.
205 Zur überlieferungsgeschichtlichen Methode siehe Kap. II.3.2.
206 Joachim Bumke, Der unfeste Text, S. 118-129; vgl. ders., Die vier Fassungen der ‚Nibelungenklage'.

Schwieriger wird die Autorenrettung bei den Chroniken. Gelten sie generell als autornah,[207] so fällt es schwer, wie Jürgen Wolf feststellen musste, bei konsequenter Durchführung des überlieferungsgeschichtlichen Ansatzes überhaupt so etwas wie Autornähe festzustellen: „Hat Bumke im Kontext der Epen-Überlieferung in erster Linie – nur – ‚Formulierungsvarianten' im Kopf, sind es bei der Chronistik z.T. radikal differente Fassungen, die den Weg zum Autor-Text nachhaltig verstellen."[208]

Im Rahmen der vorliegenden Untersuchung bleibt zu fragen, ob durch eine textlinguistische Analyse neue Erkenntnisse in Bezug auf die Autorfrage zu gewinnen sind und welche Rolle die Bezugnahme auf anerkannte Autoritäten hat.

II.5.3.1.5 Das Deutungsmuster: auf Abgeschlossenheit, Endzeit zielendes Geschichtsdenken

In der Forschung ist es unbestritten, dass die lineare Zeitauffassung mit dem Jüngsten Gericht als Endpunkt der irdischen Welt das mittelalterli-

---

207 Die Kategorie „autornah" wandte Kurt Gärtner als erster auf Weltchroniken an. Obschon er selbst einem überlieferungsbezogenen Ansatz verpflichtet ist und auch von den einzelnen Handschriften ausgehen wollte, basiert seine Untersuchung dennoch auf den Variantenapparaten der Editionen des 19. Jahrhunderts (auch auf der SW-Ausgabe von Ludwig Weiland). Kurt Gärtner, Überlieferungstypen, S. 111: „Meine Grundlage sind die Handschriften von sechs deutschen Chroniken, die zwischen 1150 und 1350 entstanden sind und große Wirkung hatten." Gärtner präzisiert: „Die folgende Typisierung der Überlieferung basiert zum größten Teil auf den Beschreibungen der Handschriften, den Untersuchungen zu den Handschriftenverhältnissen und der Dokumentation der Überlieferungsvarianten in den Apparaten der Ausgaben." Die Einschätzung beruht also im eigentlichen Sinne auf den Voraussetzungen der textkritischen Forschung, die die Eigenständigkeit der einzelnen Überlieferungsträger überhaupt nicht in den Blick genommen hat. Die jüngste Arbeit zur Sächsischen Weltchronik, die Dissertation von Jürgen Wolf, zeigt ganz deutlich die Schwierigkeit, in der sich die historische Textforschung heute befindet: Jürgen Wolf ist mit seiner Handschriftenuntersuchung zum ‚Buch der Welt' dem überlieferungsgeschichtlichen Ansatz verpflichtet; er weiß um die Offenheit, die Vielfältigkeit seines Textkorpus (Jürgen Wolf, Sächsische Weltchronik, S. 13ff. u.ö.). Dennoch erscheint ihm dies wie ein „Blick hinter die Kulissen" (S. 15) eines universalhistorischen „Standardwerkes" des Mittelalters (S. 411, 415).
208 Jürgen Wolf, Sächsische Weltchronik, S. 401, Anm. 4. Es gibt keine neueren Untersuchungen zur Autorennennung bei Chronisten. L. Storbeck, Die Nennung des eigenen Namens stellte 1910 in seiner Hallenser Dissertation anhand von Geschichtswerken des Mittelalters im Zeitraum von 600-1400 fest, dass sich in 128 Werken die Verfasser selbst nennen. Er differenziert: 11 Nennungen in fränkischer Zeit, 15 in sächsischer, 17 in der Zeit der salischen Könige, 37 in der Stauferzeit etc. Das Ergebnis ist in etwa eine ständige Zunahme der Autorennennungen bis zum 13. Jahrhundert. Die Untersuchung bezieht sich aber nicht auf die handschriftliche Überlieferung der lateinischen Weltchroniken, sondern auf die Editionen des 19. Jahrhunderts.

che christliche Weltbild entscheidend bestimmt.[209] „Für den mittelalterlichen Geschichtsschreiber bildete die Geschichte eine Strecke zwischen Inkarnation und dem Jüngsten Gericht, in der er seine Gegenwart irgendwo zwischen Inkarnation und Beginn des eschatologischen Dramas wusste."[210]

Hier scheint sich ein gewisser Widerspruch zur Vorstellung von einem ‚offenen Text' zu zeigen. Mittelalterliche Weltgeschichte ist Heilsgeschichte; sie beginnt in der Regel mit der Erschaffung der Welt und schließt mit der eigenen Zeit als Endzeit ab. Der christliche Glaube führt aber das geschichtsbezogene Weltbild über die eigene Gegenwart hinaus und richtet es aus auf die Zukunft, die Erlösung der Menschen. Weltgeschichte zielt auf das Jüngste Gericht, auf das Ende der Welt. Die mittelalterlichen Universalchroniken gelten mit dieser teleologischen Geschichtsauffassung als typische Vertreter des mittelalterlichen Weltbildes.

Martin Haeusler untersuchte die lateinische Weltchronistik von der Spätantike bis in die frühe Neuzeit und stellte deutliche Veränderungen in Bezug auf das eschatologische Geschichtsdenken fest. Alle Geschichtsschreiber hielten an dem Minimalkonsens fest, dass die Geschichte einmal mit dem Jüngsten Gericht zu Ende kommen würde.[211] Darüber hinaus aber variieren die Vorstellungen stark:

> Am Beginn der christlichen Weltchronistik ist die Eschatologie ein entscheidender Faktor, da die Chronologie der Fixierung des eigenen Ortes in der Geschichte dient. Solange sich die Geschichtsschreibung nicht aus der Verstrickung in die apokalyptische Fristrechnung emanzipiert hatte, waren Eschatologie und Chronistik nicht zu trennen.[212]

Das Verbot des Augustinus, das Datum der Endzeit zu berechnen, führte zu einer Trennung von Eschatologie und Geschichtsschreibung. Das Jüngste Gericht bildete weiterhin den „Horizont der Historiographie",[213] der Zeitpunkt dieses Ereignisses spielte jedoch keine Rolle mehr. Viele Historiographen hielten dennoch daran fest, die Vorboten, die Zeichen des Jüngsten Gerichts, darzustellen, da ihre Kenntnis für die Beurteilung der eigenen Gegenwart nützlich schien. Je stärker die Chronisten davon überzeugt waren, dass das Ende nah sei, desto ausführlicher stellten sie

---

209 Vgl. z.B. Helmut de Boor, Der Wandel des mittelalterlichen Geschichtsdenkens, S. 10; Frank Shaw, Mittelhochdeutsche Weltchroniken, S. 143-145.
210 Martin Haeusler, Das Ende der Geschichte, S. 1.
211 Ebd., S. 174ff.
212 Ebd., S. 176.
213 Ebd.

die Vorzeichen dar. Wie schon Herbert Grundmann[214] stellt Martin Haeusler fest, dass die Eschatologie in den erhaltenen Chroniken des Mittelalters wenig direkte Spuren hinterlassen hat: „Die Masse der ungefähr 300 Weltchroniken, die zwischen dem zweiten und der Mitte des 16. Jahrhunderts entstanden sind, brechen den Geschichtsbericht mit ihrer eigenen Gegenwart ab, ohne ihn in die Zukunft bis zum Jüngsten Gericht zu verlängern."[215]

Das teleologische Weltbild mit seiner linearen Zeitauffassung ist zukunftsorientiert,[216] auf Gott ausgerichtet und hat dabei das Ende der irdischen Welt vor Augen.[217] Die eschatologischen Vorstellungen scheinen jedoch vor allem seit dem Hochmittelalter nicht mehr in den Aufbau von Weltchroniken eingedrungen zu sein. Eine Gliederung nach den sieben Sigeln der Apokalypse konnte Martin Haeusler bei keinem der von ihm untersuchten Schriftsteller feststellen.

Auf das Jüngste Gericht verweisen die Handschriften des ‚Buchs der Welt' in der eingangs übersetzten Reimvorrede. Hier betont der Chronist nicht so sehr den Anfang der Welt, als vielmehr das Ende. Er beginnt die Reimvorrede damit, dass er an die Gottesfurcht seiner Zeitgenossen appelliert und ihnen die Schrecken des Jüngsten Gerichts vor Augen führt. Wie weit das eschatologische Geschichtsdenken darüber hinaus in den einzelnen Textzeugen des ‚Buchs der Welt' zum Ausdruck kommt, ist Gegenstand dieser Untersuchung. Sie beschäftigt sich aber auch mit der Frage, wie sich die offene Geschichtsdarstellung mit der eschatologischen Auffassung in den volkssprachigen Chroniken des 13. bis 17. Jahrhunderts vereinbaren ließ und ob und in welcher Weise sich dies auf den verschiedenen Ebenen (Makrostrukturen, Inhalt) des Textzusammenhanges des ‚Buchs der Welt' wiederfinden lässt.

II.5.3.1.6 Das Deutungsmuster: Offene Geschichtsschreibung

In der Reimvorrede fordert der Chronist die nachfolgende Generation auf, das ‚Buch der Welt' weiterzuschreiben. Diese Forderung steht in der Tradition der mittelalterlichen Weltchronistik.

---

214 Herbert Grundmann, Geschichtsschreibung im Mittelalter; ders., Grundzüge der mittelalterlichen Geschichtsanschauungen, S. 331.
215 Martin Haeusler, Das Ende der Geschichte, S. 1. Siehe für das hohe Mittelalter auch: Amos Funkenstein, Heilsplan und natürliche Entwicklung.
216 Vgl. dagegen Lucian Hölscher, Die Entdeckung der Zukunft, der den Beginn eines zukunftsorientierten Denkens erst mit der Aufklärung gegeben sieht. Siehe dazu die kritische Rezension von Rolf Löchel, Die Zukunft der Aufklärung.
217 Vgl. Martin Haeusler, Das Ende der Geschichte.

Danielle Jaurant stellt in ihrer 1995 erschienen Arbeit zu Rudolfs von Ems Weltchronik[218] fest, dass die Universalchronik gattungsspezifisch durch Textentfaltung bestimmt, die offene Form ein wesentliches Gattungsmerkmal sei. Jaurant geht aber noch weit über diese gattungsgebundene Beurteilung hinaus und sieht im Anschluss an Vertreter der Textologie – Tomaševskij[219] und Lichacev[220] – die offene Textform ganz generell als die für das Mittelalter typische Textform an.

Die Annahme der offenen Form von Weltchroniken ist in der mediävistischen Forschung der letzten Jahre zu einer „herrschenden Meinung" geworden. Der Historiker Peter Johanek sieht z.b. die Universalchroniken – von einem vorwiegend inhaltlich und pragmatisch bestimmten Ansatz her – als „offene Gebrauchsformen" an.[221] Gert Melville spricht von „enzyklopädischen Kompendien",[222] andere Kenner chronikalischer Gattungen – wie z.B. Rolf Sprandel – sind weniger entschieden, gehen aber – im Rahmen einer gewissen Gattungsbindung – auch von einem sehr offenen Gebrauchszusammenhang von Weltchroniken aus.[223]

Diese Ansicht von der Offenheit der Texte findet sich bei Forschern, deren Arbeitsansatz vor allem durch die Betrachtung der Textüberlieferung und ihrer Geschichte bestimmt ist. Nicht mehr das rekonstruierte Original, sondern der einzelne, überlieferte historische Text steht im Vordergrund der Betrachtung. Das Produkt, das „Werk" löst sich bei dieser Betrachtungsweise auf. Nicht von ungefähr ergeben sich bei einer solchen Sichtweise Schwierigkeiten, allgemeingültige Gattungskriterien festmachen zu können. Die überlieferungs-geschichtliche Betrachtungsweise scheint durch den Überlieferungsbefund gerechtfertigt zu sein: Christliche Weltchroniken werden seit Beginn ihrer Überlieferung im 3. Jahrhundert tradiert, indem sie bearbeitet, interpoliert, fortgesetzt, gekürzt und erweitert werden.

Schon in der Weitertradierung der Eusebius-Chronik durch Hieronymus sind [...] Bearbeitung, Interpolation und Fortsetzung als gültige Formen der Textaneignung angelegt, Tendenzen, die zwar bei der Überlieferung mittelalterli-

---

218 Danielle Jaurant, Rudolfs Weltchronik, S. 286.
219 Boris Viktorovic Tomaševskij, Pisatel' i kniga.
220 Dimitrij Sergeevič Lichačev, Nach dem Formalismus; ders., Grundprinzipien, S. 301-315.
221 Peter Johanek, Weltchronik, S. 306
222 Gert Melville, Geschichtskompendien, S. 51-104.
223 Rolf Sprandel, Einleitung, S. 3f.; vgl. weiter zu dieser Auffassung: Helga Möhring-Müller, ‚Chronica Novella', S. 28.

cher Literatur allgemein häufig begegnen, im Fall der Chronistik aber geradezu als charakteristisch gelten dürfen.[224]

Anhand der 59 bzw. 60 bekannten Textexemplare des ‚Buchs der Welt' gehe ich der Frage der „wesensmäßigen" Offenheit mittelalterlicher und neuzeitlicher Universalchroniken nach. Lässt sich auch hier tatsächlich eine Kontinuität von der spätantiken Universalchronistik bis in die Neuzeit nachweisen, die sich sogar – wie Jürgen Wolf annimmt – in den Kompilations- und Kombinationsprinzipien zeigt?[225] Wie viel Offenheit ist überhaupt möglich, um eine gewisse Kontinuität des kollektiven Gedächtnisses zu garantieren bzw. ab wann lassen sich Änderungen konstatieren und welche Folgen haben sie für das kollektive Gedächtnis und für die Textklasse, deren wesentliche Funktion die Sicherung des kollektiven Gedächtnisses zu sein scheint?

II.5.3.1.7 Mittelalterliche Werkbezeichnungen in ihrer Funktion als Gattungsbezeichnungen

Im Rahmen der historiographischen Genera des Mittelalters und der Neuzeit stehen die Universalchroniken neben einer Vielzahl anderer historischer und chronikalischer Texte. Ob diese Werkbezeichnungen „eine bestimmte literarische Darstellungsweise" angeben „und daher als Gattungsbezeichnungen (historiographische Genera) betrachtet werden"[226] können, muss seit der Untersuchung, die Klaus Düwel[227] zu den Werkbezeichnungen mittelhochdeutscher Erzählliteratur vorgenommen hat, zumindest in Zweifel gezogen werden. Für die von ihm untersuchten insgesamt 27 Werkbezeichnungen (*aventiure, buoch, liet, maere, rede* etc.), „die man vielfach als Gattungsbezeichnungen angesehen hat",[228] ließ sich keine eindeutige Verwendung feststellen, d.h., keine Bezeichnung könne als literarischer Terminus angesehen werden, woraus Düwel

---

224 Danielle Jaurant, Rudolfs „Weltchronik", S. 283.
225 Jürgen Wolf, Sächsische Weltchronik, S. 3: „Auch die Tendenz zu immer neuen Bearbeitungen und Fortsetzungen bis in die Gegenwart bzw. bis zum Ende der Weltgeschichte decken sich mit der lateinischen Universalchronistik. Selbst die Kompilations- und Kombinationsprinzipien unterscheiden sich nicht."
226 Franz-Josef Schmale, Funktionen und Formen, S. 105.
227 Klaus Düwel, Werkbezeichnungen der mittelhochdeutschen Erzählliteratur, S. 199; vgl. auch zu Selbstbezeichnungen in der mittelalterlichen Literatur: Dagmar Hüpper, *Buoh* und *scrift.*, S. 93-122. Vgl. auch Ruth Schmidt-Wiegand, Vorwort, S. XIXf. Vgl. zu den Werkbezeichnungen in Chroniken Gabriele von Olberg-Haverkate, Möglichkeiten der Bestimmung von Textfunktionen, S. 302-331.
228 Klaus Düwel, Werkbezeichnungen der mittelhochdeutschen Erzählliteratur, S. 199.

folgert, dass man das „Wissen um Gattungen bei den Dichtern der herangezogenen Werke für fraglich halten"[229] müsse.

Innerhalb meines Korpus finden sich vor allem drei Bezeichnungen: *buch*, *cronica* bzw. eingedeutscht *chronik* und dessen deutsche Übersetzung *zal*. Vereinzelt treten die lat. Bezeichnungen *gesta* ‚Tatenbericht, Geschichtsschreibung' und *catalogus* ‚Aufzählung von Geschichtsdaten, von Königen/Kaisern, Päpsten' auf.[230] Chronik stammt aus dem Griechischen und ist über das Lateinische *chronica, chronicorum* (Pl., N.) ins Deutsche entlehnt, wo es ahd. *zîtpuoh* verdrängt und in der lat. Form neben mhd. *kronik(e)* (F.) bis ins 17. Jahrhundert bestehen bleibt. Die Bedeutung ‚Zeitbuch, Darstellung des Geschehens in zeitlicher Folge', später in engerem Sinne ‚Geschichtsbuch', ist zunächst so weit und unspezifisch, dass die bewusste Verwendung als Gattungsbezeichnung im engeren Sinne ausgeschlossen scheint. Bis in die frühe Neuzeit wird *chronica* bzw. *chronik* mit *biblia* bzw. *bibel* gleichgesetzt, was nicht zuletzt wieder die enge Verbindung von Zeit- und Heilsgeschehen verdeutlicht. Die schon seit dem Althochdeutschen bekannte Bezeichnung *zitbuoh* wird aber im Mittelhochdeutschen nicht nur durch das lateinische Wort *cronica* bzw. durch Lehnwortvarianten verdrängt, sondern auch durch mhd. *zal*,[231] für das es im Unterschied zu *zitbuoh* auch in meinem Korpus Belege gibt. *Zal* hat verschiedene Bedeutungsbereiche, die ich nach der Häufigkeit ihres Auftretens in mhd. Texten geordnet habe:

1. ‚bestimmte oder unbestimmte Anzahl, Menge, Schar';
2. ‚die Zählung oder Zeitrechnung nach Jahrhunderten bzw. innerhalb eines Jahrhunderts' und
3. nicht immer von 2. trennbar: ‚Geschichtsbuch, Chronik'.[232]

Neben lat. *cronica*, das Lehnwort *c(h)ronik* und das volkssprachige Wort *zal* tritt die im Mittelalter ebenfalls polyseme[233] Bezeichnung *buch* auf. *Buch* gehört zum germanischen Erbwortschatz und weist auf die gemeingermanische Praxis des Schreibens auf Holztafeln hin, auch lat. *liber* verweist auf den Schreibuntergrund ‚Bast unterhalb der Baumrinde'. Schon im Althochdeutschen konnte *buoch* wie nhd. *Buch* ganz allge-

---

229 Ebd.
230 Vgl. auch Franz Josef Schmale, Funktionen und Formen, S. 105-123.
231 Siehe dazu die Belege für *zal* (Sp. 1023f.), *zalbuoch* (Sp. 1024) und *zîtbuoch* (Sp. 1137) in: Matthias Lexer, Mittelhochdeutsches Handwörterbuch, Bd. 3.
232 Nach den Belegen in: Matthias Lexer, Mittelhochdeutsches Handwörterbuch, Bd. 3, Sp. 1023f.
233 Vgl. auch Gabriele von Olberg-Haverkate, Möglichkeiten der Bestimmung von Textfunktionen, S. 310.

mein jede Werkeinheit bezeichnen, ohne Berücksichtigung des Inhalts. Wie bei *chronik* verband sich mit *buch* auch der Inhalt ‚Bibel'. Im Althochdeutschen ist mit *buoh* die gesamte Heilige Schrift oder es sind nur einzelne Bücher der Heiligen Schrift gemeint, *buoh* als Werkbenennung für profane Inhalte ist in dieser Zeit selten bezeugt.[234] Eike von Repgow beginnt die Vorrede des Sachsenspiegels im 13. Jahrhundert mit den Worten: *Got hevet de Sassen wol bedacht / sint dit buk is vorebracht / den luden algemene.*[235] „Hier wird also das Buch, der Codex, die Aufzeichnung des Rechts ganz mittelalterlich als ein von Gott gewolltes Ereignis gefeiert, das dem Wohl aller dient, die dem Recht entsprechend leben wollen."[236]

Wer sich also von den Werkbezeichnungen des ‚Buchs der Welt' bzw. der Codices, in dem es überliefert ist, einen Aufschluss über ein differenziertes ‚Gattungsbewusstsein' der Verfasser (bzw. Schreiber, Auftraggeber, Besitzer) der Codices in Bezug auf die historiographischen Genera erhofft, muss – wie es scheint – enttäuscht sein. Es scheint sich hier ein Unterschied zu lateinischen historiographischen Textexemplaren abzuzeichnen, für die Franz Josef Schmale eine erheblich größere Differenzierung feststellte. Die Selbstbezeichnungen und Selbsteinordnungen in den einzelnen lateinischen Textexemplaren sind demnach vielfältig.[237] Zum Teil werden mehrere Bezeichnungen für ein und dieselbe Geschichtsdarstellung gewählt. Es handelt sich vor allem um Wörter wie *historia, chronica* (Sg. fem. und Plur. neutr.), *chronicon, chronographia, annales, gesta* (Plur. neutr.), *res gestae, vita.* Im Hochmittelalter treten Wörter wie *fundatio, genealogia, catalogus, narratio* auf.

> Unterschiedliche Bezeichnungen für verschiedene historiographische Werke einerseits, gewisse Gemeinsamkeiten zwischen manchen gleichartig benannten Schriften andererseits lassen aber erkennen, daß tatsächlich ein Wissen um die Verschiedenartigkeit historiographischer Darbietung vorhanden war.[238]

In der Untersuchung der textinternen Merkmale gehe ich nicht nur der Frage der Realisation der Deutungsmuster nach, sondern auch der der alltagssprachlichen Kategorisierungen, die auf ein Gattungsverständnis

---

234 Vgl. auch Dagmar Hüpper, *Buoh* und *scrift.*
235 Sachsenspiegel, Landrecht, hg. von Karl August Eckhardt, S. 38, S. 99ff., Belege für *buk, bukelin* etc. S. 111. vgl. auch Ruth Schmidt-Wiegand, Bilderhandschriften des Sachsenspiegels, S. 357-361.
236 Ruth Schmidt-Wiegand, Vorwort, S. XIX.
237 Allerdings scheint mir auch gegenüber diesen Aussagen zunächst Vorsicht geboten zu sein, da es keine Einzeluntersuchungen zu dem Themenbereich gibt.
238 Franz-Josef Schmale, Funktionen und Formen, S. 105.

hinweisen. Anhand der Analyse der einzelnen Textexemplare frage ich, welche Deutungsmuster im Einzelnen realisiert sind, ich verfolge, was sich aus der Bezeichnung oder der Nicht-Bezeichnung der Textexemplare mit den alltagssprachlichen Klassenbezeichnungen *buch*, *chronik*, *zal*, *gesta* und *catalogus* für eine Textsorteneinordnung ergibt, in welchem Verhältnis die Klassenbezeichnung/die Nicht-Bezeichnung zum Ergebnis meiner linguistischen Analyse steht.

II.5.3.2 Textexterne, textinterne Merkmale, Arten der Textverbindungen

Die Analyse und Einordnung der Textexemplare, die von der historischen und literaturwissenschaftlichen Forschung dem Textzusammenhang des ‚Buchs der Welt' zugeordnet werden, nehme ich in drei Schritten vor. Ich untersuche:

1. die situativen Rahmenbedingungen der Textentstehung,
2. die textinternen Merkmale,
3. den Textbestand, die Textveränderungen, die Art der Textverbindungen (Textallianzen)

II.5.3.2.1 Textexterne Merkmale: Kommunikationsmaterial, Kommunikationsmedium, Kommunikationsform, Zeit, Ort und an der Kommunikation beteiligte Personen

Bei der funktionalen Beschreibung der Textexemplare gehe ich von einem sich gegenseitig bedingendem Verhältnis zwischen Form und Funktion des Textexemplars bzw. der Textsorte und den für sie spezifischen textuellen Merkmalen aus. Pragmatische Textfunktionen ergeben sich schon aus der Ermittlung der Variationsbreite der konstanten externen Faktoren Sprecher, Hörer – ich möchte hier erweitern: Benutzer, Besitzer, Auftraggeber – Ort und Zeit: Die Frage nach den Verfassern bzw. Schreibern oder Kompilatoren, den Benutzern, Besitzern, Auftraggebern der einzelnen Textexemplare, nach der Kommunikationszeit und dem Kommunikationsort enthält bereits den Bezug zur Schreiberintention, zur Wirkung, zum historischen Kontext bzw. zum Gebrauchszusammenhang der Textexemplare.

Ich gehe von einer kommunikativen Konzeption von Textzuordnungen und damit von der Hypothese aus, dass die situativen, die Kommunikation konstituierenden externen Merkmale: Produzent, Rezipient, Ort und Zeit bestimmend für die Textfunktion sind. Diese universellen Konstanten der Kommunikation sind – wie die interne Voraussetzung: Existenz eines Kodes – Rahmenbedingungen für jede Kommunikation.[239]

Für die textlinguistische Untersuchung der Textzeugen des ‚Buchs der Welt' heißt das, dass in jedem einzelnen Fall, soweit erschließbar, die situativen, externen Merkmale zu prüfen sind:

- Kommunikationszeit(en),
- Kommunikationsort(e),
- an der Kommunikationssituation beteiligte Personen: das sind in Bezug auf meine Materialgrundlage z. B. Autor, Kompilator, Schreiber, Fortsetzer, Auftraggeber, Adressatenkreis, Benutzer der Handschriften, Besitzer.
- Kommunikationsmedium (z.b. Handschrift – Druck),
- Kommunikationsform (z.b. Codex, Rolle etc.; codikologische Daten wie: Blattgröße, Schriftspiegel, Einband, Umfang etc.),
- Kommunikationsmaterial (z.b. Pergament – Papier).

Kombiniert man die textkritische Methode und die überlieferungsgeschichtliche Methode, so ergeben sich für die situativen Rahmenbedingungen zwei Ebenen:

a) die Ebene des vermuteten ersten Auftretens des Gesamttextzusammenhanges („Originale") bzw. der potentiellen Vorlagen der einzelnen Rezensionen und

b) die Ebene der konkreten Textexemplare.

Der Überlieferungszusammenhang des ‚Buchs der Welt' wird in der heutigen Forschung in sechs Rezensionsgruppen unterteilt.[240] Bei den sechs idealen Basistexten der Ebene a) muss von abweichenden situativen Merkmalen ausgegangen werden.

Bei den Kommunikationszeiten markiert die Entstehungszeit den Beginn der Kommunikation. Ich frage bei der synchronen Untersuchung nach den Entstehungszeiten der konkreten Textexemplare und der Überlieferungsträger – das sind die Codices, in denen die Textexemplare tradiert werden (Ebene b). Meine Untersuchung orientiert sich an diesen Entstehungszeiten als „wertungsfreies" Ordnungsprinzip, d.h., die einzelnen Textexemplare werden in der Folge ihrer chronologischen Rei-

---

[239] Vgl. Franz Simmler, Text- und Textsortenbegriff; ders., Makrostrukturen; ders., Makrostrukturelle Veränderungen.

[240] Diese Gruppierung der Handschriften wurde zuletzt durch die überlieferungsgeschichtliche Untersuchung Jürgen Wolfs bestätigt. Siehe zur Rezensionseinteilung oben Kapitel 2. Das ‚Buch der Welt'.

henfolge besprochen. Nicht die Rezensionszusammenhänge, das oder die erschlossenen „Originale" und die Abhängigkeiten innerhalb eines Handschriftenstemmas stehen im Vordergrund (Ebene a), sondern das konkrete Textvorkommen (Ebene b).

Die situativen Merkmale des Basistextvorkommens des ‚Buchs der Welt' sind durch den Hinweis auf den Rezensionszusammenhang gegeben.

Die Entstehungszeiten der Ebene a): Je nach Gewichtung der einzelnen Rezensionszusammenhänge werden die Entstehungsdaten in der Forschung kontrovers diskutiert.[241] Ich gebe hier zur Orientierung über die Entstehungszeiten der Ebene a) das Berichtende der einzelnen Redaktionen und die „herrschende" Forschungsmeinung an.

A_1 = der ‚gemeine Text'[242] dieser Rezension endet frühestens 1225.

A_2 = der ‚gemeine' Text endet 1226. Nach Jürgen Wolf ist das Original der A-Fassungen um 1230 entstanden.

B = der ‚gemeine' Text endet frühestens 1229. In der Forschung gelten als Entstehungszeitraum die 40er Jahre des 13. Jahrhunderts.

C_1 = der ‚gemeine' Text endet frühestens 1248. Damit gilt die Zeit um 1250 als frühestes Datum für die Entstehung der C-Fassungen, Hubert Herkommer geht allerdings von den 70er Jahren des 13. Jahrhunderts aus und sieht damit den frühesten Entstehungszeitraum aller Rezensionen gegeben.

C_2 = der ‚gemeine' Text endet frühestens 1260.

C_3 = der ‚gemeine' Text endet frühestens 1260.

Die Entstehungsorte der Ebene a):

A_1 = im Magdeburger Raum;
A_2 = Thüringen[243];
B = Erzbistum Bremen;
C-Fassungen = Braunschweig (bzw. Lüneburg).

Die an der Abfassung beteiligten Personen der Ebene a):

---

241 Vgl. z.B. Jürgen Wolf, Sächsische Weltchronik, dessen Auffassung ich im Folgenden referiere. Abweichend dagegen: Hubert Herkommer, Sächsische Weltchronik, der von einem Vorrang der C-Fassung und damit zusammenhängend einer späteren Entstehungszeit aller Fassungen ausgeht.
242 In der Forschung zur Sächsischen Weltchronik spricht man seit der textkritischen Ausgabe von Ludwig Weiland 1877 von einem so gen. ‚gemeinen' Text. Vgl. auch Karl Stackmann, Mittelalterliche Texte als Aufgabe, S. 240-267, bes. S. 245.
243 Michael Menzel, Sächsische Weltchronik, S. 269-276.

Der unbekannte Autor der A-Rezension war wahrscheinlich ein Franziskanermönch.[244] Auch für die anderen Fassungen nimmt man einen Minoriten an.

Die situativen Merkmale jedes Textexemplars werden im Folgenden untersucht, mit einer der sechs Siglen (A_1, A_2, B, C_1, C_2, C_3) wird auf die situativen Merkmale der Ebene a) verwiesen. Für die Ebene b) gilt: Die Entstehungszeiten sind zumeist längere Zeiträume. Der Entstehungszeitraum wird entweder erschlossen, indem man von den letzten in der Chronik erwähnten Ereignissen ausgeht und die Entstehung im Anschluss daran vermutet, oder sie ergibt sich aus der Datumsnennung in der Handschrift (im Kolophon etc.).

Über die Entstehungszeiten hinaus muss man mit weiteren Kommunikationszeiten rechnen: Gemäß der Personengruppen, die den Kommunikationszusammenhang konstituieren – Verfasser des/der Originale, Schreiber/Kompilatoren/Übersetzer, Fortsetzer, Benutzer und Besitzer – ist abzuleiten, dass fünf verschiedene Kommunikationszeiträume relevant werden können:

– Entstehungszeitraum des konkreten Textexemplars
– Kombinationszeitraum
– Fortsetzungszeitraum
– Benutzungszeitraum
– Besitzzeitraum

Es ist zu untersuchen, ob Erweiterungen und Fortsetzungen des Textzusammenhanges zu unterschiedlichen Zeiten vorgenommen worden sind. Unter dem Kombinationszeitraum möchte ich den Zeitraum verstehen, in dem der Codex von einem Schreiber/Übersetzer/Kompilator neu zusammengestellt wurde. Es ist also der Zeitraum der Zusammenstellung des Gesamtcodex, nicht die Zeit, in der die einzelnen Textexemplare fortgesetzt wurden. Die Zusammenstellung von Texten und Teiltexten[245]

---

244 Vgl. Hubert Herkommer, Bestimmung des Sächsischen Weltchronisten, S. 26-33; ders., Einführung, S. LXIIff.; Manfred Zips, Sächsische Weltchronik, S. 51; Friedrich Scheele, Die Sächsische Weltchronik, S. 129

245 Zur Definition von Teiltext und zur Abgrenzung gegenüber anderen Ansätzen siehe: Franz Simmler, Teil und Ganzes, S. 617-624: Teiltexte erweisen sich als „[...] Makrostrukuren in einer neuen Einheit. Sie sind in einer anderen Variablenkonstellation mit anderen externen und teilweise auch internen Merkmalbündeln entstanden, sind in verschiedener Weise bearbeitet und daher als Makrostruktur in einer neuen externen Variablenkonstellation verwendet. Die [...] Makrostrukturen der Gedichte, Lieder und Briefe, der Dialoge und Statements, der Text-Bild-Kombinationen und Tabellen, die eine potentielle Texthaftigkeit besitzen, können von solchen Makrostrukturen wie Kapiteln, Unterkapiteln verschiedenen Grades und Absätzen, denen keine potentielle Texthaftigkeit zu-

nenne ich Textallianz²⁴⁶ oder Textkombination (→ Kombinationszeitraum). Wenn einer Chronik später neuere Daten hinzugefügt werden, spreche ich dagegen von Fortsetzung. Im Unterschied zum Kombinationszeitraum möchte ich unter Fortsetzungszeitraum die Zeitspanne verstehen, in der dem in einer Handschrift überlieferten Text chronikalische Nachrichten hinzugefügt wurden. Zwei weitere Kommunikationszeiträume schließlich können der Benutzungszeitraum und der Besitzzeitraum sein. Der Benutzungszeitraum lässt sich noch schwieriger rekonstruieren als die Entstehungs-, Kombinations- und Fortsetzungszeiträume. Manchmal kann man durch Querverbindungen zu anderen Handschriften, durch namentliche Einträge in die Handschriften die Benutzer und den Zeitraum herausfinden. Oft lassen sich nur Benutzerspuren, Randbemerkungen feststellen, die man aber weder einer Person noch einer Zeit zuweisen kann. Mit dem Besitzzeitraum gebe ich die Zeit an, in der ein Codex bestimmten Personen oder Personengruppen gehört hat.

II.5.3.2.2 Textinterne Merkmale: Initiatoren und Terminatoren, Makrostrukturen, lexikalische und semantische Merkmale, Sprachwahl (Latein oder Volkssprache, regionale oder eher überregionale Sprache), Wahl der Form (Reim oder Prosa), syntaktische Merkmale

In weiteren Analyseschritten untersuche ich die textinternen Merkmale aller derzeit bekannten Textexemplare des ‚Buchs der Welt'. Im Einzelnen untersuche ich an jedem Textexemplar die Initiatoren und Terminatoren: Sie dienen zur Markierung des Initial- und Terminalbereiches von Textexemplaren bzw. Sammlungen von verschiedenen Texten und sind deshalb von den Makrostrukturen der Binnenstrukturierung abzusetzen. Diese Eingangs- und Endbegrenzungsmerkmale unterscheiden sich nicht grundsätzlich von den nachfolgend besprochenen Makrostrukturen, sie können ebenfalls als Makrostrukturen angesehen werden, wenn sie eine Komplexität besitzen, die diejenige eines einfachen oder komplexen Satzes übersteigt. „Ihre Besonderheit besteht dann neben ihrer Existenz als Makrostrukturen darin, dass sie zusätzlich in der Funktion von Kennzeichnungen des Textbeginns und des Textendes verwendet werden und

---

kommt, zusätzlich terminologisch abgehoben werden, indem sie als Teiltexte bezeichnet werden." (S. 620)

246 Zum Terminus Textallianz siehe unten S. 123ff.; Kapitel II.5.3.2.3 Textbestand, Textveränderungen, Arten der Textverbindungen (Textallianzen)

damit Funktionen wahrnehmen, die einer Reihe anderer Makrostrukturen nicht zukommen."[247]

Häufig treten mehrere Initiatoren oder Terminatoren auf – ein komplexes Gefüge, ein Merkmalsbündel. „Terminologisch sollten die differenzierbaren Überschriften als Initiatorteile von der Einheit des Initiators [...] unterschieden werden. Entsprechendes gilt für die Terminatorteile, wenn die Terminatoren einen vergleichbaren komplexen Aufbau besitzen."[248]

Die Verwendung bestimmter Makrostrukturen: Ich möchte unter Makrostrukturen in Anlehnung an Franz Simmler[249] Folgendes verstehen:

> textinterne, aus Ausdrucks- und Inhaltsseite bestehende satzübergreifende Einheiten der *langue*, die gegenüber anderen satzübergreifenden Einheiten und hierarchisch gesehen kleineren Einheiten wie Satztypen eine distinktive Funktion besitzen und bei ihrem Auftreten mit ihnen zusammen größere Einheiten der *langue*, nämlich Textsorten, konstituieren, wobei sich je nach extern gewähltem Medium bzw. bei Medienkombinationen verschiedene auditive und oder visuelle Realisierungsformen ergeben können.[250]

Es geht dabei um die Verwendung hierarchischer Strukturierungsmerkmale wie z.B. Abschnitt-, Absatz-, Kapitelkennzeichnungen, um die Verwendung von bestimmten Text-Bild-Relationen.[251] ‚Makrostruktur' ist also der Oberbegriff für unterschiedlich komplexe und hierarchisch zu unterscheidende sprachliche Zeichen.

Bisherige Untersuchungen konnten zeigen, dass auf Grund der Analyse der Makrostrukturen – hierarchisch gesehen die größten in Textexemplaren auftretenden Einheiten – bereits eine Textsortenzuordnung zu begründen ist.[252]

---

247 Franz Simmler, Teil und Ganzes, S. 612f.
248 Ebd., S. 607.
249 Zum Begriff der Makrostrukturen siehe: Franz Simmler, Makrostrukturelle Veränderungen, S. 187-200, bes. S. 187; ders., Teil und Ganzes, S. 612. Zur Unterscheidung von anderen Makrostruktur-Auffassungen, siehe Franz Simmler, Makrostrukturen, S. 213-305, bes. S. 213f.; Siehe zu Makrostrukturen auch: Werner Kallmeyer, Reinhard Meyer-Hermann, Textlinguistik, S. 253-255.
250 Franz Simmler, Tatianbilingue, S. 299.
251 Im Rahmen dieser Studie untersuche ich die Text-Bild-Relationen vor allem unter Strukturierungsgesichtspunkten. Eine Untersuchung der einzelnen Bilderhandschriften, die den verschiedenen Aspekten des Wechselbezugs von Text und Bild gerecht wird, kann hier nicht geleistet werden. Vgl. zu einem solchen Ansatz z.B.: die beiden Bände der Aufsatzsammlung zum Wechselbezug von Text und Bild in den Bilderhandschriften des Sachsenspiegels: Text-Bild-Interpretation. Untersuchungen zu den Bilderhandschriften des Sachsenspiegels, hg. von Ruth Schmidt-Wiegand, Bd. I. Textband, Bd. II. Tafelband.
252 Franz Simmler, Tatianbilingue, S. 299.

Syntaktische Merkmale wie Gesamtsatzstrukturen, Verbalsatztypen, Nominalsatztypen können im Rahmen dieser Studie nicht in ihrer Komplexität vollständig dargestellt werden. Die komplette Analyse der syntaktischen Strukturen der Gesamtcodices oder selbst enger gefasst – des Textzusammenhanges des ‚Buchs der Welt' – würde den Rahmen dieses Untersuchungsbandes sprengen.[253] Diese Arbeit muss einem separaten Forschungsvorhaben vorbehalten bleiben. Ich gehe auf syntaxrelevante Merkmale innerhalb der Handschriften ein, die durch die Makrostrukturen Kapitel, Absatz, Abschnitt, durch die Interpunktion und die Strukturen der Gesamtsätze gegeben sind. Die hier vorgelegte Analyse beruht schwerpunktmäßig auf der Auswertung der Reimvorrede und der Schöpfungsgeschichte. In umfangreichen Stichproben gehe ich auch auf die syntaktischen Merkmale der übrigen Stoffkreise ein.

Lexikalische und semantische Merkmale sichern die Ergebnisse zusätzlich ab.[254] Zunächst stelle ich die lexikalischen Merkmale vor. Einige Aspekte des Verhältnisses Volkssprache – Latein, also der Sprachwahl, sind bereits in der Untersuchung der lexikalischen Merkmale zu berücksichtigen, hierbei wird vor allem die Frage der Sprachebene zu beachten sein, denn die Sprachwahl impliziert immer auch die Wahl einer bestimmten Sprachebene, die ebenfalls Aufschlüsse für die Textsortenbestimmung liefert. Ich untersuche in diesem Zusammenhang ausgewählte Beispiele, an denen sich morphologische und lexikographische Merkmale zeigen, die ebenfalls „Schlüssel"-funktion für die Textsortenzuordnung haben:

Anhand meines Korpus lassen sich als „Schlüsselwörter"

1) die „Gattungs"-bezeichnungen (Schlüsselwörter wie *chronik, buch* etc.) untersuchen. Sie können Aufschlüsse über ein zeitgenössisches Klassenbewusstsein geben und damit auch Textsortenrelevanz haben;
2) lexikographische Schlüsselwörter sind in meiner Untersuchung die Wochentagsbezeichnungen. Sie haben für meine Materialgrundlage „Schlüsselwort"funktion, da sie
   a) in der ‚Buch der Welt'-Überlieferung durch die heilsgeschichtliche Einleitung mit dem Sechstagewerk der Schöpfungsgeschichte und in einigen Handschriften der C-Rezension (Hs. 21, Bl. $7^{va,b,c}$ und 8ra; Hs. 24, Bl. 19^rf., Hs. 18, Bl. $34^{r\ u.\ v}$, Hs. 19, Bl. $126^{r\ u.\ v}$) auch in der aus der Kaiserchronik geschöpften Darstellung der römischen Tagesgötter gut dokumentiert sind;

---

253 Vgl. zur Syntax der Hs. 24 auch: Rudolf Grosse, Sprachgeschichtliche Stellung, S. 19-45
254 Franz Simmler, Tatianbilingue, S. 299.

b) weil die Wochentage, vor allem die Bezeichnungen für *Dienstag / Ertag / Aftermontag / Ziestag / Zinstag*, für *Donnerstag / Pfinztag* und für *Samstag / Sonnabend*, eine starke dialektale Prägung aufweisen[255] und

c) weil es Untersuchungen zu den Wochentagsnamen für andere Textgruppen bereits gibt, mit denen die hier gewonnenen Ergebnisse verglichen werden können.[256]

Exemplarisch untersuche ich anhand der Bezeichnungen für die Wochentage, ob man in dem Zeitraum vom 13. bis zum 18. Jahrhundert eine Veränderung in den Schreibdialekten registrieren kann, die Hinweise auf eine hochsprachliche Vereinheitlichung liefern könnte, ob also die Volkssprache die Rolle der lateinischen Sprache einnimmt und eine Überregionalität anstrebt. Und weitergehend stelle ich die Frage, ob Vereinheitlichungstendenzen textsortengebunden sind. Der Textzusammenhang des ‚Buchs der Welt' ist bisher noch nicht ausreichend dialektal untersucht worden. Die verschiedenen dialektalen Einzelbeurteilungen sind nicht im Gesamtzusammenhang der Überlieferung analysiert worden. Diese Analyse kann auch hier nicht geleistet werden. Ich beziehe mich in dieser Studie zunächst auf die in der Literatur üblichen (z.T. nicht übereinstimmenden) dialektalen Einordnungen, möchte aber darauf hinweisen, dass sie lediglich als grobe regionale Zuweisungen zu verstehen sind. Die Funktion der Untersuchung der Wochentagsbezeichnungen ist an dieser Stelle ganz vorrangig die Textsorten- und nicht die Dialektbestimmung.[257]

---

255 Vgl. z.B. Eberhard Kranzmayer, Die bairischen Kennwörter und ihre Geschichte, § 7; Historischer Südwestdeutscher Sprachatlas; Friedhelm Debus, Deutsche Dialektgebiete in älterer Zeit, S. 930-960; Werner König, dtv-Atlas zur deutsche Sprache, S. 186-189.

256 Eberhard Kranzmayer und Peter Wiesinger untersuchten die Wochentagsbezeichnungen in mittelalterlichen und frühneuhochdeutschen Urkunden. Wiesinger bearbeitet nur die Urkunden des 13. Jahrhunderts in bezug auf die bairischen Wochentagsnamen. Die Wortformen für Montag untersucht er in Urkunden des 13. bis 15. Jahrhunderts. Die Untersuchungen Kranzmayers berücksichtigen Urkundenmaterial vom 13. bis zum 16. Jahrhundert. Franz Simmler analysierte die Verwendung von Dienstag und Donnerstag in der Benediktinerregelüberlieferung vom 9. bis zum 16. Jahrhundert. Eberhard Kranzmayer, Die Namen der Wochentage in den Mundarten von Bayern und Österreich; Peter Wiesinger, Die bairischen Wochentagsnamen in den deutschen Urkunden des 13. Jahrhunderts, S. 639-654; ders., Vom Wandel einer Wortform. Der Wochentagsname Montag in der bairisch-frühneuhochdeutschen Urkundensprache des 13. bis 15. Jahrhunderts, S. 361-398; ders., Vom Wandel einer Wortform, S. 361-398; Franz Simmler, Die Regula Benedicti – eine Quelle deutscher Sprachgeschichte, S. 163-208.

257 Anhand der Untersuchung der Wochentagsbezeichnungen zeigt sich auch deutlich die generelle Schwierigkeit einer dialektalen Zuweisung der Textzeugen des ‚Buchs der Welt',

3) Es kommt auch der sprachlichen Abhängigkeit von der Vorbildsprache Latein unter dem Gesichtspunkt der Wahl einer bestimmten Sprachebene eine Schlüsselfunktion zu, in diesem Zusammenhang haben die Lehnbildungen eine wichtige Bedeutung. Ich untersuche zur Wortbildung die -*heit/keit*-Abstrakta, die Abstrakta auf -*inge* bzw. -*unge* in den einzelnen Textexemplaren und vergleiche sie mit den lateinischen Vorlagen der ‚Frutolf-Ekkehard-Chronik'. Diese Untersuchung wird nicht für jedes einzelne Textexemplar, sondern exemplarisch durchgeführt und mit den übrigen Untersuchungen zum Verhältnis Volkssprache – Latein in einem eigenen Kapitel (III.6 Sprachwahl [Latein – Volkssprache] in den Codices) zusammengefasst.

Für die Textsortenbestimmung ist das Verhältnis Volkssprache – Latein besonders wichtig: das ‚Buch der Welt' gilt als die erste volkssprachige Prosaweltchronik: Einzelne Textexemplare sind jedoch ins Lateinische rückübersetzt worden, andere sind mischsprachlich. Herrschende Forschungsmeinung ist, dass das volkssprachige ‚Buch der Welt' sich nicht von der lateinischen Chronistik unterscheidet, dass es keine Veränderungen gegenüber den lateinischen Vorgängern aufweist. Ich vergleiche in einem eigenen Kapitel (III.6), vor allem um die Frage der Abhängigkeit des ‚Buchs der Welt' von der lateinischen Chronistik zu klären, verschiedene Stoffkreise des ‚Buchs der Welt' mit deren Verarbeitung in seiner lateinischer Vorlage der ‚Frutolf-Ekkehard-Chronik'.[258] Aus Gründen der Arbeitsökonomie wähle

---

da der Textzusammenhang in nahezu allen Textexemplaren sprachlich ein eher auf Überregionalität zielendes kanzleisprachliches Niveau ausweist, passim.

258 Bei meiner Untersuchung stütze ich mich sowohl auf die Handschriften der Frutolf-Ekkehard-Überlieferung als auch auf die Teiledition von Irene Schmale-Ott und Franz Josef Schmale. Bei der handschriftlichen Überlieferung lege ich als Vergleichsgrundlage vor allem das Autograph Frutolfs mit der Fortsetzung Ekkehards zugrunde (Bose q. 19 Jenaer UB Ende 11. Jh). Es wurde 1099 beendet und bis 1106 von Ekkehard weitergeführt (= A). Ich lege zudem eine Abschrift der Frutolf-Chronik ohne Ekkehards Zusätze (Karlsruhe, LB 504, Ende 1101 = B) zugrunde. Beide Handschriften sind Vertreter der so genannten Rezension I. Die Frutolf-Ekkehard-Chronik liegt in einer von Georg Waitz besorgten Ausgabe aus dem Jahr 1843 und einer weiteren von Heinrich Hagenmeyer aus dem Jahr 1877 vor. Georg Waitz, Ekkehardi Uraugensis chronica, S. 33-211 (Frutolf); S. 208-267 (Ekkehards Rezensionen I-IV, 1106-1125); S. 207-248 (Kaiserchronik 1095-1114); Heinrich Hagenmeyer, Ekkehardi Uraugensis abbatis Hierosolymita. Teile der Frutolf-Chronik sowie Teile der Ekkehard-Chronik wurden 1972 von Irene Schmale-Ott und Franz-Josef Schmale herausgegeben und übersetzt: Irene Schmale-Ott, Franz-Josef Schmale, Frutolf-Ekkehard-Chronik; vgl. zu den Teilen der Frutolf-Chronik S. 18f. und zu den Teilen der Ekkehard-Chronik S. 38f. Die kritische Ausgabe der Frutolf-Ekkehard-

ich eine repräsentative Handschrift – das früheste Textexemplar, die Hs. 24 – und mache sie zur Vergleichsgrundlage.

Im Zusammenhang der semantischen Merkmale untersuche ich

1) inhaltliche Ordnungsprinzipien von Weltchroniken: wie z.b. das stärker chronologische (annalistische) oder das narrative Prinzip, die Gliederung nach historisch bedeutenden Personen, die Strukturierung nach genealogischen Bezügen und
2) die Realisation der sechs Deutungsmuster:
   a) heils- und universalgeschichtliches Weltbild,
   b) Berufung auf die Tradition,
   c) wahre Geschichtsschreibung,
   d) Autorisierung der eigenen Aussagen,
   e) offene Geschichtsschreibung,
   f) eschatologisches Geschichtsdenken.[259]

Auch die Wahl einer bestimmten sprachlichen Form: Reim oder Prosa, Mündlichkeit oder Schriftlichkeit[260] kann im Verbund mit den anderen internen Merkmalen textsortendifferenzierende Funktion haben. Die Frage der äußeren Form von Weltchroniken, ob sie gereimt oder in Prosa

---

Chronik für die Monumenta Germaniae Historica wird von Irene Schmale-Ott und Franz-Josef Schmale vorbereitet.

Ein weiteres Beispiel (Berlin, Ms.lat. fol. 295, 12. Jh.), das ich vergleichend heranziehe, nehme ich aus einer Gruppe von Handschriften, die in der Forschung der Rezension III zugeordnet werden. Diese Fassung verdankt „ihre Entstehung dem Abt Erkembert von Korvey", „der von Ekkehard eine Chronik erbeten hatte". Frutolfs und Ekkehars Chroniken, S. 34. Diesen Textstand repräsentieren die Hss.: Paris BN. 4889 saec. XII (= P_1, Anfang 12. Jh.), Paris Arsenal 6 saec. XIV (= P_3, 12. Jh.), Berlin 295 saec. XII (= B, 12. Jh.), Paris BN. 4889 A. saec. XIII aus Rastede, Abschrift von B (= P_2). „Die Rezension III ist diejenige Ausgabe der Chronik, auf die Ekkehard die relativ größte Mühe verwendet hat. Er zog für Erkemberts Exemplar nicht nur seine eigene Chronik der Rezension II heran, sondern auch die inzwischen vorliegende, weitestgehend auf der Rezension II beruhende Kaiserchronik, von der er nicht nur die Jahresberichte von Ende 1106-1111 einschließlich übernahm, sondern sich auch formal stark beeinflussen ließ." Für die übrigen Rezensionen (II-IV) stütze ich mich vor allem auf die Edition von Irene Schmale-Ott und Franz Josef Schmale.

Für die Pöhlder Annalen – eine weitere wichtige lat. Vorlage des ‚Buchs der Welt' – konnte ich mich nicht auf das 1877 von Waitz entdeckte, in Oxford befindliche Original (Bodleighan Library, Ms. Laud. Misc. 633) stützen, sondern zunächst nur auf die Pertzsche Edition, der die Göttinger Abschrift (Göttingen, Niedersächsische Staats- und Universitätsbibliothek, Ms. Hist. 333) aus dem Anfang des 18. Jahrhunderts zugrundegelegt ist.

259 Vgl. Kap. II. 5.3.1.1-6
260 Zur Forschungsliteratur zu Mündlichkeit und Schriftlichkeit vgl. den Überblick in Kapitel II.5.3.1.2.

verfasst wurden, wurde in der Forschung und in der Selbsteinschätzung der Chronisten häufig mit dem Wahrheitsgehalt und damit mit dem Verhältnis von Realität und Fiktion verbunden. Kürze (*brevitas*) sprach für Wahrheit und Realitätsnähe – wie sie im Allgemeinen der lateinischen Chronistik zugesprochen wird, ausschmückende Narration stand dagegen für Weitschweifigkeit (*prolixitas*) und eine eher fantasievolle, wenn nicht fantasierende Darstellungsweise, die eigentlich der Chronistik unangemessen erschien.[261] Die Prosaform wird so auch eher der Schriftlichkeit zugerechnet, der Reim dem mündlichen Vortrag. In historischen, schriftlich überlieferten Texten lassen sich die beiden kulturprägenden Phänomene Mündlichkeit und Schriftlichkeit nicht zweifelsfrei von einander trennen. Zudem gilt in der Auffassung der heutigen Mittelalterforschung das Mittelalter als eine stark von der Mündlichkeit bestimmte Kulturstufe. Es ist also wichtig zu fragen, ob mit dem Wechsel vom Latein zur Volkssprache und damit auch dem Wechsel von der Prosachronik zur gereimten Chronik stärker Aspekte von Mündlichkeit sichtbar werden und welche Auswirkungen dies auf die Textsorte Universalchronik im Mittelalter und der Neuzeit hat. Anhand der Textexemplare lässt sich dies einmal anhand der Vorlagen untersuchen: Wie viel mündliche Informationen gehen in die Chroniktexte ein? Zum anderen ist nach sprachlichen Signalen für Mündlichkeit Ausschau zu halten: Wurden die Chroniken vorgetragen, verlesen? Diese Fragen der sprachlichen Form untersuche ich an jedem Textexemplar im Zusammenhang der semantischen Merkmale und dort im Rahmen der sechs verschiedenen Deutungsmuster (vor allem 2. Berufung auf die Tradition und 3. Wahre Geschichtsschreibung), sie werden aber auch innerhalb der Syntax-Untersuchung berücksichtigt.

II.5.3.2.3 Textbestand, Textveränderungen, Textallianzen

Die Grundvoraussetzung für eine Textbeschreibung ist die Verständigung über den Text, über ein bestimmtes Textvorkommen, einen Textzusammenhang, der von anderen Textvorkommen unterschieden ist. Erst wenn man sich über

a) den Textbestand klar ist, kann man Textveränderungen wahrnehmen.

Bei den Textveränderungen unterscheide ich zwischen

b) Fortsetzungen und
c) Textallianzen.

---

261 Vgl. dazu Kap. II.5.3.1.3 Das Deutungsmuster: Wahre Geschichtsschreibung.

Zu a) Textbestand: Die Einigung über den Textbestand ist bei der Beschäftigung mit mittelalterlichen Texten von großer Bedeutung, da hier der prozessuale, der dynamische Charakter von Texten ganz besonders im Vordergrund steht. In der Regel gibt es keine Originale. Strittig ist auch, ob es sich um ein einziges, d.h., von einem Autor stammendes Original handelt oder um mehrere Originale.[262] Der Gegenstand – der Text – muss erst geschaffen werden, in dem ein bestimmtes Textvorkommen in seinem Produktcharakter erkannt wird. Für mittelalterliche und frühneuzeitliche Texte ist diese Forschungsleistung im 19. Jahrhundert mit der Methode der Textkritik geschaffen worden. Nur durch diese Forschungsarbeit konnte ein Textzusammenhang erkannt werden, der in vielen Varianten überliefert ist, der aber auch in all diesen Varianten wiedererkannt werden kann, als das, was die Forschung Sächsische Weltchronik nennt. Bei aller Kritik an dem textkritischen Umgang mit dem Textvorkommen: Es hat dem statischen, dem Produktcharakter von Texten Rechnung getragen. Ohne diese Voraussetzung wäre die Wahrnehmung des dynamischen Charakters eines Textzusammenhanges gar nicht möglich.

Die textkritische Forschung geht von einem ‚gemeinen' Text des ‚Buchs der Welt' aus. Das ist das Textvorkommen, das allen Überlieferungen im Wesentlichen gemeinsam ist. Alle anderen Fortsetzungen sind seit Weiland als Anhänge bzw. Zusätze eingestuft worden.

> Als original hinsichtlich der ursprünglichen Quellenbenutzungen wird nur erst der allen Hss. gemeinsame Text, der etwas altertümlich, aber zutreffend mit ‚gemein' bezeichnete Text, anzusehen sein. Er umfaßt etwa ein Viertel des gesamten Chronikvolumens, wenn man es aus sämtlichen Fassungen zusammenträgt.[263]

Der ‚gemeine' Text bzw. die Vorstellung von einem Basistextvorkommen, das in allen Textexemplaren identisch auftritt, ist ein Konstrukt. Mit einem akribischen Spürsinn lässt sich aber ein Bestand herausfiltern, der allen Textexemplaren im Wesentlichen gemeinsam ist. Dieser ‚gemeine' Bestand täuscht jedoch darüber hinweg, dass jede noch so kleine Änderung auch eine entscheidende Änderung des Geschichtsbildes bedeuten kann. In der Tat haben die Textexemplare über diesen Bestand hinaus noch aus unterschiedlichen Quellen geschöpft und jedes einzelne Textexemplar hat seine Vorlagen darüber hinaus noch in sehr eigener Weise komponiert.

---

262 Vgl. dazu Michael Menzel, Sächsische Weltchronik, S. 12f.
263 Ebd., S. 15.

Das Ende des Textzusammenhanges ist mit Nachrichten aus dem 13. Jahrhundert gegeben: Der Endzeitraum bewegt sich – nimmt man alle Rezensionen zusammen – zwischen den Jahren 1225 bis 1260. Wieweit die Textexemplare mit eschatologischen, heilsgeschichtlichen Ausblicken enden, muss die Untersuchung zeigen: Es bleibt also die Frage, wieweit und in welcher Weise der in der lateinischen Chronistik gängigen eschatologischen Ausrichtung von Weltchroniken im ‚Buch der Welt' Rechnung getragen wird. Die Edition Weilands lässt keine Schlüsse auf eine besondere heilsgeschichtliche Ausrichtung zu, weil sie außer der „sächsischen" Begleitüberlieferung keine weiteren Textallianzen angibt.

Auch der Beginn des Textzusammenhanges lässt sich nicht eindeutig festlegen. Die Reimvorrede führen nur wenige Handschriften; von den 34 Textexemplaren der Rezension A überliefern drei in der Rezension A$_2$ die Reimvorrede. Von den 12 Textexemplaren der Rezension B sind es 4. Alle C-Handschriften führen die Reimvorrede (Hss. 11, 12, 12a, 16, 162, 163, 17, 18, 19, 21, 23, 231, 24, 24a. Unsicher ist z.B. die Zuordnung der Handschriften 122, 22, deren Anfang verlorengegangen ist. Die 1870 verbrannte Handschrift 20 hatte vermutlich aber ebenfalls die Reimvorrede). Als fester Bestandteil des ‚gemeinen' Textes aller Rezensionen gilt die Schöpfungsgeschichte.

Ich gehe deshalb zunächst von einer idealen Vorstellung von einem gemeinsamen (‚gemeinen') Textzusammenhang aus, der mit der Schöpfungsgeschichte bzw. wahlweise mit der Reimvorrede beginnt und im 13. Jahrhundert – in der Gegenwart der Verfasser der Urfassungen – endet, aber vermutlich bis in die Gegenwart der späteren Schreiber der hier untersuchten Textexemplare fortgesetzt worden ist.

Insgesamt werden die Textexemplare des ‚Buchs der Welt' als Kombinationsprodukte vorrangig aus übersetzten lateinischen Geschichtsdarstellungen, aber auch aus anderen primär lateinischen erzählenden Quellen angesehen. Den so umrissenen Textzusammenhang nenne ich ‚Buch der Welt'. Michael Menzel unterschied 1985 36 ‚echte' vorwiegend lateinische Quellen, die als Vorlage für das ‚Buch der Welt' gelten können. Er hat sich bei seiner Untersuchung allerdings

a) auf den so genannten ‚gemeinen' Text und
b) auf Sonderentwicklungen in einigen Handschriftengruppen beschränkt.[264]

---

[264] Ebd., S. 61ff.

Seine Untersuchung bestätigte, dass bis zum Beginn des 12. Jahrhunderts die lateinische Chronik des Mönchs Frutolf von Michelsberg, in der Bearbeitung des Ekkehard von Aura die Hauptquelle (des ‚gemeinen Textes') des ‚Buchs der Welt' war. Neben der Frutolf-Ekkehard-Chronik aus dem 11. bzw. 12. Jahrhundert sieht er noch weitere 11 Quellen als Vorlagen des ‚gemeinen' Textes an: die Pöhlder Annalen aus dem ausgehenden 12. Jahrhundert, das alttestamentarische Geschichtsbuch, die ‚Historia Scholastica' des Petrus Comestor, zwischen 1169 und 1173 verfasst, die Papst-Kaiserchronik des Gilbertus Romanus aus den 20er Jahren des 13. Jahrhunderts, Paulus Orosius, Historiae adversos paganos aus dem 5. Jahrhundert und die Gesta der Magdeburger Erzbischöfe, die Mirabilien, Martyrologien, die Historia Damiatina und eine Predigt.[265]

Darüber hinaus schöpfen die einzelnen Textexemplare auch noch aus Legenden, Fabeln, u.a.m. – teils im ‚gemeinen' Text, teils in Erweiterungen, teils in Textallianzen. Die Weltchronik des Abtes Albert von Stade aus der Mitte des 13. Jahrhunderts wurde z.B. nur in die B- und C-Fassungen eingearbeitet. Die Kaiserchronik, die gereimte volkssprachige Chronik eines Regensburger Geistlichen aus dem 12. Jahrhundert, wurde in großen Teilen übernommen, allerdings nur von den Handschriften der C-Rezension. Ich gehe im Folgenden kurz auf den Textbestand der einzelnen Rezensionen ein:

Die Rezension A_1: Das Original dieser Rezension war nach der Auffassung Wolfs[266] „eine kurze, fast annalistische Fassung nach dem Muster der heute als Rezension A bekannten Version der SW".[267] Michael Menzel unterschied aufgrund der verwendeten Quellen und aufgrund des unterschiedlichen Endes in den Textexemplaren der Fassung A zwei A-Rezensionen.[268] Die Handschriften der Gruppe A_1 enden 1225. Die A_1-Handschriften gehen nach Menzel nur mit wenigen Sätzen über den „gemeinen Text" hinaus.[269] Sie basieren auf den zwölf Quellen (Frutolf-Ekkehard-Chronik; Pöhlder Annalen; Sechstagewerk; Historia Scholastica des Petrus Comestor; Orosius; die Mirabilien; die Papst-Kaiser-Chronik des Gilbertus Romanus aus den 20er Jahren des 13. Jahrhunderts; Martyrologien; einer Predigt; Gesta der Magdeburger Erzbischöfe; Sachsenspiegel; Historia Damiatina), die in allen Handschriften benutzt werden.

---

265 Vgl. ebd., S. 153ff.
266 Jürgen Wolf, Sächsische Weltchronik, S. 402f.; ebenso: Menzel, Sächsische Weltchronik, z.B. S. 153ff.; Ekkehard Freise, Welfen, S. 456 Anm. 69.
267 Jürgen Wolf, Sächsische Weltchronik, S. 402.
268 Michael Menzel, Sächsische Weltchronik, S. 154.
269 Ebd., S. 153.

Eine weitere Quelle beziehen die A_1-Versionen darüber hinaus noch ein: die Silvesterlegende.

Zur Handschriftengruppe A_1 gehören die meisten Textzeugen, insgesamt 24 vollständige und als Fragmente geltende Handschriften (Siglen[270] 1, 2, 021, 023, 024, 3, 031, 4, 4a, 041, 5, 6, 7, 8, 081, 082, 9, 10, 10a,, *101, 104; als Fragmente gelten: 022, 101, 102), zwei vollständige aber verschollene Handschriften (032, 103) und schließlich noch ein seit dem 19. Jh. verschollenes Fragment (071).[271]

Die Rezension A_2: Die Trennung der A_1 (Hss. 1-104) von den A_2-Handschriften (11, 111, 112, 12, 12a, 121)[272] geht auf die Untersuchung von Michael Menzel zur Quellenbenutzung zurück. Die sieben heute bekannten Handschriften der Rezension A_2 unterscheiden sich von den Handschriften der Rezension A_1 dadurch,

a) dass einige Textzeugen die Reimvorrede überliefern,
b) dass der Berichtzeitraum über den „originalen Text" (1225-1229)[273] hinaus bis 1230/35 reicht,
c) dass die Textzeugen die Vulgata benutzen und zu Beginn den Text von Lamechs Geburt bis zu Adams Tod wie in den Handschriften der Rezension B überliefern.

A_1 dagegen hält sich hier stärker an die auch in den C-Handschriften überlieferte Version. Bei der Wiedergabe des Begräbnisses von Karl dem Großen verfährt A_1 genau in der textlichen Reihenfolge der Vorlagen-Quelle, der Frutolf-Ekkehard-Chronik. A_2 dagegen verändert die Reihenfolge genau wie die B- und C-Handschriften und stellt das Begräbnis nicht an das Ende der Lebensdarstellung Karls des Großen, sondern an das Ende der Gesamtdarstellung der Karlszeit.[274]

Die Rezension B: Die zwölf heute bekannten Handschriften der Rezension B (Hss. 13, 14, 141, 142, 143, 144, 15, 16, 161, 162, 163, 17) überliefern einen Berichtzeitraum, der über den ‚gemeinen' Text hinaus bis 1237/1242 reicht und z.T. schon früh bis 1260 fortgesetzt (Hs. 16) worden ist. Auf diese frühe Fortsetzung (von Weiland wird sie dem ge-

---

270 Die Vergabe der Siglen basiert auf der Weilandschen (Ludwig Weiland, Sächsische Weltchronik) Einteilung und den Erweiterungen durch Hubert Herkommer, Sächsische Weltchronik; Michael Menzel, Sächsische Weltchronik und Jürgen Wolf, Sächsische Weltchronik, z.B. S. 19ff.
271 Vgl. Tabelle 3.
272 Vgl. Hubert Herkommer, Artikel ‚Sächsische Weltchronik', Sp. 482 zu dem, was er unter ‚originalem Text' versteht.
273 Jürgen Wolf, Sächsische Weltchronik, S. 122 (Tabelle 1).
274 Vgl. Michael Menzel, Sächsische Weltchronik, S. 154.

meinen Text zugerechnet) stützen sich auch fast alle Textzeugen der C-Redaktionen. Jürgen Wolf unterscheidet eine „alte B-Version", die er durch die Handschriften 15, 16, 161, 162, 163 und 17 (alle mit Reimvorrede) repräsentiert sieht, und eine „moderne B-Version mit den Handschriften 13, 14, 141, 142, 143 und 144", bei der „der eigentliche SW-Text nur wenige Prozent des Gesamttextes ausmacht".[275] Auffallend ist in jedem Fall, dass die Handschriften der „modernen" Version die Reimvorrede nicht überliefern.

Mittels der ‚Historia Scholastica' des Petrus Comestor (HS), der ‚Imago mundi' des Honorius Augustodunensis (IM), der ‚Legenda Aurea' des Jacobus de Voragine (JV) und des ‚Chronicon pontificum et imperatorum' des Martin von Troppau (MT) stellt ein angesichts des Quellenmaterials wohl geistlicher Kompilator Ende des 13. oder Anfang des 14 Jhs. die ‚moderne B-Version' zusammen: eine zumindest streckenweise in Richtung Historienbibel, historiographisches Legendar und Papstchronik erweiterte SW.[276]

Die Textzeugen der B-Version verwenden gegenüber A_1 die Vulgata und überliefern zu Beginn den Text von Lamechs Geburt bis zu Adams Tod wie in den Handschriften der Rezension A_2. In anderer Weise als die Textzeugen der Rezensionen A_1, A_2 und der C-Fassungen greifen die Textzeugen von B auf die Legende von Johannes und Paulus zurück. Wie die C-Versionen benutzen sie sehr stark die ‚Stader Annalen' des Albert von Stade. „Eine erste B-Fassung dürfte im 4. Jahrzehnt des 13. Jh.s entstanden sein, denn die intensiv rezipierten ‚Stader Annalen' Alberts von Stade lagen in der benutzen Form frühestens um 1240 vor."[277] Aus dieser Quelle stammen auch vor allem die Nachrichten über die Bischöfe von Hamburg-Bremen und über Dänemark.

Die Rezensionen der Gruppe C: Die längste Fassung C ist durch Anleihen aus der Kaiserchronik stark erweitert worden. Über die Feinstrukturierung innerhalb der Rezension C herrscht keine Einigkeit. Hubert Herkommer kam vor allem aufgrund einer sehr eingehenden Untersuchung der Rezeption der Kaiserchronik durch die C-Handschriften zu einer Zweiteilung: in C^1, dem Prosimetrum, das die Kaiserchronik noch in Versform dem Sächsische-Weltchronik-Prosatext integriert, und in C^2,

---

275 Jürgen Wolf, SW in Riga, S. 11.
276 Ebd., S. 15. Vgl. auch Hubert Herkommer, Sächsische Weltchronik, S. 267, 269f., Anm. 103, der in der Handschrift 14 ein „historiographisches Legendar" sieht und Michael Menzel, Sächsische Weltchronik, S.267f., der dagegen von einem „Ansatz zu synchronistischer Geschichtsschreibung" sprechen möchte.
277 Jürgen Wolf, Sächsische Weltchronik, S. 124; vgl. dazu Menzel, Sächsische Weltchronik, S. 105-111 und Anm. 363.

der Version, in der die Kaiserchronik in Prosabearbeitung übernommen wird. Insgesamt hält er die C-Fassungen für die älteren.[278] Er geht von einer Langfassung des ‚Buchs der Welt' als Urform aus, die in verschiedenen Überarbeitungen immer weiter gestrafft wurde und so die verkürzenden *AB-Fassungen entstehen ließ. Diese Auffassung ist in der Forschung viel diskutiert worden.[279] Karl-Ernst Geith schlug vor, nur die C-Fassungen, die die Prosaform der Kaiserchronik überliefern, mit C zu bezeichnen und für die Fassungen mit dem Prosimetrum eine neue Rezension D anzunehmen.[280] Dem widersprach aber Menzel mit dem Argument, dass in diesem Falle die enge Verwandtschaft der C-Fassungen nicht mehr deutlich würde.[281] Anders als Geith und Herkommer gruppiert Menzel die C-Fassungen. Er schlägt eine Dreiteilung in C_{I-III} vor. Die C-Versionen sind nach Menzel das letzte Stadium der Textentwicklung. Wie die ältere Forschung geht er wieder von einer Entwicklung der Handschriften von der kürzeren zur längeren Fassung (Entwicklungstheorie) und nicht von der Kürzungstheorie Herkommers aus. Wie Jürgen Wolf möchte ich zunächst auch der Menzelschen Dreiteilung der Rezension C folgen. Abweichend von Herkommer umfasst C_1 hier die Handschriften 23-241 und nicht das so genannte Prosimetrum 20-22; dieses kennzeichne ich im Anschluss an Menzel und Wolf mit C_2. C_3 (Hss. 18, 19) schließlich wird durch die abweichende Quellenrezeption, die von den Handschriften 23-241 und auch vom Prosimetrum abweicht, unterschieden. Die Rezensionen C_1 und C_2 enthalten/enthielten (Hs. 20 ist 1870 verbrannt) jeweils drei und C_3 zwei vollständige Codices. C_1 hat mit der 1248 endenden Bilderhandschrift 24 den ältesten (Wende des 3. zum 4. Viertel des 13. Jh.s) und mit der 1275 endenden Handschrift 23 den jüngsten (Mitte/3. Viertel 16. Jh.) Überlieferungszeugen der Sächsischen Weltchronik. Die Handschrift 231 stammt aus dem Anfang des 15. Jahrhunderts und führt die Chronik ebenfalls mit der Sächsischen Fortsetzung bis 1275 fort.

C_2, das Prosimetrum, ist – so der Forschungsstand – ausschließlich durch Codices (20, 21, 22) von der Mitte des 14. bis zur Mitte des 15.

---

[278] Hubert Herkommer, Sächsische Weltchronik; ders., Bestimmung des Sächsischen Weltchronisten, vgl. dort die Zusammenfassung S. 16-20; ders., Artikel SW, Sp. 479-482.
[279] Zustimmend z.B. Karl Kroeschell, Rechtsaufzeichnung und Rechtswirklichkeit, S. 349-380, bes. S. 353, 358f.; Joachim Heinzle, Geschichte der deutschen Literatur II, 2, S. 213-215; ablehnend dagegen: Karl-Ernst Geith, Überlieferungsgeschichte, S. 114-119; Michael Menzel, Sächsische Weltchronik, S. 154ff.; Jürgen Wolf, Sächsische Weltchronik, folgt der Einteilung von Menzel in Bezug auf die C-Fassungen.
[280] Vgl. Karl-Ernst Geith, Überlieferungsgeschichte, S. 114-119.
[281] Michael Menzel, Sächsische Weltchronik, S. 154f. Anm. 649.

Jahrhunderts repräsentiert. Alle drei vollständigen Handschriften dieser Rezension sind bis 1275 fortgesetzt und schließen eine Papstgeschichte bis zum Jahre 1342/52 an. Die Handschrift 20 ist 1870 verbrannt und die Hs. 22 zeigte in der Besprechung der internen Merkmale große Abweichungen von der Handschrift 21 und vom Vorbild der Kaiserchronik. Im Vergleich zeigte die Hs. 24 häufig – auch in den Reimen – eine größere Ähnlichkeit mit der Kaiserchronik als die Hs. 22.

C_3 besteht nach Menzels Auffassung nur aus zwei ostmitteldeutschen Handschriften (18 und 19) des 2. Viertels des 15. Jahrhunderts, die über die Sächsische Fortsetzung hinaus noch bis zu Karl IV. (+1378) weitergeführt worden sind. Die Untersuchung der internen Merkmale machte deutlich, dass es sich bei der Vorlage beider Handschriften um eine sehr eigenständige Bearbeitung der C-Version gehandelt haben muss.

Alle Textexemplare der C-Versionen verbinden Textkompilationen und Textallianzen miteinander.

Die Rezension C_1: Ich gehe an dieser Stelle nun zunächst von der Handschriftengruppe aus, die Menzel als Rezension C_1 bezeichnet hat. Auch wenn das der Reihenfolge der Siglenzählung widerspricht, so entspricht es doch der chronologischen Reihenfolge. Mit der Handschrift 24 liegt uns der älteste volkssprachige und vollständig erhaltene Textzeuge vor. Er stammt aus dem 3./4. Viertel des 13. Jahrhunderts und ist wie 16 und 17 der Rezension B eine Bilderhandschrift. In der Gruppe C_1 ist auch eine der jüngsten Handschriften: Die Handschrift 23 aus der Mitte bzw. dem dritten Viertel des 16. Jahrhunderts. Die sieben heute bekannten Handschriften der Rezension C_1 (Hss. 23, *23, 231, 24, 24a, 24b, 241) überliefern einen Berichtzeitraum, der in der Handschrift 24 bis 1248 und in den anderen wie bei den Textexemplaren der B-Rezension bis 1260 reicht (SW 65,1-258,13/258,24).

Wie die B-Version benutzt C_1 sehr stark die ‚Stader Annalen' des Albert von Stade. Darüber hinaus ist das ‚Buch der Welt' der Version C_1 mit der Kaiserchronik in Prosaform kompiliert; sie ist auch gegenüber 18, 19, die ebenfalls die Prosakaiserchronik einbeziehen, die „von der Quellenaufnahme her engste Fassung der [...] als C-Rezension bezeichneten Hss. [...]".[282]

Von den sieben Handschriften überliefern die vier vollständigen (*23 ist nur rekonstruiert, 24b ist eine Teilabschrift, die erst bei SW 145,42 beginnt, und 241 ein Fragment) die Reimvorrede ganz (23, 24, 24a) oder teilweise (231).

---

282 Ebd., S. 154.

Die Rezension C_2: In der Rezension C_2 hat Michael Menzel das so genannte Prosimetrum zusammengefasst.

Einige gemeinsame Quellenbenutzungen aller C-Hss. (Silvesterlegende, Legende von Johannes und Paulus, Bellum Judaicum, Kreuzerhöhungslegende) sind in 20-22 nur bruchstückhaft neben dem den gleichen Inhalt bietenden KC-Text zu erkennen. Darüber hinaus haben sie separat FE, MT und die Cronica minor ausgeschrieben.[283]

Die Rezension C_3: Die beiden heute bekannten Handschriften der Rezension C_3 (Hss. 18 und 19) überliefern einen Berichtzeitraum, der von der Reimvorrede bis 1260 reicht (SW 65,1-258,24). Die frühe Bilderhandschrift 16 der Rezension B und alle vollständigen Handschriften der Rezensionen C_1 und C_2 – mit der Ausnahme von Handschrift 24 – sind Textzeugen für diesen Berichtzeitraum. Wie die B-Version benutzt C_3 sehr stark die ‚Stader Annalen' des Albert von Stade. Stärker noch als die Handschriften in C_1 prosaisieren und aktualisieren die Handschriften 18 und 19 die deutsche gereimte Kaiserchronik. Sie weisen über die Interpolationen im ‚gemeinen Text' hinausgehend Interpolationen mit Martin von Troppau, der Frutolf-Ekkehard-Chronik, den Imago mundi des Honorius Augustudunesis auf.[284]

Zu b) die Fortsetzungen: Unter Fortsetzung verstehe ich die Weiterführung mit historiographischen Daten im Stil des ‚Buchs der Welt'. Zum typischen Überlieferungszusammenhang des ‚Buchs der Welt' gehören in vielen Fällen verschiedene Chronikfortsetzungen als weitgehend fester Bestandteil der Überlieferung: In der Forschung bekannt sind die Erste bis Vierte Bairische Fortsetzung, die Thüringische Fortsetzung, die Sächsische Fortsetzung, die Burghauser, die Basler, die Augsburger, die Aalener Fortsetzung und der „Kopenhagener Fortsetzungsversuch".[285] Die Bezeichnungen Erste, Zweite, Dritte, Vierte Bairische, Thüringische Fortsetzung und Sächsische Fortsetzung wurden bereits von Ludwig Weiland gewählt, sie erscheinen durch die Edition Weilands wie standardisierte Fortsetzungen. Tatsächlich weichen sie mehr oder weniger voneinander ab, wie ich noch zeigen werde. Auf den ersten Blick lassen sich rezensionsgebundene Fortsetzungen unterscheiden. Die meisten Weiterführungen finden sich in der Rezension A_1.

---

283 Ebd., S. 154.
284 Vgl. ebd., S. 39-45 u. S. 137f.
285 Jürgen Wolf, Sächsische Weltchronik, S. 338f. Die Fortsetzung wird von Wolf im Anhang A, S. XIV abgedruckt.

Rezension A₁: Die so genannte Erste Bairische Fortsetzung enthält die Geschichte Heinrichs VII., teilweise die Ludwigs des Bayern. Sie stützt sich auf die lateinische Chronik Martins von Troppau. Die Bezeichnung Bairische Fortsetzung stammt von Ludwig Weiland, der sie in seiner Edition der Sächsischen Weltchronik bis zum Jahre 1314 abdruckt.[286] August Bernoulli, Margarethe Neumann und Bruno Schilling hielten für diesen Teil eine regionale Zuordnung ins Elsass für wahrscheinlicher und wollten daher von einer „Oberrheinischen Fortsetzung"[287] sprechen. Die erste Bairische Fortsetzung liegt in zwei Fassungen vor, die vermutlich kurz hintereinander in Bayern entstanden sind. Die frühere Fassung endet 1314 (Hs. 2, 1./2. Viertel 14. Jh.; 3, Anf. 15. Jh.; 031 Teil B, 2. Hälfte/Ende 15. Jh.; 032, 2. Hälfte 15. Jh.; 5, Anf. 15. Jh.; 6 Teil B, Ende 14. Jh.; 7, Ende 14. Jh.). Die bis 1350 erweiterte Fassung wird von drei Handschriften überliefert: 023 aus Augsburg, 2. Hälfte 15. Jh.; 024 Teil B aus Aalen, 1465 und 021 aus Basel. Rezipienten der Ersten Bairischen Fortsetzung sind alle die Codices, die eine weitere Bairische Fortsetzung tradieren, das sind die bairisch/schwäbischen Handschriften 023, 024, 3, 031, 032, 5, 6, 4, 4a und die Basler Handschrift 021. Darüber hinaus wurde diese Fortsetzung im Oberrheingebiet in Straßburg (z.B. in Fritsche Closeners Chronik) für weitere Chronik-Kompilationen benutzt.[288]

Die Zweite Bairische Fortsetzung wird ebenso von mehreren Handschriften überliefert (3, 031, 032 und 5). Diese Fortsetzung ist inhaltlich eine Chronik Kaiser Ludwigs des Bayern. Sie schließt zeitlich an die bis 1314 reichende Erste Bairische Fortsetzung an und endet 1348. Der Schluss der Handschrift 5 ist verloren gegangen, deshalb reicht sie nur bis in das Jahr 1335.

Die Dritte Bairische Fortsetzung wird wie die Vierte Bairische Fortsetzung nur von jeweils einer Handschrift (Hs. 6 und Hs. 4 [4a]) tradiert. Beide knüpfen an die 1. Bairische Fortsetzung an und reihen locker Berichte zu einzelnen Ereignissen, nicht immer in der chronologisch richtigen Reihenfolge, aneinander. In der Heidelberger Hs. 4 ist die Fortsetzung auch durch Nachrichten aus Briefen, Liedern erweitert.

Die beiden Handschriften 10 und 10a überliefern eine Thüringische Fortsetzung.

---

286 Ludwig Weiland, Sächsische Weltchronik, S. 319-336.
287 Margarete Neumann, Erste Bairische Fortsetzung, S. 96; vgl. auch August Bernoulli, Basler Handschrift, S. 27; Bruno Schilling, Kaiser Ludwig der Baier, S. 111-115.
288 Vgl. Jürgen Wolf, Sächsische Weltchronik, Anhang A, S. II.

In der Forschung unterscheidet man in der Rezension A_1 noch verschiedene andere Fortsetzungen, die als Baseler (021), Augsburger (023), Aalener Fortsetzung (024) und Burghauser Fortsetzung (032) bezeichnet werden. Diese Einordnungen suggerieren – wie auch die Bennennung Dritte und Vierte Bairische Fortsetzung – den Eindruck autorisierter und eventuell standardisierter Fortsetzungen, sie werden aber mit diesem Inhalt immer nur von einem Textexemplar überliefert. Im Falle der Burghauser Fortsetzung ist der Name direkt irreführend, denn die Namensgebung richtet sich nach dem Fundort des ‚Buch der Welt'-Textexemplars,[289] bei der Fortsetzung handelt es sich um eine Kompilation der Ersten und Zweiten Bairischen Fortsetzung, die an einigen wenigen Stellen durch lokale Nachrichten ergänzt worden ist. Die Mehrzahl der regionalen Fortsetzungen besteht aus mehr oder weniger chronologisch geordneten Berichten zu Ereignissen, die für Basel, Augsburg, Aalen und den süddeutschen Raum wichtig waren. Selten geht ein Fortsetzer streng chronologisch vor, vielmehr werden alle Freiräume innerhalb des Codex genutzt: ehemals leere Blätter, Abschnitte oder der Rand der Handschrift.

In der Rezension A_1 ist nur die Handschrift 1 völlig ohne Fortsetzungen. Sie enthält jedoch spätere Nachträge. Die Handschriften 103 und 104 tradieren die ‚Königsberger Weltchronik', die keine Fortsetzung, sondern lediglich einen von den übrigen A_1-Handschriften abweichenden Schluss hat: eine ‚Buch der Welt'-Martin von Troppau-Kompilation. Die Hss. 071, 101 und 102 sind Fragmente.

Rezension A_2: In dieser Gruppe gibt es keine fortgesetzten Handschriften in dem oben beschriebenen Sinne. Allein die Handschrift 111, die den Textzusammenhang als neutestamentarische Fortsetzung einer mitteldeutschen Historienbibel überliefert, führt diesen Zusammenhang weiter durch eine Fortsetzung zu Friedrich II. nach der Legendensammlung des Jacobus de Voragine (Bl. 450ra, Z. 33-450rb, Z. 20).

Bei der Handschrift 112 wurde der Anfang des ‚Buchs der Welt' als heilgeschichtlicher Beginn einer neuen Chronik verwendet: der Kölner-Prosa-Kaiserchronik aus dem 3. Viertel des 15. Jahrhunderts. Die Handschriften 12 und 12a schließen chronologisch folgerichtig an das 1230 endende ‚Buch der Welt' die Österreichische Chronik des Augustiner-Eremiten Leopold Stainreuter bis zum Jahr 1398 an.

---

[289] Die Bezeichnung stammt von Sigmund Riezler, siehe: Aventinus, Werke, Bd. III,2, 1884, S. 588.

Rezension B: In der Rezension B gibt es nur ein fortgesetztes Textexemplar: Die Handschrift 14 endet im Jahre 1235 (SW 251,16) und überliefert im Anschluss eine chronologisch völlig verwirrte Fortsetzung (Bl. 209v, Z. 29-211r, Z. 15).[290]

Rezension C: Alle Handschriften der C-Gruppe sind fortgesetzt worden.[291] Nur in der Rezension C_1 gibt es eine Ausnahme: die Bilderhandschrift 24 aus der Mitte des 13. Jahrhunderts, die allerdings bis zum Jahre 1248 berichtet und damit deutlich über den Zeitraum 1225 der A-Fassungen und über 1235 der B-Fassungen hinausgeht. Die beiden Teilabschriften 24a und 24b halten sich an ihre Vorlage und geben nur den Textzusammenhang bis 1260 wieder. Die fragmentarische Überlieferung der Handschrift 241 lässt ebenso wenig wie die rekonstruierte Fassung *23 sichere Rückschlüsse auf Fortsetzungen zu. Die übrigen beiden vollständigen Handschriften 23 und 231 überliefern die Sächsische Fortsetzung bis zum Jahre 1275. Die Sächsische Fortsetzung schließt an die längste, bis 1260 fortgesetzte Fassung des ‚Buchs der Welt' an und endet, in allen C-Handschriften mit Ausnahme der Rezension C_3, im Jahre 1275. Sie ist vermutlich von einem Sachsen aus dem Braunschweiger Gebiet verfasst worden.[292] In den Handschriften 20-22 der Rezension C_2 schließt sich an die Sächsische Fortsetzung eine Geschichte überwiegend der Päpste bis zum Pontifikat Clemens' VI. (1342/52), also bis in die Gegenwart des C-Kompilators, an. Als erster hat Jürgen Wolf dezidiert darauf aufmerksam gemacht, dass es sich hier um eine Fortsetzung handelt:

> Als ‚Geschichte der Päpste' (so von Weiland verkannt und benannt, SW 15,11-16 und 16,16; die Verf.) erscheint diese Fortsetzung nur, weil die Wechsel im Pontifikat insbesondere in den Jahren 1276-1304 sehr häufig waren. Von 1276 bis 1304 stehen zehn Päpsten nur drei deutsche Kaiser und Könige gegenüber, und bei Rudolf von Habsburg fällt die Krönung sogar noch in die Zeit der Sächsischen Fortsetzung (SW 285,21ff.). Da alle drei

---

290 Die Fortsetzung ist gedruckt in: Jürgen Wolf, Sächsische Weltchronik, Anhang A, Nr. 5, S. XV-XII.
291 Ludwig Weiland, Sächsische Weltchronik, S. 15f. hat weder die Interpolationen aus Martin von Troppau in der Redaktion C_2, noch die Fortsetzung als eine konsequente Fortsetzung im Stile Martins von Troppau erkannt. In seinem Gefolge notierten auch Herkommer und Menzel keine Fortsetzung. Michael Menzel, Sächsische Weltchronik. S. 265: „Der Verzicht auf eine Fortsetzung, obwohl die Zusatzquellen bis 1265 (Cronica Minor) und 1277 (MT) reichen, belegt das rein geschichtliche und nicht auf die Gegenwart gerichtete historiographische Interesse. Als erste von allen SW-Rezensionen mündet C_{II} nach der gesamten Weltgeschichte nicht mehr im aktuellen Zeitgeschehen."
292 Vgl. Ludwig Weiland, Sächsische Weltchronik, S. 280-283.

vollständig überlieferten C_2-Textzeugen die Fortsetzung enthalten, muß sie für diese Chronikversion als original gelten, und da ferner keine der drei Handschriften voneinander abgeschrieben ist, muß es noch mindestens eine gemeinsame Vorlage, die schon bis Clemens VI. (1342/52) und Ludwig den Bayern (1328-1347) reichte, gegeben haben.[293]

Alle vollständigen Handschriften der Rezensionsgruppe C_2 sind also durch die Sächsische Fortsetzung bis 1275 fortgesetzt. Die Geschichte der Päpste führt bis in die Jahre (1342/52).

Die Handschriften 18 und 19 der Rezension C_3 führen die Chronik ebenfalls in der Sächsischen Fortsetzung bis 1275 fort, ergänzen dann aber bis Adolf von Nassau (1292) in summarischer Aufzählung der Päpste (Bl. 300^r, Hs. 19; Bl. 197^r, Hs. 18) und berichten danach ausführlicher weiter bis zu Karl IV. (†1378). Dieser Bericht ist eine Übersetzung des *Catalogus brevis imperatorum Romanorum* des Bernardus Guidonis, ein im Spätmittelalter sehr beliebter chronikalischer Text.[294]

Dem C_3-Fortsetzer verblieb neben der Guidonis-Übersetzung anschließend nur noch die Aufgabe, die aktuellen Ereignisse seiner Zeit: Wahl Karls IV. und Ludwigs Tod, an den ‚Catalogus brevis imperatorum Romanorum' anzufügen und die Chronik so auf den neuesten Stand zu bringen. Die Fortsetzung schließt mit den Jahren 1346/47.[295]

Zu c) die Textallianzen (Textkombinationen): Ich berücksichtige bei der synchronen Analyse immer den Gesamtcodex, d.h., ich prüfe den Zusammenhang zwischen dem untersuchten Textvorkommen in einem Textexemplar und der so genannten ‚Begleit- oder Mitüberlieferung' in demselben Codex. Es werden alle Textexemplare innerhalb eines Codex untersucht, damit die Hierarchien, Brüche und Zusammenhänge (formale, inhaltliche und Verwendungszusammenhänge) zwischen den in einem Codex überlieferten Textexemplaren bzw. Textzusammenhängen ermittelt werden können.

Die Arten der Textverbindungen, die ein Textexemplar innerhalb eines Codex eingeht, möchte ich mit einem „neuen" literaturwissenschaftlich-linguistischen Terminus *Textallianzen*[296] nennen. Diese Textkombinationen haben einen wesentlichen Einfluss auf die Textsortenzugehörigkeit. Ihre Untersuchung gehört zwingend in den Rahmen einer kommunikationstheoretisch ausgerichteten Textsortenanalyse. Unter Textallianzen verstehe ich nicht nur vordergründig die Überlieferungsgemein-

---

293 Jürgen Wolf, Sächsische Weltchronik, S. 343.
294 Vgl. ebd., S. 340-342.
295 Ebd., S. 343.
296 Siehe zur Genese des Begriffes Alexander Schwarz, Vorwort, S. 9ff.

schaft von Angehörigen verschiedener Textsorten in einem Codex, das Zusammentreffen verschiedener Textexemplare in einem gemeinsamen Rahmen oder die Bildung einer „textsortenähnlichen Klasse durch verschiedene Textindividuen",[297] sondern vor allem die beschreibungs- und erklärungsrelevanten Beziehungen, die einzelne Textexemplare auch über die Textsortengrenzen hinaus eingehen. Ich frage nach der Funktion dieser Beziehungen und ihrer Bedeutung für eine Textsortenzuordnung. Ich gehe damit von der Prämisse aus, dass sich an einer konkreten Überlieferungsgemeinschaft anhand der Qualität der Textallianzen bereits textsortenrelevante Entwicklungen zeigen können.

Textallianzen umfassen also auch das, was die historische Textforschung Mit- oder Begleitüberlieferung nennt. Die Bezeichnungen Mit- und Begleitüberlieferung vermitteln vorrangig einen Standpunkt, der seinen Ausgang von einem bestimmten Textvorkommen nimmt – andere Überlieferungszusammenhänge erscheinen neben- oder untergeordnet. In etlichen Fällen handelt es sich aber gar nicht um Begleitüberlieferung, sondern um makrostrukturelle Hervorhebungen bestimmter Stoffkreise mit der Funktion der besonderen Betonung oder der Zusammenfassung komplexerer Erzählzusammenhänge. Nur bei erster Betrachtung geht es hier um begleitende Überlieferung, in der Tat handelt es sich in vielen Fällen um Teile der zentralen Chroniküberlieferung. Durch die Analyse der textinternen Merkmale, insbesondere der Anfangs- und Begrenzungsmerkmale (Initiatoren und Terminatoren) eines Textexemplars, lässt sich die Zuordnung: Einzel- oder Sammelhandschrift beschreiben und festlegen.

Bei der Frage nach den Textallianzen geht es vor allem darum, die Existenz und den Aufbau von Sammelhandschriften zu konstatieren und den inhaltlichen Aufbau von Einzelhandschriften dagegen abzugrenzen. Bei Sammelhandschriften stellt sich die Abgrenzungsproblematik[298] zwischen Teil und Textganzem in besonderer Weise. In Sammlungen sind unterschiedliche Textexemplare zusammengestellt, in höhere Texteinheiten integriert, ohne dabei den Status des eigenständigen Textexemplars zu verlieren. Bei den Volksmärchen der Brüder Grimm handelt es sich beispielsweise wie bei Gedichtsanthologien um Sammlungen gleicher Textklassen bzw. Textgattungen. Sammlungen können aber auch in

---

297 Vgl. zu einer Umgrenzung des Begriffs Textallianzen: Alexander Schwarz, Vorwort, S. 9-15, Zitat: S. 11; Franz Simmler, Liturgische Textsorten und Textallianzen, S. 451-468.
298 Sie kommt linguistisch gesehen überhaupt erst in den Blick, wenn man von einem satzübergreifenden Textmodell ausgeht. Siehe dazu auch Kapitel II.5.1. und II.5.2.

Bezug auf die Textklassenzugehörigkeit heterogen und aus sehr unterschiedlichen Gründen zusammengesetzt sein, so z.B. die Sammlungen geschriebener und gesprochener Äußerungen in den Drucksachen und stenographischen Berichten der parlamentarischen Institutionen. Es ist also zu differenzieren welche Textallianzen auftreten: Textexemplar-, Textteil- oder Teiltextallianzen.[299]

In Bezug auf die Textallianzen weist die Rezensionsgruppe C eine Besonderheit auf: Es lassen sich hier immer wiederkehrende Verbindungen feststellen, in einigen Fällen ergeben sich auch Querverbindungen zu anderen Rezensionen. Ich liste die „typischen" Textallianzen der Gruppe C im Folgenden auf:

- Von der Sachsen Herkunft (in der Ausgabe von Weiland: Anhang I). Sie findet sich in allen Handschriften der Rezension C (18-241);
- verschiedene Papstkataloge (Weiland Anhang II) (18, 19, 20, 21, 22, 23, 231, 24, 24a; in anderen Rezensionen haben die Handschriften 6 = A_1 und 15 = B Papstkataloge);
- Verzeichnisse der römischen Könige von Romulus und der Kaiser von Julius Cäsar an (Anhang III) in den Hss. 18, 21 (Aeneas bis Karl IV.), 22, 23, 24 vor; die Hss. 6 = A_1 und 15 = B führen ebenfalls Königs- und Kaiserverzeichnisse;
- die Genealogie der Welfen (Anhang IV) Hss. 20, 21, 22, 23, 231, 24;
- die Zeittafel des ersten Jahrhunderts nach Christi Geburt (Anhang V) in den Hss. 20, 21, 22, 23, 231, 24; die lateinische Hss. 15 = Rezension B enthält eine Übersetzung der Zeittafel, wie sie in der Hss. 24 in deutscher Sprache begegnet.
- die Genealogie der Grafen von Flandern (Anhang VI) Hss. *20, 21, 22, 23, 231, 24, 24a.
- die Zeittafel von der Erschaffung der Welt bis ins 13. Jahrhundert (Anhang VII Hss. 20, 21, 23, 231, 24; die lat. Hs. 15 = Rezension B enthält eine Übersetzung, in Anlehnung an die Handschrift 24.)
- die Fünfzehn Zeichen des Jüngsten Gerichts (Hss. 18, 19, 20, 21, 22, 23; Hs. 1 der Rezension A1 überliefert die Fünfzehn Zeichen fragmentarisch.)
- Stationes ecclesiarum urbis Romae (Hss. 18, 19).

---

[299] Franz Simmler, Liturgische Textsorten und Textallianzen, S. 465.

II.5.4 Das Merkmalsraster: textexterne und textinterne Merkmale

Synchron, an den einzelnen Textexemplaren, werde ich im Folgenden, die textexemplar- und die textsortenrelevanten Merkmale herausarbeiten. Die Merkmale sind in der Tabelle 9 zusammengestellt.

Tab. 9: Textexterne und textinterne Merkmale

Textexterne und textinterne Merkmale					
Situative Rahmenbedingungen Ebene a) = Rezensionszusammenhänge A_1, A_2, B, C_1, C_2, C_3					
Situative Rahmenbedingungen Ebene b)					
Kommunikationszeiten					
Entstehungs-zeiten	Kombinations-zeiten	Fortsetzungs-zeiten	Benutzungs-zeiten		Besitzeiten
Kommunikationsorte					
Entstehungs-orte	Kombinations-orte	Fortsetzungs-orte	Benutzungs-orte		Aufbewahrungs-orte
An der Kommunikation beteiligte Personen					
Schreiber	Kompila-tor(en)	Fortsetzer	Benutzer	Besitzer	Auftraggeber	Adressaten
Kommunikationsmaterial					
Kommunikationsform					
Kommunikationsmedium					
Textinterne Merkmale					
Initiatoren					
Terminatoren					
Weitere Makrostrukturen					
Text-Bild			Kapitelhierarchien		
Textbestand					
Fortsetzungen					
Textallianzen					
Syntax					
Lexik					
„Gattungs"-/ Klassenbezeichnungen		Lexikographische Schlüsselwörter		Lehnbildungen[300]	
Semantik					
Inhaltliche Ordnungsprinzipien			Realisation der sechs Deutungsmuster[301]		
Sprachwahl: Latein – Volkssprache[302]					

---

300 Die Lehnbildungen werden im Zusammenhang des Verhältnisses Volkssprache – Latein in Kapitel III.6 untersucht
301 In diesem Rahmen untersuche ich auch die sprachliche Form (des Verhältnisses von Mündlichkeit und Schriftlichkeit; Prosa und Versform) in den einzelnen Textexemplaren.
302 Die Sprachwahl wird an ausgewählten Beispielen im Vergleich mit den lateinischen Vorbildern der Frutolf-Ekkehard-Chronik und den Pöhlder Annalen in Kapitel III.6 untersucht.

II.6 Unterschiede zur bisherigen Forschung

An dieser Stelle möchte ich kurz die Unterschiede meiner Untersuchung zur bisherigen ‚Buch der Welt'-Forschung zusammenfassen:
Die Forschung geht wie selbstverständlich von einer Gattungszuordnung zur Universalchronistik aus. Darunter fasst sie sowohl die lateinische als auch die volkssprachige Reim- und Prosachronistik. Sie beschäftigt sich in diesem Rahmen mit Fragen nach dem Wert der ersten volkssprachigen Prosachronik vor allem in Abgrenzung zur lateinischen Chronistik.[303] Von Literaturwissenschaftlern, die sich mit der volkssprachigen Reimchronistik des 13./14. Jahrhunderts befassen, wird die ‚Sächsische Weltchronik' nur sehr am Rande behandelt.[304]

Unter philologischen Gesichtspunkten steht bei der Untersuchung mittelalterlicher und frühneuzeitlicher Textvorkommen vor allem die Sicherung der Texte, zumeist mit dem Ziel der Edition,[305] die Rekonstruktion einer Urfassung oder auch eines ‚gemeinen', allen Fassungen zugrunde liegenden Textes mit den Mitteln der Textkritik oder im Rahmen überlieferungshistorischer Forschungen die texthistorische Aufbereitung[306] der Materialfülle im Vordergrund des Interesses.[307] Unter funktionalen Gesichtspunkten geschieht die Beschäftigung mit mittelalterlichen Handschriften bisher vorrangig mit pragmatischen Fragestellungen, z.B. nach den die Literaturproduktion tragenden Auftraggebern, dem Kreis der Verfasser, Kompilatoren, Schreiber, bei illuminierten Handschriften nach der Malerschule, nach der Gebrauchsfunktion, Intention, Wirkung und Geltung von Texten.[308] Bei chronikalischen Textexemplaren bzw. einzelnen auch in Chroniken verwendeten Motivkomplexen, z.B. der Erzählung vom Trojanischen Krieg, der Alexanderdichtung etc., treten Fragen nach den literarischen Formen und der Bedeutung von Ge-

---

303 Vgl. dazu Jürgen Wolf, Sächsische Weltchronik, S. 1-6; der Autor bleibt aber selbst in dieser gedanklichen Tradition.
304 Dorothea Klein, Durchbruch einer neuen Gattung, S. 73.
305 Vgl. Kurt Gärtner, Editionsprobleme, S. 7-14.
306 Dorothea Klein, Text- und überlieferungsgeschichtliche Untersuchungen, S. XV: „Mit dem methodischen Instrumentarium der Text- und Überlieferungsgeschichte könnte es gelingen, einer – in den letzten Jahren fast beängstigende Ausmaße annehmenden – Editionstätigkeit entgegenzusteuern [...]"
307 Kurt Gärtner, Überlieferungstypen; vgl. z.B. Michael Menzel, Sächsische Weltchronik, S. 13.
308 Vgl. z.B. den Sonderforschungsbereich 231 in Münster „Träger, Felder, Formen pragmatischer Schriftlichkeit im Mittelalter", den Sonderforschungsbereich 226 Würzburg-Eichstätt „Wissensorganisierende und wissensvermittelnde Literatur im Mittelalter" oder den Berliner Forschungsprojektschwerpunkt: Deutsche Gebrauchsprosa des Mittelalters.

schichtswissen, nach Art der Kompilation (Stoffauswahl, Motiv- und Überlieferungsgeschichte) hinzu.[309]

Mein Interesse gilt nicht vorrangig der Rekonstruktion von Entstehungsraum, Entstehungszeit eines fiktiven Originals (oder mehrerer fiktiver Originale), auch nicht der Ermittlung eines nicht genannten Autors. Dass vor allem die beiden methodischen Leitbilder der Textforschung (Textkritik und überlieferungsbezogene Textforschung) das Bild von dem Textzusammenhang des ‚Buchs der Welt' und auch das Bild von der übrigen Weltchronistik häufig einseitig geprägt haben, habe ich ausgeführt. Diese Zusammenhänge dürfen bei der folgenden Untersuchung nicht unberücksichtigt bleiben. Ich resümiere noch einmal kurz die zentralen Punkte: Der Paradigmenwechsel innerhalb der Textforschung hat auch zu einem Wechsel in der Beurteilung der Sächsischen Weltchronik geführt. Während die Edition Ludwig Weilands mit der Leithandschrift 24 als erste deutsche Prosa-Weltchronik einen Text mit deutlich sächsisch-welfischer Ausrichtung präsentieren konnte, nimmt Jürgen Wolf[310] an, dass die Sächsische Weltchronik nur eine „volkssprachliche Variante" der lateinischen Universalchronistik war. Die sächsische Ausrichtung sieht er als eine sekundäre, spätere Stufe in der Textentwicklung an.

Die beiden Textverständnismodelle: Textkritik und überlieferungsgeschichtliche Textauffassung haben ‚Vor'-Urteile geprägt, die z.T. unreflektiert bei der Handschriftenbearbeitung bis heute nachwirken: Obschon die beiden Textverständnismodelle heute dichotomisch aufgefasst werden, sind viele Annahmen im Ergebnis z.T. vermischt worden: z.B. die Vorstellung von einem abgerundeten geschlossenen Werk, die Annahme von der Offenheit des Textes oder der Fragmentbegriff. So wird z.B. der Fragmentbegriff der Textkritik vielfach unreflektiert in der überlieferungsbezogenen Forschung weiterverwendet. Fragment ist dann alles, was den „eigenen", d.h., den untersuchten Textzusammenhang, nur

---

309 Vgl. im ausgelaufenen Würzburger SFB 226 das Teilprojekt „Der Trojanische Krieg im deutschen Mittelalter" / „Die ‚Weltchronik' des Heinrich von München", s. auch z.B.: Petra Fochler, Fiktion als Historie; Karin Schneider, Der ‚Trojanische Krieg'; Kurt Gärtner, Überlieferungstypen, S. 110-118 etc.; vgl. auch die Beiträge in: Hans Patze, Geschichtsschreibung; vgl. weiter Norbert H. Ott, Typen der Weltchronikikonographie, S. 29-55; ders., Überlieferung, Ikonographie-Anspruchsniveau, Gebrauchssituation, S. 356-386; Horst Wenzel, Höfische Geschichte u.a.m. Zur Sächsischen Weltchronik siehe z.B. Hubert Herkommer, Sächsische Weltchronik. Dazu die Rezensionen von Gerhard Cordes, in: Niederdeutsches Jahrbuch 96, 1973, S. 181-190; Ruth Schmidt-Wiegand, in: ZfdPh 94, 1975, S. 440ff. Karl-Ernst Geith, Zur Überlieferungsgeschichte, S. 103-119. Vgl. auch ders., Bestimmung des Sächsischen Weltchronisten; Michael Menzel, Sächsische Weltchronik u.a.m.
310 Jürgen Wolf, Sächsische Weltchronik, S. 4, Anm. 16.

teilweise wiedergibt. Fragmente, so nenne ich dagegen Textexemplare, die unvollständig, bruchstückhaft und isoliert überliefert sind. Damit grenze ich mich von dem in der Forschung üblichen Fragmentbegriff ab: Unter Fragment verstehe ich also die schadhafte Überlieferung eines ursprünglich umfassenderen Textzusammenhanges. Wenn Teile verschiedener Basistexte willentlich von einem Kompilator ausgewählt wurden, um zusammen einen neuen Textzusammenhang zu bilden, so sind dies keine Fragmente.[311]

Eine Folge solcher terminologischer Vermengungen ist es, dass unterschiedslos nach Spuren eines Textvorkommens gesucht wird, ohne dabei ausreichend zu berücksichtigen, ob es sich hier um Exzerpte, Neukompilationen, Textzusammenstellungen, Einzelhandschriften etc. handelt. Nur der „eigene" Textzusammenhang, in diesem Fall das ‚Buch der Welt', steht im Vordergrund. Eine weitere Folge ist, dass damit auch die Art und Weise der Verarbeitung unterschiedlicher Basistexte zu einem neuen Textganzen nicht in ihrer Zeit- und Interessengebundenheit wahrgenommen werden kann. Es wird nicht zwischen den verschiedenen Formen von Textverbindungen unterschieden. Um solchen den Blick verstellenden Prämissen entgehen zu können, ist die Grundlage meiner Untersuchung immer der Gesamtcodex, d.h., ich betrachte auch die übrigen Textzusammenhänge, Basistextvorkommen in einem Codex und nicht nur den engeren Textzusammenhang des ‚Buchs der Welt'.

Die Wertfrage einzelner Textexemplare bzw. einzelner Rezensionszusammenhänge (lateinisch vs. volkssprachig, kurz und annalistisch vs. lang und erzählend etc.) spielt vor diesem Hintergrund keine Rolle. Es stellen sich vielmehr die Fragen: Warum wird die Prosachronistik volkssprachig? Lässt sich hier eine andere inhaltliche Akzentuierung feststellen oder tradiert die volkssprachige Chronistik die gleichen Inhalte wie die lateinische? Ändert sich das soziale Umfeld und mit ihm auch das Weltbild und das Erinnerungswissen?

In der älteren Forschung stand die Einheit des ‚Buchs der Welt' im Vordergrund. Über alle Unterschiede der einzelnen Textzeugen hinweg galt das Interesse der Rekonstruktion einer originalen Urfassung. Dem-

---

311 Vgl. zu dem Verfahren in der Forschung z.B. die Fragmentauffassungen in Bezug auf die Hss. 081, 8, 082 von Joachim Schneider, Vermittlungsprobleme, S. 173-226, bes. S. 173 Anm. 3: „Heff stellte ein Fragment der ‚Sächsischen Weltchronik' seiner Übersetzung als Vorspann voran [...]" und Hubert Herkommer, Sächsische Weltchronik, (Bruchstück) S. 58, 262 und in Bezug auf die Hs. 023 Jürgen Wolf, Sächsische Weltchronik, S. 183: „Nach bewährtem Muster diente ein Fragment der SW als universalhistorische Einleitung von der Schöpfung bis zu Lucius Tarquinius bzw. Julius Cäsar."

gegenüber steht in der heutigen Forschung die Vielfalt der Überlieferung im Zentrum, der unfeste Text.

Die Universalchroniken präsentieren historisches Erinnerungswissen einer sozialen Gemeinschaft. Es ist anzunehmen, dass sich dieses Erinnerungswissen ebenso wie die soziale Gemeinschaft im Laufe der Zeit wandelt und dass dieser Wandel Rückwirkungen auf die Textorganisation hat.

Mittels einer kommunikationstheoretisch orientierten Textsortenanalyse möchte ich die Vielfalt strukturieren und vor dem Hintergrund der Kategorie Textsorte neue Einheiten erkennen. Abweichend von der bisherigen Forschungspraxis isoliere ich den Textzusammenhang ‚Buch der Welt' nicht von seinen Überlieferungszusammenhängen. Ich gehe als Arbeitshypothese davon aus, dass die Zusammenstellungen innerhalb eines Codex nicht zufällig, sondern textsortenrelevant sind. Ich intendiere also eine Neustrukturierung des Textbestandes des ‚Buchs der Welt' nach textlinguistischen Kriterien auf der Grundlage eines integrativen textlinguistischen Modells. Ziel ist es, durch die textlinguistische Analyse die Beziehungen der heute bekannten Textexemplare untereinander zu klären und auf dieser Grundlage einen Beitrag zur textsortenspezifischen Einordnung historiographischer Textexemplare des 13. bis 18. Jahrhunderts zu leisten.

Das Textkorpus ist – obwohl es scheinbar nur den Textzusammenhang einer Weltchronikrealisation, der so genannten Sächsischen Weltchronik, des ‚Buchs der Welt', repräsentiert, so vielseitig, dass sich an ihm viele der zentralen Fragen der Mittelalterforschung und der historischen Sprachforschung untersuchen lassen.

III Die Beschreibung der externen und internen Merkmale des ‚Buchs der Welt'

In Kapitel III.1-5 analysiere ich jede einzelne Handschrift in Bezug auf die externen und internen Merkmale, den Textbestand, die Textveränderungen und die Textallianzen. Die Sprachwahl bzw. das Verhältnis Volkssprache/Latein untersuche ich exemplarisch an ausgewählten Beispielen in Kapitel III.6.

Um den Blick auf die einzelnen Textexemplare richten zu können, ohne sie zu sehr in ihrer Rezensionsbindung wahrzunehmen, untersuche ich die Handschriften in der Reihenfolge ihrer Entstehung. Ich berücksichtige bei dieser Ordnung den Zeitraum der ersten Notierung und differenziere zunächst:

1.) die Handschriften der zweiten Hälfte des 13. Jahrhunderts bis zur Wende 13./14. Jahrhundert;
2.) die Handschriften des 14. Jahrhunderts;
3.) die Handschriften des 15. Jahrhunderts;
4.) die Handschriften des 16. Jahrhunderts;
5.) die Handschriften des 17. bis 19. Jahrhunderts.[1]

III.1 Die Handschriften der zweiten Hälfte des 13. Jahrhunderts bis zur Wende 13./14. Jahrhundert

III.1.1 *Handschrift 24 (Gotha, Forschungs- und Landesbibliothek Schloss Friedenstein, Ms. Membr. I 90) – Rezension C_1*

Externe Merkmale (Ebene b):
(erschlossener) Entstehungszeitraum, Entstehungsort, Schreiber/Kompilator:
Die Bilderhandschrift ist undatiert. Die Datierung ist – wie bei vielen anderen Handschriften auch – Gegenstand kriminalistischer Kombinierarbeit, die nicht immer vollständig nachzuvollziehen ist:

> Wollte man das in unserer Handschrift überlieferte Textkorpus nur anhand der darin verzeichneten Nachrichten datieren, so käme man zu dem Ergebnis, daß es frühestens nach der holländischen Flutkatastrophe vom 28. Dezember 1248, der Schlußnachricht des Gothaer Weltchroniktextes, und spätestens vor dem Tod Innozenz' IV (7. Dezember 1254), des letzten im

---

1 Diese Schnitte sind zunächst willkürlich gesetzt, die Untersuchung muss zeigen, ob es eine zeitliche Komponente in Bezug auf Konstanten und Varianten der Weltchronistik gibt.

‚Papstkatalog' erwähnten Papstes, entstanden sein muß. Mit dieser Feststellung wäre für die zeitliche Einordnung der Gothaer Handschrift selbst aber noch wenig gewonnen. Denn im unklaren bliebe, ob für diese Eckdaten der Schreiber oder schon seine Vorlage verantwortlich war. Hier hilft die Beschaffenheit des Codex weiter: Zwischen der letzten chronikalischen Nachricht (gescha grot iamer), die auf der vorletzten Zeile von Bl. 152v, mitten in einer Lage, niedergeschrieben ist, und dem Beginn des ‚Papstkataloges' befinden sich fünf durchlinierte leere Seiten (Bl. 153r-155r). Die Tatsache, dass der ‚Papstkatalog' erst auf der Rückseite des ersten Blattes einer neuen Lage (Bl. 155v) beginnt, legt den Schluß nahe, daß hier ein bewusst ausgesparter Raum vorliegt, den der Schreiber für den Umfang einer ganz bestimmten Textmenge noch benötigte, deren Vorlage ihm offensichtlich gerade nicht zur Verfügung stand. Gemessen am Gothaer Schriftbild entspricht dieser Raum von 156 Zeilen ziemlich genau dem Platz, den der Schreiber für die Abschrift jenes letzten Teils des Chroniktextes gebraucht hätte, den Weiland vom übrigen Chronikcorpus abgetrennt hat. Es sind die Kurznachrichten, die den Jahren 1251-1260 gelten (Weiland Kapitel 399, SW 258, 15-24), und die daran nahtlos anknüpfende so genannte ‚Sächsische Fortsetzung' (SW 284,1-287,16), deren letzte Meldung aus dem Jahre 1275 stammt. Die Gothaer Handschrift hätte also denselben chronikalischen Schlusspunkt wie ihre Vorlage erreichen und bis zum Jahre 1275 weitergeführt werden sollen.[2]

Aufgrund dieser Überlegungen kommt Herkommer zu einer exakten Datierung auf 1275. Diese Datierung passt in Herkommers Konzept von der Langfassung C, die bis 1275 reicht. Nur die 1248 endende Gothaer Bilderhandschrift stört dieses „Gesamtkonzept".[3] In der Argumentationskette bleibt jedoch undurchsichtig, warum dem Schreiber die fortgesetzte Vorlage „offensichtlich gerade nicht zur Verfügung stand", wenn das Ziel des Schreibers gewesen ist, dass die Gothaer Handschrift „also denselben chronikalischen Schlusspunkt wie ihre Vorlage erreichen" sollte. In jedem Fall lag dem Schreiber aber – das zeigt das Ergebnis seiner Abschrift – eine bis 1248 reichende Vorlage vor. Die Seiten, die er freiließ, wollte er vielleicht aus einer anderen Vorlage ergänzen, vielleicht aber auch für spätere Fortsetzer vakant lassen, wie es andere ‚Buch der Welt'-Textexemplare ebenfalls tun.

---

2 Hubert Herkommer, Einführung, S. LIV
3 Ebd. Spannend im Zusammenhang mit der Frage nach den Zeitbildern und den Weltbildern ist auch die Tatsache, dass Hubert Herkommer von einem Gesamtkonzept spricht, das die „Handschriften [C-Handschriften, die Verf.], die aus dem 13. bis 16. Jahrhundert stammen, vertreten" (S. LIV). Wieweit es sich hier um ein Gesamtkonzept handelt, wird zu untersuchen sein.

Man muss wohl – unabhängig von der Datierung der Handschrift 24[4] – davon ausgehen, dass auch die Fassung C in kürzeren aller Wahrscheinlichkeit nach sogar in heute nicht mehr überlieferten[5] noch vor 1248 endenden Versionen vorgelegen hat.[6] Als Entstehungsdatum der Handschrift 24 wird nach dem Stand der heutigen Forschung die Wende des 3. zum 4. Viertel des 13. Jahrhunderts angenommen, dies lässt sich durch paläographische[7] und kunsthistorische[8] Untersuchungen stützen. Karin Schneider, die die paläographische Untersuchung der Handschrift 24 jüngst noch einmal vorgenommen hat, hält aber deutlich fest, dass die Handschrift durchaus nicht die zeittypischen Neuerungen der 70er Jahre aufweist:

> Nach der Schriftanalyse läßt sich jedenfalls aussagen, daß der Schreiber der Gothaer Handschrift einige der Neuerungen und modernen Formen, die in den siebziger Jahren vielerorts schon in Gebrauch waren und einige zeitlang neben den älteren herliefen, vollkommen ignorierte, andere aber zu kennen schien, wenn er sie auch nur selten verwendete.[9]

Trotz einiger Zweifel kommt sie aber zu dem Schluss: „Die Datierung des Codex nach der Schrift des Hauptschreibers in die siebziger Jahre des 13. Jahrhunderts bleibt auch nach der nochmaligen Schriftanalyse der plausibelste Zeitansatz."[10] Eine zweifelsfreie Zuweisung ist paläographisch nicht möglich, so dass genau genommen der Zeitraum nach 1248 bis in die 70er Jahre des 13. Jahrhunderts weiterhin zur Disposition für die Datierung der Handschrift 24 steht.

---

4   Hermann Ballschmiede, Sächsische Weltchronik vertrat die Ansicht, die Handschrift sei 1248 entstanden; Michael Menzel, Sächsische Weltchronik, S. 165ff. geht von 1260 als frühestem Entstehungsdatum aus.
5   Dafür spricht auch, dass die Gothaer Bilderhandschrift ganz offenbar eine bebilderte Vorlage hatte, die den für die Sächsische Malerschule typischen ‚Zackenstil' in den Illustrationen aufwies. Renate Kroos, Miniaturen, S. 60ff. datiert diese Vorlage auf die Zeit um 1225/35 (S. 62). Der ‚Zackenstil' ist seit 1220/30 nachweisbar. Siehe dazu auch den Vergleich der Gothaer Handschrift mit dem Magdeburger (ehemals Metzer) Psalter von Arthur Haseloff, Die mittelalterliche Kunst, S. 107-122; ders., Eine thüringisch-sächsische Malerschule.
6   Michael Menzel, Sächsische Weltchronik, S. 165ff. und Renate Kroos, Miniaturen, S. 60 nehmen an, dass es noch frühere Bilderhandschriften gegeben habe. Gemäß ihrer Tendenz, eine Rezensionsreihenfolge A → B → C anzunehmen, vermuten Menzel und auch Kroos diese Bilderhandschriften in den Rezensionen A und B.
7   Karin Schneider, Gothaer Codex, S. 8 (siebziger Jahre des 13. Jahrhunderts); vgl. dies., Gotische Schriften, S. 263 (Wende des 3. zum 4. Viertel des 13. Jahrhunderts).
8   Renate Kroos, Miniaturen, S. 49 (Werkstatt um 1270).
9   Karin Schneider, Gothaer Codex, S. 8.
10 Ebd.

Die Gothaer Bilderhandschrift mit ihren ca. 500 Miniaturen ist bis heute der älteste Überlieferungszeuge des ‚Buchs der Welt'. Die Bilder lassen eine Entstehung der Handschrift in Braunschweig als wahrscheinlich annehmen:[11]

> Genauere Anhaltspunkte zur Lokalisierung lassen sich aus der Analyse des Bildmaterials gewinnen, denn die nur in C ausführlich überlieferten und in Hs. 24 illustrierten Kreuzlegenden [Miniaturen auf den Blättern: 52^r, 52^v, 65^r, 65^v, die Verf.] weisen unmittelbare Parallelen zu Malereien in der Braunschweiger Blasiuskirche auf. Der Illustrator der Hs. 24 hat diese Malereien, sie entstanden nach J.-C. Klamt im fünften Jahrzehnt des 13. Jh.s, entweder sehr genau gekannt oder sogar in ihrem Angesicht gearbeitet.[12]

Entstanden ist der Codex in einer Zeit, die den heftigen Auseinandersetzungen um das Erbe der Welfen folgte. 1235 unter Kaiser Friedrich II. und dem Enkel Heinrichs des Löwen – Otto, dem Kind – kam es im Mainzer Reichslandfrieden zu einer Versöhnung mit den Welfen. Otto wird erster Herzog des Reichsfürstentums Braunschweig und Lüneburg. Seine Söhne Albrecht I. (1252-1279) und Johann I. (1252-1277) regierten zunächst gemeinsam in Braunschweig. Ab 1263 beschäftigte Johann I. vorwiegend Kanzleischreiber aus dem St. Michaeliskloster in Lüneburg, während Albrecht I. seine Kanzlei im Blasius-Stift Braunschweig beließ. Beide Kanzleiorte können die Entstehungsorte der Handschrift gewesen sein, ihre Initiatoren können sowohl die beiden Herzöge Albrecht I. und Johann I. als auch deren Söhne gewesen sein. Aufgrund des Bildprogramms in der Gothaer Handschrift, das sich an die Ausmalun-

---

11 Eine andere Ansicht vertrat Hermann Ballschmiede, Sächsische Weltchronik, S. 81-140, bes. S. 102: Er sah den Bruder Albrechts I., den Herzog Johann I. von Lüneburg, als Initiator der Handschrift 24 an. Er nahm als Entstehungsort – und auch diese Annahme kann nicht ganz von der Hand gewiesen werden – den Lüneburger Welfenhof und das St. Michaeliskloster an.

12 Jürgen Wolf, Sächsische Weltchronik, S. 153f. Vgl. auch Johann-Christian Klamt, Die mittelalterlichen Monumentalmalereien, S. 298, S. 308-317 und Abb. 8-10; vgl. auch Michael Menzel, Sächsische Weltchronik, S. 274f.; Stefan Brenske, Der Hl.-Kreuz-Zyklus, S. 64f. und Anm. 5, S. 91 und Anm. 57, S. 92, S. 93 Anm. 69, S. 94 Anm. 74; Karl Adolf Wiegel, Die Darstellungen der Kreuzauffindung, vgl. zur Sächsischen Weltchronik: S. 12f., S. 341-349 und zum Braunschweiger St. Blasius Dom: S. 159-166, S. 426-433. Vgl. auch Renate Kroos, Welfische Buchmalereiaufträge, S. 268: „In der älteren germanistischen Literatur (Ballschmiede, Jb. Des Vereins für nd. Sprachforschung 40, 1914, S. 81ff., bes. S. 102ff.) wurde eine Version der Sächsischen Weltchronik mit dem Welfenhaus in Verbindung gebracht; ich kann das nur als Frage referieren. Die Sache wäre interessant wegen der eher niedersächsischen als mitteldeutschen Illustrationen in der frühen, leider miserabel publizierten Bildhandschrift in Gotha. Schon Heinrich der Löwe hatte ja Chroniken sammeln lassen, Herzog Albrecht gab die Braunschweigische Reimchronik in Auftrag."

gen des St. Blasius-Domes anlehnt, ist es jedoch sehr naheliegend, einen Zusammenhang mit dem Hofe Albrechts I. zu sehen.[13] Albrecht I. war auch der Mäzen der ‚Braunschweigischen Reimchronik', die mit der Totenklage für Albrecht I. endet.[14] Ludwig Weiland, der ebenfalls die Braunschweigische Reimchronik ediert hat, glaubt, dass der Dichter einen Überlieferungszeugen des ‚Buchs der Welt' benutzt habe.[15] Renate Kroos kommt aufgrund ihrer Interpretation des Bildprogramms zu der sehr plausiblen und auch zu meinen Beobachtungen passenden Hypothese, dass die Gothaer Bilderhandschrift für die Tochter Ottos des Kindes – Helena, in zweiter Ehe die Gemahlin des askanischen Sachsenherzogs Albrecht I. – bestimmt gewesen sein könnte. Ältere Arbeiten, z.B. von Ballschmiede und Oexle, sahen den Entstehungsort der Handschrift im St. Michaelskloster zu Lüneburg.[16]

Schreiber, Illustrator(en), Rubrikator des Codex sind unbekannt:[17] Renate Kroos nimmt an, dass der Illustrator mit der Arbeit am Codex begonnen hat: „Einige Indizien erweisen für die Gothaer Handschrift, dass zuerst, auf schon voll liniertem Pergament, die Illustrationen gezeichnet wurden. Danach erst machten sich die Schreiber an die Arbeit."[18] Karin Schneider geht von drei Schreibern aus, einer Haupthand, die den größten Teil des Codex erstellte, und zwei „Nachtragshänden". „Als Schriftart verwendete der Hauptschreiber die im 13. Jahrhundert als Buchschrift allgemein übliche Textualis. Es ist nicht deren völlig regelmäßige

---

13 Der Zusammenhang – Genaues lässt sich nicht sagen – kann direkt oder indirekt sein. Vgl. dazu z.B. Hans Patze, Mäzene der Landesgeschichte, S. 333f.
14 Ebd., S. 334. Vgl. zur Braunschweiger Reimchronik auch: Thomas Sandfuchs, Artikel ‚Braunschweigische Reimchronik', Sp. 1007-1010.
15 Ludwig Weiland, Sächsische Weltchronik, S. 434: *„Was die schriftlichen quellen anlangt, so sind von werken allgemeineren charakters besonders folgende herangezogen. Die Sächsische Weltchronik, welche mit dem auch sonst vorkommenden namen Romesche kroneka oder de scrift der Romere bezeichnet wird. Von derselben sind zwei recensionen benutzt und zwar die recensionen C und B. Stellen, welche nur auf C zurückgehen können, sind v. 2112. 2640ff. 2792ff. Benutzung einer der kürzeren recensionen zeigt sich dagegen v. 2254ff. 2411. 2923ff. 3106. Dass dies B und nicht A gewesen sein muss, ergibt v. 2959, wo der wortlaut mit ersterer recension übereinstimmt. Ausser einer menge geringfügigerer nachrichten ist der Sächsischen Weltchronik besonders die darstellung der kämpfe Heinrichs des Löwen mit Friedrich I. und den fürsten, c. 33-37 entnommen."*
16 Hermann Ballschmiede, Sächsische Weltchronik, S. 102f.; Otto Gerhard Oexle, Die ‚sächsische Welfenquelle', S. 435-497.
17 Hubert Herkommer, Einführung, S. LV-LIX stützt seine Zuordnung der Gothaer Bilderhandschrift auf die sog. Sächsische Fortsetzung, die allerdings in der Handschrift nicht überliefert wird! Damit aber nicht genug: Herkommer hält den Chronisten der Sächsischen Fortsetzung für den „Hauptverantwortliche[n] des ganzen Gothaer Textcorpus [...]" (S. LIX).
18 Renate Kroos, Miniaturen, S. 50.

und sorgfältige Ausprägung auf höchstem kalligraphischem Niveau [...]"[19] Die Blätter 7^v und 8^r wurden von zwei unterschiedlichen, aber gleichzeitigen, jedoch vom Schreiber der gesamten Handschrift unterschiedenen, Schreibern/Kompilatoren verfasst.[20] Auf den zweiten Schreiber geht nur Bl. 7^v zurück. Diese Hand zeigt wenig Nähe zur Kursive, umgebrochene Schäfte von f und langem s und die gebrochenen Kurzschäfte „weisen die Schrift als Textualis aus".[21] Der dritte Schreiber benutzt auf Blatt 8^r eine Halbkursive.[22] Er war auch gleichzeitig der Rubrikator der Handschrift: „dieser letztere dritte Schreiber trug auch sämtliche Bildbeischriften in der gesamten Handschrift mit roter Tinte ein; er setzt diese Rubriken in einer etwas einfacheren Schrift mit stärker kursivem Einschlag vom Text auf Bl. 8r ab, gebrauchte aber durchgehend eindeutig übereinstimmende Buchstabenformen".[23] Unten auf Blatt 8^r hat eine spätere Hand einen Stammbaum der Sachsen nachgetragen.

Kombinationszeitraum, Kombinationsort:
In der Bilderhandschrift sind die ‚Herkunft der Sachsen', der Katalog der Päpste bis Innozenz IV, der Katalog der römischen Könige und Kaiser, die Genealogie der Grafen von Flandern und die Zeittafel bis zum Jahr 1229 mit dem ‚Buch der Welt' (Ende 1248) kombiniert. Die Kombinationszeit und die Entstehungszeit sind identisch.[24]

Benutzungszeitraum, Benutzungsort, Benutzer:
Über die Benutzungssituation ist nur wenig bekannt. In den Bibliothekskatalogen der kurfürstlichen Bibliothek zu Wittenberg aus dem Jahre 1437 und aus dem Jahre 1536 ist der Codex als „liber magnus" erwähnt. In dieser Zeit – unter Kurfürst Johann Friedrich von Sachsen – war die kurfürstliche Bibliothek bereits zur Universitätsbibliothek ausgeweitet.[25] Denkbar sind hier historisch interessierte Benutzer. Nachweisbar sind diese erst, nachdem die Handschrift sich in der herzoglichen Bibliothek in Gotha befand: Um 1690 schrieb der fürstlich gothaische Hofrat Johann Georg Ludwig Zollmann Teile der Handschrift für seine Privatbibliothek ab (Hs. 24b); zwischen 1719 und 1723 kopierte Daniel Eberhardt Baring im Auftrag von Johann Georg Eckard Teile der Handschrift

---

19 Karin Schneider, Gothaer Codex, S. 6.
20 Vgl. auch Ludwig Weiland, Sächsische Weltchronik, S. 17.
21 Karin Schneider, Gothaer Codex, S. 9.
22 Ebd.
23 Ebd., S. 5.
24 Vgl. zur Problematik unten: Fortsetzung
25 Vgl. Ernst Hildebrandt, Die kurfürstliche Bibliothek zu Wittenberg, S. 34-42 und 41-44; Carl Georg Brandis, Zur Entstehung der Jenaer Liederhandschrift, S. 108-111.

(Hs. 24a). Eckard benutzte die Abschrift als Grundlage seiner (Teil-)Edition des ‚Buchs der Welt', die er im Jahre 1723 mit dem Titel ‚Chronicon Luneburgicum' veröffentlichte.

Besitzzeitraum, Aufbewahrungsort, Besitzer, Auftraggeber:
Über den Auftrageber, wie über die Entstehungssituation und den ersten Besitzer ist nichts bekannt. Die Ausstattung, die Textauswahl und die Textanordnung legen einen Zusammenhang zum Welfenhof nahe.

Im 15. Jahrhundert begegnet die Handschrift bei den askanischen Sachsen, den Nachfahren der Tochter Ottos des Kindes, Helena, die in ihrer zweiten Ehe mit dem Haus der askanischen Sachsen verbunden war.

In der Schloßbibliothek zu Wittenberg waren im Jahr 1437 zwei Handschriften der SW vorhanden. Ob die aufgeführten SW-Handschriften noch aus altem askanischen Besitz stammen und wann sie erworben wurden, ist unbekannt. Nach dem Aussterben der Askanier 1422 fiel das Herzogtum Sachsen Wittenberg 1423 an den Wettiner Friedrich den Streitbaren.[26]

Einer der beiden Einträge im Bibliothekskatalog der kurfürstlichen Bibliothek zu Wittenberg (1437) erwähnt ganz gewiss die Handschrift 24: „*6. Item alius liber magnus, qui incipit, ‚Wir wollen nu schreiben von den Sachsen' etc., et finitur ‚Von gots burt ubir MCC und XXIX yare'.*"[27] Der spätere Bibliothekskatalog aus dem Jahre 1536 nennt die Handschrift 24 ebenfalls: „*Liber chronicarum ab initio mundi cum figures*".[28] Mit der Niederlage Johann Friedrichs von Kursachsen (1525-54) im Schmalkaldischen Krieg (1546/47) endete dessen Ausbau der Schloss- und Universitätsbibliothek in Wittenberg. Die Söhne Johann Friedrichs gründeten in Jena eine neue Universität und brachten die meisten Bestände der alten Wittenberger Bibliothek über Weimar nach Jena (1549).

Herzog Ernst der Fromme (1601-75) kam im Jahr 1640 durch Erbteilung in den Besitz der Gothaischen Lande und damit auch zahlreicher Handschriften aus altem ernestinischen Familienbesitz. Seine 1647 auf Schloß Friedenstein in Gotha eingerichtete Bibliothek wurde mit diesen Beständen aus der Bibliothek Friedrichs des Weisen und seiner Nachfolger gegründet. Unter den Codices befand sich mit hoher Wahrscheinlichkeit Hs. 24.[29]

---

26 Jürgen Wolf, Sächsische Weltchronik, S. 298.
27 Woldemar Lippert, Kursächsischer Bibliothekskatalog, S. 137f.
28 Vgl. dazu Ernst Hildebrandt, Kurfürstliche Bibliothek zu Wittenberg, S. 34-42; 109-129, bes. S. 157-188.
29 Jürgen Wolf, Sächsische Weltchronik, S. 299f.

Kommunikationsmaterial und -form:
Die bebilderte Handschrift besteht aus Pergament und ist mit einer Blattgröße von 31 x 22 cm ein großer Codex. Der Schriftspiegel umfasst 24 x 16,5 cm. Der Codex ist einspaltig mit 31 Zeilen pro Blatt beschrieben. Der Pappeinband aus dem 17./18. Jahrhundert mit der Aufschrift *Sachsen Chronic: niederdeutsch* (von F. Jacobs)[30] wurde 1977 durch einen Ledereinband ersetzt.

Schreibsprache:
Siehe unten lexikalische Merkmale.

Interne Merkmale
Initiator(en):
Der einspaltige Prachtcodex fängt auf der zweiten Recto-Seite mit der Erzählung von der Sachsen Herkunft (Abb. 3) an. Das erste Blatt wurde auf der Recto- und auf der Verso-Seite zunächst vakant gelassen. Federzeichnungen (mehr Federproben auf Bl. 1^r und ein Frauenkopf auf Bl. 1^v) wurden später nachgetragen.

Der Codex beginnt mit einem fünfteiligen Initiatorenbündel:

1. mit einer dreizeiligen, verzierten W-Initiale:
   We willet nu scriuen van den sassen[31] (Bl. 2^r, Z.1).
   Er leitet
2. die Erzählung von der Sachsen Herkunft ein. Diesem zweiten Initiator kommt potentielle Texthaftigkeit zu. Die Erzählung endet auf Bl. 8^r, Z. 23. Makrostrukturell kommt der Erzählung die Hinweisfunktion auf die Chronik zu, sie richtet sie landesherrlich auf die Sachsen aus. Die Erzählung erhält durch die dreizeilige Initiale in Verbindung mit ihrer Stellung zu Beginn des Codex eine herausgehobene Position. Auf die halbe freie Seite wurde von einem späteren, neuzeitlichen Benutzer ein Stammbaum der Sachsen eingefügt, der mit Widukind beginnt und der bei dem Welfenkaiser Otto IV. endet.
3. Der dritte Teilinitiator leitet die Reimvorrede des ‚Buchs der Welt' ein: eine mehr als fünfzeilige reich verzierte blaurote N-Initiale (große Fleuronnée-Initiale), Blatt 9^v.[32] Die Reimvorrede beginnt so mit der größten und reichst verzierten Initiale, die der Codex aufzuwei-

---

30 Vgl. ebd., S. 115.
31 Zur Zitierweise: die diakritischen Zeichen sind nicht wiedergegeben, <ſ> wurde durch <s> ersetzt.
32 Vgl. Das Buch der Welt. Die Sächsische Weltchronik. Ms. Memb. I 90 Forschungs- und Landesbibliothek Gotha. Wegweiser zu den Bilderfolgen, hg. von Hubert Herkommer, Luzern 1996, S. 6.

sen hat (Abb. 1). Von der Anlage her ist sie die eigentliche Eingangsinitiale.
4. Auch die Reimvorrede selbst hat Initiatorfunktion für die folgenden Textzusammenhänge des Codex'. Schaut man auf die Gesamtüberlieferung des ‚Buchs der Welt', so zeigt sich, dass die Reimvorrede als Initiator durchaus auch wegfallen kann.
5. Auf Bl. 10^r beginnt die Schöpfungsgeschichte mit einer zweizeiligen roten I-Initiale[33] mit nachfolgender N-Majuskel (Abb. 2). Aber die I-Initiale beansprucht nur eine Zeile, denn in den unteren Bogen wurde hineingeschrieben.[34] Sie steht auch nicht am Anfang der Zeile, die eigentliche Heraushebung findet durch das von der Initiale unabhängige sechszeilige Schöpferbild statt. Diese Kombination ist der letzte Teil des mehrgliedrigen Initiators.

Das Initiatorenbündel weist die Besonderheit auf, dass die größte Eingangsinitiale nicht den Codex einleitet, sondern an späterer Stelle im Initiatorenbündel auftritt. Makrostrukturell ist die Erzählung von der Sachsen Herkunft deutlich dem folgenden Textzusammenhang untergeordnet. Das lässt Zweifel daran aufkommen, dass die vorangestellte Position die ursprüngliche Position der Erzählung von der Herkunft der Sachsen innerhalb des Codex ist. Diese Zweifel werden durch die Lagenuntersuchung, durch die paläographische Untersuchung und durch den Text des sächsischen ‚Buchs der Welt' bestätigt: Innerhalb der Erzählung von der ‚Herkunft der Sachsen' wird im Zusammenhang mit Widukind auf die voraufgehende Darstellung im ‚Buch der Welt' verwiesen: Bl. 7^v: *alse hir vore gescreven is bi des koning Karles tiden*. Die letzte Lage ist – wie Heidi Fischer und Luise Karl festgestellt haben[35] – erst nachträglich nach vorne gebunden worden. Der erste Teil der Erzählung ist vom Hauptschreiber ausgeführt worden, Bl. 7^v von einem zweiten und Bl. 8^r von einem dritten Schreiber, der auch die Bildbeischriften und die anderen Rubrikationen vorgenommen hat. Die Schrift der beiden Nebenhände ist enger und benötigt weniger Raum als die der Haupthand.[36] Die Anordnung der Makrostrukturen bestätigt den Befund der Lagenuntersuchung sowie auch die Schlüsse, die Karin Schneider aus der paläographischen Untersuchung zieht:

---

33 Der Schreiber verwendet drei Formen der I-Initiale: zweizeilig und einzeilig.
34 Vgl. dazu auch Renate Kroos, Miniaturen.
35 Eine spätere Ausfertigung der Erzählung von der ‚Herkunft der Sachsen' ergibt sich auf der Grundlage der Lagenzusammensetzung. Heidi Fischer, Luise Karl, Die Lagenzusammensetzung des Ms. Memb. I 90, S. 3-4, bes. S. 3.
36 Vgl. Karin Schneider, Gothaer Codex, S. 5ff.

Dieser Umstand [dass drei Schreiber an der Abfassung der Erzählung beteiligt waren, die Verf.] läßt den Schluß zu, daß die jetzt vorangestellte Lage mit der ‚Herkunft der Sachsen', Bl. 1-8, ursprünglich am Ende des gesamten Codex stand, wo sie vom Hauptschreiber nicht abgeschlossen, sondern auf Bl. 7r unten mitten im Satz abgebrochen wurde. Der Text wurde von den beiden Händen 2 und 3 fertiggestellt und erst nachträglich dem eigentlichen, auf Bl. 9v beginnenden Chroniktext vorausgebunden. Auch weitere Indizien weisen darauf hin, daß die Bll. 2-8 zuletzt, nach Abschluß des Chroniktextes, geschrieben wurden: zum einen ist die ‚Herkunft der Sachsen' in allen Handschriften, die diesen Text überliefern, der ‚Sächsischen Weltchronik' nachgestellt; paläographisch einsichtig wird die nachträgliche Umstellung des ursprünglichen Schlußteils auch durch den Umstand, daß in der Schrift der Haupthand die Buchstaben der Mittelzone (i, e, m, n usw.) durch den gesamten Codex kontinuierlich an Höhe zunehmen. Die Höhe dieser Kurzbuchstaben beträgt zu Textanfang Bl. 9v noch 4 mm, geht dann schnell auf 3.5-3 mm zurück, wächst aber im weiteren Verlauf der Schreibarbeit wieder auf 4-5mm an; Bl. 2r schließt mit übereinstimmender Höhe der Mittelzone deutlich sichtbar an Bl. 166r an.[37]

Terminator(en):
Die Handschrift endet ohne explizite Endbegrenzungssignale mit Bl. 166^r. Man muss aber davon ausgehen, dass zunächst ein anderes Ende intendiert war: Die Erzählung von der Herkunft der Sachsen. Sie endet auf einer Recto-Seite (8^r) und wird gefolgt von einem weiteren Bl. (9). Als Terminator können also ursprünglich die vakanten Seiten angesehen werden. Die Vakanz enthält aber die Möglichkeit der Fortsetzung, der Entgrenzung. Hubert Herkommer nimmt an, dass bereits von den Redaktoren eine Fortsetzung intendiert war.[38]

Text-Bild-Relationen:
Die Schreiber verwenden zwei unterschiedliche Arten von Miniaturen, die auch unterschiedliche Funktionen im Textzusammenhang haben: Ungerahmte Brustbilder der Stammväter, Herrscher, Päpste und größere szenische Darstellungen. Die Bilder sind beschriftet, die Beschriftung erfolgt sowohl in der Volkssprache als auch in lateinischer Sprache.[39]

Die Brustbilder der im Text genannten Personen haben vor allem die Funktion, den Stoff zu strukturieren. Dieses Element verdeutlicht die „zeitgleiche Bezüglichkeit der Geschehnisse",[40] indem es von der ausschweifenderen Geschichtserzählung immer wieder auf die Chronologie

---

37 Karin Schneider, Gothaer Codex, S. 5.
38 Vgl. Hubert Herkommer, Einführung, S. LIV
39 Siehe dazu: Kapitel II.2. Sprachwahl: Latein – Volkssprache.
40 Gert Melville, Geschichte in graphischer Gestalt, S. 57.

zurückverweist.[41] Eine praktische Folge ist die leichtere Benutzung der komplexen Geschichtsdarstellung. Die mit Namen versehenen Medaillons erleichtern das Auffinden der Ereignisse (Indexfunktion). Sie betonen im Unterschied zu der Nennung der Jahreszahlen, Lebensalter, Regierungszeiten (datenbezogen) ein personenbezogenes Ordnungsprinzip. Die Miniaturen übernehmen die Funktion der Zeitleiste und der synoptischen Darstellungen in der Frutolf-Ekkehard-Chronik und zeigen so gegenüber der lat. Vorlage noch einmal eine stärkere Betonung des personenbezogenen Ordnungsprinzips.

Die Handschrift 24 benutzt die Visualisierung der Chronologie in Brustbildminiaturen stärker als die übrigen Bilderhandschriften (16 und 17), was sich z.b. an der zweimaligen Präsentation des Brustbildes von Karl dem Großen zeigt. Das erste Brustbild (Bl. 74^r, Z. 12f.) entspricht dem Typus des seitlich dargestellten Herrschers, das zweite dem des frontal, den Leser anblickenden Herrschers (Bl. 76^v, Z. 8f.). Die Bilderhandschriften 16 und 17 zeigen ein Brustbild beim Regierungsantritt Karls als fränkischer König, sie verzichten bei der Kaiserkrönung Karls des Großen auf Brustbild-Medaillons, der Bremer Codex 16 stellt in zwei Miniaturen die Kaiserkrönung durch die weltlichen Herrscher (Bl. 58^r) und die Weihe durch Papst Leo dar (Bl. 58^v). Der Berliner Codex 17 zeigt nur die im Text erwähnte Krönung durch Papst Leo (Bl. 68^r). In der Gothaer Bilderhandschrift folgt diese (Bl. 76^v) auf das Brustbild.

Die größeren Illustrationen haben eher Unterhaltungsfunktion.[42] Sie zeigen eine andere als die chronologische Erzählstrategie (vgl. auch unten: semantische Merkmale); die Bilder haben damit häufig einen Mehrwert gegenüber dem Text, wenn dieser sich an eine streng chronologische Erzählstrategie hält.

Dies zeigt sich schon zu Beginn des sächsischen ‚Buchs der Welt‘: A[einzeilig, blau] *dam gewan kain vñ abele do abel dritich iar alt was. do slůch ine kain sin broder dot.* D[einzeilig, rot]*o adam drittich vñ hund't iar alt was. do gewan he seth* [...] (Bl. 10^v, Z. 24-27). Gegenüber der knappen Erwähnung des Brudermordes hat die Gothaer Bilderhandschrift drei Miniaturen, die die Geschichte von Kain und Abel ausführlicher darstellen. Sie rekurrieren auf eine bekannte Geschichte der Bibel (Genesis 4,2-5)[43] und bringen dieses biblische Erinnerungswissen in sei-

---

41 Vgl. auch die Ausführungen zu den semantischen Merkmalen.
42 Z.B. Ms. Memb. I 90, Bl. 60^v: Der betrunkene Attila (Ezcele) erstickt im Schlaf durch Nasenbluten, neben ihm sitzt auf dem Lager seine gekrönte Ehefrau.
43 Genesis 4, 2-5: Abel wurde Schafhirt und Kain Ackerbauer. Nach einiger Zeit brachte Kain dem Herrn ein Opfer von den Früchten des Feldes dar; auch Abel brachte eines dar

ner Komplexität mit drei Bildern (Abb. 4) zurück in die Vorstellungswelt des Lesers:

Zum ersten Bild: Kain und Abel stehen sich gegenüber. Durch die beiden längeren Gewänder, die Kain trägt, ist er als der ältere Bruder ausgewiesen, Kain trägt nur ein einziges kurzes Gewand.[44] Der Text, der ansonsten sehr präzise Altersangaben macht, lässt darüber im Unklaren, welcher Sohn der Erstgeborene war. Kains linke und Abels rechte Hand sind im Redegestus dargestellt.

Zum zweiten Bild: Hier ist die für die Geschichte entscheidende Opferszene dargestellt. Abel kniet und richtet seinen Blick nach oben zum Himmel. Er bietet sein Opfer, ein Lamm, auf einem weißen Tuch dar und streckt es zum Himmel. Die Figur des Kain deutet einen Kniefall nur an – seine Opferbereitschaft ist erheblich geringer. Die Korngabe hält er ebenfalls zum Himmel, wendet aber den Kopf ab – auch dies ist ein Zeichen für seine mangelnde Opferbereitschaft. Über beiden Figuren schwebt eine Wolke, aus der die Hand Gottes herausreicht und die Gabe Abels segnet. Diese Miniatur fasst einen sehr komplexen Erzählzusammenhang – die Vorgeschichte des Opfers: Opferhaltung, das Opfer selbst und den Ausgang des Opfers: die Entscheidung Gottes – präzise zusammen, ohne die Dynamik des Erzählvorgangs zu vernachlässigen.

Zum dritten Bild: Es stellt das brutale Ende der Geschichte dar: Kain erschlägt Abel.

Die schriftliche Erzählung des biblischen Brudermordes hätte erheblich mehr Raum eingenommen und hätte zudem die Chronologie gesprengt. Die Episode des Brudermordes zeigt sehr deutlich den erzählstrategischen Vorteil des Bildes gegenüber dem Text. Komplexe Zusammenhänge können anschaulich und dennoch raumsparend dargestellt werden. Voraussetzung ist allerdings, dass die Geschichten zum Bildungs- und Erinnerungsgut der Leser gehörten und dass auch die Bedeutung der bildlichen Realisation der Gesten, Kleiderordnungen etc. als bekannt vorausgesetzt werden konnte.[45] Die Episode von Kain und Abel beispielsweise ist häufig in Bibelillustrationen zu finden. „Mit solchen wäre auch die Darstellung der Schöpfungsgeschichte zu Blatt 10^v zu vergleichen, wie über-

---

von den Erstlingen seiner Herde und vom Fett. Der Herr schaute auf Abel und sein Opfer, aber auf Kain und sein Opfer schaute er nicht [...] Hierauf sagte Kain zu seinem Bruder Abel: Gehen wir auf das Feld! Als sie auf dem Feld waren, griff Kain seinen Bruder Abel und erschlug ihn. (Bibel. Altes und Neues Testament. Einheitsübersetzung, S. 8).

44 Vgl. auch die Bildbeschreibung in: Das Buch der Welt (1996), S. 12.
45 Vgl. z.B. zum Wandel in Bezug auf das Verständnis der Gesten von der Antike bis zum 13. Jahrhundert: Jean-Claude Schmitt, Logik der Gesten.

haupt jene zum Verständnis und zur Erklärung der Bilder der Sächsischen Weltchronik heranzuziehen und auszuwerten sind."⁴⁶

In einigen Fällen kommt der Bildmehrwert auch deutlich daher, dass dem Illustrator eine ausführlichere Textversion bekannt war: Z.B. beschreiben die Pöhlder Annalen die Flucht und den Sprung des gefangenen Königs Heinrich II. von der Kastellmauer erheblich detaillierter als der Text des sächsischen ‚Buchs der Welt'. Das Bild (Bl. 92^r) stellt gegen den Text des sächsischen ‚Buchs der Welt' diese Version dar, bei der ein Mitgefangener zuerst von der Mauer springt und Heinrich so ermutigt es ebenfalls zu tun.

Ausführlicher mit Bildern belegt sind neben der biblischen Geschichte generell die Stoffkreise der sehr narrativen Kaiserchronik, häufig entsprechen sich hier Text und Bild genau: z.b. die Jovinussage (Bl. 28^r), das Martyrium des Petrus und Paulus (Bl. 30^v), die Clemenslegende (Bl. 28^r-29^r), die Maternuslegende (Bl. 29^r-30^r), die Lucretiasage (Bl. 31^r-32^r), die Sylvesterlegende (Bl. 48^r-51^r); ausführlicher auch ist die durch die Fresken in der Braunschweiger St. Blasiuskirche bekannte Kreuzerhöhungslegende (Bl. 52^r-65^v) dargestellt. Hier zeigt sich eine stärkere Vorlagenbindung des Illustrators an die volkssprachige Überlieferung und ein freierer Umgang mit den lateinischen Vorlagen. In der Crescentialegende allerdings verwechselt der Illustrator die Personen und stellt abweichend vom Text Dietrich den Weißen als Ehemann Crescentias dar (Bl. 66^v-70^v).

In der Handschrift 24 sind szenisch vor allem die Ereignisse[47] dargestellt, die dem mittelalterlichen Leser durch die Bibel, durch Legenden, die antike und mittelalterliche Literatur, das Bildprogramm in Kirchen etc. bekannt[48] waren. Insofern scheint es auch von den Illustrationen des

---

46 Roderich Schmidt, Bilderhandschriften der Sächsischen Weltchronik, S. 769. Vgl. zum Bildprogramm der Bibel auch: George Henderson, Artikel ‚Abel und Kain', Sp. 5-10.
47 So z.B., um nur einige bedeutende zu nennen: Kurz im Bild zusammengefasst mit deutlichem Informationsmehrwert gegenüber dem Text ist die Geschichte Sodoms und Gomorras, Loths Flucht mit seinen Töchtern und das Schicksal seiner Frau sind auf einem Bild dargestellt (Bl. 13^r); die Traumvisionen des Nabuchodonosor (Bl. 18^r), Ignatiusmarter (Bl. 37^r), das Gleichnis von der Vorsicht im Zusammenhang mit der Adelgersage (Bl. 39^v), Etzel bemerkt, dass die Störche ihre Jungen aus Aquileia wegtragen und gibt den Befehl, die Stadt zu erobern (Bl. 60^v), die Enthauptung der Einwohner Roms durch den Vandalenkönig Geiserich (Bl. 61^r), die Verfolgung Odoakers durch Theoderich den Großen (Dietrich von Bern) (Bl. 61^v) u.a.m.
48 So ist es vielleicht auch zu erklären, dass zur Gegenwart hin, die erzählenden Miniaturen immer weniger werden. Vor allem das biblische Bildprogramm kann vermutlich in weiten Teilen als bekannt vorausgesetzt werden, so dass es wohl – wie bei der Monumentalmalerei – vielfach auch ohne den Text verständlich war. Hier liegt wohl ein Unterschied

,Buchs der Welt' aus gesehen ganz unwahrscheinlich, dass die Bilder (auch nur am Rande) die Funktion gehabt haben sollen, Illiteraten die Schreibschrift zu ersetzen oder auch nur ihnen nach dem Vorlesen als Erinnerungshilfe zu dienen.[49] Ihre Funktion ist in der Gothaer Bilderhandschrift wohl vielmehr, die chronologische Darstellung auf sehr ökonomische und den Textfluss nicht störende Weise narrativ zu bereichern, aber auch gleichzeitig die kollektive Memoria zu vertiefen, indem immer wieder bekannte Bildzusammenhänge zitiert werden.

Anders als in den übrigen Bilderhandschriften sind alle Bilder mit Bildbeischriften erläutert, Personen sind durch Namen gekennzeichnet, Gegenstände bezeichnet, Szenen manchmal erläutert (s. z.B. Abb. 2-4). Einige der Bildbeischriften sind lateinisch, damit ist die Handschrift 24 der früheste Textzeuge für eine lateinisch-volkssprachige Mischhandschrift. Gleich zu Beginn in der ‚Herkunft der Sachsen' sind die Stammesbezeichnungen lateinisch: *Saxones, Thuringi* (Bl. 2^r); *Saxo, thuringus* (Bl. 2^v) – im Haupttext kommt dagegen *sassen* und *duringe* vor. Die erste volkssprachige Bildbeischrift begegnet in der Schöpfungsgeschichte (*De thueunghe der elemente* Bl. 10^r, vorher aber: *quatuor elementa*). In der Geschichte der Stammväter und in der jüdischen Geschichte wechseln volkssprachige (*regenboche* Bl. 12^r) mit lateinischen Bildbeischriften (*visio nabuchodonosori* Bl. 18^r), es überwiegen aber die Namen als Kennzeichnungen. Auch in der römischen Geschichte überwiegen die Namen, darüber hinaus sind die Bildbeischriften lateinisch. Die aus der Kaiserchronik übernommenen Passagen zu den römischen Tagesgöttern sind mit Miniaturen illustriert. Die Beischriften sind im Unterschied zur volkssprachigen Angabe der Wochentagsnamen im Text

---

zu den Illustrationen der Rechtshandschriften (Sachsenspiegel z.B.) vor, die „ohne den Text oft nicht zu verstehen" sind. Ruth Schmidt-Wiegand, Die Wolfenbütteler Bilderhandschrift, S. 47. Allerdings weisen auch die Bilderhandschriften des Sachsenspiegels die Darstellung des biblischen Brudermordes (zu Ldr. III 42 § 3) – in einer sehr verkürzten Form – auf: vgl. dazu Roderich Schmidt, Bilderhandschriften der Sächsischen Weltchronik, S. 767-769 und Abb. 4-6c.

49 Für die Sachsenspiegelbilderhandschriften – vor allem für den Heidelberger Codex – nahm z.B. Walter Koschorreck, Eine Bilderhandschrift des Sachsenspiegels, S. 58 an, dass die Bilder als Gedächtnisstützen für Leseunkundige anzusehen seien. Dagegen wendet sich ganz explizit und mit guten Gründen: Ruth Schmidt-Wiegand, Text und Bild, S. 11-31. Sie betont die Indexfunktion der Bilder: „Das Bild führt damit, einem Index vergleichbar, auf den Text hin. Hier liegt möglicherweise die funktionale Bedeutung der Illustrationen." S. 31. Darüber hinaus hatten die Sachsenspiegelbilder auch eine kommentierende Funktion, wie sie später von den Glossen zum Sachsenspiegel übernommen wurde. Gabriele von Olberg, Auffassungen, S. 155-170, S. 169; Norbert H. Ott, Bemerkungen, S. 33-43, S. 43.

hier lateinisch: *dies solis, dies lune, dies martis, dies mercurii, dies ionis, dies ueneris* (dieser Tag ist im Text nicht volkssprachig bezeichnet, vgl. die Ausführungen zu den Wochentagsnamen), *dies saturni* (Bl. 19^r-20^r). Weiterhin überwiegen die lateinischen Namensformen und Kennzeichnungen: z.B. *sol* als Beischrift für eine gemalte Sonne (Bl. 24^v), *draco* neben dem gemalten Drachen (Bl. 51^r). Die erste volkssprachige Beischrift begegnet erst wieder auf Bl. 61^v mit dem Namen *diderich uō berne*. Es geht dann aber weiter wie vorher mit lateinischen Namensformen und Beischriften z.B. *Boetius poeta,* während dagegen im Text *meister boetium* steht (Bl. 62^r); lat. *angelus* und im Text *eneme hilegen engele* (Bl. 66^r); *ducissa* für *hertoginne* (Bl. 68v); *carpentarius* für *timbermanne* im Text (Bl. 95^v) etc. Innerhalb der Crescentia-Geschichte erscheinen wieder deutsche Namensformen: *diderich de witte* und *diderich de swarte* (Bl. 66^v), *diderich de witte (*Bl. 67^r), *diderich de swarte* (Bl. 67^v, 68^r).

Insgesamt überwiegen ganz eindeutig die lateinischen Beischriften. Eine Gewichtung, wie Renate Kroos sie vornimmt, dass die lateinischen Beischriften vor allem in den aus der Kaiserchronik übernommenen Passagen aufträten,[50] lässt sich bei einer genauen Kontrolle der Beischriften nicht nachvollziehen. Auch die Folgerung Kroos', dass der Illustrator und der Rubrikator eine illustrierte lateinische Fassung der Kaiserchronik als Vorlage hatten,[51] ist keinesfalls zwingend. Auffällig ist jedoch, dass die meisten volkssprachigen Beischriften in der Schöpfungsgeschichte auftreten. Dieser Stoffkreis war auch im volkssprachigen Zusammenhang gut bekannt und ist insgesamt mit Illustrationen gut belegt. Der Rubrikator, der auch den Text auf Bl. 8^r geschrieben hat, zeigt ganz auffällig eine stärker niederdeutsche Dialektfärbung,[52] als sie der übrige Textzusammenhang aufweist. So realisiert er beispielsweise das <g> spirantisch, wie im Niederdeutschen durchaus üblich durch <ch>/x/: *heilichdom* (Z. 4, 8), *hertochdom* (Z. 12, 18), sowie auch in der Bildbeischrift *regenboche,* dort wo der Hauptschreiber im Text der Schöpfungsgeschichte *regenbogen* verwendet. Insgesamt benutzt der niederdeutsche

---

50 Renate Kroos, Miniaturen S. 51: „Sehr viele Beischriften sind lateinisch [...] auffällig vor allem bei Passagen, die mehr oder minder wortgetreu aus der deutschsprachigen ‚Kaiserchronik' übernommen sind, wie etwa die Geschichten von den Wochentagsgöttern, von Konstantin oder Crescentia [...]"
51 Renate Kroos, Miniaturen, S. 51 stellt die „Frage an die Literaturhistoriker: Gab es, analog zur lateinischen Erstfassung des ‚Sachsenspiegels', auch frühe lateinische Versionen der ‚Kaiserchronik' (und der ‚Sächsischen Weltchronik')?" Vgl. zu einer lat. Prosabearbeitung der volkssprachigen Kaiserchronik: András Vizkelety, Eine lateinische Prosabearbeitung der ‚Kaiserchronik', S. 341-345.
52 Vgl. z.B. auch Siegfried Grosse, Sprachgeschichtliche Stellung der ‚SW', S. 44f.

Rubrikator allerdings überwiegend die lateinische Sprache. Latein erweist sich also auch hier – trotz der insgesamt sprachausgleichenden Tendenzen der Volkssprache in der Handschrift 24 (s. unten lexikographische Schlüsselwörter) – als überlandschaftliche Ausgleichssprache, ohne dass man hier sofort zwingend an eine lateinische Vorlage denken müsste.

Die meisten Bilder sind – anders als bei den übrigen Bilderhandschriften – überwiegend rahmenlos in den Text eingefügt (s.o.). Es sind nur noch Reste von Rahmen erkennbar, Rahmenlinien, keine Rahmenleisten, wie die Bremer und die Berliner Bilderhandschrift sie haben. Diese Rahmenlinien sind „ohne Prinzip" wie Renate Kroos feststellt:

> [...] bei ihren generell frei auf dem Pergamentgrund placierten Figuren unlogisch, nur als mechanische Übernahmen zu erklären. Sie finden sich nie zum freien Seitenrand hin, gelegentlich oben oder unten, auf einer Zeilenlinie oder auch unabhängig davon, am häufigsten zur Schrift hin, z.B. Bl. 10v (Fische und Vögel, allseitig), 13r, 15v (über Elias), 30r (Auferstehung des Maternus), 68r (Crescentia im Tiber, Crescentia wird gefunden).[53]

Zumeist aber gehen Bild und Text fließend in einander über. Der Illustrator verzichtet auf eine Akzentuierung seiner Darstellung, indem er weitgehend auf den Rahmen verzichtet, er betont seinen Focus auf die Geschichte nicht, sondern integriert sie in den Text.

Von den anderen Bilderhandschriften unterscheidet sich die Handschrift 24 an verschiedenen Stellen. Ganz besonders hervorzuheben ist die Behandlung der welfisch-braunschweigischen Geschichte: Die Handschrift 24 ist der einzige bebilderte Codex, der die Belehnung Ottos des Kindes mit dem Herzogtum Braunschweig durch Kaiser Friedrich II. im Jahre 1235 in einer prächtig ausgestatteten Miniatur darstellt (Bl. 148^r, Abb. 5). Friedrich II. übergibt Otto das neue Herzogtum Braunschweig-Lüneburg. Dieses Bild gehört mit zu den größten Darstellungen innerhalb des Codex. Und hier wird der eigentliche Zweck der sächsisch-welfischen Universalchronik deutlich: Gleichwertig neben die Erinnerungsbestände des kollektiven Gedächtnisses des christlichen Europäers werden die Inhalte inszeniert, die als wesentliche Bezugspunkte sächsisch-welfischer Memoria im Lüneburg/Braunschweiger Raum gelten sollen.

Ausführlich in Wort und Bild wird auf Bl. 89^r die Gründung Lüneburgs durch Hermann Billung geschildert. In den Bilderhandschriften 16 und 17 fehlen die entsprechenden Textpassagen.

Verschiedene Bilder und Textpassagen der Handschrift stellen abweichend von der übrigen Überlieferung Heilige und Reliquien in den

---

53 Renate Kroos, Die Miniaturen, S. 52.

Vordergrund, die in den welfischen Residenzstädten Braunschweig und Lüneburg verehrt wurden:[54] z.B. die Clemenslegende (Bl. 28^{r}ff.); die Ignatiusmarter (Bl. 37^r), die bildhaft dargestellte Kreuzerhöhungslegende (Miniaturen auf den Blättern: 52^r; 52^v; 65^r; 65^v) mit ihrem direkten Bezug zu den Fresken in der Braunschweiger Blasiuskirche.[55] In diesen Bildern lassen sich sowohl in den Fresken als auch in der Buchmalererei Andeutungen auf einen Gegenwartsbezug ausmachen: Cosdras, der sich selbst erhöhende, vermessene Herrscher sitzt wie Gott auf einem regenbogenfarbigen Reif, in seiner Rechten hält er das Kreuz als Zeichen Christi. Hier bieten sich Parallelen zu Friedrich II., dem Gegner der Welfen an, der, nachdem er sich selbst zum christlichen Kaiser erhöhte, durch seine Bannung aus der Gemeinschaft der Christen ausgeschlossen war.[56]

Der etwa gleichzeitige, um die Mitte des 13. Jahrhunderts abgeschlossene Freskenzyklus seiner [Heinrichs des Löwen, die Verf.] Grabkirche St. Blasius betont scharf, speziell in der ausführlichen Kreuzlegende, den Gegensatz zwischen rechtgläubigem Herrscher, zwischen dem demütigen Heraclius und dem vermessenen Cosdras in seinem künstlichen Himmelsgewölbe, auch in der Gothaer Bilderhandschrift besonders groß dargestellt; wohl mit Recht sah Klamt in dieser Figuration eine Spitze gegen den gebannten, also aus der Christenheit ausgestoßenen Friedrich II.[57]

Anknüpfungen an das Sachsenhaus finden sich auch in weiter zurückliegenden Geschichtsdarstellungen, auffällig ist, dass „besonders viele vorbildliche Frauen in der Gothaer Bilderhandschrift beschrieben (und gemalt) wurden",[58] die die Namen[59] welfischer Herzoginnen tragen: Im

---

54 Siehe dazu: Wilhelm Anton Neumann, Reliquienschatz, S. 100, 128, 139 (Eucharius), 140, 214, 222, 223 (der Stab Petri), 243 Reliquien von Petrus, Silvester, Pancratius, Abdon und Sennen, Johannes und Paulus, Clemens. Hinzu kommt die Verehrung des Hl. Blasius, siehe dazu die Fresken in St. Blasius, die eine Ensprechung zur Darstellung der Kreuzerhöhungslegende in der Hs. 24 haben.
55 Siehe dazu Johann-Christian Klamt, Die mittelalterlichen Monumentalmalereien, S. 298, S. 308-317 und Abb. 8-10.
56 Siehe auch Stefan Brenske, Der Hl.-Kreuz-Zyklus, S. 122
57 Renate Kroos, Miniaturen, S. 95; Johann-Christian Klamt, Die mittelalterlichen Monumentalmalereien, S. 316: „Wer Augen hatte zu sehen, der sollte sehen: jedoch kein verfängliches Wort, das von den Gegnern hätte aufgegriffen und gegen den Auftraggeber hätte gekehrt werden können."
58 Renate Kroos, Miniaturen, S. 96.
59 In diesen Zusammenhang gehört auch die sonst unübliche Eindeutung des Namens Matidia bzw. Matidiana – der Gattin des Faustianus – zu Mechtild. Hier ist im antik-römischen Kontext ein Bezug zu Mechtild (Mathilde) von Brandenburg – der Gemahlin Ottos des Kindes – und ihrer gemeinsamen Tochter Mechtild (Mathilde), der Gemahlin Heinrichs II. von Anhalt, der späteren Äbtissin zu Gernrode, hergestellt. Siehe auch Re-

Bild- und Textprogramm wird z.B. eine deutliche Überhöhung der Mutter des ersten christlichen Kaisers Konstantin sichtbar: Helena wird als jungfräuliche Heilige dargestellt. „Der Autor hat die endlosen Dispute zwischen Juden (Helena) und Christen (mit Silvester und Konstantin) gekürzt, wohl auch um so ein möglichst positives Bild der heiligen Helena zu geben."[60] Helena hieß sowohl die Mutter (die Frau Willhelms, des jüngsten Sohnes Heinrichs des Löwen) als auch eine Tochter Ottos des Kindes. Renate Kroos nimmt an, dass der Gothaer Bildercodex für die Tochter Ottos des Kindes, Helena, geschrieben wurde. Sie geht weiter von einer bebilderten Vorlage aus und nimmt an, dass diese für Mechtild, die Gemahlin Ottos des Kindes, geschrieben worden sei:

> Aber mir scheint, daß schon die postulierte Vorlage durchaus für eine Dame des Welfenhauses bestimmt gewesen sein kann, und dann wohl für Mechtild, die Gemahlin Ottos des Kindes, eigens genannt im Bericht über den Anfang des neuen Herzogtums [...] Aus dem Auftauchen der Gothaer Handschrift bei den Nachkommen ihrer Tochter Helena lässt sich folgern, daß für sie die Kopie bestimmt war. Die auch in vielen Bildern welfennahe Vorlage dürfte dafür ins Magdeburgische geschickt worden sein.[61]

Hier zeigt sich ganz deutlich die Absicht zur welfischen Memoria, die auf geschickte Weise welfische Erinnerungsbestände mit spätantikem und christlichem Erinnerungswissen verknüpft.

Text- und Bildauslassungen gegenüber den anderen Handschriften sind ebenfalls zu verzeichnen. Sie weisen in dieselbe Richtung wie die Zusätze der Handschrift 24: So fehlt im Text z.B. die Unterwerfung Heinrichs des Löwen 1181 in Erfurt. Die Versöhnung zwischen Staufern und Welfen wird dagegen in einem Bild dargestellt, das nicht der historischen Realität entspricht (Bl. 138^v). Das Bild ist neben den Text vom Hoftag zu Mainz 1184 eingefügt: Die Kaisersöhne Heinrich und Friedrich werden zu Rittern geschlagen, während ein vornehmer Herr mit berittenem Gefolge ankommt, der Kaiser legt seinen rechten Arm um den Ankömmling. „Beide heißen Heinrich, jedenfalls nach Meinung des Rubrikators."[62] Die tatsächliche Versöhnung zwischen Heinrich dem Löwen und Heinrich dem IV. fand 1194 in Tilleda statt. In den beiden anderen Bilderhandschriften ist hier im Bild eindeutig nur die Schwertleite wiedergegeben.

---

    nate Kroos, Miniaturen, S. 96 zu weiteren Beispielen. Vgl. auch Bernd Schneidmüller, Die Welfen.
60 Renate Kroos, Miniaturen, S. 83.
61 Ebd., S. 96.
62 Ebd., Miniaturen, S. 89f.

Die Weiterführung des Streits zwischen Staufern und Welfen wird in dem Versöhnungsbild bildlich nicht thematisiert. Dagegen ist aber das unrühmliche Ende Philipps von Schwaben gemalt (Bl. 142^r), das den Weg Ottos IV. auf den Reichsthron freimachte. Ottos Niedergang, die Schlacht von Bouvines und der Aufstieg Friedrichs II. sind nur mit wenig Text und gänzlich ohne Bilder bedacht. Das Porträt Ottos IV. ist der Jahreszahl 1208 zugeordnet. Ein Bild Friedrichs II. erfolgt erst nach Ottos Tod 1218. Es ist sehr undeutlich, „verrieben oder verschmiert"[63].

Es lassen sich also vier Funktionen der Text-Bild-Relationen innerhalb der Handschrift 24 feststellen: Die Bilder verdeutlichen

a) eine personenbezogene Sichtweise und können durch die Brustbilder der Stammväter, Herrscher, Päpste
b) eine Indexfunktion haben, die die leichtere Benutzung ermöglicht. Die szenischen Bilder visualisieren häufig
c) als Ergänzung zum Text eine ausführlichere Erzählstrategie und illustrieren oftmals die Geschichten, die in den Vorlagen/Vorbildern (Kaiserchronik/Pöhlder Annalen, St. Blasius Kirche etc.) vorkommen, die aber in der vorwiegend chronologischen Textdarstellung des ‚Buchs der Welt' ausgelassen wurden. Sie machen darüber hinaus
e) durch das spezifisch sächsisch-welfische Bildprogramm deutlich, dass es sich hier um ein „sächsisches" ‚Buch der Welt' handelt, dessen Interesse vor allem der welfischen Memoria gilt und sie gleichwertig neben die „herrschende" Memoria stellen will.

Weitere Makrostrukturen:
Die Betrachtung aller Initialen des Codex im Gesamtzusammenhang der hierarchischen Strukturierungsmerkmale hilft bei der Interpretation der Eingangsmakrostrukturen und macht die Gesamtkonzeption des Codex deutlich. Der Codex weist verschiedene Initialgrößen auf:

a) eine mehr als fünfzeilige rotblaue verzierte Eingangs-Initiale, diese N-Initiale tritt nur zu Beginn der Reimvorrede auf – sie hat deutlich Initialfunktion;
b) zwei vierzeilige rotblaue verzierte Initialen;
c) sechs dreizeilige rotblaue, verzierte Initialen;

---

[63] Ebd., S. 95, so auch Johann-Christian Klamt, Die mittelalterlichen Monumentalmalereien, S. 316.

d) fünf zweizeilige rote Initialen; etwas mehr als einzeilige[64] rote und blaue Initialen im Wechsel,

e) einzeilige Initialen überwiegen.

Zu a): Die mehr als fünfzeilige rotblaue, verzierte Eingangs-N-Initiale tritt nur zu Beginn der Reimvorrede auf (Bl. 9^v, Z.1, Abb. 1).[65] Dieses singuläre Auftreten deutet – wie bereits oben ausgeführt – darauf hin, dass die Reimvorrede in der ursprünglichen Konzeption des Codex an erster Stelle – noch vor der Erzählung von der Herkunft der Sachsen vorgesehen war.

Zu b): Insgesamt treten zwei vierzeilige rotblaue verzierte Initialen im Codex auf:

- Eine vierzeilige rotblaue Initiale leitet den Papstkatalog ein. Der Katalog der Päpste von Jesus[66] bis zu Innozenz IV. (1254) beginnt mit einer vierzeiligen rotblauen verzierten (Fleuronnée-) W-Initiale: *We willet oc nu scriven van den pauesen* [...] B. 155^v, Z.1. Sie folgt auf das ‚Buch der Welt' nach fünf vakanten Seiten (Bl. 153^r-155^r).

- Die zweite vierzeilige Initiale eröffnet keine größere Makrostruktur mit Texthaftigkeit. Sie hebt allein den Namen des römischen Kaisers Julius Cäsar innerhalb der Reihe der römischen Könige und Kaiser hervor und stellt ihn somit auf eine Ebene mit dem Papstkatalog. Die übrigen Herrscher bleiben durch die dreizeilige Eingangsinitiale des Katalogs der römischen Könige und Kaiser deutlich untergeordnet. Damit wird die Reihe der römischen Könige – von den formalen hierarchischen Strukturierungsmerkmalen her gesehen – erst ab Julius Cäsar mit den Päpsten gleichgesetzt. Die folgenden Könige sind, anders als die Päpste, nicht weiter hervorgehoben. Ihre Namen sind nicht mehr durch farbige Initialen, sondern nur noch durch Majuskeln gekennzeichnet. Die auf die Papstgeschichte folgende Aufzählung der römischen Könige und Kaiser von Romulus bis zu Friedrich II. ist makrostrukturell der Geschichte von der ‚Sachsen Herkunft', die mit einer dreizeiligen Initiale beginnt, gleichgeordnet. Es scheint also, als würde hier kein geringerer als Julius Cäsar auch zum Ahn-

---

64 Je nach Position der Initiale am unteren (Bll. 17^r, 19^v, 23^r, 34^r), oberen Rand oder am Seitenrand kann sie auch schon einmal größer sein. Am unteren und am Seitenrand sind es vor allem die I-Initiale (Bl. 25^v, 26^r) oder Ausläufer der D-Initiale (Bl.17^v, 95^v).

65 Siehe dazu die Abb. 3 in Teil I dieser Untersuchung.

66 Die Handschrift schöpft hier aus dem Chronicon pontificum et imperatorum Romanorum des Gilbertus, das auch Vorbild für Albert von Stade und Martin von Troppau war. Der Papstkatalog Gilberts beginnt mit Jesus und nicht mit Petrus. Vgl. Gilberti Chronicon pontificum et imperatorum Romanorum, S. 122-140.

herrn der Sachsen gemacht und dann den Päpsten gegenübergestellt: Die Papstgeschichte und der Name Julius Cäsar sind makrostrukturell in gleicher Weise hervorgehoben.

Die vierzeiligen Initialen haben demnach die Funktion, auf die inhaltliche Ausrichtung der Chronik hinzuweisen, sie unterstreichen in gewisser Weise auch die „sächsische" Ausrichtung bzw. eine Unterordnung der Reichsgeschichte. Daneben haben sie in einem Fall (Papstkatalog) auch die Funktion der Kapiteleinleitung.

Zu c): Insgesamt treten sechs dreizeilige rotblaue, verzierte Initialen auf:

- Der Codex beginnt mit einer dreizeiligen rotblauen verzierten Initiale mit der Erzählung von der Herkunft der Sachsen: *We willet nu scriuen van den sassen* [...] Bl. 2^r (Abb. 3). Inhaltlich beschreibt die Erzählung den Herrschaftszusammenhang, für den die Chronik gilt: das Herzogtum Sachsen. Sie ist die älteste volkssprachige Überlieferung der Stammessage der Sachsen.[67] Damit wird also schon zu Beginn des Codex der Grundstein gelegt für die sächsisch-welfische Memoria.

Diese untergeordnete Makrostruktur spricht vielleicht für eine ursprüngliche Schlussposition der ‚Herkunft der Sachsen', wie sie in den übrigen C-Codices üblich ist. Die später vorgenommene exponierte Stellung der Erzählung von der Herkunft der Sachsen am Codexbeginn betont die sächsisch-welfische Geschichtsdeutung noch einmal besonders.

Der Teiltext, die Erzählung von der Herkunft der Sachsen, wirkt insgesamt – unabhängig, ob der Schreiber direkt mit ihr begonnen hat oder ob sie später von ihm und weiteren Schreibern hinzugefügt und durch Lagenverschiebung nach vorne gesetzt wurde – wie ein bewusst gewählter Initiator für ein „sächsisches" ‚Buch von Welt'. Es ist anzunehmen, dass der Codex in der Endredaktion den heutigen Aufbau hatte, denn es war die Absicht der (End)Redaktoren, die sächsische Geschichte zu betonen.

- die zweite dreizeilige Initiale eröffnet mit dem Namen Romulus die Reihe der römischen Könige und damit ein neues Kapitel (Bl. 162^r). Bis zu Cäsar sind die weiteren römischen Könige wechselweise

---

67 Vgl. auch Hubert Herkommer, Einführung, S. Lff.; Hilkert Weddige, Heldensage und Stammessage; Richard Drögereit, Die ‚Sächsische Stammessage', S. 321-372; Jan de Vries, Die Ursprungssage der Sachsen, S. 20-37, Wiederabruck in: Walther Lammers, Entstehung und Verfassung des Sachsenstammes, S. 343-360; Martin Lintzel, Zur Entstehungsgeschichte des sächsischen Stammes, S. 1-35, Wiederabdruck, in: Walther Lammers, Entstehung und Verfassung des Sachsenstammes, S. 113ff.

durch rote und blaue einzeilige Initialen hervorgehoben, die gleichzeitig auch den Beginn eines Gesamtsatzes markieren. Die Eingangsinitiale tritt in ihrer Farbigkeit zurück gegenüber der Farbgebung und Größe des Namensbeginns von Julius (Cäsar) im gleichen Textzusammenhang (siehe oben). Es wird so eine Hierarchisierung innerhalb der Auflistung der römischen Könige betont, die wiederum die reine Linearität der chronologischen Abfolge durchbricht.

- Auch zu Beginn der Zeittafel von der Erschaffung der Welt bis zum Jahre 1229 steht eine ca. dreizeilige Fleuronnée-Initiale (Bl. 165^v) mit der Funktion, ein neues Kapitel einzuleiten.
- zu Beginn der Genealogie der Welfen: eine rotblaue, verzierte B-Initiale (Bl. 163^r, Z. 1) *Bi des milden keiser lodewiges tiden des keiser karles sone* [...];
- zu Anfang der Genealogie der Grafen von Flandern: eine dreizeilige rotblaue, verzierte G-Initiale (Bl. 164^v, Z. 17) *Greue hilderic van harlebeke* [...] und
- auf Bl. 165^v, Z. 1 zu Beginn der Zeittafel vom Anfang der Welt bis zum Jahre 1229: eine dreizeilige rotblaue, verzierte (Fleuronnée) V-Initiale *Van der werlt beginne wante an de water vlot* [...] Diese vierte Initiale leitet ein Kapitel ein, das mit der Berechnung der Zeit vom Anfang der Welt bis in die Gegenwart einen Gesamtzusammenhang herstellt, der innerhalb der Chronik durch die erzählende Darstellung der einzelnen Ereignisse leicht aus dem Blick gerät. Die Zeittafel des ersten Jahrhunderts nach Christi Geburt ist makrostrukturell nicht von der voraufgehenden Genealogie der Welfen abgesetzt. Möglicherweise hat der Rubrikator dies bei seinem Arbeitsgang vergessen.

Insgesamt gesehen kommt den dreizeiligen Initialen die Funktion der Kapiteleinteilung zu, sie betonen zudem sehr akzentuiert den sächsisch-welfischen Schwerpunkt innerhalb der Weltgeschichte: Die Sachsengeschichte, die Reihe der römischen Könige, der Gesamtüberblick über die Weltgeschichte und die beiden welfisch-dynastischen Genealogien beanspruchen durch die Wahl der Initialen makrostrukturelle Gleichwertigkeit.

d) In sechs Fällen wählte der Schreiber zweizeilige rote Initialen:

- In der Reimvorrede: Bl. 9^v, Z. 25 (rote zweizeilige Fleuronnée-Initiale) *Nv vlizent vch an einen site* [...] ist an dieser Stelle eine Absatzkennzeichnung mit besonderer makrostruktureller Hervorhebung zu erkennen. Nach dem Hinweis auf Gottes Botschaft und die Folgen für die Menschen, die diese Botschaft nicht hören und befolgen wollen, im ersten Teil der Reimvorrede beginnt mit diesem Absatz die eindringliche Aufforderung, sich für Gott explizit zu entscheiden, indem man auf die gute Lehre hört und nur Bücher liest, die die Wahrheit verbreiten. Die Reimvorrede ist durch die makrostrukturelle Hervorhebung in diese beiden Sinnzusammenhänge (zwei-)geteilt. Untergeordnete Absätze sind durch einzeilige Initialen markiert: Im ersten Sinnzusammenhang ist es die Schilderung des Jüngsten Gerichts, das zeitlich auf das Leben der Menschen folgt: *Darna volget ein donerslach* [...] (Bl. 9^v) und die Schilderung der Folgen für die Sünder *Swer nu in den sunden lit* [...] (Bl. 9^v). Im zweiten Sinnzusammenhang ist es die Aufforderung an die Nachfolgenden, die Chronik wahrheitsgemäß weiterzuführen: *Ich han mich des wol bedacht diz büch wirt nimmer vollenbracht* [...]

- Bl. 18^r, Z. 29: N-Initiale: *Nu kome we to deme romischen rike* Die Absatzkennzeichnung ist auch in diesem Fall mit einer besonderen Betonung einer neuen Erzählperspektive verbunden. Es beginnt hier der zentrale Teil der Chronik: die Erzählung der Begebenheiten seit Beginn des vierten Weltreiches, des römischen Reiches.

- Bl. 28^r, Z. 23: N-Initiale *Na gaio quam faustinianus.* Damit ist innerhalb der chronikalischen Erzählung von den römischen Königen und Kaisern die Episode der Mechtild – die in der Überlieferung sonst übliche Namensform ist Matidia oder Matidiana (siehe oben Text-Bild-Relationen) –, ihres Mannes Faustinianus und ihrer Kinder, der Zwillinge Faustinus, Faustinianus und des Sohnes Clemens, als besonderer Absatz markiert. Mechtild war die Gemahlin des Faustinianus, eines (angeblichen) Bruders des Kaiser Claudius. Es handelt sich hier um die aus der Kaiserchronik übernommene sog. Faustinianus-Legende.[68] Bei der klugen, mutigen und keuschen Matidia-Mechtild mag sowohl eine Huldigung der zweiten Frau Heinrichs des Löwen – Mathilde von England – als auch der Gemahlin Ottos des Kindes vorliegen.[69]

Bemerkenswert ist in jedem Fall auch die formale Markierung dieser Episode.

- Bl. 57^r, Z. 15 zweizeilige rote I- und nachfolgende einzeilige N-Initiale *IN den seluen tiden quamen die hunen vnde dreuen de goten lande over de donouwe* [...] Der so hervorgehobene Absatz behandelt den Hunneneinfall und die Vertreibung der Goten. An diese Darstel-

---

68 Vgl. dazu auch Michael Menzel, Sächsische Weltchronik, S. 260; vgl. auch Hans Fromm, Die Disputation in der Faustinianlegende der ‚Kaiserchronik', S. 51-69.
69 Vgl. auch Renate Kroos, Miniaturen, S. 95f.

lung schließt sich die Geschichte von der Herkunft der Hunnen an: *(N)v wile we seggen wo de hunnen in dat lant quamen* (Bl. 57^r, Z. 26). Hier ist die Eingangsinitiale weggegelassen, da der Illustrator den Platz für die Darstellung des Todes von Kaiser Valens (364-378) benötigte.

- Auf Bl. 116^v, Z. 9 und 29 sind mit der Kennzeichnung durch rote, zweizeilig I-Initialen, (einmal mit nachfolgender Majuskel, Z. 29): *Ic Heinrich van goddes gnaden* [...] Z. 9 und *IC Kalixtus, knecht der knechte goddes, sime lieven sone Heinrike* die Kaiserurkunde Heinrichs V. und die Papsturkunde Calixtus II. in deutscher Übersetzung wiedergegeben (SW 195, 35-196,13).

Den zweizeiligen Initialen kommt die Funktion der Untergliederung der größeren Sinnabschnitte (Kapitel) in Absätze zu, sie betonen den Wechsel einer Erzählperspektive oder den Wechsel von einem inhaltlich abgeschlossenen, sehr umfangreichen Stoffbereich zu einem anderen, ohne hier die sächsisch-welfische Ausrichtung besonders hervorzuheben.

e) Am häufigsten sind einzeilige oder etwas mehr als einzeilige rote und blaue Initialen im Wechsel (häufig mit nachfolgenden Majuskeln). Ihre Funktion ist es, die zeitliche Abfolge der Ereignisse zu strukturieren: die Kennzeichnung der chronologischen, linearen Geschichtsabfolge.

Eine strukturell höhere Hierarchieebene als der Absatz wird in der Gothaer Bilderhandschrift eingeführt, indem bestimmte Stoffkreise, Basistexte: z.B. die Herkunft der Sachsen, die verschiedenen Genealogien oder die Papst- und Kaiserkataloge, makrostrukturell hervorgehoben werden. In kaum einer der anderen Handschriften erscheinen Initiatoren und Makrostrukturen so planvoll wie in der Handschrift 24 – auch trotz der Schwierigkeiten des Rubrikators ganz zum Schluss, nach den Illustrationen und dem Text, die Initialen in den verbleibenden Raum einzufügen. Das hat ganz sicher seinen Grund in dem durchaus ungewöhnlichen Herstellungsverfahren des Codex: Renate Kroos geht davon aus, dass auf das bereits linierte Pergament zunächst die Illustrationen gezeichnet worden sind, erst danach machten sich die Schreiber ans Werk und ganz zum Schluss wurde der Rubrikator tätig. Der Rubrikator war auch der dritte und letzte Schreiber, der den Text fertiggestellt hat. Er hatte besondere Schwierigkeiten zu überwinden, oftmals konnte er – da er der letzte der Bearbeiter war – seine roten Lombarden nicht mehr in der vorgesehenen Weise zwischen Bild und Text unterbringen. Er musste sie weglassen (z.B. Bl. 14^v oder wie oben beschrieben Bl. 57^r, Z. 26), verschieben (z.B. Bl. 72^r) oder verkleinern (z.B. Bl. 24^v, Z. 25).

Für die technische Herstellung setzt dieses Prinzip zwingend eine Vorlage etwa gleichen Formats, jedenfalls gleicher Zeilenzahl voraus. Denn schon eine Verschiebung um wenige Wörter pro Seite hätte im Verlauf der Arbeit die genaue Placierung der Illustrationen neben ihrem Text unmöglich gemacht.[70] Das würde auch die planvolle Initialenvergabe erklären.

Auch die Gegenüberstellung der beiden Sinnzusammenhänge ‚Herkunft der Sachsen' einerseits und ‚Papstkatalog' andererseits, z.B. durch die parallelen Satzanfänge *We willet nu scriven van den sassen* [...] und *We willet oc nu scriuen van den pauesen* [...], geschah bereits in der Vorlage.

Insgesamt betonen die Makrostrukturen die sächsisch-welfische Ausrichtung der Chronik: Es lassen sich verschiedene Einteilungen feststellen, die hierarchisch geordnet und jeweils mit unterschiedlichen Bedeutungen versehen sind:

1. durch eine vierzeilige Initiale wird nur ein Kapitel eingeleitet: der Papstkatalog. Als wichtiger römischer Kaiser ist Julius Cäsar ebenfalls mit einer vierzeiligen Initiale hervorgehoben, die allerdings nicht die Funktion der Kapiteleinleitung hat. An dieser Namensmarkierung kann man einen Unterschied zur Ausrichtung der Kaiserchronik feststellen, die Konstantin – nicht Julius Cäsar – hervorhebt. Konstantin war der erste christliche Kaiser, mit ihm hat das römische Reich eine christliche, eine positive Wende genommen.[71] In der Namenshervorhebung Julius Cäsars im Gothaer Codex zeigt sich bereits eine deutlich andere Position des ‚Buchs der Welt', die den Schreibern ganz offensichtlich bewusst war und die vor allem in der sog. (franziskanischen) Predigt hervorgehoben wird. Nach franziskanischer Auffassung beginnt – abweichend von der sonstigen christlichen Auffassung (z.B. in der Kaiserchronik) mit dem ersten christlichen römischen Kaiser Konstantin der Verfall des Christentums.[72]
2. Durch dreizeilige Initialen ist die besondere Ausrichtung der Geschichtsdarstellung gekenzeichnet. Größere Sinnzusammenhänge wer-

---

70 Renate Kroos, Miniaturen, S. 50.
71 Dagmar Neuenhoff, Kaiserchronik und Sächsische Weltchronik, S. 184: „Aus dieser Konzeption resultierte die Frage, welche Stadien der Prozeß der Höherentwicklung des Reiches durchläuft und wie diese markiert sind. Grundsätzlich bot sich als solches Signalement der Übergang vom Heidentum zum Christentum an, jener ‚Augenblick also, in dem das imperium Romanum seiner eigentlichen Bestimmung zugeführt wurde. Die ‚Kchr' mußte deshalb in zwei Teile geteilt werden, von denen der christliche dem heidnischen an Wert überlegen ist."
72 Vgl. zur Verfallstheorie der christlichen Historiographie: Hubert Jedin, Einleitung, S. 1-55.

den markiert und akzentuiert. So wird z.B. die Sachsengeschichte der Aufzählung der röm. Könige seit Romulus mit dieser Initiale hierarchisch gleichgeordnet. Sie haben beide makrostrukturell den gleichen Stellenwert innerhalb der Geschichte wie auch die Genealogie der Sachsen und der Grafen von Flandern. Schließlich beginnt auch die Zeittafel seit der Erschaffung der Welt bis in die Gegenwart – der annalistische Gesamtüberblick – mit einer dreizeiligen Initiale.

3. Weitere hierarchisch untergeordnete Sinneinheiten werden mit zweizeiligen Initialen versehen. Ihre Bedeutung liegt nicht in der Betonung der sächsischen Gesamtausrichtung der Chronik, sondern hier wird ein untergeordnetes strukturelles Gerüst markiert, das zwar mit der Namensgebung *Mechtild* statt des gebräuchlichen röm. *Matidia* immer noch auf die sächsisch-welfische Geschichte rekurriert, aber vorrangig andere Eckpunkte der Geschichte benennt: Innerhalb der Reimvorrede beginnt

a) die Aufforderung sich für Gott zu entscheiden, die Lehre aus der Darstellung der Schrecken des Jüngsten Gerichts mit einer zweizeiligen Initiale; im Chroniktext sind es
b) der Wechsel von der vorrömischen zur römischen Geschichte,
c) die Episode um Faustinias und seine Gemahlin Matidia/Mechtild,
d) die Geschichte der Hunnen und des Hunneneinfalls in Europa sowie
e) die Kaiserurkunde und
f) die Papsturkunde, die ebenso gekennzeichnet werden.

Es zeigt sich anhand der Makrostrukturen eine hierarchische Strukturierung des Codex nach inhaltlichen Kriterien, die vor allem durch die bewusste sächsisch-welfische Ausrichtung des Codex getragen wird. Man könnte also überspitzt sagen, der/die Schreiber hatten die Absicht, eine Papst-Sachsenchronik an Stelle des gebräuchlichen Musters der Papst-Kaiserchronik zu schreiben.

Textbestand:
Der Textbestand der Gothaer Bilderhandschrift weicht von den übrigen C-Handschriften dadurch ab, dass er mit der Erzählung von der ‚Herkunft der Sachsen' beginnt und nicht mit der Reimvorrede. Die Untersuchung der Makrostrukturen hat bestätigt, dass das ursprüngliche Konzept (der Vorlage) wohl der Beginn mit der Reimvorrede war, auch die Lagenuntersuchung bestätigt dies. Die Gebrauchsspuren in der Erzählung von der ‚Herkunft der Sachsen' weisen aber darauf hin, dass dieser Teil

schon lange am Beginn des Codex gestanden hat.[73] Das belegt, dass es sich hier um eine bewusste Platzierung handelt, um den Wert der Universalchronik für die sächsisch-welfische Memoria zu erhöhen.

Der Textzusammenhang des ‚Buchs der Welt' endet auf Bl. 152^v, in der Folge sind die Blätter 153^{r+v}, 154^{r+v}, 155^r freigelassen worden. Hubert Herkommer nimmt an, dass für diese vakanten Seiten die Fortsetzung des Textzusammenhanges durch Kurznachrichten zu den Jahren 1251-1260 (SW 258,15-24) die so genannte ‚Sächsische Fortsetzung' vorgesehen war.[74] Auf einer Verso-Seite (Bl. 155^v) beginnt der Katalog der Päpste. Die übrigen Textvorkommen mit Ausnahme der oben beschriebenen Erzählung von der Herkunft der Sachsen mit dem anschließenden sächsischen ‚Buch der Welt' sind immer auf den folgenden Seiten angefügt: Der Papstkatalog endet auf Bl. 161^v, Z. 18. Der Katalog der römischen Könige beginnt auf der folgenden Recto-Seite oben. Der Königs- und Kaiserkatalog endet bei Friedrich II. auf Bl. 162^v, Z. 15. Die Genealogie der Welfen folgt auf der nächsten Versoseite (Bl. 163^v-164^r) mit einer dreizeiligen verzierten B-Initiale, die Zeittafel des 1. Jahrhunderts nach Christi Geburt steht auf Bl. 164^v, Z. 1-14 und beginnt mit einer mehr als einzeiligen farbigen I-Initiale, gefolgt von einer N-Majuskel. Nach drei Leerzeilen folgt die Genealogie der Grafen von Flandern auf den Bl. 164^v, Z. 17-165^r, 24 mit einer dreizeiligen G-Initiale. Mit einer dreizeiligen Fleuronnée-Initiale beginnt auf Bl. 165^v die Zeittafel bis zum Jahre 1229. Sie endet auf Bl. 166^r, Z. 26. Hiermit schließt der Gesamtcodex ohne expliziten Terminator. Es zeigt sich hier wie auch bei den anderen Bilderhandschriften eine deutliche Diskrepanz zwischen dem Fehlen eines Terminators und dem mehrgliedrigen Initiator.

Texterweiterung/Textkürzung:
Die Chronik hat keine erkennbare Fortsetzung, denn mit ihr liegt uns der älteste Textzeuge der Handschriftengruppe C vor. Sie überliefert aber einen längeren Textzusammenhang als die A-Fassungen (ca. 1225), einen ähnlich langen bzw. kürzeren als die B- (über 1237/42) und einen deut-

---

73 Renate Kroos, Miniaturen, S. 53: „Die erste Seite mit der Ankunft der Sachsen ist auffällig stark verrieben und verschmutzt, d.h. sie muß sehr lange, wenn nicht von Anfang an, ungeschützt gewesen sein, also nicht irgendwo als Anhang im Codex ihren Platz gehabt haben. Das ist insofern wichtig, weil nun die Urgeschichte vom Sieg der Sachsen über die Thüringer zu einer Art Prolog dieser ‚Sächsischen Weltchronik' wird, mit aktuellem Bezug, wie es scheint (Erbfolgekrieg)."
74 Hubert Herkommer, Einführung, S. LIIIf. Vgl. auch die Ausführungen zu den externen Merkmalen.

lich kürzeren als die übrigen C-Fassungen (1260). Die Weltchronik ist nicht über den Zeitraum 1248 hinaus fortgesetzt worden.

Hubert Herkommer stellt fest, dass die vakanten Seiten im Anschluss an die Chronik

> ziemlich genau dem Platz entsprechen, den der Schreiber für die Abschrift jenes letzten Teils des Chroniktextes gebraucht hätte [...] Es sind die Kurznachrichten, die den Jahren 1251-1260 (Weilands Kapitel 399, SW 258, 15-24), und die daran nahtlos anknüpfende so genannte ‚Sächsische Fortsetzung' (SW 284,1-287,16), deren letzte Meldung aus dem Jahre 1275 stammt. Die Gothaer Handschrift hätte also denselben chronikalischen Schlusspunkt erreichen und bis zum Jahre 1275 weitergeführt werden sollen. Ihre daraus folgende Datierung deckt sich mit den paläographischen und kunsthistorischen Ergebnissen.[75]

Es ist sicher richtig, dass man aus den vakanten Seiten eine Fortsetzungsabsicht ableiten kann, aber darin eine konkrete Absicht zu sehen, die Chronik bis 1275 fortzusetzen, scheint mir doch reichlich spekulativ. Auch die Stützung durch paläographische und kunsthistorische Forschungen ist mehr als vage.

Auch die Kunsthistorikerin Renate Kroos erkennt eher Stilmittel der ersten Hälfte des 13. Jahrhunderts.[76] Aufgrund der Miniaturen in der Handschrift 24 kommt Renate Kross zu dem Schluss, dass der Gothaer Codex eine Vorlage gehabt haben müsse, die um 1225/35 entstanden sei.[77]

> Aus den engstens mit dem Text verzahnten Illustrationen, aus der nicht unbedingt üblichen Abfolge von Vorzeichnung – Schrift – Kolorieren (– Rubrizieren), schließlich aus den nicht nur in Dialektnuancen abweichenden Beischriften des Rubrikators habe ich erschlossen, daß eine schon illustrierte Weltchronik kopiert wurde. Das wird unterstützt durch bereits erwähnte Zackenstilmotive weit vor 1270, in datierbaren Psalterhandschriften um 1220/30 festzumachen.[78]

Das weist aber deutlich auf eine Vorgängerhandschrift hin. Dass diese ein verschollenes sächsisches ‚Buch der Welt' gewesen sein muss, zei-

---

75 Vgl. ebd., Einführung, S. LIV.
76 Karin Schneider, Gothaer Codex, S. 8.
77 Renate Kroos, Miniaturen, S. 52f., 60, S. 62. Gefangen in den Eckdaten der Rezensionsvorstellungen, nach denen eine Fassung, die nur bis 1225 bzw. 1235 reicht, keine C-, sondern eine A- Fassung sein muss, setzt Kroos hier dann auch das verschollene sächsische ‚Buch von der Welt' als A-Fassung an (S. 52). Dass es sich um ein sächsisches ‚Buch der Welt' handeln muss, legt das Bildprogramm nahe, dass damit eine A-Fassung ausgeschlossen ist, legt meine Untersuchung nahe.
78 Ebd., S. 60.

gen besonders das Bildprogramm, die Namenseindeutschungen der antik-christlichen Frauenfiguren und die Makrostrukturen. Gegenüber dieser verschollenen ‚Buch der Welt'-Version ist der älteste Textzeuge, die Gothaer Bilderhandschrift, in jedem Fall ein um mindestens mehr als 10 Jahre fortgesetztes Textexemplar.

Es gibt Spuren, die zu der verschollenen Vorlage der Handschrift 24 führen könnten: So nimmt z.B. Jürgen Wolf an, dass die Handschrift 23 eine ältere Vorlage gehabt habe, er nennt sie Handschrift 23*[79] und geht davon aus, dass sie einen ähnlichen Aufbau wie die späte Handschrift 23 (Mitte/3. Viertel 16. Jh.) gehabt habe. Seine Informationen stammen aus dem Bibliothekskatalog der kurfürstlichen Bibliothek Wittenberg, der im Jahr 1437 verzeichnet: *16. Item alius liber, qui incipit ‚Nu vernemit alle gemeyne' etc. et finitur ‚Disser hern oroug und ere' etc. et est Cronica.* Die Spur im Bibiothekskatatlog führt zu den Nachfahren der sächsischen Welfen – den Askaniern (Nachkommen aus der zweiten Ehe Helenas).[80] Möglicherweise war die Handschrift 23* (oder einer ihrer Vorgänger) auch die ältere Vorlage für Hs. 24, vielleicht war sie die Version, von der Renate Kroos annimmt, dass sie für Mechtild, die Gemahlin Ottos des Kindes, bestimmt gewesen sei.[81] Es handelt sich hier nach Ausweis des Bibliothekseintrags um eine Version des ‚Buchs der Welt', die mit der Reimvorrede begann und mit der ‚Herkunft der Sachsen' endete.

Die Irritationen bei den Anfangsinitialen der Handschrift 24 weisen darauf hin, dass die Vorlage nicht mit der Erzählung von der ‚Herkunft der Sachsen' begonnen hat: Der ursprüngliche Initiator war die Eingangsinitiale der Reimvorrede und die Reimvorrede selbst. So wird auch die Vorlage der Gothaer Bilderhandschrift ausgesehen haben. Die Erzählung von der ‚Herkunft der Sachsen' an den Beginn der Chronik zu setzen, war wohl ein eigenständiger Einfall des oder der Schreiber der Hs. 24, um die sächsische Ausrichtung besonders zu akzentuieren. Man kann hier von einer besonderen Strategie[82] sprechen, um den Leser von einer

---

79 Jürgen Wolf, Sächische Weltchronik, S. 113f.
80 Vgl. die Ausführungen oben zu Text-Bild-Relationen.
81 Renate Kroos, Miniaturen, S. 96. Sie auch oben Text-Bild-Relationen.
82 Überzeugung bzw. Persuasion, die das Überzeugen und das Überreden einschließt, kennzeichnet im traditionellen rhetorischen Sinne spezifische Formen der Meinungsbeeinflussung, ist aber auch der Grundbegriff einer rhetorisch ausgerichteten Kommunikationstheorie. In diesem Sinne bezeichnen Überzeugungsstrategien Lösungspläne, Wege und Ziele, um die Meinung anderer Menschen zu beeinflussen und zu steuern. An der Beschreibung von Überzeugungsstrategien sind verschiedene wissenschaftliche Disziplinen beteiligt. Die Persuasionsforschung ist eine relativ junge Kommunikationswissenschaft auf der Basis der Rhetorik; vgl. z.B. George N. Gordon, Persuasion. The theory and prac-

anderen Weltsicht zu überzeugen: Die Kompilatoren/Schreiber hatten die Intention eine Sachsenchronik herzustellen, die universalhistorische Ausrichtung war zweitrangig und die reichshistorische Ausrichtung sollte nicht länger im Vordergrund stehen.

Textallianzen:
Die makrostrukturell markierten Textkombinationen setzen Zäsuren im Fluss der Chronologie. Diese Zäsuren haben vor allem die Funktion, das sächsisch-welfische Herrscherhaus ins rechte Licht zu rücken. Sie sind von der formalen Kennzeichnung her den übrigen hierarchischen Strukturierungen übergeordnet. Damit werden auch inhaltliche Schwerpunkte gesetzt.

Auf den ersten Blick scheint es, als verbänden sich verschiedene Basistexte so miteinander, dass sie als selbständige Basistexte auch makrostrukturell noch erkennbar bleiben. Dieser Eindruck hat z.B. in der Weilandschen Edition mit dazu geführt, verschiedene Textzusammenhänge vom Chroniktext zu isolieren und sie als Anhänge zu klassifizieren. In diesen Zusammenhang gehören: die ‚Erzählung von der Herkunft der Sachsen'; der Papstkatalog, der Katalog der römischen Kaiser von Romulus bis Friedrich II., die Genealogie der Welfen, die Genealogie der Grafen von Flandern und die Zeittafel des 1. Jahrhunderts nach Christi Geburt. Diese Textzusammenhänge sind – das zeigt die Überlieferung sehr klar – einen festen Verbund mit dem Textzusammenhang des sächsischen ‚Buchs der Welt' eingegangen und machen aus der Frutolf-Ekkehard-Kompilation erst eine welfische Sachsenchronik.

Bei einem genauen Vergleich mit der Vorlage zeigt sich dann auch, dass die makrostrukturell so hervorgehobenen Stoffkreise z.T. schon in der Frutolf-Ekkehard-Chronik behandelt sind. Der Chronist des sächsischen ‚Buchs der Welt' verfährt anders als Frutolf und Ekkehard, er interpoliert nicht, sondern separiert einzelne Textzusammenhänge und hebt sie dadurch stärker hervor: Die Frutolf-Ekkehard-Chronik tradiert die Herkunftssage der Sachsen innerhalb des Chroniktextes im Zusammenhang der Kämpfe Karls des Großen gegen die Sachsen. Das sächsische ‚Buch der Welt' hält sich mit der volkssprachigen Übersetzung der Erzählung von der ‚Sachsen Herkunft' an die „‚Origo Saxonum' aus der

---

tise; Josef Kopperschmidt, Allgemeine Rhetorik; ders., Argumentation; ders., Methodik der Argumentationsanalse; ders. Argumentationslehre zur Einführung; Michael Hofmann, Persuasive Denk- und Sprachstile, S. 293-307; Joan Mulholland, A handbook of persuasive tactics.

Weltchronik des Frutolf von Michelsberg".[83] In der Gothaer Bilderhandschrift ist damit die älteste volkssprachige Übersetzung der Origo Saxonum überliefert, sie ist allerdings aus dem fortlaufenden Chronikzusammenhang herausgenommen und (wenn auch vielleicht nicht in der ersten Redaktion) der Chronik vorangestellt worden. Auch Frutolf folgte bei der Darstellung der sächsischen Stammessage älteren Chronisten:[84] Er benutzte im Wesentlichen zwei Quellen für seine Darstellung: die Res gestae Saxonicae Widukinds von Corvey[85] und die Translatio Sancti Alexandri Rudolfs von Fulda.[86] Die Gothaer Bilderhandschrift bzw. schon ihre volkssprachliche Vorlage griffen in den Textaufbau der lateinischen Frutolf-Ekkehard-Chronik ein, den Inhalt übernahmen sie getreu, die Position des Textteiles allerdings wurde verändert, er wechselte seinen Status und wurde zu einem Teiltext mit potentieller Texthaftigkeit. Hier wird eine neue Überzeugungsstrategie greifbar: Der Chronist stellt abweichend von seinem Vorbild Teiltexte her und schafft neue Textallianzen, die seine Intention – die Herstellung eines sächsischen ‚Buchs der Welt' – unterstützen und auch seinen Leser von diesem neuen Inhalt überzeugen sollen: Anstelle einer Reichschronik wird der Leser – durch die Herausnahme aus dem fortlaufenden Text und durch die Herstellung von Textallianzen – mit einem pointierten sächsisch-welfischen ‚Buch der Welt' konfrontiert. Die Umstellung und Herausnahme von bestimmten auf Sachsen und die Welfen bezogenen Textteilen und deren Akzentuierung als Teiltexte, die auch eigenständig vorkommen könnten, bewertet lange tradiertes Erinnerungswissen neu. Es wird damit von der Reichsmemoria zur sächsischen Memoria umgedeutet, bleibt aber eindeutig herrschaftsbezogen.

Durch vorausgehende vakante Seiten und zudem durch eine vierzeilige geschmückte W-Initiale makrostrukturell hervorgehoben ist der Papstkatalog. Er beginnt mit einer zur Erzählung von der Herkunft der Sachsen parallelen Eingangsformel (*We willet oc nu scriven van den pavesen* [...] Bl. 155^v) und führt die Päpste von Christus bis zu Innozenz IV. auf. Weiland edierte ihn als Anhang II.[87] Neben den Regierungszeiten gibt

---

83 Vgl. Hubert Herkommer, Einführung, S. L.
84 Vgl. ebd., S. Lff.
85 Albert Bauer, Reinhold Rau, Die Sachsengeschichte des Widukind von Korvei, S. 1-83.
86 Bruno Krusch, Die Übertragung des Hl. Alexander von Rom, S. 405-436.
87 Ludwig Weiland, Sächsische Weltchronik, S. 269,19-273,12.

der ‚Katalog' die Herkunft der Päpste und auch ihre liturgischen Anordnungen an.[88]

Auf den Papstkatalog folgt, makrostrukturell durch eine dreizeilige verzierte Initiale hervorgehoben, der Königs- und Kaiserkatalog. Das ‚Buch der Welt' wurde also durch eine Papst-Kaiser-Chronik erweitert, bei der Papst- und Kaisergeschichte getrennt hintereinander erzählt werden.[89] Im Unterschied zur narrativen Form der Papstgeschichte wird die Geschichte der weltlichen Herrscher in knapper Reihung angegeben: Auf die Namen folgen die Regierungszeiten.

In der ebenfalls makrostrukturell hervorgehobenen Genealogie der Welfen begegnet ein Textzusammenhang, der auf eine selbständige lateinische Grundlage aus den 30er Jahren des 12. Jahrhunderts zurückgeht.[90] Sie wurde vermutlich im Lüneburger Michaeliskloster angefertigt[91] und kann als ein explizites Zeugnis „welfischer Memoria"[92] angesehen werden. Bereits dem Bericht des Annalista Saxo zum Jahre 1126 lag wohl eine Fassung der „sächsischen Welfenquelle" zugrunde. Obschon auch innerhalb des fortlaufenden Textzusammenhanges an der entsprechenden Stelle (Bl. 98^r: der Wechsel der bayerischen Herzogswürde von Heinrich IV. auf Herzog Welf) eine kurze Genealogie der Welfen eingefügt ist[93] und obwohl auch an anderer Stelle im Zusammenhang der ausführlichen genealogischen Darstellung sächsischer Herrscherhäuser (z.B. Billunger Bl. 109^r, Süpplinburger Bl.120^v) immer wieder die verwandtschaftlichen Beziehungen zu den Welfen (besonders zu Heinrich dem Löwen) betont werden, wird die Genealogie der Welfen separat noch einmal ausführlich erzählt. Die ebenfalls makrostrukturell hervorgehobene Genealogie der Grafen von Flandern steht – anders als noch Weiland glaubte[94] – in direktem Zusammenhang mit den sächsi-

---

88 Hubert Herkommer, Sächsische Weltchronik, S. 119, Anm. 64 ging davon aus, dass der Papstkatalog unabhängig von der Sächsischen Weltchronik bestanden hat. Vgl. jetzt auch Hubert Herkommer, Einführung, S. XXXVII: Zum ‚Papstkatalog' im Gothaer Textkorpus.
89 Vgl. auch Anna-Dorothea von den Brincken, Studien (2 Teile), (1985), S. 460-531 und (1989), S. 551-591; dies., Martin von Troppau, S. 155-193.
90 Otto Gerhard Oexle, Die ‚sächsische Welfenquelle', S. 435-497.
91 Ebd.; Otto Gerhard Oexle, Welfische Memoria, S. 76; Karl Schmid, Welfisches Selbstverständnis, S. 392-394.
92 Siehe auch Otto Gerhard Oexle, Welfische Memoria.
93 Mit dieser Interpolation unterscheiden sich die C-Fassungen von den übrigen Rezensionen. Vgl. auch Michael Menzel, Sächsische Weltchronik, S. 134, Anm. 545; Jürgen Wolf, Sächsische Weltchronik, S. 129, Anm. 23.
94 Ludwig Weiland, Sächsische Weltchronik, S. 44: *„Von allen anhängen fällt dieser gewiss am meisten auf, als dem gesichtskreise des sächsischen verfassers ferne liegend."*

schen Welfen: Judith, die dritte Frau Welfs IV., war verwandt mit Robert I. von Flandern.⁹⁵

An weiteren makrostrukturell markierten Textvorkommen begegnen: die Reimvorrede, die vermutlich ursprünglich zu Beginn des Codex stand, und die zusammenfassende annalistische Übersicht vom Beginn der Welt bis zum Jahre 1229 am Ende des Codex (Bl. 165ᵛ-166ʳ), die die Informationen der fortlaufenden Geschichtsdarstellung des ‚Buch der Welt' in einer kurzen annalistischen (datenbetonten) Zusammenschau darstellt. Bemerkenswert ist, dass diese Daten nicht – wie das sächsische ‚Buch der Welt' selbst – bis in das Jahr 1248 fortgesetzt worden sind. Weist das Enddatum der annalistischen Übersicht möglicherweise auf das Abfassungsdatum einer ersten sächsisch-welfischen Weltchronik (aus den 30er Jahren des 13. Jahrhunderts) hin?

Die Textallianzen der Handschrift 24 beruhen auf einer volkssprachigen Vorlage, die vermutlich in der Positionierung der einzelnen Teiltexte und in der Berichtslänge von der Gothaer Bilderhandschrift abwich. Es ist aber sehr wahrscheinlich, dass die Überlieferung des ‚Buchs der Welt' mit einem sächisch-welfischen ‚Buch der Welt' angefangen hat. Dieses sächsisch-welfische ‚Buch der Welt' (vielleicht Jürgen Wolfs Sigle *23) hatte lateinische (z.B. Frutolf-Ekkehard, Pöhlder Annalen) und volkssprachige Reichschroniken (Kaiserchronik) zum Vorbild. Der Chronist hatte die Absicht bzw. den Auftrag, eine sächsisch-welfische Universalchronik zu schreiben; deshalb bediente er sich einer anderen Überzeugungsstrategie als seine Vorlagen: Er schuf Textallianzen. Die Kompilatoren der Gothaer Bilderhandschrift nahmen sich wiederum die Freiheit, diese Textallianzen anders zu gruppieren – die Absicht jedoch blieb die gleiche: eine sächsisch-welfische Weltchronik zu schaffen.

Syntaxrelevante Merkmale:
a) Interpunktion:
Der mittelhohe Punkt wird in der Handschrift vor allem als Interpunktionszeichen verwendet. In der Reimvorrede kennzeichnet der mittelhohe Punkt ausschließlich die Reime. Im übrigen Textzusammenhang markiert der Punkt in Kombination mit Majuskeln Gesamtsätze und in Kombination mit Minuskeln Satzglieder.

b) syntaxrelevante Merkmale in der Reimvorrede:
Die Reimvorrede steht hier zwar nicht mehr am Begin des Codex, ihre ursprüngliche Position ist aber wohl die Erststellung gewesen. Sie ist

---

95 Vgl. Otto Gerhard Oexle, Die ‚sächsische Welfenquelle', S. 454 u. ebd. Anm. 78.

wie die Handschriften 21 und 231 in zwei Absätze gegliedert. Der mittelhohe bis tiefe Punkt tritt wie in den anderen frühen Bilderhandschriften 16 und 17 mit einer folgenden unmarkierten Minuskel auf. Wie ausführlich im Zusammenhang der Handschrift 17 beschrieben, wechseln Temporalsätze (32 %) mit Aufforderungs- und Aussagesätzen. Die vier Zeitaspekte: Gegenwart, Zukunft, unbestimmte Zeitvorstellung und Zeitdauer sind syntaktisch realisiert.

b) syntaxrelevante Merkmale in der Schöpfungsgeschichte:
In der Handschrift 24 sind nicht nur innerhalb der Schöpfungsgeschichte, sondern auch in den übrigen Stoffkreisen die Gesamtsätze durch eine Kombination von mittelhohem Punkt und Majuskel gekennzeichnet. Der mittelhohe Punkt beendet in der Regel den vorhergehenden Gesamtsatz. Wenn ein Gesamtsatz mit einem Kapitelbeginn zusammenfällt, so ist er durch eine mehr als einzeilige Initiale gekennzeichnet. Fällt der Gesamtsatz mit einem Absatz zusammen, so ist der Beginn durch eine einzeilige Initiale markiert. Mit der so beschriebenen Gesamtsatzmarkierung unterscheidet die Gothaer Bilderhandschrift 24 dreizehn Gesamtsätze und acht Absätze. Herkommer unterteilt die Schöpfungsgeschichte in seiner Umschrift der Handschrift 24 ebenfalls in dreizehn Gesamtsätze. Er verwendet die heutige Interpunktion, indem er zwischen grammatisch selbständigen Sätzen ein Semikolon setzt.[96]

Der erste Gesamtsatz (= 1 GS) beginnt in allen Handschriften mit einer adverbialen Bestimmung der Zeit: *In aller dinge beginne [...]*[97] Er umfasst in der Hs. 24 drei asyndetisch angeschlossene selbständige Sätze. Die Sätze sind durch mittelhohen Punkt und Minuskel angefügt, wie dies in der Handschrift 24 auch bei Satzgliedern und untergeordneten Teilsätzen der Fall sein kann:

1. Gesamtsatz (GS):
In aller dinge beginne · scŭp got to erst himel vñ erde · vñ wazzer vñ vur · vñ lucht · de vier elementen waren vngescheiden · in deme himele makede he oc tein kore der engele to sineme loue · vñ to sineme dieneste .

---

96 Das Buch der Welt. Kommentar, z.B. Schöpfungsgeschichte, S. 11-12.
97 Mit dieser Variante beginnen die meisten Handschriften die Schöpfungsgeschichte, z.B. die Hss. 24, 16, 17, 11, 18, 19, 162, 12, 12a, 23; andere Anfänge lauten: *Zu aller dinge beginne* (Hs. 1), *In aller dinge anbeginne* (Hs. 14); *(V)un aller ding beginn* (Hs. 7); *An dem anegenge* (Hs. 2), *An anegenge* (Hs. 6), *An aller dinge begynne* (Hs. 10, 22), *In dem anfang vnd zu aller ding begynn* (Hs. 023), *In dem anefang* (Hss. 081, 8, 082), *Da got was in dem begynen aller ding* (Hs. 5).

2. GS:
In deme tegeden kore · was lucifer de sconeste · vñde hereste der engele · dar ne blef he nicht inne ene ganze stunde · wende he wolde weesten gelike sineme sceppere · dar vmme valde ene got in dat afgrunde der helle · vñ verstet mit eme allesine volgere ·

3. GS:
Do got der engele kor vullen wolde ·he begunde ses dage werken ·
Der dritte Gesamtsatz fällt zusammen mit der Absatzkennzeichnung.

4. GS:
In deme ersten dage · de nv geachtet is de letere dach sente gertrude · sciet he dat licht van der diensternisse · vñ heit dat licht den dach · vñ de diensternisse de nacht · dit was de erste dach de ie gewart · dene hete we oc sûndach ·
Der vierte Gesamtsatz beschreibt den ersten Schöpfungstag und bildet mit dem dritten Gesamtsatz zusammen die Makrostruktur eines Absatzes.

5. GS:
Des anderen dages dene we dar hetet mannendach makede he den heuen · de dar hetet de nedere hemel · vñ telde dat water vppe deme himele va deme watere dat in ertrike is ·
Dieser Gesamtsatz gibt den zweiten Schöpfungstag wieder. Einen solchen Gesamtsatz, der aus einer Parataxe einfacher Sätze besteht, in die weitere Relativsätze eingeschoben sind, überliefern die meisten Handschriften zur Beschreibung des zweiten Schöpfungstages.

6. GS:
Auch der sechste Gesamtsatz fällt wieder mit einem Schöpfungstag zusammen:
IN deme dridden dage den we hetet dinsedach schiet he dat water van dem erthrike · vñ scûp deme watere sine stat dar it ouer gan nicht ne mach · he scûp oc dat · dat ertrhrike sine vrucht druge van allerhande corne vñ van wine vñ van bom̄ vñ crude · vñ ir sat an in seluen ware ·
Der Gesamtsatz umfasst sowohl eine Parataxe zweier einfacher syndetisch verbundener Sätze, in die je zwei Relativsätze eingeschoben sind, als auch eine Hypotaxe von übergeordnetem Satz und zwei final angeschlossenen Teilsätzen.

7. GS:
IN deme verden dage dene we hetet mitweken makede got de sunnen · dat sv deme dage lieht geue · vñ den manen vñ de sternen der nacht ·

Auch hier wird ein Schöpfungstag in einem Gesamtsatz beschrieben. Der vierte Schöpfungstag wird durch Hypotaxe eines übergeordneten Teilsatzes mit eingeschobenem Relativsatz in attributiver Funktion und mit zwei finalen Teilsätzen wiedergegeben.

8. GS:
IN deme visten dage den we heten donresdach makede he allerhande vische an deme watere vñ allerhande vogele an der lucht ·

Der fünfte Schöpfungstag wird durch den achten Gesamtsatz dargestellt: ein einfacher Satz, der durch einen Relativsatz in attributiver Funktion erweitert ist.

9. GS:
IN deme sesten dage den we hetet vridach makede he allerhande ve dat leuende is ůp der erde ·

Auch hier fällt die Gesamtsatzkennzeichnung mit der Absatzkennzeichnung zusammen. Zwei einfache Sätze sind parataktisch zusammengefügt, beide sind durch attributive Relativsätze erweitert.

10. GS:
Tolest sines werkes makede got adame in der ersten stunde des dages van der erde an sine licnisse · vñ gaf eme walt over ve · vñ vogele · vñ over vische · vñ satt in in den paradys · dar makede he evam van adames ribbe · in der dridden stunde des dages de wile he sliep · vñ gaf se ime to wiue ·[98]

Wie der Schreiber der Handschrift 24 interpungieren die meisten Schreiber der anderen Textexemplare diesen umfangreichen parataktisch gefügten Gesamtsatz.

11. GS:
In der sesten stunde sundegeden se beide · wante se aten dat ovet · dat in got verboden hadde ·

Dieser Gesamtsatz besteht in der Handschrift 24 aus einem einfachen Hauptsatzsatz mit Temporaladverbiale, einem kausalen Teilsatz und einem attributiven Relativsatz.

---

98 Genauso verfährt auch die ripuarische, höfische Handschrift 11. Die oberdeutsche Hs. 3 aus dem Anfang des 15. Jahrhunderts überliefert einen Gesamtsatz ebenfalls bis zur Einsetzung Adams ins Paradies, beginnt aber bereits mit dem sechsten Schöpfungstag: *An dem Sechtñ tag den wir haissen freytag macht got allerlay vieh (vich) das auf der erd ist vnd zu lest macht got seines wekes Adam von der erdñ in sein gleichnüss vnd gab im gewalt über viehe (viche?) vnd vögel vnd über vische vnd sat in sant in dad paradeis*

12. GS:
IN d' negeden stunde des dages warp se got ut dem paradyse vñ sande se in dat erthrike ·

Hier überliefern die meisten B- und C-Versionen zwei einfache, syndetisch verbundene Sätze.

13. GS:
Der dreizehnte Gesamtsatz umfasst inhaltlich den letzten Schöpfungstag und gleichzeitig den Hinweis auf die folgende Weltchronik seit Adam. Er besteht aus einem Hauptsatz mit Temporaladverbiale und mit attributivem Relativsatz, einem weiteren mit einer adverbialen Bestimmung der Art und Weise eingeleiteten einfachen Satz, einem Konditionalsatz und einer Hypotaxe, die mit einem vorangestellten adverbialen Teilsatz der Art und Weise beginnt.

IN deme seveden dage den we hetet sunnauent rûwede got na sineme werke · dar mede betekende he vns de ewigen röwe · vñ vrowede de we hebben sulen mit ime · na desses liues wandelunge · of we se verdienet · we div welt van adame wart gestan · hebbe dat verneme we an deme dar dat boch hier nach segit ·

Die Schöpfungsgeschichte hat in allen Handschriften eine explizit temporale Ausrichtung. In der Gothaer Bilderhandschrift beginnen alle elf Absätze mit temporalen Angaben in Spitzenstellung.[99] Darüber hinaus werden in den Gesamtsätzen temporale Angaben in anderen Positionen verwendet (*to erst* Bl. 10^r, Z. 13, *ne [...] ene ganze stunde* Bl. 10r, Z. 19; *dar* ‚darnach' Bl. 10^v, Z. 14 = in Spitzenstellung eines Teilsatzes; *in der dridden stunde* Bl. 10^v, Z. 15; *na desses liues wandelunge* Bl. 10^v, Z. 21f.) Nur einmal begegnet ein Ortsadverbial in Spitzenstellung eines Gesamtsatzes (*In deme tegeden kore*, Bl. 10^r, Z. 17), zweimal in Spitzenstellung eines Teilsatzes (*in deme himele*, Bl. 10^r, Z. 4; *dar ne blef he nicht*, Bl. 10^r, Z. 18) und einmal wird ein Gesamtsatz, einmal ein Teilsatz (*da vmme valde ene got in dat afgrunde de' helle [...]* Bl. 10^r, Z. 20f.) kausal eingeleitet.

Zeitaspekte werden also durch die temporalen Angaben ausgedrückt, weniger durch die Verben. Es überwiegen die Handlungsverben: *scûp* (Bl. 10^r, Z. 13, 31, Bl. 10^v, Z. 1), *makede* (Bl. 10^r, Z.15, 27, Bl. 10^v, Z. 4, 6f., 9, 11, 13) *valde* ‚fällte' (Bl. 10^r, Z. 20), *verstet* ‚verstieß' (Bl. 10^r, Z. 21), *vullen* ‚füllen' (Bl. 10^r, Z. 22), *sciet* bzw. *schiet* ‚schied' (Bl. 10^r, Z. 23, 30), *heit* ‚nannte' (Bl. 10^r, Z. 24, Bl. 10^v, Z. 4), *hete(t)* (Bl. 10^r,

---

[99] Vgl. unten Semantische Merkmale: Inhaltliche Ordnungsprinzipien a) datenbezogene Darstellungsweise.

Z. 25, 26, 27, 30, Bl. 10^v, Z. 6: *heten*), *delde* ‚teilte' (Bl. 10^r, Z. 28), *geue* ‚gäbe' (Bl. 10^v, Z. 5), *gaf* ‚gab' (Bl. 10^v, Z. 12, 15), *sat* ‚setzte' (Bl. 10^v, Z. 13), *sundegeden* (Bl. 10^v, Z. 15f.), *aten* ‚aßen' (Bl. 10^v, Z. 16), *warp* (Bl. 10^v, Z. 17), *sande* (Bl. 10^v, Z. 18). Mit dem letzten Schöpfungstag verweist auch die Schöfpungsgeschichte durch die verbale Konstrukion und durch die temporale Angabe auf die Zukunft: Hs. 24, Bl. 10^v, Z. 20-22 *dar mede betekend he vns de ewigen rŏwe . vn vrowede de we hebben sulen mit ime . na desses liues wandelunge* [...] Auch an weiteren Stellen wird noch in der Form des Wunsches auf die nahe Zukunft innerhalb des Erzählzusammenhanges verwiesen: *he* (Luzifer) *wolde wesen gelik sinem sceppere* (Bl. 10^r, Z. 19f.); *Do got der engele kor vullen wolde* [...] (Bl. 10^r, Z. 22) und: *dat sv deme dage lieht geue* [...] (Bl. 10^v, Z. 5). Bezüge zur Zeitebene der Gegenwart werden in der Benennung der Wochentage hergestellt: *de nv geachtet is de letere dach sente gertrude* (Bl. 10^r, Z. 23) oder *dene hete we oc sŭndach* etc. (Bl. 10^r, Z. 26). Einen ganz wesentliche Zeitaspekt vermitteln aber die Verben durch das nahezu durchgängig verwendete Tempus: Vergangenheit. Die Reimvorrede ist in allen Textexemplaren im Präsens abgefasst, mit der Schöpfungsgeschichte beginnt die Vergangenheit.

c) sytaxrelevante Merkmale in den übrigen Stoffkreisen:
An die Schöpfungsgeschichte schließt sich die Genealogie des Alten Testaments an. Dieser Übergang wird in der Handschrift 24 am Ende der Schöpfungsgeschichte am Ende des oben zitierten langen Gesamtsatzes angekündigt: *IN deme sevenden dage.* [...]. *we div welt van adame wart gestan ˙ hebbe dat verneme we an deme dar dat boch hier nach segit.*[100]

Da die Absatz- und die Gesamtsatzkennzeichnung in der Handschrift 24 häufig deckungsgleich sind, wirken sich die hierarchischen Strukturierungen auch auf die Gesamtsatzfeststellung aus. In der Gothaer Bilderhandschrift gilt das Prinzip der Absatzstrukturierung ohne deutlich markierte höhere Strukturierungen vor allem in der Schöpfungsgeschichte und in der Genealogie der Stammväter. In den übrigen Stoffkreisen wird z.T. deutlicher zwischen Absatz und Kapitel unterschieden: Die Regierungszeiten der einzelnen Kaiser und Könige sind in der Regel durch mehr als einzeilige farbige Initialen mit folgender Majuskel gekennzeichnet: z.B. Bl. 76^v, Z. 6f.:

IN deme ˙ dccc ˙ i ˙ iare van d' bort unses herren ˙ karolus de grote wart to rome keiser ˙ de dre uñ seuentegeste uan augusto vñ was dar an ˙ xiiii ˙ iar ˙

---

[100] Die einzelnen Handschriften interpungieren hier sehr unterschiedlich, auch die Mittel der hierarchischen Strukturierung variieren.

und das folgende Kapitel: Bl. 79ᵛ, Z. 5f.:

IN deme · dccc · xv · iare van godes bort · lodewich keiser karles sone quam an dat rike ·

Gesamtsätze werden hier wie Absätze durch farbige Initialen gekennzeichnet. Daneben findet sich jedoch auch eine Gesamtsatzstrukturierung durch den Punkt in Kombination mit einer Majuskel, z.B. Bl. 80ʳ:

Z. 6-9: *De selue luder wart van deme pauese paschalli to rome geladet · vnde ward gewiet to keisere al dar virde augustus beropen ·*
Z. 9-10: *Dar ne was weder sinen uader nicht de leuede sid' manigen dach ·*
und
Z. 10f.: *Dar na starf de paues paschalis . na deme ward eugenius paues ·*

Wie in der Schöpfungsgeschichte wird die temporale Ausrichtung des gesamten chronikalischen Textzusammenhanges nicht durch die Verbwahl, sondern durch das Verbtempus und die temporalen Angaben hergestellt. In der chronologischen Darstellung überwiegt das Hilfsverb *sein* und in der Stammvätergeschichte wird ausschließlich *wan* oder *gewan* verwendet. Die Verben, die die Erzählhandlung charakterisieren, werden dagegen häufig variiert. Hier treten vor allem Handlungsverben auf: *sacz, lag, hub, karde, buwede* etc. Ebenso werden verba dicendi verwendet, da vielfach die handelnden Personen direkt oder indirekt zitiert werden: *Eusebius de hilege man was des keiseres capelan* [...] *He segede we ime geschen were · Eusebi segede deme umgelinge wolde he untfan* [...] (Bl. 59ʳ, Z. 17ff.)

Lexikalische Merkmale
1) Schlüsselwörter:
„Gattungs"bezeichnungen: Im Codex wird das Wort *buch* verwendet: 1. bezogen auf das ‚Buch der Welt' *Ich han mich des wol bedacht · diz bůch wirt nimmer vollenbracht · de wile div werlt stat · so uile wirt kunstiger dat . .* (Bl. 10ʳ, Z. 3f.); *... we div werlt van adame gestan hebbe dat v'neme we an deme dat dat boch hir na segit* (Bl. 10ᵛ, Z. 22-24) [...] *wante an des koning pippines tiden · wo dat allet were dat vintmē an dissem boke vorewart* (Bl. 48ᵛ, Z. 4-6); *dat sal men allet uinden noch gescreuen in dissen boke ·* (Bl. 81ʳ, Z. 17f.) etc. und 2. auf andere Texte bezogen: *. vñ lesit in den bůken · dar men de warheit sůchen mach* [...] (Bl. 9ᵛ, Z. 26f.); *Enoc makede oc boke* (Bl. 11ᵛ, Z. 24); im Anschluss an die aus der Kaiserchronik übernommene Darstellung der römischen Tagesgötter: *van disen afgoden · de hirvore gescriven sin . ne wet men de vollen warheit nicht · noch van den scellen . men vint et iedoch gescrev-*

en an etteliken boken · (Bl. 20ʳ) und einige Blätter weiter: *Men vint gescreven oc an enen boke dat vaspanianus vñ sin sone tytus stridden mit eneme konninge van babylonie* [...] (Bl. 35ʳ, Z. 20-22). Hier bezieht sich der Chronist wohl ebenfalls auf die Kaiserchronik,[101] dennoch verwendet er auch hier die allgemeine Bezeichnung *bok*. An anderer Stelle bezieht sich der Schreiber auf Ekkehard von Aura ‚Hierosolymita' (Der Jerusalempilger):[102] [...] *de groten hereuard div geschah bi deme hertogen godefride dar wille we en wenich van seggen swe so it vorbat weten wille de lese dat bok van d' seluen hereuard* · (Bl. 101ᵛ, Z. 23-25). Auch die heidnischen Bücher werden erwähnt: *heidnischen boken* (Bl. 54ʳ, Z. 29). 3. *Buch* bezieht sich auf die biblischen Bücher: *De dese wůnder al will weten de lese alexandrum magnum* · *vñ dat bok machabeorum* (Bl. 21ᵛ, Z. 15f.). Die Übersetzung der Psalter, Evangelien und der Bücher der Propheten ins Lateinische durch den hl. Hieronimus wird ebenfalls erwähnt und dabei werden die Bezeichnungen *bok/bůken* verwendet: *IN den tiden was sente ieronimus de den salter vñ de evangelia vñ de alden boke de ppheten van hebraischen to latinischen bůken makede* · (Bl. 54ᵛ, Z. 25-28). Alle Belege verweisen sehr weitgreifend auf die Werkeinheit *Buch*, eine bestimmte Gattungsvorstellung lässt sich aufgrund des Verwendungskontextes nicht erkennen.

Das Wort *Chronik* wird in zwei Bedeutungen verwendet: 1. Auf Bl. 18ʳ, Z. 7f. erwähnt der Chronist als empfehlenswerte weitere Literatur zur Ergänzung seiner historischen Informationen über die römische Geschichte eine Chronik, die er nicht genauer angibt, er nennt Lucanus[103] und Orosius:[104] *We romisch rike here komen si* · *dat will ich iv kortelike seggen* · *swer vorbat weten* wille *de lese cronica* · *oder lucanum oder den gůden orosium*; ebenso auch: *der levent vint men gescreuen in cronicis* [...] (Bl. 18ʳ, Z. 27). Die Forschung zum ‚Buch der Welt' hat gezeigt, dass der Chronist die römische Geschichte weitgehend aus der Frutolf-Ekkehard-Chronik schöpfte. Diese lateinische Universal-

---

101 Siehe Das Buch der Welt (1996), S. 62.
102 Ebd., S. 181f.
103 Zu Lucanus siehe Die Pharsalia – Lucanus, Bellum civile, bearb. und übers. v. Widu-Wolfgang Ehlers. Er war bei mittelalterlichen Geschichtsschreibern als Quelle beliebt, vgl. dazu: Eva M. Sanford, The study of ancient history in the middle ages, S. 21-43, bes. S. 24; Walter Fischli, Studien zum Fortleben der Pharsalia des M. Annaeus Lucanus, S. 18-44; Peter von Moos, Poeta und historicus im Mittelalter, S. 93-130, bes. S. 106 und Anm. 23.
104 Zu Orosius siehe Pauli Orosii Historiarum adversum paganos libri VII; vgl. auch Hans-Werner Goetz, Die Geschichtstheologie des Orosius, S. 154; Hubert Herkommer, SW, S. 5; Michael Menzel, Sächsische Weltchronik, S. 78-80.

chronik wurde 1099 von dem Mönch Frutolf aus dem Kloster Michelsberg bei Bamberg beendet und wenige Jahre später vom Abt Ekkehard von Aura (gest. 1125) weitergeführt. Es ist also wahrscheinlich, dass mit *coronica/cronicis* auch die lat. Frutolf-Ekkehard-Chronik gemeint ist.

2. An anderer Stelle jedoch wird sowohl das lateinische Wort als auch die eingedeutschte Variante explizit auf das ‚Buch der Welt' bezogen: Z.B. Bl. 75^r, Z. 7: *Nu kome we wider to d' cronekeN*. Vom Kontext her ist aber nicht vorrangig die Gattung, die Textklasse bezeichnet, sondern die Darstellungsweise: die Chronologie als knappe datenbezogene Erzählstrategie.[105] Der Chronist hatte im vorhergehenden Text die Chronologie durch eine ausführliche Erzählung über das Leben Karls des Großen unterbrochen und damit auch die zeitliche Abfolge der Geschehnisse. Er kehrt mit dem oben zitierten Satz zur Chronologie zurück. Der Einschub beginnt und endet mit einer N-Majuskel und setzt so auch optisch eine Zäsur. In dieser Bedeutung tritt *cronica* vor und nach Exkursen zur Genealogie sächsischer Herrscher auf: *Hir wille wi laten de cronica unde seggen van irme slechte* (Verbindung der Billunger zu den Welfen, Bl. 109^r, Z. 12); *Nu van we wider an de cronika* (Bl. 109^v, Z. 3).

Neben *buch* und *cronek/coronica* tritt auch das volkssprachige, nd. *tale* < mhd. *zal(e)* auf. Mit dem gemeingermanischen Wort *zal*[106] ‚Zahl, bestimmte oder unbestimmte Anzahl, Menge, Schar, Zählung, Berechnung, Aufzählung, die Zählung oder Zeitrechung nach Jahrhunderten, innerhalb eines Jahrhunderts nach der Zahl der Jahre, Alter, Bericht, Erzählung, Rede' ist auch der Zusammenhang zur Chronologie greifbar. Nach dem Exkurs zu den römischen Tagesgöttern, der nahezu wörtlich aus der Kaiserchronik übernommen wurde, will sich der Schreiber wieder der eigentlichen Erzählung zuwenden: *Nu van we wider* (eingeschoben ist das Brustbild des Königs Tullus Hostilius) *to der ersten tale.* (Bl. 20^r); auch an anderer Stelle, nach kleineren historischen Exkursen – häufig Vorgriffe auf Ereignisse oder Personen, die erst im weiteren Verlauf zu erwähnen sind – tritt *tale* auf: *Nv vare we wider to der ersten tale* (Bl. 81^r, Z. 18) etc. Im Anschluss an die Jovinussage verweist der Chronist darauf, dass die weitergehenden Informationen in der Geschichtsdarstellung zu den (römischen) Kaisern zu finden sind: *dese is buten der keiseren tale* (Bl. 28^r, Z. 21f.). Die Bezeichnung *tale* bezieht sich hier auf die Kaiserchronik, ebenso am Ende der Lucretiasage aus der Kaiserchronik *dit mere is gescreuen buten der tale de men den keiseren to*

---

105 Vgl. auch unten semantische Merkmale.
106 mhd. *zal, zale* stf. – der *zal buoch* ‚Chronik', hierzu: DWB, Bd. 31, Leipzig 1956, Sp. 36-41.

scrift (Bl. 32ʳ, Z. 19f.). *Tal* bedeutet in diesem Zusammenhang die ‚(chronologische) Geschichtserzählung'.

Die Gothaer Bilderhandschrift verwendet die Bezeichnung *buch* allgemein als Werkbezeichnung,[107] mit lat. *cronica* wird ein lat. Geschichtswerk bezeichnet, das chronologisch aufgebaut ist. Die Eindeutschung *cronek* bezieht sich auf die chronologische Darstellungsweise innerhalb des sächsischen ‚Buchs der Welt'. Die volkssprachige Bezeichnung *tale* tritt vor allem dann auf, wenn die Erzählstrategie des ‚Buchs der Welt' zur Chronologie bzw. auf den ursprünglichen Erzählzusammenhang zurückgeführt wird. Sie kann aber auch als Bezeichnung für eine (chronologisch aufgebaute) Geschichtserzählung wie die Kaiserchronik verwendet werden.

2) lexikographische Schlüsselwörter (die Wochentagsbezeichnungen):
Sonntag: *In dem ersten dage [...] dene hete we oc sůndach* (Schöpfungsgeschichte, Bl. 10ʳ, Z. 26); *Swene quam de sonendach [...]* (römische Tagesgötter, Bl. 19ʳ, Z. 18).

Die Gothaer Bilderhandschrift – der früheste Textzeuge, der dem Niederdeutschen rsp. dem Elbostfälischen zugerechnet wird – überliefert in der Schöpfungsgeschichte *sůndach* und in der aus der Kaiserchronik übernommenen Passage zu den römischen Tagesgöttern *sonendach*. Damit begegnet hier ein sehr früher Beleg für die sich in mhd. Zeit aus dem Mitteldeutschen ausbreitende Vokalsenkung vor Nasal (mhd. *sunne* → nhd. *Sonne*).[108] Sie etabliert sich im Niederdeutschen erst im 15. Jahrhundert, der früheste Beleg, den das Grimmsche Wörterbuch anführt, stammt aus einer Urkunde aus dem Jahre 1351.[109] Die uns bekannten Handschriften der Kaiserchronik überliefern an dieser Stelle *sunnentach* bzw. *suntach* (Wolfenbüttel, Ms. Aug. 15,2).[110]

Montag: *Des anderen tages den man hetet manendach makede he den heven [...]* (Akkusativ, Schöpfungsgeschichte, Bl. 10ʳ, Z. 26f.); *In deme manendage [...]* (Dativ, röm. Tagesgötter, Bl. 19ʳ, Z. 24). Die beiden Belege zeigen mnd. schreibsprachliches *mânendach*. Die oberdeutschen Kaiserchronik-Handschriften bieten an dieser Stelle ein variantenreiches Bild: Die bair.-österr. Kaiserchronik-Handschrift Vorau, Stifts-

---

107 Auch in der Kaiserchronik tritt die Selbstbezeichnung *bůch* auf (z.B. V. 4038).
108 Siehe Hermann Paul, Peter Wiehl, Siegfried Grosse, Mittelhochdeutsche Grammatik, § 50. „Die Senkung des Md. aus frühmhd. Zeit wird im 14. Jh. im Schwäbischen, seit dem 15. Jh. im Obersächs., gegen Ende des 16. Jhs. im Bair. übernommen und gilt für die nhd. Gemeinsprache." (S. 79)
109 DWB (Grimm) Bd. 10,1, (Sonntag) Sp. 1711f.
110 Eduard Schröder, Die Kaiserchronik, S. 80.

bibl. Cod. 276 (4. Viertel des 12. Jhs.) verwendet umgelautetes *mæntage* und weicht damit vom bair. Codex München cod. germ. 37 (14. Jh.) ab, der gerundetes *montage* aufweist und damit ein deutlicher Beleg für die im 12. Jh. von Bayern ausgehende Rundung von â → ô ist.[111] Die mittelrhein. Heidelberger Handschrift cod. pal. 361 (14. Jh.) verwendet wie das ‚Buch der Welt' in der Version der Handschrift 24 *mantage*.[112]

Dienstag: *IN deme dridden dage den we hetet dinsedach* [...] (Bl. 10^r, Z. 29f.). Mit diesem Beleg aus der Schöpfungsgeschichte überliefert die mnd. Handschrift eine Variante von *dinstag*, das seit dem 13. Jahrhundert in der mnd. Urkundensprache auftritt.[113]

In der Passage zu den römischen Wochentagen übernimmt das sächsische ‚Buch der Welt' aus der Kaiserchronik die Wendung: *na deme manetage* (Bl. 19^v, Z. 1). Die oberdeutschen Kaiserchronik-Handschriften vermeiden hier die volkssprachige Bezeichnung für den Dienstag, die im Bairischen *er(i)tag* lautet. Die Handschrift 24 vermeidet wie ihre Vorlage, die Kaiserchronik, die Wochentagsbezeichnung Dienstag/Ertag innerhalb der Passage von den röm. Tagesgöttern.

Mittwoch: *IN deme verden dage dene we hetet mitweken* [...] (Bl. 10^v, Z. 3f.). Wie in der Schöpfungsgeschichte verwendet die Handschrift auch in der Kaiserchronikpassage die nd. Variante *mitweken* (Bl. 19^v) und nicht die md./obd. Form *mit(t)woche(n)*.[114]

Donnerstag: *IN deme fiften dage den we heten donresdach* [...] (Bl. 10^v, Z. 6). In der Schöpfungsgeschichte findet sich *donresdach*, in der Kaiserchronik *donresdage*. Die oberdeutschen Handschriften der Kaiserchronik verwenden hier ebenfalls wie bei *Dienstag* nicht das bairische „Kenn"wort (*Pfinztag*). Sie umgehen dies aber auch nicht, sondern verwenden stattdessen die überregionale Bezeichnung *Donnerstag*. Die älteste bair.-österreichische Handschrift (Vorau, Stiftsbibliothek, cod. 276) der Kaiserchronik aus dem 12. Jahrhundert nennt *tonerstage*, der Münchener Codex germ. 37 aus dem 14. Jh. *donertage*, der bair. Wolfenbüttler Codex Ms. Aug. 15.2 aus dem 14 Jh. *donerstage* und die mittelrhein. Heidelberger Handschrift cod. pal. 361 *dunristage*.[115] So lässt sich hier bereits an den Kaiserchronik-Belegen eine sehr frühe Ausgleichssprache erkennen, die die dialektgebundenen Bezeichnungen möglichst

---

111 Hermann Paul, Peter Wiehl, Siegfried Grosse, Mittelhochdeutsche Grammatik, § 48.
112 Eduard Schröder, Die Kaiserchronik, S. 81.
113 Matthias Lexer, Mittelhochdeutsches Handwörterbuch, Bd. 1, Sp. 25.
114 Die Kaiserchronik-Handschriften verwenden hier: *An der mittewochen ir marchet heten si dar gesprochen* [...], Eduard Schröder, Kaiserchronik, S. 81.
115 Ebd., S. 82, Vers 139f.

allgemein verständlich präsentieren möchte. Ein Unterschied zwischen der Verwendung von *Dienstag* und *Donnerstag* in den bairischen Handschriften ist ganz offensichtlich. *Dienstag* wird nicht als Ersatz für das bair. Dialektwort *Er(i)tag* verwendet, die Bezeichnung wird umschrieben. *Donnerstag* jedoch scheint schon früh den Siegeszug zu einem überregional bekannten Wochentagsnamen angetreten und in der gehobenen Schriftsprache/Kanzleisprache das Dialektwort verdrängt zu haben.

Freitag: *IN deme sesten dage den we hetet vridach* [...] (Bl. 10^v, Z. 8). In der Schöpfungsgeschichte wird die nd. monophthongierte Wochentagsbezeichnung *vridach* verwendet. In der Passage zu den römischen Tagesgöttern dagegen fehlt die Wochenbezichnung: *To rome wart ein hus geworcht dat cirede al de stat urowen veneri to eren vñ ire lof dar mide meren alle de unkuslike leueden se waren arm od' rike men untfienc se w'dichlike* [...] (Bl. 19^v, Z. 23ff.). Damit übernimmt das sächsische ‚Buch der Welt' die Vorlage aus der Kaiserchronik fast wörtlich, selbst der Reim ist weitgehend erhalten:

Ein hûs ze Rôme geworht wart
Daz zierte alle die stat,
frowen Vêneri ze êren,
ir lop dâ mit ze mêren .
alle die unkûsclîche lebeten
oder hures dâ pflegeten,
si wæren arm oder rîche,
man enpfie si dâ wirdilîche[116]

Die Bildunterschrift dagegen lautet lateinisch: *dies veneri*.

Samstag/Sonnabend: *IN deme seveden dage den we hetet sunnauent rûwede got* [...] (Schöpfungsgeschichte, Bl. 10^v, Z. 18f.), auch in der Kaiserchronikpassage verwendet das sächsische ‚Buch der Welt' *In deme sunnavende* [...] (Bl. 19^v). Damit haben wir hier keine Vokalsenkung wie in *sonendach* vorliegen. Auch Rudolf Große stellt bei seiner Dialektanalyse fest, dass westgerm. *u* vor *r* + Konsonant und vor Nasal häufig, aber nicht durchgehend zu *o* gesenkt wird.[117] Im Text begegnet z.B. auch *kondich* neben *kundich* ‚bekannt' (Bl. 133^r, Z. 7 und Bl. 132^v, Z. 4). Die Verwendung von Sonnabend weicht indessen deutlich von der Vorlage in der Kaiserchronik ab: *An dem sameztage* [...][118]

---

116 Eduard Schröder, Kaiserchronik, S. 82, V. 158ff.
117 Rudolf Große, Sprachgeschichtliche Stellung, S. 29.
118 Eduard Schröder, Kaiserchronik, S. 82, V. 171

Der Schreibdialekt des Codex gilt in der Forschung als mittelniederdeutsch – genauer elbostfälisch oder südostfälisch[119] – mit hochdeutschen Passagen in der Reimvorrede und der Kaiserchronik. Das Gebiet der mnd. Literatur wird seit Agathe Lasch vor allem auf das Elbostfälische eingegrenzt,[120] das Gebiet konzentriert sich „auf das relativ enge Landschaftsgebiet zwischen Harz und Elbe/Saale, eben den Lebensraum Eikes von Repgow".[121] Die Kenntnisse über die historischen Dialektgebiete beruhen auf der Analyse der mnd. Sprachdenkmäler,[122] deren sprachsoziologische Stellung dabei in der Regel kaum berücksichtigt wurde, ebenso wenig wie die Frage der Vorlagenabhängigkeit.

Es zeigt sich, dass die Chronik in der Fassung der Handschrift 24 mittelniederdeutschen kanzleisprachlichen Wortschatz und zum Teil schon früh Ausgleichsformen (md. Senkung von *u* → *o* in *sonendach* und auch in *sûndach*) enthält. Das Textexemplar zeigt eine niederdeutsche Ausgleichsprache, die immer dann ihrer Vorlage treu ist, wenn die Verständlichkeit nicht gefährdet ist, die aber auch behutsam das Niederdeutsche nicht nur berücksichtigt, sondern auch in Bezug auf eine gewisse Überregionalität fördert: Bei der md. Vokalsenkung verwendet der Chronist die Ausgleichsformen vermutlich gegen die (oberdeutsche) Vorlage der Kaiserchronik, obschon diese häufig sehr textnah übernommen wird. Demgegenüber behält er in *sunnauent/sunnavende* die *u*-Formen bei, wählt aber entgegen der Vorlage das nd. Wort *Sonnabend* und nicht *Samstag*. Insgesamt lässt sich sagen: Denjenigen Wortschatz, von dem der Chronist annahm, dass er im Niederdeutschen nicht bekannt war, ersetzte er wie im Falle von Sonnabend/Samstag: z.B. *in allen iren straten* (Bl. 19^r, Z. 26) ← *in allen romiscen gazzen* (Schröder, S. 81, V. 91); *De kindere toch men mit groten tuchten wante se swert nehmen solden* ‚die Kinder erzog man mit großen Tugenden, weil sie das Schwert nehmen sollten' (Bl. 66^v, Z.14-15) ← *di kint zoch man mit flize*

---

119 Gustav Korlén spezifiziert südostfälisch und Lindkvist, Herkommer, Klein und Große plädieren für elbostfälisch. Gustav Korlén, Die mittelniederdeutschen Texte des 13. Jahrhunderts, S. 85; Gudrun Lindkvist, Beitrag zu den Studien und Materialien, S. 132; Hubert Herkommer, Sächsische Weltchronik, S. 126; Thomas Klein, Ermittlung, Darstellung und Deutung von Verbreitungstypen, 110-167, S. 130; Vgl. zuletzt die ausführliche Beschreibung von Rudolf Große, Sprachgeschichtliche Stellung, S. 19-45.
120 Agathe Lasch, Mittelniederdeutsche Grammatik. Vgl. Rudolf Große, Sprachgeschichtliche Stellung, S. 19f.
121 Rudolf Große, Sprachgeschichtliche Stellung, S. 19. Zu den sprachlichen Merkmalen des Mittelniederdeutschen siehe auch: Robert Peters, Katalog sprachlicher Merkmale, S. 61-93.
122 Erik Rooth, Saxonica, S. 50-181; Gudrun Lindkvist, Die Sächsische Weltchronik, S. 104-155.

si wuohsen agelaize unz si daz swert mahten laiten ‚die Kinder erzog man sorgfältig, sie wuchsen eifrig auf, bis sie das Schwert führen konnten' (Schröder, S. 289, V. 11379).[123] Die Aussagen, die sich anhand der lexikographischen Schlüsselworter machen lassen, bestätigen sich weitgehend durch die Untersuchung der sprachgeschichtlichen Stellung des sächsischen ‚Buchs der Welt', die Rudolf Große vorgenommen hat. Er berücksichtigte dabei die Wochentagsbezeichnungen nicht.

Semantische Merkmale
1) Inhaltliche Ordnungsprinzipien:
Der Gesamtaufbau des Codex ist durch eine Kombination von (a) datenbezogener und (b) personenbezogene Darstellungsweise gekennzeichnet. Diese wird durch den Wechsel von temporalen Adverbien (mit mehr oder weniger genauen Zeitangaben) mit Personennamen in Spitzenstellung der Gesamt- oder Teilsätze hergestellt. Besonderer Wert wird auf die (c) Genealogie gelegt. Insgesamt erfährt die Weltgeschichte eine (d) Zweiteilung.

a) Datenbezogene Darstellung der Geschichte: Die annalistische Struktur ist durch die lateinische Vorlage der Frutolf-Ekkehard-Chronik vorgegeben. Die Gothaer Bilderhandschrift verwendet nicht wie die Frutolf-Ekkehard-Chronik Zeittabellen; die Zeitrechnunssysteme sind nicht so vielfältig und nicht mit der gleichen Übersichtlichkeit dargeboten wie in der Synopse bei Frutolf-Ekkehard (s. Abb. 6).

Dennoch sind in der Gothaer Bilderhandschrift verschiedene Rechen- und Zählsysteme erkennbar. Die Systeme wechseln in den einzelnen Stoffkreisen entsprechend der thematischen Ausrichtung:

– In der Schöpfungsgeschichte zählt zunächst der Beginn der Welt (1), dann der Beginn der Schöpfungstaten (2), sowie das Ende (8), sodann die Tage (3-7, 11) und schließlich die Stunden (9, 10) des Schöpfungsaktes im Sechstagewerk (Bl. 10^r-10^v). Dieses Zählsystem wird durch die makrostrukturelle Kennzeichnung mit einzeiligen Initialen,

---

123 Rudolf Große, Sprachgeschichtliche Stellung, S. 42, stellt fest, dass der Chronist bei der Kaiserchronikübernahme im Niederdeutschen unbekannte, allerdings leicht zu verstehende Bezeichnungen beibehielt: z.B. *bedehus* (Bl. 19^v, Z. 17) ← *petehus* (Schröder, S. 82, V. 143) ‚Bethaus, Tempel'; *wichgode* (Bl. 19^v, Z.5) ← *wichgode* (Schröder, S. 81, V. 117) ‚Kriegsgott'. Die Wochentagsbezeichnungen berücksichtigt Große in seiner Analyse nicht. Dass *bedehus* z.B. im Niederdeutschen unbekannt war, möchte ich bezweifeln, denn die Bezeichnung tritt auch unabhängig von der Kaiserchronikvorlage im Textzusammenhang des ‚Buchs der Welt' auf und wird hier auch von den nd. Hss. überliefert, z.B. Hs. 24, Bl. 48^r, Z. 24 (*bedehus*); Hs. 17, Bl. 45^r, Z. 15 (*bedehus*); Hs. 16, Bl. 40 bzw 38ra, Z. 5 (*bedehus*), ostmd. Hs. 1, Bl. 33^r, Z. 2 (*bethus*) etc.

zumeist mit nachfolgender Majuskel hervorgehoben (vgl. oben Makrostrukturen c):

(1) *IN aller dinge beginne* [...]
(2) *Do got d' engele kor vullen wolde he begonde ses dage werken . In deme ersten dage* [...]
(3) *Des anderen dages* [...]
(4) *IN deme dridden dage* [...]
(5) *IN deme v'den dage* [...]
(6) *IN deme fiften dage* [...]
(7) *IN deme sesten dage* [...]
(8) *Tolest sines w'kes makede got adame* [...]
(9) *In d' sesten stunde* [...]
(10) *IN d' negeden stunde* [...]
(11) *IN deme sevenden dage* [...]

– In der biblischen Geschichte seit Adam steht das Alter der Stammväter im Vordergrund. Wie eine Zeitleiste wird Adams Alter bis zu seinem Tode mit 930 Jahren immer wieder in die übrigen Ereignisse hineingeblendet. Auf diese Weise wird auch ein Gesamtzusammenhang zwischen den einzelnen Ereignissen hergestellt, z.B.:

Do adam drittich vñ hund't iar alt was [...] (Bl. 10^v, Z. 26)

Do seth was uif iar vñ hundert alt · he gewan enos · dan noch leuede adam vñ was twehundert · vñ vif vñ dritich iar alt · (Beginnt mit einer einzeiligen farbigen Initiale), Bl. 11^r, Z. 18ff.

Enos gewan kaynan do he was negentich iar alt · dan noch leuede adam vñ was drier hund't vñ vif vñ twentich iar alt · (Beginnt mit einer einzeiligen farbigen Initiale), Bl. 11^r, Z. 5ff.

Caynan wan malaleel · do he was seuentich iar alt · dan noch leuede adam vñ was drierhund't vñ vif vñ negentich iar alt · (Beginnt mit einer einzeiligen farbigen Initiale), Bl. 11^r, Z. 8ff.

Malaleel wā Jiareth do he was vif vñ sestich iar alt · dan noch leuede adam vñ was vierhund't vñ sestich iar alt · (Beginnt mit einer einzeiligen farbigen Initiale, auch der Name Jiareth ist – vielleicht an dieser Stelle irrtümlich – mit einer farbigen Initiale hervorgehoben), Bl. 11^r, Z. 11ff.

Jareth gewan enoch do he was hund't vñ twei vñ sestich iar alt · dan noch leuede adam vñ was seshund't vñ twei vñ tvintich iar alt · (Beginnt mit einer einzeiligen farbigen Initiale), Bl. 11^r, Z. 15ff.

Enoch gewan matusalā do he was vif vñ sestich iar alt · dan noch leuede adā vñ was seshund't vñ seuene vñ sestich iar alt · (Beginnt mit einer einzeiligen farbigen Initiale), Bl. 11^r, Z. 18ff.

Mathusalam gewan lamech do he was hundert vñ seuene vñ achtentich iar alt · dan noch leuede adam vñ was achtehund't vñ vier vñ seuentich iar alt . do mathusalam was twierhund't vnde vier vñ viertich iar alt · vñ lamech sin son sesse vñ viftich . do was adam negenhund't vñ dritich iar alt · vñ starf · Bl. 11^r, Z. 23ff.

Ein weiteres Zählsystem wird später eingeführt, indem bestimmte Ereignisse als Eckdaten der Zeitberechnung – z.B. die Sintflut oder die babylonische Sprachverwirrung – gewählt werden:

- die Sintflut wird in Bezug zum Alter der biblischen Personen gesetzt:
  Noe wan sem . cham .vñ iafeth. Do he was vifhundert iar alt . hundert er dar water vlot [...] Bl. 11^v, Z. 27f. ‚Noa bekam Sem, Cham und Japhet als er fünfhundert Jahre alt war. Hundert Jahre vor der Sintflut'
- die Sintflut wird in Bezug zur Entstehung der Welt gesetzt:
  [...] van der welt beginne wante an de watere vlot · waren dusent vñ seshundert vñ sesse vñ vif iar · Bl. 12^r, Z. 2f.
- die Zeiträume zwischen verschiedenen Ereignissen werden berechnet: z.B. der Zeitraum zwischen der Sintflut und der babylonischen Sprachverwirrung:
  Van der water vlot wante an der sprake tviunge was en iar vñ hundert sem noes sone leuede ses hundert vñ tve iar Bl. 12^r, Z. 25

Weitere Zeitmesssysteme kommen hinzu, z.B. die im späteren Chronikzusammenhang vorherrschende Zählung nach Regierungsjahren der Herrscher oder die Zählung seit der Gründung Roms: Bei der Geburt Abrahams wird sowohl das Alter seines Vaters erwähnt als auch das Regierungsjahr des Königs Ninus von Assyrien, die Sintflut, die babylonische Sprachverwirrung, der Zeitraum seit der Entstehung der Welt und – auf die Zukunft gerichtet – die Gründung der Stadt Rom:

Thare gewan abrahame · do he was seuentich iar alt · In deme driv vñ vertegesteme iare des koning ninus van assyria · Abraham wart gebor^{n}t er men rome buwede dusent iar uñ tvehundert vñ driv vñ sestich van der water vlůt want an abrahame waren tvehund't vñ tve vñ negentich iar · van der water vlůt wante an de tweunge d' sprake was en iar vñ hundert · do wart falech geboren van der tveunge der sprake wante an abrahame waren hundert vñ en vñ negentich iar · van d' welt beginne wante an abrahame waren dusent vñ achte vñ v'tich iar dit is tosamene rekenet dre dusent iar vñ elleuen iar · van der welt beginne wāt an rome buwinge · Bl. 13^r, Z. 4-16.

In der Gothaer Bilderhandschrift wird seit der Geburt Christi, dieses Zählsystem vorrangig angewendet.

b) Personenbezogene Darstellung der Geschichte: Auch für die personenbezogene Darstellung hat die Gothaer Bilderhandschrift Vorbilder:

sowohl die Frutolf-Ekkehard-Chronik als auch die Kaiserchronik gliedern nach Personen, die das historische Geschehen entscheidend beeinflussten. Die Handschrift 24 bekennt sich durch die Interpolation der Kaiserchronik noch einmal mehr zum personenbezogenen Prinzip als Leitprinzip, das auch durch die Brustbilder der Stammväter, von Herrschern etc. visualisiert ist.

Die Orientierung an einer Chronologie – sei sie eher daten- oder stärker personenbezogenen – hat Folgen für die Erzählstrategie. Das chronologische Schema erfordert eine knappe Darstellungsweise, die auf ausschmückende und unterhaltsame wie auch wissenwerte Details weitgehend verzichten muss, damit die lineare chronologische Darstellung nicht zu sehr unterbrochen und verwirrt wird:

Adam gewan kain vñ abele do abel dritich iar alt was · do slůch ine kain sin broder dot · Do adam drittich vñ hund't iar alt was · do gewan he seth [...] Bl. 10^v, Z. 24-27.[124]

In dem Beispiel ist die personenbezogene Darstellungsweise mit der datenbezogenen verbunden und führt zu einer knappen Erwähnung der Ereignisse, ohne ausführlich z.B. in Worten (dafür aber in Bildern, s.o. Text-Bild-Relationen) auf den Brudermord einzugehen.

Die rein personenbezogene Darstellungsweise (ohne Datenangabe) der Kaiserchronik zeigt aber sehr deutlich, dass die personenbezogene Geschichtsschreibung eine Erzählstrategie begünstigt, der eine starke Tendenz zur ausführlichen Darstellung der Ereignisse innewohnt. Im ‚Buch der Welt' muss der Chronist sich nach der Übernahme der Kaiserchronikpassagen immer wieder disziplinieren um zur Chronologie zurückzukehren. Er selbst thematisiert dies an verschiedenen Stellen: [...] *nu van we wider to der ersten tale* (Bl. 20^r) etc. (vgl oben Lexik: „Gattungs"bezeichnungen).

Dies führt zu einem Spannungsverhältnis einerseits von knapper Annalistik, die nur Person, Regierungsantritt, Todesdatum und vielleicht ein oder zwei bemerkenswerte Ereignisse nennt, und ausführlicher Geschichtsbeschreibung auf der anderen Seite. Die chronologische Darstellung wird durch die Namensnennung oder durch temporale Adverbiale eingeleitet: **Do adam drittich vñ** [...]; *do abel drittich iar alt was* [...] Die temporalen Adverbien treten in Spitzenstellung auf und bestehen entwe-

---

[124] An dieser Stelle lässt sich noch einmal die Funktion der Minaturen hervorheben. Gegenüber der knappen Erwähnung des Brudermordes hat die Gothaer Bilderhandschrift drei Miniaturen, die die Geschichte von Kain und Abel ausführlicher darstellen.

der aus einem (*do, nu, da, na*) oder aus mehreren Segmenten: *In aller dinghe beginne, An dem* [...] *iare na rome stiftunge, bi den tiden* [...]

Schon Frutolf und Ekkehard, in deren Chronik die Personen viel stärker in unterschiedliche chronologische Systeme eingebunden sind, sahen sich mit dem Problem der Kombination von Annalistik und narrativer, an historischen Personen orientierter Chronistik konfrontiert. So bot z.B. auch die Darstellung der Geschichte Karls des Großen für Frutolf ein Problem: Die vielen Ereignisse – zumeist aus der Vita Karls des Großen nach Einhard – sprengen auch hier häufig das chronologische Darstellungsschema.[125] Im Vergleich dieser Stelle bei Frutolf-Ekkehard in der Handschrift 24 möchte ich die unterschiedlichen Erzählstrategien analysieren.

Im Frutolf-Ekkehard-Autograph (Jena, Boseq. 19), Bl. 135^v, Z. 15ff. (s. Abb. 7) fängt die Geschichte Karls des Großen mit dem Jahre 769 an. An dieser Stelle setzt am Rand eine Zeitleiste mit den Regierungsjahren Karls des Großen ein: *Anni karoli*. Der Text beginnt, wie auch bei den anderen Herrschern vorher üblich – und wie später bei jedem chronologisch zugeordneten Ereignis aus dem Leben Karls des Großen – in der ersten Zeile mit Kapitälchen:

Anno DŇ IncarŇ dcc LXVIIII · Karolus · Magnus · pippini filius · diuiso post patrē regno cū frē karolomanno regnato cepit · xxlvi regnavit anñ [...] (Jena, Bose q. 19, Bl. 135^v, Z. 15ff.)

Die Gothaer Bilderhandschrift 24, Bl. 74^r, Z. 11ff. beginnt mit einer einzeiligen, roten I-Initiale und nachfolgender durchgestrichener Majuskel. Am linken Rand des Textes folgt nach dem einleitenden *In* ein Brustbild mit der Beischrift *karolus*:

IN deme · dcc · lxix · iare van d' bort unses herren · karolus de grote des koning pippines sone · wart koning over al vranken lant · na sines uader dode vñ was daran ses vñ uertich iar · der was he driv mit smē broder karlomanno gelikeme dede [...]

Die beiden Textstellen weisen große Ähnlichkeit auf, beide lassen die Geschichte Karls des Großen mit dem Jahr 769 beginnen. In beiden Textexemplaren ist das chronologische Prinzip mit einer ausführlichen Darstellung der Herrschervita verbunden. Im Frutolf-Ekkehard-Autograph beginnt hier am Rande des Textes eine Zeitleiste: *Anni karoli*. Insgesamt ist die Darstellung der Taten Karls des Großen ausführlicher als in der lateinischen Vorlage; die Stammessagen über die Franken, Lango-

---

125 Vgl. Frutolfs und Ekkehards Chroniken, Einleitung, S. 12ff.

barden, Sachsen, Hunnen etc. sind allerdings stark verkürzt.[126] An dieser wie auch an anderen Stellen ist der Gothaer Codex deutlich straffer als der Jenaer Frutolf-Ekkehard-Codex. Dennoch zeigt sich auch hier immer wieder die Schwierigkeit, zur Chronlogie zurückzukehren: *Nu kome we wid' to d' cronekeN* (Bl. 75ʳ, Z. 7). Unterstützt wird diese Rückführung auf die Chronologie in der Handschrift 24 durch die Brustbilder der Herrscher. Im Frutolf-Ekkehard-Autograph hat die Zeitleiste die Funktion, die lineare Chronologie mit ihrem Bezug auf die Person des Herrschers – auch wenn der Text sich von der Person Karls des Großen immer wieder entfernt – in ständiger Erinnerung zu halten (s.a. Abb. 7):

Anni imperii regni Karoli · eius ·
Anno dominicae incarnationis dccci · ab Urbe vero condita millesimo 552 · Karolus magnus rex francorum pippini regis filius 73° loco ab augusto romanorum imperator consecratus est anno regni sui 33° sicque imperavit annis 14 · (Jena, Bose q.19, Bl. 142ʳ, Z. 24ff.)

Im Gothaer Codex sind die Informationen der Frutolfschen Zeitleiste in den fortlaufenden Text integriert und so noch stärker mit der personenbezogenen Darstellung verbunden:

IN deme · dccc · i · iare van d' bort unses herren · karolus de grote wart to rome keiser · de dre uñ seuentegeste uan augusto vñ was dar an · xiiii · iar · (Beginnt mit einzeiliger, farbiger Initiale in Kombination mit einer Majuskel).

Als Verstärker der Chronologie wirkt hier einmal mehr das Brustbild Karls des Großen mit der Beischrift *karolus* (Bl. 76ᵛ, Z. 6f.).

Der Illustrator verwendet also in Bezug auf Karl den Großen zwei Brustbilder: eins bei seinem Regierungsantritt als König der Franken und eins bei seiner Kaiserkrönung in Rom durch Papst Leo (801).[127] Das wirkt

---

126 Die Stammessage der Sachsen wird in der Handschrift 24 – so wie in allen C-Handschriften – allerdings nur im fortlaufenden Textzusammenhang gekürzt. Eine ausführliche Darstellung wie im Autograph der Frutolph-Ekkehard-Chronik wird aus dem fortlaufenden Textzusammenhang herausgehoben, isoliert und – ausschließlich in der Handschrift 24 – an den Anfang des Codex gestellt. Wenn diese Heraushebung auch nicht der ursprünglichen Konzeption entsprach, wie sie in der Vorlage der Handschrift 24 vorgesehen war (siehe oben), kann man doch davon ausgehen, dass die Positionierung der ‚Herkunft der Sachsen' am Beginn des Buches von den Schreibern im Verlaufe der Handschriftherstellung (und nicht später durch andere Redaktoren) vorgenommen worden ist. Gegenüber der Isolierung der Herkunftssage aus dem Textkontext der Frutolf-Ekkehard-Chronik (wie sie in allen C-Handschriften begegnet) kann dieser Vorgang als ein weiteres Bekenntnis zu einer sächsischen Weltgeschichte verstanden werden. Zur Behandlung der Stammessage bei Frutolf: Frutolfs und Ekkehards Chroniken, Einleitung, S. 13. Siehe auch: Michael Menzel, Sächsische Weltchronik, S. 228ff.
127 Vgl. auch oben Text-Bild-Relationen

wie eine „chronologische (personenbezogene) Klammer", die den Exkurs über Karls Leben, seine Taten, seine Kriege, die Taufe Widukinds, den Kampf gegen die Hunnen, die Auffindung von Etzels Schatz, Karls Bistumsgründungen, seine Bautätigkeiten, die Regierungszeiten Kaiser Leos des IV. und Kaiser Konstantin VI etc. umschließt (Bl. 74^r-76^v).

Die datenbezogene und die personenbezogene Chronologie sind in der Gothaer Bilderhandschrift gleichgewichtig. Die Abschnitte zu den einzelnen Herrschern beginnen mit dem Hinweis auf das Datum (mit farbiger Initiale und zumeist folgender Majuskel): *IN deme* [...] *iare van der bort unses herren* [...]; diesen Hinweisen ist immer ein Brustbild des Herrschers nebengeordnet. Gegenüber der lat. Frutolf-Ekkehard-Chronik wird der Textzusammenhang der Gothaer Bilderhandschrift an vielen Stellen gestrafft (Herkunftssagen unterschiedlicher Völker, Herrschergenealogien, Taten Karls des Großen etc.), weil die Gefahr des personenbezogenen Prinzips der ausufernden Geschichtsdarstellung erkannt ist – selbst in den Passagen, in denen ausführliche Exkurse aus der Kaiserchronik übernommen worden sind. Im Vergleich zwischen Frutolf-Ekkehard und der Gothaer Bilderhandschrift zeigt sich, dass man nicht ungeprüft von vornehrein die lateinische Weltchronistik für die straffere, annalistische Ausprägung halten kann. Der „Annalist" Frutolf, der dem datenbezogenen Prinzip insgesamt Priorität einräumt, behandelt viele Ereignisse erheblich ausführlicher als alle Textexemplare des ‚Buchs der Welt'.

c) genealogische Darstellung: Die für die sächsisch-welfische Ausrichtung der Geschichtsdarstellung wichtigen Genealogien sind aus dem Text der Frutolf-Ekkehard-Chronik entnommen, sie sind aber aus dem Textzusammenhang herausgehoben und in eigenen Kapiteln organisiert worden (siehe oben Makrosturkutren und Textallianzen). Die Welfengenealogie erscheint schon früh in graphischer Gestalt: Ein Stemma, das die Welfengenealogie aus der Wurzel Jesse herleitet, ist auf Bl. 13^v[128] des lateinischen Codex D 11 der Fuldaer Landesbibliothek aus den 80er Jahren des 12. Jahrhunderts überliefert,[129] dennoch greift die Welfengenealogie in der Handschrift 24 (Bl. 163^r-164^r) nicht auf solche lateinischen Vorbilder zurück. Sie ist – wie auch die Genealogie der Grafen von Flandern – unbebildert. Einem späteren Benutzer der Handschrift hat diese erzählende Darstellung nicht ausgereicht. Er zeichnete einen Stammbaum der Sachsen von Widukind bis zu Otto IV. nachträglich auf

---

128 Vgl. Arthur Watson, The early Iconography, S. 43 und 171.
129 Vgl. dazu Karl Schmid, Welfisches Selbstverständnis, S. 400, 412.

Bl. 8ʳ ein. Stemmatische Darstellungen der genealogischen Zusammenhänge in der biblischen Geschichte sind etwa seit dem 11. Jahrhundert in der lateinischen Chronistik überliefert (vgl. unten Hs. 101).

Im Textzusammenhang des sog. ‚gemeinen' Textes werden vor allem die genealogischen Zusammenhänge im Alten Testament betont, das geschieht einmal durch die wiederholten Hinweise auf die unterschiedlichen Geschlechter und Stammväter, z.B. *Uan noes sonen qaumen tve vň seuentich slechte* (Bl. 12ʳ, Z. 11f.). Zum anderen verdeutlicht die Verbwahl die Genealogie. Es tritt nur ein Verb auf und das zieht sich wie eine stemmatische Linie durch die Darstellung:

Adam gewan kain vň abel [...]; *Ane kain vň abele wan adam drittich sone vň dochtere* (Bl. 10ᵛ);
Enos gewan kaynan [...]; *Caynan wan malaleel* [...]; *Malaleel waň Jiarech* [...]; *Jarech gewan enoch* [...]; *Enoch gewan matusalā* [...]; *Mathusalam gewan lamech* [...] usw. (Bl. 11ʳ).

Anders als in der Bilderhandschrift 17 sind die genealogischen Zusammenhänge des Alten Textaments aber nicht im Bildprogramm verdeutlicht.

Seit der Zeit der römischen Kaiser und Könige werden genealogische Zusammenhänge durch Ergänzungen im Genitiv: *In deme xvi · iare · van der bort unses h'ren · vnde der stichtunge to rome · dcc · lxviii · iare · Tyberius keiser wart augusti stefsone den augustus to eneme sone hadde irkorn · vň was dar ane xxiii iar* (Hs. 24, Bl. 26ʳ, Z. 31-Bl. 26ᵛ, Z. 3) oder *karolus de grote des koning pippines sone* (Hs. 24, Bl. 74ʳ, Z. 12f.) gekennzeichnet. In diesen Zusammenhängen überwiegt die Vergangenheitsform des Hilfsverbs *sein*. Es zeigt sich auch an der Verwendung der Verben ein Wechsel von chronologischem, narrativem und genealogischem Prinzip.

2) Die sechs Deutungsmuster:
Die Gothaer Bilderhandschrift überliefert die Reimvorrede, in der alle sechs Deutungsmuster[130] angesprochen sind. Einzelne Deutungsmuster werden auch an anderer Stelle aufgegriffen:

a) Einordnung der Profangeschichte in die Heilsgeschichte: Das göttliche Heilswirken drückt sich deutlich in der Schöpfungsgeschichte und in der sog. Predigt[131] (siehe dazu ausführlicher unten Hs. 16) aus. Dieser

---

130 Vgl. zur Interpretation der Reimvorrede Kap. II.5.3.1.1.-II.5.3.1.6.
131 Hubert Herkommer verwendet anstelle von Predigt den Begriff ‚franziskanische Mahnrede', Hubert Herkommer, Einführung, S. LXIIf.

franziskanisches Heilsverständnis ausdrückende Textteil ist in der Handschrift 24 makrostrukturell weitgehend unmarkiert. Der Anfang führt mit einer einzeiligen ***D***-Initiale (Bl. 45^r, Z. 21) und einem temporalen Adverbial *Do* den Fluss des Chronikgeschehens weiter, lediglich das Ende ist durch ein Wort markiert, das im üblichen Chronikkontext nicht auftritt: *AMEN* (Bl. 46^v, Z. 31). Das Ende der Mahnrede wird auch durch die Großschreibung des Wortes hervorgehoben. Danach wird die Chronik wie selbstverständlich weitergeführt.

b) Berufung auf die (mündliche und schriftliche) Tradition: Auf die schriftliche Tradition beruft sich der Chronist des ‚Buchs der Welt' nicht nur in der Reimvorrede, sondern auch immer wieder an unterschiedlichen Stellen innerhalb des Textes (s.o. „Gattungs"bezeichnungen).[132]

Die Handschrift enthält wie alle Textexemplare der C-Gruppe Legendenstoff, Fabeln, Geschichtserzählungen. Es handelt sich hier um Stoffkreise, die im Mittelalter verbreitet waren, wenn sie auch in der hier überlieferten Form nicht immer schriftlich nachweisbar sind. Als Paradigma für die Behandlung der Legenden wähle ich die Legende von den Märtyrern Johannes und Paulus (6.Jh.).[133] Die Gothaer Bilderhandschrift berichtet – wie alle C-Handschriften – ausführlich über die Marter der beiden Heiligen. Sie gibt sie nicht nur in allen Einzelheiten wieder, sondern schmückt sie auch gegenüber den lateinischen Traditionen aus. Die christenfeindliche Auslegung des Bibelzitats durch den Kaiser Julianus Claudius (Apostata) gibt sie übereinstimmend mit der lateinischen Tradition der Passio Joannis et Pauli als Ausspruch gegen die gesamte Christenheit wieder. Die Bibelzitate werden im lateinischen und im deutschen Wortlaut wiedergegeben. Wenn sich auch nicht die genaue schriftliche Vorlage dieser Legendendarstellung festmachen lässt, so kann man doch davon ausgehen, dass sie auf schriftlicher Überlieferung und nicht auf mündlicher Weitergabe beruht:

> [...] *he sprach to den xpenen ie hebbet an iuwer scrift · Celum celi dnō terram autem dedit filijs hominû · dat quit · de himel boret gode to . dat erthrike heuet he iegeuen den luden · Iuwe Iesus spricht oc · Nisi quis renunciaue-*

---

132 Vgl. zu den Quellen des ‚Buchs der Welt' auch Michael Menzel, Sächsische Weltchronik. Siehe auch Kapitel: III.6 Sprachwahl (Latein – Volkssprache) in den Codices.
133 Siehe die übliche Fassung der Legende in: Karl Köpke, Das Passional. Eine Legendensammlung des dreizehnten Jahrhunderts, S. 314,33-316,53; Hrotsvithae von Gandersheim, S. 117-139, hier: S. 134,2-139,21; vgl. auch: Jean Larmat, Julien dans les textes du moyen âge, S. 269-294.

rit omībus que possidet non potest meus ēe discipulus dat ludet · En man he ne v'gete alles des he besit he ne mach min iungere nicht wesen · van deme orkunde diser scrift nam he den xpenen swaz si hadden he vorbot oc · dat de papen ienege list lerneden van den heidnischen boken · Do rome weren do twene hoge h'ren · Johannes vñ paulus si weren brûdere Iulianus sande to in terrentianum enen sinen man [...] *Iulianus tornde sere vñ sande in wider terrentianû he umbot in de selven wort de hirvoresriuen stat Celum celi dmō... Terrencianus des avendes quam mit siner helpe · an ire hus · vñ sloch in abe ire houede hemlike* [...] (Bl. 54^r, Z. 21-54^v, Z. 15).

Auch die zweisprachigen Zitate in der sog. Predigt (Bl. 46) sind nicht Ausdruck von Mündlichkeit, ihre Funktion liegt – wie auch die der oben wiedergegebenen zweisprachigen Rede – in der Hervorhebung des Wahrheitsgehaltes der Chronik (s. unten c).

Beispielsweise klingt das Gebet der Kunigunde in seiner Kürze und mit der persönlichen Anrede Gottes wie ursprüngliche, unverfälschte Mündlichkeit: *herre god div weist mine schult alene ledege mic van dire not alse du dedest de gûden susannam uan d' unrechten bitale* (Bl. 92^r, Z. 15-19). Tatsächlich handelt es sich jedoch um eine sehr gekürzte Fassung eines in den Pöhlder Annalen mit großer theologischer Gelehrsamkeit ausgeführten Paradigmengebetes.[134] In der Handschrift 24 hat das gekürzte und damit ‚volkstümlich' gewordene Gebet die Funktion, den Leser einzubeziehen (vgl. auch die Funktion der Erzählperspektive unten c und d). In vielen Fällen gehen diese so ‚mündlich' anmutenden Stilelemente auf die schriftliche lateinische Chroniktradition zurück. Nach meiner Einschätzung gilt dies insgesamt für die Handschrift 24.

Spuren der Mündlichkeit in mittelalterlichen Textexemplaren nachzuweisen ist nicht leicht und führt oft zu Fehleinschätzungen. „Erscheinungsformen der gesprochenen Sprache" in festen Wendungen und wörtlicher Rede[135] sind aber häufig nicht die Wiedergabe mündlicher Sprachformen, sondern nur deren Imitation in der Schriftlichkeit. Sie haben bestimmte Textfunktionen.

Insgesamt hält sich die Gothaer Bilderhandschrift sehr eng an ihre lateinischen und volkssprachigen schriftlichen Vorlagen. Der Chronist behält sich allerdings vor, sie – im Rahmen seiner Überzeugungsabsicht – zu kürzen oder ihren Text aus dem Zusammenhang herauszunehmen (Herkunftssage der Sachsen) und anders zu positionieren.

---

134 Vgl. auch Kapitel III.6 Sprachwahl (Latein – Volkssprache).
135 Rudolf Große, Sprachgeschichtliche Stellung, S. 41.

c) Wahre Geschichtsschreibung: Das Gesamtkonzept des Codex ist es, keine übliche Reichsgeschichte zu bieten, sondern eine dynastisch geprägte Weltchronik. Damit stellt sie der in jener Zeit üblichen historischen „Wahrheit" eine bewusst andere Sicht entgegegen. Das drückt sich nicht zuletzt darin aus, dass dem gereimten Prolog mit der Erzählung von der ‚Herkunft der Sachsen' ein sächsischer Prosaprolog als erster Initiator vorangestellt wird. Neben der dynastischen Prägung zeigt sich vor allem eine franziskanische Auffassung vom Christentum, die als Erinnerungsinhalt den Zeigenossen und der Nachwelt weitergegeben wird. Mit der franziskanischen Prägung steht das ‚Buch der Welt' nicht allein, ein anderes, vor allem im Süddeutschen wirkmächtiges universales Geschichtswerk – die zunächst lateinischen Flores temporum – wurde nach 1292 von einem (schwäbischen) Fransizkaner verfasst, es wurde in die deutsche Volkssprache übersetzt und ist mit ca. 60 bekannten Handschriften ähnlich wirksam gewesen wie das ‚Buch der Welt'. Das sächsisch-welfische ‚Buch der Welt' war aber die erste franziskanische volkssprachige Universalchronik, die im deutschsprachigen Gebiet eine weite und in der reichshistorischen Version auch eine überregionale Verbreitung fand.

Trotz dieses betont neuen und anderen Weltbildes zeichnet sich die Prosafassung der Gothaer Bilderhandschrift durch eine hohe Vorlagentreue aus; so löst sie sich in den Kaiserchronik-Passagen häufig nicht einmal von der Reimbindung und zeigt damit, dass sie formal von den großen volkssprachlichen Weltchroniken ihrer Zeit – Rudolf von Ems, der Christherre-Chronik und der sog. Weltchronik des Heinrichs von München – nicht so weit entfernt ist,[136] z.B.:

Bl. 19^v, Z. 1ff.: *Tohant na dem manendage to Rome ov' div stat · wapnede sic de ridderscap · mit helmen vñ mit halsb'gen so oppereden se vil werde schilde vñ swert in den handen ir orsse to wedde randen dar samneden sic de urowen dat scone spil bescouwen · dat bivden se marte deme wichgode to erēn dat gelouden de h'ren were in de got genadich se worden segesalich vñ weren ane tviuel dat in an deme liue an disser w'lt niemā scaden ne mochte · de wile se de goddes hulde uerdieneden ...*
Bl. 19^v [...] *swaz se kopen solden oder under in verkoppen wolden* [...];

---

[136] Dorothea Klein, Durchbruch einer neuen Gattung, deren Hauptaugenmerk auf den gereimten Weltchroniken liegt, urteilt über die Sächsische Weltchronik, S. 87: „Gleichwohl nimmt sie sich in der Reihe der deutschen Weltchroniken des 13. Jahrhunderts wie ein Fremdkörper aus: Sie ist als einzige in Prosa abgefasst." Obschon sie die Weltchronik des Heinrich von München nach text- und überlieferungsgeschichtlichen Kriterien analysiert, löst sie sich dennoch nicht von einer Art Werkbegriff, was das ‚Buch der Welt' angeht.

Bl. 19ᵛ, Z. 27: [...] *urowen veneri to eren vñ ire lof dar mide meren* [...] usw.

Auch dem Text der lateinischen Frutolf-Ekkehard-Chronik folgt das Textexemplar sehr eng (s. Kap. II.2 und II.3.), gegenüber den Pöhlder Annalen weist es dagegen häufig Kürzungen auf (s.o.). Das Textexemplar bezieht sich vorrangig auf schriftliche Quellen (s.o. Deutungsmuster b), wobei die volkssprachige, gereimte Geschichtsschreibung (Kaiserchronik) den gleichen Quellenwert erhält wie die lateinische Prosachronistik (Frutolf-Ekkehard, Pöhlder Annalen etc.). Beide Vorlagenkreise gehören also zu den Büchern „*dar men de warheit sůchen mach vñ bevindē*" (Bl. 9ᵛ, Z. 27).

Auf welche Weise gelingt es nun dem empirischen Autor, die neue, von den Vorlagen abweichende Weltsicht darzulegen? Es gelingt ca) durch die Erzählperspektive und cb) durch Zitate.

ca) Erzählperspektive: In der Erzählperspektive tritt in der Verwendung der ersten Person Sg. (Reimvorrede und sog. Predigt) sowie in der 1. Pers. Pl. (Beginn der Herkunft der Sachsen; Beginn des Papstkataloges, an verschiedenen Stellen innerhalb des ‚Buchs der Welt') der abstrakte Autor[137] in den Vordergrund. Dieses Verfahren garantiert bei den veränderbaren Chroniken mit immer neuen Schreibern und Kompilatoren eine Kontinuität, die auch gleichzeitig Garant für die Wahrheit der Aussagen ist. Die erste Person (Sg. oder Pl.) des abstrakten Erzählers erhöht die Glaubwürdigkeit der Aussagen und bezieht gleichzeitig den Hörer/Leser in die Wahrheitsforderung mit ein. Die erste Person Sg. wird in der gereimten Vorrede und in einer Prosapassage (SW 115,11-117,10) verwendet, die in der Forschung *Predigt* genannt wird, da sie von ihrem Inhalt und ihrer Diktion her einer franziskanischen Predigt ähnelt.[138] In der Reimvorrede tritt der abstrakte Autor dreimal am Ende im Personalpronomen der ersten Person Sg. im Nominativ und auch im Personalpronomen *mir* im Dativ und *mich* im Akkusativ auf. Während der ganzen Vorrede ist das Ich

---

[137] Ich beziehe mich hier auf die Terminologie von Fotis Jannidis, Zwischen Autor und Erzähler, S. 540-556; ders., Figur und Person und Wolf Schmid, Abstrakter Autor und abstrakter Leser; ders., Narratologija,. Die Termini ‚abstrakter Autor' = Textsubjekt und ‚empirischer Autor' = Textproduzent erscheinen mir geeigneter als das vor allem auf lyrische Texte bezogene ‚lyrische Ich' und der etwas unklare Begriff ‚impliziter Autor'. Vgl. dazu auch: Jörg Schönert, Empirischer Autor, Impliziter Autor und Lyrisches Ich,.

[138] Zur franziskanischen Diktion siehe auch Hubert Herkommer, Prolegomena, 1977, S. 26-33 und Manfred Zips, Sächsische Weltchronik, S. 51. Auch Friedrich Scheele, Sächsische Weltchronik, S. 129, der jedoch in Bezug auf die unterschiedlichen Traditionsstränge der ‚Sächsischen Weltchronik' nicht ausreichend differenziert. Vgl. jetzt ausführlich Hubert Herkommer, Einführung, S. LXII-LLLLXVII.

präsent, da es sich an den Leser/Hörer direkt wendet, ihn anspricht: *Nu vernemet [...], Nu vlitent [...]* Produzent und Rezipient sind beide in der Vorrede in ihrem engen Wechselbezug gegenwärtig. Dies steigert sich noch zum Ende hin. Hier wechselt der Verfasser der Reimvorrede von diesen an den Rezipienten gewandten Aufforderungen zu direkten Stellungnahmen, die er mit dem Personalpronomen *Ich* autorisiert. Die erste Stellungnahme bezieht sich inhaltlich auf die Forderung nach wahrheitsgemäßer Darstellung der historischen Ereignisse:

horet g'ne gûte lere · vñ lesit inden bûken · dar men de warheit sûchen mach · vñ bevindē · de sint van godis kinden · vñ van gûten luden gescreven · ovh nist iz so niwet bleven · logene si vil geschreuen ovh die horet g'ner ein gouch · dan her to die warheit · dar nach des mannis wille steit · da horit ir g'ne reden van · des sides ich · v · nienegan . (Bl. 9^v, Z. 26-10^r, Z. 1)

Der abstrakte Erzähler bezieht auch hier den Hörer ein: Er ist der Garant der Wahrheit, von ihm kann der Leser/Hörer keine wohlfeilen Lügen erwarten.

Die zweite Stellungnahme des abstrakten Autors ist folgerichtig und direkt im Anschluss eine Aufforderung an die Leser/Hörer, an die Rezipienten, selbst Produzenten zu werden und dabei bei der Wahrheit zu bleiben:

Ich han mich des wol bedacht · diz bûch ne wirt nimmer vollenbracht · de wile div werlt stat · so uile wird kunstiger dat · des mûz div rede nu bliuē · ich ne kan nicht scriuen · daz noch gescen sol · mir genûgit hiran wol · Sw' so leue vorebaz · swaz dan gesche d' scrive daz vnde achtbare warheit [...] (Bl. 10^r, Z. 3-8).

Diese neun Teilsätze sind Behauptungssätze mit temporaler Ausrichtung: Der abstrakte Erzähler präsentiert sich als Zeuge für den Wahrheitsgehalt des chronologischen ‚Buchs der Welt'. Er spricht den Leser/Hörer auch als möglichen Fortsetzer an. Das ‚Ich' tritt hier auf, wo es an seine Grenzen kommt, wo es auf den Fortsetzer angewiesen ist, auf das ‚Wir'. Auch diese Ich-Erwähnung spannt den Bogen zum Rezipienten.[139]

Auch in der franziskanischen Mahnrede tritt der abstrakte Erzähler ganz eindeutig in der ersten Person Singular und Plural auf, um seine Glaubwürdigkeit, die Wahrheit seiner Aussagen zu untermauern. Er kritisiert die Geistlichkeit, ihre Verschwendungssucht und ihr un-

---

139 Siehe auch: Klaus Grubmüller, Das Ich als Rolle.

christliches Leben. Diese Kritik ist aber nur deshalb glaubwürdig, weil der abstrakte Erzähler sich als Kenner ausweist, indem er sich als Geistlichen zu erkennen gibt. In der franziskanischen Predigt treten neben der Darstellung der Erzählhandlung in der 3. Person Sg. oder Pl. (er, sie, es tat bzw. sie taten ...) die beide Erzählperspektiven: 1. Pers. Sg. und 1. Pers. Pl. auf. Sie sind hier aber eingeschränkt auf eine spezielle soziale Gruppe, der der Verfasser der Mahnrede angehört, auf die Geistlichkeit. Der abstrakte Erzähler führt sich – aber auch hier wieder unter Einbeziehung der Leser/Hörer – zunächst als Teil der Geschichte ein, die er in der Mahnrede darstellt und kommentiert (SW 115, 11-117,10).

Bl. 46^r: *Dit sint unsere vadere de den engen stich over deme himele gevaren sin · dit sint de der lerunge over al di werlt is komen · dit sint de, der jartit men eret mit sange vñ mit vroweden over al des christenheit · It sint oc an ire namen gewiget de groten munstere vñ de schonen kirken ·*

Dann aber wendet sich der abstrakte Erzähler direkt an die soziale Gruppe der Geistlichkeit und führt ihr, sowie auch dem übrigen Rezipientenkreis, die besondere Verantwortung dieser Gruppe für das Seelenheil und das wahre Christentum vor Augen. Der abstrakte Erzähler schließt sich davon nicht aus, sondern bezieht sich in diese besondere Verantwortung mit ein:

we geistlicken lude de geistliken leuen solen · we hebben und' iren namen de groten dorp · vñ uile hove burge vñ lant unde uile dienest manne vñ ane mate late vñ egener lude uile · van ereme namen hebbe we riken disch [...] (Bl. 46^v)

Auch im übrigen Chronik-Zusammenhang tritt der abstrakte Erzähler in der 1. Pers. Pl. auf. Er ist der Garant der Wahrheit und stellt sich in eine Reihe mit anderen Chronisten, die in ‚guten Büchern die Wahrheit' geschrieben haben: *We romisch rike here komen si · dat willich iv kortelike seggen · Swer vorbat weten wille de les coronica · od' lucanû oder den gûden orosium* (Bl. 18^r, Z. 7f.). Der abstrakte Erzähler zeigt hier (und an den vielen anderen Stellen, wo er sich auf andere ‚gute Bücher' beruft), dass auch er Rezipient ist. Auf diese Weise bezieht er die (abstrakten) Leser mit ein.

Die dritte Person Singular/Plural tritt dagegen ganz selten auf. Diese Perspektive begegnet ausschließlich dann, wenn der Erzähler sich von bestimmten Überlieferungen, die ihm eher unwahrscheinlich, jedenfalls nicht gesichert vorkommen, distanzieren will, wie z.B. von Vespasians Heilung durch das Schweißtuch der Veronika, nachdem er von Wespen in den Kopf gestochen worden war:

Hs. 24, Bl. 34ʳ (SW 101,26ff.): *men seget oc dat he gesunt worde van den wispen de an sineme hovede waren van deme antlate unses herren* [...]

cb) Zitate: Innerhalb des Textzusammenhanges haben auch die Zitate wörtlicher Rede die Funktion, den Wahrheitsgehalt der Chronik zu betonen. Sie treten an unterschiedlichen Stellen in der Handschrift auf:

- Der lateinische und deutsche Wortlaut der christenfeindlichen Auslegung eines Bibelzitates (siehe oben b) durch den röm. Kaiser Julianus Claudius (Apostata) wird in der Handschrift 24 ausführlich zitiert (Bl. 54ʳ, Z. 21-54ᵛ, Z. 15).
- Die franziskanische Mahnrede überliefert Passagen wörtlicher Rede aus dem Munde Jesu. Die Passagen sind zweisprachig in Latein und in der Volkssprache geschrieben (Bl. 46ʳ).

Darüber hinaus überliefert die Gothaer Bilderhandschrift auch zwei Urkunden aus der Zeit des Investiturstreits:

- Die Kaiserurkunde Heinrichs V. und die Papsturkunde Calixtus' II. sind in deutscher Übersetzung wiedergegeben (SW 195, 35-196,13).

Die Bedeutung dieser Urkunden liegt darin, dass sie den Abschluss der Verhandlungen zur Beendigung des Investiturstreites dokumentieren. Die Vorlage hierfür war die lateinische Überlieferung der Urkunden in der durch Ekkehard von Aura erweiterten Frutolf-Chronik.[140] Der volkssprachige Chronist des sächsischen ‚Buchs der Welt' folgt hier ganz der Einschätzung Frutolf-Ekkehards, er kürzt nicht und überträgt vielmehr die lateinischen Urkunden Wort für Wort in die Volkssprache.[141] Die Urkunden sind auch makrostrukturell durch rote zweizeilige Initialen zu Beginn der Textteile herausgehoben.

Zusammenfassend lässt sich sagen, dass sich das sächsische ‚Buch der Welt' durch eine große Vorlagenabhängigkeit auszeichnet, die dem Beleg der eigenen Aussagen dient. Darüber hinaus hebt es durch (zweisprachige) ‚wörtliche Zitate' und die Wiedergabe von Urkunden den Wahrheitsgehalt seiner Darstellung besonders hervor. Auch die Erzählperspektive der ersten Person Singular/Plural dient diesem Zweck. Mit diesen – wohl traditionellen[142] – Überzeugungsstrate-

---

[140] Vgl. dazu auch Hubert Herkommer, Einführung, S. XXVIIf.
[141] Vgl. dazu auch Kap. III.6 Sprachwahl (Latein – Volkssprache)
[142] Es liegen bisher keine Untersuchungen zur Erzählperspektive in lateinischen oder deutschsprachigen Chroniken vor. Für die mittelalterliche französische Chronistik des 13. und 14. Jahrhunderts hat Sophie Marnette anhand von Gegenwartschroniken im Vergleich mit der Chansons de geste einen Perspektivenwandel festgestellt: Chronisten des 13. Jahrhunderts

gien¹⁴³ gelingt es dem empirischen Autor des sächsischen ‚Buchs der Welt' so wie auch manchem der späteren empirischen Schreiber und Kompilatoren, eine völlig ‚neue' Wahrheit zu präsentieren: Nicht die Reichsgeschichte, sondern die sächsische Geschichte (siehe auch unten e und f) wird vorrangig mit der Heilsgeschichte verbunden und auch das franziskanische Weltbild wird als die einzig wahre Realisation des Christentums in den Vordergrund gestellt. Die Ich/Wir-Perspektive bezieht den Leser/Hörer mit ein, auch das ist ein Teil der Überzeugungsstrategie, um die explizit welfisch-sächsische Memoria weiterzutradieren.

d) Autorisierung der eigenen Aussagen: Es zeigt sich also, dass zum Zwecke des Wahrheitsbelegs der abstrakte Erzähler in den Vordergrund tritt, während der empirische Autor (resp. Kompilator) anonym bleibt. Über den sehr zurückhaltenden Hinweis auf Eike von Repgow in der Reimvorrede hinaus (*loghene sal uns wesen leit · daz ist des van repegouwe rat*, Bl. 10ʳ, Z. 8f.), findet sich keine weitere Angabe, die auf Eike als den Textproduzenten schließen ließe. Die Schreiber der Bilderhandschrift können zwar paläographisch, aber bisher nicht namentlich identifiziert werden. In der Mahnrede bekennt sich der abstrakte Autor nicht nur in der ersten Person zu einer franziskanischen Sicht der Weltgeschichte, sondern er rechnet sich auch zu den Geistlichen:

we geistlicken lude de geistliken leuen solen · we hebben und' iren namen de groten dorp · vñ uile hove burge vñ lant unde uile dienest manne vñ ane mate late vñ egener lude uile · van ereme namen hebbe we riken disch · van mede vñ van wine · van dickenbere vñ van manigeme richte · we hebbet der schoner cledere vile · vñ stolter perede genoch · Darna will we hebben

---

bevorzugen eine Erzählperspektive, die von einem ‚Wir' ausgeht, das den Leser/Hörer ausschließt. Daneben verwenden sie die 3. Pers. Sg., um – wie Marnette folgert – zu zeigen, dass der abstrakte wie der empirische Autor ein Zeitzeuge und damit ebenfalls Teil der erzählten Geschichte ist. Die Erzähler der Chansons de geste benutzen die Ich-Form in Kombination mit dem Konjunktiv, um so immerhin die Möglichkeit einer Zeitzeugenschaft anzudeuten. Seit dem Beginn des 14. Jahrhundert verwenden auch die Chronisten verstärkt die Ich-Perspektive und z.T. auch eine den Leser/Hörer einschließende Wir-Perspektive als – so stellt Marnette fest – Garantie für ihre Zeitzeugenschaft und für die Wahrheit und Autentizität ihrer Aussagen. Marnette sieht das als eine entscheidende Wende in der Entwicklung der literarischen Gattung Chronik an: „Cet emploi de la 1ère pers. sg. se retrouve dans des chroniques postérieures comme celles de Froissart et de Commines. Il s'agit donc d'un trait qui modifie l'evolution de ce genre littéraire." Sophie Marnette, Narrateur et point de vue (1999), S. 174-190, Zitat: S. 184; dies: Narrateur et point de vue (1998; dies. Réflexions sur le discours indirect libre, S. 1-49.
143 Vgl. oben Texterweiterung und Textallianzen.

werltliken rom vñ d' valschen lovere lof · we crestet widewen vñ wesen · dat we den ridderen mogen geven · we hebbet oc en vnschult vñ sekget it is nu aldus gedan we moten vor der heiligen kirken stan · od' se můt tegan · Ic hope iedoch dat got ir nicht vorgete wande he se hevet gekoft mit sinem blůde · De martelere hebbet se me uorderet mit ire groter dult danne we mit groter undult · si hevet oc in disen dren hundert iaren van den apostelen und van den marteleren · ene so gůde gruntveste gewunnen uppe deme vlinse xpō ihū dat si nicht ne mach vallen · (Bl. 46^v, Z. 3-18).

Der abstrakte Erzähler bezeichnet sich selbst als Geistlichen und bekennt sich zu einem franziskanischen Weltbild – die historische Forschung geht auch deshalb gegenwärtig davon aus, dass der empirische Erzähler Minorit gewesen sei. Zunächst kann aber nur konstatiert werden, dass es die Intention eines empirischen Erzählers war, in der Mahnrede an die Geistlichkeit ein franziskanisches Weltbild darzulegen und den Leser/Hörer von dieser franziskanischen Weltsicht zu überzeugen.

Die Analyse der textexternen und textinternen Merkmale der Handschrift 24 bestätigt, dass es eine ältere sächsisch-welfisch ausgerichtete Fassung des ‚Buchs der Welt' gegeben haben muss, die in den 30er Jahren des 13. Jahrhunderts entstanden ist. Sie war bebildert[144] und hat als Vorlage für die Gothaer Bilderhandschrift gedient. Das soziale Umfeld dieser Chronik war wohl ebenso wie das der Handschrift 24 der Welfenhof. Die Franziskaner hatten schon früh Kontakt zu den sächsischen Welfen, ein Kontakt, der die Zeiten überdauerte.[145] Die im Berichtzeitraum 1248 bis 1254 endende Handschrift 24 muss als ein gelungenes, relativ homogenes Beispiel der Verbindung eines dynastischen Weltbildes und einer explizit franziskanischen Prägung[146] mit einer volkssprachigen Weltchroniktradition auf der einen Seite und auf der anderen Seite mit den Prinzipien einer lateinischen Chronistik gelten, wie sie z.B. in der Frutolf-Ekkehard-Version deutlich wird.

Mit der Annahme einer „Ursprungsversion" des ‚Buchs der Welt' als sächsisch-welfischer Weltchronik und ihrer Entstehung zu Beginn der 30er Jahre des 13. Jahrhunderts kommt unter rein externen Ge-

---

144 Vgl. Renate Kroos, Miniaturen, S. 96. Das Bildprogramm der Gothaer Handschrift stammt – wie Renate Kroos feststellte – bereits aus einer älteren Vorlage der 30er bis 40er Jahren des 13. Jahrhunderts.
145 Vgl. dazu Luitgard Camerer, Die Bibliothek des Franziskanerklosters in Braunschweig-Lüneburg, S. 10; Bernd Ulrich Hucker, Otto IV., S. 268-271; Silke Logemann, Die Franziskaner im mittelalterlichen Lüneburg, S. 12-18.
146 Dieter Berg, Historiographie der Franziskaner.

sichtspunkten auch Eike von Repgow[147] als Autor dieser verschollenen Version wieder in Betracht. Die textinternen Gründe für oder gegen eine Autorschaft Eikes müssten in einem ausführlichen Vergleich noch einmal untersucht werden.[148]

e) und f) offene Geschichtsschreibung und auf Abgeschlossenheit, Endzeit zielendes Geschichtsdenken: Die Chronik beginnt zunächst mit dem ‚Prosa-Sachsenprolog' und erst dann mit der Reimvorrede, in der auf eindrückliche Weise die apokalyptische Endzeitzeitvorstellung des Jüngsten Gerichts ausgebreitet wird. Fasst möchte man sagen, die Endzeitvorstellung tritt gegenüber der Betonung der sächsischen Geschichte zurück. Abgesehen von der Reimvorrede gibt es innerhalb des Textexemplares an keiner weiteren Stelle einen Hinweis auf die Apokalypse. Innerhalb der C-Fassungen wird in verschiedenen Zusamenhängen von der Hölle geschrieben – in den Berichten zu dem vom Glauben abgefallenen Julianus und zu Dietrich von Bern. Jürgen Wolf versteht im Anschluss an Manfred Zips diese Textstellen als vorweggenommenes Urteil mit Bezug auf das Jüngste Gericht.[149] Diese Hinweise sind aber wohl eher als Ermahnungen zu einem Gott wohlgefälligen Leben zu verstehen.

In der Reimvorrede fordert der Chronist die Nachgeborenen auf, die Weltgeschichte weiterzuschreiben. Auffällig ist, dass das Textexemplar makrostrukturell nicht explizit terminiert ist, was in einem deutlichen Kontrast zu dem mehrgliedrigen Initiatorenbündel steht. Auch die vakanten Seiten (Bl. 153^r-155^r) könnten für eine potentielle Fortsetzung sprechen. Darüber hinaus bestand ja die Praxis, auf dem Grundbestand einer Chronik eine neue Kompilation durch Abschreiben zu erstellen. Der Codex, der selbst in der letzten Phase der Herstellung noch durch Umstellung der Lage mit der Erzählung von der

---

147 Vgl. als neuere Literatur von rechtshistorischer Seite zu Eike v. Repgow z.B.: Clausdieter Schott, Eike von Repgow; Heiner Lück, Über den Sachsenspiegel; ders. Eike von Repgow; ders., Eike von Repgow und die Moderne; ders., Die Askanier und der Sachsenspiegel.

148 Bei einem „Motivvergleich" zwischen dem Sachsenspiegel und der Sächsischen Weltchronik kam Manfred Zips, ‚Daz ist des van Repegowe rat', S. 60-63 zu dem Ergebnis, dass sich beim Sechstagewerk, bei den Weltaltern und beim Weltende, den Weltreichen, ihrer translatio und der damit verbundenen „Reichsideologie" zwar einige Ähnlichkeiten ergäben, dass aber die Unterschiede bei weitem überwögen. „Der Gesamtbefund dieser Arbeit deutet somit darauf hin, Eike von Repgow die Verfasserschaft der SW abzusprechen." (S. 72) Auch Michael Menzel, Sächsische Weltchronik, S. 269f. befand: „Als Autor der SW kommt Eike nicht mehr – und wegen der vom Ssp zu verschiedenen Quellengrundlage eher weniger – als jeder andere Autor in Frage."

149 Jürgen Wolf, Sächsische Weltchronik, S. 357; Manfred Zips, Sächsische Weltchronik, S. 32ff.

,Herkunft der Sachsen' vom Ende an den Anfang eine deutlichere Akzentuierung anstrebt als seine Vorlage, macht den Eindruck einer „offenen Gebrauchsform" und nicht einer „sakrosankte[n] Autorenleistung".[150]
Die Offenheit lässt sich aber genauer beschreiben, wenn man sie in Beziehung setzt zur lateinischen Chronistik der Vorlagen. Es scheint, als läge der Offenheit ein dichotomisches Modell zugrunde: Der traditionellen heilsgeschichtlich eingebetteten Reichschronistik wird – und das ist neu an dieser volkssprachigen Chronik – eine regionale dynastische Weltsicht entgegengesetzt – allerdings legitimiert durch die Reichshistorie. An verschiedenen Stellen wird die Verbindung sächsischer Herrscherhäuser mit der Geschichte der römisch-deutschen Kaiser besonders hervorgehoben, z.B. bei der Erwähnung der Gründung des Herzogtums Sachsen durch Kaiser Otto, den Großen:

De koning otto karde do wider to sassen uñ buwede maideburch up der eluen stat vñ stichte dar en erzebischopdom van sime eigene uñ oc van des rikes orbore uñ hogedit sere · he ward do mit den vorsten to rade dat he dat nidere lant bi der elue dar dat bischopdom inne lach to hamborch makede to enē hertogome · dat dat h'togdom bi d' wesere dan noch ganz were dat gewesen hadde des h'togen widekindes van sassen de wider den koning karle so lange orloget hadde dat he geeruet hadde sinen nakomelingen · van des geslechte koning otto selue geboren was · (Bl. 88^v, Z. 24-89^r, Z. 4; SW 163,33-164,7).

Besonders betont wird also, dass Otto der Große aus dem Geschlecht Widukinds stammt, er stiftete das Herzogtum Magdeburg und errichtete erneut auf der Grundlage seines ererbten Eigentums und der Einkünfte (*orbor*) des Reiches das Herzogtum Sachsen. Diese Stelle überliefern nur die Handschriften der C-Gruppen – mit Ausnahme der Handschriften 18 und 19. An anderer Stelle erwähnt der Chronist die Feuerzeichen am Himmel beim Tode Ottos des Großen und hebt hervor, dass kein deutscher Kaiser das Reich besser verwaltet habe als Kaiser Otto von Sachsen:

Er de keiser storue men hadde gesehn an deme himele en vurecht teken · dit is de grote keiser otto uan sassen · des ersten koning heinrikes sone de hogede mer dat rike dan iehen dudisch keiser dede · (Bl. 89^v, Z.18-20).

Das überliefern alle Textexemplare, denn es ist auch von Interesse für die Reichshistorie, steht ihr nicht entgegen. Bei der Erwähnung Lothars III. allerdings unterscheiden sich die Handschriften der C-Gruppen von denen der A- und B-Gruppen. Die Textexemplare der

---

150 Peter Johanek. Weltchronik, S. 306.

C-Gruppen beschreiben Lothar als einen edlen und frommen Mann aus einem vornehmen sächsischen Geschlecht:

In deme y.c.xxvi iare uan godes gebort luder de hertoge uan sassen greuen geuehardts sone van suplingeburch quā an dat rike de [...] he was geboren van den edelsten sassen sine edelheit cirede he wol mit meniger vromicheit vñ mit gûder dat · (Hs. 24, Bl. 120^v, Z. 2-8).

Nichts von alledem erwähnen die Textexemplare der A- und B-Gruppen. Sie weisen dafür ausdrücklich auf die Unstimmigkeiten bei der Wahl und auf die Wahl des Gegners Konrad von Schwaben durch einige Fürsten hin, was die C-Handschriften wiederum verschweigen. Für die reichshistorische Sicht zitiere ich die Handschrift 17, Bl. 103va, Z. 18-^{vb}, Z. 13:

Do wart en grot missehellunge an deme rike · En del der uorsten kos den hertoghen ludere van sassen · en del koren den van swauen des hertoghen vrederikes broder · In deme y.c.xxvi · iare uan godes bort · luder de hertoghe van sassen des greuen gheuehardes sone van suppelingeborch quam an dat rike [...] Weder den satte sich de hertoghe urederich van swauen · vnde sin broder conrad · de weder eme koning wolde sin ·

Bei Lothar III. wird nicht nur betont, dass er aus dem sächsischen Herrscherhaus der Süpplinburger stammt, sondern es werden auch alle seine Vorfahren aufgezählt und es wird eine Verbindung zum Welfenhaus bis zu Heinrich dem Löwen hergestellt: *we willet hir nu rekenen, we sinde alderen weren ...* (Bl. 119^v, Z. 25-120^v, Z. 2). Die Vorfahren werden im Stile der alttestamentarischen Genealogie aufgezählt: *ezerd gewan enen diteriken, dideric gewan bernarde de was uad' bennen · Benne gewan diderike* usw.

Mit dem wieder neu gegründeten Herzogtum Sachsen belehnte König Otto I. einen Mann (Hermann Billung) aus einem anderen, vornehmen sächsischen Geschlecht, der mehrfach – aber nur in den C-Gruppen, diesmal mit Ausnahme der Hss. 18 und 19 – genannt wird:

Dat h'togdom vnde dat lant bi d' elue gaf de koning otte eneme edelen mann de was geheten herman de was sone enes edelen mannes greuen billunges vnde hogede ene in deme rike mit groteme vlite · Dese h'toge herman buwede do luneburch vnde stichte dar en closter uppe an de ere scī mychahelis vñ gaf dar in vorwerke vñ houe vñ tyrede it mit vlite mit maneger hande cyrode [...] (Bl. 89^r, Z. 4-15)

und

[...] *dit is de rode keiser otto · he hogede wol den hertogen hermanne in deme rike also sin vader de grote keiser otto dar uore hadde gedan ·* (Bl. 90^r, Z. 22-24)

Hier wird mit dem volkssprachigen ‚Buch der Welt' einerseits die Anbindung an ein traditionelles Vorbild und andererseits die neue Ausweitung der Universalchronistik auf regionale[151] und auch dynastische Zusammenhänge sehr sichtbar. Die Universalchronik ist ein klares Beispiel für die Verbreitung sächsisch-welfischer Memoria. Diese gegenüber der reichhistorischen Memoria neue Akzentuierung der Weltgeschichte wird durch die Technik der Textallianzen noch verstärkt. Diese Art der Offenheit geht zu jener Zeit über den durch die lateinische Universalchronikistik vorgegebenen Rahmen hinaus und muss deshalb durch besondere (traditionelle und neue) Überzeugungsstrategien legitimiert werden.

III.1.2 Handschrift 101 – (Leipzig, Universitätsbibliothek, Ms. 1314, fol. 45^{a-b}) – A$_1$

Externe Merkmale (Ebene b)
(erschlossener) Entstehungszeitraum, Entstehungsort, Schreiber/Kompilator:
Unter der Sigle 101 wird das so genannte lateinische Altzeller Fragment des ‚Buchs der Welt' geführt, das vermutlich im Kloster Altzelle entstanden ist. Es ist nur ein Blatt und stammt aus dem 3. Viertel des 13. Jahrhunderts.[152] Der Schreiber ist unbekannt. Das Blatt war im Einband der von Jürgen Wolf als Hs *101 bezeichneten lateinischen Weltchronik verborgen. Die Schrift der Wirtshandschrift weist große Ähnlichkeit mit

---

151 Vgl. zum Aufkommen regionaler reichshistorisch ausgerichteter Weltchroniken seit dem späten Mittelalter und der Schwierigkeit der Begriffsbestimmung: Peter Johanek. Weltchronik, S.287-330. „Er [der Forschungsstand, die Verf.] gestattet es noch weniger, für einzelne Regionen, Landschaften oder Räume typische Züge der Geschichtsschreibung oder ihrer etwaigen Gattungen oder gar der regionalen Zonen des Geschichtsverständnisses vergleichend einigermaßen präzise herauszuarbeiten [...] Vorerst jedoch muß man sich für den Begriff regionale Historiographie mit einer eher vagen Umschreibung begnügen. Hier wird alles darunter verstanden, was lokal oder regional gebundene Thematik zum Ausgangspunkt oder Bezugspunkt historiographischer Darstellung nimmt. Daneben wird man auch auf regional bestimmte Züge in der Geschichtsschreibung ganz allgemein zu achten haben, das heißt vor allem auf die Betrachtung des Ablaufs der Universal- und Reichsgeschichte aus einem regionalen Blickwinkel heraus." (S. 296f.)
152 Vgl. Oswald Holder-Egger, Ueber eine Chronik aus Altzelle, S. 399-414, bes. S. 401-414: 2. Hälfte 13. Jh.; Jürgen Wolf, Sächsische Weltchronik, S. 65 und ebd., Anm. 169: 3. Viertel 13. Jh.; Hubert Herkommer, Sächsische Weltchronik, S. 76: 13. Jh.

der des Fragments auf. Vielleicht handelt es sich sogar um denselben Schreiber.

Benutzungszeitraum, Benutzungsort, Benutzer:
Dem Fragment ist eine Einordnung zu Umfang und Herkunft beigegeben, die von zwei Blättern spricht: *hoc duo folia sunt fragmentum chronici cuiusdam, quod huic per omnia simile fuit* als Hinweis. Heute ist nur noch ein Blatt vorhanden, das zweite ist zurzeit verschollen. Die Benutzung fand im Kloster Altzelle statt, dort wurde die Handschrift, der das Frament entstammt, im 3. Viertel des 13. Jahrhunderts abgeschrieben bzw. neu kompiliert (siehe Hs. *101) und dann zerschnitten und als Einband für andere Handschriften weiterverarbeitet.

Besitzzeitraum, Aufbewahrungsort, Besitzer, Auftraggeber:
Das Fragment ist im Kloster Altzelle, dessen Bestände im 16. Jahrhundert in die Leipziger Universitätsbibliothek kamen, geschrieben worden.

Kommunikationsmaterial und -form:
Das Pergamentfragment (1 Bl.) ist eingelegt in den Pergamentcodex Leipzig, UB, Ms. 1314, fol., eine 49 Blätter umfassende Handschrift. Die Blattgröße des Fragments beträgt 19,3 x 13 cm, der Schriftspiegel 16,6, x 10,8 cm. Es ist, wie die Wirtshandschrift, zweispaltig (56 Zeilen pro Blatt) geschrieben.

Schreibsprache:
Latein (mit nd. Ortsnamen: z.B. *meideburc*, Bl. 45^r).

Interne Merkmale
Text-Bild-Relationen:
Die Namen und die Regierungsjahre der Kaiser sind am Rand als Hinweise – auch zum besseren Auffinden – herausgehoben (Abb. 8). Sie befinden sich zudem meist in Medaillons, die den Brustbildmedaillons der illuminierten Handschriften 161, 16 und 17 gleichen. Die Medaillons sind mit verzierten Strichen verbunden, so dass zwischen dem Text ein Stammbaum erscheint.

Weitere Makrostrukturen:
In dem lateinischen Fragment lässt sich nur eine Strukturierungshierarchic erkennen: Die Hervorhebung mit zweizeiligen roten Initialen. Sie kommt in zwei Bedeutungen vor: als Untergliederung kurzer Sinnabschnitte und als Heraushebung der Namen und hat hier die Funktion der Betonung des personenbezogenen Darstellungsprinzips.

Textbestand:
Bl. 45^{a-b} überliefert einen Auschnitt aus dem Textzusammenhang des ‚Buchs der Welt' über die Jahre 1148-1225 (SW 218,15-246,5).

Syntaxrelevante Merkmale (Interpunktion):
Gesamtsätze sind durch vorhergehenden Punkt (teilweise) und Majuskel- bzw. Initialgebrauch gekennzeichnet

Semantische Merkmale
Inhaltliche Ordnungsprinzipien:
Anhand des Fragments lässt sich eine Kombination von datenbezogener, personenbezogener und genealogischer Darstellungsweise erkennen. Hier finden wir als zusätzliches Element zur chronologischen Reihenfolge nach Regierungszeiten und nach Herrschern durch die Verbindungslinie zwischen den brustbildartigen Namensmedaillos die genealogische Abfolge verdeutlicht. Die Adaption dieser graphischen Mittel der religiösen Ikonographie kann man ebenfalls schon früh in der lateinischen Historiographie beobachten. Vorbilder für ein genealogisches Prinzip innerhalb der Darstellung biblischer Geschichte gibt es schon im 11. Jahrhundert.[153]

*III.1.3 Handschrift *101 (Leipzig, Universitätsbibliothek, Ms. 1314) – Rezipient der Hs. 101*

Externe Merkmale (Ebene b)
(erschlossener) Entstehungszeitraum, Entstehungsort, Schreiber/Kompilator:
An dieser Stelle möchte ich auch die Wirtshandschrift des Fragments 101 untersuchen. Es handelt sich hier um einen Rezipienten des Textzusammenhanges des ‚Buchs der Welt'. Er ist in der zweiten Hälfte des 13. Jahrhunderts im Kloster Altzelle geschrieben worden:[154] Unten auf Bl. 1^v-2^v steht: *Liber Celle Sancte Marie.* Der Schreiber ist unbekant, die Schrift derjenigen des Fragments Hs. 101 sehr ähnlich.[155]

Kombinationszeitraum, Kombinationsort:
Hier besteht eine Identität mit Entstehungszeit, -ort.

Fortsetzungszeitraum, Fortsetzungsort, Fortsetzer:
Die Chronik ist bis 1261 fortgesetzt, Ort, Zeit und Schreiber sind identisch mit dem Entstehungszeitraum, -ort und Schreiber.

---

153 Vgl. Gert Melville, Geschichte in graphischer Gestalt, S. 66ff.
154 Vgl. Jürgen Wolf, Sächsische Weltchronik, S. 66.
155 Vgl. ebd.

Benutzungszeitraum, Benutzungsort, Benutzer:
Randbemerkungen zu Heinrich VI. wurden im Kloster Altzelle später nachgetragen.

Besitzzeitraum, Aufbewahrungsort, Besitzer, Auftraggeber:
Der Codex wurde im Zisterzienserkloster Altzelle für die Klosterbibliothek hergestellt. Im Katalog, „den Spalatin 1514 als Rat Friedrich des Weisen anfertigen ließ, findet sich auf Bl. 20^r Z. 27 folgender Eintrag: ‚QXXII. Liber Cronicarum cum figures'. Das dürfte Hs. 101 sein"[156], da im Katalog nur eine Chronik „cum figures" aufgeführt ist. Die Handschrift blieb bis zur Säkularisation 1543 im Kloster und kam dann in die Leipziger Universitätsbibliothek.

Kommunikationsmaterial und -form:
Der Pergamentcodex umfasst 49 Blätter (das Fragment Bl. 45 wird mitgezählt, obschon es nicht zum Codex gehört).

Schreibsprache:
Latein.

Textinterne Merkmale
Initiator(en):
Auf Bl. 1ra beginnt die lateinische Handschrift mit einem fünfgliedrigen Initiator:

1. Mit einer fünfzeiligen C-Initiale mit folgender einzeiliger O-Initiale beginnt
2. die 18-zeilige Vorrede (*COnsiderans historie sacre ...*)
3. Es folgt ein capitulum-Zeichen am Ende der Vorrede (Bl. 1ra, Z. 18) und
4. die Rubrik Genesis.
5. Schließlich beginnt die Schöpfungsgeschichte mit einer siebenzeiligen I-Initiale am Rand und folgender, rot durchgestrichener N-Majuskel (*In principio* [...]).

Terminator(en):
Das Textexemplar hatte ursprünglich keinen Terminator. Im 14. Jahrhundert fügte ein anderer Bearbeiter eine Fortsetzung von Wilhelm von Holland bis zu Ludwig dem Bayern an. Nachträglich wurde das Textexemplar (auf Bl. 48vb) durch terminierende Schlussstriche und den Eintrag: *a mundo condito usque ad* 1257 begrenzt. Die lateinische Hand-

---

156 Ebd., S. 66.

schrift *101 aus dem 13. Jahrhundert bekommt ihren Terminator erst im 14. Jahrhundert hinzugefügt.

Text-Bild-Relationen:
Die Handschrift *101 verwendet Rahmen in Form von runden Medaillons, die mit den Namen der historischen Personen und ihren Lebens- bzw. Regierungsdaten gefüllt sind.

Auf Bl. 1^v bis hin zu Bl. 2^r sieht man ein über beide Spalten gehendes und sogar über den Seitenzusammenhang hinausweisendes Stemma, das mit Adam und Eva beginnt (Abb. 8). Der Codex besteht aus vielen solchen über den Textzusammenhang hinausweisenden Stammbäumen: Bl. 25^v (Abb. 9) zeigt einen mit Alexander beginnenden Stammbaum und Bl. 29vb (Abb. 10) einen mit Anna, der Mutter Marias, beginnenden Stammbaum; weitere graphisch – durch Namensmedaillons und verzierte Bänder – versinnbildlichte Stammbäume: Bll. 3^{r-v}, 7^r, 9rb, 12^r, 17^r, 24^r, 29va. Selbst die Päpste und ihre Regierungszeiten sind auf Bl. 36^v so miteinander verbunden, dass fasst der Eindruck eines Stammbaums entsteht.

Graphische Elemente durchziehen den ganzen Codex: Auf Bl. 30^v ist der kreisfömig eingefasste Name Christus Mittelpunkt eines großen Kreises. Umgeben wird der Name durch brustbildartige Medaillons mit den Namen der Jünger Jesu. Der Kreis als Sinnbild der Ganzheitlichkeit durchbricht immer wieder die lineare Abfolge des chronologischen Geschehens.

Die Personennamen stehen in kreisfömigen Medaillons, ihr Alter (z.B. bei Adam *vivit d.cccc.xxx. annis*) oder ihre Regierungszeiten sind übersichtlich in diesen zumeist miteinander verbundenen Kreisen untergebracht. Bei der stemmatischen Darstellung der genealogischen Zusammenhänge des Alten Testaments und auch bei der Gegenüberstellung von Papst- und Kaiserreihen ist man an die graphische Umsetzung von Geschichte erinnert, wie sie Pertus Pictaviensis in seinem *Compendium historiae in genealogia Christi* (1125/30-1205) wohl als Erster vorgenommen hat und wie sie seine Rezipienten später weiter ausgefeilt haben.[157]

Frühe Beispiele für die Übertragung stemmatischer graphischer Muster auf dynastische Zusammenhänge sind – das ist besonders bedeutungsvoll in dem hier untersuchten Zusammenhang – die Handschriften der Frutolf-Ekkehard-Chronik: z.B. die stemmatische Darstellung der Nachfahren Arnulfs von Metz in der Frutolf-Ekkehard-Chronik (Karolinger). Das Autograph Frutolfs (Handschrift Ms. Bose q. 19 Universi-

---

157 Vgl. hierzu unten Hs. 024 und auch Gert Melville, Geschichte in graphischer Gestalt, bes. S. 68ff.

tätsbibliothek Jena = A) wurde 1099 beendet und bis 1106 von Ekkehard weitergeführt.[158] Auf Bl. 152^v findet sich das Stemma der Nachfahren Arnulfs von Metz mit brustbildartigen Medaillons, die mit den Namen gefüllt und mit Linien untereinander verbunden sind. Das Stemma endet in der Mitte des 10. Jahrhunderts. Auf Bl. 171^v ist ein Stemma der Ottonen abgebildet. Auch die Frutolf-Ekkehard-Handschrift Karlsruhe germ. 327 bildet auf Bl. 186^v stemmatisch die Genealogie der Karolinger ab und auf Bl. 183^r den Stammbaum der Ottonen.

Die Handschrift 101 steht also in der Tradition mittelalterlicher Chroniken. Die Funktion der Text-Bild-Relation besteht in einer Fokussierung bestimmter Textstellen: der Stammväternamen, der Herrschernamen und der Lebensdaten der historischen Personen. Diese Informationen stehen in Rahmen, die denen der Brustbilder vergleichbar sind. Ihre Funkstion ist

1. die Verbindung personen- und datenbezogener Chronologie,
2. durch die Linien zwischen den Medaillons wird das genealogische Prinzip mühelos einbezogen und als zusammenfügendes Gerüst über die Chronologie gelegt.

Dieses Stemma gibt gegenüber dem fortlaufenden chronologischen Text

3. einen Informationsmehrwert.
4. Die durch Rahmungen herausgehobenen Personennamen und Daten erleichtern das Auffinden bestimmter Ereignisse innerhalb des Codex, so dass man hier auch von einer Indexfunktion sprechen kann.

Weitere Makrostrukturen:
Die formalen hierarchischen Strukturierungsmerkmale kennzeichnen zwei unterschiedliche Ebenen: Die Einteilung in die biblischen Bücher wird durch ein *capitulum*-Zeichen mit der Buchbezeichnung, z.B. *Genesis* oder *Exodus* mit nachfolgender Initiale, angezeigt. Innerhalb der Schöpfungsgeschichte werden die einzelnen Schöpfungstage durch *capitulum*-Zeichen mit folgender Majuskel markiert. Im übrigen Text markieren das *capitulum*-Zeichen in der vorhergehenden Zeile und eine zweizeilige farbige Initiale entweder allein oder im Zusammenhang mit einem Medaillon, in dem der Name einer Person steht, eine hierarchische Textebene.

---

158 Vgl. dazu: Arthur Watson, The early Iconography, Abbildung: Pl. XXXVIII, S. 43 und 171. Zum genealogischen Verständnis der Karolinger vgl. Otto Gerhard Oexle, Die Karolinger und die Stadt des heiligen Arnulf, S. 250-364.

Textbestand:
Die Wirtshandschrift basiert auf dem ‚Buch der Welt' (SW 67,1-246,5; Bl. 1ra-48vb) und reicht von der Schöpfungsgeschichte bis 1225.

Texterweiterung/Textkürzung:
Der Codex ist eine lateinische Kombination aus dem ‚Buch der Welt' mit der *Cronica Minor* und der Bibel aus dem Ende des 13. Jahrhunderts. Mitte des 14. Jahrhunderts wurde die Chronik von Wilhelm von Holland bis zu Ludwig dem Bayern fortgesetzt (Bl. 49^{ra-va}).

Textallianzen:
Über die interpolierten Texterweiterungen hinaus lassen sich keine Textverbindungen aufweisen.

Syntaxrelevante Merkmale (Interpunktion):
Gesamtsätze sind durch vorhergehenden Punkt und Majuskel- bzw. Initialgebrauch gekennzeichnet.

Lexikalische Merkmale
1) „Gattungs"bezeichnungen:
Der abstrakte Erzähler beginnt die Vorrede damit, dass er mit dem Leser gemeinsam (*considerans*) die verschiedenen und vielfältigen Gegenstände der heiligen Geschichte (*historie sacre*) betrachten möchte (Bl. 1ra). Die Bezeichnung *historia* ist auch die Selbstbezeichnung, die der Chronist verwendet, dafür schöpft er aus den *narraciones historiarum* (Bl. 1ra).

2) lexikographische Schlüsselwörter (die Wochentagsbezeichnungen):
In der Schöpfungsgeschichte folgt der Schreiber der Vulgata und nummeriert die Tage z.B. *secundo die* (Bl. 1ra, Z. 29), wobei hier nicht alle Tage benannt sind. In der Vorlage des ‚Buchs der Welt', der lat. Frutolf-Ekkehard-Chronik wird die Schöpfungsgeschichte sehr kurz behandelt und die sechs Schöpfungstage werden der Reihe nach durchgezählt, der letzte bekommt keine Ordnungszahl (*Primo die, secundo die, tercia, quarto, quinto, sexto et nouissime* ‚zuletzt', Bl. 3^{v}).

Semantische Merkmale
1) Inhaltliche Ordnungsprinzipien:
Der Gesamtaufbau des Codex ist durch eine Kombination von a) datenbezogener, b) personenbezogene und c) genealogischer Darstellungsweise gekennzeichnet. Chronologie und Genealogie, Annalistik und Narration, fortschreitende Entwicklung (Linearität) und Gleichzeitigkeit sind in diesem Textexemplar spannungsreich miteinander verbunden.

a) Datenbezogene Darstellung: Brustbildartige Medaillons, gefüllt mit Namen, Lebens- bzw. Regierungszeiten, auch Säulen oder verschiedene Blöcke, in denen Namen zusammengefasst werden, unterbrechen die chronologische Erzählabfolge.
b) Personenbezogene Darstellung: Nahezu durchgängig sind die Namen der Personen (biblische Personen, Könige, Kaiser, Päpste) durch kreisförmige, brustbildartige Medaillons eingefasst.
d) genealogische Darstellung: Die formale hierarchische Strukturierung der Handschrift bekommt ein zusätzliches Gepräge dadurch, dass chronologisches und genealogisches Prinzip miteinander verbunden sind. Für einige im Chroniktext erwähnte Personen werden – über den Text hinausgehend – stemmatische Zusammenhänge aufgezeigt. Damit wird die lineare Abfolge der narrativen Chronologie durch die genealogische Zusammengehörigkeit aufgelöst und es werden Verbindungen verdeutlicht.

2) Die sechs Deutungsmuster:
a) Einordnung der Weltgeschichte in die Heilsgeschichte: Das göttliche Heilswirken drückt sich deutlich im Sechstagewerk, in der Schöpfungsgeschichte, aus. Sie ist der Anfang aller Weltgeschichte.
b) Berufung auf die (mündliche und schriftliche) Tradition: Der Chronist beruft sich auf verschiedene *narraciones historiarum* (Bl. 1ra).
c) wahre Geschichtsschreibung: Das Gesamtkonzept ist eine Reichsgeschichte in lateinischer Sprache. Die in der Handschrift 24 erkennbare Absicht, die welfische Memoria zu stützen und zu verbreiten, ist in dieser Kompilation nicht erkennbar. Es handelt sich hier um imperiale Memoria und um allgemein christliche Erinnerungsbestände.
d) Autorisierung der eigenen Aussagen: Der Schreiber kann bisher nicht namentlich identifiziert werden, er nennt sich nicht.
e) und f) offene Geschichtsschreibung und auf Abgeschlossenheit, Endzeit zielendes Geschichtsdenken: Nichts deutet auf eine explizite eschatologische Ausrichtung hin. Bei seiner Entstehung hatte der Codex einen fünfgliedrigen Initiator und keinen expliziten Terminator. Es zeigt sich deutlich, dass die Chronik anfangsbetont, aber mit offenem Ende konzipiert war. Ein expliziter Terminator wird im 14. Jahrhundert zugefügt. Die Chronik ist reichshistorisch orientiert.

III.1.4 Handschrift 103 (Königsberg, Staats- und Universitätsbibliothek, No 1150; verschollen seit April 1945) – (A₁)

Externe Merkmale (Ebene b)
(erschlossener) Entstehungszeitraum, Entstehungsort, Schreiber/Kompilator:
Diese lateinische Kompilation ist vermutlich im Zusammenhang mit dem Deutschen Orden entstanden: „Die Bezeichnung ‚Königsberger Weltchronik' leitet sich aus dem Fundort des ältesten Textzeugen (Hs. 103) ab und hat nichts mit dem Entstehungsort zu tun."[159] Nur Teil B der lateinischen Handschrift 103, der auch den Textzusammenhang des ‚Buchs der Welt' überliefert, stammt aus der Zeit um 1290. Die Schlesischen Annalen enden: *1290. in nocte Iohannis gloriosus dux H. obiit* (= 23. Juni 1290).[160] Der später hinzugebundene Teil A ist erst im 14. Jahrhundert geschrieben worden. Der Codex ist seit dem Fall Königsbergs im April 1945 verschollen.

Aufgrund der nd./md. Ortsnamen (s. Schreibsprache) ist eine Herkunft aus dem sächsisch-thüringischen Raum möglich.

Kombinationszeitraum, Kombinationsort:
Der erste Teil aus dem 14. Jahrhundert enthielt zahlreiche Texte, die eindeutig in den Schulzusammenhang weisen. Der zweite Teil überlieferte eine Version des ‚Buchs der Welt'. Daran fügte der Schreiber die Schlesischen Annalen (Annales Silesia Superioris). Sie enden mit Nachrichten zum Jahr 1290.[161] Hier wird man davon ausgehen können, dass für den Teil A wie für B Entstehungs-, Kombinations- und Fortsetzungszeit identisch waren. Die Buchbindersynthese fand wohl frühestens Ende des 14. Jahrhunderts statt.

Fortsetzungszeitraum, Fortsetzungsort, Fortsetzer:
Bei dem zweiten Teil (B), der nach 1290 entstanden ist, kann man von einer Deckungsgleichheit von Entstehungs- und Kombinationszeit ausgehen, wobei die Grenzen zwischen Kombination und Fortsetzung nicht immer klar sind: Es werden zeitlich anschließende chronikalische Texte aneinandergereiht.

Benutzungszeitraum, Benutzungsort, Benutzer:
Über diesen Zusammenhang ist nichts bekannt. Vielleicht lässt die Zusammenbindung (frühestens Ende des 14. Jahrhunderts) mit den ver-

---

159 Jürgen Wolf, Sächsische Weltchronik, S. 68, Anm. 182, vgl. auch ebd. S. 204f.
160 Vgl. Wilhelm Arndt, Annales Silesiae Superioris, S. 552-553, hier 553, 17.
161 Vgl. auch Wilhelm Arndt, Annales Silesiae Superioris.

schiedenen Wörterbüchern und der Grammatik den Schluss zu, dass die so genannte ‚Königsberger Chronik' im Lateinunterricht verwendet worden ist.

Besitzzeitraum, Aufbewahrungsort, Besitzer, Auftraggeber:
Der Teil A befand sich seit der 2. Hälfte des 14. Jahrhunderts in der Bibliothek des sechsten samländischen Bischofs Bartholomäus von Radam in Königsberg.[162] Auf Bl. 127 findet sich ein Schenkungseintrag, der für den ersten Teil des Codex gilt und deutlich macht, dass der Bischof die Handschrift dem samländischen Domkapitel vermacht hat. „Später gelangte der [dann zusammengebundene, die Verf.] Codex über die Kapitelsbibliothek in die herzogliche bzw. königliche und UB Königsberg. Seit dem Fall Königsbergs im April 1945 ist die Handschrift verschollen."[163] Über Teil B lässt sich nichts Genaues sagen. Sollte auch dieser Teil schon zu dem frühen Zeitpunkt in der Bibliothek des samländischen Bischofs gewesen sein, so hätten wir hier einen sehr frühen Beleg für eine A-Handschrift im Ostseeraum, in dem – so Jürgen Wolf – sonst nur B- und C-Handschriften anzutreffen waren.

Kommunikationsmaterial und -form:
Der 180 Blätter umfassende Pergamentcodex wurde aus zwei ursprünglich selbständigen Teilen zusammengebunden. Beide Teile sind defekt.[164] Die Blattgröße des heute verschollenen Codex scheint etwas größer als Oktav gewesen zu sein.[165]

Schreibsprache:
Der lateinische Text des ‚Buchs der Welt' entstand wahrscheinlich als Übersetzung einer niederdeutsch/mitteldeutschen Vorlage, was sich an den nd./md. Ortsnamen: *Hildensem, Merspurch, Limpurch, Einstete* zeigt.[166]

Interne Merkmale
Bei der Beschreibung der internen Merkmale der verschollenen Handschrift kann ich nur die sehr dürftigen Hinweise aus der Sekundärliteratur zitieren.

---

162 Vgl. Jürgen Wolf, Sächsische Weltchronik, S. 69 und 286.
163 Ebd., S. 286.
164 Ebd., S. 67.
165 Vgl. ebd., S. 67f.
166 Vgl. ebd., S. 68f., Anm. 186.

Initiator(en):
Der Codex beginnt mit dem später zugebundenen Teil A, der Vokabularien und andere Hilfsmittel aus dem Schulzusammenhang, dem Latein- und Griechisch-Unterricht enthält. Über einen Gesamtinitiator des Codex ist nichts überliefert.

Terminator(en):
Der Codex endet mit dem Satz: *1290. in nocte Iohannis gloriosus dux H. obiit.* Mehr lässt sich über den Terminator nicht aussagen.

Weitere Makrostrukturen:
Auch die Art und Weise der Übergänge von einem zum anderen Textzusammenhang ist nicht bekannt. Ebenso lassen sich keine differenzierten Aussagen über die Makrostruktruen und ihre Hierarchien machen. Große Ähnlichkeit mit dem Codex hat die spätere Handschrift 104 (= Königsberger Chronik aus dem Jahre 1427).

Textbestand:
„Die lat. ‚Königsberger Weltchronik' kann als eine nahezu wörtliche lat. SW-Übersetzung bezeichnet werden."[167] Der Textzusammenhang des ‚Buchs der Welt' begann nach Steffenhagen[168] auf Bl. 126^r unter der Überschrift *De creatione mundi et generis humani* mit der Schöpfungsgeschichte und reichte bis zu Seth (SW 67,1-68,4?). Vermutlich durch Bindefehler sind ein Kaiserkatalog von Cäsar bis Friedrich II. (Bl. 126^v) und die Kaiser und Papstkataloge nach Gilbert (Bl. 127^r-136^v) in den Textzusammenhang geraten. Auf Bl. 137^r-180^r wurde der Text des ‚Buchs der Welt' weitergeführt. Er endete mit der Bannung Heinrichs des V. auf Bl. 180^r (SW 203,31). Die Schlesischen Annalen folgten auf der Verso-Seite.

Texterweiterung/Textkürzung:
Ab Lothar III. ist in den Textzusammenhang des ‚Buchs der Welt' eine Martins-Chronik (Martin von Troppau) interpoliert.[169] Es ist der Text SW 228,1-241,11 mit Ausschnitten aus Martin von Troppau 49,23-474 (Imperatores) kombiniert.[170] Die Berichte zu Heinrich VI., Philipp von

---

167 Ebd., S. 68, Anm. 182, vgl. auch ebd. S. 204f.
168 Emil Steffenhagen, Catalogus, S. 60.
169 Vgl. Jürgen Wolf, Sächsische Weltchronik, S. 67-69.
170 Vgl. zu Martin von Troppau: die Ausgabe von Ludwig Weiland, Martini Opaviensis; zur Forschung über Martin von Troppaus: Anna-Dorothea von den Brincken, Artikel ‚Martin von Troppau'; dies., Studien (1985), S. 460-531 und (1989), S. 551-591; dies., Martin von Troppau, S. 155-193; Wolfgang-Valentin Ikas, Martinus Polonus' Chronicle of the

Schwaben, Otto IV. stammen überwiegend aus dem ‚Buch der Welt', ab Friedrich II. ist die Hauptvorlage die Chronik Martins von Troppau.[171]

Textallianzen:
Die Handschrift bestand aus zwei selbständig entstandenen und später zusammengebundenen Teilen. Teil A enthält Textexemplare, die vermutlich zu Lehrzwecken geschrieben wurden: Wörterbücher und Grammatiken; Teil B enthält eine lateinische Fassung des ‚Buchs der Welt' in der Form der sog. ‚Königsberger Chronik' und die Schlesischen Annalen (Annales Silesiae superioris, 1071-1290), sowie Papst- und Kaiserkataloge.

Semantische Merkmale
1) Inhaltliche Ordnungsprinzipien:
Es ist anzunehmen, dass der Gesamtaufbau des Codex (Teil B) durch eine Kombination von datenbezogener und personenbezogener Chronologie bestimmt war, möglicherweise wurde die datenbezogene Sichtweise durch die Textallianz mit den Schlesischen Annalen hervorgehoben.

2) Die sechs Deutungsmuster:
a) Einordnung der Weltgeschichte in die Heilsgeschichte: Mit der Schöpfungsgeschichte war der heilsgeschichtliche Bezug gegeben.
b) Berufung auf die (mündliche und schriftliche) Tradition: Hier ist davon auszugehen, dass sich dieses Deutungsmuster wie in den meisten Handschriften der A-Gruppe realisiert findet.
c) wahre Geschichtsschreibung und
d) Autorisierung der eigenen Aussagen: Auch hier lässt sich nur in einem ganz weiten Sinne auf die A-Gruppe verweisen.
e) und f) offene Geschichtsschreibung und auf Abgeschlossenheit, Endzeit zielendes Geschichtsdenken: Die Reimvorrede und damit die explizite Ausrichtung auf das Jüngste Gericht fehlten. Teil B zeigt eine lateinische reichhistorisch orientierte, heilsgeschichtlich ausgerichtete Papst-Kaiser-Chronik, die um regionale Daten (Annales Silesiae superiores) erweitert worden ist. Es lässt sich also neben der imperialen auch eine – wenn man so will – kuriale Memoria ausmachen, daneben gewinnen regionale Bezüge zunehmend einen Wert für die kollektive Memoria. Dieses lateinische ‚Buch der Welt' hält sich weitestgehend an die *brevitas*-Forderung der traditionellen lateini-

---

Popes and Emperors, S. 327-341; ders., Neue Handschriftenfunde, S. 521-537; ders., Martin von Troppau.
171 Vgl. auch Jürgen Wolf, Sächsische Weltchronik, S. 68.

schen Chronistik. Es weicht also in verschiedenen Punkten (reichshistorisch, Papst-Kaiserchronik, *brevitas*, Betonung der Annalistik) von dem sächsisch-dynastischen ,Buch der Welt' (Hs. 24) ab und belegt damit, die ,gerichtete' Offenheit[172] der ,Textsorte'.

III.1.5 Handschrift 161 – (Berlin, SB, Mgf 1387) – B

Externe Merkmale (Ebene b)
(erschlossener) Entstehungszeitraum, Entstehungsort, Schreiber/Kompilator:
Das nordnd.[173] Bilderhandschriftenfragment entstand Ende des 13. Jahrhunderts. Renate Kroos nimmt aufgrund der Illustrationen die Zeit um 1280 als Entstehungszeit an:

> Die Illustrationen waren ehemals aufwendig, farbig modelliert auf Goldgrund, doch läßt sich die ungeschickte grobe Zeichnung nur schwer genau datieren, da hier die Eigentümlichkeiten des Zackenstils fast völlig abgeschliffen wurden, ohne dass sich (wie bei der Bremer Handschrift der ,Sächsischen Weltchronik') neue Stilmittel fassen lassen.[174]

Nach den Randbemerkungen zu urteilen, stammt das Fragment vermutlich aus Bremen oder Verden. Der Schreiber ist unbekannt.

Benutzungszeitraum, Benutzungsort, Benutzer:
Das Fragment trägt Randbemerkungen und Schriftproben von verschiedenen Benutzern des 16./17. Jahrhunderts.

Besitzzeitraum, Aufbewahrungsort, Besitzer, Auftraggeber:
Im 19. Jahrhundert war das Fragment in der Bibliothek des Stettiner Gymnasialdirektors und Geschichtsforschers Karl Friedrich Wilhelm Hasselbach (1781-1864). Durch Versteigerung gelangte es in den Besitz Franz Pfeiffers.[175] Pfeiffers Nachlass erhielt die königliche Bibliothek zu Berlin.

Kommunikationsmaterial und -form:
Das Pergamentblatt ist ein Fragment einer illuminierten Handschrift. Es enthält drei Brustbilder und vier Miniaturen. Die Blattgröße beträgt

---

172 Unter ,gerichteter' Offenheit verstehe ich die Offenheit nach bestimmten Spielregeln, die durch bestimmte Textsortentraditionen vorgegeben sind. Vgl. zur Skepsis gegenüber einer ,grenzenlosen' Offenheit: Rolf Sprandel, Zweisprachige Geschichtsschreibung, Einleitung, S. 4.
173 Vgl. Jürgen Wolf, Sächsische Weltchronik, S. 96, Anm. 41.
174 Renate Kroos, Miniaturen, S. 47, Anm. 3. Vgl. auch Peter Jörg Becker, Die deutschen Handschriften der Staatsbibliothek Preußischer Kulturbesitz Berlin, S. 334.
175 Franz Pfeiffer, Bruchstücke, S. 79-81.

33,2 x 21,8/22,5 cm und ist beschnitten. Der Schriftspiegel umfasst mit 25,2 x 18,2 cm zwei Spalten mit 32 Zeilen.

Schreibsprache:
Das Fragment zeigt im Dialekt (nordalbingisch) und in der Bebilderung starke Verwandtschaft mit der Bilderhandschrift 16.

Interne Merkmale
Text-Bild-Relationen:
Das niederdeutsche Fragment aus dem Ende des 13. Jahrhunderts ist das Bruchstück einer illuminierten Handschrift. Es überliefert zwei Medaillons mit Königsköpfen (der Sohn Nebukadnezars und sein Enkel Balthasar) sowie vier Miniaturen.[176] Im Unterschied zur Gothaer Bilderhandschrift sind hier auch die szenischen Bilder gerahmt, d.h., der Illustrator begrenzt die Darstellung willentlich, Bild und Text gehen nicht ineinander über, die Bilder sind auch nicht beschriftet wie in der Handschrift 24. Sie sind allerdings eng verschränkt: Die Funktion der Brustbildmedaillons ist vergleichbar mit der Funktion der Medaillons im sächsischen ‚Buch der Welt': Es drückt sich in den Miniaturen a) eine personenbezogene Sichtweise und b) eine Indexfunktion aus. Die szenischen Bilder des Fragments illustrieren den Text, wenden aber keine ausführlichere Erzählstrategie an. Sie haben c) eine affirmative Funktion, indem sie das im Text Gesagte verstärken.

Weitere Makrostrukturen:
Die Brustbilder stehen zu Beginn der Hierarchieebenen (Absätze), die von Nabugodonosor, dessen Sohn und seinem Enkel Balthasar handeln. Der darauf folgende Text beginnt mit einer roten Initiale: *N(abugodonosor)*; *D(o dese koning)*. Der Name Balthasars ist nicht durch eine Initiale gekennzeichnet.

Textbestand:
Das Blatt (1^{ra-vb}) enthält den Textzusammenhang SW 76,11-77,8.

Syntaxrelevante Merkmale (Interpunktion):
Die Gesamtsatzstrukturierung geschieht durch die Verbindung von mittelhohem Punkt mit Majuskel, der mittelhohe Punkt in Kombination mit Minuskeln kann die Funktion haben, Teilsätze zu kennzeichnen.

---

176 Jürgen Wolf, Sächsische Weltchronik, S. 96, Anm. 40 spricht hier von drei Brustbildern, die Hand, die das Menetekel an die Wand schreibt, möchte ich als Miniatur und nicht als Brustbild ansehen.

III.1.6 Handschrift 16 (Bremen, Staats- und UB, msa 033 = ehemals Ms. a. 33) – B

Externe Merkmale (Ebene b)
(erschlossener) Entstehungszeitraum, Entstehungsort, Schreiber/Kompilator:
Die Datierung der Bremer Bilderhandschrift ist nur ungenau möglich und es herrscht in der Forschung darüber keine Einigkeit. Hermann Ballschmiede,[177] Hubert Herkommer,[178] Michael Menzel[179] und Roderich Schmidt[180] kommen vor allem aufgrund von Überlegungen zum Handschriftenstemma auf eine sehr frühe Datierung der Handschrift 16: vor 1281. Karin Schneider dagegen geht von der Schrift, der Textualis gothica, aus, bei der ihrer Ansicht nach die modernen Elemente überwiegen: durchgängig doppelstöckiges und teilweise überhöhtes a, verkümmerter und deutlich hochgerückter g-Bogen, Zierstriche an den Schäften von h, l, b und am auslautenden e, doppelte gotische Brechung u.a.m.[181] Sie hält die Zeit um 1300 für die frühestmögliche Datierung, eher noch das erste Viertel des 14. Jahrhunderts für wahrscheinlich. Auch der Kunsthistoriker Alfred Stange datiert ausgehend von den Bildern eher in den Anfang des 14. Jahrhunderts. Wie Schneider hält er aber auch die Zeit um 1300 für möglich.[182]

Kombinationszeitraum, Kombinationsort:
Außer der Reimvorrede ist dem ‚Buch der Welt' ein Widmungsgedicht an Graf Gerhard von Holstein[183] vorausgeschickt. Es endet 1260.

Fortsetzungszeitraum, Fortsetzungsort und Fortsetzer:
Ein späterer Benutzer, Reinmar Kock († 1569), 1554 Pastor zu St. Peter Lübeck und der Verfasser der ‚Lübischen Chronik', machte 1555 auf Blatt II^r eine Notiz zur Unwetterkatastrophe in Lübeck am 29.12. jenes Jahres. Er signierte den Eintrag mit seinen Initialen R.K. Von späterer Hand ist in dänischer Sprache noch ein Eintrag zur Dürre auf der schwedischen Insel Gotland im Jahr 1580 hinzugefügt worden. Auch dieser

---

177 Hermann Ballschmiede, Sächsische Weltchronik, S. 103.
178 Hubert Herkommer, Sächsische Weltchronik, S. 96.
179 Michael Menzel, Sächsische Weltchronik, S. 279.
180 Roderich Schmidt, Zu den Bilderhandschriften der Sächsischen Weltchronik, S. 755ff.
181 Karin Schneider, Gotische Schriften, S. 264, Anm. 241; vgl. auch Jürgen Wolf, Sächsische Weltchronik, S. 93f., Anm. 32.
182 Alfred Stange, Deutsche Malerei der Gotik, S. 100; vgl. zur Datierung auch: Jochen Luckenradt, Franz Niehoff, Katalog Heinrich der Löwe und seine Zeit, Bd. I, Nr. D 75; Cord Meckseper, Katalog zur Ausstellung Stadt im Wandel, Bd. I, Nr. 474.
183 Um welchen Grafen Gerhard von Holstein es sich handelt, ist in der Forschung umstritten.

Eintrag wurde unterschrieben und darüber hinaus noch lokalisiert und datiert: (Bl. 102^v) *gud skee loff Skreuid paa Wisborig slott den 29 marzi anno 1581 (Em)ike Kaas E(gen) Hanndtth.*

Benutzungszeitraum, Benutzungsort, Benutzer:
Der Codex ist schon im 15. und 16. Jahrhundert verschiedentlich benutzt worden. Benutzerspuren finden sich in der Form von dänischen und deutschen Randbemerkungen und Korrekturen. Zu Beginn des 15. Jahrhunderts benutzte der Lübecker Chronist Detmar oder ein Detmar-Kompilator die Handschrift 16 für die Erweiterung der Detmarchronik (Hs. 162, 163). Reinmar Kock (†1569) benutzte – wie er selber angibt – die Handschrift 16 in der Mitte des 16. Jahrhunderts zur Erstellung seiner ‚Lübischen Chronik'. Hans Ferdinand Massmann benutzte die Handschrift 16 für seine Zeitbuch-Edition.[184]

Besitzzeitraum, Aufbewahrungsort, Besitzer, Auftraggeber:
Der Hamburger Bürger Johann von dem Berge (Vater oder Sohn) lässt die Handschrift zwischen 1280 und 1300 anfertigen (s.o.), um sie dem Grafen Gerhard (I.?) von Holstein zu schenken.[185] Im 14./15. Jahrhundert war der Codex im Besitz eines Lübecker Bürgers.[186] Vielleicht war einer der Besitzer auch Reinmar Kock, der den Codex in der Mitte des 16. Jahrhunderts benutzte. In der zweiten Hälfte des 16. Jahrhunderts war die Handschrift auf der Insel Gotland (auf Schloss Wisborg in Visby) im Besitz von Emmike Kaas til Gjellskøv (†1584) aus dem dänischen Adelsgeschlecht der Mur-Kaas.[187] Um 1600 besaß der dänische Adelige Johannes Brockenhuus zu Lerbaek (1588-1648) den Prachtcodex, ab 1603 dessen Tante Helvig Ulfeldt. Am Ende des Jahrhunderts hatte wieder ein Besitzwechsel stattgefunden: 1698 war der Codex im Besitz Peter Christophs von der Osten (1659-1730), Offizier in dänischen Diensten, später preußischer Landdrost in Minden. Seine Witwe starb 1755 in Bremen. Seit 1834 befindet sich der Codex in der Stadtbibliothek Bremen, heute Staats- und Universitätsbibliothek.

Kommunikationsmaterial und -form:
Die Handschrift ist ein prachtvoll ausgestatteter, illuminierter Pergamentcodex von 102 Blättern. Die Blattgröße beträgt 32 x 23,3 cm, der Schriftspiegel 24,5 x 18,5 cm und enthält, zweispaltig geschrieben, 29-

---

184 Hans Ferdinand Massmann, Zeitbuch.
185 Vgl. Heinrich Reincke, Das Geschlecht der von dem Berge, S. 82-85; Roderich Schmidt, Bilderhandschriften der Sächsischen Weltchronik, S.755-759.
186 Jürgen Wolf, Sächsische Weltchronik, S. 258-261.
187 Ebd., S. 258f.

30 Zeilen. Zwischen den Blättern 12/13; 76/77 und 98/99 fehlen je zwei Blätter. Der Holz-Leder-Einband stammt aus dem 16. Jahrhundert. Vorne auf dem Deckel ist eine Kreuzigungsszene mit der Überschrift *Christus hat uns erlost* eingeprägt. Unter dem Kreuz steht: *PROPTER SCELUS POP(ULI)*. Hinten befinden sich auf dem Deckel ein Wappen, die Initialen G.V.A. und der Spruch: *GOT IS min TR(OST)*. Wappen und Initialen konnten bis heute noch nicht zugeordnet werden.[188]

Schreibsprache:
Der Bremer Prachtcodex ist niederdeutsch (nordalbingisch) niedergeschrieben worden.[189]

Interne Merkmale
Initiator(en):
Die Bremer Bilderhandschrift beginnt mit einem mehrgliedrigen hierarchisch gestuften Initiator:

1. mit dem Widmungsgedicht in Goldbuchstaben
2. mit der Reimvorrede,
3. mit einem Autorenbild und
4. mit einer neunzeiligen Initiale.
5. Die Schöpfungsgeschichte setzt mit einem Schöpferbild ein,
6. diesem folgt eine rot-blau-goldene neunzeilige I-Initiale und N-Majuskel.

Terminator(en):
Der 1260 endende Text wird durch eine einspaltige gerahmte Miniatur begrenzt, die den letzten Satz illustriert: *Do starf biscop rodolf uan maydeborg ouer deme dische m°.cc°.lx°. in sente margareten dage*. Das Textexemplar hat – und dies ist eine deutliche Diskrepanz zum mehrgliedrigen Initiator – keinen expliziten Terminator.

Text-Bild-Relationen:
Auch die dem Fragment 161 sehr ähnliche Bilderhandschrift 16 verwendet neben gerahmten, erzählenden Miniaturen Medaillons. In ihnen ist entweder nur der Kopf der betreffenden Person oder auch ein Brustbild, meist mit einer Hand, manchmal auch mit beiden Händen, abgebildet.

---

188 Vgl. ebd., S. 93.
189 Siehe dazu: Gustav Korlén, Die mittelniederdeutschen Texte, S. 81-85, S. 129; Hubert Herkommer, Sächsische Weltchronik, S. 97

Die Hände geben durch die Gebärdensprache[190] eine weitere Information, die entweder das im Text Gesagte bestätigt oder Informationen darüber hinaus mitteilt: Adam z.B. hält ein Spruchband in den Händen: Er ist der Stammvater der Menschen. Auch Seth hält ein Spruchband in seinen Händen. Er ist der Stammvater des Geschlechts, von dem der Chronist berichten will: *A*(rote einzeilige Initiale)*ne kaine un abele wan adam drithtich sone. un dritich dochtere. uan der aller gheslechte suige we. un uan sethes slechte seghe we* (Bl. 4 bzw. 2va, Z. 25-4 bzw. 2vb, Z. 1). Eine gold-rot gestaltete Stammtafel zum Alten Testament findet sich auf Bl. 7 bzw. 5vb. Hier ist also ganz deutlich – sowohl im Text, als auch im Bild (Abb. 11) – ein genealogisches Muster zu erkennen. Der Illustrator hat ein Stemma mittels untereinanderstehenden Brustbildern und verbindenden Linien hergestellt. Die Gothaer Bilderhandschrift illustriert diese genealogischen Zusammenhänge nicht. Die Handschrift 16 ist aber der lateinischen Handschrift 101 vergleichbar, die die brustbildartigen Namensmedaillons ebenfalls zu einem Stammbaum verbindet (vgl. oben Hs. 101).

Verglichen mit der Gothaer Bilderhandschrift lässt sich anhand der szenischen Bilder eine sparsamere Erzählsstrategie erkennen. In die Bremer Bilderhandschrift ist die Kaiserchronik nicht interpoliert, dynastische oder regionale Bezüge fehlen im Bildprogramm. In der Regel illustrieren die Bilder das im Text Gesagte und rekurrieren nicht auf einen (bekannten) ausführlicheren Erzählzusammenhang. Als Beispiel wähle ich auch hier die biblische Erzählung von Kain und Abel (Abb. 12).

Der Text: *do abel was dritich iar alt do scloch ene kain sin broder dot* . (Bl. 4 bzw. 2va) wird lediglich durch eine Brustbildminiatur illustriert, in der Kain und der erschlagene Abel zu sehen sind. Es wird durch die Darstellung der Stammväter mit ihren kennzeichnenden Attributen und Gesten größerer Wert auf die genealogische als auf die erzählende Dimension der Historie gelegt. Die szenischen Bilder bestätigen den Text in der Regel, gehen aber nicht über ihn hinaus.

Im Zusammenhang der Kreuzigung Jesu illustriert das Bild den Text nicht, sondern verwendet ein sehr typisiertes Kreuzigungsbild: Es ist gerahmt, in der Mitte wird das Bild von Christus beherrscht, der an das Kreuz genagelt ist, rechts und links von ihm stehen betend Maria und Johannes (Abb. 13).

---

190 Vgl. z.B.: Jean-Claude Schmitt, Die Logik der Gesten; Gabriele von Olberg, Text und Bild; Karl von Amira, Die Handgebärden, S. 161-263; Ruth Schmidt-Wiegand, Gebärdensprache, S. 363-379.

Der Text lautet: *he wart och bi des selben keiseres tiden van pylato unde van den ioden ghemarteret van siner martrunghe scach wnders uele* . (Bl. 25 bzw. 23va, Z. 3-8). Das Kreuzigungsbild der Gothaer Bilderhandschrift unterscheidet sich sehr von dem der Bremer, es handelt sich um die Darstellung der vielfältigen Martern, die Christus erdulden musste. Die Gothaer Bilderhandschrift bezieht ihren Mehrwert auch hier wieder aus der den Zeitgenossen bekannten Literatur (der Bibel – Vulgata, *Historia scholastica*), geht über den Text hinaus, in dem einzelne Martern dargestellt sind, hält sich aber damit auch an den Text, der nicht von der Kreuzigung allein handelt, sondern auf das umfassende Martyrium Christi hinweist.

Es lassen sich auch hier unterschiedliche Funktionen der Bilder herausarbeiten: Die Brustbildmedaillons zeigen a) eine personenbezogene Sichtweise und haben b) Indexfunktion. Die szenischen Bilder illustrieren wie bei dem Fragment 161 den Text, sie wenden keine ausführlichere Erzählstrategie an, ziehen sich vor allem bei sehr bekannten Motiven: z.B. Geburt (Bl. 24 bzw. 22^r), Tod Christi auf tradierte Typen zurück. Insgesamt liegt ihre Funktion c) in der bestätigenden Illustration dessen, was im Text gesagt wird. Besondere Hinweise auf Sachsen oder dynastisch-welfische Zusammenhänge werden nicht im Bild hervorgehoben (z.B. fehlen in Text und Bild die Darstellung der Gründung Magdeburgs,[191] die Belehnung Ottos des Kindes).

Weitere Makrostrukturen:
Strukturiert ist der Textzusammenhang des ‚Buchs der Welt' inhaltlich und makrostrukturell als chronologische Abfolge von Ereignissen. Die hierarchische Strukturierung ist durchgängig sehr homogen. Die mit einer neunzeiligen Initiale mit Autorenbild beginnende Reimvorrede ist in fünf Absätze strukturiert:

1. Die Aufforderung des Chronisten, auf Gott zu hören und das Böse zu meiden (*Nu vornemit* [...] Bl. 1 bzw. 3ra),
2. die kurze Darstellung des Jüngsten Gerichts (*Dar na volget* [...] Bl. 1 bzw. 3rb),
3. die eindrückliche Mahnung, was denjenigen droht, die sich nicht umkehren (*Swer nu an den sunden* [...] Bl. 1 bzw. 3rb),

---

191 Die Hs. 24 beschreibt – wie alle Handschriften der C-Gruppe außer 18 und 19 – ausführlich die Gründung Magdeburgs, die Gründung Lüneburgs, die Wiedergründung des Herzogtums Sachsen und desssen Übergabe an Hermann Billung. Dieser Text (SW 163,33-164,12) fehlt in den Handschriften der Gruppen A, B und in 18 und 19.

4. die Aufforderung, sich jetzt sofort für die richtige Seite zu entscheiden, nur die richtigen Lehren zu hören und ausschließlich gute Bücher zu lesen (*Nu vlitet uch* [...] Bl. 1 bzw. 3rb),
5. schließlich das Bekenntnis des Chronisten, dass er das Buch nicht beenden kann, und damit verbunden die Aufforderung an die Nachfolgenden weiterzuschreiben (*Ich han mich des wol bedacht* [...] Bl. 1 bzw. 3va).

Die der Initialfunktion direkt nachgeordnete Hierarchieebene beginnt innerhalb der Reimvorrede immer mit zweizeiligen verzierten rot-blau-goldenen Initialen. Eine Ausnahme bilden die mit I beginnenden Absätze, dann kann die Initiale am Rande auch bis zu acht Zeilen lang sein. Die Schöpfungsgeschichte wird von der Reimvorrede durch ein zehnzeiliges Schöpferbild abgesetzt. Der Text beginnt mit einer neunzeiligen I-Initiale und nachfolgender N-Majuskel (Abb. 14).

Auch der Beginn des Sechstagewerkes wird durch eine zweizeilige verzierte rot-blau-goldene Initiale eingeleitet. Die zweizeiligen Initialen treten oft dann auf, wenn der Chronist im chronologischen Verlauf Rückblicke oder andere retardierende Momente eingebaut hat. Die vielen im Textzusammenhang reichlich vorhandenen inhaltlich retardierenden Momente sind aber bei weitem nicht alle strukturell berücksichtigt. Im Textverlauf ist die hierarchische Strukturierung also bei weitem nicht deckungsgleich mit der inhaltlichen Strukturierung. In der Schöpfungsgeschichte erscheint einmal eine rot-blau-goldene zweizeilige Initiale (vor der Beschreibung des Sechstagewerkes, nach Luzifers Sündenfall, Bl. 1vb bzw. 3vb, Z. 30 und 2ra bzw. 4ra, Z. 2: *Do got der engele uullen wolde . he begunde ses daghe werken .*), sonst kommen nur einzeilige rote und blaue Initialen im Wechsel und dazwischen die Medaillons vor. Bei den übrigen Stoffkreisen der Chronik nimmt die formale hierarchische Strukturierung deutlich ab. Die zweizeiligen Initialen treten insgesamt nur dreimal auf (s.o. und Bl. 6 bzw. 3^{ra+rb}; 18 bzw. 16va). Die sog. Predigt ist makrostrukturell unmarkiert.

Gegen Ende des Codex nimmt auch die Ausgestaltung mit Medaillons und Miniaturen ab. Das gilt insgesamt für alle Bilderhandschriften. Die gestalterische, strukturierende Durchdringung des Erzählstoffes, seine Gliederung und die Verdeutlichung der Zusammenhänge komplexer Sachverhalte wird zur Gegenwart hin immer weniger. Der Grund liegt vielleicht darin, dass die Chronisten für die frühe Zeit auf verschiedene

Vorbilder zurückgreifen konnten,[192] je näher sie der zeitgenössischen Gegenwart kamen, desto mehr waren sie gefordert, eigene Systeme zu erschaffen.

Im Zusammenhang der formalen hierarchischen Strukturierungen sind am häufigsten die einzeiligen roten und blauen Initialen, die vom Sechstagewerk bis zum Ende im Wechsel miteinander auftreten. Ihre Funktion ist

1. die Kennzeichnung der Absätze,
2. der Gesamtsätze, die häufig mit den Absätzen zusammenfallen, sowie auch
3. der Namen der historisch bedeutenden Personen und damit also der Betonung einer personenbezogenen Chronologie.

Textbestand:
Der Codex hat wie die Handschriften 18, 19, 21-231 die längste Fassung des sogenannten ‚gemeinen' Textes (und der Rezension B überhaupt) und endet mit dem Tod Bischof Rudolfs von Magdeburg 1260.

Texterweiterung/Textkürzung:
Der Codex beginnt mit einem Widmungsgedicht (Bl. I^v). Nach der Reimvorrede folgt der Textzusammenhang des ‚Buchs der Welt' bis 1260 (SW 65,1-258,24) (Bl. 1ra-101vb). Auf Bl. II^r und auf Bl. 102va wurde ein chronikalischer Eintrag zum Jahr 1580 nachgetragen. Das Textexemplar war also offen für eine Fortsetzung mit chronikalischen Nachrichten. Das letzte Blatt des Codex ist vakant. Weitere Zusätze wären möglich gewesen.

Verglichen mit Handschrift 24 ist der Inhalt des Textes erheblich knapper, es fehlen viele erzählende, ausschmückende Passagen wie z.B. die Kaiserchronik, einige ausführliche Legenden, Informationen zu den Sachsen, so z.B. zum Herzogtum Sachsen in der Zeit Ottos I., zu Hermann Billung, dem ersten Herzog von Sachsen (SW 163,33-164,12), die Bekehrung der Slaven durch die sächsischen Süpplinburger Herzog Bernhard und seinen Bruder Lothar (SW 167,7-9), die Genealogie der Welfen aus Anlass des Todes des Billungers Magnus und seiner Frau Sophie, deren Tochter Wulfhilde den Welfen Heinrich IX., den Schwarzen, den Großvater Heinrichs des Löwen, heiratete (SW 187,34-188,16); die Genealogie der Süpplinburger, das sächsische Herrscherhaus (SW 199,7-34), aus dem Kaiser Lothar III. stammte etc. (vgl. auch Handschrift 24).

---

192 Vgl. z.B. die Ausführungen von Gert Melville, Geschichte in graphischer Gestalt, S. 57ff.

Textallianzen:
Die Bremer Bilderhandschrift geht keine besonderen Textallianzen ein, gegenüber der Gothaer Bilderhandschrift fehlen die ‚Herkunft der Sachsen', der Papstkatalog sowie die Genealogien der Welfen und der Grafen von Flandern.

Syntaxrelevante Merkmale:
a) Interpunktion:
Die Funktion des Punktes ist unterschiedlich: In der Reimvorrede kennzeichnet er die Reime. Im übrigen Text kennzeichnet er sowohl Absätze in Kombination mit Initalen, als auch Gesamtsätze in Kombination mit Majuskeln als auch Sinneinheiten (nur in Kombination mit Minuskeln).

b) syntaxrelevante Merkmale in der Reimvorrede:
Die Reimvorrede tritt an zweiter Stelle im Codex auf. Er beginnt mit dem in Goldbuchstaben geschriebenen, rot und blau verzierten Widmungsgedicht. Die Reimvorrede ist wie bei den Handshriften 162 und 17 in fünf Absätze gegliedert: *Nv vornemet* [...]; *Dar na volgit* [...]; *Swer nu an den sunden licht* [...]; *Nu vlitit* [...]; *Ich han mich des wol bedacht* [...]

Die Verse sind nicht untereinandergeschrieben, der mittelhohe Punkt kennzeichnet das Versende. Er tritt mit nachfolgender Minuskel auf.

Auch die Reimvorrede der Handschrift 16 kombiniert Temporalsätze bzw. Sätze mit temporalen Angaben (10 Teilsätze) mit Aufforderungs- (9 Teilsätze) und (behauptenden) Aussagesätzen. Die zeitlichen Aspekte zeigen eine Ausrichtung auf die Gegenwart, die Zukunft und verdeutlichen die Dauer und die unbestimmte Folge der Zeit.[193]

c) syntaxrelevante Merkmale in der Schöpfungsgeschichte:
Der mittelhohe Punkt mit folgender Majuskel kennzeichnet einen Gesamtsatz. Die Schöpfungsgeschichte ist in dreizehn Gesamtsätze und elf Absätze gegliedert.

1. GS:
In aller dinghe beginne scop god to erst hemel . uñ erthe. uñ water. uñ uur. uñ lucht. de uer elementa waren vnghesceden . in deme hemele makede he og neghen core der enghele . to sineme loue. uñ sineme deneste. in deme neghenden core. was lucifer de sconeste. uñ de hereste der engele .

---

193 Vgl. dazu auch die Ausführungen in Kapitel III.2.1 Handschrift 17 (Syntaxrelevante Merkmale).

Der erste Gesamtsatz ist hier gegenüber der Gothaer Bilderhandschrift noch um einen weiteren grammatisch selbständigen Teilsatz erweitert: *in deme neghenden core. was lucifer de sconeste. uñ de hereste der engele* .

2. GS:
Dar ne belef he nicht inne eine gance stunde. wante he wolde wesen ghelich sineme sceppere · dar umbe uelde ene god. in dat afgrunde der helle. un uorstotte mit eme allesine volgere.

3. GS:
D*o god der enghele core uullen wolde. he begunde ses daghe werken. in demme eresten daghe de nu achtet is de latere sente gerthrude schet he dat licht uan der dusternisse · uñ het dat licht den dach · uñ de dusternissen de nacht.* (D-Initiale gold auf blau, rot umrandet, zweizeilig).

Gesamtsatz und Absatz fallen zusammen, der Absatz ist hier durch eine zweizeilige Initiale gekennzeichnet. Die zweizeiligen Initialen treten in der Handschrift 16 oft dann auf, wenn der Chronist im chronologischen Verlauf Haltepunkte eingebaut hat: Die Schöpfungsgeschichte ist insgesamt durch Absätze und Gesamtsätze strukturiert. Die Absätze sind häufig mit den Gesamtsätzen deckungsgleich und werden in der Regel durch einzeilige rote oder blaue Initialen markiert. Im ersten Absatz wird die Erschaffung der himmlischen Chöre beschrieben und im zweiten das Sechstagewerk (*Do got der enghele core* [...] Bl. 1 bzw. 3vb). Die Kennzeichnung des ersten Absatzes geschieht im Anschluss an die Reimvorrede und das zehnzeilige Schöpferbild mit einer achtzeiligen I-Initiale mit nachfolgender N-Majuskel. Zur Kennzeichnung des zweiten Absatzes verwendet der Rubrikator eine zweizeilige verzierte D-Initiale: Hier beginnt das eigentliche Sechstagewerk. Die einzelnen Schöpfungstage beginnen mit einer einzeiligen Initiale (Gesamtsatzkennzeichnung und gleichzeitig Absatzkennzeichnung); z.T. sind sie illustriert durch ein rundes Bild mit den einzelnen Phasen der Schöpfung. Die zweizeilige Initiale markiert im Codex eine Art Haltepunkt.

Ein weiterer Haltepunkt findet sich in der Handschrift 16 dort, wo der chronologische Textfluss unterbrochen wird und das Geschehen durch narrative Einschübe erläutert wird: Bl. 3 bzw. 5ra: *Bi den tiden mischede sich och sethes ghesleschte* [...] Auch diese zweizeilige farbige, goldgrundige Initiale markiert inhaltsseitig eine Unterbrechung der Chronologie und die Darstellung von diesmal nicht gleichzeitigen Ereignissen, sondern sie ist ein Rückgriff auf Vorhergehendes: Bl. 3 bzw. 5rb: *Adam hatte sinen kinderen uore geseghet* [...] Die nächste Absatzmarkierung in der Handschrift 16, die mit einer zweizeiligen farbigen Initiale beginnt, weist ebenfalls auf retardierende Momente in der fortlaufenden, an der Herrscherfolge orientierten chronologischen Darstellung hin: Bl. 16 bzw. 18va: die Schilderung des Numantinischen Krieges (134-133).

4. GS:
Der Schreiber der Handschrift 16 markiert den abschließenden Hinweis auf den ersten Schöpfungstag und auf dessen Benennung eigenständig in der Form eines einfachen Satzes in Kombination mit zwei Relativsätzen:
Dit was de ereste dach. de ie ghewart. de hete we och sunnendach.

5. GS:
Des anderen daghes den we hetit manendach. makede he den heuen. de dar hetit de nedere hemel. uñ delde dat water uppe deme hemele is. uan deme watere dat in ertrike is.

Auch hier fällt der Gesamtsatz mit einem Absatz zusammen. Dieser Gesamtsatz wird in allen Textexemlaren, die diesen Teil der Schöpfungsgeschichte überliefern,[194] weitgehend unverändert übernommen.

6. GS:
In dem dridden dage. de we hetet dinsedach. scedede he dat water uan deme erthrike. uñ scop deme watere sine stat. dat it ouer gan nicht nemach. he scop och dat dat erthrike sine urucht droge . un aller hande corne. un uan wine. unde uan bomen. un uan cruden. un er sat an in siluen waren.

Der lange Gesamtsatz umfasst einen Absatz wie in der Handschrift 24, hier ist es ebenfalls der sechste Gesamtsatz. Auch der siebte und achte Gesamtsatz stimmen mit der Überlieferung der Handschrift 24 überein:

7. GS:
In deme verden daghe. den we hetet midweken. makede god de sunnen dat se deme daghe licht gheue. un de manen. un de sterne der nacht.

8. GS:
In deme uisten daghe de we hetet donredach. makede he allerhande uoghele in der lucht.

9. GS:
Abweichend von der Gothaer Bilderhandschrift, aber ebenso wie die Handschrift 17, überliefert der Bremer Codex 16 einen Gesamtsatz, der inhaltlich vom Beginn des sechsten Tages (Freitag) bis zur Erschaffung Evas geht. Dieser Gesamtsatz ist auch gleichzeitig ein Absatz:

---

194 Vgl. zur Satzbestimmung Kapitel III.1.1 Handschrift 24 (syntaxrelevante Merkmale in der Schöpfungsgeschichte).

In deme sesten daghe den we hetet urigedach . makede he allerhande ve . dat leuende is uppe der erthe . to lest sines werkes make got adame in der ersten stunde des daghes uan der erde . an sineme lichnisse . un gaf eme ghewalt ouer ue . un ouer uoghele . un ouer uische . un settene in dat paradis . dar makede he euen . uan adames ribbe in der dridden stunde des dagis . de wile he sclep . un gaf se eme to wive. (Bl. 4 bzw. 2rb)

In der Gothaer Bilderhandschrift sind hier zwei Gesamtsätze überliefert.

10. GS:
Die sechste Stunde des sechsten Schöpfungstages, in der Adam und Eva die Früchte des verbotenen Baumes aßen, und die neunte Stunde, in der Gott sie aus dem Paradies vertrieb, werden in der Handschrift 16 (wie auch in 17) als eigene Gesamtsätze und – wie auch in der Handschrift 24 (GS 11 und 12) – als eigene Absätze wiedergegeben:

In der sesten stunde sundegheden se beide . wante se aten dat ouith . dat in got uorboden hadde.

11. GS:
In der neghenden stunde des daghes . warp se god uteme paradise . unde sande se in dat erthrike.

12. GS:
In dn deme seuenden daghe den we hetet sunnauent. rowede god na sineme werke. dar mede betheknede he uns de ewegnen rowe. un urowede de we hebben solen mit eme na desses liues wandelunghe ofte we se uordenet.

Abweichend von Handschrift 24 findet sich hier nur ein Hauptsatz mit attributivem Relativsatz, der verbunden ist mit einem einfachen Satz und einem Konditionalsatz. Die in Handschrift 24 angeschlossene Hypotaxe, eröffnet hier den nächsten Gesamtsatz:

13. GS:
Vuo de werlt gestan hebbe dat uorneme we an deme dith boch hir na segit. (Bl. 2 bzw. 4va, Z. 8f.)

Keinen strukturellen Einschnitt setzt der Schreiber/Illustrator/Rubrikator am Ende der Schöpfungsgeschichte bzw. zu Beginn der Darstellung der Stammväter des Alten Testaments: Der Gesamtsatz beginnt mit einer einzeiligen roten V-Initiale (*Vuo de werlt van adame* [...] Bl. 2 bzw.4va). Ein Haltepunkt war hier nicht nötig, da der chronologische Fluss weiterhin ununterbrochen ist. Die Ausführungen zu den einzelnen Patriarchen werden als Absätze mit einer einzeiligen bunten Initiale eingeleitet, die zumeist auch den Namensbeginn und den Gesamtsatzbeginn kennzeichnet. In den Text sind Medaillons mit Brustbildern eingefügt. Der dreizehnte Gesamtsatz enhält den Hinweis auf die nachfolgende Chronik und die direkt anschließende Genealogie der Stammväter. Anders als in der Gothaer Handschrift beginnt die Bremer mit einer adverbialen Bestimmung des Ortes (und nicht der Art und Weise).

Beide Bilderhandschiften stellen die Schöpfungsgeschichte in 13 Gesamtsätzen dar, sie verteilen sich jedoch ein bisschen unterschiedlich. Insgesamt ist aber die Ausrichtung vorwiegend temporal (= temporale Angaben in Spitzenposition), statt einem begegnen zwei Ortsadverbiale in Spitzenstellung, was zu keiner Veränderung führt.

c) syntaxrelevante Merkmale in den übrigen Stoffkreisen:
An die Schöpfungsgeschichte schließt sich die Genealogie des Alten Testaments an. Der Hinweis auf die Genealogie beschließt die Schöpfungsgeschichte mit einem eigenen Gesamtsatz. So wie die Handschrift 16 strukturieren an dieser Stelle die meisten Handschriften des 14. und 15. Jahrhunderts (z.B. die frühen Handschriften 2,11, 3, 21, aber auch 18, 19, 5, 081, 082, 8, 14, 22).

Die Handschrift 16 strukturiert die gesamte Chronik ausschließlich durch Gesamtsätze und Absätze. Absätze werden ganz überwiegend durch einzeilige rote oder blaue Initialen markiert, können aber auch vereinzelt wie in der Reimvorrede (Bl. 1 bzw. 3rb), in der Schöpfungsgeschichte (Bl. 1 bzw. 3vb) oder in der Genealogie der Stammväter (Bl. 3 bzw. 6^{ra+b}) des Alten Testaments zweizeilig (rot oder blau auf Goldgrund) sein.

Alle Textexemplare sind temporal (chronologisch) ausgerichtet. Das zeigt sich formal in der Absatzbildung zu den biblischen Personen, den Herrschern und/oder (vor allem seit der Gründung Roms) in der Absatzbildung zu Beginn der Regierungszeiten der einzelnen Herrscher. Die Absätze beginnen – je nach dem vorherrschenden Prinzip: personenbezogen oder annalistisch – entweder mit dem Namen oder mit der Jahreszahl (z.B. ab Christi Geburt beggenet die Wendung *In dem [...] iar von vnsers herren geburt vnd von rome stiftunge [...] iar*). Insgesamt werden in der Chronik darstellende, erzählende Verben, vor allem Handlungsverben, verwendet. Die Verben, die die Erzählhandlung charakterisieren, werden häufig variiert (*sacz, lag, hub, wollt, geschah, karde, buwede, vor* ,fuhr' etc.). Die Verben können aber auch – wie *gewan* – zur Verdeutlichung der genealogischen Struktur immer wiederholt werden.

Lexikalische Merkmale
1) Schlüsselwörter: „Gattungs"bezeichnungen:
Im Codex wird das Wort *buch* im Widmungsgedicht, in der Reimvorrede und im Text verwendet. Es hat unterschiedliche Bedeutungen:

1. ‚Selbstbezeichnung' (bezogen auf das ‚Buch der Welt'): *Diz bovch ist eines herren* [...] (Widmungsgedicht); *Jch han mich des wol bedacht . dit boch ne writ nimmer uullen bracht . de wile div werelt stat . so uele wert kunstigher dat . .* (Bl. 3 bzw. 1va, Z. 14-16.); [...] *Vuo de werlt van adame herewerth gestan hebbe dat uorneme we an deme dit boch hir na segit.* (Bl. 4 bzw. 2va, Z. 8-12); und
2. auf andere Texte bezogen: *. uñ leset in den boken . dar men de warheit soken mach* [...] (Bl. 3 bzw. 1rb, Z. 28f.); *Enoch machede och boche* (Bl. 6 bzw. 3va, Z. 19) und
3. bezeichnet *buch* auch die biblischen Bücher (z.B. im Anschluss an die Alexandergeschichte im Hinweis auf das Makabäerbuch): *De desse wunderen wille weten alle . de lese alexandrum magnum . vñ . dat boch machabeorum .* (Bl. 17 bzw. 15va, Z. 17-19).

Chronik wird bezogen auf die chronologische Darstellungsweise: Nach dem historischen Exkurs über das Leben Karls des Großen heißt es: *(N)u come we to der croneken .* (Bl. 55 bzw. 57vb, Z. 5f.).[195] Ein explizites Textklassenbewusstsein lässt sich anhand der Belege nicht erkennen.

Die Bremer Bilderhandschrift verwendet die Bezeichnung *buch* allgemein als Werkbezeichnung.[196] Die Eindeutschung *cronek* bezieht sich auf die chronologische Darstellungsweise innerhalb dieser Variante des ‚Buchs der Welt'. In dieser Bedeutung tritt auch *tale* (z.B. Bl. 61ra, Z. 12) auf.

2) lexikographische Schlüsselwörter (die Wochentagsbezeichnungen):
Sonntag: Die Wochentagsbezeichnung *Sontag/Suntag/Sunnendag* begegnet in der Handschrift 16 in der Vollform als genitivisch gefügtes Kompositum: *Dit was der ereste dach . de ie ghewart . den hete we och sunnendach .* (Bl. 4 bzw. 2ra, Z. 7-10).

---

[195] Aufgrund eines Blattverlustes (Bll. 12/13) fehlen Passagen, in denen in der Hs. 24 auf weitere Literatur Bezug genommen wird. (*We romisch rike here komen si · dat will ich iv kortelike seggen . swer vorbat weten wille de lese cronica . od' lucanū od' den gūden orosium* so in: Hs. 24: Bl. 18^r, Z. 7f. und *der levent vint men gescreuen in cronicis* [...] Hs. 24: Bl. 18^r, Z. 27).
[196] Auch in der Kaiserchronik tritt die Selbstbezeichnung *bŭch* auf (z.B. V. 4038).

Montag: Der nd. Codex verwendet ein schreibsprachliches *mânendach* aus as., anfrk. *mânundag*:[197] *Des anderen dages den we hetit manendach*. (Bl. 4 bzw. 2ra, Z. 10-12).

Dienstag: Es findet sich in der Handschrift die Wochentagsbezeichnung *dinsedach*, eine Variante von *dinstag*: *In deme dridde daghe . de we hetet dinsedach*. (Bl. 4 bzw. 2ra, Z. 17-19).

Mittwoch: Handschrift 16 überliefert für den vierten Wochentag die Bezeichnung *midweken*: *In deme uerden daghe . den we hetet midweken*. (Bl. 4 bzw. 2ra, Z. 28-30).

Donnerstag: Für den fünften Tag führt die Hs. 16 *donersdach*: *In deme uisten daghe de we hetet donresdach*. (Bl. 4 bzw. 2rb, Z. 4-6).

Freitag: Mit *urigedach* ist eine Variante zu nd. *vridach* in der Bremer Bilderhandschrift tradiert: *In deme sesten dage den we hetet urigedach* (Bl. 4 bzw. 2rb, Z. 9-11).

Samstag/Sonnabend: *In deme seuenden daghe de we hetet sunnauent* (Bl. 4 bzw. 2rb, Z. 30-Bl. 4 bzw. 2va, Z. 1). Die nd. Handschrift verwendet hier die ältere und häufiger vertretene Bezeichnung nd. *sunnauent*, daneben finden sich aber in meinem Korpus auch *sonnauent* und *sunnabend*. Insgesamt hält sich die *u*-Schreibung in der Bezeichnung des letzten Wochentages konstanter als in *sundach/sûndach/sondagh* (vgl. Hs. 24).

Der Dialekt des Codex gilt in der Forschung als nordalbingisch mit hochdeutschen Elementen in der Reimvorrede. Die Wochentagsbezeichnungen belegen einen niederdeutschen Schreibstil ohne besondere Neuerungen oder Ausgleichsbestrebungen. Mit *sunnauent/sunnendach* behält der Chronist die *u*-Formen bei. Eine direkte Beeinflussung durch oberdeutsche Formen liegt auch nicht vor, da die Kaiserchronikpassagen in der Bremer Bilderhandschrift fehlen.

Semantische Merkmale
1) Inhaltliche Ordnungsprinzipien:
Die a) datenbezogene (verschiedene Zeitberechnungssysteme) und die b) personenbezogene Darstellung (z.B. Brustbilder; Namen, die mit Initialen beginnen, stehen am Beginn eines Gesamtsatzes) sind in diesem Codex gleichwertig und eng miteinander verbunden. Es zeigt sich insgesamt an den hierarchischen Strukturierungsprinzipien, der Verwendung der Verben, der Text-Bild-Relation etc. eine starke Betonung des chronologischen Prinzips der Weltchronikgestaltung. Die stringente chrono-

---

[197] Grimm, DWB, Bd. 6, Sp. 2514f., Karl Schiller, August Lübben, Mittelniederdeutsches Wörterbuch, Bd. 3, S. 21.

logische Gesamtausrichtung dieses nd. reichshistorisch geprägten ‚Buchs der Welt' wird nur selten (z.B. in der Schilderung der Ereignisse um Karl den Großen) durch längere historische Exkurse unterbrochen, sie drückt sich sprachlich durch die häufige Verwendung und die immerwährende Abfolge adverbialer Bestimmungen der Zeit als Kennzeichnung der Absätze und der Gesamtsatzanfänge aus: *IN (aller dinge beginne)*; *Do*; *Nu*; *Da, Dar na, Na* und seit dem 16. Jahr (Bl. 24va bzw. 22va) nach Christi Geburt die Wendung *In [...] deme iare. uan godes bort unses herren uñ der stichtunghe to rome [...]*. bis zur Regentschaft des Decius im Jahre 247 (Bl. 31vb bzw. 29vb, Z. 22). Von da an heißt es: *In den tiden [...] / Bi den tiden [...]* oder *In deme [...] iare*.

a) Die datenbezogene Darstellungsweise der Bremer Bilderhandschrift ist vergleichbar mit derjenigen der Gothaer Bilderhandschrift. Sie wendet verschiedene Zeitsysteme (in der Schöpfungsgeschichte, die Folge nach Tagen bzw. Stunden, Zeiträume zwischen zwei Ereignissen, die Zählung seit der Gründung Roms, von Christi Geburt an) an: Innerhalb der Stammväter-Aufzählung vereinfacht sie aber stärker als Hs. 24, indem sie während der Aufzählung der Nachkommenschaft nur zweimal das Alter Adams angibt:

Hs. 16, Bl. 2 bzw. 4va: *Do seth was uif iar . un hundert alt. he ghewan enos . dannoch leuede adam . un was twehundert . un uif un dritich iar alt .* (Beginnt mit einer einzeiligen blauen Initiale)

und

Hs. 16, Bl. 3 bzw. 5ra: *bi lameches tiden starf adam . do he was neghenhunderth un dritich iar alt.*

Ein weiteres Zählsystem wird später eingeführt, indem die Zeiträume zwischen verschiedenen Ereignissen berechnet werden: z.B. der Zeitraum zwischen der Sintflut und der babylonischen Sprachverwirrung:

Bl. 4 bzw.6rb, Z. 18-21 (vgl. SW 70,2ff.): *Van der watervluot wante an der sprake tuiunge was en iar . un hunderith [...]*

Auch dieses Berechnungssystem kann andere Systeme begleiten und untermauern:

Hs. 16, Bl. 4 bzw. 6rb, Z. 23-26 (vgl. SW 70,4ff.): *He wan och arfaxat . do he was hunderth iar alt . twe iar na der waterulot [...]*

b) Die personenbezogene Darstellungsweise drückt sich vor allem in den auffälligen gerahmten Brustbildmedaillons aus. Die szenischen Darstellungen sind in der Bremer Bilderhandschrift eher seltener, auch dadurch wird das chronologische Prinzip hervorgehoben und die eher ausführliche Erzählstrategie tritt auch hier zurück. Insgesamt übernimmt die Handschrift keine erweiternden Erzählpassagen aus der Kaiserchronik, auch das Legendenmaterial wird nicht erzählerisch ausgeschöpft (vgl. unten 2b Berufung auf die mündliche und schriftliche Tradition).

c) genealogische Darstellung: Die Genealogie des Alten Testaments wird im Text erwähnt und auch im Bildprogramm berücksichtigt (siehe Abb. 11, S. 893 [Bl. 7 bzw. 5^v]). Sie werden durch Verbwiederholungen (*gewan/wan*) und durch die wiederholten Hinweise auf die unterschiedlichen Geschlechter und die verschiedenen Stammväter verdeutlicht: [...] *uan der aller geslechte swige we . un van sethes slechte segge we* (Bl. 3 bzw. 5va, Z. 27ff.). Die dynastischen genealogischen Zusammenhänge (z.B. Arnulfinger, Supplingburger, Welfen) sind zwar im Rahmen des Textzusammenhanges erwähnt und durch den Schreiber übernommen, aber nicht besonders hervorgehoben worden.

2) Die sechs Deutungsmuster:
Die Handschrift beginnt nach der Widmung mit der Reimvorrede und spricht damit die sechs Deutungsmuster an. *Nv vornemit algemeine. wat vns god de reine. siner genathen hat bescerit.* (Bl. 3 bzw. 1ra, Z. 1-10). Es folgen Vorschläge für ein gottgefälliges Leben, das es ermöglichen soll, ohne Angst und voll Zuversicht vor das Jüngste Gericht zu treten:

der hat eyn leuēt reyne . vn mach secherliche gan vor sinen sceppere stan . her ne darf nich vorchten godes zorn . swenne dat herehorn . writ geblasen ouer al . dat de doden irquicken sal . (Bl. 3 bzw. 1ra, Z. 18-24)

Darauf folgt die Darstellung der Schrecken des Jüngsten Gerichts. Der Chronist beruft sich auf die Tradition und die Wahrheit, fordert die Nachfolger auf weiterzuschreiben und autorisiert seine Aussagen durch die Berufung auf Eike von Repgow:

Ich han mich des wol bedacht. dit boch ne writ nimmer uullen bracht. de wile de werelt stat. so uele wert kunstigher dat. des mot de rede nu bliuen . ich ne kann nicht scriuen dat noch scē scal.mer ghenoget hir an wol. swer so leue uorebat.swat danne ghesce de scriue dat. uñ achtbare warheit.logene scal uns wesen leit.dat is uan repegowe rat. (Bl. 3 bzw. 1va, Z. 14-25)

Darüber hinaus thematisiert der Textzusammenhang die inhaltliche Ausrichtung an der Universalgeschichte an weiteren Stellen:

a) Einordnung der Weltgeschichte in die Heilsgeschichte: Das göttliche Heilswirken drückt sich deutlich in der Schöpfungsgeschichte aus.

Die franziskanische Mahnrede ist auch in der Bremer Bilderhandschrift nicht durch hierarchische Strukturierungen herausgehoben. Sie beginnt mit einigen Seligpreisungen aus der Bergpredigt, die in Beziueng zum Leiden der ersten Christen gestellt werden. Ganz im Sinne der minoritischen Demuts- und Armutsvorstellung[198] stellt der Chronist in dieser Passage dem Zeitgenossen vor allem das vorbildliche Leiden und Leben der frühen Christen vor Augen. Das Heilswirken Gottes wird in der franziskanischen ‚Predigt' – wie auch schon andeutungsweise in der Reimvorrede – im Zusammenwirken mit den Menschen gesehen. Von ihrer Mitwirkung schließlich hängt auch ihre Erlösung ab. Wie in der Handschrift 24 ist auch hier die Mahnrede makrostrukturell nicht besonders hervorgehoben: Sie beginnt mit einer einzeiligen D-Initiale (Bl. 36 bzw. 34va, Z. 8) und endet mit *amen* (Bl. 38 bzw. 36rb, Z. 3).

b) Berufung auf die (mündliche und schriftliche) Tradition: Der Chronist des ‚Buchs der Welt' beruft sich nicht nur in der Reimvorrede, sondern auch an anderen Stellen innerhalb des Textes auf die schriftliche Tradition. Spuren von Mündlichkeit lassen sich nicht nachweisen.

Die Handschrift enthält wie alle Textexemplare der B-Gruppe auch Legendenstoffe, und Geschichtserzählungen. Das von mir gewählte Paradigma für die Behandlung der Legenden, das Matyrium von Johannes und Paulus (6. Jh.), unterscheidet sich signifikant gegenüber der Präsentation in der Handschrift 24.[199] Die Bremer Bilderhandschrift berichtet weniger ausführlich über die Marter der beiden Heiligen. Sie gibt sie nicht in allen Einzelheiten wieder, sondern erwähnt, dass Julianus Claudius Johannes und Paulus martern ließ. Die christenfeindliche Auslegung des Bibelzitats durch den Kaiser Julianus Claudius (Apostata) wird abweichend von der Gothaer Bilderhandschrift und von der lateinischen Tradition der Passio Joannis et Pauli als Anschuldigung lediglich gegen die beiden Märtyrer und nicht gegen die gesamte Christenheit wiedergegeben. Abweichend auch von der Handschrift 24 werden die Bibelzitate nicht im deutschen, sondern nur im lateinischen Wortlaut niedergeschrieben:

---

198 Zur franziskanischen Diktion des ‚Buchs der Welt' siehe auch Herkommer, Prolegomena, 1977, S. 26-33 und Manfred Zips, Sächsische Weltchronik, S. 51. Auch Friedrich Scheele, Sächsische Weltchronik, S. 129, der jedoch in Bezug auf die unterschiedlichen Traditionsstränge der ‚Sächsischen Weltchronik' nicht ausreichend differenziert. Vgl. Herkommer, Einführung, S. LXII-LLLLXVII.
199 Siehe oben Kapitel III.1.1 Handschrift 24.

he let marteren iohēm et paulum. uñ sprach to in. gi hebbet an uiuuer scrift. celum celi dominum terra autem dedit filijs hominum. Iuwe ihc sprach och. Nisi quis renunciauerit omnibus que possidet nōpotest meus esse discipulus. Dar vmme ne solde gi lude nen eghen hebben (Bl. 41 bzw. 39^r, Z. 20-Bl. 41 bzw. 39^v, Z. 1).

An dieser Stelle wird besonders gut sichtbar, was aber nur den Gesamteindruck bestätigt: Ludwig Weiland irrte sich, wenn er in seiner Ausgabe die B-Fassungen für die an den schriftlichen Vorlagen am engsten orientierten hielt.[200] Gegenüber der Gothaer Bilderhandschrift ist der Legendenstoff hier deutlich gekürzt. „Die B-Hss. repräsentieren hier entweder eine sonst nicht nachweisbare Tradition oder mißverstehen diese Legendenstelle, oder sie wandeln sie einfach von sich aus ab, was alles drei keinen weiteren Anhaltspunkt für ihre Vorlage gibt."[201] Ich denke, dass die Vorlage der B-Handschriften ein sächsisches ‚Buch der Welt' gewesen sein muss, aus dem alles, was nicht zur Reichshistorie gehörte, herausgestrichen worden ist und das auch in all seinen narrativen Elementen stark gekürzt worden ist. Dabei ist es zu Veränderungen gekommen wie in dem oben genannten Fall: Der Kaiser wendet sich (in Folge der Textverkürzung) nicht mehr an die ganze Christenheit, sondern nur noch an die Märtyrer.

c) Wahre Geschichtsschreibung: Das Gesamtkonzept des Codex ist es, die Reichsgeschichte zu präsentieren, alle welfisch-dynastischen Hervorhebungen sind zurückgenommen. Die Handschrift hat keinerlei Passagen aus der volkssprachigen Kaiserchronik übernommen, so dass der Grundbestand der Informationen aus der lateinischen Chronistik stammt – möglicherweise vermittelt durch ein sächsisches ‚Buch der Welt', das stark gekürzt wurde. Das Weltbild der Bremer Bilderhandschrift steht im Einklang mit der lateinischen Chronistik – ein traditionelles Geschichtsverständnis (Reichsgeschichte im Rahmen universaler Heilsgeschichte) im Sinne imperialer Memoria. Gemeinsam mit der Handschrift 24 hat sie jedoch die franziskanische Ausrichtung in der Mahnrede, die auch hier nicht makrostrukturell, sondern vor allem durch die Erzählperspektive markiert ist (vgl. dazu Hs. 24 2 Deutungsmuster ca und cb). Insgesamt tritt der abstrakte Erzähler in der ersten Pers. Sg. und Pl. auf (Reimvorrede, franziskanische Predigt). Seine Präsenz tritt gegenüber der in der Handschrift 24

---

200 Ludwig Wieland, Sächsische Weltchronik, S. 125; vgl. auch Michael Menzel, Sächsische Weltchronik, S. 111f.
201 Michael Menzel, Sächsische Weltchronik, S. 111.

aber deutlich zurück (es fehlt die mit *Wir* beginnende ‚Herkunft der Sachsen' und der mit *Wir* beginnende Papstkatalog).
Innerhalb des Textzusammenhanges haben auch die Zitate wörtlicher Rede die Funktion, den Wahrheitsgehalt der Chronik zu betonen. Sie treten an unterschiedlichen Stellen in der Handschrift auf:

– Der lateinische und deutsche Wortlaut der christenfeindlichen Auslegung eines Bibelzitates durch den röm. Kaiser Julianus Claudius (Apostata) wird in der Handschrift 16 in lateinischer Sprache zitiert (Bl. 41rb).
– Die franziskanische Mahnrede überliefert Passagen wörtlicher Rede aus dem Munde Jesu. Die Passagen sind zweisprachig in Latein und in der Volkssprache geschrieben (Bl. 46^r).

Die Bremer Bilderhandschrift tradiert die beiden Urkunden aus der Zeit des Investiturstreits (sowie die vorhergehenden Passagen, die sich mit der sächsisch-welfischen Geschichte befassen: SW 186,14-199,34) nicht.
Zusammenfassend lässt sich sagen, dass das reichhistorisch orientierte ‚Buch der Welt' vor allem Informationen aus der lateinischen Chronistik enthält, auch die Argumentationsstrategien (Erzählperspektive, Zitate) sind tradtionell. Die Wahrheitsbelege sind gegenüber der Darstellung in der Handschrift 24 eher zurückgenommen.

d) Autorisierung der eigenen Aussagen: Auch hier tritt zum Zwecke des Wahrheitsbelegs der abstrakte Erzähler in den Vordergrund, der empirische Autor (resp. Kompilator) bleibt jedoch anonym. Der abstrakte Erzähler bezeichnet sich als Geistlichen und bekennt sich zu einem franziskanischen Weltbild.

e) und f) offene Geschichtsschreibung und auf Abgeschlossenheit, Endzeit zielendes Geschichtsdenken: Die Chronik beginnt mit einer Widmung und dann mit der Reimvorrede und damit direkt mit der apokalyptischen Endzeitzeitvorstellung des Jüngsten Gerichts.
Das Textexemplar ist im deutlichen Kontrast zu dem mehrgliedrigen Initiatorenbündel makrostrukturell nicht explizit terminiert. Trotz der prachtvolllen Ausstattung ist damit die Möglichkeit der Fortführung gegeben. Die Offenheit gegenüber dem sächsisch-dynastischen ‚Buch der Welt' (Handschrift 24) liegt in der Kürzung und in der Beschränkung auf das Weltbild und die kollektive Memoria der lateinischen Chronistik des 13. Jahrhunderts. Es handelt sich hier um ein ‚Buch der Welt', das auf die Geschichte der römischen Kaiser und Könige ausgerichtet ist und das diese weltliche Geschichte im Sinne univer-

salhistorischer Vorstellungen auf die biblische Geschichte zurückführt. Dieses ‚Buch der Welt' versucht, einen Kompromiss zu finden zwischen der *brevitas*-Forderung der traditionellen lateinischen Chronistik und dem Publikumswunsch nach Wissen und Unterhaltung im Rahmen historischer Information und nach geistlicher (franziskanischer) Besinnung. Das Bibelwissen wird im ‚gemeinen' Text des ‚Buchs der Welt' – verglichen mit dem Bibelwissen, das die volkssprachigen Reimchroniken transportieren – sehr verkürzt aufbereitet, so dass es ohne vorausgehende Kenntnis der Zusammenhänge kaum verständlich ist und lediglich erinnernde Funktion haben kann.[202]

III.1.7 Handschrift 1 (Wolfenbüttel, Herzog-August-Bibliothek, Cod. Guelf., 23.8. Aug. 4°) – A_1

Externe Merkmale (Ebene b)
(erschlossener) Entstehungszeitraum, Entstehungsort, Schreiber/Kompilator:
Der Textbestand des ‚Buchs der Welt' endet 1225. Spätere Nachträge stammen aus dem 15. Jahrhundert. Der Text kann also bereits im 13. Jahrhundert abgeschrieben worden sein. Die Datierung ist von Weiland[203] für Ende des 13., Anfang des 14. Jahrhundert und durch Herkommer für das 14. Jahrhundert vorgenommen worden.[204] Mit Karin Schneider nimmt Jürgen Wolf an, dass die „Menge der modernen Elemente (z.T. deutlich überhöhtes doppelstöckiges ‚a'; Bogenverbindungen; ausgeprägte vertikale Abstriche am ‚t'-Balken; verkümmertes, auf die Zeile hochgerücktes ‚g') eine Datierung ins 13. Jh."[205] nicht mehr zulassen. Sie datieren die Handschrift auf den Anfang des 14. Jahrhunderts. Nach Bischoff sind die meisten Veränderungen der gotischen Textura – wie das doppelstöckige a – bereits am Ende des 13. Jahrhunderts vorhanden.[206] Statt des im 14. Jahrhundert auftretenden Punktes über dem i hat die Handschrift 1 den im 13. Jahrhundert üblichen Strich über dem i.[207] Aber auch dies ist bei weitem kein sicheres Zeichen für die Datierung.

---

202 Vgl. dazu auch: Dorothea Klein, Heinrich von München und die Tradition der gereimten deutschen Weltchronistik, S. 27.
203 Ludwig Weiland, Sächsische Weltchronik, S. 4.
204 Hubert Herkommer, Sächsische Weltchronik, S. 39.
205 Jürgen Wolf, Sächsische Weltchronik, 23; vgl. auch Karin Schneider, Gotische Schriften, S.274, Anm. 286.
206 Bernhard Bischoff, Paläographie, S. 181.
207 Vgl. auch Bernhard Bischoff, Paläographie, S. 181.

Auch der Entstehungsort ist nicht eindeutig anzugeben. Herkommer nimmt Nürnberg an.[208] Jürgen Wolf schließt sich dieser Forschungsmeinung an.[209] Sicher ist, dass die Handschrift im 15. Jahrhundert in Nürnberg aufbewahrt wurde. Der ostmitteldeutsche Dialekt lässt zwei Schlüsse zu:

a) die Handschrift wurde in Nürnberg hergestellt von einem Schreiber, der aus dem ostmitteldeutschen Raum stammte, und
b) die Handschrift stammt ursprünglich aus dem Ostmitteldeutschen und kam erst später (im 15. Jh.) nach Nürnberg.

Der Schreiber ist unbekannt.

Kombinationszeitraum, Kombinationsort:
Als Kombinationszeit ist der Zeitpunkt des Hinzufügens zweier Fragmente aus dem 15. Jahrhundert zu erwähnen: Das Fragment des Gedichts ‚Vom jungesten Tage' und das Fragment über die ‚Fünfzehn Zeichen' in der Comestor-Fassung. Der Ort, an dem die Kombination erfolgt ist, war sehr wahrscheinlich Nürnberg. Entstehungsort und -zeit sowie Kombinationsort und -zeit sind nicht deckungsgleich.

Fortsetzungszeitraum, Fortsetzungsort und Fortsetzer:
Der zu Beginn des 14. Jahrhunderts beendeten Chronik wurden im 15. Jahrhundert einzelne chronikalische Nachrichten von unbekannten Fortsetzern hinzugefügt. Auch bei der Ortszuweisung der Fortsetzung besteht Unsicherheit. Der Nachtrag aus der 2. Hälfte des 15. Jahrhunderts zur Überführung der Reichkleinodien (*heiligtum aus ungeren*, Bl. 83^v, Z. 4) nach Nürnberg im Jahr 1424 deuten auf diese Stadt als Fortsetzungsort hin und der Nachtrag zum Verbot der Priesterehe durch Papst Kalixtus I. könnte wie die nachträgliche Kombination mit Gedichten geistlichen Inhalts in einen klösterlichen Zusammenhang weisen. Fortsetzung und Kombination könnten zeitgleich stattgefunden habe, die Entstehungszeit des Codex liegt erheblich früher.

Benutzungszeitraum, Benutzungsort(e), Benutzer:
Einer der Benutzer war vermutlich der Schreiber der Grafen von Öttingen, Konrad Bollstatter,[210] der den Codex als Vorlage für seine im Zeitraum 1470/80 erstellte Handschrift München Cgm 735 benutzte. Der Codex Cgm 735 ist als Musterbuch anzusehen, das Bollstatter für seine eigene Bibliothek geschrieben hat. In dieser Textzusammenstellung ex-

---

208 Hubert Herkommer, Sächsische Weltchronik, S. 39.
209 Jürgen Wolf, Sächsische Weltchronik, S. 23 und 137f.
210 Vgl. zu Konrad Bollstatter: Volker Mertens, Artikel ‚Konrad Bollstatter', S. 369f.

zerpiert Bollstatter die Handschrift 1, daneben finden sich noch weitere Auszüge aus Chroniken, z.B. die Chronik aus Andechs und die Scheyrer Fürstentafel, die Gmündener Chronik und daneben auch Legenden. Durch den von Bollstatter geschriebenen Codex Cgm 735 wissen wir, dass er die Handschrift 1 um 1470/80 benutzt hat. Das ist ein Glücksfall für die externe Zuordnung des Codex. Die übrigen, zahlreichen Benutzerspuren in der Handschrift 1 – Korrekturen und Randbemerkungen – lassen sich nicht in dieser Weise zuordnen. Außer dem Schreiber haben noch verschiedene andere Benutzer den Codex bearbeitet, korrigiert und Notizen nachgetragen. Der Ort der Benutzung war vielleicht Nürnberg, das zu jener Zeit der Aufbewahrungsort der Handschrift war.

Besitzzeitraum, Aufbewahrungsort, Besitzer, Auftraggeber:
Über einen Auftraggeber ist nichts bekannt. Zum ersten Mal ist um 1460/80 ein Aufbewahrungsort nachweisbar. Es ist das Nürnberger Karmeliterkloster, wo die Handschrift wahrscheinlich gebunden worden ist.[211] Die Kombination und die Fortsetzungen machen wahrscheinlich, dass sich die Handschrift schon früher in Nürnberg und hier vielleicht auch in einem Kloster befand.

> Ende des 15. Jahrhunderts besaß auch das Benediktinerkloster St. Ägidien [in Nürnberg, die Verf.] mehrere Weltchroniken, darunter eine deutschsprachige Weltchronik von der Schöpfung bis auf Friedrich: ‚*Cronica in vulgari ab inicio usque ad Fridericum*' [...] der Eintrag zur volkssprachigen Weltchronik deutet auf eine SW: Die SW beginnt mit der Schöpfung = ‚ab inicio' und endet in der A_1-Grundfassung mit Friedrich II = ‚*ad Fridericum*'. Zur SW passt auch das Fehlen eines Autornamens. Die SW galt als ‚anonyme Chronik'. Andere Weltchroniken werden im Katalog des Klosters immer unter Angabe des Verfassers, z.B. ‚Martini' oder ‚Hermani de ordine minorum', katalogisiert.[212]

Jürgen Wolf nimmt an, dass es sich bei dieser im Bibliothekskatalog des Nürnberger St. Ägidienklosters genannten Chronik um die Handschrift 1 handelt.[213] Der nächste und letzte Aufbewahrungsort war und ist die herzogliche Bibliothek in Wolfenbüttel. Im Auftrag Herzog Augusts[214] wurde der Codex im Jahr 1650 oder 1651 gekauft.[215]

---

211 Jürgen Wolf, Sächsische Weltchronik, S. 23 und S. 290; Ernst Kyriss, Nürnberger Klostereinbände, S. 60-63.
212 Jürgen Wolf, Sächsische Weltchronik, S. 314.
213 Ebd., S. 23.
214 Helmar Härtel, Herzog August als Büchersammler, S. 315- 333.
215 Lore Sporhan-Krempel, Georg Forstenheuser, S. 705-743, bes. S. 728-742; Helmar Härtel, Herzog August und sein Bücheragent, S. 235-282.

Kommunikationsmaterial und -form:
Die Handschrift ist mit gotischer Textura einspaltig zu je 32 Zeilen pro Seite geschrieben; das Format ist 20,5 x 14 cm (quart), der Schriftspiegel 18 x 10 cm. Der Codex ist eine Pergamenthandschrift aus dem 14. Jh. Der Einband aus braunem Leder ist über Holzdeckel gespannt, der Rücken ist schadhaft. Auf dem Einband sind Rechtecke und dazwischen vierlinige Streicheisenlinien in Rautenform sowei Einhorn und Blütenstengel und eine – freistehende – sechsblättrige Rose geprägt. Auf der Metallschließe ist das Wort *mari* ‚Maria' eingraviert. „Derselbe Einhornstempel wie hier begegnet auf Bucheinbänden des Nürnberger Karmeliterklosters aus der Zeit zwischen 1462 und 1491. Der Eintag auf Bl. 83v weist die Handschrift gleichfalls nach Nürnberg."[216] Der Codex besteht aus neun Lagen zu 5 Bogen, die letzte Lage ist beschnitten (= 1 unbeschriebenes Bl. am Anfang und vier am Ende der Lage sind herausgeschnitten worden).

Schreibsprache:
Karin Schneider ermittelte als Schreibdialekt ostmitteldeutsch.[217]

Interne Merkmale
Initiator(en):
Das einspaltig geschriebene Textexemplar beginnt auf der ersten Recto-Seite mit einer über die ganze Spalte gehenden roten Überschrift.

Die Initiatoren des ‚Buchs der Welt' sind gleichzeitig die Initiatoren des Gesamtcodex. Hs. 1 hat vor der Eingangsinitiale (zweispaltiges rotes Z) als ersten Initiator eine rote Überschrift, die über die ganze Seite geht: *Hie hebt sich an die zal der romischen kunige.* Nach der Überschrift beginnt die Handschrift mit der Schöpfungsgeschichte, die Reimvorrede fehlt. Die Schöpfungsgeschichte setzt mit einem über zwei Zeilen gehenden roten Z und folgender *v*-Minuskel ein: *Zv aller dinge beginne schuf got ze erst himel vnd erde vnd wazzer vnd vūr vnd luft diu vier elementa waren ungeschaden.*

Das Textexemplar beginnt die Schöpfungsgeschichte also mit einem zweigliedrigen Initiator:

1. mit der Überschrift in Rubrum: *Hie hebt sich an die zal der romischen kunige,*
2. mit einer zweizeiligen roten Eingangsinitiale: *Z(v aller dinge beginne schuf got).*

---

216 Hubert Herkommer, Sächsische Weltchronik, S. 39.
217 Karin Schneider, Gotische Schriften, S. 274, Anm. 286.

Bei der Handschrift 1 übernimmt die Überschrift die Funktion der Reimvorrede, indem sie neben der Initiatorfunktion auch noch auf den Inhalt verweist.

Terminator(en):
Die Handschrift 1 endet mit der Gefangenschaft des Grafen Albrecht durch den König von Dänemark im Jahre 1225 (SW 244,32). Der Bericht schließt mit einem mittelhohen Punkt, es folgt mit rot durchgestrichener A-Majuskel beginnend der Satz: *Also hat dise red' an end'*, danach drei schwarze, rot überschriebene Tilden, dann eine mit rot durchgestrichene A-Majuskel *Amen Daz ist war vnd offenbar*, in Rubrum und über zwei Spalten, abgehoben durch eine raumgreifendere Schrifttype das lateinische Sprichwort:[218] *Qui bene wlt fari bene conueniunt premeditari* (neue Spalte) *Premedita loqui bene conueniunt sapienti* und schließlich der Schreiberspruch: *Pro tantum precium numquam plus scribere volo amen dico tibi hodie mecum erris*[219] (Bl. 83^r, Z. 18). Der verbleibende Platz ist von einer Hand des 15. Jahrhunderts für zwei Gedichtfragmente genutzt. Die Verso-Seite enthält – ebenfalls aus dem 15. Jahrhundert – chronikalische Einträge zum Jahr 1424 und zum Konzil, bei dem ein Beschluss über das Eheverbot von Priestern gefasst wurde. Zwei Seiten der Lage sind hinten abgeschnitten, dann folgen zwei leere Blätter mit Ochsenkopf.

Das Textexemplar hat also einen expliziten siebenteiligen Terminator:

1. Mit einem mittelhohen Punkt und rot durchgestrichener A-Majuskel (die übliche Absatzkennzeichnung des Textexemplars) beginnt
2. der deutschsprachige Schlusssatz: *Also hat diese rede an ende*;
3. es folgen drei Tilden und
4. eine rot durchgestrichene A-Majuskel, die
5. den zweiten beglaubigenden Schlusssatz einleitet: *Amen, das ist wahr und offenbar.*
6. Mit roten Majuskeln herausgehoben folgt ein lateinisches Sprichwort über zwei Zeilen:

   Qui bene wlt fari bene debet premeditari
   Premedita loqui bene conueniunt sapienti

7. Als letzter Terminator, ohne Initiale und ohne Rubrum beschließt der lateinische Schreiberspruch das Textexemplar (Bl. 83^r Z. 18): *Pro*

---

218 Vgl. Hans Walther, Proverbia sententiaque latinitatis medii aevi, Nr. 22179, 23854 und 28239.
219 Vgl. Wilhelm Wattenbach, Das Schriftwesen im Mittelalter, S. 505 und 516, Anm. 6.

tantum precium numquam plus scribere volo amen dico tibi hodie mecum eris.

Weitere Makrostrukturen:
Das Textexemplar ist eine homogen strukturierte Kompilation. Die einzelnen Stoffkreise: Schöpfungsgeschichte, Adam bis Noah, Vorhersage der Wasserflut und die Zeitberechnung von Adam bis Noah, Sintflut bis Thare, Bel bis zur Geburt Abrahams, Joseph, Moses, Theben, Troja, Richter, die einzelnen jüdischen Könige, Babylonien, Persien und deren herausragende Herrscher, Alexanders Tod, das römische Reich – es ist strukturell nach Ereignissen (Raub der Sabinerinnen z.B.) oder Herrschern gegliedert – werden durch zweizeilige rote Initialen (Variante mittelhoher Punkt und zweizeilige rote Initiale) hervorgehoben. Binnengliederungen sind stoffkreisgebunden und kommen in der Schöpfungsgeschichte und in der alttestamentarischen Genealogie vor. Sie sind durch einzeilige farbige Initialen (Variante: mittelhoher Punkt und rote Initiale) gekennzeichnet. In der Schöpfungsgeschichte sind die einzelnen Schöpfungstage auf diese Weise markiert, in der Genealogie der Stammväter beginnen (nicht durchgängig) die Darstellungen zu den einzelnen Stammvätern mit dem durch eine rote Initiale gekennzeichneten Namen.

Stoffkreisgebunden wechselt die inhaltliche Strukturierung nach dem personengebundenen chronologischen Prinzip mit einem an Regierungsjahren orientierten Prinzip ab (z.B.: der Zeit seit der Gründung Roms, oder seit Christi Geburt). Beide Prinzipien sind dann auch sehr häufig miteinander verbunden.

Es lassen sich drei Hierarchieebenen erkennen:

a) die Kapitelkennzeichnung: Die zweizeilige rote Initiale und als Variante mittelhoher Punkt mit zweizeiliger Initiale strukturieren den Textzusammenhang (Schöpfungsgeschichte, Adam bis Noe, Vorhersage der Wasserflut durch Adam und Zeitrechnung von Adam bis Noe, von der Sintflut bis Thare, von Bel bis zur Geburt Abrahams, Joseph, Moses, Salomon, bis Jeroboam etc. Auf die Herrschaft Alexanders folgt das römische Reich, Raub der Sabinerinnen, der dritte römische König Tullius Hostilius, Lucius Tarquinius, Tod Alexanders etc.).

b) Eine Absatzkennzeichnung durch rote einzeilige Initiale, Variante mittelhoher Punkt mit roter Initiale, findet sich durchgängig in der Schöpfungsgeschichte und setzt dort die einzelnen Schöpfungstage voneinander ab. In der alttestamentarischen Genealogie kommen hin

und wieder Absätze vor, die mit einzeiligen Namensinitialen der Patriarchen beginnen.
c) Als Gesamtsatzkennzeichnung findet sich im Codex eine rot durchgestrichene Majuskel, als Variante der mittelhohe Punkt mit rot durchgestrichener Majuskel.

Textbestand:
Diese Handschrift aus dem Übergang vom 13. zum 14. Jahrhundert tradiert auf Bl. 1^r-83^r, Z. 12 nach der Überschrift: *hie hebt sich an die zal der romischen kunige* (Bl. 1^r) das ‚Buch der Welt' ohne Reimvorrede von der Schöpfungsgeschichte bis zum Jahr 1225 (SW 67,1-244,32).

Texterweiterung/Textkürzung:
Der Textzusammenhang basiert schwerpunktmäßig auf der Frutolf-Ekkehard-Chronik und den Pöhlder Annalen. Es lassen sich in der ursprünglichen Konzeption im Großen und Ganzen wenige (über die Zusammenhänge der Rezension A$_1$ hinausgehende) Interpolationen und keine Fortsetzungen feststellen. Erst im 15. Jahrhundert sind nachträglich chronikalische Einträge zu Ereignissen aus dieser Zeit gemacht worden, sie sind ohne Anfangs- und Endbegrenzungen auf die Verso-Seite 83, die letzte Codexseite, geschrieben worden. Innerhalb des Textzusammenhanges ist vielleicht bemerkenswert, dass die Handschrift 1 nicht nur durch die sonst für die C-Handschriften typische Textallianz mit den Fünfzehn Zeichen des Jüngsten Gerichts von den anderen A$_1$-Handschriften abweicht, sondern dass sie im ursprünglichen Text aus dem 13./14. Jahrhundert eine – allerdings leicht entstellte – Passage überliefert, die sonst nur die C-Handschriften tradieren: [...] *dannoch lebt adam vnd waz ahthundert vň vier vň sibenzig iar alt vnd lamech sin sun waz sehs vnd funfzig iar alt do waz adam neun hundert vnd drizig iar alt vnd starp* (Bl. 2^r, Z. 12-15). Zum Vergleich zitiere ich an dieser Stelle den Text aus den Handschriften 24 und 17:

Hs. 24: [...] *dan noch leuede adam vň was achtehund't vň vier vň seuentich iar alt . do mathusalam was twierhund't vnde vier vň viertich iar alt · vň lamech sin sone sesse vň viftich do was adam negenhundert vň dritich iar alt vň starf* (Bl. 11^r, Z. 26-29).

Es fehlt in der Handschrift 1 der Hinweis auf Methusalem, wodurch Lamech zum Sohn Adams wird.

Hs. 17: *bi des lameches tiden starf adam do he was negenhundert vnde drichtich iar alt vň matusalam twierhund't vnde drier vnde uertich vň lamech sin sone · sesse vn viftich iar alt ·* (Bl. 4rb, Z. 3-9).

Handschrift 17 und mit ihr alle A- und B-Handschriften (außer Hs. 1) kommen zu anderen Berechnungen als die C-Handschriften.

Möglicherweise war die Vorlage der Hs. 1 (oder die Vorlage der Vorlage) ein sächsisches ‚Buch der Welt', dass nach einigen (mehr oder weniger starken) Kürzungen zu einem reichshistorisch ausgerichteten ‚Buch der Welt' werden sollte.

Textallianzen:
Das Textexemplar hat einen zweigliedrigen Initiator und einen siebenteiligen Terminator. Dennoch wurden dem Codex im 15. Jahrhundert weitere Textexemplare hinzugefügt. Die zugefügten Textexemplare sind ohne explizite Initiatoren oder Terminatoren von verschiedenen Schreibern in der zweiten Hälfte des 15. Jahrhunderts auf die halbe freie Recto-Seite und auch das Blatt 83^v geschrieben worden: Das Fragment des Gedichts ‚Von dem jungesten Tage' wird überschriftslos angefügt: Es beginnt mit der Initiale N(*u horent alle jamers chlag* [...]). Das zweite Fragment folgt übergangslos. Beide Gedichte sind im Paarreim aufgezeichnet. Sie wirken als Gedichte inhaltlich und formal geschlossen. Ihr fragmentarischer Charakter wird nur durch den Vergleich mit der anderen Überlieferung zum ‚Jüngsten Gericht' und zur Comestor-Fassung der Legende von den Fünfzehn Zeichen deutlich. Dem Codex – ursprünglich eine Einzelhandschrift, die nur den interpolierend kompilierten Textzusammenhang des ‚Buchs der Welt' tradiert – sind im 15. Jahrhundert eschatologische Texte und einzelne chronikalische Nachrichten zugefügt worden. Auf Bl. 83^r, Z. 19-26 wurden die einleitenden Verse des Gedichts ‚Vom jungesten Tage' und eine fragmentarische Überlieferung der ersten beiden Zeichen aus dem apokalyptischen Gedicht ‚Fünfzehn Zeichen' inhaltlich in der Fassung der Historia Scholastica des Petrus Comestor hinzugefügt.[220] Die Fragmente sind jedoch nicht – wie die entsprechende Übersetzung der Historia Scholastica in den C-Handschriften – in Prosa überliefert, sondern paargereimt. Auf Bl. 83^v, Z. 1-6, Z. 7 und Z. 8-12 wurden chronikalische Nachträge aus dem 15. Jahrhundert hinzugefügt.

In der Forschung wird diese spätere Kombination von Texten entweder nicht berücksichtigt[221] oder als heilsgeschichtlicher Zusatz im Geiste

---

[220] Vgl. dazu: G. Nölle, Fünfzehn Zeichen, S. 432f.; Nigel Palmer, Die letzten Dinge, S. 230; Jürgen Wolf, Sächsische Weltchronik, S. 361f., vgl. auch ebd. Anhang VIII, S. XXVIf.
[221] Ludwig Weiland, Sächsische Weltchronik, S. 5 erwähnt sie nur am Rande bei der Beschreibung der Handschrift 1.

einer eschatologischen Abrundung des ‚Buchs der Welt' verstanden.[222] Jürgen Wolf sieht die Handschrift 1 deshalb auch als Einzel- und nicht als Sammelhandschrift an.[223]

Syntaxrelevante Merkmale:
a) Interpunktion:
Der mittelhohe Punkt tritt als Interpunktionszeichen in diesem Textexemplar nicht konsequent auf. Er wird z.T. zur Heraushebung bestimmter Wörter benutzt, wie *himel, elementa, engel, helle, ertrich* (Bl. 1^r, Z. 2, 3, 5, 7, 10, 11, 17, 18, 22) und *uogel* (Bl. 1^v, Z. 1) in der Schöpfungsgeschichte oder von Namen zu Beginn der alttestamentarischen Geschichte: *lamech* (Bl. 2^r, Z. 18), *matusaeel* (Bl. 2^r, Z. 18), *matusahel* (Bl. 2^r, Z. 19f.), *Adam* (Bl. 2^v, Z. 1). Der mittelhohe Punkt kann in diesen Fällen vor oder hinter den Wörtern stehen. Er begleitet sie, wenn sie mit rot durchgestrichenen Majuskeln (oder zu Beginn von Absatz und Kapitel mit Initialen)[224] beginnen und auch wenn sie nicht groß geschrieben werden. Insgesamt überwiegt die Kennzeichnung von Namen durch rote Majuskeln. Beides jedoch: der mittelhohe Punkt (sowohl im Zusammenhang mit der Heraushebung einzelner Appellative und Namen als auch als Absatz- und Gesamtsatzkennzeichnung) und die Namenskennzeichnung durch rote Majuskel sind nicht durchgängig. Die Setzung des mittelhohen Punktes endet schon mit Blatt 2^v, die Namenskennzeichnung durch rot durchgestrichene Majuskeln wird ab Bl. 8^r immer weniger und hört schließlich ganz auf.

b) syntaxrelevante Merkmale in der Schöpfungsgeschichte:
Die Schöpfungsgeschichte gliedert sich in vierzehn Gesamtsätze und acht Absätze. Der Codex beginnt mit einer Überschrift, die aus einem einfachen Satz besteht: *Hie hebt sich an die zal der romischen kunige*

In der Handschrift 1 ist die Schöpfungsgeschichte stärker untergliedert als in den Handschiften 24 und 16. Das beginnt bereits beim ersten Gesamtsatz:

1. GS:
Zu aller dinge beginne schuf got ze erst himel vnd erde vnd wazzer vnd vŭr · vnd · luft diu vier elwmeta · waren · vngeschaden

---

222 So Gabriele von Olberg(-Haverkate), Makrostrukturen, S. 298.
223 Vgl. die Wolfsche Einteilung der Sammelhandschriften. Jürgen Wolf, Sächsische Weltchronik, S. 378ff.
224 In diesen Fällen ist nicht immer klar zu trennen, in welcher Funktion der mittelhohe Punkt auftritt: *Do seth wart neunhundert vnd zwelf [vnd zwenzig = radiert] iar alt er starp · Enos gewan kaynam [...]* (Bl. 1^v, Z. 23f.).

Der erste Satz beginnt mit einer zweizeiligen Initiale (Teil des Gesamtinitiators). Wenn der Gesamtsatz mit einem Absatz zusammenfällt, dann beginnt er mit einer einzeiligen Initiale: z.B. *An dem ersten tage der nu geahtoth*[225] *ist schieht er daz lieht von der vinsternise vnd hiez daz lieht den tage vnd die vinsternisse die naht* (Bl. 1ʳ, Z. 12-14), sonst mit einer rotdurchstrichenen Majuskel, so z.B. der zweite Gesamtsatz: *In dem · himel machte got nůn chǒr der engel . zů sinem lob vnd zu sinem dienst* (Bl. 1ʳ)

So lassen sich vierzehn Gesamtsätze feststellen und acht Absätze, wobei jeder Schöpfungstag einen Absatz umfasst, aber häufig mehr als einen Gesamtsatz. In der Handschrift 1 sind alle Schöpfungstage bis auf den zweiten mit einer mehr als einzeiligen farbigen Initiale markiert. Bei dem zweiten Schöpfungstag haben der Rubrikator bzw. der Schreiber dies wohl vergessen. Der Text ist gegenüber der Handschrift 24 und auch der Handschrift 16 kürzer, da der Chronist – wie in allen A-Versionen – auf die Darstellung der einzelnen Schöpfungsstunden verzichtet hat.

Am Ende der Schöpfungsgeschichte verfährt der Schreiber allerdings ganz in der Tradition der älteren Handschrift 24 (auch wie in der Bilderhandschrift 17) und überliefert einen umfangreichen Gesamtsatz, der den letzten Schöpfungstag beschreibt:

14. GS:

An dem sibenden tag den wir heizzen samstag růwet got uon sine werken da mit bezeichent er vns die ewigen růwe vnd vreude die wir haben suln mit im nach dises libes wandelunge ob wir sie verdienen wie die von adam her gestanden habe daz vernemen wir an dem daz ditz buch hernach saget[226]

In der Weilandschen Edition ist der letzte Teil des Gesamtsatzes: *wie die von adam her* [...] der Beginn eines neuen Gesamtsatzes. Weiland lässt damit auch die Genealogie der Stammväter beginnen. Von den bisher untersuchten Handschriften 24, 16 und 1 lässt sich dies nicht rechtfertigen, auch wenn die Handschrift 16 hier einen eigenständigen Gesamtsatz beginnt.

---

225 Im Vergleich mit anderen Handschriften fehlt in Hs. 1 das Datum des ersten Schöpfungstages: z.B. Weiland SW 67,7/8: *der nu ge achtet ist de letere dach sente Gertrud*e ‚St. Gertrud' = 18. März. Es muss hier vermutlich eine Bedeutungsveränderung des Wortes ‚geachtet' ‚gerechnet, gezählt' in den verschiedenen Textexemplaren angenommen werden. In den Hss. 2, 11, 6, 18, 19, 5 z.B. bleibt diese Passage ganz unerwähnt. Die Hs. 081 (*der im zuo geaygent ist*) und Hs. 7 (*der nun geachtaget ist*) verändern den Sinn, da sie den ursprünglichen Zusammenhang nicht mehr verstehen.

226 Das vorliegende Textexemplar lässt das Wort *welt* aus und überliefert nur *wie die von adam her gestanden*, während die überwiegende Überlieferung hier *wie div welt van adame wart gestan* [...] hat.

Die wenigen temporalen Verben, die in der Schöpfungsgeschichte verwendet werden, drücken sowohl den Aspekt der Folge *er begunde sehs tage werken,* Bl. 1^r, Z. 11 als auch den der Dauer aus. In den meisten anderen Handschriften wird auf das Verb *beginnen* verzichtet und stattdessen wie in der Handschrift 24 das Verb *erschaffen* verwendet.

Die temporalen Angaben in Spitzenstellung sind verglichen mit der Handschrift 24 leicht zurückgenommen. Von vierzehn Gesamtsätzen beginnen nur neun mit einer temporalen Angabe:

Zu aller dinge beginne (Bl. 1^r, Z. 2);
An dem ersten tage (Bl. 1^r, Z. 12);
Des andern tagez (Bl. 1^r, Z. 15f.);
An dem dritten tage (Bl. 1^r, Z. 19)
An dem vierden tag (Bl. 1^r, Z. 24/25);
An dem f☐nften tag (Bl. 1^r, Z. 27f.);
An dem sehsten tag (Bl. 1^r, Z. 30f.);
Dar nach (Bl. 1^v, Z. 2/3);
An dem sibenden tag (Bl. 1^v, Z. 6).

Im Satzzusammenhang verwendet Hs. 1 über Hs. 24 hinausgehend: *darob* (Bl. 1^r, Z. 17); sonst wie Hs. 24: *ze erst* (Bl. 1^r, Z. 2); *niht ein gantze stund'* (Bl. 1r: Z. 7/8); *zv leste sines werkes* (Bl. 1^r, Z. 32 = in Spitzenstellung eines Teilsatzes), *nach dises libes wandelunge* (Bl. 1^v, Z. 9). Gegenüber der Handschrift 24 beginnt Hs. 1 einen Gesamtsatz einmal mehr mit einem Ortsadverbial in Spitzenstellung:

In dem himel (Bl. 1^r, Z. 4);
In dem zehend'e chor (Bl. 1^r, Z. 6).

d) syntaxrelevante Merkmale in den übrigen Stoffkreisen:
Insgesamt überwiegen, wie in allen Textexemplaren, nicht die temporalen, sondern die Handlungsverben, die temporale Ausrichtung geschieht durch die temporalen Angaben, die zudem zumeist in Spitzenstellung auftreten.

Lexikalische Merkmale
1) Schlüsselwörter: „Gattungs"bezeichnungen:
Die ostmitteldeutsche Handschrift 1 ist das früheste volkssprachige Beispiel eines ‚Buchs der Welt' ohne Reimvorrede. Sie beginnt stattdessen mit einer Überschrift. Die rote Überschrift: *Hie hebt sich an die zal der romischê kunige.* verweist auf den Inhalt, die Erzählung (von der Zeitrechnung) von den römischen Königen. Das Textexemplar beginnt mit der Schöpfungsgeschichte, die Überschrift greift somit zu kurz, d.h., sie geht nicht auf die universalhistorische Ausrichtung ein. Sie hebt nur We-

sentliches hervor: den chronologischen Bericht (*zal*) und die Herrscherlegitimation durch die Anknüpfung an die römischen Könige. Es wird also in der Überschrift hervorgehoben, dass es sich um eine chronologische Reichsgeschichte handelt. Das volkssprachige *zal* tritt auch im Textzusammenhang auf: *Nv vare wir wider zu der ersten zal* (Bl. 52ᵛ, Z. 1) und bezeichnet hier den Erzählhergang, der folgerichtig in der Chronologie steht, auf den es nach längeren Exkursen zurückzuführen gilt.

Im Textzusammenhang tritt *buch* als Bezeichnung 1. für das ‚Buch der Welt' auf: *wie die (welt) von adam her gestanden habe daz vernemen wir an dem daz ditz buch her nach saget* (Bl. 1ᵛ, Z. 10f.); [...] *untz an kunich pippins zide wie alles daz wer daz vint man an disem bůch vůr wart* (Bl. 33ʳ, Z. 17-19); *daz sol mā alles vindē noch geschribē an disē buche ·* (Bl. 52ʳ, Z. 32) etc. und 2. auf andere Texte bezogen: *Enoch macht auch buch* (Bl. 2ᵛ, Z. 11) etc. 3. als Bezeichnung für einzelne biblische Bücher.

Das lat. Wort *kronica* wird verwendet:

1. Auf Bl. 10ʳ, Z. 23-26: der Chronist nennt empfehlenswerte weitere Literatur: *von romischem riche wie es her komen sie daz will iv kurtzlich sagen sw' ez furbaz wizzen will der lese kronicam oder lucanû* [...] ebenso auch: *Der leben vint man in kronicis* [...] (Bl. 10ᵛ, Z. 16f.).
2. Benennt das lat. Wort in Kombination mit *historia* ‚Geschichte, Erzählung' das ‚Buch der Welt' – und hier in der Bedeutung wie in den Handschriften 24, 16, 17, primär die chronologische Darstellungsweise, die ‚chronologische Geschichte/Erzählung/Darstellung': Bl. 48ᵛ, Z. 28f.: [...] *nu wellē wir chomē an die hystoriē kronicorum* bezeichnend.

Die Handschrift 1 verwendet die Bezeichnung *buch* allgemein als Werkbezeichnung,[227] mit lat. *kronica* wird ein lat. Geschichtswerk bezeichnet, das chronologisch aufgebaut ist. Es bezieht sich – in Kombination mit *historia* – auf die chronologische Darstellungsweise innerhalb des ‚Buchs der Welt'. *Zal* bedeutet ‚Erzählhergang, Geschichtsdarstellung'. Der Aspekt der chronologischen Abfolge in der Erzählstrategie klingt auch hier mit.

2) lexikographische Schlüsselwörter (die Wochentagsbezeichnungen):
Sonntag: In der Handschrift 1 tritt die synkopierte Form *suntage* (Bl. 1ʳ, Z. 15) auf.

Montag: Es tritt die gerundete Form *montage* auf. (Bl. 1ʳ, Z. 16).

---

227 Auch in der Kaiserchronik tritt die Selbstbezeichnung *bůch* auf (z.B. V. 4038).

Dienstag: Die vielleicht in Nürnberg entstandene omd. Handschrift verwendet *dinstag* (Bl. 1ʳ, Z. 19).
Mittwoch: *An dem vierden tag den wir heizzen mitwoche* [...] (Bl. 1ʳ, Z. 24f.)
Donnerstag: *An dem fünften tag den wir heizen donrtag* [...] (Bl. 1ʳ, Z. 26f.)
Freitag: *An dem sehsten tag den wir heizzen vritag* [...] (Bl. 1ʳ, Z. 29f.)
Samstag/Sonnabend: *An dem sibenden tag den wir heizzen samstag* [...] (Bl. 1ᵛ, Z. 6). Hier führt der Codex – abweichend vom heutigen Befund[228] – nicht das Wort *Sonnabend*.

Semantische Merkmale
1) Inhaltliche Ordnungsprinzipien:
Der Gesamtaufbau des Codex ist durch eine Kombination von a) datenbezogener und b) personenbezogener Darstellungsweise gekennzeichnet, die genealogische Anlage ist vorhanden, tritt aber in diesem Wolfenbütteler Codex sehr in den Hintergrund.

a) Die datenbezogene Darstellung: Der Kompilator der Handschrift 1 hat hier – wenn auch nicht so stark wie der Chronist der Hs. 16 – vereinfacht: Er lässt einmal die Altersangabe Adams aus (460 Jahre). Im Übrigen überliefert die Hs. 1, in der Forschung der Rezension A₁ zugerechnet, abgesehen von einigen kleineren Fehlern, die Stammväterversion der Hs. 24. Die Weilandsche Ausgabe suggeriert hier ein anderes Bild von einer jeweils geschlossenen und unterschiedlichen Überlieferung der A- und B-Handschriften.[229]

Bl. 1ᵛ, Z. 20ff.: *Đo seth was fünf vnd hundert iar alt er gewan enos dānoch lebt adam vnd waz zwĕhundert iar vnd fuenf vnd drizic iar alt* (Beginnt mit einer rot durchgestrichenen Majuskel.)
Bl. 1ᵛ, Z. 24ff.: *Enos gewan kaynam do er waz neunczig iar alt Đānoch lebt adam vnd waz driu hundert vnd fünf vnd zweinzig iar alt* (Beginnt in beiden Fällen mit einer rot durchgestrichenen Majuskel.)
Bl. 1ᵛ, Z. 28ff.: *kaynan wan malalel . do er waz sibenzig iar alt dannoch lebet adam vnd waz driuhundert vnd fünf vnd neunzig iar alt* (Beginnt mit einer rot durchgestrichenen Majuskel.)
Bl. 1ᵛ, Z. 32f.: *Malaleel gewan Jareth do er waz fünf vnd sehzig iar alt.* (Hs. 24 setzt hier fort: · *dan noch leuede adam vñ was vierhund't vñ sestich iar alt .*)

---

[228] In den heutigen deutschen Mundarten verläuft die Grenze zwischen nd./omd. *Sonnabend* und obd.-westmd. *Samstag* nördlich von Köln und Frankfurt. Walther Mitzka, Ludwig Erich Schmitt, Deutscher Wortatlas, Bd. 8, Karte.
[229] Ludwig Weiland, Sächsische Weltchronnik, S. 68,24ff.

Bl. 2^r, Z. 2ff.: ~~J~~areth gewan Enoch do er waz hundert vnd zwai vnd sehzic iar alt dannoch lebt adam vñ was sehs vnd hundert vnd zwai vnd zweinzig iar alt (Beginnt mit einer einzeiligen farbigen Initiale.)
Bl. 2^r, Z. 4ff.: ~~E~~noch gewan matusalam do er waz fuenf vnd sehzig iar alt dannoch lebt adam vnd waz sehshund't vnd siben vnd ahzig iar alt · (Beginnt mit einer rot durchgestrichenen Majuskel.)
Bl. 2^r, Z. 10ff.: ~~M~~athusalam gewan lamech do er waz hund't vnd siben vnd achzig iar alt dannoch lebt adam vnd waz ahthundert vñ vier vñ sibenzig iar alt vnd lamech sin sun waz sehs vnd fünfzig iar alt do waz adam neunhundert vnd drizig iar alt vn starp (Beginnt mit einer rot durchgestrichenen Majuskel.)

Die Rechenkontinuität bleibt insgesamt gewahrt und ist mehrfach abgesichert, neben der Altersangabe der Stammväter werden auch die Zeiträume zwischen verschiedenen Ereignissen berechnet: z.B. der Zeitraum zwischen der Sintflut und der babylonischen Sprachverwirrung. Später kommt die Zählung nach der Gründung Roms (z.B. *von rome stiftunge vber neunhundert vñ zwai vnd drizig iar* Bl. 23^r, Z. 29f.) und nach Christi Geburt hinzu. Die knappe chronologische Darstellung drückt sich sprachlich durch die häufige Verwendung und die immerwährende Abfolge adverbialer Bestimmungen der Zeit als Kennzeichnung der Absätze und der Gesamtsatzanfänge aus: *Zv aller dinge beginne*; *Do*; *Dar nach*; *Bie des ziten / bi den ziten/*; *In/An dem* [...] *iar von gotes geburte*.

b) personenbezogene Darstellung: Alternativ zu den adverbialen Gesamtsatz- und Kapitelanfängen treten Namen in dieser Position auf. Namen sind auch innerhalb von Sätzen durch eine zumeist rot durchstrichene Majuskel hervorgehoben. Die Chronologie wird nur selten (z.B. in der Schilderung der Ereignisse um Karl den Großen) durch längere historische Exkurse unterbrochen, die dann wieder in die chronologische Abfolge zurückgeführt werden müssen: *Ditz habē wir kurtzlich gesaget võ d'e lebē kunich karls nu welle wir chomē wid' an die hystoriē kronicorum* [...] (Bl. 48^v, Z. 27f.)

2) Die sechs Deutungsmuster:
a) Einordnung der Weltgeschichte in die Heilsgeschichte: Die Chronik hat keine Reimvorrede, sie beginnt mit der Schöpfungsgeschichte. Das göttliche Heilswirken drückt sich deutlich im Sechstagewerk aus. Sie ist der Anfang aller Weltgeschichte. Einordnung der Weltgeschichte in die Heilsgeschichte: Beginn und Ende der franziskanischen Mahnrede sind hier nicht makrostrukturell markiert. Der Schreiber verzichtete sogar auf das abschließende *Amen*. (Bl. 31^v).

So fügt sich die Ermahnung zu Gott wohlgefälligem Leben noch unauffälliger als in den Hss. 24 und 16 in den Chroniktext ein. Die franziskanische Heilsauffassung ist wie selbstverständlich vorhanden – ihr wird keine besondere Aufmerksamkeit geschenkt.

b) Berufung auf die (mündliche und schriftliche) Tradition: Der Textzusammenhang des ‚Buchs der Welt' macht den Eindruck einer gestrafften, biblisch-genealogischen, reichshistorischen Chronik. Viele narrative Passagen erscheinen gekürzt, so auch die Legendenüberlieferung zu Johannes und Paul. Hier erwähnt der Chronist nur, dass beide gemartert worden sind, er verzichtet auf die Bibelauslegung des Julianus Claudius (Apostata): *Er liez matern Joh'em v paulū.* (Bl. 34^r, Z. 25). Die Legende wird als bekannt vorausgesetzt. Insgesamt ist die Auswahl der Vorlagen sehr reduziert, auf Ausschmückendes und auf Mündliches – und sei es im Reflex der Schriftlichkeit – verzichtet die Chronik weitgehend.

Ganz anders sieht es dagegegen mit den späteren Textallianzen aus, den im 15. Jahrhundert sehr verbreiteten eschatologischen Gedichten ‚Von dem Jüngsten Gericht' und ‚Die Fünfzehn Zeichen' (Bl. 83^r). Das Gedicht vom Jüngsten Gericht erscheint auch in verschiedenen Formen und Fassungen von Weltgerichtsschauspielen des 14., besonders des 15. Jahrhunderts. Von beiden sehr bekannten Gedichten sind jeweils nur die Anfänge aufgeschrieben und makrostrukturell unmarkiert aneinander geschrieben. Gegenüber der Prosaform in den C-Fassungen sind die Gedichte hier paargereimt. Nigel Palmer geht davon aus, dass einige Versdichtungen über die letzten Dinge so bekannt waren, dass nicht nur der Inhalt, sondern auch die sprachliche Gestaltung zu Gemeingut geworden sei.[230] Er deutet diese Kombination der beiden Anfangsfragmente in der Hs. 1 als mündliche Überlieferung. Dafür spricht die einprägsame Form des Paarreims und die ausschließliche Überlieferung des Anfangs, der sich in der nichtschriftlichen Überlieferung am ehesten dem Hörer einprägt.

c) wahre Geschichtsschreibung: Das Gesamtkonzept des Codex ist es, die Reichsgeschichte, imperiale Memoria zu verbreiten, welfisch-dynastische Hervorhebungen finden sich nicht, obschon im Textzusammenhang immer wieder die Sachsen sehr positiv bewertet werden (z.B. Sachsen und Schwaben, die aus dem Heer Alexanders des Großen kommen, Bl. 13r, Z. 18f.: *von Alexanders her komen die sahsen*

---

[230] Nigel Palmer, Die letzten Dinge in Versdichtung und Prosa, S. 230f. Vgl. Jürgen Wolf, Sächsische Weltchronik, S. 362.

vň swaben). Der Grundbestand der Informationen stammt aus der schriftlichen, lateinischen Chronistik. Insgesamt tritt auch hier der abstrakte Erzähler in der ersten Pers. Sg. und Pl. auf.

Die Zitate wörtlicher Rede sind sehr zurückgenommen. Der deutsche wie der lateinische Wortlaut der christenfeindlichen Auslegung des Bibelzitates durch den röm. Kaiser Julianus Claudius (Apostata) fehlen ganz, die beiden Urkunden aus der Zeit des Investiturstreits (sowie die vorhergehenden Passagen, die sich mit der sächsisch-welfischen Geschichte befassen: SW 186,14-199,34) ebenso.

Das weitgehend traditionelle Weltbild – auch die franziskanische Ausrichtung kann in dieser Zeit dazugerechnet werden – bedarf keiner besonderen Überzeugungsstrategien, um als wahr zu gelten.

d) Autorisierung der eigenen Aussagen: Der abstrakte Erzähler verwendet die 1. Person Sg. und Pl., der empirische Autor (resp. Schreiber, Kompilator) bleibt anonym.

e) und f) offene Geschichtsschreibung und auf Abgeschlossenheit, Endzeit zielendes Geschichtsdenken: Es handelt sich hier um ein Textexemplar des Kompositionsmusters Chronik, das planmäßig beendet wurde; hier kann damit nicht von einem offenen Textexemplar gesprochen werden. Auf eine planmäßige und nicht zufällige Beendung deutet bei dieser Handschrift auch das Fehlen der Reimvorrede hin, die ja den Hinweis auf die Offenheit enthält: Die oberdeutsche Handschrift 1 ist also schon mit der Absicht der Abgeschlossenheit geschrieben worden. Es fehlt 1. die auf Fortführung verweisende Reimvorrede: das Textexemplar setzt direkt mit der Schöpfungsgeschichte bzw. mit einer auf den Inhalt verweisenden Überschrift ein, 2. der Codex ist so angelegt, dass er ursprünglich nur das reichshistorische ‚Buch der Welt' (worauf auch die Überschrift verweist: die *zal der romischē kunige*) enthält. 3. Er hat explizite Terminatoren, von anderer Hand ist mehr zufällig und nicht planmäßig der Platz des letzten Blattes (83^{r+v}) für das Gedicht von den Fünfzehn Zeichen des Jüngsten Tages (fragmentarisch) und zwei weitere chronikalische Einträge genutzt worden. Das Schreiberprogramm war, ein geschlossenes Textexemplar mit Anfangsbegrenzung und auffälliger vielgliedriger Endbegrenzung herzustellen. Es hat mehr als 100 Jahre Bestand gehabt. Erst in der zweiten Hälfte des 15. Jahrhunderts wurden der Handschrift Zusätze hinzugefügt: Die plakative Grenzziehung hatte ihre Wirkung verloren.

Die Handschrift 1 wurde also ausdrücklich ohne die auf die Fortsetzungsnotwendigkeit der Chronik hinweisende Reimvorrede geschrieben. Die explizite Verbindung von christlicher Lebensführung und weltlicher Geschichte bleibt vor allem der sog. ‚Predigt' vorbehalten. Der Bogen geht – durch das Fehlen der Reimvorrede – zunächst nicht über die eigene Vergangenheit und die Gegenwart hinaus bis zum Ende der Welt. Dies war vermutlich auch für spätere Benutzer der Chronik ungeheuerlich, deshalb wurden dem Codex sowohl chronikalische Nachträge als auch zwei Gedichtfragmente zu den Fünfzehn Zeichen des Jüngsten Gerichts hinzugefügt.

Dieses reichshistorische ‚Buch der Welt' ist auf die Geschichte der römischen Kaiser und Könige ausgerichtet, die – ganz im Sinne universalhistorischer Vorstellungen – auf die biblische Geschichte zurückgeführt wird. Das ‚Buch der Welt' ist durch die *brevitas*-Vorstellung der traditionellen lateinischen Chronistik geprägt und unterscheidet sich von dem sächsisch-dynastischen ‚Buch der Welt' (Hs. 24) durch die explizite Ausrichtung auf die Weitergabe imperialer Memoria (im Gegensatz zur Präsentation sächsisch-welfischer dynastischer Geschichte), durch die Beschränkung auf das für die Chronologie Wesentliche (im Unterschied zu Erweiterungen durch unterhaltsame Geschichten) und durch den expliziten Verzicht auf die eschatologische Ausrichtung (die erst später hinzugefügt wurde).

III.2   Die Handschriften des 14. Jahrhunderts

III.2.1   *Handschrift 17 (Berlin, SB, Mgf 129) – B*

Externe Merkmale (Ebene b)
(erschlossener) Entstehungszeitraum, Entstehungsort, Schreiber/Kompilator:
Diese niederdeutsche (ostfälische) Bilderhandschrift gehört mit der Bilderhandschrift 16 und dem illuminierten Fragment (161) zu den bebilderten Textzeugen des ‚Buchs der Welt' in der Rezension B. Von diesen dreien ist es die jüngste Handschrift. Auch die Datierung der Handschrift 17 ist nur ungefähr möglich. Die Textfassung des ‚Buchs der Welt' beginnt mit der Reimvorrede und endet 1229 (SW 65,1-248,8). Theoretisch ist also eine Abfassung nach 1229 möglich. Vom Rezensionszusammenhang aus gesehen, kann das früheste Entstehungsdatum kurz nach 1242 sein.[231] Hubert Herkommer gibt als Datum den Zeitraum vom Ende des 13. bis zum Anfang des 14. Jahrhunderts an.[232] Peter Jörg Be-

---

231 Vgl. dazu Michael Menzel, Sächsische Weltchronik, S. 180.
232 Hubert Herkommer, Sächsische Weltchronik, S. 100.

cker datiert von den Illustrationen aus gesehen die Handschrift in das erste Viertel des 14. Jahrhunderts.[233]

Der Codex – er enthält ca. 400 Miniaturen – ist auch vom Bildprogramm her nicht eindeutig zuzuordnen. Für Hans Wegener[234] ergibt sich eine Verwandtschaft mit rheinischen Arbeiten und für Renate Kroos[235] überwiegt die Abhängigkeit zur Handschrift 16. Der Codex weist damit – wie auch schon P.J. Becker festgestellt hat[236] – in den Lüneburger oder Lübecker Kunstkreis. Die räumliche Zuordnung ist bislang nicht genauer möglich.

Kombinationszeitraum, Kombinationsort:
Der Codex hat keine weiteren Textvorkommen.

Fortsetzungszeitraum, Fortsetzungsort und Fortsetzer:
Der Codex enthält einen Textzusammenhang, der bis in das Jahr 1229 führt.

Benutzungszeitraum, Benutzungsort, Benutzer:
Der Berliner Prachtcodex hat keine Randbemerkungen oder Korrekturen. Massmann kannte ihn, wies ihn jedoch irrtümlich nach Blankenheim und nicht nach Berlin.[237]

Besitzzeitraum, Aufbewahrungsort, Besitzer, Auftraggeber:
In der Innenseite des Einbanddeckels vorne ist ein Besitzeintrag aus dem 15. Jahrhundert: *Diit bock hort her Johan Bere.* Dieser Eintrag zeigt, dass der Codex, dessen Herkunft ungewiss ist, im 15. Jahrhundert wie drei andere Textzeugen des ‚Buchs der Welt'-Rezension B in Lübeck war (143, 16, 162). Johann Bere – es kommt hier sowohl der Vater (†1451) als auch der Sohn (†1457) in Frage – stammt aus einer der reichsten und angesehensten Familien Lübecks, beide, Vater und Sohn, waren Ratsherren in Lübeck. Johan Bere der Ältere war viele Jahre Lübecker Bürgermeister.[238] Der Einband stimmt mit den Einbänden Lübecker Inkunabeln aus den Jahren 1487-1492 überein, das lässt die Vermutung zu, dass der Codex Ende des 15. Jahrhunderts noch in Lübeck war, vielleicht sogar noch im Besitz der Familie Bere. Seit dem 17. Jahrhundert, der Zeit des Großen Kurfürsten (1640-1688), gehörte die Handschrift zum Bestand der kurfürstlichen Bibliothek in Berlin.

---

233 Tilo Brandis, Zimelien, S. 148f. und 173.
234 Hans Wegener, Artikel ‚Buchmalerei', Sp. 1420- 1524, 1485.
235 Renate Kroos, Welfische Buchmalereiaufträge, S. 263-278.
236 Tilo Brandis, Zimelien, Nr. 103, S. 148.
237 Hans Ferdinand Massmann, Zeitbuch, S. 590f.
238 Vgl. Jürgen Wolf, Sächsische Weltchronik, S. 268.

Kommunikationsmaterial und -form:
Die Handschrift ist ein illuminierter Prachtcodex. Die zweispaltige Pergamenthandschrift hat eine Blattgröße von 28,9 x 22 cm, der Schriftspiegel beträgt 21 x 15 cm zu 24 Zeilen. Der Codex umfasst 124 Blätter. Zwischen Bl. 23/24, 16/27 und 61/62 ist je ein Blatt verloren und zwischen 91/92 zwei Blätter (Textverluste: SW 87,1-28; 90,6-91,4; 144,18-145,3; 174,23-176,14). Der Holz/Ledereinband stammt wohl aus Lübeck aus der Zeit zwischen 1487-1492.

Schreibsprache:
Niederdeutsch bzw. ostfälisch mit vielen hochdeutschen Formen in der Reimvorrede.[239]

Interne Merkmale
Initiator(en):
Der Codex beginnt mit einer einspaltigen neunzeiligen historisierenden N-Initiale, die ein Autorenbild enthält. Die Vorrede weist nicht wie bei Handschrift 24 eine Zweiteilung oder wie bei Handschrift 16 eine Fünfteilung auf, sondern sie ist durch die (zumeist) zweizeiligen Initialen in vier Absätze geteilt (*Nu vornemet* [...]; *Da na volget* [...]; *Nu vlitet* [...]; *Ich han mich des wol bedacht* [...]) Sie fungiert insgesamt als Initiator. Die Schöpfungsgeschichte beginnt – auch hier vergleichbar mit Hs. 16 – im Anschluss an eine gerahmte, rechteckige Miniatur, die im Innenraum eine rund gerahmte Gottesdarstellung hat (Gott sitzend als Schöpfer). Der Text beginnt mit einer an den linken Rand gemalten blauen I-Initiale mit folgender N-Majuskel als Initiator des Chroniktextes. Insgesamt handelt es sich um einen viergliedrigen Initiator. Er besteht aus:

1. einer neunzeiligen historisierenden N-Initiale mit einem Autorenbild, die
2. die Reimvorrede einleitet.
3. Die Schöpfungsgeschichte beginnt mit einem Schöpferbild,
5. diesem folgt (am Rand) eine verzierte vierzeilige I-Initiale und N-Majuskel.

Terminator(en):
Über Terminatoren lassen sich keine Aussagen machen, da die Chronik auf dem letzten Blatt (die übrigen Blätter sind vermutlich verloren) im Satz (SW 248,8) abbricht.

---

239 Gustav Korlén, Die mittelniederdeutschen Texte, S. 91.

Text-Bild-Relationen:
Text und Bild sind miteinander verschränkt. Die Initiale des Namens steht jedoch oft einige Zeilen von dem Brustbild entfernt (z.B. Bl. 14ra zu Nabugodonosors Sohn: die N-Initiale steht in der Zeile 3, der Name geht über die Zeilen 3 und 4, das Bild zu Nabugodonosors Sohns ist von Zeile 6-8 eingefügt).

Die Erwähnung Adams und seiner beiden Söhne ist ebenfalls anders bildlich wiedergegeben als in der Handschrift 16. Adam wird wie in Handschrift 16 mit einem Spruchband dargestellt, Seth jedoch bärtig, ohne Spruchband. Beide Hände sind abgebildet, mit einem charakteristischen Zeigegestus verweisen sie auf die Darstellung, die sich (vom Betrachter aus) links neben ihm befindet: Unter dem Satz: *do abel drittich iar alt was do sloch kayn sin broder dot* ist eine Miniatur mit der Szene, in der Kain Abel ermordert, positioniert. Daneben ist das Medaillon von Seth abgebildet. Die beiden Illustrationen geben in dieser Verbindung durch den Zeigegestus und das – gegenüber Handschrift 16 – fehlende Spruchband nicht so sehr den genealogischen Aspekt wieder, dass Seth der Stammvater des Geschlechtes ist, von dem die Chronik im Folgenden berichten wird, sondern eher den auf die bildliche Darstellung direkt folgenden Satz: ***D***(einzeilige blaue Initiale)*o adam drittich vn hundert iar alt was · do ghewann he sethe · den eme got gaf in abeles stat · dar vmme heten seths kint godes kint · dor dat he van godes haluen ghegheuen wart ·* (Bl. 3va, Z. 23-3vb, Z. 5). Auch andere Miniaturen heben eher auf die Erzählhandlung ab, als auf die Darstellung genealogischer Zusammenhänge: Die Attribute in den Brustbildern weisen auf die Erzählhandlung; z.B. ist nur Adam mit dem Spruchband dargestellt (Bl. 3va), das könnte in diesem Kontext nicht auf genealogische Zusammenhänge, sondern auf den Text (Bl. 4vb, Z. 19f.) hinweisen: *Adam dachte bochstaue aller erst.* Enoch ist mit einem Buch (Bl. 4ra) dargestellt, von ihm heißt es (Bl. 4vb, Z. 20f): *Enoch makede och boche.* Lamech ist auf Bl. 4va mit einem Bogen dargestellt, weil er versehentlich (er war blind) Kain und seinen Sohn tötete (Bl. 4rb, Z. 19-24).

Das Bildprogramm verzichtet auf die Illustration genealogischer Zusammenhänge. Anders als in der Handschrift 16 macht der Illustrator auch bei der Darstellung von Abrahams Geschlecht keinen Versuch, genealogische Bezüge herzustellen. Er verwendet Brustbildmedaillons, reiht sie jedoch am unteren Blattrand Bl. 9^v nebeneinander auf, ganz anders als z.B. die Handschrift 16 (siehe Abb. 11: Bl. 7 bzw. 5vb), die ein Stemma mittels untereinanderstehender Brustbilder und verbindender Linien herstellt. Das Bildprogramm unterstützt also in der Handschrift

17 nicht das genealogische Prinzip, sondern mit den Ereignisdarstellungen und den Gesten und Attributen innerhalb der Brustbilder die narrative Struktur. Die Brustbildmedaillons verdeutlichen zudem stark die lineare chronologische Struktur.

Weitere Makrostrukturen:
Eine eindeutige Absatz- oder Kapitelgliederung lässt sich nicht feststellen. Die Handschrift 17 ist eine bebilderte Prachthandschrift, dadurch erklärt sich die überaus reiche Ausstattung der Eingangsinitiale der Reimvorrede, die gleichzeitig auch die Eingangsinitiale des Codex ist. Der Vergleich mit dem Initiator des Prosatextes der Schöpfungsgeschichte zeigt aber, dass die Position als Eingangsinitiale des Codex die Ausstattung dennoch beeinflusst: Die Schöpfungsgeschichte beginnt mit einer Kombination aus einer siebenzeiligen Miniatur, die Gott als Schöpfer zeigt, und einer am Rande neunzeiligen, mehrfarbigen, geschmückten I-Initiale. Sie ist prunkvoll, aber deutlich dem Initiator des Gesamtcodex untergeordnet. Die hierarchische Strukturierung der Reimvorrede geschieht in Anlehnung an die Strukturierung der Schöpfungsgeschichte und der Genealogie des Alten Testaments, wo die Einheiten der höchsten Hierarchieebene mit zweizeiligen farbigen Initialen gekennzeichnet sind. Auf diese Weise ist die Reimvorrede in der Handschrift 17 in fünf Einheiten gegliedert (Bl. 2rb, Z. 10 ist eine I-Initiale nicht ausgeführt worden):

Nu vornemet [...]; *Da na volget* [...]; *Swer nu an den sunden* [...]; *Nu vlitit* [...]; *Ich han mich des wol bedacht* [...] (die I-Initiale ist nicht ausgeführt). Zwei davon enthalten das Temporaladverb *nu* in Spitzenstellung, einmal erscheint *nu* in zweiter Position.

Insgesamt überwiegen einzeilige Initialen bei der Binnengliederung. Ein- bzw. selten zweizeilige Initialen treten auf, um den Text zu strukturieren. Die Brustbilder stehen zumeist nicht in der Nähe der Initialen, sie sind in den fortlaufenden Text zumeist (vom Betrachter aus links) eingefügt, können aber auch rechts oder in der Mitte der Spalte stehen.

Die einzige dreizeilige Initiale begegnet zu Beginn der sog. Predigt (Bl. 40va). Die Fleuronnee-Initiale hebt sich deutlich von allen anderen Strukturierungen des Codex ab und markiert so in besonderer Weise eine von der kirchlichen Obrigkeit abweichende Heilsauffassung. Auch das Ende der Mahnrede ist markiert – wie in den meisten Handschriften durch das Wort *Amen*. Hier ist aber der erste und der letzte Buchstabe groß geschrieben, und damit bekommt dieser Teiltext eine potentielle Texthaftigkeit, er ist auch strukturell vom Chroniktext abgesetzt, das verstärkt den Predigtcharakter.

Syntaxrelevante Merkmale:
a) Interpunktion:
Gesamtsätze werden wie in den Hss. 24 und 16 gekennzeichnet. Auch die Funktion des mittelhohen Punktes ist vergleichbar (am Zeilenende felht in der Regel der Punkt). Gesamtsätze (und höhere Hierarchieebenen) beginnen entweder mit Namen (häufig in Kombination mit eckigen oder runden, gerahmten Brustbildern) oder mit temporalen adverbialen Bestimmungen: *Do, Nu, In der consulen tiden, In den seluen tiden, In deme* [...] *iare uan godes bort van rome stichtunge* [...] *iare* etc.

b) syntaxrelevante Merkmale in der Reimvorrede:
Die Reimvorrede steht an erster Stelle im Codex. Die Gesamtsatzmarkierung ist zugunsten der Reimbindung aufgegeben. Der mittelhohe bis tiefe Punkt markiert das Reimende. Er tritt allein, ohne folgende Majuskel auf.

Bl. 1va, Z. 1-13:

N 9zeilig, Autorenbild, geschmückt

u vornemet al ghemeyne.
　waz vns got der reyne · siner
genaden hat bescheret · wer sic
vreyner lust ir weret · vñ

In der Reimvorrede der Handschrift 17 lässt sich insgesamt ein Gefüge von 78 Teilsätzen feststellen. 32 % der Sätze sind Hauptsätze, die mit einer temporalen Angabe beginnen oder Sätze, die eine temporale Angabe (10 Teilsätze) enthalten. Insgesamt zeigt sich ein Wechsel zwischen Aufforderungs- (9 Teilsätze) und (behauptenden) Aussagesätzen.

Im Folgenden liste ich Beispiele für die unterschiedlichen Satzarten auf:

Aufforderungssätze: (Beispiele mit voraufgehendem temporalen Adverbial siehe unten):

Bl. 1vb, Z. 8-12: *sundich minsche diz merke · din arghe ne wirt dar nich verholen . din sele moz lange pine dolen ·*
Bl. 1vb, Z. 12-14: *wandel daz tu mochtis gas · hir von iz vormeden hast*
Bl. 2ra, Z. 16-19: *horet gherne ghute lere· vnde leset an den bochen dar men de warheyt sochen · mach vnde vinden ·*

Eingefügte Relativsätze: in attributiver Funktion in den übergeordneten Satz eingefügt:

Bl. 1va, Z. 24ff.: *her nedarf nich vorchten godes zorn · swenne das herehorn · wirt gheblasen over al · daz de toden irquicken sal · unde inde lucht voren.*

Bl. 1vb, Z. 5-8: *dar beginnet men roren alle vorholne missedat · de hier de lip begangen hat · an willen oder an werke* .

Vorangestellte Relativsätze mit verallgemeinerndem Relativpronomen in Spitzenstellung:

Bl. 1va, Z. 11: · *wer sic unreyner lust erweret · vnde vermidet bose missedat · vnde sezzet sinen rat · an den gheweldigen god vnde ghehaldet sin ghebot · of her den rechten louven hat · vnde den armen nicht vorsmat · vnde iegelichen man · sines rechten gudes gan · vnde des sines ist ghemeyne · der hat ein leuent reyne vnde mach secherliche gan vor sinen schepere stan* ·

Das Beispiel zeigt eine parataktische mit *und* verbundene Aneinanderreihung von Relativsätzen. Der erste Teilsatz beginnt mit dem verallgemeinernden Relativum *wer*, auf das sich die übrigen Teilsätze beziehen.[240] Eingeschoben zwischen die Relativsätze und die beiden syndetisch verbundenen übergeordneten Sätze ist ein Konditionalsatz mit einleitender konditionaler Konjunktion *of* ‚falls'. Er bekräftigt die hervorhebende Bedeutung der Relativsätze, der Subjektsätze.

Bl. 1vb, Z.24-Bl. 2ra, Z.6: *Swer nu an den sunden lit · vnde sine irgangene zit · itliche hat uerswant · der si van gode des ghemant · dat her sin leuent drate · betere nach rate al si it an tokomene swar godes denest vorwar* ·

Bl. 2rb, Z. 17-20: · *swer so leue vorbaz waz danne ghesche der scriue daz · vnde achtbare warheit* ·

Auch die beiden letzten Beispiele beginnen ebenfalls mit dem unbestimmten Relativpronomen *(s)wer*. Das zweite Beispiel zeigt eine syndetische Verknüpfung von zwei Relativsätzen, die beide durch ein Pronomen eingeleitet werden. Es folgt der mit dem Bezugswort beginnende übergeordnete Satz, von dem ein finaler Teilsatz abhängt. Das dritte Beispiel verbindet nur einen Relativsatz mit einem übergeordneten Satz.

Die Hauptsätze, die mit Temoraladverbien beginnen, und die Nebensätze, die Temporaladverbien enthalten, lassen sich in vier Gruppen aufteilen: in diejenigen, die auf die Gegenwart gerichtet sind – sie verwenden das adverbiale Beiwort *nu* ‚jetzt'; diejenigen, die in die Zukunft weisen – sie verwenden das adverbiale Beiwort *dar* ‚dann' (3x) oder die temporale Konjunktion *swenne* ‚immer wenn' (1x); solche, die eine unbestimmte Folge anzeigen – sie verwenden das Temporaladverbial *da na* ‚darnach'; schließlich solche, die die Dauer, den Fortgang der Zeit betonen – sie verwenden den adverbialen Akkusativ *de wile* ‚solange'. Je

---

240 Vgl. zur Aufgabe der relativischen Einleitung eines durch *und* an einen Relativsatz angeschlossenen weiteren abhängigen Satzes Hermann Paul, Peter Wiehl, Siegfried Grosse, Mittelhochdeutsche Grammatik, § 496.

viermal wird auf die Zukunft, je dreimal auf die Gegenwart, je zweimal auf die Dauer und einmal auf eine unbestimmte Folge hingewiesen. Es lassen sich also insgesamt vier Realisationen von Zeit in der Reimvorrede beobachten:

1. Ausrichtung auf die aktuelle Gegenwart – das Hier und Jetzt:
Die Reimvorrede beginnt mit einem Aufforderungssatz, der mit dem adverbialen, temporalen Beiwort *nu* ‚nun, jetzt' eingeleitet wird. Abhängig von dem Verb *vernehmen* setzt mit dem verallgemeinernden Pronomen *waz* ein Relativsatz ein:

Nu vornemet alghemeyne · waz vns got der reyne · siner genaden hat bescheret. (Hs. 17, Bl. 1^v)

Ein weiterer Aufforderungssatz, der mit *Nu* beginnt, markiert in den meisten Handschriften (s.o.) den dritten Absatz der Vorrede, die Handschrift 231 beginnt insgesamt die Reimvorrede mit diesem Satz:

Nu vlitet vch an eyne site · dar men de bosen danken mite · mach vortriuen sere (Bl. 2^r, Z. 13)

Zwischen diesen beiden Sätzen erscheint in der Vorrede noch ein drittes Mal das adverbiale Beiwort *nu*, das auf die Gegenwart verweist. Diesmal in Zweitstellung eines mehrgliedrigen Relativsatzes (abhängig von dem Verbum dicendi *mahnen*) mit vorrangig finaler Bedeutung, die Handschriften 17, 16 und 162 markieren hier den dritten Abschnitt der Reimvorrede (Bl. 1vb, Z. 24):

Swer nu in den sunden lit · vnde sine irgangene zit · ietliche hat uerswant · der si van gode ghemant · dat her sin leuent drate · betere nach rate [Zeilenende] *al si it an tokomene swar godes is vorwar ·*

2. Ausrichtung auf die Zukunft: Eine andere Gruppe von Hauptsätzen weist in eine unbestimmte Zukunft, in den Sätzen werden die Konjunktion *swenne* und das temporale Adverbial *dar* verwendet. Die folgenden Beispiele stammen wieder aus der Bilderhandschrift. 17, Bl. 1^v-2^v:

Bl. 1va, Z. 24-1vb, Z. 4: *· her nedarf nich vorchten godes zorn · swenne das herehorn · wirt ghebIasen ouer al ·*
Bl. 1vb, Z. 5f.: *dar beginnet men roren · alle vor holne missedat ·* [...]
Bl. 1vb, Z. 8-11: *sundich minsche daz merke · din arghe wirt dar nich vorholen ·*

3. Bezeichnung der unbestimmten zeitlichen Folge:
Bl. 1vb, Z. 14: *Da na volget en donerslach · dar von neman understan ne mach* [...]

4. Der Aspekt der Dauer:
   Bl. 2rb, Z. 12-14: · *de wile de werelt stat so vele wert cunstiger dat*
   Bl. 2va, Z. 3-5: · *de wele ir got orkunde · hat an den des se da lesen · so moz ir vnvorgheczen wesen ·*

Die Reimvorrede hat – so zeigen die syntaktischen Strukturen – einen affirmativen und auch imperativen Charakter durch die überwiegend parataktische Aneinanderreihung von Aufforderungssätzen, Relativsätzen, Teilsätzen mit konditionaler Bedeutung, die zu gottgefälligem Leben aufrufen und gleichzeitig auch eindringlich vor Augen führen, worin dieses gottgefällige Leben besteht. Sie ist temporal ausgerichtet, wobei die temporale Ausrichtung – gemäß dem Programm der Weltchronik – sich schwerpunktmäßig auf das Hier und Jetzt, die zeitliche Geschehensfolge, die Dauer der Zeit und auf die Zukunft richtet.

c) syntaxrelevante Merkmale in der Schöpfungsgeschichte:
Die Schöpfungsgeschichte besteht aus zehn Gesamtsätzen und neun Absätzen. Bemerkenswert ist der Umfang des ersten Gesamtsatzes. Er umfasst hier den gesamten ersten Absatz der Schöpfungsgeschichte und geht somit von einer Initiale zur nächsten:

1. GS:
In aller dinge beginne schoph god to erst hemel vnde erde · vnde water · vnde vuir · vnde lucht · de vier elementen waren vngheschieden · in deme hemele makede he och neghen kore der enghele . to sineme loue · vñ to sinne deneste · in deme neghenden kore was lucifer de schoneste · vnde de erste · der engele dar ne blef he nicht · inne ene gance stunde · wente he wolde wesen ghelich sinne sceppere · dar vmme valde ene got in dat afrunde der helle · vñ vorstotte mit eme alle sine volghere · (Bl. 2va)

Die Handschriften 24 und 16 haben hier zwei umfangreiche Gesamtsätze, Handschrift 1 hat drei Gesamtsätze. Der Chronist hebt entsprechend der B-Version am vorletzten Schöpfungstag die sechste Schöpfungsstunde hervor. Der letzte Gesamtsatz umschließt den Hinweis auf die Genealogie der Stammväter und entspricht damit den Handschriften 24 und 1.

d) syntaxrelevante Merkmale in den übrigen Stoffkreisen:
Die gesamte Chronik erhält ihre temporale Ausrichtung nicht primär durch Temporalverben, sondern durch temporale Angaben, die sehr häufig in der Satzspitze auftreten: *Do, in den tiden, ieme iare, dar nach, na, nu.*

Lexikalische Merkmale
1) Schlüsselwörter: „Gattungs"bezeichnungen:
Im Codex wird das Wort *buch* in der Reimvorrede und im Text verwendet. Es hat unterschiedliche Bedeutungen: 1. ‚Selbstbezeichnung' (bezogen auf das ‚Buch der Welt'): (I)*ch han mich des wol bedacht · diz boch ne writ nimmer vullen bracht · de wile de werlt stat so vele wert cunstiger dat . .* (Bl. 3rb, Z. 10-14); [...] *wo de werlt van adame · wente herestan hebbe · dat verrneme we an deme dat dit boch hir na seget.* (Bl. 3va, Z. 11-15); *dat schalmen noch vinden gheschreuen · an desen boken* (Bl. 71vb, Z. 21-23) und 2. auf andere Texte bezogen: *vñ leset in den bochen · dar men de warheyt sochen mach* [...] (Bl. 2ra, Z. 17-19); *Enoch makede och boche* (Bl. 4vb, Z. 20f.); etc. 3. als Bezeichnung für einzelne biblische Bücher: z.B. *De dese wunder al wille weten · de lese allexādrum magnum · vnde dat boch machabeorum* (Bl. 20va, Z. 15-18). Die Belege lassen hier nur die Verwendung einer allgemeinen Werkbezeichnung erkennen.

Das lat. Wort *c(o)ronica* ist auf weitere Literatur, die zur Ergänzung über die römische Geschichte herangezogen werden kann, bezogen: (Bl. 16va, Z. 7-13) *Vvo romisch rike here komen si dat will ich iv cortelike seggen · we it uorbat weten wille · de lese coronicam · eder lucanum eder den guden orosium.* Die eingedeutschte Bezeichnung bezieht sich auf die chronologische Darstellungsweise, nach dem historischen Exkurs über das Leben Karls des Großen heißt es: *Nu kome we to der croniken ·* (Bl. 66ra, Z. 12f.). In der Bedeutung ‚chronologischer Erzählverlauf' tritt auch *tale* auf: *Nu vare we weder to der ersten tale ·* (Bl. 71vb, Z. 23f.)

2) lexikographische Schlüsselwörter (die Wochentagsbezeichnungen):
Sonntag: Die Wochentagsbezeichnung *Sontag/Suntag/Sunnendag* tritt in der Handschrift 17 in der Vollform als genitivisch gefügtes Kompositum auf: *Dit was der eeste dach de ie ghewart dene hete we sunnendach ·* (Bl. 2vb, Z. 17-20).

Montag: Der nd. Codex überliefert wie Hs. 16 ein schreibsprachliches *mânendach*:[241] *Des anderen daghes dene we hetet manendach* [...] (Bl. 2vb, Z. 21-23).

Dienstag: Es findet sich eine Variante von *dinstag,* die Wochentagsbezeichnung *dinsedach*: *In deme dridden daghe den we hetet dinsedach ·* (Bl. 3ra, Z. 5-7).

---

[241] Grimm, DWB, Bd. 6, Sp. 2514f., Karl Schiller, August Lübben, Mnd. Wörterbuch, Bd. 3, S. 21.

Mittwoch: Für den vierten Wochentag überliefert die Handschrift 17 die Bezeichnung *midweken*: *In deme verden daghe dene we heten midweken* [...] (Bl. 3ra, Z. 16-18).

Donnerstag: Für den fünften Tag überliefert Hs. 17 *donresdach*: *In dem visten daghe dene we hetet donresdach* [...] (Bl. 3ra, Z. 23f.).

Freitag: Hier begegnet nd. *vridach*: *In deme sesten daghe dene we hetet vridach* (Bl. 3rb, Z. 4-6).

Samstag/Sonnabend: Die nd. Handschrift verwendet hier die ältere und häufiger vertretene Bezeichnung nd. *sunnauent*: *In deme seueden daghe den we hetet sunauent* [...] (Bl. 3va, Z. 2-4).

Die Wochentagsbezeichnungen lassen einen niederdeutschen Schreibstil ohne besondere Neuerungen oder Ausgleichsbestrebungen erkennen.

Semantische Merkmale
1) Inhaltliche Ordnungsprinzipien:
Die a) datenbezogene (verschiedene Zeitberechnungssysteme) und die b) personenbezogene Darstellung (z.B. Brustbilder; Namen, die mit Initialen beginnen, stehen am Beginn eines Gesamtsatzes) sind gleichgewichtig und eng miteinander verbunden. Es zeigt sich insgesamt an den hierarchischen Strukturierungsprinzipien, der Verwendung der Verben, der Text-Bild-Relation etc. eine starke Betonung des chronologischen Prinzips der Weltchronikgestaltung. Die Chronologie wird nur selten (z.B. in der Schilderung der Ereignisse um Karl den Großen) durch längere historische Exkurse unterbrochen.

a) Die datenbezogene Darstellungsweise wendet verschiedene Zeitsysteme an: Tage- bzw. stundenweise Abfolge der Ereignisse in der Schöpfungsgeschichte, Alter der Stammväter, Regierungszeiten der Könige, Zeitraum zwischen zwei Ereignissen (Sintflut und babylonische Sprachverwirrung); Zeitspanne seit der Gründung Roms, seit der Geburt Christi. Innerhalb der Stammväteraufzählung vereinfacht der Chronist aber, er gibt während der Aufzählung der Nachkommenschaft – wie auch in der Hs. 16 – nur zweimal das Alter Adams an:

Do adam drittich vñ hund't iar alt was [...] (Bl. 3va)
Do seth was vif iar vnde hundert alt he gewan enos noch dan leuede adam · vnde was twehundert · vñ vif vnde drittich iar alt · (Beginnt mit einer einzeiligen farbigen Initiale) (Bl. 3vb)
Enos ghewan kaynan do he was negentich iar alt · Enos starf [...] (Bl. 3vb)
Kaynan wan malaleel · do he was seuentich iar alt · vnde starf do he was neghenhundert vnde teyn iar alt (Bl. 3vb- 4ra)

Malaleel wan iareth do he was vif vnde sestich iar alt vnde starf de he was achtehundert vnde neghentich iar alt (Bl. 4ra)

Iareth ghewan enoch do he was hundert vñ twe vnde tich iar altvnd starf do he was neghenhundert vnde vertich iar (Bl. 4ra)

Enoch wan matusalame do he was vif vnde sestich iar alt · do enoch was drier hundert vñ vif vnde sestich alt he wart van godes haluen en wech gevort [...] (Bl. 4ra)

Mathusalam wan lamech do he was hundert vñ seuene vnde achteneich iar alt bi des lameches tiden starf adam do he was negenhundert vnde drittich iar alt [...] Bl. 4ra-4rb).

b) Die personenbezogene Darstellungsweise zeigt sich neben der personenbezogenen Darstellung der Ereignisse auch an den gerahmten Brustbildmedaillons. Die szenischen Darstellungen treten seltener auf und zum Ende der Chronik nimmt die Bebilderung insgesamt sehr stark ab.

c) genealogische Darstellung: Die genealogischen Zusammenhänge (z.B. Altes Testament, Arnulfinger, Supplingburger, Welfen) sind zwar im Rahmen des Textzusammenhanges erwähnt, aber nicht besonders hervorgehoben.

2) Die sechs Deutungsmuster:

a) Einordnung der Weltgeschichte in die Heilsgeschichte: Die Handschrift beginnt mit der Reimvorrede und spricht so die sechs Deutungsmuster an (vgl. Hs. 24). Das göttliche Heilswirken drückt sich ebenfalls in der Schöpfungsgeschichte und in der franziskanischen Mahnrede aus. Anders als in den Handschriften 24 und 16 ist die Mahnrede hier makrostrukturell hervorgehoben: Sie beginnt abweichend von der übrigen Strukturierung mit einer dreizeiligen Fleuronnée-Initiale (D) (Bl. 40va, Z. 12) und endet mit *AmeN* (Bl. 43ra, Z. 20), das durch die großen Anfangs- und Endbuchstaben eine deutliche Terminatorfunktion hat. Der Textteil ist damit eindeutig markiert und bekommt den Charakter eines eigenen Teiltextes. Die franziskanische Welt- und Heilssicht ist damit besonders hervorgehoben.

b) Berufung auf die (mündliche und schriftliche) Tradition: Der Chronist des ‚Buchs der Welt' beruft sich in der Reimvorrede und auch an anderen Stellen innerhalb des Textes auf die schriftliche Tradition: z.B. *coronicam eder lucanum eder den guden orosium* (Bl. 16va, Z. 10-12). Mündlichkeit lässt sich nicht nachweisen.

Die chronologische Darstellung ist wie in der B-Gruppe charakteristisch durch Legendenstoff und Geschichtserzählungen bereichert. In der Präsentation des Martyriums von Johannes und Paulus (6. Jh.)

unterscheiden sich die Bremer und die Berliner Bilderhandschrift nicht, gemeinsam ist ihnen der deutliche Unterschied zur ausführlichen Präsentation in der Handschrift 24 und der sehr verkürzten Erwähnung in der Hs. 1, die das Martyrium nur mit einem Satz erwähnt. Die Bilderhandschrift 17 gibt nur den lateinischen Wortlaut wieder:

he let marteren · johannem vnde paulum · vnde sprach to in. ie hebbet an uiwer scrift Celum celi dño terram autem dedit filijs hominum Iuwe ihesus sprach oc · Nisi quis renunciauerit omnibus que possidet nō potest meus esse discipulus . Dar vmme ne scole ie lude nen eghen hebben (Bl. 47ra, Z. 17-47rb, Z. 4).

Wie in der Handschrift 16 spricht auch hier der Kaiser nicht zum gesamten Christentum, sondern ausschließlich zu den Märtyrern.

c) Wahre Geschichtsschreibung: Der Codex präsentiert Reichsgeschichte (vgl. zu den Unterschieden auch Handschrift 24), besonders hervorgehoben ist das franziskanische Weltbild in der Mahnrede. Insgesamt werden traditionelle Argumentationsstrategien verwendet, die ‚Wahrheit' muss nicht in besonderer Weise pointiert werden. Die Technik, bestimmte, in ihrem Wahrheitsgehalt für den Chronisten besonders zentrale Inhalte in der Perspektive der 1. Person Sg. (z.B. die Mahnrede) darzustellen, findet sich auch hier. Zitate werden weiterhin als Mittel eingesetzt, den Wahrheitsgehalt der Chronik zu betonen. Sie treten an unterschiedlichen Stellen in der Handschrift auf, z.B.:

– Der lateinische Wortlaut der christenfeindlichen Auslegung eines Bibelzitates durch den röm. Kaiser Julianus Claudius (Apostata) (Bl. 47^{ra-rb}).
– Die franziskanische Mahnrede überliefert Passagen wörtlicher Rede aus dem Munde Jesu. Die Passagen sind zweisprachig in Latein und in der Volkssprache geschrieben (Bl. 40va-43ra).

Es fehlen wie in der Bremer Bilderhandschrift die beiden Urkunden aus der Zeit des Investiturstreits (sowie die vorhergehenden Passagen, die sich mit der sächsisch-welfischen Geschichte befassen: SW 186,14-199,34).

d) Autorisierung der eigenen Aussagen: Der abstrakte Erzähler bezeichnet sich als Geistlichen und bekennt sich zu einem franziskanischen Weltbild; er tritt in den Vordergrund, der empirische Autor (resp. Kompilator/Schreiber) bleibt jedoch anonym.

e) und f) offene Geschichtsschreibung und auf Abgeschlossenheit, Endzeit zielendes Geschichtsdenken: Der Schluss des Textexemplares ist verloren, eschatologische Passagen überliefert die Reimvorrede. Insgesamt ist die Chronik heilsgeschichtlich und reichshistorisch ausgerichtet (vgl. Handschrift 24). Dieses ‚Buch der Welt' hält sich weitestgehend an die *brevitas*-Forderung der traditionellen lateinischen Chronistik und ist damit auch Repräsentant reichshistorischer Memoria. Es weicht also in verschiedenen Punkten von dem sächsisch-dynastischen ‚Buch der Welt' (Hs. 24) ab und belegt damit die Offenheit der ‚Textsorte' in einem bestimmten Rahmen: Reichsgeschichte auf der einen Seite – dynastische Geschichte auf der anderen; in Bezug auf die Erweiterungen durch unterhaltsame Geschichten geht sie sparsamer vor als die Gothaer Bilderhandschrift, ist aber gegenüber der Handschrift 1 erheblich ausführlicher. Makrostrukturell ist die franziskanische Ausrichtung in der Predigt hervorgehoben, die christliche Memoria, die im ‚Buch der Welt' bereits das ausführliche Bibelwissen beim Rezipienten voraussetzt, wird aber noch einmal deutlich auf das franziskanische Verständnis vom Christentum ausgerichtet.

III.2.2 *Handschrift 2 (München, Bayerische Staatsbibliothek, Cgm 55) – A_1*

Externe Merkmale (Ebene b)
(erschlossener) Entstehungszeitraum, Entstehungsort, Schreiber/Kompilator:
Der Schreiber der Handschrift ist unbekannt. Eine genaue Ortszuweisung ist nicht sicher vorzunehmen. Karin Schneider[242] legt sich nur auf den Dialektraum Bayern fest und T.L. Markey grenzt enger auf Freising ein.[243] Geschrieben wurde das Textexemplar vermutlich im ersten Viertel des 14. Jahrhunderts, also kurz nach Beenden der ersten Bairischen Fortsetzung, die in dieser Handschrift mit dem Jahr 1314 endet.

Kombinationszeitraum, Kombinationsort:
Der Codex überliefert das ‚Buch der Welt' ohne Zusätze.

Fortsetzungszeitraum, Fortsetzungsort, Fortsetzer:
Die Handschrift ist zu Beginn des 14. Jahrhunderts entstanden und enthielt zu dem Zeitpunkt schon die 1. Bairische Fortsetzung bis zum Jahre 1314. Im 15. und 16. Jahrhundert wurden noch chronikalische Nachrichten zugefügt. Ort und Fortsetzer sind unbekannt. Bis auf die Hinzufü-

---

242 Karin Schneider, Gotische Schriften, S. 274, Anm. 286.
243 Thomas L. Markey, Sächsische Weltchronik, S. 555.

gung der späteren Nachrichten ist die Entstehungszeit wohl mit der Fortsetzungszeit identisch gewesen.

Benutzungszeitraum, Benutzungsort, Benutzer:
Der Codex aus dem 1. Viertel des 14. Jahrhunderts hat Randbemerkungen aus dem 15./16. Jahrhundert. Nähere Zuweisungen können nicht gemacht werden.

Besitzzeitraum, Aufbewahrungsort, Besitzer, Auftraggeber:
Die Handschrift trägt das herzoglich-bayrische Exlibris Herzog Maximilians I. (1597-1623) und das kurfürstliche Exlibris Kurfürst Maximilians I. (1623-1651).[244] Heute befindet sie sich in der Nachfolgerin der Münchener Hofbibliothek, in der Bayrischen Staatsbibliothek. Andere Aufbewahrungsorte sind nicht nachweisbar. Über einen Auftraggeber ist nichts bekannt.

Kommunikationsmaterial und -form:
Der einspaltig geschriebene Pergamentcodex umfasst 74 Blätter. Zwischen Bl. 44/45 fehlt ein Blatt. Die Textlücke wurde von Johann Andreas Schmeller auf einem eingehefteten Blatt nach Hs. 7 ergänzt. Die Seiten haben das Format 23:15 cm und der Schriftspiegel beträgt 17 x 12 cm, umfasst 33-34 Zeilen. Die Handschrift stammt aus der alten Münchener Hofbibliothek, enthält das herzogliche (*Ex Bibliotheca Sereniss. Vtriusque Bauariae Ducum* 1618) und das kurfürstliche (e*x electorali bibliotheca sereniss. Vtriusque Bavariae Dvcum*) Exlibris (um 1650).[245]

Schreibdialekt:
Der Schreibdialekt ist bairisch.[246]

Interne Merkmale
Initiator(en):
Das Textexemplar beginnt – wie Handschrift 1 – mit einem zweigliedrigen Initiator, die Schöpfungsgeschichte muss jedoch – infolge ihrer Makrostrukturen – hier noch als 3. Initiator angesehen werden:

1. die Überschrift in roter Schrift: *Dasz ist diu kronick ·*
2. eine dreizeilige rote Eingangsinitiale mit folgender einzeiliger Initiale: *AN dem anegenge geschůf got des ersten himmel vñ erde ·*

---

244 Fridolin Dressler, Die Exlibris, S. 8 und S. 21 Typ A (1618) und Typ B (nach 1629)
245 Vgl. Hubert Herkommer, Sächsische Weltchronik, S. 41.
246 Ebd., S. 41. Vgl. auch Thomas L. Markey, Die Sächsische Weltchronik, S. 551-573, S. 555: bairisch mit mitteldeutschen Einflüssen.

3. Am Ende der Schöpfungsgeschichte wird auf Blatt 2ʳ die fünfte Zeile mit einer roten Zwischenüberschrift weitergeführt, wodurch die gesamte Passage der Schöpfungsgeschichte die Funktion eines weiteren Initiators erhält.

Der Gesamtsatz *Wie diu welt von Adamen her gestanden sei vn gemeret daz vernem wir an dem daz ditz buch her nach saget* ist rot hervorgehoben (Abb. 15), bildet so eine Zäsur im Text mit der Funktion die folgenden Darstellungen aus dem Alten Testament einzuleiten. Die Geschichte Adams und seiner Söhne schließt zu Beginn der siebten Zeile mit einer roten zweizeiligen A-Initiale ohne folgende Majuskel an.

Terminator(en):
Die Erste Bairische Fortsetzung endet mit den Sätzen: *Der selb antwurt im Şlse · daz waz diu erst stat diu sich in huldiget von dem reich ~*

Die Tilde am Ende des Satzes sowie der Zusatz: *Ex cron · Fratris hermanij et martinij · ~* (Bl. 74ʳ) sind explizite Terminatoren. Sie sind erst von späterer Hand im 15. Jahrhundert zugefügt worden, so dass die Chronik der ursprünglichen Intention nach offen für eine Fortsetzung war. Auch im Anschluss an die Terminierung des 15. Jahrhunderts wurden im 16. Jahrhundert noch chronikalische Nachträge hinzugefügt.

Weitere Makrostrukturen:
Das Textexemplar ist insgesamt in zwei Hierarchieebenen gegliedert. Als Strukturierungsmerkmale gelten: der mittelhohe Punkt mit zweizeiliger roter Initiale als Absatzkennzeichnung. Die Gesamtsätze sind durchgängig mit einem mittelhohen Punkt und folgender rot durchgestrichener Majuskel abgesetzt.

Die Setzung der Rubriken dagegen ist nur ganz vereinzelt vorgenommen worden:

1. Bl. 2ᵛ: *Wie diu welt von Adamen her gestanden sei vn gemeret* [...] markiert deutlich den Beginn des ersten Weltalters, das mit Adam begann.[247] Die weiteren Einschnitte der Weltalterlehre sind nicht durch besondere Kennzeichnung hervorgehoben. Eine zweite Rubrik bildet der Satz: *Der Kayser iagt einen chunig nach Franchrich* (Bl. 47ʳ, Z. 12). Im

---

[247] Vgl. zur Weltalterlehre Fritz Landsberg, Das Bild der alten Geschichte; Paul Egon Hübinger, Spätantike und frühes Mittelalter, S. 6f.; Roderich Schmidt, Aetates mundi, S. 288-317; Dorothea von den Brincken, Studien, S. 48f.; Martin Haeusler, Ende der Geschichte; Manfred Zips, Verfasserfrage, S. 55ff.

Folgenden wird Ottos Auseinandersetzung mit dem französischen König Lothar (Luder) beschrieben (SW 165,3ff.).[248]

Weitere Hervorhebungen sind rot geschriebene Namen einiger römischen Kaiser. Sie sind in Rubrum überschriftartig über den folgenden Text, der den Namen noch einmal nennt, gesetzt worden. Dieses personenbezogene Strukturierungsprinzip ist nicht konsequent durchgeführt.

Textbestand:
Die bairische Pergamenthandschrift basiert auf einer Textgrundlage, die der Handschrift 1 vergleichbar ist. Der Textzusammenhang ist nicht neu kombiniert worden. Das ‚Buch der Welt' beginnt auf Bl. 1^r-66^v, Z. 1 nach der roten Überschrift *Dacz ist diu kronick* mit der Schöpfungsgeschichte und endet mit der Gefangennahme Herzog Albrechts im Jahre 1225.

Texterweiterung/Textkürzung:
Es handelt sich um eine Kompilation wie bei dem ursprünglichen Textzusammenhang der Handschrift 1, darüber hinaus ist der Codex noch erweitert um die erste Bairische Fortsetzung bis 1314. Hinzugefügt wurden im 16. Jahrhundert weitere chronikalische Nachrichten.

Textallianzen:
Weitere Textallianzen sind nicht vorhanden.

Syntaxrelevante Merkmale:
a) Interpunktion:
Der mittelhohe Punkt hat in Kombination mit einer einzeiligen Initiale die Funktion der Gesamtsatzmarkierung, er hat weiterhin die Funktion eines Kommas innerhalb von Gesamtsätzen (z.B. vor neben- und untergeordneten Sätzen, Aufzählungen): z.B. Bl. 1^r (der erste, zweite, dritte und siebte Gesamtsatz):

(1) *AN dem anegenge geschůf got dez ersten himel vn erde · wazzer · fewer · vnd luft · diu vier element woren vngeschaiden ·*
(2) *In dem himel macht auch got nevn chöre der engel zu sinem lob vnd zu sinem dienst ·*
(3) *In dem zehenden chor waz Lucifer der schonst vn herst der engel · dor inne belaib er niht ein gantz stunde · wan er wolt wesen geleich sinem schepfar · dorvmb valt in got in daz abgrunde der helle · vnd verstiez mit im alle sin volger ·*
(7) *An dem dritten tag · den wir haizzen eritag · schied er daz wazzer von der erden · vnd schůf dem wazzer sin stat · diu ez vber gen niht enmach ·*

---

248 Abweichend von anderen Textexemplaren, aber konform mit den Hss. 1 und 3, gibt Hs. 2 als Beginn des Kaisertums Ottos des Roten das Jahr 1011 an.

Diese Interpunktion ist konsequent bis zum Ende des Textexemplars durchgeführt.

b) syntaxrelevante Merkmale in der Schöpfungsgeschichte:
Die Schöpfungsgeschichte besteht aus 15 Gesamtsätzen, es gibt keine weiteren Makrostrukturen wie z.B. Absätze. Insgesamt zeigt sich wie in der Handschrift 1 eine stärkere Untergliederung der Gesamtsätze, wenn man sie mit den älteren Handschriften 24, 17, 16 vergleicht.

Der erste Gesamtsatz besteht nur noch aus zwei asyndetisch angeschlossenen einfachen Sätzen:

A̶N̶ *dem anegenge geschůf got des ersten himmel vñ erde · wazzer · fewer · vnd luft · diu vier element weren vngeschaiden ·*

Der Gesamtsatz, in den älteren Handschriften ist er ein Teilsatz eines umfangreicheren letzten Gesamtsatzes: *Wie diu werlt von Adamen her gestanden sey uñ gemeret diz vernemen wir an dem daz ditz buch her nach saget ·* (Bl. 1ᵛ) ist rot als Rubrik über die folgende Genealogie der Stammväter hervorgehoben und erfüllt die Funktion einer hinweisenden Überschrift, insofern muss er als Kapitelinitiator für die Genealogie der Stammväter angesehen werden (Abb. 15).

c) syntaxrelevante Merkmale in den übrigen Stoffkreisen:
Das signifikante Merkmal ist eine temporale Ausrichtung des Textexemplares, die sich nicht so sehr in der Verbwahl, als vielmehr in der Verwendung temporaler Angaben manifestiert (vgl. dazu unten: Semantik). Genealogische Bezüge werden durch die Wiederholung des Verbs: *gebar* verdeutlicht: *Adam gebar kayn vnde abelen* [...] *Enos gebar kaynan* (Bl. 1ᵛ) usw. In der chronologischen Darstellung überwiegen Vergangenheitsformen des Hilfsverbs *sein* und variierende Handlungsverben.

Lexikalische Merkmale
1) Schlüsselwörter: „Gattungs"bezeichnungen:
Die bairische Handschrift 2 ist wie die Handschrift 1 ein Textexemplar ohne Reimvorrede. Sie beginnt ebenfalls mit einer Überschrift: *Daz ist diu kronick.* Die rote Überschrift verweist nicht auf den Inhalt und verwendet das eingedeutschte lat. Wort *kronick* ohne nähere Erläuterung. In Kombination mit *historia* ‚Geschichte, Erzählung' bezeichnet lat. *cronica* wie in der Handschrift 1 primär die chronologische Darstellungsweise von Geschichte: Bl. 38ᵛ, Z. 6-8: *ditz haben wir churtzlich gesait von dem leben chvnig karle, nu wellen wir chomen wid' an die hystori Cronicorum.* Auch andere chronologische Geschichtswerke werden mit lat. *Cronica* bezeichnet: Bl. 8ᵛ, Z. 13: [...] *der les Cronicam oder Lucanū oder*

den guten Orasiū [...]; Bl. 8ᵛ: *Der leben vindet man gescreven in Cronicis.*

Das Textexemplar beginnt mit der Schöpfungsgeschichte. Auf Bl. 2ʳ, am Ende der Schöpfungsgeschichte, wird die fünfte Zeile mit einer Zwischenüberschrift weitergeführt. Sie enthält die Bezeichnung *buch*: *Wie diu werlt von Adamen her gestanden sei vn gemeret . daz vernem wir an dem daz ditz bůch h'nach saget* 1. als Selbstbezeichnung, 2. auf andere Texte bezogen tritt die Bezeichnung ebenfalls auf, z.B: *Enoch d' macht uch bůch* (Bl. 2ᵛ, Z. 27); *daz sol man allez vinden geschriben an disem bůche* (Bl. 41ᵛ, Z. 6f.), 3. als Benennung biblischer Bücher: *Der disev mer elliu wollt wizzen · der les den grozzen Alexander · oder daz bůch der Machabeis .* (Bl. 11ʳ, Z. 11f.)

Neben *buch* und *kronica* tritt auch das volkssprachige *zal* – *Nv varen wir wid' zu d' ersten zal* (Bl. 41ᵛ, Z. 7) – als Bezeichnung der chronologischen Erzählstrategie auf.

Die Handschrift 2 verwendet die Bezeichnung *buch* als Werkbezeichnung;[249] mit lat. *Cronica* und volkssprachig *zal* werden chronologisch aufgebaute Geschichtsdarstellungen bezeichnet.

2) lexikographische Schlüsselwörter (die Wochentagsbezeichnungen):
Sonntag: Hier begegnet die synkopierte Form: *suntag* (Bl. 1ʳ).

Montag: Der Codex führt – wie die Handschrift 1 – die gerundete Form: *montag* (Bl. 1ʳ). Die bairische Handschrift ist damit ein früher Beleg für die kanzleisprachliche Form der Wochentagsbezeichnung. Peter Wiesinger stellt diese Form für 61 von 243 bairischen Urkundenbelegen aus den Jahren 1288-1329 fest.[250]

Dienstag: Für den dritten Wochentag überliefert die bairische Handschrift das dialektgebundene kanzleisprachliche Wort *eritag* (Bl. 1ʳ).[251]

Mittwoch: Der vierte Wochentag wird mit *medewoche (*Bl. 1ʳ) wiedergegeben.

Donnerstag: Erstaunlicherweise überliefert der frühe bairische Codex zwar *eritag*, aber nicht das bairische Kennwort *pfintztag*, sondern das Ausgleichswort *donerstag* (Bl. 1ʳ), das laut Elmar Seebold erst mit Lu-

---

249 Auch in der Kaiserchronik tritt die Selbstbezeichnung *bůch* auf (z.B. V. 4038).
250 Peter Wiesinger, Vom Wandel einer Wortform, S. 368.
251 Vgl. Eberhard Kranzmayer, Die bairischen Kennwörter; Friedhlem Debus, Deutsche Dialekgebiete, S. 930-960, Karte 49.10.

ther in die Hochsprache eingedrungen sein soll.[252] Vielleicht setzte sich hier das Wort *donerstag* einer nd. Vorlage durch?

Freitag: Hier begegnet die diphthongierte Form *freitag* (Bl. 1ʳ).

Samstag/Sonnabend: Konsequent tritt für den letzten Wochentag die Form *samztag* auf (Bl. 1ᵛ).

Die Handschrift zeigt bairisch-kanzleisprachlichen Wortschatz mit der Tendenz zu einer überregionalen Ausgleichssprache.

Semantische Merkmale
1) Inhaltliche Ordnungsprinzipien:
Der Gesamtcodex („Buch der Welt' und Erste Bairische Fortsetzung) ist durch eine Kombination des daten- und personenbezogenen Prinzips strukturiert, das sich makrostrukturell in Absatzbildungen zu den einzelnen Jahren niederschlägt (siehe auch oben Makrostrukturen). Eine genealogische Anlage ist im Text vorhanden, sie tritt aber sehr in den Hintergrund.

Die Heraushebung der Herrschernahmen in Rubrum ist nicht konsequent durchgeführt, sie markiert aber eine stärkere Personenorientierung: Bl. 33ʳ: *focas,* Bl.33ᵛ *Eraclius,* Bl. 36ʳ *Theodosius* (Z. 6), *Leo* (Z. 11), Bl. 36ᵛ *Constantinus,* Bl. 40ʳ *Ludweich,* Bl. 43ᵛ *chuonrat,* Bl. 49ᵛ *chuonrat,* Bl. 58ᵛ *Luder,* Bl. 61ʳ *Der erst kayser Fridrich,* Bl. 63ᵛ *Hainrich,* Bl. 65ᵛ (Z. 10) *Ott von Bravnsweich,* 65ᵛ (Z. 26) *Fridrich kayser Fridrichs sun,* Bl. 69ᵛ *kayser ludolf,* Bl. 72ʳ *kayser hainrich von Lutzelnburch,* 73ᵛ *Kayser Ludweich.*

Die Absätze beginnen vor Christi Geburt mit dem Namen oder mit den adverbialen Bestimmungen der Zeit *An (dem anegenge), Dar nach, Do (do),* am meisten wird *In den zeiten* [...] verwendet. Ab Christi Geburt wird die Wendung *In dem*[...] *iar von der gepurt unseres herren. von Rome stiftung in dem* [...] *iar* zur meistbenutzten Wendung.

Das erste Weltalter ist makrostrukturell als Zäsur hervorgehoben: Bl. 2ᵛ: *Wie diu welt von Adamen her gestanden sei vn gemeret* [...]

2) Die sechs Deutungsmuster:
a) Einordnung der Weltgeschichte in die Heilsgeschichte: Die Chronik hat keine Reimvorrede, sie beginnt mit der Schöpfungsgeschichte. Das göttliche Heilswirken drückt sich deutlich im Sechstagewerk, dem Anfang aller Weltgeschichte aus. Die franziskanische Heilsauf-

---

252 Friedrich Kluge, Elmar Seebold, Etymologisches Wörterbuch, S. 143. Vgl. zur Problematik von Luthers Einfluss auf die nhd. Schriftsprache auch Franz Simmler, Quelle, S. 171 f. mit weiterführender Literatur.

fassung begegnet in der Mahnrede, die makrostrukturell unmarkiert ist.

b) Berufung auf die (mündliche und schriftliche) Tradition: Der fortgesetzte Textzusammenhang des ‚Buchs der Welt' ist eine gestraffte, chronologische, reichshistorische Chronik. Viele narrative Passagen sind gekürzt, so auch die Legendenüberlieferung zu Johannes und Paul, die als bekannt vorausgesetzt wird. Hier erwähnt der Chronist nur, dass beide gemartert worden sind, er verzichtet auf die Bibelauslegung des Julianus Claudius (Apostata): *Er liez martern Joh'em v paulū*. (Bl. 34^r, Z. 25). Die Auswahl der Vorlagen ist reduziert, auf Ausschmückendes und auf Mündliches (im Reflex der Schriftlichkeit) wird weitgehend verzichtet. Die Informationen stammen aus der schriftlichen, lateinischen Chronistik.

c) wahre Geschichtsschreibung: Das Anliegen des Codex ist die Reichsgeschichte. Die Zitate wörtlicher Rede sind sehr zurückgenommen, so fehlt z.B. der deutsche wie der lateinische Wortlaut der christenfeindlichen Auslegung des Bibelzitates durch den röm. Kaiser Julianus Claudius (Apostata) ganz, ebenso die beiden Urkunden aus der Zeit des Investiturstreits sowie die vorhergehenden Passagen, die sich mit der sächsisch-welfischen Geschichte befassen (SW 186,14-199,34).

Das weitgehend traditionelle Weltbild samt (unbetonter) franziskanischer Ausrichtung bedurfte keiner besonderen Argumentation, um als wahr und erinnerungswürdig zu gelten.

d) Autorisierung der eigenen Aussagen: Es tritt auch hier der abstrakte Erzähler in der ersten Pers. Sg. und Pl. auf, während der empirische Autor ungenannt bleibt. Der Hinweis auf Eike von Repgow ist mit der Reimvorrede entfallen.

e) und f) offene Geschichtsschreibung und auf Abgeschlossenheit, Endzeit zielendes Geschichtsdenken: Der ursprünglichen Intention nach war die Chronik als Textexemplar konzipiert, das weitergeführt werden sollte: mit dreigliedrigem Initiator und dem Verzicht auf eine explizite Terminierung (obschon die Reimvorrede mit dem Hinweis auf das Weiterführen der Chronik fehlt). Trotz der Terminierung im 15. Jahrhundert wurde sie weiter geschrieben. Die ausdrückliche Ausrichtung auf das Jüngste Gericht fehlt. Insgesamt ist die Chronik reichshistorisch auf die Geschichte der römischen Kaiser und Könige ausgerichtet, diese Erinnerungsinhalte weltlicher Geschichte werden – ganz im Sinne universalhistorischer Vorstellungen – auf die (als weitgehend bekannt und nur in Erinnerung zu rufende) biblische Geschichte zurückgeführt. Dieses ‚Buch der Welt' hält sich weitestgehend an die *brevitas*-Forderung der traditionellen lateinischen Chronistik. Es weicht also in verschiedenen Punkten von dem sächsisch-dynastischen ‚Buch der Welt' (Hs. 24) ab und belegt damit die Offenheit der ‚Textsorte' in einem bestimmten Rahmen: Reichsgeschichte auf der einen Seite – dynastische Geschichte auf der anderen; Erweiterungen durch unterhaltsame Geschichten – Beschränkung auf das für die Chronologie Wesentliche; eschatologische Ausrichtung – expliziter Verzicht darauf.

III.2.3   Handschrift 241 – (Hildesheim, Stadtarchiv, Bestand 50, Nr. 283, Bl. 1-3) – C_1

Externe Merkmale (Ebene b)
(erschlossener) Entstehungszeitraum, Entstehungsort, Schreiber/Kompilator:
Das Fragment stammt aus der ersten Hälfte des 14. Jahrhunderts.[253] Als Entstehungsraum kommt das Gebiet um Hildesheim in Frage.[254]

Kombinationszeitraum, Kombinationsort:
Fragmentarisch ist hier nicht der Textzusammenhang überliefert, sondern es ist nur ein Teil der für diese Rezensionsgruppe typischen Textkombinationen tradiert: die Herkunft der Sachsen.

Fortsetzungszeitraum, Fortsetzungsort und Fortsetzer:
Darüber lässt sich bei dem Fragment keine Aussage machen.

Benutzungszeitraum, Benutzungsort, Benutzer:
Das Fragment wurde wahrscheinlich als Einband oder Aktendeckel verwendet.

Besitzzeitraum, Aufbewahrungsort, Besitzer, Auftraggeber:
Das Bruchstück gehört zum Bestand der Hildesheimer Altstadt.

Kommunikationsmaterial und -form:
Die beiden Blätter der Handschrift 241 sind aus Pergament und enthalten ein Bruchstück der ‚Herkunft der Sachsen' (SW 260,42-262,22), das Knickspuren in der Mitte, Nahtspuren und Fadenresten aufweist. Es diente als Einband oder Aktendeckel. Die Blattgröße beträgt 21,9 x 16,7 cm. Die zweispaltig beschriebenen Blätter haben einen Schriftspiegel von 17,5 x 13,7 cm.

---

253 Michael Menzel, Ein Hildesheimer Fragment, S. 124-133, hier: S. 124.
254 Ebd., S. 128f.

Schreibsprache:
Der Dialekt der Handschrift ist wie der von Handschrift 24 elbostfälisch.

Textbestand:
Das Fragment enthält nicht ‚das Buch der Welt', sondern allein ein Bruchstück aus der für die Rezension C typischen Begleitüberlieferung: die Erzählung von der Herkunft der Sachsen.

Textallianzen:
Das Fragment überliefert nur einen Teil der Begleitüberlieferung des Textzusammenhanges der Rezension C des ‚Buchs der Welt' und nicht den Textzusammenhang selbst. Die Handschrift ist eine fragmentarische Überlieferung der Erzählung der ‚Herkunft der Sachsen' (SW 260,42-262,22). Vermutlich enthielt die komplette Handschrift ähnliche Textallianzen wie die Handschrift 24. In jedem Fall war aber die Gruppierung der kombinierten Texte unterschiedlich. Wie in den Handschriften 23 und 231 befand sich die ‚Herkunft der Sachsen' (Bl. 1ra-2vb) im Codex 241 wohl hinter der übrigen chronikalischen Überlieferung. Nach der alten Lagenzählung auf dem Fragment stand das Bruchstück der Herkunft der Sachsen ungefähr auf Blatt 192, wenn es sich um Quaternionen gehandelt haben sollte, oder auf Blatt 240 bei Quinionen.

III.2.4 *Handschrift 102 – (Berlin, SB, Mgf 750, Bl. 10ra-11vb) – A$_1$*

Externe Merkmale (Ebene b)
(erschlossener) Entstehungszeitraum, Entstehungsort, Schreiber/Kompilator:
Diese Handschrift ist ein Fragment. Herkommer datiert es ins 14. Jahrhundert; Jürgen Wolf präzisiert: 1. Hälfte-Mitte 14. Jahrhundert.[255] Schreiber und Entstehungsort sind unbekannt.

Benutzungszeitraum, Benutzungsort, Benutzer:
Das Blatt wurde – Beschneidungs- und Knickspuren lassen dies vermuten – als Einbanddeckel benutzt. Blatt 10^r weist starke Verschmutzungen auf – es ist davon auszugehen, dass es die Außenseite des Einbands war.

Besitzzeitraum, Aufbewahrungsort, Besitzer, Auftraggeber:
Die ersten Besitzerdaten kennen wir aus dem 18./19. Jahrhundert. In dieser Zeit gehörte das Fragment laut Bibliotheksstempel in die Bibliothek Hoffmanns von Fallersleben. 1846 kaufte die Berliner Hofbibliothek die

---

[255] Hubert Herkommer, Sächsische Weltchronik, S. 77; Jürgen Wolf, Sächsische Weltchronik, S. 67 und ebd., Anm. 179.

Bücher- und Handschriftensammlung Hoffmanns von Fallersleben. Heute befindet sich Hs. 102 in der Berliner Staatsbibliothek.

Kommunikationsmaterial und -form:
Dass Pergamentfragment umfasst ein z.T. beschnittenes und foliiertes Doppelblatt (Bl. 10ra-11vb). Die Blattgröße beträgt: Bl. 10: 18,8 x 14,5 cm und Bl. 11: 18,5 x 12 cm. Der Schriftspiegel der zweispaltigen Handschrift ist 15,2 x 11 cm und enthält 25 Zeilen.

Schreibsprache:
Der Schreibdialekt ist mitteldeutsch, eventuell thüringisch.[256]

Interne Merkmale
Makrostrukturen:
Das zweispaltig beschriebene md. Bruchstück zeigt als Gliederungselement die Verwendung einer zweizeiligen rubrizierten Initiale (Bl. 11^v).

Textbestand:
Auf Bl. 10ra bis 11va ist ein Bruchstück des ‚Buchs der Welt' (SW 233,5-234,15 und 237,6-238,17) überliefert.

Syntaxrelevante Merkmale (Interpunktion):
Gesamtsätze werden mit Majuskeln eingeleitet.

III.2.5   *Handschrift 13 (St. Petersburg, M.F. Saltykov-Shchedrin-Staatsbibliothek, Nem. F. v. IV No. 1) – B*

Externe Merkmale (Ebene b)
(erschlossener) Entstehungszeitraum, Entstehungsort, Schreiber/Kompilator:
Die Handschrift 13 ist ein Fragment und besteht nur aus einem Pergamentblatt. Sie stammt vermutlich aus der ersten Hälfte bzw. der Mitte des 13. Jahrhunderts. Ein Schreiber ist nicht bekannt.

Kommunikationsmaterial und -form:
Das Pergamentblatt diente als Einband von Nikodemus Frischlins (1547-90) lateinischen Komödien.[257] Die Blattgröße beträgt 26,1 x 17,7 cm, das Blatt ist beschnitten und beschädigt. Die ursprüngliche Blattgröße war wohl ca. 26,1 x 18,5/19 cm. Der Schriftspiegel des zweispaltig beschriebenen Blattes misst etwa 23,3 x 16,2 cm zu 41 Zeilen.

---

256 Jürgen Wolf, Sächsische Weltchronik, S. 67.
257 Rudolf Minzloff, Die altdeutschen Handschriften, S. 81-88.

Schreibsprache:
Der Dialekt ist von Jürgen Wolf dem Nordniederdeutschen, Ostfälischen zugeordnet worden.[258]

Interne Merkmale
Weitere Makrostrukturen:
Das niederdeutsche Fragment ist zweispaltig geschrieben und hat eine Kapitelgliederung durch Überschriften, eine Absatzgliederung durch rote Initialen.

Textbestand:
Das Fragment überliefert den Textzusammenhanges des ‚Buchs der Welt': SW 113,13-117,20; Bl. 1^{r-v}.

Texterweiterung/Textkürzung:
Das Bruchstück zeigt den Text eines durch Martin von Troppau interpolierten ‚Buchs der Welt'. Es stimmt mit der Handschrift 14 (Bl. 120^v, Z. 15-123^r, Z. 12) bis in die einzelnen Lesarten überein.[259]

Syntaxrelevante Merkmale (Interpunktion):
Die Gesamtsatzmarkierung erfolgt durch Majuskeln.

III.2.6   Handschrift 142 (Riga, Latvian Academic Library, Mss. N. 397) – B

Externe Merkmale (Ebene b)
(erschlossener) Entstehungszeitraum, Entstehungsort, Schreiber/Kompilator:
Es handelt sich um ein Fragment. Das Doppel-Pergamentblatt stammt vermutlich aus der ersten Hälfte bzw. der Mitte des 14. Jahrhunderts. Ein Schreiber ist nicht bekannt.

Benutzungszeitraum, Benutzungsort, Benutzer und Besitzzeitraum, Aufbewahrungsort, Besitzer, Auftraggeber:
„Das Doppelblatt wurde im Gericht Riga als Einband der Landvogteirechnungen des Ökonomen und Ratsherren Laurentius Zimmermann benutzt. Die Abrechnungen sind für die Jahre 1636-1638 erstattet worden."[260]

---

258 Jürgen Wolf, Sächsische Weltchronik, S. 84.
259 Zu den Verwandtschaftverhältnissen vgl. Jürgen Wolf, Sächsische Weltchronik, Anhang B Nr. II.1-2 und ders., Ein Fragment, S. 18.
260 Jürgen Wolf, Sächsische Weltchronik, S. 88; ders., Ein Fragment, S. 11.

Kombinationszeitraum, Kombinationsort:
Das Fragment überliefert die Pilatuslegende, der Text entspricht demjenigen der Handschrift 14 (Bl. 92^v-93^v).[261]

Kommunikationsmaterial und -form:
Der Beschreibstoff ist Pergament; die Blattgröße 25,5 x 17,5 cm; der Schriftspiegel 18,5/19 x 13 cm. Das zweispaltige Doppelblatt umfasst pro Seite 31 Zeilen.

Schreibsprache:
Das Fragment ist in niederdeutscher Mundart mit ostfälischen Merkmalen geschrieben.[262]

Interne Merkmale
Makrostrukturen:
Das zweispaltige niederdeutsche Fragment überliefert die ‚Pilatuslegende', die durch Kapitelüberschriften gegliedert ist.

Textbestand:
Das Bruchstück tradiert auf Bl. 1^{r-v} die Pilatuslegende (Hs. 14 = Bl. 92^v-93^v) und auf Bl. 2^{r-v} die Trajangeschichte SW 104,34-ca. 105,24 mit Interpolationen.

Texterweiterung/Textkürzung:
Das Fragment zeigt eine Kompilation aus dem ‚Buch der Welt' aus der Chronik des Martin von Troppau. Der Ausschnitt hat große Ähnlichkeit mit der Handschrift 14 (= Bl. 109^v-110^r).

Syntaxrelevante Merkmale (Interpunktion):
Gesamtsätze sind durch Majuskeln markiert.

III.2.7 Handschrift 11 (Berlin, SB, Mgq 284) – A_2

Externe Merkmale (Ebene b)
(erschlossener) Entstehungszeitraum, Entstehungsort, Schreiber/Kompilator:
Die Handschrift ist in der Mitte bis zum 3. Viertel des 14. Jahrhunderts in der Gegend von Köln, vielleicht am Niederrhein, entstanden. Der Codex wurde von einem unbekannten Schreiber zusammengestellt.

Kombinationszeitraum, Kombinationsort:
Entstehungs- und Kombinationszeit (Mitte bis 3. Viertel 14. Jh.) sind bei diesem Codex ebenso identisch wie Schreiber und Kompilator.

---

261 Jürgen Wolf, Ein Fragment, S. 11 und ders., Sächsische Weltchronik, Anhang B Nr.II.1
262 Jürgen Wolf, Sächsische Weltchronik, S. 88.

Benutzungszeitraum, Benutzungsort, Benutzer:
Über konkrete Benutzer ist nichts bekannt. Um 1818-19 benutzte E. von Groote die Handschrift in Köln für seine Tristan-Ausgabe. Gustav Schöne berücksichtigte die Handschrift 11 in seiner ‚Schulausgabe' der „Repgauischen Chronik, das Buch der Koenige. Elberfeld 1859". Die Handschrift 11 wurde von ihm für die älteste ‚Buch der Welt'-Handschrift gehalten und zur Grundlage seiner Ausgabe gemacht.

Besitzzeitraum, Aufbewahrungsort, Besitzer, Auftraggeber:
Die Handschrift ist sicher im Auftrag eines rheinischen Adeligen geschrieben worden. Wahrscheinlich waren es noch nicht die Grafen von Manderscheid – die späteren Besitzer, sondern ein anderes rheinisches Adelsgeschlecht, denn das Herrschaftsgebiet der Manderscheider Grafen war im 14. Jahrhundert noch sehr klein (Manderscheid, Oberkail, Wittlich, Klüsserath).[263] Vermutlich gelangte die Handschrift 11 aber noch vor 1500 in den Besitz der Manderscheider, die erst Mitte des 15. Jahrhunderts den erblichen Grafentitel erhielten und in der Folge ihre Macht und ihren Besitz enorm vergrößern konnten.[264]

Nach der französischen Revolution raubten die Revolutionstruppen die linksrheinischen Adeligen aus; vermutlich gelangte der Codex auf diesem Wege nach Paris,[265] wo Jacob Grimm ihn am 14. Oktober 1815 entdeckte und nach Preußen zurückholte. Die Franzosen lieferten den Codex den siegreichen Preußen aus und er wurde zunächst in Köln aufbewahrt, dort benutzte ihn E. von Groote. Erst in den 20er Jahren des 19. Jahrhunderts kam die Handschrift entgültig nach Berlin.

Kommunikationsmaterial und -form:
Der Codex ist eine Pergamenthandschrift aus dem 14. Jh. mit insgesamt 198 Blättern. Er ist zweispaltig in gotischer Buchschrift geschrieben, pro Seite 38-42 Zeilen. Die Seiten sind nummeriert, das Format (quart) beträgt 20,5 x 16,5 cm, der Schriftspiegel 19,7 x 14,7 cm.

Schreibsprache:
Die kleinepischen Texte sind in oberdeutschem, mittelfränkischem, niederrheinischem Dialekt geschrieben. Die Minnelieder und Sprüche (mit Ausnahme von ‚Minne und Pfennig' = moselfrk.) sind ripuarisch.[266]

---

263 Vgl. Peter Neu, Die Grafen von Manderscheid, S. 13-17; ders., Geschichte und Struktur.
264 Vgl. dazu auch: Jürgen Wolf, Sächsische Weltchronik, S. 254.
265 Vgl. ebd., S. 255.
266 Vgl. Ingeborg Glier, Artes amandi, S. 369; Hubert Herkommer, Sächsische Weltchronik, S. 78-83; Peter Jörg Becker, Handschriften und Frühdrucke, S. 45-47; Hartmut Beckers, Handschriften aus Blankenheim, S. 69.

Interne Merkmale
Initiator(en):
Der Codex setzt bei der Überlieferung des ‚Buchs der Welt' mit einem viergliedrigen Initiator ein:
1. die rote (einspaltige) Überschrift,
2. die dreizeilige rote Initiale N, mit der die Reimvorrede beginnt,
3. die Reimvorrede,
4. eine rote I-Initiale am Rand (über acht Zeilen), mit der die Schöpfungsgeschichte anfängt.

Terminator(en):
Der Textzusammenhang endet 1230 ohne Fortsetzung. Das Textexemplar ist deutlich von den anderen mitüberlieferten Textexemplaren abgesetzt: Der Terminator des Textexemplars ‚Weltchronik' ist dreigliedrig:
1. drei Tilden am Schluss von Bl. 53va, Zeile 13,
2. zwei Leerzeilen,
3. die angefügten Textzusammenhänge aus dem Bereich der höfischen Literatur mit ihren Makrostrukturen (Bl. 53va, Z. 16: am Rand eine über vier Zeilen gehende rote I-Initiale, der Reim, der auf die Prosa folgt).

Die übrigen Textexemplare sind ohne Leerzeilen hintereinander geschrieben. Sie beginnen jeweils mit einer zweizeiligen roten Initiale.

Der Gesamtcodex hat keinen expliziten Terminator, er schließt insgesamt auf Bl. 198^v mit einer – vermutlich erst 1470-80 nachgetragenen – Federzeichnung vom Glücksrad,[267] das von Fortuna gedreht wird und lateinische Spruchbänder enthält.

Text-Bild-Relationen:
Außer der nachgetragenen Federzeichnung gibt es keine Bilder in dem Codex.

Weitere Makrostrukturen:
Der zweispaltige Pergamentcodex beginnt auf Bl. 1ra mit der Überschrift *Dit is der Koninge büch*, es folgt die Reimvorrede und mit Initiale und Majuskel die Schöpfungsgeschichte (SW 67,1), das ‚Buch der Welt' ist bis zum Tod Ottokars I. von Böhmen (SW 248,23) fortgeführt, der Codex enthält verschiedene Gedichte, Minnelieder, Tagelieder – so auch das bei Lachmann gedruckte Gedicht von Walther von der Vogelwei-

---

[267] Wilhelm Wackernagel, Das Glücksrad, S. 138f.

de[268] – Gottfried von Straßburgs Tristan und Isolde, Ulrich von Türnheims Tristan.

Wie die Handschriften 12 und 12a untergliedert auch Handschrift 11 die Reimvorrede mit einer zweizeiligen roten Initiale in vier Absätze: *Nv vernemet algemeyne* [...], *Dar na vert*[...], *Nu vlitet ug* [...], *Ich hayn mig des wale bedagt* (Bl. 1[ra+rb]).

Insgesamt beginnen die Absätze immer mit einer zweizeiligen Initiale, entweder mit dem Namen oder am häufigsten mit adverbialen Bestimmungen der Zeit *IN* (*aller dinge beginne* – nach I folgt häufig eine Majuskel); *Do*; *Nu*; *Dar*, *Nar* oder die Wendungen *An dem* [...] *iare na röme stichtunge* und später: mit dem Zusatz der Zeitrechnung seit Rom oder allein: *na gots geburt* [...] oder *Bi den tiden* [...]; daneben finden sich auch Anfänge *Wey* ‚wie'; *Dat*; *De keiser*; *De stat*.

Die Absatzkennzeichnung erfolgt durchgängig durch zweizeilige rote Initialen, häufig in Kombination mit einer Leerzeile oder einem Leerzeichen. Der Name der Person, von der der folgende Text handelt, ist oft als rote Spaltenüberschriften in die Zeile vorher geschrieben. Namen sind zudem nahezu durchgängig durch Majuskeln hervorgehoben, Jahreszahlen durch Voranstellen und Nachstellen des Punktes.

In einem Fall macht die Handschrift 11 jedoch eine Ausnahme. Der Beginn des römischen Reiches ist durch eine Leerzeile, eine rote Spaltenüberschrift: *Dat romesche riche* (rot) hervorgehoben und der nachfolgende Bericht beginnt in der nächsten Zeile mit einer fast vierzeiligen D-Initiale. An dieser Stelle ist strukturell wie inhaltlich ein deutlicher Einschnitt kenntlich gemacht.

Die hierarchischen Strukturierungsmittel der Reimvorrede entsprechen denen der Minnelieder, Sprüche und der höfischen gereimten Literatur im zweiten Teil des Codex. Auch in diesen Versdichtungen sind die Reime stichisch angeordnet und zu Beginn jeder Zeile durch eine rot durchgestrichene Majuskel gekennzeichnet. Wie diese Dichtungen immer mit einer zweizeiligen roten Initiale beginnen, so ist auch die Reimvorrede in vier Absätze gegliedert (*Nu vernemet* [...], *Dar na vert eyn dûnreslag* [...], *Nu vlitet* [...], *Ich hayn mig des wale bedagt* [...]). Es zeigt sich hier eine formale Ähnlichkeit zwischen allen gereimten Texten, die der Codex enthält. Insgesamt weist die Handschrift 11 aber auch in den Prosapassagen der Chronik eine konsequente und eher kleinräumige Absatzgliederung auf, die immer übersichtliche Sinnzusammenhänge für den mündlichen Vortrag zusammenfasst.

---

268 Karl Lachmann, Die Gedichte Walthers von der Vogelweide, 30,12-18.

Textbestand:
Der höfische Codex beginnt mit dem Textbestand des ‚Buchs der Welt'. Nach der Überschrift: *Dit is der Koninge bůch* (Bl 1ra) folgt die Reimvorrede (SW 65,1-66,98) und darauf der Textzusammenhang (Bl. 1va, Z. 24-53va, Z. 13) von der Schöpfungsgeschichte (SW 67,1) bis zum Jahr 1230 (SW 248,23). Der Textzusammenhang ist über das Jahr 1230 nicht fortgesetzt. Ausgelassen ist der gesamte Textteil, der die sog. Predigt, die franziskanische Mahnrede, überliefert.

Texterweiterung/Textkürzung:
Der Textzusammenhang ist über den kürzesten Zeitpunkt der Rezension A$_2$ (1226) bis in das Jahr 1230 (SW 65,1-248,23) weitergeführt. Die Chronik ist aber nicht bis in die Gegenwart des Schreibers in die Mitte des 14. Jahrhunderts weitergeführt, sondern sie endet rund 100 Jahre früher. Sie ist als abgeschlossenes Geschichtswerk tradiert, auch makrostrukturell ist das ripuarische ‚Buch der Welt' explizit terminiert.

Textallianzen:
Der niederrheinische Codex beginnt mit dem ‚Buch der Welt'. Es folgen verschiedene kleine epische Textexemplare, Fabeln, Minnelieder, Sprüche: ‚Das schlimme Tier' (Bl. 1ra-53vb, Z. 11), ‚Der Reiher' (Bl. 53va-53ra, Z. 19), ‚Der Anteil des Löwen' (Bl. 54ra, Z. 21-54va, Z. 16), ‚Der Sperber' (Bl. 54va, Z. 17-56va, Z. 25), ‚Minne und Pfennig' (Bl. 56va, Z. 26-57ra, Z. 4), die Totenklage auf Graf Wilhelm III. von Holland (†1337) (Bl. 57ra, Z. 5-60ra, Z. 30), ‚Die Brackenjagd' (Bl. 60ra, Z. 32-60va, Z. 2), ‚Wappen und Minne' (Bl. 60va, Z. 4-60vb), ‚Wahre Freundschaft und Liebe' (Bl. 61ra, Z. 1-61vb, Z. 2), ‚Bergfried der Minne', das Tagelied des Markgrafen von Hohenburg (Bl. 63va, Z. 14-63vb, Z. 18), Walther von der Vogelweide (La 30,12-189) (Bl. 63vb, Z. 19-28); ein Minnelied (HMS III 468p) (Bl. 63vb, Z. 29-64ra, Z. 25) und schließlich ‚Tristan und Isolde' von Gotfried von Straßburg (Bl. 64ra, Z. 26-169va, Z. 30) und die ‚Tristan'-Fortsetzung des Ulrich von Türheim (V. 1-2511, N) (Bl. 189va, Z. 31-198ra).[269]

---

[269] Vgl. z.B. zu Walther v. d. Vogelweide: Karl Lachmann, Walther von der Vogelweide, S. XXIX und 30,12-18; Christoph Cormeau, Walther von der Vogelweide, S. XXXVII; zur Brackenjagd: David Dalby, Two middle franconian hunting allegories, S. 255-261; zu Minne und Pfennig, zur Totenklage, zur Brackenjagd, zu Wappen und Minne, zu Wahre Freundschaft und Liebe, zu Bergfried und Minne: Tilo Brandis, Mittelhochdeutsche, mittelniederdeutsche und mittelniederländische Minnereden, S. 116, 129, 136, 187, 199 und 216f.; das Tagelied des Markgrafen von Hohenburg: Carl von Kraus, Deutsche Liederdichter des 13. Jahrhunderts, 25 V; C. Zum Tristan: Wolfgang Spiewok, Das Tristan Epos

Die ripuarische Handschrift ist von der Anlage her ohne Parallelen in der Überlieferung des ‚Buchs der Welt'. Nach der Betrachtung der internen Merkmale in ihrer Gesamtheit zeigt sich, dass die Textallianzen in diesem Codex die Funktion der Erweiterung des eher auf *brevitas* gerichteten Textzusammenhanges der Version A$_2$ haben. Der Textzusammenhang wird durch vor allem bei Hofe interessierende Themenkreise erweitert, er zeigt eine andere – eine höfische – Akzentuierung der Geschichtsauffassung.

Syntaxrelevante Merkmale:
a) Interpunktion:
Als Gesamtsatzkennzeichnung lässt sich durchgehend ein (mittelhoher bis tiefer) Punkt mit nachfolgender rot durchstrichener Majuskel feststellen. Absätze werden mit zweizeiligen Initialen eingeleitet, Absatz- und Gesamtsatzkennzeichnung können zusammenfallen. Die Gesamtsätze beginnen häufig (wie die Absätze, s.o. Makrostrukturen) mit temporalen Adverbialen.

b) syntaxrelevante Merkmale in der Reimvorrede:
Die Reimvorrede tritt an erster Stelle im Codex auf, sie ist eher zuückhaltend gestaltet:

Bl. 1ra: *Dit is der Koninge bůch* (rot)
   N(dreizeilig, rot)*v vernemet algemeyne .*
     w*at vns got der reyne .*
     s*iner genaden hat beschert .*
     w*er sig vn reyner gelůst erweret .*
   (Die Durchstreichungen am Reimanfang sind rot)

Die Handschrift 11 vermittelt von der Strukturierung der Reimvorrede her den Eindruck einer zum Gebrauch am Hofe bestimmten Handschrift. Aus ihr wurde vermutlich bei Hofe vorgelesen: Die Reime sind nicht, wie in der Handschrift 17, fortlaufend, sondern dem Reim entsprechend untereinander geschrieben und zudem noch zu Beginn eines jeden Verses mit einer rot durchgestrichenen Minuskel und am Ende durch einen mittelhohen bis niedrigen Punkt markiert.

Das Teilsatzgefüge ist vergleichbar mit dem der Handschrift 17, etwa 32 % der Sätze enthalten temporale Angaben. Auch hier werden die vier Zeitaspekte deutlich: Ausrichtung auf die Gegenwart, auf die Zukunft, die

---

Gottfrieds von Straßburg, S. 45 (N); vgl. auch: Hartmut Beckers, Literarische Interessenbildung, S.7-9 (Hs. 4); Franz-Josef Holznagel, Minnesang-Florilegien, S. 44f.

Bezeichnung der unbestimmten zeitlichen Folge und der Zeitdauer. Bestimmend sind die Aufforderungs- und die (behauptenden) Aussagesätze.

b) und c) syntaxrelevante Merkmale in der Schöpfungsgeschichte und syntaxrelevante Merkmale der übrigen Stoffkreise:
Die frühe ripuarische, höfische Handschrift 11 hat eine von allen Handschriften abweichende Aufteilung der Schöpfungsgeschichte: Sie überliefert bis zum siebten Schöpfungstag das Sechstagewerk ohne Absatzstrukturierung. Den siebten Tag, den Ruhetag, beginnt sie mit einer fünfzeiligen I-Initiale am Rande und mit folgender rot durchgestrichener N-Majuskel. Sie strukturiert das Sechstagewerk insgesamt übersichtlich durch Gesamtsatzmarkierungen (durchgestrichene Majuskel in Kombination mit mittelhohem Punkt) und durch die Markierung der Satzglieder und Teilsätze mit mittelhohen Punkten. Es lassen sich vierzehn Gesamsätze unterscheiden.

Mit dem letzten Schöpfungstag beginnt makrostrukturell der zweite Absatz, der die kurze Erwähnung Adams und seiner beiden Söhne Kain und Abel enthält. Ein neuer Absatz beginnt mit der weiteren Nachkommenschaft Adams. Damit lässt sich keine formale Trennung zwischen Schöpfungsgeschichte und der Genealogie der Stammväter feststellen. Der Gesamtsatz beginnt mit einer rot durchstrichenen Majuskel und endet inhaltlich mit dem Todschlag Abels durch Kain: *Wey de werilt van Adam her wert gestanden hane . dat neme wir an deme . dat dit bůyg her na saget. Adam gewan kain und abel . do abel xxx iar alt was . do slůg kain sinen broder doyt .*(Bl. 2^r)

Auch in der folgenden Darstellung der übrigen Stoffkreise zeigt die Handschrift 11 eine stringente Strukturierung durch übersichtliche, sinnvolle kürzere – nicht zu kurze – Absätze, die jeweils immer mit einer farbigen 1,5- bis zweizeiligen Initiale beginnen. Möglicherweise erleichterte diese Aufteilung den öffentlichen mündlichen Vortrag bei Hofe.

Genealogische Bezüge werden durch die Wiederholung des Verbs *wan* ‚bekam' hergestellt. Es treten viele Passivkonstruktionen auf (wurde gekrönt, wurde geschlagen, wurde getauft). Es überwiegen im chronologischen Teil Vergangenheitsformen von *haben* und *sein* und Handlungsverben: *quam, er verdreif* ‚er vertrieb', *slůg* etc.

Lexikalische Merkmale
1) Schlüsselwörter: „Gattungs"bezeichnungen:
Im ripuarischen Codex tritt *buch* vergleichbar mit den zuvor besprochenen Handschriften (24,16, 17) als Bezeichnung 1. für das ‚Buch der Welt' auf: z.B. in der Überschrift: *Dit is der koninge bůch*; in der Reim-

vorrede *Ich hayn mig des wol bedagt dit bͦ* (schadhafte Stelle) *wirt nimmer volbragt* [...] (Bl. 1va, Z. 1f.) und an anderen Stellen *wey de werilt vā adam herwert gestandē hane . da neme wir an dem dit bůyg herna sagit* (Bl. 2ra, Z. 6-9), [...] *sal mā alhir vindē geschreuē in desē bůche .* (Bl. 30vb, Z. 1f.) etc.; 2. auf andere Texte bezogen: *Inde lesit in den bůchen* [...] (Bl.1rb, Z. 21) etc. und 3. bezogen auf die biblischen Bücher: *De dese wunder al walle wissen . de lese alexādrū magnū . dar is de grote alexāder. In dat bůg machabeaorū* (Bl. 9ra, Z. 6-8).

Das lat. Wort *cronika* wird für andere Literatur verwendet: Auf Bl. 7ra, Z. 35-38: *Wey romesch rige her komen si . dat will ig ug kůrtligen sagen . We id vortbas wissen wil de lese cronika . of lucanū . of . dē gůdē oraciū* ebenso auch: *Der leuē vint mā geschreuē in cronicis .* (Bl. 7rb, Z. 34f.). Es steht nicht für die chronologische Darstellungsweise, stattdessen verwendet der Kompilator hier nur *historia* und lässt das *cronicorum* – wie es z.B. in der Handschrift 1 überliefert ist – weg. Er setzt aber ‚der Könige' hinzu und betont damit, dass es sich um die Geschichte der (römischen) Könige handelt: Bl. 28rb, Z. 33f.: [...] *wed' komē ā dey hystoria d' koninge*. Auch die Bezeichnung *zale* tritt in anderer Bedeutung als in der Handschrift 1 auf, auch hier ist nicht die Rückkehr zu einem chronologischen Erzählstil gemeint, sondern vielmehr die Rückkehr zur Geschichte/Erzählung der Herren, d.h., der Könige: *Nu uare wir wed' zu d' herē zale* ~ ~ (Hs. 1, Bl. 52^v, Z. 1: *Nv vare wir wider zu der ersten zal*). Es wird nicht der chronologische Aufbau dieses ‚Buchs der Welt' betont, sondern der Aspekt der Geschichtserzählung steht im Vordergrund.

2) lexikographische Schlüsselwörter (die Wochentagsbezeichnungen):
Sonntag: Die ripuarische Handschrift belegt mit der Form *sůndag* (Bl. 1vb, Z. 6) die synkopierte Form, das übergeschriebene o könnte die Vokalsenkung andeuten.

Montag: Mit *mādag* (Bl. 1vb, Z. 7f.) überliefert der Codex die ältere, vor allem im Niederdeutschen lange gebrauchte Form.

Dienstag: Die ripuarische Handschrift 11 gibt kein Zeugnis von der am Niederrhein gebräuchlichen mnd. Bezeichnung *dingesdach, dinschedach,* mndl. *dinxendach,* nl. *din(g)sdag,*[270] sie überliefert *dīstag* (Bl. 1vb, Z. 11f.).

Mittwoch: Nur die ripuarische Handschrift 11 verwendet eine ganz abweichende Bezeichnung für den vierten Wochentag: *gůdstag* (Bl. 1vb,

---

[270] Friedrich Kluge, Elmar Seebold, Etym. WB., S. 143; Friedrich Kluge, Deutsche Sprachgeschichte, S. 187.

Z. 18f.). Die Deutung dieses Wortes ist umstritten. Es könnte zu mnd. *gudensdach, godensdach, gunsdach* und *gonsdach,* mnl. *woensdagh, goensdagh* gestellt werden und als Ableitung und spätere Umdeutung zu germanisch **Wodanstag* verstanden werden.[271] Seit Ende des 13. Jahrhunderts erscheint vor allem im Schwäbischen *gutentag* als Bezeichnung für den Montag (*kuomtag, kwumtig, guamtag, gutemtag*).[272] Der Zusammenhang zwischen *gudensdach, gutentag* etc. und **Wodanstag* ist jedoch nicht unbedingt einsichtig, da der *g*-Anlaut in diesem Zusammenhang nicht befriedigend erklärt werden kann. Die Beziehung zwischen der schwäbischen Bezeichnung für den Montag und dem westmitteldeutsch – ripaurischen – ‚Mittwoch'-Beleg aus dem Textzusammenhang des ‚Buchs der Welt' ist nicht befriedigend zu erklären.

Donnerstag: Die rip. Handschrift verwendet *důnrstag* (Bl. 1vb, Z. 22).

Freitag: Hier führt der Codex wie die nd. Handschriften *vridag* (Bl. 1vb, Z. 25).

Samstag/Sonnabend: Auch der letzte Wochentag wird übereinstimmend mit den meisten nd. Handschriften als *sunauent* (Bl. 2ra, Z. 1f.) – ohne Vokalsenkung – angegeben.

Insgesamt zeigt sich hier die Tendenz (*sůndag, dinsdag, vridag*) zu einer nd./md. geprägten Ausgleichssprache, eine besondere Eigenheit ist die Bezeichnung für den Mittwoch.

Semantische Merkmale
1) Inhaltliche Ordnungsprinzipien:
Das Textexemplar ‚Weltchronik' ist durch das chronologische Prinzip der Jahreszählung in Verbindung mit der Geschichtsdarstellung nach historischen Personen, Herrschern strukturiert, was sich makrostrukturell in einer Absatzbildung zu den einzelnen Jahren niederschlägt. An den hierarchischen Strukturierungsmerkmalen zeigt sich dies auch in der Heraushebung der Namen und der Jahreszahlen. Der Gesamtaufbau des Codex ist durch eine Kombination von a) datenbezogener, b) personenbezogener und c) genealogischer Darstellungsweise gekennzeichnet. Ganz auffällig ist die Zweiteilung in römische und vorrömische Geschichte.

a) Datenbezogene Darstellung: Der Kompilator hat hier vereinfacht: Er nennt – wie z.B. in Hs. 16 und 17 – nur zweimal das Alter Adams.

---

[271] So: DWB (Grimm) Bd. 6, 1885, Sp. 2427 (*Mittwoch*), dagegen: DWB (Grimm) Bd. 4,I. Abteilung, 6. Teil, 1935, Sp. 1415 (*Gutentag*).
[272] DWB (Grimm) Bd. 4, Sp. 1415. Vgl. auch Eberhard Kranzmayer, Die bairischen Kennwörter, S. 8f. ders., Die Namen der Wochentage, S. 80.

Bl. 2ra, Z. 19-21: *Ðo seth was. c . unde . v . iar alt. He gewā enos nogtā leuede adā inde was cc . inde xxxv . iar alt* (Beginnt mit einer rot durchgestrichenen Majuskel.)

Bl. 2rb, Z. 1-3: *Bi lamechs zidē starf adam do he was viiijc . inde xxx iar* [...]

Die Rechenkontinuität bleibt dennoch mehrfach abgesichert, neben der Altersangabe Adams wird das Alter der anderen Stammväter genannt, es werden auch die Zeiträume zwischen verschiedenen Ereignissen berechnet: z.b. der Zeitraum zwischen der Sintflut und der babylonischen Sprachverwirrung und später kommt die Zählung nach der Gründung Roms nach Christi Geburt hinzu. Die knappe chronologische Darstellung drückt sich sprachlich durch die häufige Verwendung und die immerwährende Abfolge adverbialer Bestimmungen der Zeit als Kennzeichnung der Absätze und der Gesamtsatzanfänge aus: *In aller dinge beginne*; *Do*; *Dar nach, Bi den ziden; In/An dem* [...] *iar von gotes geburte*.

b) Personenbezogene Darstellung: Alternativ zu den adverbialen Gesamtsatz- und Kapitelanfängen treten Namen in dieser Position auf. Die Herrschernamen sind in Rubrum vor der jeweiligen Darstellung der Regierungszeit noch einmal besonders hervorgehoben, was auch der Orientierung innerhalb der Chronik dient. Die Chronologie wird nur selten (z.B. in der Schilderung der Ereignisse um Karl den Großen) durch längere historische Exkurse unterbrochen (z.B. Bl. 28rb, Z. 33f.).

c) genealogische Darstellung: Sie ist im Text vorhanden, tritt aber – vor allem makrostrukturell – gegenüber den anderen inhaltlichen Strukturierungen zurück.

d) Zweiteilung der Weltgeschichte in vorrömische und römische Geschichte: Die höfische Handschrift 11 aus dem 14. Jahrhundert markiert mit dem Beginn des römischen Reiches einen ganz entscheidenden Einschnitt, indem sie sich hier formaler Mittel bedient, die sie sonst nicht zur Strukturierung der Absätze verwendet: Nach dem Satz: *Sint wir der herschaf vā ouer mer zů ende komen sin ...* (Hs. 11, Bl. 7ra, Z. 11ff.) folgt eine rote Überschrift: *Dat romesche riche* und dann eine dreizeilige rote D-Initiale, die den Satz einleitet: *Dat romesche rige was an sineme anginne . aller rige minste .* Damit weist das

Geschichtsbild eine deutliche Zweiteilung auf: vorrömische Geschichte – römische Geschichte.[273]

e) Die Zweiteilung der Weltgeschichte wird vor allem durch die höfische Chronistik – z.B. die Kaiserchronik[274] – verbreitet, sie ist aber auch in der lateinischen Frutolf-Ekkehard-Chronik vorhanden, aus der ja auch die Kaiserchronik schöpft. Die ripuarische Handschrift 11 gibt ein Zeugnis für die Beliebtheit dieser Strukturierung bei Hofe und für die Traditionslinie aus der lateinischen Chronistik. Sie ist eine zweigeteilte, nicht franziskanisch ausgerichtete, nicht dynastische, aber adelig-höfische Prosa-Weltchronik. Sie schöpft aus der Frutolf-Ekkehard-Chronik und nicht explizit aus der Kaiserchronik. Sie unterbricht ihre übliche Absatzstrukturierung, um den Beginn des römischen Reiches zu markieren. Bei Konstantin, dem ersten christlichen Kaiser, der im Textzusammenhang des ‚Buchs der Welt' nicht positiv bewertet wird, setzt sie – wie in allen anderen Fällen – eine einfache Absatzmarkierung mit zweizeiliger A-Initiale und dem Namen in Rubrum (Bl. 18ra, Z. 2). Wie die Kaiserchronik hat diese höfische Chronik – anders als die Textexemplare 24, 21, 231, 23 – eine deutliche Ausrichtung auf die Reichsgeschichte und sie verzichtet auf die franziskanische Akzentuierung in der sog. Predigt. Die höfische, ripuarische Prosachronik und die gereimte höfische Kaiserchronik verfahren beide nach dem Prinzip der Reichsgeschichte und der Zweiteilung der Welt.

2) Die sechs Deutungsmuster:

a) Einordnung der Weltgeschichte in die Heilsgeschichte: Die Handschrift beginnt mit der Reimvorrede und spricht so die sechs Deutungsmuster an. Das göttliche Heilswirken drückt sich ebenfalls im Sechstagewerk der Schöpfungsgeschichte aus. Die franziskanische Predigt ist in der Handschrift 11 nicht überliefert.

b) Berufung auf die (mündliche und schriftliche) Tradition: Die Handschrift 11 vermittelt von der Strukturierung der Reimvorrede her den Eindruck einer zum Gebrauch am Hofe bestimmten Handschrift. Aus ihr wurde vermutlich bei Hofe vorgelesen: Die Reime sind nicht wie in der Handschrift 17 fortlaufend, sondern dem Reim entsprechend

---

273 Vgl. zu der Vorstellung von der Zweiteilung der Geschichte auch: Michael Menzel, Sächsische Weltchronik, S. 198; Dagmar Neuendorff, Vom erlösten Heidenkönig zum Christenverfolger.

274 Dagmar Neuendorff, Vom erlösten Heidenkönig zum Christenverfolger, S. 184; vgl. auch dies., Studie zur Entwicklung der Herrscherdarstellung.

untereinander geschrieben und zudem noch zu Beginn eines jeden Verses mit einer rot durchgestrichenen Minuskel und am Ende durch einen mittelhohen bis niedrigen Punkt markiert. Der gesamte Codex und hier nicht nur die gereimten Textteile und Teiltexte, sondern auch die Weltgeschichte selbst ist so strukturiert, dass sich immer wieder kleinere Einheiten ergeben, die sich zum mündlichen Vortrag eignen (siehe Makrostrukturen).

Das ripuarische ‚Buch der Welt' bietet eine straffe, chronologische, reichshistorisch orientierte Darstellung der Weltgeschichte ohne direkten Gegenwartsbezug und mit dem Schwerpunkt auf der Königsgeschichte. Sie vermittelt heilsgeschichtlich ausgerichtete imperiale Memoria und ist nicht an eine bestimmte Dynastie gebunden. Viele Passagen sind – wie auch die in einem Satz erwähnte Marter des Johannes und Paul – sehr kurz. Insgesamt ist die Auswahl der Vorlagen sehr reduziert. Der Grundbestand der Informationen stammt aus der schriftlichen, lateinischen Chronistik. Die Chronik hat keine nachweisbaren mündlichen Informationen aufgenommen, aber sie diente vielleicht der mündlichen Wissensvermittlung und Unterhaltung, sie bot eine bei Hofe rezitierfähige und deshalb vielleicht auch nicht so ausschweifende Weltgeschichte. Die Textallianzen mit epischen Texten und Minnelyrik erweiterten in diesem Zusammenhang die Vortragsmöglichkeiten und den Unterhaltungswert der historischen Darstellung.

c) wahre Geschichtsschreibung: Die Belege für die Wahrheit der Darstellung beschränken sich auf die üblichen Hinweise auf andere Literatur und auf die – wenn auch sehr zurückgenommene – Darstellungsweise in der ersten Person Singular und Plural. Zitate wörtlicher Rede treten viel weniger auf als in vergleichbaren Textexemplaren des ‚Buchs der Welt'-Überlieferungszusammenhanges. Der deutsche wie der lateinische Wortlaut der christenfeindlichen Auslegung des Bibelzitates durch den röm. Kaiser Julianus Claudius (Apostata) fehlen ganz, die beiden Urkunden aus der Zeit des Investiturstreits und die Mahnrede mit ihren ausführlichen Zitaten ebenso.

Das traditionelle christliche Weltbild und die Darstellung der Reichshistorie bedurften keiner besonderen Bekräftigung durch verstärkende Argumentation.

d) Autorisierung der eigenen Aussagen: Der abstrakte Erzähler verwendet die erste Person Singular und Plural, der empirische Autor (resp. Schreiber, Kompilator) bleibt anonym.

e) und f) offene Geschichtsschreibung und auf Abgeschlossenheit, Endzeit zielendes Geschichtsdenken: Das ripuarische ‚Buch der Welt' ist keine aktuelle Universalchronik mit dem historischen Inhaltsblock auf der einen und dem zeitgeschichtlichen, bis in die Gegenwart des Schreibers geführten Teil auf der anderen Seite. Es ist ein historisches ‚Buch der Welt' ohne Gegenwartsbezug und ohne Fortsetzungsintention. Der Codex ist ein Spiegelbild der an Adelshöfen vorgetragenen, gelesenen und rezitierten Literatur. Im Vordergrund steht die Unterhaltung und kurzweilige Unterrichtung des höfischen Publikums. Die eschatologischen Bezüge sind sehr zurückgenommen und treten nur in der Reimvorrede auf. Dem Textzusammenhang fehlt die Mahnrede mit dem franziskanischen Moralappell an die Geistlichkeit im Allgemeinen und den Leser der Chronik im Besonderen. Das franziskanische Weltbild mit seinen strengen Ermahnungen zur christlichen Lebensweise im Sinne der frühen Christen und ihrer Märtyrer entsprach sicher nicht der Gebrauchsfunktion dieser höfischen Handschrift. Die Offenheit ist auch hier nicht ‚grenzenlos',[275] sie folgt bestimmten Regeln, die nicht zuletzt durch den sozialen Zusammenhang, den Gebrauchszusammenhang und die Wirkungsintention vorgegeben sind, die aber immer auch im Rahmen der ‚Textsorte' bleiben. Die Offenheit dieses Textexemplares besteht in dem Verzicht auf Chronikfortsetzung, d.h., in der bewussten Entscheidung für ein historisches und nicht für ein zeitgenössisches Geschichtswerk; sie besteht in der Beschränkung auf ein reichshistorisches Geschichtsbild ohne franziskanische Heilsvorstellung und schließlich in der Erweiterung um höfische unterhaltende Literatur.

III.2.8 Handschrift 20 (Straßburg, Stadtbibliothek, o. Sign., verbrannt 1870) – C_2

Externe Merkmale (Ebene b)
(erschlossener) Entstehungszeitraum, Entstehungsort, Schreiber/Kompilator:
Die Handschrift ist vermutlich Mitte bis Ende des 14. Jahrhunderts entstanden. Der Schreiber und der Entstehungsort sind unbekannt.

---

275 Vgl. Rolf Sprandel, Zweisprachige Geschichtsschreibung, S. 1-6, bes. S. 4, der vor einer Annahme ‚grenzenloser' Offenheit, d.h., vor einer Vorstellung von ständiger Umformung von Weltchroniken warnt.

Kombinationszeitraum, Kombinationsort:
Es lassen sich keine gesicherten Aussagen über den 1870 verbrannten Codex machen.

Fortsetzungszeitraum, Fortsetzungsort und Fortsetzer:
Es gab eine ‚Sächsische Fortsetzung' bis zum Jahre 1275 und eine bis 1342 fortgesetzte Geschichte der Päpste. Über die Fortsetzungszeit lassen sich keine gesicherten Aussagen machen.

Benutzungszeitraum, Benutzungsort, Benutzer:
Über die Benutzungssituationen ist nichts bekannt.

Besitzzeitraum, Aufbewahrungsort, Besitzer, Auftraggeber:
Auftraggeber, Besitzer und Aufbewahrungsorte lassen sich bei dem jetzigen Wissenstand nicht rekonstruieren. Im 19. Jahrhundert befand sich die Handschrift in der Straßburger Stadtbibliothek, wo sie bei der Beschießung der Stadt in der Nacht vom 24. zum 25. August 1870 verbrannte.

Kommunikationsmaterial und -form:
Die zweispaltig beschriebene Papierhandschrift umfasste wahrscheinlich 201 Blätter. Sie verbrannte 1870, wahrscheinlich hatte sie ein Folioformat und einen Ledereinband von Oberlin.[276]

Schreibsprache:
Der Schreibdialekt war niederdeutsch, wahrscheinlich ostfälisch.[277]

Interne Merkmale:
Der Codex ist 1870 verbrannt; über seine internen Merkmale lassen sich keine Aussagen machen.

Textbestand:
Der Codex begann vermutlich auf Bl. 3ra mit der Reimvorrede. Das ‚Buch der Welt' endete 1260 (SW 65,1-258,24).

Texterweiterung/Textkürzung:
Die Interpolationen glichen vermutlich denen der Handschrift 21. Die Weltchronik war durch die Sächsische Fortsetzung bis 1275 und durch die ‚Geschichte der Päpste' bis 1342/52 erweitert. Genaue Blattzahlen lassen sich bei dem 1870 verbrannten Codex nicht mehr rekonstruieren. Die ‚Geschichte der Päpste' endete auf Bl. 192vb.

---

276 Jürgen Wolf, Sächsische Weltchronik, S. 105.
277 Thomas Klein, Ermittlung, Darstellung und Deutung, S. 129.

Textallianzen:
Die Textkombination und ihre Reihenfolge lässt sich in den meisten Passagen nur rekonstruieren.[278] Auf das ‚Buch der Welt' folgte vermutlich eine auf Sachsen bezogene Fortsetzung bis 1275, dann die Geschichte der Päpste bis 1342/1352 (die genannte Überlieferung stand auf den Bl. 3ra-192vb) Es schlossen sich wahrscheinlich die Zeittafeln des 1. Jahrhunderts nach Christi Geburt (Bl. 193^{ra-va}) und bis zum Jahre 1240 (Bl. 193^{va-vb}) an. Der Codex enthielt wohl auch die ‚Fünfzehn Zeichen', die Genealogie der Welfen und der Grafen von Flandern (Bl. 193vb-195ra), die Erzählung ‚Über die Herkunft der Sachsen' (Bl. 195ra-198va) und den Katalog der Päpste bis Urban VI. (†1389) (Bl. 198vb-201^{r}).

Semantische Merkmale
1) Inhaltliche Ordnungsprinzipien:
Der Gesamtaufbau des Codex war vermutlich wie Handschrift 21 (vgl. dort) durch eine Kombination von a) datenbezogener, b) personenbezogener und c) genealogischer Darstellungsweise gekennzeichnet. Verschiedene Zeittafeln (des 1. Jahrhunderts nach Christi Geburt, bis zum Jahr 1240) verstärkten die datenbezogene Chronologie. Mit dem Katalog der Päpste wird die durch Kaiser und Könige geprägte Chronik um einen personenbezogenen Aspekt erweitert. Die Genealogien der Welfen und der Grafen von Flandern und die Erzählung von der Sachsen Herkunft betonten die sächsisch-welfisch genealogische Richtung neben der biblisch-alttestamentarischen Prägung und der reichshistorischen Genealogie im Textzusammenhang.

2) Die sechs Deutungsmuster:
a) Einordnung der Weltgeschichte in die Heilsgeschichte: Die Handschrift begann mit der Reimvorrede und ihrer heilsgeschichtlichen Prägung, sie enthielt die Schöpfungsgeschichte und die franziskanische Mahnrede.
b) Berufung auf die (mündliche und schriftliche) Tradition: Im Textzusammenhang wurden wie z.B. in den Handschriften 24, 21, 22, 23, 231 sowohl lateinische Vorbilder als auch die volkssprachige Kaiserchronik interpoliert. Es ist von einer ausführlichen sächsisch-welfisch ausgerichteten Chronik auszugehen.
c) wahre Geschichtsschreibung: Verschiedene Textallianzen haben die Funktion, bereits im ‚gemeinen Text' angelegte Argumentationslinien hervorzuheben und ihnen mehr Überzeugungskraft zu verleihen:

---

278 Vgl. Jürgen Wolf, Sächsische Weltchronik, S. 105: Rekonstruktion mit Blattangabe.

sächsische Ausrichtung, Papst-Kaiser-Chronik (vgl. dazu Handschrift 21). Es ist kein sächsisch-welfisches ‚Buch der Welt', in dem es der reichshisorischen Memoria wie die Gothaer Bilderhandschrift 24 bewusst die welfische Memoria entgegen stellt. Es vermittelt vielmehr Erinnerungsinhalte, die auf eine bestimmte Region (nicht primär auf eine Dynastie) ausgerichtet sind, der imperialen Memoria stellt es eine regionale und auch eine kuriale zur Seite. All dies bleibt einbezogen in die Erinnerung an die Inhalte christlichen Glaubens.

d) Autorisierung der eigenen Aussagen: Der Schreiber der verbrannten Handschrift ist unbekannt.

e) und f) offene Geschichtsschreibung und auf Abgeschlossenheit, Endzeit zielendes Geschichtsdenken: Neben der eschatologischen Ausrichtung in der Reimvorrede und den implizit auf die Endzeit gerichteten Mahnungen der ‚Predigt' erhält dieses sächsische ‚Buch der Welt' noch eine Verstärkung der Endzeitvorstellungen durch die Textallianz mit den ‚Fünfzehn Zeichen' (vgl. Handschrift 21). Es wird also eine Offenheit nach bestimmten Spielregeln deutlich – eine Offenheit, die durch die Makrostrukturen und Textallianzen diejenigen Elemente besonders betont, die bereits im Chroniktext enthalten sind.

III.2.9 Handschrift 21 (Pommersfelden, Graf von Schönbornsche Schlossbibliothek, Ms. 107) – C_2

Externe Merkmale (Ebene b)
(erschlossener) Entstehungszeitraum, Entstehungsort, Schreiber/Kompilator:
Die Handschrift ist datiert. Ihre Entstehungszeit erstreckt sich über ca. 100 Jahre. „Die Entstehung der Handschrift läßt sich an den Schreibersubskriptionen und einzelnen Ergänzungen genau ablesen. Das ‚Buch der Welt' samt seinen Erweiterungen und Zusätzen (Bl. 1^r-144^r) ist am Mittwoch, den 24. April 1370 abgeschlossen worden."[279] Insgesamt sind drei Schreiber festzustellen. Der erste Schreiber Conrad von Tanna (†1416)[280] nennt sich an verschiedenen Stellen im Codex (Bl. 114^r, 185ra, 185vb, 198vb, 203ra). Das erste Fertigstellungsdatum geht aus dem Explicit auf Bl. 144^r, Z. 8 hervor: *Explicit liber anno domini MCCCLXX° In uigilia marci ewangeliste fferia quarta post Quasi modo geniti.* Es ist von Conrad von Tanna, Pfarrer in Sondershausen und

---

[279] Hubert Herkommer, Sächsische Weltchronik, S. 112.
[280] Vgl. auch Ludwig Erich Schmitt, Untersuchungen zu Entstehung und Struktur, S. 197 und 331.

Schreiber der Schwarzburgischen Grafen Heinrich XXIII. und Günther XXVIII. geschrieben worden. Ein zweites Explicit zeigt, dass er auch die Papstreihe von Innozenz VI. bis zu Alexander V. (1409-1410) geschrieben hat: *Explicit anno domini 1411 fferia sexta in crastino Circumcisionis domini per Conradum.* (Bl. 144^r, Z. 19ff.) Dieses Explicit ist rot durchgestrichen und zwei Zeilen weiter steht die Bemerkung (Bl. 144^r, Z. 22): *Anno Domini 1411 In die Circumsisionis domini qui fuerat fferia quinta.* Auch das lateinisch-deutsche Vokabular (Bl. 150va, Z. 1-203ra, Z. 5) stammt von Conrad von Tanna. Er hat seine Einträge alle datiert, so dass man die zeitliche Entstehung verfolgen kann. Den ersten Eintrag zum Vokabular schrieb er am 30. November 1410, dann am 12. Dezember 1410, am 14. Dezember 1410, am 1. Januar und am 2. Januar 1411. Das sind seine letzten Eintragungen. Ein zweiter, anonymer Schreiber macht Nachträge zum Papstregister, er führt es von Johannes XXIII. (1410-1415) bis zu Sixtus IV. (1471-1484) weiter. Er trägt Verbesserungen und Änderungen ein. Seine letzte Eintragung endet in der Regierungszeit Sixtus des IV.: *Sixtus IIII. saz XII qui prefuit anno domini. 1482.* Vor das lateinisch-deutsche Vokabular trägt Ende des 15. Jahrhunderts ein dritter Schreiber, der sich *Jo bischoff* (Bl. 148va) nennt, die Erzählung über die Bekehrung der Thüringer ein (Bl. 144va, Z. 1-148va Z. 41). „Der Schreiber Johannes Bischoff [...] ist wohl identisch mit *Johannes Bisscop de Arnstet,* der sich im Jahre 1498 an der Universität Erfurt immatrikuliert hatte."[281] Der Entstehungsort ist unbekannt. Jürgen Wolf vermutet entsprechend der Schreiberherkunft Arnstadt oder Erfurt in Thüringen.[282] Das ‚Buch der Welt' mit Reimvorrede endet 1260 (SW 65,1-258,24).

Kombinationszeitraum, Kombinationsort:
Die Entstehungs- und die Kompilationszeit sind selbst bei dem ersten Schreiber Conrad von Tanna nicht identisch. Das ‚Buch der Welt' mit den dazugehörigen Textallianzen hat er wohl in einem Guss geschrieben, das Fertigstellungsdatum dieses Teils ist der 24. April 1370. Später folgten Nachträge zu den Registern der Päpste und der Kaiser und Könige. Die Chronik setzte er nicht über 1275 fort. Conrad von Tanna schrieb an der Handschrift 41 Jahre. Die Einträge eines zweiten anonymen Schreibers reichen bis zum Jahr 1482. Ende des Jahrhunderts trug auch Johann Bischoff die ‚Bekehrung der Thüringer' ein. Hubert Herkommer nimmt an, dass der Eintrag am Schluss des Codex (vielleicht ein Gerichtsprotokoll?)

---

281 Hubert Herkommer, Sächsische Weltchronik, S. 115.
282 Jürgen Wolf, Sächsische Weltchronik, S. 107 und S. 168f.

von der Hand Tannas stammt. Jürgen Wolf dagegen sieht hier die Notiz einer späteren Hand.[283] Vom ersten Fertigstellungsdatum bis zum letzten Eintrag sind mehr als 100 Jahre vergangen.

Fortsetzungszeitraum, Fortsetzungsort und Fortsetzer:
Conrad von Tanna und auch die anderen Schreiber haben die Chronik selbst nicht aktualisiert. Nur der registerartige Papstkatalog ist – vielleicht zum größten Teil von Tanna selbst zusammengestellt – bis zu Sixtus IV. (†1484) geführt worden. Die letzten Einträge machte Conrad von Tanna zum Papstkatalog 1411 (Bl. 144^r, Z. 19-21), einige Jahre vor seinem Tode am 14. Juli 1416. Der zweite Schreiber setzte ebenfalls den Papst-, aber nicht den Kaiserkatalog fort. Die Fortsetzungszeit weicht also von der Entstehungszeit ab: Das erste Explicit (Bl. 144^r, Z. 8) gibt den 24. April 1370 als Entstehungsdatum an, das zweite (ebenfalls von Tanna) gibt das Jahr 1411 an (Bl. 144^r, Z. 19-21) und der Eintrag zu Sixtus lautet: *Sixtus III. saz XII qui prefuit anno domini. 1482.* (Bl. 144^r, Z. 28).

Benutzungszeitraum, Benutzungsort, Benutzer:
Die Handschrift enthält zahlreiche Randbemerkungen und Korrekturen, vor allem der Schreiber.

Besitzzeitraum, Aufbewahrungsort, Besitzer, Auftraggeber:
Über den Auftraggeber der Handschrift ist nichts bekannt. Conrad von Tanna war Notar und Pfarrer in Sondershausen. In den Jahren um 1380 bis 1414 war er Schreiber im Dienste der Schwarzburgischen Grafen Heinrich XXIII. und Günther XXVIII., in Arnstadt besaß er ein Haus des Benediktinerklosters auf Lebenszeit. Er gehörte vermutlich zu den wohlhabenden Bürgern Arnstadts.[284] Erster nachweisbarer Besitzer des Codex ist das Erfurter Benediktinerkloster St. Peter und Paul. Wie auch andere Handschriften des Erfurter Benediktinerklosters kam die Handschrift 21 in die Gaibacher Bibliothek des Bibliophilen Lothar Franz von Schönborn (1655-1729), Erzbischof und Kurfürst von Mainz, Bischof von Bamberg. 1830 kamen die Bestände aus der Bibliothek des Schönborn-Schlosses Gaibach bei Volkach am Main nach Pommersfelden „und wurden dort mit der Bibliothek des Rudolf Franz Erwein Graf von Schönborn (1677-1754) und der im Jahre 1794 durch Erbfall an die Grafen von Schönborn gekommenen Bibliothek der ausgestorbenen Grafen

---

[283] Hubert Herkommer, Sächsische Weltchronik, S. 121, Anm. 68 und Jürgen Wolf, Sächsische Weltchronik, S. 107.
[284] Vgl. Jürgen Wolf, Sächsische Weltchronik, S. 168.

von Hatzfeld, die in Waldmannshofen stand, vereinigt".[285] In Pommersfelden befindet sie sich noch heute.

Kommunikationsmaterial und -form:
Die Papierhandschrift umfasste ursprünglich 212 Blätter. Die Bll. 145, 147, 149, 152 und 153 sind unbeschrieben herausgetrennt worden. Die Handschrift ist dreifach foliiert. Eine Foliierung stammt vom Schreiber. Bl. 174 hat er doppelt gezählt und kommt deshalb nur auf 211 Bll. Eine zweite Foliierung stammt von der Hand E. Schröders, eine dritte aus den Jahren 1943-47.[286]
Der mit braunem Leder überzogene Pappeinband stammt aus der Werkstatt des Bamberger Buchbinders Zacharias Kling, der Anfang des 18. Jahrhunderts die Bücher der Schönbornschen Bibliothek einheitlich eingebunden hat. Er trägt das Schönbornsche Wappen. Auf dem Rücken des Einbandes stehen in Gold geprägt der Titel: *Allgemeines Chronicon Vocabularium M[anu]S[crip]T[um]* und darunter die alten Signaturen. Die Signatur des Erfurter Klosters St. Peter und Paul (k 39) ist auf Bl. 1ra mit schwarzer Tinte eingetragen. Die Blattgröße beträgt 29,2 x 21,2 cm und der Schriftspiegel 23,2 x 16,3 cm. Die Blätter sind zumeist mit einspaltigem, fortlaufendem Text, aber auch zwei- und dreispaltig beschrieben. Sie umfassen 43-51 Zeilen pro Blatt.

Schreibsprache:
Der Schreibdialekt des Codex ist ostmitteldeutsch auf der Grundlage einer niederdeutschen Vorlage.[287]

Interne Merkmale
Initiator(en):
Der Codex beginnt mit einem dreigliedrigen Initiator:
1. nach einer vierzeiligen roten N-Initiale und folgender roter U-Majuskel (*NU vernemet algemeine*, Bl. 1^r),
2. folgt die Reimvorrede. Sie ist zweigeteilt: mit einer roten 1,5-zeiligen Initiale beginnt der zweite Teil mit: *Nu vlitent iuch* [...]
3. Der Katalog der Kaiser und Könige von Aeneas bis Karl IV. (†1378) beginnt mit einer zweizeiligen roten A-Initiale.

---

285 Hubert Herkommer, Sächsische Weltchronik, S. 109.
286 Jürgen Wolf, Sächsische Weltchronik, S. 106; Hubert Herkommer, Sächsische Weltchronik, S. 110.
287 Thomas Klein, Ermittlung, Darstellung und Deutung, S. 130. Vgl. auch Hubert Herkommer, Sächsische Weltchronik, S. 115: md. nach nd. Vorlage und Eduard Schröder, Kaiserchronik, S. 13-15, Nr. 6, bes. S. 14f.: md./frk. nach nd. Vorlage.

Das Vokabularium beginnt mit einer dreizeiligen A-Initiale, es ist alphabethisch aufgebaut, jedes Kapitel beginnt mit einer zwei- bis dreizeiligen roten Initiale.

Terminator(en):
Mit dem Papstkatalog hat der Schreiber Conrad von Tanna seine Arbeit beendet. Sein letzter Eintrag in den Papstkatalog lautet: *Clemens VI saz VIX iar VI mande XVI tag*. Eine Zeile ist freigelassen, dann folgt ein expliziter Terminator:

1. eine rote Majuskel, mit der
2. das Explicit beginnt: *Explicit liber anno domini MMMCCCLXX° in uigilia marci ewangeliste fferia quarta post Quasi modo geniti.*
3. Das Explicit ist rot unterstrichen.

Ein späterer, anonymer Schreiber hat den Papstkatalog trotz Explizit weitergeführt bis: *Sixtus III saz XII qui prefuit anno domini. 1482.* Conrad von Tanna ließ zehn Blätter im Anschluss an seine 1370 geschriebene Papst- und Kaiserchronik frei, um dann im Jahr 1411 ein lateinisch-deutsches Vokabularium anzufügen. Das Vokabular beschließt Conrad von Tanna mit einem Kolophon: *Explicit anno Domini 1411 fferia sexta in crastino Circumcisionis domini per Conradum.* Es ist wie das erste Explicit rot unterstrichen. Zwischen die Chronik und das Vokabular fügt im späten 15. Jahrhundert ein anderer Thüringer, Johannes Bischof,[288] der wie Conrad von Tanna in Arnstadt lebte, die Erzählung über die Bekehrung der Thüringer durch Bonifazius, über die Gerichtsverfassung und die Geographie Thüringens ein und gibt damit der bisher dynastisch und ethnisch auf die Welfen bzw. die Sachsen ausgerichteten Weltchronik eine Wendung hin zu der Region, in der beide namentlich sich nennende Schreiber lebten. Die Erzählung beginnt mit einer geschmückten dreizeiligen N-Initiale (*Nach gotis geborth sechshundirt iar unde czwenczig iar*). Die Erzählung ist zweispaltig geschrieben und endet auf der a-Spalte von Bl. 148^v, Z. 31. Darunter nennt sich der Schreiber: *Jo bischoff*. Das Explicit fungiert als Terminator.

Der Gesamtcodex schließt auf Bl. 207^v mit einem später nachgetragenen Gerichtsprotokoll.

Weitere Makrostrukturen:
Der Codex fängt zweispaltig auf Bl. 1ra, Z. 1 mit der Reimvorrede (SW 65,1-66,98) an, dieser Teiltext fungiert als Initiator der Chronik, aber

---

[288] Vgl. Hubert Herkommer, Sächsische Weltchronik, S. 114.

auch als Gesamtinitiator. Darauf folgen der Katalog und das Register der römischen Könige. Das erste Kapitel beginnt bei Aeneas (= zweizeilige rote A-Initiale), das zweite bei Julius Cäsar (= zweizeilige rote J-Initiale) und das dritte Kapitel mit Karl dem Großen. Bei Karl dem Großen fängt das Kapitel mit der Zeitbestimmung an (rote I-Initiale): *In dem achthundertsten Jar uon gotis geburt* [...] an, darauf folgen wieder Herrschernamen. Das letzte Kapitel beginnt mit Otto dem Großen: mit einer zweizeiligen I-Initiale und der Jahresangabe *In dem Iar neunhundert und 30 nach gotis geburt*[...] Der Katalog setzt zweispaltig ein und wird dreispaltig weitergeführt (Bl. 1^v).

Erst nach dem Katalog der Kaiser und Könige beginnt die Schöpfungsgeschichte mit einer roten, an den Rand geschriebenen vierzeiligen I-Initiale, auf die wiederum eine rote N-Majuskel folgt (Bl. 1^{vc}, Z. 7-134^v, Z. 1). Der Textzusammenhang wird dreispaltig begonnen und dann ab Bl. 2^r (mit Ausnahme einiger Kaiserchronikeinschübe) einspaltig weitergeführt. Er ist erweitert durch Interpolationen aus der Kaiserchronik,[289] aus Martin von Troppau[290] und durch einen Zusatz aus der Erfurter *Cronica Minor*.[291] Die Interpolationen aus Martin von Troppau und der Erfurter *Cronica Minor* sind makrostrukturell und von den hierarchischen Strukturierungen her gesehen homogenisiert.

Die Kaiserchronikinhalte werden in großen Passagen als Reime unverändert übernommen. Die Darstellung der Verehrung der römischen Tagesgötter und die Umweihung des Pantheons, Kaiserchronik 43-192 und 209-234 (entsprechend SW 80,16-81,26) sind endgereimt.

Damit zeigt die Handschrift 21 als einziges Textexemplar eine weitgehend vorlagentreue Wiedergabe der Kaiserchronikverse. Diese Vorlagentreue geht bis in die formale Darstellung der Paarreime, die zu Beginn (in den Rombeschreibungen, den Passagen zu den römischen Tagesgöttern Bl. 7^v-8^r) sogar die Verse untereinander schreiben lässt, was in der sonst einspaltig geschriebenen Handschrift zu dreispaltigen Einschüben führt. Die entsprechenden Verse lauten in der Kaiserchronik und in der Handschrift 21:

Kaiserchronik (Vers 107-124)[292]   Hs. 21, Bl. 7vb, Z. 53 – 7^{vc}, Z. 38
Sâ nâch dem mântage,   *So nach dem mantage*
als ich iu nû sage,   *alz ich uch nû sage*
ze Rôme uber alle di chreftigen stat   *czu rome ob' al die creftige stat*

---

289 Vgl. die Stellenangaben bei Michael Menzel, Sächsische Weltchronik, S. 45-55.
290 Vgl. ebd., Sächsische Weltchronik, S. 45-58.
291 Vgl. ebd., S. 58.
292 Eduard Schröder, Kaiserchronik, S. 81.

sô wæfente sich elliu diu rîterscaft	wapētē sich alle die rit'schaft
mit helmen unt mit halspergen,	mit helmē vnd mit halsborgē
dâ oferten si vil werde	do offertē sie mit in vil worden
scilt unt swert in den handen,	schilde vnd swert in dē handē
ir ros si ze wette ranten.	Ire rosse sie zcu wider randē
sô samenten sich die frowen	So sampten sich die vrouwen
ir scône spil ze scowen,	Ir schone spil zcu schouwē
daz buten si dem wîchgote ze êren.	daz tatē sie dem wichgote zcu erē
daz geloubeten Rômære:	daz gelobedē die romere
wær in der got gnædich	we' in der got gnedig
si wurden sigesælich,	Do wurden sie selig
und wæren âne zwîvel,	vnd weren ane zcwiuel
daz in an dem lîbe	daz in an dem libe
in dirre werlte iemen schadete	in diesz' werlt nymen schadē
die wîle si des gotes hulde habeten	die wile sie des gotis hulde hadē

Aber nur zu Beginn der Übernahme sind die Verse untereinander geschrieben (von Bl. 7^v-8ra = Kaiserchronik V. 43-192), dreispaltig in den (außer in der Reimvorrede und dem Katalog und Register der römischen Könige = dreispaltig) sonst einspaltigen Text eingefügt worden. Bei den inhaltlich anschließenden Kaiserchronikversen 209-234 ist diese Annordnung weitgehend aufgegeben worden (Bl. 8rb). Die schändlichen Taten des Galienus (Bl. 42^v, SW 111,13-34; Kaiserchronik 7476-7599) sind in der b-Spalte gereimt erzählt, obgleich die Seite einspaltig begonnen hat. Die a-Spalte ist leer gelassen. Die Reime sind hier durch Virgeln gekennzeichnet. Die anderen Stellen sind der Einspaltigkeit angepasst worden, obgleich der Reim zum Teil inmitten der Prosa beibehalten wurde (Abb. 16).

Der Weltchroniktext ist darüber hinaus durch eine vor allem päpstezentrierte Fortsetzung bis zu den Jahren 1342/1352 erweitert, die sich zeitlich und inhaltlich an die ‚Sächsische Fortsetzung' anschließt. Der Papstkatalog wird makrostrukturell besonders hervorgehoben. Er beginnt auf einer Recto-Seite, obgleich auf der vorhergehenden Verso-Seite noch etliche Zeilen frei sind, mit einer dreizeiligen U-Majuskel (in dieser Handschrift eine ungewöhnliche Heraushebung: *Unser herre ihesus cristus ist gewest in dieser werlt xxxiii iar. vnde dry manden*). Die Papstreihe beginnt mit einem *capitulum* Zeichen in jeder Zeile, ohne Initiale. Sie ist knapper als die Papstkataloge in den Handschriften 18, 19, 22-24, da die Angaben über die Herkunft der Päpste und ihre liturgischen Anordnungen fehlen. *Capitulum*-Zeichen werden ab Blatt 40^r verstärkt verwendet und zum Teil werden die Herrschernamen am Ende oder auch am Anfang der Darstellung ihrer Taten rot in die Zeile oder an den oberen Blattrand geschrieben. Eine weitere Hierarchieebene (Absatz) ist durch *capitulum*-Zeichen in Kombination mit roten Majuskeln gekennzeichnet. Diese Papstreihe ist nicht nur ein Papstkatalog,

> sondern gleichzeitig auch ein Inhaltsverzeichnis zur Geschichte der Päpste in Handschrift 21 [...] Wie der Herrscherkatalog besitzt auch der Papstkatalog hinter der Angabe der Regierungsjahre Blattzahlen [...] Eine rote Linie ist durch die steigende Zahlenreihe gezogen, deren Ziffern mit den Blattzahlen der Papstgeschichte in Handschrift 21 übereinstimmen. Der Schreiber hat also entweder unabhängig von seiner Vorlage ein eigenes Register angefertigt oder aber die Blattzahlen aus dem Papstregister seiner Vorlage nachträglich seiner eignen Chronik angepaßt.[293]

Deutlich abgesetzt und ohne Parallele in den übrigen Strukturierungsmerkmalen des Textexemplars ist auch der Anfang der Berichte über das römische Reich: Auf Blatt 5^r (Abb. 17) sind drei Zeilen freigelassen, in die als Überschrift für das Folgende: *historia romanensis* geschrieben wurde. Das ist vergleichbar mit der Strukturierung der Handschrift 11 (Bl. 7^r), die an dieser Stelle die deutsche Überschrift *Dat romesche riche* eingefügt hat.

Die folgenden Textzusammenhänge: die Zeittafel des 1. Jahrhunderts nach Christi Geburt und die Zeittafel bis zum Jahre 1240 (gegenüber der Zeittafel in der Handschrift 24 – hier reicht sie nur bis 1229 – ist sie aktualisiert worden, jedoch nicht bis in die Gegenwart des Schreibers) folgen lückenlos mit den im Chronikzusammenhang überwiegend verwendeten strukturellen Merkmalen:

1. Eine zweizeilige rote I-Initiale leitet die Zeittafeln ein,
2. jede chronologische Bemerkung wird mit einem *capitulum*-Zeichen beginnend in einer eigenen Zeile aufgeführt.

Mit einem rubrizierten Verweis auf den folgenden Text schließen sich auf Bl. 138^r, Z. 12-19 die eschatologischen fünfzehn Zeichen des Jüngsten Gerichts an. Der Verweis ist in die Leerstellen ganz rechts in die Zeile 12 geschrieben worden: *Sanctus ieronimus beschribet uns*. In Zeile 13 beginnen die ‚Fünfzehn Zeichen‘ mit einer Initiale und den Worten: *Sende ieronimus beschribet uns*. Das letzte Zeichen wird in der Zeile 29 genannt.

Zeile 30 von Bl. 138^r beginnt mit einer zweizeiligen roten B-Initiale (*Bi den tiden* ...) die Genealogie der Welfen, sie endet auf Bl. 138^v, Z. 42. Die Genealogie der Grafen von Flandern beginnt in der folgenden Zeile mit einer einzeiligen roten G-Initiale. In der Handschrift 24 sind beide

---

293 Hubert Herkommer, Sächsische Weltchronik, S. 119, Anm. 64.

Genealogien durch die Zeittafel des 1. Jahrhunderts nach Christi voneinander getrennt. Hier sind sie fortlaufend geschrieben und die Genealogie der Grafen von Flandern ist der Genealogie der Welfen makrostrukturell untergeordnet.[294] Der genealogische, auf Sachsen und Welfen verweisende Block schließt mit der Erzählung über die Herkunft der Sachsen. Anders als in der Gothaer Bilderhandschrift ist die ‚Herkunft der Sachsen' hier nicht herausgehoben: Sie schließt lückenlos – ohne besondere Strukturierungsmerkmale mit einer einfachen Majuskel (Bl. 139^r, Z. 22: *Wir wollen nu schreiben von den sachsen* [...]) – an den vorherigen Textzusammenhang an. Der Rest der Seite (Bl. 141^v, ab Zeile 34) ist vakant. Hier wird also die sächsisch-welfische Geschichte nicht mehr dynastisch und dichotomisch zur Reichsgeschichte interpretiert, sie ist nur noch Beiwerk und nicht mehr zentrales Anliegen. Im Vordergrund steht die Reichsgeschichte als Papst-Kaiserchronik. Die dynastische Orientierung gerät zu einer eher allgemeinen regionalen Zuordnung. Der thüringische Schreiber Johann Bischof hat in der Neufassung der Chronik seine Heimatregion besonders hervorgehoben, indem er die Geschichtsdarstellungen beispielsweise durch die Christianiserungsgeschichte Thüringens erweiterte.

Textbestand:
Der Codex beginnt auf Bl. 1ra, Z. 1-1rb, Z. 2 mit der Reimvorrede (SW 65,1-66,98). Erst nach dem Katalog und Register der römischen Könige und Kaiser von Aeneas bis zu Karl IV. folgt das ‚Buch der Welt' (Bl. 1^{vc}, Z. 7-134^v, Z. 1).

Aus dem ursprünglich sächsisch-welfisch ausgerichteten Grundbestand – wie er noch in der Gothaer Bilderhandschrift 24 deutlich zu erkennen ist – ist durch die interpolierenden Textverbindungen, aber auch durch die makrostrukturell markierten Textallianzen eine umfangreiche, narrative reichshistorisch ausgerichtete Papst-Kaiserchronik mit regional sächsischer Akzentuierung geworden.

Texterweiterung/Textkürzung:
Das ‚Buch der Welt' ist durch die sog. Sächsische Fortsetzung bis 1275 (Bl. 134^v, Z. 1-136^v, Z. 18) und durch die ‚Geschichte der Päpste' bis 1342/52 fortgesetzt worden (Bl. 136^v, Z. 19-137^v, Z. 7). Neuere Fortsetzungen haben weder Conrad von Tanna noch seine Nachfolger der Chronik hinzugefügt. Nur die Papst- und Kaiserkataloge wurden aktuali-

---

294 Vgl. zu den Beziehungen zwischen den beiden Genealogien: Otto Gerhard Oexle, Sächsische Welfenquelle, S. 454, Anm. 78 und S. 452.

siert. Der Kaiserkatalog endet mit Karl IV. Ende des 14. Jahrhunderts, also noch zu Lebzeiten Conrads von Tanna. Der Papstkatalog dagegen wurde von seinem Nachfolger, dem Anonymus, weitergeführt bis in das Jahr 1482. Johann Bischoff setzte den chronikalischen Teil nicht fort, er ergänzte die historische Ausrichtung um die Erzählung von der Bekehrung der Thüringer und gab dem sächsischen Überlieferungszusammenhang damit eine andere regionale Ausrichtung.

Das Textexemplar ist erheblich erweitert aus der Chronik Martins von Troppau, aus der Erfurter *Cronica Minor* und durch Kaiserchronikverse. Die interpolierenden Texterweiterungen sind von den hierarchischen Strukturierungen aus gesehen nicht mehr zu erkennen. Nur die Einschaltungen aus der Kaiserchronik sind formal noch zum größten Teil sichtbar (siehe Makrostrukturen).

Textallianzen:
Die Textkombination ist, abgesehen von der nachgetragenen Bekehrung der Thüringer und dem lateinisch-deutschen Vokabular, typisch für die Rezension C. Die Anordnung und die hierarchische Strukturierung der Textzusammenhänge zeigt jedoch einen deutlichen Eingriff in das dynastische Geschichtsbild, durch das die Gothaer Bilderhandschrift 24 zentral bestimmt ist. Der Codex beginnt mit der Reimvorrede (SW 65,1-66,8). Darauf folgt ein Katalog und Register der lateinischen Könige von Aeneas bis Lucius Tarquinius und der römischen Könige und Kaiser von Julius Cäsar bis zu Karl IV. (1378) (Bl. 1rb, Z. 24-1^{vc}, Z. 4). Auf das bis 1275 fortgesetzte ‚Buch der Welt' folgt die Geschichte der Päpste bis 1342/1352 (Bl. 136^v, Z. 19-137^v, Z. 7), die Zeittafeln des 1. Jahrhunderts nach Christi Geburt (Bl. 137^v, Z. 12-21) und bis zum Jahre 1240 (Bl. 137^v, Z. 22-138^r, Z. 12), die ‚Fünfzehn Zeichen' (Bl. 138^r, Z. 13-29), die Genealogie der Welfen (Bl. 138^r, Z. 20-138^v, Z. 42) und der Grafen von Flandern (Bl. 138^v, Z. 43-139^r, Z. 21) und die Erzählung ‚Über die Herkunft der Sachsen' (Bl. 139^r, Z. 22-141^v, Z. 33). Die Welfengenealogie und die Herkunft der Sachsen werden noch hinter dem apokalyptischen Text tradiert. Vergleicht man die Position der Erzählung von der Herkunft der Sachsen in der Handschrift 24 mit der Stellung in 21, so wird ein auffälliger Bedeutungsschwund der welfisch-dynastischen Ausrichtung deutlich.

Der Katalog der Päpste endet mit Sixtus IV. (Bl. 142^r, Z. 1-144^r, Z. 28). Der Katalog und das Register der Päpste, das Conrad von Tanna im Anschluss an die Erzählung der Sachsen auf eine neue Verso-Seite schreibt, ist vermutlich eine eigenständige Leistung des Schreibers. Es liegt hier insgesamt eine Chronik vor, die zwar zunächst die weltlichen und geistlichen Herrscher gleichermaßen berücksichtigt, durch die stark papstorientierte Fortsetzung und die spätere Fortsetzung des Papstkataloges bis zu Sixtus IV. (†1484) aber eine Gewichtsverlagerung zugunsten der Papstgeschichte bekommt.

Conrad von Tanna ließ einige Blätter frei, bevor er sein lateinisch-deutsches Vokabular (Bl. 150va, Z. 1-203ra, Z. 5) begann. Diese Blätter nutzte später Johann Bischoff für die Darstellung der Bekehrung der Thüringer, der thüringischen Gerichtsverfassung und der Geographie Thüringens (Bl. 144va, Z. 1-148va, Z. 41). So steht schließlich in dieser ursprünglich sächsischen, in Thüringen geschriebenen Chronik die sächsische Ursprungssage mit ihrem für die Thüringer unrühmlichen Beginn neben thüringischer Geschichte. Ganz am Ende der Handschrift ist ein schwer zuzuordnender Eintrag, vielleicht ein Gerichtsprotokoll auszumachen (Bl. 207^v). Die Textallianzen in diesem Codex zeigen ganz überwiegend noch einen thematischen inneren Zusammenhang, sie weisen aber – z.B. mit dem Vokabular und dem letzten Eintrag – schon in die Richtung einer Sammlung von unterschiedlichen ‚Wissenstexten'. Inhaltlich wie auch makrostrukturell von einander abgesetzte Textzusammenhänge sind hier genauso überliefert wie inhaltlich und makrostrukturell aufeinander bezogene Textzusammenhänge.

Syntaxrelevante Merkmale:
a) Interpunktion:
Die Gesamtsatzkennzeichnung geschieht durch Majuskeln in Kombination mit roten Virgeln oder mit Punkten oder aber mit Punkt und Virgel, in den meisten Fällen sind die Virgeln über die Punkte gezogen.

b) syntaxrelevante Merkmale in der Reimvorrede:
Die Reimvorrede steht an erste Stelle als Teil des Gesamtinitiators im Codex. Sie ist in zwei Absätze gegliedert, die beide mit *Nu* beginnen: *Nv vornemet* [...], *Nv vlizent vch* [...] Die Intensität, mit der zur sofortigen Lebensumkehr aufgerufen wird, ist dadurch sehr verstärkt. Die Dringlichkeit, es jetzt und heute zu tun, ist durch die zweigliedrige, gestraffte Strukturierung besonders betont.

Die Zweiteilung führt zu einer Straffung und Intensivierung der Form und der Aussage der Reimvorrede. Die Handschrift 21 verwendet im zweitenTeil (ab: *Nu flitent* [...]) sowohl Punkte als auch Virgeln zur Kennzeichnung des Reimendes.

c) syntaxrelevante Merkmale in der Schöpfungsgeschichte:
Die Schöpfungsgeschichte besteht aus vierzehn Gesamtsätzen und acht Absätzen.

d) syntaxrelevante Merkmale in den übrigen Stoffkreisen:
Durch die Angabe der Jahreszahlen wie durch die Temporalsätze und die Temporaladverbien wird die Chronologie gesichert, gleichzeitig auch die Linearität des Geschehens betont. Die Linearität jedoch wird auch hier immer wieder aufgebrochen durch den Hinweis auf die Gleichzeitigkeit der Ereignisse; Temporaladverbien, die dies besonders hervorheben, sind z.B.: Bl. 39^v: *By adriani gecziten*. Es treten Passivkonstruktionen auf, die Verbwahl besteht aus Handlungsverben, der Vergangenheitsform von *haben* und *sein*.

Lexikalische Merkmale
1) Schlüsselwörter: „Gattungs"bezeichnungen:
Im Pommersfeldener Codex wird das Wort *boc* verwendet:

1. bezogen auf das ‚Buch der Welt' *Ich habe mich des wol bedacht Iz boc nimmer vollenbract* [...] (Bl. 1rb, Z. 11); es wird aber insgesamt weniger verwendet statt [...] *we div werlt van adame gestan hebbe dat v'neme we an deme dat dat boch hir na segit* (Hs. 24, Bl. 10^v, Z. 22-24) überliefert Handschrift 21: [...] *an dem daz dicz hernach sayt* (Bl. 2^r, Z. 13);
2. tritt die Bezeichnung als auf andere Texte bezogen auf: . *vnd leset in den buchn* [...] (Bl. 1rb, Z. 3); *enoch machte ouch buche* (Bl. 2^r, Z. 49); *heidnischen buchn* (Bl. 61^r, Z. 36). An anderer Stelle verwendet der Schreiber *buch* wo in der Gothaer Bilderhandschrift *tale* mit Bezug auf die Kaiserchronik steht (*Dese is buten der keiseren tale,* Hs. 24, Bl. 28^r, Z. 21f.): *Ayn buch saget uns sus ditz nicht* (Bl. 16^r, Z. 40).
3. Auch hier tritt *buch* in der Bedeutung ‚einzelne biblische Bücher' auf.

Auf das Wort *Chronik* als Verweis auf andere datenbezogene Geschichtsdarstellungen wird weitgehend verzichtet: An der Stelle, an der die Handschrift 24, Bl. 18^r überliefert: *We romisch rike here komen si . dat will ich iv kortelike seggen . swer vorbat weten* wille *de lese cronica . od' lucanū od' den gůden orosium* ist der Text der Pommersfeldener Handschrift abweichend: *Alsus sait orosius zcu sende augustino und schribet daz uō angende der werlt wen an die czyt daz rome gestifftig wart weren 4484 Jahre/ vnd von der stiftunge zcu rome wenne daz die geburt gotis war* [...] (Bl. 5^r, Z. 30f.). Weiterhin stellt der Chronist abweichend von der sonstigen ‚Buch der Welt'-Überlieferung hier die vier

Weltreiche mit ihren wichtigsten Herrschern vor und beschränkt sich nicht – wie in der Handschrift 24 – auf eine kurze Erwähnung des Eneas und des latinischen Königtums mit der knappen Formulierung: *d' levent vint men gescreuen in cronicis* [...] (Bl. 18^r, Z. 27), sondern gibt hier genauere Daten und die Herrscherfolge der latinischen Könige (nach Martin von Troppau) bis zur Geburt des Romulus an (Bl. 5^r, Z. 30-Bl. 6^r, Z. 50). Das Wort *Chronik* bleibt aber erhalten als die Bezeichnung für die Chronologie, für diejenige Erzählstrategie, die sich stärker von der Nennung der Daten und Personen[295] leiten lässt als von der ausführlichen Erzählung der Ereignisse im Zusammenhang mit den Personen und Daten:[296] z.B. nach der ausführlichen Darstellung des Lebens Karls des Großen wird auch hier die Rückführung zur annalistischen Darstellungsweise mit *kronek* bezeichnet: Bl. 84^v, Z. 41: *Nu kome wir wider czu der kroneken*.

Auch das volkssprachliche Wort *czal* ← mhd. *zal(e)* tritt in der Handschrift 21 in vergleichbarer Bedeutung wie in der Gothaer Bilderhandschrift 24 auf und bezeichnet wie *kronek* die chronologische, knappere Erzählstrategie: *Nv wille we ab' czu der estê czal* (Bl. 26^r, Z. 24, entspricht Hs. 24: *Nv varn we aver to der ersten tale,* Bl. 30^r, Z. 23). Nach dem Exkurs zu den römischen Tagesgöttern aber fehlt in der Handschrift 21 die entsprechende Stelle und an anderer Stelle benutzt der Schreiber statt *czal* das Wort *buch* (s.o.).

Der Pommersfeldener Codex verwendet die Bezeichnung *buch* allgemein als Werkbezeichnung.[297] Die Bezeichnung *buch* ist in dieser Handschrift häufiger vertreten als in der Gothaer Bilderhandschrift. Die Eindeutschung *kronek* bezieht sich wie *tale* auf die chronologische Darstellungsweise von Geschichte innerhalb des ‚Buchs der Welt'. Wenn *kronek* bzw. *czal* auftritt, sind diese Bezeichnungen aus der Vorlage übernommen. In verschiedenen Fällen, lässt der Schreiber diese Bezeichnungen aber auch weg oder ersetzt sie durch *buch*. Er führt auch ein weiteres Wort ein: *historia* (Bl. 5^r). Als Teil der Überschrift *historia romanensis* bezeichnet das Wort die Darstellung des Geschichtsverlaufes (hier der röm. Geschichte). Der Pommersfeldener Codex ist eine ausführliche his-

---

295 In der Terminologie Anna-Dorothee von den Brinckens ist das der Typus der *series temporum*, die die Darstellung nach einzelnen Jahren, bestimmten Zeiträumen wie den Herrscherjahren (*regna*) ordnen. Anna-Dorothee von den Brincken, Lateinische Weltchronistik, S. 47-57.
296 Nach Anna-Dorothee von den Brincken, Weltchronistik, S. 47-57: *mare historiarum*, das annalistische Schema wird unterbrochen, die Ereignisse werden ausführlich erzählt, z.T. wird über den Geschichtsablauf reflektiert, es werden auch moralische Belehrungen erteilt.
297 Vgl. auch die Hs. 24 und die Kaiserchronik (z.B. V. 4038).

torische Darstellung mit vielen Erweiterungen gegenüber der Vorlage, dies schlägt sich auch in der Verwendung der „Gattungs"bezeichnungen nieder.

2) lexikographische Schlüsselwörter (die Wochentagsbezeichnungen):
Sonntag: Die Handschrift 21 überliefert in der Schöpfungsgeschichte und auch in der Kaiserchronikpassage die synkopierten Formen *sūtag* (Schöpfungsgeschichte, Bl. 1^{rc}); *suntag* (römische Tagesgötter, Bl. 7va, Z. 53).

Montag: Der Codex schreibt *mantag* in der Schöpfungsgeschichte und *mantage* (Bl. 1^{rc}) in der Darstellung der römischen Tagesgötter (Bl. 7vb, Z. 31).

Dienstag: In der Schöpfungsgeschichte begegnet *dinstag* (Bl. 1^{rc}), in der Passage zu den römischen Wochentagen findet sich wie in der Handschrift 24 die umschreibende Wendung aus der (obd.) Kaiserchronik: *na deme mantage* (Bl. 7vb, Z. 31).

Mittwoch: Der vierte Wochentag wird übereinstimmend in der Schöpfungsgeschichte (Bl. 2^{r}) und in der Kaiserchronikpassage (Bl. 7^{vc}, Z. 38) mit *mitwochen* angegeben.

Donnerstag: In der Schöpfungsgeschichte (*donrstag,* Bl. 2^{r}) und in der Passage zu den römischen Tagesgöttern (*donerstag* 7^{vc}, Z. 50) werden Varianten von *Donnerstag* verwendet.

Freitag: In der Schöpfungsgeschichte begegnet *fritag* (Bl. 2^{r}), in der Kaiserchronikpassage fehlt vorlagengemäß die Wochentagsbezeichnung. Die Pommersfeldener Handschrift 21, Bl. 8ra hält sich bei der Kaiserchronikübernahme hier zwar auch in der Form an die gereimte Vorlage, kommt aber mit dem Reim in Schwierigkeiten und fügt deshalb weitere Zeilen ein:

Ein hus zcu rome geworht	Ein hûs ze Rôme geworht wart
war uor alle vorchte	Daz zierte alle die stat,
vn cyrte alle die stat	frowen Vêneri ze êren,
als mā ouch horē mag	ir lop dâ mit ze mêren .
vrouwe veneri zcu erē	alle die unkûsclîche lebeten
ir lop sie do mit merē	oder hures dâ pflegeten,
alle die unkuschlich lebtē	si wæren arm oder rîche,
und hures do pflegtē	man enpfie si dâ wirdilîche[298]
un waren arm od' rich	
man enfing sie wirdiclich (Bl. 8ra)	

Samstag/Sonnabend: Der Codex zeigt sich sehr vorlagentreu und bleibt insgesamt bei den Wochentagsnamen der Kaiserchronik, selbst wenn es

---

[298] Eduard Schröder, Kaiserchronik, S. 82, V. 158ff.

dadurch zu Unstimmigkeiten in der Verwendung der Wochentagsbezeichnungen innerhalb der Chronik kommt, weil die Kaiserchronikbelege nicht mit dem Dialekt der Handschrift übereinstimmen: *suñabend* (Schöpfungsgeschichte Bl. 2^r) und *samstage* (römische Tagesgötter Bl. 8ra, Z. 54).

Semantische Merkmale
1) Inhaltliche Ordnungsprinzipien:
Die Geschichtsschreibung ist deutlich personenbezogen (wie z.B. die Sichtweise in der Kaiserchronik und auch in der Chronik des Martin von Troppau), gleichzeitig aber auch betont annalistisch ausgerichtet und hat damit große Ähnlichkeit mit der Frutolf-Ekkehard-Chronik.[299] Die Papst- und Kaisernamen sind marginal am Rand zur Strukturierung und besseren Orientierung noch einmal hervorgehoben. Die personenbezogene Sicht der Weltgeschichte ist besonders betont durch die Textallianzen und Interpolationen mit der Kaiserchronik und mit Martin von Troppau. Aber auch das datenbezogene Prinzip ist deutlicher hervorgehoben, überblicksartige Zeitberechnungen treten häufiger auf als z.B. in der Handschrift 24. So wird verschiedentlich der Zeitraum von der Entstehung der Welt bis zur Gründung Roms angegeben und von der Entstehung der Welt bis zur Geburt Christi (z.B. Bl. 5^r).

Das hierarchische Ordnungsprinzip im Katalog und Register der römischen Könige und Kaiser ist streng chronologisch. Bis zu Karl dem Großen beginnen die Zeilen mit den Namen (mit zweizeiligen roten Initialen oder mit Majuskeln anfangend) der Könige und Kaiser, darauf folgt die Angabe der Regierungszeit.

Eine genealogische Ausrichtung ist durchgängig vorhanden: im alttestamentarischen Teil, in den Herrschergenealogien im Chronikzusammenhang und in den genealogischen Erweiterungen (Welfen, Grafen von Flandern).

Die Weltgeschichte erfährt eine akzentuierte Zweiteilung in vorrömische und römische Geschichte durch die Makrostrukturen (die explizite Hervorhebung durch die Überschrift: *historia romanensis*). Daneben ist

---

[299] Vgl. auch Joachim Knape, Zur Typik historischer Personen-Erinnerung, S. 17-36. Knape unterscheidet drei Typen historischer Personen-Erinnerung: A: Das dichterische Erinnerungsmodell („Kaiserchronik'); B: Das gelehrt-historiographische Erinnerungsmodell (C^2 Rezension der SW) und C: Das Mischmodell (C^1-Rezension der SW). Das C-Modell sieht er in der Handschrift 21 repäsentiert. Knape berücksichtigt dabei aber nicht die starke Abhängigkeit der Kaiserchronik und der C-Fassungen des ‚Buchs der Welt' von der lateinischen (der ‚gelehrt-historiographischen') Frutolf-Ekkehard-Chronik – gerade bei der Interpretation und Übernahme der Ereignisse um Dietrich von Bern alias Theoderich.

inhaltlich aber auch ein anderes, in vielen mittelalterlichen Weltchroniken übliches Ordnungsschema stärker hervorgehoben als in den meisten Überlieferungen des ‚Buchs der Welt': das Vier-Weltreiche Schema wird im ‚gemeinen' Text nur kurz erwähnt:

Dat wisede got deme koninge Nabugodonosore an der sule, der dat hovet was gulden, de borst sulveren, de buc eriu, de ben unde de vote iserin. Dat isern was an den voten gemischet mit gropen scherven unde mit hore. Diu sule betekenet vier rike: dat golt dat rike Chalderum, dat silver dat rike Persarum, dat ēr Grecorum, dat isern Romanorum (SW 78,24-30).

Die Handschrift 21 erläutert darüber hinaus: *Vir riche sint gewest* [...] *Also zcu babilonie von osten daz began bij abrahams geczciden* [...] (Bl. 5ʳf.) und verbindet so die Weltreiche z.T. auch mit den Weltaltern (das dritte Zeitalter beginnt mit Abraham).

2) Die sechs Deutungsmuster:
a) Einordnung der Weltgeschichte in die Heilsgeschichte: Die Einordnung in die Heilsgeschichte zeigt sich in dieser Handschrift analog zur Gothaer Bilderhandschrift 24 an der Reimvorrede, der Schöpfungsgeschichte, der franziskanischen Mahnrede und darüber hinaus noch anhand der 15 Zeichen des Jüngsten Gerichts. Sie weisen auf die Wiederaufrichtung des Reiches Gottes nach dem Untergang der Welt hin (Augustinus).
b) Berufung auf die (mündliche und schriftliche) Tradition: Auch hier ändert sich gegenüber der Handschrift 24 nur wenig, es findet durch den späteren Schreiber Johannes Bischoff eine Erweiterung um die Bekehrungssage der Thüringer statt. Insgesamt zeigt sich eine starke Vorlagenabhängigkeit besonders von der volkssprachigen Kaiserchronik, die bis in die stichische Übernahme der Reime geht, und auch von der Martinschronik. Innerhalb der Chronik wird abweichend von der Handschrift 24 auch auf die lateinischen Chronisten von Orosius bis Sankt Augustinus (Lucanus ist ausgelassen, Augustinus hinzugefügt) verwiesen und an dieser Stelle (Bl. 5ʳ) wird der ‚gemeine' Text auch um Informationen zu den vier Weltreichen und – wenn auch unvollständig – zu den sechs Weltaltern erweitert.[300] Explizit mündliche Vorlagen bzw. Mündlichkeit im Rahmen der Schriftlichkeit sind nicht nachzuweisen.

---

300 Die Einteilung in die sechs Weltalter: das erste beginnt mit Adam, das zweite mit Noe, das dritte mit Abraham, das vierte mit Moses, das fünfte mit David und nach Augustinus umfasst das letzte Zeitalter die Epoche von der Geburt Christi bis zur Wiederaufrichtung des Reiches Gottes nach dem Jüngsten Tag.

c) wahre Geschichtsschreibung: Von den Argumentationsstrategien her betrachtet, geht der Pommersfeldener Codex ähnlich vor wie die Gothaer Bilderhandschrift und die Handschrift 20. Die Verwendung von Textallianzen (Textallianzen der Rezension C_2, Bekehrung der Thüringer etc.) wird ebenso zur Wahrheitsbekundung genutzt wie der (allerdings gegenüber Handschrift 24 zurückgenommene) Verweis auf die unterschiedlichen Bücher, in denen man die Wahrheit suchen solle. Der Legitimationszwang ist aber nicht vergleichbar, da die Handschrift 21 eine universal und gleichzeitig regional orientierte Papst-Kaisergeschichte präsentieren will und nicht eine dynastisch-welfische Universalgeschichte. Die dynastischen Zusammenhänge werden weiterhin erwähnt – und nicht wie in der Handschrift 1, 2 und insgesamt in den Handschriften der Rezensionen A und B herausgenommen. Sie sollen aber der Reichshistorie keine Konkurrenz mehr machen, sie sind lediglich ein Teil des regionalen Kollorits, sie erweitern die kollektive Erinnerung um speziellere Inhalte, um Informationen, die auf die eigene Region bezogen sind. Hiermit ist die Chronik den regionalen Universalchroniken Jacob Twingers von Königshofen, der Thüringischen Chronik Johannes Rothes und auch den großen Landeschroniken Bayerns aus dem 15. Jahrhundert vergleichbar, die „das Land Bayern und seine Dynastie, die Wittelsbacher und ihre Geschichte von durchaus unterschiedlichen Gesichtspunkten aus in den Griff zu bekommen suchen".[301] Soweit zu den Nachfolgern, Vorbilder für universalhistorische Papst-Kaiser-Chroniken gab es bereits in der lateinischen Chronistik des 13. Jahrhunderts: „Gerade in und um Rom hat die Papst-Kaiser-Chronistik offenbar viele Bearbeitungen hervorgebracht, die im einzelnen noch der Untersuchung harren [...]"[302] Einen universalhistorischen Zusammenhang stellt wohl als erster der sog. Metzer Weltchronist um 1250 her, diese Chronik sowie die Erfurter Minoritenchronik von 1261 und andere spätere waren schließlich die Vorlagen für die wirkungsvolle[303] Papst-Kaiser-Chronik (nach 1268) des Dominikanermönchs Martin von Troppau. Auf dieser Grundlage wiederum schrieb um 1292 ein schwäbi-

---

301 Peter Johanek, Weltchronik, S. 291.
302 Anna-Dorothee von den Brincken, Martin von Troppau, S. 171.
303 „Kein spätantikes oder mittelalterliches Geschichtswerk hat eine vergleichbare Wirkung erreicht [...]" ebd., S. 156, Martins Chronik hat als einzige europäische Chronik auch eine Wirkung über Europa hinaus gehabt: „der persische Universalhistoriker Rašid od-Din übernahm sie um 1304/06, als er am Hof des mongolischen Ilkhans Ölğäizü wirkte, in gekürzter Form als ‚Frankengeschichte', d.h., als Geschichte der lateinischen Welt." ebd., S. 157.

scher Minorit eine regional gefärbte Papst-Kaiserchronik, die *Flores Temporum*. „Insgesamt sind die Könige und Kaiser hier etwas stärker hervorgehoben [...] Im Reich findet diese Version daher großen Anklang und Verbreitung [...]"[304] Wie in der Handschrift 20 wird auch in der Handschrift 21 der Aspekt der kurialen Memoria einbezogen. Hier erscheint er jedoch noch verstärkt, da der Codex eine ausführlichere Geschichte der Päpste überliefert (Bl. 136^v, Z. 19-137^v, Z. 7). Im Bewusstsein der lateinischen Chroniktradition – Informationen aus der Chronik Martins von Troppau sind interpoliert – und ihres romzentrierten, reichshistorischen, universalen und gleichzeitig regionalen Geschichts- und Weltbildes scheint der Notar und Pfarrer aus Sondershausen, der Schreiber der Schwarzburgischen Grafen Heinrich XXIII. und Günther XXVIII., Conrad von Tanna, sich nicht zu scheuen, die Kaiserchronikverse so originalgetreu wie möglich, selbst in der formalen Reimstruktur zu präsentieren. Seine Darstellung der Könige und Kaiser beruht auf der volkssprachigen Tradition, zu der er sich damit explizit bekennt und von der er sich auch nicht durch die Erzählperspektive distanziert: Selbst die Erzählperspektive übernimmt die Handschrift – ganz im Gegensatz zu den anderen Textexemplaren – aus der Kaiserchronik. Nur in dieser einen Handschrift der C -Gruppe tritt der abstrakte Erzähler eher als derjenige auf, der das Publikum unterhält, ihm etwas Neues berichtet. Er berichtet in gereimter Form über die römischen Abgötter, ohne auf seine Quellen zu verweisen. Er folgt damit direkt seiner Vorlage, der Kaiserchronik *als ich iu nû sage* (KChr., Vers 107ff.)[305] – *alz ich uch nů sage* (Hs. 21, Bl. 7vb, Z. 53f.). Die Handschrift 24 vermeidet an dieser Stelle die Perspektive des abstrakten Erzählers, um glaubwürdig zu bleiben: *Tohant na dem manendage to Rome over diu stat wapnede sic de ridderscap mit helmen vñ mit halsbergen [...]* (Bl. 19^v). Im Unterschied zur Handschrift 24 äußert sich die Chronik, die Conrad von Tanna abgeschrieben hat, nicht skeptisch zu den Informationen aus der Kaiserchronik: Die in der Handschrift 24 auftretenden Zweifel (*van disen afgoden . de hirvore gescriven sin . ne wet men de vollen warheit nicht . noch van den scellen . men vint et iedoch gescreven an etteliken boken .*) an der Darstellung über die römischen Tagesgötter und die Geschichte über die Schellen fehlen in der Handschrift 21. Es wird nicht die

---

304 Ebd., S. 192.
305 Eduard Schröder, Kaiserchronik, S. 81.

Wahrheit der einzelnen Aussagen kommentiert, die Buchwahrheit als solche – die Wahrheit der Vorlage – ist ausreichend.

d) Autorisierung der eigenen Aussagen: Conrad von Tanna ist im Jahre 1370 der erste Schreiber eines ‚Buchs der Welt', der sich namentlich nennt. Er kompilierte nicht neu, sondern kopierte eine vielleicht niederdeutsche Vorlage. Die Königs- und Kaiserreihen hat Conrad von Tanna bis in seine Zeit fortgesetzt, einzig bei Karl IV. fehlen die Regierungszeiten. Die Chronik endet in den 50er Jahren des 14. Jahrhunderts; die Zeittafel, die auf das fortgesetzte ‚Buch der Welt' und auf die Zeittafel der Zeit der frühen Christen folgt, ist aktualisiert bis 1240, aber nicht bis in die Gegenwart Conrads von Tanna.

Conrad von Tanna überliefert eine sehr vorlagetreue Abschrift der interpolierten Kaiserchronik, die er mitsamt der Erzählperspektive des abstrakten Erzählers in der ersten Person Singular übernimmt. Im Überlieferungszusammenhang des ‚Buchs der Welt' treten Schreibernennungen erst in der zweiten Hälfte des 14. Jahrhunderts mit Conrad von Tanna (1370), dem Schreiber der Handschrift 21, auf. Neben Conrad von Tanna nennt sich ein weiterer, späterer Kompilator: Johannes Bischoff.

e) und f) offene Geschichtsschreibung und auf Abgeschlossenheit, Endzeit zielendes Geschichtsdenken: Diese Weltchronik beginnt die Geschichte mit der Reimvorrede und deren heilsgeschichtlichen und
f) eschatologischen Verweisen. Sie stellt die weltlichen Herrscher und die geistlichen gleichberechtigt nebeneinander. Der chronologische Zusammenhang ist bis in die Gegenwart des Schreibers aktualisiert. Außer der Reimvorrede verweist auch die Textallianz mit den ‚Fünfzehn Zeichen' des Jüngsten Gerichts auf das Weltende.

Die Chronik, die Conrad von Tanna überliefert, ist kein dynastisches ‚Buch der Welt' wie die Handschrift 24, sondern ein reichshistorisches, regional an Sachsen und seinen Dynastien (Widukind, Billunger, Süpplinburger, Welfen etc.) orientiertes Buch. Nicht mehr der spezifische Herrschaftzusammenhang eines großen Adelsgeschlechtes steht hier im Vordergrund, vielmehr wird die herrschaftlich-politische Ausrichtung zur bloßen regionalen Färbung. Wie sehr dies der Fall ist, zeigt die spätere Bearbeitung durch Johannes Bischoff, der der auf Sachsen zielenden regionalen Ausrichtung eine thüringische Ursprungssage (die Bekehrung der Thüringer) zur Seite stellte und damit die Chronik auf die Region, in der sie geschrieben und aufbewahrt wurde, ausrichtete. Dieses ‚Buch der Welt' ist eine auf das Reich und die Papstkirche bezogene, stark eschatologisch ausgerichtete regionale[306] Papst-Kaiser-Chronik mit heilsgeschichtlichem Hintergrund. Sie zeugt von einer ‚gerichteten' Offenheit, einer Offenheit nach bestimmten Spielregeln: Hier wurden die Möglichkeiten einer pointierten Regionalisierung, einer akzentuierten Papst-Kaiser-Chronik und einer betonten geistlichen Ausrichtung auf das Weltende für die kollektive Memoria genutzt.

III.2.10 Handschrift 6 (München, BSB, Cgm 327) – A_1

Externe Merkmale (Ebene b)
(erschlossener) Entstehungszeitraum, Entstehungsort, Schreiber/Kompilator:
Teil B des zweiteiligen, erst später zusammengebundenen Gesamtcodex, der das ‚Buch der Welt' überliefert, wurde Ende des 14. Jahrhunderts fertiggestellt.[307] Die Handschrift führt den Textzusammenhang mit der 1. und 3. Bairischen Fortsetzung weiter und endet 1342. Zwei Schreiber haben die Handschrift fertiggestellt. Teil A enthält Urkunden und Schriftstücke, die die Ersatzansprüche bayerischer Klöster an die Herzöge von Bayern betreffen. Sie sind in lateinischer und deutscher Sprache verfasst und stammen aus den Jahren 1423 bis 1426. Teil A stammt vermutlich aus dem 2. Viertel des 15. Jh.s[308] Auch hier ist der Schreiber unbekannt.

Kombinationszeitraum, Kombinationsort:
Der Codex besteht aus zwei Teilen, deren Zusammenfügung eine Buchbindersynthese bildet: Teil A enthält lateinische und deutsche Schriftstücke aus den Jahren 1423-1426. Das ‚Buch der Welt' mit der ersten Bairischen Fortsetzung bis 1314 und der dritten Bairischen Fortsetzung bis 1342 in Teil B wurde von einem Schreiber überliefert. Die Teile wurden im Kloster Benediktbeuren in der zweiten Hälfte des 15. Jahrhunderts zusammengebunden.

Fortsetzungszeitraum, Fortsetzungsort, Fortsetzer:
Die auf das ‚Buch der Welt' und die beiden Bairischen Fortsetzungen (1. und 3.) folgenden acht Blätter wurden freigelassen. Die Entstehungszeit ist mit der Fortsetzungszeit identisch. Die Papst- und Kaiserkataloge

---

306 Regional ist hier nicht in dem umfassenden undifferenzierten Sinne gemeint, wie Peter Johanek es – mangels anderer Definitionen – als Arbeitsbegriff benutzt. Regional bedeutet hier ‚auf die Region' und nicht ‚auf eine Dynastie' bezogen. Vgl. auch Peter Johanek, Weltchronik, S.287-330.
307 Vgl. Gisela Kornrumpf, Die ‚Weltchronik' Heinrichs von München, S. 507.
308 Jürgen Wolf, Sächsische Weltchronik, S. 51.

stammen von einem weiteren Schreiber und sind vermutlich etwas später hinzugefügt worden.

Benutzungszeit, Benutzungsort, Benutzer:
Beide Teile weisen Randbemerkungen und Korrekturen auf. In Teil B stammen sie wohl aus dem 14. Jahrhundert. Sie sind am Rande beschnitten. Der Germanist und bairische Dialektforscher Johann Andreas Schmeller (1785-1852) hat im 19. Jahrhundert die Handschrift abgeschrieben. Die Abschrift befindet sich in Nürnberg als Supplement zur Hs. 7 (Hs. 2733 Supl.).

Besitzzeitraum, Aufbewahrungsort, Besitzer, Auftraggeber:
In der zweiten Hälfte des 15. Jahrhunderts wurden beide Teile im Benediktinerkloster Benediktbeuren zusammengebunden. In Benediktbeuren ist die Handschrift vermutlich auch entstanden. Unten auf Bl. 113va ist von der Hand des Schreibers mit einem Kreuzchen eine Bemerkung über das Kloster Benediktbeuren hinzugefügt, das in der Amtszeit von Papst Zacharias, von dem der Text der Spalte handelt, erbaut wurde: + *zu den zeiten wart gepawen dazz closter sant benedictpawrn von drein prüdern vnd geweyhet von sant bonifacio von Mainzz dem heilligen erzpischof.*[309] Mit der Säkularisation 1803 kam die Handschrift in die Münchener Hofbibliothek. Der Codex ist heute in der Bayrischen Staatsbibliothek München.

Kommunikationsmaterial und -form:
Der schwere Holz-Ledereinband aus dem letzten Viertel des 15. Jahrhunderts mit Streicheisenmustern stammt aus der Benediktbeurener Binderwerkstatt. Vorne auf dem Deckel klebt das alte Benediktbeurener Schildchen aus Pergament mit der Inhaltsangabe (*In wlgari et alia*) und der Signatur (N.XXII). Die 168 Blätter haben eine Gesamtfoliierung und eine partielle separate Foliierung. Das Seitenformat ist 29 x 20,5 cm, der Schriftspiegel von A 21/24,5 x 13,5/16 cm zu 33-48 Zeilen und von B 21,3/22,5 x 13,8/14,5 cm zu 33-39 Zeilen.[310]

Schreibsprache:
Die Schriftstücke aus Teil A sind in lateinischer und deutscher Sprache (mittelbairischer Dialekt) geschrieben. Der Schreibdialekt von Teil B ist bairisch mit md./nd. Einsprengseln.

---

309 Vgl. auch: Ludwig Weiland, Sächsische Weltchronik, S. 146, 36-38.
310 Vgl. auch Hubert Herkommer, Sächsische Weltchronik, S. 55 und Jürgen Wolf, Sächsische Weltchronik, S. 50.

Interne Merkmale
Initiator(en):
Bei der Handschrift 6 wird ganz deutlich, dass die Funktion der Überschriften nicht darin besteht, die Textteile zu einer formalen und inhaltlichen Einheit zusammenzufügen, sondern dass ihre Funktion die Abgrenzung der Textexemplare untereinander ist. Die beiden Teile der Handschrift 6 gehören nicht zusammen, sie sind erst in der 2. Hälfte des 15. Jahrhunderts im Kloster Benediktbeuren zusammengebunden worden. Der erste Teil aus dem zweiten Viertel des 15. Jahrhunderts enthält einspaltig Abschriften von 58 lateinischen und mittelbairischen Briefen, Gesuchen, Privilegien, Berichten und Prozessakten, die die Ersatzansprüche bayerischer Klöster an die bayerischen Herzöge in den Jahren 1423-1426 betreffen.

Der ältere Teil ist der zweispaltige Teil B aus dem Ende des 14. Jahrhunderts, der den Textzusammenhang des ‚Buchs der Welt' und einen Katalog der römischen Kaiser bis zu Konrad III. (†1152) und einen ins 12. Jahrhundert reichenden Papstkatalog (Eugen III., †1153) sowie den Katalog der römischen Kaiser und Päpste aus der Chronik Ottos von Freising bis zu Friedrich I. (1190) enthält. Die Kaiser- und Papstkataloge stammen von einem anderen Schreiber als der Textzusammenhang des ‚Buchs der Welt'. Durch einen Bindefehler kamen der Kaiserkatalog und der erste Teil des Papstkataloges vor die Schöpfungsgeschichte des ‚Buchs der Welt', mit der der ursprünglich selbständige Codex wohl begonnen hat. So kann man wohl davon ausgehen, dass das Initiatorenbündel des Textzusammenhanges auch der Initiator des Codex gewesen ist. Er ist zweigliedrig:

1. Das Textexemplar beginnt mit einer zweizeiligen, über beide Spalten gehenden Überschrift in Rubrum *Dit ist ein kronike von allen konigê vnd pabesten Vnd wie alle konigrich von erst her komen sint* (Bl. 80ra). Sie hat die Funktion, den Beginn eines neuen Textexemplars zu markieren und auf dessen Inhalt hinzuweisen.
2. Darauf folgt mit einer fünfzeiligen roten A-Initiale und einer rubrizierten Majuskel die Schöpfungsgeschichte (SW 67,1).

Terminator(en):
Der Chroniktext ist durch einen inhaltlichen Terminator begrenzt: Der letzte Satz mit inhaltlicher Begrenzungsabsicht lautet: *Die geschicht vnd wy ez den ging wer daz wiszen wil der lese der Beyerischē herrē Croniken (dy da.)* Nachträglich von anderer Hand eingefügt ist auf Bl. 80^r am unteren Rand (über die ganze Seite reichend) der Satz: *Iste liber est mo-*

nasterij Benedictenpewren. Der Satz wird am unteren Rand auf Bl. 158^v wiederholt und umrahmt so innerhalb des Codex den Textzusammenhang des ‚Buchs der Welt'. Auf Bl. 166^v wird der auf Bl. 79^v unterbrochene Papstkatalog fortgesetzt. Den Schluss des Codex bildet der Katalog der römischen Könige und Kaiser und der Päpste aus der Chronik Ottos von Freising ohne expliziten Terminator.

Weitere Makrostrukturen:
Der erste Teil der Handschrift stammt aus dem zweiten Viertel des 15. Jahrhunderts, er enthält einspaltig Abschriften von 58 lateinischen und mittelbairischen Briefen, Gesuchen, Privilegien, Berichten und Prozessakten. Sie betreffen die Ersatzansprüche der bayerischen Klöster an die bayerischen Herzöge in den Jahren 1423-1426.

Nach sechs paginierten Leerseiten beginnt auf Bl. 79^r der zweite Teil des Codex mit dem am Anfang unvollständigen Kaiserkatalog zweispaltig mit der Minuskel *i* (*in anno*). Der Teil wird fortgeführt bis Bl. 79vb, auf Bl. 79vb, Z. 11 folgt der Papstkatalog, makrostrukturell abgesetzt: Er fängt mit einer zweizeiligen P-Initiale an. Im Anschluss an die Erwähnung Papst Sylvesters wird die Auflistung durch den Teilterminator *Et aueratis in penvltimo folio et invenietis alteram partem* unterbrochen. Darauf folgt auf Bl. 80ra der Initiator des ‚Buchs der Welt' (s.o.). An das Ende des Textzusammenhangs (SW 244,32; Bl. 144va, Z. 2) schließt sich ohne makrostrukturelle Besonderheiten mit rot durchgestrichener I-Majuskel als Absatzkennzeichnung zunächst die Erste Bairische Fortsetzung an (letzter Satz: *Daz wazzer waz groz Da vō mochtē sy nicht zusammen kumē* Bl 153ra, Z. 23) und dann auf Bl. 153ra, Z. 23 die Dritte Bairische Fortsetzung mit rot durchgestrichener D-Majuskel: *Der konig Lud' behielt die wal achte tage mit gewalt vnd mit grozzē erē*. Diese Fortsetzung endet am Schluss von Bl. 158vb und ist durch 15 freie Blätter begrenzt.

Die Makrostrukturen zeigen eine Abhängigkeit von den Themenkreisen, die behandelt werden: In der Schöpfungsgeschichte bildet jeder Schöpfungstag einen Absatz. Die Strukturierung geschieht durch einzeilige farbige Initialen: *An dem ersten tag* [...].

Die Informationen zu den Stämmvätern bilden eigene Kapitel, die mit zweizeiligen farbigen Initialen beginnen: Das erste umfasst die Zeit von Adam bis Kain, das zweite geht von Kain bis Noe, dann folgen die Vorhersehungen Adams und die Erfindungen der Stammväter usw.

Auffällig ist die einheitliche und von anderer Überlieferung abweichende Strukturierung der Kaiser-/Königs-/Papst-Chronik, sie folgt der

Chronologie der Herrscher und ist dem Personenprinzip verpflichtet: Jede Darstellung ist mit dem Namen des Königs überschrieben, von dem der folgende Text handelt. Dadurch erübrigen sich die Verweise im Text, die nach längeren Herrscherdarstellungen – wie z.B. zu Karl dem Großen – den Leser wieder auf die chronologische Darstellungsweise zurückführen (Abb. 18; vgl. auch Schlüsselwöter: „Gattungs"bezeichnungen).

Auf Bl. 166^v wird der unterbrochene Papstkatalog fortgesetzt. Den Schluss bildet der Katalog der römischen Könige und Kaiser und der Päpste aus der Chronik des Otto von Freising.

Textbestand:
Der ursprünglich selbständige Teil B des Codex hat vor dem Zusammenbinden vermutlich mit der Schöpfungsgeschichte begonnen: Nach der Überschrift *Dit ist ein kronike von allen konigen vnd pabesten vnd wie alle konigrich von erst her kommen sint* beginnt der Textzusammenhang auf Bl. 80ra mit der Schöpfungsgeschichte (SW 67,1) und endet im Jahre 1225 auf Bl. 144va, Z. 2 (SW 244,32).

Texterweiterung/Textkürzung:
Dieses bairische ‚Buch der Welt' ist eine durch Einschübe aus der Chronik Martins von Troppau erweiterte Kompilation, die auch Anlehnungen an die Kaiserchronik (Bl. 94$^{rb\text{-}va}$; Bl. 94vb, Bl. 103$^{va\text{-}vb}$, Bl. 104va-105ra und Bl. 117va) aufweist.[311] Die Kaiserchronik-Übernahmen weichen von denjenigen der C-Fassungen ab.

> Einen nicht weiter eingrenzbaren KC-Text hat die im Kloster Benediktbeuren entstandene Hs. 6 an einigen Stellen benutzt. Von der C-Rezension unabhängig erzählt diese A-Hs. die [...] Geschichten von der Gründung Pisas, von Odnatus, der Verschwörung gegen Titus, von Nerva, Philippus Arabs und Decius, der Stephanustranslation, Silvester, Julian, Mercurius, Gutwin und Germar in freier, sehr komprimierender Prosa nach der KC.[312]

An den Text (W 244,32) schließt sich nach dem Eintrag zum Jahr 1225 die Erste Bairische bzw. Oberrheinische Fortsetzung bis 1314 an. Der Schluss ist selbständig, d.h., vorlagenunabhängig, zusammengefasst. Es folgt die so genannte Dritte Fortsetzung bis 1342, die nur in diesem Textexemplar überliefert wird. Die Bll. 159^r-166^r sind freigelassen. Dem Redaktor dieses Teiles der Handschrift 6, die allein die so genannte Dritte Bairische Fortsetzung überliefert, war wohl auch die Zweite Bairische Fortsetzung bekannt, denn er übernimmt aus ihr einige Informationen.

---

[311] Vgl. Hubert Herkommer, Sächsische Weltchronik, S. 56, s.a. Anm. 58 und S. 229f.
[312] Michael Menzel, Sächsische Weltchronik, S. 117

Die Sprache der Dritten Fortsetzung ist bairisch mit deutlichen mitteldeutsch/niederdeutschen Einsprengseln, zudem ist Friedrich der Ernsthafte von Thüringen und Meißen (†1349) besonders ehrenhaft (*durnachtigen, manlichen und milten fursten*) hervorgehoben. In jedem Fall weist die Fortsetzung bzw. die Handschrift 6 oder ihre Vorlage in das mitteldeutsche Ursprungsgebiet der Rezension A_1.[313] Die Chronikfortsetzung (3. Bair. Fortsetzung) beginnt der Schreiber mit der Doppelwahl Herzog Friedrichs von Österreich und Herzog Ludwigs von Oberbayern im Jahre 1314. Die Fortsetzung bricht 1342 ab, sie ist nicht chronologisch, in die Nachrichten sind z.B. Berichte aus der Zeit nach 1360 eingeschoben.

Daran schließt sich der Papst- und Kaiserkatalog an, dessen erster Teil durch einen Bindefehler vor die Schöpfungsgeschichte geraten ist. Der Codex endet mit einem Katalog der römischen Könige und Kaiser nach der Chronik des Otto von Freising.

Textallianzen:
Die Handschrift ist aus zwei unterschiedlichen Codices in der zweiten Hälfte des 15. Jahrhunderts im Kloster Benediktbeuren zusammengebunden worden. Die Zweiteilung wird auf inhaltlicher und makrostruktureller Ebene deutlich. Der erste Teil aus dem zweiten Viertel des 15. Jahrhunderts enthält einspaltig Abschriften von 58 lateinischen und mittelbairischen Briefen, Gesuchen, Privilegien, Berichten und Prozessakten, die die Ersatzansprüche bayerischer Klöster an die bayerischen Herzöge in den Jahren 1423-1426 betreffen. Den zweiten Teil der Handschrift bildet das ursprünglich selbständige ‚Buch der Welt', fortgesetzt vor allem mit oberdeutschen Nachrichten, erweitert um annalistische

---

[313] Vgl. dazu die These von Ludwig Weiland, Sächsische Weltchronik, S. 341: „*Die sprache zeigt nämlich durch die ganze hs. einen starken satz von mitteldeutschen sprachformen, öfter sogar solchen, die sich nur aus einer mit niederdeutschen elementen gemischten md. vorlage erklären lassen. Der schreiber der hs., welche im 15. jh. wol sicher im Bairischen Benedictbeuren geschrieben ist, muss also wohl eine md. vorlage gehabt haben. Diese wird etwa im nördlichen Thüringen oder Meissen geschrieben sein, und ihr schreiber, der den landgraf Friedrich vielleicht noch persönlich kannte, hat dann die lobenden beiwörter hinzugesetzt. Trotzdem zweifle ich nicht, das die ganze compilation in den sechziger jahren in Baiern entstanden ist, dass der Thüringer die oberdeutsche, Bairische sprache in die seines landes umsetzte, und dass man dann in Benedictbeuren die md. sprache wieder zurück zu übersetzen suchte. Eine ursprüngliche entstehung des stückes selbst in Thüringen anzunehmen, fehlt jeder grund: einem Thüringer, der die 1. Bairische Fortsetzung weiterführen wollte, hätten doch wol andere Quellen näher gelegen als die 2. Fortsetzung und die Bairische Fürstenchronik.*" Auch die Annahme, ein in Benediktbeuren lebender mitteldeutscher Benediktinermönch habe den Codex geschrieben, hält Weiland für sehr unwahrscheinlich. Vgl. auch Wilhelm Erben, Die Berichte der erzählenden Quellen, S. 314, Anm. 1 und Hubert Herkommer. Sächsische Weltchronik, S. 55, Anm. 56.

Papst- und Kaiserlisten. Die Buchbindersynthese vereint Rechtstexte aus dem Herzogtum Bayern mit einer regional auf Bayern ausgerichteten Reichschronik bis 1342.

Syntaxrelevante Merkmale:
a) Interpunktion:
Als hierarchische Strukturierungen lassen sich Gesamtsätze unterscheiden, die durch Majuskeln markiert sind; als Variante tritt die Kombination von mittelhohem Punkt und Majuskel auf.

b) syntaxrelevante Merkmale in der Schöpfungsgeschichte:
Die Chronik beginnt mit einer Überschrift vor der Schöpfungsgeschichte: *Dit ist ein kronike von allen konigê vnd pabesten Vnd wie alle konigrich von erst her komen sint* (80ra). Der Gesamtsatz verbindet zwei einfache Sätze miteinander.

Insgesamt besteht die Schöpfungsgeschichte aus siebzehn Gesamtsätzen und ist in acht Absätze gegliedert. Schon der erste Gesamtsatz ist kürzer als in den älteren Handschriften: *AN anegenge geschuf got erst himel vnd erde wazzir vür vnd luft die vier elemēten wān gescheydē*. Er besteht nur aus zwei asyndetisch zusammengefügten einfachen Sätzen.

Der Hinweis auf die Genealogie der Stammväter (Bl. 80rb, Z. 25) beendet das Kapitel Genesis (es folgt ein Spatium). Der Teilsatz ist verkürzt: [...] *wie die werlt von Adame her gestanden habe*

c) syntaxrelevante Merkmale in den übrigen Stoffkreisen:
In der Chronik werden vor allem darstellende, erzählende Verben verwendet. Sie geben die Handlung wieder. Häufig ist die Vergangenheitsform der Hilfsverben *haben* und *sein*. Die Verben können aber auch wie *gewan* der Verdeutlichung der genealogischen Struktur dienen. Das Stilmittel der Verbwiederholung dient der Einprägsamkeit der genealogischen Strukturen, es lenkt nicht von der Information ab. Es zeigt sich auch an der Verwendung der Verben ein Wechsel von chronologischem, narrativem und genealogischem Prinzip.

Lexikalische Merkmale
1) Schlüsselwörter: „Gattungs"bezeichnungen:
In der bairischen Handschrift 6 begegnet (wie in der ebenfalls bairischen Handschrift 2) schon in der zweizeiligen, über beide Spalten gehenden Überschrift in Rubrum *Dit ist ein kronike von allen konigê vnd pabesten Vnd wie alle konigrich von erst her komen sint* die Bezeichnung *kronik*. Wie die ostmitteldeutsche Handschrift 1 und die bairische Handschrift 2 hat auch dieses ‚Buch der Welt' keine Reimvorrede. Es beginnt stattdes-

sen mit einer Überschrift, die auf den Inhalt, die chronologische Darstellung der römischen Könige und Päpste und die Entstehung aller Königreiche verweist. Es wird hier also – anders als in der Handschrift 21 – bereits in der Überschrift deutlich, dass es sich um eine Papst-Kaiser-Chronik handelt.

Das lat. bzw. eingedeutschte Wort *chronica/Chronik* wird vor allem für andere chronologisch aufgebaute Geschichtswerke verwendet: der Chronist nennt empfehlenswerte weitere Literatur: *daz will ich uch korczlich sagē swer ez vurbaz wizzē wil der lese chronicam odir lucan odir dē guten Erasinū* (Bl. 85vb, Z. 24-26); ebenso auch: *Der lebē vind mā in Cronicis* [...] (Bl. 86ra, Z. 23f.) und am Ende der Dritten Bairischen Fortsetzung des ‚Buchs der Welt': [...] *der lese der Beyerischē herrē Croniken* (Bl. 158vb).

Im Anschluss an die Ausführungen zu Karl dem Großen fehlt die Rückbesinnung auf den chronologischen Fortgang der Geschichtsdarstellung[314] und die damit verbundene Erwähnung der Selbstbezeichnung *chronik* (Abb. 19), da die Makrostrukturen mit der konsequenten Nennung des Königsnamens die Rückführung zur Chronologie nach einer längeren Darstellung unnötig machen.

Im Textzusammenhang tritt *buch* als Bezeichnung

1. für das ‚Buch der Welt' auf: z.B.: *daz sal men allis noch vindē noch in disē puche*. (Bl. 118rb, Z. 28f.) etc.,
2. auf andere Texte bezogen: *buch* (Bl. 81ra, Z. 1) etc. und
3. für einzelne biblische Bücher auf.

Neben *buch* und *chronica* tritt auch das volkssprachige *zal* auf. *Nv vahr wir wid' zu d' erstê zal* (Bl. 118rb, Z. 31f.). Es meint auch hier ‚Erzählung, Geschichte, Darstellung' mit der Konnotation ‚Geschichtserzählung in chronologischer Reihenfolge'.

2) lexikographische Schlüsselwörter (die Wochentagsbezeichnungen):
Der Codex überliefert nur die Schöpfungsgeschichte und nicht die Kaiserchronikpassage zu den römischen Tagesgöttern.

Sonntag: Es tritt die synkopierte, ungerundete Form *svntag* (Bl. 80ra) auf.

Montag: Der zweite Wochentag wird in Übereinstimmung mit dem Dialektgebiet ungerundet als *mantag* wiedergegeben (Bl. 80ra). Das kanzleisprachliche Ausgleichswort *Montag*, das bereits in der Hand-

---

314 In SW 148, 11 lautet der „gemeine Text": *Dit han wir korczlichen gesagit van koning Karles lebin. Nū sullen wir weder komen an die historia kronicorum.*

schrift 2 auftritt, ist hier nicht belegt. Im bairischen Dialektgebiet treten durchaus *mantag*-Formen auf, vielleicht handelt es sich hier aber auch um eine ungerundete md. Form.

Dienstag: Hier tritt eindeutig eine Form auf, die eher in nd. oder md. Handschriften zu erwarten gewesen wäre: *dingstag* (Bl. 80ra) ← mnd. *dingesdach, dinschedach*, nl. *din(g)sdag*.[315] Das bairische Kennwort *eritag* tritt nicht auf.

Mittwoch: Es begegnet das md./obd. Wort *mitwochē* (Bl. 80ra).

Donnerstag: Auch hier tritt nicht das bairische Kennwort auf, sondern die Ausgleichsform *donnrstag* (Bl. 80rb).

Freitag: Im Codex wird die nicht diphthongierte Form *frytag* verwendet (Bl. 80rb), auch hier ist vermutlich mit md. Einfluss zu rechnen.

Samstag/Sonnabend: Der letzte Wochentag wird mit der obd., aber auch im Mitteldeutschen verbreiteten Bezeichnung *samztag* (Bl. 80rb) benannt.

Die Wochentagsbezeichnungen repräsentieren eher eine md. Kanzleisprache und zeigen keine oberdeutschen Neuerungen.

Semantische Merkmale
1) Inhaltliche Ordnungsprinzipien:
Der Gesamtaufbau des Codex ist durch eine Kombination von datenbezogener und personenbezogener Darstellungsweise gekennzeichnet. Die Genealogie ist vorhanden, wird aber nicht besonders hervorgehoben. Das chronologische personenbezogene Prinzip wird verstärkt durch die verschiedenen Kataloge (Papst-, Kaiser- und Königskataloge), um die die Darstellung erweitert ist.

2) Die sechs Deutungsmuster:
a) Einordnung der Weltgeschichte in die Heilsgeschichte: Das göttliche Heilswirken drückt sich deutlich im Sechstagewerk, in der Schöpfungsgeschichte und in der franziskanischen Mahnrede aus. Die Reimvorrede fehlt.
b) Berufung auf die (mündliche und schriftliche) Tradition: Der fortgesetzte Textzusammenhang des ‚Buchs der Welt' ist eine reichshistorische Universalchronik.
Viele narrative Passagen der ‚Buch der Welt'-Vorlage sind gekürzt, so auch die Legendenüberlieferung zu Johannes und Paul, die als bekannt vorausgesetzt wird. Der Chronist erwähnt nur, dass beide ge-

---

[315] Friedrich Kluge, Elmar Seebold, Etymologisches Wörterbuch, S. 143; Friedrich Kluge, Deutsche Sprachgeschichte, S. 187.

martert worden sind. Die Auswahl der Vorlagen ist reduziert, dennoch übernimmt dieses Textexemplar des ‚Buchs der Welt' nicht nur Informationen aus der schriftlichen, lateinischen Chronistik – erweitert um Passagen aus Martin von Troppau –, sondern auch aus der Kaiserchronik. Hierin unterscheidet sich die sonst der A-Rezension zugeordnete Handschrift vor allem von anderen Vertretern dieser Rezension, die keine Informationen aus der Kaiserchronik übernehmen. Anders als in den C-Handschriften sind diese Übernahmen aber nicht genau zu bestimmen. Die Gründung Pisas, die Geschichte von Odnatus, die Erzählung der Verschwörung gegen Titus, die Geschichte von Nerva, Philippus Arabs und Decius, die Stephanustranslation, Silvester, Julian, Mercurius, Gutwin und Germar werden knapper als im C-Text dargestellt. Der Stoff wird in freier, sehr komprimierender Prosa dargeboten (Bl. 94^{rb-va}; Bl. 94vb, Bl. 103^{va-vb}, Bl. 104va-105ra und Bl. 117va).

c) wahre Geschichtsschreibung: Das Anliegen des Codex ist eine reichshistorische Papst-Kaiser-Chronik, die sich inhaltlich auch an der Chronik des Martin von Troppau orientiert. Die Zitate wörtlicher Rede sind sehr zurückgenommen, so fehlt z.B. der deutsche wie der lateinische Wortlaut der christenfeindlichen Auslegung des Bibelzitates durch den röm. Kaiser Julianus Claudius (Apostata) ganz, ebenso die beiden Urkunden aus der Zeit des Investiturstreits sowie die vorhergehenden Passagen, die sich mit der sächsisch-welfischen Geschichte befassen (SW 186,14-199,34). Der Kompilator beruft sich auf die wahren Bücher, die er herangezogen hat. Er nimmt mit den Bairischen Fortsetzungen Bezug auf die Region, aber seine Intention ist es eindeutig nicht, eine bayerische dynastische Chronik zu schreiben. Hier verweist er auf die Lektüre der *Beyerischen herren Croniken* (Bl. 158vb). Die Textallianzen mit den Kaiser- und Papstkatalogen dienen diesmal nicht dem Wahrheitsbeleg, sondern ausschließlich der Betonung reichhistorischer und kurialer Memoria.

d) Autorisierung der eigenen Aussagen: Es tritt auch hier der abstrakte Erzähler in der ersten Pers. Sg. und Pl. auf, während der empirische Autor bzw. der Schreiber ungenannt bleibt. Der Hinweis auf Eike von Repgow ist mit der Reimvorrede weggefallen.

e) und f) offene Geschichtsschreibung und auf Abgeschlossenheit, Endzeit zielendes Geschichtsdenken: Der Codex ist zu einer Papst-Kaiser-Chronik im Stile Martins von Troppau verändert worden. Durch die Fortsetzungen hat die Universalgeschichte einen regionalen Bezug erhalten. Die kollektive Memoria enthält so neben dem christlichen reichshistorisches, kuriales und regionales Erinnungswissen. Eine explizite Ausrichtung auf das Weltende, das Jüngste Gericht, fehlt. Ungeachtet der Terminatoren ist der Codex durch Fortsetzungen und Textallianzen erweitert worden. Der Teil B des Codex ist also keine Sammelhandschrift, sondern eine planmäßig angelegte Chronik. Erst später, als Teil A dazugebunden worden ist, wurde aus der Chronik ein Sammelcodex, der nicht mehr durchgängig durch den Inhalt und die Form geeint ist.

III.2.11 Handschrift 7 (Nürnberg, GNM, Hs. 2733) – A_1

Externe Merkmale (Ebene b)
(erschlossener) Entstehungszeitraum, Entstehungsort, Schreiber/Kompilator:
Der Codex überliefert das ‚Buch der Welt' mit einer Fortsetzung (1. Bair. Fortsetzung), die mit dem Jahr 1314 verstümmelt, aber ohne Blattverlust abbricht. Er wird auf den Zeitraum 1391-1393 datiert.[316] Die Schreiber und der Entstehungsort sind unbekannt.

Kombinationszeitraum, Kombinationsort:
Von einer Kombinationszeit lässt sich hier nicht sprechen: Der Codex enthält nur das ‚Buch der Welt' von der Schöpfungsgeschichte bis 1225 und danach die 1 Bairische Fortsetzung.[317]

Fortsetzungszeitraum, Fortsetzungsort, Fortsetzer:
Der Codex wurde von vielleicht fünf Schreibern in dem Zeitraum zwischen 1391 und 1393 zusammengestellt. Entstehungs- und Fortsetzungszeitraum fallen hier vermutlich zusammen.

Benutzungszeit, Benutzungsort, Benutzer:
Johann Andreas Schmeller (s. Hs. 6) benutzte die Chronik, um seine Abschrift von Hs. 6 zu ergänzen. Er trug in den Codex Randbemerkungen ein.

Besitzzeitraum, Aufbewahrungsort, Besitzer, Auftraggeber:
Über Auftraggeber, Besitzer und Aufbewahrungsorte in ihrer zeitlichen Reihenfolge ist nichts bekannt. Im 19. Jahrhundert war die Handschrift im Besitz des Freiherrn Hans Werner von und zu Aufseß (1801-1872),

---

316 Lotte Kurras, Handschriften des Germanischen National-Museums, Bd. I,2, S. 14; Hubert Herkommer, Sächsische Weltchronik, S. 57 datiert die Handschrift ins 15. Jahrhundert; Ludwig Weiland, der die Handschrift nicht einsehen konnte, stützt sich auf Massmann und nimmt das 14.-15. Jh. als Entstehungszeit an.
317 Vgl. auch Jürgen Wolf, Sächsische Weltchronik, S. 52.

der seine Büchersammlung dem Germanischen National-Museum vermachte.[318]

Kommunikationsmaterial und -form:
Die einspaltige Papierhandschrift umfasst 94 Blätter im Quart-Format. Am Ende bricht sie ohne Blattverlust unvollendet ab. „Die Chronik bricht zwar verstümmelt ab, die Handschrift ist jedoch komplett. Der Textverlust muß demnach auf die Vorlage zurückgehen."[319] Die Blattgröße beträgt 20 x 14,5 cm, der Schriftspiegel 16,5 x 11 cm zu 20-33 Zeilen. Die Handschrift enthält das ‚Buch der Welt' mit der Erste Bairischen Fortsetzung. Der Einband ist ein moderner Pappeinband mit dem Stempel des Freiherrn Hans Philipp Werner von und zu Aufseß (1801-1872), Historiker und Gründer des Germanischen Nationalmuseums in Nürnberg.[320]

Schreibsprache:
Lotte Kurras nimmt als Schreibdialekt bairisch/schwäbisch an.[321]

Interne Merkmale
Initiator(en):
Die bair.-schwäb. Handschrift ist einspaltig und von mehreren Schreibern geschrieben worden. Sie hat einen zweiteiligen Initiator:

1. die lateinische Überschrift: *Cronica romanorum imperatorum*, vorgesehen war
2. eine dreizeilige Initiale, die aber nicht ausgeführt wurde. Bis auf zwei Initialen innerhalb dieses Codex ist keine weitere – trotz des vorgesehenen Freiraumes – ausgeführt worden.

Terminator(en):
Die Handschrift hat einen expliziten, zweigliedrigen Terminator:

1. fünf Tilden, die das Ende der Zeile ausfüllen und
2. einen Strich unterhalb des einspaltig geschriebenen Textes,

was jedoch merkwürdig ist, da sie in einem unvollendeten Satz abbricht:
do lag herczog fridrich von österich mit sinem her ienhalb an den Mān

---

318 Vgl. auch Hubert Herkommer, Sächsische Weltchronik, S. 57.
319 Jürgen Wolf, Sächsische Weltchronik, S. 52, Anm. 126.
320 Hubert Herkommer, Sächsische Weltchronik, S. 57f.; Jürgen Wolf, Sächsische Weltchronik, S. 52.
321 Lotte Kurras, Handschriften des Germanischen National-Museums, Bd. I,2, S. 14; Hubert Herkommer, Sächsische Weltchronik, S. 57 datiert die Handschrift ins 15. Jahrhundert; Ludwig Weiland, der die Handschrift nicht einsehen konnte, stützt sich auf Massmann und nimmt das 14.-15. Jh. als Entstehungszeit an.

daz wasser was grozz do von mochten si ze sammen nit ~ ~ ~ ~ ~ Die entsprechende Stelle (SW 335,24) in der Edition Weilands lautet: *So lag herzog Friderich von Österrich mit sinen helfern jenhalb des Mœuns. Daz wazzer was groz, dovon mohten si niht zesamen chomen.* Es fehlt das Verb *kommen*. In seiner 1362 vollendeten ‚Straßburger Chronik' berichtet Fritsche Closener in der gleichen unvollkommenen Weise von der Frankfurter Doppelwahl und der anschließenden feindlichen Belagerung auf beiden Seiten des Mains: *do lag hertzog Friderich von Osterrich mit sim her zů der andern siten an dem Moun, daz wasser waz gros, davon mohten sü nüt zusamene*[322]

> Dieser sinnlose Satz führt auf die Spur der Vorlage, denn nur Hs. 7 endet genau mit diesen Worten [...] Nach dieser Entdeckung verwundert es kaum, dass viele charakteristische Lesarten der Hs. 7 bei Closener wiederzufinden sind. Die erst gegen Ende des 14. Jh.s geschriebene Hs. 7 scheidet jedoch aus chronologischen Gründen als direkte Vorlage aus. Als Fazit bleibt festzuhalten, daß sich im Jahr 1362 in Straßburg eine mit Hs. 7 eng verwandte SW-Handschrift befunden haben muß. Sie enthielt eine SW-A-Fassung mit der bereits verstümmelten 1. Bair. Fortsetzung.[323]

Die Schreiber der Handschrift 7 kopierten also eine am Ende unvollständige Handschrift. Ihre Abschrift terminierten sie durch fünf Tilden und einen ca. 20 cm langen Strich 2-3 cm unterhalb des Textes, sodass sie nicht unmittelbar fortgeführt werden konnte.

Weitere Makrostrukturen:
Das Textexemplar erscheint inhaltlich und makrostrukturell als chronologische Abfolge von Ereignissen. Die Schöpfungsgeschichte ist durchsetzt mit roten Majuskeln, die vor allem die Funktion der Gesamtsatzkennzeichnung haben. Die Abfolge zu den Jahren beginnt häufig mit einer zweizeiligen – in der Regel nicht ausgeführten – Initiale, die wie in allen anderen Textexemplaren entweder mit dem Namen bzw. in der Schöpfungsgeschichte mit *An dem ersten* [etc.] *tage* oder mit adverbialen Bestimmungen der Zeit strukturiert ist. Die Rubrizierung lässt im weiteren Text nach. Kapitel sind in der Regel durch ein Spatium und eine zweizeilige rote Initiale gekennzeichnet, die Abschnittskennzeichnung erfolgt durch eine zweizeilige Initiale ohne vorangehendes Spatium. Die Rubrizierung ist ganz überwiegend nicht ausgeführt, die Freistellen zeigen jedoch, dass sie vorgesehen war.

---

322 Fritsche Closener zitiert nach Jürgen Wolf, Sächsische Weltchronik, S. 208f.
323 Jürgen Wolf, Sächsische Weltchronik, S. 209.

Die Erste Bairische Fortsetzung schließt sich ohne makrostrukturelle Hervorhebung auf Bl. 86^r, Z. 15 an den Chronikzusammenhang an.

Textbestand:
Dieser Codex überliefert den Textzusammenhang eines reichshistorischen ‚Buchs der Welt' Bl. 1^r-86^r, Z. 15, ab der Schöpfungsgeschichte bis zum Jahr 1225 (SW 67,1-244,32).

Texterweiterung/Textkürzung:
Die Erste Bairische Fortsetzung bricht 1314 unvollständig, aber ohne Textverlust ab (Bl. 86^r, Z. 15-93^v). Das letzte Blatt des Codex ist vakant (94).

Syntaxrelevante Merkmale:
a) Interpunktion: Gesamtsätze sind durch rote Majuskeln markiert.

b) syntaxrelevante Merkmale in der Schöpfungsgeschichte:
Nach der lateinischen Überschrift *Cronica romanorum imperatorum* konstituiert sich die Schöpfungsgeschichte aus zehn Gesamtsätzen und sieben Absätzen. Der Teilsatz [...] *wie diu welt von adam biz her gestanden hab daz vernemen wir in dem daz dicz půch her nach sagen wirt* (Bl. 1^v) ist das Ende des Kapitel Genesis. Die Genealogie der Stammväter beginnt mit einer zweizeiligen A-Initiale.

c) syntaxrelevante Merkmale in den übrigen Stoffkreisen:
Handlungsverben werden häufig variiert (*schenkten, raupten, lag, hub, wollt, geschach, schlůg* etc.). Die Verben können aber auch – wie *gewan* – als Stilmittel (hier z.B. aus Gründen der Verdeutlichung der genealogischen Struktur) wiederholt werden. Daran zeigt sich auch der Wechsel von chronologischem, narrativem und genealogischem Prinzip.

Lexikalische Merkmale
1) Schlüsselwörter: „Gattungs"bezeichnungen:
Die bair./schwäb. Handschrift 7 ist wie die Handschriften 1, 2 und 6 ein Textexemplar ohne Reimvorrede. Sie beginnt mit einer lateinischen Überschrift: *Cronica romanorum imperatorum*. Die Überschrift verweist darauf, dass es sich hier um die chronologische Darstellung der römischen Kaiser handelt, sie deutet nicht den universalhistorischen Zusammenhang an.

Das Textexemplar beginnt mit der Schöpfungsgeschichte. Im Textzusammenhang wird neben *cronica* auch *buch* als Selbstbezeichnung erwähnt: Bl. 1^v am Ende der Schöpfungsgeschichte: *wie diu werlt von adam biz her gestanden hab daz vernemen wir in dem daz dicz půch her nach sagen wirt.* Auf andere Texte und auf die biblischen Bücher bezogen tritt die Bezeichnung ebenfalls auf.

Neben *buch* und *cronica* tritt auch das volkssprachige *zal(e)* auf, das nach Querverbindungen in der Geschichtsdarstellung wieder auf die eigentliche an dieser Stelle zu erzählende Geschichte zurückführt

Die Handschrift 7 verwendet die Bezeichnung *buch* allgemein als Werkbezeichnung,[324] mit *cronica* wird ein Geschichtswerk bezeichnet, das chronologisch aufgebaut ist, in Kombination mit *historia* hat es die Funktion auf die chronologische Darstellungsweise zurückzuführen. *Zal* wird in der Bedeutung ‚Geschichte, Erzählung' verwendet.

2) lexikographische Schlüsselwörter (die Wochentagsbezeichnungen):
Sonntag: Für den ersten Wochentag wird *sunnentag* (Bl. 1^r) gebraucht.

Montag: Ungerundetes *mantag* (Bl. 1^r) entspricht im 13. und 14. Jahrhundert der häufigsten Verwendung in bairischen Urkunden. Die gerundete Form setzt sich hier erst seit dem 15. Jahrhundert durch,[325] die meisten bair. Belege meines Korpus zeigen allerdings ein sehr frühes Vorkommen der unumgelauteten, gerundeten Form *montag*.

Dienstag: Der dritte Wochentag wird mit dem bair. kanzleisprachlichen Dialektwort *eritag* (Bl. 1^r) bezeichnet.

Mittwoch: Der vierte Wochentag heißt, wie in den meisten omd. und bair. Handschriften *mitwochen* (Bl. 1^r).

Donnerstag: Konsequent verwendet der Codex auch das zweite bairische Kennwort *pfintztag* (Bl. 1^r).

Freitag: Hier begegnet die diphthongierte Form *freitag* (Bl. 1^r).

Samstag/Sonnabend: Für den letzten Wochentag findet sich die Bezeichnung *sampstag* (Bl. 1^v).

Semantische Merkmale
1) Inhaltliche Ordnungsprinzipien:
Der Gesamtcodex (das ‚Buch der Welt' und die Erste Bairische Fortsetzung) ist durch eine Kombination von daten- und personenbezogenem Prinzip strukturiert. Sie schlägt sich makrostrukturell in (nicht durchgängig rubrizierten) Absätzen zu den einzelnen Jahren nieder (siehe auch oben Makrostrukturen). Eine genealogische Anlage ist im Text vorhanden, sie tritt aber sehr in den Hintergrund.

---

[324] Auch in der Kaiserchronik tritt die Selbstbezeichnung *bůch* auf (z.B. V. 4038).
[325] Peter Wiesinger, Vom Wandel einer Wortform, S. 365f.

2) Die sechs Deutungsmuster:
a) Einordnung der Weltgeschichte in die Heilsgeschichte: Die Chronik führt keine Reimvorrede, sie beginnt mit der Schöpfungsgeschichte. Das göttliche Heilswirken drückt sich deutlich im Sechstagewerk, dem Anfang aller Weltgeschichte aus. Die franziskanische Heilsauffassung begegnet in der makrostrukturell unmarkierten Mahnrede.
b) Berufung auf die (mündliche und schriftliche) Tradition: Der fortgesetzte Textzusammenhang des ‚Buchs der Welt' ist eine gestraffte, chronologische, reichshistorische Chronik. Viele narrative Passagen sind gekürzt, so auch die Legendenüberlieferung zu Johannes und Paul, die als bekannt vorausgesetzt wird. Der Chronist sagt nur, dass beide gemartert worden sind, er verzichtet auf die Bibelauslegung des Julianus Claudius (Apostata). Die Auswahl der Vorlagen ist reduziert, auf Ausschmückendes und Mündliches (im Reflex der Schriftlichkeit) wird weitgehend verzichtet. Die Informationen stammen aus der schriftlichen, lateinischen Chronistik.
c) wahre Geschichtsschreibung: Der Codex vermittelt ein traditionelles Geschichtsbild: die Reichsgeschichte als universalhistorisch orientierte Geschichte der römischen Kaiser und Könige. Die Zitate wörtlicher Rede sind sehr zurückgenommen, so fehlt z.B. der deutsche wie der lateinische Wortlaut der christenfeindlichen Auslegung des Bibelzitates durch den röm. Kaiser Julianus Claudius (Apostata) ganz, ebenso die beiden Urkunden aus der Zeit des Investiturstreits sowie die vorhergehenden Passagen, die sich mit der sächsisch-welfischen Geschichte befassen (SW 186,14-199,34). Die Fortsetzung richtet die Chronik regional stärker auf den bairischen, oberrheinischen Raum und seine Dynastien aus.
d) Autorisierung der eigenen Aussagen: Auch hier tritt der empirische Schreiber hinter dem abstrakten Autor (Erzählperspektive ist häufig: erste Person Sg./Pl.) zurück. Die Reimvorrede mit der Erwähnung Eikes von Repgow fehlt.
e) und f) offene Geschichtsschreibung und auf Abgeschlossenheit, Endzeit zielendes Geschichtsdenken: Obwohl inhaltlich unvollständig, ist die Chronik als terminiertes Textexemplar konzipiert worden, d.h., eine ähnlich unvollständige Vorlage wurde vermutlich einfach abgeschrieben. Eine Ausrichtung auf das Jüngste Gericht fehlt. Insgesamt enthält die Chronik reichshistorisches, auf die Geschichte der römischen Kaiser und Könige ausgerichtetes Erinnerungswissen, diese weltliche Geschichte wird – ganz im Sinne universalhistorischer Vorstellungen – auf die biblische Geschichte zurückgeführt. Das ‚Buch

der Welt' hält sich weitestgehend an die *brevitas*-Forderung der traditionellen lateinischen Chronistik. Es weicht also in vielen Punkten von dem sächsisch-dynastischen ‚Buch der Welt' (Hs. 24) ab und belegt damit die Offenheit der ‚Textsorte' nach einem dichotomischen Modell: Reichsgeschichte auf der einen Seite – dynastische Geschichte auf der anderen; Erweiterungen durch unterhaltsame Geschichten – Beschränkung auf das für die Chronologie Wesentliche; eschatologische Ausrichtung – expliziter Verzicht darauf. Nur die regionale Orientierung der Chronik ist beibehalten, aber auch hier ist die Offenheit deutlich: Nicht mehr die Region Sachsen, sondern Bayern und der Oberrhein bestimmen die Auswahl der Ereignisse.

III.2.12 Handschrift 122 (Kremsmünster, Stiftsbibliothek, Cod. 294) – A_2

Externe Merkmale (Ebene b)
(erschlossener) Entstehungszeitraum, Entstehungsort, Schreiber/Kompilator:
Der Schreiber ist unbekannt, die Handschrift ist vermutlich Ende des 14., Anfang des 15. Jahrhunderts in Böhmen entstanden.[326]

Kombinationszeitraum, Kombinationsort und Fortsetzungszeitraum, Fortsetzungsort und Fortsetzer:
Es liegt hier – so kann man trotz der Verluste sagen – ein nicht kombiniertes und nicht fortgesetztes ‚Buch der Welt' vor.

Benutzungszeitraum, Benutzungsort, Benutzer:
Es sind am Rand viele Bemerkungen und Zusätze von späteren Benutzern festzustellen. Namentlich ist nur die Hand Job Hartmanns von Enenkel, des späteren Besitzers, zu identifizieren. Er fügte die Seitenzählung und Randbemerkungen hinzu.

Besitzzeitraum, Aufbewahrungsort, Besitzer, Auftraggeber:
Nach dem Bibliothekskatalog aus dem Jahre 1624 befand sich zu dieser Zeit die Handschrift 122 in adeligem Besitz. Der österreichische Sammler und Bücherliebhaber Job Hartmann von Enenkel (1576-1627) hatte Anfang des 17. Jahrhunderts eine umfangreiche Bibliothek auf Schloss Leombach. „Während Enenkels Leombacher Zeit wurde das Schloß zum geistigen Zentrum der Gegend. Enenkel selbst widmete sich in diesen Jahren [1601-1613, die Verf.] vor allem archivalischen Studien. Auf Leombach legte er eine ‚herrliche' Bibliothek an, die im Laufe der Zeit

---
326 Oskar Pausch, Sächsische Weltchronik, S. 33f.

durch Erbschaften und Zukäufe erheblich vermehrt wurde."[327] Nach 1741 kam der Codex in das Benediktinerstift Kremsmünster.[328]

Kommunikationsmaterial und -form:
Der Codex ist eine Papierhandschrift im Format 22 x 14 cm. Die 139 Blätter sind einspaltig mit 26 Zeilen pro Blatt beschrieben. Der Einband mit einfachen Streicheisenverzierungen stammt aus dem 15. Jahrhundert und besteht aus Holz mit einem Lederüberzug. Vorne sind fünf Blätter und hinten eine komplette Lage herausgetrennt. Die Enenkelsche Nummerierung auf dem ersten noch vorhandenen Blatt ist die Ziffer drei. Daraus lässt sich schließen, dass die Handschrift zur Zeit Enenkels noch wenigstens eines der vorderen Blätter hatte. Im Innendeckel vorne ist die Kremsmünsterer Signatur eingetragen. Dort steht auch der Hinweis: *das man dem kaiser ott dem meins hat, capitt LXLVII*.

Schreibsprache:
Die Handschrift stammt aus einem dialektalen Interferenzgebiet zwischen bairisch und mitteldeutsch. Pausch[329] nimmt böhmisch als Dialekt an. Menzel[330] bleibt vorsichtiger mit der Zuweisung in den oberdeutschen Sprachraum.

Interne Merkmale
Der Anfang der einspaltigen Handschrift und auch das Ende sind verloren. Initiatoren und Terminatoren lassen sich deshalb nicht mehr rekonstruieren. Die Handschrift enthielt vermutlich die Reimchronik. In der jetzigen überlieferten Form beginnt sie innerhalb des Sechstagewerkes.

Weitere Makrostrukturen:
Das Textexemplar zeigt eine hierarchische Gliederung in drei Ebenen: Kapitel sind durch rote Kapitelüberschriften[331] mit folgender ein- oder zweizeiliger, den Textbeginn markierender Initiale gekennzeichnet, Absätze durch ein- oder zweizeilige Initiale am Textbeginn und Gesamtsätze durch rot durchgestrichene Majuskeln mit vorhergehendem Punkt.

---

327 Jürgen Wolf, Sächsische Weltchronik, S. 262.
328 Vgl. ebd., S. 292f. Vgl. auch dort zum Schicksal der Bibliothek Enenkels. Die meisten der anderen Bücher Enenkels bekam das Zisterzienserstift Schlierbach. Es ist bisher nicht geklärt, wie und warum die Handschrift 122 nach Kremsmünster kam.
329 Oskar Pausch, Sächsische Weltchronik, S. 33f.
330 Michael Menzel, Sächsische Weltchronik, S. 19.
331 Die Kapitelüberschriften sind bei Oskar Pausch, Sächsische Weltchronik, S. 35f. verzeichnet.

Textbestand:
Anfang und Ende des Codex sind verlorengegangen. Er enthielt vor dem Verlust aller Wahrscheinlichkeit nach die Reimvorrede. Das Ende ist ebenfalls verloren, deshalb reicht die Handschrift nur bis zum Jahr 1190 (SW 67,15-233,20). Der Textzusammenhang SW 67,15-233,20 ist auf den Bll. 1^r-139^v tradiert.

Texterweiterung/Textkürzung:
Wie bei den Handschriften 11,12, 12a fehlt hier die Predigt.

Textallianzen:
Der Codex, dessen Anfang verloren ist, enthielt vermutlich nur das ‚Buch der Welt' ohne weitere Textverbindungen.

Syntaxrelevante Merkmale:
a) Interpunktion:
Gesamtsätze werden durch rot durchgestrichene Majuskeln in Kombination mit einem mittelhohen Punkt begrenzt.

b) syntaxrelevante Merkmale in der Schöpfungsgeschichte:
Der erste Teil der Schöpfungsgeschichte ist verloren. Der Gesamtsatz *Wye die welt von adames geczyten vncz her gestanden habe . daz vorneme wi an dem dicz bůch her nachmales saget* beschließt die Schöpfungsgeschichte.

c) syntaxrelevante Merkmale in den übrigen Stoffkreisen:
Die Chronik ist durch Kapitelüberschriften strukturiert. Die Genealogie des Alten Testaments beginnt mit der roten Überschrift: *Dy geberunge*. Bei der Verbwahl fällt die häufige Wiederholung des Verbs *gewan* ‚bekam' auf. Es werden sonst in der Chronik darstellende, erzählende Verben, vor allem Handlungsverben, verwendet. Die zeitliche Komponente wird durch temporale Angaben geprägt. Es treten viele Passivkonstruktionen auf.

Lexikalische Merkmale
1) Schlüsselwörter: „Gattungs"bezeichnungen:
Im Kremsmünsterer ‚Buch der Welt' treten die Werkbezeichnungen vergleichbar mit den zuvor besprochenen Handschriften

1. als Bezeichnung für das ‚Buch der Welt' auf: z.B. *Wye die welt von adames geczyten vncz her gestanden habe . daz vorneme wi an dem dicz bůch her nachmales saget* etc.,
2. auf andere Texte bezogen: *Enoch machte bücher. Wan daz sye vor alder vorltilget worden.* etc.

Das lat. Wort *cronika* wird hier ausschließlich für andere Literatur verwendet: *Wy romisch reych her komen ist daz wil ich uv kurzlich sagen . wer id vortbaz wissen well der lese kronicam ader lucanum ader den guten oracium* (Bl. 24^v, Z. 12).

2) lexikographische Schlüsselwörter (die Wochentagsbezeichnungen):
Der Anfang mit den Bezeichnungen der ersten drei Wochentage ist verloren. Insgesamt zeigen die Wochentagsbezeichnungen eher einen md. als einen oberd. Dialektbefund:
   Mittwoch: Der vierte Tag wird mit *medewoche* (Bl. 3^r) benannt.
   Donnerstag: Die Handschrift verwendet *dornstag* (Bl. 3^r).
   Freitag: Hier führt der Codex undiphthongiertes *frydag* (Bl. 3^r).
   Samstag/Sonnabend: Auch der letzte Wochentag wird übereinstimmend mit den nd. und den meisten md. Handschriften als *svnnabent* (Bl. 3^r) – ohne Vokalsenkung – angegeben.

Semantische Merkmale
1) Inhaltliche Ordnungsprinzipien:
Das Textexemplar ‚Weltchronik' ist durch das chronologische Prinzip der Jahreszählung in Verbindung mit der Geschichtsdarstellung nach historischen Personen, Herrschern strukturiert, das sich makrostrukturell in einer Absatzbildung zu den einzelnen Jahren niederschlägt. In den hierarchischen Strukturierungsmerkmalen zeigt sich dies auch in der Heraushebung der Namen und der Jahreszahlen. Der Gesamtaufbau des Codex ist durch eine Kombination von a) datenbezogener, b) personenbezogener und c) genealogischer Darstellungsweise gekennzeichnet. Die Überschrift *Von dem römischen reych* Bl. 23^r, Z. 18 betont die Zweiteilung der Weltgeschichte in vorrömisches und römisches Reich.

2) Die sechs Deutungsmuster:
a) Einordnung der Weltgeschichte in die Heilsgeschichte: Die Handschrift begann vermutlich ursprünglich mit der Reimvorrede und sprach so alle sechs Deutungsmuster an. Die franziskanische Predigt ist in der Handschrift 122 nicht überliefert.
b) Berufung auf die (mündliche und schriftliche) Tradition: Das ‚Buch der Welt' ist eine straffe, chronologische, reichshistorisch orientierte Darstellung der Weltgeschichte. Viele Passagen sind – wie auch die in einem Satz erwähnte Marter des Johannes und Paul – sehr kurz. Insgesamt ist die Auswahl der Vorlagen sehr reduziert. Der Grundbestand der Informationen stammt aus der schriftlichen, lateinischen Chronistik. Die Chronik hat keine nachweisbaren mündlichen Informationen aufgenommen.

c) wahre Geschichtsschreibung: Die Belege für die Wahrheit der Darstellung beschränken sich auf die üblichen Hinweise auf andere Literatur und auf die (wenn auch typisch für die Handschriften der A-Gruppen zurückgenommene) Darstellungsweise in der ersten Person Sg. und Pl. Zitate wörtlicher Rede treten viel weniger auf als in vergleichbaren Textexemplaren des ‚Buchs der Welt'-Überlieferungszusammenhanges. Der deutsche wie der lateinische Wortlaut der christenfeindlichen Auslegung des Bibelzitates durch den röm. Kaiser Julianus Claudius (Apostata) fehlen ganz, die beiden Urkunden aus der Zeit des Investiturstreits und die Mahnrede mit ihren ausführlichen Zitaten ebenso.

d) Autorisierung der eigenen Aussagen: Der abstrakte Erzähler verwendet die erste Person Singular und Plural, der empirische Autor (resp. Schreiber, Kompilator) bleibt anonym. Beim Verweis auf die Autoritäten verwechselt der Chronist Orosius mit Oracius.

e) und f) offene Geschichtsschreibung und auf Abgeschlossenheit, Endzeit zielendes Geschichtsdenken: Das Kremsmünsterer ‚Buch der Welt' ist eine mit stärkerem regionalen Bezug weitergeführte Universalchronik. Dem Textzusammenhang fehlt die Mahnrede mit dem franziskanischen Moralappell an die Geistlichkeit und an den Leser der Chronik. Sie transportiert reichshistorisches und christliches Erinnerungswissen. Die Offenheit folgt auch hier bestimmten Regeln, sie besteht in der Beschränkung auf ein reichshistorisches Geschichtsbild ohne franziskanische Heilsvorstellung.

III.2.13 Handschrift 071 –(Darmstadt, Hess. Landes- und Hochschulbibliothek, 3234/6) – A₁

Externe Merkmale (Ebene b)
(erschlossener) Entstehungszeitraum, Entstehungsort, Schreiber/Kompilator:
Mit dieser Signatur bezeichnet Jürgen Wolf ein verschollenes Fragment, das sich laut Friedrich Wilhelm E. Roth,[332] der das Fragment aber nicht als ‚Buch der Welt' erkannt hatte, 1887 in der Großherzoglichen Darmstädter Bibliothek befunden hat und von Roth ins 14. Jh. datiert wurde. Der Entstehungsort und der/die Schreiber sind unbekannt.

---

332 Friedrich Wilhelm E. Roth, Altdeutsche Handschriften, S. 333-351, bes. S. 374.

Besitzzeitraum, Aufbewahrungsort, Besitzer, Auftraggeber:
1887 war das Fragment in der Großherzoglichen Darmstädter Bibliothek. Weiteres ist nicht bekannt.

Kommunikationsmaterial und -form:
Das Fragment besteht aus einem Pergamentblatt.

Schreibsprache: Als Schreibdialekt lässt sich Bairisch nur vermuten.

Interne Merkmale
Über die internen Merkmale lassen sich keine Aussagen machen, denn das Fragment ist verschollen.

III.2.14   *Handschrift 141 (Münster, UB, Ms. 366) – B (verbrannt am 25.3.1945)*

Externe Merkmale (Ebene b)
(erschlossener) Entstehungszeitraum, Entstehungsort, Schreiber/Kompilator:
Der Codex ist aus zwei verschiedenen, inhaltlich aber stimmigen Teilen zusammengebunden worden. Teil A der Handschrift ist im Anschluss an das Sachsenspiegel-Landrecht Eikes von Repgow datiert: *Wat hulpe dat et konde boue ind pute. Anno domini M°CCCC° quinto in vigilia visitationis beate marie virginis.* Der Schreiber der westfälischen Handschrift aus dem Jahre 1405 nennt sich nicht. Der zweite Teil des Codex ist älter, der Schreibstoff ist Pergament und nicht Papier. Der ebenfalls unbekannte westfälische Schreiber verfasste seine Handschrift wohl im Verlauf des 14. Jahrhunderts. Nähere Angaben lassen sich nicht machen, da der Codex seit 1945 nicht mehr existiert.[333]

Kombinationszeitraum, Kombinationsort:
Die Handschrift ist eine Buchbindersynthese. Die beiden Teile (A stammte aus dem Jahre 1405 und B aus dem 14. Jahrhundert) sind im Laufe des 15. Jahrhunderts zusammengebunden worden.

Fortsetzungszeitraum, Fortsetzungsort und Fortsetzer:
Der Textzusammenhang des ‚Buchs der Welt' wurde nur in einzelnen zeitlich nicht zusammenhängenden Exzerpten überliefert.

---

[333] Vgl. Günther Goldschmidt, Handschriften und Autographen. S. 13.

Benutzungszeitraum, Benutzungsort, Benutzer:
Über die Benutzung der heute nicht mehr existierenden Handschrift ist nichts bekannt.[334] Lediglich die Grundlage der Exzerpte lässt sich möglicherweise rekonstruieren: Der Wortlaut der Exzerpte ist, vergleicht man Eckhardts Angaben, wörtlich aus der Handschrift 14 übernommen worden. Es findet sich darüber hinaus auch nur in der Handschrift 14 und in 141 die Jahreszahl 5199 nach der Erschaffung der Welt als Geburtsjahr Jesu Christi.[335]

Besitzzeitraum, Aufbewahrungsort, Besitzer, Auftraggeber:
Auch hier sind die Informationen spärlich. Bevor der Codex in die Münsteraner Universitätsbibliothek kam, war er in der Paulinischen Bibliothek.

Kommunikationsmaterial und -form:
Der Codex ist 1945 in Münster verbrannt. Die Informationen über ihn stammen aus zweiter Hand:[336] Der Beschreibstoff des älteren Teils B (14. Jh.) ist Pergament und des Teils A (1405) Papier. Zusammen umfasst der Codex 365 Blätter. Die Blattgrößen der einzelnen Teile sind unterschiedlich. Teil A hat eine Größe von 21,2 x 14,5 cm und ist damit etwas größer und breiter als Teil B. Die Handschrift ist überwiegend einspaltig und in seltenen Fällen wohl auch zweispaltig geschrieben worden. Der Einband stammte aus dem Jahre 1837.[337]

Schreibsprache: Steffenhagen gibt als Dialekt westfälisch an.[338]

Interne Merkmale
Das Textexemplar ist verschollen. Es lassen sich deshalb zu den internen Merkmalen keine differenzierten Angaben machen.

Der Codex enthielt nur im zweiten Teil der Buchbindersynthese verschiedene Exzerpte aus dem ‚Buch der Welt'. Die Exzerpte befassen sich vor allem mit der Stellung des römischen Kaisers im Allgemeinen und im Besonderen, d.h., mit seinem Verhältnis zu den Königen und

---

334 Die Informationen müssen aus den älteren Bearbeitungen und Teileditionen erschlossen werden: z.B. Carl Gustav Homeyer, Sachsenspiegel, S. 30, Nr. 71; Carl Gustav Homeyer, Die Deutschen Rechtsbücher, S. 195f., Nr. 874; August Eckhardt, Miszelle, S. 314-316; Adolar Zumkeller, Manuskripte, S. 247, Nr. 527; Eckehardt Freise, Welfen, S. 457, Anm. 71.
335 Siehe Handschrift 14 Bl. 91^r und 141 Bl. 35, bei August Eckhardt, Miszelle, S. 314.
336 Siehe auch Emil Steffenhagen, Landrechtsglosse, S. 349f. Nr. 85; Hubert Herkommer, Sächsische Weltchronik, S. 92f. und Jürgen Wolf, Sächsische Weltchronik, S. 86f.
337 Vgl. Carl Gustav Homeyer, Sachsenspiegel, S. 30; Emil Steffenhagen, Landrechtsglosse, S. 350.
338 Emil Steffenhagen, Landrechtsglosse, S. 349f. Nr. 85

dem Adel; mit seiner Stellung als Heerführer und Richter sowie mit dem Übergang von den Karolingern zu den ‚deutschen' römischen Kaisern (z.B. SW 90,3f.): *Deme keiser was diu werlt al underdan, de koninge unde de herren hadden in lief unde vorchten in* [...]; z.B. zu Valencianus SW 128, 17ff.: *He was geheten de repere, wande he enes dages enen rep vele drûch, den ne konden eme vif man ut der hant nicht gebreken. Durch de starke wart he to riddere gemaket unde wart des heres meister.* [...] *He was oc en gût richtere* [...] Sie behandeln ferner die historische Begründung des Karolingerhauses (SW 143,27ff.); die Herrschaft Karls des Großen (SW 147ff.); die Herrschaft Ludwigs, des Sohns Karls des Großen (SW 152,40); die Erbstreitigkeiten nach dem Tode Ludwigs (SW 154,2ff.; SW 154,26ff.); die Wahl Konrads zum Kaiser des Römischen Reiches (SW 157,30ff.): *An deseme Conrade karde dat Romische rike to Dudischeme lande, an ime tostunt oc des koning Karles geslechtes* und schließlich Kaiser Heinrich I. (SW 158-162). Es ist also aus dem Textzusammenhang des ‚Buchs der Welt' eine Auswahl getroffen worden, die im Zusammenhang des in diesem Codex überlieferten Rechtsbuches – des Landrechts des Sachsenspiegels – von Interesse war: Erbrecht, die Stellung des Königs und das Erbe des römischen Reiches.

Textbestand:
Der zweite Teil – ältere Teil – des Codex überlieferte das ‚Buch der Welt' nur in einzelnen, zeitlich nicht zusammenhängenden, aber thematisch zusammengehörenden Exzerpten auf den Blättern 364^v-365^v (SW 90,1ff.; 128,16ff.; 143,27ff.; 147,6ff.; 152,40; 154,2ff.; 154,26ff.; 157,30ff.; 158,18ff.; 160,31ff.; 162,27f.; 159,38f.; 159, 24ff.).

Texterweiterung/Textkürzung:
Der Textzusammenhang war auf einige Exzerpte mit erbrechtlichem Inhalt gekürzt worden. Vermutlich sind die Textauszüge als Belege und Veranschaulichungen zum Sachsenspiegel, den die beiden Codexteile überlieferten, gedacht gewesen.

Textallianzen:
Der (verbrannte) Codex bestand aus zwei ursprünglich selbständigen und später zusammengebundenen Teilen. Teil A aus dem Jahre 1405 enthält die drei Bücher des Sachsenspiegel-Landsrechts, lateinische Anweisungen zum Verständnis der Zitate aus dem römischen und kanonischen Recht, Johannes von Buchs[339] ‚Richtsteig Landrechts' mit Regis-

---
339 Vgl. Ingeborg Buchholz-Johanek, Artikel ‚Buch Johann v.', Sp.811; dies., Artikel ‚Johannes von Buch', Sp.551-559.

ter, eine lateinische Abhandlung über die *Usura*, ein Register und Johannes Klenkoks[340] *Reprobaciones* (wider den Sachsenspiegel). Der zweite Teil überlieferte Tetauszüge aus dem ‚Buch der Welt' in einzelnen, zeitlich nicht zusammenhängenden, aber thematisch zusammengehörenden Exzerpten.

Die Buchbindersynthese war eindeutig aufgrund inhaltlicher Kriterien erstellt worden: Das Sachsenspiegel-Landrecht wurde mit dem Lehnrecht verbunden. Zweitrangig war dem Auftraggeber dabei, dass es sich bei den Teilen um unterschiedlichen Beschreibstoff (Papier und Pergament) und um eine unterschiedliche Blattgröße handelte. Der jüngere Teil stand am Anfang des Codex und enthielt die drei Bücher des Sachsenspiegel Landsrechts (Bl. 1^r-87^r), lateinische Anweisungen zum Verständnis der Zitate aus dem römischen und kanonischen Recht (Bl. 87^v-88^r), die Buchsche Sachsenspiegelglosse (Bl. 88^v-116^v), lat. Abhandlungen über die *Usura* (Bl. 117^r-118^v), ein Register (Bl. 119^r-127^r) und die Klenkokschen *Reprobaciones* (Bl. 127^v-131^v) gegen den Sachsenspiegel. Inhaltlich folgerichtig schloss sich an das Landrecht des Sachsenspiegels das Lehnrecht an: Bei dem zweiten Teil handelte es sich um einen Pergamentcodex, der die fünf Bücher des Lehnrechts des Sachsenspiegels[341] (Bl. 132^r-161^v), die Sachsenspiegelglosse[342] mit der ‚Vorrede von der Herren Geburt' (Bl. 162^r-364r) enthielt. Es folgen erbrechtliche Ausführungen in Bezug auf die Kriegsausrüstung (von ‚Heergewäte',[343] Bl. 364^v) und die Exzerpte aus dem ‚Buch der Welt'.

Semantische Merkmale:
Die Textauszüge hatten vermutlich keinen universalhistorischen Anspruch und auch nicht den Anspruch, eine Chronik überliefern zu wollen. Sie führen in den Rechtszusammenhang und zeigen, dass Chroniken auch zum Beleg rechtlicher Fragen herangezogen wurden. Martin von Troppau hat über den Gebrauchswert seiner Chronik gesagt, dass sie vor allem für Juristen bestimmt sei. In der Forschungsdiskussion tritt diese Bestimmung eher in „den Hintergrund und ist niemals zum Ausgangs-

---

340 Vgl. Carl Gustav Homeyer, Johannes Klenkok. S. 383 und 416-422; Hans Bütow, Johannes Klenkok, S. 541-575; Adolar Zumkeller, Artikel ‚Johannes Klenkok', Sp. 1210.
341 Die Literatur zu Eike von Repgows Sachsenspiegel ist sehr umfangreich, ich greife hier einige Titel heraus: Ulrich-Dieter Oppitz, Deutsche Rechtsbücher, Bd. 1, 1990, S. 195, 717f. u.ö.; Karl Kroeschel, Rechtswirklichkeit, S. 1-10. Ruth Schmidt-Wiegand/Dagmar Hüpper, Der Sachsenspiegel als Buch.
342 Vgl. zur Sachsenspiegelglosse: Erika Sinauer, Studien, S. 475-581.
343 Vgl. Winfrid Bungenstock, Artikel ‚Heergeräte (Heergewäte)', Sp. 29f.; ders., Heergewäte und Gerade.

punkt einer Diskussion um die Funktion dieser Werke geworden".[344] Im Vordergrund der Forschungsdiskussion um die Chroniken seit dem ausgehenden 13. und verstärkt des 14. und 15. Jahrhunderts stehen vielmehr Aussagen, wie sie in der *Praefatio* der *Flores temporum* zu lesen sind, die den Nutzen für die Prediger herausstellen. Beide Gebrauchszusammenhänge[345] lassen sich für die Textzeugen des ‚Buchs der Welt' annehmen. Hier zeigt sich auch – in einem festen Rahmen (Recht und Predigt) – die Offenheit des Gebrauchs von Weltchroniken. Mit diesen Auszügen, die vielleicht aus einer Vorlage ohne so genannte Predigt (d.s. die Hss. 11, 12, 12a, 121, 122, 14 und 15) entnommen sind, ist in jedem Fall der juristische Gebrauchszusammenhang belegt. Allerdings ist dies der einzige Fall, in dem das ‚Buch der Welt' zusammen mit dem Rechtsbuch Eikes von Repgow, dem Sachsenspiegel, überliefert wird. Von hier aus gesehen ist die Erklärung, die Dorothea Klein für die Wahl der Prosaform im ‚Buch der Welt' gibt, nicht zu belegen. „[...9 mögliche Entstehung und Überlieferung der ‚Sächsischen Weltchronik' im Kontext des Sachsenspiegels, d.h. eines in Prosa abgefassten Rechtstextes".[346] Richtig ist dagegen, dass das ‚Buch der Welt', anders als die Reimchroniken, zumindest das biblische Geschichtswissen in weiten Teilen als bekannt voraussetzt, da es dies sehr knapp schildert: „[...] namentlich die ersten fünf Weltalter sind an lakonischer Kürze kaum zu unterbieten". Hier liegt ganz offensichtlich ein sehr unterschiedliches Interesse an dem zur Verfügung stehenden kollektiven Erinnerungswissen vor. Im Vergleich mit den Reimchroniken und der lateinischen Chronistik muss dieses unterschiedliche Interesse, das zu unterschiedlichen Varianten der Textsorte Universalchronistik geführt hat, näher beschrieben werden. Diese Studie soll ein erster Schritt hin zu einer Beschreibung und Erklärung solcher Unterschiede sein.

---

344 Peter Johanek, Weltchronistik, S. 306.
345 Überliefern doch die meisten Textexemplare des ‚Buchs der Welt' eine Art Predigt.
346 Dorothea Klein, Heinrich von München und die Tradition der gereimten deutschen Weltchronistik, S. 27.

III.3 Die Handschriften des 15. Jahrhunderts

III.3.1 Handschrift 032 (Burghausen a.d. Salzach, o. Signatur) – A_1 verschollen

Externe Merkmale (Ebene b)
(erschlossener) Entstehungszeitraum, Entstehungsort, Schreiber/Kompilator:
Die oberdeutsche ‚Buch der Welt'-Handschrift ist seit Beginn des 16. Jahrhunderts verschollen. Erhalten ist nur noch eine lateinische Abschrift des mit der Sigle 32 geführten oberdeutschen ‚Buchs der Welt'. Der Humanist Johann Turmair, genannt Aventin, hat im Jahre 1509 die Handschrift ins Lateinische übersetzt. Die Datierung dieser Vorlage ist nicht ganz eindeutig: die 2. Bairische Fortsetzung ist bis zu Sigismund (1410-1437) fortgeführt.

> Die Datierung hängt von der Authentizität der Fortsetzung bis auf Sigismund ab. Aus Aventins Abschrift [die Quelle, die uns Auskunft über die seit Aventins Benutzung verschollene Handschrift gibt, die Verf.] ist nicht zu ersehen, ob das kurze Stück über Sigismund von anderer Hand später an die Vorlage angefügt wurde oder ob es vom Schreiber selbst stammt.[347]

Es ist eine Abfassung entweder zu Beginn des 15. Jahrhunderts für die Textteile ohne die Fortsetzung bis auf Sigismund möglich; falls die Handschrift jedoch die Fortsetzung schon enthielt, dann ist der Abfassungszeitraum erst für die zweite Hälfte des 15. Jahrhunderts anzunehmen. Der Entstehungsort ist Burghausen, denn der Fundort (Bl. 123^v Z. 28): *In arce Burghausen scriptum* und einige regionale Zusätze in der 2. Bairischen Fortsetzung weisen auf diesen Ort hin.

Kombinationszeitraum, Kombinationsort:
Der Kombinationszeitraum und -ort der verschollenen Handschrift lässt sich nicht genau rekonstruieren, vermutlich: nach 1349 oder zwischen 1410 und 1437. Aventins Abschrift stammt aus dem Jahre 1509.

Fortsetzungszeitraum:
Die lateinische Übersetzung des ‚Buchs der Welt' aus der 2. Hälfte des 14. bzw. der ersten des 15. Jahrhunderts enthält den Textzusammenhang in gekürzter Fassung,[348] aber mit 1. und 2. Bairischer Fortsetzung; Letztere ist durch verschiedene Einschübe und Verzeichnisse erweitert. Ver-

---

[347] Jürgen Wolf, Sächsische Weltchronik, S. 40, Anm. 85; vgl. zur Datierung auch Jürgen Miethke, Ockhams Weg, S. 422f. Anm. 296.
[348] Vgl. Jürgen Wolf, Sächsische Weltchronik, S. 40 Anm. 83.

mutlich war auch in der Vorlage der Humanistenübersetzung (Aventin) die Entstehungszeit deckungsgleich mit der Fortsetzungszeit.

Benutzungszeitraum, Benutzungsort, Benutzer:
Aventin benutzte die so genannte Burghauser Handschrift als Vorlage für seine lateinische Übersetzung vermutlich in Burghausen.[349] Die Randbemerkungen in der lateinischen Abschrift stammen alle von Aventin, sie sind lateinisch. Aber er hat auch deutsche Textproben aus der Vorlage abgeschrieben. Die lateinische Übersetzung benutzte Aventin für seine *Annales ducum Baiovariae* (1519-22) und seine *Bayerische Chronik* (1526-33). „Aventin hat seine Quellen z.T. in seinen Adversarien-Bänden exzerpiert und beschrieben."[350]

Besitzzeitraum, Aufbewahrungsort, Besitzer, Auftraggeber:
Über die Herkunft, den Auftraggeber, den Aufbewahrungsort und den eventuellen Besitzer des Burghauser ‚Buchs der Welt' ist nichts bekannt. Seit es von Aventin benutzt worden ist, ist es verschollen.

Kommunikationsmaterial und -form:
Über den Beschreibstoff und das Format des Burghauser ‚Buchs der Welt' ist nichts bekannt.

Schreibsprache:
Die Schreibsprache von Aventins Vorlage war möglicherweise bairisch.

Interne Merkmale
Textbestand:
Der ursprüngliche Burghauser Codex, dem Jürgen Wolf die Sigle 032 gegeben hat,[351] ist nur sekundär erschließbar. Er gilt als verschollen und muss aus den lateinischen Exzerpten des Humanisten Johann Turmair rückerschlossen werden. Für eine textlinguistische Untersuchung ist eine solche Rekonstruktion von einer realen lateinischen Humanisten-Abschrift auf einen nicht mehr existierenden volkssprachigen Text nicht brauchbar. Untersucht werden kann lediglich die Aventinsche Abschrift aus dem beginnenden 16. Jahrhundert.

Die Abschrift beginnt bei der Erfindung der Schrift durch Adam auf den Bl. 55^r-112^r, Z. 11, 136^v-137 und 163^v-173^v mit stark gekürzten Aus-

---

[349] Aventinus Sämtliche Werke, hg. von Sigmund Riezler und Matthias Lexer, Bd. I.2., München 1881, S. 665-667; Gerald Strauss, Historian, S. 89.
[350] Jürgen Wolf, Sächsische Weltchronik, S. 222.
[351] Zur Begründung vgl. Jürgen Wolf, Sächsische Weltchronik, Anhang B, Nr. I.2.2.

zügen aus dem Beginn des ‚Buchs der Welt'. Der Textzusammenhang[352] (im Wesentlichen SW 69,11-243,24) ist überschrieben mit: *Chronicon Ludovici quarti imperatoris.* Die Aventinsche Übersetzung ordnet die Exzerpte nicht immer chronologisch an und verkürzt mitunter, besonders der Anfang ist stark gekürzt: SW 60,11-ca. 70,25 = Bl. 55^v; SW 85,21ff. = Bl. 90^{r-v}; SW 109,31-114,25 = 90^v-91^v; SW ~117,11-138,14 = Bl. 55^v-59^v+90^r ; SW 138,15-157,19 = Bl. 91^v-101^v; SW 158,27-160,21 = Bl. 137^{r-v}; SW 160,21-192,37 = Bl. 162^v-173^r; SW 192,38-243,24 = Bl. 102^r-112^v; SW 323,1-336,14 = Bl. 112^v-119^r (1. Bair. Fortsetzung); SW 337,8-340,12 = Bl. 119^r-123^v (2. Bair. Fortsetzung).[353]

Der Textzusammenhang wird weitergeführt mit der Ersten Bairischen Fortsetzung (bis 1314) und der Zweiten Bairischen Fortsetzung.

Texterweiterung/Textkürzung:
Der ursprüngliche Codex hat vermutlich den Textzusammenhang des ‚Buchs der Welt' mit drei Fortsetzungen tradiert: Der Schreiber der verschollenen Hs. 032 erweiterte den Textbestand und schloss nach der Ersten und Zweiten Bairischen Fortsetzung die so genannte Burghauser Fortsetzung an. Die Bezeichnung[354] erweckt die Vorstellung einer eigenständigen Fortsetzung, was aber in die Irre führt. Tatsächlich hat der Redaktor die Erste und Zweite Fortsetzung hauptsächlich an drei Stellen durch Burghauser Lokalnachrichten erweitertet. Insgesamt nimmt er damit noch stärker Partei für Ludwigs antikurialen Kampf. In die Zweite Fortsetzung fügte er die Verzeichnisse der Gefolgsleute ein, die der Salzburger Erzbischof 1319 und 1322 (vor der Mühldorfer Schlacht, dem entscheidenden Kampf im Thronstreit der Wittelsbacher gegen die Habsburger) geweiht hat.[355] In der Aventinschen Fassung steht die Erste Bairische Fortsetzung (bis 1314) auf den Bll. 112^r, Z. 11-119^r, Z. 16^v, die Zweite Bairische Fortsetzung (Bl. 119^r, Z. 16-123^v, Z. 36) ist erweitert um ein umfangreiches Verzeichnis der durch den Salzburger Erzbischof 1319 und vor der Mühldorfer Schlacht (1322) geweihten Gefolgsleute (Bl. 120^r-121^r) und durch zwei Einschübe zu Ludwig dem Bayern (Bl. 122^r und 122^v). Aventin überliefert eine Fortsetzung der Zweiten Bairischen Fortsetzung bis zu Sigismund (1410-1437) auf den Bl. 122^{r-v}.

---

352 Vgl. die Auflistung der einzelnen Passagen nach Ludwig Weiland bei Jürgen Wolf, Sächsische Weltchronik, S. 40, Anm. 83.
353 Vgl. auch Jürgen Wolf, Sächsische Weltchronik, S. 40, Anm. 83.
354 Die Bezeichnung bezieht sich auf den Fundort der Sächsischen Weltchronik und stammt von Sigmund Riezler, siehe: Aventinus, Werke, Bd. III,2, 1884, S. 588.
355 Vgl. dazu: Wilhelm Erben, Mühldorfer Ritterweihen der, S. 44-62 und Aventinus, Werke, Bd. III.2, 1884, S. 593; Hubert Herkommer, Artikel SW, 1992, S. 494.

Semantische Merkmale:
Über die verschollene Burghauser Chronik lassen sich wenig fundierte Aussagen machen. Sie repräsentierte wohl mit der A-Version eine auf *brevitas* bedachte Geschichtsdarstellung im Zeichen christlicher, imperialer, aber auch regionaler Memoria. Spezifischer noch als die so genannten Bairischen Fortsetzungen zeigte sie wohl einen direkten Bezug zu ihrer Entstehungsregion, indem sie Nachrichten aus Burghausen berücksichtigte. Das ‚Buch der Welt' begegnet hier als Vorlage für eine Humanistenchronik.

III.3.2 Handschrift 121 – (Salzburg, Museum Carolino Augusteum, Hs. 2319) – A_2

Externe Merkmale (Ebene b)
(erschlossener) Entstehungszeitraum, Entstehungsort:
Das Fragment entstammt einer Handschrift, die um 1400 geschrieben worden ist. Es umfasst 17 z.T. beschädigte Blätter und zwei obere Blatthälften. Schreiber und Herkunftsort sind unbekannt. Vermutlich handelt es sich um eine Übergangszone zwischen dem Oberdeutschen und dem Mitteldeutschen. Oskar Pausch[356] nimmt Böhmen als Herkunftsraum an.

Benutzungszeitraum, Benutzungsort, Benutzer und Besitzzeitraum, Aufbewahrungsort, Besitzer, Auftraggeber:
Zu dieser Kategorie lassen sich keine Angaben machen. Das Fragment befindet sich heute in Salzburg. In der Forschungsliteratur wurde es unter der alten Signatur zitiert (Salzburg, Städtische Museum, M. Chron 17)[357] und galt deshalb bis 1988 als unauffindbar.

Kommunikationsmaterial und -form:
Das Papierfragment besteht aus 19 Blättern, 17 ganzen und zwei halben Blättern.

Schreibsprache:
Pausch bestimmt als Schreibdialekt böhmisch. Herkommer[358] bleibt mit seiner Zuordnung vager im oberdeutschen Raum.

---

356 Oskar Pausch, Sächsische Weltchronik, S. 33f.
357 Hubert Herkommer, Sächsische Weltchronik, S. 88.
358 Oskar Pausch, Sächsische Weltchronik, S. 33f.; Hubert Herkommer, Sächsische Weltchronik, S. 88.

Interne Merkmale
Makrostrukturen:
Das oberdeutsche Fragment aus der ersten Hälfte des 15. Jahrhunderts ist einspaltig und unaufwendig geschrieben. Am Rande sind Kaisernamen – vielleicht zum besseren Auffinden der chronikalischen Nachrichten – nachgetragen worden. Es sind an den Rand gerückte Kapitelüberschriften. Ähnliche Überschriften hat die Kremsmünsterer Handschrift 122 aus dem Ende des 14. Jahrhunderts.

Textbestand:
Das Fragment überliefert auf den Bll. 1^r-19^v Bruchstücke des ‚Buchs der Welt' (SW 134,36-139,117, 160,12-161,1, 200,18-200,26, 200,32-201,7, 218,2-9, 218,13-19, 218,26-229,6, 230,20-237,20, 239,4-240,9 und 243,22-247,22) bis zum Jahre 1228.

III.3.3   Handschrift 041 (Graz, UB, Hs. 470) – A_1

Externe Merkmale (Ebene b)
(erschlossener) Entstehungszeitraum, Entstehungsort, Schreiber/Kompilator:
Der Codex[359] beginnt mit der Weltchronik des Heinrich von München (Neue Ee), die erweitert ist durch Exzerpte aus dem ‚Buch der Welt'. Im Kolophon (Bl. 122^{r+v}) nennt sich als Schreiber *Johannes von Ezzlingen, priester* und gibt als Fertigstellungsdatum: *tausent vierhundert vnd dar nach in dem fünfczehenten Jar [...] in dem monet des mayen an dem sechczehenten tag* an. Auch den Entstehungsort nennt er: *ze Tramin an der Etsch*. Historisch nachweisen ließ sich ein Priester Johannes von Ezzlingen bisher nicht. Er ist nicht der Schreiber der Exzerpte aus der Gmünder Kaiserchronik, der Epistel des Rabbi Samuel an Rabbi Isaak von Irmhart Öser und der weiteren Exzerpte aus dem ‚Buch der Welt' zu Karl dem Großen (SW 147,6-148,11, 150,28-40 und 148,36-38) aus dem 15. Jahrhundert. Die folgenden ‚Deutschen Sphaera' von Konrad von

---

[359] Die Handschrift gilt in der Heinrich von München-Forschung als Abschrift der Münchener Handschrift Cgm 7330 (M 3, 1394, Runkelstein bei Bozen), die der β1-Redaktion zugerechnet wird. Siehe Dorothea Klein, Heinrich von München und die Tradition der gereimten deutschen Weltchroniken, S. 48. Vgl. auch: Betty Bushey, Neues Gesamtverzeichnis, S. 282; Hans Zotter, Handschriften der UB-Graz; Andrea Spielberger, Die Überlieferung der ‚Weltchronik' Heinrichs von München, S. 151-154; siehe auch: Gisela Kornrumpf, Heldenepik und Historie; Klaus Arnold, Konrad von Megenberg; Monika Marsmann, Die Epistel des Rabbi Samuel (A1); Maria Mairold, Die datierten Handschriften; Gisela Kornrumpf, Die ‚Weltchronik' Heinrichs von München; Hugo von Kleinmayr, Handschriftliches zur Pilatuslegende; Waldemar Mutschall, Gundacker von Judenburgs „Christi Hort"; Elisabeth Liebert, Antikenroman und Geschichtswissen.

Megenberg auf den Bll. 135ʳ-145ᵛ stammen wieder aus Johannes' Feder. Wie Andrea Spielberger[360] und Francis B. Brévart[361] unterscheide ich drei Schreiber:[362]

1. Johannes von Ezzlingen (Bl. 1ʳᵃ-122ʳᵇ und Bl. 135ʳᵃ-145ᵛᵇ: Heinrich v. München und die Deutschen Sphaera);
2. Anonymus 1 (Bl. 122ᵛᵃ-134ʳᵃ: Gmünder Chronik und Epistel des Rabbi Samuel);
3. Anonymus 2 (Bl. 134ʳᵃ-134ᵛᵇ: Auszüge aus dem ‚Buch der Welt').

Die Handschrift stammt aus dem Augustiner-Chorherrenstift Seckau,[363] sie kam 1782 mit der Aufhebung des Stifts nach Graz.

Kombinationszeitraum, Kombinationsort:
Der Codex enthält historiographische, geistliche und naturkundliche Textexemplare, die von verschiedenen Schreibern im 15. Jahrhundert zusammengefügt wurden. Den größten Raum nimmt die Weltchronik Heinrichs von München (wohl um 1370/80 entstanden)[364] ein – erweitert mit zahlreichen Interpolationen. Die Handschrift war am 16. Mai 1415 fertiggestellt worden. Danach wurden erst die Auszüge aus den anderen Weltchroniken und die weiteren Textexemplare (Irmhard Ösers: ‚Epistel des Rabbi Samuel an Rabbi Isaak' und Konrad von Megenberg: ‚Deutsche Sphaera') hinzugefügt. Entstehungs- und Kombinationszeitraum liegen eng beieinander.

Fortsetzungszeitraum, Fortsetzungsort, Fortsetzer:
Von einer Fortsetzung im eigentlichen Sinne kann man nicht sprechen, obschon die Auszüge aus der Gmünder Chronik zeitlich den Text des Neuen Testaments (der Neuen Ee) über Friedrich II. (1212-1250) hinausführen bis zur Wahl und Krönung Wenzels (des Sohns Karls IV.) zum deutschen König 1376.

---

360 Andrea Spielberger, Die Überlieferung der ‚Weltchronik' Heinrichs von München, S. 151.
361 Francis B. Brévart, Zur Überlieferungsgeschichte der ‚Deutschen Sphaera'.
362 Abweichend: Maria Mairold, Die datierten Handschriften, S. 47; Betty Bushey, Neues Gesamtverzeichnis, S. 282.
363 Zum Chorherrenstift: Benno Roth, Seckau.
364 Zur Heinrich von München-Forschung siehe die Ergebnisse des Würzburger Projekts unter der Leitung von Horst Brunner (Hg), Studien zur Weltchronik Heinrichs von München, Bd. 29, 30/1 und 2, 31/1 und 2: Johannes Rettelbach, Von der ‚Erweiterten Christherre-Chronik' zur Redaktion α (Bd. 30/1 und 30/2); Dorothea Klein, Text- und überlieferungsgeschichtliche Untersuchungen zur Redaktion β (Bd. 31/1) und dies., Die wichtigsten Textfassungen (Bd. 31/2).

Benutzungszeitraum, Benutzungsort, Benutzer:
Über diese Zusammenhänge lässt sich wenig sagen, es gibt Randbemerkungen auf Bl. 30^v-30^r (zu Pilatus).[365]

Besitzzeitraum, Aufbewahrungsort, Besitzer, Auftraggeber:
Der Codex enthält am Anfang eine Abschrift der Neuen Ee nach der Runkelsteiner Handschrift des Heinrich von München (Cgm 7330). Die Vorlage stammt also aus einem adeligen Zusammenhang, sie ist entstanden auf Schloss Runkelstein an der Etsch.[366] Für die Handschrift 041 lassen sich aber die frühen Besitzzusammenhänge sowie etwaige Auftraggeber nicht rekonstruieren. Brévart vermutet als Auftraggeber einen Geistlichen.[367] Im 16. Jahrhundert findet man den Codex im Augustiner-Chorherrenstift Seckau und mit dessen Auflösung am 13. Mai 1742 wurde die Seckauer Bibliothek nach Graz gebracht. Heute ist die Handschrift in der Universitätsbibliothek Graz.

Kommunikationsmaterial und -form:
Dem Pergamentcodex sind am Ende vier Papierblätter und in der Mitte ein weiteres Papierblatt hinzugefügt worden. Die Papierblätter des Codex sind nicht foliiert. Die Blattgröße beträgt 29 x 22 cm und der Schriftspiegel 22 x 23 cm. Die Blätter sind zweispaltig beschrieben. Der Holz-Ledereinband stammt aus der 2. Hälfte des 16. Jahrhunderts, er ist mit Blindstempeln und Rollenpressungen verziert und hat zwei Messingschließen. Der Einbandtyp begegnet im Chorherrenstift Seckau häufig.[368]

Schreibsprache: Der Schreibdialekt ist bairisch.

Interne Merkmale
Initiator(en):
Der Codex beginnt das Neue Testament (die Neue Ee) mit einem Initiatorenbündel, das aus einer dreizeiligen geschmückten Initiale besteht, die die Überschrift einleitet und aus der Überschrift selbst: **Hie hebt sich an die new ee mit Joachim vnd mit sant Ann vnd mit Maria vnd Jesu leben vnd mit allen keisern vnd påbsten alz ir leben vnd ir getat pis auf den lesten chaiser fridreich** (Bl. 1ra).

Auch der gereimte Prolog ist Teil des Initiatorenbündels; er bezieht sich zunächst auf die *alte ee*, um daran die *neue ee* anschließen zu kön-

---

365 Vgl. dazu: Hugo v. Kleinmayr, Handschriftliches zur Pilatuslegende.
366 Vgl. dazu: Dorothea Klein, Text- und überlieferungsgeschichtliche Untersuchungen; dies., Einführung, S. 11.
367 Francis B. Brévart, Zur Überlieferungsgeschichte der ‚Deutschen Sphaera', S. 201.
368 Jürgen Wolf, Sächsische Weltchronik, S. 45.

nen. Dieser verweisende Anschluss führt in dem hier besprochenen Codex ins Leere, denn die *alte ee* wurde nicht mit abgeschrieben. Ansonsten hielt sich Johannes von Ezzlingen bei der Abschrift des Prologs vorlagengetreu an die Weltchronik-Abschrift des *Haintz Sentlinger von Muenchen*,[369] die auch die *alte ee* enthält:

Die alt ee hie ain end hat von der aller ersten getat han ich ew nu chunt getan do sich die welt erst hůb an [...] (Bl. 1ra)

Die einzelnen Textexemplare und Textauszüge, die in dem Codex eine Textallianz bilden, beginnen jeweils mit eigenen Initiatoren:

Die Auszüge aus der Gmünder Chronik[370] beginnen bei Heinrich VI. mit der Überschrift:

Hainricus Sextus (Bl. 122va)

Die Epistel des Rabbi Samuel an Rabbi Isaak[371] beginnt mit

*Hie hebt sich an ain Epistel oder ain
Sandung die gemacht hat maister
Samuel ain Jud oder ain Israhelit* (Bl. 125ra)

Der Auszug aus dem ‚Buch der Welt' beginnt nach dem Explicit des vorhergehenden Textexemplars ohne eigenen Initiator direkt mit dem Textzusammenhang zu Karl dem Großen:

In dem Sibenhunderisten vnd Sechs vnd sechzigstem Iare von gotes gepurt Karolus der gross des kungs Pippins sun war kung vber all francken (Bl. 134ra)

Die ‚Deutschen Sphaera'[372] schließen mit einer gereimten Vorrede an. Sie enthält – ähnlich der Vorrede des ‚Buchs der Welt' – den rhetorischen Topos von der Wahrheit, die es in den Büchern zu suchen gilt. Sie bezeichnet sich in der Überschrift zudem als (Straf-)Rede gegen diejenigen, die lieber Lügengeschichten hören:

---

369 Er ist der Schreiber der Runkelsteiner Handschrift, die für Klaus Vintler im Jahre 1394 geschrieben worden ist. Dazu: Anna Spielberger, Die Überlieferung der ‚Weltchronik' Heinrichs von München, S. 149.

370 Eugen Thurnher, Thomas Lirer, S. 60 unten bis 67. Der Schluss ist abweichend. Siehe auch: Klaus Graf, Exemplarische Geschichten, S. 160, 184f., 204f.; ders., Gmünder Chroniken im 16. Jh., S. 25f. und Peter Johanek, Weltchronistik, S. 321ff. Die Gmünder Chronik ist eine Univeralchronik, die mit der Erschaffung der Welt und der Erbauung Roms einsetzt. „Im wesentlichen aber handelt es sich bei dem wohl um 1400 entstandenen Werk um eine Kaiserchronik, die bis zum Jahr 1377 führt. Eine Ergänzung durch die Reihe der Päpste fehlt ihr. Sie versteht sich jedoch selbst als Extrakt aus der Universalgeschichtsschreibung, als Kurzchronik [...]" Johanek, S. 321f.

371 Monika Marsmann, Die Epistel des Rabbi Samuel (Handschrift C); Karl Heinz Keller, Textgemeinschaften im Überlieferungsvorgang, S. 27f.

372 Ausgabe: Francis B. Brévart, Konrad von Megenberg.

Ein stråffleiche uorred wider die die lieber
Hóren tůrssen går dan die warhait (Bl. 135ra)

Die zweite Vorrede bezieht sich auf Gott als Zentrum der Welt, die Dreifaltigkeit. Sie beginnt mit der Überschrift:

Ein ander uorred uon wew er schreiben well

Auf die Überschrift: *Jn wie uil stuck sich daz půch tail* (Bl. 135ra) folgt eine kurze Inhaltsangabe und Übersicht über den Aufbau der Sphaera.

Daz chůrcz puch von der gestalt der welt tail wir
in vier haubtstuck (Bl. 135ra).

Terminator(en):
Der zweispaltigen Pergamenthandschrift sind 5 Papierblätter hinzugefügt worden: eines in der Mitte und vier weitere am Ende (= 145 + 1 zwischen Bl. 111 und 112 eingefügt + 4 Blätter zum Schluss). Sie sind unbeschriftet; offenbar bestand aber die Absicht, die Handschrift zu ergänzen.

Es lassen sich verschiedene Teilterminatoren unterscheiden:

Die Kaisergeschichte in der gereimten sog. Weltchronik des Heinrich von München endet bei Friedrich II. Der Chroniktextzusammenhang ist terminiert

1. durch ein Explicit:

   nu helft mir piten den sůzzen christ
   Hie pei disen tagen
    all die ir arbait haben
   Gelegt mit vernunft
    an dicz půch vnd mit chunst
   Das in got geb daz himelreich
   ymmer ewikleich
   Vnd all die da pei wesen
   die ez hóren lesen
   Das vns helf gotes namen
   nu sprecht all Amen Amen

2. durch den mit roter Tinte geschriebenen Kolophon:

   Do diser kaiser Fridreich starb do waz
   Von gotes purd zwelf hundert vnd
   vierczehn Jar . So waz von
   angeng der welt pis her Sechs
   tausent vnd vier hundert vnd xxxj
   jar. Auch hat dicz půch geschriben
   Johannes von Ezzlingen priester
   vnd ist volpracht do man zalt von

> *Christi gepůrd tausent vierhundert*
> *vnd dar nach in dem fünfczehenten*
> *Jar ze Tramin an der Etsch Jn dem*
> *monet des mayen an dem sechczehenten*
> *tag vnd waz des mittwochen vor*
> *dem hailigen pfingstag* (Bl. 122ra)

3. durch die erneute Namensnennung: *Johannes von Ezzlingen priester* (Bl. 122va).
4. Das Explicit der Epistel des Rabbi Samuel steht am Ende der Gesamtüberlieferung:

> [...] *darumb*
> *sey wir geuangen vnd in gotes zorn*
> *yczund Tausend Jar vnd mer. Dauo*
> *Maister ein ygleicher sech zu jm selber*
> *vnd wart wa jm das pesst sey vnd wie*
> *er hie nach disem langen leiden fliehn*
> *well das ewig leiden da vo vns got*
> *der Almechtig behůt Amen*

Dieser Terminator hat a) die Funktion, das Textexemplar der Epistel zu beenden, ihm kommt aber auch durch seine Stellung b) die Funktion eines Gesamtterminators zu.

Text-Bild-Relationen:
Die *Sphaera mundi* enthalten 21 Skizzen und Zeichnungen zur Astronomie, dieses Text-Bild-Verhältnis scheint ein Textsortenmerkmal für naturwissenschaftliche Lehrbücher im 15. Jahrhundert zu sein.[373]

Weitere Makrostrukturen:
Der zweispaltig geschriebene Gesamtcodex ist hierarchisch strukturiert durch Kapitel mit roten Kapitelüberschriften und/oder durch zwei- bis dreizeilige rote und blaue Initialen im Wechsel zu Beginn des Textes. Die Verse sind untereinandergeschrieben und beginnen am Anfang jeder Zeile mit einer rot durchgestrichenen Minuskel. Absätze werden vor allem durch rote und seltener auch durch blaue einzeilige Initialen markiert. Die einzelnen Kapitel sind mit erläuternden roten Überschriften versehen, auf Bl. 122rb endet die gereimte Chronik mit der Kaisergeschichte bei Friedrich II. Mit der Geschichte der römischen Kaiser und

---

[373] So findet sich z.B. in einem astrologischen Lehrbuch aus dem 15. Jahrhundert, der Handschrift, Berlin Staatsbibliothek Preuss. Kulturbesitz, Ms. germ. fol. 244, eine vergleichbare Text-Bild-Relation. Textlinguistische Untersuchungen zu astrologischen, naturwissenschaftlichen Handschriften stehen noch aus.

Könige nach der Gmünder Chronik fährt die Chronik bei Heinrich VI. in Prosa fort, die roten Überschriften verweisen auf die einzelnen Herrscher, die Absatzstrukturierung durch zweizeilige rote Initialen wird beibehalten. Zwischen der gereimten Chronik und der Gmünder Prosa-Weltchronik ist eine halbe Spalte auf Bl. 122^r freigelassen. Die Vakanz hat die Funktion eines indirekten Terminators für die gereimte Chronik und eines indirekten Initiators für die Gmünder Chronik. Durch diese Anfangs- und Endbegrenzungen ist zwar implizit auf deren Eigenständigkeit verwiesen, dennoch hängen alle Textteile und Textauszüge thematisch eng zusammen und wurden bewusst ausgewählt. Die Makrostrukturen sind einheitlich. Die übrigen Textallianzen weisen explizite Anfangs- und Endbegrenzungen auf, aber auch sie sind thematisch ausgewählt und dienen der Wissenserweiterung innerhalb der Chronik, auch hier ist die Einheit durch das Bemühen um einheitliche Makrostrukturen gekennzeichnet. Die Textauszüge aus dem ‚Buch der Welt' sind fortlaufend, ohne besondere Initialen an den Text der Epistel des Rabi Samuel an Rabbi Isaak angefügt. Die Epistel schließt mit den Worten: /*davon maister ein yeglicher sech czu im selber vnd wart was im das pesst sey vnd wie er hie nach disem langen leiden fliehen well das ewig leiden da vor vns got der Almechtig behut. Amen~* (Bl. 134ra, Z. 21) Es findet sich im Textauszug aus dem ‚Buch der Welt' keine Rubrizierung.

Textbestand:
Der Codex enthält nur eine auszugsweise Überlieferung des ‚Buchs der Welt'. Die Handschrift überliefert vor allem eine Weltchronik Heinrichs von München (Bl. 1ra-122rb) mit zahlreichen Interpolationen (Gr1), die mit dem Neuen Testament und nicht mit der Schöpfungsgeschichte beginnt.[374]

Texterweiterung/Textkürzung:
Der Priester Johannes von Ezzlingen stellte die bairische Chronik am 16. Mai 1414 fertig; er erweiterte zusammen mit zwei weiteren Schreibern den Inhaltszusammenhang um Informationen zur deutschen Reichsgeschichte (Auszüge aus der Gmünder Chronik über die Jahre 1191-1376 (Bl. 122va-125ra, Z. 17) und dem ‚Buch der Welt' – vor allem zu Karl dem Großen, SW 147,6-148,11, 150,28-150,40 und 148,36-38; Bl. 134ra, Z. 22-134vb). Diese Erweiterungen geschahen entweder durch Interpolation (vor allem zu Karl dem Großen (Bl. 113rb-114ra Exzerpte aus ‚Karls

---

[374] Jürgen Wolf, Sächsische Weltchronik, S. 46.

Ahnen und Tod'; Bl. 114rb Exzerpte aus ‚Karls Tod')^{375} oder durch Hinzufügen von Auszügen aus anderen Weltchroniken, im Anschluss an die zusammenhängende Überlieferung.

Textallianzen:
Neben der Chroniküberlieferung tradiert die Handschrift noch Irmhart Ösers Epistel des Rabbi Samuel an Rabbi Isaak (Bl.125ra, Z.18-134ra, Z. 21) und Konrad von Megenbergs ‚Deutsche Sphaera'^{376} (Bl. 135ra-145vb), die durch Anfangs- und Endbegrenzungen deutlich als eigenständige, d.h., selbständig vorkommende Textexemplare ausgewiesen sind.

Die Epistel des Rabbi Sammuel an Rabbi Isaac ist die Übersetzung eines lateinischen Briefes^{377} an den Synagogenvorsteher Isaak, es ist die Verteidung des Christentums durch den bekehrten Rabbiner Samuel in Marokko. In der Textallianz mit der *neuen ee* der Weltchronik hat sie die Funktion, die Heilsgeschichte in ihrer Zukunftsorientierung, der Wiederkunft des heilbringenden Messias, zu betonen. Die volkssprachige Epistel wird im 15. Jahrhundert häufig in Textallianz mit historiographischen Textexemplaren überliefert.^{378}

Bemerkenswert ist die Textallianz mit der sehr wirkungsvollen volkssprachigen Übersetzung der *Sphaera mundi* von Konrad von Megenberg,^{379} dem – wenn man so will – ersten deutschsprachigen Physikbuch. Der heilsgeschichtlichen und profangeschichtlichen Orientierung der Welt wird eine naturwissenschaftliche Perspektive zur Seite gestellt.

---

375 Vgl. Frank Shaw, Darstellung Karls des Großen, S. 173-201; Dorothea Klein, Text- und überlieferungsgeschichtliche Untersuchungen.

376 Otto Matthaei (Hg.), Konrad von Megenberg ‚Deutsche Sphaera', S. VII; Francis B. Brévart, Zur Überlieferungsgeschichte der ‚Deutschen Sphaera', S. 191f. und 201.

377 Er entstand etwa um 1070, wurde 1339 aus dem Arabischen von Alphonsus Bonhominis übertragen und hatte eine schnelle und weite Verbreitung.

378 So z.B. im 1. Viertel des 15. Jahrhunderts mit der Gmünder Chronik und der Ungarischen Chronik des Heinrich von Mügeln im Codex pal. Germ. 5 der Heidelberger Universitätsbibliothek und 1460 zusammen mit einer ‚Historienbibel' im Codex pal. Germ 60 der Heidelberger Universitätsbibliothek; auch die Handschrift 5 (Frankfurt, UB, Ms. germ quart 11) überliefert die Epistel mit dem ‚Buch der Welt' zusammen in Textallianz.

379 Der Tractatus des Sphaera mundi des Engländers Johannes de Sacrobosco (Ende des 12. Jahrhunderts bis ca. 1256) war eines der populärsten Astronmiebücher seiner Zeit. Nach vielfältiger handschriftlicher Verbreitung wurde der Tractatus 1472 gedruckt und erschien bis zum 17. Jahrhundert in mehr als 200 Drucken. Jerôme de Lalande, Bibliographie astronomique; J.C. Houzeau, A.B.M. Lancaster, Bibliographie général de l'astronomie. Francis B. Brévart (Hg.), Johannes von Sacrobosco, S. 1-13; Siehe auch Klaus Arnold, Konrad von Megenberg als Kommentator der ‚Sphaera'.

Syntaxrelevante Merkmale:
Interpunktion:
Die Gesamtsatzkennzeichnung ist nicht einheitlich. Gesamtsätze werden durch Majuskeln (manchmal in Kombination mit einem Punkt), manchmal durch rot durchgestrichene Majuskeln gekennzeichnet. Das Reimschema überlagert z.T. die Interpunktion.

Lexikalische Merkmale:
Die Schöpfungsgeschichte fehlt, so dass der Vergleich der Wochentagsbezeichnungen hier nicht vorgenommen werden kann.

Schlüsselwörter: „Gattungs"bezeichnungen:
Die Grazer Handschrift 470 weist eine Reihe von Werkbezeichnungen auf. Sie verwendet *chronik* für chronologisch strukturierte Geschichtsdarstellungen mit universalhistorischem Hintergrund. Sie verwendet *buch* ganz allgemein für handschriftliche Werke, auch als Selbstbezeichnung.

Darüber hinaus nennt sie z.B. im Explicit zur Gmünder Chronik weiterführende Lektüre,[380] die sie z.T. mit *Cronica* oder auch einer genaueren Titelbezeichnung angibt.

Wer diese ding Gruntleichen lesen welle
der vindet es in der Grossen Cronica
vnd in Speculo Historiarum[381] (Bl. 125ra)

Der Prolog zur *alten ee* bzw. der Prolog zur Genesis in der ‚Weltchronik' des Heinrich von München führt in einigen der überlieferten Handschriften (z.B. W5, W1) – vollkommen abweichend zu den hier vorrangig besprochenen ‚Buch der Welt'-Handschriften – zwei Selbstbezeichnungen: *chronik* und *wibel* (*bibel*). Er verweist damit auf eine andere Gewichtung zwischen Heils- und Profangeschichte. Die Proportionen verschieben sich zugunsten der Heilsgeschichte. Im ‚Buch der Welt' ist die Gliederung nach den sechs Weltaltern oder den vier Weltreichen – ganz anders als bei den volkssprachigen Reimchroniken des Rudolf von Ems, der Christherre-Chronik und der ‚Weltchronik' des Heinrich von München – von sehr untergeordneter Bedeutung, sie kann sogar gänzlich fehlen. Die hier vorliegende ‚Heinrich von München'-Bearbeitung löst sich von ihrer ursprünglichen starken Anbindung an die Heilsgeschichte und

---

380 Es handelt sich bei der Angabe von Literatur in Chroniken nicht zwingend um Vorlagennennung, also nicht um Quellen- und Literaturangaben im heutigen Sinne, denn die genannten Gewährstexte wurden nicht immer tatsächlich benutzt. Sie dienten vor allem dem Wahrheitsbeweis und als Autoritätsbeleg.
381 Vincenz von Beauvais, Sepeculm historiale.

zeigt wie die ‚Buch der Welt'-Handschriften insgesamt eine deutliche Verschiebung in Richtung auf die Profangeschichte.

Semantische Merkmale
1) Inhaltliche Gestaltungsprinzipien:
Andrea Spielberger und Dorothea Klein[382] gehen davon aus, dass der Anfang, d.h., das Alte Testament, sich in einem verlorenen ersten Band befand. Folgt man dieser Annahme, so wäre die ursprüngliche Schreiberintention eine umfassende Weltchronik gewesen. In der vorliegenden Form jedoch ist die Chronik vor allem auf die historischen Ereignisse seit Beginn des Neuen Testaments bezogen.

Ich bin der Meinung, dass dies auch in der Intention des Schreibers Johannes von Ezzlingen und seiner Co-Schreiber lag. Dafür sprechen vor allem die Textallianzen. Es handelt sich hier um eine Gegenwartschronik, die die biblische Geschichte des Alten Testaments explizit ausklammern will, dabei aber auf die heilsgeschichtliche Ausrichtung nicht verzichten möchte. Für diese These spricht:

1. das Verhältnis der Initiatoren, Terminatoren und der weiteren Makrostrukturen. Sie zeigen die Vorlagentreue der Kopisten. Vollständige Übernahmen sind durch Initiatoren- und Terminatorenbündel gekennzeichnet, bei den Textauszügen fehlt die eplizite Kennzeichnung.
2. Die *neue ee* ist eine getreue „direkte Abschrift von M3",[383] d.h., sie übernimmt den Prolog der *neuen ee* unverändert aus der Runkelsteiner Handschrift des *Haintz Sentlinger*, der aus dem Münchener Patriziergeschlecht der Sendlinger stammt.[384] Heinz Sentlinger schrieb die Weltchronik des Heinrich von München zweimal ab (Wo2 = Wolfenbüttel, Herzog August Bibliothek, Cod. Guelf. 1.16 Aug. 2°; 1399 und M3 = München Bayrische Staatsbibliothek, Cgm 7330, 1394); in beiden Fällen schrieb Sentlinger im Auftrag eines Mitglieds des Adelshauses der Herren von Vintler zu Runkelstein bei Bozen in Südtirol. M3 wurde von Nikolaus Vintler in Aufrag gegeben, Wo2 von Johannes Vintler.[385] Der Prolog bezieht sich deshalb natürlich auf das

---

382 Andrea Spielberger, Die Überlieferung der ‚Weltchronik' Heinrichs von München, S. 151; Dorothea Klein, Einführung, S. 11.
383 Andrea Spiegelberger, Die Überlieferung der ‚Weltchronik' Heinrichs von München, S. 151.
384 Hans Lanzhammer, Alt-Sendling, S. 33-39; Gisela Kornrumpf, Sentlinger, Heinz.
385 Vgl. Andrea Spielberger, Die Überlieferung der ‚Weltchronik' des Heinrichs von München, S. 147-154 und 157-161.

Alte Testament (die *alte ee*), die in den Abschriften Sentlingers überliefert ist.
3. Die Chronik betont vor allem die Reichsgeschichte. Als wichtig für die kollektive Erinnerung wird vor allem Karl der Große angesehen, für dessen Leben und Taten[386] sie ein besonderes Interesse zeigt. Das wird sowohl durch die Interpolationen im Chroniktext als auch durch die Zusätze aus dem ‚Buch der Welt' deutlich. Hier werden also zwei Erzählverfahren sichtbar: das der Interpolation und das der lockeren Zufügung, die jedoch ebenfalls Ausdruck gezielter Wissensvermehrung ist (hier in Bezug auf Karl den Großen).

Auch die Zusätze aus der Gmünder Chronik vertiefen das Wissen um die Reichsgeschichte und sie setzen es über Friedrich II. hinaus fort. Die Gmünder Chronik ist eine regional ausgerichtete Universalchronik, die aus den lateinischen *Flores temporum* schöpft, mit denen sie auch das Entstehungsgebiet und den Berichtshorizont gemeinsam hat.[387] Die lateinischen *Flores temporum* entstehen im 13. Jahrhundert, sie erfreuen sich vor allem im süddeutschen Raum besonderer Beliebtheit „als Kristallisationskern regionaler Geschichtsschreibung".[388] Ihre volkssprachige Kurzfassung, die ‚Gmünder Chronik', die nur die Kaiser- und nicht die Papstreihe berücksichtigt, führt bis ins Jahr 1377. Die Schreiber der Grazer Handschrift übernahmen aus dieser süddeutschen Weltchronik die Daten über die Reichshistorie von Heinrich dem VI. (1190-1197) bis zur Krönung des ältesten Sohnes Kaiser Karl IV., Wenzel 1376 in Aachen. Diese Auszüge, die vor Friedrich II. (1212-1250) beginnen, dienen der Aktualisierung der Profangeschichte.
4. Trotz der Ausklammerung der gesamten biblischen Geschichte des Alten Testaments verzichtet die Chronik nicht auf den Hinweis, dass die Vergangenheit, Gegenwart und Zukunft der Menschen in Gottes Hand liegen. Mit der Epistel des zum Christentum konvertierten Rabbi Isaac wird die Weltsicht des christlichen Glaubens besonders hervorgehoben:

> Hauptthema des Briefes ist eine Klage über die Zerstreuung der Juden; sie durchzieht leitmotivisch den ganzen Text. Daneben weist der Verfasser hin auf die zwiefache Ankunft des Herrn (9. und 11. Kapitel), auf seine Auferstehung in den Himmel (12. Kapitel), auf die Auserwählung der christlichen

---

[386] Siehe auch: Paul Gichtel, Die Weltchronik Heinrichs von München, S. 387-389; Bernd Baster (Hg.), Karl der Große in den europäischen Literaturen des Mittelalters.
[387] Peter Johanek. Weltchronik, S. 321f.
[388] Ebd. Siehe auch: Anna Dorothea von den Brincken, Flores temporum; dies., Rezeption.

Völker (16. und 17. Kapitel), auf das Opfer der christlichen Messe (20. und 21. Kapitel) und verteidigt den liturgischen Gesang der Christen gegen die Angriffe der Juden (23. und 24. Kapitel).[389]

5. Ergänzt wird diese christlich-historische Weltsicht durch ein „naturwissenschaftliches" Weltverständnis. In Konrad von Megenbergs[390] Übersetzung der *Sphaera mundi* beginnt die kurze Inhaltsübersicht mit den Worten:

Das churz pûch von der gestalt der welt tail
wir in vier haubtstuck (Bl. 135ra)

2) Die sechs Deutungsmuster:
a) Einordnung der Weltgeschichte in die Heilsgeschichte: Die Chronik verzichtet auf die Ereignisse des Alten Testaments, sie hat ihren Schwerpunkt in der Darstellung der Reichsgeschichte. Durch die Auszüge aus der Gmünder Chronik wird eine besondere Betonung der staufischen Geschichte erzielt: Die ‚Weltchronik des Heinrichs von München' endet mit Friedrich II. Die Auszüge aus der Gmünder Chronik gehen wieder zurück zu Heinrich VI., unter dem die staufische Weltmonarchie den Höhepunkt ihrer Macht erreichte. Sie führen bis in das letzte Viertel des 14. Jahrhunderts, einer Zeit starker politischer, religiöser und sozialer Verunsicherung, die auch für die eigene Zeit, die Zeit der Kompilatoren gilt, in der sich die Spaltung von Kirche und Staat weiterentwickelt. Die starke Heraushebung Karls des Großen durch Interpolationen in der ‚Weltchronik Heinrichs von München' und durch die Zusätze aus dem ‚Buch der Welt' zeigen ein Konzept zur Lösung der politischen Unsicherheit jener Zeit: Die Vorstellung von einem starken Herrscher, als dessen Vorbild Karl der Große gelten sollte, ist durchaus in der Denktradition der Zeit verankert,[391] auch hier wird sie besonders betont. Der religiösen Verunsicherung wird mit einer Verteidigungsrede des Christentums in

---

389 Monika Marsmann, Die Epistel des Rabbi Samuel, S. 31f.
390 Konrad von Megenberg (1309-1374), Magister der Theologie, Philosophie, des Quadriviums; Rektor der Stefansschule zu Wien, Dompfarrer in Regensburg, ist Verfasser theologischer, kirchenrechtlicher hagiographischer, moralphilosophischer, staatspolitischer und naturwissenschaftlicher Schriften. Klaus Arnold, Konrad von Megenberg.
391 Theologen und Gelehrte wie z.B. Marsilius von Inghen (um 1340-1396) sahen den *humanus legislator* als Quelle der staatlichen Autorität. Karl der Große galt Marsilius als Autorität und Bezugsperson in der Frage des Verhältnisses von Staat und Kirche. Im Defensor pacis, Dictio II 25 schreibt er über die Übertragung des Rechts der Papstwahl an Karl den Großen und dessen Nachfolger. Richard Scholz (Hg.), Defensor pacis, S. 476-478.

der ‚Epistel des Rabbi Samuel' begegnet.[392] Schließlich zeigt die Überlieferung der deutschen *Sphaera* einen Blickwechsel von der ‚Geschichte der Welt' zur ‚Gestalt der Welt'. Das 14. Jahrhundert stand unter dem Eindruck von Hungersnöten, Missernten und vor allem der Pest. Als wissenschaftlicher Weg zur Vorbeugung und Bekämpfung von Krankheiten galt in jener Zeit die Astrologie. Sie war nicht nur Mittel, die Zukunft zu deuten, sondern anerkannte Wissenschaft. Volkssprachige Versionen astrologischer Deutungen und Lehrbücher bekommen im späten Mittelalter eine weite Verbreitung.[393] Die Heilsgeschichte allein reicht jetzt ganz offensichtlich als Welterklärungsmodell und als Lieferant des Weltwissens nicht mehr aus. Damit werden die Erinnerungsbestände anders akzentuiert bzw. es werden andere Zusammenhänge ins Zentrum kollektiven Wissens gerückt.

b) Berufung auf die (mündliche und schriftliche) Tradition: Die Kompilatoren berufen sich auf ihre schriftlichen Vorbilder, indem sie die Chronik des Heinrich von München, die ‚Epistel des Rabbi Samuel' und die deutsche *Sphaera* makrostrukturell deutlich voneinander abheben. Sie berufen sich in Anlehnung an ihre Vorgänger auch innerhalb der Textexemplare auf verschiedene Werke, so z.B. auf das *Speculum historiale* des Vinzenz von Beauvais. Sie halten sich z.T. wortwörtlich an ihre Vorgänger (z.B. im Prolog des Neuen Testaments an die Vorlage von Heinz Sentlinger), dennoch gelingt ihnen mit den Mitteln der Interpolation und der verschiedenen Textallianzen (Verbindung mit vollständigen Textexemplaren und mit Auszügen) eine abweichende Weltsicht, die die historische Welterklärung durch eine naturwissenschaftliche ergänzt. Sie verzichtet auf die Universalgeschichte und steht in Bezug auf die politische Wertung der neutestamentlichen Geschichte sowie der Profangeschichte damit in der Denktradition der eigenen Zeit.

---

392 Dieses Textexemplar steht zudem vermutlich in einem Zusammenhang mit der wachsenden Judenfeindlichkeit im späten Mittelalter, zumal den Juden die Schuld für Pest, Missernten etc. zugeschrieben wurde.

393 Die Pest war eines der zentralen medizinischen Probleme des späten Mittelalters. Ein Gutachten der Pariser Medizinischen Fakultät aus dem Jahre 1348 (Der Sinn der höchsten Meister von Paris) schuf die Grundlage für eine Behandlung der Pest, indem es die Ursachen auf astrologisch bedingte schlechte Ausdünstungen zurückführte, die durch Einatmen weitergegeben wurden. Vgl. auch Volker Gräter, Der Sinn der höchsten Meister von Paris; Gundolf Keil, Seuchenzüge des Mittelalters, S. 109-128; William Crossgrove, Die deutsche Sachliteratur des Mittelalters, S. 71.

c) wahre Geschichtsschreibung: Diese gegenüber der Chronistik des ausgehenden 14. Jahrhunderts abweichende Sichtweise wird (durch die Vorrede zur ‚Epistel des Rabbi Samuel') ebenso mit dem Wahrheitstopos versehen, wie es der Prolog des ‚Buchs der Welt' z.B. in der Handschrift 24 für eine andere Weltsicht vorgenommen hat. Die Kompilatoren bedienen sich aus dem traditionellen Wissensfundus, den sie jedoch so organsieren, dass ihre ‚Wahrheit' durchaus von der ihrer Vorbilder abweicht.

d) Autorisierung der eigenen Aussagen: Insgesamt zeigt sich auch an diesem Codex eine starke Vorlagen- und Autoritätsbindung und dennoch ein freier Umgang mit dem Stoff, was Kürzung, Erweiterung und Zusammenstellung betrifft. Für die Anlage, eine mit dem Neuen Testament beginnende Weltchronik mit der „naturwissenschaftlichen" Auffassung von der Gestalt der Welt zu verbinden, zeichnet der Schreiber Johannes von Ezzlingen verantwortlich. Die chronikalischen Zusätze stehen ganz im Zeichen dieser Konzeption, sie sind wie auch die ‚Epistel des Rabbi Samuel' dagegen von anonymen Schreibern hinzugefügt worden.

e) und f) offene Geschichtsschreibung und auf Abgeschlossenheit, Endzeit zielendes Geschichtsdenken: Der Codex präsentiert nicht – wie seine Vorlagen (Heinrich von München, Gmünder Chronik, ‚Buch der Welt') – eine Universalgeschichte, die von der Schöpfung bis zur Gegenwart Leben und Wirken der Menschen vor Gott darstellt. Er zeugt aber dennoch von einem christlichen Weltbild, das es in Zeiten der Bedrohung aufrechtzuerhalten gilt. Zentraler Gegenstand ist die Reichsgeschichte, vielleicht mit einer besonderen propagandistischen Deutung, die aber durchaus einem gängigen Verständnis der politischen Situation in jener Zeit entspricht. Auch hier liegt die Strategie darin, eine gegenüber der Vorlage abweichende Akzentuierung der Weltsicht durchzusetzen und zu tradieren, indem Texte, die in jener Zeit und hier vor allem auch im süddeutschen Raum (z.B. die Gmünder Chronik) eine große Wirkung hatten, gekürzt, erweitert und neu gruppiert wurden. Der übernommene Text wurde weitgehend vorlagengetreu überliefert.

III.3.4 Handschrift 231 (Gdansk, Bibl. Polsk. Akad. Nauk, Ms. 1614) – C_1

Externe Merkmale (Ebene b)
(erschlossener) Entstehungszeitraum, Entstehungsort, Schreiber/Kompilator:
Die Handschrift ist datiert (Bl. 108ra): *Et sic finis anno Domini millesimo quadragesimo decimo sexto secunda feria post diem palmarum.* (13. April 1416). Entstanden ist sie vermutlich im Raum Quedlinburg/Halberstadt. Die beiden Schreiber Steffan und Nikolaus Pol(l)egen stammen aus diesem Gebiet.[394] Steffan Polegen nennt sich im Anschluss an das ‚Buch der Welt' und dessen spezieller Begleitüberlieferung auf Bl. 108ra: *per me Steffan Polligen*. Auf diese Zusammenstellung folgt noch die Abschrift des ‚Großen Seelentrosts' (Dz). Im Anschluss daran und vor dem Register zum ‚Großen Seelentrost' nennen sich beide Brüder: *Orate pro scriptoribus Steffano Polegen presbitero et Nicolao Polegen fratribus propter deum pater noster ave maria.* (Bl. 227vb) Steffan Polegen (Steffen Bolike, auch Bulike, Bolcke) gehörte von 1428-1437 zum Rats- und Gerichtspatriziat der Stadt Danzig (als Schöffe und als Ratsherr), er erscheint auch in einer Danziger Urkunde vom 22. September 1431 im Zusammenhang mit dem Franziskanerorden als Zeuge.[395] Sein Bruder Nicolaus Polegen immatrikulierte sich 1404 in Erfurt und wird in zwei Quedlinburger Urkunden (1434 und 1439) als Quedlinburger Stadtschreiber und Bürger erwähnt.[396]

Kombinationszeitraum, Kombinationsort:
Kombinationszeit und Entstehungszeit sind identisch.

Fortsetzungszeitraum, Fortsetzungsort und Fortsetzer:
Auch hier sind Fortsetzungszeit und Entstehungszeit identisch.

Benutzungszeitraum, Benutzungsort, Benutzer:
Der Codex, vor allem der Teil mit dem ‚Buch der Welt', enthält sehr viele Randbemerkungen, Jahreszahlen und andere Ergänzungen von unterschiedlichen Händen. Konkrete Benutzer sind nicht zuzuordnen.

---

394 Vgl. Jürgen Wolf, Sächsische Weltchronik, S. 114 und S. 169f. Menzel nimmt dagegen Erfurt, den Studienort Nicolaus Polegens, als Entstehungsort an: Michael Menzel, Sächsische Weltchronik, S. 270 und 275.
395 Paul Simson, Geschichte der Stadt Danzig, S. 96f.
396 Vgl. Jürgen Wolf, Sächsische Weltchronik, S. 115, Anm. 51, S. 159f. und S. 169f.

Besitzzeitraum, Aufbewahrungsort, Besitzer, Auftraggeber:
Die Handschrift ist sehr früh, bereits im 15. Jahrhundert in der Bibliothek des Danziger Franziskanerklosters nachzuweisen. Dort blieb sie bis zur Auflösung des Klosters im Jahre 1555. Seit jener Zeit gehörte sie mit den anderen Bänden der Klosterbibliothek zum Buchbestand des Rates der Stadt Danzig. Über den Auftraggeber ist nichts bekannt, vielleicht stand er im Zusammenhang mit dem Franziskanerorden. Das Danziger Franziskanerkloster jedoch wurde erst 1422 gegründet und Steffan Polegen gibt auf Bl. 108ra als Enddatum der Entstehung 1416 an. Ein Entstehungsort ist hier nicht genannt. Vielleicht ist der Rest der Handschrift auch später hinzugefügt worden; im Kolophon, das beide Schreiber nennt, ist kein abweichendes Entstehungsdatum und auch kein Entstehungsort angegeben. Steffan und Nicolaus Polegens Heimat war der Quedlinburger Raum, die Gegend um Aschersleben. „Der *presbitero* Stefan könnte anschließend den gemeinsam mit seinem Bruder 1416 vollendeten Codex anläßlich seiner eigenen Übersiedlung zur Gründung des Franziskanerklosters mit nach Danzig genommen haben. Belegen läßt sich diese These freilich nicht."[397]

Kommunikationsmaterial und -form:
Die Papierhandschrift umfasst 229 Blätter und hat einen Holz-Ledereinband. Auf dem Rücken ist die alte Signatur ‚315'. Eine jüngere Hand hat auf Bl. 1^r *Chronicon vulgaria* vermerkt. Die Blattgröße beträgt 30,5 x 21 cm und der Schriftspiegel 23 x 16 cm. Die zweispaltig beschriebenen Blätter umfassen 32-35 Zeilen.

Schreibsprache:
Die Brüder Steffan und Nikolaus Polegen schrieben den Codex in ostfälischem Dialekt: „Einiges spricht dafür, daß der Codex – vielleicht als Auftragsschrift in einem Franziskanerkloster? – im Ostfälischen angefertigt wurde."[398]

Interne Merkmale
Initiator(en):
Der Initiator besteht aus einer siebenzeiligen geschmückten N-Initiale mit folgender V-Majuskel, dem Beginn der Reimvorrede: *Nv flitet ...* Eine spätere Hand hat über der Reimvorrede die Überschrift *Chronicon vulgaria* eingefügt. Vergleicht man die Reimvorrede in diesem Codex mit den Reimvorreden in der Mehrzahl der Textexemplare des ‚Buchs

---
397 Ebd., S. 160.
398 Ebd., S. 159f.

der Welt', so fällt auf, dass die Reimvorrede sehr verkürzt überliefert ist. Jürgen Wolf[399] spricht hier von einem Reimvorredefragment. Dies ist unzutreffend, da der Chronist, der die Hs. 231 zusammengestellt hat, bewusst Teile der Reimvorrede weggelassen hat.

Terminator(en):
Explizite Terminatoren treten an zwei Stellen auf: zum ersten Mal im Anschluss an den durch die Textallianzen der C_1-Gruppe erweiterten Textzusammenhang des ‚Buchs der Welt':
1. Kolophon mit rot durchgestrichenem Namen des Schreibers *steffan polligen* Bl. 108ra, Z. 33-36: *Et sic est finis anno Domini millesimo quadragesimo decimo sexto secunda feria post diem palmarum per me steffan polligen.*
2. Eine Spalte und 1 Blatt sind vakant.

Der zweite explizite mehrgliedrige Terminator tritt am Ende des Codex auf. Er besteht aus:
1. Kolophon mit Nennung beider Schreiber Bl. 227vb, Zeile 30-35: *Orate pro scriptoribus steffano polegen presbitero et nicolao polegen fratribus propter deum pater noster ave maria.*
2. Register zum ‚Großen Seelentrost' auf Bl. 228ra-229^v.

Weitere Makrostrukturen:
Bemerkenswert bei den Makrostrukturen dieses Codex ist, dass der Initiator im Vergleich zum Terminator deutlich unbetont ist: Die Reimvorrede selbst hat in diesem zweispaltig geschriebenen Codex keine Initiatorfunktion. Sie ist zweigeteilt (*Nu flitet* [...], *Ich hebbe* [...]). Die neue hierarchische Ebene beginnt jeweils mit einer dreizeiligen I-Initiale. Die Schöpfungsgeschichte schließt in derselben Spalte an die Reimvorrede an und beginnt mit einer zweizeiligen I-Initiale, die am Rand verlängert ist. Das meist verwendete hierarchische Strukturierungsmittel in diesem Codex ist die zweizeilige rote Initiale.

Die hierarchischen Strukturierungsmerkmale bestehen vor allem in der Kennzeichnung unterschiedlicher Ebenen durch zweizeilige Initialen mit nachfolgender Majuskel. Es treten ab Bl. 55^v auch spätere Einfügungen von Namen oder capitulum-Zeichen auf. Die Büchereinteilung über den Seiten: 1. Liber, 2. Liber, 3. Liber, 4. Liber, 5. Liber, 6. Liber (60^v, 61^r) ist ebenfalls späteren Datums.

---

399 Ebd., S. 114.

Die für die C_1-Gruppe typischen Texterweiterungen sind in unterschiedlicher Weise markiert:
1. Die Interpolationen – wie z.B. die Kaiserchronikpassagen – sind in der Sprachform (Prosa) und in den hierarchischen Strukturierungsmerkmalen dem Textzusammenhang insgesamt angeglichen.
2. Die Sächsische Fortsetzung schließt inhaltlich, chronologisch und makrostrukturell auf Bl. 99va, Z. 26 direkt mit einer Majuskel an (*In den tiden* [...]). Ihr Textzusammenhang ist allerdings unterbrochen durch:
3. die Zeittafel des 1. Jahrhunderts nach Christi Geburt 100rb, Z. 2-26, die ebenfalls direkt in derselben Zeile anschließt; sie ist markiert durch die übliche Kennzeichnung: mindestens zweizeilige I-Initiale mit N-Majuskel: *IN dem dridden jare sloch herodes de kinder*.
4. Genauso verfährt der Schreiber mit der Zeittafel bis zum Jahre 1240, Bl. 100rb, Z. 26-101ra, Z. 10: V-Initiale, zweizeilig, mit folgender A-Majuskel.
5. Es folgt der zweite Teil der Sächsischen Fortsetzung bis zum Jahre 1270 auf Bl. 101ra, Z. 11-102rb, Z. 13 mit der typischen Kennzeichnung: I-Initiale + N-Majuskel.
6. Die Genealogie der Welfen Bl. 102rb, Z. 13-103rb, Z. 15 ist formal sehr zurückgenommen, sie wird ohne makrostrukturelle Kennzeichnung im Anschluss an die Sächsische Fortsetzung als fortlaufender Text (mit Majuskel beginnend: *Von des milden keyser lodewiges tiden* [...]) weitergeführt.
7. Ebenso verfährt Stefan Polegen mit der Genealogie der Grafen von Flandern, die in der auf die Welfengenealogie folgenden Zeile anschließt (Bl. 103rb, Z. 16-103vb Z. 8).
8. Der Papstkatalog bis zu Johannes XXI (†1277) beginnt in der nächsten Zeile mit einer zweizeiligen W-Initiale, gefolgt von einer E-Majuskel: *We wullet nu schriven van den pavesen de do to rom gewesen heben*. Das Ende ist durch drei capitulum-Zeichen am Schluss der Zeile markiert (Bl. 103vb, Z. 9-106rb, Z. 9).
9. An den Papstkatalog schließt sich nicht ein Kaiserkatalog, sondern die Erzählung von der Herkunft der Sachsen an: Sie beginnt mit einer zweizeiligen W-Initiale mit folgender E-Majuskel: *We wullet nu schriven van den sassen* (Bl. 106rb, Z. 10-108ra, Z. 31).
10. Es folgt der erste explizite Terminator (Bl. 108ra, Z. 33-36).
11. Nicolaus Polegen überliefert den ‚Großen Seelentrost' von Bl. 109ra-227^{v}, Z. 29 und setzt ihn makrostrukturell deutlich von den

vorhergehenden Textallianzen ab: Er beginnt lateinisch mit sechszeiliger L-Initiale + I-Majuskel *LIbellus ipse collectus* [...], indem er auf die Quellen des nachfolgenden Textes verweist. (Z. 1-26). Der volkssprachige Text fängt in der Zeile 27 mit einer zweizeiligen D-Initiale und folgender E-Majuskel an: *DEr seyle trost leget an heyliger leve vnd an betrachtunge der heyligen scrift.* Auch in diesem Textzusammenhang sind die Absätze durch zweizeilige Initialen mit nachfolgender Majuskel gekennzeichnet.

Wie eine verbindende Klammer beider Teile wirkt der Kolophon mit der Namensnennung der Brüder Stefan und Nikolaus (Bl. 227^v, Z. 30-35).

Textbestand:
Der Codex beginnt wie Handschrift 23 mit der Reimvorrede, jedoch fehlen hier die Zeilen, die auf das Jüngste Gericht verweisen (SW 66,55-67,1). Der Textzusammenhang des ‚Buchs der Welt' reicht bis 1260 (SW 67,1-258,24) (Bl. 1ra-99va, Z. 26) und ist fortgesetzt durch die Sächsische Fortsetzung bis zum Jahre 1275.

Texterweiterung/Textkürzung:
Das ‚Buch der Welt' ist durch die Sächsische Fortsetzung bis 1275 weitergeführt worden. In genau derselben Weise wie es die Handschrift 23 tut, überliefert auch dieser Codex die Sächsische Fortsetzung bis zum Jahre 1271 (auf Bl. 99va, Z. 26-100rb, Z. 1) mit einer Unterbrechung durch die beiden Zeittafeln und daran anschließend erst die restliche Fortsetzung bis zum Jahre 1275 (auf Bl. 101ra, Z. 10-102rb, Z. 13).

Gegenüber der Handschrift 23 fallen insgesamt die Textkürzungen auf: Die Reimvorrede beginnt später als in den anderen Überlieferungen und endet früher – mit den Worten, dass das Buch nicht kunstfertiger geschrieben werden kann und dass es auch so genügte (Bl. 1ra, Z. 22-30). Es fehlen die Ausführungen zum Jüngsten Gericht in der Reimvorrede (SW 65,1-66,54). Analog dazu überliefert der Codex den ‚Großen Seelentrost' und nicht die apokalyptischen ‚Fünfzehn Zeichen des Jüngsten Gerichts' (wie Hs. 23). Abweichend von der übrigen Überlieferung streicht der Schreiber Steffan Polegen auch die Aufforderungssätze der Reimvorrede, die sich an die Nachfolgenden wenden, damit sie die Chronik weiterführen (SW 66,85-66,98). Gegenüber den anderen C-Handschriften sind bei diesem Codex auch Abweichungen bei der Kaiserchronikübernahme festzustellen, auch hier gibt es Streichungen (z.B. eine Passage im Zusammenhang mit den römischen Tagesgöttern, SW 81,17-26).

Textallianzen:
Der Codex überliefert die Zeittafel des 1. Jahrhunderts nach Christi Geburt (Bl. 100rb, Z. 2-26), die Zeittafel bis zum Jahr 1240 (Bl. 100rb, Z. 26-101ra, Z. 10), eingeschaltet in die Sächsische Fortsetzung. Von Bl. 102rb, Z. 13-103rb, Z. 15 folgt die Genealogie der Welfen und der Grafen von Flandern (Bl. 103rb, Z. 16-103vb, Z. 8), der Papstkatalog bis zu Johannes XXI., (†1227) (Bl. 103vb, Z. 9-106rb, Z. 9), die Erzählung ‚Über die Herkunft der Sachsen' (Bl. 106rb, Z. 10-108ra, Z. 31) und ab Bl. 109ra-229^{v} eine Abschrift des ‚Großen Seelentrost' nebst Register.

Syntaxrelevante Merkmale:
a) Interpunktion: Gesamtsätze werden durch Majuskeln markiert.

b) syntaxrelevante Merkmale in der Reimvorrede:
Die Reimvorrede steht an erster Stelle im Codex. Die Schreiber der Handschrift 231 greifen stark in das vorgegebene Schema ein: Sie streichen den ersten Teil und beginnen mit dem Aufforderungssatz: *NV flitet ych an en sede* [...] (Bl. 1ra, Z. 1). Die Reimvorrede ist in zwei Absätze geteilt: *NV flitet*[...]*, Ich hebbe mich des wol bedacht* [...] Der Aufforderungssatz, die Chronik fortzusetzen, fehlt völlig. Trotz der inhaltlich einschneidenden Kürzungen in der Reimvorrede der Handschrift 231 sind auch hier alle Zeitaspekte beibehalten: Es lässt sich in der Reimvorrede mit ca. 32 % eine deutlich temporale Ausrichtung der Sätze feststellen. Daneben treten Aufforderungs- und Aussagesätze auf. Die zeitliche Ausrichtung zeigt vier Kategorien:

1. die Ausrichtung auf die Gegenwart, das Hier und Jetzt;
2. die Ausrichtung auf die Zukunft;
3. die unbestimmte zeitliche Folge und
4. den Aspekt der Dauer.

Die Verse sind wie in der Handschrift 162, aber abweichend von allen anderen Textexemplaren, unmarkiert.

c) syntaxrelevante Merkmale in der Schöpfungsgeschichte:
Die Schöpfungsgeschichte besteht aus dreizehn Gesamtsätzen und acht Absätzen.

d) syntaxrelevante Merkmale in den übrigen Stoffkreisen:
An die Schöpfungsgeschichte schließt sich die Genealogie des Alten Testaments an. Dieser Übergang wird in der Handschrift 231 am Ende der Schöpfungsgeschichte innerhalb des letzten Gesamtsatzes angekündigt: *wie div welt* [...] Die Genealogie beginnt mit einer zweizeiligen Initiale, der erste Absatz umfasst auch einen Gesamtsatz: *Adam gewan kain und*

abelle da abell drittich jar alt was do sloch en kain dot. Die gesamte Genealogie des Alten Testaments ist durch kleinere Absätze strukturiert, die fast immer aus Gesamtsätzen bestehen. Mit den römischen Königen werden die Abschnitte länger und vereinen mehr als einen Gesamtsatz. Wie in allen Textexemplaren sind auch hier die temporalen Angaben vor allem für die Zeitkomponente ausschlaggebend. Die Verben sind vorwiegend Hilfsverben oder Handlungsverben. Für genealogische Zusamenhänge wiederholt sich die Vergangenheitsform von *gewinnen*: *gewan*.

Lexikalische Merkmale
1) Schlüsselwörter: „Gattungs"bezeichnungen:
Im Danziger Codex werden die Werkbezeichnungen sparsamer verwendet: Die Bezeichnung *buch* tritt mit eingeschränktem Bedeutungsspektrum auf: Sie wird vor allem bezogen auf andere Texte und auf die biblischen Bücher verwendet:[400] *[...] inde we buch lesit [...]* (Bl. 1ra, Z. 8). Das Wort *Chronik* erscheint auch hier in zwei Bedeutungen:

1. für andere datenbezogene Geschichtsdarstellungen: *we vorebat weten welle de lese cronica [...]* (Bl. 6ra, Z. 17f.); *der levent vint men gescreuen in cronicis [...]* (Bl. 6rb, Z. 29f.).
2. im Sinne von ‚Chronologie als knappe datenbezogene Erzählstrategie': z.B. nach der ausführlichen Darstellung des Lebens Karls des Großen: Bl. 44rb, Z. 32f.: *Nu kome we wedd' to der kroniken.*

Der Codex verwendet *buch* und lat. *cronica* zur Bezeichnung eines historischen, chronologisch aufgebauten Werkes. Die Eindeutschung *kronek* bezieht sich auf die chronologische Darstellungsweise innerhalb des sächsischen ‚Buchs der Welt'.

2) lexikographische Schlüsselwörter (die Wochentagsbezeichnungen):
Sonntag: Die Handschrift 231 überliefert Wochentagsbezeichnungen nur in der Schöpfungsgeschichte, hier begegnet die gesenkte, synkopierte Form: *sondach* (Bl. 1rb).
Montag: Der Codex verwendet *mādach* (Bl. 1rb).
Dienstag: Für den dritten Wochentag begegnet *dinsedach* (Bl. 1rb).
Mittwoch: Der vierte Wochentag wird übereinstimmend mit *mydweken* (Bl. 1rb) angegeben.
Donnerstag: Der fünfte Wochentag heißt *donrestag* (Bl. 1va).
Freitag: Es begegnet undiphthongiertes *fridagh* (Bl. 1va).

---

[400] An der Stelle: *We diu welt van Adame herewart gestan hebbe, dat verneme we an deme dat dat boch hirna segit.* (SW 68, Z. 1f.) benutzt der Schreiber das Wort *buch* wohl nicht, die Stelle ist im Microfilm aufgrund von Handschriftenverderbnis nicht lesbar (Bl. 1va, Z. 36f.).

Samstag/Sonnabend: Für den letzten Wochentag verwendet der Danziger Codex *sunauent* (Bl. 1va).

Semantische Merkmale
1) Inhaltliche Ordnungsprinzipien:
Die Geschichtsschreibung des Danziger ‚Buchs der Welt' ist eine Kombination von personenbezogener (wie z.b. die Sichtweise in der Kaiserchronik und auch in Martin von Troppau) und datenbezogener Geschichtsauffassung. Genealogien sind durchgängig vorhanden: im alttestamentarischen Teil, in den Herrschergenealogien, im Chronikzusammenhang und in den genealogischen Erweiterungen (Welfen, Grafen von Flandern).

2) Die sechs Deutungsmuster:
a) Einordnung der Weltgeschichte in die Heilsgeschichte: Die Einordnung in die Heilsgeschichte zeigt sich an der gekürzten Reimvorrede, in der Schöpfungsgeschichte und an der franziskanischen Mahnrede. Die Kürzung der Reimvorrede korrespondiert mit der Begleitüberlieferung. Als einziger Codex überliefert Hs. 231 den ‚Großen Seelentrost',[401] ein Exempla-Buch über die richtige christliche Lebensführung, das die Leitlinie für das richtige Leben in der Bibel findet. Die Handschrift 231 nimmt in Teilen die Kaiserchronikanleihen zurück (z.B. die Passage über die heidnischen Tagesgötter) und gibt dem Textexemplar durch Kürzung (z.B. auch der Reimvorrede) und durch eine veränderte Textkombination eine noch stärker geistliche, franziskanische Ausrichtung.
b) Berufung auf die (mündliche und schriftliche) Tradition: Die Anlehung an die schriftliche Tradition entspricht der der Handschrift 24, mündliche Vorbilder sind nicht nachzuweisen.
c) wahre Geschichtsschreibung: Der Codex aus dem Jahr 1416 beginnt mit dem zweiten Teil der Reimvorrede: *Nu flitet ych an en sede dar he bosen danken mede mach vordriben sere horet gerne gude lere und leset in den bouken dar in man de warheit sauken mach und bevinden* [...] (Hs. 11, Bl. 1ra, Z. 1ff. = SW 66,55). Durch die Streichungen wird die Aussage der Reimvorrede, dass die guten Bücher dem Leser Wahrheit vermitteln, besonders hervorgehoben. Ein solches gutes Buch wird – an Stelle des eschatologischen Textes von den ‚Fünfzehn Zeichen' – in Textallianz mit dem ‚Buch der Welt' überliefert. Ebenso folgerichtig beschließt Stefan Polegen seinen Teil des

---

401 Margarete Schmitt, Der große Seelentrost, S. 137*-145*.

Codex mit dem Kolophon, einem expliziten Terminator: *Et sic est finis anno Domini millesimo quadragesimo decimo sexto secunda feria post diem palmarum*, in dem er auch seinen Namen nennt: *per me Steffan Polligen* (Bl. 108ra). Sein Bruder Nikolaus Polegen schreibt anschließend den ‚Großen Seelentrost',[402] an dessen Ende beide Brüder sich im Kolophon nennen.

Anders als die Handschrift 23 verzichtet der Codex auf die Überlieferung der ‚Fünfzehn Zeichen des Jüngsten Gerichts'; zusätzlich und abweichend von der sonstigen „typischen Begleitüberlieferung" der C-Handschriften ist der ‚Große Seelentrost' mit Register angefügt.[403] Es handelt sich hier also um eine Überarbeitung, die gezielt die eschatologische Ausrichtung tilgt und damit die schon im ‚gemeinen' Text des ‚Buchs der Welt' angelegte Betonung der christlichen Lebensführung einmal mehr unterstreicht.[404]

d) Autorisierung der eigenen Aussagen: Wie bereits die Handschrift 21, so hat auch die Handschrift 231 dezidierte Schreibernennungen: Die Brüder Stefan und Nikolaus bekennen sich zu ihrer Schreiberleistung. Bemerkenswert ist auch, dass der Teil der Reimvorrede entfallen ist, der namentlich auf Eike von Repgow hinweist.

e) und f) offene Geschichtsschreibung und auf Abgeschlossenheit, Endzeit zielendes Geschichtsdenken: Auch diese Chonik ist kein welfisch-dynastisches ‚Buch der Welt' wie die Handschrift 24, sondern sie gibt im Großen und Ganzen imperiale und kuriale Memoria wieder, allerdings mit sehr starker Betonung der Region Sachsen und ihrer Dynastien (Widukind, Billunger, Süpplinburger, Welfen etc.). Dieses ‚Buch der Welt' ist eine auf das Reich und auf die Papstkirche bezogene, regionale Papst-Kaiser-Chronik. Durch das Weglassen des Kaiserkataloges ist der Chronik eine stärkere Papstzentrierung gegeben worden.

Die eschatologische Ausrichtung ist getilgt und die explizite Ausrichtung auf die franziskanisch-christliche Lebensführung ist deutlich hervorgehoben worden.[405] Die unmittelbare Herkunft des Codex ist nicht zu bestimmen, aber die 1416 entstandene Handschrift befand

---

402 Margarete Schmitt, Der große Seelentrost, S. 137*-145*.
403 Jürgen Wolf, Sächsische Weltchronik, S. 358-360. Vgl. auch Margarete Schmitt-Andersson, Mitteilungen, S. 21-41.
404 Jürgen Wolf, Sächsische Weltchronik, S. 358-360. Vgl. auch Maragaete Schmitt-Andersson, Mitteilungen, S. 21-41.
405 Jürgen Wolf, Sächsische Weltchronik, S. 358-360. Vgl. auch Margarete Schmitt-Andersson, Mitteilungen, 1982, S. 21-41.

sich schon zu Beginn des 15. Jahrhunderts in dem 1422 gegründeten Danziger Franziskanerkloster, so dass auch ein franziskanischer Entstehungszusammenhang sehr wahrscheinlich ist. Jürgen Wolf interpretiert die redaktionellen Eingriffe der Brüder Polegen als didaktischen Zugriff, der in der scholastischen Tradition der Bettelorden, wahrscheinlich der Franziskaner stünde. Zu den sehr betonten Ausführungen, die der ‚Große Seelentrost' über das richtige Leben, die gute Lebensführung macht, passten wohl die Vorstellungen vom Jüngsten Gericht nicht mehr.

Auch dieses Textexemplar bestätigt die ‚gerichtete' Offenheit: Hier wurden die Möglichkeiten einer Regionalisierung, einer akzentuierten Papst-(Kaiser)-Chronik und einer betonten franziskanischen Ausrichtung hervorgehoben und ausgebaut.

III.3.5 Handschrift 15 (Leipzig, UB, Ms. 1308) – B

Externe Merkmale (Ebene b)
(erschlossener) Entstehungszeitraum, Entstehungsort, Schreiber/Kompilator:
Der lateinische Codex besteht aus zwei datierten Teilen, die später zusammengebunden worden sind. Für jeden Teil ist ein anderer, nicht identifizierter Schreiber verantwortlich gewesen. Die Teile enthalten verschiedene historiographische Basistexte. Das erste Textexemplar von Teil A ist (laut Angabe im Anschluss an die Geschichte von der Zerstörung Trojas) am 3. Februar 1418 in Leipzig fertig gestellt worden Bl. 120^r: *Explicit hystoria de destructione Troye civitatis finita Lipcz. anno domini millesimo CCCC°XVIII°. Tercio die februarii.* Teil B stammt entweder auch aus Leipzig oder aus Lübeck, da verschiedene Lübecker Nachrichten in die Chronik eingearbeitet worden sind. Sie wurde 1423 beendet (Bl. 270vb): *Anno domini M°CCCC°XXIII°. Feria tercia post octavam penthecostes.*

Kombinationszeitraum, Kombinationsort:
Beide Teile der Buchbindersynthese enthalten Kombinationen von unterschiedlichen Basistexten. Entstehungs- und Kompilationszeitraum sind bei Teil A und B identisch. Wann die Codices zusammengebunden wurden, ist nicht bekannt.

Fortsetzungszeitraum, Fortsetzungsort und Fortsetzer:
Von einer Fortsetzung kann man nicht sprechen, es sei denn, man sieht die Papst- und Kaiserkataloge in Teil A und B als Fortsetzungen der chronikalischen Nachrichten an. „In der lat. B-Hs. 15 endet ein etwas

umfangreicherer Papstkatalog im mit 1418 datierten Teil A bei Nikolaus III. (†1280) und ein zweiter Papstkatalog im mit 1423 datierten SW-Teil mit Honorius III. (†1227). Vermutlich ist keiner dieser Kataloge über die Vorlage hinaus erweitert worden."[406]

Benutzungszeitraum, Benutzungsort, Benutzer:
Benutzerspuren finden sich von verschiedenen Händen, aber nur in Teil A und nur in der Form von Randbemerkungen und Korrekturen. Hans Ferdinand Massmann legte die lateinische Rückübersetzung seiner 1857 erschienenen Ausgabe des „Zeitbuch[s] des Eike von Repgow in ursprünglich niederdeutscher und in früher lateinischer Übersetzung" zugrunde.[407]

Besitzzeitraum, Aufbewahrungsort, Besitzer, Auftraggeber:
Über den Auftraggeber der Handschrift ist nichts bekannt. Der erste Besitzer war laut Angabe auf dem vorderen Innendeckel Dietrich von Bocksdorf, der Geistliche, Jurist (1443 Ordinarius an der jur. Fakultät) und Rektor (1439) der Leipziger Universität.[408] Während seiner Zeit als Naumburger Bischof (1463 bis zu seinem Tod am 9. März 1466) entstand eine Chronik: die *hystoria Troyana domini numburgensis*. „Dietrich von Bocksdorf besaß neben Haus und Grundstück in Leipzig ein beträchtliches Vermögen und eine stattliche Sammlung vorwiegend juristischer Bücher."[409] Einen Teil seiner Bücher schenkte er der Leipziger Universität, einen anderen, darunter auch die Handschrift 15, dem Leipziger Dominikanerkloster, das im 15. Jahrhundert bereits seine Bibliothek für Universitätsangehörige geöffnet hatte. Mit der Säkularisation der Klöster kamen die Bücher des Dominikanerklosters in die UB Leipzig. Vielleicht war der Codex von seinem Besitzer (Dietrich von Bocksdorf) für die Predigtvorbereitung oder die Vorbereitung von Universitätsvorlesungen genutzt worden, vielleicht aber auch (im Rahmen seiner juristischen Bibliothek) als juristisches Nachschlagewerk.[410]

---

406 Jürgen Wolf, Sächsische Weltchronik, S. 363, Anm. 121.
407 Hans Ferdinand Massmann, Zeitbuch.
408 Vgl. Helgard Ulmschneider, Dietrich von Bocksdorf, Sp. 110-115.
409 Jürgen Wolf, Sächsische Weltchronik, S. 289.
410 Die *Flores temporum* weisen z.B. auf ihren Gebrauch für die Predigt hin, auch Martin von Troppau unterstreicht die juristischen Verwendungszusammenhänge seiner Chronik, vgl auch Peter Johanek. Weltchronik, S. 305f. Herbert Grundmann fällte ein vernichtendes Urteil über die Bettelordenschronistik: „Diese schematischen Bettelmönchs-Kompendien [haben] in fast epidemischer Verbreitung, bald auch in die Volkssprachen übersetzt, jahrhundertelang den geschichtlichen Sinn eher erstickt als gefördert." Herbert Grundmann, Geschichtsschreibung, S. 23. Das ‚Buch der Welt' in lateinischer Sprache, in der Bibliothek Dietrich von Bocksdorfs zeigt, dass die Zeitgenossen im 15. Jahrhundert die historischen Werke höher bewerteten als die Forscher des 20. Jahrhunderts, die sie nicht

Kommunikationsmaterial und -form:
Der Codex besteht aus zwei Papierhandschriften und umfasst insgesamt 272 Blätter. Er ist ein- und zweispaltig geschrieben. Die Blattgröße beträgt 30,5 x 21,5 cm, der Schriftspiegel 22,5 x 15 cm zu 35 bzw. 41 Zeilen. Der Einband (Holz mit Leder überzogen) stammt aus der Buchbinderei des Leipziger Dominikanerklosters.

Schreibsprache:
Teil A ist in lateinischer Sprache geschrieben. Teil B ist eine lat. Rückübersetzung des ‚Buchs der Welt'. Sie hatte eine niederdeutsche Vorlage, darauf weisen die unübersetzten Ortsnamen hin.

Interne Merkmale
Initiator(en):
Der Gesamtcodex ist eine Buchbindersynthese. Das lateinische ‚Buch der Welt' steht am Anfang des ursprünglich selbständigen zweiten Teils. Es hat einen zweigliedrigen Initiator:
1. eine vierzeilige rote Eingangsinitiale,
2. drei Wörter des ersten Satzes sind mit zweizeiligen rote Initialen versehen.

Terminator(en):
Der Textzusammenhang führt bis zum Jahre 1235 und schließt mit einem expliziten Terminator: *Tu autem miserere nobis*

Text-Bild-Relationen:
Die lateinische Rückübersetzung aus der ersten Hälfte des 15. Jahrhunderts ist nicht illuminiert. Es fällt aber besonders auf, dass die rubrizierten Herrschernamen in ganz ähnlicher Weise angeordnet sind wie die Brustbildmedaillons der Handschriften 16 und 17 und die des Fragments 161. Für diese nicht bebilderte lateinische Handschrift des 15. Jahrhunderts müssen deshalb Fragen nach dem Wechselbezug von Text und Bild in ihrer Bedeutung für die hierarchische Strukturierung überlegt werden, denn wie es scheint, sind hier sowohl die in lateinischen Handschriften üblichen Formen der graphischen Darstellung historischer, genealogischer Bezüge verwendet als auch – von der Platzierung her – Zusammenhänge zwischen volkssprachigen, bebilderten Textexemplaren des ‚Buchs der Welt' zu sehen. In jedem Fall zeigt sich hier eine Vorlagenabhängigkeit in der Strukturierung des Codex; ob die Vorbilder in

---

als wissenschaftliche Werke sahen, sondern in direkter Nachbarschaft belehrend erbaulicher Literatur. Vgl. auch Josefine Schmid, Gegenwartschronistik, S. 181f., die vom „Weg ins Begrenzte" spricht.

der deutschen illuminierten Chroniktradition oder in der lateinischen Chronistik zu suchen sind, ist an dieser Stelle schwer zu entscheiden.[411]

In der lateinischen Leipziger Handschrift sind nahezu durchgängig – wie in dem Fragment 101 und der Hs. *101 – die Namen der Personen (biblische Personen, Könige, Kaiser, Päpste) durch kreisförmige, brustbildartige Medaillons eingefasst. Alter oder Regierungszeiten sind ebenfalls in den Kreisen untergebracht. Die Medaillons sind häufig durch Bänder miteinander verbunden und drücken somit auf graphische Weise das genealogische Prinzip aus.

Von diesen Befunden her ist der Funktionszusammenhang, der zwischen den Brustbildmedaillons, den mit Herrschernamen und -daten gefüllten Medaillons und den rubrizierten Herrschernamen in den nicht illuminierten Codices besteht, ganz klar zu sehen. Ihre Funktion ist zunächst nicht die bloße Illustration, der Schmuck der Handschriften, sondern sie können genealogische Zusammenhänge verdeutlichen, es kommt ihnen durch ihre auffällige Kennzeichnung die Hilfsfunktion eines Registers zum besseren Auffinden bestimmter Textstellen zu. Sie legen aber auch über das chronologisch fortschreitende und damit lineare Handlungsgefüge ein Gerüst, das den Zusammenhang zwischen all diesen Herrschergeschichten verdeutlichen kann.

Weitere Makrostrukturen:
Absätze sind durch rote zumeist zweizeilige Initialen markiert. Die Regierungszeiten der Herrscher sind durch rubrizierte Herrschernamen am Rand und im Text herausgehoben. Die Texterweiterungen durch Passagen aus den Chroniken Helmolds und Arnolds von Lübeck sind inhaltlich und im Rahmen der hierarchischen Strukturierungsmerkmale homogen in den Textzusammenhang integriert. Die annalistischen Textzusammenhänge: Zeittafel bis zum Jahr 1229, die Reihe der Geschlechter, Richter und Könige des Alten Testaments, der Katalog der Kaiser und Könige von Romulus bis zu Otto IV., die Zeittafel des 1. Jhs. nach Christus, der Katalog der Päpste bis zu Honorius III. folgen lückenlos aufeinander und sind hierarchisch wie der Chroniktext strukturiert. An den Papstkatalog schließen auf Bl. 270vb lateinische Sprichwörter an. Der Gesamtcodex wurde durch einen expliziten Terminator beendet: Bl. 270vb: *Anno domini M°CCCC°XXIII°. feria tercia post octavam penthecostes.* Die Angabe des Fertigstellungsdatums wirkte jedoch nicht als

---

411 Jürgen Wolf nimmt an, dass die Vorlage der lateinischen Handschrift bebildert war, da die Anordnung der Herrschernamen auffällig mit den Brustbildern übereinstimme. Jürgen Wolf, Sächsische Weltchronik, S. 91, Anm. 24.

Hindernis, die vakanten Blätter noch zu nutzen. Ein späterer Schreiber hat auf die leeren Bl. 271ra-272vb noch die Pilgerstationen im Heiligen Land zugefügt. Er ergänzte den Codex also durchaus so, dass der inhaltliche Zusammenhang gewahrt blieb. Auch die Zusammenbindung der beiden historiographischen Codices (Teil A: Guido de Columnis ‚Historia destructionis Troiae'; Kurze Weltgeschichte bis zur Eroberung Akkons im Jahr 1291; Geschichte der Päpste bis zu Nikolaus III., 1280; Verzeichnis aller Bistümer) verstärkt die allgemeine heilsgeschichtliche, historiographische und Weltwissen vermittelnde Ausrichtung.

Textbestand:
Die Weltgeschichte im Teil A reicht bis zur Eroberung Akkons im Jahr 1291. Der Textzusammenhang des ‚Buchs der Welt' weist Interpolationen aus den Chroniken Helmolds und Arnolds von Lübeck auf und endet mit dem Jahr 1235 (SW 67,1-251,16) (Bl. 165ra-263ra).

Texterweiterung/Textkürzung:
Dem Textzusammenhang fehlen die Reimvorrede und die Predigt. Der Text des ‚Buchs der Welt' ist erweitert um Einschübe aus den Chroniken Helmolds und Arnolds von Lübeck und um Textallianzen, die sonst nur in der Gruppe der C-Handschriften auftreten (Zeittafel bis zum Jahre 1229, Katalog der römischen Kaiser und Könige von Romulus bis Otto IV., Zeittafel des 1. Jahrhunderts nach Christi Geburt, Katalog der Päpste bis zu Honorius III.).

Textallianzen:
Bei der Zusammenfügung der beiden Teile A und B handelt es sich um eine Buchbindersynthese aus der zweiten Hälfte des 15. Jahrhunderts: „Auffällig ist die geschickte formale Auswahl der Faszikel. Der Sammelband entpuppt sich erst bei genauester Prüfung als spätere Synthese."[412] Der Codex beginnt mit Guido Columnis ‚Historia destrucionis Troiae' (Bl. 1ra-120rb). Es folgt eine kurze Weltgeschichte bis zur Eroberung Akkons 1291 (Bl. 127ra-149vb). Daran schließen sich eine Papstgeschichte bis zu Nikolaus III. (1280) (Bl. 151ra-160vb) und ein Verzeichnis aller Bistümer an (Bl. 161ra-164ra). Teil B beginnt mit dem ‚Buch der Welt' ohne Reimvorrede und endet 1235 (SW 67,1-251,16). Es schließen sich verschiedene Anhänge an, die meisten von ihnen sind sonst nur in der Rezension C zusammen mit dem ‚Buch der Welt' überliefert: die Zeittafel bis zum Jahr 1229 (lat. Übersetzung von Anhang 7 in der Fassung der Handschrift 24) (Bl. 262va-263vb), die Reihe der Geschlechter,

---
412 Ebd., S. 399.

Richter und Könige des Alten Testaments (263ra-264ra), der Katalog der römischen Kaiser und Könige von Romulus bis Otto IV. (lat. Übersetzung von Anhang 3) (Bl. 264ra-264vb), Zeittafel des 1. Jahrhunderts nach Christi Geburt (lat. Übersetzung des Anhangs 5) (Bl. 264vb-265ra), Katalog der Päpste bis zu Honorius III. (†1227) (ähnlich wie Anhang 2, aber eher wie in Hs. 103 aus Gilbert zusammengestellt.) (Bl. 265ra-270vb). Es folgen lateinische Sprichwörter (Bl. 270vb) und zum Schluss die Aufzählung der Pilgerstationen im Heiligen Land (Bl. 271ra-272vb).

Syntaxrelevante Merkmale (Interpunktion):
Gesamtsätze sind durch Majuskeln in Kombination mit dem mittelhohen Punkt gekennzeichnet.

Lexikalische Merkmale:
Die Wochentage sind in der Art der lateinischen Chroniken durch die zahlenmäßige Reihenfolge: 1. Tag, 2. Tag etc. benannt.

Semantische Merkmale
1) Inhaltliche Ordnungsprinzipien:
Der Gesamtaufbau des Codex ist durch eine Kombination von datenbezogener (die verschiedenen Übersichten in den Zeittafeln), personenbezogener (Namensmedaillons mit den Daten) und genealogischer Darstellungsweise (Verbindungen der Medaillons untereinander) gekennzeichnet.

2) Die sechs Deutungsmuster:
a) Einordnung der Weltgeschichte in die Heilsgeschichte: Die Reimvorrede und die franziskanische Mahnrede sind weggelassen worden. Das göttliche Heilswirken drückt sich allein in der Schöpfungsgeschichte als dem Anfang aller Weltgeschichte aus. Der Chronist verzichtet auf die franziskanische Mahnrede und benutzt anstelle der Volkssprache die lateinische Sprache.
b) Berufung auf die (mündliche und schriftliche) Tradition: Der Überlieferungszusammenhang des ‚Buchs der Welt' entspricht – was die Berufung auf die Tradition angeht – den Befunden der Handschriften der B-Redaktion. Vorrangig ist die lateinische Tradition berücksichtigt. Bei der Buchbindersynthese, dem Codex der schließlich in der Endredaktion entstanden ist, handelt es sich um einen inhaltlich geeinten Sammelcodex, der unterschiedliche historiographische Textexemplare zusammenfügt. Die Allianz mit der kurzen Weltgeschich-

te bis zur Eroberung Akkons erweitert den Wissenszusammenhang vor allem um Stoffe der mündlich tradierten Heldensage.[413]

c) wahre Geschichtsschreibung: Zwischen mündlicher und schriftlich überlieferter Geschichte macht der Sammelcodex keinen Unterschied. Die historischen Ereignisse werden durch die Verbindung der beiden Teile A und B zum Teil doppelt erzählt, zum Teil aber auch gegensätzlich dargestellt. Die kurze Weltchronik bis zur Eroberung Akkons stellt anders als der gestraffte Textzusammenhang des ‚Buchs der Welt' die mündliche Heldensage ganz betont in den Zusammenhang historischer Überlieferung. Der Codex ist auf diese Weise zu einem welthistorischen Kompendium geworden, das verschiedene Belegstellen für ein und dasselbe Ereignis enthält und nicht beabsichtigt, die Widersprüche (zwischen mündlicher und schriftlicher Überlieferung) zu lösen, wie dies z.B. in der Frutolf-Ekkehard-Chronik im 11. Jahrhundert der Fall war.

d) Autorisierung der eigenen Aussagen: Die Reimvorrede mit dem Hinweis auf Eike von Repgow ist weggefallen, eine Schreibernennung gibt es nicht.

e) und f) offene Geschichtsschreibung und auf Abgeschlossenheit, Endzeit zielendes Geschichtsdenken: Eine explizite Endzeitausrichtung fehlt durch den Wegfall der Reimvorrede. Die Chronik tradiert imperiale und kuriale Memoria, die um regionale Lübecker Nachrichten erweitert wurde. Die Offenheit gegenüber der volkssprachigen Vorlage des ‚Buchs der Welt' bewegt sich also in einem traditionellen (z.B. Latein, Reichhistorie), zeittypischen Rahmen (z.B. die für das 15. Jahrhundert vielfach belegte Regionalität und die Ausweitung auf eine Papst-Kaiser-Chronik).[414]

III.3.6 Handschrift 021 (Basel, Öffentliche Bibliothek der UB, Cod. E. VI.26) – A_1

Externe Merkmale (Ebene b)
(erschlossener) Entstehungszeitraum, Entstehungsort, Schreiber/Kompilator:
Der Codex ist über einen längeren Zeitraum zusammengestellt worden: 1420/30; 1439-71; 1473; 1474; nach 1474. Der Zeitrahmen lässt sich aus den chronikalischen Notizen und den Lebensdaten der Schreiber rekonstruieren. Für den ersten Teil der Handschrift mit dem ‚Buch der Welt'

---

413 Vgl. auch Hubert Herkommer, Sächsische Weltchronik, S. 93, Anm. 15.
414 Vgl. auch Peter Johanek, Weltchronistik.

gibt es die wenigsten Anhaltspunkte. Er wurde von einem Anonymus um 1420/30 geschrieben.[415]

Kombinationszeitraum, Kombinationsort:
1439-71 wurden die Annalen des Klosters Pairis von Ehrhart Appenwiler, Kaplan am Basler Münster, hinzugefügt. Er erweiterte den Sammelcodex auch um eine Basler Chronik und um Aufzeichnungen zum Basler Krieg von 1444-1446. Der spätere Besitzer Heinrich Sinner von Tachsfelden fügte gegen Ende des 15. Jahrhunderts neben historiographischen Notizen auch Nachrichten über die Familie Sinner hinzu. Die letzten Zusätze wurden nach 1474 dazugeschrieben.

Fortsetzungszeitraum, Fortsetzungszeitraum, Fortsetzer:
Bei diesem Codex lassen sich verschiedene Fortsetzungszeiten unterscheiden. Geschrieben von einem Anonymus zu Beginn des 15. Jahrhunderts, bald danach fortgeführt von Ehrhard von Appenwiler, Kaplan am Basler Münster, und später von unterschiedlichen Ratsmitgliedern der Stadt Basel.

Benutzungszeitraum, Benutzungsort, Benutzer:
Der Codex wurde zunächst häufig von seinen Besitzern benutzt. Erhard von Appenwiler, der das Basler ‚Buch der Welt' nach dem Anonymus erhielt, erweiterte den Codex vielfältig. Sein Nachfolger Heinrich Sinner zu Tachsfelden setzte die Basler Chronik fort und bearbeitete sie intensiv in der Zeit von 1473 bis mindestens 1474, was an seinen Randbemerkungen deutlich wird. Auch einer der späteren Besitzer, der Ehemann der Enkeltochter Sinners – Hans Wiler (Anfang des 16. Jahrhunderts) – „benutzte den Codex seiner Frau Elsbeth intensiv. Von seiner Hand stammen zahlreiche Anmerkungen und Ergänzungen. [...] Zumindest gekannt hat die Handschrift auch der Basler Chronist Magister Berlinger."[416]

Besitzzeitraum, Aufbewahrungsort, Besitzer, Auftraggeber:
In der ersten Hälfte des 15. Jahrhunderts kam der Basler Bürger Ehrhart Appenwiler in den Besitz der anonymen Handschrift. „Vielleicht erwarb der den Codex auf einem der Buchmärkte anlässlich des Basler Konzils (1431-1449). Damals enthielt die Hs. 021 nur die um Basler Nachrichten ergänzte SW mit der bis 1350 bzw. 1356 erweiterten I. Bair. Fortsetzung."[417] Appenwiler bewohnte seit 1429 das Haus Wülfenheim in der

---

415 Vgl. Jürgen Wolf, Sächsische Weltchronik, S. 27.
416 Ebd., S. 28.
417 Ebd., S. 270.

äußeren St. Albanvorstadt Basels, seit der Zeit um 1430 war er Kaplan am Basler Münster und Kämmerer der Bruderschaft zu St. Johann.

Einen Teil des Besitzes von Appenwiler erbte ein Magister Nicolai aus Colmar. Vielleicht war er ein Mitglied der Familie Appenwiler, die sich seit dem 13. Jahrhundert in Colmar nachweisen lässt, vermutlich stammte die Familie aus dem Dorf Appenweiler bei Colmar.[418] Wenn der Codex ebenfalls in Magister Nicolais Besitz gekommen sein sollte, ist es wahrscheinlich, dass er der anonyme Fortsetzer der Basler Chronik bis in das Jahr 1473 war.

Heinrich Sinner, genannt von Tachsfelden, nennt sich im Codex mehrfach als Besitzer, er ist in der Zeit von 1458-1490 als Basler Bürger nachweisbar.[419]

Der Codex blieb bis in die zweite Hälfte des 16. Jahrhunderts im Familienbesitz: In der zweiten Hälfte des 15. Jahrhunderts bekam Sinners Tochter Elsbeth die Ältere den Codex. Sie war mit Hans Zschekenbürlin d.J. verheiratet. Nach ihr erbte ihr Sohn Thomas und dann dessen Tochter Elsbeth Zschekenbürlin die Jüngere den Codex. Sie heiratete Hans Wiler, der 1521 Ratsherr oder Sechser im Großen Rat der Stadt Basel war.

Nach seinem Tod fand der Codex das Interesse des Sammlers historischer Schriften Adelberg Meyer (†1548), in diesem Besitzzeitraum finden sich noch Randbemerkungen. Danach wurde die Handschrift zum reinen Sammelobjekt, geriet in Vergessenheit. Zwei alte Stempel der Universität Basel im Codex zeigen, dass er schon im 16./17. Jahrhundert einmal im Besitz der Baseler Universitätsbibliothek gewesen sein muss. „Um 1830 kam die Handschrift entgültig in die Baseler UB. Der Name des Schenkers läßt sich nicht mehr ermitteln."[420] Über einen expliziten Auftraggeber ist nichts bekannt. Wenn es ihn gab, so wird er im Basler Stadtbürgertum zu suchen sein.

Kommunikationsmaterial und -form:
Die Papierhandschrift hat 231 Blätter. Zur Zeit Appenwilers und Sinners sind noch zwei Hefte mit je 14 und 8 Blättern beigebunden worden. Im Sinner-Teil wurden von einem späteren ‚Bearbeiter' 19 Blätter herausgeschnitten.[421] In der modernen Foliierung werden die herausgeschnittenen Blätter nicht mitgezählt. Die Blattgröße beträgt 29 x 21 cm und der

---

418 Ebd., S. 28.
419 Ebd., S. 270f.
420 Ebd., S. 272.
421 Vgl. auch Basler Chroniken, S. 223-242; August Bernoulli, Die Basler Handschrift, S. 25-30 und 41-52.

Schriftspiegel 20-24 x 15-17 cm mit 22 bis 48 Zeilen. Die Handschrift ist sowohl zwei- als auch einspaltig (ab Bl. 179^{v}ff.) beschrieben. Der Einband ist aus Pergament und trägt innen den Namen der Besitzerin *Hicce liber est Elsbet Scheckenbuerlin* (= die jüngere Elsbeth, zu Beginn des 16. Jahrhunderts). Auf dem Rücken steht noch eine alte Signatur (N 103).

Schreibsprache:
Der Schreibdialekt ist entsprechend dem Entstehungsort (Basel) beider Teile alemannisch.

Interne Merkmale
Initiator(en):
Der zweispaltige Baseler Papiercodex beginnt mit Auszügen aus verschiedenen Weltchroniken, darunter sind auch Übernahmen aus dem ‚Buch der Welt'.

Der Initiator des Gesamtcodex beginnt mit einer sechszeiligen ausgeschmückten S-Initiale: ***S****em japet und chain die kint die von noe geboren sint*. Die übrigen Initialen sind rot und zweizeilig. Sie markieren die Absätze. Auf Blatt 17va, Z. 19 endet ein Trojanergedicht,[422] das verglichen mit der sonstigen Überlieferung dieses Textzusammenhanges hier bruchstückhaft tradiert wird. Es ist mit einem Strich von dem folgenden Text abgetrennt. Es folgt noch nicht der Initiator des ‚Buchs der Welt', sondern eine mehrteilige, die unterschiedlichen Texte verbindende Überleitung:

1. Mit Buchstaben und römischen Zahlen, die zwei Zeilen in Anspruch nehmen, verweist der Chronist auf das Vorangehende und auf das Folgende, indem er die Zeiträume angibt seit der Gründung bis zur Zerstörung Trojas und bis zur Geburt Christi (Bl. 17va, Z. 19-22): *vom stiftung . IIII . ior noch troy störung vnd vor gocz geburt . xvi . lxvII . ior*
2. In der zweiten Spalte auf Bl. 17vb beginnt der Textzusammenhang erst nach einem freien Raum von sechs Zeilen.
3. In den freien Raum wurde eine hinweisende Hand gezeichnet, die von dem Trojanergedicht in der a-Spalte auf einen Hinweis in der b-Spalte zeigt. Der Hinweis stellt die Beziehung zwischen dem Trojanergedicht und der nachfolgenden Chronik her: *Wie Römesches rich sich am ersten erhůb nach gocz geburt das merke nu eben*. Bemerkenswerteweise geht die Hand aus von einem Namen im Trojanergedicht: *enea ‚Aeneas'*. Es wird hier also ganz im Sinne der antiken Tradition, wie sie Vergil in seiner Aeneis ausführt und wie sie das ‚Buch der Welt' bei

---

[422] Zum Trojanergedicht siehe auch: Danielle Buschinger, Le poème de la guerre de Troie.

der Entstehung des römischen Reiches kurz erwähnt (SW 79,3 – Hs. 021: Bl. 18ʳ, Z. 16), der Trojaner Aeneas als Ahnherr Roms angesehen (Bl. 17ᵛ). Das Trojanergedicht beginnt auf Bl. 1.
Nach weiteren fünf freien Zeilen beginnt das Initiatorenbündel des ‚Buchs der Welt'. Es ist sehr zurückgenommen, denn es dominiert der Wunsch, die Textzusammenhänge zu verbinden und nicht voneinander zu trennen.
1. Der erste direkte Initiator ist die Überschrift: *de regno Romanorum.*
2. Der Textzusammenhang setzt mit einer zweizeiligen roten S-Initiale mit der Entstehung des römischen Reiches (SW 78, 21) ein: *Sid wir der herrschaft über mer ze end komen sint.*

Terminator(en):
Einen expliziten Terminator hat der Codex nicht. Er endet mit Appenwilers Aufzeichnungen zum Baseler Krieg von 1444-1446 auf Bl. 231ᵛ, die dieser zunächst in ein separates Heft geschrieben und erst später dem Codex beigebunden und durchgängig mitfoliiert hatte. Diese Aufzeichnungen schließen sich an die Röteler Fortsetzung der Königshofen Chronik durch Sinner an.

Text-Bild-Relationen:
Auch bei dieser nicht bebilderten Gebrauchshandschrift des 15. Jahrhunderts – der Teil, der das ‚Buch der Welt' enthält, stammt aus der ersten Hälfte des 15. Jahrhunderts – müssen Fragen nach dem Wechselbezug von Text und Bild in ihrer Bedeutung für die hierarchische Strukturierung und in ihrer Bedeutung für eine eventuelle Vorlagenabhängigkeit der Weltchroniken überlegt werden: August Bernoulli leitet aus den vielen Zwischenräumen im Text des ‚Buchs der Welt' her, dass der Codex eine bebilderte Vorlage gehabt haben müsse: „Diese letztere aber war mit zahlreichen Miniaturen geziert; denn nur so erklären sich die vielen im Text ausgesparten Zwischenräume, alle von derselben Dimension von 1/3 Spalte, welche durch das ganze Werk zerstreut sind."[423] Die letzten Aussparungen dieser Art begegnen auf Bl. 165ʳ und Bl. 166ᵛ. Auf Bl. 165ʳ sind die sieben ursprünglich freien Zeilen nachträglich mit zusätzlichem Text gefüllt. Auch auf Bl. 166ᵛ sind 8 Zeilen ausgespart. Die Leerzeilen befinden sich innerhalb der Ersten Bairischen Fortsetzung vor dem Jahr 1308 und der Erwähnung König Heinrichs und seiner Regentschaft. Viel zahlreicher sind die Aussparungen im ‚Buch der Welt'.

---

423 August Bernoulli, Basler Chroniken, Bd. IV, S. 225.

Hier finden sie sich auf den Blättern 85 bis 100, 118, 156. Innerhalb der Ersten Bairischen Fortsetzung sind auf den Blättern 158^v, 160^v, 162^r, 162^v, 163^v, 165^r und 166^v Freistellen, die auf Miniaturen deuten. Etliche Initialen sind auch nur vorgesehen und nicht ausgeführt worden. Auf den Blättern 150^r, 152^r, 156^v, 164^r und 166^r sind von späterer Hand kleine rote Wappenzeichnungen eingefügt worden. Ein Vergleich mit lateinischen Handschriften, z.b. dem Autograph der Frutolf-Ekkehard-Chronik, zeigt, dass die Freiräume ev. auch mit kreisförmigen Medaillons, die kein Bild, sondern einen Namen enthalten haben, ausgefüllt gewesen sein konnten.

Weitere Makrostrukturen:
Die Makrostrukturen und hierarchischen Strukturierungsmerkmale entsprechen hier der Strukturierung, die im Wesentlichen im gesamten Codex angewandt worden ist: Auf den Inhalt des Folgenden verweisende Überschriften (z.B. *Von Rome stiftung wan die senatores und vor bis zu nomoz*; *Vita karoli magni* etc.) strukturieren das Textexemplar in größere Sinneinheiten, sie sind zum größten Teil wohl später von Erhard von Appenwiler eingefügt worden. Die Zusätze und Überschriften haben hinweisenden, erklärenden Zuschnitt.

Diese Strukturierung beginnt erst auf Bl. 17^v mit dem ‚Buch der Welt'. Zu Beginn des Textexemplares werden Sinneinheiten lediglich durch eine zweizeilige Eingangsinitiale und gelegentlich zusätzlich durch Leerzeilen markiert. Überschrift und zweizeilige Eingangsinitiale werden auch kombiniert. Mit dem Übergang vom Trojanergedicht zum ‚Buch der Welt' beginnt auch die herausgehobene Schreibung der Jahreszahlenberechnung. Die Strukturierungsmerkmale betonen hier deutlich ein annalistisches Prinzip. Auf Bl. 156vb, Z. 26 endet das ‚Buch der Welt' mit dem Jahr 1223 (SW 243, Z. 19) und wird ohne Veränderungen in den Makrostrukturen und den übrigen Strukturierungsmerkmalen weitergeführt (= so genannte Erste Bairische Fortsetzung).[424] Die zweizeilige Heraushebung der Jahreszahl bis oder ab Christi Geburt begegnet durchgängig bis zu Bl. 178^v.

Eingeschoben in den Chroniktext (Bl. 22vb, Z. 15-67va, Z. 6) ist eine von Lamprechts Alexander in vielen wesentlichen Aspekten abweichende Alexandergeschichte.[425] Makrostrukturell fügt sich die Alexandergeschichte in die Chronik ein, sie beginnt aber völlig sinnwidrig einige Seiten entfernt von der Erwähnung Alexanders im ‚Buch der Welt'. Au-

---

[424] Vgl auch Gabriele von Olberg, Makrostrukturen; dies., Bestimmung von Textfunktionen.
[425] Vgl. dazu Trude Ehlert, Deutschsprachige Alexanderdichtung, S. 79ff.

gust Bernoulli und Michael Menzel führen diese Störung auf eine bereits verderbte Vorlage zurück. Menzel nimmt an, dass in der Vorlage der Basler Alexander an jener Stelle in die Chronik eingeheftet worden sei und dass der spätere Schreiber – ohne auf diese Einheftung zu achten, sie einfach fortlaufend in den Chroniktext hineingeschrieben habe.[426] Ludwig Weiland gibt den ‚gemeinen' Text wieder mit: *De segede do: ‚numantis gaf den sege du enmůdicheit, den unsege mismodicheit'*. (SW 84,32). Der letzte Satz der Alexandergeschichte lautet: *so mag vnz wol geschwigen vnd mag der selen werden vat hie*. (Bl. 67va, Z. 3-6). Das ‚Buch der Welt' fährt auf Bl. 67va, Z. 7 weiter fort bis zum Bl. 156vb, wo der ‚gemeine' Text endet.

Die Fortführung mit historiographischen Nachrichten auf Bl. 179^r verzichtet auf die zweizeilige Hervorhebung der Jahreszahlen. Auch die Weiterführungen von Appenwiler und den späteren Chronisten verzichten auf diese Hervorhebung. Appenwiler gliedert das ‚Buch der Welt' nach eigenen Gesichtspunkten: „Fast auf jeder Seite finden wir von seiner Hand Überschriften und Inhaltsangaben."[427] Und er ergänzt den Text durch Basler Nachrichten. Das ‚Buch der Welt' wird weniger terminiert als weitergeführt durch die folgende Begleitüberlieferung: Es schließen sich die Annalen eines elsässischen Klosters (Pairis im Elsass) an, die Erhard Appenwiler zum Teil in ein erst später zu der Handschrift gebundenes Heft geschrieben hat. Dann folgen wieder kurze Basler Notizen über die Jahre 1349, 1408 und 1453. Nach diesen in Kladde geschriebenen Exzerpten finden sich weitgehend fortlaufende Notizen Appenwilers zu den Jahren 1439 bis 1471. Diese von den Historikern als Appenwilers ‚Basler Chronik' bezeichnete Fortsetzung wird von einem Unbekannten bis 1474 fortgesetzt, die Zusätze von 1439 bis 1485 macht Heinrich Sinner. Die letzte Bearbeitung – mit zahlreichen Randbemerkungen – nimmt in der ersten Hälfte des 16. Jahrhunderts der Ehemann von Sinners Enkelin – Hans Wiler, Sechser im Großen Rat der Stadt Basel – vor. Alle Weiterführungen werden ohne besondere makrostrukturelle Hervorhebungen angefügt. Die strukturellen Prinzipien des Anonymus aus dem beginnenden 15. Jahrhundert sind nicht übernommen worden. Die Ausstattung ist bescheidener geworden. Das annalistisches Prinzip bleibt bestehen, indem die Absätze überwiegend nach den Jahren der Ereignisse strukturiert sind: *Anno* [...] Sie beginnen immer mit der Jahres-

---

426 August Bernoulli, Basler Chroniken, Bd. IV, S. 29; Michael Menzel, Sächsische Weltchronik, S. 150.
427 Hubert Herkommer, Sächsische Weltchronik, S. 43.

zahl und dem Tag, an dem das Ereignis stattfand: *sanct Johannes tag* etc. Insgesamt wird die Chronik aber regionaler und narrativer. Innerhalb Appenwilers Abschrift der Chronik Jakob Twingers von Königshofen finden sich wiederum zweizeilige Initialen als Strukturierungen von Absätzen oder Kapiteln. Auch Heinrich Sinner gliedert seine Abschrift der sog. ‚Röteler Fortsetzung' der Chronik Königshofens vielleicht nach einer Vorlage, in jedem Fall nicht nach dem voraufgehenden Text oder dem Beginn des Codex. Die einzelnen Abschnitte sind durch rote, auf den Inhalt des Folgenden verweisende Überschriften strukturiert. Eine einheitliche Hierarchie im Sinne von Kapitel oder Absatz ist für den gesamten Codex nicht klar herauszuarbeiten.

Textbestand:
Das ‚Buch der Welt' beginnt auf Bl. 17va unter der Überschrift *de regno romanorum* mit der Darstellung der römischen Geschichte (SW 78,21) und ist bei den Nachrichten über Alexander den Großen durch die Alexanderdichtung Lamprechts erweitert. Sie endet mit dem Jahr 1223.

Texterweiterung/Textkürzung:
Der Codex überliefert wie die Handschrift 023 die längste Fassung der sog. Ersten Bairischen Fortsetzung. Nach der ersten Bairischen Fortsetzung bis 1350 schließen sich Einträge eines Basler Chronisten an, der „eine genaue Ortskenntnis der Stadt als etwas selbstverständliches voraussetzt".[428]

Appenwiler setzt die Chronik mit Einträgen zum Jahr 1439 fort, dem Jahr der Papstwahl und – für Basel – dem Jahr der Pest. Erst 1446 schreibt er weiter, diesmal in eine Kladde, die später dem Codex beigebunden wird (Bll. 224^v-231^v). Er berichtet über den Basler Krieg von 1444-1446, schließt daran kurze Notizen zu den Jahren 1349, 1386, 1408 und 1453 an. In seiner ‚Chronik' berichtet er vor allem von Baseler Ereignissen: der Wahl des Papstes Felix V. auf dem Baseler Konzil, einer verheerenden Pestepidemie und einem deutlichen Anziehen der Preise in Basel. Lückenhaft berichtet er anschließend über weitere Ereignisse. Am 18 Januar 1472 starb Appenwiler in Basel.[429]

Sein Stil der lockeren, durchaus nicht immer chronologischen Zusammenstellung von Ereignissen wird von den späteren Chronikbesitzern fortgeführt. Nach Appenwilers Tod kam der Codex in den Besitz eines ebenfalls historisch und zeitgeschichtlich Interessierten, der die

---

[428] Basler Chroniken, Bd. 4, S. 366.
[429] Vgl. zu Appenwiler: ebd., S. 228-236.

Chronik bis in den September 1473 weiterführte. Der nächste sichere Besitzer und Fortsetzer der Chronik war der Basler Bürger Heinrich Sinner, genannt von Tachsfelden.
Die noch überlieferten Teile der Sinner-Fortsetzung reichen bis zum Juni 1474. Die folgenden Blätter (217^v-218^r) wurden von einem der späteren Besitzer geschwärzt, ein extra für die Fortsetzung beigebundenes Heft mit 14 Blättern schnitt dieser heraus. Grund für diese ‚Art der Fortsetzung' war der Streit zwischen dem wohlhabenden Baseler Bürger Heinrich Sinner und dem Rat der Stadt Basel:

> Heinrich Sinner geriet schon in den 1450er Jahren mehrfach mit dem Baseler Rat in Konflikt. Wegen Verleumdung, Ehrbeleidigung, Mißachtung des Gerichts und Beschimpfung des Rats saß er mehr als einmal im Gefängnis, und in den Jahren 1459 und 1465 wurde er jeweils für ein Jahr aus der Stadt ausgewiesen. Sinners harsche Kritik am Rat verstummte auch danach nicht. Im Jahr 1485 schmähte und verleumdete er den Rat erneut. Nach seiner abermaligen Verhaftung wurde er auf Urfehde freigelassen, und noch im selben Jahr scheint er Basel entgegen der Auflage des Rates verlassen zu haben. 1490 mussten erneut verschiedene Verwandte für seine Freilassung bürgen. Nehmen wir nun an, daß Heinrich Sinner in seiner Fortsetzung mit ähnlich offenen Worten, wie er es mündlich zu tun pflegte, die Entscheidungen des Rats schriftlich diskreditiert hatte, so dürfte seine Fortsetzung für einen Basler Bürger, vielleicht seinen Schwiegersohn Hans Zschekenbürlin d.J., dessen Sohn Thomas oder Hans Wiler – sie alle sind als Besitzer des Codex nachweisbar –, kaum tragbar, wenn nicht gefährlich, gewesen sein. Kompromittierendes zu schwärzen bzw. herauszuschneiden war eine logische Konsequenz.[430]

Wer von den Nachbesitzern (und wann) die Notizen schwärzte bzw. herausschnitt, ist nicht zu sagen. Hans Wiler jedoch arbeitete mit der Handschrift, viele Randbemerkungen und Ergänzungen gehen auf ihn zurück. Nach Wilers Tod kam der Codex in den Besitz „des Baseler Bürgermeisters und Sammlers historischer Schriften Adelberg Meyer (†1548)".[431] Er gibt dem Basler Schreiber Magister Berlinger den Codex zur Benutzung. Berlinger fügt wie Wiler zahlreiche Randbemerkungen und Ergänzungen hinzu. „Nach Meyers Tod geriet die Handschrift in Vergessenheit."[432]

Textallianzen:
Jürgen Wolf ordnet den Codex als Sammelhandschrift historiographischer Texte ein. Im Einzelnen spezifiziert er folgende Teiltexte und Textteile als historiographische Texte: Auf Bl. 1ra-14ra, Z. 14, Rudolf

---

430 Jürgen Wolf, Sächsische Weltchronik, S. 174.
431 Ebd., S. 271.
432 Ebd.

von Ems: ‚Weltchronik (Auszüge); Jansen Enikel: Weltchronik' (Auszüge); Bl. 14ra, Z. 15-17va, Z. 18, Trojanergedicht (Bruchstücke); die Darstellung der römischen Geschichte aus dem ‚Buch der Welt', Bl. 17vb, Z. 1-156vb; darin: Bl. 22vb, Z. 15-67va, Z. 6 Lamprechts ‚Alexander' (Baseler Bearbeitung). Diese Textzusammenhänge wurden (inklusive der Ersten Bairischen Fortsetzung) von einem unbekannten Schreiber tradiert. Im Anschluss des bis 1350 reichenden Chroniktextes trägt ein weiterer anonymer Schreiber noch einzelne, Basel betreffende Nachrichten ein. Ein anderer, vollständiger historiographischer Basistext, die lateinischen Annalen des Klosters Pairis im Elsass (1335-1422), schrieb Erhard von Appenwiler (Bl. 179^v-180^r).[433] Er nennt sich in der Chronik namentlich.[434] Sein Bruder war Mönch im elsässischen Kloster Pairis; er wird Appenwiler auch diese Annalen – historische Ereignisse im Zusammenhang mit dem Kloster aus den Jahren 1335 bis 1422 – übermittelt haben. „Mit Ausnahme des ersten Artikels (1335: Wahl Benedikts XII.) beruht der Anfang dieser Annalen, bis 1338, lediglich auf den Notae historicae Argentinenses, welche mit diesem Jahre schliessen."[435] Von 1338 bis 1386 ist zu jedem Ereignis das genaue Tagesdatum angeben. Diese Nachrichten stammen nicht mehr aus Straßburg, sondern aus dem zur Diözese Basel gehörenden Ober-Elsass. Daran angeschlossen ist ein Bericht über das Konstanzer Konzil und Herzog Friedrichs Beziehungen zu seinen elsässischen Besitzungen. Es folgen einzelne regional gebundene Nachrichten aus dem Ober-Elsass für die Jahre 1412, 1416 und 1422. An diesen Zusätzen wird besonders deutlich, dass der lateinische Text eines oder mehrerer Verfasser durch einen jüngeren Chronisten überarbeitet wurde. Er verbesserte und korrigierte die lateinischen Annalen durch deutsche Zusätze.

> Dieser Überarbeiter, der zugleich die deutschen Zusätze verfasste, war wohl kein anderer als Appenwiler selbst. Der ursprüngliche Verfasser hingegen dürfte im Zisterzienserkloster Päris im Urbisthal, 5 Stunden westlich von Colmar zu suchen sein, da gerade der Brand dieses Klosters, von 1362, mit einiger Ausführlichkeit erzählt wird.[436]

---

433 Vgl. ebd., S. 379.
434 Vgl. dazu: August Bernoulli, Basler Chroniken, Bd. IV, S. 221ff.; Hubert Herkommer, Sächsische Weltchronik, S. 44; ders., Artikel ‚Erhard von Appenwiler', in: ²VL II, Sp. 584; Gabriele v. Olberg, Makrostrukturen, S. 301f.; Jürgen Wolf, Sächsische Weltchronik, S. 26ff. u. 173f.
435 August Bernouli, Basler Chroniken, Bd. IV, S. 374.
436 Basler Chroniken, Bd. 4, S. 375.

Nachdem er die Annalen des Klosters Pairis abgeschrieben hatte, trug Erhard von Appenwiler seit 1439 chronikalische Notizen in diesen von einem Annonymus in den 20er Jahren des 15. Jahrhunderts begonnenen Codex ein. Vor allem angeregt durch lokale Baseler Ereignisse schrieb Appenwiler seine Chronik: Das Baseler Konzil und die für Basel verheerende Pestepidemie (beides 1439) stehen am Anfang seiner Notizen. Appenwiler beginnt auf Bl. 181^v eine zeitgenössische Chronik (Bl. 181^v-231^r), die im Jahre 1474 endet. Die Chronik ist nicht fortlaufend geschrieben, sondern enthält viele Einfügungen: z.B. auf Bl. 184^{r-v} lateinische Aufzeichnungen Appenwilers zum Jahr 1439; auf Bl. 185^r sind von der Hand des späteren Besitzers Heinrich Sinner Eintragungen zu dessen Familie gemacht worden. Dieser Eintrag wurde auf dem freien Platz zwischen die Aufzeichnungen Appenwilers gemacht. Diese gehen dann weiter mit der lateinischen Überschrift: *Coronatio regis Friderici de Austria Romanorum regis* von der Hand Appenwilers (Bl. 191), auf die aber keineswegs der Bericht über die Krönung Friedrichs III. zu Aachen folgt, sondern andere historiographische Aufzeichnungen. Der Bericht ist erst auf Bl. 195^v-196^v eingefügt.[437]

In die ‚Appenwiler Chronik' ist weiterhin eine Liste der bei Sempach 1386 gefallenen Adligen (Bl. 198^r-199ra) und die Abschrift einer jüngeren Redaktion der Chronik Jacob Twinger von Königshofens eingefügt. Die Königshofenchronik ist erweitert um eine Kolmarer Chronik, die Übersetzung der ‚Notae historicae Argentinensis', die Konstanzer Jahrbücher und sie ist mit Fortsetzungen und Zusätzen fortgeführt. (Bl. 201^v-211^v). Es schließt sich die Fortsetzung der ‚Appenwiler Chronik' von der Hand eines Anonymus und dann von Heinrich Sinner von Tachsfelden an (Bl. 216^r-218^r): Die Blätter 217^v und 218^r sind geschwärzt. Auf den folgenden Blättern und auf freien Stellen im Codex trug Heinrich Sinner die Röteler Fortsetzung der Chronik Jacob Twingers von Königshofen ein (Bl. 186^r und 219^r-223^v). Der Codex schließt wieder mit Auf-

---

437 Vgl. ebd., S. 380f.: „Der nachfolgende Bericht über Friedrichs III. Krönung zu Aachen findet sich bei Appenwiler auf Bl. 195b-196, zwischen Nachrichten vom November 1453 und Januar 1454, und hat mit diesen letzteren nicht nur genau dieselbe Schrift, sondern auch dieselbe blasse Tinte gemein. Er wurde mithin erst um diese Zeit hier eingetragen, obschon sein Inhalt in's Jahr 1442 gehört. Es ist daher kaum denkbar, dass er von Appenwiler selber verfasst sei, da dieser mit der Eintragung sonst sicher nicht bis 1453 gewartet hätte. Jedenfalls aber ist der unbekannte Verfasser, der diesen Bericht als Augenzeuge wohl schon 1442 schrieb, entweder im Elsass oder sonst in Basels Umgegend zu suchen [...] Was nun Appenwiler betrifft, so scheint er diesen Bericht schon 1450 gekannt und zur Abschrift in sein Buch bestimmt zu haben; denn Bl. 191 trägt die Überschrift: Coronatio regis Friderici de Austria, Romanorum regis."

zeichnungen von Appenwiler zum Baseler Krieg 1444-1446 (Bl. 224ᵛ-231ᵛ), diese Aufzeichnungen hatte der Chronist in ein separates Heft eingetragen, das später dem Codex beigebunden worden ist.

Die Textallianzen dieses Codex sind alle thematisch geeint, die strukturellen Merkmale haben nicht die Funktion zu trennen, sondern zu verbinden. Das Textexemplar des ‚Buchs der Welt' wird nicht terminiert, sondern weitergeführt durch die zugefügten Textzusammenhänge.

Von der Anlage und der Benutzung her haben wir es hier mit einem Gebrauchscodex zu tun.[438] Gerade Appenwiler und seine Nachfolger waren zumeist Besitzer des Codex und benutzten ihn häufig. Viele Randbemerkungen und Nachträge weisen dies deutlich aus und füllen alle ursprünglichen Freistellen des Codex aus. Die Randbemerkungen und Überarbeitungen gehen frühestens auf Appenwiler zurück, spätere Bemerkungen stammen aus der zweiten Hälfte des 15. Jahrhunderts von Heinrich Sinner von Tachsfelden, im beginnenden 16. Jahrhundert von Hans Wiler und von dem Baseler Chronisten Adelberg Meyer (†1548).

Syntaxrelevante Merkmale (Interpunktion):
Die Gesamtsatzmarkierung geschieht durch Majuskelgebrauch.

Lexikalische Merkmale
1) Schlüsselwörter: „Gattungs"bezeichnungen:
In der Basler Handschrift finden sich die Bezeichnungen *buch* und *chronik* im ‚Buch der Welt' weitgehend in Übereinstimmung mit der allgemeinen Überlieferung. Es gibt jedoch kleine Veränderungen mit großer Wirkung: So bezieht sich z.B. *buch*, entsprechend dem ‚gemeinen' Text des ‚Buchs der Welt' (SW 83,17f.: *De dese wunder al will weten, de lese Alexandrum Magnum unde dat bok Machabeorum*), auf biblische Bücher: *der diese mer also wölt wissen der lesse den grossen alexander oder daz buoch der machabeis*. Der Bearbeiter des Basler Alexander weist an dieser Stelle nicht auf das erste Makkabäerbuch. Er verzichtet im Unterschied zum ‚gemeinen' Text des ‚Buchs der Welt' auf die heilsgeschichtliche Anbindung der Alexandergeschichte. Auch hier wird sichtbar, dass sich das modifizierte „stadtbürgerliche" Weltbild immer wieder an den überkommenen Erinnerungsbeständen stieß; wenn es sich mit ihnen nicht auseinandersetzte, so blieb es z.T. unvereinbar mit ihm in Textallianz bestehen und macht so die Widersprüchlichkeit der alten und neuen Erinnerungsbestände deutlich.

---

[438] Der Codex enthielt wohl sehr viele Freistellen, in denen vielleicht in der Vorlage Miniaturen waren, vielleicht sollten auch Miniaturen nachgetragen werden. Tatsächlich wurden in diese Freiräume aber Notizen, Zusätze und Randbemerkungen eingetragen.

2) lexikographische Schlüsselwörter (die Wochentagsbezeichnungen):
Die Basler Handschrift 021 überliefert die Schöpfungsgeschichte nicht, deshalb lässt sich zu der Beleglage an jener Stelle nichts sagen. Innerhalb Appenwilers zeitgenössischer Schilderungen der Krönung Friedrichs III. in Aachen 1442 (Bl. 195^v-196^r) verwendet er jedoch alemannisch *mentag*: *Item an mentag post leich der kunig dem pfaltzgreven lechen mit 3 banern* (Bl. 196^r). Im Hochalemannischen, in der Schweiz, hat sich die Form *Mentag* bis heute erhalten. Im Überlieferungszusammenhang des ‚Buchs der Welt' ist nur in der Basler Handschrift 021 ein Beleg mit *a*-Umlaut nachzuweisen.

Semantische Merkmale
1) Inhaltliche Ordnungsprinzipien:
Insgesamt ist der Codex schwerpunktmäßig dem annalistisch-chronologischen Prinzip verpflichtet. Dieser Codex ist von den bisher bekannten, die das ‚Buch der Welt' überliefern, der einzige, in dem Auszüge aus zwei der drei großen volkssprachigen Reimchroniken zusammen mit der ersten volkssprachigen Prosa-Weltchronik überliefert sind. Die Auszüge aus Rudolf von Ems betreffen unter anderem auch die Zerstörung Trojas, daran schließt das Bruchstück eines Trojanergedichtes an. Geeint sind diese Exzerpte durch die damit bezweckte ausführliche Antikenrezeption, denn das ‚Buch der Welt' ist durch eine Basler Bearbeitung von Lamprechts Alexander erweitert.

Die personenbezogene Sichtweise tritt gegenüber der datenbezogenen und der geneologischen deutlich in den Vordergrund. Personenbezogen wird über die Reichshistorie berichtet, aber auch über die Personen und Ereignisse im Umkreis der Basler Besitzer und Fortsetzer der Chronik. Es treten mit zunehmender Bedeutung private und regionale Interessen zu den bisher im ‚Buch der Welt' üblichen Ordnungsprinzipien.

Es handelt sich also bei diesem Codex am Anfang, d.h., von den Auszügen aus den drei volkssprachigen Weltchroniken bis zur Ersten Bairischen Fortsetzung des ‚Buchs der Welt', um eine Baseler Antikenrezeption, die in eine regional geprägte, sehr weltliche Chronik integriert ist. In einem solchen Gesamtzusammenhang konnten auch die Annalen des Klosters Pairis und die Oberrheinisch-Baseler Chronik Appenwilers und sogar die Familienchronik Heinrich Sinners von Tachsfelden ihren Platz finden: insgesamt also ein Spannungsbogen zwischen annalistischer Chronistik (hierzu gehört auch das eingefügte lateinische Textexemplar der Annalen des Klosters Pairis im Elsass) und sehr narrativer Darstellung (vor allem antiker Stoffe, aber auch wunderbarer und legendenhafter Ereignisse, die in der oberrheinischen Region angesiedelt werden, so wie späterer familiärer Ereignisse).

2) Die sechs Deutungsmuster:
a) Einordnung der Weltgeschichte in die Heilsgeschichte: Die Auswahl des Textvorkommens geschah nicht zufällig, sie hat nicht reinen Exzerpt- und Kladdencharakter; auch wenn die Auszüge aus der Weltchronik des Rudolf von Ems, des ‚Buchs der Welt' und der Weltchronik Jansen Enikels noch nicht befriedigend erklärt werden können, lässt sich doch eines deutlich feststellen: Der Codex ist nicht mit der heilsgeschichtlichen Absicht geschrieben worden, die für die lateinische Weltgeschichtsschreibung des hohen Mittelalters und auch noch weitgehend für die volkssprachige Chronistik typisch war. Die Handschrift beginnt nicht mit der Schöpfungsgeschichte, auch das erste Weltalter, das mit Adam beginnt, wird ausgelassen. Erst Noahs Söhne lassen das zweite Weltalter ahnen und Nebukadnezar, der ungerechte König, deutet auf Daniel und damit auf das dritte Weltalter.

Die christliche universalhistorische Weltalterlehre ist hier also noch weniger zu erkennen als in anderen Textexemplaren des ‚Buchs der Welt'. Eine zentrale Stellung am Eingang des Codex nimmt dagegen Troja ein: Die Auszüge aus der Weltchronik des Rudolf von Ems enden mit der Zerstörung Trojas. Darauf folgt das Trojanergedicht mit der Erwähnung des Aeneas (*ened*, Bl. 17va, Z. 5). Von hier wird ein Bezug zur römischen Geschichte hergestellt. Damit wird schon zu Beginn des Codex eine genealogisch-historische Sichtweise deutlich, die Troja als Ursprung Roms und Rom als Ausgang des eigenen Herrschertums ansieht. Auch diese Auffassung, die die Trojaner zu Vofahren der eigenen Herrscher macht, war im Mittelalter verbreitet und begegnet schon im 7. Jahrhundert in der *Historia Francorum* Fredegars. Nicht nur die Franken, auch die Briten, Normannen und Skandinavier sahen sich als direkte Nachkommen der Trojaner. Dieser genealogisch-historische Schwerpunkt, mit dem der Codex beginnt, hat eine Entsprechung im Göttweiger Trojanerkrieg,[439] der ebenfalls in der Nordschweiz – schon Ende des 13. Jahrhunderts – entstanden ist. Das Baseler Trojanergedicht und der Göttweiger Trojanerkrieg weisen Textähnlichkeiten auf.[440] Ähnlich wie in Augsburg, wo sich vor allem mit Küchlins Reimchronik eine starke Troja-

---

[439] Göttweiger Trojanerkrieg, hg. v. ALfred Koppitz.
[440] Vgl. zum Trojastoff in der mittelalterlichen Literatur auch: Horst Brunner, Die deutsche Trojaliteratur; Petra Fochler, Fiktion als Historie.

Begeisterung ausbreitete, lässt sich auch für Basel die Anknüpfung an die Troja-Sage belegen. „Trojanische Gründungslegenden waren seit Mitte des 15. Jahrhunderts ein Renner im Umfeld des erwachenden städischen Memoriabewusstseins."[441]
Eingeschoben in den Textzusammenhang des ‚Buchs der Welt' ist noch eine andere Adaption antiker Stofftradition: die Baseler Bearbeitung von Lamprechts Alexander. Die Basler Bearbeitung ist eine von drei Fassungen einer moselfränkischen Übersetzung des Alexanderromans von Albéric de Pisançon (entstanden um 1120), die dem Trierer Geistlichen Lamprecht zugeschrieben und deren Entstehung um 1150 angenommen wird.[442] Die Basler Bearbeitung weicht allerdings in entscheidenden Punkten von Lamprechts Alexander ab:

> In jedem Fall aber verzichtet der Basler Bearbeiter darauf, seine Erzählung von Alexander vor allem durch die Verknüpfung mit der biblischen Geschichte zu rechtfertigen; er entspricht damit Tendenzen, die auch die Basler Weltgeschichtskompilation kennzeichnen, in die der ‚Basler Alexander' eingefügt ist. Weltliche Geschichte, auch wenn sie nicht unmittelbar heilsrelevant ist, kann Ende des 14. und zu Beginn des 15. Jahrhunderts offenbar bereits um ihrer selbst willen erzählt werden.[443]

Bei diesem Aufeinandertreffen alter und neuer Erinnerungsinhalte kommt es zu Brüchen und Widersprüchen, die sich aus der Schwierigkeit ergeben, dass die unterschiedlichen Weltsichten noch nicht harmonisiert sind bzw. die neue Sicht noch nicht vollkommen an die Stelle der alten treten konnte. Die Kompilationsform, die hier Weltwissen am leichtesten tradieren kann, ist das Verfahren der Textallianzen, die nicht um jeden Preis homogenisiert werden müssen, ja sogar als Exzerpte (siehe den Anfang des Codex) stehen bleiben können.
Der volkssprachige Rezeptionszusammenhang der antiken Stoffe Aeneas, Troja, Alexander hatte schon früh eine historisch-genealogische Ausrichtung (z.B. die *Historia Francorum* des Fredegar). Die Weltsicht des Textexemplars 021 ist um 1420 in der Nordschweiz nicht primär heilsgeschichtlich: Eine solche Form der Weltgeschichte konnte leicht regionalisiert werden und damit die bevorzugte Region erhöhen, indem sie diese in einen historischen Zusammenhang mit Troja, Rom, Alexander dem Großen stellte und so gleichzeitig vor al-

---

441 Klaus Ridder, Jürgen Wolf, Wissen erzählen, S. 325.
442 Vgl. auch Trude Ehlert, Deutschsprachige Alexanderdichtung, S. 81-103; Christoph Mackert, Die Alexandergeschichte.
443 Trude Ehlert, Deutschsprachige Alexanderdichtung, S. 85

lem die Baseler Ereignisse im Zusammenhang mit der Reichsgeschichte herausheben konnte.
b) Berufung auf die (mündliche und schriftliche) Tradition: Der Codex umfasst sowohl schriftliche Chroniktradition als auch sehr persönliche und durch mündliche Überlieferung gestützte Informationen.
c) wahre Geschichtsschreibung: Es gibt in dieser Überlieferung keinen expliziten Wahrheitstopos. Es werden auch Geschichten einbezogen, die in der traditionellen Historiographie auf massive Zweifel gestoßen sind:

Die auffälligste Veränderung gegenüber den beiden älteren Versionen außer der Tendenz, die Versform aufzugeben, Verse zu überspielen oder ganz zu tilgen, ist im ‚Basler Alexander' die Aufnahme der Nectanabus-Geschichte am Anfang des Werkes, gegen die sich die Verfaser sowohl der Vorauer als auch der Straßburger-Fassung ja vehement gewehrt hatten.[444]

Der Basler Redaktor aber beginnt damit, dass Alexanders Vater Nectanabus dem Alexander im Traum als Gott erscheint. Während noch der Straßburger Redaktor sich hier gegen diese falsche Darstellung *in den büchen* (S 2984) wehrt, nimmt der Basler Redaktor die Schriftlichkeit (*Zů egiptten nectanibus kunig was als ich von im geschriben las* Bl. 22vb, Z. 15) als Beweis der Wahrheit seiner Aussagen.[445]

Im Übrigen enthielt der Codex auch Eintragungen, die spätere Benutzer für so kompromittierend gehalten haben, dass sie sie einschwärzten. Hier handelt es sich wohl um sehr ‚subjektive' Wahrheiten des Heinrich Sinner von Tachsfelden, mit denen seine Erben nicht mehr in Verbindung gebracht werden wollten.

d) Autorisierung der eigenen Aussagen: Erhard Appenwiler und Heinrich Sinner von Tachsfelden nennen sich namentlich in dem Codex. Sie treten hier auch namentlich als Mittler kollektiver öffentlicher, aber zunehmend auch eher privater Memoria auf.
e) und f) offene Geschichtsschreibung und auf Abgeschlossenheit, Endzeit zielendes Geschichtsdenken: Der Codex ist eine bemerkenswerte Verbindung verschiedener Chroniktraditionen mit einem durchaus eigenen, neuen Ergebnis: Auf der Basis verschiedener Universalchroniken wandelt sich die Basler Chronik zu einem sehr weltlichen Basler ‚Buch der Welt'. An die Stelle der Heilsgeschichte tritt die ausführliche Antikenrezeption. Durch die Textallianz mit den Annalen des Kloster Pairis gewinnt diese ‚Weltchronik' noch den Aspekt der

---

444 Ebd., S. 84.
445 Siehe auch ebd., S. 84.

Klosterchronik und der regionalen Orientierung hinzu. Vor allem seit Ende des 15. Jahrhunderts ist die Baseler Weltchronik auch persönlich (familienbezogen) geprägt. Stellenweise hat sie den Charakter einer historiographischen (regionalen und familienbezogenen) Materialsammlung. Der gesamte Codex ist weniger heilsgeschichtlich orientiert als alle anderen Textexemplare, die den Textzusammenhang des ‚Buchs der Welt' überliefern. Es liegt hier eine profane Weltchronik vor, eine Wissenssammlung mit Basler Regionalnachrichten und mit historischem Stoff (wie z.B. einer ausführlichen Basler Antikenrezeption), der das Basler Stadtbürgertum interessierte, eine Chronik, die einmal zum Familienbesitz geworden auch von der Weltchronik zur Familienchronik werden konnte. Es begegnet hier eine bemerkenswerte „Offenheit", die Chronik wird über einen langen Zeitraum von verschiedenen Bearbeitern weitergeführt, dennoch zeigt sich eine deutliche inhaltliche und makrostrukturelle Klammer, die dazu beiträgt, dass der Codex als Basler (weltliche) Universalchronik anzusehen ist. Diese Klammer besteht vor allem in dem Rückgriff auf die Wissensbestände kollektiver Memoria: Antikenrezeption, Reichsgeschichte, Informationen aus Basel – Erinnerungsbestände, die speziell auf den gebildeten Basler Stadtbürger abgestellt sind. Allerdings wird hier auch sehr gut deutlich, dass der Zugriff auf dieses Wissen zunehmend a) durch eine anders gelagerte stadtbürgerliche Memoria und b) individuell gesteuert ist. Erhard Appenwiler und seine Vorgänger treten als Mittler konventioneller Wissensbestände kollektiver Memoria auf, d.h., sie halten sich weitgehend an die Textsorten-Vorgaben der Universalchronistik und erweitern sie um andere traditionelle Wissensbestände (Klosterchronik, Antikenrezeption, regionale Nachrichten). Sie greifen aber in die traditionellen Vorgaben auch durchaus selektiv ein, indem sie vor allem den heilsgeschichtlichen Aspekt minimieren und bestimmte – vor allem Stadtbürger interessierende – Themen aufgreifen. Man kann also bei Appenwiler und seinen Vorgängern durchaus von einem städtischen Memoriabewusstsein sprechen. Nicht immer lassen sich diese Wissensbestände harmonisch miteinander verbinden, das Verfahren der Textallianzen mit deutlich eigenen Makrostrukturen, auch die Allianz von Exzerpten macht dies deutlich und zeigt, dass die stadtbürgerliche Memoria – was das Weltwissen betraf – durchaus im Widerspruch zur adelig-reichhistorischen, mönchisch vermittelten Memoria stand. In der zweiten Hälfte des 15. Jahrhunderts zeigt sich mit Heinrich Sinner eine weitere und vielleicht noch gravierendere Änderung:

die zunehmende Abwendung von der Form der kollektiven Memoria. Dieses historische Wissen trägt nun immer stärker Züge privater Erinnerung: Heinrich Sinner von Tachsfelden z.B. zeichnet Nachrichten auf, die seine eigene Familie betreffen und die seine persönliche Sicht der Ratspolitik deutlich machen.

III.3.7 Handschrift 3 (Wien ÖNB, Cod. 2692) – A_1

Externe Merkmale (Ebene b)
(erschlossener) Entstehungszeitraum, Entstehungsort, Schreiber/Kompilator:
Der Codex endet mit der Zweiten Bairischen Fortsetzung des ‚Buchs der Welt' im Jahre 1348. Als Entstehungszeitraum wird der Anfang des 15. Jahrhunderts angenommen.[446] Den Nachrichten in der Chronik zufolge könnte der Entstehungsort Villach in Kärnten gewesen sein.[447] Der Schreiber ist unbekannt.

Kombinationszeitraum, Kombinationsort:
Von einer Kombination im engeren Sinne meiner Definition kann in diesem Fall nicht gesprochen werden.

Fortsetzungszeitraum, Fortsetzungsort, Fortsetzer:
Der Codex überliefert die Schöpfungsgeschichte bis zum Jahre 1225 (SW 67,1-244,32) mit der Ersten Bairischen Fortsetzung bis 1314 und der Zweiten Bairischen Fortsetzung bis 1348. Die beiden letzen Blätter sind leer. Die Entstehungs- und die Fortsetzungszeit sind identisch, spätere Fortsetzungen wurden nicht eingetragen.

Benutzungszeitraum, Benutzungsort, Benutzer:
Vielleicht wurde die Chronik von Graf Froben von Zimmern für die Zimmernsche Chronik (1564-1566) genutzt. Eindeutige Benutzerspuren gibt es nicht. Auch das Quellenverzeichnis der Zimmernschen Chronik lässt keinen Hinweis auf das ‚Buch der Welt' zu.[448]

---

446 Siehe: Ludwig Weiland, Sächsische Weltchronik, S. 5; Margarethe Neumann, Die so genannte ‚Erste Bairische Fortsetzung', S. 13 und 9f.; Jürgen Wolf, Sächsische Weltchronik, S. 36; Hubert Herkommer, Sächsische Weltchronik, S. 46 gibt weitläufiger 15. Jahrhundert an.
447 Vgl. dazu Hermann Menhardt, Verzeichnis der altdeutschen literarischen Handschriften der ÖNB, S. 118.
448 Vgl. Zimmerische Chronik, hg. v. K.A. Barack, Bd. IV, S. 462-465.

Besitzzeitraum, Aufbewahrungsort, Besitzer, Auftraggeber:
Der Codex war bis 1576 in der Bibliothek der Grafen von Zimmern.[449] 1576 schenkte Graf Wilhelm von Zimmern einen Teil seiner Bibliothek, darunter auch Hs. 3, Erzherzog Ferdinand III. von Tirol. Die Zimmernsche Schenkung wurde in Schloss Ambras in der erzherzoglichen Bibliothek aufbewahrt, Ferdinand III. verfügte testamentarisch, dass die Sammlung nicht geteilt werden dürfe. Ca. 100 Jahre blieb die Sammlung in Schloss Ambras, bis sie durch Erbfolge an den österreichischen Kaiser Leopold I. kam. 1665 wurde die Ambraser Sammlung der Wiener Hofbibliothek eingegliedert und steht noch heute in der Österreichischen Nationalbibliothek in Wien. Über den Auftraggeber und die ersten Jahre des Besitzzeitraums ist nichts bekannt.

Kommunikationsmaterial und -form:
Die oberdeutsche einspaltig geschriebene Pergamenthandschrift 3 (Cod. 2692) stammt aus dem beginnenden 15. Jahrhundert und überliefert auf 84 Blättern nur das ‚Buch der Welt' mit der ersten und zweiten Bairischen Fortsetzung. Sie hat das Format 25,5 x 19,5 cm, einen Schriftspiegel von 17,5 x 13 cm; sie umfasst pro Seite 26 bis 34 Zeilen.

Der Einband ist aus dem 18. Jahrhundert. Er stammt aus der Zeit, als Baron Gerhard von Swieten die Wiener Hofbibliothek (1745-1772) verwaltete. Er ist aus weißem Schweinsleder mit Goldpressung hergestellt. Vorne ist der kaiserliche Doppeladler geprägt und darüber stehen die Buchstaben: E.A.B.C.V. (Ex Augustissima Bibliotheca Caesarea Vindobonensi) unter dem Doppeladler finden sich die Buchstaben: G.L.B.V.S.B. (Gerhardus Liber Baro Van Swieten Bibliothecarius). Auf den Einbandrücken ist neben der älteren Fachsignatur (COD. MS. HIST. PROF. DXXXI.) eine Werkbezeichnung eingepresst: CHRONIC. ROMAN. IMPERAT.[450]

Schreibsprache: Schreibdialekt ist bairisch.

Interne Merkmale
Initiator(en):
Das Textexemplar hat einen expliziten dreigliedrigen Initiator:

1. eine fünfzeilige D-Initiale mit der

---

449 Vgl. Heinrich Modern, Die Zimmern'schen Handschriften, S. 113-180.
450 Zur Herkunft der Handschrift (aus der Bibliothek der Grafen von Zimmern) bis zu ihrer Eingliederung in die Wiener Hofbibliothek vgl. Hubert Herkommer, Sächsische Weltchronik, S. 47f. und Jürgen Wolf, Sächsische Weltchronik, S. 35f., S. 257f. und S. 300f.

2. die Überschrift: *dicz ist dew kronik wie manig chünig vnd kayser sey gewesen vnd auch päbst zu Rome* beginnt und
3. eine dreizeilige rote Initiale mit folgender Majuskel als Beginn des Textanfangs der Schöpfungsgeschichte.

Terminator(en):
Der Rubrikator hat an das Ende der Chronik in der Handschrift 3 einen direkten Terminator gefügt: *Explicit hic codex laudetur omnipotens rex.* Die letzten beiden Blätter des Codex sind leer.

Weitere Makrostrukturen:
Das Textexemplar ist hierarchisch strukturiert

a) durch rote Kapitelüberschriften (z.B. Bl. 48^v: *Otto der grozz chunig heinrichs sun regierte XXXI iar*) mit folgender Initiale und
b) durch Absätze, die den Text mit zumeist zweizeiligen Initialen beginnen lassen.

In der Schöpfungsgeschichte sind die Absätze zumeist durch capitulum-Zeichen angegeben. Die am Rand eingesetzten I-Initialen können auch bis zu 11 Zeilen umfassen.

Textbestand:
Dieser Codex aus dem Anfang des 15. Jahrhunderts enthält unter der Überschrift: *dicz ist dew kronik wie manig chünig vnd kayser sey gewesen vnd auch päbst zu Rome* nur den Textzusammenhang bis zum Jahre 1225 (= SW 67,1-244,32; Bl. 1^r-72^r, Z. 14) und die beiden Fortsetzungen: die Erste Bairische Fortsetzung bis 1314 und die Zweite Bairische Fortsetzung bis 1348.

Texterweiterung/Textkürzung:
Dieses Textexemplar ist ein fortgesetztes ‚Buch der Welt'. Die Erste Bairische Fortsetzung schließt sich auf Bl. 72^r, Z. 14-81^v, Z. 25 direkt an den Textzusammenhang an. Auf Bl. 81^v, Z. 25-84^v folgt die Zweite Bairische bzw. Oberrheinische Fortsetzung bis zum Jahre 1348. Die Blätter 85-86 sind vakant. Die erste Fortsetzung enthält die Geschichte Heinrichs VII., teilweise die Ludwigs des Bayern. Sie stützt sich auf die lateinische Chronik Martins von Troppau. Der Codex ist eine fortgesetzte Kompilation, hierarchisch ist er homogen strukturiert durch Kapitelüberschriften und Absätze, die mit zweizeiligen Initialen beginnen.

Textallianzen:
Die Handschrift überliefert nur den kompilierten Textzusammenhang von der Schöpfungsgeschichte bis zum Jahre 1225 mit der ersten und der zweiten Bairischen Fortsetzung.

Syntaxrelevante Merkmale:
a) Interpunktion:
Gesamtsätze sind durch rot durchgestrichenen Majuskeln markiert. In der Schöpfungsgeschichte fallen die Gesamtsatzmarkierungen häufig mit den Absatzmarkierungen zusammen und sind dann zusätzlich durch ein *capitulum*-Zeichen markiert.

b) syntaxrelevante Merkmale in der Schöpfungsgeschichte:
Der Codex beginnt mit einer Überschrift, die aus einem erweiterten einfachen Verbalsatz besteht: **Dicz ist dew kronik wie manig chünig vnd kayser sey gewesen vnd auch päbst zu Rome.** Die Schöpfungsgeschichte umfasst zehn Gesamtsätze und acht Absätze. Die A_1-Handschriften kürzen die Darstellung der Schöpfungsgeschichte ganz entscheidend, indem sie die Schöpfungsstunden des sechsten Tages nicht erwähnen. Die Handschrift 3 überliefert einen Gesamtsatz bis zur Einsetzung Adams ins Paradies, beginnt aber bereits mit dem sechsten Schöpfungstag: *An dem Sechtñ tag den wir haissen freytag macht got allerlay vieh (vich) das auf der erd ist vnd zu lest macht got seines werkes Adam von der erdñ in sein gleichnüss vnd gab im gewalt über viehe (viche?) vnd vögel vnd über vische vnd sat in sant in dad paradeis* (Bl. 1ʳ) Hier finden wir in der Handschrift 24 beispielsweise zwei Gesamtsätze, allerdings ist der zweite um die Erschaffung Evas erweitert. Insgesamt umfasst die Schöpfungsgeschichte sechzehn Gesamtsätze und neun Absätze.

c) syntaxrelevante Merkmale in den übrigen Stoffkreisen:
In der Chronik werden vor allem darstellende, erzählende Verben und die Vergangenheitsformen des Hilfsverbs *sein* verwendet. Zur Kennzeichnung der genealogischen Beziehungen wird das Verb *gepërn* ‚hervorbringen' wie in den Handschriften 2, 031, 081, 082, 8 wiederholt und alternativlos genutzt. Es zeigt sich so an der Verwendung der Verben ein Wechsel von chronologischem, narrativem und genealogischem Prinzip. Die temporale Ausrichtung erhält die Chronik nicht durch die Verbwahl, sondern durch die Verwendung temporaler Angaben in Spitzenstellung.

Lexikalische Merkmale
1) Schlüsselwörter: „Gattungs"bezeichnungen:
Die oberdeutsche Handschrift 3 aus dem 15. Jh. verwendet die Werkbezeichnung *kronick* als Selbstbezeichnung in einer fünfzeiligen Überschrift, die nicht nur Initiatorfunktion, sondern auch die Funktion einer knappen Inhaltsangabe hat: *Dicz ist dew kronick Wie manig chünig vnd kayser sey gewesen vnd auch Päpst zu Rome* (Bl. 1^r). In Kombination mit *historia* ‚Geschichte, Erzählung' bezeichnet lat. *cronica* wie in der Handschrift 1 und 2 primär die chronologische Darstellungsweise von Geschichte. Auch andere chronologische Geschichtswerke, auf die sich der Kompilator beruft, werden mit lat. *cronica* bezeichnet.

Buch wird sowohl als Selbstbezeichnung als auch bezogen auf andere Texte verwendet. Auch als Bezeichnung biblischer Bücher tritt das Wort auf: [...] *der diese mär allew wolt wissen der les den grossen alexander oder das puch machabey* (Bl. 10^r, Z. 26-30). Neben *puch* und *kronick* tritt auch das volkssprachliche *zal* zur Bezeichnung der historischen (chronologischen) Erzählung auf.

2) lexikographische Schlüsselwörter (die Wochentagsbezeichnungen):
Sonntag: Es begegnet hier die synkopierte Form *suntag* (Bl. 1^r).

Montag: Wie die meisten oberdeutschen Handschriften seit Beginn des 14. Jahrhunderts führt auch die Handschrift 3 *montag* (Bl. 1^r).

Dienstag: Es tritt das bairische Kennwort *Eritag* in der Variante *Ergtag* auf (Bl. 1^r).

Mittwoch: Die Handschrift verwendet *mitwoch* (Bl. 1^r).

Donnerstag: Hier wird eine Doppelform mit der überlandschaftlichen Bezeichnung und dem Bairischen Kennwort überliefert: *donerstag oder pfincztag* (Bl. 1^r).

Freitag: Die Kärtner Handschrift verwendet die diphthongierte Form *freytag* (Bl. 1^r).

Samstag/Sonnabend: Der Entstehungsregion gemäß begegnet eine Variante von *Samstag*: *sampcztag* (Bl. 1^v).

Semantische Merkmale
1) Inhaltliche Ordnungsprinzipien:
Der Gesamtaufbau des Codex ist durch eine Kombination von datenbezogener, personenbezogener und genealogischer Darstellungsweise gekennzeichnet. Die personenbezogene, reichhistorische Sichtweise ist betonter als die beiden anderen. Hinzu kommt eine Erweiterung um eine regionale Dimension, die nicht primär an Personen, sondern an der Re-

gion – dem oberdeutschen Raum und spezieller noch dem Entstehungsgebiet der Chronik: Villach – interessiert ist.

2) Die sechs Deutungsmuster:
a) Einordnung der Weltgeschichte in die Heilsgeschichte: Die Handschrift verzichtet auf die Reimvorrede und auf eschatologische Zusätze. Das göttliche Heilswirken zeigt sich im Sechstagewerk und in der Mahnrede.
b) Berufung auf die (mündliche und schriftliche) Tradition: In der Quellenbenutzung steht die Kärtner Handschrift in der Tradition der A_1-Rezension, sie gibt einen knappen Chroniktext wieder. Sie ist allerdings erweitert um die so genannte Erste, bis 1314, reichende und um die Zweite, bis 1348 erweiterte, Bairische Fortsetzung. Diese Kombination haben auch noch drei weitere bairische Handschriften aus dem Anfang des 15. Jahrhunderts, die Hss. 031, 032 und 5. Handschrift 3 fügt dem Text aber auf Bl. 84^r als Randbemerkung die vermutlich auf mündlicher Information beruhende Schilderung des Villacher Erdbebens hinzu.
c) wahre Geschichtsschreibung: Mit der Reimvorrede fehlt auch der Wahrheitstopos. Insgesamt ist die Chronik, wenig ausgeschmückt, der *brevitas* verpflichtet.
d) Autorisierung der eigenen Aussagen: Der Hinweis auf Eike von Repgow fehlt ebenso wie eine Schreibernennung.
e) und f) offene Geschichtsschreibung und auf Abgeschlossenheit, Endzeit zielendes Geschichtsdenken: Der Kompilator nutzt nur die Erweiterungsmöglichkeiten durch die Fortsetzung der Chronik. Es zeigt sich gegenüber den Vorlagen nicht nur eine allgemeine Fokussierung des kollektiven Gedächtnisses auf den süddeutschen Raum, sondern zudem noch auf den engeren Entstehungsraum der Chronik (Villach).

III.3.8   Handschrift 5 (Frankfurt am Main, Stadt- und UB, Mgq 11) – A_1

Externe Merkmale (Ebene b)
(erschlossener) Entstehungszeitraum, Entstehungsort, Schreiber/Kompilator:
Der Codex ist am Ende unvollständig. Der überlieferte Teil des ‚Buchs der Welt' bricht 1335 ab. Das erschwert die Datierung. Vom Schriftcharakter her (kalligraphische Bastarda) ist eine Entstehung in der ersten

Hälfte des 15. Jahrhunderts anzunehmen.[451] Der Schreiber ist unbekannt. Der Nachtrag auf den Blättern 121ᵛ-122ʳ stammt vermutlich vom ersten nachweisbaren Besitzer Lenhart Schaller aus Hohenburg bei Regensburg. Entstanden ist die Handschrift auch in diesem Raum: Nürnberg, Regensburg.

Kombinationszeitraum, Kombinationsort:
In diesem Codex sind heilsgeschichtlich-juristische und geistliche Texte mit dem ‚Buch der Welt' zusammenfügt. Die Kombinationszeit ist vermutlich mit der Entstehungszeit (2. Viertel bzw. 1. Drittel 15. Jahrhundert) identisch.

Fortsetzungszeitraum, Fortsetzungsort, Fortsetzer:
Einer der Besitzer – eventuell Leonhard Schaller aus Hohenburg am Nordgau (bei Regensburg) – erweiterte den Codex im Anschluss an Irmhard Ösers: ‚Epistel des Rabbi Samuel an Rabbi Isaak' in der zweiten Hälfte des 15. Jahrhunderts um einen Nachtrag, der das Friedensabkommen zwischen der Stadt Nürnberg und Markgraf Albrecht Achilles von Brandenburg zum Inhalt hat. Die Erste Bairische Fortsetzung (bis 1314) und die Zweite Bairische Fortsetzung (am Ende schadhaft und nur bis 1335) gehörten auch bei diesem Textzeugen zum festen Überlieferungsbestand und wurden von einem Schreiber im Entstehungszeitraum geschrieben.

Benutzungszeitraum, Benutzungsort, Benutzer:
Hier lassen sich keine näheren Angaben machen. Der Besitzer Lenhart Schaller hat den Codex jedoch im 15. Jahrhundert sicher benutzt.

Besitzzeitraum, Aufenthaltsort, Besitzer, Auftraggeber:
Als Besitzer trägt sich im 15. Jahrhundert Lenhart Schaller in die Chronik ein. Er ist in Urkunden aus Hohenburg und dem Hochstift Regensburg in den Jahren 1493, 1496, 1504 als Bürger von Hohenburg nachweisbar. „Seine Witwe stiftete am 22. Okt. 1506 eine Seelenmesse [...] für ihn."[452] Ein weiterer Eintrag deutet auf Erhard III. von Muggenthal auf Hexenagger – aus dem oberpfälzischen Adelsgeschlecht im Altmühl-Jura[453] –, dies zeigen sowohl die Initialen auf der Vorderseite des

---

451 Birgitt Weimann, Die mittelalterlichen Handschriften der Gruppe Manuscripta Germanica, S. 28: 2. Viertel 15. Jh.; Georg Swarzenski, Rosi Schilling, Die illuminierten Handschriften, S. 189, Nr. 157: 1. Drittel 15. Jh.; Hubert Herkommer, Sächsische Weltchronik, S. 51: 15. Jh.
452 Jürgen Wolf, Sächsische Weltchronik, S. 49, vgl. auch S. 277f.
453 Mit Hexenagger wurde Erhard von Muggenthal 1529 von Herzog Wilhelm von Bayern belehnt. „Hexenagger ... war einer der Hauptsitze der Muggenthaler im Bezirk Rieden-

Ledereinbandes als auch das Exlibris auf der Innenseite des Vorderdeckels an.[454] Seit 1852 ist der Codex in der Frankfurter Stadt- (und Universitäts)bibliothek. Sie wurde mit Mitteln des Frankfurter Reichshofrats Heinrich von Barckhausen (1691-1852) durch den Steuerbeamten Becker für die Bibliothek der Stadt Frankfurt gekauft.

Kommunikationsmaterial und -form:
Der Papiercodex umfasst 263 Blätter im Format 29 x 21,4 cm. Der Schriftspiegel der zweispaltig beschriebenen Blätter hat ein Format von 17,2/19,0 x 13/13,5 cm und enthält 24-26 Zeilen. Die kolorierten Federzeichnungen auf den Blättern 125^v, 129^r, 139^r, 145^r, 154^v und 161^r finden sich in der deutschen Übersetzung des Schachzabelbuches.

> Im Jahr 1634 ließ Erhard III. von Muggenthal auf Hexenagger im Bezirk Riedenburg (†1638) Hs. 5 mit seinem Exlibris „16. PostNvbillia Phaebus. 34", darunter „ERHARDVS MVCKENTHALL. IN HAECKSENNACKHER" versehen. Ob Hs. 5 nach dem Tod Erhards III. im Besitz der Familie verblieb, ist nicht bekannt.[455]

Ein mit Bleistift geschriebener Eintrag: „1852 erkauft von Herrn Steueramtsbeamten (?) Becker in Würzburg durch Schmerber" verweist auf den Ankauf der Handschrift durch die Stadt Frankfurt. Neben dem Exlibris Erhards von Muggenthal ist (kleiner) ein Zettel mit dem Wappen des Frankfurter Reichshofrats Heinrich von Barckhausen (1691-1752) eingeklebt, es hat die Unterschrift: „Ex fructibus legati Heinrici de Barckhaus Cons: Imp: Auli." Heinrich von Barckhausen hatte der Stadt Frankfurt testamentarisch 6.000 Gulden vermacht zur „Erkaufung librorum historiam germanicam spectantium".[456]

Als weiterer bibliothekstechnischer Hinweis ist zwischen dem Kaufhinweis und dem Muggenthalschen Exlibris auf fehlende Blätter hingewiesen: „Vor Bl. 1 fehlt ein Bl., desgl. zwischen 122/23, 132/33, 134/35, 146/47, 151/52, 157/58, 158/59; am Schluß verm [...] mehrere Blätter."[457] In der Tat fehlt am Schluss sogar eine komplette Lage.

---

burg. Bei dem in der Frankfurter Handschrift genannten Muggenthaler dürfte es sich um Erhard von Muggenthal auf Hexenagger, Meihen und Fliglsperg handeln, der 1683 starb und in Bettbrunn begraben liegt." Hubert Herkommer, Sächsische Weltchronik , S. 51.
454 In den Ledereinband sind die Buchstaben E.V.M.Z.H. eingraviert.
455 Jürgen Wolf, Sächsische Weltchronik, S. 262.
456 Frankfurter Beobachter. Allg. Börsen- und Handelszeitung, 19. Jg., Nr. 253, 28. Okt. 1886, Bl. 2. und Mittheilungen an die Mitglieder des Vereins für Geschichte und Altertumskunde in Frankfurt a.M., Bd. 4, 1869-1873, S. 124, zitiert nach Hubert Herkommer, Sächsische Weltchronik, S. 51.
457 Ebd.

Der rote Schafledereinband ist verziert, er besitzt noch die Reste von zwei Schließen. Vorne sind die Initialen E.V.M.Z.H. von Erhart von Muggenthal und die Jahreszahl 1634 eingraviert.

Schreibsprache: Nordbairisch.

Interne Merkmale
Initiator(en):
Der Anfang des Codex resp. des ersten Textexemplars (Belial) ist verloren. Initialen des Gesamtcodex lassen sich also nicht feststellen. Die einzelnen Textexemplare haben aber alle explizite Initiatoren und Terminatoren, wodurch sie deutlich voneinander abgegrenzt sind:

Das erste (Teil-)Initiatorenbündel hat die ‚Epistel des Rabbi Samuel'. Es besteht

1. aus dem indirekten Terminator: der Endbegrenzung des Belial (Bl. 100ra, Z. 22-24)
2. aus dem direkten Initiator: dem Initiatorenbündel von Irmhard Ösers ‚Die Epistel des Rabbi Samuel an Rabbi Isaak', Initiator: Bl. 101ra:
   a) fünfzeilige H-Initiale als Beginn der Vorrede,
   b) aus der Vorrede,
   c) aus einer sechszeiligen B-Initiale als Beginn des eigentlichen Textzusammenhanges.

Das Schachzabelbuch hat keinen Initiator, da der Anfang verloren ist.

Als letztes Textexemplar folgt das ‚Buch der Welt' mit der ersten und zweiten Bairischen Fortsetzung, das Ende ist verstümmelt und geht nur bis 1335.

Das Initiatorenbündel besteht:

1. aus dem Terminator des Schachzabelbuches
2. aus den Initiatoren des ‚Buchs der Welt'
   a) einer elfzeiligen I-Initiale am Rand in Kombination mit einer einzeiligen N-Inititale.
   b) Es folgt eine Überschrift, die die ersten Kapitelüberschriften und -inhalte vorwegnimmt und die Funktion eines allgemeinen Initiators des Textexemplares hat: *IN dem Namen der heiligen triualtickait vnser lieben frawen hebt sich an das půch von der welt wie di gestanden ist sider Adams zeiten uncz her vnd des ersten capitel als got alle dinge beschaffen hat wie got die vier element des ersten beschuff vnd dat nach anderdes mer.*
   c) Die Schöpfungsgeschichte beginnt mit einer fünfzeiligen D-Initiale, gefolgt von einer roten Majuskel.

Terminator(en):
Als Teilterminatoren innerhalb des Gesamtcodex sind zu unterscheiden:
1. Das Terminatorenbündel des Belial (Bl. 100ra, Z. 22-24)
    a) *Amen*
    b) Kolophon in roter Schrift:
        hie hat das puch ein end
        Des frewen sich sein hendt
        und danach weiter mit roter Tinte hinzugefügt: *Got vns allen kummer wend Dort auch hie In disem elend Amen.*
2. Das Terminatorenbündel von Irmhard Ösers ‚Epistel des Rabbi Samuel'[458] (Bl. 121ra)
    a) Der letzte Satz der Epistel: *Davon maister ein ieglicher sech im selber zu vnd wart was Im allerpest sei vnd wie er hie nach disem langen leiden fliehenn welle, das ewig leben vnd damit hat das puch ein end.*
    b) in der nächsten Zeile, zentriert und rot durchgestrichen: *Amen*
    c) In roter Tinte: *hie hat das puch ein end*
        Got vns alle gen himel send, Amen; 3. *Hie hat das puch ein end Got vns alle gen himmil send.*
    d) Bl. 121rb-122^{v} ursprünglich vakant; später wurde auf Bl.121^{v}-121^{r} einspaltig ein chronikologischer Nachtrag eingefügt. Bl. 166b^{ra} zeigt das Ende des Schachzabelbuches, auch hier sind mehrere Terminatoren zu unterscheiden: 1. *Do mit ein end Amen*; 2. *Got vnser kumer wend;* 3. *hie vnd dort an der sel Des helf vns got vnd sand Michael*; 4. in roter Tinte: *Hie hat ein end des schachzabels puch Got behütt vns von dem ewigen fluch Amen.*
3. Der Terminator des Schachzabelbuchs (Bl. 166b^{ra})
    Rot: *hie hat ein end des schachzabells puoch –*
    Got behütt vns vor dem ewigen fluch Amen.

Das Ende des ‚Buchs der Welt' ist unvollständig.

Weitere Makrostrukturen:
Die hierarchischen Strukturierungsmerkmale innerhalb der einzelnen Textexemplare sind einander sehr ähnlich: Kapitel werden zumeist durch Überschriften in Kombination mit einer Initiale markiert, Absätze durch dreizeilige Initialen (ohne Überschrift) und Gesamtsätze werden durch eine Majuskel angezeigt. Im Belial und in der ‚Epistel des Rabbi Samuel ...' sind die Initialen zumeist dreizeilig. Dennoch gibt es typi-

---

458 Vgl. auch Monika Marsmann, Die Epistel des Rabbi Samuel (g1).

sche Unterschiede: Z.B. ist das Schachzabelbuch als einziges Textexemplar illustriert.[459] Hier treten die Initialen in Verbindung mit einer Miniatur auf, die die Schachfigur abbildet, über die der Text handelt. Eine andere Strukturierungsebene (außer dem Gesamtsatz und den Kapiteln) gibt es nicht. Das ‚Buch der Welt' ist zu Beginn ebenfalls in Kapitel und Absätze untergliedert. Die Absätze beginnen zunächst mit einer dreizeiligen Initiale, (in der Schöpfungsgeschichte sogar in Kombination mit einer rot durchgestrichenen Majuskel) später mit einer zweizeiligen Initiale. Die roten Kapitelüberschriften verweisen auf den Inhalt des Kapitels oder auf die Reihenfolge der Schöpfungstage bzw. auf die Jahreszahlen, an denen die Herrscher ihre Regierungszeiten begannen.

Die Geschichte von Adam bis zum Beginn des Römischen Reiches wird wieder durch eine Kapitelüberschrift eingeleitet. Der Satz: *Wie die welt gestanden sei von Adams zeiten vntz her das uernemen wir wol an dem daz puch her nach sagen wirt* (Bl. 168va, Z. 12-16) ist Bestandteil des ‚gemeinen' Textes. Einige Schreiber – wie auch in diesem Fall – heben den Satz durch Rubrizierung in Kombination mit einer folgenden Initiale als Überschrift hervor. In der Darstellung bis zum Beginn der Geschichte Roms verzichtet der Schreiber völlig auf Überschriften. Der Textzusammenhang ist dann allein durch drei- oder zweizeilige Initialen gegliedert.

Die nächste, auf die Geschichte Roms hinweisende Überschrift findet sich erst auf Bl. 177$^{ra/b}$ wieder: *hie hebt an das römisch Reich wie es sich erhabn hat*. Weitere Überschriften erscheinen erst nach Christi Geburt (Bl. 190ra: *Anno domini lxxxxviiij von Rom stiftung viij^c vnd l jar*). Die Überschriften sind jetzt häufiger und geben nur noch die Jahreszahlen seit Christi Geburt (mit oder ohne Zeitangabe seit der Gründung Roms) an.

Die Erste und die Zweite Bairische Fortsetzung sind direkt an den 1225 endenden Chroniktext angeschlossen. Die Erste Bairische Fortsetzung setzt den Textzusammenhang chronologisch fort und beginnt mit einer I-Majuskel: *In den zeiten starb Innocenz der pabst der den kayser fridirich aufgezuckt het vor der kaiser otten* (Bl. 251va, Z. 4); auch die Zweite Fortsetzung schließt chronologisch folgerichtig an und beginnt mit einer Minuskel: *darnach fur künig ludweig vnd der künig von pehaim vnd die walfürsten das maist tail vnd ander heren vil von straspurg mit einer grossen macht* (Bl. 261rb, Z. 15).

---

[459] Jürgen Wolf, Sächsische Weltchronik, S. 48 verzeichnet die Miniaturen zu den einzelnen Schachfiguren.

Textbestand:
Dieser nordbairische Codex ist bis auf den Nachtrag von einem Schreiber geschrieben worden und enthält eine bairische Version des ‚Buchs der Welt'. Erst auf Blatt 167ra beginnt mit einer hinweisenden und einleitenden Überschrift (*In dem namen der heiligen triualtickait vnd vnser lieben frawen hebt sich an das půch von der welt wie di gestanden ist sider Adams zeiten uncz her vnd des erste di capitel als got alle ding beschaffen hat wie got die vier element des ersten beschuff vnd dar nach anderes mer*) das ‚Buch der Welt' mit der Schöpfungsgeschichte (SW 67,1), es endet im Jahr 1225 (SW 244,32) auf Bl. 251va, Z. 4.

Texterweiterung/Textkürzung:
Die Erste und die Zweite Bairische Fortsetzung schließen sich direkt an das ‚Buch der Welt' an. Der Schluss ist verloren, es fehlt eine Lage. Auf dem hinteren Spiegel ist das Bruchstück eines verlorenen Blattes eingeklebt worden (SW 339,22 und 339,32).

Textallianzen:
Die Handschrift 5 überliefert das ‚Buch der Welt' im Zusammenhang mit Rechtstexten und religiösen Traktaten. Der Anfang des Sammelcodex ist verloren, die Belial-Überlieferung ist nicht vollständig. Nach dem Schachzabelbuch in deutscher Prosaübersetzung und nach Resten einer Kaufnotiz beginnt das ‚Buch der Welt'. Der Codex aus dem 15. Jahrhundert überliefert verschiedene Textzusammenhänge, die bis auf die späteren Nachträge von einem Schreiber kopiert wurden. Es handelt sich hier um einen Sammelcodex mit deutlich voneinander abgesetzten Textexemplaren. Dennoch überliefert der Codex nicht zufällig zusammengestellte Textexemplare in einem bunten Durcheinander, sondern man muss davon ausgehen, dass die Textkompilationen und Textallianzen bewusst ausgewählt wurden.

Syntaxrelevante Merkmale:
a) Interpunktion:
Der Gesamtsatzbeginn wird häufig durch eine Majuskel signalisiert.

b) syntaxrelevante Merkmale in der Schöpfungsgeschichte:
In der Schöpfungsgeschichte werden die Überschriften durch einen hinweisenden Satz gebildet: *Was got an dem ersten tag hat geworcht* (Bl. 167rb, Z. 10f.) oder durch Nominalsätze *Das ander capitell* (Bl. 167rb, Z. 20); *Das dritt capitel* (Bl. 167ra, Z. 4); *Das vierd capitell* (Bl. 167ra, Z. 17); *Das fünifft capitell* (Bl. 168rb, Z. 1); *Das sechst capitell* (Bl. 168rb, Z. 8); *Das sibend capitell* (Bl. 168rb, Z. 12).

Die Schöpfungsgeschichte ist in acht *capitell* aufgeteilt. Sie umfasst achtzehn Gesamtsätze zuzüglich acht Überschriften. Es lässt sich hier im 15. Jahrhundert erstmals eine Entwicklung in Richtung auf eine stärkere Untergliederung der Gesamtsätze feststellen.

Die Handschrift 5 beginnt mit dem Satz: ***DA** got was in dem begynnen aller ding.* Als zweiter Satz ist der einfache Satz: *Do beschuoff er zu erstn himlreich vnd erdtrich wasser fewr vnd lufft* markiert, als dritter Satz: *In dem himel macht auch got Newn chör der engel zu seinem lob vnd zu seinem dinst* [...]

c) syntaxrelevante Merkmale in den übrigen Stoffkreisen:
Die Geschichte von Adam bis zum Beginn des Römischen Reiches wird durch eine Kapitelüberschrift eingeleitet, die in den älteren Handschriften als Teil des letzten Gesamtsatzes der Schöpfungsgeschichte überliefert wird. Der Satz: *Wie die welt gestanden sei von Adams zeiten vntz her das uernemen wir wol an dem daz puch her nach sagen wirt* (Bl. 168va, Z. 12-16) ist Bestandteil des ‚gemeinen' Textes. Er begegnet hier erstmals als selbständiger Gesamtsatz und fungiert zudem als Überschrift über die Genealogie des alten Testaments. Die Schreiber hebt den Satz durch Rubrizierung in Kombination mit einer folgenden Initiale als Überschrift hervor. In der Darstellung bis zum Beginn der Geschichte Roms verzichtet der Schreiber völlig auf Überschriften. Der Textzusammenhang ist dann allein durch drei- oder zweizeilige Initialen gegliedert.

Die nächste, auf die Geschichte Roms hinweisende Überschrift findet sich erst auf Bl. 177$^{ra/b}$: *hie hebt an das römisch Reich wie es sich erhabn hat.* Weitere Überschriften erscheinen erst nach Christi Geburt (Bl. 190ra: *Anno domini lxxxxviiij von Rom stiftung viij^c vnd l jar*). Die Überschriften sind jetzt häufiger und geben nur noch die Jahreszahlen seit Christi Geburt (mit oder ohne Zeitangabe seit der Gründung Roms) an. In der Handschrift 5 machen Jahreszahlen als Kapitelüberschriften die temporalen Einleitungen häufig überflüssig, z.B.:

Bl. 199vb *Anno domini iiio vund xi Constantinus der kaiser Constantini sun wart erkoren zu Kaiser in Britania von des teutschen küniges hilff vnd was an dem reich dreissig Jar vnd ain monaid Er gab sei swester latino zu mailant zu ainem weib vnd macht zu kaiser sein selbs sun vnd seinen sun zwai kinder In den selben zeiten was Valerius Maximianus den cristen gar vngenedig vnd hielt über si die ächt die Dioclecianus vnd maximianus heten geschaffen do slug in got das er so ser stanck das niemant mocht bei im beleiben do gab er den Cristen frid vnd starb mit grosser pein In den zeiten waren vier kaiser* [...]

Oder:

Bl. 221^(ra), Z. 9ff. (SW 155, 26ff.) *A d xiiii vnd xxxj Arnolt gewan das reich der seben vnd sibenzigst von Augusto vnd was daran zwelff iar vnd was geweltiger dann sein vorforderen waren er het manig land wider in so was der herzog von Merhern der hies wanzebolt dem mocht der Kaiser nit wider sten do pat der kunig Arnolt di vngern im zu hilff vnd prach auf die festen do si mit beslossen ward vnd also lerten si den weg in teutsche land das manege land zuschaden mit den so gewan vnd betwang er den herzogen Do wart erschlagen* [...]

Durch die Angabe der Jahreszahlen wird hier also die Chronologie gesichert, gleichzeitig auch die Linearität des Geschehens betont. Die Linearität jedoch wird auch hier immer wieder aufgebrochen durch den Hinweis auf die Gleichzeitigkeit der Ereignisse; die Kombination der Temporaladverbien, die dies besonders hervorheben: *Bi den tiden ..., In den tiden* [...] Wie in allen bisher besprochenen Textexemplaren überwiegen auch hier die Handlungsverben (*erschlagen, betwang, saz* etc.) und die Vergangenheitsformen des Hilfsverbs sein, da die temporale Ausrichtung nicht durch die Verben erfolgt.

Lexikalische Merkmale
1) Schlüsselwörter: „Gattungs"bezeichnungen:
In diesem Codex tritt vor allem die im Mittelalter polyseme Werkbezeichnung *buch* auf. Die verschiedenen Textexemplare sind durch Schlussformeln, die alle unspezifiziert die Bezeichnung *puch* führen, voneinander abgrenzt: Bl. 100^(ra) (Ende des Belial) ist rot unterstrichen: *Hie hat das puch ein endt Des frewen sich sein hendt –*; das Ende des Traktats des Rabbi Samuel überliefert *buch* gleich zweimal: *... vnd damit hat das puch ein end* und in roter Tinte: *Hie hat das puch ein end Got vns alle gen himmil send.*

Ausnahmen sind: das Schachzabelbuch, das eine genauere Zuordnung angibt (*schachzabels puch*): *Hie hat ein end des schachzabels puch – Got behütt vns von dem ewigen fluch Amen.* (Bl. 166b^(ra)) und das ‚Buch der Welt'. Es spezifiziert die Werkbezeichnung genauer. Die Überschrift hat formal wie inhaltlich Initator- und Verweisfunktion, indem der Inhalt im Ganzen, aber auch besonders mit Hinweis auf die ersten Kapitel, vorweggenommen wird:

Bl. 167^(ra) (in roter Tinte, mit Randinitiale über elf Zeilen und folgender Majuskel) *IN dem namen der heiligen triualtickait vnd vnserer lieben frawen hebt sich an das puch von der welt wie di gestanden ist sider Adams zeiten vncz her vnd des ersten di capitel als got alle ding beschaffen hat wie got die vier element des ersten beschuff vnd da'nach anders mer.*

Die Selbstbezeichnung ist hier also ‚Buch der Welt' und umfasst damit die Entstehung der Welt seit Adam und die Schöpfungsgeschichte bis zur Gegenwart. Auch in einer Zwischenüberschrift wird *buch* als Selbstbezeichnung noch einmal hervorgehoben: Bl. 168ra, Z. 12-16, *Wie die welt gestanden sei von Adams zeiten vncz her davon vernemen wir an dem dias diz puch hernach sagen wirt*. Darüber hinaus überliefert die Handschrift auch die Bezeichnung *buch* im fortlaufenden Chroniktext: Bl. 200ra, Z. 6f.: *das sol man alles her nach vinden an dem puch*. Die *tal/zal*-Belege fehlen, auch *chronik* tritt deutlich seltener auf.

Rabbi Samuels Traktat in deutscher Übersetzung beginnt auf Bl. 101^r (100^v ist freigelassen) mit einer Vorrede (rote Tinte, Initiale H und Majuskel I) *HIe hebt sich an ein lere di zusamen gemacht hat maister Samuell ein Jud von Israhel*. Anders als in der Handschrift 041 – wo die Selbstbezeichnung *epistel* oder *sandung* ‚Brief' lautet, wird der Traktat hier als *lere* bezeichnet und bewertet.

2) lexikographische Schlüsselwörter (die Wochentagsbezeichnungen):
Sonntag: Die Handschrift überliefert die synkopierte Form: *suntag* (Bl. 167ra).

Montag: Mit *mantag* (Bl. 167ra) findet sich hier ein Beleg für bair. unumgelautetes, ungerundetes *mântag*. Wiesinger stellte in bair. Urkunden des ausgehenden 13. und beginnenden 14. Jahrhunderts bereits eine deutliche Dominanz der umgelauteten Formen (*mentag*) und etwa seit dieser Zeit auch ein Vordringen der gerundeten Form *montag* fest.[460] So dass man hier von einem konservativen Sprachstand ausgehen muss.

Dienstag: Für Dienstag verwendet der Schreiber die Doppelform aus dem Ausgleichswort und dem bairischen Kennwort: *dinsstag oder erichtag* (Bl. 167ra).

Mittwoch: Der vierte Wochentag wird mit *mitwochen* bezeichnet.

Donnerstag: Die Bezeichnung für den fünften Tag wählt der Schreiber ähnlich wie für den dritten Wochentag: Er entscheidet sich für eine Doppelform aus regionalem und überregionalem Wort: *donerstag oder pfincztag* (Bl. 167ra).

Freitag: Mit *freitag* ist der regionalen Lautentwicklung gemäß die diphthongierte Wochentagsbezeichnung angegeben.

Samstag/Sonnabend: Den letzten Wochentag bezeichnet das oberdeutsche Wort *sambcztag* (Bl. 167rb).

---

460 Peter Wiesinger, Wandel einer Wortform, S. 374.

Semantische Merkmale
1) Inhaltliche Ordnungsprinzipien:
Der Gesamtaufbau des Codex ist durch eine Kombination von a) datenbezogener, b) personenbezogener und c) genealogischer Darstellungsweise gekennzeichnet. Die Geschichtserzählung wird – wie in den meisten ‚Buch der Welt'-Überlieferungen durch ein annalistisches Ordnungsgefüge gegliedert. Die Darstellung in den einzelnen Kapiteln ist narrativ. Chronologische Elemente werden auch durch temporalen Absatzbeginn mit *Nach* oder *Do* deutlich, sind aber in dieser Form seltener als in den meisten anderen Textexemplaren. Häufig wird dagegen – wie in allen Textexemplaren des ‚Buchs der Welt' – die Chronologie durch die Baugleichheit und Einförmigkeit der Sätze ausgedrückt: *Tiberius kam an das Reich. Mauricius kam an das Reich.*

2) Die sechs Deutungsmuster:
a) Einordnung der Weltgeschichte in die Heilsgeschichte: Der Codex beginnt mit der Übersetzung des Belial[461] – einer Darstellung des Satansprozesses. Der Belial wurde im Spätmittelalter als Beispiel für römisch-kanonisches Recht rezipiert. „Er gipfelt im zentralen Gerichtsverfahren der christlichen Heilslehre, dem Jüngsten Gericht, in dem Christus das höchste Richteramt innehat."[462] Durch die Zusammenstellung der Textexemplare wird auch für die Chronik auf das Ende der Welt verwiesen. Mit dieser Zusammenstellung der Textexemplare wird darüber hinaus Heilsgeschichte mit Rechtspraxis verbunden. Die christliche Heilslehre wird ebenfalls in der ‚Epistel des Rabbi Samuel' ausführlich gegen das Judentum verteidigt.[463] Im ‚Buch der Welt' zeugen die Schöpfungsgeschichte und die Mahnrede für die Verbindung von Heils- und Profangeschichte.

b) Berufung auf die (mündliche und schriftliche) Tradition: Im ‚Buch der Welt' werden die für die Rezension A_1 typischen Vorlagen kopiert und benutzt. Mündliche Vorbilder lassen sich nicht feststellen.

c) wahre Geschichtsschreibung: Der explizite Bezug auf die Wahrheit fehlt im ‚Buch der Welt' durch das Weglassen der Reimvorrede. Der Wahrheitstopos wird jedoch in der Vorrede der ‚Epistel des Rabbi Samuel' überliefert, die allerdings erst später hinzugefügt wurde.

---

461 Norbert H. Ott, Belial.
462 Ebd., S. 159.
463 Vgl. dazu Handschrift Kapitel III.3.3. Handschrift 041 (Graz, UB, Hs. 470).

d) Autorisierung der eigenen Aussagen: Der Codex wurde von einem anonymen Schreiber zusammengestellt. Im ‚Buch der Welt' fehlt der Hinweis auf Eike von Repgow.

e) und f) offene Geschichtsschreibung und auf Abgeschlossenheit, Endzeit zielendes Geschichtsdenken: Die einzelnen Textexemplare tendieren zur Abgeschlossenheit. Die Offenheit zeigt sich in der Kombination verschiedener Textexemplare. Aber sie entsteht nicht aus einer zufälligen Sammlung, sondern drückt gezielt ein Weltbild aus, das heilsgeschichtlich orientiert, dennoch um den christlichen Glauben fürchtet, ihn verteidigt und dabei auf das Jüngste Gericht und seine Schrecken verweist. Das ‚Buch der Welt' zeigt zudem eine reichshistorische Prägung.

III.3.9 Handschrift 10 (Wolfenbüttel, HAB, Cod. Guelf. 83.12 Aug. 2°) – A_1

Externe Merkmale (Ebene b)
(erschlossener) Entstehungszeitraum, Entstehungsort, Schreiber/Kompilator:
Die Handschrift 10 bricht in der so genannten Thüringischen Fortsetzung mit Berichten zum Jahr 1350 bzw. 1353 ab. Herkommer datiert sie ins 15. Jahrhundert und Wolf präzisiert: Anfang/1. Hälfte 15. Jahrhundert.[464] Der Codex wurde von einem Schreiber wohl in einem Guss geschrieben. Der Schreiber ist unbekannt. Als Entstehungsort kommt Erfurt in Frage, denn es finden sich in der Handschrift regionale Zuweisungen: (Bl. 56ra, Z. 11-14) *In den zitē tagebert' der konig stifte daz clost' zu stē petere vf dem b'ge der da lyt czů erfoʒte* (In der Zeit Dagoberts: Der König stiftete das Kloster zu St. Peter auf dem Berge, der bei Erfurt liegt),[465] und auf Bl. 100ra ist der Text, der vom Tode des Markgrafen Dietrich von Meißen handelt, durch eine Randbemerkung ergänzt: *unde wart zue erfurte begraben unser frawē mōster.* (und er wurde in Erfurt in unserer Frauen Münster begraben,).[466]

Kombinationszeitraum, Kombinationsort:
Der Codex enthält ein thüringisches ‚Buch der Welt' von der Schöpfungsgeschichte bis zum Jahr 1350 bzw. 1353.

---

464 Hubert Herkommer, Sächsische Weltchronik, S. 73; Jürgen Wolf, Sächsische Weltchronik, S. 62.
465 Ludwig Weiland, Sächsische Weltchronik, S. 143, 45f.
466 Vgl. ebd., S. 243,26-28, der dazu bemerkt: „s. der corrector am rande ganz unnütz zu, da Dietrich nach Chron. Mont. Sereni s. 198 zu Altenzelle beerdigt wurde."

Fortsetzungszeitraum, Fortsetzungsort, Fortsetzer:
Die Handschrift beginnt bei der Schöpfungsgeschichte und endet mit dem ‚gemeinen' Text des ‚Buchs der Welt' im Jahre 1226 (SW 67,1-246,5), daran schließt sich eine bis zum Jahre 1350 bzw. 1353 reichende sog. Thüringische Fortsetzung an. Die Fortsetzung bricht mit den Nachrichten zu diesen beiden Jahren unvermittelt ab. Die Entstehungszeit – Anfang des 15. Jahrhunderts – ist auch die Fortsetzungszeit, die Handschrift wurde in einem Schreibzusammenhang und von einem Schreiber erstellt.

Benutzungszeitraum, Benutzungsort, Benutzer:
Die Korrekturen innerhalb der Handschrift führte der Schreiber aus, auch einige Randbemerkungen stammen von seiner Hand. Drei weitere Benutzer lassen sich aufgrund der Randbemerkungen noch unterscheiden.

Besitzzeitraum, Aufbewahrungsort, Besitzer, Auftraggeber:
Über diese Zusammenhänge ist für die Handschrift 10 nichts bekannt. In die herzogliche Bibliothek in Wolfenbüttel kam der Codex ungefähr 1652/1653.[467]

Kommunikationsmaterial und -form:
Der Codex ist eine 119 Blätter umfassende zweispaltige Erfurter Papierhandschrift aus dem Anfang des 15. Jahrhunderts. „Die Bll. 13-24 (Lage 2) sind verbunden und gehören zwischen Bl. 104/105. Die letzte Lage ist völlig verstümmelt, die Anzahl der verlorenen Bll. lässt sich deshalb nicht ermitteln."[468] Die Blattgröße beträgt 28 x 20 cm und der Schriftspiegel 23,5 x 16 cm mit 30-35 Zeilen. Der mit Pergament überzogene Pappeinband trägt das Titelschild: Eine gar alte Cronika. 83.12. Mst. Scr. 1350.

Schreibsprache: Der Schreibdialekt ist thüringisch.

Interne Merkmale
Initiator(en):
Der zweispaltig geschriebene Text der Handschrift 10 beginnt mit einem eingliedrigen Initiator ohne Überschrift mit einer vierzeiligen roten Initiale und einer rot durchgestrichenen Majuskel mit der Schöpfungsgeschichte.

Terminator(en):
Der Schluss der Handschrift ist verloren.

---

467 Jürgen Wolf, Sächsische Weltchronik, S. 62.
468 Ebd.; vgl. auch Hubert Herkommer, Sächsische Weltchronik, S. 73f.

Weitere Makrostrukturen:
Größere Sinneinheiten sind durch eine Leerzeile (oder ganz selten durch eine rote Überschrift bzw. durch z.T. später eingefügte Markierungen – Striche, Schlangenlinien etc.) in Kombination mit einer zwei- oder dreizeiligen Initiale mit oder ohne folgender rot durchgestrichener Majuskel gekennzeichnet. In die Schöpfungsgeschichte ist eine Überschrift eingefügt, die auf den Beginn des Sechstagewerkes verweist. Sie ist aber strukturell nicht hervorgehoben (Bl. 1ra, Z. 23: *In den werkin*), sondern ohne besondere Kennzeichnung in den Textzusammenhang eingeschoben. Die Thüringische Fortsetzung kann man nicht zur Begleitüberlieferung rechnen, da sie innerhalb der Handschriften makrostrukturell nicht von der Überlieferung des so genannten ‚gemeinen' Textes abgesetzt ist: Die Thüringische Fortsetzung beginnt auf Bl. 101ra, Z. 27 ohne dass sich die hierarchischen Strukturierungen ändern. Sie beginnt nach einer Leerzeile mit einer zweizeiligen N-Initiale in Kombination mit einer rot durchgestrichenen O-*Majuskel (NOch cristi geburt tusent iar czwei hundert iar In deme sobin vnd czwenczigisti Da wart die gemeyne mer uart gen deme heilige lande [...])*

Textbestand:
In der Handschrift 10 endet der Textzusammenhang im Jahr 1225 – jedoch mit mehr Nachrichten als für diesen Rezensionszusammenhang üblich – und schließt darauffolgend die Thüringische Fortsetzung (Bl. 101va, Z. 28-119vb) mit dem Jahr 1227 an. Die Fortsetzung bricht unvermittelt mit Berichten zu den Jahren 1350 und 1353 ab.

Texterweiterung/Textkürzung:
Der Codex enthält das ‚Buch der Welt' von der Schöpfungsgeschichte (SW 67,1) bis in das Jahr 1225 (SW 246,5 = aber weiter als die übrigen Handschriften der Rezension A$_1$). Es wird in der Handschrift mit der Thüringischen Fortsetzung ohne weitere Textallianzen weitergeführt.

Syntaxrelevante Merkmale:
a) Interpunktion:
Die Handschrift 10 verwendet rot durchgestrichene Majuskeln in Kombination mit einer Tilde (Strich oder Doppelstrich), die den vorhergehenden Satz terminiert. Mit einer rot durchgestrichenen Majuskel sind darüber hinaus auch noch die Namen der Päpste und der Herrscher gekennzeichnet.

b) syntaxrelevante Merkmale in der Schöpfungsgeschichte:
Die Schöpfungsgeschichte beginnt ohne Überschrift. Es zeigt sich hier – wie auch schon in der Handschrift 5 – eine stärkere Untergliederung der Gesamtsätze: Die mitteldeutsche Handschrift 10 aus dem Anfang des 15. Jahrhunderts interpungiert nach dem einfachen Satz: A̶N̶ *aller begynne geschuf got von ersten hymel vñ erdin vnde waszir vñ vur vñ luft-* Als zweiter Satz folgt ebenfalls ein einfacher Satz: *Dese vier elementen waren ungescheyden* =; ebenso der dritte Satz: *In deme hemele machte her auch nu̇en kore der engele zů syme lobe vñ zů sime dinste=*

So lassen sich für die Schöpfungsgeschichte 21 Gesamtsätze feststellen, eine weitere Hierarchieebene gibt es nicht. Die Schöpfungstage sind allerdings dadurch hervorgehoben, dass ein Nominalsatz: *In den werkin* (Bl. 1ra, Z. 23f.) auf sie hinweist. Die große Anzahl der Gesamtsätze ergibt sich auch dadurch, dass der Codex – abweichend von den sonstigen A_1-Handschriften – ausführlich alle Schöpfungsstunden des sechsten Schöpfungstages darstellt. Die Handschrift 10 berichtet wie die Handschrift 24 von allen Schöpfungsstunden. Sie verlegt den Sündenfall in die dritte Stunde. Sie markiert fünf Sätze, wo die Handschrift 24 vier Sätze kennzeichnet:

Bl. 1^{rb-va}:
A̶n̶ *deme sechsten tage den wir heizen vrytag machte her allir hande vie daz da lebit vf der erdin*
C̶zu *leczst syner werke machte got adam in der ersten stunde des tagez von der erdin noch syme glichnisze vnde g̶a̶p̶ yme vbir vihe gewalt vñ vber gevogele vñ vbir vische vñ saczte en ī d̶a̶s̶ paradisis*
Ð̶o̶ *machte er vrowen euen von adamez rippen In der dritten stunde des tagez vñ gap sy yme czw wibe In der selbin stunde svndigiten sy beide*
W̶an̶ *sy azzen daz obiz daz en got vorbotē hatte*
I̶n̶ *der nuenden stůde des tagez warf sy got vz deme paradise vñ sante sy in daz ertriche*

Der letzte Gesamtsatz der Schöpfungsgeschichte lautet:

W̶ie̶ *die werlt von Adam biz her habe gestanden daz vornemet an deme daz diz buch hir noch saget* ~

c) syntaxrelevante Merkmale in den übrigen Stoffkreisen:
Insgesamt werden in der Chronik darstellende, erzählende Verben, vor allem Handlungsverben, verwendet. Die Verben, die die Erzählhandlung charakterisieren, werden häufig variiert (*slug, slugen, liz, czůstorten* ‚zerstörten', *vuren, wolde, geschach, brachte, gewan* ‚eroberte' etc.). Daneben findet sich sehr häufig die Vergangenheitsform des Hilfsverbs

sein. Die Verben können aber auch – wie *gewan* ‚bekam' (*Adam gewan kayn vnde abe l.. ..z.B.* Bl. 1ᵛ) – zur Verdeutlichung der genealogischen Struktur wiederholt werden. Es zeigt sich so auch an der Verwendung der Verben ein Wechsel von chronologischem, narrativem und genealogischem Prinzip.

Lexikalische Merkmale
1) Schlüsselwörter: „Gattungs"bezeichnungen:
Die thüringische Handschrift überliefert das ‚Buch der Welt' ohne Reimvorrede, aber auch – anders als die Handshriften 1 und 2 beispielsweise – ohne Überschrift.

Im thüringischen Codex tritt *buch* vergleichbar mit den meisten zuvor besprochenen Handschriften als Bezeichnung

1. für das ‚Buch der Welt' auf: z.B. *Wie die werlt von Adam biz her habe gestanden daz vornemet wir an deme diz bůch hir noch saget* (Bl. 1ᵛᵃ, Z. 25-29) etc. und
2. auf andere Texte bezogen: [...] *Enoch machte ouch buchen* (Bl. 2ᵛᵃ, Z. 21) etc.

Das lat. Wort *cronica* wird

1. für andere chronologisch aufgebaute Geschichtswerke verwendet: Auf Bl. 10ᵛᵃ, Z. 30-33: [...] *Der lese cronicam odir lucanū od' den gůtē orosiū* [...] ebenso auch: *Der lebin vindit mā geschrebin in cronicis* (Bl. 11ʳᵃ, Z. 13-15).
2. steht es – in Kombination mit *historia* – für die chronologische Darstellungsweise Bl. 60ʳᵇ, Z. 23-27: *Dit han wir korczlichē gesagit vō konig karlez lebin nu sulle wir wed' komē an die kronicorum historia.*

Die Bezeichnung *zale* tritt in modifzierter Bedeutung auf. Es heißt nicht wie beispielsweise in der Handschrift 1, Bl. 52ᵛ, Z. 1: *Nv vare wir wider zu der ersten zal*, sondern *Nů kere wir czů der keyser czale* (Bl. 64r, Z. 30f.) ‚Nun kehren wir zu der Erzählung von den Kaisern bzw. zur Kaiserchronik zurück'. Es wird nicht der chronologische Aufbau dieses ‚Buchs der Welt' betont, sondern der Schreiber rekurriert auf einen bestimmten Teil des Buches, die Chronik der römischen Kaiser.

2) lexikographische Schlüsselwörter (die Wochentagsbezeichnungen):
Sonntag: Für den ersten Wochentag verwendet der Schreiber die ungerundete, synkopierte Form *sontag* (Bl. 1ʳᵃ).

Montag: Anfang des 15. Jahrhunderts beggenit in dieser thüringischen Handschrift schon nhd. *Montag* (Bl. 1ʳᵇ), wohingegen in der ebenfalls thüringischen Handschrift 21 Ende des 14. Jahrhunderts und in den

Handschriften 18 und 19 aus dem ersten Viertel des 15. Jahrhunderts noch ungerundetes *mantag* auftritt.

Dienstag: Der dritte Wochentag wird als *dinstag* bezeichnet (Bl. 1rb).

Mittwoch: Hier ist als Variante *myttewoche* (Bl. 1rb) belegt.

Donnerstag: Der fünfte Wochentag wird mit einer Variante des Ausgleichswortes *donrstag* bezeichnet.

Freitag: In *vrytag* begegnet die im Mitteldeutschen übliche Form mit Monophthong (Bl. 1rb).

Samstag/Sonnabend: In den Handschriften aus dem Ostmitteldeutschen sind sowohl die niederdeutschen Sonnabend-Formen als auch – wie in diesem Fall – Varianten des oberdeutschen Samstag vertreten: *samestag* (Bl. 1va).

Semantische Merkmale
1) Inhaltliche Ordnungsprinzipien:
Der Gesamtaufbau des Codex ist durch eine Kombination von datenbezogener, personenbezogener und genealogischer Darstellungsweise gekennzeichnet. Der Personenbezug und die Genealogie treten aber in der Thüringer Handschrift 10 sehr zurück. Regionalismen treten dagegen stärker hervor, die Region, die Stadt Erfurt rückt immer mehr in das Zentrum des Interesses. Narrative und annalistische Elemente sind miteinander verbunden.

2) Die sechs Deutungsmuster:
a) Einordnung der Weltgeschichte in die Heilsgeschichte: Die Chronik hat keine Reimvorrede, sie beginnt mit der Schöpfungsgeschichte, in ihr und in der franziskanischen Mahnrede (die makrostrukturell nicht markiert ist), drückt sich das göttliche Heilswirken aus.
b) Berufung auf die (mündliche und schriftliche) Tradition: Der Textzusammenhang des Buchs der Welt macht den Eindruck einer gestrafften, biblisch-genealogischen, reichshistorischen Chronik. Wie es in der Rezension A üblich ist, sind viele narrative Passagen (wie z.B. die Legendenüberlieferung zu Johannes und Paul) gekürzt. Das Gesamtkonzept des Codex ist es, Reichsgeschichte zu präsentieren. Der Grundbestand der Informationen kommt aus der schriftlichen, lateinischen Chronistik. Insgesamt tritt auch hier der abstrakte Erzähler in der ersten Pers. Sg. und Pl. auf. Die Zitate wörtlicher Rede sind auch hier sehr zurückgenommen. Der deutsche wie der lateinische Wortlaut der christenfeindlichen Auslegung des Bibelzitates durch den röm. Kaiser Julianus Claudius (Apostata) fehlen ganz, die beiden Urkunden aus der Zeit des Investiturstreits (sowie die vorhergehenden

Passagen, die sich mit der sächsisch-welfischen Geschichte befassen: SW 186,14-199,34) ebenso.

Möglicherweise beruhen die regionalen Einträge zu Erfurt auf mündlicher Überlieferung. Die Thüringische Fortsetzung wird nur durch die Handschriften 10 und 10a tradiert. Die meisten Nachrichten verweisen auf Erfurt, z. B. Bl. 105ʳ, Z. 3: *Dez selben iares czu senten Lamprechtez tage DA wart ein groz vuer czue Erforte Daz uoτbrante stē johannez tore mit wol hundirt houen Die dar ūme lagen*[469] (Im selben Jahr an St. Lamprechts Tag gab es einen großen Brand in Erfurt. Das Johannestor verbrannte mit wohl hundert umliegenden Höfen) und Bl. 115ʳ: *Noch gotis geburt tusent dryᵉ hundirt iar In deme sechczende iar' DA waz grōz hungir In dorÿgen lande Alzo daz manig mensche hvngirs starp Uñ werrte dryᵉ gancze iar Da starben vil lute czu Erfoτte an strazen vñ an gaszen vñ ī den dorferē die ūme die stat lagen Da lag uzir maze vil toter lute Da lizen die von erfoτte mache funf grubī* [...][470] (1316 Jahre nach Gottes Geburt gab es eine große Hungersnot in Thüringen. Viele Mensch starben den Hungertod, die Not dauerte drei ganze Jahre. Viele Leute starben in Erfurts Straßen und Gassen und in den umliegenden Dörfern. Dort lagen überall viele Tote. Deshalb ließen die Erfurter fünf Gruben machen ...) u.a.m.

c) wahre Geschichtsschreibung: Die Berufung auf die Wahrheit ist durch den Verzicht auf die Reimvorrede nicht überliefert. Das weitgehend traditionelle Weltbild bedarf keiner besonderen Überzeugungsstrategien, um als wahr zu gelten.

d) Autorisierung der eigenen Aussagen: Der abstrakte Erzähler verwendet die 1. Person Sg. und Pl., der empirische Autor (resp. Schreiber, Kompilator) bleibt anonym.

f) und f) offene Geschichtsschreibung und auf Abgeschlossenheit, Endzeit zielendes Geschichtsdenken: Insgesamt ist die Chronik heilsgeschichtlich, reichshistorisch und regional auf Thüringen (insbesondere die Stadt Erfurt) ausgerichtet. Sie hält sich weitestgehend an die *brevitas*-Forderung der traditionellen lateinischen Chronistik.

---

469 Vgl. Ludwig Weiland, Sächsische Weltchronik, S. 305,35-27.
470 Vgl. ebd., S. 314,27-32.

III.3.10 Handschrift 4 (Heidelberg, UB, Cpg 525) – A₁

Externe Merkmale (Ebene b)
(erschlossener) Entstehungszeitraum, Entstehungsort, Schreiber/Kompilator:
Der Codex besteht aus zwei Teilen: Teil A: beginnt mit einem bairischen ‚Buch der Welt', darauf folgen die 1. und die 4. Bairische Fortsetzung bis 1454. In die 4. Fortsetzung eingeschoben ist Hans Rosenplüts Gedicht ‚Die Flucht vor den Hussiten'; auf die Fortsetzung folgt das Lied gegen die Türken von Balthasar Mandelreiß und Nachrichten bis zum Jahr 1455. Abfassungszeitraum war vermutlich die Zeit zwischen 1445 und 1454. Der Schreiber ist unbekannt, der größte Teil (bis Bl. 131^r Z. 11 = 1445) wurde von einer Hand geschrieben. Spätere Nachrichten sind von vermutlich vier weiteren Schreibern hinzugefügt worden.

Teil B wurde von einem Schreiber namens *Kaczperger anno xxiij* geschrieben.

> Bei ‚Kaczperger' dürfte es sich um ein Mitglied der adligen Familie der Katzberger aus Katzberg bei Cham handeln. Von den Katzbergern aus Katzberg bei Cham begegnet ein Hans der Katzberger in den Jahren 1421-1426 als Pfarrer in Perkam und 1429 als Kaplan in Straubing. Ebenfalls als Schreiber denkbar wären Friedrich der Katzberger zum Katzberg und Gilg der Katzberger zum Katzberg.[471]

Spärliche Hinweise in den Textexemplaren dieses Teils weisen ebenfalls in den Ingolstädter Raum bzw. den Herrschaftsbereich der Ingolstädter oder Landshuter Herzöge.[472]

Kombinationszeitraum, Kombinationsort:
Der Codex besteht aus zwei Teilen, die durch das Buchbinden zusammengefügt worden sind. Die Kombination erfolgte im 16. oder zu Beginn des 17. Jahrhunderts. Im 15. Jahrhundert trägt der erste nachweisbare Besitzer von Teil A, Clas Künzmüller, zwei Liedanfänge ein. Im 16. Jahrhundert trägt ein Schreiber/Besitzer einen Dank an seinen Gönner in Teil A ein. Zu dem Zeitpunkt scheinen beide Teile noch getrennt gewesen zu sein. Die Handschriften werden zwischen der 2. Hälfte des 16. Jahrhunderts und dem Anfang des 17. Jahrhunderts zusammengebunden worden sein.

Als der Codex 1623 nach der Eroberung Heidelbergs mit der Bibliotheca Palatina nach Rom kam, waren die Teile vermutlich bereits ver-

---

471 Ebd., S. 43.
472 Vgl. dazu ebd., S. 139f.

eint; in jedem Fall waren sie zusammengebunden, als 1758-1760 Joan. Antonius Hirschmann eine Kopie anfertigte (Hs. 4a).

Fortsetzungszeitraum, Fortsetzungsort, Fortsetzer:
Der Codex besteht aus zwei später zusammengebundenen Teilen. Teil B enthält das Marienleben Bruder Philipps und ist ohne Fortsetzungen. Teil A erweitert das ‚Buch der Welt' um die erste Bairische Fortsetzung (bis 1312). Hier und auch in einem großen Teil der 4. Bairischen Fortsetzung (bis 1454) ist die Entstehungszeit mit der Fortsetzungszeit identisch. Die späteren Einschübe (Hans Rosenplüts Gedicht ‚Die Flucht vor den Hussiten' und Balthasar Mandelreiß' Lied gegen die Türken) sowie aktuelle Nachrichten sind zwischen 1445 und 1455 von unbekannten Fortsetzern hinzugefügt worden.

Benutzungszeitraum, Benutzungsort, Benutzer:
Teil A enthält Randbemerkungen von verschiedenen Benutzern. Identifizieren als Benutzer lassen sich der erste nachweisbare Besitzer: Clas Kuenzmüller aus dem 15. Jahrhundert und der Schreiber von Handschrift 4a Joan. Antonius Hirschmann, der 1758-1760 den Codex im Vatikan kopierte. Inhaltsangaben, die der Schreiber am Rand der Handschrift machte, sind durch die Bindung nahezu weggeschnitten worden. Die Randbemerkungen in Teil B stammen von Katzberger und einem Benutzer aus dem 16./17. Jahrhundert.

Besitzzeitraum, Aufbewahrungsort, Besitzer, Auftraggeber:
Teil A war im 15. Jahrhundert – kurz nach der Abfassung – im Besitz von Clas Kuenzmüller: Bl. 157^v *Das půch ist clasen kuenzmüller*. Vielleicht war er auch der Auftraggeber dieses Teils? Im 16. Jahrhundert findet sich noch ein Dank an einen Gönner, ohne Namensnennungen. Vielleicht hat der Schenker den Codex einem pfälzischen Pfalzgrafen oder Kurfürsten gegeben. Jürgen Wolf denkt hier unter anderen an „den berühmten Mäzen und Bücherfreund Ottheinrich (1507/1556-1559)",[473] der schon vor seiner Herrschaft in Heidelberg, als Pfalzgraf von Neuburg an der Donau (1507-1556), also im Entstehungsgebiet der ‚Buch der Welt'-Handschrift, „Buch und Bibliothek als Ausdruck seines fürstlichen Anspruchs"[474] ansah. Mit seiner Amtsübernahme in Heidelberg kam auch seine Neuenburger Bibliothek dorthin. Allerdings haben die Bibliothekskataloge keine Hinweise auf ein ‚Buch der Welt'. Im Jahre 1623, bei der Eroberung Heidelbergs, waren in jedem Fall beide Teile A

---

473 Ebd., S. 277.
474 Ebd..

und B zusammengebunden im Bestand der Bibliotheca Palatina. Der Bayernherzog Maximilian schenkte die gesamte Bibliothek Papst Gregor XV. „Hs. 4 hat auf dem Transport oder bei der Lagerung im Vatikan einige Blätter am Anfang und am Ende eingebüßt, außerdem geriet der zweite Teil mit dem ‚Marienleben' gründlich in Unordnung."[475] Im Jahre 1816 wurden die deutschen Handschriften der Palatina an Heidelberg zurückgegeben.[476] Heute befindet sich Hs. 4 in der Heidelberger Universitätsbibliothek.

Kommunikationsmaterial und -form:
Die beiden Teile des insgesamt einspaltigen bairischen Papiercodex haben sowohl eine Einzelfoliierung (Teil A = 157 Bll. und Teil B = 169 Bll.) als auch eine neuere Gesamtfoliierung (1-326). Teil A und Teil B stammen beide aus der ersten Hälfte des 15. Jahrhunderts. Sie sind beide am Anfang schadhaft und deshalb unvollständig.[477] Der Pappeinband mit weißem hornartigem Pergamentüberzug trägt das Wappen Papst Pius VI. (1775-1799), Rokoko-Motive und die goldene Signatur 575, die später durchgestrichen und durch die Signatur 525 ersetzt worden ist. Im vorderen Spiegel ist ein Exlibris von Papst Pius VI. mit dem Papstwappen und seinem Familienwappen (Braschi) eingeklebt. Die Handschrift hat das Format 20,8 x 13,5 cm. Der Schriftspiegel von Teil A ist 17/17,8 x 11, cm und umfasst 30-33 Zeilen (Nachträge 28-36 Zeilen) und von Teil B 16,5/17 x 098/11 cm zu 28-32 Zeilen.[478]

Schreibsprache: Der Schreibdialekt ist bairisch.

Interne Merkmale
Initiator(en):
Teil A des Codex beginnt mit dem ‚Buch der Welt'. Der Anfang ist verloren. Das ‚Buch der Welt' setzt ein mit einer roten Kolumnenüberschrift: *Römisch reich*. Der Text beginnt mitten im Satz (SW 78,11) mit dem Ende der Alexandergeschichte. Daran schließt sich die Erzählung von der Entstehung des römischen Reiches an.

Teil B: Das Marienleben des Bruders Philipp hat einen eingliedrigen Initiator (= eine dreizeilige M-Majuskel) (Bl. 158^r).

---

475 Ebd., S. 303f.
476 Vgl. ebd., S. 303ff.
477 Vgl. zu den Transport- bzw. Lagerschäden der Hs. 4 aus der Heidelberger Palatina: Jürgen Wolf, Sächsische Weltchronik, S. 303f.
478 Vgl. Hubert Herkommer, Sächsische Weltchronik, S. 49f. und Jürgen Wolf, Sächsische Weltchronik, S. 41f.

Terminator(en):
Es lassen sich in diesem Sammelcodex verschiedene Teilterminatoren feststellen:

1. Das ‚Buch der Welt' ist durch die Begleitüberlieferung terminiert.
3. Das Lied gegen die Türken: Es sind hier die Blätter 156ᵛ-157ʳ vakant (spätere Einträge mit Schriftproben).
4. Der zweite Teil (B) des ursprünglich aus zwei selbständigen Teilen bestehenden Codex endet mit dem Marienleben des Karthäuser Mönchs Bruder Philipp. Dieses Textexemplar hat einen mehrgliedrigen Terminator (Bl. 326v):
   a) die Wiederholung der beiden letzen Zeilen, mit roter Schrift;
   b) das Exlicit: *Hie hat das puch ein end maria vnd dein liebes chind jesus enphür vns aus vnserr Elend. Amen.*
   c) Der Schreibernennung: *Kaczperger anno xxiij*

Weitere Makrostrukturen:
Als Strukturierungsmerkmale gelten für den ersten Teil des Codex Sinneinschnitte (Absätze). Sie werden durch zweizeilige (bei I-Initalen zumeist am Rand auch mehrzeilige) rote Initialen gekennzeichnet.

Teil A enthält ein bairisches ‚Buch der Welt', an das die so genannte Erste und Vierte Bairische bzw. Oberrheinische Fortsetzung (Bl. 93ᵛ-154ʳ) ohne makrostrukturelle Einschnitte anschließen: Die Erste Bairische Fortsetzung beginnt auf Bl. 93ᵛ, Z. 5 innerhalb eines Sinneinschnittes mit einem Gesamtsatz, d.h. mit einer Virgel und einer Majuskel: *(/In den zeiten starb Innoczentius der pabst der den kasyer Friderichen het aufgeczucket wider kayser otten /)*. Die Vierte Bairische Fortsetzung auf Bl. 106ʳ, Z. 12 fängt mit einem neuen Kapitel an: mit einer dreizeiligen I-Initiale:

(In dem tauscentem vnd drew hundersten vnd in dem vierzechendem iar von gotes gepurt ward herczog ludweig der jung von payren erwelt von den kürfürsten allen der dritt vnd hunderst von augusto zu aim römischen chünig vnd ward gekörnt zü ache von dem pyschoff petri von von maincz vnd waz an diesem reich czwey vnd viercig iar vnd ward geweicht czü kayser von dem pabst vrbano dem newnten/).

Textbestand:
Der zweiteilige Codex überliefert in Teil A von Bl. 1ʳ-93ᵛ, Z. 5 ein fortgesetztes bairisches ‚Buch der Welt'. Er beginnt mitten im Satzzusammenhang der Alexandergeschichte (SW 78,11). Am Rand ist als Kapitelüberschrift nachgetragen worden: *Römisch reich*. Der Textzusammenhang endet im Jahre 1225 (SW 244,32). Er ist durch die Erste (bis 1312)

und die so genannte Vierte Bairische Fortsetzung (bis 1454) weitergeführt worden. Der erste Codexteil enthält darüber hinaus noch Hans Rosenplüts Gedicht ‚Die Flucht vor den Hussiten' und das ‚Lied gegen die Türken' von Balthasar Mandelreiß. Der zweite Teil des Codex besteht aus dem Marienleben Bruder Philipps.

Texterweiterung/Textkürzung:
An die Erste Bairische Fortsetzung, die 1314 endet (Bl. 93^v, Z. 5-106^r, Z. 11), schließt die vierte Bairische Fortsetzung an (Bl. 106^r, Z. 12-154^r, Z. 16). Die weiteren Nachrichten sind von verschiedenen Schreibern nicht immer in der chronologisch richtigen Reihenfolge bis 1455 hinzugefügt. Die Kernredaktion hatte vermutlich ein Schreiber aus dem Herzogtum Bayern-Ingolstadt, denn der zentrale Teil konzentriert viele regionale Nachrichten aus diesem Raum. Die Fortsetzung endet mit den Hussiten- und den Türkenkriegen. Thematisch zu diesem Zusammenhang, aber nicht in der chronologisch zwingenden Reihenfolge sind hier Lieder zur Hussitenflucht (Bl. 147^v, Z. 17-152^r) und gegen die Türken (Bl. 154^r, Z. 17-156^r) angeschlossen. Die Fortsetzung endet 1454 bzw. 1455/56.

Die Vierte Bairische Fortsetzung wird nur von der Handschrift 4 (und ihrer Kopie 4a) tradiert. Sie knüpft direkt an die Erste Bairische Fortsetzung an und reiht locker Berichte zu einzelnen Ereignissen, nicht immer in der chronologisch richtigen Reihenfolge, aneinander. In der Heidelberger Hs. 4 ist die Fortsetzung auch durch Nachrichten aus Briefen und Liedern erweitert.

Textallianzen:
Eingeschoben in den fortlaufenden Text des ‚Buchs der Welt' ist im Anschluss an die Darstellung der Hochzeit Herzog Ludwigs mit Amalia, der Tochter des sächsischen Kurfürsten Friedrich II. (1452) ein Gedicht gegen die Hussiten.[479] Es ist überschrieben mit: *Ein spruch von den pechamen* (Bl. 147^v, Z. 17-152^r). Das Gedicht ist durch eine kleinere Schrift und durch den Reim deutlich vom übrigen Text abgesetzt. Das politische Lied ist an einer Stelle eingefügt, die keinen Bezug zu den Hussiten erkennen lässt. Auf Bl. 152^v geht der Chroniktext weiter. Zum Schluss – nachdem der Text von dem türkischen Kaiser und seinen schlechten Absichten gegenüber der Christenheit gehandelt hat (Ende Bl. 154^r, Z. 16) – folgt im Anschluss an die Chronik unmittelbar (Bl. 154^r, Z. 17) das Lied gegen die Türken von Balthasar Mandelreiß

---

479 Vgl. Jörn Reichel, Der Spruchdichter Hans Rosenplüt, S. 26, S. 231f. und 253; ders., Hans Rosenplüts Reimpaarverse und Lieder, S.XII (H, kritische Ausgabe S. 192-202).

(in der 2. Fassung von 1455/56[480]) Das Lied ist gereimt und durch kleine Absätze strukturiert, die mit dem *capitulum*-Zeichen beginnen. Sie sind außerdem durch eine Leerzeile voneinander abgesetzt. Bl. 156^v und 157^{r+v} sind vakant. Es zeigt sich an der deutlichen Absetzung durch die Liedstruktur eine gewisse Vorlagentreue.

Schließlich überliefert der Codex in einem später hinzugebundenen Teil noch das Marienleben des Karthäuserbruders Philipp. Die Textallianz mit dem Marienleben ist für Weltchroniken nicht untypisch, sie kommt vor allem in den Textallianzen der Reimchroniken vor (Rudolf von Ems, Heinrich von München):

> In der Chronikkompilation Heinrichs von München wurden verschiedene Kombinationsmuster wirksam, die in der Überlieferung mittelhochdeutscher Universalchroniken bereits erfolgreich erprobt waren. Aus der Rudolf-Überlieferung ist die Kombination mit Philipps ‚Marienleben' bekannt, das gewissermaßen die fehlende Neue Ee ersetzte [...][481]

Syntaxrelevante Merkmale (Interpunktion):
Als Gesamtsatzkennzeichnung lässt sich durchgehend eine Virgel mit nachfolgender Majuskel feststellen. Die Schöpfungsgeschichte fehlt durch Verlust.

Lexikalische Merkmale
1) Schlüsselwörter: „Gattungs"bezeichnungen:
Die Heidelberger Handschrift verwendet, *chronik* für chronologisch strukturierte Geschichtsdarstellungen mit universalhistorischem Hintergrund. Sie verwendet *buch* ganz allgemein für handschriftliche Werke, auch als Selbstbezeichnung. Mit volkssprachlich *zal* werden chronologisch aufgebaute Geschichtsdarstellungen bezeichnet.

2) lexikographische Schlüsselwörter (die Wochentagsbezeichnungen):
Der Teil mit der Schöpfungsgeschichte fehlt.

Semantische Merkmale
1) Inhaltliche Ordnungsprinzipien:
Der Gesamtaufbau des Codex ist durch eine Kombination von datenbezogener, personenbezogener und genealogischer Darstellungsweise gekennzeichnet. Der personenbezogen-chronologische Aspekt überwiegt. Er ist erweitert um einen regionalen Sachbezug.

---

[480] Vgl. Rochus von Liliencron, Die historischen Volkslieder der Deutschen, S. 463-465.
[481] Dorothea Klein, Einführung, S. 17.

2) Die sechs Deutungsmuster:
a) Einordnung der Weltgeschichte in die Heilsgeschichte: Die Reimvorrede fehlt diesem Textexemplar der Rezension A_1 konzeptionell, die Schöpfungsgeschichte und die biblische Geschichte bis zu Alexander gingen verloren. D.h. eine heilsgeschichtliche Einbettung war intendiert, spielte aber doch eher eine untergeordnete Rolle. Durch die Buchbindersynthese mit dem Marienleben jedoch erfährt die Heilsgeschichte eine deutliche Verstärkung.
b) Berufung auf die (mündliche und schriftliche) Tradition: Der zweiteilige Codex überliefert gleich zu Beginn ein bairisches ‚Buch der Welt' der Rezension A_1. Es steht in der reichshistorisch orientierten, nicht zu ausführlichen Erzähltradition dieser Rezensionsgruppe. Es tradiert verschiedene Bairische Fortsetzungen: An die Erste Bairische Fortsetzung, die 1314 endet (Bl. 93v, Z. 5-106r, Z. 11), schließt die Vierte Bairische Fortsetzung an (Bl. 106^r, Z.12-154^r, Z. 16). Die weiteren Nachrichten sind von verschiedenen Schreibern nicht immer in der chronologisch richtigen Reihenfolge bis 1455 hinzugefügt. Die Kernredaktion hatte vermutlich ein Schreiber aus dem Herzogtum Bayern-Ingolstadt, denn der zentrale Teil konzentriert viele regionale Nachrichten aus diesem Raum.[482] Die Fortsetzung endet mit den Hussiten- und den Türkenkriegen. Thematisch zu diesem Zusammenhang, aber nicht in der chronologisch zwingenden Reihenfolge sind hier Lieder zur Hussitenflucht (Bl. 147^v, Z. 17-152^r) und gegen die Türken (Bl. 154^r, Z. 17-156^r) angeschlossen. Die Fortsetzung endet 1454 bzw. 1455/56. Wie weit und ob die regionalen Nachrichten und die Liedüberlieferung aus mündlicher Überlieferung stammen, lässt sich nicht belegen.
c) wahre Geschichtsschreibung: Eine ausdrückliche Berufung auf die Darlegung der Wahrheit fehlt. Insgesamt ist die Chronik, wenig ausgeschmückt und – wie die meisten Codices der Rezension A_1 – der *brevitas* verpflichtet.
d) Autorisierung der eigenen Aussagen: Der Hinweis auf Eike von Repgow fehlt ebenso wie eine Schreibernennung in Teil A. Teil B wurde von Katzberger geschrieben, der sich im Kolophon nennt, aber historisch nicht zweifelsfrei zu identifizieren ist.
e) und f) offene Geschichtsschreibung und auf Abgeschlossenheit, Endzeit zielendes Geschichtsdenken: Der erste Teil ist eine durch Gegen-

---

[482] Vgl. auch Jürgen Wolf, Sächsische Weltchronik, S. 139, der von zwei Schreibern aus dem Ingolsädter Raum ausgeht.

wartsbezüge erweiterte reichshistorisch orientierte oberdeutsche Weltchronik. Die Buchbindersynthese mit dem Marienleben Bruder Philipps gibt dem gegenwartsbezogenen, sich stark für die Regionalgeschichte interessierenden Codex eine geistlich-moralische Komponente. Das ‚Marienleben' war in vielen Kompilationen neben historiographischen Zusammenhängen auch die Grundlage für die neutestamentarische Darstellung (so vielfach in Historienbibeln).[483] Durch die Buchbindersynthese wird hier der weltlichen Memoria wieder stärker christliche Memoria zur Seite gestellt, die inhaltliche Ausrichtung ähnelt so der Textkomposition von Historienbibeln.

III.3.11 Handschrift 10a (Bremen, Staats- und UB, msb 0044-03, ehemals Ms.b.44^c) – A_1

Externe Merkmale (Ebene b)
(erschlossener) Entstehungszeitraum, Entstehungsort, Schreiber/Kompilator:
Auch der Codex, der Hs. 10a überliefert, bricht innerhalb der Thüringischen Fortsetzung unvollständig 1322 ab. Herkommer datiert ihn ins 15. Jahrhundert, Jürgen Wolf engt auf den Anfang bzw. die erste Hälfte des 15. Jahrhunderts ein.[484] Einträge in der Handschrift verweisen ebenso auf Mühlhausen wie auf Erfurt als Entstehungsort: Auf Blatt 133^r findet sich eine Randbemerkung zum Ort Mühlhausen: *daz die (vorsten) Molhuß volden gewinnen, dis sint CC° vnde XXI* (1471) Der Eintrag ergänzt eine Nachricht zu Mühlhausen über den erfolgreichen Widerstand der Mühlhauser Bevölkerung gegen die Fürsten im Jahre 1250.[485] Die Randbemerkung unten auf Bl. 161^v verweist auf Erfurt: *In deme LXXII* (1472) *daruff dontag nach viti do zobranthe tzu Erffurte die kermerbrucke biß an daß burkthor wertzē hundert hoffe.* Man könnte diese Einträge allerdings auch lediglich als einen Beleg für die allgemeine regionale Zuordnung in den Thüringer Raum verstehen. Jürgen Wolf nimmt aufgrund des Schriftcharakters in den unterschiedlichen Lagen des Codex an, dass er von zwei verschiedenen Schreibern gleichzeitig geschrieben worden sei.[486]

---

483 Vgl. dazu Norbert H. Ott, Kompilation, S. 120f.; auch die Hs. 111 – eine mitteldeutsche Historienbibel – kombiniert das Marienleben des Karthäuserbruders Philipp mit dem ‚Buch der Welt'.
484 Hubert Herkommer, Sächsische Weltchronik, S. 75; Jürgen Wolf, Sächsische Weltchronik, S. 64.
485 Vgl. Ludwig Weiland, Sächsische Weltchronik, S. 295,14-19.
486 Jürgen Wolf, Sächsische Weltchronik, S. 63, Anm. 160.

Kombinationszeitraum, Kombinationsort:
Über den genauen Kombinationszeitraum ist nichts bekannt. Kombinations- und Entstehungszeit lassen sich nicht sicher rekonstruieren: Jürgen Wolf denkt an eine gleichzeitige Entstehung beider Teile (vgl. dazu auch 1b und 6), man kann hier – wegen der Beteiligung verschiedener Schreiber – auch an eine längere Entstehungszeit denken. Der erste Schreiber hatte vermutlich die Absicht, eine eigene, relativ frei mit den Vorlagen umgehende Kompilation zu schaffen. Seine Fortsetzer dagegen hielten sich vor allem an den Text des ‚Buchs der Welt' und den der Thüringer Fortsetzung, die sonst noch in Handschrift 10 überliefert ist. Möglicherweise sind die fehlenden Lagen zu Anfang des Codex auf bewusstes Redigieren durch den fortsetzenden Schreiber zurückzuführen, der die Absicht gehabt haben mag, eine möglichst stimmige Weltchronik herzustellen.

Fortsetzungszeitraum, Fortsetzungsort, Fortsetzer:
Der Codex wird nach der Kompilation aus dem ‚Buch der Welt' und einer Vulgata-Fassung bis zu Alexander dem Großen (SW 78,12) in völliger Anlehnung an das ‚Buch der Welt' weitergeführt bis zum Jahre 1225 (SW 75,5-246,5). Danach wird die Chronik mit der Thüringischen Fortsetzung von 1227 bis 1322 fortgesetzt. Die Rekonstruktion der Kommunikationszeiten ist nicht durch eindeutige Fakten zu sichern (s.o.).

Benutzungszeitraum, Benutzungsort, Benutzer:
Die Handschrift weist verschiedene Randbemerkungen aus dem 15. bis 18. Jahrhundert auf. Bei den Benutzern ist vor allem an die Besitzer zu denken.

Besitzzeitraum, Aufbewahrungsort, Besitzer, Auftraggeber:
Der erste nachweisbare Besitzer ist im 16. Jahrhundert Heinrich Petreus (1546-1615). Er war Hof- und Konsistorialrat in Diensten des Herzogs Heinrich Julius von Braunschweig. Vielleicht kam er durch seine Frau Magdalene Ilbeck an den Codex. Sie war die Witwe des Polyhistors Flacius Illyricus (1520-75). Laut Eintrag auf Bl. 1ʳ schenkte er Anfang des 17. Jahrhunderts den Codex Melchior Goldast von Heiminsfeld (1578-1635): *Nobili et strenuo Melchiori ab Haiminßfeldt, cognomento Goldast dedit Henr. Petreus* Während des 30jährigen Krieges lagerte Goldast seine wertvolle Sammlung von Drucken und Handschriften nach Bremen aus. 1646 legte der Rat der Stadt Bremen mit dem Erwerb der

Goldastschen Sammlung den Grundstein für die 1660 eröffnete öffentliche Bibliothek der freien Reichstadt Bremen.[487]

Kommunikationsmaterial und -form:
Der Codex stammt aus dem Anfang des 15. Jahrhunderts. Die einspaltige Papierhandschrift besteht aus 163 Blättern. Die Blattgröße beträgt 21 x 15 cm, der Schriftspiegel 15,8 x 10 mit 24-35 Zeilen. Die Lagenanordnung und die Zählung der Blätter ist durcheinandergeraten: Blatt 78 gibt es doppelt, es wird aber nur einmal gezählt. Es fehlen die Lagen 1-3.

> Lage 1-5 (SW-Vulgata-Kompilation) → nach ursprünglicher Lagenzählung Lage 3-7, Lage 6-Ende (SW-Abschrift) → nach ursprünglicher Lagenzählung Lage 3ff. Beiden Teilen fehlen anscheinend jeweils zwei komplette Lagen zu Beginn. Da der Schriftcharakter differiert, scheinen sie – wohl gleichzeitig (Wz. gemischt in beiden Teilen!) – von zwei verschiedenen Schreibern angefertigt worden zu sein.[488]

Der Pappeinband hat weiße Lederecken und die neuzeitliche Rückenbezeichnung: *Chronicon Thuringiae*, die auf Bl. 1^r wiederholt wurde. Der Codex enthält das ‚Buch der Welt' mit der Thüringischen Fortsetzung.

Schreibsprache:
Mehrere unbekannte Schreiber arbeiteten an der in mitteldeutschem Schreibdialekt verfassten Chronik.

Interne Merkmale
Initiator(en):
Bei der Handschrift 10a ist der Anfang verlorengegangen, sie beginnt im Satz mit der Minuskel d: *da Adam nuwen hundirt jar alt wart* [...] (Bl. 1^r; SW 68,23).

Terminator(en): Wie der Anfang, so ist auch das Ende verloren.

Weitere Makrostrukturen:
Der Codex bildet ein Textexemplar mit durchgängiger Strukturierung, die durch zwei- bis dreizeilige Initialen (manchmal auch in Verbindung mit einer Majuskel; die Initiale ist nicht immer ausgeführt) gekennzeichnet ist. In einigen Fällen (z.B. Bl. 54^r, Z. 28) beginnt diese Hierarchieebene auch mit einer einzeiligen rot durchgestrichenen Initiale, am Rand kann ein *capitulum*-Zeichen auf den Gliederungseinschnitt (*Noch gotis gebort hundirt vnd eyn vnd achzig jar* [...]) verweisen. Zu Beginn des Chroniktextes sind die Sinneinschnitte auch noch durch eine oder zwei Leerzeilen

---

[487] Vgl. ebd., S. 281f.
[488] Ebd., S. 63, Anm. 160.

vor der Initiale zusätzlich gekennzeichnet (Bl. 27^r, Z. 13). Die Sinneinschnitte folgen der Chronologie der Regierungszeiten von weltlichen und geistlichen Herrschern und beginnen mit temporalen Adverbialen.

Auch hier kann die Thüringische Fortsetzung nicht als Begleitüberlieferung gerechnet werden, da sie innerhalb der Handschriften makrostrukturell nicht von der Überlieferung des so genannten ‚gemeinen' Textes abgesetzt ist: Die Thüringische Fortsetzung beginnt auf Bl. 128^r, Z. 19ff., ohne dass sich die hierarchischen Strukturierungen ändern. Sie beginnt mit einer (nicht ausgeführten) zweizeiligen N-Initiale in Kombination mit einer *o-Majuskel (NOch gotis gebort tusent jar vnd zwen hundirt jar in deme seben vnd zwenzcigisten jare da wart eyn gemeyne merfart gegen dem heiligen lande* [...])

Textbestand:
Bei der Handschrift 10a umfasst der einspaltige Codex – wie bei 10 – nur das ‚Buch der Welt' mit der Thüringischen Fortsetzung von 1227 bis 1350 (bzw.1353) an. Die Handschrift 10a endet 1322.

Zu Anfang überliefert der Codex – anders als die Handschrift 10 – eine Kompilation aus dem ‚Buch der Welt' (SW 68,24-78,12) und der Vulgata (Bl. 1^r-33^v). Der Schreiber hat ein ‚Buch der Welt' als Gerüst verwendet, den Text sehr stark verändert und die Vulgatapassagen chronologisch eingefügt. Ein deutlicher inhaltlicher Bruch lässt sich zum Folgenden feststellen, hier ist der Textzusammenhang des ‚Buchs der Welt' in der für die Rezension A$_1$ typischen Form überliefert. Im Übergang des mit der Vulgata kombinierten ‚Buchs der Welt' zur ‚reinen' A$_1$-Fassung fehlen allerdings drei Blätter oder sogar drei komplette Lagen, was die Interpretation erschwert: Zu Anfang des Codex fehlen wahrscheinlich zwei komplette Lagen und zu Beginn der Überlieferung des ‚Buchs der Welt' (Bl. 34^r) fehlen vermutlich drei komplette Lagen, in jedem Fall aber drei Blätter, auch am Ende ist die Handschrift unvollständig. Der Textzusammenhang beginnt mit SW 75,5, also in der Jüdischen Geschichte, mitten im Satz. Der kompilierte Anfang endet – ebenfalls mitten im Satz – kurz vor Beginn der römischen Geschichte (SW 78, 12). Einige Nachrichten über die Jüdische Geschichte sind also im Übergang (der auch gleichzeitig ein Schreiberwechsel ist) von der erneut kompilierten zur ursprünglicheren Fassung doppelt übermittelt. Die A$_1$-Fassung ist wie in der Handschrift 10 bis zum Jahre 1225 geführt (SW 246,5), enthält aber mehr Nachrichten dieses Jahres als die übrigen Repräsentanten des Textzusammenhanges A$_1$ (Bl. 34^r-138^r, Z. 19). Es folgt die Thüringische Fortsetzung.

Texterweiterung/Textkürzung:
Der Codex überliefert ein gegenüber dem Textvorkommen in der Rezension A_1 zu Beginn erweitertes ‚Buch der Welt': zunächst eine Kompilation aus SW 68,24-78,12 und der Vulgata (Bl. 1^r-33^v) und dann ab Bl. 34^r im Wesentlichen das Textvorkommen der meisten Handschriften der Rezension A_1, allerdings in der etwas längeren Version der Handschrift 10. Direkt angeschlossen ist die Thüringische Fortsetzung (SW 291,39) auf Bl. 128^r, Z. 20-163^v, die von 1227 bis 1322 überliefert ist und dann unvollständig abbricht.

Textallianzen: Von Textallianzen lässt sich hier nicht sprechen.

Syntaxrelevante Merkmale (Interpunktion):
Die Gesamtsätze sind durch Majuskelgebrauch markiert.

Lexikalische Merkmale
1) Schlüsselwörter: „Gattungs"bezeichnungen:
Im thüringischen Codex 10a sind *buch*, *chronik* und *czal* vergleichbar mit dem Vorkommen in der ebenfalls thüringischen Handschrift 10.

2) lexikographische Schlüsselwörter (die Wochentagsbezeichnungen):
Die entsprechenden Passagen der Schöpfungsgeschichte sind nicht überliefert.

Semantische Merkmale
1) Inhaltliche Ordnungsprinzipien:
Das chronologische Erzählelement wird durch temporale Adverbiale verstärkt: Es variieren hier vor allem *Nach gots gebort* [...] und *In deme ... jare* mit zu meist folgendem unbestimmterem Adverbial *do* – in temporaler oder lokaler Bedeutung – (z.B. Bl. 161^r, Z. 12: *In deme czenden jare do czach kong heinrich in das lant czu italien vnd gewan do manche stat* [...]). Einige Male tritt auch *Do* in Spitzenstellung auf (z.B. Bl. 60^r, Z. 17). Zu Beginn der Chronik, d.h. vor der Gründung Roms und vor Christi Geburt werden die Ereignisse unbestimmter eingeleitet. Die Absätze beginnen dann auch: *In den gezeyten do waz eyn kong* [...] (Bl. 27^r, Z. 13). Die personenbezogene Sichtweise überwiegt. Genealogische und annalistische Fakten sind im Text erwähnt, aber nicht besonders hervorgehoben.

2) Die sechs Deutungsmuster:
a) Einordnung der Weltgeschichte in die Heilsgeschichte: Durch die Verluste am Anfang der Handschrift lässt sich das Verhältnis Heilsgeschichte/Profangeschichte nicht befriedigend erkennen und deuten. Die franziskanische Mahnrede ist überliefert. Es liegt hier wohl eine

regional ausgerichtete Reichschronik vor, die allerdings am Anfang durch die starken Interpolationen aus der Vulgata eine Tendenz zur Historienbibel zeigt.
b) Berufung auf die (mündliche und schriftliche) Tradition: Hier ist der Codex mit dem Wolfenbütteler Codex (Handschrift 10) vergleichbar. Der Bremer Codex enthält allerdings keine vergleichbaren regionalen Nachrichten.
c) wahre Geschichtsschreibung: Besondere Überzeugungsstrategien lassen sich nicht erkennen.
d) Autorisierung der eigenen Aussagen: Der Schreiber ist unbekannt.
e) und f) offene Geschichtsschreibung und auf Abgeschlossenheit, Endzeit zielendes Geschichtsdenken: Die Chronik zeigt sich offen für Interpolationen aus der Bibel und für chroniktypische, regionalisierte Fortsetzungen bis in die Gegenwart des Schreibers.

III.3.12 Handschrift 18 (Dresden, Sächsische LB, Ms. J 54^d) – C$_3$

Externe Merkmale (Ebene b)
(erschlossener) Entstehungszeitraum, Entstehungsort, Schreiber/Kompilator:
Die Handschrift ist undatiert und stammt aus dem 2. Viertel des 15. Jahrhunderts. Der Schreiber der Handschrift nennt sich im Kolophon (Bl. 207^r):

> *Nes han io verte scriptorem noscis aperte*
> *Congnomine Bertram iam factus in den lenden lam*
> *Residens in arce nuemborg cum uxore sua walporg*
> *Habet filium mertin der trincket liber milch denn wyn.*

Die Angabe des Entstehungsdatums erschien dem Schreiber Johannes Bertram nicht so wichtig, dagegen aber gibt er den Entstehungsort – Naumburg – an und beschreibt ausführlich seinen Familienstand, nennt die Namen von Frau und Sohn, kennzeichnet sich selbst als lendenlahm und seinen Sohn als so klein, dass er noch Milch trinke.

Ein Naumburger namens Johannes Bertram erscheint in Naumburger Archivalien zweimal: 1452 wurde einem Johannes Bertram das Naumburger Bürgerrecht (Naumburg Stadtarchiv, Ms. 9: Album Civium Naumburgensium Bl. 33^v) verliehen und im Gerichtsabgabenbuch von 1418-1456 ist er als Besitzer eines Hauses in der Mühlgasse (Bl. 102^r) verzeichnet.[489] 1463 ist eine Johannes Bertram aus Naumburg an der Erfurter Universität immatrikuliert. Die Wasserzeichen des Papiers, das Jo-

---
489 Siehe Jürgen Wolf, Sächsische Weltchronik, S. 172.

hannes Bertram verwendet hat, stammen aus den Jahren 1425-1431. Daraus schließt Jürgen Wolf auf eine Entstehungszeit in den Jahren 1430/35. Wenn alle drei Hinweise auf Johannes Bertram aus Naumburg dieselbe Person bezeichnen und wenn er das Papier für den Codex unmittelbar nach der Herstellung verwendet hat, dann hätte der Schreiber im Alter von zwanzig Jahren den Codex geschrieben, das Bürgerrecht mit 35 oder 40 Jahren erlangt und mit 50 Jahren in Erfurt studiert.[490]

Kombinationszeitraum, Kombinationsort:
Entstehungszeit und Kombinationszeit waren bei der Abfassung des ‚Buchs der Welt' und der Textallianzen deckungsgleich.

Fortsetzungszeitraum, Fortsetzungsort und Fortsetzer:
Fortsetzungszeit und Entstehungs- bzw. Kompilationszeit sind nur teilweise deckungsgleich, denn das Verzeichnis der römischen Kaiser und Könige wurde von einem späteren Schreiber bis zum Ende des 15. Jahrhunderts (Friedrich III.) fortgesetzt.

Benutzungszeitraum, Benutzungsort, Benutzer:
Die Handschrift enthielt Randbemerkungen von verschiedenen Händen. Die Benutzerspuren sind nur noch zum kleineren Teil zu identifizieren. Erschwerend kommt hinzu: Die Handschrift war mit vielen Randbemerkungen versehen, die infolge von Wasserschäden fast alle ausgewaschen und unleserlich geworden sind. Sie sind z.T. nur durch die Aufzeichnungen im Katalog der Handschriften der Königlichen Öffentlichen Bibliothek Dresden aus dem Jahr 1833 durch Franz Schnorr von Carolsfeld überliefert.[491] Einige der Randbemerkungen stammen vom Schreiber Johannes Bertram, andere von dem Dresdener Geheimen Rat Petrus Albinus (1543-1598). Der sächsische Hofhistoriograph – Professor (ab 1578) und spätere Rektor (ab 1586) der Universität Wittenberg – hat diese und andere Handschriften im Rahmen seiner Arbeiten an der ‚Meißnischen Land- und Berg-Chronica' aus der kurfürstlichen Sammlung in Dresden

---

490 Hubert Herkommer, Sächsische Weltchronik, S. 102f. geht von der Identität des Erfurter Studenten mit dem Schreiber des Codex aus. Gegen diese Annahme wandte sich sein Rezensent Walter Röll, Rezension Herkommer: Überlieferungsgeschichte, S. 304 allein aufgrund der Tatsache, dass Johannes Bertram sich im Kolophon als lendenlahm bezeichnet und deshalb zu alt für das Studium gewesen sei. Dagegen wendet Jürgen Wolf ein, dass Johannes Bertram ja auch noch einen sehr jungen Sohn gehabt habe. Auch der Hinweis auf Conrad von Tanna, der erst 20 Jahre nach dem Abfassen seines Codex (Hs. 21) in Erfurt studierte, zeigt, dass eine Immatrikulation „im hohen Alter mit 50" durchaus nicht ungewöhnlich war. Jürgen Wolf, Sächsische Weltchronik, S. 173f.
491 Franz Schnorr von Carolsfeld, Katalog der Handschriften, S. 34.

entliehen. Als Sekretär und Archivar hatte Petrus Albinus seit 1587 Zugang zum kurfürstlichen Geheimen Staatsarchiv in Dresden.[492]

Besitzzeitraum, Aufbewahrungsort, Besitzer, Auftraggeber:
Die Herkunft der Handschrift ist unbekannt. Der erste Besitzhinweis ist durch Petrus Albinus gesichert. In der zweiten Hälfte des 16. Jahrhunderts befand sich der Codex im Geheimen Staatsarchiv in Dresden. Der frühe Bestand des Dresdener Archivs stammt vor allem – besonders die mittelalterlichen Handschriften – aus sächsischen Klosterbibliotheken, deren Buchbestand im Zusammenhang der Säkularisation in Leipzig und in Dresden konzentriert wurde.

> Unter Kurfürst Moritz (†1553) und seinen Nachfolgern wurde die Dresdener Sammlung für die Landesgeschichtsschreibung konsequent ausgebaut. Nicht zu entscheiden ist, ob Hs. 18 mit den ersten Zugängen aus Säkularisationsgut in das Geheime Staatsarchiv gelangte oder später angeschafft wurde. Die Provenienzen der Chroniken des Geheimen Archivs sind bisher nur lückenhaft, im Fall der Hs. 18 gar nicht erschlossen.[493]

1832 kamen die Handschriften des königlichen Geheimen Staatsarchivs Dresden im Tausch gegen Originalurkunden in die königliche öffentliche Bibliothek Dresden.

Kommunikationsmaterial und -form:
Die einspaltig beschriebene Papierhandschrift aus dem 15. Jahrhundert umfasst 209 Blätter mit je 28-31 Zeilen. Die Foliierung ist z.T. nicht mehr lesbar, da die Handschrift durch einen Wasserschaden stark beschädigt ist. Die Blattgröße umfasst 31 x 18-22 cm und der Schriftspiegel 20,5 x 13 cm. Der Codex ist in einen modernen Pappeinband gebunden.

Schreibsprache:
Der Dialekt der höchstwahrscheinlich in Naumburg entstandenen Handschrift ist mitteldeutsch auf der Grundlage einer niederdeutschen Vorlage.[494]

Interne Merkmale
Initiator(en):
Die Handschrift 18 beginnt mit dem Verzeichnis der römischen Kaiser und Könige von Augustus bis Karl IV. (Bl. 1^r-2^r) mit Interpolationen aus Martin von Troppau.
Der Codex setzt mit einem sechsteiligen Initiatorenbündel ein:

---

492 Siehe auch Jürgen Wolf, Sächsische Weltchronik, S. 102, S. 242, 300.
493 Ebd., S. 300.
494 Thomas Klein, Handschriftenüberlieferung mittelhochdeutscher Epik, S. 129.

1. Die rote Überschrift: *Incipit registrum von den koningen unde keiser von Rome stifftunge.*
2. Das Register der Kaiser und Könige: Es beginnt mit einer dreizeiligen roten Initiale
3. Nach drei Leerseiten folgt
4. von Bl. 4^r-24^v das Verzeichnis der Päpste bis zu Martin V. Es beginnt ohne Überschrift mit einer roten dreizeiligen Initiale: *Wer wollen hie schrieben von den babisten di czu rome sin gewest.* Während der Königs- und Kaiserkatalog schlicht ein Register ist, liegt mit dem Papstkatalog eine knappe, annalistische Papstchronik vor.
5. An den Papstkatalog schließt sich auf einer neuen Recto-Seite das ‚Buch der Welt' mit der Reimvorrede an. Sie fungiert insgesamt als Initiator. Marginal ist eine Überschrift von späterer Hand nachgetragen: *Idem Chronicon cum eo quod in membranis scriptum est Idiomate prorsus Saxonico: Sed hoc in fine multis est Historijs auctum.*
6. Die Schöpfungsgeschichte beginnt mit einer dreizeiligen I-Initiale mit folgender Majuskel.

Terminator(en):
Der Codex ist explizit terminiert durch ein Bündel von Begrenzungsmerkmalen:
1. durch den Schreiberspruch (Bl. 207^r):

   Nes han jo verte scriptorem noscis aperte
   Cognomine Bertram iam factus in den lenden lam
   Residens in arce nuemborg cum vxore sua walporg
   Habet filium mertin der trincket liber milch denn wyn.

2. Als Terminator im inhaltlichen Sinne fungiert auch die Auflistung der ‚Fünfzehn Zeichen des Jüngsten Gerichts'. Sie beginnt auf einer neuen Verso-Seite (207^v).
3. Der Codex schließt auf Bl. 208^r mit der Nennung der römischen Stationskirchen.

Makrostrukturen:
Die hierarchischen Strukturierungsmerkmale variieren in den unterschiedlichen Stoffkreisen:

Das Verzeichnis der römischen Kaiser und Könige beginnt mit einer Überschrift. Die Königs- und Kaisernamen sind ohne erzählende Zusätze untereinandergeschrieben. Die Namen beginnen mit rot durchgestrichenen Majuskeln. Der Katalog hat Registerfunktion.

Der Katalog der Päpste bis zu Martin V. (gest. 1493): Die Mitteilungen zu den Päpsten beginnen mit dem Papstnamen, der jeweils mit einer zweizeiligen roten Initiale beginnt. Darauf folgt nach drei Leerseiten von Bl. 4^r-24^v der Katalog der Päpste bis zu Martin V. Er fängt ohne Überschrift mit einer roten dreizeiligen Initiale (*Wer wollen hie schrieben von den babisten di czu rome sin gewest*) an. Das stark aus Martin von Troppau erweiterte Verzeichnis der Päpste hatte wohl ursprünglich ebenso wie das Verzeichnis der Kaiser und Könige Registerfunktion, die römischen Registerzahlen, die als Gliederungselemente eingesetzt sind, stimmen allerdings nicht mit den Positionen der Papstnennungen im Codex überein. Sie sind aus der Vorlage übernommen worden und der Bearbeiter hat sich nicht die Mühe gemacht, sie anzupassen.

Die Reimvorrede (Bl. 25ra) ist nach dem Versschema strukturiert. Die Reimvorrede ist nicht untergliedert. Die Verse sind untereinander geschrieben und beginnen jeweils mit einer rot durchgestrichenen Majuskel.

Die Schöpfungsgeschichte beginnt die einzelnen Schöpfungstage mit einer rot durchgestrichenen Majuskel.

Die Genealogie ab Adam setzt mit einer roten zweizeiligen W-Initiale ein. Ihre Binnenstrukturierung geschieht durch rot durchgestrichene Majuskeln, die die Namen und die Gesamtsätze markieren.

Die nächste zweizeilige rote Initiale gibt den Beginn der römischen Geschichte an (Bl. 32^v). Ab da verstärkt sich der Initialgebrauch, Herrscher- und Papstnamen sind zu Beginn zusammenhängender Nachrichten mit zweizeiligen roten Initialen markiert (z.B. Romulus Bl. 33^v). Der Textzusammenhang führt bis 1260. Der Chroniktext wird aber mit der so genannten ‚Sächsischen Fortsetzung' ohne makrostrukturelle Einschnitte bis 1275 geführt und darüber hinaus noch durch einen Zusatz über die Päpste Gregor X. und Nikolaus IV. (gest. 1292) weitergeschrieben (Bl. 197^r, Z. 9).

Auf Bl. 197^r, Z. 12-205^r folgt nach zwei Leerzeilen die Schilderung ‚Über die Herkunft der Sachsen'. Nach Ende dieser Schilderung, deren Terminator inhaltlicher Art ist, indem ein Verweis auf Vorhergehendes (Ereignisschilderung im Chronikteil) vorgenommen und damit gleichzeitig die Zusammenbindung der Textzusammenhänge betont wird, folgt erneut die Fortsetzung der Chronik bis zu Karl IV. mit den gleichen Makrostrukturen wie der Chroniktext zur jüngeren Geschichte.

Nach der Schreibernennung im Kolophon folgen die weiteren oben beschriebenen Terminatoren.

Textbestand:
Der Textzusammenhang des ‚Buchs der Welt' im engeren Sinne beginnt mit der Reimvorrede und endet mit dem Tod Rudolfs von Magdeburg 1260 (SW 258,24).

Texterweiterung/Textkürzung:
Der Text des ‚Buchs der Welt' ist erweitert durch Interpolationen aus der Chronik Martins von Troppau. Die Erweiterungen sind von den Makrostrukturen und den hierarchischen Merkmalen her gesehen nicht erkennbar.[495] Ohne makrostrukturelle Einschnitte folgt auf Bl. 193^v, Z. 22-197^r, Z. 9 die ‚Sächsische Fortsetzung' (hier mit einem Zusatz über die Päpste von Gregor X. bis Nikolaus IV.), die ebenfalls in den Handschriften 18, 19, 21, 22, 23, 231 tradiert wird und von Ludwig Weiland (SW 284,1-287,16) nach der Handschrift 18 ediert ist.

Textallianzen:
Die Textallianzen sind in großen Partien typisch für die Rezension C: Die Kataloge/Register der Kaiser, Könige und der Päpste. Diese Teiltexte werden auch in den anderen Handschriften der C-Redaktion überliefert. Die Anordnung und die makrostrukturelle Hervorhebung ist hier wie auch in Handschrift 19 jedoch signifikant anders: Der Codex beginnt im Unterschied zu den Handschriften der Rezensionen C_1 und C_2 nach einer Überschrift: *Incipit registrum von den koningen unde keiser von Rome stifftunge* mit dem als Register angelegten Katalog der römischen Könige und Kaiser bis zu Karl IV. (†1378) – später erweitert bis Friedrich III. (†1493) (Bl. 1^r-2^r).

Auch die Erzählung ‚Über die Herkunft der Sachsen' (Bl. 197^r, Z. 26-205^r, Z. 25) ist typisch für die C-Gruppen. Sie steht aber bemerkenswerter Weise ausschließlich in der Gothaer Bilderhandschrift (24) an herausgehobener Stelle zu Beginn des Codex.

Wie die Handschriften der C_2-Gruppe: 20, 21, 22 und Handschrift 23 (C_1) überliefern auch die Handschriften der C_3-Gruppe die ‚Fünfzehn Zeichen'.

Abweichend von allen anderen Handschriften enden die Codices 18 und 19 mit dem Textzusammenhang: ‚Stationes ecclesiarum urbis Romae' (der zweiten Redaktion[496]) (Bl. 208^r). Der Codex schließt auf Bl. 208^r mit der Nennung der römischen Stationskirchen. „Die ‚Stationes

---

[495] Vgl. Michael Menzel, Sächsische Weltchronik, S. 39-45, der die Interpolationen verzeichnet.
[496] Vgl. zu den Typen der Stationes-Überlieferung: Nine Robintje Miedema, Mirabilia Romae, S. 470.

ecclesiarum urbis Romae' sind ein kalendarisches Verzeichnis, in dem für jeden Tag des Jahres nachgeschlagen werden konnte, welche römische Kirche die ‚Stationskirche' war; in dieser Kirche wurde an den angegebenen Tagen die Hauptmesse gehalten."[497] Dieser Textzusammenhang ist im 8. Jahrhundert entstanden und liegt bereits früh in selbständiger Überlieferung vor. Der Überlieferungsschwerpunkt dieses Textexemplares liegt jedoch im 14. und 15. Jahrhundert.

Die in den Handschriften 18 und 19 überlieferte Version entspricht der Redaktion II und ist nicht nach den Monaten des Kalenderjahres, sondern nach dem Kirchenjahr gegliedert. Der Textzusammenhang der römischen Stationskirchen entstammt einem im Mittelalter weitverbreiteten Basistext: den *Mirabilia Romae*. Nine Robijntje Miedema führt die Rombeschreibung auf die Version Martins von Troppau zurück: „Die Rombeschreibung in der ‚Sächsischen Weltchronik' entspricht somit ohne Einschränkung den Mirabilia-Angaben bei Martin von Troppau; eine zusätzliche ‚redaktionelle Mischform' scheint nicht benutzt worden zu sein."[498] Diese Einschätzung lässt sich auch dadurch bestätigen, dass nur die mit Martin von Troppau interpolierten Textzusammenhänge der Handschriften 14, 18-19 und 20-22 Rombeschreibungen aus den *Mirabilia* enthalten. Die Textallianz mit den *Mirabilia* hat innerhalb der Weltchronistik eine feste Tradition. Neben der lateinischen Chronik des Martin von Troppau (1271) sind es aber schon früher die deutschen Reimchroniken, wie die Kaiserchronik (ca. 1180) und die Chronik des Jans Enikel (1230/40-1290), die aus den *Mirabilia* schöpfen.[499]

Syntaxrelevante Merkmale:
a) Interpunktion:
Gesamtsätze beginnen innerhalb der Strukturierungsebenen mit rot durchgestrichenen Majuskeln.

b) syntaxrelevante Merkmale in der Reimvorrede:
Die Reimvorrede ist ein Teil des Gesamtinitiators und folgt an dritter Stelle im Codex. Das Initiatorenbündel, mit dem der Codex beginnt, besteht aus einer Überschrift, einer roten dreizeiligen W-Initiale, mit der der Papstkatalog anfängt. Die Handschrift 18 untergliedert die Reimvorrede nicht. Die Verse sind untereinandergeschrieben und beginnen jeweils mit einer rot durchgestrichenen Majuskel. Diese Zurückhaltung in

---

497 Ebd., S. 15. Vgl. auch: Volker Honemann, Artikel ‚Mirabila Romae', Sp. 602-606.
498 Nine Robintje Miedema, Mirabilia Romae, S. 470; anders dagegen Michael Menzel, Sächsische Weltchronik, S. 80, der von einer zweifachen Mirabilienrezeption ausgeht.
499 Vgl. auch Nine Robintje Miedema, Die ‚Mirabilia Romae', S. 468ff.

Bezug auf die Strukturierung korrespondiert mit der deutlich zurückgenommenen Position der Reimvorrede innerhalb des Codex. Sie steht erst im Anschluss an den Katalog der Päpste. Während die gestraffte Zweigliedrigkeit der Reimvorrede in den Handschriften 24, 21 und 231 deren Bedeutung unterstreicht, führt der Verzicht auf eine Gliederung eher zu einer Zurücknahme der Bedeutung der gereimten Vorrede. Der Verzicht auf die Absatzgliederung unterstreicht die franziskanische Ausrichtung der Reimvorrede nicht und der Beginn mit dem Verzeichnis der römischen Kaiser und Könige sowie dem Papstkatalog betont die Akzentuierung: Papst-Kaiser-Chronik.

Der Schreiber verändert auch die Satzkonstruktion, wenn sie ihm nicht einsichtig erscheint: In der ältesten Handschrift 24 heißt es:

Nv ulizent vch an einen site. Dar men die bosen danken mite mach vertriben sere. (Hs. 24, Bl. 9^v, Z. 25f.)

‚Nun (jetzt sofort) flieht auf die Seite, auf der man die bösen Gedanken meiden (Konj.: meide) und heftig vertreiben kann (zu vertreiben vermag).'

Die meisten anderen Textexemplare tradieren diese Satzkonstruktion: Der mit dem temporalen adverbialen Beiwort eingeleitete Aufforderungssatz bindet noch zwei lokal angeschlossene Teilsätze im Konjunktiv. Die beiden Teilsätze sind asyndetisch nebeneinandergestellt. Diese heute nicht mehr gebräuchliche Konstruktion hat schon im 2. Viertel des 15. Jahrhunderts einen Schreiber (vielleicht Johannes Bertram aus Naumburg[500]) veranlasst, die syntaktischen Bezüge, selbst auf Kosten des Reims zu verändern, Hs. 18, Bl. 25va:

Nv fliesset uch an eyne seite da man die bosen gedangken mag vortriben sere

Die Reimvorrede der Handschrift kombiniert Sätze mit temporalen Angaben mit Aufforderungs- und Aussagesätzen. Zeitlich ist sie auf die Gegenwart, die Zukunft, die Dauer und die unbestimmte Folge der Zeit ausgerichtet.[501]

c) syntaxrelevante Merkmale in der Schöpfungsgeschichte:
Die Schöpfungsgeschichte besteht aus fünfzehn Gesamtsätzen ohne Absatzstukturierung. Sie zeigt gegenüber den älteren Handschriften eine Tendenz zu kürzeren Gesamtsätzen. Die termporale Ausrichtung er-

---

500 Die sehr ähnliche Handschrift 19 bleibt an dieser Stelle bei der ursprünglichen Version: *Nu fliesset uch an eyne sete da man de bosen danken mete mag vortriben sere* (sie gibt allerdings in dieser Zeile die sonst übliche Untereinanderschreibung auf und schreibt den gesamten Satz in eine Zeile, Bl. 117^v).
501 Vgl. dazu auch die Ausführungen in Kapitel II.2.1. Handschrift 17 (Syntaxrelevante Merkmale), S. 250.

folgt vor allem durch temporale Angaben in Spitzenstellung eines Gesamtsatzes.

d) syntaxrelevante Merkmale in den übrigen Stoffkreisen:
Der Gesamtsatz *Wy nu die werlt van adame bis her gestanden habe ...* leitet mit einer zweizeiligen Initiale das neue Kapitel zur Genealogie des Alten Testaments ein und beschließt nicht wie in andren Textexemplaren die Schöpfungsgeschichte. In der gesamten Chronik werden vor allem darstellende, erzählende Verben und die Vergangenheitsformen des Hilfsverbs *sein* verwendet. Zur Kennzeichnung der genealogischen Beziehungen dient vor allem die Wiederholung des Verbs *gewan* ‚bekam'. Insgesamt zeigt sich so an den Verben ein Wechsel von chronologischem, narrativem und genealogischem Prinzip.

Lexikalische Merkmale
1) Schlüsselwörter: „Gattungs"bezeichnungen:
Im Codex kommt das Wort *buch* in der Reimvorrede vor und steht damit im Zusammenhang der Überlieferung der ins 13. Jahrhundert zu datierenden Entstehung des ‚Buchs der Welt', es wird insgesamt im Sinne dieses Entstehungszusammenhanges verwendet:

1. bezogen auf das ‚Buch der Welt': in der Reimvorrede *Ich han mich dez wol bedacht iz buch wirt nymmer vollbracht [...]* (Bl. 25rb); *Wy nu die werlt van adame bis her gestanden habe daz vernemet an deme buche als hirnach geschrebin stet.* Wie auch in den Handschriften 19, 21, 22, 23 und 231 steht *buch* im letzten Satz der Herkunftssage der Sachsen *vindet man hivor in dießem buche* und bezeichnet die gesamte Chronik, dieser Verweis fehlt in der Gothaer Bilderhandschrift, die stattdessen nur sagt: *Dieser herren urloge und ere dat vindet men gescreven* (Bl. 8^r).
2. tritt die Bezeichnung als auf andere Texte bezogen auf: */adam erdachte zum ersten buchstaben vnde machte buchere die doch von alder vortilgt worden* (Bl. 27^v).

Das Wort Chronik wird als Verweis auf andere datenbezogene Geschichtsdarstellungen verwendet. Bl. 32^v: *Wer nũ furbaß wissen will der lese die croniken . lucanum ader den guten orosenium.*

Da die Handschrift 18 den Stoff deutlich gestraffter und verkürzt organisiert, kann sie auch auf die Hinweise zur Rückkehr in den chronikalischen Erzählfluss verzichten. Es ist z.B. die gesamte Erzählung vom Schatz Etzels, etlichen Kriegen und Bautätigkeiten Karls des Großen ausgelassen worden. Der Kompilator konnte hier wie in der Handschrift

19 deshalb auch getrost auf den Satz *Nu kome we wider to de croneken* verzichten.[502] Er verzichtete auch auf die Verweise auf die Kaiserchronik, z.B. fehlt SW 93,18f.: *Dese is buten der keisere tale.* Durch die engere Verzahnung von personen- und datenbezogener Chronologie fällt häufig das Wort *Chronik* als Selbstbezeichnung für die Chronologie bzw. als Bezeichnung für die Rückkehr zur chronologischen Darstellungsweise aus.

Die Bezeichnung *buch* ist wie in der Handschrift 21 auch in dieser Handschrift häufiger vertreten als in der Gothaer Bilderhandschrift. Die Bezeichnung *cronek/chronik* nimmt wie *zal* Bezug auf die chronologische Darstellungsweise von Geschichte innerhalb des ‚Buchs der Welt' bzw. in anderen Geschichtswerken. Wenn *cronek* bzw. *zal* auftritt, sind diese Bezeichnungen aus der Vorlage übernommen. Durch die Straffung des Erzählstoffes fallen sie häufig weg.

Einen Hinweis auf ein Gattungsbewusstsein des Kompilators gibt unter Umständen die Angabe auf Bl. 34^v: *Wer disses dinges mer haben wolle der lege vor sich gesta romanorum unde lese dy da vindet her nach mancherley ynne* .

2) lexikographische Schlüsselwörter (die Wochentagsbezeichnungen):
Wochentagsbezeichnungen treten in der Schöpfungsgeschichte und in den Textstellen zu den römischen Tagesgöttern auf.

Sonntag: Die synkopierte, ungerundete Form *suntag(e)* (Bl. 26^r, SchG; Bl. 34^r KChr) ist die Bezeichnung für den ersten Wochentag in der Handschrift 18.

Montag: In der Schöpfungsgeschichte wie in der aus der Kaiserchronik übernommen Textstelle bezeichnet ungerundetes synkopiertes *mantag* den zweiten Wochentag (Bl. 26^r, SchG; Bl. 34^r KChr).

Dienstag: Abweichend von den übrigen niederdeutschen und mitteldeutschen Handschriften, die die Darstellung der römischen Tagesgötter aus der Kaiserchronik übernommen haben, verwendet die Handschrift 18 hier nicht *nach dem mantage*, sondern wie in der Schöpfungsgeschichte das md./nd./hd.-kanzleisprachliche Wort *dinstag(e)* (Bl. 26^r, SchG; Bl. 34^r KChr).

Mittwoch: Für den vierten Wochentag findet sich *mittewochin* in der Schöpfungsgeschichte (Bl. 26^r) und in der Textstelle zu den Tagesgöttern (Bl. 34^r)

---

502 Die Hss. 18 und 19 lassen die Passage SW 148,1 *In deme selven lande* [...] bis 148,13 [...] *croneken* aus.

Donnerstag: An beiden Stellen verwendet Johannes Bertram *dornstag* (Bl. 26ʳ); *dornstage* (Bl. 34ʳ)

Freitag: Sowohl in der Schöpfungsgeschichte als auch in der Kaiserchronik-Passage begegnet die Form mit Monophthong: *fritag* (Bl. 26ᵛ); *fritage* (Bl. 34ᵛ).

Samstag/Sonnabend: Anders als die thüringische Handschrift 10 (*samestag*) hat die im Erfurter Raum entstandene Handschrift 18 sowohl in der Schöpfungsgeschichte als auch in der Kaiserchronik-Passage das vorwiegend im Niederdeutschen gebräuchliche *Sunnabind/sunnabinde* (Bl. 26ᵛ, SchG; Bl. 34ᵛ KChr).

Semantische Merkmale
1) Inhaltliche Ordnungsprinzipien:
Der Gesamtaufbau des Codex ist durch eine Kombination von datenbezogener, personenbezogener und genealogischer Darstellungsweise gekennzeichnet. Die genealogischen Elemente sind in der Erzählung von der Geschlechterfolge und von der Herkunft der Sachsen vorhanden. Sie treten aber strukturell in den Hintergrund. Chronologische Elemente sind beherrschender. In der Darstellung wechselt die personenbezogene Chronologie mit der Annalistik ab, z.B. geht auf Bl. 32ʳ die erzählende Darstellung über die jüdischen Könige unvermittelt in eine annalistische Aufzählung über, zu erwähnen sind in diesem Zusammenhang auch die Kaiser- und Papstkataloge.[503]

Das annalistische Prinzip ist durchgängig bewahrt; die beiden Zeitmesssysteme: seit der Gründung Roms und seit der Geburt Christi sind nur in den Handschriften 18 und 19 bis in die Gegenwart der Chronisten hindurch weitergeführt. Auch in den adverbialen Bestimmungen der Zeit, die häufig in Spitzenstellung der verschiedenen Strukturierungsebenen verwendet werden, zeigt sich gegenüber einem personenbezogenen chronologischen Prinzip die Betonung einer strengeren Annalistik: Wie die Handschrift 19 behält 18 neben der Jahreszählung seit Christi Geburt auch die Zeitrechnung seit der Gründung Roms bis zum Ende bei. Die anderen Handschriften hören damit in der Regel viel früher auf (z.B. die A- und B-Handschriften schon 254 nach Christus, SW 110,13).

Die beiden Textexemplare Hs. 18 und 19 strukturieren die Regierungszeiten der römischen Kaiser durch Hierarchieeinheiten, die in der Handschrift 18 mit einer zweizeiligen Initiale beginnen. Die Initialen sind immer die Anfangsbuchstaben der Kaisernamen und betonen wie-

---

[503] Vgl. dazu Handschrift 19 und auch Ludwig Weiland, Sächsische Weltchronik, S. 75.

derum das Personenprinzip. Innerhalb dieser Hierarchieeinheiten werden weitere Sinneinschnitte durch *capitulum*-Zeichen oder durch meist einzeilige Initialen gekennzeichnet (eine Ausnahme macht das I am Rande, das meistens mehrere Zeilen umfasst).

Handschrift 18 erwähnt den Regierungsantritt Karls als König der Franken innerhalb der Regierungszeit des römischen Kaisers Constantin ohne besondere Hervorhebung. Erst mit der Kaiserkrönung durch den Papst Leo in Rom 801 bekommt auch Karl der Große seine eigene Hierarchieebene, die mit einer zweizeiligen roten K-Initiale eingeleitet wird.

Dieses personenbezogene und annalistische Gliederungsprinzip, das ganz konsequent nach den römischen Kaisern strukturiert und zur Orientierung durchgängig die Zeitberechnung seit der Gründung Roms und seit der Geburt Christi mitführt, lässt auch noch Raum für weitere Zeitmesssysteme wie z.B. die Dauer der Regierungszeit. Es wirkt im Vergleich mit dem Gebrauch in den anderen Handschriften stringenter; der ausufernde Exkurs zu Karl dem Großen fällt als Ereignisgeschichte unter die Regierungszeit dreier römischer Kaiser (Constantinus, Leo, Constantinus), letzte Ereignisse schließlich in seinen eigenen Regierungszeitraum. Die Chronisten der Handschriften 18 wie auch 19 (bzw. der Chronist ihrer Vorlage) strafften auch den ausführlichen Text an manchen Stellen, z.B. ließen sie die Erzählung vom Schatz Etzels und von einigen Kriegen und Bautätigkeiten Karls aus. Diese Ergebnisse sind auch ein Beleg dafür, dass man

a) man nicht von vorneherein, ungeprüft die lateinische Weltchronistik für den strafferen, annalistischen Umgang mit dem Stoff ansehen kann: selbst der „Annalist" Frutolf behandelt z.B. die Ereignisse in der Zeit Karls des Großen erheblich ausführlicher als alle volkssprachlichen Textexemplare des ‚Buchs der Welt';
b) auch die pauschale Angabe, die C-Handschriften seien ausufernder und weniger annalistisch organisiert als die übrigen Textexemplare, in dieser Pauschalierung ein ‚Vor'-Urteil ist. So straffen sie ebenso wie die A- und B-Handschriften den Erzählfluss Frutolfs über die germanischen Stämme. Gemäß ihrem sächsisch-welfischen Interesse verzichten sie nicht auf die Herkunftssage der Sachsen. Sie isolieren sie aber und erzählen sie nicht innerhalb des engeren Chronikzusammenhanges.

2) Die sechs Deutungsmuster:
a) Einordnung der Weltgeschichte in die Heilsgeschichte: Die heilsgeschichtliche Einbindung geschieht auf unterschiedliche Weise: Einmal

durch die Reimvorrede, dann durch die Schöpfungsgeschichte als der Anfang aller Weltgeschichte und durch die franziskanische Mahnrede und schließlich durch die ‚Fünfzehn Zeichen des Jüngsten Gerichts'.
b) Berufung auf die (mündliche und schriftliche) Tradition: Die Handschrift enthält wie alle Textexemplare der C-Gruppe Legendenstoff, Fabeln, Geschichtserzählungen. Es handelt sich bei der Weltchroniktradition auch hier um Stoffkreise, die im Mittelalter verbreitet waren, wenn sie auch in der hier überlieferten Form nicht immer schriftlich nachweisbar sind. Die typische Textorganisation der C-Gruppen zeigt sich aber nur dem Grunde nach. Die formale hierarchische und inhaltliche Strukturierung der Handschrift 18 (wie auch 19, siehe auch dort) zeigt eine erneute ordnende Durchdringung des mindestens seit dem 11. Jahrhundert überlieferten Chronikstoffes.
c) wahre Geschichtsschreibung: Der Wahrheitstopos in der Reimvorrede und verschiedene Argumentationsstrategien (Mahnrede, wörtliche Urkundenüberlieferung, Hervorhebung der Herkunft der Sachsen, Voranstellung des Kaiser- und Königsregisters sowie des Papstkatalogs) dienen der Betonung einer regional auf Sachsen und überregional auf die Reichshistorie ausgerichteten Weltsicht – obschon die ursprüngliche Vorlage auf die Dynastie der sächsischen Welfen ausgerichtet war. Hinweise auf die (thüringische) Entstehungsregion der Handschrift 18 sind nicht nachzuweisen. Die Papstgeschichte erfährt durch den narrativen Katalog eine deutliche Hervorhebung auch gegenüber der Reichsgeschichte. Auffällig ist, dass die Handschrift 18 wie auch 19, die beide möglicherweise auf ein und dieselbe Vorlage zurückgehen, beide stark straffend und kürzend in den ausführlicheren C-Text eingreifen und dass sie auf eine Reimbindung der Kaiserchronik-Passagen als einzige Repräsentaten der C-Gruppen völlig verzichten.
d) Autorisierung der eigenen Aussagen: Der Codex überliefert die Reimvorrede mit dem Hinweis auf Eike von Repgow, sie beruht auf der lateinischen wie auf der volkssprachlichen Chroniktradition und der Schreiber (Johannes Bertram aus Naumburg) nennt sich im Kollophon.
e) und f) offene Geschichtsschreibung und auf Abgeschlossenheit, Endzeit zielendes Geschichtsdenken: In der Handschrift 18 fehlen gegenüber den Handschriften der C_1- und C_2-Redaktion: die Zeittafel des 1. Jahrhunderts nach Christi Geburt und die Zeittafel bis zum Jahre 1240, die Genealogie der Welfen und der Grafen von Flandern. Die Schwerpunktsetzung ist z.B. gegenüber der Gothaer Bilderhandschrift deutlich verändert. Der Codex beginnt bei Augustus (nicht wie Hand-

schrift 24 bei Romulus) mit einem als Register angelegten Königsbzw. Kaiserkatalog, der bis zum Ende des 15. Jahrhunderts ergänzt worden ist. Die schon in der Gothaer Bilderhandschrift deutlich zusammenfassende, der Orientierung dienende Funktion der Kaiser- und Papstkataloge ist hier noch verstärkt worden durch die zusätzliche Registerfunktion des Kaiser- und Königskataloges. Gegenüber der Handschrift 24 wird somit durch die exponierte Stellung des Katalogs zu Beginn des Codex und durch die zusätzliche Registerfunktion für den Gesamtcodex eine Schwerpunktsetzung auf der Reichsgeschichte, der Geschichte der römischen Könige und Kaiser bis in die Gegenwart sichtbar. Bei dieser Betonung der Reichshistorie nimmt es nicht Wunder, dass auf die welfische Ausrichtung völlig verzichtet wurde, indem der Chronist die beiden Genealogien gestrichen hat. Die Erzählung über die ‚Herkunft der Sachsen' wurde beibehalten. Ohne die Textallianz mit den Genealogien hat sie allerdings ihren Bezug zum sächsisch-welfischen Herscherhaus verloren. Der Codex gerät so zu einer ausführlichen heilsgeschichtlich ausgerichteten Kaiser- und Papstchronik, die durch verschiedene Textzusammenhänge bereichert ist, die den Bildungshorizont der Leser erweitern: z.B. durch die Ursprungssage der Sachsen und durch die gegenüber den Beschreibungen innerhalb des fortlaufenden Chronikzusammenhanges noch einmal erweiterten Rombeschreibungen der *Stationes ecclesiarum urbis Romae*. Der eschatologische Text der ‚Fünfzehn Zeichen' weist auf die Zukunft über das irdische Menschenleben hinaus. Die verschiedenen Textzusammenhänge haben hier – ganz anders als in der Handschrift 24 – also zunehmend den Charakter von unterschiedlichen, die eigentliche Chronik begleitenden, wenn auch thematisch sehr eng mit ihr verbundenen Textvorkommen angenommen.

III.3.13 Handschrift 19 (Hannover, Niedersächsische LB, Ms. XI, 674) – C₃

Externe Merkmale (Ebene b)
(erschlossener) Entstehungszeitraum, Entstehungsort, Schreiber/Kompilator:
Die Schreiber beider Teile der nachträglich zusammengebundenen, ursprünglich selbständigen Codices sind unbekannt. Der Teil mit der Engelhus-Chronik entstand vermutlich im Jahr 1423 (Angabe Bl. 93ra: *Anno domini 1423*). Der ‚Buch der Welt'-Teil ist undatiert, stammt aber wohl ebenfalls aus dem 2. Viertel des 15. Jahrhunderts. Die Entstehungsorte sind nicht bekannt. Jürgen Wolf vermutet den Erfurter Raum

als Entstehungsgebiet des ‚Buchs der Welt'.[504] Der Engelhus-Teil verweist mit seinen Randbemerkungen und Zusätzen auf Nordhausen.

Kombinationszeitraum, Kombinationsort:
Entstehungszeit und Kompilationszeit sind nur teilweise deckungsgleich: Die Zusammenbindung der deutschen und der lateinischen Chroniken erfolgte später und war bei deren Entstehung wohl noch nicht intendiert.

Fortsetzungszeitraum, Fortsetzungsort und Fortsetzer:
Fortsetzungszeit und Entstehungs- bzw. Kompilationszeit sind nur teilweise deckungsgleich.

Benutzungszeitraum, Benutzungsort, Benutzer:
Beide Codexteile enthalten Randbemerkungen. In Teil A wurden im 15. und 16. Jahrhundert Zusätze zu Nordhausen gemacht. Auch Teil B weist Randbemerkungen auf. Sie beziehen sich auf den Text und stammen von zwei verschiedenen Schreibern. Benutzer und Besitzer war im 17. Jahrhundert der Historiker Joachim Johannes Mader, der den Codex (mit der Bezeichnung ‚Codex Finckianus') für seine Engelhus-Ausgabe als Hauptvorlage benutzte.[505] Auch Leibnitz benutze den ‚Codex Finckianus', der damals zum Bestand der Königlichen Bibliothek Hannover gehörte, für seine Engelhus-Chronik-Ausgabe im Jahr 1710. Der Codex war unter den Büchern, die bei Leibnitz Tod (†1716) in dessen Wohnung gefunden worden sind.

Besitzzeitraum, Aufbewahrungsort, Besitzer, Auftraggeber:
Die Herkunft der beiden Codexteile lässt sich erst seit dem 17. Jahrhundert rekonstruieren. In jener Zeit befand sich der bereits zusammengebundene Codex im Besitz Joachim Johannes Maders (1626-1680), der Professor für Geschichte an der Universität Helmstedt, Subprior des Klosters St. Laurentius und Rektor des Gymnasiums zu Schöningen war. Der Codex kam 1684 für 50 Taler aus dem Nachlass Maders in die Königliche Bibliothek Hannover.

Kommunikationsmaterial und -form:
Auch dieser Codex stammt aus dem zweiten Viertel des 15. Jahrhunderts und besteht aus Papierblättern. Teil A umfasst 96 Blätter und Teil B ist ähnlich umfangreich wie die Hs. 18: 214 Blätter. Die Blattgröße ist unwesentlich kleiner: 29 x 20 cm, der Schriftspiegel des ‚Buch der Welt'-

---

504 Jürgen Wolf, Sächsische Weltchronik, S. 104.
505 Chronicon M. Theoderici Engelhusii.

Teils weicht kaum von dem der Handschrift 18 ab: 19,5 x 12,5 cm bei einem Zeilenumfang von 27-28 Zeilen. Größer dagegen ist der Schriftspiegel der lateinischen Engelhus-Chronik: 22,8 x 15 cm bei einem Zeilenumfang von 37-40 pro Blatt. Die Engelhus-Chronik ist zweispaltig geschrieben und das ‚Buch der Welt' einspaltig. Der Einband stammt aus dem 18. Jahrhundert: Pappe mit einem Pergamentüberzug. Auf dem vorderen Spiegel finden sich die Signaturen ‚XI 674' und mit Bleistift ‚X, 121'. Vorne auf dem Deckel ist die Leibnitz-Signatur eingetragen. Beide Teile sind separat paginiert: die Paginierung von Teil A stammt aus dem 17. Jahrhundert, von Teil B aus dem 17.-19. Jahrhundert; der Gesamtcodex hat eine moderne Bleistiftfoliierung.[506]

Schreibsprache:
Teil A ist in lateinischer Sprache und Teil B in ostmitteldeutscher Sprache mit deutlichen niederdt. Einflüssen abgefasst.

Interne Merkmale
Initiator(en):
Der ursprünglich selbständige Teil B des Codex beginnt das ‚Buch der Welt' mit einem mehrgliedrigen Initiatorbündel:

1. dreieinhalb vakante Blätter,
2. eine dreizeilige N-Initiale (Bl. 117^r),
3. die Reimvorrede, die insgesamt als Initiator fungiert (Bl. 117^r-118^r, Z. 23),
4. die sechszeilige I-Initiale (sie geht darüber hinaus am Rande noch über weitere elf Zeilen) mit folgender N-Majuskel als Beginn der Schöpfungsgeschichte.

Terminator(en):
Einen expliziten Terminator des Gesamtcodex gibt es nicht.

Text-Bild-Relationen:
Die Vorlage der Handschrift war möglicherweise illustriert, denn es findet sich hier – abweichend von Handschrift 18 – die Bemerkung: *Sequitur iam Ymago Julii seu pictura.*

Weitere Makrostrukturen:
Der Codex, der die Handschrift 19 enthält, überliefert im zweiten Teil die gleichen Texte wie die Handschrift 18. Er ist eine Buchbindersynthese. Der Teil A wurde erst später mit B zusammengebunden. In der jetzigen Form beginnt der Codex in Teil A mit der lateinischen Chronik des

---

506 Vgl. auch Jürgen Wolf, Sächsische Weltchronik, S. 103.

Dietrich Engelhus: *Speculum seu imago mundi alias Chronica M. Theod. Engelhusi* (Bl. 1ra-92ra). Die Chronik ist durch rote Überschriften und durch zweizeilige rote, grüne und schwarze Initialen in Sinneinheiten strukturiert.

Nach sieben vakanten Blättern beginnt der ursprünglich selbständige Codex (Teil B), der das ‚Buch der Welt' mit typisch ‚sächsischer Begleitüberlieferung' enthält, mit einer fünfzeiligen geschmückten W-Initiale (*Wir wollen hie schrieben von bebisten die czu rome sin gewest ire iar vnde ire tage vnde von wennen sie sind gewest* [...]). Das Verzeichnis der Päpste bis zu Martin V. mit Interpolationen aus Martin von Troppau und einem Zusatz zu Eugenius von einem anderen Schreiber aus dem 15. Jahrhundert geht von Bl. 96^r-114^v.

Es folgt wie in Handschrift 18 von Bl. 117^r-297^r das ‚Buch der Welt' mit der Reimvorrede (bis Bl. 297^r, Z. 17). Eine makrostrukturelle Zäsur lässt sich auf Bl. 124^v feststellen, hier endet die vorrömische Geschichte und es beginnt die römische Geschichte damit, dass der Satz *Dat romische war an sinem aneginne* [...] durch ein vorangestelltes *capitulum*-Zeichen und eine rote Unterstreichung hervorgehoben und dem Text übergeschrieben wird.

Ohne makrostrukturelle Einschnitte mit einer rot durchgestrichenen Majuskel (*In den gecziten sarb herzog otte*[...]) folgt auf Bl. 297^r, Z. 17-300^r die Sächsische Fortsetzung (hier mit einem Zusatz über die Päpste von Gregor X. bis Nikolaus IV.).

Die weitere Überlieferung gleicht ebenfalls derjenigen der Handschrift 18. Auf Bl. 300^v-308^r folgt die Erzählung ‚Über die Herkunft der Sachsen'. Sie beginnt auf einer Verso-Seite in der Zeile 1 mit einer dreizeiligen Initiale (*Wye wollen nu schryben von den sachsen wie sie her czu lande komen syn* [...]) Die Erzählung endet auf Bl. 308^v. Sie ist terminiert durch einen inhaltlichen Verweis auf die vorhergehende Chronik und durch mehrere Tilden und eine römische Ziffer. Die Fortsetzung der Chronik bis zu Karl IV. (Bl. 308^v-310^r, Z. 5) beginnt auf Bl. 308^v wieder mit einer dreizeiligen Initiale (*Adolphus ein graue* [...]) Daran schließt sich die Auflistung der ‚Fünfzehn Zeichen des Jüngsten Gerichts' in der folgenden Zeile erneut mit einer dreizeiligen Initiale an (Bl. 310^r, Z. 6: *Sanctus jeronimus* [...]). Der Textzusammenhang ist durch einen Schlussstrich terminiert (Bl. 308^r, Z. 27). Der Codex schließt auf Bl. 310^v mit der lateinischen Nennung der römischen Stationskirchen, die auf der Recto-Seite in der Zeile 28 mit einer einzeiligen rubrizierten Initiale beginnt.

Die hierarchischen Strukturierungsmerkmale zeigen die Gliederung in unterschiedliche Ebenen. Es lassen sich verschiedene Strukturierungsmerkmale in den unterschiedlichen Stoffkreisen feststellen:

1. Der Papstkatalog am Beginn der Überlieferung weist eigene formale hierarchische Strukturierungen auf: Die Mitteilungen zu jedem Papst beginnen mit einer drei- bis sechszeiligen Initiale (die zumeist den Namen des Papstes einleitet). Der Papstkatalog hat Registerfunktion. Am Rand stehen wie in der Handschrift 18 römische Registerzahlen, die wohl aus der Vorlage stammen, da sie in beiden Handschriften nicht mit den Angaben des Papstkataloges übereinstimmen. Gegenüber der Handschrift 18 fällt das Fehlen des Registers der Könige und Kaiser auf.
2. Die Reimvorrede ist nicht weiter unterteilt. Die Reime sind – wie in der Handschrift 18 – untereinander geschrieben und jeder Reim fängt mit einer rot durchgestrichenen Majuskel an.
3. Die Schöpfungsgeschichte ist in die einzelnen Schöpfungstage unterteilt. Jeder Tag beginnt mit einem *capitulum*-Zeichen und nachfolgender, rot durchgestrichener Majuskel.
4. Die biblische Geschichte seit Adam setzt mit einer dreizeiligen W-Initiale ein. Weitere Strukturierungen wurden durch die Verwendung einzeiliger, rot durchgestrichener Initialen und in einigen Fällen auch durch rote dreizeilige Initialen vorgenommen (z.B. Bl. 120^r: *Noe*, 121^v: *Josue*, 122^r: *Loth* = durch eine dreizeilige Initiale, Bl. 122^r: *Joar* etc.) oder durch rot herausgehobene Zwischenüberschriften (z.B. Bl. 121^r, Z. 9f.: *Van der werlt begynne wenne an abrahame waren tusent [...] iar* – Vorher ist gegenüber SW 71, 3-4 Text ausgelassen). Es handelt sich hier um chronologische Sinneinheiten, die nach der Abfolge der Stammväter, Richter und Könige gegliedert sind, die meisten Namen sind durch rote Majuskeln gekennzeichnet (z.B. Bl. 121^v *heber, Nemrot*, Bl. 121^r: *Abraham, Isaak*, Bl. 121^v: *Moyses*, Bl. 122^r: *Ebeson, Abdon*, Bl. 122^v *Salomon*, 123^r *Joram* etc.). Auf Bl. 123^v verändert sich die Darstellung der jüdischen Könige. An Stelle der Erzählung von den Königen Josyas findet sich in den Handschriften 18 und 19 eine annalistische Königsfolge. In Hs. 19 von Bl. 123^v-124^r:

Joachim was konig xi iar~
Ezechias was vii iar konig
Nabuchodonosor was konig iii iar etc.[507]

5. Der vierte Stoffkreis, der durch formale hierarchische Merkmale in eigener Weise gekennzeichnet ist, ist die Geschichte des römischen Reiches bis in die Gegenwart des Schreibers (die Fortsetzungen eingeschlossen). Die Geschichte des römischen Reiches beginnt mit einer vierzeiligen S-Initiale und hebt den ‚gemeinen Text' wie eine Überschrift hervor: *Sint wir von der herschafft obir mer czu ende gesait haben so wollen sir nu sagen wie sich das romische rich erhaben hat*. Der folgende Textzusammenhang fängt mit einem *capitulum*-Zeichen und einer Majuskel an. Herrschernamen beginnen mit rot durchgestrichenen Majuskeln (Bl. 124^v). Der Textzusammenhang wird auch durch drei- bis siebenzeilige Initialen (I am Rand auch länger z.B. Bl. 133^r = 11 Zeilen) strukturiert (z.B. 125^v: *Romulus*, 126^r: *Nymek, pompylius*, 126^v: *Tullius hostilius*, 127^r: *Ancus marcus, Priscus tarquinius*, 130^v: *IN den selbigen geczüten* = Initiale + rot durchgestrichene Majuskel etc.). Die verschiedenen Hierarchieebenen und auch die Gesamtsätze beginnen häufig mit temporalen Adverbialen: *In den gecziten, Do, Nu* und seit der Gründung Roms auch mit der Nennung der seitdem vergangenen Zeit. Nur die Handschriften 18 und 19 behalten diese Zeitrechnung bis zum Ende – neben der Zeitrechnung[508] von Christi Geburt – bei.
6. Die Erzählung von der ‚Herkunft der Sachsen' weist die gleichen hierarchischen Strukturierungen auf wie die Chronik (5.). Inhaltlich wird mit dem letzten Satz auf die Chronik zurückverwiesen: Bl. 308^r: */disser selber otten orlege vindet man hiuor In disseme buche beschrebin* ~~~~ (Es folgt eine römische Zahlenangabe: xivij).
7. Die ‚Fünfzehn Zeichen' und die lateinischen Stationes haben keine weitere Binnenstrukturierung nach Absätzen oder Kapiteln.

Textbestand:
Der Chronikzusammenhang des ‚Buchs der Welt' weist zahlreiche Interpolationen aus der Chronik Martins von Troppau auf. Er beginnt mit der Reimvorrede und endet mit dem Tod Rudolfs von Magdeburg 1260 (SW 258,24).

---

507 Vgl. dazu Ludwig Weiland, Sächsische Weltchronik, S. 75, Anm. (+.
508 Vgl. zu den verschiedenen Zeitrechenarten: Gertrud Bodmann, Jahreszahlen und Weltalter.

Texterweiterung/Textkürzung:
Wie Handschrift 18 schließt auch in 19 das ‚Buch der Welt' mit dem Jahr 1260 (Bl. 287^r, Z. 17-300^r) und wird dann bis zum Jahr 1275 fortgesetzt, auch in diesem Codex ist es durch Zusätze zu den Päpsten Gregor X. bis Nikolaus IV. († 1292) erweitert worden. Diese Fortsetzung ist wiederum weitergeführt worden und endet wie Hs. 18 und wie die Kataloge der römischen Kaiser und Könige in den Handschriften 21, 22 der Rezension C$_2$ mit Karl IV. (1378) Ende des 14. Jahrhunderts (Bl. 308^v-310^r, Z. 5). In Handschrift 19 fehlt der Katalog der Kaiser und Könige. Ein Zusatz berichtet über die Päpste von Gregor X. bis Nikolaus IV. († 1292). Der Papstkatalog am Anfang des Teils B ist durch eine andere Hand des 15. Jahrhunderts um den Papst Eugenius IV. († 1447) erweitert worden (Bl. 97^r-115^v). Die lateinische Engelhus-Chronik im ersten Teil (A) des Codex ist durch regionale Einträge, die Nordhausen betreffen, aus dem 15. und 16. Jahrhundert fortgesetzt worden (Bl. 93rb).

Textallianzen:
Der Codex besteht aus zwei Teilen, die durch den Buchbinder zusammenfügt worden sind. Mit dieser Synthese sind zwei unterschiedliche Chroniken, die sich deutlich in Einrichtung, Schrift und Sprache unterscheiden, verbunden worden: Teil A enthält die lateinische Chronik des Theodor Engelhus *Speculum seu imago mundi* (Bl.1ra-93ra) und eine regionale Fortsetzung (Bl. 93rb). Teil B überliefert ein sächsisches ‚Buch der Welt' mit sächsischen Textallianzen. Codex 19 beginnt – und dies ist der einzige Unterschied in der Textorganisation zwischen den Handschriften 18 und 19 – jedoch nicht mit dem Katalog der römischen Könige und Kaiser, sondern mit dem Papstkatalog bis zu Martin V. († 1431) (Bl. 97^r-115^v). In die chronologische Gesamtdarstellung ist die Erzählung ‚Über die Herkunft der Sachsen' (300^v-308^r) eingeschoben, im Anschluss an die Chronik folgen die ‚Fünfzehn Zeichen' (Bl. 310^r, Z. 6-27). Abweichend von allen anderen Handschriften enden die Codices 18 und 19 mit dem Textexemplar: ‚Stationes ecclesiarum urbis Romae' (Bl. 310^r, Z. 28-310^v).

Syntaxrelevante Merkmale:
a) Interpunktion:
Gesamtsätze beginnen innerhalb der Strukturierungsebene mit rot durchgestrichenen oder einfachen Majuskeln oder mit Virgeln in Kombination mit Majuskeln.

b) syntaxrelevante Merkmale in der Reimvorrede:
Die Reimvorrede ist wie in der Handschrift 18 nicht durch Absätze strukturiert. Die Reime sind untereinander geschrieben, nur in einem einzigen Fall durchbricht der Schreiber dieses Prinzip: *Nu fliesset uch an eyne sete da man de bosen danken mete mag vortriben sere* (Bl. 117ᵛ).[509] Hier schreibt er den ganzen Satz in eine Zeile.

Die Reimvorrede der Handschrift kombiniert auch hier Temporalsätze bzw. Sätze mit temporalen Angaben (10 Teilsätze) mit Aufforderungs- (9 Teilsätze) und (behauptenden) Aussagesätzen. Die zeitlichen Aspekte zeigen eine Ausrichtung auf die Gegenwart, die Zukunft und verdeutlichen die Dauer und die unbestimmte Folge der Zeit. Das Fehlen der Absätze allerdings nimmt diesen zeitlichen Dimensionen ein wenig die Dynamik.

c) syntaxrelevante Merkmale in der Schöpfungsgeschichte:
Die Handschrift 19 gehört zu denjenigen, die eher kürzere Gesamtsätze in der Schöpfungsgeschichte bevorzugen. Es lassen sich fünfzehn Gesamtsätze und acht Absätze unterscheiden. Die Absätze sind durch ein *capitulum*-Zeichen mit folgende Majuskel gekennzeichnet:

Die Handschrift 19 tradiert z.B. einen Gesamtsatz, der bis zur Erschaffung Adams führt:

[In deme sechsten tage dē wir heisen fritag / magte her aller hande vihe daz lebinde ist uff der erden / vnde machte czu leczst sines werkes adam von der erden an syme glichnisse[an der ersten stunde des tages / vnde gab yme gewalt obir vihe fische / vnde vogeln vnde saczte yn der nach in daz paradis

Er umfasst einen Absatz. Der nächste Gesamtsatz behandelt die Erschaffung Evas in der dritten stunde des sechsten Tages:[510] *[In der dritten stunde des tages machte got euam von adames rippe die wile/ her sliff /vnde gab sy yme czu wive* . Auch er beginnt mit einer Absatzkennzeichnung.

d) syntaxrelevante Merkmale in den übrigen Stoffkreisen:
Der Beginn der Genealogie lautet:

Wy nu die werlt von adams bis hir gestanden habe daz vornemet an deme buche alz hir nach geschreiben steit Adam gewan ...

Der Gesamtsatz beginnt mit einer dreizeiligen farbigen W-Initiale und leitet das neue Kapitel ein. In der Chronik werden insgesamt vor allem

---

509 Hier weicht die Handschrift 19 von 18 ab, in der der Schreiber an der Reimbindung festhält, dafür aber in die Satzkonstruktion eingreift.
510 So verfahren außer Handschrift 18 auch einige A_2- und B-Handschriften: z.B. 12, 14.

darstellende, erzählende Verben und die Vergangenheitsformen des Hilfsverbs *sein* verwendet. Zur Kennzeichnung der genealogischen Beziehungen wird das Verb *gewan* in ständiger Wiederholung genutzt. Es treten im Chronikteil verschiedentlich Passivkonstuktionen auf. Es zeigt sich so an der Verwendung der Verben ein Wechsel von chronologischem, narrativem und genealogischem Prinzip. Die temporale Ausrichtung erhält die Chronik nicht durch die Verbwahl, sondern durch die Verwendung temporaler Angaben in Spitzenstellung und zudem auch innerhalb eines Gesamtsatzes.

Lexikalische Merkmale
1) Schlüsselwörter: „Gattungs"bezeichnungen:
Im Codex kommt das Wort *buch* vor:

1. bezogen auf das ‚Buch der Welt' (z.B. in der Reimvorrede). Wie auch in den Handschriften 18, 21, 22, 23 und 231 und anders als in der Gothaer Bilderhandschrift 24 (hier fehlt die Bezeichnung ganz) verweist *buch* im letzten Satz der Herkunftssage der Sachsen auf die gesamte Chronik (*vindet man hivor in dießem buche*).
2. tritt *buch* (z.B. in der Reimvorrede u.ö.) als Benennung für andere Texte auf.

Chronik/cronek und *zal* werden wie in der Handschrift 18 aus der Vorlage übernommen, z.B. als Bezeichnung für andere chronologische Geschichtsdarstellungen (z.B. SW 79,2) oder als Selbstbezeichnung bzw. als Bezeichnung für die Rückkehr zur chronologischen Darstellungsweise. Vielfach fallen aber gerade die Rückverweise auf den chronologischen Erzählhergang der gekürzten und gestrafften Darstellungsweise der Handschrift 19 zum Opfer (z.B. der längere Exkurs zu Karl dem Großen ist gekürzt und SW 148, 12: *Nu kome we wider to der croneken* fehlt in Hs. 19).

2) lexikographische Schlüsselwörter (die Wochentagsbezeichnungen):
Handschrift 19 überliefert die Schöpfungsgeschichte und die Darstellung der römischen Tagesgötter nach der Kaiserchronik. In den Textstellen zu den Tagesgöttern werden die Wochentagsbezeichnungen jeweils noch einmal am Rande als Hinweis wiederholt (Bl. 126^{r+v}).

Sonntag: In der Schöpfungsgeschichte wie in der Kaiserchronikpassage wird die synkopierte ungerundete Form *suntag* (Bl. 118^v, Z. 12) und *Am suntage*, am Rand *am Suntage* (Bl. 126^r, Z. 25) verwendet.

Montag: Der Kompilator verwendet in der Schöpfungsgeschichte *mantag* (Bl. 118^v, Z. 13f.). In der Textstelle zu den römischen Tagesgöttern tritt die Kurzform *Am mante* auf, wohingegen am Rand wieder *am mantage* steht (Bl. 126^r, Z. 29).

Dienstag: *Dinstag(e)* wird an allen drei Belegstellen benutzt (Bl. 118^v, Z. 15; Bl. 126^v, Z. 2).

Mittwoch: Auch *mittewochin* kommt dreimal vor (Bl. 118^v, Z. 20; Bl. 126^v, Z. 4f.).

Donnerstag: Beim fünften Wochentag variiert der Kompilator: *donrstag* (Schöpfungsgeschichte, Bl. 118^v, Z. 22f.); *Am tornstage* (römische Tagesgötter, Bl. 126^v, Z. 8); *am torntage* (am Rand Bl. 126^v, Z. 8).

Freitag: In der Schöpfungsgeschichte ist die Form *fritag* überliefert (Bl. 118^v, Z. 25), in der Passage mit den Tagesgöttern tritt sowohl die Form mit f- als auch mit v-Schreibung auf: *Am fritage* Bl. 126^v, Z. 13 und am Rand *vritage*.

Samstag/Sonnabend: Einheitlich ist die Verwendung der ungerundeten Form *Sunnabind* (Bl. 119^r, Z. 4) und *Am Sunnabinde* (am Rand: *sunnabinde*, Bl. 126^v, Z. 29).

Semantische Merkmale
1) Inhaltliche Ordnungsprinzipien:
Der Gesamtaufbau des Codex ist durch eine Kombination von a) datenbezogener, b) personenbezogener und c) genealogischer Darstellungsweise gekennzeichnet. Die Weltgeschichte erfährt durch die Makrostrukturen eine Zweiteilung (d) in vorrömische und römische Geschichte.

a) Datenbezogene und b) personenbezogene Darstellung: Insgesamt sind die chronologischen Elemente beherrschender. In der Darstellung wechselt hier die personenbezogene Narration mit der datenbezogenen Annalistik ab (Papstkatalog oder die unvermittelte annalistische Aufzählung der jüdischen Könige).

c) Genealogische Darstellung: Genealogische Elemente sind nur noch latent vorhanden: z.B. in der Erzählung von der Geschlechterfolge des Alten Testaments. Sie treten insgesamt strukturell in den Hintergrund. Die Genealogien der Welfen und der Grafen von Flandern fehlen ganz.

d) Zweiteilung der Weltgeschichte in vorrömische und römische Geschichte: Makrostrukturell lässt sich eine Zäsur zu Beginn der Geschichte des römischen Reiches (des vierten Weltreiches) feststellen. Die Zäsur ist nicht an der gleichen Stelle wie in der Handschrift 21, die einen Satz vorher die Teilung mit einer Überschrift vornimmt, sie ist aber an der gleichen Stelle wie die Zäsur in der Handschrift 11.

2) Die sechs Deutungsmuster:
a) Einordnung der Weltgeschichte in die Heilsgeschichte: Die heilsgeschichtliche Einbindung ist sehr betont: durch die Reimvorrede, durch die Schöpfungsgeschichte als der Anfang aller Weltgeschichte, durch die franziskanische Mahnrede (die annalistische Übersicht über das 1. Jh. nach Christi Geburt fehlt aber in den Hss. 18 und 19) als eine spezielle Auffassung vom Heilswirken Gottes und dem daraus resultierenden Auftrag der Kirche und der Gläubigen und schließlich durch die ‚Fünfzehn Zeichen des Jüngsten Gerichts‘, die die apokalyptische Aussage der Reimvorrede verstärken. Der 15-Zeichen-Katalog stammt aus der ‚Historia Scholastica‘ des Petrus Comestor. Eine Textallianz mit dem ‚Buch der Welt‘ findet sich erst ab der Mitte des 14. Jahrhunderts und hier nur in Handschriften der C-Redaktionen (Hss. 20, 21, 18, 19, 22 und 23).
b) Berufung auf die (mündliche und schriftliche) Tradition: In der Handschrift 19 zeigt sich wie in 18 ein über den Chronikzusammenhang hinausgehendes Interesse an der Stadt Rom. Basistexte mit Rombeschreibungen werden interpolierend in den Textzusammenhang eingefügt, aber sie werden auch als makrostrukturell erkennbare Textkombination noch einmal hinzugefügt. Insgesamt gehen die interpolierenden Kompilationen 18 und 19 selbständiger mit der lateinischen Frutolf-Ekkehard-Vorlage und mit der volkssprachlichen Kaiserchronik um, als dies die anderen Textexemplare der Rezension C tun.[511] Ausgeprägte regionale Tendenzen, die über die sächsische Ausrichtung hinaus in das Entstehungsgebiet der Chronik verweisen – z.B. nach Nordhausen wie in der Engelhus-Bearbeitung oder nach Erfurt wie in der Handschrift 10 – sind nicht vorhanden.
c) wahre Geschichtsschreibung: Wie in der Handschrift 19 haben der Wahrheitstopos in der Reimvorrede und die verschiedenen Argumentationsstrategien (Mahnrede, Hervorhebung der Herkunft der Sachsen, Voranstellung des Kaiser- und Königsregisters sowie des Papstkatalogs) die Funktion, eine bestimmte Weltsicht zu begründen: regional auf Sachsen und überregional auf die Reichshistorie ausgerichtet mit einer starken Betonung der Papstgeschichte, stärker noch als in der Handschrift 18, die zeigt sich vor allem in dem völligen Verzicht auf das Register der Kaiser und Könige gegenüber der Bei-

---

511 Vgl. Thomas Klein, Handschriftenüberlieferung mittelhochdeutscher Epik, S. 115, 118, 129.

behaltung des Papstkataloges und der Hinzufügung von Nachrichten zu einzelnen Päpsten.
d) Autorisierung der eigenen Aussagen: Der Codex überliefert die Reimvorrede mit dem Hinweis auf Eike von Repgow, der Schreiber/Kompilator bleibt anonym.
e) und f) offene Geschichtsschreibung und auf Abgeschlossenheit, Endzeit zielendes Geschichtsdenken: Auch in der Handschrift 19 fehlen wie in der Handschrift 18 die Zeittafel des 1. Jahrhunderts nach Christi Geburt und die Zeittafel bis zum Jahre 1240 und, was besonders bedeutend für die neue Ausrichtung der Weltgeschichte ist: Es fehlen die Genealogien der Welfen und der Grafen von Flandern. Es handelt sich hier um eine reichshistorische Papst-/Kaiserchronik, die vor allem für den sächsischen Raum Interesse zeigt. Eine spezielle regionale Ausrichtung auf den engeren Entstehungsraum der Handschrift 19 lässt sich nicht feststellen.

III.3.14 Handschrift 22 (Kopenhagen, Det Kongelige Bibliotek, GKS 457, 2°) – C_2

Externe Merkmale (Ebene b)
(erschlossener) Entstehungszeitraum, Entstehungsort, Schreiber/Kompilator:
Die niederdeutsche, ostfälische Handschrift ist vielleicht im Braunschweiger Raum entstanden.[512] Der Schreiber ist unbekannt. Die Schrift „zeigt enge Verwandtschaft mit der des sog. ‚Braunschweiger Fehdebuchs' vom Ende des 14. Jh.s und anderer Braunschweiger Urkunden und Geschichtsbücher des 14.-15. Jahrhunderts".[513] Sie stammt, so lässt sich aufgrund des Schriftcharakters und der Wasserzeichen des Papiers vermuten, aus dem 2. Viertel bzw. der Mitte des 15. Jahrhunderts. Die ersten beiden Blätter, auf denen vermutlich die Reimvorrede gestanden hat, sind verloren.

Kombinationszeitraum, Kombinationsort:
Über die „Sächsische Begleitüberlieferung" hinaus, hat der Codex keine weiteren Textexemplare. Entstehungszeit und Kompilationszeit sind deckungsgleich.

---

512 Vgl. Thomas Klein, Handschriftenüberlieferung mittelhochdeutscher Epik, S. 130; Jürgen Wolf, Sächsische Weltchronik, S. 109, Anm. 109.
513 Jürgen Wolf, Sächsische Weltchronik, S. 110; Edward Schröder, Kaiserchronik, S. 16, Z. 2ff.; Hubert Herkommer, Sächsische Weltchronik, S. 122.

Fortsetzungszeitraum, Fortsetzungsort und Fortsetzer:
Für die Sächsische Fortsetzung und die ‚Geschichte der Päpste' ist die Fortsetzungszeit mit der Entstehungszeit identisch Der Katalog der Päpste am Ende der Handschrift ist in der zweiten Hälfte des 15. Jahrhunderts aktualisiert worden. Die Nachträge zum Braunschweig-Wolfenbütteler Herzogtum und zum Schmalkaldischen Krieg sind erst im 16. Jahrhundert hinzugefügt worden.

Benutzungszeitraum, Benutzungsort, Benutzer:
Die Handschrift enthält nur Randbemerkungen und Nachträge von einer Hand aus dem 16. Jahrhundert. Vermutlich handelt es sich hier um den Besitzer Johannes Vorttem.

Besitzzeitraum, Aufbewahrungsort, Besitzer, Auftraggeber:
Über den Auftraggeber der Handschrift ist nichts bekannt. Als erster Besitzer tritt 1542 Johannes Vorttem in Erscheinung. Federproben in der Handschrift tragen seinen Namen. Vermutlich stammte er aus dem Ort Vöhrum bei Peine, dessen Bewohner in Urkunden als de van Vordem bezeichnet wurden.[514] Über den Besitzer ist so gut wie nichts bekannt, die wenigen Anhaltspunkte lassen sich nur aus seinen Notizen zum Schmalkaldischen Krieg (1546/47) schließen.

> Johannes Vorttem hat den Schmalkaldischen Krieg anscheinend selbst miterlebt. Für wichtig erachtete Ereignisse trug er in seinen Codex ein, allerdings nur soweit sie den Raum Braunschweig-Hildesheim-Wolfenbüttel und den Wrisberger betrafen. Da der kaiserliche Hauptmann Christoph von Wrisberg (1512-1580) nur Wrisberg genannt wird, wird ihn der Verfasser der Marginalien gut gekannt haben.[515]

Ende des 16. Jahrhunderts findet sich der Codex in einer landesherrlichen Bibliothek: Die Handschrift 22 gehörte zum Grundbestand der Gottorfer Bibliothek, die Herzog Adolf I. (†1586) Ende des 16. Jahrhunderts gestiftet hat. Wie sie von Johannes Vorttem zu Herzog Adolf I. gekommen ist, lässt sich nicht mehr rekonstruieren. Vermutlich geschah die Eingliederung in die Bibliothek zwischen 1548 – dem letzten Eintrag Johannes Vorttems – und dem Tod Herzog Adolfs I. im Jahre 1586. Das Gottorfer Bücherverzeichnis von 1590 führt die Handschrift 22 unter der Nummer 44 als *ein alt geschrieben Historien Buch Eicken von Repgow* auf.[516] Mit dem Nordischen Krieg (1700-1721) wurde die Gottorfer Bibliothek aufgelöst. Am 13. März 1713 nahm der Dänenkönig Friedrich

---

514 Vgl. Urkundenbuch Stadt Braunschweig, Bd. 3, Register ‚Vöhrum'.
515 Jürgen Wolf, Sächsische Weltchronik, S. 278f.
516 Harry Schmidt, Das älteste Verzeichnis der Gottorfer Bibliothek, S. 24, Nr. 44.

IV. alle gottorfischen Landesteile in Besitz, auch die Gottorfer Bibliothek wurde dänisches Eigentum.

Am 6. Sept. 1749 kam der Befehl aus Kopenhagen, die Bibliothek endgültig zu übernehmen. In 69 Kisten verpackt wurden die meisten Handschriften und Drucke, darunter auch Hs. 22 samt dem auf dem vorderen Einbanddeckel eingeklebten Frgm. 221, in die königliche Bibliothek nach Kopenhagen überführt.[517]

Kommunikationsmaterial und -form:
Die Papierhandschrift, ein großer Codex, hat eine Blattgröße von 29,5 x 20 cm. Der Schriftspiegel umfasst 23,2 x 15,4-15,7 cm. Der Codex ist zweispaltig mit 34-42 Zeilen pro Blatt beschrieben. Er umfasst 227 + I Bll. Die Foliierung springt von Blatt 189 auf Blatt 200 und zählt Blatt 3 zweimal, so dass insgesamt 236 Blätter gezählt sind. Der lederüberzogene Holzeinband aus dem 16. Jahrhundert hat Streicheisenverzierungen und Stempel, Reste von zwei Schließen und jeweils 5 einfache Metallbuckel. Das Titelschild hat die Aufschrift: *Eken von Repgau Chronicon.* Auf dem Vorsatzblatt ist mit Frakturschrift (17./18. Jh.) als Titel eingefügt: *Chronicon Heren Ecken von Repgow, de den Sassenspegel thosamende gebrecht heft.*

Schreibsprache: Ostfälisch.

Interne Merkmale
Initiator(en):
Der Anfang des Codex ist durch Verlust unvollständig und beginnt mit dem Katalog der römischen Kaiser und Könige (Bl. 1ra-1vb, Z. 24). Es schließt sich das ‚Buch der Welt' bis Bl. 223^r, Z. 33 an (Tod Rudolfs, SW 258,24). Durch den Anfangsverlust ist vermutlich auch die Reimvorrede abhanden gekommen. Auf dem Vorsatzblatt findet sich eine Überschrift aus dem 17. oder 18. Jahrhundert: CHRONICON HEREN EECKEN VON REPGOW; DE DEN SASSENSPEGEL THOSAMENE GEBRECHT HEFT.

Terminator(en):
Der Codex hatte ursprünglich keinen Terminator. Er schloss mit dem Papstkatalog (mit Urbanus V.). Eine jüngere Hand fügte weitere Päpste bis Paul II. hinzu (Bl. 236va). Im 16. Jahrhundert wurde ein Besitzeintrag: *Johannes Vorttem* (von dem auch die Benutzerspuren und Randbemerkungen auf Bl. 70^r, 93^v, 94^r, 109^r, 111^r, 115^r und die Federproben auf

---

517 Jürgen Wolf, Sächsische Weltchronik, S. 303.

der letzten Seite stammen) unter die Einträge auf das letzte Blatt (236va) geschrieben.

Weitere Makrostrukturen:
Die hierarchischen Strukturierungsmerkmale sind insgesamt einheitlich, es lassen sich aber unterschiedliche Ausprägungen in den verschiedenen Stoffkreisen feststellen:
1. Die Schöpfungsgeschichte beginnt mit einer mehr als sechszeiligen A-Initiale, der eine N-Majuskel (*AN aller dinge beghinne schoyp god* [...]) folgt; sie ist in die einzelnen Schöpfungstage unterteilt. Jeder Tag beginnt mit einem *capitulum*-Zeichen und nachfolgender rot durchgestrichener Majuskel.
2. Die biblische Geschichte seit Adam fängt mit einer zweizeiligen A-Initiale *(Adam wan kayne vnde Abele do he drittich yar old was.)* an. Die Ereignisse zu den Stammvätern und jüdischen Königen werden durch die Verwendung zumeist zweizeiliger roter Initialen (in einigen Fällen auch durch rote einzeilige Initialen) voneinander abgesetzt. Die Gliederung erfolgt in der Reihenfolge der Stammväter und Herrscher, deren Namen jeweils mit einer roten Initiale beginnen. Innerhalb dieser Kapitel wird das Geschehen durch rot durchgestrichene Majuskeln mit oder ohne *capitulum*-Zeichen strukturiert.
3. Die Geschichte des römischen Reiches mit ihren Fortsetzungen bis in die Gegenwart des Schreibers beginnt mit einer roten lateinischen Überschrift: *Historia romanensis sequitur hic* (gefolgt von fünf Leerzeichen). Dann fährt mit einer zweizeiligen S-Initiale der Text fort: *Sint wi von der herschap ouer mere to ende komen · So schulle wi nu seggen wi sek dat romesche rike sek irhoue* . An dieser Stelle macht auch der Kompilator der Handschrift 21 eine Zäsur.
Der Chroniktext mit der Sächsischen Fortsetzung ist durch zwei- bis vierzeilige rote Initialen mit oder ohne nachfolgende rot durchgestrichene Majuskel in einzelne Kapitel gegliedert, die von den weltlichen und geistlichen Herrschern berichten. Namensrubriken in der vorhergehenden Zeile oder rote Herrschernamen am oberen Rand der Spalten treten erst ab Bl. 25ra, Z. 22 mit Tiberius (60 nach Christus) auf. Die Absätze innerhalb dieser Hierarchieebene sind durch *capitulum*-Zeichen mit folgender rot durchgestrichener Majuskel gekennzeichnet. Die Sächsische Fortsetzung schließt mit einem *capitulum*-Zeichen an den übrigen Text an (C *Darna to sente mertens dage de markgreue van Brandenburg vnde de hertoge van Brunswig* [...]).

4. Eine weitere Fortsetzung bis zu den Jahren 1342/1352 handelt vor allem von den Päpsten; sie hebt sich nicht durch andere Makrostrukturen hervor, sondern schließt mit einer in die vorherige Zeile geschriebenen Rubrik: *Innocentius V.* und in der folgenden Zeile (Z. 13) mit einer roten einzeiligen I-Initiale (*Innocentis de veste van burgundien* [...]) mit den gleichen hierarchischen Strukturierungsmitteln an die Sächsische Fortsetzung an. Die gesamte Fortsetzung ist auf diese Weise strukturiert. Die Strukturierung entspricht derjenigen der Papst- und Kaiserkataloge (vgl. 8.), aber auch der des Chroniktextes.
5. Die Zeittafel des 1. Jahrhunderts nach Christi Geburt und die ‚Fünfzehn Zeichen des Jüngsten Gerichts' sind makrostrukturell zusammengefasst: Auf Bl. 227va, Z. 19 beginnt die Zeittafel mit einer vierzeiligen A-Initiale gefolgt von einer N-Majuskel: *AN*. Das ist das erste Wort der Rubrik: *An deme dridden yare van* (ohne rote Buchstaben geht der Satz weiter: *goddes bord sloch herodes de kinder*). Die annalistische Auflistung der Ereignisse nach Christi Geburt beginnt jeweils mit einem *capitulum*-Zeichen und nachfolgender rot durchgestrichener Majuskel (z.B. C *In deme vjj yare starb herodes*). Auf Bl. 227vb, Z. 10 schließen sich an die letzte Angabe: *C In deme hunderten yare starff Johannes Ewangelista* die ‚Fünfzehn Zeichen' mit einer roten einzeiligen Initiale an: *Sante Iheronimus beschrift vns de .xv/ tekene de scheyn schullen vor dem Jungesten dage*. Die einzelnen Zeichen beginnen wie die Ereignisse, die in der Zeittafel vorgestellt werden mit einem *capitulum*-Zeichen in Kombination mit einer rot durchgestrichenen Majuskel (z.B. C *To deme erste male irheft sek dat mer . xl. klachteren bouen de hoge der berge*). Mit der Strukturierung durch *capitulum*-Zeichen gefolgt von Majuskeln entspricht dieser Teil auch dem Chronikteil und seiner Strukturierung.
6. Die Genealogien sind von den Makrostrukturen und den formalen hierarchischen Merkmalen her nicht vom übrigen Chroniktext getrennt, sie sind mit den gleichen Mitteln hervorgehoben, die auch sonst im gesamten Codex zu beobachten sind: Die Genealogie der Welfen beginnt mit einer mehr als fünfzeiligen roten B-Initiale (Bl. 228ra). Oben auf dem Rand steht über der Spalte der rot geschriebene Name *lodewicus*. Der Text beginnt mit: *Bi des mylden kayser lodewici tiden* [...] Bis zur W-Initiale, mit der die Erzählung von der Sachsenherkunft anfängt, ist der Text durch einfache oder rot durchgestrichene Majuskeln in Gesamtsätze strukturiert.
7. Die Erzählung von der ‚Herkunft der Sachsen' beginnt mit einer roten Überschrift und einer zweizeiligen roten W-Initiale. Darüber hin-

aus gibt es außer den Gesamtsatzkennzeichnungen keine weiteren Hierarchieebenen; selbst der Papstkatalog auf Bl. 233rb, Z. 27 schließt unmarkiert an. Inhaltlich wird mit dem letzten Satz auf die Chronik zurückverwiesen (Bl. 233rb, Z. 26-27): *Disser heren orloge dat is vore geschreuen in dessem boike.*

8. Die Fragmente des Kaiserkatalogs am Beginn der Überlieferung und der Papstkatalog am Ende weisen eigene hierarchische Strukturierungen auf: Der Kaiserkatalog ist nach den Namen der Kaiser geordnet. Die Sätze beginnen mit einzeiligen roten Initialen in jeder neuen Zeile. Es reihen sich Verbalsätze des Typs: *Otto de rode regerde .xy.yar* hintereinander, in einigen Fällen unterbrochen durch Nominalsätze, die wegen Vorerwähntheit auf das Verb verzichten: *Hinricus sin sone viij yar.* Die Zeilen sind hinter den Angaben durch Leerzeichen ausgefüllt. Die Mitteilungen zu jedem Papst beginnen mit einer zweizeiligen roten Initiale (die den Namen des Kaisers oder Papstes einleitet). Es handelt sich in der Regel um zwei Verbalsätze des Typs: *Pyus zat .xi. yar. iiij manen vnde xxj dag. De stol stant leddich xiiij daghe.* Der Anfang des Papstkataloges schließt jedoch unmarkiert an die Erzählung von der ‚Herkunft der Sachsen' an, die Mitteilungen über die drei Päpste beginnen auf Bl. 233rb mit roten, einfachen, einzeiligen Initialen.

Nahezu vier Fünftel des Textbestandes der Kaiserchronik wurde in den Textzusammenhang übernommen, wie in der Handschrift 21 blieben die Reime weitgehend erhalten. Der Redaktor greift insgesamt hier jedoch stärker ein (vgl. Bl. 12vb, Z. 14ff. die Passage von den römischen Tagesgöttern). Der Reim ist nicht wie in der Handschrift 21 durch die stichische Form gekennzeichnet, er ist auch nicht konsequent durch Punkte markiert.

Textbestand:
Die Reimvorrede fehlt, da der Beginn des Codex verloren ist. Auch der Katalog der römischen Kaiser und Könige ist zu Beginn unvollständig. Wie bei der Handschrift 21 folgt das ‚Buch der Welt' auf den Katalog und nicht schon auf die Reimvorrede (Bl. 1vb, Z. 1-223rb, Z. 33). Wie die Handschrift 21 ist auch 22 insgesamt durch Interpolationen aus der Kaiserchronik,[518] aus der Chronik Martins von Troppau[519] und durch einen Zusatz aus der Erfurter Cronica Minor[520] erweitert. Die Interpolationen

---

518 Vgl. die Stellenangaben bei Michael Menzel, Sächsische Weltchronik, S. 45-55.
519 Vgl. auch hierzu ebd., S. 45-58.
520 Vgl. ebd., S. 58.

sind makrostrukturell und von den hierarchischen Strukturierungen her gesehen homogenisiert. Die Reimpaarverse der Kaiserchronik-Überlieferung wurden teilweise inmitten des Prosatextes – manchmal auch nur ganz rudimentär – beibehalten: z.B. in der Darstellung der Verehrung der römischen Tagesgötter und der Umweihung des Pantheons (Kaiserchronik 43-193 und 209-234, entsprechend SW 80,16-81,26 (Bl. 12rb-12vb); die Erzählung über den Baiernherzog Adelger, den Ursprung der kurzen Haartracht und der kurzen Kleider der Deutschen und den Kampf zwischen dem römischen König und dem Herzog (Bl. 66va, Z. 21-69va, Z. 10) oder die grässlichen Taten des Galienus (Bl. 73rb-75va, SW 111,13-34; Kaiserchronik 7476-7599). Die teilweise gereimten Textpassagen sind nicht – wie z.T. in der Pommersfeldener Handschrift 21 – untereinander geschrieben, sondern dem Textfluss angepasst und auf den ersten Blick nicht erkennbar. Manchmal sind die Reime durch den mittelhohen Punkt und folgende rot durchstrichene Majuskel voneinander getrennt. Oft weicht die Wiedergabe inhaltlich und im Reim von der Kaiserchronik ab. Wenn der Kompilator Zusammenhänge aus der Kaiserchronik missbilligt oder missversteht, distanziert er sich z.B. in der Erzählperspektive von dem, was er berichtet.

Texterweiterung/Textkürzung:
Die Weltchronik ist durch die Sächsische Fortsetzung bis 1275 (Bl. 223rb, Z. 34-226rb, Z. 12) und durch die ‚Geschichte der Päpste' bis 1342/52 (Bl. 226rb, Z. 13-227va, Z. 18) erweitert worden: An den Textzusammenhang der Chronik schließt sich die Sächsische Fortsetzung an. Hier weisen die Makrostrukturen nicht auf ein neues Textexemplar hin, wenn auf Bl. 223rb, Z. 34 die Sächsische Fortsetzung mit einem *capitulum*-Zeichen und einer rot durchgestrichenen einzeiligen D-Initiale folgt. Diese Fortsetzung endet auf Bl. 226rb, Z. 12, wird aber in derselben Zeile noch durch den auf den folgenden Text verweisenden, rot geschriebenen Papstnamen *Innocentius* und in der nächsten Zeile durch eine rote, einzeilige I-Initiale mit der Geschichte der Päpste von Innozenz V. bis Clemens VI. (mit Angaben über Albrecht von Österreich, Heinrich VII. und Ludwig von Bayern) fortgeführt, sie endet Bl. 227va, Z. 18.

Neuere Fortsetzungen der Chronik gibt es nicht. Der Papstkatalog aber wurde von späterer Hand fortgesetzt bis zu Paul II. (†1471) (Bl. 233rb, Z. 27-236rb). Der Kaiserkatalog endet mit Karl IV. Ende des 14. Jahrhunderts und wurde auch nicht weitergeführt. Ein Benutzer des 16. Jahrhunderts – wahrscheinlich der spätere Besitzer Johannes Vorttem (Vohrum) – trägt auf den freien Stellen in der Handschrift von

1542-48 Nachrichten zum Braunschweig-Wolfenbütteler Herzogtum und zum Schmalkaldischen Krieg ein (Bl. 70^r, 93^v/94^r, 109^r, 111^r, 115^r).

Textallianzen:
Die makrostrukturell markierten Textallianzen gleichen in der Reihenfolge und Auswahl der Überlieferung der Handschrift 21. Der Codex begann aller Wahrscheinlichkeit nach ebenfalls mit der Reimvorrede. Die ersten beiden Blätter fehlen. Auch der Katalog der römischen Könige und Kaiser ist am Anfang unvollständig (Bl. 1ra-1va, Z. 24). Auf das ‚Buch der Welt' mit Sächsischer Fortsetzung bis 1275 folgt die Geschichste der Päpste bis 1342/1352 (Bl. 226rb, Z. 13-227va, Z. 18) und die Zeittafel des 1. Jahrhunderts nach Christi Geburt (Bl. 227va, Z. 19-227vb, Z. 10). Sie endet auf Bl. 227vb, Z. 10, in derselben Zeile bis zur Zeile 40 folgt die Legende von den ‚Fünfzehn Zeichen des Jüngsten Gerichtes'. Sie beginnt im Textfluss der Zeittafel mit einer einzeiligen roten S-Initiale. Auf die Gesamtübersicht in der Zeittafel bis zum Jahre 1240 wurde anders als in der Handschrift 21 verzichtet.

Wie Handschrift 21 überliefert auch 22 die ‚Fünfzehn Zeichen' (Bl. 227vb, Z. 10-40), die Genealogie der Welfen (Bl. 228ra-228vb, Z. 33) und der Grafen von Flandern (Bl. 228vb, Z. 33-229rb, Z. 27) sowie die Erzählung ‚Über die Herkunft der Sachsen' (Bl. 229rb, Z. 28-233rb, Z. 27). Am Ende steht ebenfalls der Katalog der Päpste, der mit Urbanus V. (†1370) endet und von jüngerer Hand fortgesetzt wurde (Bl. 233rb, Z. 27-236rb). Auf einer neuen Recto-Seite setzt mit einer fünfzeiligen B-Initiale *(By des milden kayser lodewici tiden* [...]) die Genealogie der Welfen (bis Bl. 228vb, Z. 33) ein, ohne makrostrukturellen Einschnitt gefolgt von der Genealogie der Grafen von Flandern (Bl. 228vb, Z. 33-229rb, 28), die mit einem *capitulum*-Zeichen in Kombination mit einer rot durchgestrichenen Majuskel beginnt. Die Schilderung der ‚Herkunft der Sachsen' wird auf Bl. 229rb, Zeile 28 mit einer roten Überschrift, die mit einer durchstrichenen Majuskel beginnt, eingeleitet: *Nu will we seggen wie de sassen sint her to lande ghekomen. ~.~.~* Es folgt eine zweizeilige rote W-Initiale (Bl. 229rb, Z. 31). Die Erzählung endet auf Blatt. 233rb, Z. 27. In derselben Zeile setzt der Katalog der Päpste bis zu Sixtus IV. (1471-84) (Bl. 233rb, Z. 27-236va) ein – wie in der Handschrift 21, etwas später als in 24, 23, 18, 19, 231. Es fehlen die einleitenden Sätze SW 265, 19-21: *We willet oc nu scriven van den pavesen, de to Rome gewesen hebbet, ere jar unde ere dage unde van wannen se weren unde wat se gestediget hebbet in der cristenheit. We willet is beginnen an deme hogeste bischope Jesu Christo.* Die Handschrift beginnt mit einer rot durchgestrichenen Majuskel bei: *unse here ihesus christus is ghewest in dessir werlt xxxiii yare vnd .iii. manen* (Bl. 233rb, Z. 27-29), der Text folgt also übergangslos auf die ‚Erzählung von der Sachsen Herkunft'. In der Handschrift 24 z.B. sind beide Textzusammenhänge durch den gleichen Beginn mit *We willet nu scriven* [...] und *We willet oc nu scriven* [...] einander gegenübergestellt – sozusagen eine Sachsen-/Papstchronik. Die Handschrift 22 gewichtet in dieser Hinsicht nicht, sie stellt Kaiserlisten, Sachsenherkunft und Papstkataloge nebeneinander. An einigen Stellen, wo es von der Überlieferungsgeschichte her nahe läge und vom Inhalt aus gesehen geboten wäre, verzichtet sie sogar auf absetzende Makrostrukturen.

Syntaxrelevante Merkmale:
a) Interpunktion:
Gesamtsätze beginnen mit rot durchgestrichenen oder einfachen Majuskeln, selten auch in Kombination mit einem mittelhohen Punkt, daneben werden als Varianten in einigen Fällen auch einfache Majuskeln oder Majuskeln in Kombination mit dem mittelhohen Punkt verwendet.

b) syntaxrelevante Merkmale in der Reimvorrede:
Am Anfang sind zwei Blätter verloren.

c) syntaxrelevante Merkmale in der Schöpfungsgeschichte:
Die Schöpfungsgeschichte besteht aus vierzehn Gesamtsätzen und acht Absätzen.

d) syntaxrelevante Merkmale in den übrigen Stoffkreisen:
Die Chronik erhält ihre temporale Ausrichtung nicht durch die Verbwahl, sondern durch die Verwendung temporaler Angaben in Spitzenstellung. In der Handschrift werden vor allem darstellende, erzählende Verben und die Vergangenheitsformen der Hilfsverben *haben* und *sein* verwendet. Es begegen Passivkonstruktionen (Er wurde gekrönt; sie wurde getauft etc.). Zur Kennzeichnung der genealogischen Beziehungen wird das Verb *gewan* wiederholt und alternativlos genutzt. Es zeigt sich so an der Verwendung der Verben ein Wechsel von chronologischem, narrativem und genealogischem Prinzip.

Lexikalische Merkmale
1) Schlüsselwörter: „Gattungs"bezeichnungen:
Das Wort *buch* begegnet

1. bezogen auf das ‚Buch der Welt' z.B. in der Reimvorrede. Wie auch in den Handschriften 18, 19, 21, 23, 231 und abweichend von der Handschrift 24 steht *buch* im letzten Satz der Herkunftsage der Sach-

sen *dat is vor geschreven in dessen boike* und bezeichnet die gesamte Chronik.
2. tritt es bezogen auf andere Texte auf.

Auch die Bezeichnungen *chronik* und *zal* werden als Selbstbezeichnungen bzw. als Bezeichnungen für eine chronologische Erzählstrategie sowie als Bezeichnungen für andere chronologisch aufgebaute Geschichtswerke aus dem ‚gemeinen' Text übernommen.

Bei der Zwischenüberschrift zur römischen Geschichte verfahren die Handschriften 21 und 22 ähnlich: Es wird ein weiteres Wort eingeführt: *historia*. Als Teil der Überschrift *Historia romanensis sequitur hic* bezeichnet das Wort die Darstellung des Geschichtsverlaufes der röm. Geschichte.

2) lexikographische Schlüsselwörter (die Wochentagsbezeichnungen):
Die Wochentagsbezeichnungen werden in der Schöpfungsgeschichte und in den Textpassagen zu den römischen Tagesgöttern verwendet.

Sonntag: Für den ersten Wochentag steht in beiden Textpassagen synkopiertes und gerundetes *sondach* (Bl. 1vb; Bl. 12rb, Z. 27).

Montag: In der Schöpfungsgeschichte (*mandach*, Bl. 1rb) wird wie in der Kaiserchroniktextstelle (*mandaghe*, Bl. 12rb, Z. 11f.) die synkopierte ungerundete Form benutzt.

Dienstag: Für den dritten Wochentag überliefert der Codex unterschiedliche Bezeichnungen in der Schöpfungsgeschichte, wo er *dinxdach* (Bl. 1vb) einführt, und bei der Darstellung der römischen Tagesgötter. Hier hält sich der Schreiber streng an die Vorlage, die direkt aus der Kaiserchronik schöpft:[521] Der Dienstag wird als *na deme mandaghe* (Bl. 12va, Z. 11f.) umschrieben.

Mittwoch: Gleichförmigkeit herrscht dagegen bei der Verwendung von *midweken* (Bl. 2^{r}; Bl. 12va, Z. 27).

Donnerstag: Als Varianten von *Donnerstag* erscheinen: *dōnersdach* (Bl. 2^{r}) und *donnersdage* (Bl. 12vb, Z. 2).

Freitag: In der Schöpfungsgeschichte wird dem niederdeutschen Entstehungsgebiet gemäß die Form *vrigdach* (Bl. 2^{r}) verwendet. Innerhalb der Kaiserchronik-Übernahme zu den römischen Tagesgöttern wird wie in den Handschriften 24, 21 und 23 der Freitag, der der Göttin Venus geweiht ist, nicht bezeichnet.

Samstag/Sonnabend: Für den letzten Schöpfungstag zeigt sich wie in der Handschrift 21 ein Nebeneinander von nd. und obd. Form: In der

---

521 Vgl. Edward Schröder, Kaiserchronik, S.81.

Schöpungsgeschichte erscheint nd. *sonnavent* (Bl. 2ʳ) und bei den römischen Tagesgöttern das süddeutsch/ostmitteldeutsche Wort *samesdage* (Bl. 12ᵛᵇ). Die Übernahme des oberdeutschen Wortes lässt sich wohl durch die Vorlagenabhängigkeit dieses niederdeutschen ‚Buchs der Welt' von der oberdeutschen Kaiserchronik begründen.

Semantische Merkmale
1) Inhaltliche Ordnungsprinzipien:
Der Gesamtaufbau des Codex ist durch eine Kombination von datenbezogener, personenbezogener und genealogischer Darstellungsweise gekennzeichnet. Insgesamt werden intensiv narrative personenbezogene Elemente durch eher annalistische Reihungen ergänzt. Die inhaltlichen Ordnungsprinzipien werden z.T. innerhalb des Chroniktextes sichtbar, z.T. werden sie erweitert und besonders betont durch die Begleitüberlieferung (z.B. die genealogische Ausrichtung durch die Genealogien der Welfen und Grafen von Flandern). Makrostrukturell erscheint die Weltgeschichte (durch eine Überschrift vor der Geschichte des römischen Reiches) zweigeteilt in vorrömisches und römisches Reich.

2) Die sechs Deutungsmuster:
a) Einordnung der Weltgeschichte in die Heilsgeschichte: Die heilsgeschichtliche Einbindung wird deutlich durch die Reimvorrede, durch die Schöpfungsgeschichte als der Anfang aller Weltgeschichte, durch die franziskanische Mahnrede und durch die ‚Fünfzehn Zeichen des Jüngsten Gerichts'. Sie unterstützen die apokalyptische Aussage der Reimvorrede.

b) Berufung auf die (mündliche und schriftliche) Tradition: Auf die schriftliche Tradition beruft sich der Chronist des ‚Buchs der Welt' nicht nur in der Reimvorrede, sondern auch immer wieder an unterschiedlichen Stellen innerhalb des Textes.

Die Handschrift enthält wie alle Textexemplare der C-Gruppe Legendenstoff, Fabeln, Geschichtserzählungen. Die Legende von den Märtyrern Johannes und Paulus (6. Jh.)[522] berichtet – wie in allen C-Handschriften – ausführlich und ausgeschmückt durch viele Einzelheiten über die Marter der beiden Heiligen. Die christenfeindliche Auslegung des Bibelzitats durch den Kaiser Julianus Claudius (Apostata) geben sie übereinstimmend mit der lateinischen Tradition der *Passio Joannis et Pauli* als Ausspruch gegen die gesamte Christenheit wieder. Die Bibelzitate werden im lateinischen und im deutschen

---
522 Siehe auch Handschrift 24.

Wortlaut tradiert. Man kann davon ausgehen, dass diese Zitate – auch wenn sie nicht wort-wörtlich nachzuweisen sind – auf der schriftlichen Überlieferung und nicht auf mündlicher Weitergabe beruhen.

Auch die zweisprachigen Zitate in der so genannten Predigt wie auch das Gebet der Kunigunde sind nicht Ausdruck ursprünglicher Mündlichkeit.

Insgesamt hält sich auch die Handschrift 22 sehr eng an ihre lateinischen und volkssprachlichen schriftlichen Vorlagen.

c) wahre Geschichtsschreibung: In Bezug auf die Kaiserchronik zeigt sich die Vorlagentreue auch in einer nicht immer durchgängigen Reimbindung der übernommenen Passagen. Dass der Reim hier nur noch eine nicht mehr verstandene Wiedergabe älterer Tradition ist, zeigt sich 1. daran, dass er nicht durchgängig erscheint; 2. dass er an manchen Stellen so lückenhaft überliefert ist, dass ein Verständnis kaum möglich ist:

Bl. 12va, Z. 11ff.: *So na deme mandage alse esz siv war sage · Do rome ov' alle de stad · wapēden sek alle ridderscap vñ hengen ore schilde in den hals vñ ore swerde in den handen · Do dettē se ore rosse to wedde randen · so sāpden dasz de vrowē ore schone spil danne to schowē Dyt boden se dem wychgode to ere · vñ gelouede das dit one de godde gnediger we' · unde loueden sunder twyuele in susser wise myt gantzer wapende. [...]*[523]
‚Nach dem Montag (am Dienstag), wenn sie denn die Wahrheit sagen, bewaffnete sich überall in der Stadt Rom die ganze Ritterschaft und sie hängten sich ihre Schilde um den Hals und (nahmen) ihre Schwerter in die Hände [...]'

Auch der Chronist selbst scheint an dieser unverständlichen Überlieferung zu zweifeln: *alse esz siv war sage* ‚wenn sie die Wahrheit sagen'. Auch wenn er weitgehend unverständliche Verse übernimmt, äußert er nicht nur seine Zweifel, sondern nimmt sich an anderen Stellen die Freiheit, seine Kompilation zu erweitern (z.B. durch die ‚Fünfzehn Zeichen des Jüngsten Gerichts'), an vielen Stellen (z.B. bei der Übernahme aus der Kaiserchronik) auch zu kürzen und die Textaussage im Rahmen seiner Überzeugungsabsicht zu verändern: aus der säch-

---

523 Der ‚gemeine' Text lautet nach der Ausgabe Ludwig Weilands: *Tohant na deme manedage to Rome over diu stat wappede sic de ridderscap mit helmen unde mit halsbergen, so opperreden sie vil werde, schilde unde swert in den handen; ir orsse to wedde randen. Dar samneden sic de vrouwen dat sone spil bescouwen, dat biuden se Marte deme wichgode to eren; dat geloveden die herren, were in de got gnadich, se worden segesalich, unde weren ane tvivel, dat in an deme live an disser werlt nieman scaden ne mochte, de wile se godes hulde verdieneden ...* SW 80,28-34.

sisch-welfisch-dynastischen Weltchronik wird eine Kaiser-Papst-Chronik mit regional sächsischem Zuschnitt. Wie in anderen Handschriften, haben auch hier der Wahrheitstopos in der Reimvorrede und die verschiedenen Argumentationsstrategien (Mahnrede, Hervorhebung der Herkunft der Sachsen, Voranstellung des Kaiser- und Königsregisters sowie des Papstkataogs) die Funktion, eine bestimmte Weltsicht zu begründen.
d) Autorisierung der eigenen Aussagen: Der Schreiber/Kompilator bleibt anonym, der Codex überliefert die Reimvorrede mit dem Hinweis auf Eike von Repgow.
e) und f) offene Geschichtsschreibung und auf Abgeschlossenheit, Endzeit zielendes Geschichtsdenken: Die Handschrift 22 ist eine von 15 Handschriften, die ursprünglich (bis zum Verlust) die Reimvorrede mit ihrer Ausrichtung auf Anfang und Ende der Welt vollständig überliefern. Zusätzlich verweist die Textallianz mit den ‚Fünfzehn Zeichen des Jüngsten Gerichts' auf das Ende des weltlichen Lebens. Makrostrukturell ist der Codex ursprünglich offen, verschiedene Bearbeiter haben Randnotizen hinzugefügt. Die Offenheit ist jedoch durch die tradierten Prinzipien der Universalchronistik im 15. Jahrhundert vorgegeben: Reichshistorisch orientierte Papst-/Kaiserchronik erweitert um regionale Aspekte (Sachsen).

III.3.15 Handschrift 221 (Kopenhagen, Det Kongelige Bibliotek, eingeklebt vor dem Vorsatzblatt in: GKS 457, 2°) – C_2

Externe Merkmale (Ebene b)
(erschlossener) Entstehungszeitraum, Entstehungsort, Schreiber/Kompilator:
Das ostfälische Fragment eines durch die Chronik Martins von Troppau interpolierten ‚Buchs der Welt' stammt aus dem zweiten Viertel bzw. der Mitte des 15. Jahrhunderts und steht in enger Verwandtschaft zur Handschrift 22, als deren Einbandverstärkung es – lange Zeit unbemerkt – überliefert wurde.[524] Wie die Handschrift 22 weist das Fragment, das relativ wortgenau mit dem Codex 22 übereinstimmt, ostfälische Merkmale auf. Auch die Handschrift ist der von 22 sehr ähnlich. Wenn sie nicht von einem Schreiber sind, so stammen beide Textzeugen vermutlich aus derselben Schreibwerkstatt. Abweichend von Handschrift 22 enthält das Fragment deutlich mehr Abbreviaturen und römische Zahlen. Die Entstehungszeit ist vermutlich wie die von Handschrift 22 das 2. Viertel

---

524 Vgl. auch Jürgen Wolf, Sächsische Weltchronik, S. 111.

bzw. die Mitte des 15. Jahrhunderts. Auch der Entstehungsraum Braunschweig könnte identisch sein.

Benutzungszeitraum, Benutzungsort, Benutzer und Besitzzeitraum, Aufbewahrungsort, Besitzer, Auftraggeber:
Das Fragment 221 war schon mit der Handschrift 22 in der Gottorfer Bibliothek. Das Blatt war als Einbandverstärkung im vorderen Spiegel des aus dem 16. Jahrhundert stammenden Handschrifteneinbandes eingeklebt. Später ist es seitenverkehrt vor das Vorsatzblatt der Handschrift 22 gebunden worden. Das Fragment bzw. eine Handschrift, deren Teil es gewesen sein könnte, wird in Bibliothekskatalogen aus Gottorf und Kopenhagen nicht aufgeführt.

Kommunikationsmaterial und -form:
Das Blatt des Fragments 221 ist aus Papier. Die Blattgröße beträgt 28,5 x 20,2 cm. Das zweispaltig beschriebene Blatt hat einen Schriftspiegel von 21,3 x 14,5 cm.

Schreibsprache: niederdt. (ostfäl.)[525]

Interne Merkmale:
Das ostfälische Fragment besteht aus einem beschnittenen, stark beschädigten Blatt.

Weitere Makrostrukturen:
Als Mittel der hierarchischen Strukturierung lassen sich rote zweizeilige Initialen und rote Kaisernamen erkennen.

III.3.16 Handschrift 104 (Gdansk, PAN, Ms. Mar. F 305) – A_1

Externe Merkmale (Ebene b)
(erschlossener) Entstehungszeitraum, Entstehungsort, Schreiber/Kompilator:
Die Handschrift wurde von zwei Schreibern angefertigt: Jakob Tabernator (Krämer) aus Liebstadt im Kreis Mohrungen (u.a. die Textteile, die das ‚Buch der Welt' tradieren) und Johann Zcimansdorf (Johannes Capellanus ‚Aureum confessionale ...'). Als Fertigstellungsdatum wird auf Bl. 59f. von Jakob Tabernator der 17. April 1427 angegeben.

Kombinationszeitraum, Kombinationsort:
Der genaue Kombinationszeitraum ist unbekannt, deckt sich aber wohl mit dem Entstehungszeitraum. Dieser Codex enthält wie Hs. 103 die sog. Königsberger Weltchronik, einen Katalog der römischen Kaiser von Cä-

---

[525] Vgl. auch ebd.

sar bis Friedrich II., ein Verzeichnis der Zusammenstellungen der Christenverfolgungen, der Eroberungen Roms und verschiedene geistliche Traktate. Entstehungs- und Kombinationszeit sind vermutlich identisch.

Fortsetzungszeitraum, Fortsetzungsort, Fortsetzer:
Aktualisierende Fortsetzungen enthält der Text nicht.

Benutzungszeitraum, Benutzungsort, Benutzer:
Über diesen Zusammenhang ist nichts bekannt.

Besitzzeitraum, Aufbewahrungsort, Besitzer, Auftraggeber:
Die Handschrift gehört zu den ältesten der Bibliothek der Danziger Marienkirche. „Wann Hs. 104, evtl. als Schenkung eines Priesters oder Laien aus dem Umkreis der Marienkirche oder als bewusste Anschaffung für den Lehrbetrieb (Inhalt!), zu den Beständen hinzukam, ist jedoch nicht belegt, lässt sich aus verschiedenen Katalogeinträgen aber auf die Zeit zwischen 1430/45 und 1450/1460 eingrenzen."[526] Wie bei der lateinischen Handschrift 103 ist daran zu denken, dass die Zusammenstellung von Geschichtsschreibung und geistlichen Traktaten für die Schulung der lateinischen Sprache benutzt wurde. Das *Compendium de rarioribus bibliae vocabulis*, das den Bibelwortschatz z.T. in deutscher Sprache erklärt sowie auch das ‚*Registrum bibliae metricum*', das gereimte Merkverse zur Bibel überliefert, die hier inhaltlich in Prosa erklärt sind, deutet auf einen Schulzusammenhang hin. Vermutlich hatte der Codex eine Doppelfunktion: Einsatz im Lehrbetrieb und die Überlieferung und Konservierung geistlicher Texte und Geschichtsschreibung, was ja ganz generell den Interessen des Deutschen Ordens entsprach. Letzteres bestätigt sich auch durch den weiteren Schicksalsweg des Codex. Der Priesterbruder des Deutschen Ordens Andreas Slomow begann in den 40er Jahren des 15. Jahrhunderts mit dem Aufbau der Bibliothek von St. Marien und die Handschrift 104 gehörte zu den ersten Beständen. Heute ist ein Teil der Bestände von St. Marien in der Danziger PAN.[527]

Kommunikationsmaterial und -form:
Die Handschrift ist ein lateinischer Papiercodex aus dem Danziger Raum (17. April 1427) von 176 foliierten Blättern. Die Blattgröße beträgt 30 x 21 cm, der Schriftspiegel 21 x 14,5 cm zu 39-41 Zeilen. Bis auf die Blätter 166-176 (Alexander de Villa Die: *Registrum bibliae metricum*) ist die Handschrift zweispaltig geschrieben. Der Einband ist ein alter lederbezogener Holzeinband mit Linienornamenten, Eisenbeschlag für eine

---

526 Ebd., S. 288.
527 Vgl zum Schicksal der Marienbibliothek: ebd., S. 69 u. S. 287f.

Kette und mit Schließen. Auf dem Titelschild steht der Inhalt: *Cronica romana breviata Et alia. verte et invenies.* Die Inventarnummer 3274 steht auf Bl. 1^v.

Schreibdialekt:
Latein; nach Ausweis der Ortsnamen (z.B. Jechburch, Brunswig) war die Vorlage der lateinischen Übersetzung niederdeutsch/mitteldeutsch.

Interne Merkmale
Initiator(en):
Dieser lateinische Codex enthält wie die Handschrift 103 die sog. Königsberger Weltchronik, einen Katalog der römischen Kaiser von Cäsar bis Friedrich II., Verzeichnisse der Christenverfolgungen, der Eroberungen Roms und darüber hinaus verschiedene geistliche Traktate. Der lateinische Codex beginnt mit dem ‚Buch der Welt'. Der Initiator ist eine rote vierzeilige geschmückte I-Initiale, die die Schöpfungsgeschichte einleitet (Bl. 1ra). Dem Text ist keine Überschrift vorangestellt. Im Inhaltsverzeichnis auf Bl. 59^r wird die Chronik als *Exzerpta gestorum Romanorum* geführt.

Terminator(en):
Der Codex hat keinen expliziten Terminator, die letzten Blätter sind leergelassen worden (Bl. 175-176). Innerhalb des Codex sind die einzelnen Textexemplare zum Teil explizit terminiert (im Anschluss an die zwei Textzusammenhänge von Bernhard von Clairvaux (†1153) mit Terminatorfunktion das Register des ersten Codexteils und dann das Schreiberexplizit: *per me jacobum Tabernatoris de Liebenstadt*, Bl. 59^r) zum Teil durch die folgenden Textallianzen begrenzt.

Weitere Makrostrukturen:
Die Geschichte seit Adam beginnt mit einer geschmückten, vierzeiligen, blauen Initiale. Weitere hierarchische Strukturierungsmerkmale sind rote ein- bis zweizeilige Initialen und rubrizierte Stammväter-, Herrscher- und Papstnamen. Bis zur Bannung Heinrichs V. (Bl. 1ra-39ra) ist der Text eine zum Teil gekürzte Übersetzung des ‚gemeinen Textes' des ‚Buchs der Welt' (SW 67,1-203,31). Der Rest des Textes ist eine Kompilation des ‚Buchs der Welt' (Darstellungen zu Heinrich VI., Philipp von Schwaben und Otto IV.) mit der Chronik Martins von Troppau (vor allem die Berichte ab Friedrich II.).[528]

---

528 Vgl. die Stellenangaben bei Jürgen Wolf, Sächsische Weltchronik, S. 70.

Ebenso wie die Handschrift 103 hat 104 als annalistisches Element ein lateinisches Verzeichnis der römischen Kaiser von Cäsar bis zu Friedrich II. Im Anschluss an die zwei Textzusammenhänge von Bernhard von Clairvaux (†1153) folgt ein komplettes Register des ersten Codexteils und als Terminator das Schreiberexplizit: *per me jacobum Tabernatoris de Liebenstadt* (Bl. 59^r). Die Blätter 59^v-60^v sind vakant.

Auf Blatt 61^r beginnt mit einer zweizeiligen roten Initiale die *Questia utrum per scripturas a Iudeis receptas possit probari* des Nicolaus von Lyra.[529]

Mit denselben hierarchischen Strukturierungen schließen auch die folgenden Texte an: Bl. 72^v-86^v Alphonsus Bonihominis ,Die Epistel des Rabbi Samuel an Rabbi Isaak'; Bl. 87^r-114^r Johannes Capellanus ,*Aureum confessionale. Venerabili patri domine Hildebrando de(i) gracia et postolice sedis episcopo Arethino capellanus* [...] *subieccionem et reverenciam* [...] *Cura pastoralis officii* [...]'[530] Schreiber dieser geistlich-didaktischen Texte ist Johann Zcimansdorf, der sich im Anschluss an das ,Aureum confessionale' (Bl. 114^r) nennt.

Auch die übrigen Texte sind vermutlich von ihm: Bl. 114^r Bonaventura ,*Tabula boneventura cardinalis Romane ecclesie a quolibet sacerdote ante missam diligenter intuenda*'; Bl. 114^r-133^r Augustinus ,*Sermones ad fratres in eremo commorantes*'. Die Blätter 133^v-135^v sind vakant. Auf Bl. 136^r folgt bis zum Bl. 150^v der ,*Tractatus de qudraginta mansionibus filiorum Israel in deserto, applicatus ad evangelia et epistolas, quae leguntur in quadragesima*' des Hermannus de Lapide und auf Bl 151^r-165^r schließt sich ein Textexemplar an, das in den Schulzusammenhang verweisen könnte: das *Compendium de rarioribus bibliae vocabulis*. Der Bibelwortschatz ist z.T. deutsch erklärt. Bis hierhin ist der gesamte Codex zweispaltig geschrieben. Das *Registrum bibliae metricum* ist einspaltig geschrieben und beschließt den Codex ohne expliziten Terminator. Die Blätter 175-176 sind vakant.

Textbestand:
Der lateinische Codex enthält – wie schon der verschollene Königsberger Codex 103 – das ,Buch der Welt' als Rückübersetzung und als Teil der sog. Königsberger Chronik. Die Handschrift überliefert ohne Überschrift den an einigen Stellen gekürzten Textzusammenhang von der

---

[529] Der Textzusammenhang ist auch unter dem Titel: *Probatio adventus Messiae per scripturas a Iudeis receptas* bekannt. Zu Nicolaus von Lyra vgl. Kurt Ruh, Artikel ,Nicolaus von Lyra', Sp. 1117-1122.
[530] Zur Überlieferung vgl. Jürgen Wolf, Sächsische Weltchronik, S. 71, Anm. 195.

Schöpfungsgeschichte bis zur Bannung Heinrichs V. (SW 67,1-203,31) von Bl. 1ra bis 43va und fährt von Bl. 39va bis 43rb fort mit der Kompilation des ‚Buchs der Welt' (SW 228,1-241,11) mit ‚Martin von Troppau' (469,23-474).

Texterweiterung/Textkürzung:
Texterweiterungen werden nicht durch Fortsetzungen, sondern durch die Methode der Textkompilation erreicht: Der Codex mit dem Entstehungsdatum 17. April 1427 enthält die so genannte ‚Königsberger Weltchronik', eine Kompilation aus dem ‚Buch der Welt' und ‚Martin von Troppau' (päpstlicher Kaplan und Pönitentiar wahrscheinlich schon unter Alexander IV. [1261] und unter Urban IV. [1262], sicher belegt aber unter Clemens IV. [1265-68; Gregor X. [1271-76], Inozenz V (1276), Hadrian V. [1276], Johannes XXI. [1276-77] und Nicolaus III. (1277-80]).

> Der Dominikaner Martin von Troppau steht als Universalhistoriker am Anfang einer Serie von Referaten zur Geschichtsschreibung im späten Mittelalter, die sich überwiegend mit territorialer und kommunaler Geschichtsschreibung befassen. [...] Martins Wirkung auf die gesamte Historiographie der folgenden drei Jahrhunderte ist nicht hoch genug zu veranschlagen, gibt es doch nur wenig Werke, die sich seiner Chronik nicht bedient haben. Kein spätantikes oder mittelalterliches Geschichtswerk hat eine vergleichbare Wirkung erreicht [...][531]

Textallianzen:
Das ‚Buch der Welt' ist in Kombination mit verschiedenen geistlichen Texten: Bernhard von Clairvaux: *Sermo de decem virginibus* (Bl. 43^v-46^r); ‚Tractatus de gradibus humilitatis et superbiae' und ein Inhaltsverzeichnis des gesamten ersten Teils der Handschrift (vom Schreiber: *per me jacobum Tabernatoris de Liebenstadt*, Bl. 59^r) (Bl. 46^r-59^r). Johann Zcimannsdorf fügt nach drei leeren Seiten (Bl. 59^v-60^v) verschiedene geistliche Texte an: Bl. 61^r-72^r Nicolaus de Lyra[532] *Questio utrum per scripturas a Iudeis receptas possit probari*; Bl. 72^v-86^r Alphonsus Bonihominis ‚Epistel des Rabbi Samuel an Rabbi Isaak', die auch eine Textallianz mit der Handschrift 041 und der Handschrift 5 bildet; Bl. 87^r-114^r Johannes Capellanus ‚Aureum confessionale', Bl. 114^r Bonaventura *Tabula boneventure cardinalis Romane ecclesie a quolibet sacerdote ante missam diligenter intuenda*; Bl. 114^r-133^r eine Auswahl von 25 Reden des Hl. Augustinus; Bl. 133^v-133^v vakant; Bl. 136^r-150^v Hermannus de Lapide *Tractatus de quadraginta mansionibus filiorum Israel in deserto*,

---

531 Anna-Dorothea von den Brincken, Martin von Troppau, S. 155.
532 Vgl. Kurt Ruh, Artikel ‚Nikolaus von Lyra', Sp. 1119f.

applicatus ad evangelia et epistolas, que leguntur in quadragesima (am Ende unvollständig); Bl. 151^r-165^r ‚Compendium de rarioribus bibliae vocabulis' z.T. mit deutschen Worterklärungen; Bl. 166^r-174^v Alexander de Villa Die *Registrum bibliae metricum* mit Inhaltsangaben in Prosa über den einzelnen Merkworten.[533] Die letzten Blätter 175 und 176 sind leer geblieben.

Lexikalische Merkmale
1) Schlüsselwörter: „Gattungs"bezeichnungen:
Der Codex aus dem Jahre 1427 führt keine Überschrift mit einer Selbstbezeichnung. Auf dem um 1460/70 hinzugefügten Titelschild wird vor allem der Chronikteil als *cronica romana breviata* bezeichnet, im Registerteil (Bl. 59^r) allerdings wird das ‚Buch der Welt' in der Kombination mit der Chronik Martins von Troppau ganz abweichend von sonstigen Vorkommen als *Exzerpta gestorum Romanorum* bezeichnet. Damit wird vor allem ein Aspekt des Geschichtswerkes betont, seine Kompilation aus Geschichtsdarstellungen zur römischen Geschichte (vgl. auch unten 2b Berufung auf die [mündliche und schriftliche] Tradition).

2) lexikographische Schlüsselwörter (die Wochentagsbezeichnungen):
Die Wochentage sind in der lateinischen Chronik durch die zahlenmäßige Reihenfolge: 1. Tag, 2. Tag etc. angegeben.

Semantische Merkmale
1) Inhaltliche Ordnungsprinzipien:
Der Gesamtaufbau des Codex ist durch die Kombination von datenbezogener und personenbezogener Chronologie bestimmt. Die genealogischen Elemente treten daneben deutlich in den Hintergrund.

2) Die sechs Deutungsmuster:
a) Einordnung der Weltgeschichte in die Heilsgeschichte: Der heilsgeschichtliche Bezug mit der Schöpfungsgeschichte ist gegeben.
b) Berufung auf die (mündliche und schriftliche) Tradition: Dieses Deutungsmuster ist wie in den meisten Handschriften der A-Gruppe und wie in den Martins-Chroniken realisiert. Vorbild für das ‚Buch der Welt' war vor allem die lateinische Frutolf-Ekkehard-Chronik.
Das methodische Vorbild für Martin von Troppau war das *Speculum historiale* des Vinzenz von Beauvais, „der rund 20 Jahre zuvor nicht nur die erste Universalhistorie der Mendikanten, sondern zugleich

---

533 Vgl. zur Überlieferung und weiterer Literatur: Jürgen Wolf, Sächsische Weltchronik, S. 70f.

die umfangreichste Geschichtsenzyklopädie schlechthin schuf".[534] Vinzenz von Beauvais sah den Nutzen der Profangeschichte vor allem als Hilfsmittel für eine zuverlässige Datierung der Heils- und Papstgeschichte an. Er betont hier ausdrücklich die Methode der Orientierung an den Regierungszeiten von Kaisern und Königen.

Diese Anweisung des großen dominikanischen Historiensammlers verhalf dem Typ der Papst-Kaiser-Chronik zu einer außerordentlichen und alle übrigen Formen in den Schatten stellenden Blüte, auch wenn diese Form der Universalhistoriographie keineswegs erst die Erfindung der Mendikanten war. Allerdings ist sie durch Martin von Troppau so sehr verbreitet worden, dass man sie mit dem Gattungsnamen „Chronica Martiniana" belegte und in vielen Handschriften Autoren derartiger Chroniken einfach Martin nannte, wenn ihr Name nicht bekannt war, ja, sie bisweilen offenbar in Martin umbenannte.[535]

In der Vorrede zu seiner Chronik[536] legt Martin dar, dass er sein Geschichtswerk aus verschiedenen Chroniken und aus der *Gesta Pontificum* sowie aus den Gesten der Kaiser zusammengestellt habe. Es beginnt bei Christus als dem ersten Papst und Kaiser Augustus. „Das kleine Kompendium aber sei eigens so angelegt, daß es die Theologen ihrem Exemplar der *Historia Scholastica*, die Rechtsgelehrten dem Dekret oder auch den Dekretalen bequem bebinden könnten." Es sollte also einen praktischen Nutzen haben für Theologen und Kanonisten. Die vorliegende Deutschordenschronik beginnt mit der Schöpfungsgeschichte auf der Grundlage des ‚Buchs der Welt' und wechselt von Lothar III. bis zum Tode des Papstes Nicolaus III. (1277-1280) immer wieder zu Martin von Troppau, neben wörtlichen Auszügen aus dem ‚Buch der Welt' (SW 228,1-241,11) stehen solche aus der Chronik des Martin von Troppau (MT 469,23-474; Imperatores).[537]

c) wahre Geschichtsschreibung: Der Wahrheitstopos fehlt, da der Codex die Reimvorrede nicht überliefert. Er ist in lateinischer Sprache und in Prosa abgefasst. Auf Wahrheitsbekundungen in den übrigen Textexemplaren ist hier nicht einzugehen, da sie nicht mit der Chronik verbunden wurden um deren Argumentationszusammenhang zu erweitern oder zu akzentuieren. Die Textallianzen erklären sich aus dem Wunsch, dem Deutschen Orden Textexemplare zur Verfügung zu stellen, die im Lehrzusammenhang Wissen um die Geschichte des

---

534 Anna-Dorothea von den Brincken, Martin von Troppau, S. 164.
535 Vgl. ebd., S. 165.
536 Ludwig Weiland, Martini Oppaviensis Chronicon, S. 397.
537 Ebd., S. 469ff.

römischen Reiches, um die lateinische Sprache und um christliche Inhalte, z.B. die Bibel, die Verteidigung des Christentums (z.B. Epistel des Rabbi Samuel) zu vermitteln. Sie diente aber auch in der handlichen Form eines einzelnen Codex mit vielen verschiedenen wissensvermittelnden Textexemplaren dem Zweck, den Grundstein für eine Deutschordens Bibliothek in Danzig zu legen.

d) Autorisierung der eigenen Aussagen: Die beiden Schreiber nennen sich ausdrücklich im Codex (Jacobus Tabernator aus Liebenstadt [Bl. 59^r] und Johann Zcimansdorf [Bl. 114^r]).

e) und f) offene Geschichtsschreibung und auf Abgeschlossenheit, Endzeit zielendes Geschichtsdenken: Der Codex überliefert eine lateinische reichshistorisch orientierte, heilsgeschichtlich ausgerichtete Papst-Kaiser-Chronik nach dem Muster der eher kurialen Geschichtsschreibung des Martin von Troppau.[538] Diese Danziger Chronik führt wie die Handschrift 103 in den Zusammenhang des deutschen Ordens. Der Codex aus der ersten Hälfte des 15. Jahrhunderts zeigt in Bezug auf die Chroniküberlieferung eine große Vorlagentreue; er hat Ähnlichkeit mit der Handschrift 103. Der Chroniktext ist weitgehend gleich, die Schreiber verzichten aber auf die Papst-/Kaiserreihen aus der Chronik Gilberts (ca. 1261) und auf die Schlesischen Annalen. Dadurch wird die regionale Ausrichtung zurückgenommen, auch das Gleichgewicht von Papsttum und Kaisertum wird nicht mehr betont, stattdessen stellen die Textallianzen den Chronikzusammenhang in einen stärker geistlichen Zusammenhang. Sie wurde um ein Verzeichnis der römischen Kaiser von Cäsar bis Friedrich II. erweitert, wie es ähnlich in den Handschriften 18, 21, 22 und 24 begegnet. Darüber hinaus wird die Chronik noch ergänzt durch ein Verzeichnis der Christenverfolgungen und eine Zusammenstellung der Eroberungen Roms. Eine explizite Ausrichtung auf die Endzeit hat sie nicht.

---

538 Vgl. Anna-Dorothea von den Brincken, Martin von Troppau, S. 158, 159 u.ö.

III.3.17 Handschrift 14 (Kopenhagen, Det Kongelige Bibliotek, GKS 1978, 4°) - B

Externe Merkmale (Ebene b)
(erschlossener) Entstehungszeitraum, Entstehungsort, Schreiber/Kompilator:
Die Handschrift ist datiert mit der Jahreszahl 1434. Der Schreiber Johannes Vicken,[539] Kaplan im zisterziensischen Ruhekloster im Norden Schleswigs, nennt sich zweimal in der Handschrift: zuerst im Anschluss an die lateinischen Prosafassungen Aesopischer und Avianischer Fabeln und der lateinisch und niederdeutschen Moraliter-Auslegung: *Et sic est finis esopi Conscriptum per manus Jo Vicken sub anno domini M°CCCCCxxxiiii Sequenti die Circumcisionis domini hora primarum in Ruue* (Bl. 55ʳ) und dann nach der niederdeutschen (missglückten) Fortsetzung des ‚Buchs der Welt' und der anschließenden nd. Übersetzung der Hierarchie der römischen Kardinäle nach Martin von Troppau: *Et sic est finis huius Coronice romanorum Sub anno domini M°CCCxxxiiii quarta die pentecostes de mane in Rue per Johannem Vicken ibidem capellanum* (Bl. 211ʳ).

Kombinationszeitraum, Kombinationsort:
Der Codex zeigt eine inhaltliche Zweiteilung in lateinische Fabeln mit niederdeutscher Moraliter-Auslegung und chronikalische Texte. Kompilationszeit und -ort fallen mit der Entstehungszeit und dem Entstehungsort zusammen.

Fortsetzungszeitraum, Fortsetzungsort und Fortsetzer:
Das ‚Buch der Welt' ist durch eine sehr fehlerhafte Fortsetzung weitergeführt:

> Die völlig fehlerhafte Fortsetzung schließt laut Autor mit ‚*hinrik des keysers hinrikes sone de souede des namen*' im Jahr 1242 – theoretisch – direkt an die im Jahr 1235 endende SW an. Gedacht hat der Schreiber allem Anschein nach an Heinrich VII., Friedrichs II. Sohn, der von 1222 bis 1223 regierte und 1242 (!) starb. [...] Nach den Daten im Text sollte die Fortsetzung also einen Zeitraum vom Ende des SW (1225) bis zum Jahr 1337 abdecken. Tatsächlich datieren die letzten Ereignisse aber aus der Zeit um Mitte/Ende des 13. Jh.s. Bis auf die Aufzählung der Päpste von Cölestin IV. bis Nicolaus III. (†1280), die Nachrichten vom Tatareneinfall 1240/41, die Ergebnisse des General-Konzils von 1245 und die Kanonisation der Klara von Assisi 1255

---

[539] Johannes Vicko war 1428 an der Universität Rostock immatrikuliert. Vgl. Adolf Hofmeister, Die Matrikel der Universität Rostock, S. 32b.

bietet die ‚Pseudo-Fortsetzung' keine über die SW hinausgehenden Nachrichten.[540]

1459 fügte ein Fortsetzer – vermutlich nicht mehr Johannes Vicken – auf Latein die Nachricht vom Tod Herzog Adolfs VIII. von Schleswig-Holstein hinzu.

Benutzungszeitraum, Benutzungsort, Benutzer:
Die Handschrift weist Randbemerkungen in Form von *nota*-Zeichen auf. Wörtliche Übereinstimmungen haben die Handschriften 141, 143 und 144 mit der Handschrift 14.

Besitzzeitraum, Aufbewahrungsort, Besitzer, Auftraggeber:
Entstehungsort und vielleicht auch Auftraggeber ist das zisterziensische Ruhekloster bei Schleswig. Ein Besitzeintrag weist im 15. Jahrhundert noch auf Urbanus Havich aus Gnoien, vielleicht hat er auch den Nachtrag aus dem Jahre 1459 hinzugefügt. Urbanus Havich war 1454 an der Universität Rostock immatrikuliert.[541] Über weitere Besitzer ist nichts bekannt. Heute ist der Codex in der Königlichen Bibliothek in Kopenhagen.

Kommunikationsmaterial und -form:
Die einspaltig geschriebene Papierhandschrift (mit 214 Blättern) aus der 1. Hälfte des 15. Jahrhunderts hat eine Blattgröße von 21,3 x 15 cm und einen Schriftspiegel von 16,5/17,2 x 11,3 cm, der 27 bis 32 Zeilen umfasst. Der Einband ist ein alter Holz-Ledereinband mit den Resten von zwei Schließen und einem Schild mit der Aufschrift *Fabula Aesopi. Chronicon Imper. Romanorum*. Auf dem Innendeckel vorne steht der Besitzeintrag: *liber domini vrbani havich*.

Schreibsprache: niederdt. und lateinisch.

Interne Merkmale
Initiator(en):
Die einzelnen Textexemplare, die in Allianz mit dem ‚Buch der Welt' überliefert sind, zeigen jeweils eigene Initiatoren. Einen einheitlichen Gesamtinitiator des Codex gibt es nicht.

Die lateinische Prosafassung der Aesopschen Fabeln beginnt auf Bl. 1^r mit einer dreizeiligen roten O-Initiale, es schließen sich die Avianischen Fabeln auf Bl. 49^r ohne eigenen Initiator an.

Das ‚Buch der Welt' beginnt mit einem dreigliedrigen Initatorenbündel:

---

540 Jürgen Wolf, Sächsische Weltchronik, S. 339.
541 Adolf Hofmeister, Die Matrikel der Universität Rostock, S. 100b.

1. Die lateinische Überschrift in Rubrum: *Hic Sequitur coronica Romanorum* (Bl. 55^r, Z. 5);
2. als zweiter Initiator schließt die deutsche Überschrift an: *Dit is dat buk dat hetet cronica romanorum* (Bl. 55^r).
3. Eine dreizeilige rote Initiale mit folgender rot durchgestrichener Majuskel zeigt den Beginn der Schöpfungsgeschichte an (Bl. 55^r).

Terminator(en):
Die Fabelüberlieferung schließt

1. mit einem Kolophon, das das Datum angibt und in dem sich der Schreiber Johannes Vicken nennt: *Et sic est finis esopi Conscriptum per manus Jo Vicken Sub anno domini M^{o}CCCCxxxiiii Sequenti die Circumcisionis domini hora primarum in Ruue* (Bl. 55^r).
2. mit einer Leerzeile.

Das ‚Buch der Welt' ist mit einem zweigliedrigen Terminator explizit terminiert nach der selbständigen Fortsetzung:

1. ein Kolophon: *Et sic est finis huius Coronice romanorum Sub anno domini MoCCCCxxxiiii Quarta die pentecostes de mane in Ruue per Johannem Vicken ibidem capellanum*;
2. zwei Leerzeilen

Die übrigen Textexemplare haben keine expliziten Terminatoren, sie sind durch die Mitüberlieferung begrenzt. Der letzte Eintrag bricht mit der Jahreszahl ab (siehe unten weitere Makrostrukturen).

Weitere Makrostrukturen:
Bei der Handschrift 14 besteht die Funktion der Überschrift nicht darin, die Textteile zu einer formalen und inhaltlichen Einheit zusammenzufügen, sondern in der Abgrenzung der Textexemplare voneinander. Der Codex zeigt auch formal eine inhaltliche Zweiteilung in Fabeln und chronikalische Texte. Geeint sind die Textexemplare in einem weiteren Sinne thematisch als historisch-didaktische Texte. Äsopsche und Avianische Fabeln und ihre Moraliterauslegung sind makrostrukturell nicht unterschieden. Sie haben die gleichen hierarchischen Strukturierungsmerkmale: ein- bis zweizeilige rote Initialen. Nach dem Kolophon mit dem die Fabelüberlieferung schließt, folgt eine Zeile später das ‚Buch der Welt'. Der Textzusammenhang ist erweitert durch Interpolationen aus der Bibel, der *Historia Scholastica* des Petrus Comestor, der Chronik des Martin von Troppau und aus einer Legendensammlung, die der des Jacobus de Voragine nahesteht.

Die hierarchischen Strukturierungen sind insgesamt relativ einheitlich: Nur das ‚Buch der Welt' ist durch einen aufwendigen, mehrgliedrigen Initiator herausgehoben. Dem dreigliedrigen Initiator entspricht ein zweigliedriger Terminator. Im Übrigen sind die unterschiedlichen hierarchischen Ebenen durch rote Kapitelüberschriften und – als niedrigere Ebene – durch ein- bis zweigliedrige rote Initialen markiert.

Es schließen sich zwei Übersetzungen aus der Chronik des Martin von Troppau an. Von Bl. 212^v-214^r folgt die Hierarchie der römischen Kardinäle und von Bl. 212^v-214^v eine kurze Geschichte von Christi Geburt bis zu Petrus und Paulus. Auf die letzte Verso-Seite ist ein Eintrag zum Tod Adolfs VIII. von Schleswig-Holstein im Jahre 1459 gemacht worden. Daran angeschlossen ist ein weiterer Eintrag, der aber in der Jahreszahl abbricht: *Anno domini Millesimo.*

Textbestand:
Die Handschrift ist eine Kombination aus lateinischen und niederdeutschen Textexemplaren. Die Fassung des ‚Buchs der Welt' aus der Feder des Kaplans des Zisterziensischen Ruheklosters in Schleswig, Johannes Vicken, beginnt mit der Überschrift: *Hic sequitur coronica romanorum – Dit is dat buk hetet cronica romanorum* (Bl. 55^r, Z. 5f.). Der Codex enthält den kompilierten und fortgesetzten Textzusammenhang des ‚Buchs der Welt' und weitere, makrostrukturell abgesetzte Textzusammenhänge. Anders als die meisten Chronisten der B-Rezension, aber ebenso wie der Chronist der Hs. 15 verzichtet Johannes Vicken auf die Reimvorrede und die franziskanische Mahnrede (Predigt). Das stark kompilierte, reichshistorisch ausgerichtete und vielfältig ausgeschmückte ‚Buch der Welt' führt bis 1235. Es ist erweitert durch Textzusammenhänge aus der Bibel, der *Historia Scholastica*, Martin von Troppau, einer der *Legenda Aurea* nahestehenden Legendensammlung und der Artussage nach Galfred von Monmouth[542] sowie durch Auszüge aus der Aeneasgeschichte (Bl. 55^r, Z. 5-209^v, Z. 28; SW 67,1-251,16).[543]

---

[542] Die Handschrift 14 ist damit ein deutsches Beispiel für die Verbindung von Artusstoff und Geschichte, die Norbert H. Ott ausschließlich für England und Frankreich konstatiert: „In Deutschland dagegen bleiben Artusstoff und Geschichte voneinander getrennt. Nur die (pseudo)historischen Gattungen Antikenroman und Staatsroman werden zusammen mit genuinen Geschichtswerken tradiert; nur Textpassagen dieser epischen Gattungen sind historiographischen Texten direkt integriert; nur Zitate dieser Stoffbereiche – und des Dietrichstoffs – fügen sich in die (heils-)geschichtlichen Programme kirchlicher Ikonographie ein." Norbert H. Ott, Kompilation und Zitat, 119-135, Zitat S. 135.
[543] Vgl. Michael Menzel, Sächsische Weltchronik, S. 143-146.

Texterweiterung/Textkürzung:
Der Textzusammenhang wird durch eine (fehlerhafte) Fortsetzung bis (1280) weitergeführt; es schließt sich die Hierarchie der römischen Kardinäle an (nach Martin von Troppau). Von späterer Hand ist noch eine Nachricht hinzugefügt worden. Jürgen Wolf nennt die völlig verwirrte Fortsetzung des ‚Buchs der Welt' in dieser Handschrift den „Kopenhagener Fortsetzungsversuch".[544] Die Fortsetzung endet mit der Kaiserkrönung Friedrichs II. von Staufen im Jahr 1337. Jedoch ist dieses Datum – wie die meisten anderen in der Fortsetzung – falsch. Friedrich II. wurde mehr als 100 Jahre früher zum Kaiser gekrönt (1220). Insgesamt sind die meisten Jahreszahlen etwa um 100 Jahre verschoben, die Abfolge jedoch ist chronologisch in den meisten Fällen richtig.

> Nach den Daten im Text sollte die Fortsetzung also einen Zeitraum vom Ende der SW [...] bis zum Jahr 1337 abdecken. Tatsächlich datieren die letzten Ereignisse aber aus der Zeit um Mitte/Ende des 13. Jh.s. Bis auf die Aufzählung der Päpste von Cölestin IV. bis Nicolaus III. (†1280), die Nachrichten zum Tatareneinfall 1240/41, die Ereignisse des General-Konzils von 1245 und die Kanonisation der Klara von Assisi bietet die ‚Pseudo-Fortsetzung' keine über die SW hinausgehenden Nachrichten. Die formale Gestaltung der Fortsetzung erinnert an einen aus Gilberts ‚Chronicon Pontificum et Imperatorum Romanorum' zusammengestellten Kaiser- und Papstkatalog.[545]

Textallianzen:
Der Codex überliefert lateinische Fabeln: die Prosafassung Aesopischer Fabeln mit lat. und nd. Moraliter-Auslegung (Bl. 1ʳ-49ʳ, Z. 12) und die Prosafassung Avianischer Fabeln mit lat. und nd. Moraliter-Auslegung (Bl. 55ʳ, Z. 4). Direkt daran schließt sich der Textzusammenhang des ‚Buchs der Welt' (ohne Reimvorrede, aber mit lateinischer und niederdeutscher Überschrift und ohne Predigt) an. Auf Bl. 211ʳ, Z. 16-212ʳ folgt eine Martin von Troppau-Übersetzung (die Hierarchie der römischen Kardinäle) und die Geschichte von Christi Geburt bis zu Petrus und Paulus. Hier war die Chronik des Martin von Troppau das Vorbild (Bl. 212ᵛ-214ʳ). Von einer späteren Hand wird auf der letzten Verso-Seite (Bl. 214ᵛ) eine Notiz über den Tod Herzog Adolfs VIII. von Schleswig Holstein im Jahr 1459 nachgetragen. Insgesamt gesehen ist die Handschrift eine Sammlung vor allem moralisch-didaktischer Texte.

---

544 Jürgen Wolf, Sächsische Weltchronik, S. 338f. und Anhang A, S. XIV.
545 Ebd., S. 339.

Syntaxrelevante Merkmale:
a) Interpunktion:
Gesamtsätze werden durch Majuskeln z.T. in Kombination mit Virgeln markiert. Innerhalb der Fabelüberlieferung findet sich zudem die Absetzung durch ein oder zwei Leerzeilen.

b) syntaxrelevante Merkmale in der Schöpfungsgeschichte:
Das ‚Buch der Welt' beginnt mit einer Überschrift, die aus zwei einfachen Sätzen besteht. Der erste Satz ist lateinisch: *Hic sequitur coronica romanorum*; es folgt die deutsche Überschrift: *Dit is dat buk dat hetet coronica romanorum.*

c) syntaxrelevante Merkmale in den übrigen Stoffkreisen:
Insgesamt werden in der Chronik neben der häufigen Verwendung von *war* und *hatte* darstellende, erzählende Verben, vor allem Handlungsverben, genutzt. Die Verben, die die Erzählhandlung charakterisieren, zeichnen sich durch Variation aus. Allein das Verb *gewan* ‚bekam' wird innerhalb der genealogischen Passagen ständig wiederholt. Das dient der Verdeutlichung der genealogischen Textstruktur. Es zeigt sich auch an der Verwendung der Verben ein Wechsel von chronologischem, narrativem und genealogischem Prinzip.

Lexikalische Merkmale
1) Schlüsselwörter: „Gattungs"bezeichnungen:
Die Überschrift in Rubrum führt gleich beide Bezeichnungen *buk* und *coronica* als Selbstbezeichnungen des Textexemplars: *Hic Sequitur coronica Romanorum*; als zweiter Initiator schließt die deutsche Überschrift an: *Dit is dat buk dat hetet cronica romanorum. Buch* und *chronik* werden jeweils als Selbst- und als Fremdbezeichnung verwendet. Allerdings ist die Chronik um einige Textzusammenhänge gekürzt, nicht nur die Reimvorrede fehlt. SW 791ff. ist ebenfalls ausgelassen: *Swer vorbat weten wille de lese Cronica oder Lucanum oder den guden Orosium.* Auch *zal/tal* tritt nicht auf.

2) lexikographische Schlüsselwörter (die Wochentagsbezeichnungen):
Sonntag: Die Bezeichnung für den ersten Wochentag findet sich gleich dreimal. Auf Bl. 55^r, Z. 17 stehen die gerundete und die ungerundete Form nebeneinander: *des soncdaghes* und *des Sungdaghe, soncdag*; Bl. 55^r, Z. 23.

Montag: Auch für den Montag werden zwei Varianten angegeben: einmal die Vollform *des manendaghes* und zum anderen die synkopierte Form *mandagh* (Bl. 55^r, Z. 24).

Dienstag: Hier gibt der Schreiber ausschließlich *dinsstedach* (Bl. 55ᵛ, Z. 2 und 3) an.

Mittwoch: Nebeneinander stehen in der Schöpfungsgeschichte: *midwekes* und *mydweken* (Bl. 55ᵛ, Z. 9)

Donnerstag: Es begegnen als Varianten des fünften Wochentages: *donresdach* und *donredaghen* (Bl. 55ᵛ, Z. 12)

Freitag: Die beiden Formen lauten *vrycdaghes* und *wrycdagh* (Bl. 55ᵛ, Z. 14 und 15).

Samstag/Sonnabend: der Schreiber verwendet die nd. gerundete Form *sonnauent* (Bl. 55ᵛ, Z. 27).

Semantische Merkmale
1) Inhaltliche Ordnungsprinzipien:
Der Gesamtaufbau des Codex ist durch eine Kombination von datenbezogener, personenbezogener und genealogischer Darstellungsweise gekennzeichnet. Letztere ist sehr unbetont und tritt gegenüber den beiden anderen Ordnungsprinzipien deutlich zurück.

2) Die sechs Deutungsmuster:
a) Einordnung der Weltgeschichte in die Heilsgeschichte: Das göttliche Heilswirken drückt sich deutlich im Sechstagewerk, in der Schöpfungsgeschichte aus. Sie ist der Anfang aller Weltgeschichte. In der niederdeutschen Handschrift 14 des Johannes Vikken, ebenfalls aus dem 15. Jahrhundert bildet das ‚Buch der Welt' den Grundstock für die selbständige (aber fehlerhafte) Weiterführung der Chronik bis ins 14. Jahrhundert; die Textexemplare der Mitüberlieferung geben den historischen und moralischen Rahmen (Aesopische und Avianische Fabeln nebst Auslegung). Diese Gruppe von Handschriften ist besonders heterogen, die einzelnen Textexemplare sind makrostrukturell voneinander abgesetzt, dennoch sind sie thematisch und inhaltlich bewusst zueinander geordnet, beziehen sich aufeinander.

Geeint sind die Textexemplare vor allem durch ihren historisch-didaktischen Grundzug; der Codex stammt aus der Hand eines Schreibers/Kompilators: des Kaplans aus dem Zisterziensischen Ruhekloster in Schleswig Johannes Vicken. Über die auch sonst im 15. Jahrhundert üblichen Textallianzen von Weltchroniken hinaus (die Hierarchie der Kardinäle nach Martin von Troppau, eine kurze Geschichte von Christi Geburt bis zu Petrus und Paulus ebenfalls nach Martin von Troppau) geht die Kombination mit den Fabeln. Sie haben ganz eindeutig die Funktion, die gesamte Chronik in einen pointiert moralisch-didaktischen Zusammenhang zu stellen. Diesem

Zweck dienen auch die Erweiterungen durch Legenden, biblische Geschichte, die Artussage und die Aeneasgeschichte. Es ist dies eine andere Moral als die, die in der franziskanischen Predigt deutlich wird. Folgerichtig verzichtet der Chronist Vicken im ‚Buch der Welt' auch auf die franziskanische Mahnrede. Sollte schon Vickens Vorlage hier keine ‚Predigt' enthalten haben, so hat er in jedem Fall den Mangel an besonderer christlicher Moral durch die Textallianzen und die interpolierenden Textkompilationen wettgemacht.

b) Berufung auf die (mündliche und schriftliche) Tradition: Die Chronik steht in der Tradition der B-Rezension. Sie enthält Legendenstoff und Geschichtserzählungen. Das gewählte Beispiel für die Behandlung der Legenden: das Matyrium von Johannes und Paulus (6.Jh.) unterscheidet sich signifikant gegenüber der Präsentation in den A- und C-Handschriften. Es wird gegenüber C weniger ausführlich über die Marter der beiden Heiligen berichtet, sondern nur erwähnt, dass Julianus Claudius Johannes und Paulus martern ließ. Die christenfeindliche Auslegung des Bibelzitats durch den Kaiser Julianus Claudius (Apostata) wird abweichen von der lateinischen Tradition der *Passio Joannis et Pauli* als Anschuldigung lediglich gegen die beiden Märtyrer und nicht gegen die gesamte Christenheit wiedergegeben. Die Bibelzitate sind nicht deutsch, sondern ausschließlich lateinisch niedergeschrieben. Darüber hinaus schmückt der Chronist aber seine Vorlage mit weiteren Legenden, sogar mit dem Artusstoff und der Aeneasgeschichte aus.

c) wahre Geschichtsschreibung: Diese Handschrift zeigt Anfang des 15. Jahrhunderts eine deutliche Vorliebe für ausschmückende Geschichtsdarstellung, bei der Darstellung historischer Fakten allerdings ist der Kaplan Johannes Vicken weit weniger sicher (z.B. die fehlerhafte Fortsetzung).

d) Autorisierung der eigenen Aussagen: Der Schreiber Johannes Vicken nennt sich ausdrücklich als Bearbeiter.

e) und f) offene Geschichtsschreibung und auf Abgeschlossenheit, Endzeit zielendes Geschichtsdenken: Das ‚Buch der Welt' hat keine Ausrichtung auf das Jüngste Gericht, die Aufforderungen gehen eher in Richtung eines allgemein moralischen Verhaltens als in Richtung auf ein explizit christliches Leben mit dem Blick auf den letzten Tag. Die Chronik ist zwar fortgesetzt aber durch den Fortsetzer selbst explizit beendet worden. Franziskanisch-chistliches Erinnerungswissen mit einer expliziten Ausrichtung auf das Jüngste Gericht (Reimvorrede) ist hier einer weltlichen Moralvorstellung gewichen, wodurch die historische Memoria in einem anderen Begründungszusammenhang erscheint. Verantwotliches, moralisches Verhalten steht nun nicht mehr primär in der Traditon der biblischen Moralauffassung, sondern greift mit der Antikenrezeption, dem Artusstoff und den Fabeln auch auf außerbiblische Begründungszusammenhänge zurück.

III.3.18 Handschrift 12 (Hamburg, Staats- und UB, Cod. Hist. 10b) – A_2

Externe Merkmale (Ebene b)
(erschlossener) Entstehungszeitraum, Entstehungsort, Schreiber/Kompilator:
Der Codex ist in Niederösterreich, vermutlich in der Wiener Neustadt, um 1450 entstanden. Der Schreiber ist unbekannt. Der Codex überliefert ein oberdt. ‚Buch der Welt' mit Reimvorrede (SW 65,1-248,23). Es endet mit dem 13. Dezember 1230, mit dem Tode des Königs Ottokar I. von Böhmen (SW 248, 23). Es folgt die Österreichische Chronik von den 95 Herrschaften.

Kombinationszeitraum, Kombinationsort:
Kombinationszeit und Entstehungszeit sind identisch.

Fortsetzungszeitraum, Fortsetzungsort und Fortsetzer:
Die Österreichische Chronik des Augustiner Eremiten Leopold Stainreuter kann als Fortsetzung des ‚Buchs der Welt' gelten. Fortsetzungs- und Entstehungszeitraum des Codex sind hier identisch.

Benutzungszeitraum, Benutzungsort, Benutzer:
Die Korrekturen in der Handschrift stammen vom Schreiber. Darüber hinaus aber finden sich zahlreiche Randbemerkungen mit Schriften aus dem 16. bis 18. Jahrhundert. Namentlich zuzuordnen sind die handschriftlichen Bemerkungen nicht, vielleicht stammen sie von den Besitzern.

Besitzzeitraum, Aufbewahrungsort, Besitzer, Auftraggeber:
Seit Ende des 15. Jahrhunderts bis zum Ende des 16. Jahrhunderts war die Handschrift im Besitz von Bürgern der Wiener Neustadt. Hier ist sie auch entstanden, vielleicht kam auch der Auftraggeber aus dem Bürgertum der Wiener Neustadt. Der erste Besitzeintrag aus dem Jahr 1479 (Bl. 251^v) ist nicht mehr lesbar. Aus dem Ende des 15./Anfang des 16. Jahrhunderts stammt der Besitzeintrag von Kaspar Holzer, Bürgemeister der Wiener Neustadt (1495-96, 1501 und 1504): *das puech ist Casparen holczer Burger In der Newenstat in osterrich*. Darauf folgt ein Kaufvermerk ohne Namensangabe aus dem Jahr 1551: *23 Jully im Jaar das ist*

gewest Am tag magdalena hab ich disse osterreichische Croniken vom herren Bonifaczen H..ymaier brister hie kaufft und bezalt p 12 ?.d. Auf Bl. 1ʳ trug Bonifaz Schwab sich als Besitzer ein: *1564 Bonifazius Schwab*. Er erhielt die Chronik als Erbteil von seinem Vater (*1564 und den 15 tag Decembris des obnmelten Jars Ist mir Bonifacio Schwabnn solche Cronikgn in der Taillung durch das las von meines h. Vatter Erbtail widerfaren. Neustat actum ut supra*). Dies ist der letzte Hinweis auf das Bürgertum der Wiener Neustadt. Im 17. Jahrhundert gehörte der Codex dem Hamburger Juristen und Gelehrten Friedrich Lindenborg (†1648). Er vermachte am 22. April 1645 seine Bibliothek dem Hamburger Gymnasium. 1649 wurde diese Bibliothek zusammen mit der des Johanneums zur öffentlichen Stadtbibliothek.[546]

Kommunikationsmaterial und -form:
Die bairisch-österreichische Papierhandschrift (252 Blätter) ist zweispaltig zu 25-30 Zeilen geschrieben. Die Blattgröße beträgt 27 x 21,5 cm und der Schriftspiegel 20 x 15/16 cm. Die Handschrift (Bastarda) ist eher nicht so sorgfältig ausgeführt worden, sie enthält sehr viele Korrekturen. Die Handschrift wurde mit einem modernen Ledereinband versehen, die alten Einbandreste (um 1500) werden zusammen mit dem Codex aufbewahrt. Sie sind aus dunkelrot übermaltem, beschriebenem Pergament aus einer lateinischen Handschrift des 15. Jahrhunderts.

Schreibsprache: Der Schreibdialekt ist bairisch-österreichisch.[547]

Interne Merkmale
Initiator(en):
Der Hamburger Codex, der die bairisch-österreichische Handschrift 12 tradiert, beginnt mit der Reimvorrede: Das Textexemplar hat einen mehrgliedrigen Initiator.

Der Initiator besteht aus:

1. der (roten) Überschrift: *Hie hebt sich an dy Romisch kroniken vnd sagt von dem Romischen reich.*
2. Es folgt eine fünfzeilige rote Initiale und eine rot durchgestrichene Majuskel, mit der
3. die in vier Absätze gegliederte Reimvorrede beginnt.

Die Stainreuter-Chronik hat ebenfalls ein mehrgliedriges Initiatorenbündel. Der Initiator beginnt

---

546 Vgl. Jürgen Wolf, Sächsische Weltchronik, S. 79.
547 Hubert Herkommer, Sächsische Weltchronik, S. 86.

1. mit einer fünfzeiligen W -Initiale (Bl. 108ra),
2. mit einer Vorrede (Bl. 108ra),
3. einer roten Überschrift (Bl. 108ra),
4. mit 15 untereinander geschriebenen Ländernamen, die aus mehr als einzeiligen Initialen bestehen (Bl. 108rb).

Terminator(en):
Das Textexemplar endet 1230 mit dem Tode Ottokars von Böhmen. Es hat einen – inhaltlich und formal – expliziten Terminator:
1. den Schlusssatz: *Finis adest.*
2. Zwei leere Seiten.

Auch die so genannte Österreichische Chronik (von den 95 Herrschaften) des Augustiner-Eremiten Leopold Stainreuter hat einen expliziten Terminator:
4. Das Textexemplar schließt auf Bl. 251va mit dem Satz: *Hie hat das puch ein ennd Got allen trubsal von uns wennd –*
5. Das letzte Blatt 251 ist vakant.

Dieser Terminator am Ende des Codex hat auch die Funktion eines Gesamtterminators.

Text-Bild-Relationen:
Dieser Codex enthält nur einen Teil des ‚Buchs der Welt', vor allem aber tradiert er die Österreichische Chronik von den 95 Herrschaften. Die hierarchischen Ebenen, die sich inhaltlich auf die unterschiedlichen Herrschaften beziehen, beginnen z.T. mit Wappenbildern. Vorgesehen waren 16 Wappenbilder, nicht alle wurden ausgeführt.[548]

Weitere Makrostrukturen:
Der Codex ist bis auf vorlagenbedingte Unterschiede weitgehend einheitlich strukturiert: Beide Textvorkommen zeigen folgende hierarchische Gliederung: Es lässt sich eine Ebene sicher zuordnen, die durch zweizeilige, den Textbeginn markierende rote oder blaue Initialen gekennzeichnet ist. Das ‚Buch der Welt' ist makrostrukturell zweigeteilt: Auf die rote, nur über eine Spalte gehende Überschrift im ‚Buch der Welt': *Hie hebt sich an dy Romisch kroniken und sagt von dem Romischen reich* folgt die fünfzeilige rote N-Initiale.

Die an das ‚Buch der Welt' zeitlich anschließende so genannte Österreichische Chronik von den 95 Herrschaften von Leopold Stainreuter ist

---

[548] Vgl. auch Jürgen Wolf, Sächsische Weltchronik, S. 78.

stärker rubriziert, die Strukturierung erfolgt durch Zwischenüberschriften, die auf den Inhalt verweisen und gleichzeitig von der ersten bis zur 95. Herrschaft durchnummeriert sind. Es kommt noch eine Text-Bild-Relation hinzu, durch die sich trotz weitgehend einheitlicher Strukturierung ebenfalls vorlagenabhängige Unterschiede zwischen den beiden ursprünglich selbständigen Chroniken bewahren. Die Initiatorenbündel zu Beginn und die Terminatorenbündel am Ende der beiden Chroniken zeigen wie auch die variierenden Makrostrukturen, dass beide Teiltexte ursprünglich selbständige Textexemplare waren, es auch wieder sein können. Hier sind sie aber miteinander zu etwas Neuem – zu einer österreichischen regionalen Weltchronik – verbunden. Der Codex endet mit dem expliziten Terminator: *Hie hat das puch ein ennd Got allen trubsal von uns wennd –*.

Textbestand:
Der Codex enthält eine Zusammenstellung von zwei Textzusammenhängen. Er beginnt mit der Überschrift *Hie hebt sich an dy Romisch kroniken und sagt von dem Romischen reich* (Bl. 1ra); darauf folgt die Reimvorrede und der Textzusammenhang des ‚Buchs der Welt' bis zum Jahre 1230 (SW 65,1-248,23; Bl. 1ra-106vb). Chronologisch schließt sich daran Leopold Stainreuters ‚Österreichische Chronik von den 95 Herrschaften' an. Sie endet mit dem Jahr 1398. Es fehlt im ‚Buch der Welt' die franziskanische Predigt.

Texterweiterung/Textkürzung/Textallianzen:
Die textinterne Untersuchung zeigt, dass es sich hier um die Fortsetzung und Regionalisierung des ‚Buchs der Welt' durch die regionale, österreichische Chronik des Augustiner Eremiten Leopold Stainreuther, also um eine neue regionale Weltchronik handelt. Die Österreichische Chronik von den 95 Herrschaften schließt inhaltlich und zeitlich an das ‚Buch der Welt' an (Bl. 108ra-251va). So wird eine regionale – diesmal gegenwartsbezogene – Chronik durch das heilsgeschichtliche ‚Buch der Welt' zur Universalchronik. Gleichzeitig wird sie auch um den historischen Aspekt, um die Vergangenheit erweitert. Die beiden Textzusammenhänge sind makrostrukturell von einander abgegrenzt. Zwischen beiden sind zwei Seiten freigelassen. Inhaltlich sind die Textzusammenhänge insofern aufeinander bezogen, als sie sich chronologisch aneinander fügen. Die hierarchischen Strukturierungen sind in beiden Textzusammenhängen weitgehend gleich. So lässt sich hier nicht von einer Sammlung, sondern von einer Zusammenstellung beider Chroniken sprechen, die mehr Fortsetzungscharakter hat als den Status einer Mitüberlieferung.

Syntaxrelevante Merkmale:
a) Interpunktion:
Gesamtsätze beginnen mit Majuskeln. Die Virgel erscheint als durchgängiges Kennzeichnungsmittel in den Handschriften 12 und 12a zur Kennzeichnung des Reimendes in der Reimvorrede.

b) syntaxrelevante Merkmale in der Reimvorrede:
Die Reimvorrede ist Teil des Gesamtinitiators und steht an erster Stelle im Codex. Wie in den Handschriften 11 und 12a ist auch in der Handschrift 12 die Reimvorrede in vier Abschnitte untergliedert. Sie besteht aus Sätzen mit temporalen Angaben (10 Teilsätze), aus Aufforderungs- (9 Teilsätze) und Aussagesätzen. Es zeigt sich eine Ausrichtung auf die Gegenwart, die Zukunft, die Dauer und die unbestimmte Folge der Zeit.

c) syntaxrelevante Merkmale in der Schöpfungsgeschichte:
Die Schöpfungsgeschichte besteht aus dreizehn Gesamtsätzen und acht Absätzen. Die Untergliederung der Gesamtsätze ist derjenigen der Gothaer Bilderhandschrift vergleichbar. Der erste Gesamtsatz der Schöpfungsgeschichte umfasst wie in der ältesten Handschrift 24 nahezu deckungsgleich den ersten Abschnitt. Wie in Hs. 24 handelt es sich auch hier um drei asyndetisch miteiander verbundene einfache Sätze:

IN aller ding begynn schueff got von erst hymel vnd erde wasser vnd fewer vnd lufft dy vier element waren vngeschaiden in dem hymel macht er auch newn kor der engel zw seinem lob vnd zw seinem dinst

Im 15. Jahrhundert ist diese Neigung zu langen Gesamtsätzen in der Weise, wie sie auch die Handschriften 24 kennt, sehr ungewöhnlich.

In einem Fall erweitert die Handschrift 12[549] einen Gesamtsatz gegenüber der Handschrift 24 (= 11. Gesamtsatz) noch und schließt – allerdings nach einer Virgel in Kombination mit Minuskel – zwei weitere einfache syndetisch verbundene Sätze und noch einen dritten Temporalsatz mit attributivem Relativsatz, einen weiteren einfachen Satz und einen Konditionalsatz an:

---

549 Die Handschrift 12a interpungiert hier noch weniger differenziert: *Zuleczt seins werchs macht got adam in der ersten stunnd des tags von der erden in sein' gleichnuß vnd gab im gwalt vber das viech / vber dy vogl vnd vber die visch vnd saczt in in das paradeis da macht er Euen von adams Ripp in d' driten stunnd des tags dye weil er slieff vnd gab sy im zu weib in der sechsten stunnd sünten Si baide wann Sy assen das obs das in got v'poten het / in der newnten stunnd des tags warf Sy got aus dem paradeis vnnd sannt sy auf das erdreich am sibentn tag den wir heissen Sambstag ruet got nach seinn werchen damit bezaihennt er vnns die ewig ruo vnd frewd die wir haben sulln mit im nach des leibs wanndlung ob wir es v'dienn*

In der sechsten stund Sündten sy paid wann sy assen das obs das In Got verpotten het / in der newnten Stund des tags worff sy got aus dem pardis vnd sandt sy auff das erdreich an dem Sibenden tag den wir haissn sambstag ruet got nach seine werchen damit bezaichent er vns dye ewig rue vnd frewd die wir haben sullen mit ym nach des leibs wandlug ob wir es verdienn

d) syntaxrelevante Merkmale in den übrigen Stoffkreisen:
Auch hier werden vor allem darstellende, erzählende Verben und die Vergangenheitsformen des Hilfsverbs *sein* genutzt; es wird zur Kennzeichnung der genealogischen Beziehungen das Verb *gewan* verwendet. Mit der Verwendung der Verben wird ein Wechsel von chronologischem, narrativem und genealogischem Prinzip auf der Ebene der Syntax sichtbar. Die temporale Ausrichtung erhält die Chronik nicht durch die Verbwahl, sondern durch die Verwendung temporaler Angaben in Spitzenstellung und auch innerhalb eines Gesamtsatzes.

Lexikalische Merkmale
1) Schlüsselwörter: „Gattungs"bezeichnungen:
Die Handschrift 12 beginnt mit der Überschrift in Rubrum (Bl. 1ra): *Hie hebt sich an dy Romisch kroniken vnd sagt von dem Romischen reich,* daran schließen sich die Reimvorrede und dann die Schöpfungsgeschichte (SW 67,1) an. In der Reimvorrede heißt es.[550] *Ich han mich des wol bedacht: diz buch ne wirt nimmer vollenbracht.* Neben der allgemeinen Erwähnung der Werkeinheit *buch* in der Reimvorrede präzisiert die Überschrift inhaltlich genauer und gibt mit der Verwendung des Wortes *chronik* gleichzeitig einen Hinweis auf eine Gruppenzuordnung: die Einordnung in die chronologische Geschichtsdarstellung.

2) lexikographische Schlüsselwörter (die Wochentagsbezeichnungen):
Sonntag: Der erste Wochentag wird durch die ungerundete Bezeichnung *suntag* angegeben.

Montag: Die gerundete, synkopierte Form *montag* benennt den zweiten Tag.

Dienstag: Es zeigt sich deutlich die bair.-österr. Herkunft der Handschrift: Sie verwendet *eritag*.

Mittwoch: Hier begegnet die im Oberdeutschen übliche kontrahierte Form *mitichen*.

Donnerstag: Auch für den fünften Wochentag verwendet der Schreiber das bair. Kennwort: *pfincztag*.

---

[550] Zitiert nach Weiland, Sächsische Weltchronik, S.67.

Freitag: Mit *freitag* wird die oberdeutsche diphthongierte Variante der Wochentagsbezeichnung verwendet.

Samstag/Sonnabend: Der letzte Wochentag wird entsprechend der regionalen Herkunft als *sambstag* bezeichnet.

Semantische Merkmale
1) Inhaltliche Ordnungsprinzipien:
Der Gesamtaufbau des Codex ist durch eine Kombination datenbezogener, personenbezogener und genealogischer Darstellungsweise gekennzeichnet. Genealogische Elemente sind nicht explizit hervorgehoben, es überwiegt insgesamt die chronologische Erzählung der historischen und gegenwartshistorischen Ereignisse. Im ‚Buch der Welt' tritt als annalistisches Element der temporale Kapitelbeginn: *In dem ... jar* auf, dieser Beginn überwiegt ab Bl. 17vb. Daneben finden sich wie in allen anderen Vertretern des ‚Buchs der Welt' temporale Gesamsatzanfänge mit *Nu, Da, Darnach*. Sie haben die Funktion den chronologischen Erzählzusammenhang zu verdeutlichen. Das ‚Buch der Welt' zeigt zudem eine makrostrukturelle Hervorhebung der Zweiteilung in vorrömische und römische Geschichte.

2) Die sechs Deutungsmuster:
a) Einordnung der Weltgeschichte in die Heilsgeschichte: Die Handschrift beginnt mit der Reimvorrede und spricht so die sechs Deutungsmuster an. Das heilsgeschichtliche Weltbild drückt sich ebenfalls in der Schöpfungsgeschichte aus. Die franziskanische Predigt ist in der Handschrift 12 nicht überliefert.
b) Berufung auf die (mündliche und schriftliche) Tradition: Das bairisch-österreichische ‚Buch der Welt' bietet eine straffe, chronologische, reichshistorisch orientierte Darstellung der Weltgeschichte, die um regionale österreichische Daten der jüngeren Geschichte erweitert worden ist. Vieles ist gestrafft – wie auch die in einem Satz erwähnte Marter des Johannes und Paul.
Durch die Textkombination ist eine österreichische heilsgeschichtlich orientierte Weltchronik entstanden. Die Makrostrukturen vereinhetlichen einerseits die unterschiedlichen Textteile weitgehend, sie machen aber dennoch kenntlich, dass es sich hier um ursprünglich selbständige Vorlagen handelt.
c) wahre Geschichtsschreibung: Wahrheitsbelege beschränken sich auf die üblichen Hinweise auf andere Literatur und auf die – wenn auch sehr zurückgenommene – Darstellungsweise in der ersten Person Sg. und Pl., sowie den Wahrheitstopos in der Reimvorrede. Zitate wörtli-

cher Rede treten viel weniger auf als in vergleichbaren Textexemplaren des ‚Buchs der Welt'-Überlieferungszusammenhanges. Der deutsche wie der lateinische Wortlaut der christenfeindlichen Auslegung des Bibelzitates durch den röm. Kaiser Julianus Claudius (Apostata) sind nicht wiedergegeben, die beiden Urkunden aus der Zeit des Investiturstreits und die Mahnrede mit ihren ausführlichen Zitaten fehlen auch.

d) Autorisierung der eigenen Aussagen: Der abstrakte Erzähler verwendet die erste Person Singular und Plural, der Schreiber nennt sich nicht.

e) und f) offene Geschichtsschreibung und auf Abgeschlossenheit, Endzeit zielendes Geschichtsdenken: Das österreichische ‚Buch der Welt' ist eine aktuelle, regionalisierte Universalchronik Die eschatologischen Bezüge treten nur in der Reimvorrede auf. Dem Textzusammenhang fehlt die Mahnrede mit dem franziskanischen Moralappel an die Geistlichkeit im Allgemeinen und den Leser der Chronik im Besonderen. Die Offenheit folgt bestimmten Regeln, die im Rahmen der ‚Textsorte' bleiben, hier ist es vor allem die Regionalisierung des ‚Buchs der Welt' auf Österreich bzw. die „Universalisierung" der österreichischen Chronik und ihre heilsgeschichtliche Einbettung.

III.3.19 Handschrift 162 (Lübeck, Stadtbibliothek, Ms. Lub. 2°4) – B

Externe Merkmale (Ebene b)
(erschlossener) Entstehungszeitraum, Entstehungsort, Schreiber/Kompilator:
Der niederdeutsche Codex ist in der Mitte des 15. Jahrhunderts entstanden. Der Schreiber nennt sich nicht, er konnte bisher auch nicht ermittelt werden. Entstehungsort ist die Hansestadt Lübeck.

Kombinationszeitraum, Kombinationsort:
Kompilator und Schreiber, Kombinationszeit und Entstehungszeit dieser Kompilation eines ‚Buchs der Welt' und einer Detmar-Chronik sind identisch.

Fortsetzungszeitraum, Fortsetzungsort und Fortsetzer:
Der Codex überliefert eine fortgesetzte und erweiterte Detmar-Chronik Typ II (Sigle M) mit Berichten über den Zeitraum 1105 bis 1386.

Benutzungszeitraum, Benutzungsort, Benutzer:
Der Codex ist im 16. Jahrhundert verschiedentlich benutzt worden (Randbemerkungen von zwei Händen). Auch Reinmar Kock (†1569) verwendete ihn für seine Lübische Chronik, ebenso der Lübecker Polyhistor Jakob von Melle (†1743), nach dem die Handschrift auch benannt ist (= von Melle-Handschrift).

Besitzzeitraum, Aufbewahrungsort, Besitzer, Auftraggeber:
Wer der Auftraggeber dieser Detmarchronik ist, lässt sich nicht ermitteln. In jedem Fall ist er im Lübecker Stadtbürgertum zu suchen. Der erste nachweisbare Besitzer ist der Lübecker Bürger Peter van Kollen, der 1549 im Brüderbuch der Lübecker Krämer und später noch als Zeuge bei drei Urfehden (1565/66) genannt wird. Sein Besitzeintrag befindet sich auf Bl. 148^r der Handschrift 162: *Dyt bock hort Peter van Kollen in der alffstraden. De et van my lendt, de geff et my wetter. anno domini 1554*. Ein weiterer Besitzeintrag stammt aus der Mitte des 17. Jahrhunderts: Johannes Nicolai Lubecensis. Dieser Johannes Nicolai war seit 1663 Pastor zu St. Peter in Lübeck, wie hundert Jahre vor ihm Reinmar Kock, der den Codex für seine historiographischen Arbeiten benutzt hat. Nicolai starb am 22. Juni 1686. Der Lübecker Historiker Jakob von Melle, der den Codex im 18. Jahrhundert besaß, trug die Besitzer seit Johannes Nicolai in chronologischer Reihenfolge in den Codex ein: Von Nicolai erbte dessen Schwiegersohn Georg Ritter (†1706), dann dessen Schwiegersohn Johann Hesse (†1715, ab 1713 Pastor zu St. Peter) und schließlich dessen Neffe Paul Bruns (†1725) den Codex. Paul Bruns schenkte ihn 1725 Jakob v. Melle (†1743). Bis ins 19. Jahrhundert blieb die Handschrift in von Melles Familie. Als der Historiker E. Deecke die Handschrift in der ersten Hälfte des 19. Jahrhunderts beschrieb,[551] gehörte sie dem Niedergerichtsprokurator Dr. Heinrich Bruns. Deecke war später selber Besitzer der Handschrift, aus seinem Besitz kam sie im 19. Jahrhundert in die Stadtbibliothek Lübeck. 1944 wurde der Codex mit anderen Büchern wegen der Luftangriffe auf Lübeck in ein Bergwerk in Sachsen-Anhalt ausgelagert. 1990 wurde das Archivgut der Hansestädte von der Sowjetunion zurückgegeben. Jürgen Wolf gelang es, in der Handschrift einen Überlieferungsträger des ‚Buchs der Welt' zu erkennen.

Kommunikationsmaterial und -form:
Es handelt sich um einen Papiercodex mit ursprünglich 154 Blättern. Vier Blätter wurden herausgetrennt (zwischen 36/37; 46/47; am Ende der Lage

---

551 Ernst Deecke, Beiträge zur Lübecker Geschichtskunde, S. 17-19.

6 und am Anfang der Lage 7). Die niederdeutsche Handschrift hat eine Blattgröße von 28 x 20,5 cm und einen Schriftspiegel von 20,5 x 14,5 cm. Sie ist zweispaltig geschrieben und umfasst 33 bis 35 Zeilen pro Seite. Der Einband besteht aus Holz mit Leder. Vorne ist ein Zettel mit einer Abschrift Jacob von Melles, *De rebus Lubecensis* in der Handschrift von Johann Hermann Melles eingeklebt (auf der Rückseite ein Gedicht).

Schreibsprache: niederdeutsch.

Interne Merkmale
Initiator(en):
Der zweispaltig ausgeführte, niederdeutsche Papiercodex beginnt mit einem mehrgliedrigen Initiator:

1. eine fünfzeilige N-Initiale in Kombination mit einer rot durchgestrichenen U-Majuskel (Bl. 1ra), die
2. die Reimvorrede einleitet;
3. mit einer fünfzeiligen I-Initiale am Rand der a-Spalte auf Blatt 2ra, Z. 15, die als Beginn der Schöpfungsgeschichte fungiert.

Die Überleitung von der universalhistorischen Einleitung des ‚Buchs der Welt', die bis zu den Sachsen führt, zur Detmar-Chronik geschieht inhaltlich durch folgenden Satz: *Nach dem mak wy myd desser kroneken komen over mer* und auf der Versoseite geht es mit einer schlichten Majuskel weiter: *So denke ik nu der stad lubeke* [...] Nach dieser Überleitung folgt in der Zeile 6 von Bl. 12va die rote Überschrift*: hyr begennet sik de croneke von lübeke.* Die Stadtchronik beginnt mit einer dreizeiligen roten D-Initiale.

Terminator(en):
Der ‚Buch der Welt'-Teil hat – anders als die österreichischen Handschriften 12 und 12a und die Augsburger Stadtweltchronik Bollstatters (Hs. 022) – keinen expliziten Terminator, der sie als ursprünglich selbständigen Basistext ausweist. Vergleichbar ist sie aber in ihrer Komposition der Kölner Stadtweltchronik (Hs. 112). Sie endet auf Bl. 12rb mit der Erzählung, dass die Sachsen aus dem Heer Alexanders stammten und die Thüringer vertrieben hätten (Zeile 30). Makrostrukturell homogen schließt sich in Zeile 31 mit einer zweizeiligen N-Initiale die ‚Detmar'-Chronik unmittelbar an.

Das Ende des Codex ist vollkommen unmarkiert: Die Detmar-Chronik geht auf Bl. 142ra in regionale Nachrichten über, die aus Mecklenburgischen Akten entnommen sind. Diese Mitteilungen enden auf Bl. 148va, Z. 11 mit drei Tilden. Im 16. Jahrhundert schrieb Peter van

Kollen seinen Besitzervermerk direkt darunter: *Dyt bock hort Peter van Kollen in der alffstraden. De et van my landt, de geffe et my wetter. Anno domini 1554.*

Weitere Makrostrukturen:
Die hierarchischen Strukturierungsmerkmale sind insgesamt einheitlich. Es werden überwiegend rote Initalen verwendet, am Anfang in Kombination mit roten Überschriften:

1. Die Reimvorrede beginnt mit einer fünfzeiligen N-Initiale. Sie ist hierarchisch in fünf Einheiten durch zweizeilige rote Initialen strukturiert.
2. Die Schöpfungsgeschichte beginnt mit einer fünfzeiligen I-Initiale, der eine N-Majuskel (*IN aller dinge beginne*[...]) folgt; sie ist durch zwei- bis elfzeilige Initialen (mehr als zweizeilig sind nur die am Rand verlängerten I-Initialen) in die einzelnen Schöpfungstage unterteilt. Ab dem zweiten Schöpfungstag leiten zudem noch rote Überschriften, die die Schöpfungstage benennen, die einzelnen Absätze ein: *des mandaghes, Des dinxtedages.*
3. Die biblische Geschichte seit Adam beginnt auf Bl. 3va, Z. 13f. mit einer roten Überschrift: *hir na volget de lesunge van Adam an* in Kombination mit einer zweizeiligen A-Initiale *(Adam ghewan* Cayne *vnde abele* Do *abel* [...]). Die Ereignisse zu den Stammvätern und jüdischen Könige werden durch die Verwendung zumeist zweizeiliger roter Initialen (I-Initialen am Rande sind häufig länger) vorgenommen. Die Gliederung erfolgt in der Reihenfolge der Stammväter und Herrscher, deren Namen jeweils mit einer roten Initiale beginnen. Auf Bl. 3va, Z. 17-19, wo die Stammväterfolge durch den Bericht über die Fähigkeiten Adams und Enochs etc. unterbrochen wird, ist eine rote Überschrift eingefügt: *wo adam alder erst* [...] *vnderdachte de bokstaue,* es folgt in der nächsten Zeile eine zweizeilige A-Initiale.
4. Die Geschichte der Stadt Lübeck beginnt mit einer roten Überschrift und einer dreizeiligen D-Initiale durchaus im Rahmen der übrigen strukturellen Merkmale: Das ‚Buch der Welt' endet auf Bl. 12rb mit der Erzählung, dass die Sachsen aus dem Heer Alexanders stammten und die Thüringer vertrieben hätten (Zeile 30), strukturell homogen schließt sich in Zeile 31 mit einer zweizeiligen N-Initiale die ‚Detmar'-Chronik direkt an. Die Überleitung von der universalhistorischen Einleitung wird durch den Satz: *Nach dem mak wy myd desser kroneken komen over mer* hergestellt. Der Chroniktext ist wie der des ‚Buchs der Welt' durch zwei- und mehrzeilige rote Initialen mit oder

ohne eine nachfolgende rot durchgestrichene Majuskel gegliedert. Die Initialen treten gegen Ende kaum noch auf.
5. Auf Bl. 142ra, Z. 3 geht der Text nahezu unmerklich (mit einer rot durchgestrichenen N-Majuskel), d.h. ohne makrostrukturelle und hierarchische Markierungen, in regionale Nachrichten aus Mecklenburger Akten über. Die Chronik endet auf Bl. 148va, Z. 11 mit drei Tilden als Zeilenfüller.

Textbestand:
Der Kompilator dieses Codex hat aus dem ‚Buch der Welt' die Reimvorrede und den ersten Teil: die Schöpfungsgeschichte bis zu Alexander dem Großen (SW 65,1-78,22; Bl. 1ra-12va) genommen und sie mit einer lokalen Lübecker Chronik, der so genannten Detmar-Chronik, neu kombiniert.

Auch die Detmar-Chronik selbst schöpft unter anderem aus einem Textzusammenhang des ‚Buchs der Welt' der B-Fassung. Übereinstimmungen zeigen sich zwischen der Detmar-Chronik und den Handschriften 14, 15 und 16. Detmar hat seine Arbeit zunächst 1347 beendet und mit großen Unterbrechungen (36 Jahre) und in unterschiedlicher Überarbeitung wurde die Chronik dann später fertiggestellt. In diesem Codex liegt Typ II der Detmar-Chronik vor.[552]

Textallianzen:
Grundlage dieses Codex ist die Chronik des Franziskaner Lesemeisters Detmar (1105-1386, Typ II, Sigle M) aus dem Lübecker Katharinenkloster (Bl. 12ra-142ra). Ihr wurde die Reimvorrede und die Darstellung der Schöpfungsgeschichte aus dem ‚Buch der Welt' (SW 65,1-78,22) vorangestellt (Bl. 1ra-12va). Detmar verfasste auf Veranlassung des Rates der Stadt Lübeck eine Stadtchronik.

> Anlaß für die Chronik von 1347 war, wie die Einleitung berichtet, ein von dritter Seite geäußerter Wunsch, die Stadtgeschichte genauer und von Anfang an kennenzulernen. Als Initiator und Leserpublikum dieser Stadtchronik kommen die Angehörigen der ratsfähigen Oberschicht in Frage, die schon seit langem mit den Minoriten verbunden waren und die wenig später auch durch Stiftungen den Neubau des Katharinenklosters ermöglicht haben. Im Hinblick auf das Publikum ist der Chronikverfasser auch von der lateini-

---

[552] Vgl. Willy Krogmann, Artikel ‚Detmar von Lübeck', S. 148-152; Thomas Sandfuchs, Artikel ‚Detmar von Lübeck', Sp. 68-70; Detmar-Chronik, Bd. II, S. 117-118.

schen Sprache, in der noch die Annalen geschrieben waren, abgegangen und verwendet die niederdeutsche Sprache.[553]

Die hier vorliegende Fassung basiert auf einer Überarbeitung der Erstfassung, die bis 1386 reicht (II. Detmar-Chronik). Es besteht in der Forschung kein Konsens darüber, ob Detmar selbst die unterschiedlichen Fassungen, die die Handschriften-Überlieferung zeigt, hergestellt hat, oder ob es sich um mehrere Abschreiber handelte.[554]

Der Detmar-Kompilator benutzte vermutlich für die Herstellung seiner universalhistorisch ausgerichteten Version der Lübecker Stadtchronik – wie sie uns in der Handschrift 162 begegnet – die zu jener Zeit in Lübeck befindliche Handschrift 16.[555] Der Kompilator, dieselbe Person wie der Schreiber, „hat an vielen Stellen oberflächlich gearbeitet".[556]

Der Codex ist – die Makrostrukturen belegen dies eindeutig – keine Sammelhandschrift historiographischer Texte, wie z.B. Jürgen Wolf[557] annimmt, sondern die Neukompilation einer auf die Stadt Lübeck ausgerichteten Weltchronik. Sie ist in ihrer Komposition der Kölner Stadtweltchronik (Hs. 112) vergleichbar, die an den welthistorischen Textzusammenhang ebenfalls bruchlos eine regionale, auf eine Stadt bezogene chronikalische Darstellung anschließt.

Der Chronik sind am Schluss Mecklenburgische Aktenstücke (142ra-148va) hinzugefügt worden, nur dies allein rechtfertigt eine Zuordnung zu den Sammelhandschriften.

Syntaxrelevante Merkmale:
a) Interpunktion:
Gesamtsätze beginnen zumeist mit rot durchgestrichenen Majuskeln. Die Reime sind, wie in der Handschrift 231 und im Unterschied zu allen anderen Textexemplaren, die die Reimvorrede führen, unmarkiert.

---

553 Vgl. zur Detmar-Chronik Klaus Wriedt, Geschichtsschreibung in den wendischen Hansestädten, S. 420.
554 Vgl. dazu ebd., S. 425f. Klaus Wriedt und auch Jürgen Wolf nehmen an, dass es sich um verschiedene Chronisten handelt. Ältere Auffassungen (z.B. Menke) dagegen sehen sowohl in der bis 1386 reichenden Fassung als auch in der Erweiterung bis 1396 mit vorgeschalteter Sächsischer Weltchronik-Einleitung ein Original Detmars. Krogmann hält nur die Bearbeitung bis 1386 für eine Detmar-Bearbeitung. Vgl. auch Jürgen Wolf, Sächsische Weltchronik, S. 225-227; Johannes Bernhard Menke, Geschichtsschreibung und Politik, 1959/60, S. 101-103; Willy Krogmann, Artikel ‚Detmar', Sp. 151.
555 Siehe den Lesartenvergleich bei Jürgen Wolf, Sächsische Weltchronik, Anhang S. LII-LIV.
556 Ebd., S. 97, Anm. 47.
557 Ebd., S. 379.

b) syntaxrelevante Merkmale in der Reimvorrede:
Wie in den meisten Handschriften ist die Reimvorrede auch hier ein Teil des Gesamtinitiators. Sie tritt an erster Stelle im Codex auf. Die Handschrift 162 gliedert wie 16 und 17 die Reimvorrede in fünf Absätze: *Nu vornemet*[...]; *Da na volget* [...]; *Swer nu an den sunden* [...]; *Nu vlitit* [...]; *Ich han mich des wol bedacht* [...]

c) syntaxrelevante Merkmale in der Schöpfungsgeschichte:
Wie die meisten Handschriften des späteren 14. und des 15. Jahrhunderts unterscheidet auch die Handschrift 162 in der Schöpfungsgeschichte mehr Gesamtsätze als die älteren Textexemplare. Sie verbindet im ersten Gesamtsatz nur noch zwei asyndetisch angeschlossene einfache Sätze.

d) syntaxrelevante Merkmale in den übrigen Stoffkreisen:
Insgesamt werden in der Chronik darstellende, erzählende Verben, vor allem Handlungsverben, verwendet. Es werden häufig Verben eingesetzt, die die Erzählhandlung charakterisieren. Sie variieren gemäß der Erzählhandlung. In den genealogischen Passagen (z.B. Stammväter des alten Testaments aber auch die genealogischen Beziehungen der Könige des römischen Reiches) wird ausschließlich das Verb *gewan* ‚bekam' benutzt. Insgesamt überwiegt aber die Vergangenheitsform der Hilfsverben *sein* und *haben*. Es zeigt sich also an der Verwendung der Verben ein Wechsel von chronologischem, narrativem und genealogischem Prinzip.

Lexikalische Merkmale
1) Schlüsselwörter: „Gattungs"bezeichnungen:
Im Codex wird das Wort *buch* in der Reimvorrede und im Text benutzt (Bl. 1ra). Es wird als ‚Selbstbezeichnung' und als Bezeichnung für andere Texte verwendet. Die Lübecker Handschrift nutzt die Bezeichnung *chronik* als Selbstbezeichnung pointiert und häufig, z.B.: *Nach dem mak wy myd desser kroneken komen over mer* (Bl. 12rb) und in der Überschrift: *hyr begennet sik de croneke von lübeke* (Bl. 12va, Z. 6).

2) lexikographische Schlüsselwörter (die Wochentagsbezeichnungen):
Sonntag: Die Wochentagsbezeichnung *Sontag/Suntag* begegnet in der Handschrift 16 in der Vollform als genitivisch gefügtes Kompositum: *Dit was der ereste dach . de ie ghewart . den hete we och sunnendach .* (Bl. 4 bzw. 2ra, Z. 7-10).

Montag: Der nd. Codex verwendet ein schreibsprachliches *mânendach* aus as., anfrk. *mânundag*:[558] ***Des anderen dages den we hetit manendach*** . (Bl. 4 bzw. 2ra, Z. 10-12).

Dienstag: Es findet sich in der Handschrift die Wochentagsbezeichnung *dinsedach* eine Varianten von *dinstag*: *In deme dridde daghe . de we hetet dinsedach* . (Bl. 4 bzw. 2ra, Z. 17-19).

Mittwoch: Handschrift 16 überliefert für den vierten Wochentag die Bezeichnung *midweken*: *In deme uerden daghe . den we hetet midweken* . (Bl. 4 bzw. 2ra, Z. 28-30).

Donnerstag: Für den fünften Tag führt die Hs. 16 *donersdach*: *In deme uisten daghe de we hetet donresdach* . (Bl. 4 bzw. 2rb, Z. 4-6).

Freitag: Mit *urigedach* ist eine Variante zu nd. *vridach* in der Bremer Bilderhandschrift tradiert: *In deme sesten dage den we hetet urigedach* (Bl. 4 bzw. 2rb, Z. 9-11).

Samstag/Sonnabend: *In deme seuenden daghe de we hetet sunnauent* (Bl. 4 bzw. 2rb, Z. 30-Bl. 4 bzw. 2va, Z. 1). Die nd. Handschrift verwendet hier die ältere und häufiger vertretene Bezeichnung nd. *sunnauent,* daneben finden sich aber in meinem Korpus auch *sonnauent* und *sunnabend.* Insgesamt hält sich die u-Schreibung in der Bezeichnung des letzten Wochentages konstanter als in *sundach/sûndach/sondagh* (vgl. Hs. 24).

Der Dialekt des Codex gilt in der Forschung als nordalbingisch mit hochdeutschen Elementen in der Reimvorrede. Die Wochentagsbezeichnungen belegen einen niederdeutschen Schreibstil ohne besondere Neuerungen oder Ausgleichsbestrebungen. Mit *sunnauent/sunnendach* behält der Chronist die *u*-Formen bei. Eine direkte Beeinflussung durch oberdeutsche Formen liegt auch nicht vor, da die Kaiserchronikpassagen in der Bremer Bilderhandschrift fehlen.

Semantische Merkmale
1) Inhaltliche Ordnungsprinzipien:
Der Gesamtaufbau des Codex ist durch eine Kombination datenbezogener, personenbezogener und genealogischer Muster bestimmt. Das chronologische Prinzip ist mit einer annalistischen Tendenz verbunden: Vor allem in der Lübecker Stadtchronik beginnen die meisten Absätze mit *In deme jare cristi ...* Dieser Satzbeginn wechselt mit *Des suluen jares ...* und mit *In deme sulven,* seltener mit *Do.*

---

[558] Grimm, DWB, Bd. 6, Sp. 2514f., Karl Schiller, August Lübben, Mnd. Wörterbuch, Bd. 3, S. 21.

2) Die sechs Deutungsmuster:
a) Einordnung der Weltgeschichte in die Heilsgeschichte: Die Handschrift beginnt mit der Reimvorrede und spricht damit die sechs Deutungsmuster an. Darauf folgen bekannterweise die Vorschläge für ein gottgefälliges Leben, um ruhigen Gewissens vor das Jüngste Gericht treten zu können. Die Schrecken des Jüngsten Gerichts werden ausführlich dargestellt. Das göttliche Heilswirken drückt sich darüber hinaus im Sechstagewerk aus. Die franziskanische Mahnrede fehlt.
b) Berufung auf die (mündliche und schriftliche) Tradition: Detmar gibt an, ältere Stadtchroniken benutzt zu haben: *stades coroniken*. Benutzt hat er soweit sich ermitteln lässt, die Slawenchronik Helmolds von Lübeck, die Stader Annalen, Martin von Troppau, die Lübecker Annalen und eine B-Fassung des ‚Buchs der Welt' mit Berichten bis 1237/38.
c) wahre Geschichtsschreibung: Der Chronist beruft sich in der Reimvorrede auf die Tradition und die Wahrheit, fordert die Nachfolger auf weiterzuschreiben und autorisiert seine Aussagen durch die Berufung auf Eike von Repgow.
d) Autorisierung der eigenen Aussagen: Auch hier begegnet die Erzählperspektive der ersten Person (Sg. und Pl.) Es tritt zum Zwecke des Wahrheitsbelegs der abstrakte Erzähler in den Vordergrund, der empirische Autor (resp. Kompilator) bleibt jedoch anonym. In der Reimvorrede ist weiterhin der Hinweis auf Eike von Repgow enthalten.
e) und f) offene Geschichtsschreibung und auf Abgeschlossenheit, Endzeit zielendes Geschichtsdenken Die Chronik beginnt mit der Reimvorrede und damit mit der apokalyptischen Endzeitvorstellung des Jüngsten Gerichts. Die Kompilation zeigt eine Offenheit im Rahmen der im 15. Jahrhundert gängigen Prinzipien: Universalgeschichte in Kombination mit Regionalgeschichte und hier insbesondere mit Stadtgeschichte.

III.3.20 Handschrift 163 (Hamburg, Bibl. der Patriotischen Gesellschaft o. Signatur, verbrannt 1842) – B

Externe Merkmale (Ebene b)
(erschlossener) Entstehungszeitraum, Entstehungsort, Schreiber/Kompilator:
Die 1842 verbrannte Handschrift ist vermutlich ebenfalls wie die Handschrift 162 in Lübeck entstanden. Das Entstehungsdatum ist nicht bekannt.

Besitzzeitraum, Aufbewahrungsort, Besitzer, Auftraggeber:
Daten hierüber sind nicht bekannt. Zuletzt befand sich die Handschrift in der Bibliothek der Patriotischen Gesellschaft in Hamburg.

Textbestand/Texkürzung/Texterweiterung:
Es handelt sich auch hier um eine gekürzte Überlieferung des ‚Buchs der Welt' von der Reimvorrede bis zu Alexander dem Großen (SW 65,1-78,22), die mit einer Detmar-Chronik vom Typ II fortgesetzt worden ist. Auch die hier vorliegende Fassung basiert auf einer Überarbeitung der bis 1386 reichenden Erstfassung der Detmar-Chronik.[559]

Textallianz:
Der Codex ist meiner Meinung nach ebenso wenig wie die Handschrift 162 eine Sammelhandschrift historiographischer Texte, wie z.B. Jürgen Wolf[560] annimmt, sondern eine auf Lübeck orientierte, dennoch universalhistorisch ausgerichtete Neukompilation. Über weitere Textexemplare in dem verbrannten Codex ist nichts bekannt.

III.3.21 Handschrift 9 (Strasbourg, Bibliothèque Nationale et Universitaire, Ms. 2119) – A₁

Externe Merkmale (Ebene b)
(erschlossener) Entstehungszeitraum, Entstehungsort, Schreiber/Kompilator:
Der Codex bindet mit starken redaktionellen Eingriffen nur scheinbar vollkommen unterschiedliche Textexemplare (Beginn des ‚Speculum Historiale' in deutscher Sprache; das ‚Buch der Welt', gekürzt um die Schöpfungsgeschichte bis zu Christi Geburt; *Historiana Troyana* in der deutschen Übersetzung des Hans Mair aus Nördlingen; Alexanderlegende; Dreikönigslegende; zwei Reiseberichte; *Vade mecum in tribulatione*) zusammen und bildet so ein Kompendium des ‚Weltwissens', eine Wissenssumme im Sinne des enzyklopädischen Gedankens des Vinzenz von Beauvais.[561] Zumindest das nachgetragene *Vade mecum in tribulatione* geht auf den Schreiber Volk Landsperger zurück, daneben gab es aber noch mindestens einen, wahrscheinlich aber zwei weitere Schreiber, die an der Kombination des Codex beteiligt war. Die Weissagungen in der deutschen Übersetzung des ‚Vade mecum in tribulatione' des Johannes de Rupescissa wurden aktualisiert und beziehen sich nun nicht mehr auf das Jahr 1367 wie in der lateinischen Vorlage, sondern auf das Jahr

---

559 Vgl. Willy Krogmann, Artikel ‚Detmar', Sp. 150.
560 Jürgen Wolf, Sächsische Weltchronik, S. 379.
561 Vgl. auch Klaus Ridder, Jürgen Wolf, Wissen erzählen.

1461. Daraus muss man schließen, dass die Übersetzung vor 1461 angefertigt worden ist.[562] Der Schreiber der Prophezeiungen – vielleicht auch ihr Übersetzer – nennt sich auf Bl. 297rb: *Das hant geschrieben volk Landsperger von kavfbeiren. Amen.* Volk Landsberger lebte in Augsburg. In diesem Codex fehlt allerdings die sonst für ihn typische schwäbische Dialektfärbung.[563]

Kombinationszeitraum, Kombinationsort:
Es handelt sich hier vor allem um eine Textkompilation. Kompilations- und Entstehungszeitraum sind weitgehend identisch: 3. Viertel des 15. Jahrhunderts, vor 1461:

Nach Cristi gepurt tausent vierhundert LXI iar, groß betrübnis sol an heben vnd sol sich meren vom iar czu iar (Bl. 293va) und *WEnn man schreibt nach Cristi gepurt tausent virhundert LXI, das dan dicz betrübniß sol sich an heben vnd sol sich meren von jar czu jar, vnd als vernympt man, das es sol weren czehen jar* (Bl. 297^{va-vb}).

Fortsetzungszeitraum, Fortsetzungsort und Fortsetzer:
Der Textbestand der Rezension A$_1$ (1225) ist bis zur Absetzung Wenzels (1400) durch die (nach dem Aufbewahrungsort genannte) Straßburger Fortsetzung (s.o.) fortgeführt. Der unbekannte Fortsetzer beendet seine Aufzeichnungen mit der Datumsangabe *Anno 1411.* Die Wasserzeichen auf dem Papier stammen jedoch aus der zweiten Hälfte des 15. Jahrhunderts, deshalb „muß zumindest der Chronikteil mit der charakteristischen Kombination von Ausschnitten aus dem *Speculum historiale* und der SW samt einer daran anschließenden Fortsetzung auf eine bereits in dieser Form existierende Vorlage zurückgehen".[564]

Benutzungszeitraum, Benutzungsort, Benutzer:
Der Schreiber des Schlussteils, wahrscheinlich Landsperger, hat den Codex mit Randbemerkungen versehen, was auf eine intensive Benutzung hinweist. Randbemerkungen gibt es darüber hinaus auch von einer jüngeren Hand.

---

562 Siehe auch Jürgen Wolf, Sächsische Weltchronik, S. 60, Anm. 151.
563 Vgl. auch Rudolf Weigand, Vinzenz von Beauvais, S. 148-150. Vgl. zu Volk Landsperger auch: Helmut Lehmann-Haupt, Schwäbische Federzeichnungen, S. 78-84; Werner Fechter, Das Publikum der mhd. Dichtung, S. 99; Hubert Herkommer, Sächsische Weltchronik. S. 67; Karin Schneider, Berufs- und Amateurschreiber, S. 17, 22f. u.a.m.
564 Jürgen Wolf, Sächsische Weltchronik, S. 337, s.a. ebd., Anm. 44.

Besitzzeitraum, Aufbewahrungsort, Besitzer, Auftraggeber:
Rudolf Weigand hält Landsperger nicht für den Schreiber, sondern ausschließlich für den Besitzer.[565] Diese Annahme hat einige Wahrscheinlichkeit. Vielleicht war Landsberger auch der Auftraggeber des Codex. Der intensive Gebrauch der Handschrift durch Landsperger spricht für ihn als Besitzer. Die Reihe der weiteren Besitzer ist nicht zu rekonstruieren. Als Weiland sich mit dem ‚Buch der Welt' befasste, war die Handschrift im Besitz des Leipziger Antiquars T.O. Weigel.[566] Im Jahr 1876 verkaufte der Augsburger Antiquar Fidelis Butsch die Handschrift 9 an die Stadtbibliothek in Straßburg.[567]

Kommunikationsmaterial und -form:
Der Codex bekam in der Straßburger Bibliothek einen modernen Halbpergamenteinband. Die zweispaltige Papierhandschrift aus dem Nürnberger/Augsburger Raum (vor 1461) enthält III+297+II (foliiert: 298, 299) Blätter. Die Blätter wurden beschnitten, ihre Größe beträgt jetzt: 29 x 20 cm, der Schriftspiegel 19,5/24 x 14,5/16 cm mit 39-49 Zeilen. Zur Wertsteigerung des Codex wurde in der 2. Hälfte des 15. Jahrhunderts ein Dedikationsbild auf das Vorsatzblatt III^v eingeklebt.[568]

Schreibsprache:
Der Schreibdialekt des ‚Buch der Welt'-Teils deutet insgesamt eher auf den Nürnberger Raum: ein Nordbairisch mit mitteldeutschen Einsprengseln. Die beiden Schreiber der anderen Textteile, die den größten Anteil der Handschrift ausmachen, waren vermutlich aus Nordbayern.[569]

Interne Merkmale
Initiator(en):
Den Anfang des Codex bildet die auszugsweise Übersetzung des *Speculum historiale* des Vincenz von Beauvais mit einer dreizeiligen roten Initiale.

Terminator(en):
Das fortgesetzte ‚Buch der Welt' endet mit einem expliziten Terminator auf Bl. 109ra: *Anno 1411 Amen.* Der Gesamtcodex endete ursprünglich wohl mit dem Kolophon, das das *Vade mecum in tribulatione* beschließt: *Das hant geschrieben volk Landsperger von kaufbeiren. Amen* (Bl. 297rb).

---

565 Rudolf Weigand, Vinzenz von Beauvais, S. 148-151.
566 Vgl. Ludwig Weiland, Sächsische Weltchronik, S. 7f.
567 Vgl. Hubert Herkommer, Sächsische Weltchronik, S. 66.
568 Siehe: ebd., S. 66f.
569 Vgl. auch Jürgen Wolf, Sächsische Weltchronik, S. 60; Rudolf Weigand, Vinzenz von Beauvais, S. 150; Klaus Ridder, Jean de Mandevilles ‚Reisen', S. 92.

Im 16. Jahrhundert wurden Gebete hinzugefügt. Makrostrukturell sind die verschiedenen Textexemplare voneinander abgesetzt.

Text-Bild-Relationen:
Später wurde auf dem Vorsatzblatt (IIIv) ein Widmungsbild eingeklebt. Die Miniatur zeigt einen Reichsfürsten, der auf einem Thron sitzt. Zu seinen Füßen befindet sich im Wappenschild der Doppeladler. Rechts neben dem Thron steht der Träger der Insignien, links befinden sich zwei weitere Personen mit Büchern. Die kniende Person überreicht dem Herrscher ein Buch. Hubert Herkommer nimmt an, dass dieses aus der 2. Hälfte des 15. Jahrhunderts stammende Dedikationsbild der Wertsteigerung des Codex dienen sollte.[570] Das Bild illustriert sehr gut den Weg, den kollektive Memoria im 15. Jahrhundert gehen konnte: Verbreitet wurde diese Memoria durch die Schriftlichkeit, durch das Buch. Angeregt wurde die Verbreitung der Erinnerungskultur durch die in einem bestimmten Territorium herrschende Obrigkeit und ausgeführt durch standesmäßig nicht mehr eindeutig zu identifizierende Schreiber. Es sind nicht zwingend Mönche.

Weitere Makrostrukturen:
Die Kapitelüberschriften im ‚Speculum historiale' sind beibehalten; das Buch IV des Vincenz von Beauvais mit der Geschichte Alexanders fehlt. An späterer Stelle im Codex ist dafür die ausführlichere Prosabearbeitung des Alexanderstoffs durch Meister Babiloth überliefert.

Das ‚Buch der Welt' schließt sich inhaltlich an die mit der Regierungszeit Cäsars endende Vincenz von Beauvais-Übersetzung an. Es beginnt nach einer leeren Verso-Seite – ohne Überschrift – mit einer dreizeiligen roten *D*-Initiale, der eine rot durchgestrichene *O*-Majuskel folgt, bei Christi Geburt (Bl. 71ra, SW 90,1). Die Übersetzung des ‚Speculum historiale' und das ‚Buch der Welt' mit seinen Fortsetzungen wurden aufgrund des bruchlosen inhaltlichen Übergangs von Becker und Wickersheimer als ein zusammengehöriges Textexemplar angesehen.[571] Das ‚Buch der Welt' endet 1225 mit den Ereignissen um die Ermordung des Kölner Erzbischofes Engelbert v. Berg (SW 245,35) ohne expliziten Terminator in der 44. Zeile von Bl. 108rb. Die eigenständige Fortsetzung,

---

570 Hubert Herkommer, Sächsische Weltchronik, S. 66f.
571 Vgl. Adolf Becker, Die deutschen Handschriften der kaiserlichen Universitäts- und Landesbibliothek zu Straßburg, S. 110: Weltchronik v. Bl. 1-109; Ernest Wickersheimer, Catalogue général des manuscrits des bliothèques publiques de France, S. 444: „Fol. I [-109, die Verf.] Chronique anonyme. ‚Von dem ellend der ersten eltern. Adam und Eva, als man glaubt an dem tag irer schöpfung [...]' (1411)".

knappe Einträge zu den deutschen Kaisern und Königen, oftmals ergänzt durch die Erwähnung gleichzeitig lebender berühmter Männer wie Albertus Magnus oder durch Charakterkennzeichnungen wie bei Rudolf von Habsburg (1273-1291), endet mit der Absetzung Königs Wenzels (1378-1400) und der Erwähnung der Hussiten als Grund für die Absetzung (Bl. 109ra). Die Regentschaft Sigmunds (1410-1437) wird nicht genannt, obschon der Text im Jahre 1411 beendet wurde: *Anno 1411 Amen*. Für die Fortsetzung des Textexemplars sind die Bll. 109^v-115^v freigelassen.

Die hierarchischen Merkmale kennzeichnen Strukturierungsebenen mittels ein- bis dreizeiliger Initialen, manchmal in Kombination mit roten Überschriften.

Textbestand:
Die Handschrift vereint auf den ersten Blick sehr unterschiedliche Texte miteinander. Sie beginnt jedoch zunächst sehr stimmig mit einem Auszug aus der deutschen Übersetzung der Chronik des Vinzenz von Beauvais, an die sich inhaltlich mit der Geburt Christi das ‚Buch der Welt' bis zum Jahre 1225 anschließt (Bll. 71ra-108rb). Es folgt eine Fortsetzung der Weltchronik bis zu den Jahren 1400 bzw. 1411. Im Anschluss daran die deutsche Übersetzung der *Historia troyana* (durch Hans Mair von Nördlingen), die Alexanderchronik des Meister Babiloth (Wichwolt/Wybolt), Kapitel aus der deutschen Übersetzung der *Historia trium regum*; die deutsche Übersetzung (Otto von Diemeringen) mit eigenständigem Prolog von Jean de Mandevilles ‚Reisen'; die ersten 28 Kapitel aus Hans Schiltbergers ‚Reisebuch' und die deutsche Übersetzung und Aktualisierung des *Vade mecum in tribulatione*. Auf die letzte Verso-Seite sind später Gebete geschrieben worden.

Texterweiterung/Textkürzung:
Die Sammelhandschrift 9 übernimmt im Anschluss an das ‚Buch der Welt' keine der bekannten Fortsetzungen. Die sog. Straßburger Fortsetzung (Bl. 108va-109ra) schließt direkt an die letzte Nachricht (1225) im ‚Buch der Welt' an. Sie beginnt mit Kaiser Friedrichs II. Sohn Heinrich, nennt allerdings ein falsches Datum als Zeitpunkt der Krönung Heinrichs: 1257 statt 1222. Die eigenständige Fortsetzung besteht aus knappen Einträgen zu den deutschen Kaisern und Königen, oftmals ergänzt durch die Erwähnung gleichzeitig lebender berühmter Männer wie Albertus Magnus oder durch Charakterkennzeichnungen wie bei Rudolf von Habsburg (1273-1291), endet mit der Absetzung König Wenzels des Sohns Karls IV. (1378-1400) und der Erwähnung der Hussiten als Grund für die Absetzung (1410) (Bl. 109ra). Die Regentschaft Sigmunds (1410-

1437) wird nicht genannt, obschon der Text im Jahre 1411 beendet wurde. Jürgen Wolf bewertet die Fortsetzung als reine Kaiserchronik. Für eine weitere Fortsetzung des Textexemplars sind die Blätter 109^v-115^v freigelassen.

Textallianzen:
Der Codex ist eine Schreibersynthese[572] von geistlichen, historiographischen Textexemplaren und Reiseberichten. Nach den Untersuchungen Jürgen Wolfs, Klaus Ridders und auch Rudolf Weigands handelt es sich bei dieser Sammelhandschrift um eine „kompendienartige Sammlung des Weltwissens":[573] „Hs. 9 erscheint als ein vom Kompilator nach der ‚Epochenkompetenz der einzelnen Versatzstücke' zusammengestelltes Geschichtskompendium."[574] Der Kompilator beginnt mit einer Übersetzung von Buch I 56 (die Vertreibung Adams und Evas aus dem Paradies) bis Buch VI 102 (Julius Cäsar/Kaiser Augustus) des *Speculum historiale* des Vinzenz von Beauvais, dessen Kapitelüberschriften beibehalten sind (Bl. 1ra-70rb). Darauf folgt das ‚Buch der Welt' chronologisch folgerichtig mit den Ereignissen von Cäsar bzw. Christi Geburt bis 1225 und einer eigenständigen Fortsetzung bis 1400/1411.

Das Buch IV des Vinzenz von Beauvais mit der Geschichte Alexanders fehlt in der *Speculum historiale*-Übersetzung der Handschrift 9 am Anfang. An späterer Stelle im Codex (Bl. 184va-210vb) ist die Alexanderchronik des Meister Babiloth überliefert.[575] Die Darstellung der Geschichte Alexanders des Großen ist hier erheblich ausführlicher als sie das Buch IV des *Speculum historiale* vorstellt. Auch die Geschichte Trojas (im Buch II 61-64 des *Speculum historiale*) lässt der Bearbeiter aus und fügt nach einigen freien Seiten die deutsche Übersetzung der *Historia troyana* des Guido de Columna durch Hans Mair von Nördlingen[576] an (Bl. 116ra-184ra). Auf Meister Babyloths ‚Alexanderchronik', die der Chronist so bearbeitet hat, dass vor allem die geographischen und naturkundlichen Ausführungen – besonders über das Morgenland – Eingang in seine Weltchronik gefunden haben, folgen verschiedene Reisebeschreibungen, die wiederum geographisch und naturkundlich ausgerichtet sind und vor allem einen Eindruck vom ‚Morgenland' bieten: Die

---

572 Jürgen Wolf, Sächsische Weltchronik, S. 389f.
573 Vgl. auch zu diesem „Kompendientyp" ebd., S. 389-391; Rudolf Weigand, Vinzenz von Beauvais, S. 160-164; Klaus Ridder, Jean de Mandevilles ‚Reisen', S. 341f.; Klaus Ridder, Jürgen Wolf, Wissen erzählen, S. 317-334.
574 Jürgen Wolf, Sächsische Weltchronik, S. 391.
575 Vgl. auch Gabriele von Olberg-Haverkate, Textfunktionen, S. 335f.
576 Vgl. hierzu Rainer Meisch, Troja und die Reichsstadt Nördlingen.

Kapitel 3 bis 45 aus der deutschen Übersetzung von Johannes von Hildesheims *Historia trium regum* – der ‚Dreikönigslegende' – (Bl. 212ra-235rb), Johannes von Mandeville's Reisebeschreibung in der deutschen Übersetzung des Otto von Diemeringen (Bl. 236va-276vb) und die Kapitel 1-28 von Hans Schiltbergers Reisebuch (Bl. 280ra-291rb). Den Abschluss bilden das bearbeitete und aktualisierte, ins Deutsche übersetzte *Vade mecum in tribulatione* von Johannes de Rupescissa (Bl. 292ra-297rb). Die apokalyptischen, auf das Weltende hinweisenden Weissagungen beziehen sich in dieser Version nicht wie in der lateinischen Vorlage auf das Jahr 1367, sondern auf die Jahre 1461 (z.B. Bl. 293va u. öfter) bis 1471 (z.B. Bl. 295vb u. öfter). Auch dieser Textzusammenhang lehnt sich an den Textzusammenhang des *Speculum historiale* an, das mit einem auf das Ende der Welt hinweisenden Epilog schließt. Dieser Epilog ist hier fortgelassen und wird durch das *Vade mecum* ersetzt. Auf der letzten Verso-Seite wurden später Gebete nachgetragen (Bl. 297^v).

Die Makrostrukturen haben verbindende und nicht abgrenzende Funktion. Wie bei vielen der hier besprochenen Textallianzen mit aufeinander weisenden, verbindenden Makrostrukturen ist es auch diesem historiographischen Kompendium gegangen:

> Diese weit verbreiteten Wissenssammlungen stellen eben kein homogenes Werk dar, haben in aller Regel keinen fassbaren Autor und sind in den formalisierten Handschriftenbeschreibungen neuzeitlicher Bibliothekskataloge noch nicht einmal als sinnvolles Ganzes zu erkennen. Jeder Text in einem derartigen Sammelcodex wird separat beschrieben, separat ediert und separat untersucht. Aber die Einzeltexte sind weniger als das Ganze.[577]

Eine Kombination von Reisebericht und Universalchronik ist vor allem in der zweiten Hälfte des 15. Jahrhunderts durchaus verbreitet. Der mittelalterliche Reisebericht vermittelt geographisches und historisches Wissen und erweitert auf diese Weise das Bild von der Welt, ergänzt also in diesem Zusammenhang die kollektive Memoria. Solche Kombinationen finden sich z.B. im Münchener Codex, Bayerische Statsbibliothek, Cgm 7364 aus dem Jahr 1449, der neben einer Heinrich von München Chronik noch eine Abschrift von Odoricos de Pordenone Reisebericht nach China in der deutschen Übersetzung Konrad Steckels überliefert.[578] Auch die Gmünder Chronik wird im Münchener Codex, UB. 8°

---

577 Klaus Ridder, Jürgen Wolf, Wissen erzählen, S. 334.
578 Vgl. Andrea Spielberger, Die Überlieferung der ‚Weltchronik' Heinrichs von München, S. 197; Klaus Ridder, Jean de Mandevilles ‚Reisen', S. 341f.

Cod. Ms. 179 mit einer deutschen Übersetzung (durch Michael Velser) des Reiseberichts von Jean de Mandeville zusammen überliefert.

Syntaxrelevante Merkmale:
a) Interpunktion:
Majuskeln können den Beginn eines Gesamtsatzes markieren.

b) Syntaxrelevante Merkmale in den übrigen Stoffkreisen des ‚Buchs der Welt' (Christi Geburt bis 1225):
In der Chronik werden vor allem darstellende, erzählende Verben und die Vergangenheitsformen der Hilfsverben *haben* und *sein* sowie zur Kennzeichnung der genealogischen Beziehungen das Verb *gewan* ‚bekam' verwendet. Es finden sich häufig Passivkonstruktionen. Die temporale Ausrichtung erhält die Chronik nicht durch die Verbwahl, sondern durch die Verwendung temporaler Angaben zumeist in Spitzenstellung eines Gesamtsatzes.

Lexikalische Merkmale
1) Schlüsselwörter: „Gattungs"bezeichnungen:
Gattungsbezeichnungen treten kaum auf. Die Bezeichnung *buch* ist als allgemeine Werkbezeichnung vertreten.

2) lexikographische Schlüsselwörter (die Wochentagsbezeichnungen):
Die Chronik setzt nach dem Sechstagewerk und dem Sündenfall mit der Vertreibung aus dem Paradies ein.

Semantische Merkmale
1) Inhaltliche Ordnungsprinzipien:
Der Gesamtaufbau des Codex ist durch eine Kombination von datenbezogener, personenbezogener und in geringem Maße auch genealogischer Darstellungsweise gekennzeichnet.

2) Die sechs Deutungsmuster:
a) Einordnung der Weltgeschichte in die Heilsgeschichte: Eine heilsgeschichtliche Einbettung der Wissensbestände ist noch erkennbar, obschon die neuen Wissensinhalte den universalgeschichtlichen Rahmen sowohl inhaltlich als auch strukturell zu sprengen drohen. Das Sechstagewerk fehlt z.B. Es geht insgesamt um Weltwissen, aber um ein Weltwissen, das die Grenzen der christlich-europäischen Memoria deutlich überschreitet (z.B. mit dem Interesse am Orient und an der Reiseliteratur), das kaum noch homogenisiert werden kann.[579]

---

[579] Rainer Meisch, Troja und die Reichsstadt Nördlingen, S. 342 sieht hier stärker noch die Auswahl und Reihenfolge der Einzeltexte dieser Handschrift „unter einem universalge-

Dennoch bemüht sich z.B. Mandeville im Prolog seiner Reisebeschreibungen den Bogen zur heilsgeschichtlichen Tradition zu spannen: [...] *sull do bey erkennen die almechtigkeit des schopfers der wunder het gethan jn sein wercken als der prophet spricht mirabilia opera tua domine* [...] (Bl. 237vb). Demselben Zweck dient auch die Beschreibung der drei Könige Melchior, Kaspar und Balthasar, die Geschichte der Thomas-Christen in Indien und des sagenmwobenen Priesters Johannes. Mit der Überlieferung des Troya- und des Alexanderstoffes zeigen sich deutlich Paralellen zur Basler Handschrift 021. „Neben historischem Geschehen [...] bietet die ‚Alexanderchronik' eine Fülle verschiedenster Beschreibungen von Wundervölkern, Wundertieren, Wunderdingen und vor allem detailliertes geographisches Wissen."[580] Thematisch sprengen aber die Textallianzen den Rahmen der traditionell durch die Universalchronistik vorgegeben ist einerseits, versuchen ihn aber auch andererseits zu bewahren: Alle diese Erzählungen erweitern das herkömmliche Weltverständnis, bieten aber auch eine Anknüpfung an die Heilsgeschichte, indem sie einerseits in den Wundern Gottes Wirken erkennen und andererseits auch in sehr fernen Ländern christliche Herrscher ausmachen und von ihnen erzählen. Im Rahmen traditioneller Argumentationsstrategien wird hier neues, vor allem die Stadtbürger interessierendes Erinnerungswissen eingeführt, das noch christlich begründet ist, aber über Europa hinausweist.

b) Berufung auf die (mündliche und schriftliche) Tradition: Die Textallianzen in diesem Codex sind planmäßig zu einer neuen Chronik zusammengestellt worden, zu einem chronologisch strukturierten Weltkompendium. Es enhält verschiedene in städtischen Kreisen interessierende Wissensgebiete und ist um die intensive, über das ‚Speculum historiale' hinausgehende Antikenrezeption und um das Wissen um ferne Länder (speziell: des Orients) erweitert. Formal orientiert sich die neue Chronik weiterhin an den hierarchischen Merkmalen des *Speculum Historiale*. Inhaltlich kommen aber zu den bekannten Wissensbeständen kollektiver christlich-euopäischer, reichshistorischer Memoria neue hinzu, da sich der Rezipientenkreis, der politisch-historische Bezugsrahmen und das Weltwissen gewandelt haben.

---

schichtlichen Bogen" und interpretiert die Reiseberichte als christlich-heilsgeschichtliche Klammer zwischen „biblisch begründetem Weltbeginn im ersten und eschatologisch gesehenem Weltende im dritten Teil des Codex". Siehe auch Andrea Spielberger, Die Überlieferung der ‚Weltchronik' Heinrichs von München, S. 197, Anm. 68.
580 Klaus Ridder, Jürgen Wolf, Wissen erzählen, S. 329f.

c) wahre Geschichtsschreibung: Im Chronikteil handelt es sich um eine reichhistorische Version, die sich auf bekannte und als wahr anerkannte Chroniktexte stützt. Die Chronik enthält auch in der Fortsetzung kaum lokale Zusätze im eigentlichen Sinne, sondern nur Ereignisse von überregionaler Bedeutung: die Pestepidemie (*Zu der zeyt wart gross pestillenz durch alle lant wol V Jar*), ganz allgemein geht der Redaktor auf das Villacher und Baseler Erdbeben (*und wurden vil ertbidem, das stet und sloß nidervilen*) und die beginnende Hussitenbewegung ein (*der hussitischen kezerey willen, dye sich untter ym erhub und sich dornach gemert un lang zeyt wert.*).[581] Die einzelnen Textexemplare fügen sich zwar zu einem neuen Ganzen, es bleibt makrostrukturell jedoch sichtbar, dass sie einmal selbständig waren. Diese Strategie dient der Wahrheitsbekräftigung der Aussagen über die Welt, die durch diese Zusammenstellung eine neue Wende bekommen haben. Im Vorwort zu Mandevilles Reisen findet sich dann auch die verbale Wahrheitsbekundung: *So wisß das das recht buch ist der warheit als es manteuille erfaren hett vnd beschriben.* (Bl. 237vb). Zugleich zeigt sich aber auch in Mandevilles Vorwort, das Wissen um die Subjektivität dieser Wahrheit: *Es sol dannoch nymant glauben das er domit die werlt gar erfarn hab das dem menschen vn muglich ist wan on zweyfel der mensch nymer so vil gelernt oder erfaren mag* (Bl. 237vb). Die große Menge des Weltwissens lässt sich nicht mehr lückenlos vermitteln, es kann sich nur um eine (subjektive) Auswahl handeln, einen Teil der Wahrheit. Kollektive Memoria erscheint vor diesem Hintergrund als unerreichbar, nur Ausschnitte sind möglich.

Die Leser interessierte dabei nicht, ob die Erzählungen in der Tat wahr waren. Der fiktive Brief des Priesters Johannes erfreute sich seit dem 12. Jahrhundert wachsender Beliebtheit.[582] Auch die Schildberger-Forschung zweifelt daran, dass Schildberger diese Reisen wirklich unternommen hat,[583] aber: „Für unseren Redaktor galten die Berichte in jedem Fall als authentisch und historisch verbürgt."[584] Im Straßburger Codex ist aus den Schildbergerschen Reiseberichten vor allem der

---

[581] Handschrift 9, Bl. 108vb und 109ra.
[582] Siehe dazu: Klaus Ridder, Jürgen Wolf, Wissen erzählen, S. 326; Anna-Dorothea von den Brincken, Fines Terrae, S. 77, S. 105-117, 119, 123-125; Rudolf Simek, Erde und Kosmos im Mittelalter, S. 90-94.
[583] Hans Jochen Schiewer, Artikel: Hans Schildberger, Sp. 675-679; ders., Leben unter Heiden, S. 159-178.
[584] Klaus Ridder, Jürgen Wolf, Wissen erzählen, S. 327.

chronistische, historische Teil übernommen. Der reisekundliche und der autobiographische Teil sind fast vollständig ausgeblendet.

d) Autorisierung der eigenen Aussagen: Einer der Schreiber nennt sich, allerdings ist seine Zuordnung fraglich. Dennoch lässt sich auch hier die zunehmende Autorisierung der chronikalischen Literatur feststellen.

e) und f) offene Geschichtsschreibung und auf Abgeschlossenheit, Endzeit zielendes Geschichtsdenken: Der Redaktor hat aus verschiedenen Textzusammenhängen ein neues, inhaltlich anders akzentuiertes Textexemplar zusammengestellt. Dieses Textexemplar zeichnet sich formal durch das Bemühen um eine homogene Strukturierung und gleichzeitig durch die Orientierung am Aufbau der Vorlagen aus. Inhaltlich ist eine neue, sehr narrative, umfangreiche Weltchronik entstanden mit Reisebeschreibungen vor allem des Morgenlandes (Alexanderchronik, Dreikönigslegende, aber auch Johannes von Mandeville's und Schildbergers Reisebeschreibungen). Dabei beginnt der Codex zunächst mit dem seit Isidor (7. Jh.) überlieferten Weltwissen, wie es Vinzenz von Beauvais vermittelt. Damit aber gibt sich der Kompilator des Straßburger Codex nicht zufrieden, er ergänzt deshalb das erneuerungsbedürftige Orientwissen mit detailiertem, „z.T. sogar aus erster Hand gewonnenem Orientwissen".[585]

Der auf das Weltende hinweisende Epilog des ‚Speculum historiale' ist weggelassen worden, an seine Stelle tritt die deutsche Übersetzung des ‚Vade mecum' des Franziskaners Johannes de Rupecissa mit seinen aktualisierten Endzeitprophezeiungen. Für die Jahre 1461-1477 wird der Beginn des dritten Zeitalters vorhergesehen und damit die Ankunft des Engelpapstes (der französische Endkaiser wurde bei der Aktualisierung weggelassen), der die Welt erneuern wird. Es zeigt sich hier eine Tendenz, die der franziskanischen Mahnrede (die ja nicht mit aus dem ‚Buch der Welt' übernommen worden ist) vergleichbar ist. Die franziskanische Ausrichtung bleibt in diesem Codex also erhalten, ebenfalls die heilsgeschichtliche Einbettung, wenn auch zurückgenommen. Neu im 15. Jahrhundert, vor allem in der zweiten Hälfte, ist die Ausweitung der Universalgeschichte über das christlich-europäische Weltverständnis hinaus, wie es z.B. in den Reiseberichten geschieht. Im Troyastoff[586] von Heinz Mairs Guido-

---

585 Ebd., S. 329.
586 Vgl. zum Trojastoff die Untersuchungen in: Wissensliteratur im Mittelalter. Schriften des Sonderforschungsbereichs 226 Würzburg/Eichstätt, Bde. 3, 4, 13, 18, 21 und 22

Übersetzung der *Historia destructionis Troia* begegnet in der Handschrift 9 wie schon in der Basler Handschrift 021 städtisches Erinnerungswissen.

III.3.22   Handschrift 024 (Augsburg, Stadtarchiv, Schätze 121) – A_1

Externe Merkmale (Ebene b)
(erschlossener) Entstehungszeitraum, Entstehungsort, Schreiber/Kompilator:
Der Codex beruht auf einer Buchbindersynthese, die zu unterschiedlichen späteren Zeiten drei ursprünglich selbständige Codices zu einem zusammengefasst hat. Teil A – die jüngste Handschrift – wurde um 1470 von Konrad Bollstatter geschrieben. Teil B verfasste der sog. Aalener Stadtschreiber im Jahr 1465 (Bl. 150ra) anonym, in diesem Teil ist auch das ‚Buch der Welt' überliefert. Teil C ist der älteste Teil, er wurde von einem unbekannten ostschwäbischen Schreiber in den 1460er Jahren zusammengestellt.

Kombinationszeitraum, Kombinationsort:
Der Gesamtcodex bekam seinen Charakter nicht allein dadurch, dass ihn verschiedene Schreiber mit bestimmten Kombinationsabsichten erweitert haben, sondern er wurde in seiner heutigen Form durch das Zusammenbinden von drei selbständigen Handschriften geschaffen.

> In den 1470er Jahren lassen sich alle drei Teile in den Händen Bollstatters nachweisen [...] Vermutlich noch von ihm selbst wurden die Teile A und B zu einem Sammelband vereinigt. Auffällig ist, daß der neue Sammelband nun gleich zwei Fassungen des ‚Compendium historiae in genealogia Christi' enthielt.[587]

Teil C wurde wohl erst von dem späteren Besitzer, dem Augsburger Ratsdiener und Chronisten Paul Hector Mair, in den 1560er Jahren zu A und B hinzugefügt.

Fortsetzungszeitraum, Fortsetzungsort, Fortsetzer:
Die Handschrift besteht aus drei Teilen, die selbständig entstanden sind und später zusammengebunden wurden. Alle drei Teile waren im Besitz Konrad Bollstatters. Teil A wurde von Bollstatter selbst geschrieben und enthält neben einer Übersetzung des Petrus Pictaviensis zum Stammbaum Jesu noch die Erzählung vom bösen Judas Sarioth, die am Ende unvollständig ist. In diesem Teil sind keine Fortsetzungen rekonstruierbar. Teil B, der das ‚Buch der Welt' überliefert, wurde vom sog. Aalener

---

[587] Jürgen Wolf, Sächsische Weltchronik, S. 398.

Stadtschreiber geschrieben: Auf das bis 1225 reichende ‚Buch der Welt' (SW 67,1-244,32) folgt eine bis 1350 erweiterte Fassung der ersten Bairischen Fortsetzung, die am Schluss lokale Zusätze hat. Darauf folgt eine weitere lokalgefärbte Fortsetzung bis 1460, an die sich die sog. Gmünder Kaiserchronik anschließt. Fortsetzungs- und Entstehungszeit sind hier deckungsgleich. Der dritte Teil (C) enthält eine deutsche Übersetzung der *Flores temporum* bis zum Jahre 1349.[588] Anschließend an diese Chronik hat ein späterer Besitzer (Paul Hector Mair[589]) 1537 eine Kostenaufstellung seines Familienhaushaltes zugefügt und daran anschließend ein Register für den Teil C begonnen.

Benutzungszeitraum, Benutzungsort, Benutzer:
Die Handschrift wurde von den Schreibern und Besitzern benutzt: Teil C von einem anonymen Schreiber um 1460, Teil B vom Aalener Stadtschreiber, alle Teile von Bollstatter (ca. 1470-ca. 1482) und von Paul Hector Mair (Teil C 1537-1579, Teil A/B 1540-1579). Darauf weisen die Korrekturen und Randbemerkungen hin.

Besitzzeitraum, Aufbewahrungsort, Besitzer, Auftraggeber:
Als frühester Besitzer aller drei Teile lässt sich Konrad Bollstatter ausmachen. Die Teile B und C schrieb er wohl für seine eigene Bibliothek. Bollstatter besaß die Codices in seiner Augsburger Zeit (1466-1482, seine letzte Arbeit, ein Weltgerichtsspiel ist aus dieser Zeit). Sie waren Bestandteil seiner Bibliothek. Teil A ist ein Autograph Bollstatters, Teil B wurde von ihm ausgiebig bei der Kompilation anderer historiographischer Arbeiten benutzt und Teil C weist viele Marginalen aus der Hand Bollstatters auf. Über den Auftraggeber des Aalener Stadtschreibers ist nichts bekannt. Vielleicht war wie bei Handschrift 023 der Augsburger Kanonikus und Domscholastikus Konrad Harscher der nächste Besitzer.[590] Bei der Handschrift 024 ist es noch wahrscheinlicher als bei 023, dass sie im Besitz des Ratsdieners der Stadt Augsburg, Hans Mair war, denn 1537, im Jahr seines Todes, fügt sein Enkel Paul Hector Mair anlässlich seiner Heirat mit Felizitas Kötzler das Muster einer Kostenaufstellung für seinen

---

588 Die deutsche Übersetzung der Flores temporum untersuchte Klaus Graf, Exemplarische Geschichten, S. 192f. und 197-199. Zur lateinischen Fassung der Flores temporum vgl. die Arbeiten, die im Münsteraner SFB 231 entstanden sind: z.B. Heike-Johanna Mierau, Antje Sanders-Berke, Birgit Studt, Studien zur Überlieferung der Flores Temporum, 1996; vgl. auch Peter Johanek, Weltchronistik, S. 321, Anm. 138; Anna-Dorothea von den Brincken, Anniversaristische und chronikalische Geschichtsschreibung, S. 195-214.
589 Zu Mair siehe auch Handschrift 023.
590 Jürgen Wolf, Sächsische Weltchronik, S. 273 aufgrund seiner Interpretation des Nachlassinventars Harschers vom 2./3. Dezember 1493.

neugegründeten Familienhaushalt und seinen Namen (Bl. 1^r) in den Teil C ein. Die beiden anderen Teile A und B waren bereits zusammengebunden, als sie in den Besitz Mairs kamen. Sie tragen auf Bl. 1^r den Eintrag: *Paullus Hector Maÿr, ratsdiener zůgvhvrÿg, 1540.* Nach der Hinrichtung Mairs 1579 blieb die Handschrift 024 wie 023 im Besitz der Stadt und befindet sich heute im Stadtarchiv Augsburg.

Kommunikationsmaterial und -form:
Der Codex ist der einzige in unserem Untersuchungszusammenhang, der aus drei Teilen besteht. Die Blattgröße beträgt 29 x 20 cm. Die beiden ersten Teile der Papierhandschrift sind zweispaltig geschrieben und umfassen 161 Blätter. Das erste Blatt wurde nicht gezählt, die Foliierung endet mit Bl. 160. Teil A hat einen Schriftspiegel von 21/22 x 13,5/14 cm mit 33-42 Zeilen. Der Schriftspiegel von Teil B beträgt 20,5 x 14 cm zu 32-33 Zeilen. Der Teil C ist einspaltig geschrieben und getrennt foliiert und enthält 204 Blätter zuzüglich 17 weiteren nicht foliierten.[591] Der Schriftspiegel beträgt 20,5 x 14/14,5 cm zu 25-29 Zeilen.

Teil A und B waren vermutlich schon von Bollstatter zusammengebunden worden. Alle drei Teile schließlich hat der Augsburger Ratsdiener und spätere Stadtkassierer Paul Hector Mair zusammenbinden lassen.[592] Der Pergamenteinband aus dem 16. Jahrhundert hat auf der Vorderseite den Eintrag *Alte geschribne sachen vnd Extract aus der Bibel: N° 15 Von paulo hectormair,* auf dem Rücken hat er die alte Signatur N° 15 und die neue 121.

Schreibsprache:
Teil A und C wurden in ostschwäbischem Schreibdialekt geschrieben, Teil B (mit dem ‚Buch der Welt') in Schwäbisch mit leichten bairischen Einflüssen.

Interne Merkmale
Initiator(en):
Es lassen sich die Initiatorenbündel der drei ursprünglich selbständigen Codices unterscheiden und die Inititiatorenbündel der einzelnen Textexemplare innerhalb der Codices.

Das Initiatorenbündel des nachträglich zusammengebundenen Gesamtcodex (= Initiator des übersetzten Compendiums in der heute überlieferten Form) besteht aus:

---

591 Zur Lagenformel vgl. Jürgen Wolf, Sächsische Weltchronik, S. 33.
592 Die Bindung erfolgte um 1568, denn das letzte Blatt der Handschrift hat ein P-Wasserzeichen aus dem Jahr 1568.

1. einer zweizeiligen roten D-Initiale, mit der
2. eine kurze Vorrede anfängt (*Das ist* [...] = zweispaltig, insgesamt acht Zeilen auf der ersten Versoseite).
3. Der eigentliche Textzusammenhang beginnt mit einer dreizeiligen roten D-Initiale (*Das ist* [...]).

Auf Bl. 29va, Z. 9 beginnt mit einer dreizeiligen D-Initiale und folgender roter Überschrift (*Dits nachgeschreibn sagt vom bößen judas Sarioth der vnßer her verriett*) der Textzusammenhang der Erzählung vom bösen Judas Sarioth. Der Text fängt mit einer fünfzeiligen E-Initiale (*Es swas* [...]) an. Die Erzählung ist am Ende unvollständig.

Der zweite Teil der Buchbindersynthese beginnt wiederum mit einer deutschen Übersetzung des ‚Compendium historiae in genealogia Christi'. Die graphische Darstellung der biblischen Geschichte bis zu Jesus ist in diesem ursprünglich selbständigen Codex mit dem ‚Buch der Welt' in der Version A$_1$ mit der 1. Bairischer Fortsetzung kombiniert. Der Initiator dieses Teils ist in der heutigen Fassung

1. eine rote Überschrift (*Dis ist der vorspruch der kurzen bibel* [...]), die die Vorrede ankündigt (Bl. 31ra);
2. eine vierzeilige I-Initiale, mit der die Vorrede anfängt (*Ich was betrachten die lengi der hailigen geschrift vnd die klůghait die daran liget*);
3. die Vorrede, sie endet
4. mit einem rot geschriebenen Satz: *hie endet sich die vorrede.*

Auf Bl. 59ra beginnt mit einer roten Überschrift das ‚Buch der Welt': *Das ist di kronick von allen kúnigen vnd båbsten vnd wie allú kunigrych her komen seind vnd allú land von anfang der welt.* Die Schöpfungsgeschichte beginnt mit einer zweizeiligen A-Initiale: *An dem anfang geschuf* [...]

Der Teil C des Gesamtcodex setzt mit einer fünfzeiligen Initiale ein und überliefert eine weitere Chronik: Die *Flores Temporum*.[593]

Terminator(en):
Die deutsche Übersetzung des ‚Compendium historiae in genealogia Christi' im Teil A beendet die Kaiserreihe mit Christus (Bl. 29va, Z. 8) ohne expliziten Terminator. Das neue Textexemplar: ‚Vom bösen Judas

---

[593] Vgl. zu dieser Chronik eines Schwäbischen Minoriten aus dem Jahre 1292: Gert Melville, Zur ‚Flores-Metaphorik', S. 65-80; Peter Johanek, Artikel ‚Flores Temporum', S. 753-758; Anna Dorothea von den Brincken, Geschichtsschreibung in den ‚Flores Temporum', S. 195-214.

Sarioth' beginnt in der nächsten Zeile mit einem dreigliedrigen Initiator (s. o.). Es endet unvollständig einige Zeilen später (Z. 30) auf derselben Seite.

In Teil B endet die Genealogie Christi des Petrus Pictaviensis auf Bl. 58rb. Die Verso-Seite ist vakant.

Es folgt das ‚Buch der Welt', das nach zwei Fortsetzungen auf Bl. 150ra auf der a-Spalte endet, die b-Spalte ist vakant geblieben. Auf der Verso-Seite beginnt mit einer zweizeiligen D-Initiale und einer Überschrift die Gmünder Chronik: *Di cronica ist gemachet von gottes namen den von Gmünd im Augsburger bistum gelegen*. Dieser Teil schließt ohne expliziten Terminator.

Der Teil C enthält die *Flores Temporum*, sie endeten wohl ursprünglich ohne expliziten Terminator. Der spätere Besitzer Paul Hector Mair 1537 hat eine Kostenaufstellung seines Familienhaushaltes angefügt (Bl. 201^{r}-202^{v}). Auf Bl. 204^{r} hat derselbe Besitzer ein Register der *Flores* angefangen (*Register ubir das bůch*).

Text-Bild-Relationen:
Das Genealogische Prinzip ist in diesem Codex durch die Textallianz mit der deutschen Übersetzung des *Compendium historiae in genealogia Christi* des Petrus Pictaviensis verwirklicht. Die Genealogie beginnt auf der Seite 1^{v} mit der graphischen Darstellung der Nachkommen Adams und Evas. Die Namen beider Stammeltern sind in runde Medaillons geschrieben und führen mit Verbindungsbändern zu den Nachfahren, deren Namen zumeist ebenfalls in brustbildartigen Medaillons stehen. Die Darstellung, die immer schmuckloser wird, nutzt zuweilen auch das Querformat der Blätter (z.B. Bl. 8^{v}).[594] Petrus Pictaviensis schloss seine graphische Darstellung der Genealogie Christi mit Jesus, stellte aber auch den Beginn der römischen Kaiserreihe graphisch dar, soweit es sich hier um Zeitgenossen Christi handelte. Dieser Beginn einer Parallelisierung von *Genealogia Christi* und den Genealogien weltlicher Herrscher hat die Rezipienten des Textes[595] stark inspiriert und nicht selten dazugeführt, dass eine Papstreihe in graphischer Gestalt der bildlich dargestellten Kaiserreihe gegenübergestellt wurde. Ein solches Verfahren findet sich in der lateinischen Handschrift *101. In einer Buchbindersynthese wurde dem Gesamtcodex das *Compendium historia* noch ein zweites

---

594 Vgl. zu den Darstellungsmitteln des Compendium im Verlaufe seiner Überlieferung: Gert Melville, Geschichte in graphischer Gestalt, S. 71f.
595 Vgl. ebd., S. 72, Anm. 56: „Das Compendium war ein ‚offener Text', der weiterlebte." Vgl. auch ders., Geschichtskompendien, S. 71ff.

Mal hinzugefügt. Der zweite Teil, der auch das ‚Buch der Welt' enthält, setzt wiederum mit Petrus Pictaviensis ein. Die Genealogie beginnt – die Blattzählung ist durchgängig vom ersten Teil an weitergeführt – auf der Seite 31^v mit der graphischen Darstellung der Nachkommen Adams und Evas wie im ersten Teil des Codex. Auch hier sind die Namen beider Stammeltern in runde Medaillons geschrieben und führen mit Verbindungslinien zu ihren Nachkommen, deren Namen zumeist ebenfalls in brustbildartigen Medaillons stehen.

Weitere Makrostrukturen:
Die Genealogie in Teil A ist durch die Text-Bild-Relation der Namensmedaillons strukturiert. Der Text ist in Absätze gegliedert, die mit zweizeiligen roten Initialen beginnen: die Namen der Personen des Alten Testaments. Nachträglich sind Erläuterungen und Hinweise am Rand hinzugefügt worden. Das Textexemplar vom ‚bösen Judas Sarioth' beginnt mit einer dreizeiligen Initale und ist mit zweizeiligen strukturiert.

Das *Compendium historia* in Teil B ist wie in Teil A strukturiert. Das ‚Buch der Welt' beginnt die biblische Geschichte von Adam an mit einer roten Überschrift, die aus dem ‚gemeinen' Text genommen und hervorgehoben wurde (*Wie dú welt von adam her gestanden sy* [...], Bl. 59va), und mit einer dreizeiligen roten A-Initiale (= Adam). Die Strukturierung erfolgt mittels zweizeiliger roter Initialen – nicht die einzelnen Namen der Stammväter sind markiert, sondern der erste Einschnitt setzt ein bei der Erwähnung, dass Adam die Buchstaben erfand (Bl. 60va). Der Beginn der römischen Geschichte ist nicht durch eine rote Überschrift, sondern nur durch eine zweizeilige S-Initiale markiert. Vor die Darstellungen zu den einzelnen Königen und Kaisern ist in einigen Fällen der Herrschername rot in die vorhergehende Zeile gesetzt (z.B. Alexander, Claudius etc.). Die Erste Bairische Fortsetzung schließt mit einer Majuskel auf Bl. 132ra, Z. 25 in der Zeile an (*In der zytt do* [...]). Es folgen mit den gleichen hierarchischen Strukturierungen lokale Zusätze und eine weitere Fortsetzung bis zum Jahre 1460 bis zum Bl. 150ra.

Die Anfänge der Absätze und Gesamtsätze innerhalb des ‚Buchs der Welt' und seiner Fortsetzungen sind überwiegend temporale Adverbiale oder die Namen der Personen, von denen die folgende Darstellung handelt. Bis zur Gründung Roms überwiegen die Namen und eher unbestimmte Adveriale wie *Do, Darnach* oder *In den zeitten*. Später genauere Zeitangaben: *von rom stiftunge, In dem* [...] *jar von Christi geburt*, daneben aber weiterhin unbestimmte adverbiale Angaben, auch Kombinationen wie *In der zytt do*. Jeder Textzusammenhang innerhalb des Codex hat seine eigene hierarchische Strukturierung. Auch innerhalb des ‚Buchs der Welt' variiert die Strukturierung stoffkreisbezogen: Die Schöpfungsgeschichte hat nur eine Gesamtsatzstrukturierung. Die biblische Geschichte seit Adam beginnt mit einer Überschrift. Der Beginn der römischen Geschichte dagegen ist nur durch eine zweizeilige Initiale markiert. In der römischen Geschichte sind zudem die Herrschernamen durch Rubrizierung hervorgehoben. Teil B hat einen viergliedrigen Initiator und keinen expliziten Terminator.

Die Teile A und B sind zweispaltig geschrieben, Teil C einspaltig. Er beginnt mit einer fünfzeiligen Initiale. Die meisten der vier bis fünfzeiligen Initialen sind nicht ausgeführt. Neben den Initialen finden sich Überschriften am Rand und im Text.

Textbestand:
Der Codex besteht aus drei Teilen. Der zweite Teil überliefert neben der übersetzten Genealogie Christi, das ‚Buch der Welt' mit zwei oberdeutschen Fortsetzungen und auch noch die regionale Gmünder Kaiserchronik. Mit der Überschrift: *Das ist dú kronick von allen kúnigen vnd bǎbsten vnd wie allú kunigrých her kommen seind vnd allú land von anfang der welt* (Bl. 59ra-132ra, Z. 25) beginnt das ‚Buch der Welt'. Es wird ohne Reimvorrede tradiert und endet 1225. Daran schließen sich zwei Fortsetzungen bis 1460 an (Bl. 59ra-150ra) und schließlich folgt die Gmünder Kaiserchronik. Dieser Codex, der nur Teil B umfasste, kam in der zweiten Hälfte des 15. Jahrhunderts in Bollstatters Besitz. Zu dieser Zeit wurde er vermutlich auf Veranlassung Bollstatters bereits mit dem selbstständigen Codex, der Teil A enthielt, zusammengebunden.

Texterweiterung/Textkürzung:
Der Aalener Stadtschreiber führt das ‚Buch der Welt' mit der Ersten Bairischen Fortsetzung in der erweiterten Fassung, die auch durch die Handschrift 021 tradiert ist, bis zum Jahre 1350 fort. Der Schreiber fügte am Schluss dieser Fortsetzung lokale Zusätze – vor allem aus der schwäbischen Geschichte – hinzu (Bl. 132ra, Z. 25-149ra, Z. 7). Er setzte dann die Chronik bis ins Jahr 1460 fort (Bl. 149ra, Z. 8-150ra). Dabei benutzte er sicher keine „zusammenhängende Quelle". „Im wesentlichen gehen seine Zusätze und die Fortsetzung auf Aalener Akten, mündliche Tradierung, Augenzeugenberichte und eigene Erlebnisse zurück."[596]

Das in Teil B überlieferte ‚Buch der Welt' ist eine Kompilation der Version A_1. Diese Textkombination erweitert sowohl den heilsgeschicht-

---

[596] Jürgen Wolf, Sächsische Weltchronik, S. 332.

lichen, welthistorischen Aspekt des ‚Buchs der Welt' (durch die Verbindung mit Petrus Pictaviensis zu Beginn), als auch die schon in der ersten Bairischen bzw. Oberrheinischen Fortsetzung angedeutete Regionalisierung durch die Textverbindung mit der (schwäbischen) ‚Gmünder Kaiserchronik'.

Textallianzen:
Durch die Zusammenbindung der drei ursprünglich selbständigen Handschriften enthält der Codex zweimal denselben Textzusammenhang: Die deutsche Übersetzung des Petrus Pictaviensis *Compendium historiae in genealogia Christi*. Mit ihr beginnt der erste Teil und der zweite Teil des Codex. Petrus Pictaviensis (1125/30-1205) war der Nachfolger von Petrus Comestor im theologischen Lehramt zu Paris und später Kanzler des Kapitels von Notre-Dame. Neben exegetischen Werken schuf Petrus das *Compendium*. Er

> wollte [...] ein Handbuch schaffen, das nur über bereits vorgegebene Inhalte informiert und selbst keine interpretatorischen Ergebnisse vorlegen möchte. Darin unterscheidet es sich grundsätzlich von den übrigen Darstellungen des Stammbaum Christi, die als wesentliches Merkmal ein exegetisches Anliegen hatten, aber auch funktional von den so genannten Armenbibeln, denen der Aufweis des typologischen Gefüges zwischen AT und NT zukam. Die Aufgabenstellung war hier eine rein didaktische und zielte auf die mnemotechnische Einprägung des Stoffes.[597]

Teil A des dreiteiligen Codex ist ein Autograph Bollstatters aus der Zeit um 1470. Er beginnt wie Teil B mit einer deutschen Übersetzung von Petrus Pictaviensis: *Compendium historiae in genealogia Christi* (Bl. 1ra-29va, Z. 8). Diese Abschrift der Übersetzung weist viele Erläuterungen, Erweiterungen und Hinweise am Rand auf. Darauf folgt eine am Ende unvollständige Abschrift der Erzählung ‚Vom bösen Judas Sarioth' (Bl. 29va, Z. 9-30vb).

Teil B enthält eine Textallianz aus sehr unterschiedlichen Geschichtstexten: eine deutsche Übersetzung des *Compendium historiae in genealogia Christi* (Bl. 31ra-58rb), dem fortgesetzten ‚Buch der Welt' (Bl. 59ra-150ra) und der Gmünder Kaiserchronik (150va-160vb).

Teil C ist wie B von einem Anonymus geschrieben worden, der derzeit nicht zugeordnet werden kann. Die Randbemerkungen in diesem Codexteil stammen von Bollstatter. Der Codex enthält eine deutsche Fassung der *Flores temporum*, die bis zum Jahr 1349 (ursprünglich gehen sie bis 1292) fortgesetzt sind. Die *Flores temporum* sind ein Kom-

---

[597] Gert Melville, Geschichte in graphischer Gestalt, S. 68f.

pendium der Welt- und Regionalgeschichte, sie beginnen mit der Erschaffung der Welt, sind nach dem Schema der sechs Weltalter gegliedert und wurden Ende des 13. Jahrhunderts von einem schwäbischen Minoriten in lateinischer Sprache abgefasst.[598] Mit den *Flores temporum* begegnet eine auch am Kirchenjahr und seinen beweglichen und unbeweglichen Festen ausgerichtete regionale Weltchronik, die Heilsgeschichte seit der Schöpfung der Welt mit chronologischer Kaiser-Papst-Historie und anniversaristischer Geschichtsschreibung verbindet, sie wird angereichert durch exemplarische Geschichten und Legenden, in der Fortsetzung bis 1349 (ebenfalls vermutlich von einem Minoriten verfasst) zeigt sich eine antikuriale und antihabsburgische Stimmung.[599]

Syntaxrelevante Merkmale:
a) Interpunktion:
Gesamtsätze werden durch Majuskeln begrenzt.

b) syntaxrelevante Merkmale in der Schöpfungsgeschichte:
Die Handschrift beginnt mit einer Überschrift. Der erweiterte einfache Satz ist der Schöpfungsgeschichte vorangestellt: *Das ist dú kronick von allen kúnigen vnd bbsten vnd wie allu kunigreych her kommen seind vnd allú land von anfang der welt* (Bl. 59ra). Die Handschrift gehört zu der Gruppe von Handschriften des späteren 14. und 15. Jahrhunderts, die die Schöpfungsgeschichte syntaktisch stärker untergliedern. Es lassen sich neunzehn Gesamtsätze und keine Absätze feststellen.

c) syntaxrelevante Merkmale in den übrigen Stoffkreisen:
Die Genealogie des Alten Testaments beginnt mit dem Gesamtsatz in Rubrum: *Wie dú welt von adam her komen sy vnd gemeret das vernemen wir an dem búch daz es saget* (Bl. 59va, Z. 14-17). Insgesamt werden in der Chronik häufig die Hilfsverben *haben* und *sein*, darstellende, erzählende Verben, vor allem Handlungsverben, verwendet. Die Verben, die die Erzählhandlung charakterisieren, werden häufig variiert. Die Verben können aber auch als Stilmittel (hier der Verdeutlichung der genealogischen Struktur) wiederholt werden. Es zeigt sich auch an der Verwendung der Verben ein Wechsel von chronologischem, narrativem und genealogischem Prinzip. Passivkonstruktionen treten ebenfalls auf.

---

598 Es sind im Augenblick ca. 100 Handschriften und Exzerpte bekannt, die fast ausschließlich aus Schwaben, dem Ober- und Mittelrhein, aus Ostfranken und Bayern stammen. Birgit Studt, Fürstenhof und Geschichte. Legitimation durch Überlieferung, Köln, Weimar, Wien 1992, S. 215.
599 Vgl. Peter Johanek, Weltchronistik, S. 317f.

Lexikalische Merkmale
1) Schlüsselwörter: „Gattungs"bezeichnungen:
Im ‚Buch der Welt' treten die Bezeichnungen *buch* und *chronik* als Selbst- und als Fremdbezeichnung auf. Darüber hinaus kommt in der Überschrift das Wort *kronick* vor: *Das ist dú kronick von allen kúnigen vnd bbsten vnd wie allú kunigrých her kommen seind vnd allú land von anfang der welt* (Bl. 59ra).

2) lexikographische Schlüsselwörter (die Wochentagsbezeichnungen):
Sonntag: Der erste Wochentag wird durch die ungerundete synkopierte Form *suntag* bezeichnet (Bl. 59rb).

Montag: Der Beleg des Aalener Stadtschreibers ist mehrdeutig, er verwendet *mo̊ntag* (Bl. 59rb) und nicht wie zu erwarten aleman. ungerundetes, umgelautetes *mentag*. Es kann sich hier um palatovelares *o* handeln und nicht um eine umgelautete Form. Die Untersuchungen von Peter Wiesinger haben gezeigt,[600] dass es sich bei den wenigen über den gesamten bairischen Raum gestreuten *mo̊ntag-* Belegen um die graphische Realisation der umlautlosen Form handelt. Im 15. Jahrhundert registriert Wiesinger jedoch speziell im östlichen Schwaben erstmals vier ö-Schreibungen, die er als „hyperkorrekte Umlautwiedergaben von heimischem *mæntag* auf Grund von neu aufgegriffenem *montag* bei allgemeiner Umlautrundung"[601] deutet; in diesem Zusammenhang weist er auch darauf hin, dass im Schwäbischen erstmals der Versuch einer Neubezeichnung des Montags als *Gutentag*[602] auftritt, zwei von vier Urkundenbelegen stammen aus Aalen aus der ersten Hälfte des 15. Jahrhunderts. Es ist also wahrscheinlich, dass in der Kanzleisprache Aalens – der sich auch der Aalener Stadtschreiber bediente – eine Unsicherheit in Bezug auf die Bezeichnung des Montags bestand: auf der einen Seite kanzleisprachlich sich durchsetzendes *montag* und dialektsprachliches, gesprochenes *mentag*.[603] Ich möchte die Formen des Aalener Stadt-

---

600 Peter Wiesinger, Wandel einer Wortform, S. 369. Vgl. auch ders., Phonetisch-phonologische Studien.
601 Peter Wiesinger, Wandel einer Wortform, S. 374.
602 Vgl. zu *Gutentag*: Seit Ende des 13. Jahrhunderts erscheint vor allem im Schwäbischen *gutentag* als Bezeichnung für den Montag (*kuomtag, kwumtig, guamtag, gutemtag*). Nur die ripuarische Handschrift 11 verwendet eine ganz abweichende Bezeichnung: *guodestag*, allerdings für den Mittwoch und nicht für den Montag. DWB (Grimm) Bd. 4, I. Abteilung, 6. Teil, 1935, Sp. 1415. Vgl. auch Eberhard Kranzmayer, Die bairischen Kennwörter, S. 8f. ders., Die Namen der Wochentage, S. 80.
603 Vgl. Peter Wiesinger, Vom Wandel einer Wortform, S. 379, Karte 4. In der Benediktinerregelüberlieferung zeigt sich in der Schriftsprache der heimische Dialekt stärker: Sowohl

schreibers als hyperkorrekte Umlautwiedergaben von *mentag* vor dem Hintergrund des kanzleisprachlich vordringenden gerundeten, umlautlosen *montag* verstehen.

Dienstag: Der Aalener Stadtschreiber verwendet *aftermôntag* (Bl. 59rb). Dies lässt sich wie der oben schon besprochene Beleg *môntag* als hyperkorrekte Umlautwiedergabe vor dem Hintergrund kanzleisprachlich vordringendem *aftermontag* und mundartlichem *aftermentag* deuten.

Mittwoch: Für den vierten Wochentag verwendet der Aalener Stadtschreiber die Bezeichnung *mitwochen* (Bl. 59rb).

Donnerstag: Der Aalener Stadtschreiber entschied sich für *donderstag* (Bl. 59rb).

Freitag: Der vorletzte Wochentag wird mit der diphthongierten Form *freytag* benannt (Bl. 59rb).

Samstag/Sonnabend: Hier überliefert die Handschrift *samstag* (Bl. 59va).

Semantische Merkmale
1) Inhaltliche Ordnungsprinzipien:
Teil A (geistlich-historiographische Texte: Übersetzung von Petrus Pictaviensis: ‚Compendium historiae in genealogia Christi', Bl. 1ra-29va, Z. 8 und eine unvollständige Abschrift der Erzählung ‚Vom bösen Judas Sarioth', Bl. 29va, Z. 9-30vb) und Teil B (deutsche Übersetzung des *Compendium historiae in genealogia Christi*, Bl. 31ra-58rb, der fortgesetzte Textzusammenhang des ‚Buchs der Welt', Bl. 59ra-150ra und die ‚Gmünder Kaiserchronik', Bl. 150ra-160vb) vereinen beide verschiedene Textzusammenhänge.

Insgesamt erscheint mir die Zusammenstellung nicht wahllos, der Codex vereint heilsgeschichtlich, reichshistorisch, genealogisch und regional ausgerichtete historiographische Texte, die alle Tendenzen der Weltgeschichtsschreibung im späten Mittelalter in der Region Bollstatters versammelten.[604] Die Übersetzung von Pertus Pictaviensis bietet die biblische Genealogie in graphischer Gestalt. Es folgt der universalhistorische Textzusammenhang des ‚Buchs der Welt' (Bl. 59ra-132ra, Z. 25) mit einer bis 1350 erweiterten Bairischen Fortsetzung, die am Ende einige durch die schwäbische Geschichte geprägte Zusätze erhalten hat (132ra, Z. 25-149ra, Z. 7). Auch die weitere Fortsetzung bis 1460 hat lokale Züge (Bl. 149ra, Z. 8-150ra). Ganz folgerichtig ist also die Textalli-

---

im 15. als auch im 16. Jahrhundert lässt sich der Umlaut – hier in der Bezeichnung *Aftermentag* ‚Dienstag' – nachweisen. Franz Simmler, Quelle, S. 166f.
604 Vgl. dazu auch Peter Johanek, Weltchronistik.

anz mit der noch stärker von der schwäbischen und hier speziell von der Geschichte der Stadt Gmünd geprägten ‚Gmünder Kaiserchronik' (150va-160vb). „[...] in dieser kurzen volkssprachlichen Kaiserchronik liegt ein Gerüst des Geschichtsablaufs vor, das in ganz besonderem Maße dem Bedürfnis entgegenkam, Fakten der Regionalgeschichte im reichsgeschichtlichen Rahmen fest zu verankern."[605]

Teil C – eine Einzelhandschrift, die nur die deutschen, bis 1349 fortgesetzten *Flores temporum* (Bl. 1^r-200^v) enthielt – war ebenso in Bollstatters Besitz, er hat diese Handschrift selbst geschrieben, jedoch nicht zu A und B hinzugebunden, obschon dies thematisch durchaus einleuchtend gewesen wäre: Es lag aber offensichtlich erst im Interesse des späteren Besitzers (ab 1537), des Augsburger Ratsdieners und Chronisten Paul Hector Mair, auf Schwaben ausgerichtete reichshistorische Chroniken zusammenzufassen. Paul Hector Mayr fügte dem Codex auch das Muster einer Kostenaufstellung seines Familienhaushaltes[606] (Bl. 201^r-202^r) und den Beginn eines Register der *Flores temporum* (Bl. 204^r) hinzu.

2) Die sechs Deutungsmuster:
a) Einordnung der Weltgeschichte in die Heilsgeschichte: Die Buchbindersynthese ist eine Sammlung verschiedener heilsgeschichtlich orientierter universaler Reichschroniken mit mehr oder weniger deutlicher Ausrichtung auf die Region Schwaben. Sie überliefert zweimal die heilsgeschichtliche Genealogie Christi. Mit den *Flores temporum* begegnet zudem eine auch am Kirchenjahr und seinen beweglichen und unbeweglichen Festen ausgerichtete Chronik, die Heilsgeschichte seit der Schöpfung der Welt mit chronologischer Kaiser-Papst-Historie und anniversaristischer Geschichtsschreibung verbindet.
b) Berufung auf die (mündliche und schriftliche) Tradition: Die Zusammenstellung der Codices zeigt die Arbeitsweise der Chronisten im 15. Jahrhundert. Sie erklärt sich durch die Person Konrad Bollstatters und den speziellen Gebrauchszusammenhang, der für seine Arbeit bestimmend war: „Bollstatters Kopier- und Sammeleifer begründet sich in der Prämisse, möglichst viele Quellenschriften stets griffbereit zu haben. Auf die thematische Verbindung der Texte legte er dabei letztlich aber nur begrenzt Wert."[607] Vermutlich hatte Bollstatter Teil A und B schon für seine Bibliothek zusammenbinden lassen und

---

[605] Ebd., S. 323.
[606] Paul Hector Mair hat diese Kostenaufstellung im Zusammenhang mit seiner Heirat mit Felicitas Kötzler im Jahre 1537 angefertigt.
[607] Jürgen Wolf, Sächsische Weltchronik, S. 398.

dies, obgleich er damit einen Codex erhielt, in dem zweimal die deutsche Übersetzung von Petrus Pictaviensis *Compendium genealogia Christi* – einmal in Teil A (Bl. 1ra-29ra, Z. 8) von seiner Hand und in Teil B (Bl. 31ra-58rb) von der Hand des Aalener Stadtschreibers – überliefert war. Teil C, die Universalchronik eines schwäbischen Franziskaners (*Flores temporum*), stand ebenso in seiner Bibliothek und diente seinen eigenen Kompilationen als schriftliche Vorlage. Sie wurde aber dem Codex erst später und nicht mehr von Bollstatter beigebunden. Auch in der Wiederholung der historiographischen Textzusammenhänge (z.B. Petrus Pictaviensis) war der Codex mit den Teilen A und B sicher ein nützliches Nachschlagewerk für Bollstatter. Die Sammelhandschrift (A und B) war ein Musterbuch, ebenso wie auch Teil C. Nachweislich hat Bollstatter alle drei Teile für seine reichshistorische schwäbisch-oberrheinische Weltchronik (Hs. 023) benutzt.

c) wahre Geschichtsschreibung: Auch im 15. Jahrhundert galt der Wahrheitstopos der Rhetorik, der jedoch einen selektiven Umgang mit den Vorlagen und ihrer Wahrheit nicht ausschloss.

d) Autorisierung der eigenen Aussagen: Keiner der Schreiber nennt sich namentlich, auch Konrad Bollstatters Hand lässt sich nur durch Schriftenvergleich ermitteln. Erst der Besitzer Paulus Hector Mair nennt sich 1540 namentlich, auch er trägt Bemerkungen in den Codex ein, spätestens in seinem Besitz zeigt sich ein deutlicher Wandel vom Interesse an kollektiver Memoria zu stärker privatem gegenwartsbezogenem Interesse: Er fügt dem Codex das Muster einer Kostenrechnung für den Haushalt seiner Familie hinzu.

e) und f) offene Geschichtsschreibung und auf Abgeschlossenheit, Endzeit zielendes Geschichtsdenken: Eine besonders betonte Ausrichtung auf die Endzeit, lässt sich nicht feststellen. Alle Textexemplare, die der Codex vereint, zeigen eine Offenheit im Rahmen der Universalchronistik und ihrer Wandlung zur regionalen, dennoch aber auf das *regnum romanum* in der Version einer am *regnum teutonicum*[608] ausgerichteten und heilsgeschichtlich begründeten Geschichtsdarstellung. Auch der als Musterbuch zusammengestellte Codex zeigt diese Intention noch, er diente wiederum einer schwäbischen Universalchronik als Vorlage. Allerdings blieb er als Bestandteil einer Privatbibliothek zurück und teilte nicht dasselbe Schicksal wie die Vorlagen im 13. und 14. Jahrhundert, die uns heute entweder gar nicht

---

608 Peter Johanek, Weltchronistik S. 317.

mehr oder nur noch als Fragmente vorliegen, die als Einbandverstärkung gedient haben. Diesen geänderten Umgang mit den unmittelbaren Vorlagen der Neukompilationen kann man vielleicht auch als Indikator für den Wandel eines kollektiven Gedächtnisses ansehen. Die Steuerung dessen, was als erinnerungswürdig aufbewahrt wird, liegt zunehmend in den Händen Einzelner.

III.3.23 Handschrift 031 (München, BSB, Cgm 6243) – A_1

Externe Merkmale (Ebene b)
(erschlossener) Entstehungszeitraum, Entstehungsort, Schreiber/Kompilator:
Teil A des Codex ist datiert und hat eine Schreibernennung: 1467 von Paulus Münchmayer de Euerding (Bl.113vb). Teil B ist nicht datiert. Als Schreiber ist auf dem Vorsatzblatt ein Pater Jeronimus genannt, ein Mönch dieses Namens lässt sich aber im Dingolfinger Raum nicht ermitteln. Der Schreiber gibt kein Abfassungsdatum an. Seine Einträge sind aber vermutlich in der 2. Hälfte oder gegen Ende des 15. Jahrhunderts gemacht worden.[609]

Kombinationszeitraum, Kombinationsort:
Der Codex ist eine Buchbindersynthese, die in der zweiten Hälfte des 15. Jahrhunderts von zwei Schreibern (Paul Münchmayer und Pater Jeronymus) hergestellt worden ist. An Teil A wurde von jüngerer Hand eine Zeugenaussage in einem Streitfall zwischen Hans Schüsselhauer aus Dingolfing und Isak zu Stössenberg hinzugefügt. Teil B kompiliert das ‚Buch der Welt' (bis 1225 und die Erste und Zweite Bairische Fortsetzung) mit der Scheyrer Fürstentafel und der ‚Ältesten Chronik von Andechs'. Kombinations- und Entstehungszeit sind für beide Teile identisch.

Fortsetzungszeitraum, Fortsetzungsort, Fortsetzer:
Teil B, geschrieben von Pater Jeronymus, beginnt mit dem ‚Buch der Welt' (SW 67,1-244,32), das zum Zeitpunkt der Abschrift 2. Hälfte/Ende 15. Jahrhundert bereits mit der Ersten Bairischen Fortsetzung (bis 1314) und der Zweiten Bairischen Fortsetzung (bis 1348) verbunden war. Danach folgen die Scheyrer Fürstentafel und die ersten 17 Kapitel der ‚Ältesten Chronik von Andechs'.

Benutzungszeitraum, Benutzungsort, Benutzer:
Benutzer lassen sich nicht mit Sicherheit zuweisen.

---

609 Vgl. auch Jürgen Wolf, Sächsische Weltchronik, S. 37-39 u. S. 176f.

Besitzzeitraum, Aufbewahrungsort, Besitzer, Auftraggeber:
Der erste nachweisbare Besitzer des Codex war vermutlich der bayerische Freiherr Jörg Stingelheimer. Auf dem 2. Vorsatzblatt gibt es neben den beiden Wappenschildern der Stingelheimer den Besitzeintrag: *Das puech ist Joergen Stingelheimer*. Und auch noch einen weiteren: *Wilhelm Stingelheimer 1520*. Bei Joerg bzw. Georg Stingelheimer handelt es sich wahrscheinlich um den 1487 und 1524 urkundlich erwähnten Pfleger zu Leonberg im Landkreis Dingolfing. Wilhelm Stingelheim war der in verschiedenen Urkunden (1512, 1515 und 1530) erwähnte Mautner zu Deggendorf.[610] Vielleicht waren die Stingelheimer auch die Auftraggeber. Nach deren Aussterben zu Beginn des 19. Jahrhunderts (der letzte Stingelheimer starb am 12.01.1822) kam der Codex in die Bibliothek des kgl. preußischen Hauptmanns Hans Albrecht von Derschau in Nürnberg.[611] Nach Derschaus Tod 1823 wurde die Bibliothek im Jahre 1825 durch den Nürnberger Auktionator Schmidmer versteigert. *Jankovich Miklós gyütjem* – so der neue Besitzvermerk auf dem 1. Vorsatzblatt –, der berühmte ungarische Kunstsammler und Gelehrte Jan Miklós Jankovich von Vadass (1773-1846), ersteigerte den Codex 1825. 1836 kaufte der ungarische Landtag die komplette Sammlung von Jankovich für die Ungarische Nationalbibliothek. „Im Jahr 1895 kamen zahlreiche Handschriften deutscher Provenienz inclusive der SW-Hss. 031 und 081 im Tausch gegen das Archiv der Familie Hunyadi in die Bayerische Hof und Staatsbibliothek."[612]

Kommunikationsmaterial und -form:
Die beiden Teile des Codex sind getrennt foliiert, haben aber eine moderne Gesamtfoliierung. Die Blattgröße beträgt 28,5 x 21,5 cm. Teil A ist eine bairische, zweispaltige Papierhandschrift mit einem Schriftspiegel von 20,5 x 12 cm zu 25-26 Zeilen und Teil B eine einspaltige: Schriftspiegel 19,5 x 12 cm zu 29-32 Zeilen. Der Einband ist ein alter Holz-Ledereinband mit Streicheisenverzierungen und Stempeln mit Hirschmotiven. Der Rücken hat Reste der alten (M Chron) und die neue Cgm-Signatur. Auf dem vorderen Spiegel finden sich noch weitere Signaturen, darunter auch die ungarische ‚Fol.germ.32' und die Unterschrift *Jankovich Miklós gyujetem*. Auf Bl. 1ʳ stehen Hinweise zum Codex: *Ex Collect. Derschauiana Mss. N° 38°. Ein starker Band, enthält ein Deutsch MScrpt [...] Paul Münchmeyer zu Ewerding Anno 14LXVII,*

---

610 Vgl. ebd., S. 38f. und auch die Anm. 77 u. 78.
611 Vgl. ebd., S. 265f. Anm. 69.
612 Ebd., S. 267.

dass ist 1467. 112 bl. Chronik geschrieben von P. Jeronimus bis zum Jahr 1313 (korrigiert: 1314). 119 bl. Videtur Chronik d. heiligen berg zu Andechs. Bei der Katalogisierung in München wurden Ergänzungen hinzugefügt: *Geschichte des Römischen Reichs.* Und *Est hinc seperatum* und später: *Jetzt wieder beigebunden.*

Schreibsprache: Der Schreibdialekt beider Teile ist bairisch.

Interne Merkmale
Initiator(en):
Der Codex setzt sich zusammen aus zwei nachträglich zusammengebundenen Teilen. Teil A besteht aus der Übersetzung des ‚Lebens des heiligen Hieronymus' von Johann von Neumarkt durch den Bischof Johannes von Olmütz. Der Initiator des zweispaltig geschriebenen Textzusammenhangs ist eine vierzeilige *D*-Initale in Kombination mit einer 1,5 zeiligen *E*-Initiale (Bl. 1ra).

Der ursprünglich selbständige Teil B enthält den einspaltig geschriebenen Textzusammenhang des ‚Buchs der Welt' mit der Ersten und der Zweiten Bairischen Fortsetzung. Das ‚Buch der Welt' hat einen eingliedrigen Initiator, der gleichzeitig auch der Initiator des Codex ist. Die Handschrift beginnt mit der Schöpfungsgeschichte. Ihr Initiator ist eine vierzeilige *A*-Initiale in Kombination mit einer *N*-Majuskel. Die Scheyrer Fürstentafel und die Andechser Chronik sind makrostrukturell von den übrigen chronikalischen Nachrichten abgesetzt. Auf einer neuen Recto-Seite beginnt unter der (falschen) Überschrift: *Von dem heiligen perg zu andechs* die Scheyrer Fürstentafel mit einer vierzeiligen *D*-Initiale in Kombination mit einer rot durchgestrichenen *O*-Majuskel (***D****O*). Nach einer Leerzeile und einer vierzeiligen *N*-Initiale schließt die ‚Älteste Chronik von Andechs' an.

Terminator(en):
Der Textzusammenhang des Teil A ist auf Bl. 113^v durch das Schreiberexplizit mit Datumsangabe terminiert. Auf Bl. 114^r wurde von jüngerer Hand noch eine Zeugenaussage hinzugefügt. Das ‚Buch der Welt' ist indirekt terminiert durch die auf einer neuen Recto-Seite beginnende Scheyrer Fürstentafel. Die Scheyrer Fürstentafel ist terminiert durch eine Leerzeile und durch die nachfolgende Andechser Chronik. Der Schluss ist unvollständig.

Weitere Makrostrukturen:
Auf Grund der hierarchischen Strukturierungsmerkmale lassen sich im ‚Buch der Welt' zwei Hierarchieebenen unterscheiden. Absätze werden

in der Regel mit einer zweizeiligen roten oder grünen Initiale begonnen. Gesamtsätze mit einer (rot durchgestrichen) Majuskel. Die Kennzeichnung ist aber nicht durchgängig. Die Erste Bairische Fortsetzung schließt auf Bl. 205^v, Z. 7 direkt und ohne Veränderung der strukturellen Merkmale mit einer Minuskel (*in den zeiten*) an das ‚Buch der Welt' an. Auf Bl. 216^v, Z. 14 beginnt die Zweite Bairische Fortsetzung mit einer rot durchgestrichenen Majuskel (*Do*).

Textbestand:
Teil B enthält das ‚Buch der Welt' ohne Überschrift und ohne Reimvorrede bis 1225 (Sw 67,1-244,32, Bl. 115^r-205^v, Z. 7).

Texterweiterung/Textkürzung:
Der zweiteilige Codex überliefert im zweiten Teil das ‚Buch der Welt' mit folgenden Fortsetzungen: der Ersten Bairischen Fortsetzung bis 1314 (Bl. 205^v, Z. 7-216^v, Z. 14) und der Zweiten Bairischen Fortsetzung bis 1348 (Bl. 216^v, Z. 14- 219^v).

Textallianzen:
Der Codex vereint auf einer Buchbindersynthese beruhende Textallianzen. Die Handschrift kombiniert zwei auf den ersten Blick recht unterschiedliche Handschriften: Teil A: Die deutsche Übersetzung von Johannes von Neumarkts ‚Leben des hl. Hieronymus' durch den Bischof Johannes VIII. von Olmütz aus dem Jahr 1467 (Bl. 2^r-113rb) und eine später zugesetzte Zeugenaussage in einem Streitfall (Bl. 114^r) und Teil B: Das ‚Buch der Welt' mit Erster und Zweiter Bairischer Fortsetzung, die auch eine Kompilation ist: erweitert um die Scheyrer Fürstentafel und die ersten 17 Kapitel der ‚Ältesten Chronik von Andechs' ebenfalls aus der 2. Hälfte des 15. Jahrhunderts. Beides, die Scheyrer Fürstentafel und die Chronik von Andechs, stehen unter der Überschrift: *Von dem heiligen perg zu andechs* (Bl. 220^r).

Teil A war ursprünglich eine Einzelhandschrift, die nur die Übersetzung des ‚Lebens des hl. Hieronymus' von Johannes von Neumarkt durch den Bischof Johannes VIII. von Olmütz enthielt. Erst später wurde die Abschrift einer Zeugenaussage im Fall ‚Hansen Schlüssenhauers aus Dingolfing gegen Isaak zu Stössenperg' hinzugefügt. Teil B ist eine Textzusammenstellung, die im Ergebnis eine regionale, reichshistorisch orientierte bayerische Weltchronik bietet.

Syntaxrelevante Merkmale:
a) Interpunktion:
Rot durchgestrichene Majuskeln markieren den Beginn des Gesamtsatzes, daneben findet sich noch die Variante: Virgel in Kombination mit einer Majuskel.

b) syntaxrelevante Merkmale in der Schöpfungsgeschichte:
Auch diese Handschrift gehört zu der Gruppe der Chroniken, die eine stärker strukturierte Syntax aufweisen: Es lassen sich achtzehn Gesamtsätze unterscheiden. Es gibt keine Absatzstrukturierung. Der auf die Genealogie des Alten Testaments hinweisende Wie-Satz fehlt.

c) syntaxrelevante Merkmale in den übrigen Stoffkreisen:
Der Übergang von der Schöpfungsgeschichte zur Genealogie des Alten Testaments ist fließend. Eine Absatzkennzeichnung fehlt hier. Insgesamt werden in der Chronik darstellende, erzählende Verben, vor allem Handlungsverben, verwendet. Die Verben, die die Erzählhandlung charakterisieren, werden häufig variiert. Daneben treten ganz überwiegend die Hilfsverben *haben* und *sein* (vor allem in der Vergangenheit: waren, war, hatte) auf. In den genealogischen Textteilen überwiegt *gepar*: *Adam gepar kayn und abelen*.

Lexikalische Merkmale
1) Schlüsselwörter: „Gattungs"bezeichnungen:
Die bairische Handschrift 031 ist wie die Handschriften 1 und 2 ein Textexemplar ohne Reimvorrede. Sie beginnt allerdings ohne Überschrift. Durch Auslassungen (s.o.) wird die Bezeichnung *buch* weniger verwendet als in vegleichbaren Textexemplaren.

Die Handschrift 031 verwendet die Bezeichnung *buch* als Werkbezeichnung vor allem in Bezug auf das ‚Buch der Welt'; mit lat. *chonik* werden chronologisch aufgebaute Geschichtsdarstellungen bezeichnet.

2) lexikographische Schlüsselwörter (die Wochentagsbezeichnungen):
Sonntag: Hier begegnet die synkopierte Form: *suntag* (Bl. 115^r).

Montag: Den zweiten Wochentag bezeichnet die gerundete, nicht umgelautete Form: *montag* (Bl. 115^r).

Dienstag: Der Schreiber wählt das bair. Kennwort *eritag* (Bl. 115^r)

Mittwoch: Die Mitte der Woche benennt das Wort: *mitichn* (Bl. 115^r)

Donnerstag: Auch für den fünften Wochentag benutzt der Schreiber das bair. Kennwort: *pfincztag,*

Freitag: Die diphthongierte Form *freitag* bezeichnet den vorletzten Tag der Woche (Bl. 115^r).

Samstag/Sonnabend: Mit *samcztag* wird auch hier die obd. Wochentagsbezeichnung verwendet (Bl. 115ᵛ).

Semantische Merkmale
1) Inhaltliche Ordnungsprinzipien:
Der Gesamtaufbau des Codex ist durch eine Kombination von datenbezogener, personenbezogener und genealogischer Darstellungsweise gekennzeichnet. Die genealogische Darstellung ist sehr zurückgenommen, auch keine der anderen Strukturierungen ist besonders hervorgehoben.

2) Die sechs Deutungsmuster:
a) Einordnung der Weltgeschichte in die Heilsgeschichte: Das göttliche Heilswirken drückt sich deutlich im Sechstagewerk, als Anfang aller Weltgeschichte, aus. Die franziskanische Heilsauffassung begegnet in der Mahnrede, die makrostrukturell unmarkiert ist.

b) Berufung auf die (mündliche und schriftliche) Tradition: Der fortgesetzte Textzusammenhang des ‚Buchs der Welt' ist eine gestraffte, chronologische, reichshistorische Chronik mit regionalem Bezug. Viele narrative Passagen sind gekürzt, so auch die Legendenüberlieferung zu Johannes und Paul, die als bekannt vorausgesetzt wird. Hier erwähnt der Chronist nur, dass beide gemartert worden sind, er verzichtet auf die Bibelauslegung des Julianus Claudius (Apostata): *Er liez matern Joh'em v paulū.*

c) wahre Geschichtsschreibung: Das Anliegen des Codex ist die Reichsgeschichte mit besonderem Bezug zum *regnum teutonicum*. Dieses weitgehend traditionelle Weltbild samt (unbetonter) franziskanischer Ausrichtung bedurfte keiner besonderen Argumentation, um als wahr zu gelten. Die Fortsetzungen weisen regional in den süddt. Raum. Die Begleitüberlieferung erweitert den Darstellungszusammenhang um regionale Bezüge und um Legenden.

d) Autorisierung der eigenen Aussagen: Teil A wurde von Pauslus Münchmeyer aus Eferding in Oberösterreich[613] geschrieben und Teil B von Pater Jeronymus. Die Reimvorrede mit dem Hinweis auf Eike von Repgow fehlt. Es tritt auch hier der abstrakte Erzähler in der ersten Pers. Sg. und Pl. auf, der Schreiber des Teil B, der sich auf dem Vorsatzblatt nennt, konnte bisher noch nicht genau identifiziert werden.

e) und f) offene Geschichtsschreibung und auf Abgeschlossenheit, Endzeit zielendes Geschichtsdenken: Der ursprünglich selbständige Co-

---

613 Jürgen Wolf, Sächsische Weltchronik, S. 38

dex (Teil B), der das ‚Buch der Welt' überliefert, kombiniert drei Verfahren der Texterweiterung miteinander, die strukturell homogene Kompilation, die Fortsetzung und die Textverbindung. Mit Jürgen Wolf möchte ich die Textallianzen als Ergänzung des ‚Buchs der Welt' durch narrative, ausschmückende Elemente verstehen. „Das Leben des hl. Hieronymus' in Hs. 031 wurde im Mittelalter als historiographischer Text verstanden und passt deshalb gut zu einer durch die legendenreiche ‚Scheyrer Fürstentafel' und die ‚Chronik von Andechs' ergänzten Weltchronik."[614] Auch hier wird die imperiale Memoria um heilsgeschichtliche Zusammenhänge ergänzt, aber auch um Legenden und Informationen zur Region. Diese Erinnerungsbestände werden nicht mehr in die Chronik interpoliert, sondern das Wissen wird in Form von Textallianzen zusammengestellt.

III.3.24   Handschrift 023 (Augsburg, Stadtarchiv, Schätze 19) – A_1

Externe Merkmale (Ebene b)
(erschlossener) Entstehungszeitraum, Entstehungsort, Schreiber/Kompilator:
Der Codex enthält das ‚Buch der Welt' mit einer Fortsetzung (1. Bair.) bis zum Jahr 1350 und einer weiteren Fortsetzung bis 1457. Er schöpft aus der Hs. 024, die 1465 vollendet wurde. Eine andere ‚Buch der Welt'-Handschrift (Hs. 022) wiederum, die ebenfalls genau zu datieren (vollendet 1476) ist, benutzte 023. Die Wasserzeichen (Ochsenkopf, Turm, Krone) grenzen das Entstehungsdatum noch enger ein: auf das Ende der 60er und die 70er Jahre des 15. Jahrhunderts. Die Abfassungszeit liegt also zwischen 1465 und 1476. Jürgen Wolf möchte den Zeitraum noch enger sehen, da er aus der Tatsache, dass Konrad Bollstatter, der Schreiber von Hs. 022 und 023, den Codex (023) zwar 1476 für 022 benutzt hat, aber in seiner nach 1470 geschriebenen Königshofen-Fortsetzung nicht zitiert, ableitet, dass Hs. 023 zu dem Zeitpunkt noch nicht existiert haben kann.[615]

Kombinationszeitraum, Kombinationsort:
Bollstatter kombiniert den Textzusammenhang mit weiteren chronikalischen Texten, die sich in seinem Besitz befanden. Es fällt also wie in den Handschriften 2 und 022 der Entstehungszeitraum mit dem Kombinationszeitraum zusammen.

---

614 Ebd., S. 400.
615 Siehe: Jürgen Wolf, Konrad Bollstatter, S. 51-86.

Fortsetzungszeitraum, Fortsetzungsort, Fortsetzer:
Das ‚Buch der Welt' ist erweitert um die Erste Bairische Fortsetzung bis 1350 (mit Interpolationen aus einer fortgesetzten Martins-Chronik, Königshofen-Chronik, einer *Flores temporum*-Übersetzung, der Handschrift 024 und lokalen Quellen). Bis auf die Martins-Chronik hat der Schreiber Konrad Bollstatter dieselben Quellen, die die Grundlage der Erweiterung der Ersten Bairischen Fortsetzung bilden, auch für die anschließende Augsburger Fortsetzung benutzt. Die Handschrift mit den Fortsetzungen wurde von Bollstatter vermutlich zwischen 1465 und 1476 beendet. Entstehungszeit und Fortsetzungszeit fallen hier zusammen.

Benutzungszeitraum, Benutzungsort, Benutzer:
Die einzigen Randbemerkungen stammen aus der Mitte des 16. Jahrhunderts und zwar aus der Feder des späteren Besitzers, des Ratsdieners Paul Hector Mair aus Augsburg.

Besitzzeitraum, Aufbewahrungsort, Besitzer, Auftraggeber:
Bollstatter schrieb die Handschrift vermutlich für seine eigene Bibliothek. Bis zu seinem Tode besaß zunächst vermutlich Bollstatter selbst die Handschrift, danach kam sie wahrscheinlich in den Besitz des Augsburger Kanonikus und Domscholastikus Konrad Harscher.[616] Vielleicht kam sie 1493 nach dem Tode Harschers in die Bibliothek des „hochangesehenen ‚ältesten'"[617] Ratsdieners der Stadt Augsburg: Hans Mair, der 1537 starb. Im Jahr 1542 träg der Enkel von Hans Mair, Paul Hector Mair, seinen Namen in den Codex ein. 1579 wird der Ratsdiener (seit 1537) und Stadtkassierer (1545) wegen Veruntreuung von Stadtgeldern hingerichtet. Die Stadt Augsburg verkaufte den Besitz, um den Schaden von ungefähr 40.000 Gulden zu decken. Die Handschrift 023 blieb im Besitz der Stadt und befindet sich heute im Stadtarchiv Augsburg.

Kommunikationsmaterial und -form:
Die Handschrift ist foliiert und umfasst 180 Papierblätter. Die Blattgröße beträgt 30 x 20,8-21 cm. Der Schriftspiegel der zweispaltigen Handschrift beträgt 19,5-20,5 x 13,5-14 cm. Das Blatt ist mit 30 bis 39 Zeilen beschrieben. Der alte Holzdeckeleinband wurde durch einen modernen Pappeinband ersetzt. Auf dem ersten Vorsatzblatt befindet sich ein Besitzeintrag: *Paulus Hector Mair, ratzdiener, 1542.*

---

616 Jürgen Wolf, Sächsische Weltchronik, S. 273 entnimmt diese – wie er zugibt nicht ganz sichere Zuordnung – dem Nachlassinventar Harschers vom 2./3. Dezember 1493.
617 Ebd., S. 273. Zu Mair vgl. auch Handschrift 024.

Schreibsprache:
Wie die Handschrift 022 schreibt Konrad Bollstatter auch 023 in ostschwäbischem Schreibdialekt, wahrscheinlich während seiner Augsburger Zeit.

Interne Merkmale
Initiator(en):
Konrad Bollstatter beginnt den Codex mit einem mehrgliedrigen Initiator:
1. mit einer zweizeiligen bunten H-Initiale, mit der
2. die rote Überschrift beginnt: *Hie hebt sich an ein kurtze Cronick Von anfang der welt vnd wůrett genannt die zale der Rǒmischen kůnig so regnieret hond vnd auch ettlichen babsten vnd geschehen dingen als hernach geschriben stǎtt*
3. als Beginn der Schöpfungsgeschichte war eine neunzeilige I-Initiale in Kombination mit einer einzeiligen N-Initiale vorgesehen. Die neunzeilige Initiale hat der Rubrikator allerdings nicht ausgeführt.

Terminator(en): Der Schluss ist verloren.

Weitere Makrostrukturen:
Der Codex ist eine Kompilation, die den Textzusammenhang des ‚Buchs der Welt' stark erweitert und regionalisiert. Die Kompilation beruht im Wesentlichen auf Texten, die im Besitz des Schreibers waren. In Bezug auf die hierarchischen Merkmale der Universalchroniken ist der Schreibereinfluss stärker als der Textsorteneinfluss: Es lässt sich z.B. eine starke Ähnlichkeit zwischen den Initialen in dieser Handschrift und in der Handschrift 022 feststellen, die ebenfalls von Bollstatter geschrieben worden ist. Der Textzusammenhang ist durch 1,5 bis zehnzeilige (= I-) Initialen am Spaltenrand strukturiert. Die Schöpfungsgeschichte ist mit 1,5 bis zweizeiligen Initialen nach den Schöpfungstagen gegliedert. Die biblische Geschichte seit Adam beginnt mit einer vierzeiligen A-Initiale. Rote Überschriften in Kombination mit mehrzeiligen Initialen treten ab Heber auf: (Überschrift, rot) *Warumbe die juden hebrayisch hayssen.* Es folgt eine dreizeilige H-Initiale (*Heber*). Erst in der Genealogie der Stammväter ab Heber begegnen dann auch weiterhin Überschriften, die Namen der Patriarchen sind hervorgehoben, damit erhält die Genealogie eine von der übrigen Chronik abweichende Strukturierung.

Textbestand:
Der Codex beginnt nach der Überschrift mit der Schöpfungsgeschichte, der ‚gemeine' Text endet 1225.

Texterweiterung/Textkürzung:
Konrad Bollstatter übernimmt die Erste Bairische Fortsetzung aus der Vorlage des Aalener Stadtschreibers (Hs. 024), die bis 1350 reicht und ergänzt sie durch Nachrichten aus Texten, die sich in seinem Besitz befinden. Darüber hinaus führt er das bereits fortgesetzte ‚Buch der Welt' mit einer Augsburger Fortsetzung weiter, die fast vollständig aus jüngeren historiographischen Quellen schöpft: aus einer ergänzten und fortgesetzten Königshofen-Chronik, aus einer fortgesetzten Martins-Chronik, aus einer *Flores Temporum*-Übersetzung, aus der Handschrift des Aaleners Stadtschreibers (024). Weitere lokale Augsburger Nachrichten entnimmt er verschiedenen Schriftstücken der Rechberger, Öttinger und Augsburger Kanzleien.

Textallianzen:
In diesem Codex sehe ich abweichend von Jürgen Wolf keine Sammelhandschrift,[618] sondern – auch aufgrund der Makrostrukturen – eine Weltchronik-Kompilation auf der universalhistorischen Grundlage des ‚Buchs der Welt' und seiner schon regional gewendeten Ersten Bairischen Fortsetzung. Die neue Chronik ist stark erweitert durch passende Versatzstücke aus der Gmünder Kaiserchronik des Aalener Stadtschreibers, aus einer fortgesetzten Martins-Chronik, aus einer Königshofen-Chronik, einer *Flores temporum*-Übersetzung, aus der ‚Buch der Welt'-Überlieferung mit ihren Fortsetzungen, wie sie die Hs. 024 tradiert, die bei der Abfassung von Hs. 023 in Bollstatters Besitz war. Darüber hinaus ist sie ergänzt durch Augsburger Lokalquellen. Diese Einordnung sprengt den zeitlichen Rahmen, der sonst für die Einzelhandschriften der Rezension A_1 typisch ist. Sie vertritt aber durch die Regionalisierung auch einen anderen Typ der Weltchronik als die in dieser Gruppe vor allem vor dem 15. Jahrhundert auftretenden Einzelhandschriften.[619]

Bollstatter kompilierte also vor allem aus seiner eigenen Bibliothek und vielleicht mit der Absicht, die Handschrift zu verkaufen (darauf deutet die Ausstattung), eine reichshistorisch orientierte Universalgeschichte mit einem deutlichen Bezug zu der Region, in der er lebte. Regionale Nachrichten fügte er auch noch aus Augsburger Lokalquellen, aus einer Königshofen-Chronik hinzu. Das sächsische (welfische) ‚Buch der Welt'

---

618 Vgl. Jürgen Wolf, Sächsische Weltchronik, S. 379 Tabelle; Wolf scheint diese Zuordnung vor allem wegen der Kompilation mit der Gmünder Kaiserchronik vorzunehmen. Wie 022 erwähnt Wolf die Handschrift 023 im Kapitel 7 nur in der Tabelle und nicht im darauffolgenden Besprechungsteil.
619 Vgl. unten Deutungsmuster a)

ist so im Ergebnis eine reichshistorische schwäbisch-oberrheinische Weltchronik geworden.

Syntaxrelevante Merkmale:
a) Interpunktion:
Gesamtsätze sind vor allem durch den Majuskelgebrauch zu Beginn gekennzeichnet.

c) syntaxrelevante Merkmale in der Schöpfungsgeschichte:
Die Chronik beginnt mit einer Überschrift, die aus einem komplexen Gesamtsatz besteht (siehe oben Initiatoren). Sie gehört zu der Gruppe der Handschriften des 15. Jahrhunderts, die aber insgesamt eine stärkere Auflösung der langen Gesamtsätze in kürzere Gesamtsätze favorisiert. Zum Teil geht sie sogar wie die Handschrift 10 vor, die viele Gesamtsätze in einfache Sätze auflöst. Die Schöpfungsgeschichte besteht aus achtzehn Gesamtsätzen zuzüglich der Überschrift und aus sieben Absätzen. Der Wie-Satz ist Teil des letzten Gesamtsatzes der Schöpfungsgeschichte: [...] *und wie die wellt von Adam here gestanden sey das finden wi vnd verenemen das an dem das dits bůch here nach sagen wirt*

d) syntaxrelevante Merkmale in den übrigen Stoffkreisen:
Die Genealogie des Alten Testaments beginnt mit einer Überschrift, die wiederum mit einer vierzeiligen Initiale anfängt: *Von ersten von Adam vnd seinen kinden.* Insgesamt überwiegt in der Chronik die Vergangenheitsform des Hilfsverbs *sein*. Es werden daneben aber viele darstellende, erzählende Verben, vor allem Handlungsverben, verwendet. Die Verben, die die Erzählhandlung charakterisieren, variieren häufig. Die Verben können wie in den genealogischen Passagen wiederholt werden. Es zeigt sich auch hier an der Verwendung der Verben ein Wechsel von chronologischem, narrativem und genealogischem Prinzip.

Lexikalische Merkmale
1) Schlüsselwörter: „Gattungs"bezeichnungen:
Die ostschwäbische Handschrift 023 ist ein Textexemplar ohne Reimvorrede. Sie beginnt wie z.B. die bair. Handschrift 2 mit einer Überschrift: *Hie hebt sich an ein kurtze Cronick Von anfang der welt vnd wůrett genannt die zale der Römischen kůnig so regnieret hond vnd auch ettlichen bäbsten vnd geschehen dingen als hernach geschriben stått* (Bl. 1ra). Die rote Überschrift verweist auf den Inhalt und verwendet das eingedeutschte lat. Wort *cronick* für eine Geschichtserzählung, die mit der Schöpfung der Welt beginnt und zentral über die Kaiser und Päpste des römischen Reiches in chronologischer Folge berichtet. Im Textzu-

sammenhang bezeichnet lat. *cronica* in Kombination mit *historia* ‚Geschichte, Erzählung' ebenfalls die chronologische Darstellungsweise von Geschichte.

Die Bezeichnung *buch* tritt als Selbstbezeichnung und in Bezug auf andere Texte auf. Neben *buch* und *kronica* wird auch das volkssprachliche *zal* in der Überschrift wie im Textzusammenhang als Bezeichnung der chronologischen Erzählstrategie verwendet.

2) lexikographische Schlüsselwörter (die Wochentagsbezeichnungen):
Sonntag: Bollstatter wählt für den ersten Wochentag das synkopierte ungerundete *Sunntag* (Bl. 1rb, Z. 20).

Montag: Der zweite Wochentag wird mit der kanzleisprachlichen, von der regionalen schwäb. Form (*mentag*) abweichenden Bezeichnung *montag* wiedergegeben (Bl. 1rb, Z. 23).

Dienstag: Auch hier verwendet Bollstatter die gerundete kanzleisprachliche Form: *aftermontag* (Bl. 1rb, Z. 32).

Mittwoch: Mit *mittwůchen* bezeichnet er den vierten Wochentag (Bl. 1va, Z. 15f.).

Donnerstag: Eine Variante zu Donnerstag begegnet in *donnestag* (Bl. 1va, Z. 23f.)

Freitag: Die diphthongierte Form *freytag* steht für den vorletzten Tag der Woche (Bl. 1va, Z. 30)

Samstag/Sonnabend: Schließlich verwendet Bollstatter für den letzten Wochentag die obd. Bezeichnung: *Sampstag* (Bl. 2ra, Z. 4f.).

Semantische Merkmale
1) Inhaltliche Ordnungsprinzipien:
Der Codex ist in seinem Gesamtaufbau durch eine Kombination von datenbezogener, personenbezogener und genealogischer Darstellungsweise gekennzeichnet. Die Genealogie des Alten Testaments ist durch die Makrostrukturen (die Überschriften und die Hervorhebung der Stammväternamen) besonders betont. Wie in den meisten Handschriften werden auch hier unbestimmte Adverbiale der Zeit (*Do, Nu*) mit ganz genauen Zeitbestimmungen z.B. seit der Gründung Roms, der Zerstörung Troyas und vor allem Christi Geburt verwendet. Gleichzeitigkeit der Ereignisse drücken Wendungen wie *In den zeiten* aus. Das genealogische Element tritt hinter dem narrativ-chronologischen zurück. Annalistische Elemente sind nur die genauen Zeitangaben.

2) Die sechs Deutungsmuster:
a) Einordnung der Weltgeschichte in die Heilsgeschichte: Das göttliche Heilswirken drückt sich deutlich im Sechstagewerk, in der Schöp-

fungsgeschichte, aus. Sie ist der Anfang aller Weltgeschichte. Es handelt sich hier insgesamt um eine interpolierende Textkompilation, die eine Verbindung zwischen einer heilsgeschichtlichen Universalchronik und regionaler Geschichtsschreibung herstellt. Mit der ‚Gmünder Kaiserchronik' und den *Flores temporum* – zwei Weltchroniken, „denen eine regionale Tendenz innewohnt" und die „zumeist im Überlieferungskontext mit anderer, überwiegend regionaler Historiographie die Aufgabe, das Bedürfnis nach reichs-, universal- ja heilsgeschichtlicher Information zu befriedigen"[620] – führt Bollstatter nicht nur den regionalen Aspekt ein, sondern gibt dem ‚Buch der Welt' auch eine explizit reichsgeschichtliche Ausrichtung mit besonderer Betonung des *regnum teutonicum*.[621] Die *Flores temporum* sind eine urprünglich lateinische Weltchronik aus dem Ende des 13. Jahrhunderts, die aus der Chronik Martins von Troppau schöpfen. Sie beginnen bei der Erschaffung der Welt, sind gegliedert durch das Schema der sechs Weltalter und enthalten eine Papst-Kaiserreihe von Petrus/Augustus bis zum Jahr 1292. Die *Flores* sind vielfältig von verschiedenen Chronisten fortgesetzt worden. Mit ihrer „festumrissenen regionalen Verankerung" – was Inhalt und Verbreitung betrifft – im süddeutschen, vor allem schwäbischen Raum sind sie „in dieser krassen Form geradezu ein Gegenbild zur Chronik des Martinus Polonus".[622] Die *Flores* passen thematisch ideal zu dem um Ereignisse aus der Schwäbischen Geschichte erweiterten ‚Buch der Welt' und der ‚Gmünder Kaiserchronik', die selbst weitgehend aus den *Flores temporum* schöpft.

b) Berufung auf die (mündliche und schriftliche) Tradition: Der Textzusammenhang des ‚Buchs der Welt' ist stark interpoliert mit anderen Chroniken: bis Bl. 132rb, Z. 31 vor allem mit der ‚Gmünder Kaiserchronik'. Auch die Erste Bairische Fortsetzung ist stark erweitert durch eine fortgesetzte Martins-Chronik, eine Königshofen-Chronik und eine *Flores Temporum*-Übersetzung, aus der Hs. 024 und lokalen Quellen,[623] darüber hinaus ist sie fortgesetzt bis zum Jahre 1350. Bl. 169vb, Z. 6-180vb schließt sich eine weitere Fortsetzung bis zum

---

620 Peter Johanek, Weltchronistik, S. 326.
621 Zum Begriff *regnum teutonicum* vgl. ebd. Bemerkenswert ist dabei – und dies verdient noch einmal deutlich festgehalten zu werden – die starke Betonung des Reiches und der Reichsgewalt in entscheidenden Partien der Darstellung, und zwar auch durch die Hervorhebung des deutschen Charakters des Imperiums.
622 Peter Johanek, Weltchronistik, S. 316.
623 Vgl. Jürgen Wolf, Sächsische Weltchronik, S. 32f.

Jahr 1445 bzw. 1457 an. Diese Fortsetzung ist eine Kompilation aus einer fortgesetzten Königshofen-Chronik, einer *Flores Temporum*-Übersetzung, der Handschrift 024 und Augsburger Lokalquellen. Von den hierarchischen Merkmalen her fügen sich sowohl die Erweiterungen als auch die Fortsetzungen homogen ein.[624] Die reichshistorische Chronik bekommt durch die Interpolationen und durch die Fortsetzungen eine regionale Ausrichtung auf den schwäbisch-oberdeutschen Raum. 412728

c) wahre Geschichtsschreibung: Mit der Reimvorrede fehlt auch der Wahrheitstopos. Die Kompilation benötigte keine besondere Bestätigung in ihrem Wahrheitsgehalt, da sie sich an die im 15. Jahrhundert gängigen Kompilationsmuster hielt.

d) Autorisierung der eigenen Aussagen: Konrad Bollstatter hat diese Chronik auf der Grundlage weitgehend bekannter und in seinem Besitz befindlicher Vorlagen zusammengestellt und geschrieben. Er nennt sich nicht in der Handschrift. Seine Autorschaft konnte auf der Grundlage eines Schriftenvergleichs erschlossen werden, da er Schreiber vieler spätmittelalterlicher Handschriften war. Bollstatter wurde etwa 1420 in Öttingen geboren und war der Sohn des Schreibers der Grafen von Öttingen Conrad Müller d.Ä aus Deinigen. Nach dem Tod seines Vaters (um 1440) wurde Bollstatter Öttinger Schreiber. Er fertigte zahlreiche Codices an: „Die Vielfalt der Bollstatter-Texte ist bemerkenswert. Von biblischen, naturwissenschaftlichen, ‚höfischen' und chronikalen bis hin zu Legendentexten ist ein breiter Querschnitt der spätmittelalterlichen Literatur vertreten."[625] Einige der von Bollstatter angefertigten Handschriften waren für seine eigene Bibliothek bestimmt und dienten ihm als Musterbücher und Materialsammlungen. Im 16. Jahrhundert nennt sich der Besitzer Paul Hector Mair.

e) und f) offene Geschichtsschreibung und auf Abgeschlossenheit, Endzeit zielendes Geschichtsdenken: Es gibt keine explizite Ausrichtung auf die Endzeit. Der Codex zeigt eine Offenheit im Rahmen der Universalchronistik des 15. Jahrhunderts: Er ist auf das *regnum romanum* in der Version des *regnum teutonicum* ausgerichtet, um Aspekte der kurialen Martins-Chronik erweitert und mit einer deutlichen Be-

---

624 Vgl. hierzu auch Gabriele von Olberg, Makrostrukturen und dies., Bestimmung von Textfunktionen.
625 Jürgen Wolf, Sächsische Weltchronik, S. 185; Vgl. auch ders., Bollstatter, 1996, S. 56, Anm. 11.

tonung einer regionalen, dennoch aber heilsgeschichtlichen Geschichtsdarstellung. Der einzelne Schreiber – Konrad Bollstatter – hat diese Handschrift nicht als Auftragsarbeit geschrieben, vielleicht war sie als Vorbild für andere Chroniken für seine Bibliothek gedacht, vielleicht wollte er sie auch bei günstiger Gelegenheit verkaufen, denn der Codex war mit vielen Schmuckinitialen versehen. Die Ausschmückung jedoch ist nicht vollendet worden, an vielen Stellen sind Freiräume gelassen worden, wo eine Ausführung noch vorgesehen war. An Bollstatters Handschriftenproduktion und an dem, was wir über seine Bibliothek, seine Musterbücher wissen, wird aber deutlich, dass er sich als Einzelner an einen durch Tradition vorgegebenen Konsens hielt, was die Wissensbestände und den Aufbau der Universalchronistik im süddeutschen Raum betrifft. Er konnte so als Mittler kollektiver Memoria in einem fest umrissenen regionalen Raum (Schwaben) wirken.

III.3.25 Handschrift 081 (München, BSB, Cgm 6240) – A_1

Externe Merkmale (Ebene b)
(erschlossener) Entstehungszeitraum, Entstehungsort, Schreiber/Kompilator:
Der Übersetzer, Kompilator und Schreiber der Textexemplare des Codex ist der Lohnschreiber Leonhard Heff aus Eichstätt. 1459 immatrikulierte Heff sich an der Universität Wien, 1461 schloss er sein Studium dort mit dem Bakkalaureat der freien Künste ab. Seit dem 9.12.1466 war er Bürger der Stadt Regensburg. Eine urkundlich belegte Zeugenaussage aus dem Jahre 1476 ist das letzte Lebenszeichen von Heff.[626]

Seiner Übersetzung der lateinischen Weltchronik des Andreas von Regensburg stellt er den Beginn des ‚Buchs der Welt' (Schöpfungsgeschichte bis Cäsar bzw. Christi Geburt) voran. Diesen Teil stellte Heff am 24. Januar 1471 fertig. Die übrigen Textexemplare: die Übersetzung von Ausschnitten des *Concilium Constantiense* des Andreas von Regensburg, die Übersetzung der *Chronica Hussitarum*, Doxologien zu Regensburger Persönlichkeiten, eine kurze Geschichte Kaiser Albrechts II. und Friedrichs III. (1440-93), eine kurze Papstgeschichte von Nikolaus V. bis zu Paul II. vollendet Heff vor dem Tod Pauls des II. († 26. Juli 1471), jedoch ohne Angabe des Datums.

---

626 Vgl. Joachim Schneider, Vermittlungsprobleme, S. 174f.

Kombinationszeitraum, Kombinationsort:
Der Codex wurde von Leonhart Heff vom Ende des Jahres 1470 bis zur Mitte des Jahres 1471 geschrieben und kompiliert. Es handelt sich hier um eine bewusste Kompilation der beiden Chroniken. Es ist deshalb nicht richtig, von einem Fragment des ‚Buchs der Welt' zu sprechen.[627]

Fortsetzungszeitraum, Fortsetzungsort, Fortsetzer:
Auf Bl. 253ra, Z. 35-Z. 1 schreibt Heff: *Diz bůech ist geendet An Sandt Pauls abent Anno Domini Mccclxxj. Jare.* (= 24. Januar 1471). Den Rest fügt er später, etwa Mitte des Jahres hinzu, denn er lässt seine Papstgeschichte, die er bis zu Paul II. führt, mit dem Satz enden: *wölle got daz er hinfür noch lange zeit vnns seinen Schäfflein als ein getrewer herte yn fride vorgee vnd vor sey. Amen.* Paul II. starb am 26. Juli 1471.

Benutzungszeit, Benutzungsort, Benutzer:
Der Codex hat Randbemerkungen, die außer von Heff von zwei weiteren Schreibern stammen.

Besitzzeitraum, Aufbewahrungsort, Besitzer, Auftraggeber:
Auftraggeber der großformatigen Prachthandschrift des Leonhard Heff von Eichstätt war der Regensburger Stadtkämmerer Erasmus Trainer. Heff erwähnt seinen Auftraggeber im Text anlässlich der Weihe der Simon- und Jude-Kapelle, die Trainer gehörte:

herr Erasin Trainer, der erstgenanntnn stat Regenspůrgk, zůdisen zeiten cammerer, mein genädiger herr, durch welches anligunden vleys ditz gegenwürttig půech von lateinischer zůngen in Teütsche verwandelt ist, als man zalt nach Jesu Christi vnnsers hern gepůrt tawsentvierhůndert jm sybenziegisten iare. (Bl. 171^{ra-rb})

Erasmus Trainer ist nicht das erste Ratsmitglied in Regensburg, das sich eine Chronik schreiben ließ. Lucas Pfister beauftragte den städtischen Schreiber Michael Schinbeiß 1466 mit einer Martin von Troppau-Übersetzung. Vermutlich wollte Trainer seinen Ratskollegen übertrumpfen mit seiner prachtvollen Andreas-Übersetzung, die erheblich mehr regionalen Bezug hatte als die Martins-Chronik des Michael Schinbeiß.[628] In seiner Doxologie gegen Ende der Chronik erwähnt Heff neben seinem Auftraggeber noch andere Ratsmitglieder, darunter sind auch Lucas Pfister und der Schultheiß Lienhart Gräuenrewter.[629] Sicher war der Rat der Stadt Re-

---

627 Von Fragment und Bruchstück sprechen Joachim Schneider, Vermittlungsprobleme, S. 173 und 184, Anm. 61 und auch Hubert Herkommer, Sächsische Weltchronik, S. 59 und 61.
628 Vgl. dazu Joachim Schneider, Vermittlungsprobleme, S. 179.
629 Vgl. dazu ebd., S. 178f., S. 452, Anm. 111.

gensburg, aber auch die Geistlichkeit der Markt für Heffs Lohnschreibertätigkeit. Für die anderen Arbeiten Heffs lassen sich die Auftraggeber nicht feststellen. „Es wird bei den Besitzern der lateinischen Handschriften vereinzelt ein stadtbürgerliches, vor allem aber ein klerikales, zum Teil auch schon humanistisches, gelehrtes Publikum erkennbar [...]"[630] Als Heff mit der Andreas-Übersetzung fertig war, schrieb er in den Jahren 1472-1475 ein eigenständiges, lateinisches weltgeschichtliches Kompendium: *Imago mundi*. Abschriften davon schickte er an vier ihm bekannte, zum Teil promovierte Kleriker (Dr. Georg Zingel, Dr. Georg Erlbach, einen Prior und einen Pfarrer am Spital in Eichstätt).[631]

Die Handschrift 081 blieb im Familienbesitz der Trainers und kam so laut Besitzeintrag auf der Vorderseite des Innendeckels zu Wilhelm Trainer nach Nürnberg.[632] 1554 noch ließ ein Mitglied der Familie Trainer in Regensburg den Codex neu binden.[633] Ein Besitzeintrag ist ausgekratzt, lesbar ist nur: *1565 [...] in Nürnberg*. Der letzte männliche Nachkomme der Nürnberger Trainer starb am 15. August 1658. Ein Besitzeintrag aus dem Jahre 1703 auf der Innenseite des Vorderdeckels lautet: *Wolff Jacob Schmidtmayer*. Die Familie Schmidtmayer, eine alte Nürnberger Familie, war mit den Trainers verschwägert. Nach dem Tode des kinderlosen Schmidtmayer am 5. Oktober 1707 bleibt der Codex in Nürnberg, vielleicht „gehörte Hs. 081 zeitweilig dem Nürnberger Patrizier und Bibliophilen Hieronymus G. Ebner von Eschenbach. Seine Sammlung wurde 1820 verkauft. Zu den Käufern könnte der bei Nürnberg ansässige Hans Albrecht Derschau gehört haben."[634] Als Derschaus Sammlung 1825 (vgl. Hs. 031) versteigert wurde, war 081 dabei. Wie Handschrift 031 kaufte Miklós Jankovich von Vadass auch 081. Beide hatten von da an das gleiche Schicksal. 1895 kam auch 081 durch Tausch in die bayrische Hof- und Staatsbibliothek.

Kommunikationsmaterial und -form:
Die bairische Papierhandschrift ist zweispaltig beschrieben und hat 334 Blätter, die Blätter 314^r-334^v sind leer. Der Codex ist zweifach foliiert: Die Foliierung mit römischen Ziffern ist von der Hand Heffs und beschränkt sich auf die Chronik des Andreas von Regensburg (Bl 26^v = I) bis zur kurzen Papstgeschichte (Bl. 313^r = CCXC), die jüngere Foliie-

---

630 Ebd., S. 177.
631 Ebd.
632 In der Mitte und zweiten Hälfte des 16. Jahrhunderts sind zwei Wilhelm Trainer in Nürnberg nachweisbar.
633 Vgl. Jürgen Wolf, Sächsische Weltchronik, S. 276.
634 Ebd., S. 57.

rung zählt vom Anfang der Handschrift bis zum Ende. Die Blattgröße beträgt 40 x 28,5 cm und der Schriftspiegel 26 x 18,5 cm, er enthält 37 Zeilen. Der Codex ist von Heff für seinen Auftraggeber Trainer prachtvoll ausgestattet worden. Die Kaisernamen sind in brustbildartigen runden Rahmen, die Initialen sind farbig und z.T. reich verziert. Der Ledereinband (auf Holzdeckeln) stammt wie der von Handschrift 082 aus der Werkstatt des St. Emmerams-Kloster.[635]

Schreibsprache:
Heff schreibt in Regensburg, der Schreibdialekt ist bairisch.

Interne Merkmale
Initiator(en):
Der Codex setzt ein mit der universalhistorischen Einleitung des ‚Buchs der Welt', die mit einem vergleichsweise bescheidenen, eingliedrigen Initiator, einer elfzeiligen I-Initiale (auf Bl. 2ra) beginnt.

Die Übersetzung der Andreas-Chronik beginnt auf Bl. 17ra nach siebeneinhalb vakanten Seiten mit einem Inittiatorenbündel:

1. auf Blatt 17ra mit einer Überschrift: */Inductio caritativa librum vulgarem de Latino secundum cronicam fratris Andree etc. translatum corrigendo discuciendoque indagantibus etc.*
2. Nach einigen Leerzeilen beginnt
3. mit einer dreizeiligen T-Initiale in Kombination mit einer E- Majuskel
4. die lateinische Einführung (*TE pium huius libri ...*).
5. Auf Bl. 18rb fängt die deutsche Einführung mit einer H-Majuskel an (*Hienach volgt zů sagen ...*).
6. Bl. 19^v ist vakant.
7. Bl. 20^r beginnt mit der Überschrift: *Die vorrede vber die Teütschen kronigkenn*
8. und einer 10-zeiligen I-Initiale gefolgt von einer N-Majuskel
9. die Vorrede (*IN dem namen der heyligen vnd vngetayltten Triualtigkait ...*, Bl. 20ra).
10. Es folgen verschiedene Register: Bl. 20^v: *hienach volgtt die Tafel oder Register über die Römischen kayser*, Bl. 23^r, Z. 4: *Hienach volgt die Tafel über die aygenn namen achtpern vnd durchleuchtigen männer Auch der Stett Chlöster etc.*, Bl. 24^r: *ayn gemeine Tafel.*

---

635 Vgl. Ernst Kyriss, gotische Einbände, Bd. 1, S. 29f. Nr. 29 und Tafelbd. 1, S. 16, 98f, Tafel 65f.

11. Auf Bl. 25^r schließlich beginnt unter der Seitenüberschrift *Die vorrede vber die lateinischen kronigkenn* und nach der Spaltenüberschrift *Hienach folgt die vorrede in die kronigken brůeder Andre ettwen briester zu .s. Mang* nach einer achtzeiligen V-Initiale mit nachfolgender N-Majuskel die Übersetzung des lateinischen Prologs der ‚*Chronica pontificum et imperatorum Romanorum*' des Andreas von Regensburg (*Unser herr Jhesus* [...]).
12. Auf. Bl. 26va beginnt schließlich mit einem Namensmedaillon, in dessen Mitte *Jesus Christus* geschrieben steht, und einer zweizeiligen D-Initale die eigentliche Chronik-Übersetzung. Auf Bl. 253$^{ra/rb}$ beendet Heff den ersten Teil der Chronik mit dem Satz*: O Christe du allergebēdeyter künig aller künig mach vnns haylsam . die du erledigt hast mit deinem rosenvarben blůet von dem ewigen vnd jämerlichen tode. Amen* und mit der Angabe des Fertigstellungsdatums: *Das bůech ist geendet An Sandt Pauls abent Anno Domini Mccclxxj. Jare.*

Terminator(en):
Die Chronikerzählung schließt nach übersetzten Ausschnitten aus dem ‚Concilium Constantiense' und der ‚Chronica Hussitarum' des Andreas von Regensburg (Bl. 274va-276vb, Z. 4 und Bl. 276va, Z. 5-312ra auf Bl. 312ra, Z. 5ff. mit einem expliziten inhaltlichen und formalen Terminatorenbündel:

1. mit dem Schlusssatz: *Doxa in rama Theos.*
2. Es folgt eine Leerzeile und
3. das Schlusswort: *Hie hat die kronigk brůeder Andre von sand Manng etc. durch krafft vnd beystand Gottes des Heyligen Geystes mit frewden ein ende jn dem jare nach dem vnd die werlt vonn gott dem almächttigen beschaffen ward VIM VIC vnd in dem LXXII* [...][636] Es schließt mit dem lat. Vers: *Manus legentis benedic Deus atque scribentis* und der Doxologie: *Chyria chere cuius phylantropos est bar. Per te doxa Theos darim et vranos ymas Othamos stillas cosnos phos chyria chere. Amen.*

Text-Bild-Relationen:
In der Chronik des Andreas von Regensburg stehen Kaisernamen in brustbildartigen Medaillons und markieren auf diese Weise einen hierarchischen Einschnitt. Die Kaisernamen innerhalb der Andreas von Re-

---

[636] Die Prologe und das Schlusswort sind gedruckt in: Rolf Sprandel, Zweisprachige Geschichtsschreibung, S. 431-454.

gensburg-Übersetzung befinden sich in brustbildartigen Namensmedaillons und erinnern damit an die graphische Darstellung von Geschichte, wie sie nicht nur die Bilderhandschriften, sondern auch die lateinischen, sonst unbebilderten Chroniken genutzt haben, um Gesamtzusammenhänge zu verdeutlichen und der linearen Abfolge eine verbindende, übergreifende Struktur zu geben. Gleichzeitig erleichtert die Hervorhebung der Namen auch das Zurechtfinden in dem ‚Geschichtsbuch' und macht es als Nachschlagewerk brauchbar.

Weitere Makrostrukturen:
Der Regensburger Stuhlschreiber Leonhard Heff selbst stellte den Codex zusammen und übersetzte auch seine lateinischen Vorlagen. Er beginnt mit dem ‚Buch der Welt' von der Schöpfungsgeschichte bis zu Julius Cäsar. Im Anschluss daran sind die Bl. 13^v-16^v leer gelassen und nach der Überschrift *bůch der kronighen der Römischen kaiser und bäbst* folgt die Übersetzung der *Chronica pontificum et imperatorum Romanorum* (Bl. 17ra-274rb). Ihr stellte Heff nicht nur die heilsgeschichtliche Einleitung aus dem ‚Buch der Welt' voran, sondern auch noch verschiedene Einleitungen, Vorreden und ein Register mit Blattzahlen. Auf Bl. 274rb-276va, Z. 4 folgt die Heffsche Übersetzung des *Concilium Constantiense* des Andreas von Regensburg und auf Bl. 276vb, Z. 5-312rb übersetzte er Auschnitte aus Andreas' *Concilium Constantiense* und aus dessen *Chronica Hussitarum*, daran angefügt sind kurze Doxologien zu Regensburger Persönlichkeiten. Von Bl. 312va-313rb folgt eine kurze Geschichte Kaiser Albrechts II. und Friedrichs III. (1440-93). Der Codex endet auf Bl. 313vb mit einer kurzen Papstgeschichte von Nikolaus V. bis zu Paul II. (†1471).

Heff hat die Chronikteile nicht homogenisiert, sie sind makrostrukturell als unterschiedliche Teiltexte gekennzeichnet. Der inhaltliche Zusammenhang aber wird deutlich betont: *die annderen sein geschicht findt man hie pald nach In der kronnigken Brueder Andre von Sand Mang.* Nach einem Segmentierungszeichen schließt Heff den Verweis auf die Autoritäten der Historiographie an: *Also hat dise kurtze kronigk von Adams zeiten bis auf Julium den ersten kayser ein ende wer aber der ding hier Inbegryffen gäntzlich an einen grundt vnd ende kommen wöll der lese die V. büecher Moysi oder dle Bybel Josephum vnd orosium die herrlichen vnd löblichen hystori schreiber.*

Bei den hierarchischen Strukturierungsmerkmalen varieren drei- bis elfzeilige Initialen (mit mehr oder weniger Verzierungen). Sie sind häufig mit roten Überschriften verbunden. Im ersten Teil, der aus dem ‚Buch der Welt' übernommen ist, variieren die hierarchischen Strukturierungsmerkmale nach Stoffkreisen. Die Schöpfungsgeschichte markiert die einzelnen Schöpfungstage ab dem zweiten Tag mit *capitulum*-Zeichen. In der Überlieferung der Geschichte der Stammväter und in der römischen Geschichte beginnen die Absätze zumeist mit den Namen der historischen Personen, sie sind dann durch Rubrizierung und durch Initialen gekennzeichnet (z.B. Bl. 2va, vierzeilige *A*-Initiale = *Adam*; 3va dreizeilige *S*-Initiale = *Salem*; 8va vierzeilige *A*-Initiale = *Alexander*), Absätze werden aber auch durch adverbiale Angaben eingeleitet und beginnen dann ebenso mit drei- bis vierzeiligen Initialen (z.B. Bl. 2vb, eine dreizeilige B-Initiale = *Bi den tiden* [...]). Im Verlauf der Kaiser-Papst-Geschichte variieren rote Initialen (für die Informationen über die Kaiser) mit blauen (für die Informationen über die Päpste).

Textbestand:
Der Codex ist ein Autograph des Regensburger Lohnschreibers Leonhard Heff. Heffs Auftrag war die Übersetzung der lateinischen Chronik des Andreas von Regensburg. Für den universalhistorischen Teil, den Teil von der Schöpfung bis zu Cäsar, der in der Andreas-Chronik fehlt, benutzte Heff das ‚Buch der Welt' (SW 67,1-87,32; Bl. 2ra-13ra). Seine Vorlage war vermutlich die Hs. 2 aus dem Regensburger St. Emmerams-Kloster.

Texterweiterung/Textkürzung:
Leonhard Heff übersetzte 1470/71 die *Chronica pontificum et imperatorum Romanorum* des Regensburger Augustinerchorherren Andreas von St. Mang (etwa 1380-1438).

> Heff begnügte sich nicht damit, die ‚Chronica pontificum et imperatorum Romanorum' des Andreas von Regensburg zu übersetzen. Er erweitertete diese zu einer vollständigen Weltchronik, indem er dem erst mit Christi Geburt einsetzenden Geschichtswerk eine kurze Darstellung von der Erschaffung der Welt bis zu Julius Caesar voranstellte.[637]

Diesen Teil entnahm er dem ‚Buch der Welt'. Seine Andreas-Übersetzung erhält auf diese Weise eine welt- und heilsgeschichtliche Orientierung. Heff selbst aber aktualisierte die Chronik noch vor dem Tod Papst Pauls II. (vgl. Bl. 313vb, Z. 33-37 zu Paul: *wölle got daz er hinfür noch lang zeit vnns seinen Schäfflein als eingetrewer herte yn fride vorgee vnd vor sey. Amen.*) Er fügte noch von Bl. 312va-313rb eine kurze Geschichte Kaiser Albrechts II. und Friedrichs III. (eingeleitet mit Namens-

---

[637] Hubert Herkommer, Sächsische Weltchronik, S.61.

medaillons) und eine kurze Papstgeschichte von Nikolaus V. bis zu Paul II. (†1471) auf Bl. 313vb an.

Textallianzen:
Aus verschiedenen, ursprünglich selbständigen historiographischen Textexemplaren, dem ‚Buch der Welt', dem *Concilium Constantiense*, der *Cronica Hussitarum* von Andreas von Regensburg in der deutschen Übersetzung von Leonhard Heff, einer Geschichte Kaiser Albrechts II. und Friedrichs II. (1440-93) und einer Papstgeschichte von Nikolaus V. bis zu Paul II. (gest. 1471), hat Leonhard Heff eine deutsche Regensburger Chronik zusammengestellt. Diese Zusammenstellung entspricht dem (Geschichts-)Erinnerungswissen bürgerlicher Kreise im 15. Jahrhundert:

> Vor diesem Hintergrund erscheint nun Heffs Übersetzungsauftrag für Erasmus Trainer weniger isoliert. Pfister und Trainer hatten in jenen Jahren wiederholt das Amt des Stadtkämmerers inne und standen somit beide an der Spitze der Stadtregierung. Offenbar strebten die führenden Ratsmitglieder damals nach dem Besitz repräsentativer deutscher Weltchroniken.[638]

Die Kompilatoren homogenisieren die einzelnen Wissensbestände nicht, sondern kennzeichnen sie z.B. durch die Makrostrukturen und durch Hinweise im Vorwort oder im Epilog als ursprünglich selbständiges – wahres – Buchwissen.

Syntaxrelevante Merkmale:
a) Interpunktion:
Gesamtsätze sind durch Virgel oder (seltener) Punkte in Kombination mit Majuskeln markiert.

b) syntaxrelevante Merkmale in der Schöpfungsgeschichte:
Die Handschrift 081 überliefert eher kürzere Gesamtsätze in der Schöpfungsgeschichte. Insgesamt lassen sich vierzehn Gesamtsätze und neun Absätze feststellen.

Der erste Gesamtsatz besteht nur noch aus zwei asyndetisch angeschlossenen einfachen Sätzen. So verfahren auch die Handschrift 2 (bair., 1. Viertel 14. Jh.) und die Handschrift 6 (bairisch mit md., Ende 14. Jh.) und zahlreiche Handschriften aus dem 15. Jahrhundert (Hss.18, 19, 081, 8, 082, 14, 162, 143, 144, 231, 21, 22, 022, 024, 031, 3).

Wenn ein Gesamtsatz einen Absatz umfasst, kennzeichnet der Scheiber der Handshrift 081 dies durch ein *capitulum*-Zeichen mit folgender Majuskel (so auch in den Handschriften 8, 082, 19):

---

[638] Joachim Schneider, Vermittlungsprobleme, S. 178f.

Hs. 081: *[Des andern tags den wir hayssenn montag macht er den himel der da haystt der nyder himel vnd taylt das wasser daz auf dem himel ist von dem wasser das auff der erdenn ist*

Hs. 081: *[An dem dritten tag den wir nennen Erchtag taylt er das wasser von der erdenn vnd schůef dem wasser seyn stat die ez dann nicht vbergeen mag ...*

In den A_1-Handschriften und in der B-Handschrift 12 endet der Gesamtsatz zur Erschaffung Adams mit dessen Einsetzung ins Paradies. In der Folge kürzen diese Handschriften, ebenso auch die Handschrift 081, die Darstellung der Schöpfungsgeschichte ganz entscheidend, indem sie in einem weiteren Gesamtsatz von der Vertreibung aus dem Paradies berichten und danach den siebten Schöpfungstag anschließen:

Hs. 081: *Aber důrch Ir vngehorsam wurdn̄ sie payde aus dē paradeys getrybn̄ vnd auf daz erdtrich gesañt wann sy daz obz āssen das yn got der Herr verpotñ het*

Der Wie-Teilsatz bildet den letzten Gesamtsatz der Schöpfungsgeschichte.

c) syntaxrelevante Merkmale in den übrigen Stoffkreisen:
Die römische Geschichte beginnt mit dem Gesamtsatz, Bl. 8vb, Z. 21-27: *Also mag ein yeder verstandner man mercken in vordern römischen reich wie ez herkommen ist daz will ich kürtzlich sagen wer fuwaz wissen will der lese lucanum oder O̶rosium.*

In der Chronik werden vor allem darstellende, erzählende Verben und die Vergangenheitsformen des Hilfsverbs *sein* verwendet. Zur Kennzeichnung der genealogischen Beziehungen wird das Verb *gebërn* ‚bringen, hervorbringen' wiederholt genutzt. Es zeigt sich so an der Verwendung der Verben ein Wechsel von chronologischem, narrativem und genealogischem Prinzip. Ihre temporale Ausrichtung erhält die Chronik nicht durch die Verbwahl, sondern durch die Verwendung temporaler Angaben in Spitzenstellung und auch innerhalb eines Gesamtsatzes.

Lexikalische Merkmale
1) Schlüsselwörter: „Gattungs"bezeichnungen:
Neben der Bezeichnung *Buch* als Selbstbezeichnung, als Bezeichnung anderer Literatur und als Benennung einzelner biblischer Bücher im ‚Buch der Welt' tritt das Wort in einem vergleichbaren Kontext auch in den anderen Teiltexten und Ausschnitten auf. Auch *chronik* wird sowohl als Selbstbezeichnung als auch für andere Geschichtsdarstellungen verwendet.

Das ‚Buch der Welt' endet auf Bl. 13ra mit einem Hinweis auf das folgende Textexemplar:

Er lebt nach allen seinem willen/ er begieng da grossen gewalt/ [SW 87,32] *die annderen sein geschicht findt man hie pald nach In der kronigken Brueder Andre vo Sand Mang Also hat dise kurtze kronigk vonn Adams zeitn biz auf Julium den erstñ kayser ein ende wer aber der ding hier Inbegryffñ gäntzlich an eine grundt vnd ende komen wöll der lese die V. büecher Moysi oder die Bybel Josephum vnd orosium die herlichñ vnd löblichen hystori schreiber.*

Hier tritt *kronigk* als Selbst- und als Fremdbezeichnung auf, *buch* ist auf die Bücher der Bibel bezogen.

Die *Chronica pontificum et imperatorum Romanorum* des Andreas von Regensburg wird in der deutschen Übersetzung als *bůch der kronighen der Römischen kaiser und bäbst* (Bl. 17ra) bezeichnet. Die allgemeine Werkbezeichnung wird hier spezifiziert durch den Aufbau der Erzählung, der der Chronologie verpflichtet ist. Im Kolophon wird *buch* wiederum ganz allgemein verwendet: *das bůech ist geendet An Sandt Pauls abent* [...] (Bl. 253ra, Z. 35-Bl. 253rb, Z. 1).

Der Chronik des Andreas von Regensburg geht eine (Kürzungen wurden von mir aufgelöst) *Inductio caritatiua Librum Wlgarem de Latino secundum Cronicam Fratris Andree etc translatum corrigendo discutiendoque indagantibus* voraus, an die sich unter der Überschrift: *Die vorrede vber die Tewtschen Cronigken* die Ausführungen des Schreibers Leonhard Heff über seine Auffassung der Übersetzung anschließen.

2) lexikographische Schlüsselwörter (die Wochentagsbezeichnungen):
Sonntag: Im Oberdeutschen dominieren die ungerundeten Formen (*suntag*). Heff bekam als Lohnschreiber Zugriff zu verschiedenen Codices,[639] so konnte er auch Mittler der neuhochdeutschen, gesenkten Form werden. Er verwendet eine vermittelnde Form: u mit übergeschriebenen o: *sůntag* (Bl. 2ra) – ein graphischer Ausdruck für das Voranschreiten der gesenkten Formen.

Montag: Für den zweiten Wochentag wählt Heff die im Oberdeutschen im 15. Jahrhundert durchaus schon gebräuchliche gerundete Form *montag* (Bl. 2ra).

Dienstag: Hier nimmt der Lohnschreiber eine Variante des bairischen Kennwortes *Eritag: erchtag* (Bl. 2ra).

Mittwoch: Der vierte Wochentag wird als *mytwochen* (Bl, 2rb) bezeichnet.

Donnerstag: Heff verwendet beide bairischen Kennwörter: *erchtag* für den Dienstag und *pfintztag* (Bl. 2rb) für den Donnerstag.

---

639 Vgl. zu Heff: Peter Johanek, Artikel 'Leonhard Heff', Sp. 569-572.

Freitag: Für den vorletzten Wochentag wählt Heff – auch hier übereinstimmend mit dem Dialektgebiet – die diphthongierte Form *freytag* (Bl. 2rb).

Samstag/Sonnabend: Auch *sambtztag* (Bl. 2va) ist die oberdeutsche Bezeichnung des letzten Wochentages.

Semantische Merkmale
1) Inhaltliche Ordnungsprinzipien:
Der Gesamtaufbau des Codex ist vor allem durch eine Kombination von datenbezogener und personenbezogener Darstellungsweise gekennzeichnet. Gegenüber seiner Vorlage hat Heff die parallele Anordnung von Papst- und Kaisergeschichte aufgegeben (obwohl er im Prolog den Hinweis auf eine solche Anordnung beibehalten hat, Bl. 25va: *also das die zeit der gepurd des allerhöchsten bischoues vnd künigs Jhesu Christi vnd darnach die päbst jn ainer ainer columben vnd die Rönmischen kaiser zw den selbigenn zeiten mitherschent entgegen hinüber auf die anderen columben geschriben*). Zu dieser Anordnung sagt er, indem er über den übersetzten Prolog des Andreas von Mang hinausgeht: *Sunder von merär vnd pesser verstänttnüss wegenn der layen oder der vngelerten will ich die päbst hinden an die hystori der kaiser on vnterlos setzen auff das das buech bey ainer vnd nicht bey zwayen hystorien gemyschtt beleib das gar hertt ist zw lesen vnd will albegen ain solichs blabs zaichen für ainen yetzlichen pabst setzen* (Bl. 25vb). Wie angekündigt, markiert Heff die Päpste durch ein blaues Zeichen und gibt in den Seitenüberschriften an, ob über Päpste oder über Kaiser berichtet wird. Aus dieser Zurücksetzung der Päpste und ihrer Einordnung in die Kaisergeschichte ergibt sich inhaltlich ein stärkeres Hervortreten der Regensburger Bischöfe, womit der Dualismus Kaiser – Papst durch den Dualismus der „Regensburger Situation zwischen Kaiser und Bischof"[640] überlagert wird.

2) Die sechs Deutungsmuster:
a) Einordnung der Weltgeschichte in die Heilsgeschichte: Das göttliche Heilswirken drückt sich deutlich in der Schöpfungsgeschichte des ‚Buchs der Welt' aus. Sie ist der Anfang aller Weltgeschichte. Es handelt sich hier nicht um eine fragmentarische Überlieferung des ‚Buchs der Welt', die mit anderen historiographischen Texten zufällig in demselben Codex überliefert wurde, sondern um eine neue historiographische – sehr gelehrte – Kompilation. Das ‚Buch der Welt' hat hier die Funktion, den bei Andreas von Regensburg fehlenden

---
640 Joachim Schneider, Vermittlungsprobleme, S. 181.

Bezug zur Schöpfungsgeschichte herzustellen – und damit ganz eindeutig Weltgeschichte als Heilsgeschichte – dies zeigt auch der Hinweis im Codex auf die biblischen Bücher, zu verdeutlichen. Im Heffschen Original stehen Heilsgeschichte und aktuelle Zeitgeschichte in einem engen Legitimationsbezug.

b) Berufung auf die (mündliche und schriftliche) Tradition: Leonhard Heff beruft sich – auch zum Beleg der Wahrheit seiner Äußerungen und zur Rechtfertigung seiner Übersetzungsarbeit wie zum Beleg seiner Bildung – ausgiebig auf historiographisches Schrifttum. „Ein Großteil dieser Namen, insbesondere der Katalog der Historiker, dürfte auf Heffs Lektüre bzw. Abschrift des ‚Speculum historiale' von Vinzenz von Beauvais zurückgehen, auf dessen Kenntnis Heff eigens hinweist."[641] Die volksprachige, universalhistorische Regensburger Chronik des Leonhard Heff unternimmt es, Erinnerungswissen für den gebildeten Regensburger zusammenzustellen. Sie ist – die zweisprachigen Einleitungen und Vorreden zeigen dies – sowohl an den gelehrten, lateinkundigen als auch an den lateinunkundigen Stadtbürger gerichtet. Damit berücksichtigt ihr Verfasser auch, dass eine solche Chronik innerhalb der Familie vererbt wurde und hier auf eine sehr unterschiedliche lateinische Bildung treffen konnte. Es werden die Erinnerungsbestände der lateinischen wie der volkssprachlichen Universal- und Reichshistorie wie auch speziell der Stadtgeschichte zusammengestellt. Der Auftraggeber dieser Chronik war der Regensburger Stadtkämmerer Erasmus Trainer, die Chronik wurde innerhalb seiner Familie vererbt und kam so z.B. zu Wilhelm Trainer nach Nürnberg.

c) wahre Geschichtsschreibung: In den zweisprachigen Vorreden begründet Leonhard Heff ausführlich sein Übersetzungsverfahren und das Verhältnis zur lateinischen Vorlage. Auf diese Weise begründet Heff auch den Wahrheitsanspruch seiner deutschen Übersetzung. Die Vorrede ist stark topisch geprägt, wenn Heff sein Werk gegen alle Angriffe und gegen Zweifel an dessen Wahrheitsgehalt, gegen Vorbehalte an seinem Laienstatus und wegen seines einfachen Stils verteidigt, so übernimmt er hier die „traditionellen Motive der Prologtopik, sie stammen teilweise wörtlich aus dem Prolog der ‚Summa' des Johannes Balbus [...]"[642] Heff nimmt die Wahrheitsbeteuerungen auch zum Anlass, seine Bildung zu belegen, dennoch muss man da-

---

641 Ebd., S. 182.
642 Ebd., S. 182.

von ausgehen, dass er sein Übersetzungsvorhaben tatsächlich rechtfertigen musste, besonders vor den klerikalen Regensburger Kreisen.
d) Autorisierung der eigenen Aussagen: Heff gibt den Autor seiner Vorlage an und nennt sich selbst als Übersetzer.
e) und f) offene Geschichtsschreibung und auf Abgeschlossenheit, Endzeit zielendes Geschichtsdenken: Das Autograph des Regensburger Lohnschreibers entstand auf ausdrücklichen Auftrag des Regensburger Stadtkämmerers Erasmus Trainer. Es ist in dieser Zusammenstellung (der Einleitungsteil aus dem ‚Buch der Welt' und der Hauptteil aus der von Heff intensiv bearbeiteten und erweiterten lateinischen Papst- und Kaiserchronik des Andreas von Regensburg) eine Regensburger Weltchronik. Die Chronik ist reichsgeschichtlich ausgerichtet mit einer ausgewogenen Behandlung von Papst- und Kaisertum (das machte sie auch übertragbar in andere soziale Zusammenhänge z.B. Hs. 8), erweitert um aktuelle Ereignisse aus der jüngsten Geschichte (z.B. die Hussitenfrage) und um „Regensburger Nachrichten aus Vergangenheit und Gegenwart".[643]

III.3.26 Handschrift 022 (Alba Iulia, Bibl. Batthyaneum, Ms. I.115) – A_1

Externe Merkmale (Ebene b)
(erschlossener) Entstehungszeitraum, Entstehungsort, Schreiber/Kompilator:
Zu Beginn der Handschrift, auf Blatt 1^r nennt sich der Schreiber – C(onradus) S(chreyber) V(on) O(ettingen) B(ollstatter) – und gibt das Datum der Abschrift an: 1476. Der Codex ist in Augsburg entstanden. Konrad Bollstatter[644] nennt sich in den vielen Handschriften, die von ihm stammen sehr unterschiedlich: Conradus Schreyber von Öttingen, Bollstatter Conrad (B.C.), Conradus Schreyber (C.S.), Konrad Müller, Cunradus Mollitor, Coradus Scriptor, Amerel, Johannes Seydenswantz, Buntschuh. Meist benutzte er die Initialen B.C. und C.S., in seinen späten Augsburger Codices nennt er sich häufig Conrad Bollstatter (Schreiber) von Öttingen.[645] Geboren wurde er um 1420 in Öttingen, wo sein Vater – Conrad Müller d.Ä. aus Deiningen – Schreiber bei den Grafen von Öttingen war. Als der Vater 1440 starb, übernahm Konrad dessen Schreiberamt.

---

643 Jürgen Wolf, Sächsische Weltchronik, S. 187.
644 Vgl. auch: Karin Schneider, Artikel ‚Konrad Bollstatter', Sp. 931-933; Volker Mertens, Konrad Bollstatter, S. 369f.
645 Vgl. Jürgen Wolf, Sächsische Weltchronik, S. 180-186.

„Anfang der 60er Jahre verliert sich wohl infolge der Kriegswirren im schwäbischen Ries seine Spur."[646] Von etwa 1466 bis 1482 lebt und arbeitet Konrad in Augsburg. Von ihm sind insgesamt 19 Handschriften überliefert.[647] Tatsächlich dürfte er aber mehr Handschriften geschrieben haben; von ihm stammen ebenso Eintragungen im öttingischen Lehnbuch, Sterbebücher wie ein Losbuch, ein Codex mit ‚Reiseliteratur' und Prosaromanen: Lucidarius, Griseldis etc., Rudolf von Ems (Willehalm von Orlens), Konrad von Megenbergs ‚Buch der Natur', Teichner Sprüche, denen er ein eigenes Gedicht zugefügt hat, Legenden, eine Spruchsammlung kombiniert mit Freidanks ‚Bescheidenheit' u.a.m. und vor allem Chroniken. In seinen letzten Schaffensjahren, vornehmlich der Augsburger Zeit, hat er zunehmend Chroniken geschrieben, z.T. für seine eigene Bibliothek und sozusagen als Musterbücher.

Kombinationszeitraum, Kombinationsort:
Konrad Bollstatter kombiniert hier den schöpfungsgeschichtlichen, d.h., heilsgeschichtlich ausgerichteten Beginn eines oberdeutschen ‚Buchs der Welt' mit einer Augsburger Stadtchronik. Entstehungs- und Kombinationszeitraum sind identisch.

Fortsetzungszeitraum, Fortsetzungszeitraum, Fortsetzer:
Durch den Textverlust lassen sich keine Aussagen über Fortsetzungen machen.[648]

Benutzungszeitraum, Benutzungsort, Benutzer:
Der Augsburger Schreiber und Besitzer Bollstatter korrigierte und ergänzte den Codex in der zweiten Hälfte des 15. Jahrhunderts – in seiner 16-jährigen Augsburger Schaffensperiode – eigenhändig, vor allem aus der Handschrift 023, weitere Benutzerspuren sind nicht zu erkennen.

Besitzzeitraum, Aufbewahrungsort, Besitzer, Auftraggeber:
Bollstatter kompilierte diese Augsburger Stadt-Weltchronik wohl für seine Bibliothek.

Wenn auch Konrad Bollstatter angesichts bescheidener Vermögensverhältnisse sicher keine große Bibliothek sein eigen nennen konnte, so fällt doch auf, daß neben den Losbüchern die im Alter gefertigten vorwiegend historio-

---

646 Ebd., S. 180.
647 Vgl. ebd., S. 180f. Anm. 66, vgl. auch das 17 Handschriften umfassende Verzeichnis von Karin Schneider, Berufs- und Amateurschreiber. S. 19f.
648 Vgl dazu: Hans Ferdinand Massmann, Der keiser und der kunige buoch oder die so genannte Kaiserchronik, S. 59 Nr. 20; s. auch Frank Shaw, Alba Iulia I.115, S. 218-222 und Jürgen Wolf, Augsburger Stadt-Weltchronik, S. 29-28.

graphischen Handschriften kaum für den Verkauf, eher für seine eigene Privatsammlung bestimmt waren.[649]

Konrad Bollstatter war also Auftraggeber, Besitzer, Schreiber und Kompilator.

Kommunikationsmaterial und -form:
Die Handschrift ist ein Autograph Bollstatters. Die Blattgröße beträgt 21,8 x 15,2 cm, der Schriftspiegel der einspaltigen Handschrift ist 13,7 x 8,5 cm und umfasst 24 Zeilen. Der Einband der Handschrift ist ein alter Holz-Ledereinband mit Streicheisenverzierungen und Plattenstempeln. Sie hat 45 Blätter und ist am Ende unvollständig. Ursprünglich umfasste die Handschrift 341 Blätter.[650]

Auch der Umfang des mutmaßlich verlorenen Teils mit fast 300 Bll. (?) gibt zu denken. Selbst wenn Bollstatter die ‚Augsburger Chronik bis 1469', Meisterlin, die ‚Annales Augustani' und die anderen genannten Quellen vollständig ausgebeutet haben sollte, 300 Bll. hätten diese Berichte niemals füllen können! Sollte mit den knapp 300 verlorenen Bll. dieser Handschrift auch Bollstatters ureigenster Beitrag zur Augsburger Geschichtsschreibung verloren gegangen sein?[651]

Schreibsprache: Der Schreibdialekt ist ostschwäbisch.[652]

Interne Merkmale
Initiator(en):
Der einspaltige Augsburger Papiercodex umfasst nur 45 Blätter, da der größte Teil der Handschrift verloren gegangen ist. Der Codex beginnt mit dem ‚Buch der Welt'.

Der Augsburger Berufsschreiber Konrad Bollstatter hat seine Initialen auf Bl. 1^r geschrieben: C.S.V.O.B., d.h. Conradus Schreyber Von Oettingen Bollstatter. Vor allem in seinen späten Arbeiten benutzt Bollstatter diese Kennzeichnung, seine frühen Handschriften tragen zumeist nur die Initialen B.C. oder C. S.[653]

Der Initiator ist mehrteilig:

1. die Schreibernennung,

---

649 Jürgen Wolf, Sächsische Weltchronik, S. 185.
650 Vgl. die Beschreibungen des noch vollständigen Codex bei Antal Beke, Index Manuscriptorum Bibliothecae Battyaninae, S. 31 Nr. 314; s. auch: Robert Szentivány, Catalogus concinnus librorum manuscriptorum blibliotheca Batthyánynae, S. 30 Nr. 115.
651 Jürgen Wolf, Sächsische Weltchronik, S. 370.
652 Vgl. auch Jürgen Wolf, Die ‚Augsburger Stadt-Weltchronik', S. 15f.;
653 Vgl. dazu ebd., S. 15; ders., Bollstatter; vgl. auch Elisabeth Grünwald, Das älteste Lehenbuch der Grafschaft Öttingen, S. 74-81.

2. eine mehrzeilige bunte E-Initiale auf Goldgrund, die die Überschrift einleitet.
3. die Überschrift: *Eine kurtze Cronig von aller ding begynne vnd anfang der welte. wie der Allmächtig Gott die beschaffen vnd gemächt hatt vnd ist auch genant die zale der Römischen kunig.* (Bl.1ʳ),
4. die A-Initiale mit der die Schöpfungsgeschichte beginnt: *An dem anfang und zů aller ding begynne* (Bl. 1ʳ).

Terminator(en): Das Textexemplar ist am Ende unvollständig.
Weitere Makrostrukturen:
Aus einem oberdeutschen ‚Buch der Welt' hat Bollstatter die Schöpfungsgeschichte, die biblische Geschichte des Alten Testaments und die römische Geschichte bis zu Cäsar übernommen. Der Text lehnt sich sehr eng an den Text des in seinem Besitz befindlichen ‚Buchs der Welt' in der Fassung der Handschrift 023 (SW 67,1-82,30) an.

Gegenüber Handschrift 023 kürzt Bollstatter den Text allerdings geringfügig: z.B. Bl. 2ʳᵃ der Handschrift 023: *Adam gewan zwen sůn kayn vnd abeln.* dagegen die Einleitung von Bollstatters Augsburger Chronik (Hs. 022, Bl. 2ᵛ): *Adam gewan* [eingefügt am Rand: *zwen*] *käyn vnd abeln.* Aber nicht nur der Textzusammenhang wurde möglichst gleich übernommen, auch die makrostrukturellen Merkmale und die übrigen Strukturierungen ähneln der Vorlage. Die Initialen sind sehr ähnlich ausgeführt. Wenn die Vorlage vierzeilige Schmuckinitialen hat (z.B. Bl. 2ʳᵃ – Hs. 023), übernimmt Bollstatter diese auch in seine Augsburger Chronik (z.B. Bl. 2ᵛ – Hs. 022).

Die Makrostrukturen und die übrigen Strukturierungsmittel bleiben in dem aus dem ‚Buch der Welt' übernommenen universalhistorischen Einleitungsteil (bis Bl. 33ᵛ, Z. 4) und der stärker regional, auf schwäbische und später Augsburger Ereignisse bezogenen Chronik Bollstatters (ab Bl. 34ʳ) gleich. Namen sind nahezu durchgängig durch Majuskeln hervorgehoben. Der Text ist in Abschnitte gegliedert, der größere historische Zäsuren erkennen lässt. Diese Abschnitte sind durch rote Überschriften gegliedert und z.T. durch *capitulum*-Zeichen hervorgehoben, z.B: *c. Von Adam vnd seinen kinden will we hyevon sagen* (Bl. 2ᵛ); *Lucius Tarquinus ain hochfertig man.* (Bl. 32ᵛ); *Von dem Kayser Julius, wie dem uon den Senatter zů Rome drey legion zů geben wardt.* (Bl. 34ʳ); *wie Tyberius vnd Drusus wider die Vindelicy zugen vnd machten sie vnderton dem kayser Octauianus.* (Bl. 39ʳ).

Auch inhaltlich schließt die Schwäbische Chronik Bollstatters an die universalhistorische Einleitung an: Bollstatter knüpft an Lucius Tarquinus chronologisch folgerichtig Berichte über Cäsar an. Die einzige Zäsur zwischen beiden Teilen ergibt sich durch die Tatsache, dass Bollstatter nach dem ‚Buch der Welt' nicht direkt weiterschreibt, sondern nahezu eine Seite – abgesehen von den vier Zeilen über die Herrschaft Lucius Tarquinus (Bl. 33^r) – freilässt und erst auf einer neuen Recto-Seite (34^r) fortfährt. Vielleicht lässt sich diese Vakanz aber mit der Erfahrung eines Berufsschreibers erklären, der sich scheute, allzu viele Randbemerkungen und Nachträge in viel zu geringe Zwischenräume einzutragen, wie dies z.B. die Schreiber der Basler Handschrift 021 taten.

Insgesamt zeigen die Handschriften Bollstatters ein ausgeprägtes Gefühl für eine sauber eingehaltene Form und philologische Genauigkeit. Seine Handschriften waren in reichem Maße mit bunten Initialen und z.T. auch mit Federzeichnungen verziert, so dass es durchaus möglich ist, dass Bollstatter eine marktorientierte Handschriftenproduktion betrieben und nicht etwa nur Musterbücher für seine eigene Bibliothek hergestellt hat. Die Hs. 022 weist allerdings viele „unattraktive Marginalien" auf.[654]

Als Strukturierungsmerkmale gelten für das gesamte Textexemplar: Sinneinschnitte werden durch zwei- bis vierzeilige zumeist ausgeschmückte Initialen mit folgender Majuskel und/oder Überschrift gekennzeichnet.

Textbestand:
Aus dem ‚Buch der Welt' ist nur der Anfang: die Schöpfungsgeschichte bis zum Ende der römischen Könige (SW 67,1-82,30) übernommen worden (Bl. 1^r-33^v). Im Anschluss an die römische Geschichte bis Lucius Tarquinius wird die Chronik als Augsburger Stadt-Weltchronik, d.h., mit starker lokaler Neuausrichtung weitergeführt. Keine inhaltliche, aber eine formale Zäsur ergibt sich zwischen den beiden Teilen dadurch, dass Bollstatter nach dem ‚Buch der Welt' nahezu eine Seite freilässt und erst auf einer neuen Recto-Seite (34^r) weiterschreibt.[655]

Am Ende sind Blätter verlorengegangen: Die Augsburger Stadt-Chronik endet mit der Zeit Bischof Udalschalks und der Erhebung des hl. Ulrich 1102.[656] Nach der Beschreibung von A. Beke und R. Szenti-

---

654 Jürgen Wolf, Sächsische Weltchronik, S. 185; vgl. zur Einschätzung der Schreiberarbeit Bollstatters auch: Karin Schneider, Ein Losbuch Konrad Bollstatters aus Cgm 312, S. 34-37 und auch dies., Ein Losbuch Konrad Bollstatters.
655 Vgl. auch unten Hs. 112.
656 Vgl. Karl Ferdinand Massmann, Kaiserchronik, Bd. 4,3, 1854, S. 59, Nr. 20. Vgl. auch Frank Shaw, Fragment, S. 218-222; Jürgen Wolf, ‚Augsburger Stadt-Weltchronik', 1995, S. 29-38 (Edition mit Quellennachweis); ders., Sächsische Weltchronik, S. 368-371.

ványi in den Bibliothekskatalogen der Bibl. Batthyaneum in Alba Iulia aus den Jahren 1871 und 1949 umfasste die Handschrift noch 341 Blätter, heute sind nur noch 45 erhalten.[657] Nach der Beschreibung im Bibliothekskatalog von 1871 enthielt der Codex zusätzlich noch einen siegelkundlichen Teil („Historiam universalem et germanicam Sphragisticam ...").

Texterweiterung/Textkürzung:
Der Textzusammenhang des ‚Buchs der Welt' ist stark gekürzt worden. Er endet mit Lucius Tarquinis. Der Text ist interpoliert worden durch Informationen aus der Königshofen Chronik und nachträglich ergänzt durch Informationen aus der Augsburger Handschrift 023, die von Konrad Bollstatter geschrieben wurde.

Textallianzen:
Auch in diesem Codex sieht Jürgen Wolf eine Sammelhandschrift historiographischer Texte.[658] „Nach bewährtem Muster diente ein Fragment der SW als universalhistorische Einleitung von der Schöpfung bis zu Lucius Tarquinius bzw. Julius Cäsar."[659] Ich halte den Eingangsteil dieser Augsburger Stadt-Weltchronik hier nicht für ein Fragment, sondern den Gesamtcodex für einen ‚Buch der Welt'-Rezipienten, für eine neue Chronik, die sich für den historischen Anfangsteil auf Altes und Bewährtes, vor allem auf Material verlässt, das im Besitz Bollstatters war.

Syntaxrelevante Merkmale (Interpunktion):
a) Interpunktion:
Als Gesamtsatzkennzeichnung lässt sich durchgehend ein (mittelhoher bis tiefer) Punkt mit nachfolgender Majuskel feststellen.

b) syntaxelvante Merkmale in der Schöpfungsgeschichte:
Die Schöpfungsgeschichte setzt nach einer ausführlichen Überschrift ein, die Teil des Gesamtinitiators ist. Sie besteht aus einem Nominalsatz: *Ein kurtze Cronig von aller ding begynne vnd anfang der welte.* (Bl. 1ʳ).

Lexikalische Merkmale
1) Schlüsselwörter: „Gattungs"bezeichnungen:
Der Codex beginnt mit der Überschrift: *Ein kurtze Cronig von aller ding begynne vnd anfang der welte. Wie der Allmåchtig Gott die beschaffen*

---

[657] Antal Beke, Index Manuscriptorum Bibliothecae Battyaninae, S. 31, Nr. 314; Robert Szentivány, Catalogus concinnus librorum manuscriptorum blibliotheca Batthyánynae, S. 30 Nr. 115.
[658] Vgl. die Tabelle: Jürgen Wolf, Sächsische Weltchronik, S.379.
[659] Ebd., S. 183.

vnd gemåcht hatt vnd ist auch genant die zale der Rômischen kůnig. Diese Überschrift bezieht sich nicht auf den Gesamtcodex, nur der Universalchronikteil aus dem ‚Buch der Welt' ist hier mit *Cronig* bezeichnet. Die folgende Stadt-Chronik hat keine eigene Überschrift.

2) lexikographische Schlüsselwörter (die Wochentagsbezeichnungen):
Sonntag: Wie der Aalener Stadtschreiber in der Handschrift 024, verwendet Konrad Bollstatter hier wie in der Handschrift 023 die synkopierte, ungerundete Form *sunntag* (Bl. 1^r).

Montag: Auch hier entscheidet sich Bollstatter wie in der Handschrift 23 für das ausgleichssprachliche gerundete *montag* (Bl. 1^r) und nicht für die schwäb. Form *mentag*.

Dienstag: Abweichend vom Aalener Stadtschreiber (024) und von seiner eigenen Abschrift (023) benutzt Bollstatter hier eine dreigliedrige Form: Er vereint das seit Ende des 14. Jahrhunderts in die oberdeutschen Schreibsprachen eindringende *dinstag* mit dem sich noch weiterhin behauptenden bairischen, kanzleisprachlichen *erichtag* – das er soweit ersichtlich nicht in einer direkten Vorlage fand – mit dem schon kanzleisprachlich gewandelten Wort seiner Dialektregion *aftermontag*. Erstaunlich ist das sehr frühe Eindringen des mnd. Wortes *dinstag* in die oberdeutschen Handschriften. Diese Bollstatter-Chronik zeigt im 15. Jahrhundert einen Sprachausgleich auf kanzleisprachlicher Ebene.

Mittwoch: Für den vierten Wochentag verwendet Konrad Bollstatter *mitwochen* (Bl. 1^r).

Donnerstag: Hier benutzt er ausschließlich das überregionale Ausgleichswort *donnerstag* (Bl. 1^r) und verzichtet auf das bair. Dialektwort *pfincztag*.

Freitag: Den sechsten Wochentag bezeichnet er mit der diphthongierten Form *freytag*.

Samstag/Sonnabend: Für den letzten Wochentag schließlich verwendet Bollstatter *sampstag*.

Semantische Merkmale
1) Inhaltliche Ordnungsprinzipien:
Die hierarchische Strukturierung unterstützt ein personenbezogenes chronologisches Prinzip (die Namen sind durchgängig durch Majuskeln hervorgehoben). So ließ sie sich für eine reichs- und welthistorisch ausgerichtete Stadtchronik nutzbar machen.

2) Die sechs Deutungsmuster:
a) Einordnung der Weltgeschichte in die Heilsgeschichte: Es handelt sich hier um einen fragmentarischen Codex mit dem Schwerpunkt

auf der Augsburger Stadtgeschichte. Sie beginnt mit einer heilsgeschichtlichen Einleitung aus dem ‚Buch der Welt'[660] und wird so zu einer Stadt-Weltgeschichte. Der weltgeschichtliche Zusammenhang des ‚Buchs der Welt' gerät umgekehrt hier in einen stark regional ausgerichteten Kontext.

b) Berufung auf die (mündliche und schriftliche) Tradition: Die Vorlagen Bollstatters stammen – zumindest was den universalhistorischen Teil angeht – aus seiner Bibliothek, für einige Augsburger Informationen hat er sich möglicherweise auch auf mündliche Mitteilungen bzw. auf eigene Kenntnisse verlassen.

c) wahre Geschichtsschreibung: Die Reimvorrede mit dem Wahrheitstopos fehlt, auch sonst gibt es keine Strategie, die ausdrücklich die Wahrheit des geschriebenen Wortes begründen will.

d) Autorisierung der eigenen Aussagen: Konrad Bollstatter nennt sich selbst als Schreiber in den Kürzeln: C.S.V.O.B. (Bl. 1^r).

e) und f) offene Geschichtsschreibung und auf Abgeschlossenheit, Endzeit zielendes Geschichtsdenken: Da der größte Teil des Codex verloren ist, lassen sich hier keine gesicherten Aussagen machen. Es ist jedoch ersichtlich, dass Bollstatter aus dem kollektiven Geschichtswissen seiner Zeit schöpfte und es durch Kürzung (‚Buch der Welt') und Erweiterung (Königshofen, Handschrift 023 und Augsburger Informationen) zu einem Mittel stadtbürgerlicher Memoria – bezogen auf seine Heimatstadt Augsburg – umgestaltete.

III.3.27 Handschrift 111 (Zwickau, Ratsschulbibliothek, I, IV,6) – A_2

Externe Merkmale (Ebene b)
(erschlossener) Entstehungszeitraum, Entstehungsort, Schreiber/Kompilator:
Der Entstehungsort des Codex war vermutlich Zwickau, geschrieben wurde er in der zweiten Hälfte des 15. Jahrhunderts.

Kombinationszeitraum, Kombinationsort:
Der Schreiber war gleichzeitig auch der Kompilator. Kombinationszeitraum und -ort sind identisch mit Entstehungszeitraum und -ort.

---

660 Hier kann man allerdings nicht von einem Fragment sprechen, wie dies Jürgen Wolf, Sächsische Weltchronik, S. 183 tut. Bollstatter benutzte willentlich nur diesen Teil des ‚Buchs der Welt', den er nahezu wörtlich einer Sächsischen Weltchronik entnahm, die er selbst abgeschrieben und durch weitere chronikalische Texte erweitert hatte: die Hs. 023.

Fortsetzungszeitraum, Fortsetzungsort und Fortsetzer:
Es liegt hier keine Fortsetzung des ‚Buchs der Welt' vor.

Benutzungszeitraum, Benutzungsort, Benutzer:
Über Benutzer, Zeit und Ort der Benutzung dieser Handschrift lässt sich nicht allzu viel sagen, die Randbemerkungen und Korrekturen stammen wohl weitgehend vom Schreiber.

Besitzzeitraum, Aufbewahrungsort, Besitzer, Auftraggeber:
Über den Auftraggeber ist nichts bekannt. Die in Zwickau in der 2. Hälfte des 15. Jahrhunderts entstandene Handschrift befand sich zu Beginn des 16. Jahrhunderts im Besitz des Zwickauer Lehrers, Stadtschreibers und Ratsherren Stephan Roth (1492-1546). Roths Bibliothek umfasste wohl wenigstens 775 Bücher und Codices.

> Die Rothsche Bibliothek reicht damit vom Umfang fast an die größten sächsischen Klosterbibliotheken vor ihrer Säkularisation heran. Einen Schwerpunkt bildet die evangelisch-theologische Literatur mit Predigtsammlungen, reformatorischen Streit- und Flugschriften sowie Werken Luthers, Bugenhagens, Melanchtons, Zwinglis, Bucers, Bullingers und Ossianders. Einen zweiten Schwerpunkt bilden Werke des Humanismus inclusive einer fast vollständigen Ausgabe der griech. und röm. Klassiker. Typisch für die Bibliothek Roths sind die meist deutschsprachigen Sammelbände aktueller Literatur und die Vielzahl deutschsprachiger Bücher aus den Bereichen Ackerbau, Medizin, Recht und ‚Unterhaltung'. Roths Buchbesitz unterschied sich damit deutlich von dem der Klöster. Seine Bibliothek ist im wesentlichen der Gegenwart, d.h. der Reformation und dem Humanismus, zugewandt. Ebenfalls groß ist der Anteil der ‚Fachliteratur', die er für seine Tätigkeit als Stadtschreiber benötigte.[661]

Roth vererbte seine Bibliothek der Zwickauer Ratsschulbibliothek (Testament vom 21. Mai 1546).

Kommunikationsmaterial und -form:
Der Codex ist eine Papierhandschrift und umfasst 450 Blätter. Die zweispaltige Thüringer Handschrift hat eine Blattgröße von 39,8 x 28,4 cm und einen Schriftspiegel von 28,1 x 19,8, der 38-45 Zeilen umfasst. Der Einband stammt von Barthel Gerngroß aus dem 16. Jahrhundert, der einen großen Teil der Bücher des Zwickauer Lehrers, Stadtschreibers und Ratsherren Stephan Roth gebunden hat. Auf die Innenseite des Vorderdeckels hat Roth wie in die meisten seiner Bücher *Legantur cum iudicio* geschrieben.

---

[661] Jürgen Wolf, Sächsische Weltchronik, S. 280.

Schreibsprache:
Der Schreibdialekt ist nordthüringisch. Der Schreiber hatte eventuell für die Passagen aus dem ‚Buch der Welt' eine niederdeutsche Vorlage, viele Entstellungen in diesem Teil gehen vielleicht darauf zurück.[662]

Interne Merkmale
Initiator(en):
Der Codex fängt mit einer Prosaauflösung der Vorrede von Rudolf von Ems an.
    Als Initatorenbündel kann
1. die zehnzeilige geschmückte bunte B-Initiale gelten;
2. die Vorrede selbst.

Die Schöpfung selbst beginnt mit einem dunkel gefüllten Kreis.
    Der Beginn stimmt mit dem Anfang des ‚Buchs der Welt' überein. Nach der wörtlichen Übereinstimmung in der Schöpfungsgeschichte finden sich im Alten Testament nur noch gelegentliche Übereinstimmungen.

Terminator(en): Der Codex hat keinen expliziten Terminator.
Text-Bild-Relationen:
Zu Beginn der Schöpfung ist ein dunkel gefüllter Kreis gezeichnet.

Weitere Makrostrukturen:
Die Zwickauer Handschrift ist zweispaltig geschrieben. Inhaltlich und makrostrukturell weist sie eine Zweiteilung in Altes Testament (Alte Ee) und Neues Testament (Neue Ee) auf. Über die Anleihen aus dem ‚Buch der Welt' innerhalb der Alten Ee schreibt Jürgen Wolf: „Am Anfang, d.h. im Genesis-Teil, finden sich häufiger kleine zusammenhängende SW-Einsprengsel. Später sind keine SW-Reminiszenzen mehr zu erkennen."[663] Auf die Zweiteilung in Altes und Neues Testament verweist die aus der Weltchronik des Rudolf von Ems übernommene Vorrede (Bl. 2ra-3ra). Auch makrostrukturell ist ein deutlicher Einschnitt vor dem Beginn der römischen Geschichte zu sehen. Denn der alttestamentarische Teil endet mit dem Explizit: *Nu hat disze biblie eyn ende . Deo gratias* (Bl. 343vb). Auf dieses Ende, aber auch auf die Weiterführung mit der Geschichte des römischen Reiches verweist ein Satz im Anschlus an das Buch der Richter: *Van dissen dinge will ich setcze wen ich romschz riche anefangk schribe wen die alde E sich endet*, Bl. 174ra. Das Alte Testament ist in einzelne Kapitel gegliedert, die mit roten Überschriften ver-

---

662 Vgl. dazu: Adolf Hofmeister, Über eine Handschrift der Sächsischen Weltchronik, S. 87.
663 Jürgen Wolf, Sächsische Weltchronik, S. 75, Anm. 203.

sehen sind: *hie hebt sich an die biblige vnde das erste buch genesis Capitulum primum* (Bl. 4ra); *hie volget die scheppunge ...* (Bl. 5ra); *Capitulum Tertium; Capitulum quartum* etc.

Der neutestamentliche Teil dagegen besteht weitgehend aus einer A$_2$-Version des ‚Buchs der Welt' mit einer Prosaauflösung von Bruder Philipps ‚Marienleben'. Das gereimte ‚Marienleben' wurde häufig in die gereimten deutschen Weltchroniken interpoliert, es findet sich – durch Buchbindersynthese – auch in Textallianz mit dem ‚Buch der Welt' in der Heidelberger Handschrift 4.[664]

Der zusammenhängende Text des ‚Buchs der Welt' setzt ein mit der römischen Geschichte (SW 78,22), die mit einer zweizeiligen roten Initiale und einer rot druchgestrichenen Majuskel beginnt.

Der Gesamtcodex ist durch Absätze strukturiert, die in der Regel mit zweizeiligen Initialen und zum Teil mit rubrizierten Übeschriften beginnen.

Textbestand:
Im Alten Testament ist nur der Teil der Schöpfungsgeschichte aus dem ‚Buch der Welt' übernommen worden. Die Darstellung ist stark durch biblische Geschichte (nach Rudolf von Ems) erweitert worden. Das Neue Testament besteht in seinen wesentlichen Teilen aus dem ‚Buch der Welt': SW 78,22-246,9. Der Textzusammenhang endet 1226 mit Innozenz IV.

Texterweiterung/Textkürzung:
Das Textexemplar tradiert im Teil des Alten Testaments vor allem eine Prosafassung von Rudolf von Ems, die durch Interpolationen aus dem ‚Buch der Welt', dem Lucidarius und verschiedenen anderen Quellen erweitert wurde, im Neuen Testament basiert der Text auf dem ‚Buch der Welt' – vermehrt durch eine Prosaauflösung von Bruder Philipps ‚Marienleben' und erweitert durch Zusätze aus der *Legenda Aurea* (des Jacobus de Voragine). Die Chronologie des ‚Buchs der Welt' endet 1226. Die zeitgeschichtlichen und heilsgeschichtlichen Daten sind fortgesetzt durch eine kurze Darstellung des Lebens Kaiser Friedrichs II. nach der *Legenda Aurea* (Jacobus de Voragine).[665] Die Kaiser-/Königsgeschichte – d.h., die Geschichte des *imperium romanum* – endet etwa zu einer Zeit, in der das *imperium romanum* auch realiter zu bestehen aufhörte. Nach dem Tode Heinrichs VI. und mit der Doppelwahl Philipps von Schwa-

---

[664] Vgl. die Heidelberger Handschrift 4. Siehe auch: Danielle Jaurant, Rudolfs ‚Weltchronik' als offene Form, S. 30
[665] Vgl. auch Gabriele von Olberg, Makrostrukturen, S. 307.

ben und Ottos IV. von Braumschweig beginnt die Auflösung der Kaisermacht. Vollends mit dem Tode Friedrichs II. 1250 ist die Voraussetzung für die Entstehung eines europäischen Staatensystems und damit für eine andere, stärker auf einzelne Nationen, Dynastien, Regionen bezogene Form kollektiver Memoria entstanden. Diese Chronik aus dem 15. Jahrhundert jedoch hält an der imperialen Memoria auch dadurch fest, dass sie die Profangeschichte nicht über das 13. Jahrhundert fortsetzt.

Textallianzen:
Jürgen Wolf sieht in dem Zwickauer Codex eine Überlieferungsgemeinschaft von Historienbibel und einem erst bei der Darstellung des Neuen Testaments beginnenden, um das ‚Marienleben' erweiterten ‚Buch der Welt':

> Im Sinn des Redaktors dieser durch Hs. 111 repräsentierten Überlieferungsgemeinschaft lag augenscheinlich eine Verbindung von alter Ee (Historienbibel) und neuer Ee (SW mit ‚Marienleben') vor, wobei sich die Darstellung der neuen Ee in der SW durch das eingeschobene ‚Marienleben' und Interpolationen aus der *Legenda aurea* stark der Historienbibel annähert. Andererseits wird die alte Ee (Historienbibel) durch Entlehnungen aus der ‚Weltchronik' des Rudolf von Ems und der SW historischer.[666]

Jürgen Wolf folgt mit seiner Einschätzung Hans Vollmer, der den Zwickauer Codex bzw. die alte Ee als „Mitteldeutsche Historienbibel" einordnet und ihn der Gruppe VII[667] zuweist. In der Forschung hat sich die Bezeichnung Historienbibel vor allem im 19. Jahrhundert etabliert.[668] Als Erster sichtete Hans Ferdinand Massmann[669] volkssprachliche Prosaauflösungen der Reimchroniken Rudolfs und Heinrichs von München, die z.T. durch die Übersetzungen von Bibeldichtungen (z.B. des Hohenliedes) oder durch das ‚Marienleben' Bruder Philipps erweitert worden waren. Er unterschied zwischen verschiedenen Bearbeitungen und sah einen deutlichen Zusammenhang zwischen den Prosafassungen und den Vorlagen in der gereimten Prosachronistik. Unabhängig von Massmann beschäftigte sich der Theologe Eduard Reuß mit einigen Prosauflösungen der Alten Ee auf der Grundlage der gereimten Weltchronik des Ru-

---

666 Jürgen Wolf, Sächsische Weltchronik, S. 394f.
667 Hans Vollmer, Materialien zur Bibelgeschichte, Bd. 1: Ober- und mitteldeutsche Historienbibeln, S. 39f. S. 198-208, Nr. 88.
668 Zur Bezeichnung, die auf das 18. Jh. zurückgeht, siehe: Johann Friedrich Ludwig Theodor Merzdorf, Die deutschen Historienbibeln, Bd. 1, S. 2 und Eduard Reuß, Artikel ‚Historienbibel', S. 152-157.
669 Hans Ferdinand Massmann, Rezension, S. 184 und 193-210. Vgl. dazu die Ausführungen von Danielle Jaurant, Rudolfs ‚Weltchronik', S. 28-40.

dolf von Ems, ohne sie in einem Zusammenhang mit diesen volkssprachlichen gereimten Weltchroniken des 13. Jahrhunderts zu sehen. Der Theologe verwendete für seine Überlieferungszeugen die Bezeichnung *Historienbibel*.[670] In der Folgezeit nahmen Hans Ferdinand Massmann, Hermann Palm,[671] Johann Friedrich Ludwig Theodor Merzdorf,[672] Ewald Gleisberg[673] und schließlich Hans Vollmer verschiedene – z.T. voneinander abhängende, z.T. widersprüchliche – Klassifizierungen der ‚Historienbibeln' vor. Merzdorf hält die ‚Historienbibeln' für bloße Prosaauflösungen der Reimchronik des Rudolf von Ems,[674] betont aber dennoch den Unterschied zwischen Reimchronik und Historienbibel: *„trotz dieser nothwendigen ähnlichkeiten haben wir in der historienbibel doch ein anderes werk vor uns als eine prosaauflösung jener gereimten bearbeitungen."*[675] Wie Merzdorfs so bleibt aber auch die viel umfassendere Definition Vollmers, die „in der einschlägigen Literatur unbestrittene Geltung behalten hat"[676] letzlich die Unterscheidung zwischen Prosaauflösung und Reimchronik schuldig: „Einige Schwierigkeit macht die Abgrenzung gegen die prosaischen Weltchronken; hier muß Interesse und Raum, den die alt- und neutestamentliche Geschichte innerhalb des Ganzen in Anspruch nimmt, über Zurechnung oder Nichtzurechnung entscheiden."[677] Eine differenzierte Untersuchung, die der Abgrenzung zwischen ‚Historienbibel' und ‚Reimchronik' gewidmet ist, liegt bislang nicht vor.[678]

Die Zwickauer Handschrift 111 nimmt eine Zweiteilung in Altes und Neues Testament vor, diese Zweiteilung ist sowohl in Choniken als auch in der Bibel angelegt. Es sprechen einige Indizien dafür, hier eine Histo-

---

670 Eduard Reuss, Die deutsche Historienbibel.
671 Hermann Palm, Eine mittelhochdeutsche Historienbibel.
672 Johann Friedrich Ludwig Theodor Merzdorf, Die deutschen Historienbibeln. 2 Bde.
673 Ewald Gleisberg, Die Historienbibel (Merzdorfs I.), S. 8-12.
674 Johann Friedrich Ludwig Theodor Merzdorf, Die deutschen Historienbibeln, S. 2.
675 Ebd.
676 Danielle Jaurant, Rudolfs ‚Weltchronik', S. 37.
677 Hans Vollmer, Materialien zur Bibelgeschichte, Bd. 1: Ober- und mitteldeutsche Historienbibeln, S. 5.
678 Vgl. die differenzierte Textsortendefinition von Franz Simmler, Grundlage einer Typologie religiöser Textsorten; siehe auch ders., Artikel ‚Textsorten des religiösen und kirchlichen Bereichs', S. 676-690 und ders., Biblische Textsorten. Ihre Merkmale und Traditionen, S. 379-546. Franz Simmler entwickelt auf der Grundlage von Textexemplaren, die von Hans Vollmer unter den 9 Gruppen den ‚Historienbibeln' zugerechnet werden, eine Textsortendefinition, behandelt aber das Abgrenzungsproblem zu den gereimten Weltchroniken nicht. Die Textsortendefinition könnte so auch auf die Universalchroniken zutreffen. Siehe auch Kapitel V.2.4.3 Textallianzen.

rienbibel anzusetzen. Der Codex aus dem 15. Jahrhundert beendet den profangeschichtlichen Chronikzusammenhang mit Friedrich II., d.h. eine profangeschichtliche Aktualisierung geschieht nicht. Die neutestamentarische Geschichte wird durch das ‚Prosa-Marienleben' des Karthäuser Bruders Philipp erweitert, diese Textallianz weist auch in Richtung auf eine Historienbibel. Eine Kompilation mit dem gereimten ‚Marienleben' zeigt sich auch bei Reimchroniken, wenn sie die Textsortengrenze überschreiten und zu Historienbibeln werden. Bezieht man die Erkenntnisse zu den Handschriften 143 und 144, die als Historienbibeln gelten können ein, so lassen sich folgende abgrenzende Merkmale zwischen Universalchronik und Historienbibel zunächst festhalten:

1. Der Anteil der biblischen Geschichte ist gegenüber der Profangeschichte dominant (Hss. 143 und 144).
2. Die Profangeschichte wird nicht bis zur Gegenwart des Schreibers forgesetzt.
3. Es treten bestimmte Textallianzen im Zusammenhang mit Historienbibeln immer wieder auf: z.B. die Allianz mit dem ‚Marienleben' des Kartäuser-Bruders Philipp.

Syntaxrelevante Merkmale (Interpunktion):
Gesamtsätze sind durch Majuskeln in Kombination mit mittelhohen bzw. tiefen Punkten gekennzeichnet.

Lexikalische Merkmale
1) Schlüsselwörter: „Gattungs"bezeichnungen:
Eine entscheidende Veränderung tritt in den Textklassenbezeichnungen dieser Handschrift gegenüber den bisher besprochenen auf: In der Überschrift vor der Schöpfungsgeschichte und im Anschluss an den Textteil, der das Alte Testament nebst Einschüben aus der Profangeschichte enthält, verwendet der Redaktor die Bezeichnung *bibel (biblige)*. Man könnte dies als einen lexikalischen Beweis für die Einordnung zumindest des ersten Teiles als Historienbibel auffassen und annehmen, der Redaktor wolle hier eine „für das Volk passende Bibel"[679] schaffen. Hier ist aber Vorsicht geboten:

Es ist hier Franz Simmler zuzustimmen, der auch für die von ihm untersuchten Historienbibeln sagt: „Die zeitgenössische Bezeichnung der neuen Einheit als *wibel* darf nicht überbewertet und einfach in der heutigen Funktion als Bezeichnung der von der Kirche autorisierten und als

---

679 Wilhelm Walther, Die deutsche Bibelübersetzung, Sp. 743.

geoffenbart angesehenen biblischen Schriften interpretiert werden."[680] Dennoch steht die Bezeichnung *bibel* in einer ganz bestimmten Textsorten-Tradition, sie ist vor dem 15. Jahrhundert bereits in der Universalchronistik geläufig. Verwendet wird sie aber nicht in der Prosa-Universalchronistik, sondern ausschließlich in der gereimten Weltchronistik. Sie wird hier zusammen mit *chronik* als Werkbezeichnung verwendet. So beginnen z.B. die meisten Handschriften der α-Redaktion und einige der β-Redaktion[681] der Weltchronik des Heinrich von München die Genesis bzw. das Erste Weltalter mit dieser Kombination von Werkbezeichnungen, zur Charakterisierung des Inhalts, der dann auch noch genauer spezifiziert wird. Ich zitiere aus der Wolfenbütteler Handschrift, Herzog August Bibliothek, Cod. Guelf. 1.5.2. Aug fol. – „vollständigster Vertreter der EF [= Erstfassung der Chronik Heinrichs von München, die Verf.]"[682]:

Hie hebt sich an die wibel vnd die chronik vnd von erst mit dem půch der geschepf vnd dar nach von allen haydenischen chůnigen vnd auch von allen rômischen chůnigen vnd chaisern vnd von allen påbsten[683] (Bl. 1ra)

Der Redaktor der Zwickauer Handschrift steht also in Einklang mit der Praxis der gereimten Weltchronistik nach dem Muster von Rudolf von Ems und Heinrich von München: Vor allem der alttestamentarische Teil schöpft aus dem biblischen Stoff, ausgehend von der römischen Geschichte wird die Profangeschichte stärker einbezogen.

2) lexikographische Schlüsselwörter (die Wochentagsbezeichnungen):
Sonntag: Der erste Wochentag wird in der thüringischen Handschrift mit der synkopierten Form *suntag* (Bl. 4va) bezeichnet.

Montag: Hier verwendet der Redaktor *montagk* (Bl. 4va).

Dienstag: Der dritte Wochentag wird mit *dinstag* (Bl. 4va) benannt.

Mittwoch: Für die Mitte der Woche wird hier, wie in den thüringischen Handschriften 18 und 19 *mittewochin* (Bl. 4va) verwendet.

Donnerstag: Der fünfte Tag heißt *donerstagk* (Bl. 4vb).

Freitag: Die monophthongierte Form *fritagk* (Bl. 4vb) bezeichnet den sechsten Tag.

---

680 Franz Simmler, Grundlagen einer Typologie religiöser Textsorten, S. 372.
681 Vgl die Konkordanz in: Dorothea Klein, Studien zur Weltchronik Heinrichs von München, Bd. 3/2: Die wichtigsten Textfassungen in synoptischer Darstellung, S. 2f.
682 Johannes Rettelbach, Studien zur Weltchronik Heinrichs von München, Bd. 2/1, S. 380.
683 Ebd., Bd. 2/1, S. 382

Samstag/Sonnabend: Diese mitteldeutsche Handschrift hat, wie die Handschriften 18 und 19 die Form *Suñabint*, wohingegen die Handschriften 1, 21 und 10 Varianten von *Samstag* verwenden.

Semantische Merkmale
1) Inhaltliche Ordnungsprinzipien:
Auch hier findet sich eine Kombination von datenbezogener, personenbezogener und genealogischer Darstellungsweise (besonders was die Genealogien im Alten Testament betrifft). Die Darstellung der Heils- und der Profangeschichte richtet sich aus an der durch die Bibel vorgegebenen Zweiteilung in Altes und Neues Testament (Prolog), wobei die Zweiteilung des ‚Buchs der Welt' in vorrömische Geschichte und römische Geschichte weiterhin durchsichtig bleibt. Die Einteilung in die sechs Weltalter[684] ist makrostrukturell nicht markiert.

2) Die sechs Deutungsmuster:
a) Einordnung der Weltgeschichte in die Heilsgeschichte: Der Teil des alten Testaments ist erheblich ausführlicher gestaltet, als das im ‚Buch der Welt' der Fall ist. Die Vorrede beginnt mit *Richer got unde ertrich* [...] (Bl. 2ra-3ra, Rudolf von Ems Vers 1-184) und begründet die Einteilung in die sechs Weltalter. Daneben tritt – nicht immer konsequent – die Einteilung in die biblischen Bücher auf. Die Profangeschichte tritt bei Rudolf von Ems in der Reim- wie in der Prosafassung gegenüber der Heilsgeschichte sehr in den Hintergrund, darin unterscheidet sich Rudolf von Ems deutlich vom ‚Buch der Welt'. Auch in der Prosafassung sind die profangeschichtlchen Einschübe exkursartig (nach Petrus Comestor: *Incidentia*) eingefügt. Der Teil des Neuen Testaments ist durch die Interpolation des ‚Marienlebens' gegenüber der sonstigen Überlieferung des ‚Buchs der Welt' deutlich stärker heilsgeschichtlich orientiert. Das ‚Marienleben' folgt chronologisch passend, nachdem Tiberius durch Pilatus vom Tod und von der Auferstehung Christi erfährt. Die franziskanische Mahnrede ist verkürzt wiedergegeben.
b) Berufung auf die (mündliche und schriftliche) Tradition: Ganz in der Tradition der Universalchronistik bezieht sich der Redaktor ausdrücklich oder paraphrasierend auf biblische und profane Vorlagen (Vulgata, *Historia scholastica*, *Speculum historiale*, ‚Buch der Welt', Lucidarius, *Legenda aurea*), auch im Rahmen traditioneller Über-

---

[684] Roderich Schmidt, Aetates mundi, S. 308-310; Dorothea Klein, Heinrich von München, S. 3. Siehe auch vorne, Kapitel I. 5.3.1.1.

zeugungsstrategien erweitert und kompiliert der Redaktor eine Hauptvorlage durch unterschiedliche ergänzende Wissensbestände. Er beruft sich vor allem auf die schriftliche Tradition. Im Alten Testament bevorzugt der Kompilator eine andere Hauptvorlage als im Neuen Testament.

c) wahre Geschichtsschreibung: Die Wahrheitsbekundung ist aus der Vorrede der ‚Weltchronik' des Rudolf von Ems übernommen worden und bezieht sich stark auf die Wahrheit der Bibel: *unde wie roma ome underteiding machte alle werlt daz will ich uch in korczer noch komelicher schrift bey der warheit des heiligen gloubin nde usz spruche der heiligen schrift der aldir unde der nuwer E in der figüren unde in der schrifft* (Bl. 3ra). Ganz im Sinne der Wahrheitsauffassung der älteren Chronistik gilt auch hier die Berufung auf die guten Bücher, die schriftliche Tradition – vor allem aber auf die „Glaubenswahrheit" als Bestärkung der Wahrheit.

d) Autorisierung der eigenen Aussagen: Der Schreiber nennt sich nicht, er tritt hinter diese allgemeine Glaubenswahrheit zurück. Er ist nur Vermittler einer traditionellen Glaubens- und Weltgeschichte. Es zeigt sich hier eine andere, traditionellere Tendenz als in den meisten „individualisierteren" Bearbeitungen des ‚Buchs der Welt' im 15. Jahrhundert.

e) und f) offene Geschichtsschreibung und auf Abgeschlossenheit, Endzeit zielendes Geschichtsdenken: Die Erweiterungen und auch die Kürzungen entsprechen den Prinzipien der gereimten Universalchronistik im 13. Jahrhundert. Insgesamt zeigt sich in einer Zeit, in der das Weltwissen deutlich erweitert ist, in der die Glaubensbestände der christlichen Kirche bedroht sind, hier ein – man möchte sagen anachronistisches – Festhalten vor allem an den christlichen Glaubensbeständen. Gegenüber der sonstigen ‚Buch der Welt'-Überlieferung ist das Bibelwissen deutlich aufgewertet.[685] Selbst die franziskanisch reformatorische Auffassung des Christentums im ‚Buch der Welt' ist durch Kürzung zurückgenommen. Eines aber hat sich gegenüber der gereimten Weltchronistik des 13. Jahrhunderts gewandelt: der Adressatenkreis. Die Zwickauer Handschrift tradiert im Un-

---

685 Vgl. zur Überlieferung des Bibelwissens im ‚Buch der Welt' im Unterschied zu den Reimchroniken auch: Dorothea Klein, Heinrich von München, S. 27: „Die ‚Sächsische Weltchronik' setzt den Erwerb dieses Geschichtswissens vielfach schon voraus: namentlich die ersten fünf Weltalter sind an lakonischer Kürze kaum zu unterbieten. Was hier notiert wurde hat erinnernde Funktion für den, der schon Bescheid weiß. Zumindest die Vermittlung detaillierten Bibelwissens ist nicht primäres Ziel." (S. 27)

terschied zu den frühen Reimchroniken christliche und imperiale Memoria nicht für ein höfisches, sondern für ein stadtbürgerliches gebildetes Publikum.

Die Chronologie des ‚Buchs der Welt' endet 1226. Die zeitgeschichtlichen und heilsgeschichtlichen Daten sind fortgesetzt durch eine kurze Darstellung des Lebens Kaiser Friedrichs II. nach der *Legenda Aurea* (Jacobus de Voragine).[686] Die Kaiser-/Königsgeschichte – d.h., die Geschichte des *imperium romanum* – endet etwa zu der Zeit, zu der das *imperium romanum* auch realiter zu bestehen aufhörte. Nach dem Tode Heinrichs VI. und mit der Doppelwahl Philipps von Schwaben und Ottos IV. von Braumschweig beginnt die Auflösung der Kaisermacht. Vollends mit dem Tode Friedrichs II. 1250 ist die Voraussetzung für die Entstehung eines europäischen Staatensystems und damit für eine andere stärker auf einzelne Nationen, Dynastien, Regionen bezogene Form kollektiver Memoria entstanden. Diese Chronik aus dem 15. Jahrhundert jedoch hält an der imperialen Memoria auch dadurch fest, dass sie die Profangeschichte nicht über das 13. Jahrhundert fortsetzt. Insgesamt zeigt sich hier keine Offenheit der universalhistorischen Prinzipien, wie sie die Reimvorrede des ‚Buchs der Welt' fordert. Die Inhalte heilsgeschichtlicher Universalchronistik werden nicht durch die Nachfolgenden weitergeschrieben und damit auch tendenziell der Veränderung unterworfen, sondern nahezu unverändert weitergereicht.

Aus dem guten Erhaltungszustand des Codex ohne starke Gebrauchsspuren, aus der Tatsache, dass die profangeschichtlichen Daten nur bis ins 13. Jahrhundert reichen, lässt sich schließen, dass es nicht nur dem Redaktor, sondern vielleicht sogar dem Auftraggeber und auch den späteren Besitzern um Bewahrung der alten Wissensbestände ging. Der erste Besitzer, der sich historisch belegen lässt ist der Lehrer, Stadtschreiber und Ratsherr Stephan Roth im 16. Jahrhundert. Er hatte gute Kontakte zu Leipziger, Wittenberger und Nürnberger Druckern, die er nutzte um Neuerscheinungen und vor allem reformatorische Werke zu beschaffen.[687] Er hatte vor allem gedruckte Bücher, handschriftliche waren eher selten in seiner Bibliothek. Aus dem Interesse für reformatorische Schriften und evangelisch-theologische Literatur lässt sich folgern, dass das Hauptinteresse des Bücherliebhabers Roth an der Handschrift darin bestand, dass er mit dieser vor-

---

686 Vgl. auch Gabriele von Olberg, Makrostrukturen, S. 307.
687 Jürgen Wolf, Sächsiche Weltchronik, S. 279f.

reformatorischen Universalchronik seine Bibliothek erweitern konnte. Es zeigt sich ein deutlicher Unterschied zum Benutzerverhalten der Besitzer des Basler Codex (021), des Augsburger Stadt-Weltchronik-Fragments (Konrad Bollstatter, 022) und auch des schwäbischen ‚Buchs der Welt' (023). Es begegnet hier eine andere Haltung: ein antiquarisches Interesse an christlichen und profanen Wissensbeständen. Die Wissensbestände repräsentierten jeweils unterschiedliche Weltbilder, sie wurden in der Bibliothek gesammelt und mussten nicht mehr homogenisiert werden. Das kollektive, überregionale Wissen wird zunehmend in diesen (stadt-) bürgerlichen Bibliotheken gesammelt; sie spiegeln die Bildung und (interessengebundene) Weltoffenheit ihrer Besitzer wieder. Von kollektiver Memoria im Sinne eines homogenisierten, zentral gesteuerten und akzeptierten Wissenskanons lässt sich in dieser Zeit nicht mehr sprechen.

III.3.28   Handschrift 112 (München BSB, Cgm 691) – A_2

Externe Merkmale (Ebene b)
(erschlossener) Entstehungszeitraum, Entstehungsort, Schreiber/Kompilator:
Die Handschrift stammt aus dem Raum Köln und ist im dritten Viertel des 15. Jahrhunderts von einem unbekannten Schreiber aufgezeichnet worden.

Kombinationszeitraum, Kombinationsort:
Kombinationszeit und Entstehungszeit, Kompilator und Schreiber scheinen identisch zu sein.

Fortsetzungszeitraum, Fortsetzungsort und Fortsetzer:
Die Handschrift ist am Ende unvollständig und bricht 1311 mit dem Rostocker Fürstentreffen ab. Fortsetzer und Schreiber sind identisch; wieweit der Schreiber die Chronik tatsächlich geführt hat, lässt sich durch das unvollständige Ende nicht sagen.

Benutzungszeitraum, Benutzungsort, Benutzer:
Es sind keine Benutzerspuren, die zugeordnet werden könnten, feststellbar.

Besitzzeitraum, Aufbewahrungsort, Besitzer, Auftraggeber:
Über den Auftraggeber und die Herkunft ist nichts bekannt. Im 18. Jahrhundert war der Codex in der Mannheimer Bibliotheca Palatina und kam 1804 mit den anderen Büchern der Mannheimer Palatina nach München.

Kommunikationsmaterial und -form:
Der Codex ist eine zweispaltige Papierhandschrift (280 Blätter) im Blattformat 24,8 x 25,3 cm und mit einem Schriftspiegel von 18/18,8 x 13/14 cm zu 25 bis 28 Spalten. Handschrift 12 hat zahlreiche Blattverluste.[688] Sie ist in einen Pappdeckel mit blauem Papierüberzug eingebunden und trägt ein Rückenschild mit der Aufschrift: *Allgemeine Chronick in Colnischer Mundart. Sec XV.* Auf den Vorsatzblättern ist die alte Mannheimer Signatur eingetragen. Der Codex ist stark beschädigt, Anfang und Ende sind verloren. Es müssen am Anfang mehr als zwei Blätter verloren sein:

> Bei der im folgenden üblichen Schriftgröße kann sich auf diesen zwei Blättern nicht der gesamte fehlende SW-Text von der Schöpfung (SW 67,1) bis auf ‚Zacharias' (SW 73,28) befunden haben. Rechnet man den Umfang des fehlenden SW-Teils hoch, so kommt man zu dem Schluß, daß neben den 2 Bll. vermutlich noch eine komplette Lage zu Beginn verloren gegangen sein muß.[689]

Schreibsprache: Der Schreibdialekt ist ripuarisch.[690]

Interne Merkmale
Initiator(en):
Der zweispaltig geschriebene Codex ist am Anfang unvollständig, er beginnt mitten im vierten Weltalter (Saul und David, SW 73,29) mit einer vierzeiligen Initiale.

Terminator(en): Das Textexemplar bricht unvollständig ab.
Weitere Makrostrukturen:
Die strukturellen Merkmale sind denen der Handschrift 11 nicht unähnlich. Die Absätze sind durchgängig durch Leerzeichen und folgende zweizeilige rote Initialen hervorgehoben. Über den Absätzen sind die Namen der Personen, von denen der folgende Abschnitt handelt, rot hervorgehoben.

Makrostrukturell lässt sich deutlich eine Zweiteilung in vorrömisches und römisches Reich erkennen. Sie ist hierarchisch den Absätzen über-

---

688 Blattverluste nach Karin Schneider, Die deutschen Handschriften der Bayerischen Staatsbibliothek Cgm 691-867, S. 23: 2 Bll. vor Bl.1 ; 1 Bl. zw. Bl. 38/39; je vier Bll. zw. 57/58; 80/81; 5 Bll. zw. 94/95; 4 Bll. zw. 124/125; 8 Bll. zw. Bl. 130/131; 7 Bll. zw. Bl. 153/154; je 2 Bll. zw. 193/194; und 209/210; 1 Bl. zw. Bl. 221/222; je 2 Bll. Bl.242/243; je 1 Bl. zw. Bl. 244/245 und Bl. 250/251; 3 Bll. nach Bl. 278.
689 Jürgen Wolf, Sächsische Weltchronik, S.77, Anm. 209.
690 Karin Schneider, Die deutschen Handschriften der Bayerischen Staatsbibliothek. Cgm 691-867, S. 23; Hartmut Beckers, Artikel ‚Kölner Prosa-Kaiserchronik', Sp. 60; Jürgen Wolf, Sächsische Weltchronik, S. 77.

geordnet: Bevor über die Ereignisse berichtet wird, wurde eine rote Überschift gesetzt: *Dat romesche riche*; der nachfolgende Bericht beginnt in der nächsten Zeile mit einer vierzeiligen D-Initiale. Es ist hier also auch die Makrostruktur der Zweiteilung in vorrömische und römische Geschichte aus der Handschrift 11 übernommen worden.

Die ‚Kölner Stadtchronik' schließt sich an den Anfang des ‚Buchs der Welt' sowohl inhaltlich als auch makrostrukturell lückenlos an, so dass man hier nicht von Allianzen verschiedener Textexemplare sprechen kann. Ein Textteil eines ‚Buchs der Welt' wird zum Textteil einer neuen Kompilation.

Textbestand:
Aus dem ‚Buch der Welt' hat der Schreiber die (verlorengegangene) Schöpfungsgeschichte, die biblische Geschichte des Alten Testaments und die römische Geschichte bis zu Cäsar übernommen. Der Text lehnt sich sehr eng an den Text der ripuarischen Handschrift 11 an. Vielleicht war jene höfische Handschrift mit Reimvorrede die Vorlage für die städtische Kölner Handschrift. Ob der städtische Kompilator die Reimvorrede ausgelassen hat, lässt sich nicht sagen. Er übernimmt wörtlich den Anfang des ‚Buchs der Welt' bis zu Cäsars Tod.

Texterweiterung/Textkürzung:
Der Text des ‚Buchs der Welt' ist stark gekürzt, an die Stelle der weggefallenen Passagen tritt eine auf die Stadt Köln bezogene chronologische Darstellung. Sie endet mit Albrecht I. (†1308). Am Ende ist noch ein Hinweis auf das Rostocker Fürstentreffen von 1311 zugefügt. „Nach Bl. 278 fehlen mindestens 3 Bll., ob noch weiterte vollständige Lagen am Schluss verlorengegangen sind, bleibt offen."[691]

Textallianzen:
Dieser Codex ist kein ‚Buch der Welt', sondern die Neukompilation einer regional bezogenen – auf Köln und dessen Umfeld konzentrierten – städtischen Universalchronik. Sie ist eher ein Rezipient als ein Textzeuge des Textzusammenhanges des ‚Buchs der Welt'. Die ‚Buch der Welt'-Grundlage ist bekannt, es ist die höfische Handschrift 11. Die Chronik beginnt – die ersten Blätter sind verloren – im vierten Weltalter (SW 73,29-88,13). Der Chronist führt diesen heilsgeschichtlichen Be-

---

[691] Jürgen Wolf, Sächsische Weltchronik, S. 77, Anm. 211.

ginn weiter bis zum Jahr 1311 (Bl. 17ra, Z. 15-278vb) durch die so genannte ‚Kölner Prosa-Kaiserchronik'.[692]

Syntaxrelevante Merkmale (Interpunktion):
Gesamtsätze werden durch Majuskelgebrauch markiert.

Lexikalische Merkmale
1) Schlüsselwörter: „Gattungs"bezeichnungen:
Der Chronist führt hier – bezogen auf die Gesamtüberlieferung – zwei neue Werkbezeichnungen ein: *maere* und *rede* mit dem Zusatz *besser* (Bl. 17ra). Er beschließt die vorchristliche Geschichte mit dem Satz: *Dese meren hauen hi eyn ende wie willen eyn besser rede begynnen* (Bl. 17ra; SW 88,9-13). Der Schreiber bleibt also noch in der Tradition der Universalchronistik – hier allerdings in der sehr reduzierten Form des ‚Buchs der Welt' und nicht in der ausführlichen, bibellastigen Version der volkssprachlichen Reimchroniken. Er gibt auch zu erkennen, dass diesen *mere*[693] ‚Nachrichten' eine bessere Darstellung – *rede* ‚Erzählung, Nachricht, Kunde, aber auch: Gegenstand einer Erzählung, Sachverhalt'[694] – folgen wird. Damit bewertet er die heidnische Geschichte gegenüber der Geschichte seit Christi Geburt: *eyn besser rede begynnen wie wir van des duvels kinden ze gots kinden sin gemacht*. Es zeigt sich hier also eine traditionelle Auffassung wie sie auch in der Kaiserchronik[695] zum Ausdruck kommt. Der franziskanische Gedanke vom zunehmenden Verfall des Christentums[696] und die herausragende Bedeutung, die den Urchristen zukommt, ist hier nicht spürbar und folgerichtig kürzt der Redaktor die franziskanische Mahnrede (Predigt) auch erheblich.

2) lexikographische Schlüsselwörter (die Wochentagsbezeichnungen):
Die Schöpfungsgeschichte ist verloren.

---

692 Vgl. Hartmut Beckers, Artikel ‚Kölner-Prosa-Chronik', in: VL, 2. A., Bd. 5, 1985, Sp. 60-61, bes. Sp. 61.
693 Hier begegnet das im Mhd. starke Femininum *mære* bereits mit dem schwachen Plural *meren*. Seine Bedeutung unterscheidet sich vom starken Neutrum *mære* im Mhd. dadurch, dass neben ‚Erzählung, Kunde, Dichtung, Nachricht, Erwägung, Absicht' wie bei *rede* auch die Konnotation ‚mündliche' Äußerung mitschwingen kann. Vgl. Matthias Lexer, Mittelhochdeutsches Handwörterbuch, Bd. I, Sp. 2046; vgl. zur Deklination auch Hermann Paul, Peter Wiehl, Siegfried Grosse, Mittelhochdeutsche Grammatik, §183.
694 Matthias Lexer, Mittelhochdeutsches Handwörterbuch, Bd. II, Sp. 364f.
695 Siehe zur Bewertung des Christentums und der Urchristen in der Kaiserchronik und im ‚Buch der Welt' auch: Dagmar Neuendorff, Vom erlösten Heidenkönig zum Christenverfolger.
696 Hubert Jedin, Einleitung in die Kirchengeschichte, S. 25-32.

Semantische Merkmale
1) Inhaltliche Ordnungsprinzipien:
Der Gesamtaufbau der Stadt-Weltchronik ist vergleichbar mit dem ‚Buch der Welt' durch eine Kombination von datenbezogener und personenbezogener Darstellungsweise gekennzeichnet. Genealogische Bezüge sind nur sehr zurückgenommen erkennbar, da auch der Teil der vorrömischen Geschichte fehlt, der die Stammväter darstellt. Inhaltlich und strukturell bruchlos schließt nach dem Tode Cäsars an das ‚Buch der Welt' eine personenbezogene, auf die Stadt Köln ausgerichtete Chronik an.

Die Chronik ist von ihrer inhaltlichen und formalen Struktur her zunächst schon in Anlehnung an ihre Vorlage, eine ripuarische Adelshandschrift des ‚Buchs der Welt' aus dem 14. Jahrhundert, zweigeteilt: Sie beginnt mit einer heilsgeschichtlichen Einleitung, unterscheidet weiterhin zwischen römischem und vorrömischem Reich und erweitert dann den reichshistorischen Blickwinkel, indem sie ihn seit Christi Geburt zusätzlich auf die Stadt Köln[697] ausrichtet. Die Übernahme des Kölnischen Blickwinkels verstärkt noch einmal die Zweiteilung in heidnisch – christlich. Der letzte Satz aus dem ‚Buch der Welt' hat eine Scharnierfunktion: *Dese meren hauen hi eyn ende wie willen eyn besser rede begynnen* (Bl. 17ra; SW 88,9-13). Mit Christi Geburt beginnt die Geschichte der Christen und gleichzeitig auch die *rede* über die Stadt Köln: Im Anschluss an den oben zitierten Satz berichtet der Chronist über die Reichsgeschichte und die Geschichte der Stadt Köln. Es liegt hier dasselbe Muster zugrunde wie auch bei Bollstatters Augsburger Chronik (Hs. 022). Bollstatter lässt allerdings die Heilsgeschichte nicht mit Christi Geburt/Cäsars Tod enden, sondern schon früher, bei Lucius Tarquinius. Es gibt bei Bollstatter kein inhaltliches Scharnier (heidnisch/christlich), sondern ein formales: Er markiert durch das Freilassen von ca. einer Seite, dass es sich hier um unterschiedliche Textzusammenhänge handelt.

2) Die sechs Deutungsmuster:
a) Einordnung der Weltgeschichte in die Heilsgeschichte: Der Teil des Textes, der aus dem ‚Buch der Welt' übernommen wurde, hat die Funktion, auch die chronologische Geschichte der Stadt Köln in die Heilsgeschichte einzubinden. Nicht von ungefähr scheint der Chro-

---

697 Siehe dazu Jürgen Wolf, Sächsische Weltchronik, S. 375f.: „Allenfalls partiell, d.h. nur wenn Kölner oder die Kölner Erzbischöfe in der Reichsgeschichte eine Rolle spielen, wird der universalhistorische Horizont lokal erweitert. [...] Das ‚Kölnische' gelangt nur mittelbar über die Kölner Quellen in den Geschichtsablauf [...]"

nist hier die im Bereich des Alten Testaments ohnehin schon knappe Darstellung der biblischen Geschichte aus dem ‚Buch der Welt' übernommen zu haben, da er dieser *mære* die *besser rede* der Kölner Chronik gegenüberstellt. Danach beginnt eine auf die Reichsgeschichte zentrierte Kölner Stadtchronik. Köln als einer der Mittelpunkte reichshistorischer und universalgeschichtlicher Memoria wird hier pointiert in den Vordergrund gerückt, ohne dass der Chronist wirklich eine regionale Kölner Chronik schreiben würde. „Der Blick richtet sich quasi von außen, vom Reich, in die Stadt."[698] Ich stimme Jürgen Wolf zu, dass diese Stadtgeschichte weniger für das dort ansässige Patriziat als vielmehr für „den vielleicht ebenfalls ortsansässigen Adel oder die sicher ansässige geistliche Führungselite eine große Bedeutung haben konnte".[699]

b) Berufung auf die (mündliche und schriftliche) Tradition: Die Informationen dieser Weltchronik stammen im Wesentlichen aus der Frutolf-Ekkehardt-Chronik, dem ‚Buch der Welt' und Martin von Troppau. Hier liegt wohl auch die lateinische Chronistik zugrunde, die im 14./15. Jahrhundert im Kölner Raum die Geschichte der Stadt und die rheinische Geschichte zum Gegenstand einer dominikanisch-klerikalen Weltsicht machte.[700] Es gibt wohl keine direkten Nachrichten über die Stadt Köln, die auf mündliche Überlieferung zurückgehen (allenfalls sind solche in die Vorlagen eingegangen), – auch wenn sowohl für den ersten Teil des Codex (*meren*) als auch für den zweiten (*rede*) – Selbstbezeichnungen gewählt wurden, deren Konnotation im Mittelhochdeutschen und im Frühneuhochdeutschen ‚mündliche Äußerung' ist.[701]

c) wahre Geschichtsschreibung: Aufgrund der Textverluste lässt sich nicht mit letzter Sicherheit ausschließen, dass es besondere Wahrheitsbezeugungen im Codex gab. Benutzt hat der Kompilator Vorlagen, die im Mittelalter und in der beginnenden Neuzeit unbestritten als wahre Bücher galten: Frutolfs und Ekkehards lateinische Weltchronik, die (ursprünglich) lateinische Chronik des Martin von Troppau, das ‚Buch der Welt' und Kölner Chroniken.[702]

---

698 Ebd., S. 376.
699 Ebd.
700 Vgl. dazu Rolf Sprandel, Chronisten als Zeitzeugen, bes. S. 83-92: Die Kölner Weltchronik: Ein pastorales Exempel, sein Informationsgehalt.
701 Matthias Lexer, Mittelhochdeutsches Handwörterbuch, Bd. I, Sp. 2046; ders., Mittelhochdeutsches Handwörterbuch, Bd. II, Sp. 364f.
702 Siehe Jürgen Wolf, Sächsische Weltchronik, S. 375.

d) Autorisierung der eigenen Aussagen: Der Redaktor nennt sich nicht.
e) und f) offene Geschichtsschreibung und auf Abgeschlossenheit, Endzeit zielendes Geschichtsdenken: Die Offenheit des Textzusammenhanges bewegt sich in den Grenzen der heilsgeschichtlich orientierten Reichshistorie, erweitert durch den besonderen Blick auf die Stadt Köln und ihre Erzbischöfe.

III.3.29 Handschrift 143 (Rostock, UB, Ms. theol. 33) – B

Externe Merkmale (Ebene b)
(erschlossener) Entstehungszeitraum, Entstehungsort, Schreiber/ Kompilator:
Die Handschrift ist datiert: *Anno domini M°CCCC°LXVI* (= 1466, Bl. 117vb), der Entstehungsort ist ebenfalls angegeben: *In lubeke* (Bl. 117vb). Der Schreiber nennt sich aber nicht.

Kombinationszeitraum, Kombinationsort:
Kombinationszeit und Entstehungszeit sind deckungsgleich.

Fortsetzungszeitraum, Fortsetzungsort und Fortsetzer:
Von einer Fortsetzung lässt sich hier nicht sprechen.

Benutzungszeitraum, Benutzungsort, Benutzer:
Als Benutzerspuren sind nur die Korrekturen des Schreibers auszumachen. Als Grundlage des Eingangsteil aus dem ‚Buch der Welt' lässt sich möglicherweise, aufgrund des stellenweise gleichen oder ähnlichen Wortlauts, wie bei der Handschrift 141 die Handschrift 14 annehmen.

Besitzzeitraum, Aufbewahrungsort, Besitzer, Auftraggeber:
Wahrscheinlich muss man den Auftraggeber der Handschrift im Lübecker Stadtbürgertum suchen. Auf der Innenseite des Vorderdeckels nennt sich der – vermutlich – erste Besitzer, vielleicht auch der Auftraggeber: *Dyt bock hort her lambart wytynck hoff.* Die Familie Wittinghoff war eine eingesessene Lübecker Familie. In der zweiten Hälfte des 15. Jahrhunderts kommen zwei Männer des Namens Lambert Wittinghoff aus Lübeck als Besitzer in Frage. Der eine war Rektor der Universität Rostock und der andere Lübecker Ratsherr (†1529).[703] Sehr wahrscheinlich war der mehrmalige Rektor der Universität Rostock Lambertus Wytinhof de Lubecke (Rektor in der Zeit von 1453-1472) der Besitzer des Codex, der zu den Altbeständen der Rostocker Universitätsbibliothek gehört.

---

703 Vgl. dazu ebd., S. 268.

Kommunikationsmaterial und -form:
Der Codex ist eine Papierhandschrift mit 117 foliierten Blättern. Die Blattzählung springt von 90 auf 101, so dass der Umfang tatsächlich nur 107 Seiten beträgt. Die Blattgröße ist 29,2 x 20,6 cm. Der Schriftspiegel beträgt 21 x 14 cm. Die zweispaltig beschriebenen Seiten enthalten 30 Zeilen. Der Einband besteht aus einem gepressten, braunen Lederüberzug; er ist mit Greifen, Lilien und einem Schriftband verziert. In der Innenseite des Vorderdeckels steht der Name des Besitzers sowie die alte und die neue UB-Signatur.

Schreibsprache: Der Codex wurde in ostfälischer Sprache geschrieben.

Interne Merkmale
Initiator(en):
Ein Blatt des Codex ist zu Beginn verloren, deshalb lassen sich keine Initiatoren feststellen.

Terminator(en):
Der Codex hat einen expliziten Terminator: Er endet auf Bl. 117vb mit einem Schlusssatz, der das Datum und den Ort der Handschriftenerstellung angibt: *Anno domini M°CCCC°lxvi umme entrent festum Martini In Lubeke.*

Weitere Makrostrukturen:
Der Textzusammenhang setzt erst in der Genealogie des Alten Testaments mit einer Majuskel ein: *Do gewan he zeth in de stede Abels darumme heten Settes kindere godes kindere.* Die Übernahme aus dem ‚Buch der Welt' endet bei Abraham mit den Worten: *Dit sint Adammes slechte beth to Abrahamme* (Bl. 4va, Z. 13). In der folgenden Zeile geht der Textzusammenhang der Bibel weiter mit einer roten Überschrift: *Dit sint Abrahammes slechte.* Es folgt eine fünfzeilige geschmückte A-Initiale als Beginn der Genealogie seit Abraham: *Abraham de patriarche hadde enen uedderen ...* Der gesamte Textzusammenhang ist auf diese Weise in die einzelnen Bücher der Bibel strukturiert bis zum Buch der Richter: Bl. 29ra; Z. 7 beginnt das Buch Exodus mit einer roten Überschrift, die mit einer einzeiligen H-Initiale anfängt: *Hyr gheit an dat bok der hiligen schrift geheten Exodus.* Der Text beginnt mit einer fünfzeiligen roten M-Initiale in Kombination mit einer rot durchgestrichenen E-Majuskel: *MEn lest vort indem boke Exodi unde heth en utgank. Darumme indeme boke steit geschreuen ...*; Bl. 65va, Z. 21-23 beginnt die rote Überschrift mit einer Majuskel: *Hir na volget dat drudde bok der hilgen schrift gehten Leuiticus.* Es folgt wieder eine fünfzeilige rote M-Initiale

mit folgender rot durchgestrichener E-Majuskel: *Men lest indeme drudden boke Moysy dat dat dar is genomet Leuicici* ...; Bl. 70vb, Z. 3 die rote Überschrift: *Hyr na volget dat verde boek der hilgen schrift gheheten Numerus des talles*, der Text beginnt mit einer fünzeiligen roten M-Initiale mit folgender rot durchgestrichener E-Majuskel: *MEn lesst indeme veerden boke Moysy unde dat het dat bock des talles also de ioden an dat veffte bok Moyse unde dat het dat bock des talles also de ioden togen* ...; Bl. 85vb, Z. 12-13 die rote Überschrift: *Dit ys dat vifte bock der hilghen schrift geheten* Deutronyus. Der Text beginnt in Zeile 14 mit einer fünzeiligen H-Initiale gefolgt von einer I-Majuskel: *HIr geit an dat veffte bok Moyse und hir sint mede ingeschreuen vele stucke de hier vor nicht geschreuen stan* ...; das letzte Buch beginnt auf Bl. 96rb, Z. 9-10 wieder mit einer roten Überschrift: *Hyr na volget dat bok der Richtere*, der Textzusammenhang des Buches beginnt mit einer fünzeilgen roten M-Initiale in Kombination mit einer rot durchgestrichenen E-Majuskel (Z. 11). *MEn lest indeme boke der rychtere do Josue dot was.* Die Makrostruktur der Kapitel ist also durch den Repräsentationstyp rote Überschrift + fünzeilige rote Initiale + rot durchgestichener Majuskel/Variation nicht durchgestrichene Majuskel mit der vorrangigen Funktion, auf den folgenden Inhalt zu verweisen.

Als weitere hierarchische Merkmale lassen sich Absatzmarkierungen feststellen: Dies geschieht durch zweizeilige rote Initialen (auf Bl. 79ra ist eine Initiale nicht ausgeführt worden).

Textbestand:
Es handelt sich hier nicht um einen Überlieferungsträger eines Textexemplars der Textsorte Universalchronik, sondern um eine Historienbibel. Vom ‚Buch der Welt' ist nur der Eingangsteil übernommen worden (SW 68,3-71,7), eigentlich von der Schöpfungsgeschichte bis Abraham – das erste Blatt wurde herausgerissen und ist nur noch in Resten vorhanden (Bl. 1ra-4va, Z. 13). Diesem Teil folgt chronologisch folgerichtig angeschlossen, d.h., mit Abraham beginnend eine biblische Geschichte bis Samson (Richter 16).

Texterweiterung/Textkürzung:
Der Text des ‚Buchs der Welt' wurde stark gekürzt. Er endet bei Abraham. Ergänzt wird er durch die Bücher des Alten Textaments bis zum Richterbuch.

Textallianzen:
In der Forschungsliteratur wird dieser Codex – wie auch Handschrift 144 – als „Historienbibelkompilation"[704] angesehen, denn von Bl. 4va, Z. 14-117vb überliefert der Codex einen Auszug aus dem Pentateuch und dem Buch der Richter von Abraham bis Samson = Richter 16. Die ‚Historienbibel' wird von Hans Vollmer der Gruppe VIIIb zugerechnet: niederdeutsche Historienbibeln mit einem Textbeginn der dem ‚Buch der Welt' entnommen ist.[705]

Syntaxrelevante Merkmale (Interpunktion):
Gesamtsätze werden durch einfache oder durch rot durchgestrichene Majuskeln markiert.

Lexikalische Merkmale
1) Schlüsselwörter: „Gattungs"bezeichnungen:
Die Bezeichnung *buch* wird für die einzelnen Bücher der Bibel verwendet.

2) lexikographische Schlüsselwörter (die Wochentagsbezeichnungen):
Das erste Blatt mit der Schöpfungsgeschichte ist verloren.

Semantische Merkmale
1) Inhaltliche Ordnungsprinzipien:
Der Gesamtaufbau des Codex ist durch eine Kombination von datenbezogener, personenbezogener und genealogischer Darstellungsweise gekennzeichnet, bezieht sich aber ausschließlich auf das Alte Testament und lässt die Profangeschichte gänzlich außer acht.

2) Die sechs Deutungsmuster:
a) Einordnung der Weltgeschichte in die Heilsgeschichte: Es handelt sich hier ausschließlich um Heilsgeschichte auf der Grundlage der Bücher der Heiligen Schrift bis einschließlich zum Buch der Richter 16.
b) Berufung auf die (mündliche und schriftliche) Tradition: Der Codex steht in der Tradition schriftlicher biblischer Überlieferung.
c) wahre Geschichtsschreibung: Die biblische Tradition bedarf hier keiner eigenen Wahrheitsbelege.
d) Autorisierung der eigenen Aussagen: Der Kompilator nennt sich nicht.
e) und f) offene Geschichtsschreibung und auf Abgeschlossenheit, Endzeit zielendes Geschichtsdenken: Anfang und Ende sind verloren, der

---
704 Jürgen Wolf, Fragment, S. 15; vgl. auch ders., Sächsische Weltchronik, S. 89
705 Hans Vollmer, Niederdeutsche Historienbibeln, S. 1-4, 63f. Nr. 90; vgl. auch Astrid Stedje, Nürnberger Historienbibel, S. 16; Danielle Jaurant, Rudolfs ‚Weltchronik', S. 39.

Textzusammenhang überliefert die Bücher der Bibel von Abraham bis Samson. Es handelt sich hier nicht um eine Weltchronik. Der Textauszug aus dem ‚Buch der Welt' ist nicht Teil einer anderen Chronik, sondern Teil einer volkssprachlichen biblischen Überlieferung geworden. Die formale und inhaltliche Strukturierung zeigt dies ganz deutlich. Darüber hinaus fehlt der für die Universalchroniken typische Gegenwartsbezug durch die Darstellung der zeitgenössischen Geschichte, wie überhaupt der Bezug zur Profangeschichte. Hans Vollmer hält die Hs. 143 für die älteste unter den erhaltenen nd. ‚Historienbibeln'.[706] Der Unterschied gegenüber der volkssprachlichen Universalchronistik beruht also vor allem auf den abweichenden Makrostrukturen und dem gänzlichen Fehlen der Profangeschichte. Dieses Textexemplar gehört in die Gruppe der religiösen Textsorten,[707] in der es im Vergleich mit anderen Textexemplaren auf seine genaue Textsortenzugehörigkeit untersucht werden muss.

III.3.30   Handschrift 12a (Wien, ÖNB, Codex 2917) – A_2

Externe Merkmale (Ebene b)
(erschlossener) Entstehungszeitraum, Entstehungsort, Schreiber/Kompilator:
Die Handschrift ist datiert: Im Anschluss an das ‚Buch der Welt' (SW 65,1-248,23) hat der Schreiber ein Datum eingefügt: *Amen 1467* (Bl. 84rb). Darauf folgt wie in der Handschrift 12 die ‚Österreichische Chronik' von den 95 Herrschaften von Leopold Stainreuter.

Kombinationszeitraum, Kombinationsort und Fortsetzungszeitraum, Fortsetzungsort und Fortsetzer:
Kompilator, Fortsetzer, Schreiber und die Kombinationszeiten sind identisch.

Benutzungszeitraum, Benutzungsort, Benutzer:
Die Handschrift weist viele Randbemerkungen aus dem 16. bis zum 18. Jahrhundert auf. Die Korrekturen in der Handschrift stammen vom Schreiber und vermutlich einem weiteren Benutzer. Diese Benutzerspuren eines Korrektors sind nur in der ‚Österreichischen Chronik' festzustellen.

---

706 Vgl. Hans Vollmer, Niederdeutsche Historienbibeln, S. 1-4, 63f. Nr. 90.
707 Vgl. zur Textsortenbestimmung der religiösen Textsorten: Franz Simmler, Biblische Textsorten; ders., Grundlagen einer Typologie religiöser Textsorten.

Besitzzeitraum, Aufbewahrungsort, Besitzer, Auftraggeber:
Über die frühen Besitzer bzw. über den Auftraggeber ist nichts bekannt. Der erste Besitzer, der sich namentlich im Codex zu erkennen gibt, ist der zweite Präfekt der Wiener Bibliotheca Palatina (1608-1636) Sebastian Tengnagel. *Ex libris Sebast. Tengnagelii, I.V.D. et Caes. Matis. Biblioth. Chronicon Austriacum IIIiincerti Auctoris.*[708] Tengnagel vermachte seine Bibliothek der Wiener Hofbibliothek.

Kommunikationsmaterial und -form:
Der Codex hat das gleiche Format wie die Handschrift 12: 27,5 x 20,5/21,2 cm, der Schriftspiegel beträgt 19/20 x 15,5 cm. Die Papierhandschrift (210 Blätter, davon sind 208 foliiert) ist ebenfalls zweispaltig geschrieben. „Es fehlen zwei nicht gezählte Bll. hinter 174 und 185, sowie je eins hinter Bl. 196 und 208."[709] Von den vorgesehenen 16 Wappenbildern in der ‚Österreichischen Chronik' wurden 12 als Federzeichnungen später nachgetragen. Vier Wappenbilder sowie die meisten Initialen fehlen und sind nur dünn vorgezeichnet. Die Chronik ist am Ende beschädigt. Der Einband ist noch der alte Pergamenteinband aus einem Missale-Bruchstück des 14. Jahrhunderts. Er trägt die Rückenbezeichnung: *Incerti Autoris Chronicon Austriacum Germanicum ab o.c. usque ad A.C.1395.*

Schreibsprache: Der Schreibdialekt ist bair.-österreichisch.[710]

Interne Merkmale
Initiator(en):
Der Wiener Codex, der die bairisch-österreichische Handschrift 12a tradiert, beginnt mit dem ‚Buch der Welt'. Von späterer Hand wurde auf dem ersten Blatt eine Überschrift nachgetragen: *Chronicon Austriacum Incerti Auctoris.*

Der ursprüngliche Initiator des zweispaltigen Codex besteht aus:
1. einer fünfzeiligen nicht ausgeführten Initiale und einer rot durchgestrichenen Majuskel, mit der
2. die in vier Absätze gegliederte Reimvorrede beginnt (Bl. 1ra).
3. Die Schöpfungsgeschichte setzt ein mit einer dreizeiligen I-Initiale.

Die Stainreuter-Chronik hat ebenfalls einen expliziten Initiator. Der Initiator beginnt

---

708 Vgl. Alphons Lhotsky, Die Wiener Palatina, S. 450-462.
709 Jürgen Wolf, Sächsische Weltchronik, S. 80.
710 Hubert Herkommer, Sächsische Weltchronik, S. 87; Jürgen Wolf, Sächsische Weltchronik, S. 80.

a. mit einer fünfzeiligen W-Initiale (Bl. 85ra),
b. mit einer Vorrede (Bl. 85ra),
c. einer roten Überschrift (85ra),
d. 15 untereinander geschriebenen Ländernamen, die aus mehr als einspaltigen Initialen bestehen (Bl. 85rb).

Terminator(en):
Das ‚Buch der Welt' endet 1230 mit dem Tode Ottokars von Böhmen. Es hat einen – inhaltlich und formal – expliziten Terminator:
1. Die Datumsangabe mit einem beendenden Amen: *Amen 1467* (Bl. 84rb).
2. Nach einer Leerseite folgt
3. die Begleitüberlieferung, die so genannte Österreichische Chronik (von den 95 Herrschaften) des Augustiner-Eremiten Leopold Stainreuter.

Der Gesamtcodex endet verstümmelt auf Bl. 208vb.

Text-Bild-Relationen:
Auch in diesem, der Hs. 12 verwandten Textexemplar kommen innerhalb der ‚Österreichischen Chronik' von den 95 Herrschaften Wappenbilder vor. Die hierarchischen Ebenen, die sich inhaltlich auf die unterschiedlichen Herrschaften beziehen, beginnen z.T. mit Wappenbildern. Vorgesehen waren 16 Wappenbilder, 12 davon wurden ausgeführt. Die meisten fehlenden Initialen und die vier fehlenden Wappenbilder sind dünn vorgezeichnet. Von späterer Hand wurden 12 Federzeichnungen nachgetragen, die restlichen vier sind nur dünn vorgezeichnet.

Weitere Makrostrukturen:
Im ‚Buch der Welt' ist an einer Stelle eine explizite Strukturierung deutlich: Die römische Geschichte beginnt auf Bl. 11ra mit einer roten Überschrift: *hie hebt sich an das erst capitell.* Dies entspricht einer Zweiteilung in vorrömische und römische Geschichte. In der folgenden Stainreuter-Chronik kommen rote Kapitelüberschriften mit einer zweizeiligen, den Textbeginn markierenden roten oder blauen Initiale häufig, aber nicht durchgängig vor. Die hierarchische Strukturierung der beiden Chroniken ist – trotz der expliziten Initiatorenbündel und des Terminatorenbündels des ‚Buchs der Welt' – deutlich aufeinander bezogen.

Textbestand:
Der Codex kombiniert wie Handschrift 12 den Textzusammenhang des ‚Buchs der Welt' (SW 65,1-148,23) mit der Stainreuter-Chronik (Bl. 85ra-208vb). Die Textzusammenhänge sind makrostrukturell abge-

setzt wie bei der Handschrift 12, sie schließen jedoch direkt hintereinander an. Das ‚Buch der Welt' endet 1230 (Bl. 84rb).

Texterweiterung/Textkürzung; Textallianzen:
Die textinterne Untersuchung macht auch hier deutlich, dass die Textallianz mit der regionalen ‚Österreichischen Chronik' des Augustiner Eremiten Leopold Stainreuther die Funktion einer Fortsetzung und Regionalisierung des ‚Buchs der Welt' hat. Die ‚Österreichische Chronik' von den 95 Herrschaften schließt inhaltlich und zeitlich an das ‚Buch der Welt' an (Bl. 108ra-251va).[711] Damit wird eine regionale gegenwartsbezogene Chronik durch die Kombination mit dem heilsgeschichtlichen ‚Buch der Welt' zur Universalchronik.

Syntaxrelevante Merkmale:
a) Interpunktion:
Gesamtsätze sind unterschiedlich und nicht durchgängig markiert. Fallen sie mit Absätzen zusammen, übernehmen die Initialen die Funktion der Gesamtsatzkennzeichnung, wie in allen anderen Handschriften auch. Sonst kennzeichnen Majuskeln oder Minuskeln zumeist in Verbindung mit einer Virgel die Gesamtsätze.

b) syntaxrelevante Merkmale in der Reimvorrede:
Die Reimvorrede tritt an erster Stelle als Teil des Initiatorenbündels auf. Sie besteht wie in den Handschriften 11 und 12 aus vier Absätzen (*Nu vernemet* [...]*; Darnach volgt ain donerslach* [...]*; Nu fleist an einen Sitten da man die posen gedanken mit mag vertreiben* ... [Bl. 1va, Z. 1-5, es ergibt sich durch die Verwendung von Sitte statt Seite ein anderer Textsinn] *Ich han mich des wol bedacht* [...]) und kombiniert Temporalsätze bzw. Sätze mit temporalen Angaben (10 Teilsätze) mit Aufforderungs- (9 Teilsätze) und (behauptenden) Aussagesätzen. Die zeitlichen Aspekte zeigen eine Ausrichtung auf die Gegenwart, die Zukunft und verdeutlichen die Dauer und die unbestimmte Folge der Zeit.

c) syntaxrelevante Merkmale in der Schöpfungsgeschichte:
Die Schöpfungsgeschichte umfasst fünf Gesamtsätze und drei Absätze. Die späten Handschriften 12 und 12a zeigen insgesamt noch eine Neigung zu langen Gesamtsätzen in der Weise, wie sie auch die Handschriften 24 (so Hs. 12) und 16 (so Hs.12a) kennen. Die ebenfalls nd. Handschrift 16 aus der Wende vom 13. zum 14. Jahrhundert erweitert gegenüber 24 und 12 den ersten Gesamtsatz noch um einen weiteren gramma-

---

711 Joseph Seemüller, Österreichische Chronik, S. LIII Nr. 39.

tisch selbständigen Teilsatz: [...] . *in deme neghenden core was lucifer der sconeste · uñ hereste · der enghele ·* Die Handschrift 12 folgt hierin der Handschrift 16:

(Hs. 12a) *In aller ding beginn schuof got von erst himel vnd erd / wasser fewr vnd luft die vir element warn vngeschaidenim himel macht er auch Newen kor der engeln zu seinem lob vnd zu seim dienst in dem newnten kor war Lucifer der schönist vnd der höchst*

Die Handschrift 12a interpungiert insgesamt sehr wenig. Der sechste Schöpfungstag umfasst das gesamte Schöpfungswerk von der ersten bis zur neunten Stunde und darüber hinaus noch den Sündenfall und den siebten Tag:

Zuleczt seins werchs macht got adam in der ersten stunnd des tags von der erden in seiner gleichnuß vnd gab im gwalt vber das viech / vber dy vogl vnd vber die visch vnd saczt in in das paradeis da macht er Euen von adams Ripp in der driten stunnd des tags dye weil er slieff vnd gab sy im zu weib in der sechsten stunnd sünten Si baide wann Sy assen das obs das in got v'poten het / in der newnten stunnd des tags warf Sy got aus dem paradeis vnnd sannt sy auf das erdreich am sibentn tag den wir heissen Sambstag ruet got nach seinn werchen damit bezaihennt er vnns die ewig ruo vnd frewd die wir haben sulln mit im nach des leibs wanndlung ob wir es verdienn

Der letzte Teil des letzten Satzes in der Handschrift 24 und ebenfalls in 16 wird in der Handschrift 12a zum selbständigen Gesamtsatz: *Wie die welt von adam her* [...] Die Unterscheidung von Schöpfungsgeschichte und Genealogie des Alten Testaments erfolgt nicht duch eine Makrostruktur.

d) syntaxrelevante Merkmale in den übrigen Stoffkreisen:
In der Chronik werden vor allem darstellende, erzählende Verben und die Vergangenheitsformen des Hilfsverbs *sein* verwendet. Das Verb *gewan* ‚bekam' (‚Kinder bekommen') kennzeichnet die genealogischen Beziehungen. Es zeigt sich so an der Verwendung der Verben ein Wechsel von chronologischem, narrativem und genealogischem Prinzip. Durch die Verwendung temporaler Angaben in Spitzenstellung und innerhalb eines Gesamtsatzes wird die temporale Ausrichtung hergestellt.

Lexikalische Merkmale
1) Schlüsselwörter: „Gattungs"bezeichnungen:
Die Handschrift 12a verwendet wie 12 die Bezeichnungen *buch* und *chronik* als Selbstbezeichnung (*Ich han mich des wol bedacht das púch wit nymer volpracht die weil dy welt statt so uil wirt kunstiger rat* Bl. 1va, Z. 24-27; *Wie die welt von adam her vn nacher gestanden sey das vernem*

wir an dem dacz das půch hernach saget;) und als Bezeichnung für andere historiographische Werke (*Wer furbas wissen well der les Coronicam oder lucanum oder den guten Oracyum*, Bl. 17^r, Z. 15-18).

2) lexikographische Schlüsselwörter (die Wochentagsbezeichnungen):
Sonntag: Den ersten Wochentag bezeichnet ungerundetes *suntag* (Bl. 1rb, Z. 8).

Montag: Abweichend von der Handschrift 12 benennt die ungerundete, synkopierte Form *mantag* den zweiten Wochentag (Bl. 2ra, Z.18).

Dienstag: Die Handschrift verwendet *Eritag* (Bl. 2ra, Z. 13).

Mittwoch: Auch hier stimmt die Überlieferung mit der der Handschrift 12 überein: *mitichen* (Bl. 2rb, Z. 5).

Donnerstag: Wie in der Handschrift 12 nimmt der Schreiber für den fünften Wochentag ebenfalls das bair. Kennwort: *pfincztag* (Bl. 2rb, Z. 9).

Freitag: Auch in dieser Handschrift begegnet oberdeutsches diphthongiertes *Freitag* (Bl. 2rb, Z. 13).

Samstag/Sonnabend: Der letzte Wochentag wird mit obdt. *sambstag* bezeichnet (Bl. 2va, Z. 5).

Semantische Merkmale
1) Inhaltliche Ordnungsprinzipien:
Der Gesamtaufbau des Codex ist durch eine Kombination datenbezogener, personenbezogener und genealogischer Darstellungsweise gekennzeichnet. Genealogische Elemente sind nicht explizit hervorgehoben. Insgesamt überwiegt wie in der Handschrift 12 die Narration der historischen und gegenwartshistorischen Ereignisse. Annalistisches Element ist die exakte Zeitangabe in der Wendung: *In dem [...] jar*. Daneben finden sich temporale, den chronologischen Erzählzusammenhang verdeutlichende Gesamsatzanfänge mit *Nu, Da, Darnach*.

2) Die sechs Deutungsmuster:
a) Einordnung der Weltgeschichte in die Heilsgeschichte: Durch die Textallianz ist eine österreichische heilsgeschichtlich orientierte Weltchronik entstanden. In der Reimvorrede werden die sechs Deutungsmuster entwickelt. Das heilsgeschichtliche Weltbild drückt sich ebenfalls in der Schöpfungsgeschichte aus. Die franziskanische Predigt ist wie in der Handschrift 12 auch in 12a nicht überliefert.

b) Berufung auf die (mündliche und schriftliche) Tradition: Das bairisch-österreichische ‚Buch der Welt' bietet wie die Handschrift 12 eine straffe, chronologische, reichshistorisch orientierte Darstellung der Weltgeschichte, die um regionale österreichische Daten der jüngeren Geschichte erweitert worden ist. Vieles ist gestrafft – wie auch die in einem Satz erwähnte Marter des Johannes und Paul. Ludwig Weiland glaubte, in 12a eine Abschrift der bairisch-österreichischen Chronik mit der Sigle 12 vor sich zu haben.[712] Trotz vieler Übereinstimmungen sind Hubert Herkommer und im Anschluss an ihn auch Jürgen Wolf der Meinung, dass beide Handschriften keine direkte Beziehung zueinander haben, sondern dass die Ähnlichkeiten nur über eine gemeinsame Vorlage vermittelt sind: Handschrift 12 hat gegenüber 12a einige Textlücken (SW 137,25; 233,22; 237,4) und auch der Dialekt weist Unterschiede auf.[713]

c) wahre Geschichtsschreibung: Die Wahrheitsbelege entsprechen denen der Handschrift 12.

d) Autorisierung der eigenen Aussagen: Es gibt auch bei diesem Codex keine Schreibernennung.

e) und f) offene Geschichtsschreibung und auf Abgeschlossenheit, Endzeit zielendes Geschichtsdenken: Das österreichische ‚Buch der Welt' ist eine aktuelle, regionalisierte Universalchronik, ein Träger regional gefärbter reichshistorischer Memoria. Die Makrostrukturen vereinheitlichen einerseits die unterschiedlichen Textteile weitgehend, sie machen aber dennoch kenntlich, dass es sich hier um ursprünglich selbständige Chroniken handelt. Die eschatologischen Bezüge treten nur in der Reimvorrede des ‚Buchs der Welt' auf. Die Offenheit folgt bestimmten Regeln, die im Rahmen der ‚Textsorte' bleiben: so z.B. die „Universalisierung" der österreichischen Chronik und ihre heilsgeschichtliche Einbettung. Die franziskanische Ausrichtung ist weggefallen.

III.3.31 Handschrift 144 (Kopenhagen, UB, AM 372 fol.) – B

Externe Merkmale (Ebene b)
(erschlossener) Entstehungszeitraum, Entstehungsort, Schreiber/Kompilator:
Die nordniederdeutsch-altdänisch-lateinische Mischhandschrift ist datiert: *Anno domini M°CDLXXXII° post festum sancti mathei apostoli* (= 21. September 1482, Bl. 137vb). Der Entstehungsort ist nicht angegeben. Die Entstehungsräume lassen sich nicht eindeutig erschließen. Zwei Möglichkeiten kommen in Betracht: Der Raum Greifswald-Lübeck oder Ålborg. Für Lübeck spricht die Verwandtschaft der Handschrift mit Hs.

---

712 Ludwig Weiland, Sächsische Weltchronik, S. 87.
713 Vgl. Hubert Herkommer, Sächsische Weltchronik, S. 248 und Jürgen Wolf, Sächsische Weltchronik, S. 147.

143. Für Dänemark spricht der Schreiber: Johannes Nicolai aus Ålborg, der sich auf Bl. 137vb als *Johannis nicolai filius alburgensis* bezeichnet. Auch die lateinisch-dänischen Einträge am Schluss der Handschrift weisen auf einen dänischen Adressatenkreis.

Von geringer Bedeutung für die Lokalisierung ist die nd. Schreibsprache. Im dänischen Ålborg gab es mit den dort ansässigen deutschen Kaufleuten und den zahlreichen deutschen Einwanderern ein umfangreiches Publikum für eine nd. ‚Historienbibel', außerdem verstanden gebildete Dänen fast immer (Nieder-)deutsch. Viele von ihnen studierten wie Johannes Nicolai (?) an deutschen Universitäten.[714]

Die Schreiberidentität ist jedoch heute noch nicht restlos geklärt. Verschiedene Dänen mit diesem Namen, die aus Ålborg stammten, waren an deutschen Universitäten immatrikuliert. Z.B. waren es im ausgehenden 15. und beginnenden 16. Jahrhundert gleich drei, die in Rostock studierten. 1473 war ein *Johannes Nicolai Bardegalensis* (die Diözese, zu der Ålborg gehörte) *clericus* in Greifswald immatrikuliert. Vielleicht war dieser Student – Jürgen Wolf nimmt das an – mit dem (späteren) Prior des Helligaandsklosters, urkundlich erwähnt als Jenss Niielszenn bzw. Johannis Nicolai, identisch.[715] Wo dieser *clericus* den Codex geschrieben hat, ist nicht zu klären: in Ålborg oder in seinem Studienort Greifswald, der ja nicht weit von Lübeck entfernt ist. Dort hätte der Schreiber die Vorlage einsehen können.

Kombinationszeitraum, Kombinationsort:
Es handelt sich hier wie bei der Handschrift 143 nicht um eine Textkombination im Sinne einer Sammelhandschrift.[716] Es ist auch hier zu fragen, ob das ‚Buch der Welt', indem es in ein neues Textexemplar integriert worden ist, eine Textsortengrenze überschritten hat. Literaturhistoriker ordnen die Kopenhagener Handschrift wie auch die Handschriften 111 und 143 nicht mehr der Gattung ‚Universalchronik', sondern vielmehr der Gattung ‚Historienbibel' zu.

---

714 Jürgen Wolf, Sächsische Weltchronik, S. 175.
715 In Frage kommt noch ein anderer Ålborger Bürger: Jens Nielsson, der selbst oder dessen vielleicht gleichnamiger Vater dem Ålborger Rat angehörte. Vgl. ebd., S. 174f. Der Schreiber der Handschrift scheint mir aber eher Geistlicher gewesen zu sein.
716 Vgl. dazu ebd., S. 387f., der in diesem Zusammenhang zwar von einer Sammelhandschrift spricht, aber kombinierte von kompilatorisch kombinierten Sammelhandschriften (zu denen er die Handschriften 041, 141, 143 und 144 zählt) und diese wiederum von klassischen Kompilationen wie MT, Kaiserchronik, Flores temporum, Königshofen) trennen möchte. Die Handschriften 9 und 231 rechnet er dagegen zu den ‚kompilationsartigen' Kombinationen.

Fortsetzungszeitraum, Fortsetzungsort und Fortsetzer:
Von einer Fortsetzung des ‚Buchs der Welt' lässt sich hier nicht sprechen, die „Historienbibel" jedoch, von Hans Vollmer wie auch die Handschrift 142 der Gruppe VIII zugerechnet, ist die einzige fortgesetzte Handschrift in dieser Gruppe.[717]

Benutzungszeitraum, Benutzungsort, Benutzer:
Benutzerspuren gibt es keine.

Besitzzeitraum, Aufbewahrungsort, Besitzer, Auftraggeber:
Der erste nachweisbare Besitzer ist der dänische Adelige und Etatrat Jens Rosenkrantz (†1695).

> Teile seiner Sammlung gehen auf seinen Urgroßvater Jørgen und seinen Großvater, den Theologen und Reichsrat, Holger Rosenkrantz zurück. Beide hatten sich einen Namen als Sammler theologischer Bücher gemacht. Besonders unter Holger Rosenkrantz, bekannt als ‚der Gelehrte', wuchs die Rosenkrantzsche Sammlung zu einer weithin berühmten Adelsbibliothek heran. Daß mit Hs. 144 eine deutschsprachige Historienbibel zur Sammlung gehört haben könnte, ist nicht außergewöhnlich. Sowohl Jørgen d.Ä. als auch Holger und Jens Rosenkrantz bereisten mehrfach Deutschland bzw. studierten dort.[718]

Nach dem Tode von Jens Rosenkrantz kaufte der isländische Gelehrte und Professor für nordische Altertumskunde in Kopenhagen[719] Arne Magnusson (1663-1730) die komplette Bibliothek. Magnusson vermachte seine Handschriftensammlung der Kopenhagener Universität. Dort befindet sie sich noch heute.

Kommunikationsmaterial und -form:
Der Codex ist eine 138 Blätter umfassende zweispaltig geschriebene Papierhandschrift mit dem Blattformat 27,6/28,2 x 20,6/21,2 cm. Der Schriftspiegel ist 21 x 14/16 cm mit 26 bzw. 35 Zeilen. Der Einband besteht aus einem alten Holzdeckel mit braunem Lederüberzug. Auf dem Einbandrücken befindet sich die UB-Signatur und die Kålund-Katalognummer und auf Bl. 1^r die alte Signatur und die Auktionsnummer.[720]

Schreibsprache:
Die Schreibsprache ist überwiegend nordniederdeutsch, auf Bl. 138^r sind Sprüche nach Augustinus und Bernadus in lateinisch und altdänisch überliefert.

---

717 Hans Vollmer, Niederdeutsche Historienbibeln, Nr. 89; vgl. auch Danielle Jaurant, Rudolfs ‚Weltchronik', S. 39.
718 Jürgen Wolf, Sächsische Weltchronik, S. 263.
719 Kopenhagen war zu jener Zeit auch die Universitätsstadt Islands.
720 Siehe Jürgen Wolf, Sächsische Weltchronik, S. 90.

Interne Merkmale
Initiator(en):
Der zweispaltige Codex beginnt mit einer fünfzeiligen verzierten Initiale.
Terminator(en):
Der Codex hat einen expliziten Terminator: Er schließt auf Bl. 137vb mit einem Schlusssatz, der das Datum angibt: *Anno domini MCDLXXXII° post festum sancti mathei apostoli*
Weitere Makrostrukturen:
Die Übernahme aus dem ‚Buch der Welt' endet bei Abraham mit den Worten: *Ðit sint Adammes slechte beth to Abrahamme* (Bl. 7ra, Z. 12). Der weitere Text schließt sofort an.
Die hierarchischen Strukturierungen sind homogen weitergeführt. Die weiteren hierarchischen Merkmale sind deutlich abhängig von den behandelten Stoffkreisen: Die Schöpfungsgeschichte ist durch eine besondere Absatzgliederung gekennzeichnet. Dies geschieht durch drei- bis vierzeilige rote Initialen. Wenn die letzte Zeile des Absatzes nicht durch Text gefüllt ist, ist sie mit Tilden zu Ende geführt. Zwischen den Absätzen ist – auch bedingt durch die Oberlängen der Initialen – immer eine Leerzeile gelassen worden. Die Absatzgliederung richtet sich nach den einzelnen Schöpfungstagen. Im weiteren Verlauf ist die Gliederung dann gröber, man kann hier von einer Kapitelgliederung sprechen. Die einzelnen Kapitel werden durch zweizeilige rote Initialen eingeleitet.

Textbestand:
Dieses Textexemplar entnimmt wie Handschrift 143 nur einen geringen Teil aus dem ‚Buch der Welt': die Schöpfungsgeschichte bis zu Abraham (SW 67,1-74).

Texterweiterung/Textkürzung:
Der Text des ‚Buchs der Welt' ist erheblich gekürzt.

Textallianzen:
Auch dieser Codex gilt in der Forschungsliteratur als niederdeutsche Historienbibel (Vollmer Gruppe VIII Nr. 89).[721] Von Bl. 7^{r}-137vb überliefert er Auszüge aus dem Pentateuch, dem Buch der Richter, dem Buch der Könige von Abraham bis Sanherib. Auf Bl. 138^{r} sind lateinische und dänische Sprüche nach Augustinus und Bernardus angefügt.

---

721 Hans Vollmer, Niederdeutsche Historienbibeln, S. 1-3, 60-63, Nr. 89.

Syntaxrelevante Merkmale:
a) Interpunktion:
Gesamtsätze werden durch einfache oder durch rot durchgestrichene Majuskeln markiert.

b) syntaxrelvante Merkmale in der Schöpfungsgeschichte:
Die Handschrift 144 gehört zu der Gruppe der Handschriften des 15. Jahrhunderts, die kürzere Gesamtsätze markiert. Insgesamt lassen sich siebzehn Gesamtsätze und acht Absätze feststellen. Die Schöpfungsgeschichte beginnt mit einer vierzeiligen Initiale und stellt drei einfache Sätze – asyndetisch verbunden – ohne Binnenstrukturierung durch Virgeln, Punkte etc. nebeneinander. *In deme anbegiñe al der dinghe schop got den hemel vnde erde den watter vnde dat vür vnde de lücht de hetten de veer elementen de weren in den tyden noch nicht van ene anderen gescheden* (Bl. 2ra). Sie endet mit dem Gesamtsatz: *Wo ouer de werlt van ames tyden wante nů here gestanden heft dat scholte gy hir na vonemen vortan* (Bl. 2va).

Lexikalische Merkmale
1) Schlüsselwörter: „Gattungs"bezeichnungen:
Der Schreiber verwendet die Bezeichnung *buch* für die einzelnen Bücher der Bibel.

2) lexikographische Schlüsselwörter (die Wochentagsbezeichnungen):
Sonntag: Der erste Wochentag wird mit der gerundeten, synkopierten Form *sondtagh* (Bl. 2rb) bezeichnet.

Montag: Die ungerundete, synkopierte Form *mandagh* benennt den zweiten Wochentag (Bl. 2rb).

Dienstag: Der dritte Wochentag ist der *dinxstedach* (Bl. 2rb).

Mittwoch: Der vierte Tag heißt *mydweken* (Bl. 2va).

Donnerstag: Der fünfte *donredach* (Bl. 2va).

Freitag: Für den vorletzten Tag der Woche begegnet *vry dagh* (Bl. 2va).

Samstag/Sonnabend: Der letzte Wochentag wird mit der gerundeten Variante als *sonnauent* bezeichnet (Bl. 2vb).

Semantische Merkmale
1) Inhaltliche Ordnungsprinzipien:
Der Codex enthält die alttestamentarische Bibelüberlieferung von der Schöpfungsgeschichte, Abraham bis zu Sanherib (Auszug aus dem Pentateuch, dem Buch der Richter und dem Buch der Könige). Er ist durch eine Kombination von datenbezogener, personenbezogener und genealo-

gischer Darstellungsweise gekennzeichnet, lässt aber die Profangeschichte völlig unberücksichtigt.

2) Die sechs Deutungsmuster:
a) Einordnung der Weltgeschichte in die Heilsgeschichte: Es handelt sich hier ausschließlich um Heilsgeschichte auf der Grundlage der Bibel bis zum Buch der Könige.
b) Berufung auf die (mündliche und schriftliche) Tradition: Die Überlieferung steht in der Tradition schriftlicher biblischer Überlieferung; die Übernahme aus der ersten Prosaweltchronik umfasst nur einen eng umgrenzten Teil aus der Heilsgeschichte.
c) wahre Geschichtsschreibung: Es gibt keine besonderen Wahrheitsbelege oder Argumentationsstrategien, die das Verschriftungsvorhaben rechtfertigen müssten.
d) Autorisierung der eigenen Aussagen: Der Schreiber nennt sich im Anschluss an die ‚Historienbibel': *Johannis nicolai filius alburgensis* (Bl. 137vb).
e) und f) offene Geschichtsschreibung und auf Abgeschlossenheit, Endzeit zielendes Geschichtsdenken: Der Textzusammenhang überliefert die Genesis, Auszüge aus dem Pentateuch, dem Buch der Richter und dem Buch der Könige. Es handelt sich hier nicht um eine Weltchronik. Der Text aus dem ‚Buch der Welt' ist nicht Teil einer anderen Chronik, sondern ebenso wie in der Handschrift 143 Teil einer volkssprachlichen biblischen Überlieferung geworden. Die formale und die inhaltliche Strukturierung zeigt dies ganz deutlich. Es fehlt der für die Universalchroniken typische Gegenwartsbezug durch die Darstellung der zeitgenössischen Geschichte, wie überhaupt der Bezug zur Profangeschichte. Auch hier beruht der Unterschied gegenüber der volkssprachlichen Universalchronistik vor allem auf den abweichenden Makrostrukturen und dem gänzlichen Fehlen der Profangeschichte. Auch dieses Textexemplar gehört in den Zusammenhang der vorrangig religiösen und nicht der historiographisch-heilsgeschichtlichen Textsorten.

III.4 Die Handschriften des 16. Jahrhunderts

III.4.1 Handschrift 082 (Hamburg, Staats- und UB, Cod. Hist. 8) – A_1

Externe Merkmale (Ebene b)
(erschlossener) Entstehungszeitraum, Entstehungsort, Schreiber/Kompilator:
Der Codex ist eine anonyme Abschrift von Hs. 081 aus dem Jahre 1501, die in Bayern von einem unbekannten Schreiber fertiggestellt worden ist: *Das bůch ist geendt Ann sannt Paulus Abenndt Anno domini in 1501* (Bl. 180^r).

Benutzungszeit, Benutzungsort, Benutzer:
In der Andreas-Chronik finden sich Randbemerkungen zu regionalen Ereignissen, die am Rand zu den jeweiligen Jahreszahlen oder Regierungszeiten nachgetragen wurden. Leider sind sie ausgewaschen und meist unleserlich.

Besitzzeitraum, Aufenthaltsort, Besitzer, Auftraggeber:
Die Handschrift war zu Beginn des 18. Jahrhunderts in der Bibliothek des Frankfurter Bürgermeisters Zacharias Conrad von Uffenbach (1683-1734). Über seine Vorgänger bzw. über einen Auftraggeber ist nichts bekannt, auch nicht wie und wann der Codex aus Bayern nach Frankfurt kam. Ab 1727 versuchte Uffenbach seine Bibliothek, die ca. 40.000 Bände enthielt – davon 1.800 Handschriften – komplett zu verkaufen. Es gelang ihm nicht und so verkaufte er die Bücher einzeln. Die Handschrift 082 verkauften erst die Erben an die Hamburger Stadtbibliothek.

> Während des 2 Weltkrieges wurde der Codex mit Teilen des Hamburger Buchbestandes ausgelagert. Nach Kriegsende galt die Handschrift als verschollen. Erst im November 1990 gelangte Hs. 082 im Zuge der zwischen der Bundesrepublik Deutschland und der damaligen Sowjetunion getroffenen Vereinbarung über die Rückführung der während des Krieges ausgelagerten Archivalien zurück nach Hamburg.[722]

Kommunikationsmaterial und -form:
Der Codex hält sich wie 8 weitgehend an die gestalterischen Vorgaben des Codex München BSB, Cgm 6240 (Hs. 081). Die Blätter sind größer: 47 x 31,5 cm, ebenso der Schriftspiegel: 33 x 18,5 cm, mit 38-39 Zeilen. Im Unterschied zu Handschrift 081 und 8 ist dieser bairische Papiercodex aus dem Jahr 1501 einspaltig beschrieben. Der zur Hälfte mit Leder

---

[722] Jürgen Wolf, Sächsische Weltchronik, S. 284.

überzogene Holzeinband stammt aus dem beginnenden 18. Jahrhundert, er hat Streicheisenverzierungen und Blumenstempel mit Lilien. Auf ihm findet sich die Signatur der Bibliothek Zacharias Conrad von Uffenbachs (104 128).

Schreibsprache:
Der Codex stammt aus dem oberdeutschen Sprachgebiet.

Interne Merkmale
Initiator(en):
Diese gezielte Zusammenstellung unterschiedlicher historiographischer Textexemplare hat mehrere Initiatorenbündel: Der Initiator des Gesamtcodex und des ‚Buchs der Welt' ist identisch: Auf Bl. 3^r beginnt mit einer achtzeiligen I-Initiale die Schöpfungsgeschichte. Auch in der schmucklosen Abschrift sind die einzelnen Textzusammenhänge makrostrukturell als unterschiedliche Stücke gekennzeichnet, die Makrostrukturen verweisen aber inhaltlich aufeinander: Das ‚Buch von der Welt' schließt wie bei dem Codex 081 mit den auf die Andreas Chronik verweisenden Sätzen: *die annderen sein geschicht findt man hie pald nach In der kronnigken Brueder Andre von Sand Mang.* Nach einer Leerseite beginnt auf Bl. 12^r die übersetzte Andreas-Chronik mit den verschiedenen Einleitungen, Vorreden und Registern (wie bei der Handschrift 081 beschrieben). Der eigentliche Chroniktext fängt nach einer Leerseite (Bl. 19^v) auf Bl. 20^r mit einer fünfzeiligen D-Initiale ohne Namensmedaillon an.

Im Textverlauf der Chronik befindet sich auf Bl. 180^r, Z. 28 der Eintrag zur Datierung: *Das bůch ist geendt Ann sannt Paulus Abenndt Anno domini in 1501.* Der Schreiber übernimmt damit den Satz, der schon im Autorgraph Heffs den ersten Teil der Chronik schließt. Er aktualisiert nur das Datum von 1471 auf 1501. Auch Heff hatte hier bereits den Schlusssatz Andreas von Regensburgs aktualisiert. Die Chronikübersetzung endet auf Bl. 203^v, Z. 13. In der folgenden Zeile schließt sich die Übersetzung aus dem *Concilium Constantiense* mit einer dreizeiligen Initiale an, ebenso weitere Ausschnitte aus dem *Concilium Constantiense* und der *Chronica Hussitarum* des Andreas von Regensburg (Bl. 205^r, Z. 26-231^v).

Terminator(en):
Die Chronik endet auf Bl. 231^v ohne die Doxologien und ohne die kurze Fortsetzung zu den Kaisern ab Albrecht II. und den Päpsten ab Nikolaus V.

Text-Bild-Relationen:
Kaisernamen stehen in brustbildartigen Medaillons und markieren auf diese Weise einen hierarchischen Einschnitt. Sie haben auch die Funktion, das Zurechtfinden und Nachschlagen in dem ‚Geschichtsbuch' zu erleichtern. Der Codex zeigt deutlich weniger Namensmedaillons als das Heffsche Autograph.

Weitere Makrostrukturen:
Der einspaltige Codex ist keine direkte Abschrift vom Autographen Leonhard Heffs (Hs. 081), seine Vorlage aber hat sich schon recht genau an Heffs Vorgaben orientiert. Unterschiede zeigen sich aber in den Makrostrukturen. Als hierarchische Strukturierungsmerkmale treten drei- bis elfzeilige Initialen (mit mehr oder weniger Verzierungen) auf. Sie sind häufig mit roten Überschriften verbunden. Die Kaisernamen befinden sich in brustbildartigen Medaillons – allerdings sind diese seltener als in der Handschrift 081. In 082 fehlen diejenigen Überschriften, die in 081 darauf aufmerksam gemacht haben, ob es sich jeweils um Kaiser- oder Papstgeschichte handelt. Insgesamt ist die Vermischung beider Erzählstränge noch stärker vorgenommen worden als im Autograph Heffs, da insgesamt nur rote Initialen verwendet werden und nicht mehr wie bei Heff rote Initialen für die Erzählungen über die Kaiser und blaue für diejenigen über die Päpste.

Textbestand:
Dieser ‚Buch der Welt'-Auszug überliefert die Schöpfungsgeschichte von Bl. 3^r-11^r wie 081 bis zu Julius Cäsar (SW 67, 1-87,32).

Texterweiterung/Textkürzung:
Der Text des ‚Buchs der Welt' wurde sehr verkürzt, um dann wiederum durch eine aus dem Lateinischen übersetzte Stadtchronik erweitert zu werden. Im Heffschen Autographen ist die Komposition noch deutlich erkennbar, in der Handschrift 082 sind die beiden Chroniken auch makrostrukturell stärker zusammengebunden.

Textallianzen:
Der Codex beginnt mit der Schöpfungsgeschichte des ‚Buchs der Welt'. Es folgen die Heffschen Übersetzungen: *Chronica pontificum* [...] Bl. 12^r-203^v, Z. 13; Ausschnitte aus dem *Concilium Constantiense* Bl. 203^v, Z. 14-205^r, Z. 25; Ausschnitte aus der *Chronica Hussitarum* und dem *Concilium Constantiense* Bl. 205^r, Z. 26-231^v.

Syntaxrelevante Merkmale:
a) Interpunktion
Die Gesamtsätze sind durch Majuskeln markiert.

b) syntaxrelevante Merkmale in der Schöpfungsgeschichte:
Die Handschrift 082 überliefert wie das Heffsche Autograph 081 eher kürzere Gesamtsätze in der Schöpfungsgeschichte. Insgesamt lassen sich elf Gesamtsätze und acht Absätze feststellen. In den Handschriften 081, 8, 082 ist der Absatz durch ein *capitulum*-Zeichen mit folgender Majuskel markiert. Zur Kennzeichnung der genealogischen Beziehungen wird in der Stammvätergeschichte das Verb *gepërn* ‚hervorbringen' wiederholt genutzt. Die temporale Ausrichtung erhält die Schöpfungsgeschichte nicht durch die Verbwahl, sondern durch die Verwendung temporaler Angaben in Spitzenstellung und auch innerhalb eines Gesamtsatzes.

Lexikalische Merkmale
1) Schlüsselwörter: „Gattungs"bezeichnungen:
Buch wird im Codex als Selbstbezeichnung, als Bezeichnung anderer Literatur und als Benennung einzelner biblischer Bücher verwendet. *Chronik* wird sowohl als Selbstbezeichnung als auch für andere Geschichtsdarstellungen mit einer chronologischen Erzählstrategie verwendet. Die Verwendung der Textklassenbezeichnungen entspricht derjenigen in Heffs Autograph.[723]

2) lexikographische Schlüsselwörter (die Wochentagsbezeichnungen):
Sonntag: Der Schreiber wählte die gerundete Form, die bei Heff nur andeutungsweise erscheint: *sontag*.

Montag: Den zweiten Wochentag bezeichnet er mit *Montag*.

Dienstag: Für den dritten Tag bleibt auch er – wie Leonhard Heff – bei einer Variante des bairischen Kennwortes *erichtag*.

Mittwoch: Hier weicht der Schreiber wieder, wie beim ersten Wochentag, von Leonhard Heffs Sprachgebrauch ab: *mitwoch*.

Donnerstag: Der fünfte Wochentag wird wiederum mit einem bairisches Kennwort: *pfinztag* bezeichnet.

Freitag: Für den vorletzten Wochentag begegnet in Übereinstimmung mit dem Dialektgebiet die diphthongierte Form *freytag*.

Samstag/Sonnabend: Obd. *sambstag* nimmt der Schreiber für den letzten Wochentag.

---

723 Vgl. auch Kapitel III.4.2 Handschrift 081 (München BSB, Cgm 6240).

Semantische Merkmale
1) Inhaltliche Ordnungsprinzipien:
Der Gesamtaufbau des Codex ist vor allem durch eine Kombination von datenbezogener und personenbezogener Darstellungsweise gekennzeichnet, die Nachrichten über die Kaiser sind auf den ersten Blick noch weniger von denen über die Päpste unterschieden, als dies bei Heff der Fall war (siehe Makrostrukturen).

2) Die sechs Deutungsmuster:
a) Einordnung der Weltgeschichte in die Heilsgeschichte: Diese Chronik gibt die planmäßige Kombination einer Universalchronik ('Buch der Welt') und einer übersetzten volkssprachlichen Stadtchronik – der 'Regensburger Chronik' des Andreas von St. Mang – wieder, erweitert durch zusätzliche historiographische Texte des Regensburger Mönchs.
b) Berufung auf die (mündliche und schriftliche) Tradition: Historiographischer Hintergrund ist auch hier vor allem die schriftliche Tradition.
c) wahre Geschichtsschreibung: In der Überzeugungsstrategie steht die Chronik vollkommen in der Nachfolge der Handschrift 081.
d) Autorisierung der eigenen Aussagen: Der Schreiber dieser Chronik nennt seinen Namen nicht, er gibt die Heffsche Kompilation anonym weiter.
e) und f) offene Geschichtsschreibung und auf Abgeschlossenheit, Endzeit zielendes Geschichtsdenken: Das Kompositionsmuster des Heffschen Autographs wird in diesem Codex im Großen und Ganzen übernommen, durch den Wegfall der Kennzeichnung der Papstgeschichte mit blauen Initialen tritt diese noch stärker in den Hintergrund und gibt dem Dualismus Regenburger Bischöfe – Kaiser (vgl. Handschrift 081) breiteren Raum. Inhaltliche Akzentveränderungen lassen sich, wie dieses Beispiel zeigt, über die Änderung der Makrostrukturen erreichen. Insgesamt ist diese Chronik aber ein Beispiel städtischer Memoria in der Tradition der christlichen klerikalen Universalchronistik.

III.4.2 Handschrift 8 (München, BSB, Cgm 3959) – A_1

Externe Merkmale (Ebene b)
(erschlossener) Entstehungszeitraum, Entstehungsort, Schreiber/Kompilator:
Der Codex ist eine mittelbare Abschrift von Hs. 081, die zu den datierten Handschriften zu rechnen ist, da der Schreiber den Endzeitpunkt der

Aufzeichnungen in der Chronik festgehalten hat. Der Teil mit dem ‚Buch der Welt' in Hs. 081 wurde von Leonhard Heff am 24. Januar 1471 fertiggestellt. Die mittelbare Abschrift Hs. 8 wird von Herkommer ins 15. Jahrhundert datiert und von Karin Schneider ins erste Viertel des 16. Jahrhunderts.[724] Der Schreiber ist unbekannt. Entstanden ist die Handschrift vermutlich in Regensburg.

Kombinationszeitraum, Kombinationsort:
Der Codex ist eine mittelbare Abschrift von Handschrift 081 und als solche von ihrem Schreiber aus einem Guss hergestellt worden.

Fortsetzungszeitraum, Fortsetzungsort, Fortsetzer:
Diese Kombination wurde im Sinne meiner Begriffsbestimmung nicht fortgesetzt.

Benutzungszeitraum, Benutzungsort, Benutzungsort:
Über die Benutzer ist nichts bekannt. Vielleicht waren es die Mönche des Klosters St. Emmeram.[725] Ein Leser trug seine Initialen (H.E.) und die Jahreszahl 1535 auf Blatt 339rb ein. Karin Schneider nimmt an, dass es sich um den Emmeramer Mönch Heinrich Erlbach handelt.[726]

Besitzzeitraum, Aufbewahrungsort, Besitzer, Auftraggeber:
Laut Besitzeintrag (Bl. 1^r) aus dem 16. Jahrhundert *Monasterii S. Emmerami Ratisbonae* befand sich der Codex zu dieser Zeit – d.h., unter dem Abt Erasmus Münzer – im Regensburger St. Emmeram-Kloster. Erasmus Münster erweiterte die Emmeramer Bibliothek in der Zeit von 1493-1517 um 298 Werke, davon waren 15 Geschichtswerke.[727] Vielleicht ist der Codex auf Veranlassung Erasmus Münsters im Kloster geschrieben worden. Nach der Säkularisation kam der Codex in die Münchner Hofbibliothek.

Kommunikationsmaterial und -form:
Der Codex ist im 16. Jahrhundert im Regensburger St. Emmerams-Kloster gebunden worden und im 16. Jahrhundert dort wahrscheinlich auch entstanden. Der Ledereinband (auf Holz) mit Stempeln und Streicheisenverzierungen aus der Klosterwerkstatt St. Emmeram weist auf den An-

---

724 Hubert Herkommer, Sächsische Weltchronik, S. 58; Karin Schneider, Die mittelalterlichen deutschen Handschriften (V, 6), S. 481; Birgit Studt, Fürstenhof und Geschichte, S. 213, Anm. 124 und S. 250f. Anm. 241.
725 Vgl. dazu Joachim Schneider, Vermittlungsprobleme, S. 186: „Die Handschrift ist nur äußerlich sorgfältig angelegt; dagegen ist der Text oft verständnislos abgeschrieben, es gibt keine Benutzerspuren."
726 Karin Schneider, Die mittelalterlichen deutschen Handschriften (V,6), S. 481.
727 Vgl. Jürgen Wolf, Sächsische Weltchronik, S. 291.

fang des 16. Jahrhunderts.[728] Auf dem Rücken sind der Inhalt und die Signatur angegeben: *Fr. Andreae Ratisb. Chronic. germa. Saec. XV.* Vorne ist in den Einband ein blauer Notizzettel eingeklebt, auf dem Schmeller die Umbettung von Gräbern bayrischer Herzogtöchter auf den Friedhof des Klarissenklosters im Jahre 1808 notiert hat.[729] Die zweispaltige Papierhandschrift umfasst 350 (6+344) Seiten, die erste Lage ist nicht beschrieben und nicht foliiert. Unbeschrieben sind die Blätter 13^v-14^v, 18^v, 340-344. Die Blattgröße ist 42 x 28 cm und der Schriftspiegel, 26,5-27 x 17,5-18,5 cm, enthält 39-40 Zeilen. Der Codex lehnt sich auch in der aufwendigen Gestaltung (Blattgröße, Initialen, Ausschmückungen) an das Vorbild, Hs. 081, an.

Schreibsprache: Der Schreibdialekt ist bairisch.

Interne Merkmale
Initiator(en):
Auch dieser Codex ist eine mittelbare Abschrift des Heffschen Autographen (081). Er beginnt die Schöpfungsgeschichte aus dem ‚Buch der Welt' mit einer elfzeiligen verzierten bunten I-Initiale auf Goldgrund mit nachfolgender N-Majuskel (*IN dem anefang beschuff* [...] Bl 1ra). Oben auf der Seite ist der Besitzeintrag über die beiden Spalten geschrieben: *Monasterii S. Emmerami Ratisbonae.* Nach drei Leerseiten beginnt auf Bl. 15ra die Andreas-Chronik in der Übersetzung des Leonhard Heff mit den beiden Einleitungen, Prologen, Registern. Die erste, lateinische Einleitung fängt mit einer sechszeiligen I-Initiale auf Goldgrund an (*Inductio caritativa* [...]). Die nächste Markierung ist erst wieder bei der deutschen Vorrede zu finden. Sie beginnt auf Bl. 19ra mit einer achtzeiligen I-Initiale auf Goldgrund (*IN dem namen der heyligen vnd vngetayltten Triualtigkait* [...]). Die Register beginnen auf Bl. 19va in der Zeile 20 mit einer vierzeiligen A-Initiale.

Auf Bl. 25^r beginnt die übersetzte Vorrede des Andreas von Regensburg *Hienach folgt die vorrede in die kronigken brüeder Andre ettwen briester zu .s. Mang* . Nach diesem Hinweis fängt der Text mit einer achtzeiligen U-Initiale auf Goldgrund an.

Auf Bl. 26va beginnt schließlich mit einem Namensmedaillon, in dessen Mitte *Jesus Christus* geschrieben steht, ohne Initale die eigentliche Chronik-Übersetzung.

---

728 Ernst Kyriss, Verzierte gotische Einbände im alten deutschen Spachgebiet, Bd. 1, S. 29f. und Tafelband 1, , S. 98, Tafel 65.
729 Die Pergamentmakulatur zur Einbandverstärkung besteht aus einem zum Teil neumierten Missale der 2. Hälfte des 15. Jahrhunderts.

Terminator(en):
Die Chronikerzählung schließt nach übersetzten Ausschnitten aus dem *Concilium Constantiense* und der *Chronica Hussitarum* des Andreas von Regensburg (Bl. 298rb, Z. 2-300va, Z. 32 und Bl. 300va, Z. 33-338ra.

Text-Bild-Relationen:
Die Kaisergeschichte ist auch hier durch Namensmedaillons gliedert.

Weitere Makrostrukturen:
Die hierarchischen Strukturierungsmerkmale variieren in den einzelnen Stoffkreisen, zeigen aber eine große Einheitlichkeit: Die Schöpfungsgeschichte ist unterteilt nach den Schöpfungstagen durch ein *capitulum*-Zeichen mit folgender Majuskel. Die biblische Geschichte ab Adam beginnt mit einer vierzeiligen A-Initiale. In diesem Stoffzusammenhang wechseln bis zum Ende fünf- bis zweizeilige Initialen miteinander ab. Es folgen drei leere Seiten (13^v-14^v).

Die Übersetzung der *Chronica pontificum et imperatorum Romanorum* (bis 298rb, Z. 1) beginnt mit den verschiedenen Einleitungen, Vorreden und einem Register mit Blattzahlen (siehe Initiatoren). Die Register fangen mit drei- und mehrzeiligen Initialen an. Auf Bl. 298rb, Z. 2-300va, Z. 32 folgen verschiedene Übersetzungen des Regensburger Lohnschreibers Leonhard Heff, eine kurze Kaiser- und eine kurze Papstgeschichte.

Die Andreas-Chronik beginnt die Kapitel ausschließlich mit den Namensmedaillons zu den Königen, der Text ist weiter strukturiert durch *capitulum*-Zeichen – zumeist, wenn ein Wechsel von der Kaiser- zur Papstgeschichte erfolgt. Durch diese Strukturierung erscheint auch hier die Papstgeschichte der Kaisergeschichte untergeordnet. Die Strukturierung, wie sie durch Heff vorgenommen wurde, wirkt auch auf die späteren Abschriften nach. Die Andreas-Chronik ist durch rote Seitentitel bezeichnet. Die verschiedenen Textzusammenhänge gehören inhaltlich deutlich zusammen, sie verweisen auch aufeinander, stammen aber aus unterschiedlichen Basistexten, was durch die hierarchische Strukturierung (wenn auch zurückgenommener als im Autograph 081) sichtbar bleibt.

Textbestand:
Der Codex überliefert auf Bl. 1ra-13ra nur den Anfang des ‚Buch der Welt': Die Schöpfungsgeschichte bis zu Cäsar bzw. bis Christi Geburt (SW 67,1-87,32).

Textallianzen:
Der Codex vereint den Beginn des ‚Buchs der Welt' mit den Heffschen Übersetzungen der Andreas-Chronik, und auf Bl.300va, Z. 33-338ra mit

den übersetzten Ausschnitten aus Andreas' *Concilium Constantiense* und aus dessen *Chronica Hussitarum*. Von Bl. 338rb-339ra folgt eine ‚Kurze Geschichte Kaiser Albrechts II. und Friedrich III.' (1440-93): Der Codex endet auf Bl. 339^{va-vb} mit einer kurzen Papstgeschichte von Nikolaus V. bis zu Paul II. (†1471). Er bietet eine relativ vorlagengetreue Kopie der Heffschen, für das Regensburger Patriziat geschriebenen Regensburger Stadt-Weltchronik.

Syntaxrelevante Merkmale:
a) Interpunktion:
Die Gesamtsätze sind durch Majuskeln gekennzeichnet.

b) syntaxrelevante Merkmale in der Schöpfungsgeschichte:
Die Schöpfungsgeschichte beginnt mit einer zehnzeiligen vakanten Fläche für die Eingangsinitiale. Die Fläche ist grundiert, die Initiale nicht ausgeführt. Die Handschrift 8 überliefert, wie der Heffsche Autograph 081 und die mittelbare Abschrift 082, eher kürzere Gesamtsätze in der Schöpfungsgeschichte. Insgesamt lassen sich elf Gesamtsätze und acht Absätze feststellen. Die syntaxrelevanten Merkmale sind denen der Handschriften 081 und 082 vergleichbar. Der Wie-Satz am Ende der Schöpfungsgeschichte fehlt.

Lexikalische Merkmale
1) Schlüsselwörter: „Gattungs"bezeichnungen:
Buch und *Chronik* haben den gleichen Verwendungskontext wie in den Handschriften 081 und 082: sowohl als Selbstbezeichnung als auch als Bezeichnung für andere Geschichtsdarstellungen, wobei *Chronik* noch die besondere Erzählstrategie hervorhebt. *Buch* und *Chronik* fehlen durch Kürzungen an Stellen, an denen andere Textexemplare die Bezeichnungen überliefern.

2) lexikographische Schlüsselwörter (die Wochentagsbezeichnungen):
Sonntag: Auch dieser Schreiber wählte die gerundete Form: *sontag* (Bl. 1ra, Z. 39).

Montag: Für den zweiten Wochentag nahm er ebenfalls wie der Schreiber der Handschrift 082 und wie Heff selbst: *montag* (Bl. 1rb, Z. 1).

Dienstag: Auch hier blieb er bei den Vorgaben der älteren Handschriften und entschied sich für eine Variante des bairischen Kennwortes *Erchtag* (Bl. 1rb, Z. 8).

Mittwoch: Wie Leonhard Heff verwendet der Schreiber: *mitwochen* (Bl. 1rb, Z. 15).

Donnerstag: Für den fünften Wochentag begegnet das bairische Kennwort: *pfintztag* (Bl. 1rb, Z. 21).

Freitag: Die diphthongierte Form *freytag* (Bl. 1rb, Z. 26) steht für den vorletzen Tag.

Samstag/Sonnabend: Obd. *Sambtztag* (Bl. 1va, Z. 9) heißt die Bezeichnung des letzten Wochentages.

Semantische Merkmale
1) Inhaltliche Ordnungsprinzipien:
Die Kombination von datenbezogener und personenbezogener Darstellungsweise bestimmt, wie in den Hss. 081 und 082 den Aufbau des Gesamtcodex. Die Chronik lehnt sich etwas enger an das Autograph an, als es die Handschrift 082 tut (vgl. Makrosturkturen, Wochentagsbezeichnungen). So ist z.B. durch die *capitulum*-Zeichen die Papstgeschichte etwas deutlicher von der Kaisergeschichte abgesetzt. Der Schreiber der Handschrift 082 verwendet dagegen durchgängig rote Initialen.

2) Die sechs Deutungsmuster:
a) Einordnung der Weltgeschichte in die Heilsgeschichte: Auch hier begegnet eine planmäßige Kombination von Universalchronik („Buch der Welt') und einer übersetzten volkssprachlichen Regensburger Stadtchronik.

b) Berufung auf die (mündliche und schriftliche) Tradition: Die schriftliche Tradition ist auch hier der Träger der kollektiven Memoria. Der Besitzzusammenhang im Vergleich mit dem des Autographs zeigt deutlich, dass der Gegenstand der Memoria so weit gefasst war, dass er Gültigkeit für das stadtbürgerliche Patriziat (Auftraggeber der Handschrift 081 war der Regensburger Stadtkämmerer Erasmus Trainer) wie für die Regensburger Geistlichkeit hatte (Besitzer der Handschrift 8 war das Regensburger Emmeram-Kloster). Das Weltwissen und die dafür relevanten Erinnerungsbestände des Bürgertums standen hier im Konsens mit der klerikalen Weltauffassung.

c) wahre Geschichtsschreibung: In Bezug auf die Überzeugungsstrategien steht auch diese Chronik vollkommen in der Nachfolge der Handschrift 081. Die umfassenden Vorreden Leonhard Heffs zeigen, dass die wahre Geschichtsschreibung (siehe II.5.3.1.3) auch hier die Intention des Schreibers oder Auftraggebers war.

d) Autorisierung der eigenen Aussagen: Auch dieser Schreiber gibt die Heffsche Kompilation anonym weiter.

e) und f) offene Geschichtsschreibung und auf Abgeschlossenheit, Endzeit zielendes Geschichtsdenken: Die Komposition wie auch das christlich-klerikale Weltbild des Heffschen Autographs werden in diesem Codex übernommen.

III.4.3 Handschrift 23 (Wolfenbüttel, HAB, Cod. Guelf. 44.19 Aug. 2°) – C_1

Externe Merkmale (Ebene b)
(erschlossener) Entstehungszeitraum, Entstehungsort, Schreiber/Kompilator:
Mit diesem Codex begegnet eine späte Version eines sächsischen ‚Buchs der Welt'. Die Handschrift ist undatiert. Der Schreiber ist unbekannt. Der Entstehungsort ist unbekannt und durch den mit Hochdeutsch vermischten Text auch schlecht regional genauer einzuordnen.[730] Geschrieben wurde der Codex in der Mitte bzw. im dritten Viertel des 16. Jahrhunderts.[731]

Kombinationszeitraum, Kombinationsort:
Die Begleitüberlieferung tritt in enger überlieferungsgeschichtlicher Verbindung mit dem ‚Buch der Welt' der C-Versionen auf. Kombinationszeit und Entstehungszeit sind bei diesem Textexemplar identisch. Die in die Fortsetzung eingeschobenen Zeittafeln machen es wahrscheinlich, dass eine mögliche Vorlage existiert hat, die zunächst nur bis zum Jahre 1271 reichte. Erst später, im Anschluss an die zum festen Bestand der Textallianzen der Rezensionsgruppe gehörenden Zeittafeln, wurde die Chronik bis 1275 fortgesetzt.

Fortsetzungszeitraum, Fortsetzungsort und Fortsetzer:
Das ‚Buch der Welt' ist durch die Sächsische Fortsetzung bis 1275 weitergeführt worden. Entstehungs- und Fortsetzungszeit sind identisch.

Benutzungszeitraum, Benutzungsort, Benutzer:
Randbemerkungen und Korrekturen stammen von der Hand des Schreibers.

Besitzzeitraum, Aufbewahrungsort, Besitzer, Auftraggeber:
Über den Entstehungsort, den Auftraggeber und die ersten Besitzer ist nichts bekannt. 1658/1659 wurde der Codex für die herzogliche Bibliothek in Wolfenbüttel gekauft.[732] Der Bibliothekskatalog der Kurfürstlichen Bibliothek zu Wittenberg aus dem Jahre 1437 erwähnt unter der Nummer 16 eine Handschrift: *Item alius liber, qui incipit ‚Nu vernemit*

---

730 Thomas Klein, Handschriftenüberlieferung mittelhochdeutscher Epik, 1985, S. 130.
731 Jürgen Wolf, Sächsische Weltchronik, S. 112.
732 Vgl. ebd., S. 113 und S. 307.

alle gemeyne' etc. *et finitur ‚Disser hern orloug und ere'* etc., *et est Cronica*. Diese Angaben stimmen mit der Handschrift 23 überein, denn nur der Codex, der die Handschrift 23 überliefert, endet mit der Erzählung von der Herkunft der Sachsen. Da die Handschrift 23 – nach der Schrift und den Wasserzeichen zu urteilen – aber erst im 16. Jahrhundert entstanden ist, muss es sich hier um eine heute verschollene Vorlage der Handschrift 23 handeln.[733]

Kommunikationsmaterial und -form:
Die einspaltig beschriebene Papierhandschrift umfasst 157 und am Anfang zwei unbeschriebene Blätter. Die Blattgröße beträgt 31,5 x 20,5 cm und der Schriftspiegel 25,5 x 13,5-15 cm. Eine Spalte enthält 34 Zeilen. Der Einband besteht aus rotem Pergament.

Schreibsprache:
Der Schreibdialekt ist ein hochdeutsch gefärbtes Niederdeutsch: „[...] die hs. 23 [...] zudem wohl einen recht widrigen mischmasch von hoch- und niederdeutsch gibt."[734]

Interne Merkmale
Initiator(en):
Der einspaltige Codex überliefert, wie auch die Handschriften 231 und 24, einen mit der prosaisierten Kaiserchronik kompilierten Textzusammenhang eines sächsischen ‚Buchs der Welt' mit typischen sächsischen Textallianzen. Der Initiator ist bescheiden: Der Codex beginnt 1. mit einer dreizeiligen roten N-Initiale, die 2. die in drei Absätze aufgeteilte Reimvorrede einleitet (Bl. 1^r: *Nu vornehmet allgemeine* [...]).

Terminator(en):
Der Codex endet mit dem letzten Satz der ‚Herkunft der Sachsen': *Dieser herren urloge unde ere dat vint men gescreven* (Bl. 155^v).

Weitere Makrostrukturen:
Die Schöpfungsgeschichte weist die gleichen Strukturierungselemente auf wie die durch drei- bis vierzeilige Initialen in Absätze gegliederte Reimvorrede: Das Sechstagewerk beginnt mit einer fünfzeiligen I-Initiale (am Rand der Spalte, Bl. 2^r: *In aller dinge beginne* [...]). Die hierarchischen Strukturierungsmerkmale bestehen vor allem in der Kennzeich-

---

733 Vgl. ebd., S. 112f. u. S. 298f. Vgl. auch Hubert Herkommer, Einführung, S. LIV, der davon ausgeht, dass auch alle C-Handschriften ein Gesamtkonzept realisierten: „Dieses Gesamtkonzept schloß überall, ursprünglich auch in der Gothaer Handschrift mit ‚Der Sachsen Herkunft'. Vgl. dazu meine Ausführungen zur Hs. 24.
734 Ludwig Weiland, Sächsische Weltchronik, S. 281f.

nung von Absätzen durch zweizeilige Initialen mit oder ohne nachfolgende Majuskel, mit oder ohne vorangehende Leerzeilen. Namen (Personen wie Ländernamen) sind durch rote Schrift herausgehoben, ebenso die genauen Jahresangaben (z.B. Bl. 140^r: *In deme .xi.cclxx. jar könig Lodewig von vrancreich* [...]). Die für die C_1-Gruppe typischen Texterweiterungen sind in unterschiedlicher Weise markiert:

1. Die Interpolationen – wie z.B. die Kaiserchronikpassagen – sind in der Sprachform (Prosa) und in den hierarchischen Strukturierungsmerkmalen dem Textzusammenhang des ‚Buchs der Welt' angeglichen.
2. Die Erste Sächsische Fortsetzung schließt inhaltlich, chronologisch und makrostrukturell auf Bl. 138^r, Z. 22, direkt mit einer Majuskel an (*In den tiden* [...]). Wie in der Handschrift 231 ist der Textzusammenhang hier (auf Bl. 139^r, Z. 4) unterbrochen durch:
3. die Zeittafel des 1. Jahrhunderts nach Christi Geburt 139^r, Z. 6-19, die nach einer Leerzeile (Zeile 5) anschließt. Sie ist markiert durch die übliche Absatzkennzeichnung: *In dem dridden Jare sluch herodes von goddes geborth die kindere*. Möglicherweise endete die Vorlage mit dem Jahr 1271 und schloss dann die typischen sächsischen Textallianzen an. Der nächste Kompilator fügte die weitere Fortsetzung erst nach den chronologisch-annalistisch strukturierten Zeittafeln hinzu. In dieser Weise zusammengestellt waren wohl die Vorlagen der Handschriften 23 und 231.
4. Die Zeittafel bis zum Jahre 1240 beginnt innerhalb des Absatzes, der mit der 1. Zeittafel anfängt, auf Bl. 139^r, Z. 21 mit einer V-Majuskel, die am Rand steht und deshalb etwas mehr Raum in Anspruch nehmen kann. In der Handschrift 231 liegt hier eine Absatzkennzeichnung vor.
5. Es folgt der zweite Teil der Sächsischen Fortsetzung bis zum Jahre 1275 auf Bl. 140^r, Z. 11-141^v, Z. 18 mit einer I-Majuskel, die die rote Zeitangabe: *In deme .xi.cclxx. jar* [...] einleitet. Der Textzusammenhang wird beendet durch ein Leerzeichen, das die Zeile ausfüllt und eine Leerzeile vor dem Beginn des neuen Textzusammenhanges:
6. Der eschatologische Text: Die ‚Fünfzehn Zeichen' wird in der Gruppe der C_1-Handschriften nur von der Handschrift 23 überliefert. Er beginnt auf Bl. 141^r, Z. 20 mit einer mehrzeiligen Initiale (*Sente Jeronimus* [...]). Der Textzusammenhang schließt ebenfalls mit einem Zeilenfüller. Nach einer Leerzeile beginnt

7. die Genealogie der Welfen auf Bl. 142^r, Z. 6 mit einer roten, mehr als zweizeiligen Initiale (*Vyr des milden keysers* [...]).
8. Die Genealogie der Grafen von Flandern ist nicht durch einen Absatz von der Welfengenealogie getrennt, sie schließt noch in derselben Zeile (Bl 143^r, Z. 34) an die Welfengenealogie an.
9. Der Papstkatalog – er ist kürzer als in der älteren Handschrift 231 (= Johannes XXI. †1277) – beginnt auf Bl. 144^r, Z. 5 nach einer Leerzeile mit einer zweizeiligen roten W-Initiale, rot herausgehoben ist der gesammte Anfang: *We willenn nun schriuen von den pawes* [...] Der Katalog endet auf Bl. 149^r, Z. 7 mit Papst Innozenz IV. (†1254).
10. Wie in der Handschrift 231 fehlt der Kaiserkatalog. Die Erzählung von der Herkunft der Sachsen (Bl. 149^v, Z. 9-155^v Z. 26) beginnt nach einer Leerzeile mit einer zweizeiligen roten W-Initiale: *Wir wollenn nu scriuen vann den Sassen*. Eine Heraushebung der ersten Wörter durch Rotschreibung gibt es hier nicht.
11. Das Textexemplar hat einen expliziten Terminator. Am Ende von Blatt 155^v wird der Codex beendet durch den rot geschriebenen lateinischen Satz: *Deus sit benedictus* .

Die Chronik erscheint durch das Fehlen des Kaiserkataloges papstzentriert. Das ist vermutlich durch die Vorlage vermittelt, die wohl auch keinen Kaiserkatalog überlieferte, denn auf eine besondere Betonung der Päpste durch den Schreiber der Handschrift 23 deutet ansonsten nichts hin: Der Kompilator zeigte z.B. kein Interesse, den Papstkatalog zu aktualisieren.

Textbestand:
Der Codex beginnt mit der Reimvorrede und dem Textzusammenhang des ‚Buchs der Welt' bis 1260 (SW 65,1-258,24), gefolgt von der Sächsischen Fortsetzung, in die von Bl. 139^r, Z. 5-19 die Zeittafel des 1. Jahrhunderts nach Christi Geburt und auf Bl. 139^r, Z. 20-140^r, Z. 10 die Zeittafel bis zum Jahr 1240 eingefügt sind. Diese Zeittafeln kommen ausschließlich in den Handschriften 20-24 vor. Im Anschluss an den zweiten Teil der Sächsischen Fortsetzung ist auf den Bll. 141^v, Z. 19-142^r, Z. 4 der Katalog mit den ‚Fünfzehn Zeichen' überliefert, der sonst nur in Handschriften der Rezensionen C$_2$ (18, 19) und C$_3$ (20, 21, 22) auftritt. Die Erzählung von der Sachsen Herkunft (in der Ausgabe von Weiland: Anhang I), mit der die Handschrift 23 schließt (Bl. 149^v, Z. 8-155^v, Z. 26), findet sich in allen Handschriften dieser Gruppe (18-241), auch der Papstkatalog (hier bis zu Innozenz †1254) auf Bl. 144^r, Z. 4-149^r, Z. 7 wird in allen (vollständigen) Handschriften überliefert (Weiland

Anhang II) (18-24). Die Genealogie der Welfen (Weiland Anhang IV) auf Bl. 142^r, Z. 6-143^r, Z. 34 und die Genealogie der Grafen von Flandern (Weiland Anhang VI) auf Bl. 143^r, Z. 4-144^r, Z. 3 werden noch von den Handschriften 20, 21, 22, 23, 231, 24 tradiert, nur die beiden Handschriften der Rezension C$_3$ verzichten darauf.

Der Aufbau dieser Handschrift ist vergleichbar mit dem der ca. 130 Jahre älteren Handschrift 231, die aber die Reimvorrede und einige Passagen der Kaiserchronik kürzt, sowie anstelle des apokalyptischen Textzusammenhanges der ‚Fünfzehn Zeichen des Jüngsten Gerichtes' an den Schluss des Gesamtcodex den ‚Großen Seelentrost' stellt.

Texterweiterung/Textkürzung:
Im Anschluss an das ‚Buch der Welt' bis 1260 wird der Codex bis zum Jahre 1271 durch die Sächsische Fortsetzung fortgeführt (Bl. 138^r, Z. 22-139^r, Z. 4 = die Kapitel 1-2 bis zum Jahre 1271, SW 284,1-25 und Bl. 140^r, Z. 11-141^v, Z. 18 = Kap. 3-16, SW 285,1-287,16 bis zum Jahre 1275). Die Fortsetzung ist durch zwei andere Textzusammenhänge unterbrochen: durch die Zeittafel des 1. Jahrhunderts nach Christi Geburt und die Zeittafel bis zum Jahr 1240.

Textallianzen:
Die Handschrift kombiniert Textzusammenhänge (Zeittafel des 1. Jhs. n. Christi Geburt, Zeittafel bis zum Jahr 1240, die ‚Fünfzehn Zeichen', die Genealogie der Welfen, der Grafen von Flandern und der Katalog der Päpste bis zu Innozenz IV (†1254), Über die Herkunft der Sachsen), die für die Textexemplare der C-Rezensionen zum festen Bestand gehören, mit einem bis 1260 reichenden ‚Buch der Welt' (SW 65,1-258,24; Bl. 1^r-138^r, Z. 22).

Syntaxrelevante Merkmale:
a) Interpunktion:
Gesamtsätze sind durch einfache und durch rot durchgestrichene Majuskeln, z.T. mit vorausgehenden Virgeln gekennzeichnet.

b) syntaxrelevante Merkmale in der Reimvorrede:
Die Reimvorrede erscheint an erster Stelle im Codex. In der Handschrift 23 ist die Kennzeichnung durch Majuskelgebrauch innerhalb der Vorrede inkonsequent, der Punkt markiert den Reim auch nicht mehr durchgängig z.B. Bl. 1^r, Z. 1f.:

N (dreizeilig)*ŭ vornehmet allgemeine . We vnns got der Reyne siner gna=
de, hat bescheret . swer sich vnreiner lust irweret , vnnd vormidet
bose thatt . vnnd setzet sinen rath . [...]*

Die Reimvorrede ist in drei Absätze gegliedert: *Nů vornehmet* [...]; *Nů vlysent* [...]; *Ich han mir* [...]

c) syntaxrelevante Merkmale in der Schöpfungsgeschichte:
Von der Organisation der Gesamtsätze her gesehen, ist die Handschrift 23 eher konservativ und orientiert sich an der Gothaer Bilderhandschrift, nimmt aber auch neue Tendenzen auf: Es lassen sich siebzehn Gesamtsätze unterscheiden. Die späte Handschrift 23 aus dem 16. Jahrhundert verzichtet in der Schöpfungsgeschichte völlig auf eine Absatzkennzeichnung. Insgesamt weist der Codex wenig Gliederungselemente auf, die Absatzkennzeichnung wird sehr sparsam eingesetzt.

Die Handschrift 23 folgt zwar häufig in Bezug auf den Gesamtsatzumfang der Gothaer Bilderhandschrift 24, sie setzt aber die Interpunktion innerhalb des Gesamtsatzes abweichend: Z.B. sind Gesamtsätze mit einer durchgestrichenen Majuskel in Kombination mit einer Virgel begrenzt, dann aber weiter strukturiert durch die Verwendung komma-ähnlicher halber Virgeln:
Z.B. der erste Schöpfungstag, 4. GS:

In deme Ersten dage de nů geheizen iz de Letere dach sente Gertrude, da scheddede he dat Licht van der dusternisze de nacht, dit was die Erste dach, die ie gewart, den heize wir och den sůndach/

Oder der dritte Schöpfungstag, 6. GS:

Inn deme dritten tage, den we heten dinstach / scheidt her daz waszer vann deme Erdtriche vnn schůp deme Waszere sine stat, dar it ouergan nicht ne mach / he scůp ok das daz Erdriche sine vruchte druge, van aller hande corne, vñ von wine vñn von boumen, vnnd crude, vnnd ir saz an in seluen warennd /----

Das Textexemlar geht mit dieser Strukturierung weiter als die Handschrift 24 mit der Setzung des mittelhohen Punktes. Der sechste Gesamtsatz umfasst auf diese Weise sowohl eine Parataxe zweier einfacher syndetisch verbundener Sätze, in die je zwei Relativsätze in attributiver Funktion eingeschoben sind, als auch eine Hypotaxe von übergeordnetem Satz und zwei final angeschlossenen Teilsätzen.

Insgesamt macht hier die hierarchische Strukturierung – wie in den meisten übrigen Handschriften auch – den Eindruck einer starken schriftsprachlichen Orientierung. Anders als die frühen Handschriften 24, 16 und besonders 17 entsteht aber nicht mehr der Eindruck einer vor allem am lateinischen Satzbau und dessen Sinnstrukturierungen orientierten Interpunktion, die zu sehr umfassenden Gesamtsätzen geführt hat. Die im Übrigen sonst insgesamt in der Wortwahl noch sehr – wie ihre älteren Vorlagen – die lateinische Übersetzungssprache[735] repräsentierende Handschrift 23, zeigt also in Bezug auf die Interpunktion durchaus neue Tendenzen, die der heutigen Interpunktion nicht unähnlich sind.

d) syntaxrelevante Merkmale in den übrigen Stoffkreisen:
Insgesamt werden in der Chronik die Vergangenheitsformen des Hilfsverbs *sein* und darstellende, erzählende Verben, vor allem Handlungsverben, verwendet. Danneben gibt es – wie in allen Textexemplaren – viele Passivkonstruktionen: *er ward gedoft* ‚er wurde getauft'; *er ward geslagen* ‚er wurde geschlagen', *er ward verbrannt* ‚er wurde verbrannt'. Die temporale Ausrichtung erhält die Chronik durch temporale Angaben zumeist in Spitzenstellung des Gesamtsatzes: *In den tiden, dar nach, nach, in der nacht* etc.

Lexikalische Merkmale
1) Schlüsselwörter: „Gattungs"bezeichnungen:
In diesem späten sächsischen ‚Buch der Welt' wird *bůch* sowohl als Selbstbezeichnung (z.B. in der Reimvorrede: Bl. 1ᵛ, Z. 12 oder Bl. 2ᵛ, Z. 10), als auch bezogen auf andere Texte und auf die biblischen Bücher (z.B. *boch*, Bl. 5ᵛ, Z. 5; *bůken* Bl. 12ᵛ, Z. 14) verwendet. Das Wort *chronik* (z.B. Bl. 10ᵛ, Z. 21: [...] *vint man geschreuen in Cronicis*) hat auch hier wie *zalh* (Bl. 12ᵛ, Z. 14: *Nů varen wir wider zur ersten zalh*) den Sinn, andere datenbezogene Geschichtsdarstellungen zu bezeichnen, sie tritt als Selbstbezeichnung und im Sinne von ‚Chronologie als knappe datenbezogene Erzählstrategie' auf.

2) lexikographische Schlüsselwörter (die Wochentagsbezeichnungen):
Die Handschrift 23 überliefert Wochentagsbezeichnungen in der Schöpfungsgeschichte und in den Kaiserchronikpassagen:
Sonntag: Schöpfungsgeschichte (Bl. 2ʳ, Z. 13) und Kaiserchronik (Bl. 11ᵛ, Z. 12) gerundetes, synkopiertes *sundach*.
Montag: In der Schöpfungsgeschichte verwendet der Chronist die neuhochdeutsche Ausgleichsform *Montag* (Bl. 2ʳ, Z. 14), wohingegen er in der Passage zu den römischen Tagesgöttern die nd. Form *manendage* (Bl. 11ᵛ, Z. 19) verwendet.
Dienstag: Für den dritten Wochentag begegnet im Sechstagewerk *dinstach* (Bl. 2ʳ, Z. 17) in der Kaiserchronikpassage (Bl. 11ᵛ, Z. 28) aber die umschreibende Form (wie auch in den Hss. 24, 21 und 22) *nach dem manendage*.

---

735 Vgl. dazu Kapitel III.6 Sprachwahl (Latein – Volkssprache) in den Codices.

Mittwoch: Der vierte Wochentag wird mit *mitweke* (Schöpfungsgeschichte, Bl. 2ʳ, Z. 23) und *midweken* (Kaiserchronik, Bl. 11ᵛ, Z. 37) angegeben.
Donnerstag: Für den fünften Wochentag begegnen Varianten von Donnerstag: *donnerstach* (Bl. 2ʳ, Z. 26) bzw. *Donerstage* (Bl. 12ʳ, Z. 7).
Freitag: Hier verzichtet der Schreiber wie auch die Redaktor der Handschriften 21, 22 und 24 auf die Bezeichnung dieses Wochentage in der Kaiserchronikpassage. Handschrift 23 überliefert nur in der Schöpfungsgeschichte undiphthongiertes *vridach* (Bl. 2ʳ, Z. 27). Die Handschrift verhält sich, was Reim und Wortlaut betrifft, sehr vorlagengebunden (ähnlich wie Hs. 24, aber genauer als 21 und 22, siehe auch dort) gegenüber der Passage in der Kaiserchronik:

Kaiserchronik, Vers 158ff.:	Handschrift 23 (keine Versschreibung im Original, Bl. 12ʳ, Z. 16ff.):
Ein hûs ze Rôme geworht wart, daz zierte alle die stat, vrowen Vêneri ze êren, ir lop dâ mit ze meren. alle die unkûslîche lebeten oder hures dâ pflegeten si wæren arm oder rîche man enpfie si dâ wirdichlîche...	*Zu Rome was ein huß gevorcht daz cyrde al die stat der vrowen Veneri zu Eren Vnnd ire lob dar mede meren alle vnkusche Leuenden sie waren arm oder rike man vnfing sie wirdelichen...*

Samstag/Sonnabend: Für den letzten Wochentag verwendet der Schreiber in der Schöpfungsgeschichte: *Sunnabent* (Bl. 2ᵛ, Z. 5) und in der Kaiserchronik-Passage: *Sunnavent* (Bl. 12ʳ, Z. 23).

Semantische Merkmale
1) Inhaltliche Ordnungsprinzipien:
Die Geschichtsschreibung des Danziger ‚Buchs der Welt' ist eine Kombination von personenbezogener (wie z.B. die Sichtweise in der Kaiserchronik und auch in Martin von Troppau) und datenbezogener Geschichtsauffassung. Genealogien sind durchgängig vorhanden: im alttestamentarischen Teil, in den Herrschergenealogien im Chronikzusammenhang und in den genealogischen Erweiterungen (Welfen, Grafen von Flandern).

2) Die sechs Deutungsmuster:
a) Einordnung der Weltgeschichte in die Heilsgeschichte: Die Einordnung in die Heilsgeschichte zeigt sich zentral an der Reimvorrede, die alle sechs Deutungsmuster vorstellt, weiterhin in der Schöpfungs-

geschichte und der franziskanischen Mahnrede. Die Kürzung der Reimvorrede korrespondiert mit der Begleitüberlieferung.
b) Berufung auf die (mündliche und schriftliche) Tradition: Auf die schriftliche Tradition wird in ganz ähnlicher Weise wie in den Handschriften der Rezensionsgruppen C_1 und C_2 zurückgegriffen. Mündliche Vorbilder sind nicht nachzuweisen.
c) wahre Geschichtsschreibung: Der Wahrheitstopos in der Reimvorrede und die Kombination mit den sächsischen und welfisch-genealogischen Textallianzen diente ursprünglich – in der Handschrift 24 und deren Vorlage, der verschollenen Handschrift *23[736] – als Rechtfertigung einer neuen dynastisch-sächsischen Weltsicht. In der Handschrift 23 ist es nicht das originäre Anliegen, dieses Weltbild zu verteidigen, die Begündungsstrategien sind aus den Vorlagen weitertradiert worden.
d) Autorisierung der eigenen Aussagen: Der Schreiber nennt sich nicht.
e) und f) offene Geschichtsschreibung und auf Abgeschlossenheit, Endzeit zielendes Geschichtsdenken: Diese Chonik ist kein welfisch-dynastisches ‚Buch der Welt‘ wie die Handschrift 24. Es ist eine auf das Reich und die Papstkirche bezogene, eschatologisch ausgerichtete regionale Papst-Kaiser-Chronik. Durch das Weglassen des Kaiserkataloges ist sie, wie die Handschrift 231, stärker papstzentriert. Sie gibt kuriale Memoria wieder, die nicht aktualisiert wurde: Die Papstreihe endet 1254, die Handschrift entstand in der zweiten Hälfte des 16. Jahrhunderts. Die Reichsgeschichte wird, wie auch in anderen C-Handschriften, durch eine sehr starke Betonung der Region Sachsen und ihrer Dynastien (Widukind, Billunger, Süpplinburger, Welfen etc.) akzentuiert.

III.5 Die Handschriften des 17. bis 19. Jahrhunderts

Die Handschriften 24b (17. Jh.), 24a (18. Jh.), 4a (18. Jh.) und das Supplement zur Handschrift 7 (19. Jh.) sind Abschriften bzw. Teilabschriften der Gothaer Bilderhandschrift bzw. der Heidelberger Handschrift 4 oder

---

[736] Mit dieser Sigle bezeichnet Jügen Wolf, Sächsische Weltchronik, S. 113 eine verschollene Handschrift, die sich laut Bibliothekskatalog der kurfürstlichen Bibliothek zu Wittenberg im 15. Jahrhundert noch dort befunden haben soll. Vgl. auch Woldemar Lippert, Der älteste kursächsische Bibliothekskatalog, S. 138. Über die Kombinationsweise in diesem Codex lassen sich keine Aussagen machen; nicht einmal seine Existenz ist zweifelsfrei belegbar. Möglicherweise war dieser verschollene Codex aber auch die sächsisch-welfische Vorlage für die Handschrift 24.

der Münchener Handschrift 6, die sich exakt an den vorgegebenen Text halten. Sie sind beide aus einem antiquarischen bzw. wissenschaftlichen Interesse entstanden. Ich werde sie keiner sprachlichen Beschreibung unterziehen, zur besseren Einordnung jedoch stelle ich im Folgenden kurz die externen Merkmale der Teilabschriften dar. Außer diesen späten Teilabschriften zählt man in der Forschung zum Bestand der 59 bzw. 60[737] bekannten Handschriften auch die nur aus einem Bibliothekskatalog des 16. Jahrhunderts zu erschließende Handschrift *23,[738] der ich kein eigenes Kapitel gewidmet habe, die jedoch an verschiedenen Stellen (z.B. Hs. 24, 231) besprochen worden ist:

III.5.1 Handschrift 24b (Weimar, Herzogin Anna Amalia Bibliothek, Fol. 75)

Externe Merkmale (Ebene b)
(erschlossener) Entstehungszeitraum, Entstehungsort, Schreiber/Kompilator:
Um 1690 schrieb der fürstlich gothaische Hofrat Johann Georg Ludwig Zollmann Teile der Handschrift 24 in Gotha ab.

Kombinationszeitraum, Kombinationsort:
Die übrigen Textkombinationen sind nicht abgeschrieben worden.

Besitzzeitraum, Aufbewahrungsort, Besitzer, Auftraggeber:
Die Abschrift war – wie der Besitzeintrag auf dem vorderen Innendeckel deutlich macht – für Zollmanns Privatbibliothek bestimmt: *Sum ex bibliotheca Io. Lud. Zollmanni cons. Sax. Naumb. intimi.*[739]

Kommunikationsmaterial und -form:
Die Papierhandschrift umfasst 132 Blätter. Mit einer Blattgröße von 33,5 x 20,5 cm und einem Schriftspiegel von 13,5 x 15 cm ist sie nicht weit von der Größe des Originals entfernt. Die Handschrift ist einspaltig mit 21 bis 22 Zeilen beschrieben. Der Einband besteht aus Pappe.

Textbestand/Texterkürzung/Texterweiterung/Textallianzen:
Der Codex überliefert nur ein Exzerpt des ‚Buchs der Welt' (Bl. 1^r-131^r). Es beginnt 742 mit der Regentschaft Constantins, des Sohnes von Kaiser Leo (SW 145,42), und endet im Jahre 1248 (SW 258,13).

---

737 Die Schmellersche Abschrift der Handschrift 6 wird in der Regel nicht mitgezählt.
738 Jürgen Wolf, Sächsische Weltchronik, S. 113f.
739 Vgl. dazu ebd., S. 119, Anm. 65.

III.5.2 Handschrift 24a (Hannover, Niedersächsische Landesbibliothek, Ms XIII, 778)

Externe Merkmale (Ebene b)
(erschlossener) Entstehungszeitraum, Entstehungsort, Schreiber/Kompilator:
Schreiber der Handschrift ist Daniel Eberhardt Baring, der zwischen 1719 und 1723 Teile der Handschrift 24 in der Bibliothek Schloß Friedenstein in Gotha kopierte. Daniel Eberhardt Baring (1690-1753) war in jener Zeit und darüber hinaus Hilfsbibliothekar unter Johann Georg Eccard in Hannover.[740]

Fortsetzungszeitraum, Fortsetzungsort und Fortsetzer:
Wie Hs. 24 schreibt auch die Kopie aus dem 18. Jahrhundert das ‚Buch der Welt' bis zum Jahre 1248 ab.

Benutzungszeitraum, Benutzungsort, Benutzer:
Der Historiker und Bibliotheksleiter in Hannover Johann Georg Eccard benutzte die Abschrift als Grundlage seiner (Teil-)Edition des ‚Buchs der Welt', die er im Jahre 1723 mit dem Titel *Chronicon Luneburgicum* veröffentlichte.

Besitzzeitraum, Aufbewahrungsort, Besitzer, Auftraggeber:
Die Abschrift entstand vermutlich im Auftrag von Johann Georg Eccard. Sie wird heute noch in Hannover aufbewahrt.

Kommunikationsmaterial und -form:
Die foliierte Teilabschrift der Handschrift 24 aus dem Anfang des 18. Jahrhunderts umfasst I + 210 Blätter. Die Blattgröße beträgt 32,5 x 20,5 cm und der Schriftspiegel 27 x 14-15 cm. Die Handschrift ist einspaltig auf Papier geschrieben und enthält pro Seite 26 bis 29 Zeilen. Der Pappeinband trägt die Signatur (XIII, 778) und die Inhaltsbezeichnung *Historia Saxonum*.

Textbestand/Texterkürzung/Texterweiterung/Textallianzen:
Die Handschrift ist eine Teilabschrift der Handschrift 24: Sie beginnt wie 24 mit der Erzählung von der Herkunft der Sachsen, schließt daran die Reimvorrede an, es folgt die Chronik bis 1248 (SW 65,1-258,13; Bl. 11^r-194^v). Die Kataloge der Päpste und der römischen Könige (Bl. 197^r-206^r) wurden ebenfalls abgeschrieben, ebenso die Genealogie der Grafen von Flandern (Bl. 207^{r-v}).

---

740 Ebd., S. 118, Anm. 62.

III.5.3 Handschrift 4a (München, BSB, Cgm 1136)
Externe Merkmale (Ebene b)
(erschlossener) Entstehungszeitraum, Entstehungsort, Schreiber/Kompilator:
Diese Handschrift ist die Abschrift des Codex 4.

> Der in Rom weilende weltliche Priester Joan. Antonius Hirschmann aus Wien schrieb Ende 1758 bis Anfang 1760 die im Vatikan befindliche Heidelberger Handschrift ab. Hirschmann fertigte die Abschrift im Auftrag des Kurfürsten Karl Theodor (1724-99) für die Mannheimer Hofbibliothek an.[741]

Kombinationszeitraum, Kombinationsort:
Kopie, die Joan. Antonius Hirschmann 1758-1760 im Vatikan von Hs. 4 anfertigte.

Fortsetzungszeitraum, Fortsetzungsort, Fortsetzer:
Die Handschrift ist eine Abschrift der Handschrift 4 ohne Fortsetzung im eigentlichen Sinne. Ellias Baldi und Pater Franciscus Henricus Houwiler haben Hirschmanns Abschrift am 24. Jan. 1760 begutachtet und abgenommen.

Benutzungszeitraum, Benutzungsort, Benutzer:
Über konkrete Benutzer ist nichts bekannt. Der Vatikan allerdings betrieb eine sehr restriktive Politik, was die Handschriften der Palatina anging. Selten wurden interessierte Forscher vorgelassen und wenn, dann mit langen Wartezeiten.[742] Es ist deshalb wahrscheinlich, dass die Abschrift von Handschrift 4 in Mannheim auch historisch interessierte Benutzer fand, zumal vor allem der Bayernherzog Karl Theodor (1742-99) nicht nur eine Bibliothek im Stile Ottheinrichs in Mannheim aufbauen, sondern auch insbesondere die pfälzische Geschichtsschreibung ausbauen und fördern wollte. Hier sind vor allem der Bibliothekar Johann Georg von Stengel, der ab 1758 in Mannheim verantwortlich war, und der Ingolstädter Historiker Professor Johann Georg Lori zu nennen. Sie waren auch die Initiatoren des umfangreichen Kopierprojekts, innerhalb dessen auch die Handschrift 4a entstanden ist.

Besitzzeitraum, Aufbewahrungsort, Besitzer, Auftraggeber:
Der Auftraggeber des Kopierprojekts war Karl Theodor. Mit der Mannheimer Bibliotheca Palatina kam die Handschrift 1804 nach München.

---

741 Ebd., S. 45.
742 Vgl. dazu ebd., S. 304f.

Kommunikationsmaterial und -form:
In den weißen Schweinsledereinband sind das Wappen und die Initialen des pfälzischen Kurfürsten Karl Theodor (1724-99) eingeprägt. Auf dem Rücken findet sich die Signatur U 95 aus der Mannheimer Bibliothek Karl Theodors und die Münchener Signatur, darüber hinaus die Initialen B.P. und eine Titelangabe. Die 1553 Seiten sind paginiert.

Textbestand/Texterkürzung/Texterweiterung/Textallianzen:
Die Kopie der Hs. 4 überliefert das oberdeutsche ‚Buch der Welt', die erste Bairische Fortsetzung bis 1312 (S. 484, Z. 19-533), die vierte Bairische Fortsetzung (S. 554-821) und die übrige Begleitüberlieferung genau wie ihre Vorlage. Die Abschrift hat jedoch zahlreiche Fehler.

Auf den Seiten 790-809 ist, wie in der Handschrift 4, Hans Rosenblüts Gedicht eingeschoben, die S. 822-843 überliefern Balthasar Mandelreiß' Lied gegen die Türken und auf den S. 844-1552 schließt sich das Marienleben Bruder Philipps an. Auf den S. 1552-1553 finden sich Hinweise und Anmerkungen zur Vorlage und zur Abschrift von Joan. Antonius Hirschmann, Elias Baldi und Pater Franciscus Henricus Houwiler.

III.5.4 Abschrift der Handschrift 6 (Nürnberg, GNM, Hs. 2733 = Suplement zur Handschrift 7)

Externe Merkmale (Ebene b)
(erschlossener) Entstehungszeitraum, Entstehungsort, Schreiber/Kompilator:
Diese Handschrift ist die Abschrift der bair. Handschrift 6 (Ende des 14. Jahrhunderts). Schreiber ist der Sprachwissenschaftler Johann Andreas Schmeller. Er war vor seinem Ordinariat als Germanist in München (1846) außerordentlicher Professor für ältere deutsche Literatur (seit 1828) und gleichzeitig Unterbibliothekar in der bayrischen Staatsbibliothek (1840). In dieser Zeit stellte er die Abschrift her. Aufbewahrt wird sie als Suplement zur Handschrift 7 im Germanischen Nationalmuseum in Nürnberg.

III.6 Sprachwahl: Latein – Volkssprache

Die Überlieferungslage des ‚Buchs der Welt' zeigt eine Wechselbeziehung zwischen lateinischer und deutscher Weltchroniktradition, die sehr facettenreich ist. Für den hier untersuchten Textzusammenhang gilt es, im Wesentlichen drei Arten der Berührung von Latein und Volkssprache zu unterscheiden:

1. die Anlehnung an lateinische Vorbilder bei der Kompilation des ‚Buchs der Welt',
2. die Rückübersetzungen: Mitteldeutsche, niederdeutsch/mitteldeutsche, niederdeutsche und bairische Vorlagen werden ins Lateinische zurückübersetzt, d.h., der Austausch zwischen den deutschen Schreibdialekten und der lateinischen Bildungssprache ist rege. Die Rückübersetzungen beginnen schon im 13. Jahrhundert und reichen bis ins 16. Jahrhundert.
3. Die Sprachmischungen von Volkssprache und Latein innerhalb eines Codex.

III.6.1 Der Vergleich mit den lateinischen Vorlagen, besonders mit der Frutolf-Ekkehard-Chronik

Michael Menzel unterschied 1985 36 ‚echte', vorwiegend lateinische Quellen, die als Vorlage für das ‚Buch der Welt' gelten können. Er hat sich bei seiner Untersuchung allerdings

a) auf den sogenannten ‚gemeinen' Text und
b) auf Sonderentwicklungen in einigen Handschriftengruppen beschränkt.[743]

Seine Untersuchung bestätigte, dass bis zum Beginn des 12. Jahrhunderts die lateinische Chronik des Mönchs Frutolf von Michelsberg in der Bearbeitung des Ekkehard von Aura die Hauptquelle (des ‚gemeinen' Textes) des ‚Buchs der Welt' war. Neben der Frutolf-Ekkehard-Chronik aus dem 11. bzw. 12. Jahrhundert sieht er noch weitere 11 Quellen als Vorlagen des ‚gemeinen' Textes an: die Pöhlder Annalen aus dem ausgehenden 12. Jahrhundert, das alttestamentarische Geschichtsbuch, die *Historia Scholastica* des Petrus Comestor, zwischen 1169 und 1173 verfasst, die Papst-Kaiserchronik des Gilbertus Romanus aus den 20er Jahren des 13. Jahrhunderts, Paulus Orosius' *Historiae adversus paganos* aus dem 5. Jahrhundert und die *Gesta* der Magdeburger Erzbischöfe, die Mirabilien, Martyrologien, die *Historia Damiatina* und eine Predigt.[744]

Darüber hinaus schöpfen die einzelnen Textexemplare des ‚Buchs der Welt' auch noch aus Legenden, Fabeln, u.a.m. – teils im ‚gemeinen' Text, teils in den einzelnen Handschriften, teils innerhalb der Rezensionszusammenhänge. Die Weltchronik des Abtes Albert von Stade aus

---

743 Michael Menzel, Sächsische Weltchronik, S. 61ff.
744 Vgl. ebd., S. 153ff.

der Mitte des 13. Jahrhunderts wurde z.B. nur in die B- und C-Fassungen eingearbeitet.

Die Art und Weise der Übernahme des lateinischen Vorbildes lässt sich nur im Vergleich mit den lateinischen Vorlagen verdeutlichen. Für meine Untersuchung habe ich aus der handschriftlichen Überlieferung der Frutolf-Ekkehard-Chronik[745] nur einige zentrale Beispiele herausgegriffen und punktuelle Vergleiche durchgeführt. Ein ausführlicher Vergleich zwischen den Handschriften des ‚Buchs der Welt' und der Überlieferung der Chronik Frutolfs/Ekkehards ist hier nicht Gegenstand meiner Untersuchung. Die genaue lateinische handschriftliche Vorlage für das ‚Buch der Welt' lässt sich nicht ermitteln. Weiland, Herkommer, Menzel z.B. orientierten sich bei dem Quellenvergleich vorwiegend an der Edition und stellten zum Teil „wörtliche Übernahmen" fest.[746] Ich greife als Hauptquelle für den Verleich die Frutolf-Ekkehard-Chronik heraus; auch die Pöhlder Annalen schöpften aus Frutolf-Ekkehard und es lässt sich nicht immer entscheiden, welche Quelle der Chronist benutzt hat.

Bei meiner Untersuchung stütze ich mich sowohl auf Handschriften der Frutolf-Ekkehard-Chronik-Überlieferung als auch auf die Teiledition von Irene Schmale-Ott und Franz Josef Schmale:[747] Ich lege als Vergleichsgrundlage vor allem das Autograph Frutolfs mit der Fortsetzung Ekkehards zugrunde (Bose q. 19 Jenaer UB Ende 11. Jh). Es wurde 1099 beendet und bis 1106 von Ekkehard weitergeführt (= A). Ich lege zudem eine Abschrift der Frutolf-Chronik ohne Ekkehards Zusätze (Karlsruhe, LB 504, Ende 1101 = B) zugrunde. Beide Handschriften sind Vertreter der sogenannten Rezension I.[748] Ein weiteres Beispiel (Berlin, Ms.lat. fol. 295, 12. Jh.), das ich vergleichend heranziehe, nehme ich aus einer Gruppe von Handschriften, die in der Forschung der Rezension III zugeordnet werden. Diese Fassung verdankt „ihre Entstehung dem Abt Er-

---

[745] Die Frutolf-Ekkehard-Chronik liegt in einer von Georg Waitz besorgten Ausgabe aus dem Jahr 1843 und einer weiteren von H. Hagemeyer aus dem Jahr 1877 vor. Ekkehardi Uraugensis cronica, S. 33-211 (Frutolf); S. 208-267 (Ekkehards Rezensionen I-IV, 1106-1125); S. 207-248 (Kaiserchronik 1095-1114); Teile der Frutolf-Chronik sowie Teile der Ekkehard-Chronik wurden 1972 von Irene Schmale-Ott und Franz-Josef Schmale herausgegeben und übersetzt: Irene Schmale-Ott, Franz-Josef Schmale, Frutolf-Ekkehard-Chronik; vgl. zu den Teilen der Frutolf-Chronik S. 18f. und zu den Teilen der Ekkehard-Chronik S. 38f. Die kritische Ausgabe der Frutolf-Ekkehard-Chronik für die Monumenta Germaniae Historica wird von Irene Schmale-Ott und Franz Josef Schmale vorbereitet.
[746] Michael Menzel, Sächsische Weltchronik, S. 272 nimmt für die Rezension A_1 des ‚Buchs der Welt' an, dass eine Handschrift der Rezension III der Chronik Frutolf-Ekkehards zugrunde gelegen habe.
[747] Irene Schmale-Ott, Franz-Josef Schmale, Frutolfs und Ekkehards Chroniken.
[748] Ebd., S. 34.

kembert von Korvey", „der von Ekkehard eine Chronik erbeten hatte".[749] Für die übrigen Rezensionen (II-IV)[750] stütze ich mich vor allem auf die Edition von Irene Schmale-Ott und Franz Josef Schmale.

Für die Pöhlder Annalen konnte ich mich nicht auf das 1877 von Waitz entdeckte, in Oxford befindliche Original (Bodleighan Library, Ms. Laud. Misc. 633) stützen, sondern zunächst nur auf die Pertzsche Edition,[751] der die Göttinger Abschrift (Göttingen, Niedersächsische Staats- und Universitätsbibliothek, Ms. Hist. 333) aus dem Anfang des 18. Jahrhunderts zugrundegelegt ist.

Ich vergleiche

1. ausgewählte Beispiele für die Worbildung in den einzelnen Textexemplaren;
2. verschiedene Stoffkreise in der Frutolf-Chronik und der Erweiterung durch Ekkehard von Aura mit der Handschrift 24. Paradigmatisch untersuche ich:
   a) die Schöpfungsgeschichte,
   b) die Darstellung der Stammväter des Alten Testaments,
   c) die ausschließlich in den C-Handschriften überlieferte Wiedergabe der ‚Urkunde' Heinrichs V.
3. behandele ich an einigen Beispielen das Verhältnis der ‚Buch der Welt'-Textexemplare zu den Pöhlder Annalen.

1. Wortbildung

Für meine Beobachtungen zur Wortbildung möchte ich zunächst die Abstrakta mit dem Suffix *-heit* herausgreifen. Insgesamt zeigt der Textzusammenhang der Handschrift 24 auffällig viele auf der Grundlage von Substantiven oder Adjektiven gebildete Abstrakta[752] mit dem Suffix *-heit*. Zahlreiche dieser Bildungen sind eigenständige, von der lateinischen

---

749 Ebd., S. 34. Diesen Textstand repräsentieren die Hss.: Paris BN. 4889 saec. XII (= P_1, Anfang 12. Jh.), Paris Arsenal 6 saec. XIV (= P_3, 12. Jh.), Berlin 295 saec. XII (= B, 12. Jh.), Paris BN. 4889 A. saec. XIII aus Rastede, Abschrift von B (= P_2). „Die Rezension III ist diejenige Ausgabe der Chronik, auf die Ekkehard die relativ größte Mühe verwendet hat. Er zog für Erkemberts Exemplar nicht nur seine eigene Chronik der Rezension II heran, sondern auch die inzwischen vorliegende, weitestgehend auf der Rezension II beruhende Kaiserchronik, von der er nicht nur die Jahresberichte von Ende 1106-1111 einschließlich übernahm, sondern sich auch formal stark beeinflussen ließ."

750 Ebd., S. 35. Einen abweichenden Textstand zeigt eine weitere Gruppe von Handschriften, die nur zum Teil vollständig sind. Sie gehören dem 12. bis 16. Jahrhundert an. Vgl. ebd., S. 38.

751 Annales Palidenses; P. Norbert Backmund, Ord. Praem., Die mittelalterlichen Geschichtsschreiber, S. 128-135.

752 Vgl. auch: Rudolf Grosse, Sprachgeschichtliche Stellung, S. 19-45, bes. S. 40.

Vorlage angestoßene Neubildungen. Sie verwenden als Grundlage einheimisches Wortmaterial, das sich z.T. bereits in Übersetzungen bewährt hat. Als mnd. Übersetzungswort zu den lateinischen Adjektiven *importunus* und *insolens* war das Adjektiv *vnsturich* gebräuchlich.[753] In den mnd. C-Handschriften wird das lat. Substantiv dann folgerichtig mit *insolentia* – *unsturecheit* ‚Ungestüm, Wildheit' (SW 197,35: Hs. 24, Bl. 118^v, Z. 15-16; Hs. 22, Bl. 201ra, Z. 28 *unsturicheit*; Hs. 23, Bl. 105^v, Z. 14 *vnstureheit*) wiedergegeben. Abweichend ersetzen die thüringischen Handschriften des 15. Jahrhunderts: Hs. 18 und Hs. 19, Bl. 255^v, Z. 8: *vnstetigkeit*.

Andere Bildungen halten sich nahezu durchgängig, auch in den späteren Handschriften: In der an Frutolf-Ekkehard angelehnten Erzählung von der Herkunft der Sachsen tradieren alle C-Handschriften: *volherdicheit* ‚Vollhärtigkeit, Standhaftigkeit' (Bl. 4^r, Z. 19; Hs. 23, Bl. 151^v, Z. 16: *vulherdicheit*; Hs. 19, Bl. 303^r, Z. 21: *volhertikeit*). Auch wieder nur in den C-Handschriften werden die Passagen überliefert, die folgende Bezeichnungen enthalten: *de tit goddes barmhertecheit* (Hs. 24, 116^r, Z. 25; 19, Bl. 251, Z. 13f. [...] *wenne* [...] *die czit quam der barmherzikeit* [...]; Hs. 23, Bl. 102^v, Z. 31: [...] *quam die zit goddes Barmhertzigkeit* [...] etc.), das die lat. Gerundium-Konstruktion im Genitiv *tempus miserendi Sion* übersetzt. Das Abstraktum *homůdecheit* für lat. *animositas* überliefern alle C-Handschriften (z.B. Hs. 24, Bl. 116^r, Z. 30; Hs. 23, Bl. 103^r, Z. 2f.: *homudicheit*). Die Handschriften 18 und 19 (Hs. 19, Bl. 251^r, Z. 20) erweitern jedoch hier wie in vielen anderen Fällen auch durch eine Paarformel: *sine vngehorsamikeit vnde homutikeit*.

Die komplizierten Wege der Übernahme der ursprünglich durch den lateinischen Text angestoßenen Neubildungen und ihre Weitergabe in den unterschiedlich schreibdialektal geprägten Textexemplaren lassen sich besonders schön an einem Beispiel zeigen, das im Text als Zitat aus der *historia ecclesiastica* gekennzeichnet ist. Dieses Beispiel wird von Textexemplaren aller Rezensionen überliefert: *Do wart oc alse men leset in ecclesiastica historia . div gekerheit (= sekerheit) makede grote ov'laticheit* . (Hs. 24, Bl. 45^v, Z. 21). Die Bezeichnung *overlaticheit* ‚Überlassigkeit bzw. Zügellosigkeit' wird in den anderen frühen Bilderhandschriften (Rezension B) beibehalten: z.B.: Hs. 16, Bl. 36 bzw. 38ra, Z. 10: *ouerlaticheit*; Hs. 17, Bl. 42vb, Z. 20: *ouerlatichait*. Ebenso verfährt die späte Handschrift 23 der Rezension C$_1$. Die Handschriften der

---

[753] Noch im 15. Jahrhundert ist dies durch das sog. Stralsunder Vokabular belegt. Siehe Robert Damme, Das Stralsunder Vokabular, S. 447.

Rezension A₁ interpretieren das ihnen unverständliche Wort neu: z.B. Hs. 1, Bl. 31ʳ, Z. 20: *verlassenheit* und Hs. 10, Bl. 43ᵛᵃ, Z. 4: *uorlazenheit*. Auch die thüringischen C₃-Handschriften 18 und 19 – die gegenüber den anderen C-Handschriften immer wieder viele Abweichungen und eher hochdeutsche Formen (z.B. bei *storunge* gegenüber *storlinge* der Hs. 24) zeigen – haben *overlaticheit* ersetzt durch eine Variante des Wortes *Verlassenheit*. Sie benutzen hier aber eine Paarformel und führen damit ein weiteres bedeutungserweiterndes und auch sinngemäß passenderes Wort ein: *obirmut*. Hs. 19, Bl. 159ᵛ, Z. 12f.: *die sicherheit machte grossin obirmut vnde vorlassenheit* [...] Es zeigt sich bei diesem Beispiel eine Nähe zwischen den C₁-, C₂- und den B-Handschriften in Opposition zu den A₁- und C₃-Handschriften.[754] Letztere lassen eine von der vor allem in der Hs. 24 erkennbaren Übersetzungsarbeit eher losgelöste Suche nach dem regional passenden oder zeitgemäßeren Ausdruck erkennen.

Ein weiteres Beispiel möchte ich anführen, bei dem ganz konträr zu dem vorher aufgeführten Beleg eine sehr eigenwillige Neubildung auf -*heit* in nahezu[755] allen Handschriften, die diese Passage überliefern,[756] weitergegeben wird: Das lat. Wort *novitas* in der Frutolf-Ekkehard-Chronik wird durch *niecheit* ‚Neuerungssinn' übersetzt (z.B.: Hs. 24, Bl. 99ʳ, Z. 7; Hs. 23, Bl. 86ʳ, Z. 19: *niecheit*; Hs. 18, Hs. 19, Bl. 227ᵛ, Z. 8: *nischeit*, Hs. 10a und 10, Bl. 81ʳᵃ, Z. 29: *nycheit*; Hs. 16: *niecheit* Bl. 75 bzw. 77ʳᵇ, Z. 16f.). Die große Übereinstimmung in den Handschriften bei der Wiedergabe dieser Neuschöpfung erklärt sich wohl dadurch, dass das Wort innerhalb eines Briefes verwendet wird, den die abtrünnigen Bischöfe an Papst Gregorius geschrieben haben. Alle späteren Kompilatoren und Schreiber ließen diese Stelle entweder aus oder sie griffen in den ‚Textzeugen' nicht ein. Sie überliefern ihn nach den einleitenden Worten: *dar untsegeden de bischope alle dem pauese gregorio iren gehorsam se unboden ime an iren brieuen* als Briefausschnitt – d.h., in der Briefform mit der persönlichen Anredeformel an den Papst:

wande dv van dineme mutwillen vñ van diner niecheit de dv heuest up irhauen·
is div heilige xpenheit beswaret · dar umbe untsegge we di horsam vñ dv heuest

---

754 In den A₂-Handschriften fehlt diese Passage (Predigt).
755 Die höfische Handschrift 11 aus der Mitte des 14. Jahrhunderts hat an dieser Stelle eine veränderte Lesart: *veheit* Bl. 106ʳᵃ, Z. 20.
756 In etlichen A-Handschriften z.B. 1-7 und in der Bremer Bilderhandschrift 17 fehlt diese Passage.

gesproken dat we dine bischope nimer ne werden dv ne wirdest oc nimer unse paues .[757]

Auch hierin zeigt sich in gewisser Weise die Vorlagentreue der Chronisten.

Die Vorlagentreue der Chronisten/Kompilatoren/Schreiber lässt sich auch durch die Abstrakta auf *-unge* belegen. Neben den Adjektivabstrakta auf *-heit* treten wohl ebenso häufig Abstrakta mit *-inge* bzw. *-unge* auf. Es handelt sich dabei ganz überwiegend um Verbalabstrakta. Dies ist nach Norbert Richard Wolf ein Indiz für eine *verbum de verbo*-Übersetzungsstrategie,[758] also für eine sehr enge Anlehnung an die lateinische Vorlage. Ganz sicher bewegt sich die Übersetzungssprache besonders wohl der Vorlage der Handschrift 24 auf einem sehr hohen, oft von der gesprochenen Volkssprache weit entfernten, schriftsprachlichen und sprachschöpferischen Niveau. Die meisten C-Handschriften – mit Ausnahme der Handschriften 18 und 19 – tradieren die Übersetzung der frühen C-Vorlage.

Das kanzleisprachliche, schriftsprachliche Niveau wird auch deutlich in dem Nebeneinander der nd. *-inge*-Suffixe und der hd. *-unge*-Suffixe: Zur Verwendung der *-ing-*, *-ung*-Suffixe in einzelnen Handschriften des ‚Buchs der Welt' greife ich hier nur wenige signifikante Beispiele heraus: nd. *storlinge* ‚Störung' (Hs. 24, Bl. 117^r, Z. 2) übersetzt lat. *simultatio*,[759] die Hs. 23, Bl. 104^r, Z. 19 verwendet wie die Hs. 22 *stordelinge*, die Hss. 18 und 19, Bl. 252^v, Z. 21 haben die eher hd. Form *storunge*. Die Gothaer Bilderhandschrift verwendet in anderen Fällen aber hd. *-unge* (Hs. 24, Bl. 93^r, Z. 20 *missehellunge*), während andere mnd. Hanschriften wie z.B. die Bremer Bilderhandschrift die nd. Form führen (*missehellinge* Bl. 75 bzw. 77ra, Z. 13).[760]

In den Handschriften 21, 22, 23, 231 und 24 wird der Wunsch deutlich, eine präzise Übersetzung lateinischer Vorgaben zu erreichen. Obschon sie sich häufig an die „indigene Grammatik" der Volkssprache halten, lassen sie eine starke Tendenz zu einer „artifiziellen Überset-

---

[757] Hs. 24, Bl. 99^r, Z. 4-10. Vgl. demgegenüber die abweichende, verlesene Wiedergabe der Hs. 11, Bl. 105ra, Z. 17ff.: *Da intsade de bischofe alle deme pauese gregorio ir gehorsam . si bodē eme an erē breuen . want dine müytwille vn dine veheit de du hais up erhauē . Darumbe is de xpenheit sere beschwert ...*
[758] Norbert Richard Wolf, Teilprojekt A, S. 193.
[759] Irene Schmale-Ott, Franz-Josef Schmale, Frutolf und Ekkehards Chroniken, S. 260,25
[760] Vgl. zu Beispielen für beide Suffixe innerhalb der Handschrift 24: Siegfried Grosse, Sprachgeschichtliche Stellung, S. 40.

zungssprache"[761] erkennen. Diese Tendenz wird z.T. in anderen Handschriften wieder aufgegeben. Innerhalb der C-Handschriften sind die Abweichungen der Handschriften 18 und 19 bemerkenswert. Es begegnen in den Handschriften 18 und 19 häufig zweigliedrige Formen[762] mit dem alten Übersetzungswort und einem zeitgemäßeren Wort, oft wird das alte Übersetzungswort auch vollständig ersetzt.

Der Vergleich der lateinischen Vorlagen mit den Handschriften des ‚Buchs der Welt' hat insgesamt für den ältesten Textzeugen, die Gothaer Bilderhandschrift 24, auch die größte Nähe zu einer lateinischen Vorlage deutlich gemacht. Ähnliche Anlehnungen zeigen insgesamt auch die Handschriften der Rezension C_2 sowie die späteste Handschrift, die Wolfenbütteler Handschrift 23 (C_1) aus der Mitte bzw. dem 3. Viertel des 16. Jahrhunderts, deren Vorlage vermutlich die verschollene Handschrift *23 war, auf der wahrscheinlich auch die Gothaer Bilderhandschrift 24 beruht. Die Handschrift 23 steht zeitlich am Ende der Produktivität der Weltchronistik und zeigt insgesamt konservierende, anachronistische Züge.

Aufgrund der Beobachtungen zur Wortbildung lässt sich das vereinfachende Verfahren, vor allem die Handschrift 24 mit den lateinischen Vorlagen zu vergleichen und die übrigen nur bei Abweichungen heranzuziehen, auch inhaltlich rechtfertigen.

2. Vergleich der Realisiation verschiedener Stoffkreise im Autograph Frutolf-Ekkehards und in den Textexemplaren des ‚Buchs der Welt':
Für die biblischen Stoffkreise ist die Frutolf-Ekkehard-Chronik möglicherweise nicht unbedingt als direkte Vorlage anzusehen. Ich nehme sie dennoch hier als Vergleichsgrundlage, um die Realisierungsweise dieser Stoffkreise im lateinischen Frutolf-Ekkehard-Chronik-Autograph und in den Handschriften des ‚Buchs der Welt' zu untersuchen: a) die Schöpfungsgeschichte, b) die Geschichte der Stammväter des Alten Testaments; für c) die Kaiserurkunde gibt es in der Chronik des Ekkehard von Aura (Rezension IV) eine direkte Vorlage, sodass hier Übersetzungsfragen im engeren Sinne zu untersuchen sind.

a) die Schöpfungsgeschichte:
In Frutolfs Autograph wird die Schöpfungsgeschichte sehr kurz behandelt unter der Rubrik: *SEX DIEBUS RERUM CREATU* (Jena, Bose q. 19 – das Autograph Frutolfs und Ekkehards, Bl. 4^v, Z. 3f.); jedem Schöp-

---

[761] Norbert Richard Wolf, Teilprojekt A, S. 191; vgl. auch ders., Das Übersetzen aus dem Mittelhochdeutschen, S. 232-248; ders., Wort- und Begriffsbildung, S. 237-244.
[762] Vgl. zu Paarformeln auch: Franz Simmler, Doppelformen, S. 185-239.

fungstag gilt ein kurzer Satz. In insgesamt sechs knappen, parataktisch gefügten Sätzen, jedes Mal eingeleitet durch die Zahl des Schöpfungstages, berichtet Frutolf vom Schöpfungsakt Gottes:

1. *Primo die conditit luc*
   Frutolf beginnt mit einem ein Temporaladverbiale enthaltenden Verbalsatz.
2. *Secundo die firmamentum.*
   Der zweite Satz ist ein Nominalsatz, der sich auf das Verb im vorhergehenden Satz bezieht.
3. *tercio seperavit mare a terre .*
4. *quarto sidera .*
5. *quinto pisces et uolueres .*
6. *sexto bestias et iumenta. et nouissime ad similitudinem sui fecit primum hominem adam.*

Der sechste Satz ist etwas ausführlicher. Er ist eine parataktische Fügung von zwei einfachen Sätzen, syndetisch verbunden durch die Konjunktion *et*. Der Sündenfall, die Erschaffung Evas und der letzte Tag, an dem Gott ruhte, werden nicht mehr erwähnt. Es folgt die Berechnung des Zeitraumes, der von der Erschaffung der Welt bis zu Adam vergangen ist. Dann fährt Frutolf in derselben Knappheit mit der Genealogie des Alten Testaments fort.

Die volkssprachlichen Handschriften sind in der Schöpfungsgeschichte ausführlicher als die auf *brevitas* bedachte Frutolf-Chronik. Insgesamt lassen sich am Beispiel des ältesten ‚Buch der Welt'-Textzeugen, der Gothaer Bilderhandschrift, dreizehn Gesamtsätze bzw. 26 selbständige überwiegend parataktisch gereihte Sätze feststellen (Bl. 10^r, Z. 12-11^v, Z. 24). Nebengeordnete Teilsätze sind entweder kausal, final oder als Relativsätze in attributiver Funktion angeschlossen. Nicht nur inhaltlich, sondern auch syntaktisch ist der volkssprachliche Text erheblich komplexer als die lateinische Vorgabe. Die temporale Gesamtausrichtung ist in beiden Textzusammenhängen gleich. Die Schöpfungsgeschichte beginnt wie in der Frutolf-Ekkehard-Chronik mit einem Temporalsatz, die zeitliche Folge wird jedoch über die Angabe der Schöpfungstage hinaus immer wieder durch temporale Angaben wie *do, tolest, dar* unterstrichen:

IN aller dinge beginne · scůp got to erst himel vñ erde · vñ wazzer vñ vur · vñ lucht · die vier elementa waren vngesceiden · in deme himele makede he oc tein kore der engele to sineme loue vñ to sineme dieneste · In deme tegeden kore · was lucifer de sconeste · vñde hereste der engele · dar ne blef he nicht inne ene ganze stunde · wende he wolde westen gelike sineme sceppere · dar vmme valde ene got in dat afgrunde der helle · vñ verstet mit eme alle sine volgere· **Do** *got der engele kor vullen wolde . he begunde ses dage werken · In deme ersten dage · de nv geachtet is de letere dach sente gertrude · sciet he dat licht van der diensternisse · vñ heit dat licht den dach · vñ de diensternisse de nacht · dit was de erste dach de ie gewart · dene hete we oc sůndach ·* **Des** *anderen dages dene we dar hetet mannendach makede he den heuen · de dar hetet de nedere hemel · vñ telde dat water vppe deme himele va deme watere dat in ertrike is ·* **IN** *deme dridden dage den we hetet dinsedach schiet he dat water van dem erthrike · vñ scůp deme watere sine stat dar it ouer gan nicht ne mach · he scůp oc dat . dat ertrhrike sine vrucht druge van allerhande corne vñ van wine vñ van bom vñ crude · vñ ir sat an in seluen ware ·* **IN** *deme verden dage dene we hetet mitweken makede got de sunnen · dat sv deme dage lieht geue · vñ den manen vñ de sternen der nacht ·* **IN** *deme visten dage den we heten donresdach makede he allerhande vische an deme watere vñ allerhande vogele an der lucht ·* **IN** *deme sesten dage den we hetet vridach makede he allerhande ve dat leuende is ůp der erde ·* **T***olest sines w'kes makede got adame in der ersten stunde des dages van der erde an sine licnisse · vñ gaf eme walt over ve · vñ vogele · vñ over vische · vñ satt in in den paradys · dar makede he evam van adames ribbe · in der dridden stunde des dages de wile he sliep · vñ gaf se ime to wiue · In der sesten stunde sundegeden se beide · wante se aten dat ovet · dat in got verboden hadde · IN der negeden stunde des dages warp se got ut dem paradyse vñ sande se in dat erthrike · IN deme seveden dage den we hetet sunnauent růwede got na sineme werke . dar mede betekende he vns de ewigen růwe . vñ vrowede de we hebben sulen mit ime na desses liues wandelunge · of we se verdienet · we div welt van adame wart gestan · hebbe dat verneme we an deme dar dat boch hier nach segit ·*

Für den ersten Schöpfungstag wird in den meisten Textexemplaren das Datum angegeben: der Sonntag St. Gertrudis, das ist der 18. März.[763] Eine Ausnahme machen hier z.B. die Handschriften 2, 11, 6, 5,18, 19, indem sie diesen Wissenzusammenhang nicht mehr tradieren wollen oder können: Die Hs.1 z.B. bricht ab und nennt das Datum nicht mehr: Hs. 1, Bl. 1r: *An dem ersten tage d' nu geahtot ist (*SW 67,7/8: *der nu ge achtet ist de letere dach sente Gertrud*e) *schiet er daz lieht von d' vinst'nisse vnd hiez daz lieht den tage vnd die vinst'nisse die naht* Damit werden, wenn auch hier in geringem Umfang, kollektive Wissensbestände nicht weitergegeben und geraten somit in Vergessenheit.

Der sechste Schöpfungstag wird in seiner Unterteilung nach den unterschiedlichen Schöpfungsakten beschrieben und der siebte Tag, der Ruhetag, wird dem Leser in seiner Bedeutung für die Gesamtschöpfung Gottes vorgestellt: die ewige Ruhe und Freude nach dem Ende des irdi-

---

763 Dieses Wissen hatten viele mittelalterliche Chronisten, es leitete sich ab von der Berechnung des Beda Venerabilis. Vgl. Arno Borst, Die karolingische Kalenderreform, S. 729ff.

schen Lebens. In der Handschrift 24 ist die Überleitung auf die folgende Geschichte der Stammväter von den strukturellen Merkmalen her noch der Passage der Schöpfungsgeschichte zuzurechnen, denn sie schließt mit mittelhohem Punkt und folgender Majuskel an. Die alttestamentarische Genealogie beginnt mit einer einzeiligen farbigen A-Initiale: *Adam gewan kain* [...] Eine von der Darstellung der Schöpfungsgeschichte in der Handschrift 24 abweichende Realisation haben z.B. die Handschriften: Hs. 2, 18, 19 und 5, die mit dem letzten Satz *Wie die welt* [...] nicht mehr die Schöpfungsgeschichte abschließen, sondern bereits die Geschichte der Patriarchen des Alten Testaments beginnen.

Der sechste Schöpfungstag wird auch unterschiedlich aufgeteilt: in der Handschrift 24 (wie z.B. auch in den Hss. 11, 12, 12a, 14, 18, 19, 22, 23¹, 23) erschuf Gott Adam in der ersten Stunde des Tages, Eva in der dritten Stunde, in der sechsten war der Sündenfall und in der neunten Stunde wies Gott Adam und Eva aus dem Paradies.[764] Nur die Handschriften der Rezension A₁ erwähnen die einzelnen Schöpfungsstunden nicht. Eine Ausnahme macht die thüringische Handschrift 10, die allerdings den Sündenfall in die dritte Stunde verlegt (Hs. 10, Bl. 1^{rb-va} *Do machte er vrowen euen von adamez rippen In der dritten stunde des tagez vñ gap sy yme czw wibe In der selbin stunde svndigitē sy beide*).

Die Frutolf-Ekkehard-Vorlage – in anderen Passagen wird sie wortgetreu übernommen – wirkt in der Überlieferung der Schöpfungsgeschichte nicht im Sinne einer direkten Übersetzung auf den Textzusammenhang des ‚Buchs der Welt' zurück. Sie bestimmt aber ganz wesentlich die Art und Weise, in der die Genesis in den hier untersuchten Prosa-Universalchroniken tradiert wird. Sie unterscheidet sich z.B. in ihrer Kürze ganz wesentlich von der ausführlichen Überlieferung der Genesis – des Alten Testaments überhaupt – in den volkssprachigen gereimten Universalchroniken. So kann man in jedem Fall sagen, dass die *brevitas* der lateinischen Chronik hier sicherlich auch auf die Darstellung des Alten Testaments Auswirkung hatte.

b) die Geschichte der Stammväter des Alten Testaments:
Das Prinzip der Berechnung des Weltalters – wie es in der Frutolf-Ekkehard-Chronik vorgenommen wird – hat dort auch Auswirkungen auf die Genealogie des Alten Testaments. Neben den genealogischen Beziehungen wird auch das Alter der Patriarchen angegeben. Frutolf stellt beides knapp dar: Er hält sich hier an ein personenbezogenes Prinzip. Er nennt

---

[764] Vgl. Zur heilsgeschichtlich-typologischen Bedeutung der Stundenangaben Hubert Herkommer, Einführung, S. XLI.

zunächst den Namen der Patriarchen, der Anfangsbuchstabe des Namens erscheint als farbige Initiale am Rand. Dann gibt der Chronist das Alter der Patriarchen bei der Geburt der Nachkommen an, auf die mit dem Verb *genuit* [...] hingewiesen wird. Danach nennt er das Gesamt-Lebensalter der Stammväter.

Der Textzusammenhang des ‚Buchs der Welt' hält sich hier an das Frutolfsche personenbezogene Prinzip: Die genealogische Beziehung wird genauso knapp dargestellt: *Adam gewan kain vñ abele* (Hs. 24, Bl. 10^v, Z. 24f.) oder *Enos gewan kainan* oder *Caynan wan malaleel*; ebenso finden sich auch die Hinweise auf das Alter der Stammväter: *Enos gewan kainan do he was negentich iar alt* (Bl. 11^r, Z. 5f.); *Caynan wan malaleel do he was seuentich iar alt* (Bl. 11^r, Z. 8f.). Als weitere Kontrollinstanz der Berechnung des Weltzeitalters läuft die Altersangabe der noch lebenden Patriarchen parallel zu den anderen Angaben weiter mit: z.B. *Caynan wan malaleel do he was seuentich iar alt dan noch leuede adam vñ was drierhnd't vñ vif vñ negentich iar alt kanan des starf do he was negenhundert vñ tein iar alt* (Bl. 11^r, Z. 8-11). Das Prinzip ist insgesamt also beibehalten, nur verfährt die volkssprachige Chronik häufig narrativer und ausführlicher, z.B. indem sie den Brudermord von Kain und Abel erzählt und verschiedentlich in die Chronologie ausführliche Rückblicke einstreut, die etwa über die Erfindungen der Patriarchen oder die Vorhersagen Adams etc. informieren.

c) die Urkunde Heinrichs V. zur Beendigung des Investiturstreits:
In die letzte Rezension seiner Bearbeitung der Chronik Frutolfs hat Ekkehard von Aura die beiden Urkunden – die Kaiserurkunde Heinrichs des V. und die Papsturkunde Callixtus' II. – übernommen. Diese beiden Urkunden erscheinen in elbostfälischer Übersetzung zunächst in der Gothaer Bilderhandschrift 24 und in der Folge auch in anderen Handschriften der Rezension C.

Ich behandele an dieser Stelle nur die ‚Kaiserurkunde', beziehe aber den darauf hinleitenden Text in die Untersuchung mit ein.

Vor der Berichterstattung über den Hoftag zu Worms hatte der lateinisch schreibende Chronist auf die Tatsache hingewiesen, dass der Bischof von Mainz die Aschaffenburg befestigen ließ, um dem Kaiser zu widerstehen. Er geht auf die etymologischen Herleitungen des Namens Aschaffenburg ein und berichtet, dass der Kaiser die Burg belagerte, weil er deren Befestigung für ein Unrecht gegenüber sich selbst und gegenüber dem Staat ansah ‚*iniuriam sui et contra rem publicam*'. Durch Jesu Liebe und Güte zu den Menschen (*at benignus et amator hominum*

Iesus) vermittelt durch die Anstrengungen seiner Diener (*per industriam servorum suorum, sediiis apostolicę legatorum*) gelingt es, die in Mainz versammelten Fürsten zum Frieden zu bewegen und Liebe in ihre Herzen zu gießen (*immo per inhabitatem in eis spiritum suum spiritum principumpaci contrarium auferre, caritatem quoque nichilominusin erorum cordibus diffundere cepit*). So war, „wie man wahrheitsgemäß glaubte [...] wenn auch spät, nachdem so oft das Gewand Christi zerrissen worden war und nach so vielen inneren Kriegen unter Christen, die Zeit des Erbarmens für Syon, das heißt die Kirche, gekommen".[765] (*quis nimirium, ut vere credetur, post tot Christi tunice scissuras, post tot Christianorum intestina bella tempus miserendi Syon, que est ecclesia, licet sero, iam venit.*) Ekkehard beschreibt dann den Hoftag zu Worms und leitet auf die Urkunden hin:

Facto igitur universali conventu apud urbem Wangionum, que nunc Wormacia dicitur, sicut longum ita et incredibile memoratu est, quam prudenti, quam instanti quamque per omnia sollicito cunctorum procerum consilio pro pace et concordia per unam vel amplius ebdomadam certatum sit, donec ipse, in cuius manu cor regis est, omnem animositatem augusti sub apostolice reverenti obedientiam causa matris ecclesie, etiam ultra plurimorum, inflexit. Mox tamen ab apostolice sedis apocrsiariis in commuionem receptus tam ipse imperator quam universussibi subiectus exercitus, immo generali absolutione cunctis hoc scismate pollutes per auctoritatem apostolicam facta, qualiterecclesiasticas investitures ceteraque spiritualia negocia, que tanto tempore reges Theutonici administraverant queque ipse, ne regni diminueretur honor, nunquam vita comite dimissurum proposuerat, humilitas pro Christo coram multitudine maxima abnegavit et in manus domni episcopi Ostiensis ac per ipsum domino nostro Iesu Christo sueque in perpetuum ius ecclesie dimiserit, rursumque qualia sibi ob honorem regni conservandum auctoritas apostolica condesserit, utiusque partis melius edocebunt subter annotata scripta:[766]

Die Handschrift 24 weist insgesamt viel kürzer auf die Urkunden hin. Der volkssprachige Chronist rafft den Textzusammenhang dieser langen Darstellung erheblich kürzer zusammen: Er verzichtet auf die Etymologien zum Namen Aschaffenburg, er gebraucht nicht die Bilder von dem zerissenen Gewand Christi und spricht nicht von Zion anstelle der Kirche, er nennt auch nicht die unterschiedlichen Bezeichnungen der Stadt Worms und rafft auf diese Weise stark, bleibt aber dennoch in der feierlichen Diktion, angelehnt an den lateinischen Text:

---

765 Übersetzung aus: Frutolfs und Ekkehards Chroniken, S. 357,30-33.
766 Irene Schmale-Ott, Franz-Josef Schmale, Frutolfs und Ekkehards Chroniken, S. 356,30-358,14.

Bl. 116ʳ, Z. 18 bis Bl. 116ᵛ, Z. 1ff.: · *De keiser auer durch dat unrecht dat he ime dede · vñ it oc wider dat rike was so begunde he sit dar to scheppen dat he se belegen wolde wāne vnse herre ihē xpē van der wisheit der boden des pavese de do to megenze weren an der vorsten herre begunde vrede to sendende wante alse men werlike truwen mach . na so groter missehellinge vñ na so menegeme inwendigeme stride der xpē quam de tit goddes barmhertecheit · wol quam siv spade siv quam iedoch · vñ ward to wormeze en gemene samenunge der herren . dar wůrden pichtelike degedinge umbe den vrede vñ de euenunge to makende ene weken vnde mer wante got selue an des hant des koninges herte is . de bochde alle des keiseres homůdicheit . des iedoch neman hopenunge ne hadde . In der selven stunt wart de kaiser mit allen den sinen vntfangen an de mēsamicheit der xpēheit van deme bischope hostiensi den de paues gesant hadde mit anderen sinden boden den keiser vert dem banne to latende · we de keiser den sat der bischopdome vñ ander geistlic werk lete · dat he louet hadde nimber to latende dat des rikes ere nicht ne worde minneret de andere duduscie koninge gehalden hadden vñ we de paues des volgere dat sule ie horen van der scrift ire beider ·*

Die knappere Darstellung in der Volkssprache wird an dieser Stelle vor allem erreicht durch den Verzicht auf manchen bildhaften Vergleich und durch die Wiedergabe längerer lateinischer Konstruktionen in Form volkssprachiger Substantive: z.B. Frutolf und Ekkehards Chroniken, S. 356, Z. 28f.: [...] *tempus miserendi Syon, que est ecclesia* [...] Diese bildhafte Konstruktion, die im Lateinischen durch Gerundium und attributiven Relativsatz gebildet ist, wird in der Handschrift 24 (Bl. 116ʳ, Z. 25) mit dem Abstraktum *Barmherzigkeit* kürzer und schlichter interpretiert: [...] *de tit goddes barmhertecheit* [...]

In anderen Fällen jedoch ist der lateinische Textzusammenhang – einschließlich der lateinischen Redewendung[767] *in cuius manu cor est* – wörtlich in die Volkssprache übersetzt worden: Frutolf und Ekkehards Chroniken, S. 357, Z. 34-358, Z. 1: [...] *in cuius manu cor regis est, omnem animositatem august i* [...] wird mit der niederdeutschen Wendung [...] *an* (statt hochdeutsch *in*) *des hand des koniges herte is . de bochde alle des keiseres homůdicheit* [...] (Bl. 116ʳ, Z. 30). *Augustus* wird – anders als z.B. in der folgenden Kaiserurkunde – nicht mit der niederdeutschen Bezeichnung *okere* ‚Mehrer', sondern mit dem überlandschaftlichen Wort *keiser* übersetzt. Das lat. Wort *animositas* übersetzt der Chronist durch ein mit dem Suffix *-heit* gebildetes Abstraktum: *homůdicheit*. Die übrigen C-Handschriften bleiben auch bei dieser Wortwahl (z.B. Hs. 19, Bl. 251, Z. 20: [...] *denn got ging in des koniges herze vnd brachte sine vngehor-*

---

767 Vgl. ebd., S. 357ff. Anm. 87.

samtkeit vnde homutikeit vnder des babistes gehorsamkeit [...]; Hs. 23, Bl. 103ʳ, Z. 2f.: [...] *an des hant des koniges hertz yz der vorschaffte des keysers homudicheit vnnder des papst horsammicheit* [...]).

Ein anderes Beispiel aus dem oben zitierten Textzusammenhang, bei dem ein metaphorischer Zusammenhang durch ein Abstraktum ausgedrückt wird, findet sich: S. 356, Z. 27f.: *post tot Christi tunicę scissuras* [...] ‚nach dem so oft das Gewand Christi zerrissen worden war'. Es wird in der Gothaer Handschrift mit: [...] *na so groter missehellinge* [...] ‚nach so großer Zwietracht (großer Misshelligkeit)'[768] (Bl. 116ʳ, Z. 23-25) wiedergegeben. Neben dieser typisch niederdeutschen Bildung des Abstraktums mit *-inge* findet sich im Textzusammenhang auch die eher hochdeutsche Form mit der Endung *-unge*: *missehellunge*.[769] In dem von mir hier ausgewählten Textbeispiel findet sich ein Verbalabstraktum mit dem Suffix *-ung*, das im übrigen Textzusammenhang mit (kontrahiertem) *-inge*-Suffix auftritt: *wiunge* ‚Weihung' (Bl. 116ᵛ, Z. 14) und später dagegen *wienge* ‚Weihung' (Bl. 140ʳ, Z. 11).

Es zeigt sich hier – wie an vielen anderen Beispielen auch z.B. bei der parallelen Verwendung von nd. *okere* und überregionalem *keiser* für lat. *augustus* – zwar eine dialektale Bindung, aber dennoch eine Offenheit für sprachausgleichende hochdeutsche Einflüsse. Ähnlich ist auch das Spannungsverhältnis zum Lateinischen zu beschreiben: Die Übersetzung bleibt nahe am Text, sie zeigt eine hohe Vorlagentreue, mit der jedoch souverän umgegangen wird:

Die sehr ausführliche lateinische Beschreibung der schwierigen Verhandlungen zur Beendigung des Investiturstreites: S. 356, Z. 32f.: [...] *quam prudenti, quam instanti quamque per omnia sollicito cuntorum procerum consilio pro pace et concordia per unam vel amplius ebdomadam certatem sit* [...] ‚unter welch klugem, drängendem und stets eifrig besorgtem Rat aller Großen eine Woche und länger für Frieden und Eintracht gekämpft wurde [...]' wird in der volkssprachlichen Übersetzung in der Adjektivbildung *pichtelike* zusammengefasst. Das Wort *pichtelik* ist jedoch schwer zu interpretieren: Oswald Holder-Egger, der das Register zur Edition Weilands erstellt hat, versieht seine Deutung mit einem Fragezeichen ‚streitig ?'[770] Rudolf Grosse stellt das Wort zum Verb

---

768 Das Abstraktum ist aus dem im Mittelhochdeutschen nachweisbaren *missehellec* ‚misstönend, nicht einig sein' und der Endung *-inge* gebildet. Vgl. auch zu Bildungen mit *-heit*: DWB (Grimm), Bd. 6, Sp. 2299.
769 Vgl. dazu: Gustav Korlén, Die mittelniederdeutschen Texte des 13. Jahrhunderts, S. 81 und 228f.; Siegfried Grosse, Sprachgeschichtliche Stellung der SW, S. 40.
770 Oswald Holder-Egger, in: Ludwig Weiland, Sächsische Weltchronik, S. 689, Spalte a.

picken, bicken ‚stechen, hauen' und zu dem ebenfalls in der Gothaer Handschrift verwendeten Substantiv *picht* ‚Streit, Totschlag' – das er als Substantivierung des Verbs *pichen/picken* mit -t-Suffix ansieht.[771] Eine mögliche und auch wahrscheinlichere Interpretation der Adjektivbildung scheint mir die Herleitung von mhd. *pichen, bichen* oder mit Verhärtung *picken* ‚transitiv mit Pech bestreichen verschmieren, verpichen; intransitiv kleben, haften' zu sein:[772] *pichtelik* möchte ich dann als ‚klebrig, zäh' übersetzen: Gothaer Handschrift 24, Bl. 116r, Z. 27-29: [...] *dar würden pichtelike degedinge umbe den vrede vñ de euenunge to makende ene weken vnde mer* [...] ‚da wurden eine Woche lang oder länger zähe Vertragsverhandlungen [geführt] um den Frieden zu schließen'. Das Adjektiv ‚zäh' fasst die Beschreibung der lang andauernden und im Lateinischen differenziert beschriebenen Verhandlungen treffend zusammen. Möglich ist auch eine positivere Interpretation des Adjektivs im Sinne von ‚intensiv'. In ähnlichem Sinne ‚intensiv, einträchtig' gibt auch die Handschrift 19 später die Stelle wieder: Bl. 251^r, Z. 17-20: [...] *vnde da waren sie alle teidinge eintrechtichlichen vmb eme vrede vnd eyne einige darvmb sie eine gancze wochen teidingeten vnde mer* [...]

Mit der Kaiserurkunde beginnt die Überlieferung der Urkunden. Ganz anders als bei der Überleitung auf die Urkunden sind die Abweichungen zwischen der lateinischen Überlieferung und der volkssprachigen Wiedergabe durch die Handschrift 24 hier nicht groß. Die Übersetzung hält sich sehr eng an das lateinische Vorbild, denn auch hier wird ja (wie schon in dem oben erwähnten Briefausschnitt) ein historisches Dokument tradiert.

Auffällig ist – trotz großer Vorlagentreue – die sehr differenzierte, eigenständige Übersetzungstechnik, die sich z.B. an den unterschiedlichen Interpretamenten von lat. *ecclesia* zeigt: Immer wenn es sich um die Gesamtkirche im Sinne von Christenheit handelt, übersetzt der volkssprachliche Chronist *sancte Romane ecclesie* durch *der heiligen christenheit* (Bl. 116^v, Z. 10 übersetzt: *sancteque catholice ecclesie*) ebenso durch *al der christenheit* (ebd., Z. 12). Wenn es sich um die im Papsttum verkörperte Kirche handelt, verwendet der Chronist *goddeshus* mit dem Adjektiv *hileg* und dem Zusatz *to rome: mit deme hilegen goddeshuse to rome* (Bl. 116^v, Z. 18f., ebd., Z. 25) oder ebenso zweimal mit *dem stol to rome* (Bl. 116^v, Z. 15 und ebd., Z. 27). In einem Falle – es handelt sich hier nicht um die Kirche im Sinne der ‚Christenheit' oder des ‚Papst-

---

771 Siegfried Grosse, Sprachgeschichtliche Stellung, S. 40.
772 Siehe: DW (Grimm), Bd. 7, Sp. 1837.

tums', sondern um den Besitz einzelner Kirchen – verwendet der Übersetzer auch das Wort *goddeshus*: *concedo in omnibus ecclesiis* mit *al dat eigen aller goddeshuse [...] dat wil ic oc widergeuen* (Bl. 116^v, Z. 11-12). Trotz aller Nähe zur lateinischen Vorlage lässt sich doch hier eine (behutsame) *sensus de sensu*-Übersetzung erkennen, die um präzise Wiedergabe bemüht ist.

Das auf Bl. 25^v, Z. 18-20 erwähnte und als *okere des rikes* übersetzte und erklärte Wort *augustus* (*Des tages wart he beropen augustus . dat quit en okere des rikes mit deme namen wunschet men allen keiseren heiles van selden*) wird in der Hinführung auf die beiden Urkunden mit *keiser* (Bl. 116^r, Z. 30) übersetzt. In der Kaiserurkunde wiederum wird das spezifisch niederdeutsche[773] Interpretament *okere* st. Maskulin ,Mehrer' zu *okeren* ,mehren' verwendet. Die Handschriften 18 und 19 haben anstelle des nd. Wortes wiederum eine Paarformel: *der romer gebiter vnde merer* (Hs. 19, Bl. 151^v, Z. 7f.).

Ich stelle im Folgenden die beiden Versionen – lateinisch vs. volkssprachig – der ,Kaiserurkunde' einander gegenüber und beginne mit dem lateinischen Text nach Ekkehard von Aura:

S. 358, Z. 15-29: *Ego Heinricus Dei gratia Romanorum imperator augustus pro amore Dei et sancte Romane ecclesie et domni pape Calisti et pro remedio anime mee dimitto Deo et sanctis eius apostolis Petro et Paulo sanctoque catholice ecclesie omnem investituram per anulum et baculum et concedo in omnibus ecclesiis fieri electionem et liberam consecrationem. Possessiones et regalia beati Petri, que a principio huius discordie usque ad hodiernam diem sive tempore patris mei sive etiam meo ablata sunt, que habeo, eidem sancte Romane ecclesie restituo, que autem non habeo, ut restituantur fideliter iuvabo. Possesione etiam omnium aliarum ecclesiarum et principum et aliorum tam clericorum quam laicorum consilio principum et iusticia, que habeo, reddam, que non habeo, ut reddantur, fideliter iuvabo; et do veram pacem Calisto sanctoque Romane ecclesie et omnibus, qui in parte ipsius sunt vel fuerunt, et in quibus sancta Romana ecclesia et omnibus in quibus sancta Romana ecclesia auxilium postulaverit, fideliter iuvabo.*

Hs. 24, Bl. 116^v, Z. 9-28: *Ic heinric goddes gnaden romere · okere durch goddes minne uñ der hilegen xp̄enheit vñ durch den paues calixtum uñ de genade miner sele late ic godde vñ sinen hilegen apostelen petro uñ paulo vorhd al der xp̄enheit den sat der bischopdome bi mineme uingerne vñ mineme staue . vñ ic late in allen goddeshusen vrien kore vñ wiunge . Al dat eigen sente petres al dat to deme stole to rome hort dar van dem aneginge disser twedracht wante an dissen hůdeliken dach . oder bi mines vader tit . ofte bi miner tit genomen is . dat ic*

---

773 Vgl. auch Siegfried Grosse, Sprachgeschichtliche Stellung der ,SW', S. 21.

hebbe dat geue ic wider deme hiligen goddeshuse to rome . dat ic auer nicht ne hebbe dat men dat wider geue dar wil ic truwelike to gehelpen . al dat eigen aller goddeshuse . der vorsten papen vñ leien dat wil ic oc wider geuen mit der vorsten rade vñ mit rechte dat ic hebbe des de ic nicht ne hebbe dat dar wider geuen werde dar will ic truwelike to gehelpen vñ ic geue waren vrede pauese calixto vñ deme hilegen goddeshuse to rome vñ allen den de an sine half sin od' gewesen hebbet . vñ an al den dingen de de stol to rome an mi helpe sinnet . da wil ic ime to helpen truwelike .

Hat der Vergleich der aus dem Text isolierten -*heit* und -*ing/ung*-Abstrakta besonders für die C$_1$- und C$_2$-Handschriften ein *verbum-de-verbo*-Verfahren gezeigt, so stellt sich das im Textvergleich gewonnene Bild erheblich differenzierter dar. Der Übersetzer kürzt durchaus eigenständig; er hält sich nicht sklavisch an seine Vorlage. Man kann nicht durchgängig davon sprechen, dass er wörtlich übersetzt hat. Die Freiheit der sinngemäßen Übersetzung nimmt er sich aber nicht, wenn er Texte tradieren will, die für ihn authentisch sind: Die Urkunden gibt er in nahezu wörtlicher Anlehnung an die Vorlage wieder. Gleichzeitig versucht er aber auch hier, in der Wortwahl möglichst präzise zu sein und den Sinn genau zu treffen, wie die unterschiedlichen Interpretamente zu lat. *ecclesia* zeigen.

Insgesamt wird auf verschiedenen sprachlichen Ebenen (Wortbildung, Semantik, Text) ein textsortentypisches Spannungsverhältnis zwischen Vorlagenabhängigkeit und zielgerichteten Eingriffen deutlich, in Bezug auf die Übersetzungstechniken bemühen sich die Chronisten in der Regel um eine äquivalente Wiedergabe ihrer Vorlagen, der Spannungsbogen geht aber durchaus bis zu einem aufgelockerten adäquaten Übersetzungsverfahren.[774] Auch bei der Übernahme deutschsprachiger Vorlagen – wie z.B. der Kaiserchronik – gehen die Chronisten ähnlich vor: Sie schwanken zwischen sehr enger Anlehnung in Inhalt und Form (Reim) und einer formal eigenständigeren Prosabearbeitung. Immer bleibt aber die Vorlage noch als Reflex sichtbar.

3. Die Pöhlder Annalen als Vorlage des ‚Buchs der Welt':
Die meisten der farbigen und lebendigen, auch sehr regional ausgerichteten[775] Geschichten aus den Pöhlder Annalen, die über die Frutolf-Ekkehard-Chronik hinausgehen, sind in den A-und B-Fassungen des ‚Buchs der Welt' nicht vorhanden. „Dieses Geschichtswerk hat neben seinen Tat-

---

774 Vgl. Katharina Reiss, Hans J. Vermeer, Translationstheorie, S. 139f., Jörn Albrecht, Invarianz, S. 77.
775 Vgl. z.B. die Heilung einer Frau aus dem thüringischen Dorf Weberstadt, Hs. 24, Bl. 122^r-122^v; Pöhlder Annalen 79,10-31.

sachenberichten mit ihren nur dort erwähnten Einzelheiten zugleich eine besondere Vorliebe für spannende, kolportagehaft dargestellte Handlungsabläufe und anekdotisch zugespitzte Erzählungen, die auch die Gothaer ‚Sächsische Weltchronik' würzen."[776] Diese Geschichten verbreiten nach Herkommer das Wissen, das aus der „mündlichen Überlieferung"[777] stammt. In allen Handschriften überliefert ist z.B. die Erzählung von der Heerfahrt Kaiser Lothars nach Dänemark.[778] Das ‚Buch der Welt' vermischt hier nach Ansicht Weilands die Pöhlder Annalen mit den Stader Annalen. Diese umfangreiche Weltchronik des ehemaligen Benediktinerabtes und späteren Minoriten Albert von Stade reichte bis 1264/65. Sie ist heute verloren.[779] Eine weitere Episode: Das Schicksal der Seele des Mainzer Erzbischofes Adalbert, wie es im Textzusammenhang der Sächsischen Weltchronik beschrieben wird,[780] ist in den Pöhlder Annalen nicht nachzuweisen, aber nach Weiland und Herkommer ist diese Darstellung durchaus „im stile der Ann. Palid [...]" geschrieben.[781]

Die Pöhlder Annalen werden insgesamt zwar in ihrer Färbung, aber nicht so vorlagengetreu übernommen wie die Nachrichten aus der Frutolf-Ekkehard-Chronik. Bei der Frutolf-Ekkehard-Übernahme ließ sich zeigen, dass bei schriftlich überlieferten historischen Texten wie dem ‚Brief' der Bischöfe an Papst Gregor oder bei der ‚Kaiserurkunde' Heinrichs V. die präzise Übersetzungssprache bis in die späteren Handschriften bewahrt blieb, auch wenn, wie im Falle der Neubildung *niecheit* der Wortsinn den späteren Schreibern oftmals nicht mehr deutlich war.

Aus den Pöhlder Annalen übernehmen die Textexemplare der C-Versionen einen historischen Text, der – so scheint es – ursprünglich mündlich überliefert wurde: das Gebet der Kaiserin Kunigunde, der Ehefrau Heinrichs II. Als die keusche Kunigunde, des Ehebruchs beschuldigt, über glühende Pflugmesser gehen muss, bittet sie – wie die biblische Susanna – Gott um Hilfe. Die Pöhlder Annalen nun zeigen das genaue Gegenteil einer spontanen mündlichen Überlieferung: Sie tradieren das Ge-

---

776 Hubert Herkommer, Einführung, S. XXIII.
777 Ebd., S.XXVI.
778 Ludwig Weiland, Sächsische Weltchronik, S. 206,29-36 Rezension C und S. 20931-210,5 Rezension A und B. Annales Palidenses 1133, 1134.
779 Heribert Krüger, Das Stader Itinerar des Abtes Albert, S. 71-124, 1957, S. 87-136, 1958, S. 39-76. Vgl. auch Hans Patze, Artikel ‚Albert von Stade', Sp. 290; Hans-Werner Goetz, Artikel ‚Albert von Stade', Sp. 335.
780 Ludwig Weiland, Sächische Weltchronik, S. 207,35-208,18 und in der Kurzfassung der A- und B-Rezensionen S. 210,17-21.
781 Ludwig Weiland, Sächsische Weltchronik, S.207, Anm. 1; Hubert Herkommer, Einführung, S. XXVIf.

bet in einer gelehrten theologischen Version als Paradigmengebet. In der Textfassung der C-Handschriften erscheint das Gebet dagegen ohne die theologische Gelehrsamkeit wie ein mündlich tradiertes ursprüngliches Gebet der Kunigunde:

Pöhlder Annalen: *„Deus eterne, qui absconditorum escognitor, cui hoc idem est posse quod velle, et nihil velle quod non posse, qui Susannam de falso crimine, Danielem de lacu leonum ineffabili tua potentia liberasti, causam meam recto decerne iudicio, et hoc ipsum dimitte illis, qui iniuste iniquitatem fecerunt in me. Sic enim nec virum hunc, de quo mihi inponitur, nec alium aliquem usque hanc horam cognoverim, ita mihi graatia tua in hac presenti et extrema necessitate succurrat." Et hoc dicto caput proprium detexit, et inter timorem secura, inter angustias tuta Deo duce penas fortiter cucurrit et vicit. Sic cesar, pie confusus et gloriose humilitatus, se ad pedes illese obtulit, eamque benigne ut decuit in posterum servavit.*[782]

Hs. 24, Bl. 92ʳ, Z. 15-19 (SW 167,22-24): *herre god div weist mine schult alene Ledege mic van dirre not alse du dedest de gůden susannam uan d' unrechten bitale siv trat de schare baltlike vnde ward siker mit groten eren De koning uel ire do to uote vñ de h'ren alle*

Zum Vergleich möchte ich hier die Handschriften 18 und 19 aus dem 15. Jahrhundert heranziehen, die bisher innerhalb der C-Rezensionen sehr häufig eine abweichende Überlieferung hatten. Es zeigt sich zwar dieselbe Interpretation der Stelle als ‚mündlich überliefertes' Gebet, doch haben die beiden C₃-Handschriften auch in diesem Fall deutlich eine andere Wortwahl als die übrigen C-Handschriften. Ich zitiere aus der Hs. 19, Bl. 218ᵛ, Z. 5-10: *herre got / du west wol myne schult ledige mych von disser not / alz du tetest die guten susañen von unrechter beczimge / sie trat uff die schaer kunlich / vnde wart sicher mit grossin eren der konig vil ir da czu fusze / vnde die heren alle*

Auffällig ist hier vor allem, dass die Wortwahl nicht den alten Sprachstand bewahrt, sondern sich dem Sprachwandel anpasst: Die Handschrift 24 übersetzt lat. *fortiter* mit der Bildung *baltlike* zum Adjektiv ahd. *pald*, mhd. *balt* ‚kühn, tapfer'. Dieselbe Bildungsweise begegnet in den Handschriften 18 und 19 mit *kunlich* zum Grundwort *kuon* zu ahd. *chuone*, mhd. *küene*.[783] Im 14. Jahrhundert wird nach Ausweis der Belege des Grimmschen Wörterbuches das Adjektiv *balt* durch *kühn* vollständig verdrängt.[784] Einen Beleg für diesen Bezeichnungswandel geben auch die Handschriften des ‚Buchs der Welt': Hs. 24: *baltlike*

---

[782] Annales Palidenses, S. 66,8-16.
[783] Vgl. dazu Jakob Grimm, Deutsches Wörterbuch (= DWB), Bd. 5, Sp. 2573-2576.
[784] Vgl. dazu ebd., Bd. 1, Sp. 1081.

Bl. 218ᵛ. Die Handschriften 18 und 19 verwenden *kunlich* (z.B. 19, Bl. 218ᵛ, Z. 8). Die Handschrift 23 aus dem 16. Jahrhundert, die sich ansonsten fast immer eng an die Lesarten hält, wie sie in der Hs. 24 tradiert werden, zeigt hier deutliche Unsicherheiten Bl. 80ʳ, Z. 9: *blachlicher*.

III.6.2 Die Rückübersetzungen

Von den 59 bzw. 60 Textzeugen des ‚Buchs der Welt' sind fünf lateinische Rückübersetzungen. Bei der heute bekannten Überlieferung fällt vor allem auf, dass es Textzeugen aus dem 13. bzw. aus der Wende vom 13. zum 14. Jahrhundert (Hs. *101, Hs. 103), aus dem frühen 15. Jahrhundert (Hss. 104, 15) und eine Humanistenübersetzung aus dem frühen 16. Jahrhundert (Aventins Übersetzung aus dem Jahre 1509, Hs. 032) gibt. Das entspricht in etwa auch dem Ergebnis der Handschriftenuntersuchung, dass wesentliche Veränderungen innerhalb der Chronistik etwa in der Mitte des 14. Jahrhunderts und gegen Ende des 15. bzw. zu Beginn des 16. Jahrhunderts festzustellen sind. Hier lassen sich die Schanierzeiten für den Wandel der Textsorte Prosa-Universalchronik ansetzen.

Die frühesten lateinischen Zeugen der ‚Buch der Welt'-Überlieferung stammen aus dem 13. Jahrhundert. Der älteste Zeuge (Hs. 101) ist uns nur fragmentarisch erhalten. Die Handschrift 101 wurde als Einbanddeckel für einen anderen lateinischen Codex (Leipzig Ms. 1314) aus dem Ende des 13. Jahrhunderts verwendet, der eine Kompilation auf der Grundlage des ‚Buchs der Welt' (SW 67,1-246,5) mit der lateinischen Erfurter *Cronica Minor* und der Bibel ist.[785] Diese Chronik ist bis zum Jahre 1261 fortgeführt; im 14. Jahrhundert wurde ihr noch eine Erweiterung von Wilhelm von Holland bis zu Ludwig dem Bayern hinzugefügt.[786]

> Da die SW-Passsagen des Fragments fast wörtlich in der ‚Altzeller Weltchronik' wiederkehren, darf vermutet werden, dass der Altzeller Kompilator mit eben dieser SW-Handschrift arbeitete. Bald nach Fertigstellung der ‚Altzeller Weltchronik' wurde die SW-Vorlage aus unbekannten Gründen – schlechter Erhaltungszustand oder nicht mehr zeitgemäß? – zerschnitten. Zwei Fragmente der zerschnittenen SW verwandte man beim Binden der ‚Altzeller Weltchronik' Ende des 13. oder Anfang des 14. Jh.s. Ein Blatt wurde auf dem vorderen und eines auf dem hinteren Einbandspiegel eingeklebt. Von den ursprünglich zwei Blättern ist heute noch das vordere als

---

[785] Vgl. Hubert Herkommer, Sächsische Weltchronik, S. 76f.; Jürgen Wolf, Sächsische Weltchronik, S. 65f. der Leipziger Codex Ms.1314 bekam von Wolf die Sigle *101.
[786] Jürgen Wolf, Sächsische Weltchronik, S. 65f.

Bl. 45 der ‚Altzeller Weltchronik' beigebunden. Das hintere Blatt gilt als verschollen.[787]

Das ‚Buch der Welt' wurde also schon wenige Jahrzehnte nach seiner Entstehung

a) ins Lateinische rückübersetzt und
b) zur Grundlage einer lateinischen Weltchronik (der Altzeller Weltchronik).

Der Gebrauchszusammenhang, in dem das geschieht, ist der des Altzeller Zisterzienserklosters, dessen Mönche sich schon früh für Geschichtsschreibung interessierten. Neben dem ‚Buch der Welt' und der Altzeller Chronik gab es im 13./14. Jahrhundert in der Klosterbibliothek noch die Weltchronik Ekkehards von Aura, Widukinds ‚Sächsische Geschichte' und die ‚Böhmische Chronik' des Kosmas von Prag.[788]

Vielleicht gibt es noch weitere frühe unentdeckte lateinische Rückübersetzungen aus Klöstern; auszuschließen ist jedenfalls eine größere Überlieferungsbreite nicht ohne weiteres. Die zweite Rückübersetzung führt nach Königsberg, sie wurde ebenfalls im 13. Jahrhundert (nach 1290) übersetzt und ist seit dem Fall Königsbergs 1945 verschollen.[789] Der Codex, der die Handschrift 103 überliefert, besteht aus zwei separat entstandenen und später zusammengebundenen Teilen. Der erste Teil stammt aus dem 14. Jahrhundert und enthält lateinische Wörterbücher, einen griechisch-lateinischen Vocabularius und eine Grammatik. Der zweite Teil enthält die sogenannte ‚Königsberger Chronik'. Diese lateinische Chronik ist eine „fast wörtliche"[790] Übersetzung des volkssprachigen ‚Buchs der Welt' in der Version der Rezension A$_1$.

> Aufmerksamkeit verdient die ‚Königsberger Weltchronik' nicht nur als Beleg für die frühe Verbreitung der SW-A-Version im Nordosten. Auch Sprache und Art der SW-MT-Kombination sind außergewöhnlich. Dem lateinisch (!) schreibenden Chronisten galt die SW für den wesentlichen Teil der Weltgeschichte von der Schöpfung bis zur erneuten Bannung Heinrichs V. auf dem Konzil in Reims mehr als MT [Martin v. Troppau, die Verf.] [...] Auf MT griff er erst bei Lothar beginnend zurück, um dann zu Friedrich I.,

---

787 Ebd., S. 285f.
788 Vgl. ebd., S. 286.
789 Siehe Martin Komorowski, Das Schicksal der Staats- und Universitätsbibliothek Königsberg, S. 139-154; Ralf G. Päsler, Anmerkungen zu den mittelniederdeutschen und mittelniederländischen Handschriften, S. 6-14.
790 Jürgen Wolf, Sächsische Weltchronik, S. 68.

> Heinrich VI., Philipp von Schwaben und Otto IV. z.T. ergänzend, z.T. dominierend erneut die SW zu zitieren.[791]

Über die Entstehungszusammenhänge der Handschrift ist nichts bekannt. Der erste Teil des Gesamtcodex hat einen Besitzereintrag des sechsten samländischen Bischofs Bartholomäus von Radam aus dem 14. Jahrhundert. Er vermachte der Bibliothek seines Domkapitels zumindest den Teil A der Handschrift; ob auch Teil B mit der sog. Königsberger Chronik schon zu jenem Zeitpunkt im Besitz des Bischofs im Deutsch-Ordensgebiet war, lässt sich nicht mit Sicherheit sagen.

Von der ‚Königsberger Chronik' existiert ein weiterer lateinischer Überlieferungszeuge aus der ersten Hälfte des 15. Jahrhunderts (14. April 1427): die Handschrift 104. Auch sie führt in den Zusammenhang des Deutschen Ordens, denn sie gehörte zu den ältesten Beständen der von dem Priesterbruder des Deutschen Ordens Andreas Slomow aufgebauten Bibliothek der Kirche St. Marien in Danzig.[792]

> Wann Hs. 104, evtl. als Schenkung eines Priesters oder Laien aus dem Umkreis der Marienkirche oder als bewußte Anschaffung für den Lehrbetrieb (Inhalt!), zu den Beständen hinzukam, ist jedoch nicht belegt, läßt sich aus verschiedenen Katalogeinträgen aber auf die Zeit zwischen 1430/45 und 1450/1460 eingrenzen.[793]

Die beiden Textexemplare (Hss. 103 und 104) sind also sehr eng miteinander verwandt. In der Forschung geht man davon aus, dass sie eine gemeinsame nd./md. Vorlage hatten:

> Nach der Lesartenanalyse lehnt sich der SW-Teil dieser SW/MT-Kombination sehr eng an den gemeinen SW-Text an und ist damit für die Überlieferungsgeschichte von erheblicher Bedeutung. Daß die lat. SW-Übersetzung, die den Hss. 103 u. 104 zugrunde liegt, nach einer nd./md. Vorlage angefertigt wurde, beweisen zahlreiche nicht übersetzte nd./md. Ortsnamen im SW-Teil.[794]

Ebenfalls in der ersten Hälfte des 15. Jahrhunderts (1417) entstand eine weitere lateinische Rückübersetzung des ‚Buchs der Welt' in Leipzig (Handschrift 15). Wie die Ortsnamen zeigen, war ihre Vorlage niederdeutsch. Sie gehört nach dem Stand der Forschung der Rezension B an, enthält aber viele Zusätze, die sonst für die Handschriften der C-Rezension typisch sind. Auch über ihren Entstehungszusammenhang ist nichts bekannt, ein Besitzereintrag macht aber deutlich, dass die Handschrift in

---

791 Ebd., S. 205.
792 Siehe Otto Günther, Katalog der Danziger Stadtbibliothek, S. 1-2.
793 Jürgen Wolf, Sächsische Weltchronik, S. 288.
794 Ebd., S. 136.

der zweiten Hälfte des 15. Jahrhunderts dem Bischof von Naumburg, Dietrich von Bocksdorf, gehörte. Das ‚Buch der Welt' enthält Interpolationen aus den Chroniken Helmolds und Arnolds von Lübeck (1235). Sie verweist, wie die anderen besprochenen lateinischen Handschriften, in einen klösterlichen bzw. geistlichen Zusammenhang. Der Codex besteht aus zwei ursprünglich selbständigen Teilen (1418 und 1423), die jeweils Chroniken enthalten und damit auch gleiche bzw. gegensätzliche Nachrichten vermitteln. Sie sind wohl in der zweiten Hälfte des 15. Jahrhunderts zu einer Einheit zusammengefügt worden.

Die jüngste lateinische Rückübersetzung des ‚Buchs der Welt' aus dem Jahre 1509 (Hs. 032) unterscheidet sich von ihrer Intention her von den übrigen. Sie ist eine Humanistenübersetzung. Der Humanist Johannes Turmair, genannt Aventin, fand 1509 in Burghausen ein ‚Buch der Welt' mit den Zusätzen der Ersten und Zweiten Bairischen Fortsetzung, das heute – seit Aventin – als verschollen gilt, und übersetzte es ins Lateinische. Diese lateinische Übersetzung benutzte Aventin 1519-1522 für seine ‚Annales ducum Baiovariae' und für seine ‚Bayerische Chronik', die er 1533 vollendete.

III.6.3 Lateinisch-volkssprachliche Sprachmischungen in den einzelnen Textexemplaren

Das früheste Zeugnis für eine lateinisch-volkssprachige Mischung ist die Gothaer Bilderhandschrift 24. Sie tradiert in den Bildbeischriften lateinische Sequenzen. Dies beginnt gleich zu Anfang mit den ersten Bildern in der Erzählung von der Herkunft der Sachsen: die Sachsen und Thüringer werden lateinisch bezeichnet: *Saxones, Thuringi* (Bl. 2^r), *Saxo, Thuringus* (Bl. 2^v), während im Text *sassen* und *duringe* vorkommen. Der Text erzählt von dem klugen Sachsen, der das restliche Gold gegen thüringische Erde getauscht hat und deswegen von seinen Stammesgenossen verspottet wird. Die Szene, in der der Sachse seine Stammesgenossen auffordert, ihm zu folgen, stellt der Illustrator dar, indem er drei Sachsen (*Saxones*) vom Betrachter aus links darstellt und den einen Sachsen groß rechts ins Bild setzt. Die lateinische Beischrift *Dixo* ‚Ich sage' weist in direkter (lateinischer) Rede auf die volkssprachigen Worte des Sachsen im Text hin: ... *vnde sprac . volget mi edelen sassen*

Die erste volkssprachige Bildbeischrift begegnet in der Schöpfungsgeschichte (*De thueunghe d' elemente* Bl. 10^r, vorher aber: *quatuor elementa*). In der Geschichte der Stammväter und in der jüdischen Geschichte wechseln volkssprachige (*regenboche* Bl. 12^r) mit lateinischen Bildbeischriften (*visio nabuchodonosori* Bl. 18^r) ab, es überwiegen aber die Namen als Kennzeichnungen. Auch in der römischen Geschichte überwiegen die Namen, darüber hinaus sind die Bildbeischriften lateinisch. Die aus der Kaiserchronik übernommenen Passagen zu den römischen Tagesgöttern sind mit Miniaturen zu den Tagesgöttern illustriert. Die Beischriften sind im Unterschied zur volkssprachigen Angabe der Wochentagsnamen im Text hier lateinisch: *dies solis, dies lune, dies martis, dies mercurii, dies ionis, dies ueneris* (dieser Tag ist im Text nicht volkssprachig bezeichnet, vgl. die Ausführungen zu den Wochentagsnamen), *dies saturni* (Bl. 19ʳ-20ʳ). Weiterhin überwiegen die lateinischen Namensformen und Kennzeichnungen: z.B. *sol* als Beischrift für eine gemalte Sonne (Bl. 24ᵛ), *draco* neben dem gemalten Drachen (Bl. 51ʳ). Die erste volkssprachige Beischrift begegnet erst wieder auf Bl. 61ᵛ mit dem Namen *diderich uō berne*. Es geht dann aber weiter wie vorher mit lateinischen Namensformen und Beischriften z.B. *Boetius poeta,* während dagegen im Text *meister boetium* steht (Bl. 62ʳ); lat. *angelus* und im Text *eneme hilegen engele* (Bl. 66ʳ); *ducissa* für *hertoginne* (Bl. 68v); *carpentarius* für *timbermanne* im Text (Bl. 95ᵛ) etc. Innerhalb der Crescentia-Geschichte erscheinen wieder deutsche Namensformen: *diderich de witte* und *diderich de swarte* (Bl. 66ᵛ), *diderich de witte* (Bl. 67ʳ), *diderich de swarte* (Bl. 67ᵛ, 68ʳ).

Es überwiegen ganz eindeutig die lateinischen Beischriften. Eine Gewichtung, wie Renate Kroos sie vornimmt, dass die lateinischen Beischriften vor allem in den aus der Kaiserchronik übernommenen Passagen aufträten,[795] lässt sich bei einer genauen Kontrolle der Beischriften nicht nachvollziehen. Auch die Folgerung Kroos', dass der Illustrator und der Rubrikator eine illustrierte lateinische Vorlage der Kaiserchronik als Vorlage hatten,[796] ist keinesfalls zwingend. Auffällig ist jedoch, dass die meisten volkssprachigen Beischriften in der Schöpfungsgeschichte auftreten. Dieser Stoffkreis war auch im volkssprachigen Zusammenhang gut bekannt und insgesamt mit Illustrationen gut belegt.

---

[795] Renate Kroos, Miniaturen S. 51: „Sehr viele Beischriften sind lateinisch ... auffällig vor allem bei Passagen, die mehr oder minder wortgetreu aus der – deutschsprachigen – ‚Kaiserchronik' übernommen sind, wie etwa die Geschichten von den Wochentagsgöttern, von Konstantin oder Cresdentia..."

[796] Renate Kroos, ebd., stellt die „Frage an die Literaturhistoriker: Gab es, analog zur lateinischen Erstfassung des ‚Sachsenspiegels', auch frühe lateinische Versionen der ‚Kaiserchronik' (und der ‚Sächsischen Weltchronik')?" Vgl. zu einer lat. Prosabearbeitung der volkssprachigen Kaiserchronik: András Vizkelety, Eine lateinische Prosabearbeitung der ‚Kaiserchronik', S. 341-345.

Der Rubrikator, der auch den Text auf Bl. 8ʳ geschrieben hat, zeigt ganz auffällig eine andere Dialektfärbung,[797] als sie der übrige Textzusammenhang aufweist. Er realisiert beispielsweise das *g* spirantisch durch *ch*: *heilichdom* (Z. 4, 8), *hertochdom* (Z. 12, 18), sowie auch in der Bildbeischrift *regenboche*, dort wo im Text der Schöpfungsgeschichte der Hauptschreiber *regenbogen* verwendet. Es ist doch eher unwahrscheinlich, dass der Rubrikator wie der Illustrator hier stellenweise auf eine lateinische Kaiserchronikvorlage zurückgegriffen hätten. Insgesamt ist wohl eher anzunehmen, dass der – ganz offensichtlich aus einem anderen Dialektraum als der Hauptschreiber stammende – Rubrikator gewöhnt war, in der lateinischen Sprache zu arbeiten. Latein erweist sich also auch hier – trotz der sprachausgleichenden Tendenzen in der Handschrift 24 – als überlandschaftliche Ausgleichssprache.

In der Handschrift 24 kommen Sprachmischungen auch noch an anderen Stellen vor: z.B. in der Legende von den Märtyrern Johannes und Paul. Hier werden die Bibelzitate in lateinischem und deutschem Wortlaut wiedergegeben. In der Weise verfahren alle Vertreter der C-Rezensionen. Vergleicht man die übrige Überlieferung, so zeigt sich, dass die Zitate in der B-Überlieferung ausschließlich in lateinischer Sprache wiedergegeben werden. Die A-Überlieferung, die in der Forschung als diejenige gilt, die der lateinsichen Chronistik am nächsten ist, verzichtet ganz auf die Bibelzitate. Es zeigt sich in den B- und C-Handschriften also sprachlich die größere Nähe zum Latein, wobei die C-Fassungen und ihnen voran die älteste Handschrift 24 ihren Sprachauftrag sehr ernst nehmen und als erste volkssprachige Prosa-Weltchroniken die lateinischen Zitate übersetzen.

Die so genannte Predigt[798] enthält ebenfalls lateinische Zitate. Sie wird in breiter Überlieferung von den frühesten ‚Buch der Welt'-Handschriften bis ins 16. Jahrhundert beibehalten. Die meisten Handschriften – vor allem die frühen (Hss. 103, 16, 17, 24) – überliefern die franziskanische Mahnrede vollständig oder in Teilen (Hs. 111). Nur insgesamt sieben Textexemplare (Hss. 11, 12, 12a, 121, 122, 14 und 15) lassen die Predigt aus. In der Zwickauer Handschrift 111, die eine Prosa-Weltchronik in der Tradition der volkssprachigen Reimchronistik ist, ist die Mahnrede stark verkürzt. Die franziskanische Mahnrede ist in den ein-

---

797 Vgl. z.B. auch Siegfried Grosse, Sprachgeschichtliche Stellung , S. 44f.
798 Siehe auch Hubert Herkommer, Sächsische Weltchronik, S. 30, 243, 246; Jürgen Wolf, Sächsische Weltchronik, S. 402, Anm. 5. Hubert Herkommer, Einführung, S. LXIIf. spricht von der ‚franziskanischen Mahnrede'.

zelnen Textexemplaren in der Regel nicht durch hierarchische Strukturierungen besonders hervorgehoben. Sie enthält verschiedene Stilmittel, die sie innerhalb der Chronik zu einem retardierenden Element im chronologischen Fluss machen. Sie enthält Passagen wörtlicher Rede aus dem Munde Jesu. Die Passagen sind zweisprachig in Latein und in der Volkssprache. Ich zitiere ein Beispiel aus der Hs.16, Bl. 36 bzw. 38^{rb}f.:

[...] *do he sprach. discite a me quia mitis sum et humillis corde . dat spricht leret van me wante ich bin sanfte uñ othmoedeghes herten . wo sanfte he ware . dat moghe we merken an den sceltworden de eme de ioden gauen . wo othmodich he ware . dat moge we merken dat de hemeleske konig wol in desser werlt deme ertleken keiser tins geuen uñ . uñ oc sunte petere sinen iunghere och het gheuen .*

Ganz auf der Linie der ‚lateinischen Universalchronistik' liegen die lateinisch-deutschen Sprachmischungen, die im städtischen Zusammenhang vorkommen: Der Basler Codex (Hs. 021) ist sprachlich gesehen eine Mischhandschrift aus alemannischem und lateinischem Textvorkommen. Es überwiegen bei weitem die alemannischen Passagen: Das erste Textexemplar, das der Schreiber Erhard Appenwiler hinzufügt – die Annalen des Klosters Pairis – ist lateinisch, die Aufzeichnungen zum Jahr 1439 sind lateinisch (Bl. 184^{r+v}, er übernimmt einen lateinischen Bericht über die Eroberung von Constantinopel zum Jahre 1443). Auch in Appenwilers deutschen Passagen begegnen lateinische Lexeme, z.B. signalisiert er die chronologische Abfolge des Textes – vor allem in den Schilderungen der Schlachten – durch Gesamtsatzanfänge mit dem lat. Lexem *item*: z.B. (zum Basler Krieg gegen Österreich von 1444-46, Bl. 224^v) *Item die Schinder die mörder komen quarta post Batholomei für Basel mit setzigtusent mannen anno 44* [...]; *Item die Schinder, die erslagen wurdent fürttend sú gon Mutentz, Rinach* [...]; *Item donoch am fritag zugend die Schinder gen Seggingen* [...]; *Item donach am Samstag* [...] Der Bericht über die Krönung Friedrichs III. zu Aachen 1442 beginnt den Gesamtsatz zum Krönungstag (17. Juni) mit *item*; die Gesamtsätze zu einigen darauffolgenden Tagen fangen mit *donoch* an.

Auch die Handschriften 8, 081, 082 – das Autograph des studierten Laien und Regensburger Lohnschreibers Leonhard Heff[799] und dessen (mittelbare) Abschriften – führen in die Sphäre des gelehrten und im Grunde auch weitgehend des Lateinischen mächtigen, zum Teil schon

---

799 Vgl. zum Leben Heffs: Peter Johanek, Artikel ‚Leonhard Heff', Sp. 569-572; ders., Weltchronistik, S. 298 und 307f.; Joachim Schneider, Vermittlungsprobleme, S. 173-177; Jürgen Wolf, Sächsische Weltchronik, S. 186-188.

humanistisch ausgerichteten[800] Stadtbürgertums. Joachim Schneider erklärt den Misserfolg der Heffschen Andreas-Chronik-Übersetzung damit, dass das Regensburger Publikum, das sich für Weltchronistik interessierte, Latein verstand und „lieber auf das lateinische Original" zurückgriff „als auf Heffs Versuch einer deutschen Übertragung. So kehrte ja auch Heff selbst für seine ‚Imago Mundi' zur lateinischen Sprache zurück."[801] Heff war Lohnschreiber, d.h., seine Arbeiten waren Auftragsarbeiten, er war in besonderem Maße auf die Gunst des Publikums angewiesen. Damit erklärt sich auch, dass er der Chronik zwei Vorreden voranstellte, in denen er die Prinzipien seiner Übersetzungsarbeit begründete: eine lateinische und eine deutsche.[802] Er wollte sowohl das lateinkundige Publikum als auch den nicht unbedingt des Lateins mächtigen, gebildeten Laien ansprechen. Mit der Andreas-Chronik hatte Heff – im Auftrag des Regensburger Stadtkämmerers Erasmus Trainer – eine lateinische Weltchronik übersetzt, ihren Anfang jedoch entnahm er dem ‚Buch der Welt' in einer Version ohne Reimvorrede. „Die deutsche Übersetzung der Weltchronik des Andreas [...] steht, soviel kann vorläufig festgehalten werden, innerhalb von Heffs Gesamt-Œuvre zwar nicht vom Thema, doch von der dort gewählten Sprache her vereinzelt."[803]

Vor allem im 15. Jahrhundert treten im klösterlichen Umfeld Textexemplare des ‚Buchs der Welt' (Hss. 14, 21, 231, 18) mit (allerdings sehr bescheidenen) Sprachmischungen auf. Die meisten dieser Weltchroniken – mit Ausnahme der Hs. 21 – verzichten auf die Gegenwartsgeschichte. Der Berichtszeitraum endet dann ca. 150 Jahre vor ihrer Aufzeichnung.

Eine lateinisch-deutsche Sprachmischung aus dem sozialen Umfeld eines Klosters ist die Handschrift 14. Johannes Vicken, Kaplan im zisterziensischen Ruhekloster bei Schleswig, schrieb sie 1434. Die Handschrift beginnt mit lateinischen Prosafassungen Aesopischer und Avianischer Fabeln, deren Moraliter-Auslegung lateinisch und niederdeutsch ist. Darauf folgt das ‚Buch der Welt' mit einer sehr fehlerhaften Fortsetzung bis 1280 (falsches Enddatum 1337). Ihre einleitende Überschrift ist lateinisch und niederdeutsch: *Hic sequitur coronica romanorum – Dit is dat buk dat hetet cronica romanorum* (Bl. 55ʳ). Auf die Chronik folgen die Hierarchie der römischen Kardinäle nach Martin von Troppau und die Geschichte von Christi Geburt bis zu Petrus und Paulus. Wie die la-

---

800 Vgl. dazu Joachim Schneider, Vermittlungsprobleme, S. 177.
801 Ebd., S. 226.
802 Siehe dazu ebd., S. 179. Siehe dort auch zu weiteren „publikumsbezogenen Modifikationen" gegenüber der Vorlage, S. 179ff.
803 Ebd., S. 177.

teinischen Fabeln dienten die Erzählungen der Chronik möglicherweise vor allem der moralisch-christlichen Lehre und Erbauung. Der Text weist zahlreiche Interpolationen aus der Bibel, der *Historia Scholastica*, Martin von Troppau und einer Legendensammlung auf. Das Textexemplar, das nicht mehr bis in die Gegenwart des Schreibers Johannes Vicken fortgeführt worden ist, wurde von den Zeitgenossen Vickens durchaus noch als ‚Weltchronik' verstanden, das zeigt der spätere chronikalische Nachtrag zum Tod Herzog Adolfs VIII. von Schleswig-Holstein (1459).

Auch die Handschrift 18 weist – allerdings in sehr geringem Umfang – deutsch-lateinische Sprachmischungen auf. Ein lateinischer Hinweis auf ihren Inhalt ist marginal nachgetragen: *Idem Chronicon cum eo quod in membranis scriptum est Idiomate prorsus Saxonico: Sed hoc in fine multis Historijs auctum.* Der Kolophon mit der Schreibernennung ist lateinisch-deutsch und zeigt damit, dass der Schreiber Johannes Bertram aus Naumburg lateinkundig war.

> *Nes han io verte scriptorem noscis aperte*
> *Connomine Bertram cum uxore sua walporg*
> *Habet fillium mertin der trincket liber milch denn wyn.*

Die ostfälische Handschrift 231 aus dem Danziger Franziskanerkloster schließlich hat ein lateinisches Explicit vom Schreiber Stefan Polegen im Anschluss an das ‚Buch der Welt' (Bl. 108ra): *Et sic finis anno Domini millesimo quadragesimo decimo sexto secunda feria post diem palmarum per me Steffan Polligen* und im Anschluss an den großen Seelentrost durch Nikolaus Polegen, nennen sich beide Schreiber (Bl. 227vb): *Orate pro scriptoribus Steffano prebitero et Nicolao Polegen fratribus proter deum pater noster ave maria.*

Bei den beiden Handschriften 18 und 231 klaffen – wie auch bei der oben erwähnten Handschrift 14 – Entstehungszeit (Hs. 231: 1416; Hs. 18: 2. Viertel 15. Jh.) und Ende der Berichtszeit (Hs. 231: 1275; Hs. 18: 1292) erheblich auseinander. In der Handschrift 231 wird eine klerikale, explizit franziskanische Weltsicht betont. Johann Bertram (Handschrift 18) führte nicht die Chronik und auch nicht den Katalog der römischen Kaiser und Könige – er ist erst von späterer Hand bis zu Friedrich III. (†1493) aktualisiert worden – bis in seine Gegenwart weiter; er vervollständigte allein den Katalog der Päpste bis zu Martin V. (†1431) und führte ihn damit bis in seine Gegenwart. Damit lassen sich Ansätze zu einer papistischen Ausrichtung erkennen. Ein späterer Schreiber stellte das Gleichgewicht zwischen Papst- und Kaiserkatalog wieder her, indem er Letzteren von Karl V. (1378) bis zu Friedrich III. fortsetzte.

Aus dem Erfurter Benediktinerkloster stammt die ostmitteldeutsche Handschrift 21, deren Schreiber Conrad von Tanna war, Pfarrer in Sondershausen und Schreiber der Schwarzburgischen Grafen Heinrich XXVIII. und Günther XXVIII. Diese 1370 entstandene Chronik ist bis 1352 fortgesetzt worden. Sie ist die früheste der hier zu besprechenden Handschriften. Neben anderen Textzusammenhängen überliefert sie ein lateinisch-deutsches Vokabular. Dies deutet vielleicht auf die (Kloster-)Schule als Gebrauchszusammenhang hin. Im Weltchronikzusammenhang findet sich keine Sprachmischung.

IV. Wandel und Ausdifferenzierung des mittelalterlichen Weltbildes – Kollektive Erinnerung im Rahmen der Universalchronistik

Fritz Peter Knapp beschwört die Einheitlichkeit des mittelalterlichen Weltbildes, trotz Spaltung der Christenheit seit frühester Zeit, trotz Schisma zwischen Papstkirche und Orthodoxie (1054), trotz zahlreicher Nichtchristen an den „Rändern Europas".[1]

> Aber die Anhänger aller dieser Religionen und Sekten stimmten in Teilen ihres Weltbildes überein, mit gradmäßigen Abstufungen natürlich. Und das okzidentale, das abendländische Europa war im großen und ganzen tatsächlich katholisch und damit in seiner Weltanschauung einheitlich ausgerichtet wie später nie mehr, auch nicht zur Zeit des päpstlichen Zentralismus und königlichen Absolutismus im 17. Jh. Diese Einheit wurde nicht zuletzt durch die eine Sprache der Religion und der Wissenschaft, das Lateinische gewährleistet.[2]

Im Wesentlichen wurde die Einheit des mittelalterlichen Weltbildes wohl nicht nur durch die lateinische Schriftsprache gewährleistet, sondern vor allem auch geschaffen.[3] Auch die christlich geprägte historische Memoria wurde nicht zuletzt durch die lateinische Sprache, derer sie sich im Mittelalter bediente, zu einem Erinnerungswissen des gesamten christlichen Europas. Diese Bildungssprache trug dazu bei, das vor allem ein Weltbild als wahr und richtig gelten konnte, dass es zum dominanten Erinnerungswissen wurde. Mit der Einführung der Volkssprache in die Universalgeschichtsschreibung ändert sich auch das historische Weltbild.

Es ändert sich zunächst nicht dramatisch, sondern fast unmerklich. Das historische christliche Weltbild war auch ein im Wesentlichen politisches Weltbild, christliche Inhalte, das römische Reich und das Papstum waren die Eckpfeiler des historischen Weltbildes. Spätestens seit der volkssprachigen Universalchronistik zeigen sich Modifikationen an diesem einheitlichen historischen Weltbild des Mittelalters: Die erste volkssprachige Prosaweltchronik – das sächsisch-welfische ‚Buch der Welt' – schließt sich keinem traditionellen Weltbild direkt an, sondern deutet die unterschiedlichen Vorstellungen wiederum in ihrem Sinne

---

1 Fritz Peter Knapp, Das Weltbild des Mittelalters, S. 126.
2 Ebd..
3 Vgl. dazu auch Ludolf Kuchenbuch, Verrechtlichung der Erinnerung.

um: In Bezug auf das Christentum und die Glaubensinhalte, die die Weltchronik vermitteln möchte, nimmt sie in ihrer franziskanischen Orientierung zu jener Zeit auch eine eindeutige Position ein gegen die Papstkirche. Politisch wendet sie sich gegen die reichshistorische Orientierung. Sie setzt ihr ein eindeutig sächsisch-dynastisches Weltbild, eine stark von sächsisch-welfischer Memoria geprägte Geschichtsauffassung entgegen, die mit der reichshistorischen konkurrieren kann. Wenn auch die sächsisch-dynastische Weltchronik keine große Wirkung hatte (es ist uns nur ein Textzeuge – Hs. 24 – überliefert, der das sächsisch-welfische Interesse deutlich in Text und Bild artikuliert), setzte immerhin mit ihr eine weitere wirkungsvolle Veränderung des mittelalterlichen Weltbildes ein:

1. Das mit dem ‚sächsisch-welfischen Buch der Welt' verbundene Konzept einer volkssprachigen Prosachronik war erfolgreich und erreichte vor allem das städtische Publikum.
2. Das Konzept einer Regionalisierung der Weltchronistik setzte sich durch, wie die zahlreichen Bearbeitungen des ‚Buchs der Welt' und die Fülle regionaler Weltchroniken im Spätmittelalter zeigen.
3. Das Konzept der franziskanischen Geschichtsschreibung erzielte nicht zuletzt durch das volkssprachige ‚Buch der Welt' eine große Breitenwirkung.
4. Vor allem in der Sphäre des Stadtbürgertums öffnet sich die Weltchronistik im 15. Jahrhundert neuem (z.B. Reiseliteratur), aber auch erneut antikem Erinnerungswissen, was zu weiterem Wandel und weiterer Ausdifferenzierung des mittelalterlich/frühneuzeitlichen Weltbildes führte. Dieser Wandel geschieht weitgehend in enger Orientierung an den alten Vorbilder, auch das bewirkt, dass die Veränderungen zunächst nahezu unmerklich vonstatten gehen.

Die Überlieferungssituation des ‚Buchs der Welt' widerlegt schlagend die Annahme eines einheitlichen, über allen Partikular-Interessen stehenden christlichen mittelalterlichen Weltbildes. Die Textexemplare des ‚Buchs der Welt' zeigen das ganz klar. Die Weltchronik wurde vielfach bearbeitet und weitergeführt. Darüber hinaus wurde die Chronik von anderen Chronisten rezipiert, z.B. durch die Braunschweiger Reimchronik, die Schöffenchronik, Jakob Twinger von Königshofen, durch Fritsche Closeners Straßburger Chronik und viele Andere mehr. Bei jeder Bearbeitung sind auch Veränderungen in Bezug auf das historische Erinnerungswissen festzustellen. An Hand der Überlieferung des ‚Buchs der

Welt' lassen sich unterschiedliche Modelle historischer Memoria herausarbeiten.

IV.1 Modelle historischer Memoria am Beispiel der Überlieferung des ‚Buchs der Welt'

Der Überlieferungszusammenhang des ‚Buchs der Welt' zeigt im Wesentlichen vier interessengebundene Geschichtsauffassungen, die zur Entwicklung und zum Wandel des mittelalterlichen historischen Weltbildes und damit auch zum Wandel und zur Modifikation historischen Erinnerungswissens beigetragen haben:

I. Geschichte des römischen Reiches in Kombination mit Heilsgeschichte als Ausdruck eines europäisch-christlichen, romzentrierten Interesses;
II. Reichsgeschichte und Heilsgeschichte als Rahmen höfischer bzw. partikular-dynastischer Interessen;
III. Reichsgeschichte in Kombination mit Heilsgeschichte als Rahmen regionaler Interessen;
IV. Reichshistorie und Heilsgeschichte als Rahmen städtischer Interessen.

Die Emanationen dieser vier Interessenlagen folgen zeitlich zunächst aufeinander:

– Die reichshistorische, romzentrierte Prosa-Universalchronistik hat ihre Schwerpunkte im 13. bis 14. Jahrhundert (I).
– Die höfische bzw. partikular-dynastische Universalchronistik entsteht im 13. Jahrhundert und noch zu Anfang des 14. Jahrhunderts (II). Diese höfische Form der historischen Memoria hat ihre Vorläufer in der volkssprachigen Geschichtsdichtung wie dem Annolied und der Kaiserchronik, die z.B. ebenfalls am Welfenhof (in Bayern) entstanden ist.
– Die regionale Universalchronistik tritt vor allem Ende des 14. und 15. Jahrhunderts auf (III). Auffällig ist vor allem die relativ frühe Regionalisierung des Weltchronikzusammenhanges: Es lassen sich neben der Ausrichtung auf Sachsen verschiedene andere regionale Zuordnungen feststellen. Es begegnen z.B. oberrheinische bzw. bayrische, thüringische Ausrichtungen und eine Fülle von Stadtweltchroniken, die auf dem Textzusammenhang der ‚Buchs der Welt' basieren. Die regionale Eingrenzung auf das sächsische Gebiet, die in der Bezeichnung ‚Sächsische Weltchronik' zum Ausdruck kommt, wi-

derspricht vom Gesamttextzusammenhang her gesehen sowohl den reichs- und universalhistorischen Vorstellungen als auch den Regionalisierungen, die in ihrer Mehrheit nicht nach Sachsen weisen.
- Der zeitliche Schwerpunkt der von Weltgeistlichen oder städtischen Lohnschreibern verfassten Stadtchroniken liegt im 15. Jahrhundert (IV).

Aufgrund der differierenden Interessenlagen zeigt sich ein jeweils anderer Zugriff auf die historische Memoria, was sich in den externen und internen Merkmalen der Universalchronistik im 13. bis 16. Jahrhundert spiegelt. Die Memoriakonzepte existieren seit dem 13./14. Jahrhundert nebeneinander; im 15./16. Jahrhundert überschneiden sie sich und damit kommt es zu weiteren Varianten.

IV.2 Die sächsische Ausrichtung des ‚Buchs der Welt' - ein Modell historischer Memoria im 13. Jahrhundert

Die Untersuchung hat gezeigt, dass die älteste überlieferte Handschrift, die Gothaer Bilderhandschrift, die einzige Universalchronik aus dem Überlieferungszusammenhang des ‚Buchs der Welt' ist, die sächsischwelfische Memoria bewusst als Dynastiegeschichte, aber mit deutlich reichshistorischem Anspruch tradiert.

Vor diesem Hintergrund möchte ich noch einmal die Frage stellen: Welcher Textzusammenhang ist dem Ursprung des ‚Buchs der Welt' am nächsten? In der Forschung sind bislang vorrangig Handschriftenstemmata erstellt und Rezensionsbindungen diskutiert worden. Diese Schwerpunkte der wissenschaftlichen Beschäftigung mit dem Textzusammenhang des ‚Buchs der Welt' sind, wie auch die Suche nach dem Autor oder nach dem „autornächsten" Text, durch die Leitbilder der Textforschung – durch die Textkritik und durch die überlieferungsbezogene Forschung – vorgegeben worden. Weil sie sich im Rahmen dieser, zu engen, Vorgaben bewegen, sind die Ergebnisse in Bezug auf das Handschriftenstemma, in Bezug auf die Entstehungszeit eines oder mehrer Originale häufig Spekulationen. Auf dieser Grundlage gibt es heute im Wesentlichen zwei konkurrierende Vermutungen über die Entstehung des ursprünglichen ‚Buchs der Welt':

Die „Entwicklungstheorie" (z.B. Michael Menzel, Jürgen Wolf) geht von einer an der lateinischen Tradition orientierten, kürzeren Ursprungsfassung (mit einem Entstehungsdatum ca. 1229) aus, wie sie in den meisten Handschriften der Rezension A_1 festgestellt werden kann. Der Ursprung des ‚Buchs der Welt' wäre dann ein franziskanisch ausgerichteter Textzusammenhang mit reichshistorischer Prägung gewesen – keine sächsische Weltchronik.

Die „Kürzungstheorie" Hubert Herkommers geht dagegen von einem sächsischen ‚Buch der Welt' aus, wie es in der Gothaer Handschrift 24 tatsächlich begegnet. Herkommers Ausgangspunkt ist allerdings die Langfassung mit der in der Handschrift 24 nicht überlieferten Sächsischen Fortsetzung;[4] so vermutet er, dass die ursprüngliche Fassung in der Zeit nach 1275 entstanden sei. Er setzt aber für den Ursprungstext eine noch stärker gereimte Fassung – das Prosimetrum – an, wie es ihm z.B. in der Pommersfeldener Handschrift 21 erscheint. Ich möchte diesen beiden Vermutungen (Kurzfassung vs. Langfassung) eine durch die empirische Textanalyse begründete These entgegenstellen. Die Frage nach dem ursprungsnächsten Text zu beantworten, war nicht mein Untersuchungsziel, aber auf der Grundlage der hier angestellten textlinguistischen Untersuchung und den Überlegungen zur kollektiven Memoria im Mittelalter stellt sich auch die Ursprungsfrage in neuem Licht.

Wirklich neu an der ersten volkssprachigen Weltchronik ist die Kombination von Volkssprache und Prosa, die Kombination einer geistlichen, hier aber dezidiert nicht amtskirchlich orientierten Chronistik mit einer höfischen, hier aber dezidiert nicht reichshistorisch orientierten dynastischen Weltgeschichtsschreibung. Darin unterscheidet sie sich explizit von den nur wenig jüngeren[5] – ebenfalls im höfischen Umfeld – entstandenen gereimten volkssprachigen Universalchroniken. Eben dies ist auch ein Grund, warum die Textexemplare mit der sächsisch-welfischen Ausrichtung die ursprüngliche Intention des Schreibers/Verfassers des ‚Buchs der Welt' am unmittelbarsten spiegeln. Der Auslöser für alle anderen Textexemplare des ‚Buchs der Welt' war eine sächsisch-welfische Weltchronik, die etwa in den 30er Jahren des 13. Jahrhunderts entstanden ist.

Vielleicht war diese sächsisch-welfische Weltchronik schon die Vorlage der Gothaer Bilderhandschrift 24. Nur die Handschrift 24 zeigt die ursprüngliche Ausrichtung noch ohne Umdeutungen. Die übrigen Textexemplare – selbst der Rezension C – zeigen Abwandlungen, Modifikationen und Weiter- sowie „Rück"entwicklungen. Dieses Ergebnis wurde bereits im Verlauf meiner Untersuchungen deutlich. Ich möchte alle Indizien für diese These noch einmal zusammenfassend erläutern:

---

4 Hubert Herkommer, Einführung, S. LIV.
5 Vgl. Dorotehea Klein, Heinrich von München, S. 73-90.

Besonders wichtig für den Textzusammenhang des ‚Buchs der Welt' – für seine Entstehung und seine ursprüngliche Ausrichtung – ist die Bedeutung des landesherrlichen, sächsisch-welfischen Adels gewesen.

Auf den Welfenhof verweist extern die Handschrift 24; intern lassen alle C-Handschriften eine solche Ausrichtung erkennen. Sie sind umgedeutete sächsische ‚Bücher der Welt'. Die tragende Textkompilation dieser C-Gruppe besteht aus der Frutolf-Ekkehard-Chronik und der Kaiserchronik zuzüglich der Textallianzen (Erzählung von der Herkunft der Sachsen, Welfengenealogien); diese Kompilation sowie die volkssprachige Realisation deutet auf den Welfenhof als Entstehungszusammenhang. Das sächsische ‚Buch der Welt' ist in dieser Ausprägung – extern – das Produkt sächsisch-welfischer Präsentation. Die Intention war die Erstellung einer Weltchronik, die die junge, vorwiegend höfische, gereimte volkssprachige Geschichtsdichtung mit der älteren, ausschließlich lateinischen Prosa-Weltchronistik zu einer harmonischen Einheit verband. Ein solcher Verbund war publikumswirksam und hatte Chancen, die dynastische Memoria im Mantel reichshistorischen Erinnerungswissens um so leichter und nahezu unbemerkt zu verbreiten.

Die Kompilation der Frutolf-Ekkehard-Chronik mit der Kaiserchronik bot sich als Grundlage einer volkssprachigen Prosa-Universalchronik geradezu an: Die Frutolf-Ekkehard-Chronik war schon kurz nach ihrer Entstehung zu einer wichtigen Vorlage für andere mittelalterliche, in der lateinischen Weltchroniktradition schreibende Chronisten geworden.

> Als selbständiges Werk ist F.s Chronik ohne jede Wirkung geblieben. Zusammen mit den verschiedenen Fortsetzungen Ekkehards von Aura und meist auch unter dessen Namen ist seine Arbeit jedoch im 12. und 13. Jh. die Grundlage fast der gesamten Chronistik in Deutschland geworden, soweit diese die Weltgeschichte oder doch wenigstens die christliche Ära behandelte. Ottos von Freising ‚Historia de duobus civitatibus' ist ohne das von F. bereitgestellte Material nicht zu denken.[6]

Und die Kaiserchronik war unter den deutschen Reimchroniken eine Ausnahme, sie wurde schon früh im Kontext lateinischer Geschichtsschreibung überliefert, darüber hinaus ist sie auch als Prosabearbeitung ins Lateinische übersetzt worden.[7] Im Umkreis des Regensburger Welfenhofs entstanden,[8] war sie eine ideale Kompilationsgrundlage für eine welfisch-dynastisch ausgerichtete Weltchronik, die die lateinische Tra-

---

6 Franz Josef Schmale, Frutolf v. Michelsberg , Sp. 997.
7 Vgl. Eduard Schröder, Kaiserchronik, S. 22, Nr. 25; András Vizkelety, Eine lateinische Prosabearbeitung der ‚Kaiserchronik'.
8 Vgl. dazu auch Volker Mertens, Welfenhof, S. 206.

dition mit der jungen deutschen, höfischen, ursprünglich gereimten Weltchroniktradition verbinden sollte.

Das Rezept der ersten Prosa-Weltchronik war also sehr einfach: Ein populärer lateinischer Textzusammenhang (Frutolf-Ekkehard) – der, wie wir sahen, von der inhaltlichen und strukturellen Anlage her bestens geeignet war – wurde mit einem populären volkssprachigen Weltchroniktextzusammenhang (Kaiserchronik), der zudem vermutlich dem Welfenhaus verfügbar und vertraut war,[9] verbunden. Für die ‚Latinisierung'[10] wie auch die Prosaisierung war der Textzusammenhang der Kaiserchronik durchaus geeignet, da er selbst auf der Grundlage der Frutolf-Ekkehard-Chronik entstanden war.

Die dynastisch welfische Umdeutung der ursprünglich reichshistorisch zentrierten Kombination von Frutolf-Ekkehard-Chronik und Kaiserchronik gelang durch die strategische Textallianz mit alter Welfenüberlieferung, wie z.B. der ‚Genealogie der Welfen', die auf eine ‚sächsische Welfenquelle' aus den 30er Jahren des 12. Jahrhunderts zurückgeht und die vermutlich im Lüneburger Michaeliskloster angefertigt worden war.[11] Aus dieser ersten dynastischen Geschichtsquelle schöpfte auch Mitte des 12. Jahrhunderts der *Annalista Saxo*. Die C-Fassungen haben über diese Textkombinationen hinaus auch noch Informationen aus dieser frühen dynastischen Präsentation direkt in den Chroniktext interpoliert.[12] Die neben der weltlichen Intention deutlich werdende geistliche Ausrichtung ist franziskanisch.[13]

Von den untersuchten Textexemplaren entspricht von den externen und bei genauer Betrachtung auch von vielen internen Merkmalen her nur die illuminierte Gothaer Bilderhandschrift – der früheste Überlieferungszeuge des Textzusammenhanges – dieser sächsisch-welfisch-dynastischen Variante der Textsorte ‚Weltchronik'. Sie hatte aber ganz si-

---

9 Die Kaiserchronik des anonymen Regensburger Geistlichen ist vermutlich in Bayern am Welfenhof entstanden.
10 Mit Latinisierung meine ich hier sowohl die Übersetzung in die lateinische Sprache, was ja bei der Kaiserchronik geschehen ist, (vgl. András Vizkelety, Eine lateinische Prosabearbeitung der ‚Kaiserchronik') als auch die verstärkte Anwendung von Prinzipien, die der lateinischen Chronistik eigen sind.
11 Otto Gerhard Oexle, Sächsische Welfenquelle, S. 435-497; ders., Welfische Memoria, S. 61-94, bes. S. 76; Karl Schmid, Welfisches Selbstverständnis, bes. S. 392-394.
12 Vgl. Michael Menzel, Sächsische Weltchronik, S. 134, Anm. 545; Jürgen Wolf, Sächsische Weltchronik, S. 129, Anm. 23.
13 Vgl. zur franziskanischen Geschichtsschreibung: Dieter Berg, Studien zur Geschichte und Historiographie der Franziskaner, S. 114-155. Vgl. zur franziskanischen Prägung der Sächsischen Weltchronik jetzt auch noch einmal pointierter Hubert Herkommer, Einführung, S. LXII-LXVI.

cher frühere Vorläufer.[14] Die Intention einer solchen Fassung war, den welfischen Machtanspruch zu zeigen und die Königswürde der Welfen zu legitimieren. Diese Fassung musste gleichermaßen dem lateinischen Traditionsstrang wie dem volkssprachigen, höfischen entsprechen; sie sollte den Wahrheitsanspruch der lateinischen Chronistik und – durch die Erweiterung mit Legenden, Sagen und höfischen Stoffkreisen – den Unterhaltungswunsch und die Wahrheitsauffassung des Hofes miteinander verbinden und so der Reichsgeschichte eine gleichwertige Dynastiegeschichte entgegenstellen.[15] Dem päpstlichen Machtanspruch, der bereits Heinrich den Löwen in die Knie gezwungen hatte, wurde die deutlich franziskanische – zu bestimmten Zeiten extrem papstfeindliche[16] – Haltung entgegengestellt. Eine solche Fassung könnte in der bebilderten Vorlage der Gothaer Bilderhandschrift 24 vorgelegen haben. Ganz sicher war der Berichtzeitraum der Vorlage kürzer als der der jüngeren Gothaer Bilderhandschrift, er wird also vor 1248 liegen: Nach den Beobachtungen von Renate Kroos weist die Gothaer Handschrift ein Bildprogramm auf, das gut vierzig Jahre älter ist als die Handschrift selbst.[17]

Ausgehend von den Untersuchungen der Textanalyse, gestützt durch die Beobachtungen der Kunsthistorikerin Renate Kroos und auch des Historikers Jürgen Wolf, der ebenfalls eine sächsisch-welfische, in landesherrlichem Besitz befindliche Vorlage der Handschrift 24 ausmacht (Hs. *23), nehme ich als Ursprung des Überlieferungszusammenhanges des ‚Buchs der Welt' eine bis um 1225 reichende, sächsisch-welfisch ausgerichtete Fassung an. Diese volkssprachige Universalchronik wird in den 30er Jahren des 13. Jahrhunderts am Welfenhof entstanden sein.

Auf das Mäzenatentum des Sohnes von Heinrich dem Löwen, Ottos IV. (†1218), hat Bernd Ulrich Hucker hingewiesen.[18] Unter Otto IV. tritt jedoch die Affirmation welfischer Memoria[19] gegenüber imperialer Me-

---

14 Jürgen Wolf, Sächsische Weltchronik, z.B. Handschrift *23, S. 113f.; Renate Kroos, Miniaturen, S. 62: „Diese Hypothese kann nun durch die Nähe zur kaum nach 1270 entstandenen, allem Anschein nach auf einer welfischen Vorlage um 1225/35 beruhenden Gothaer Handschrift gestützt werden."
15 Vgl. zur „Wahrheitsdiskussion" am Welfenhof auch Volker Mertens, Deutsche Literatur am Welfenhof, S. 211.
16 Vgl. hierzu auch die Wendungen gegen die immer wohlhabender werdenden Päpste in der so gen. Predigt Ludwig Weiland, Sächsische Weltchronik, S. 146,28-30 und auch Jürgen Miethke, Ockhams Weg.
17 Renate Kroos, Miniaturen, S. 96. Kroos vermutet aber – befangen in den Rezensionsvorstellungen – hier eine A- oder B-Fassung.
18 Bernd Ulrich Hucker, Literatur im Umkreis Ottos IV., S. 377-406.
19 An dieser Stelle nenne ich nur einige wenige weiterführende Literatur zum Selbstverständnis der Welfischen Sachsen: Karl Schmid, Welfisches Selbstverständnis, S. 389-

moria[20] deutlich zurück, eine sächsisch-welfische Weltchronik ist in jener Zeit eher nicht denkbar. Das Andenken an die Welfen lebt erst mit Ottos Nachfolgern in Sachsen wieder auf. Gleichwohl ist der Plan für eine sächsisch-welfische Weltchronik wahrscheinlich schon älter: Klaus Nass zufolge hatte bereits Heinrich der Löwe kurz vor seinem Tode (1195) den Plan entwickelt, eine Weltchronik schreiben zu lassen. Er geht davon aus, dass im Auftrag Heinrichs des Löwen 1194/95 eine heute verlorene Weltchronik auf der Grundlage der Frutolf-Ekkehard-Chronik kompiliert worden sei, aus der später die Braunschweiger Reimchronik geschöpft habe.[21] Die Braunschweiger Reimchronik wiederum hat mit Sicherheit eine ‚Buch der Welt'-Handschrift als Quelle benutzt: „Eine in der ‚Reimchronik' überlieferte Passage zum Wendenfeldzug Heinrichs des Löwen stammt ebenso wie zahlreiche andere Nachrichten aus einer SW-Handschrift, und interessanterweise überliefert nur Hs. 24 dieses Ereignis."[22] Außer dem Braunschweiger Reimchronisten, der 1298 seine welfische Auftragsarbeit beendete, lässt sich nur noch ein weiterer Rezipient feststellen, der Verfasser der Magdeburger Schöppenchronik (1373), der wie Jürgen Wolf es nennt: rezensionsübergreifend rezipiert hat. In der Braunschweiger Reimchronik erkennt Jürgen Wolf eine B- und eine C-Version als Vorlage und in der Magdeburger Schöppenchronik eine A- und eine C-Version.[23]

Legt man die „Rezensionsbrille" einmal beiseite, sieht man, dass die beiden Rezipienten Versionen eines dynastisch-welfischen sächsischen ‚Buchs der Welt' vorliegen hatten, aus denen sich die späteren – den un-

---

416; Otto Gerhard Oexle, Sächsische Welfenquelle, S. 435-497. Die Forschungen zu den Welfen sind seit den 60er Jahren durch die weiterweisenden Beiträge Karl Schmids und Otto Gerhard Oexles intensiviert worden, ihre Ergebnisse werden kontrovers diskutiert; vgl. weiter z.B. die Beiträge im Sammelband: Bernd Schneidmüller, Welfen; Egon Boshof, Die Entstehung des Herzogtums Braunschweig-Lüneburg, S. 249-274; Bernd Schneidmüller, Billunger – Welfen – Askanier, S. 30-61; Otto Gerhard Oexle, Welfische und staufische Hausüberlieferung, S. 203-231; ders., Adliges Selbstverständnis, S. 47-75; Gerd Althoff, Anlässe, S. 34-46.

20 Bernd Ulrich Hucker, Kaiser Otto IV, Hannover 1990 (MGH Schriften 34), S. 558ff.
21 Klaus Naß, Geschichtsschreibung am Hofe Heinrichs des Löwen, S. 125, S. 160f.: „Die Vermutung, der Welfe habe dynastische Geschichtsschreibung gefördert und auf dem Feld der Historiographie mit den Staufern konkurriert, ist abwegig. Das Interesse des Herzogs manifestierte sich vielmehr in einer Weltchronik, die er 1194/95 kompilieren ließ und bei deren Vortrag er so manche schlaflose Nacht verbrachte." In diesem genannten Zusammenhang besonders zu beachten ist der Aufsatz von Johannes Fried, Königsgedanken Heinrichs des Löwen, S. 312-351. Zur volkssprachigen Literatur am Welfenhof vgl. auch: Volker Mertens, Deutsche Literatur am Welfenhof, S. 204-212.
22 Jürgen Wolf, Sächsische Weltchronik, S. 158.
23 Ebd., S. 199f.

terschiedlichen Rezensionen zugerechneten – Versionen erst entwickelt haben. Die Entstehung einer solchen Vorlage ist unter dem ersten Herzog von Braunschweig-Lüneburg, Otto dem Kind, sehr wohl denkbar.

Politisch war dies der Zeitpunkt der Erhebung Braunschweigs zum Reichsfürstentum und das Ende der jahrzehntelangen Erbauseinandersetzungen der Welfen in Sachsen (1235).[24] Von allen Bilderhandschriften zeigt nur Handschrift 24 eine prächtig ausgestattete Miniatur zur Belehnung Ottos des Kindes mit dem Herzogtum Braunschweig durch Kaiser Friedrich II. im Jahre 1235 (Bl. 148^r). Das Bildprogramm der Gothaer Handschrift stammt – wie Renate Kroos feststellte – bereits aus einer älteren Vorlage. Entweder ist diese Vorlage selbst in den 30er bis 40er Jahren des 13. Jahrhunderts geschrieben worden oder auch sie griff wiederum auf eine ältere Tradition zurück. Dieses bebilderte sächsische ‚Buch der Welt' wäre ein Vorstoß gewesen, die lateinische Prosa-Weltchroniktradition mit der volkssprachigen gereimten Geschichtsdichtung (Kaiserchronik) zu verbinden, die Text-Bild-Relationen lateinischer Handschriften mit denen volkssprachiger Handschriften bzw. mit verbreiteten Bildprogrammen zu kombinieren. Sie wäre auch ein Vorstoß gewesen, der reichshistorischen (amtskirchlichen) Prägung der Weltchronistik eine welfisch-sächsische und franziskanische entgegenzusetzen – der Rahmen dieser historischen Memoria blieb allerdings auf Rom und die römischen Kaiser und Könige ausgerichtet. In diesem Rahmen erscheint die welfisch-sächsische Geschichte durchaus gleichwertig mit der reichshistorischen.[25]

Fokussiert man die einzelnen Handschriften bzw. die Traditionszusammenhänge und die Verschiebungen innerhalb der Textsorte ‚Universalchronik' stärker, so kann man inhaltlich und auch formal in der Gothaer Bilderhandschrift 24, formal vor allem in der Handschrift 21, durchaus die älteren Traditionslinien der Textsorte erkennen. Hier wird der Schnittpunkt der Berührung zwischen volkssprachiger, gereimter, ausgeprägt narrativer, herrscherbezogener Weltchronistik und einer lateinischen, auf *brevitas* zielenden Mischform von Narration und Annalistik greifbar. In der ältesten Handschrift unseres Textzusammenhanges, der volkssprachigen Gothaer Bilderhandschrift, findet sich auch in den Bildbeschriften, der Legendenüberlieferung, der so genannten Predigt

---

[24] Renate Kroos kommt auch in diesem Zusammenhang zu interessanten Überlegungen: Sie hält – aufgrund der positiven Frauengestalten Helena und Mechtild in den Bildern der Handschrift 24 – eine Frau als Adressatin sowohl der Handschrift 24 (Helena die Tochter Ottos des Kindes) als auch der Vorlage (Mechtild, die Frau Ottos des Kindes!) für denkbar.
[25] Siehe auch Johannes Fried, Königsgedanken Heinrichs des Löwen.

eine Sprachmischung Latein-Deutsch. Die Handschrift 24 muss als ein gelungenes, relativ homogenes Beispiel der Verbindung eines dynastischen Weltbildes mit einer volkssprachigen Geschichtstradition und mit den Prinzipien einer lateinischen Universalchronistik gelten. Sie hatte wahrscheinlich ältere Vorstufen, die erheblich weniger homogenisiert waren. Es waren vielleicht alle gereimten Teile noch stärker erkennbar, wie dies ja bei der relativ späten Handschrift 21 (1370) noch weitgehend der Fall ist. Die Kaiserchronikübernahmen sind aber durch ihren Reim auch noch in der stark prosaisierten Handschrift 24 fassbar. Die welfisch-genealogischen und die sächsischen Zusätze sind in den Handschriften der C-Redaktion insgesamt zwar als feste Textallianzen zu bestimmen, sie sind aber innerhalb dieses Textverbundes makrostrukturell durchaus als eigenständig gekennzeichnet. Alle diese Elemente waren also für einen Chronisten leicht zu entfernen, womit man die sächsisch-welfische Ausrichtung und auch die ‚unglaubwürdigen' volkssprachigen Informationen aus der Kaiserchronik tilgen konnte. So sind vermutlich die Chronisten der A- und B-Rezensionen des ‚Buchs der Welt' vorgegangen. Und selbst für die Chronisten der C-Redaktion lassen sich ähnliche Vorgehensweisen feststellen: Der Chronist der Handschrift 231 entfernt beispielsweise die Passage über die Tagesgötter und auch Teile der Reimvorrede. Der Chronist der Handschrift 21 äußert immerhin Zweifel an manchen Textteilen aus der Kaiserchronik. Die erste volkssprachige Prosa-Weltchronik ist dann vor allem durch den überwiegenden Anteil der Prosa gekennzeichnet, nicht dadurch, dass sie ausnahmslos in Prosa geschrieben war.

Die Textsortenanalyse hat gezeigt, dass die Textsorte ‚Prosa-Weltchronik' zu einer Vorlagenbindung neigt, die sich nicht nur in der engen Quellenübernahme, sondern häufig auch in der Übernahme der Makrostrukturen der Vorlagen spiegelt. Das führt oft zu einem Spannungsbogen zwischen Vorlagenabhängigkeit und homogener Neukompilation. Ein Redaktor, der alle der lateinischen Chronistik fremden Elemente rückgängig machen wollte, hätte also mit einer sehr vorlagentreuen Quelle leichtes Spiel gehabt. Die Untersuchung hat überdies gezeigt, dass nicht nur die Verlängerung und Erweiterung der Vorlagen übliche Techniken der Weltchronikproduktion waren, sondern dass die Kürzung ein ebenso geläufiges Mittel war.

Anzunehmen ist auch, dass einer oder verschiedene Redaktoren den Überarbeitungsvorgang, die Rückführung in den lateinischen Traditionsstrang, konsequenterweise nicht in der Volkssprache, sondern in der lateinischen Sprache durchgeführt haben. Dafür sprechen wiederum die überlieferten Textexemplare. Heute sind fünf Rückübersetzungen des ‚Buchs der Welt' bekannt. Für meine Beweisführung interessant ist die Leipziger Handschrift 15. Die 1423 entstandene Rückübersetzung ist ein Repräsentant der B-Fassung. Der mit den Chroniken Helmolds und Arnolds von Lübeck kompilierte Text endet 1235. Die Handschrift überliefert aber in der lateinischen Fassung einen Teil der Textverbindungen, die sonst nur von den C-Handschriften tradiert werden, so z.B. die Zeittafel bis zum Jahr 1229 (SW Anhang 7) in der Fassung der Handschrift 24, den Katalog der Kaiser und Könige bis Otto IV. (SW Anhang 3) und die Zeittafel des 1. Jh.s nach Christi Geburt (SW Anhang 5). Hier sind also deutliche Parallelen zwischen einer Handschrift der B-Version und einer Handschrift der C-Version festzustellen.[26]

Besonders bemerkenswert ist in dem hier zu entwickelnden Zusammenhang auch das Leipziger Fragment 101. Das Fragment ist nur wenige Jahrzehnte (2. Hälfte des 13. Jahrhunderts) nach dem frühesten Berichtende des ‚Buchs der Welt' (1225) entstanden. Die Handschrift, von der es übrig geblieben ist, war die Grundlage für eine neue lateinische Chronik-Kompilation (*101 = Leipzig, UB, Ms. 1314) aus einem ‚Buch der Welt', der Bibel und der franziskanischen *Cronica Minor*. Die Grundlage – das lateinische ‚Buch der Welt' – wurde zerstört, nachdem die Chronik den veränderten Bedürfnissen der Klostergeschichtsschreibung angepasst worden war. Ausgehend von diesem Überlieferungsbefund lässt es sich durchaus vorstellen, dass die A_1-Handschriften aus einer lateinischen Rückübersetzung des ‚Buchs der Welt' in einem (Franziskaner?-)Kloster entstanden sind. Die volkssprachigen Vorlagen, die dem klösterlichen Weltbild nicht entsprachen, wurden möglicherweise vernichtet. Der Weg, den der Textzusammenhang des ‚Buchs der Welt' von der ursprünglich höfischen zur klösterlichen Variante nahm, verlief möglicherweise über die Vermittlung der Franziskaner und anderer Minoritenorden.[27]

---

26 Der Ansatz von lateinischen Rückübersetzungen, die wiederum als Vorlagen für weitere volkssprachige Versionen gedient haben, passt auch zu den Fragen die sich vom Bildprogramm der Handschrift 24 aus ergeben und die von Renate Kroos, Miniaturen, S. 51 explizit an die Literaturhistoriker gestellt werden: „Frage an die Literaturhistoriker: Gab es analog zur lateinischen Fassung des ‚Sachsenspiegels', auch frühe lateinische Versionen der ‚Kaiserchronik' (und der ‚Sächsischen Weltchronik')?"

27 Vgl. auch die Beiträge in Kaspar Elm, Vitasfratrum.

Die Franziskaner selbst hatten schon früh Kontakt zu den sächsischen Welfen, ein Kontakt, der die Zeiten überdauerte.[28] Innerhalb der Handschriften der Rezension C gibt es mit der Handschrift 231 zudem ein Zeugnis für eine den Vorstellungen des 15. Jahrhunderts angepasste franziskanische Geschichtsschreibung. Die Eingriffe in den Textzusammenhang des ohnehin schon im Geiste des Minoritenordens geschriebenen ‚Buchs der Welt' machen eine besondere Fokussierung auf die franziskanische Weltsicht im 15. Jahrhundert deutlich. Entstehungsort ist das Danziger Franziskanerkloster.[29]

Die externe Variablenkonstellation der Rückübersetzungen ist im 13. Jahrhundert gekennzeichnet durch den Entstehungsort Kloster und durch die Schreiber – Mönche; im 15. Jahrhundert durch den Entstehungs- oder Aufbewahrungsort Kloster; Schreiber: Mönche, Weltgeistliche, weltliche Schreiber. Die ursprüngliche volkssprachige Vorlage war aber im Zusammenhang mit dem landesherrlichen Adelshof entstanden, hier kann man als Schreiber einen Franziskaner ansehen. Die Rückübersetzungen könnten ein Beleg dafür sein, dass der Transfer von der ursprünglicheren C-Fassung über das Lateinische in die B- und vor allem in die A_1-Fassungen über die Klöster geführt haben könnte. Die lateinischen Rückübersetzungen streichen sehr früh schon alle Bestandteile, die auf die volkssprachige Traditionslinie zurückgehen, sie entfernen auch weitgehend die typischen Textallianzen. Nur eine Rückübersetzung (Hs. 15, Rezension B) behält diejenigen Textallianzen bei – wie die Zeittafeln und die Kaiser- und Papstkataloge –, die den Prinzipien der lateinischen Weltchronistik nicht widersprechen.

Für die These von der Entstehung mindestens der Rezension A_1, vielleicht auch der Rezension B aus Rückübersetzungen einer vielleicht der C_2-Fassung angehörenden Vorlage spricht auch der Vergleich einer vor allem in A- und B-Handschriften falsch verstandenen Textstelle:[30] Die

---

28 Vgl. dazu Luitgard Camerer, Die Bibliothek des Franziskanerklosters in Braunschweig-Lüneburg, S. 10; Bernd Ulrich Hucker, Otto IV., S. 268-271; Silke Logemann, Die Franziskaner im mittelalterlichen Lüneburg, S. 12-18.
29 Vgl. die Ausführungen vorne im Zusammenhang mit dieser Handschrift und siehe auch Jürgen Wolf, Sächsische Weltchronik, S. 162.
30 In der Forschung wird dieser Befund kontrovers diskutiert. Als ‚Bindefehler' sieht Hubert Herkommer, Sächsische Weltchronik, S. 232-234 diese Stellen. Michael Menzel geht von einer richtigen Übersetzung in den Hss. 10, 10a aus und hat damit auch in der A-Fassung eine richtige Übersetzung: Michael Menzel, Sächsische Weltchronik, S. 163. Letztlich nicht sehr erhellend für das Gesamtproblem hält Julius B.M. van Hoek, Eine Untersuchung nach dem Verhältnis der Fassungen der Sächsischen Weltchronik, S. 119-146, bes. S. 138 den Fehler in den A_1-Handschriften für die originale Lesart und die ‚richtige' Variante für eine nachträgliche Korrektur.

handschriftlichen Textzeugen der Frutolf-Ekkehard-Chronik berichten über die Vertreibung des ungarischen Königs Peter und erwähnen, dass an Peters Stelle Ovo (1040-44) zum König ernannt wurde. Ich zitiere aus der Berliner Frutolf-Ekkehard-Handschrift, die die Version Ekkehards von Aura überliefert, die dieser für den Korveyer Abt Erkembert hergestellt hatte (Rezension III), Berlin, Ms. lat. fol. 295, Bl. 83^r: *Vngarii quendam ouonem sibi regem fecerunt & petrum regem suum expulerunt.* (entsprechend im Autograph Frutolfs und Ekkehards, Handschrift Jena Bose q 19, Bl. 173^r, Z. 33f.). Die Handschriften 21, 23, 231 und 24 übersetzen diese Stelle richtig mit den Worten: (Ich zitiere aus der Handschrift 24, Bl. 95^r, Z. 17f.) *De ungere uordreven bi den tiden eren koning pedere vnde satten enen ouen* (SW 171,26ff.).

Die meisten A- und B-Handschriften – auch die lateinischen – jedoch deuten den Namen Ovo falsch und interpretieren hier ‚Ofen' an Stelle von ‚Ovo'. Es ist gut vorstellbar, dass eine niederdeutsche C-Handschrift ins Lateinische übersetzt worden ist, und die Textstelle als *locaverunt eum in fornacem* (*101 Bl. 41va, Z. 4f.; *in clibanum* = Hs. 104) wiedergegeben hat. Damit wäre das falsche Verständnis über das Schicksal des ungarischen Königs Peter für die A- und B-Handschriften sozusagen zementiert gewesen: *satten in in einen oven* ‚setzten ihn in einen Ofen': z.B. Hss. 1, 2, 3, 4, 9, 11, 12, 12a etc. – die Handschriften 5 bis 7 lassen diese Stelle aus. Die Hss. 14 und 17 verwenden *enen an enen oven*; Hs. 16: *ene in enen oven*. Alle diese Lesarten könnten durch eine falsch übersetzende lateinische Version entstanden sein. Die Hss. 10 und 10a überliefern ähnlich wie die Hs. 021: *saczten in eynen oven* (Hss. 10 und 10a), *in einen offen* (Hs. 021). Hier könnte man wie Menzel mit ‚sie setzten einen Ovo ein' übersetzen und hätte damit auch in der Rezension A$_1$ die ursprünglich richtige Lesart, die „korrekte, unmissverstandene FE-Übersetzung".[31]

Vor allem dieser Hinweis Menzels gegen das Hauptargument der Vertreter der so genannten „Abkürzungstheorie" führte in der dichotomisch geführten Forschungsdiskussion zur Präferenz der „Entwicklungstheorie".[32] Insgesamt scheint mir die Diskussion von zu starren Übermittlungswegen auszugehen. Es ist doch sehr wahrscheinlich, dass die

---

31 Michael Menzel, Sächsische Weltchronik, S. 163. Die Stellen sind aber in jedem Fall doppeldeutig, sie können sowohl im Sinne der einen als auch der anderen Lesart gedeutet werden.
32 Abkürzungstheorie: z.B. Georg Waitz, Sächsische Kaiserchronik, S. 11; Hubert Herkommer, Sächsische Weltchronik, S. 232ff.; Entwicklungstheorie: z.B. Michael Menzel, Sächsische Weltchronik.

verschiedenen Schreiber-Chronisten Vorlagen aus unterschiedlichen Übermittlungswegen bekamen: Die im süddeutschen Raum wirkungsmächtige Vorlage kann z.b. sehr gut eine lateinische, fehlerhafte Rückübersetzung (und gleichzeitige Kürzung) des Textzusammenhanges der volkssprachigen, sächsischen Weltchronikversion gewesen sein. Daneben und somit gleichzeitig wirkte vor allem im nord- und mitteldeutschen Raum die ursprüngliche volkssprachige, sächsische Version stärker: In den Handschriften 10 und 10a tritt sie uns möglicherweise in gekürzter Form, aber ohne Umwege über eine lateinische Rückübersetzung entgegen. In der Handschrift 15 wiederum treffen wir eine andere Form der Kürzung und Rückübersetzung der volkssprachigen Vorlage. Auch von der Eigenständigkeit der Schreiber-Chronisten darf man nicht vollkommen absehen. Man kann durchaus annehmen, dass ein Schreiber die Unsinnigkeit des Satzes: „man setzte ihn in einen Ofen" erkannt hat und diesen eigenmächtig, vorlagenunabhängig verbessern konnte oder selbst in einer richtig übersetzten Vorlage die Unverständlichkeit des Namens Ovo[33] auf andere Weise aufzulösen versuchte (z.B. die Hss. 18 und 19). Beispiele dafür liegen sogar in vier Handschriften unseres Textzusammenhanges vor: Einen anderen, neuen Sinn unterlegen – die unverständliche Textstelle interpretierend – die Handschrift 111 mit einen *nuven* ‚einen Neuen', Handschrift 22 *enen andern* ‚einen anderen' und die Handschriften 18 und 19 hatten in der Vorlage vermutlich noch den Namen Ovo und ersetzten ihn durch: *ein obir in* ‚einen über ihn'.

Die lateinische, klösterliche Version des ‚Buchs der Welt', die nun nicht mehr sächsisch war, die aber immer noch an den Idealen der Minoriten orientiert war, könnte schon bald wieder in die Volkssprache übersetzt worden sein. Dafür spricht z.B. die omd. Handschrift 1. Sie ist in einem Minoriten-Kloster (Karmeliter) entstanden. Im Überlieferungszusammenhang der Rezension A und B gehört sie zu den frühesten volkssprachigen Textexemplaren. Nur die lateinischen Rückübersetzungen 101 und 103 sind älter. Auffällig sind die Makrostrukturen dieser Handschrift: Initiatoren und Terminatoren sind gleichermaßen betont, der Spannungsbogen zwischen Offenheit und Geschlossenheit wirkt deutlich entschieden: Intendiert ist die Geschlossenheit, die wie ein „Basta! So soll es sein!" wirkt und zu jenem Zeitpunkt der Weltchroniktradition eigentlich

---

33 Die Namensform Ovo musste den zeitgenössischen Historikern durchaus nicht geläufig sein, denn dieser Ovo nannte sich selbst Samuel, während er in deutschsprachigen Quellen Ovo, Aba und Anderes mehr genannt wird. Vgl. dazu Ernst Steindorff, Jahrbücher des deutschen Reiches, S. 119.

nicht entspricht. Dies zeigt sich dann nicht nur in der nachträglichen Erweiterung und Fortsetzung der Handschrift 1 im 15. Jahrhundert, sondern auch in der raschen Erweiterung, Verbreitung und Modifikation dieser Version, der im Klosterzusammenhang entstandenen Weltchroniken.

Die bairische Handschrift 2 aus dem 1. Viertel des 14. Jahrhunderts hat z.B. den Textzusammenhang schon bis zum Jahre 1314 in der so genannten Ersten Bairischen Fortsetzung erweitert.

Eine andere Prägung in Richtung auf die lateinische Tradition der Weltchronistik zeigt sich in vielen B-Handschriften. Diese Prägung ordnete den Textzusammenhang nicht so streng der *brevitas*-Forderung der lateinischen Chronistik unter. Initiator dieser Richtung war ein Bürgertum, das sich eher am Adel als an den Klöstern orientierte (z.B. die frühen Hss. 16, 17, aber auch die österreichischen Stadtweltchroniken 12, 12a).

Um es noch einmal kurz zusammenzufassen: Das Textexemplar, das die ursprüngliche Version des ‚Buchs der Welt' überliefert hat, war eine volkssprachige, dynastisch-welfisch und auch franziskanisch ausgerichtete Weltchronik mit einem Berichtzeitraum bis ca. 1225, eine sächsisch-welfische Kurzfassung. Diese Weltchronik war ein Zeugnis der bewussten Zusammenführung der beiden bis dahin geläufigen, unterschiedlichen Traditionsstränge – von lateinischer Prosa, wie sie die Frutolf-Ekkehard-Chronik und die Pöhlder Annalen repräsentierten, und von volkssprachigen Reimen der Kaiserchronik. Im sächsisch-welfischen, höfischen Zusammenhang entwickelte sich daraus die heute bekannte Gothaer Bilderhandschrift 24. Für die Annahme, dass ein kurzes sächsisches ‚Buch der Welt' am Beginn des Überlieferungszusammenhanges ca. 1230/35 gestanden hat, sprechen viele Ergebnisse der Untersuchung: die Initiatoren und Terminatoren, die Makrostrukturen, die Textallianzen, die Text-Bild-Relationen der Handschriften 16, 17, 24, 101, *101 und das Verhältnis Latein – Deutsch. Dafür spricht auch der Vergleich der volkssprachigen Textstellen zur Vertreibung des ungarischen Königs Peter mit den rückübersetzten Textstellen sowie der Wechselbezug zwischen volkssprachigen und rückübersetzten Chroniken. Auch das Enddatum 1248 in der vermutlich um 1275 entstandenen Gothaer Bilderhandschrift lässt auf kürzere C-Fassungen schließen. Die ursprüngliche Vorlage könnte also aus der Zeit Ottos des Kinds stammen. Die späteren welfisch-sächsischen Erbteilungen seit der zweiten Hälfte des 13. Jahrhunderts haben weitere Zeugnisse welfischer Repräsentation hervorgebracht, die im 13. Jahrhundert zu „immobilen Großkunstwerken"[34] und

---

34 Bernd Schneidmüller, Die Welfen und ihr Braunschweiger Hof. Einführung, S. 1-15, S. 12.

auch wieder zu historischer Selbstdarstellung geführt haben: zu volkssprachiger Universalchronistik, wie sie z.B. in der Gothaer Bilderhandschrift sichtbar wird und wie sie die ‚Braunschweiger Reimchronik' für das 13. Jahrhundert ausweist.

Diese sächsisch-welfisch-dynastische Traditionsvariante versiegte schon früh und brachte nur noch konservierende Nachfolgetexte (Hss. 24a und b; auch Hs. 23) hervor. In allen C-Handschriften hielt sich jedoch ein Reflex der sächsisch-welfisch-dynastischen Ausrichtung, die sich allerdings inzwischen von der dynastischen zur rein regionalen Weltchronik gewandelt hat. Im klösterlichen Umfeld hat die Kennzeichnung durch den Reim eine spätere Streichung der Kaiserchronikpassagen ganz sicher erleichtert. Das volkssprachige Textexemplar ist im Klosterzusammenhang – vermutlich, weil es den Rahmen der Textsorte nach dem Empfinden der lateinisch schreibenden klösterlichen Chronisten zu sprengen drohte, sehr bald wieder in das lateinische Schema und zum Teil auch in die lateinische Sprache und zur reichshistorischen Ausrichtung zurückgeführt worden. Das lässt sich auch daran erkennen, dass der ‚gemeine' Text des ‚Buchs der Welt' bis 1225 reicht. Die so wieder „latinisierten", volkssprachigen Weltchroniken erfuhren dann in späterer Zeit explizit regionale – vor allem bairisch-oberdeutsche, aber auch thüringische Umdeutungen. Die franziskanische Ausrichtung wurde allerdings nur in ganz wenigen Fällen zurückgenommen, z.B. in der reichshistorisch orientierten, höfischen Handschrift 11 und in der Handschrift 14 aus geistlichem Umfeld.

IV. 3 Historische Memoria im Mittelalter und in der frühen Neuzeit

Die textlinguistische Analyse der Textexemplare des ‚Buchs der Welt' hat verschiedene Traditionen der Weltchronistik vom 13. bis zum 16. Jahrhundert sichtbar gemacht. Setzt man sie in Beziehung zu dem Forschungswissen über die Universalchronistik im Mittelalter und in der frühen Neuzeit, so lassen sich zunächst im 13. Jahrhundert drei Traditionsstränge der Weltchronistik unterscheiden:

(1) die lateinische Prosa-Chronistik;
(2) die volkssprachige Prosa-Universalchronistik des sächsischen ‚Buchs der Welt' (ab ca. 1230) und
(3) die volkssprachige Reimchronistik (ab ca. 1240: Rudolf von Ems; ca. 1254-1263: die „Christherre-Chronik"; nach 1272: die Reimchronik des Wiener Stadtbürgers Johans von Wien [Jans Enikel]).

Die lateinische Prosachronistik entsteht in den Klöstern. Die volkssprachige Reimchronistik tritt, wie auch zunächst die volkssprachige Prosa-Universalchronistik im Umfeld der Adelshöfe auf, seit Ende des 13. Jahrhunderts auch im Umfeld des politisch und wirtschaftlich mächtigen Stadtpatriziats. Gereimte Universalchronistik wie Prosa-Universalchronistik in der Volkssprache verdanken ihre Entstehung vor allem der lateinischen Universalchronistik, beide schöpfen z.B. aus der Frutolf-Ekkehard-Chronik. Sie gewichten ihre Vorlagen aber anders. Die Reimchronistik stützt sich viel stärker auf die biblische Geschichte, vermittelt durch die Vulgata, aber mehr noch durch die *Historia Scholastica* als die Prosa-Weltchronistik. Die *Historia Scholastica* des Petrus Comestor (um 1100/1178) ist keine Universalchronik, sondern eine

> fortlaufende Darstellung der biblischen Geschichte, bestehend aus – der Textchronologie der Bibel folgenden – Inhaltsangaben zu den historischen Büchern des Alten und Neuen Testaments, die oftmals um wörtliche Zitate, um grammatische und Sachkommentare und um apokryphes Material ergänzt sind, aber auch um zahlreiche Incidentia, d.h. knappe Bemerkungen zu zeitgleichen profangeschichtlichen Ereignissen.[35]

Das ‚Buch der Welt' übernimmt die biblische Geschichte sehr kurz gefasst, sie benutzt neben der lateinischen Chronistik auch die frühe volkssprachige Geschichtsdichtung, wie die Kaiserchronik. Für die Reimchronik dagegen spielt die volkssprachige Geschichtsdichtung keine zentrale Rolle. Hier sind verschiedene historische Romane z.B. der Eneasroman, der ‚Alexander' des Pfaffen Konrad von Bedeutung – die Alexanderdichtung nimmt in der Prosa-Weltchronistik erst im 15. Jahrhundert an Bedeutung zu. Dorothea Klein hat hervorgehoben, dass vor allem auch die Bibeldichtung des 11. und 12. Jahrhunderts als wesentliche Grundlage für die Reimchronistik angesehen werden kann.

> Tatsächlich haben aber ‚Altdeutsche Genesis' (um 1060) und ‚Altdeutscher Exodus' (Beginn des 12. Jahrhunderts), die ‚Vorauer Bücher Mosis' (um 1130/50), Konrad von Fußesbrunnen ‚Kindheit Jesu' (um 1200), die Gedichte der Frau Ava (gest. 1127) und anderes mehr genau das zum Gegenstand, was auch in den Weltchroniken des 13. Jahrhunderts, besonders denen in Reimpaarversen, breiten Raum einnimmt.[36]

Im 14. Jahrhundert wird die städtische Universalgeschichtsschreibung zunehmend wirkungsvoller, im 15. Jahrhundert schließlich erreicht sie ihre Blütezeit. Orientiert sie sich zunächst formal und inhaltlich an der höfi-

---

35 Dorothea Klein, Durchbruch einer neuen Gattung, S. 76.
36 Ebd., S. 78.

schen Universalchronistik (z.B. Hss. 16, 17, Johans von Wien), so erlangen im 15. Jahrhundert wiederum lateinische Vorbilder an Bedeutung. Sie kommen vor allem aus den Minoritenklöstern: die Flores temporum oder die Chronik des Martin von Troppau. Kloster- und Stadtchronistik nähern sich in Bezug auf die Universalchronistik im 15. Jahrhundert einander an. Es lässt sich insgesamt eine zunehmende Regionalisierung und auch eine zunehmende „Privatisierung" feststellen. Die höfischen Universalchroniken verlieren seit dem 14. Jahrhundert immer mehr an Bedeutung. Die städtischen Universalchroniken zeigen im 15. Jahrhundert zunehmend ein diffenzierteres Weltbild, das sich auch von dem europäisch-christlichen Weltbild früherer Universalchronistik zu unterscheiden beginnt. Eine sehr breite Traditionslinie,[37] die so genannten „Historienbibeln" dagegen, bewahren im 15. Jahrhundert weiterhin die Merkmale der älteren volkssprachigen Reimchronistik, nur die Form wandelt sich vom Reim zur Prosa und die Profangeschichte wird in der Regel nicht mehr bis in die Gegenwart der Schreiber aktualisiert. Auch Prosa-Weltchroniken wie das ‚Buch der Welt' können eine Kompilationsgrundlage für die Historienbibeln sein. Die Intention der „Historienbibeln" ist es dann, christliches Glaubenswissen und damit eng verbundenes profanes Wissens zu tradieren, es der kollektiven Memoria verfügbar zu machen. Diese Intention ist also deckungsgleich mit derjenigen der volkssprachigen Reimchroniken des 13./14. Jahrhunderts. In der Zeit der Blüte der Historienbibeln, im 15. Jahrhundert, allerdings ist diese *intentio* ein Anachronismus. Die kollektive Memoria hat sich – durch politische Umbrüche, neues Weltwissen, Kritik an der römischen Kirche und ihren Glaubensvorstellungen gewandelt bzw. sie kann nur noch als biblisches Glaubenswissen weitergegeben werden, nicht mehr als Weltwissen. Das Weltwissen ist vielfältiger und durch die Volkssprache, Handschriften-Manufakturen wie die des Diepolt Lauber in Hagenau und schließlich durch den Buchdruck auch für einen breiten Rezipientenkreis zugänglich geworden. Es ist nun nicht mehr nur für eine kleine ausgewählte Gruppe erreichbar, für eine Gruppe, die das Wissen selektiert und als kollektive Memoria aufbereitet tradiert. Für die Weitergabe von Wissen bedeutet dies, dass auch das „Kollektiv" – die europäische Christenheit mit ihrem Zentrum in Rom – zunehmend zerbricht, regionalisiert, an unterschiedliche politische und religiöse Interessen gebunden, individualisiert wird. Die immer schon vorhandenen so wie auch die neuen Gemeinschaften (Geistlichkeit, Adel, Stadtbürgertum,

---

37 Vgl. zu den unterschiedlichen Traditionslinien der Historienbibelüberlieferung auch: Danielle Jaurant, Rudolfs ‚Weltchronik', S. 18-40.

einzelne Personen etc.) können nun ihre Interessen stärker betonen, sie können aus dem vorhandenen differenzierten Erinnerungswissen (nicht zuletzt durch die deutschen Übersetzungen lateinischer und griechischer Literatur) selbst auswählen und auch selektiv nur das weitergeben, was ihnen wichtig erscheint.

IV.4 Mittelalterliche und frühneuzeitliche Universalchronistik als Träger kollektiver Memoria

Anhand des Überlieferungszusammenhanges des ‚Buchs der Welt' ließ sich ein Wandel des Weltbildes feststellen, der zunächst ganz unmerklich begann, schließlich aber zum Ende einer produktiven Textsorte, zum Ende der christlichen Universalchronistik, geführt hat. Dieser Wandel beruht auf dem Wandel der im Mittelalter dominanten Form kollektiver Memoria: der christlich-europäischen Memoria, wie sie die lateinische Universalchronistik von der Spätantike bis zum 13. Jahrhundert tradiert hat.

Um den Wandel zu verstehen, muss man zunächst die Konstanten erkennen, die über lange Zeit die Garanten der christlich-europäischen Memoria waren. Anhand des hier untersuchten Textzusammenhanges lassen sich folgende Eckpfeiler der kollektiven historischen Memoria herausarbeiten:

– Ein politisches Machtzentrum, das Interesse an der Verbreitung einer spezifischen Memoria hatte:
Die vorwiegend lateinische Universalchronistik richtet ihren Blick auf das *imperium romanum*, später präziser auf das *regnum teutonicum*; der Blick von Rom aus ist reichs- und mehr oder weniger papstzentriert. Über die erstaunliche Wirkung der lateinischen Universalchronik des Martin von Troppau, die sogar über Europa hinaus rezipiert wurde, sagt Peter Johanek: „Die Tatsache allein, dass Martinus Polonus zur Zeit der Abfassung seines Werkes in Rom lebte und als päpstlicher Pönitentiar wirkte, kann für den Erfolg der Chronik zwar ins Gewicht fallen, aber nicht ausschlaggebend sein."[38] Wichtig ist aber dieses Kriterium der Akzeptanz durch die in Europa bedeutungstragende moralische und politische Instanz, natürlich in Verbindung mit anderen Kriterien, z.B. den Kriterien der Stoffauswahl, der Sprache und der Form. Diese Kriterien sind aber wiederum in Abhängigkeit von der herrschenden und von den Herrschern erwarteten

---

38 Peter Johanek, Weltchronik, S. 316.

historischen Memoria zu sehen. Martin lebte nicht bloß in Rom, er schrieb auch aus einem römischen, kurialen Blickwinkel heraus. Hier ist der Zusammenhang mit einem europäischen Machtzentrum deutlich, die Kurie und der Blick auf das *regnum teutonicum* gaben seinen historisch-politischen und religiösen Ausführungen ein besonderes Gewicht. Das sächsische ‚Buch der Welt' macht sich gerade den Vorteil eines europäischen Machtzentrums zunutze, indem es die auf das *imperium romanum* gerichtete Memoria zur Hintergrundfolie sächsisch-welfischer Erinnerung macht. Die Weltchronik Frutolfs und Ekkehards bietet diese Hintergrundfolie universaler, romzentrierter Reichshistorie. Aber das Konzept, welfisch-sächsische Memoria mit den Überzeugungsstrategien der Reichshistorie zu verbinden, ist nicht aufgegangen. Das dynastische Machtzenrum war nicht einflussreich genug, um überregional wirksam zu sein. Die reichshistorische Memoria setzt sich insgesamt in der Überlieferung des ‚Buchs der Welt' durch. Dennoch ist es kein Zufall, dass die Konkurrenz zur reichshistorischen Memoria gerade von den Welfen ausging, die ja selbst Teil dieser Memoria waren, deren politische Macht lange mit der der Staufer um die Führung rang.

- Eine überregionale Bildungs- und Verkehrssprache:
Die Möglichkeit der Verbreitung christlich-europäischer Memoria war vor allem durch das in ganz Europa (und darüber hinaus) gebräuchliche Latein gegeben. Mit dem Vordringen der Volkssprachen schon war dem Weltbildwandel der Weg geebnet. Die Volkssprache jedoch war gerade für das sächsisch-welfische ‚Buch der Welt' auch eine Chance größerer Verbreitung, eine Chance, die die reichshistorische Memoria ebenfalls sofort ergriffen hat. Die Untersuchung hat gezeigt, dass die Volkssprache der Universalchroniken ihrem lateinischen Vorbild nacheiferte und um Überregionalität und größtmögliche Verständlichkeit bemüht war. Es lassen sich in allen Textzeugen und das auch schon sehr früh, sprachliche Ausgleichsbestrebungen erkennen, wie sie in der Forschung z.T. bisher nicht mit dieser Textsorte verbunden und auch nicht gesehen worden sind. Je enger das Kollektiv (Kloster, Stadt, Familie etc.), desto kleinräumiger ist auch der Schreibdialekt in einer Chronik.

- Steuerungszentren historischer, christlich-europäischer Memoria:
Steuerungszentren waren die Reichsklöster, sie „überlebten" die jeweiligen Kaiser, Könige und Päpste und konnten so für eine Kontinuität sorgen: Chroniken werden in den Klöstern neu kompiliert, fortgesetzt und die Vorlagen werden wiederverwendet als Einband-

verstärker, der Inhalt ist wertlos geworden, er ist im Sinne einer gerichteten, gesteuerten Offenheit erneuert, der Gegenwart, der fortschreitenden Zeit angepasst worden: Zeugnis dafür gibt die verlorene Vorlage der Handschrift 24, geben die Fragmente des 13. (Hss. 101, 161) und 14. Jahrhunderts (Hss. 102, 13, 142). Ein deutlicher Wandel zeigt sich im 15. Jahrhundert. Viel mehr Codices sind jetzt überliefert. Sie verbleiben, auch nachdem sie als Vorlage ausgedient haben, im Privatbesitz, dienen zum Aufbau von Bibliotheken z.B. des Deutschen Ordens (Hss. 103, 104) oder einzelner Ratsherren (Hs. 024), Stadtschreiber, die entweder mit der Neukompilation Geld verdienen oder auch diese für ihre Bibliothek (Hs. 022) verwenden. Der Rezipientenkreis, auf den die kollektive Memoria zielt, ist im 15. Jahrhundert der gebildete (lateinkundige oder auch lateinunkundige) Stadtbürger, vorzugsweise ist er Mitglied des Stadtrates; er vererbt die Chronik innerhalb seiner Familie, damit wird sie unweigerlich zur Familienchronik (etwa ab der zweiten Hälfte des 15. Jhs.), in die auch private Nachrichten eingetragen werden (021 Appenwiler – Heinrich Sinner, Hans Wiler; 081 Heff – Trainer). Die Traditonsgemeinschaften werden immer kleiner, wechseln von der Öffentlichkeit in die Privatsphäre. Für die Textsorte ist dies ein Wechsel von der Universal- zur Stadt- und Familienchronik.
- Mittler historischer, christlich-europäischer Memoria:
Mittler obrigkeitlicher Memoria waren im Mittelalter die Mönche. Im 13. Jahrhundert sind es Dominikaner und Franziskaner, denen ein „ähnlich geartetes, ganz Europa umspannendes Kommunikationsnetz offen stand, das der Verbreitung ihres Werkes förderlich werden konnte".[39] Das volkssprachige, franziskanisch ausgerichtete ‚Buch der Welt' nutzt dieses traditionelle Kommunikationssystem. Als im 15. Jahrhundert die städtischen Machtzentren erstarken und das Stadtbürgertum sich mit seiner Literatur nicht mehr vorrangig am Adel orientiert, sondern an der Schreibtraditon der Klöster, werden die Kommunikationsnetze enger, und schließlich auf die regionalen, primär die städtischen, dann die eigenen, privaten Bibliotheken beschränkt (z.B. die Initiative Bollstatters oder des Aalener Stadtschreibers). Ohne die großen mönchischen/klösterlichen Netzwerke wird die Erinnerungsleistung eher zufällig, hängt vom Umfang der nutzbaren Bibliothek ab, gerät zum Sammel- oder Forschungsobjekt.

---

39 Ebd.

- Mündlichkeit/Schriftlichkeit:
Je weiter der Rahmen, desto eher muss die Information des kollektiven Gedächtnisses sich aus der Schriftlichkeit speisen: aus der europäischen Geschichte und vor allem auch aus der heilsgeschichtlichen Tradition. Je enger der Rahmen, desto eher können regionale, mündlich erhaltene Informationen einfließen, *mirabilia,* Informationen zu einzelnen regionalen Erdbeben etc.
- Konsens über ein europäisches christliches Weltbild:
Zunächst kaum merklich, sind bereits im 13. Jahrhundert die verschiedenen Zeitbilder nicht mehr unter einem einzigen Weltkonzept zu einigen. Rudolf von Ems beispielsweise versucht mit seinem ehrgeizigen Konzept, eine allumspannende Weltchronik herzustellen. Er bricht dieses Projekt aber nach 33.346 Versen im Abschnitt über Salomo ab. Alles kollektive Wissen um die Welt war schwerlich noch in ein Gesamtkonzept zu bringen, „erst das dritte Weltchronikvorhaben (Jansen Enikel, Wiener Bürger, zw. 1272 u. 1284 entstanden) in deutschen Versen wurde vollendet, freilich unter Inkaufnahme großer Lücken".[40] Die volkssprachigen gereimten Universalchroniken geben also den Anspruch des allumfassenden Wissens auf: Auch im ‚Buch von der Welt' zeigt sich ein sehr selektiver Umgang mit kollekivem Wissen, zunächst zum Zwecke der sächsisch-welfischen Memoria; spätere Zugriffe zeigen andere Gewichtungen der kollektiven Memoria (kurial, reichshistorisch, regional – süddeutsch, thüringisch, sächsisch, städtisch); wenn der Anspruch besteht, möglichst viel Wissen zu sammeln und zu präsentieren, greifen die Kompilatoren zunehmend zum Verfahren der Textallianzen. Dies kann wie bei Bollstatter zunächst als Stoffsammlung für ein eigenes Konzept dienen, kann sich aber auch in der Stoffsammlung erschöpfen. Es weitet sich später aus, die thematische Einigung geht zum 16. Jh. hin immer mehr verloren. Es finden sich verstärkt Sammelhandschriften, die Bibliothekswissen vereinigen. Die kollektive Memoria gleicht hier eher einer gut gefüllten Bibliothek ohne direkten Steuerungszugriff. Die Anhäufung des Wissens bestimmt die Sammlung.

---

40 Dorothea Klein, Die mittelhochdeutschen gereimten Weltchroniken, S. 20.

V. Ergebnisse der Textsortendifferenzierung

In der folgenden Zusammenfassung der Ergebnisse meiner Textsortenuntersuchung werde ich zunächst einen Überblick über alle Einzelergebnisse vorlegen, um dann schließlich eine begründete Definition der Textsorte ‚Universalchronik' bzw. ihrer Varianten vorzustellen.

V.1 Externe Merkmale

Die Untersuchung der situativen Rahmenbedingungen hat eine unterschiedliche Gewichtung der relevanten externen Merkmale Zeit – Ort – an der Kommunikation beteiligte Personen – Kommunikationsmaterial, -form, -art, -medium gezeigt. Die Kategorien Kommunikationsmaterial, -form und -art lassen sich kurz behandeln: Es handelt sich bei den hier untersuchten Textexemplaren ausschließlich um Handschriften in Codexform (abgesehen von den Fragmenten), die frühen Handschriften sind auf Pergament geschrieben, die Mehrzahl der Handschriften auf Papier. Erstaunlich ist, dass ein so wirkmächtiger und überregional verbreiteter Textzusammenhang nicht den Weg in das Medium Druck gefunden hat.

Differenzierter sollen im Folgenden die Kategorien ‚Zeit', ‚Ort' und ‚an der Kommunikation beteiligte Personen' behandelt werden.

V.1.1 *Die Kategorien ‚Zeit', ‚Ort', ‚an der Kommunikation beteiligte Personen'*

Die Untersuchung hat deutlich gemacht, dass die Merkmale ‚Zeit', ‚Ort', ‚an der Kommunikation beteiligte Personen' in einer besonderen Art und Weise voneinander abhängig sind und dass diese Abhängigkeiten durchaus nicht für alle Handschriften die gleichen sind.

Die Kategorie ‚Zeit':
Der Gegenstand der Weltchroniken ist die Beschäftigung mit der Zeit, der vergangenen und der eigenen. So war ich hypothetisch von einer Priorität der Kategorie Zeit ausgegangen. Da Weltchroniken im Wesentlichen aus zwei Inhaltsblöcken bestehen (heilsgeschichtlich orientiertes, historisches Wissen wird mit aktuellem, zeitgenössischem Wissen verbunden) war ich von verschiedenen Kommunikationszeiten ausgegangen. Ich hatte Entstehungszeitraum – Kombinationszeitraum – Fortsetzungszeitraum – Benutzungszeitraum unterschieden. In der Untersuchung ist deutlich geworden, dass Zeit ein wesentliches Merkmal für

Weltchroniken ist und dass es zwei Gruppen von Handschriften gibt, die in unterschiedlicher Weise mit dieser Kategorie verfahren:

1) Handschriften, bei denen die Entstehungs-, Kombinations- und Fortsetzungszeit unterschiedliche, voneinander abweichende Zeiträume sind und
2) Handschriften, bei denen Entstehungs-, Kombinations- und Fortsetzungszeit weitgehend deckungsgleich sind.

1) Handschriften, bei denen die Entstehungs-, Kombinations- und Fortsetzungszeit unterschiedliche, voneinander abweichende Zeiträume sind:
Zu dieser Gruppe gehören folgende Handschriften der Rezension A_1: Hs. 1 gehört nur bedingt in diese Gruppe, ihr wurden im 15. Jahrhundert – abweichend von der ursprünglichen Absicht des Verfassers (vgl. Makrostrukturen) – eschatologische Gedichte und einzelne chronikalische Nachrichten zugefügt; für Hs. 2 lässt sich nur sagen, dass der Handschrift aus dem 14. Jahrhundert im 15./16. Jahrhundert noch Randbemerkungen hinzugefügt worden sind. Die Hs. 021 wurde vom Beginn des 15. bis zum Ende des 15. Jahrhunderts mit neuen Texten kompiliert und auch fortgesetzt; auch Hs. 024 ist eine Kompilation des 15. Jahrhunderts – eine Buchbindersynthese, die durch die Person des Augsburger Schreibers Bollstatter geeint wurde; Hs. 4 ist eine Textzusammenstellung aus dem 15. Jahrhundert; Hs. 6 eine Buchbindersynthese aus dem 15. Jahrhundert; Hs. 9 eine Kompilation unterschiedlicher Schreiber – darunter auch Volk Landsberger – aus dem 15. Jahrhundert; die seit 1945 verschollene Hs. 103 ist eine Buchbindersynthese, die zwei unterschiedliche Codices: die lat. Weltchronikübersetzung aus dem Ende des 13. Jahrhunderts (Teil B) mit Wörterbüchern und Grammatiken (Teil A) aus dem 14. Jahrhundert zusammenstellt. Wann diese Zusammenbindung erfolgt ist, lässt sich nicht zweifelsfrei rekonstruieren. Im 14. Jahrhundert waren beide Teile noch einzeln im Besitz des samländischen Bischofs Bartholomäus von Radam.

Es lassen sich also innerhalb der Rezension A_1 von 22 vollständig überlieferten Textzeugen (die verschollenen Handschriften eingerechnet) sieben sicher als solche einordnen, die in irgendeiner Weise im 15. Jahrhundert neu kombiniert und – das gilt nur für Hs. 021 – fortgesetzt wurden.

Die Rezension B wiederum weist von sieben vollständig überlieferten und heute im Original einsehbaren (die Hss. 141 und 163 sind verbrannt) Handschriften drei (14, 15, 16) auf, die nach der Entstehungszeit von späterer Hand noch verändert worden sind: Die niederdeutschen datierte Handschrift 14 stammt aus dem Jahr 1434. Von einem anderen Schreiber wurde ihr im Jahre 1459 noch die Nachricht vom Tode Herzog Adolfs hinzugefügt. Die lateinische Rückübersetzung in der Handschrift 15 wurde im 15. Jahrhundert mit einer kurzen lateinischen Weltchronik, der Geschichte von der Zerstörung Trojas, des Guido Columnis, einer Papstgeschichte und einem Bistumsverzeichnis zusammengebunden. Beide Teile sind datiert (,Buch der Welt' 1423; *Historia destrucionis Troiae* etc. 1418) und stammen aus dem frühen 15. Jahrhundert. Dem Codex sind von späterer Hand noch die Pilgerstationen im Heiligen Land zugefügt worden.

Auch der Handschrift 16 aus der Wende vom 13. zum 14. Jahrhundert ist später – erst 1580 – ein historiographischer Eintrag hinzugefügt worden. Auch lässt sich feststellen, dass die erneuten Bearbeitungen aus dem 15. Jahrhundert stammen. Eine Ausnahme macht nur die Bremer Bilderhandschrift, die ihren Nachtrag erst gegen Ende des 16. Jahrhunderts bekam.

Von den vier Textzeugen der Rezension C_2 sind zwei vollständig überliefert (21 und 22), eine Handschrift (20) ist 1870 verbrannt und eine fragmentarisch überliefert (221). Beide vollständigen Handschriften sind nach der Entstehung bearbeitet worden. Die Handschrift 21 zeichnet sich schon durch einen langen – und bekannten – Entstehungszeitraum aus, da Conrad von Tanna, der erste Schreiber des Codex, seine Eintragungen datiert hat. Die Entstehungszeit beträgt allein durch den ersten Schreiber über 40 Jahre (1370 bis 1411). Weitere Einträge wurden bis zum Jahre 1480 gemacht. Die Handschrift 22 aus der Mitte des 15. Jahrhunderts wurde im 16. Jahrhundert durch historiographische Randbemerkungen ergänzt.

Die beiden Handschriften der Rezension C_3 (18 und 19) stammen aus dem 2. Viertel des 15. Jahrhunderts und haben beide Randbemerkungen aus dem 16. Jahrhundert. Die Handschrift 19 ist darüber hinaus eine Buchbindersynthese; sie verbindet eine lateinische Chronik (Engelhus-Chronik) mit der ,Buch der Welt'-Überlieferung in der C-Fassung.

In dieser Gruppe überwiegen die Handschriften, die zur Rezension A_1 gehören, die B, C_2- und C_3-Handschriften weisen vor allem nachträgliche, spätere Veränderungen auf. In den Rezensionen A_2, C_1 gibt es dagegen nur Handschriften mit deckungsgleichen Entstehungs-, Kombinations- und Fortsetzungszeiten.

2) Handschriften, bei denen Entstehungs-, Kombinations- und Fortsetzungszeit weitgehend deckungsgleich sind:
Die Codices innerhalb der Rezension A_1, deren Kombinationszeit mit der Entstehungszeit deckungsgleich ist, sind entweder von einem Redaktor zusammengestellt worden wie die Bollstatter-Kombinationen 022, 023 und die Heffsche ‚Regensburger Chronik' (081) oder es sind Abschriften einer eigenständigen Redaktion wie z.B. die Handschriften 8 und 082 vom Heffschen Autograph. Zu erwähnen ist an dieser Stelle auch die Handschrift 1, deren Schreiber ganz gezielt einen geschlossenen Textzusammenhang intendiert hatte; die Erweiterungen stammen erst aus dem 15. Jahrhundert.

Bei vielen Handschriften lässt sich die ursprüngliche Entstehungszeit nicht mehr rekonstruieren (5, 10, 104). Auch bei den Handschriften, die von zwei (und mehreren) Schreibern als gemeinsame Kombination erstellt worden sind (041, 7, 10a, 104), lässt sich nichts über die Originalität des Codex aussagen, wenn man nicht weitere codikologische Daten kennt.[1]

Auffällig ist in der Gruppe der Rezension A_2 (Handschriften 11, 111, 112, 12, 12a, 121 = Fragment, 122), dass Entstehungs-, Kombinations- und Fortsetzungszeit immer deckungsgleich sind. Das Bild der A_2-Handschriften erscheint insgesamt diffus, es sind viel weniger externe Informationen überliefert als beispielsweise in der Gruppe A_1.

In der Gruppe der Rezension C_1 sind Entstehungs-, Kombinations- und Fortsetzungszeit weitgehend deckungsgleich. Die älteste Handschrift, die Bilderhandschrift 24, endet 1248 und ist nicht fortgesetzt. Die beiden anderen vollständigen Handschriften (23, 231) enden 1260. Die Sächsische Fortsetzung in der Handschrift 23 endet 1275, in der Handschrift 231 ist der Papstkatalog bis 1277 weitergeführt. Alle vollständigen Exemplare (23, 231, 24 – auch 24a) enthalten die Reimvorrede; Steffan Polegen, der Schreiber der Handschrift 231 aus dem Anfang des 15. Jahrhunderts, verzichtet in der Reimvorrede jedoch auf die Passagen, die auf das Jüngste Gericht verweisen. Fortsetzungen, die über das 13. Jahrhundert hinausführen, gibt es in dieser Gruppe auch in den Handschriften aus dem 15. und 16. Jahrhundert nicht. Sie bewahren somit einen weit-

---

1 Und selbst dann bleibt dies oft ein Rätsel, wie z.B. im Fall der Handschrift 9. Hier nennt sich der Schreiber Volk Landsperger. Der Schriftenvergleich mit anderen von im geschriebenen Handschriften lässt aber annehmen, dass nur ein einziger Textzusammenhang von Landsperger später hinzugefügt worden ist, sozusagen als Besitzerredaktion.

aus älteren Überlieferungszusammenhang bis in das späte Mittelalter und die frühe Neuzeit.

Als Fazit der Beobachtungen zur Kategorie Zeit, wie sie sich aufgrund der externen Merkmale beschreiben lässt, ist festzustellen: Eine Abweichung zwischen Entstehungs-, Kombinations- und Fortsetzungszeit deutet auf Neuerungen und Veränderungen hin. Insgesamt sind nur fünf Codices nicht neu kombiniert worden: Hs. 2 (1./2. Viertel des 14. Jh.s), Hs. 7 (Ende 14. Jh.), Hs. 3 (Anfang 15. Jh.) und Hs. 10 (Anfang 15. Jh.); hierher gehört aber auch die Handschrift 1. Sie nimmt eine Mittelstellung zwischen neu kombinierten und nicht neu kombinierten Chroniken ein. Handschrift 1 wurde am Anfang des 14. Jahrhunderts abgeschlossen, im 15. Jahrhundert wurden ihr noch Gedichte (Bruchstücke) hinzugefügt. Diese Handschriften tradieren den ‚gemeinen' Text in einer schlankeren, durch weniger Informationen aus anderen Vorlagen erweiterten Form. Sie sind Kompilationen, d.h. Bearbeitungen von makrostrukturell nicht mehr erkennbaren Basistexten (Frutolf-Ekkehard-Chronik, Pöhlder Annalen und anderen ergänzenden Basistexten[2]). Ein geringfügig anders kompiliertes Textvorkommen als der Textzusammenhang der Versionen A_1 überliefert die Handschrift 122 aus dem Ende des 14./Anfang des 15. Jahrhunderts. Die Handschriften 16 und 17 zeigen weitere Kompilationsvarianten (die der B-Version) des ‚Buchs der Welt'. Gegenüber den A-Versionen erscheint der Text als fortgesetzt, da er in dieser Version bis 1260 weitergeführt sein kann. Die Handschriften stammen aus der Wende zum 14. Jahrhundert bzw. aus dem beginnenden 14. Jahrhundert.

Die Handschriften 021, 022, 023, 024, 031, 032, 4, 041, 5, 6, 081, 9, 10a, 103, 104 , 111, 112, 12, 12a, 14, 141, 143, 144, 15, 162, 163, 18, 19, 22, 231, 23 dagegen sind über die Kompilation hinaus auch noch Textkombinationen. Diese Neu-Kombinationen stammen alle aus dem 15. bis 17. Jahrhundert. Die Handschriften 4a (18. Jh.), 8 und 082 (beide Anfang 16. Jh.) sind spätere Abschriften von Handschriften, die im 15. Jahrhundert neu kombiniert worden sind. Der zeitliche Schwerpunkt der Textkombinationen liegt nach dem Überlieferungsbefund im 15. Jahrhundert.

Aus diesem Zeitschwerpunkt fallen drei frühe Codices heraus, die den Textzusammenhang des ‚Buchs der Welt' schon im 13./14. Jahrhundert als Textkombination überliefern: Es sind dies die Handschriften 24

---

2 Vgl. Michael Menzel, Sächsische Weltchronik.

(3./4. Viertel 13. Jh.), 20 (Mitte/Ende 14. Jahrhundert) und 11 (Mitte/3. Viertel 14. Jh.).

Im 15. und auch im 16. Jahrhundert sind in der Rezension A_1 Benutzer- und Besitzzeiten häufig deckungsgleich (Hss. 021, 022, 023, 024, 3, 031, 4, 5, 081, 9, 10a), es handelt sich hier vor allem um Handschriften aus städtischem und adeligem Besitz. Für die übrigen Handschriften lassen sich die Benutzer- und Besitzerzeiten schlechter ermitteln.

Die Kategorie ‚Ort‘:
Gegenüber der Zeitkategorie tritt der Ort in seiner Bedeutung bei den hier untersuchten Codices eher zurück. Das liegt vielleicht auch daran, dass bei vielen Handschriften die Herkunft nicht sicher ermittelt werden kann. Auffällig ist jedoch die hohe Ortskonstanz der Handschriften der Rezension A_1. Bis zu den reformatorischen Klosterauflösungen oder bis zur Säkularisation blieben viele A_1-Handschriften oft im gleichen Kloster (Hss. 1, 041, 6, 8, 101) oder auch häufig lange in derselben Familie – gleichgültig ob Bürgertum oder Adel (Hss. 021, 031, 5, 081) – in der sie von Generation zu Generation weiter vererbt wurden, oder in Kreisen von Ratsmitgliedern derselben Stadt (Hss. 023, 024). Nur die landesherrlichen Zusammenhänge bewirken – infolge des Erbrechts oder feindlicher Übernahmen – erhebliche Ortswechsel (Hss. 3, 4).

Die regionale Zuordnung der Codices muss unter Vorbehalt vorgenommen werden. Es gibt nur wenige sicher zuzuordnende Handschriften, die meisten sind aufgrund schreibdialektaler Besonderheiten regional zugeordnet worden. Ich habe diese Zuordnung nicht im Einzelnen überprüft, da dies den Rahmen der vorliegenden Untersuchung sprengen würde. Eine schreibdialektale Einordnung der Handschriften nach einheitlichen Kriterien ist bislang ein Desiderat.

Die Handschriften der Rezension A_1 zeigen vor allem im süddeutschen Sprachgebiet eine breite regionale Streuung. Die Überlieferungsgebiete erstrecken sich aber vom Ostmitteldeutschen bis nach Bozen und Basel: Vier der Codices und Fragmente stammen wahrscheinlich aus Thüringen (Altzelle, Erfurter Raum 101, 102, 10, 10a). Die Handschrift 1 entstand vermutlich in Nürnberg, nach der Einordnung von Karin Schneider[3] ist ihr Schreibdialekt jedoch ostmitteldeutsch. Aus Schlesien und dem Ostseeraum, dem Gebiet des deutschen Ordens, stammen die beiden Handschriften 103 und 104. Die meisten Handschriften sind im Süden des deutschen Sprachgebietes entstanden: In den Großraum Bay-

---

3 Karin Schneider, Gotische Schriften in deutscher Sprache, S. 274, Anm. 286.

ern wiesen die Handschriften 2, 031, 4, 6, 7, 071, 9. Die Handschriften 3 und 032 stammen aus Österreich (Kärnten und Burghausen) und 041 aus Tirol (Tramin b. Bozen). Nach Nordbayern (Regensburg bzw. Nürnberg, eventuell auch Augsburg) führen die Codices 5 Nürnberg-Regensburg), 081 (Regensburg), 8 (Regensburg), 082 (Regensburg) und 9 (Nürnberger Raum oder Augsburg). Sicher zu lokalisieren sind die beiden Augsburger Handschriften Konrad Bollstatters (023, 022) und in einem weiteren Bollstatter-Codex ist der Textzusammenhang des ‚Buchs der Welt' aus der Feder des Aalener Stadtschreibers. Die Handschrift 021 wurde in Basel geschrieben.

Die Handschriften der Rezension A_2 konzentrieren sich im Wesentlichen in drei bzw. vier Verbreitungsgebieten: im Westmitteldeutschen – dem Raum um Köln (Hss. 11, 112); im Ostmitteldeutschen, in Thüringen (Zwickau Hs. 111) und in Österreich (Wien Hss. 12, 12a). Die beiden Handschriften 121 und 122 sind nicht zu lokalisieren. Oskar Pausch nimmt aufgrund seiner Schreibdialektbestimmung ihre Entstehung „in einer Zone oberdeutsch-(bairisch)-mitteldeutschen Überganges" an, „keineswegs aber im südöstlichen Bayern oder in Salzburg".[4]

Die B-Handschriften konzentrieren sich im niederdeutschen Raum: Hs. 13 (nordnd./ostfäl. Dialektmerkmale[5]); Hs. 14 (Schleswig); die verbrannte Hs. 141 kam vielleicht aus dem Raum Münster;[6] aus Lübeck stammen die Hss. 143 (oder aus Ålborg oder Greifswald), 144 (wie 143), 162, 163, die Leipziger lateinische Handschrift 15 geht – nach den Eigen- und Ortsnamen zu urteilen – vermutlich auch auf eine Lübecker Vorlage zurück.

Das Überlieferungsgebiet der C_1-Codices erstreckt sich über den sächsisch-welfischen Raum mit den (vermuteten) Schreiborten Braunschweig oder Lüneburg (Hs. 24), Hildesheim (241), Quedlinburg (231). Die Handschrift 23 ist nicht zu lokalisieren.

Das Verbreitungsgebiet der Handschriften der Rezension C_2 ist schwerpunktmäßig der niederdeutsche Raum um Braunschweig (Hss. 22, 221). Eine Ausnahme macht die Handschrift 21, die in Arnstadt oder Erfurt – also in Thüringen – entstand. Ihre Vorlage aber war niederdeutschen Ursprungs und die thüringische Ausrichtung erhielt die Ende des 14./Anfang des 15. Jahrhunderts entstandene Handschrift erst Ende des 15. Jahrhunderts. Der Entstehungsort der Handschrift 20 ist unbekannt.

---

4 Oskar Pausch, Eine Sächsische Weltchronik in Kremsmünster, 1977, S. 32f.
5 Jürgen Wolf, Sächsische Weltchronik, S. 84.
6 Ebd., S. 150f.

Das Überlieferungsgebiet der beiden Handschriften der Rezension C_3 (18 und 19) ist der (ost)mitteldeutsche Raum um Naumburg und vielleicht Erfurt. Die Vorlage beider Handschriften aber war niederdeutschen Ursprungs – wie die Schreibdialektmischung ausweist. Eine besondere thüringische Ausrichtung lässt sich nicht feststellen. Die Engelhus-Chronik in der Handschrift 19 hat Nachträge aus dem 15. und 16. Jahrhundert, die auf Nordhausen hinweisen. Der ‚Buch der Welt'-Teil zeigt diese regionale Zuordnung nicht.

Die Kategorie ‚an der Kommunikation beteiligte Personen':
Aus der Beobachtung der sozialen Zusammenhänge lassen sich im Einzelnen folgende Tendenzen ablesen: Chroniken des Überlieferungszusammenhanges ‚Buch der Welt'-Rezension A_1 werden im 13. und 14. Jahrhundert nur im geistlichen und adeligen Zusammenhang tradiert. Die Chroniken sind dann weder datiert noch mit Schreibernennung versehen: (Hss. 1, Hs. 103, Hs. 6, Hs. 7). Auch in der ersten Hälfte des 15. Jahrhunderts sind die meisten Handschriften undatiert und ohne Schreibernennung (Teil A der Hs. 021, kurz nach 1400; Hs. 3, Teil A von Hs. 6; Hs. 032; Teil A von Hs. 4, die Hss. 10 nd 10a). Die soziale Einordnung ist bei diesen Handschriften in den überwiegenden Fällen nicht sicher zu leisten. Die bestimmbaren Handschriften stammen sowohl aus adeligen (3, 4) als auch aus städtischen Zusammenhängen (021). Die Datierung von Chroniken innerhalb der Codices tritt sehr vereinzelt erst am Ende des 1. Viertels des 15. Jahrhunderts auf (die Weltchronik Heinrichs von München 1415). Die Datierung ist immer an die Schreibernennung gebunden. Umgekehrt tritt die Schreibernennung jedoch auch ohne Datierung auf: Teil B von Hs. 021 ist von dem Basler Bürger Erhard von Appenwiler zwischen 1439 und 1471 geschrieben worden, die Hs. 023 von Konrad Bollstatter zwischen 1465 und 1470. Auch im 15. Jahrhundert überwiegen die undatierten und unbenannten Handschriften (Teil C von Handschrift 021: um 1460; Hs. 3: Anfang 15. Jh.; Hs. 032: 1. oder 2. Hälfte des 15. Jh.; Teil A der Handschrift 4 Mitte 15. Jh.; Hs. 5: Anfang 15. Jh.; Teil A von Hs. 6: 2. Viertel 15. Jh.; große Teile der Handschrift 9: vor 1461; die Handschriften 10 und 10a stammen beide aus dem Anfang bzw. der ersten Hälfte des 15. Jahrhunderts).

Die erste Schreibernennung und Datierung tritt bei der Weltchronik-Überlieferung in der ersten Hälfte des 15. Jahrhunderts nur in der lateinischen Rückübersetzung des ‚Buchs der Welt' (bzw. die so genannte ‚Königsberger Weltchronik', Deutscher Orden-Zusammenhang, Hs. 104) auf. Für den Gesamtcodex sind zwei Schreiber (*per me jacobum Tabernatoris de Liebenstadt* – ‚Königsberger Weltchronik', *Sermo de decem virginibus* und *Tractatus de gradibus humanitatis et superbiae* nach S. Bernhardus Claraevallensis und ein Inhaltsverzeichnis dieses Teils der Handschrift; für das *Aureum confessionale* des Johannes Capellanus: *per manus Johannis Zcimansdorf*) verantwortlich. Sie haben den Codex am 17. April 1427 beendet. (*Sub anno incarnacionis domini M°CCC° vigesimo septimo, decima septima die mensis Aprilis que fuit proxima bona quinta feria ante festum pasche* [...][7]). Der gleiche lateinische Weltchroniküberlieferungszusammenhang (Hs. 103, Teil B: Königsberger Weltchronik – auch hier im Zusammenhang mit dem Deutschen Orden zu sehen) wird Ende des 13. Jahrhunderts undatiert und ohne Schreibernennung überliefert.

Die Chroniken mit Schreibernennungen aus der zweiten Hälfte des 15. Jahrhunderts stammen wie die mit den Datierungen vor allem aus dem sozialen Umfeld der Städte Augsburg (022 = K. Bollstatter, datiert; 023 = K. Bollstatter, undatiert; 024 Teil A = K. Bollstatter, undatiert; Regensburg = Andreas Heff, der größere Teil ist von Heff datiert, danach noch undatierte Zusätze Hs. 081) und Basel (Hs. 021 = große Teile sind von Erhart Appenwiler undatiert zwischen 1439 und 1471 hinzugefügt worden, nach ihm schrieb ein Anonymus bis 1473 und dann der Baseler Bürger Heinrich Sinner von Tachsfelden den Codex von 1474 bis vielleicht 1480 weiter – viele Notizen wurden nachträglich geschwärzt). Auffällig ist der zeitliche Bruch von mehr als 30 Jahren und das gegenüber den anderen A_1-Handschriften völlig andere soziale Umfeld, in dem diese Handschriften entstanden sind. Es führt uns nicht mehr in geistliche Zusammenhänge, sondern – mit Ausnahme von Handschrift 031 – in die Stadt und zu den städtischen Verantwortlichen, den Mitgliedern der Ratsversammlung.

Ältere Traditionslinien, wie z.B. die Überlieferung von Codices mit ‚Buch der Welt'-Handschriften in geistlichem und adeligem Umfeld, bleiben auch im 15. und 16. Jahrhundert bestehen: In der 2. Hälfte/Ende des 15. Jahrhunderts nennt sich Pater Jeronimus als Schreiber eines ‚Buchs der Welt'. Er schreibt vermutlich im Auftrag einer bayerischen Freiherrenfamilie (Stingelheimer), datiert die Chronik aber nicht. Noch die Handschrift 3 aus dem Anfang des 15. Jahrhunderts ist undatiert und ohne Schreibernennung, sie war vermutlich auch für einen adeligen Auftraggeber bestimmt, im 16. Jahrhundert ist sie im Familienbesitz der Grafen von Zimmern.

---

[7] Vgl. auch Otto Günther, Katalog der Danziger Stadtbibliothek, Bd. V,5, S. 423-427.

Aus dem 16. Jahrhundert sind drei Codices überliefert: zwei datierte Handschriften (Hs. 082; Aventins Abschrift von 032) und eine undatierte (Hs. 8).

Spätere Handschriften der Rezension A_1 stammen aus dem 16.-19. Jahrhundert, die Intention, die ihrer Entstehung zugrunde lag, war z.T. eher antiquarisch, bewahrend (z.B. Handschrift 4a, die Abschrift von Handschrift 4).

In der Rezension A_2 gibt es keine Schreibernennungen und nur eine datierte Handschrift (Hs. 12a: 1467). Keine der Handschriften stammt eindeutig aus dem sozialen Umfeld eines Klosters. Die früheste Handschrift (11) stammt aus dem höfischen, adeligen Umfeld und ist ein Sammelcodex, der deutlich höfische Textexemplare mit einem 1230 endenden ‚Buch der Welt' verbindet. Im Rahmen der höfischen Literatur verwundert auch nicht, dass diese frühe Handschrift – ganz im Unterschied zu den frühen Handschriften der Gruppe A_1 – die Reimvorrede überliefert.

Unter den Handschriften, die der Rezension B zugeordnet werden, führen vor allem die frühen Textzeugen aus dem 13./14. Jahrhundert deutlich in den Interferenzbereich zwischen Geistlichkeit, landesherrlichem Adel und wirtschaftlich und politisch aufstrebendem Bürgertum im Bereich der Hanse.

Die Handschriften der Rezension C_1 weisen mit der Reimvorrede, der Kaiserchronik-Übernahme und den für die C-Rezension typischen Textallianzen in den höfischen, den welfisch-sächsischen Zusammenhang. In allen Fällen lässt sich die Herkunft nur schwer rekonstruieren. Die Handschriften 23, *23 und 24 wurden zumindest seit dem 15. Jahrhundert in landesherrlichen Bibliotheken (kurfürstliche Bibliothek zu Wittenberg, Schloss Friedenstein in Gotha) aufbewahrt. Nur die Handschrift 231 blieb bis zur Auflösung des Franziskanerklosters in Danzig im 16. Jahrhundert im Kloster und gelangte erst dann in städtischen Besitz. Jürgen Wolf sieht diese Handschrift (231) als ein mögliches Zeugnis für eine Bettelordensgeschichtsschreibung.[8] Die älteste überlieferte bebilderte Prachthandschrift (Hs. 24) – vermutlich in sächsisch-welfischem Zusammenhang entstanden – befindet sich in dieser Rezension. Die jüngsten Textzeugen sind Abschriften dieses Prachtcodex (Hs. 24) aus dem 18. Jahrhundert (Hs. 24a) und aus dem 17. Jahrhundert (Hs. 24b). Die Intention, die der Entstehung zugrundelag, war ein Interesse an historischen Zusammenhängen (Hs. 24a) und auch ein bibliophiles Interesse (Hs. 24b).

---

8 Jürgen Wolf, Sächsische Weltchronik, S. 162.

Auch die Handschriften der Rezension C_2 weisen mit der Reimvorrede, der Übernahme der versifizierten Kaiserchronik, den typischen sächsisch-welfischen Textallianzen auf eine Vorlage aus dem höfischen (landesherrlichen) Zusammenhang. Auch hier lässt sich die Herkunft nur schwer rekonstruieren. Die Handschriften 21, 22 und das Fragment 221 wurden zumindest seit dem 16./17. Jahrhundert in landesherrlichen Bibliotheken (Bibliothek der Grafen von Schönborn: Hs. 21; Gottorfer Bibliothek: Hss. 22, 221) aufbewahrt.

Das ursprüngliche soziale Umfeld, in dem die Handschriften der Rezension C_3 entstanden sind, lässt sich nicht rekonstruieren. Auch sie überliefern noch die höfische, sächsisch-welfische Ausrichtung ihrer Vorlage. Handschrift 18, deren Schreiber bekannt ist (Johann Bertram aus Naumburg), befand sich später vielleicht in einem sächsischen Kloster. Über den Auftraggeber ist nichts bekannt. Nach der Säkularisation war die Handschrift in einer landesherrlichen Bibliothek (Dresden). Völlig im Dunkeln liegt die Herkunft der Handschrift 19. Bemerkenswert ist aber, dass beide Handschriften sehr früh von Historikern erworben worden sind: Handschrift 18 im 16. Jahrhundert von Petrus Albinus und Handschrift 19 war im 17. Jahrhundert im Besitz Joachim Johannes Maders.

V.1.2 Klassifikation der externen Merkmale von Weltchroniken (13.-16. Jh.)

Es lassen sich – auf der Grundlage des Überlieferungszusammenhanges, in dem das ‚Buch der Welt' vom 13. bis zum 16. Jahrhundert tradiert wird – ausgehend von den Merkmalen der externen Variablenkonstellation vier unterschiedliche Merkmalskombinationen feststellen, die den untersuchten Textzusammenhang und die Textverbindungen, die er eingeht, als Textexemplare der Textsorte ‚Universalchronik' kennzeichnen. Diese situativen Zuordnungen sind zeitgebunden, d.h., auch wenn sie gleichzeitig auftreten können, liegt ihre Blütezeit doch in unterschiedlichen Jahrhunderten. Es lassen sich so zunächst auf Grund der externen Variablen vier Varianten unterscheiden:

a) Entstehung im geistlichen Umfeld (bis 13./14. Jahrhundert);
b) Entstehung in höfischen Zusammenhängen (im 13. und beginnenden 14. Jahrhundert);
c) Entstehung im Umfeld des Stadtbürgertums (in der zweiten Hälfte des 14. und im 15. Jahrhundert);

d) Humanistenchroniken, Chroniken, die explizit für Bibliotheken geschrieben oder gesammelt wurden (seit Ende des 15. Jahrhnderts, besonders seit dem 16. Jahrhundert).

Vor allem im 15. Jahrhundert kommt es zu vielfältigen Berührungen zwischen den unterschiedlichen Entstehungszentren der Weltchronistik, was zu einer gegenseitigen Beeinflussung führt. Ich beschreibe im Folgenden die externen Merkmalsbündel der Varianten, soweit sie sich ermitteln ließen:

a) Die Textexemplare entstehen im geistlichen Umfeld;
bis zum 13./14. Jahrhundert:
Die Textexemplare werden durch Geistliche innerhalb von Klöstern geschrieben, die Sprache ist zunächst vor allem lateinisch, seit dem 14. Jahrhundert auch deutsch. Der Entstehungszeitraum der hier untersuchten Textexemplare, die diese Merkmalsbündel aufweisen, liegt ausschließlich im 13. bis 14. Jahrhundert. Die Überlieferung ist handschriftlich und findet in der Form des Codex ihren Ausdruck. In dieser Gruppe finden sich Pergament- und Papierhandschriften. Die sechs Handschriften sind in der Forschung der Rezension A_1 (101, Frgm. 2. Hälfte 13. Jh. = lat.; *101, 2. Hälfte 13. Jh. = lat.; 103, nach 1290 = lat.; 1, 14. Jh. = volksspr.; 6, Teil B, Ende des 14. Jhs. = volksspr.; 7, Ende 14. Jh. = volksspr.) zugeordnet worden. Andere Auftraggeber als die Klöster (vielleicht in einem Fall, Hs. 103, der samländische Bischof) sind nicht zu ermitteln. Es gibt keine Schreibernennungen. Keine Handschrift überliefert die Reimvorrede.

In diesem Entstehungszusammenhang wird historisches Erinnerungswissen überliefert, das die Geschichte des römischen Reiches in Kombination mit Heilsgeschichte als Ausdruck eines europäisch-christlichen, romzentrierten Interesses versteht (I).[9]

15. Jahrhundert:
Es zeigt sich in dieser Kategorie eine Änderung der externen Merkmale im 15. Jahrhundert, die zu einer Modifikation der Variante führt. Die Textexemplare können jetzt auch durch Weltgeistliche oder weltliche Schreiber angefertigt werden. Sie befanden sich bei ihrer ersten Erwähnung in Klöstern oder im Besitz hoher Geistlicher. (Die genaue Herkunft ist häufig nicht mehr rekonstruierbar.) Die Entstehung liegt mit Ausnahme einer Handschrift (der Abschrift des Autographen von Leonhard

---

9 Vgl. die Ausführungen in Kapitel IV.1 Modelle historischer Memoria am Beispiel der Überlieferung des ‚Buchs der Welt', bes. S. 685.

Heff) in der ersten Hälfte des 15. Jahrhunderts. Die Überlieferung ist handschriftlich und findet in der Form des Codex ihren Ausdruck. In dieser Gruppe finden sich nur Papierhandschriften, ihre Sprache ist lateinisch oder volkssprachig, allerdings mit lateinischen Elementen. In fünf von sieben Handschriften nennen sich die Schreiber. Bei einer Handschrift ist der Schreiber der (mittelbaren) Vorlage bekannt. Die Textexemplare gehören fast allen Rezensionsgruppen an: A_1, B und C_1, C_2 und C_3. Die C_1, C_2 und die C_3-Handschriften überliefern die Reimvorrede.

Rezension A_1: Die lat. Handschrift 104 aus der ersten Hälfte des 15. Jahrhunderts (17. April 1427), deren Schreiber (Jakob Tabernator, Johannes Zcimansdorf) sich im Codex nennen, gehörte zu den alten Bibliotheksbeständen des Danziger Marienklosters; in der volkssprachigen Handschrift 041 (16. Mai 1415) nennt sich als Schreiber Johannes von Ezzlingen. Er gibt als Beruf *priester* an. Im 16. Jahrhundert befand sich die Handschrift im Chorherrenstift Seckau. Die Handschrift 8 ist eine (mittelbare) Abschrift der Handschrift 081, einer städtischen Auftragsarbeit des Lohnschreibers Leonhard Heff. Die Abschrift aus dem ersten Viertel des 16. Jahrhunderts befand sich im 16. Jahrhundert im Regensburger St. Emmerams-Kloster. Sie fällt hier aus dem zeitlichen Rahmen heraus.

Rezension B: Die lat. Handschrift 15 (= eine Buchbindersynthese Anfang des 15. Jh.s) hat keine Schreibernennung, sie war im 15. Jahrhundert im Besitz des Naumburger Bischofs Dietrich von Bocksdorf, der sie später dem Leipziger Dominikanerkloster vermachte. Handschrift 14 stammt aus dem Jahre 1434, der Schreiber ist Johannes Vicken. Er war Kaplan im Ruhekloster im Norden Schleswigs; im zisterziensischen Ruhekloster ist der Codex in der ersten Hälfte des 15. Jahrhunderts entstanden, in der zweiten Hälfte des 15. Jahrhunderts spätestens gehörte er Urbanus Habich (de Gnogen).

Rezension C_1: Die volkssprachige Handschrift 231 (13. April 1416) wurde von den Brüdern Polegen vielleicht im Auftrag eines Franziskanerklosters geschrieben, frühestens ab 1422 befand sich der Codex im Besitz des Danziger Franziskanerklosters. Steffan Polegen nennt sich selbst im Explicit *presbiter*. Er war von 1428-1437 Schöffe und Ratsherr in Danzig. Sein Bruder Nicolaus wird urkundlich als Quedlinburger Stadtschreiber und Bürger erwähnt.

Rezension C_2: Die früheste Schreibernennung überhaupt hat die Handschrift 21. Der Schreiber ist Conrad von Tanna und das Entstehungsdatum, das er angibt, ist der 24. April 1370.

Rezension C₃: Die volkssprachige Handschrift 18 wurde von einem weltlichen Schreiber, Johannes Bertram, aus Naumburg verfasst. Möglicherweise befand sich der Codex in einem sächsischen Kloster, bevor er im 16. Jahrhundert in das Geheime Staatsarchiv nach Dresden kam.

In diesem modifizierten Entstehungszusammenhang begegnen verschiedene Konzepte historischer Memoria;[10] Reichsgeschichte kann Ausdruck eines europäisch-christlichen, romzentrierten Interesses (I) bleiben – selbst auf der Grundlage eines dynastischen Geschichtskonzepts (II) wie es die C-Handschriften tradieren – und sich dennoch stärker regionalen (III) und/oder städtischen Interessen (IV) öffnen; so vermittelt beispielsweise die Handschrift 21 ein romzentriertes, reichshistorisches Erinnerungskonzept, das sich regionalen Interessen öffnet und gleichzeitig Spuren eines sächsisch-welfischen Geschichtsbewusstseins zeigt.

b) Die Textexemplare entstehen in höfischen Zusammenhängen; 13./14. Jahrhundert:

Auftraggeber dieser Chroniken sind Adelige, zunächst besonders der hohe landesherrliche Adel. Die Codices sind ausschließlich volkssprachig geschrieben. Der Entstehungszeitraum dieser Textexemplare ist breit gestreut bis ins 15. Jahrhundert, die Blütezeit ist aber im 13. und 14. Jahrhundert anzusetzen. Die Überlieferung ist handschriftlich und findet in der Form des Codex ihren Ausdruck. In dieser Gruppe gibt es Pergament- und Papierhandschriften, illuminierte Prachtcodices und Gebrauchshandschriften. In meinem Korpus lässt sich im 13./14. Jahrhundert keine Schreibernennung feststellen. Die früheste Handschrift, die in diesem Zusammenhang genannt werden muss, ist die Handschrift 24 aus der Rezension C₁. Ihr Entstehungszusammenhang war im dritten bis vierten Viertel des 13. Jahrhunderts vermutlich der Braunschweiger sächsische Welfenhof. Das Fragment 161 aus dem Ende des 13. Jahrhunderts, ein illuminiertes Fragment, gehörte wahrscheinlich im 16. Jahrhundert dem Bischof Christoph von Braunschweig-Lüneburg (1503-1558), der gleichzeitig Erzbischof von Bremen und von Verden war. Hier treffen wir also sowohl auf den Nachfahren eines landesherrlichen Adelsgeschlechts (Welfen) als auch auf einen hohen kirchlichen Würdenträger als Besitzer einer illuminierten B-Handschrift. Auch die bairische Handschrift 2 (Rezension A₁) gehört in einen landesherrlichen Entstehungszusammenhang. Am Hof der Grafen von Manderscheid-Blankenheim wurde seit 1500, vermutlich aber auch schon vorher, die ripua-

---

10 Vgl. Kapitel IV: Wandel und Ausdifferenzierung des mittelalterlichen Weltbildes im Rahmen der Universalchronistik, S. 683ff.

rische Handschrift 11 (Rezension A$_2$) aus der Mitte des 14. Jahrhunderts aufbewahrt.

Die Geschichtsauffassung (II)[11] ist grundsätzlich reichsorientiert, sie kann aber, wie in der Handschrift 24 deutlich wird, partikular-dynastische Interessen deutlich in den Vordergrund stellen. Es zeigt sich vor allem in der prachtvollen Ausstattung und auch in der Zusammenstellung der vor allem auf Unterhaltung abzielenden Wissensbestände der Wunsch, durch die Universalchronistik auch das gesellschaftliche Ansehen deutlich zu machen, das die soziale Gruppe genießt, für die die Textexemplare bestimmt sind.

15. Jahrhundert:
Es lassen sich Textexemplare bis in die zweite Hälfte des 15. Jahrhundert nachweisen. Jetzt nennen sich die Schreiber, es sind Geistliche, Weltgeistliche oder auch weltliche Kanzleischreiber:

Die bairische Handschrift 3 (Anf. des 15. Jh.s, Rezension A$_1$) gehörte ursprünglich zur Bibliothek der Grafen von Zimmern, später kam sie durch Schenkung in die Bibliothek Erzherzog Ferdinands und danach in die Wiener Hofbibliothek. Handschrift 031 wurde von zwei Schreibern (Paulus Münchmayer de Euerding und Pater Jeronimus) in der zweiten Hälfte des 15. Jahrhunderts für die bayrischen Freiherren Stingelheimer geschrieben. Schwer zuzuordnen ist die Handschrift 4 (Rezension A$_1$), der Schreiber des Marienlebens (1423) nennt sich Kaczberger. Es ist vielleicht der Pfarrer Hans Katzberger, vermutlich ein Mitglied der adeligen Familie der Katzberger aus Katzberg bei Cham. Die anonymen Schreiber des ‚Buchs der Welt' kannten sich vor allem mit der Geschichte der Herzöge von Bayern-Ingolstadt aus (SW-Teil = 2. Hälfte 15. Jh.).

Im 15. Jahrhundert konkurriert in diesem Entstehungszusammenhang das Interesse an dynastischer Memoria (II) nicht mehr mit der reichshistorischen Ausrichtung, sondern beansprucht – zunehmend in der Form einer Regionalisierung und Familiarisierung – immer mehr Raum und führt so in gewisser Weise zu einer „Enteuropäisierung" des Erinnerungswissens im Sinne einer immer kleinräumigeren Memoria.

c) Die Textexemplare entstehen in städtischen Zusammenhängen; vereinzeltes Vorkommen im 13./14. Jahrhundert:
Die Textexemplare entstehen zu Beginn im Auftrag des städtischen Bürgertums oder werden im städtischen Umfeld überliefert, orientieren sich in Bezug auf die Makrostrukturen an der adeligen Chronistik. Dies sind

---

11 Vgl. Kapitel IV.1, S. 685.

vor allem die ersten Anfänge volkssprachiger städtischer Universalgeschichtsschreibung. Sie zeigen sich in den illuminierten Prachtcodices (Hs. 16 und Hs. 17) an der Wende vom 13./14. Jahrhundert. Die Schreiber sind städtische Kanzleischreiber, Lohnschreiber oder Weltgeistliche. Die Adressaten waren, wie die Auftraggeber, vor allem die Bürger der Städte. Das Erinnerungswissen geht zunächst nicht über den Rahmen einer reichshistorisch ausgerichteten, romzentrierten Memoria (I)[12] hinaus, regionale Tendenzen zeigen sich nicht. Stadtbürgerliches Prestige orientiert sich – z.B. in der Ausstattung – deutlich am Adel und noch nicht an der Präsentation eines möglichst großen Wissensbestandes, wie ihn die Klöster zu bieten hatten.

Der Schwerpunkt liegt im 15. Jahrhundert:
Die Auftraggeber, Schreiber, Adressaten stammen weiterhin aus dem städtischen Umfeld. Im 15. Jahrhundert folgen sie stärker der lateinischen Tradition der Klöster, die sie weiterentwickeln. Die Codices sind volkssprachig geschrieben, etliche Codices haben lateinisch-deutsche Sprachmischungen. Die Überlieferung ist handschriftlich und findet in der Form des Codex ihren Ausdruck. In dieser Gruppe finden sich Pergament- und Papierhandschriften. Schreibernennungen begegnen in dieser Gruppe erst ab dem 2. Viertel des 15. Jahrhunderts (in den A_1-Hss.). Die Codices gehören den Rezensionen A_1, A_2, B und C_2 an. Die A_2-, B- und C_2-Handschriften überliefern die Reimvorrede.

Rezension B: Zeitlich beginnt die Überlieferung mit zwei illuminierten B-Handschriften: mit dem volkssprachigen Prachtcodex Handschrift 16 aus der Wende vom 13. zum 14. Jahrhundert. Der Codex führt in den Interferenzbereich zwischen Adel und Bürgertum, denn der Auftraggeber war der Hamburger Bürger Johann von dem Berge und der Adressat der Adelige Graf Gerhard von Holstein. Der andere Prachtcodex ist die Handschrift 17 aus dem 1. Viertel 14. Jahrhunderts. Im 15. Jahrhundert war der Codex im Besitz des Ratsherrengeschlechts (Johann) Bere. Eine weitere B-Handschrift stammt aus der Mitte des 15. Jahrhunderts: die volkssprachige Handschrift 162, die so genannte Detmar-Chronik, eine Lübecker Stadtchronik, die wie die Handschrift 17 mit der Reimvorrede beginnt.

Rezension C_2: Die Handschrift 22 aus dem 2. Viertel/Mitte 15. Jahrhunderts war in der ersten Hälfte des 16. Jh.s vielleicht in bürgerlichem Besitz. Sie enthält einen Besitzeintrag, der auf Johannes Vorttem bzw. Vohrum aus Vöhrum bei Peine hinweist. Er war Teilnehmer am Schmal-

---

12 Vgl. die Ausführungen in Kap. IV.1, S. 629ff.

kaldischen Krieg und hatte vielleicht engere Beziehungen zum kaiserlichen Hauptmann Christoph von Wrisberg (1512-1580).[13]

Rezension A_2: Zeitlich schließen sich die A_2-Hanschriften an, die aus der Mitte bzw. aus dem ersten Viertel der zweiten Hälfte des 15. Jahrhunderts stammen: Hs. 12 (um 1450) Wiener Neustadt, einer der ersten Besitzer war der Bürgermeister der Wiener Neustadt Kaspar Holzer; 12a ebenfalls Wiener Neustadt aus dem Jahre 1467 (mittelbare Abschrift von 12 oder vielleicht doch eine gemeinsame Vorlage).

Rezension A_1: Die A_1-Handschriften bilden die größte Gruppe: Hs. 021 = lat.-dt. Sprachmischung (1420 bis nach 1474, Appenwiler); Hs. 9 (vor 1461, Nürnberg oder Augsburg); 10a (Anfang, 1. Hälfte 15. Jh., Erfurt oder Nordhausen/Mühlhausen); Hs. 022 (1476 = volkssprachig, Augsburger Stadt-Weltchronik, Bollstatter); Hs. 023 (nach 1465/1470 und vor 1476 = volkssprachig, Bollstatter); Hs. 024 (1465 und 1470, Aalener Stadtschreiber und Bollstatter); Hs. 5 (2. Viertel 15. Jahrhundert; Besitzer Lenhart Schaller, Bürger zu Hohemburg am Nordgau). Die Hs. 081 entstand als Auftragsarbeit des Regensburger Stadtkämmerers Erasmus Trainer in den Jahren 1470/71 und wurde von Leonhard Heff geschrieben, die Hs. 082 ist eine (mittelbare) Abschrift aus dem Jahre 1501, ihre Herkunft ist unbekannt.

Auch in diesem Entstehungszusammenhang finden die Interessen der Auftraggeber und Adressaten nun stärker Eingang in die Universalchronistik und sie wird jetzt – weit über die Ausstattung hinaus – Ausdruck eines stadtbürgerlichen Prestiges sowie eindeutiges Zeugnis stadtbürgerlicher Erinnerungskultur, mit allen Aspekten der Regionalisierung und auch der Familialisierung im Rahmen des Stadtpatriziertums, aber auch mit der deutlichen Absicht, ein möglichst breites Spektrum unterschiedlichen, selbst widersprüchlichen Wissens präsentieren zu können.

c) Humanistenchroniken, Chroniken, die explizit für Bibliotheken geschrieben oder gesammelt wurden:
seit Ende des 15. Jahrhnderts, besonders seit dem 16. Jahrhundert:
Etwa seit Ende des 15. Jahrhunderts, aber besonders seit Beginn des 16. Jahrhunderts werden Universalchroniken vor allem aus Repräsentationsgründen und mit dem Ziel, Wissen zu sammeln und zu akkumulieren, in Auftrag gegeben. Jetzt vermischen sich die vorher getrennten Entstehungsbereiche. Die Auftraggeber kommen vor allem aus dem politisch einflussreichen und wohlhabenden Adel, dem Stadtbürgertum und dem

---

13 Vgl. Jürgen Wolf, Sächsische Weltchronik, S. 110, 302f.

humanistisch gebildeten Bürgertum. Nach dem Vorbild der Klosterbibliotheken und der Bibliotheken hoher Geistlicher (z.B. Hs. 15 aus dem beginnenden 15. Jh.) entstehen zunehmend „Laien"bibliotheken. Die Universalchroniken werden vom 16. bis zum 18./19. Jahrhundert für die landesherrlichen Bibliotheken, Adelsbibliotheken, Bibliotheken bürgerlicher Gelehrter und später auch für öffentliche Stadtbibliotheken geschrieben und gesammelt:

Geschrieben werden folgende Codices in dem Zeitraum vom 16. bis zum 19. Jh.:

Entstanden als Humanistenhandschrift ist die Abschrift und lateinische Übersetzung der verschollenen volkssprachigen ‚Burghauser Sächsischen Weltchronik' durch den Humanisten Johannes Turmair, gen. Aventin im Jahre 1509, auf der Grundlage einer A_1-Handschrift. Die Aventinsche Abschrift (1509) des Burghauser ‚Buchs der Welt', Hs. 032, (Rezension A_1) war für Aventins historische Forschungen gedacht.

Der Wolfenbütteler Codex 23 (Rezension C_1) wurde in der Mitte bzw. im 3. Viertel des 16. Jahrhunderts geschrieben. Der Schreiber nennt sich nicht, die genaue Herkunft ist nicht bekannt, aber er schreibt in der zweiten Hälfte des 16. Jahrhunderts eine explizit sächsisch-welfische Weltchronik in humanistischer Kursive ab.

Die späten Handschriften der Rezension A_1 stammen aus dem frühen 16. bis zum 19. Jahrhundert: Die Handschrift 082, die ohne Schreibernennung eine Datierung aufweist (1501), ist eine mittelbare Abschrift von Heffs Andreas-Chronik-Übersetzung. Ihr soziales Umfeld und ihr Gebrauchszusammenhang sind erst aus dem 18. Jahrhundert bekannt. In dieser Zeit war sie im Besitz des Büchersammlers und Frankfurter Bürgermeisters Zacharias Conrad von Uffenbach. Die Abschrift (4a), die Hirschmann für Karl Theodor 1758 von der Heidelberger Handschrift 4 machte, diente Repräsentationszwecken des Landesherrn wie auch dem historischen Interesse Karl Theodors und seiner Zeitgenossen. Es galt darüber hinaus vor allem aber ein bewahrendes Interesse, man wollte dem Hof die inzwischen im Vatikan befindliche Handschrift erhalten. Eine weitere, bei Jürgen Wolf nicht berücksichtigte Abschrift des ‚Buchs der Welt', ist die, die Johann Andreas Schmeller in der Mitte des 19. Jahrhunderts für seine (literar)historischen und schreibdialektologischen Studien von Handschrift 6 machte und durch Handschrift 7 ergänzte (Nürnberg Hs. 2733 Supl.). Ähnliche bibliophile oder gelehrte Interessenlagen trugen auch innerhalb der Rezension C_1 im 17. und 18. Jahrhundert zur Entstehung der späten Abschriften (Hss. 24a und b) der Handschrift 24 bei.

Gesammelt wurden vor allem Handschriften vom 16. bis zum 18. Jahrhundert:
Viele der in anderen Zusammenhängen entstandenen Handschriften werden in der Zeit vom 16. bis zum 18. Jahrhundert in den Bibliotheken des Adels, vor allem des landesherrlichen Adels, oder des gelehrten Bürgertums gesammelt. Von den Bibliotheken gelehrter Bürgerlicher war es zumeist nur ein kleiner Schritt in die städtischen Bibliotheken. Die Handschrift 2 der Rezension A_1 ist im ersten Viertel des 14. Jahrhunderts entstanden und trägt das herzogliche und das kurfürstliche bayrische Exlibris, d.h., sie befand sich in jedem Fall seit dem beginnenden 17. Jahrhundert in einer landesherrlichen Bibliothek. Ihre genaue Herkunft ist jedoch ungewiss. Nichts Näheres lässt sich über das verschollene Fragment 071 (14. Jh., Rezension A_1) aussagen, im 19. Jahrhundert befand es sich in der Großherzoglichen Darmstädter Bibliothek. Auch für die bair./md. Handschrift 122 (Rezension A_2) aus dem Ende des 14./Anfang des 15. Jahrhunderts ist die Entstehung nicht zu rekonstruieren, vor 1624 befand sie sich in jedem Fall in der Bibliothek des österreichischen bibliophilen Adeligen Job Hartmann von Enenkel zunächst in Schloss Leonbach und dann in Schloss Lichtenegg. Die Handschrift 23 (Rezension C_1) aus der Mitte bzw. dem 3. Viertel des 16. Jahrhunderts – über deren Herkunft nichts Näheres bekannt ist – wurde 1658 bzw. 1659 für die herzogliche Bibliothek erworben. Die Handschrift 22 (2. Viertel/Mitte 15. Jh., Rezension C_2 = volkssprachig) kam Ende des 16. Jahrhunderts in die Gottorfer Bibliothek Herzog Adolfs (†1586). Mit der Eroberung des herzoglichen Teils Schleswigs durch die Dänen gelangte der Codex in dänischen Besitz.[14] Im Einband des Codex befand sich das Fragment 221, 2. Viertel/Mitte 15. Jahrhunderts. Es war bereits in der Gottorfer Bibliothek auf dem vorderen Einbanddeckel eingeklebt.

Das nd. Fragment 241 (Rezension C_1) aus der ersten Hälfte des 14. Jahrhunderts ist im Hildesheimer Raum entstanden, es gehört zu den frühen Buchbeständen der Hildesheimer Altstadt (Bestand 50).[15] Es diente als Einband oder Aktendeckel, mehr ist zur Herkunft nicht bekannt. Das Fragment 102 (1. Hälfte, Mitte 14. Jh. = volkssprachig) befand sich in der Bibliothek Hoffmanns von Fallersleben, bevor es 1846 von der Berliner Hofbibliothek gekauft wurde. Die herzogliche Bibliothek in Wolfenbüttel erwarb die volkssprachige Handschrift 10 (Anfang, 1. Hälfte 15. Jh. = volkssprachig) in den Jahren 1652 oder 1653. Handschrift 112,

---

14 Vgl. Jürgen Wolf, Sächsische Weltchronik, S. 302f.
15 Vgl. ebd., S. 241.

ripuarisch auf der Grundlage von Handschrift 11 ist im 3. Viertel des 15. Jahrhunderts entstanden. Sie stammt aus der Mannheimer Bibliotheca Palatina (wie Handschrift 4a). Handschrift 19 aus dem 2. Viertel bzw. der Mitte des 15. Jahrhunderts befand sich im 17. Jahrhundert im Besitz des Helmstedter Professors Joachim Johannes Mader (1626-1680), der sie – wie später Leibnitz – als Grundlage seiner Ausgabe des Engelhus-Codex benutzte. Viele Handschriften wurden später in diesem sozialen und Interessenzusammenhang benutzt: z.B. Handschrift 18 aus Klosterbesitz, die im 16. Jahrhundert vom Dresdener Geheimen Rat Petrus Albinus (1543-1598), Rektor der Universität Wittenberg (ab 1586), für seine Arbeit an der ‚Meißnischen Land- und Berg-Chronica' benutzt wurde. Handschrift 162 wurde von zahlreichen Benutzern des 16. Jahrhunderts mit Randbemerkungen versehen. Seit dem 17. Jahrhundert wurde der Codex im Lübecker Pastorenmilieu vererbt, der letzte Erbe schenkte den Codex dem Lübecker Polyhistor Jakob von Melle (†1743), der ihn vielfach benutzte. Auch Reinmar Kock (†1569), der Verfasser der ‚Lübischen Chronik', benutzte zwar intensiv die Handschrift 16, aber – nach den Randbemerkungen zu urteilen – auch die Handschrift 162.[16]

Der Wunsch nach dieser Form der Erinnerungskultur liegt darin, Wissen zu akkumulieren – gleichgültig, ob dies den romzentrierten, christlich-europäischen Rahmen der Universalchronistik zu sprengen droht und auch unabhängig davon, ob sich die Wissensbestände untereinander widersprechen. Es steht nicht mehr so sehr eine prachtvolle Ausstattung der Handschriften im Vordergrund der Sammeltätigkeit, vielmehr gilt es, ein möglichst breites Wissensspektrum in einer Bibliothek zu konzentrieren. Schwerpunkte können auch hier religiöse Ausrichtungen – vor allem unter reformatorischem Blickwinkel – oder regionale sowie dynastische Gesichtspunkte sein. In jedem Fall geht es um die Erweiterung eines nicht mehr zwingend christlich-europäischen Weltwissens.

Einige Handschriften sind keiner der vier Kategorien zuzuordnen, weil zu wenig über sie bekannt ist. Dies sind Fragmente oder verbrannte Handschriften: Fragment 13 (1. Hälfte/Mitte 14. Jh. = volkssprachig); Fragment 142 (evtl. 1. Hälfte/Mitte 14. Jh. = volkssprachig); Fragment 121 um 1400 (= volkssprachig); Handschrift 141 (1405 und 14. Jh. = volkssprachig, verbrannt); Hs. 20 verbrannt, Provenienz unbekannt (Mitte/Ende 14. Jh.), Hs. 163, die 1842 verbrannte, aus der Bibliothek der hamburgischen Patriotischen Gesellschaft.

---

16 Vgl. ebd., S. 269f.

Die Handschriften 143 (Lübeck, 1466), 144 (Greifswald-Lübeck oder Ålborg, 21. Sept. 1482) sind Textexemplare der Textsorte Historienbibel. Für die Handschrift 143 gilt diese Mischung der externen Variablenkonstellation III und IV: Ihr Besitzer war der Rektor der Rostocker Universität Lambertus Wytinghof de Lubeke (Rektor in den Jahren 1453-1472) oder der Lübecker Ratsherr Lambert Wickinghof (†1529). Der Codex 144 dagegen ist vermutlich in geistlichem Zusammenhang (Ib) entstanden: Wahrscheinlich war ihr Schreiber der Prior im dänischen Helligaandskloster Jenss Niielszenn aus Ålborg, der 1473 in Greifswald immatrikuliert war. Der Codex befand sich wohl früh in der Sammlung Rosenkrantz, einer bedeutenden Adelsbibliothek. Gründer war der dänische Theologe und Reichsrat Holger Rosenkrantz. Nach dem Tode des Etatrats Jens Rosenkrantz (†1695) verkauften die Erben die Bestände nach und nach. Der Codex ging in den Besitz des isländischen Gelehrten und Professors für nordische Altertumskunde Arne Magnusson (1663-1730) über.

Die Handschrift 111 (Zwickau, 2. Hälfte des 15. Jahrhunderts) teilt Merkmale mit gereimten Universalchroniken (außer dem Reim) und etliche Merkmale mit Historienbibeln (z.B. Prosaform). Von den externen Merkmalen her gilt für die Handschrift 111 eine Mischung der Variablenkombination c und d: im 16. Jahrhundert war der Codex im Besitz des Zwickauer Lehrers, Stadtschreibers und Ratsherren Roth.

> Die Rothsche Bibliothek reicht [...] vom Umfang fast an die größten sächsischen Klosterbibliotheken vor ihrer Säkularisation heran. Einen Schwerpunkt bildet die evangelisch-theologische Literatur mit Predigtsammlungen, reformatorischen Streit- und Flugschriften sowie Werken Luthers, Bugenhagens, Melanchthons, Zwinglis, Bucers, Bullingers und Ossianders. Einen zweiten Schwerpunkt bilden die Werke des Humanismus inklusive einer fast vollständigen Ausgabe der griech. und röm. Klassiker. Typisch für die Bibliothek Roths sind die meist deutschsprachigen Sammelbände aktueller Literatur und die Vielzahl deutschsprachiger Bücher aus den Bereichen Ackerbau, Medizin, Recht und ‚Unterhaltung'. Roths Buchbesitz unterschied sich damit deutlich von dem der Klöster.[17]

Die Betrachtung der situativen Rahmenbedingungen der Textexemplare hat zu rezensionsübergreifenden Ergebnissen geführt: Alle externen Variablenkonstellationen (a Kloster und [allgemeiner] Geistlichkeit, b Adel, c Stadtbürgertum, d Sammel- und Forschungszusammenhang) treten zeitgebunden auf. Der zeitliche Schwerpunkt der Variablenkonstellation

---

17 Ebd., S. 280.

a liegt in der zweiten Hälfte des 13. bis zum 14. Jahrhundert. Die Wurzeln dieser Variablenkonstellation sind erheblich älter, sie reichen schon hinter die lateinische Chronistik zurück. Für den Textzusammenhang des ‚Buchs der Welt' sind als direkte Vorläufer vor allem die Frutolf-Ekkehard-Chronik und die Pöhlder Annalen zu nennen.

Besonders in der ersten Hälfte des 15. Jahrhunderts lassen sich Lockerungen des sozialen Entstehungsrahmens von Weltchroniken bei dieser externen Variablenkonstellation beobachten, nicht nur mehr die Klöster sind die Entstehungsräume, Interferenzen zwischen geistlichem Zusammenhang, Adel und Stadtbürgertum lassen sich in dieser Zeit verstärkt beobachten.

Es zeigt sich insgesamt eine Massierung der Handschriften im 15. Jahrhundert. Was jedoch wie höchste Produktivität und Blütezeit aussieht, ist tatsächlich ein Beleg für den Beginn des Untergangs der Textsorte ‚Universalchronik' in ihrer alten Form als Vermittler christlich-europäischer Memoria. Wir können eine Abwanderung in die Städte – verstärkt seit der Mitte des 15. Jahrhunderts – beobachten, damit geht inhaltlich eine immer mehr zunehmende Regionalisierung und sozial eine Privatisierung der Weltgeschichte einher. Nicht mehr die Klöster als Schaltstellen der Reichspolitik oder die Machtzentren der adeligen Landesherren sind der Ort der Weltgeschichte. Es sind nun die Städte, respektive ihre Ratsmitglieder, oder es sind Adelige, keine Landesherren, die ihre lokalen und familiären Interessen in den größeren Rahmen der Weltgeschichte einordnen. Zu Beginn orientiert sich das Bürgertum deutlich am Selbstverständnis des Adels: Dies machen in meinem Korpus vor allem die Kölner Stadtweltchronik (Handschrift 112) oder die österreichischen Chroniken aus der Wiener Neustadt (Handschriften 12, 12a) und die Lübecker Detmar-Chroniken (162, 163) sichtbar – alle aus dem 15. Jahrhundert. Sie sind ein später Reflex dieser Entwicklung, deren frühere Anfänge sich bereits an Hand der Widmung der Berliner Bilderhandschrift 16 zeigen lassen. Seit dem 15. Jahrhundert lässt sich dann ganz überwiegend im Stadtbürgertum die Tendenz zu einer eher an den hochmittelalterlichen Klosterkanzleien ausgerichteten städtischen Kanzleigeschichtsschreibung feststellen, die vor allem die lateinischen Traditionslinien bewahrt und weiterentwickelt.

Es lassen sich in der zweiten Hälfte des 15. Jahrhunderts und im 16. Jahrhundert immer wieder Bezüge zwischen Stadtschreibern oder landesherrlichen Schreibern und Klöstern aufweisen. Die Klöster stellten ihre Bestände den landesherrlichen Schreibern oder Stadtschreibern zur Verfügung und diese nutzten das Angebot. In unserem Zusammenhang ist dabei auf Konrad Bollstatter[18] zu verweisen, in dessen Person sich alle drei sozialen Umfelder treffen: Bollstatter war zunächst Schreiber der Grafen von Öttingen, in seiner Spätzeit war er – vielleicht auf eigene Rechnung – an der Geschichte der Stadt Augsburg interessiert und baute sich eine eigene Bibliothek mit Geschichtswerken und Materialsammlungen auf. In dieser Zeit benutzte er auch Klosterbibliotheken, um seine Materialsammlungen zusammenzustellen: Bollstatter exzerpierte das ‚Buch der Welt' aus der Handschrift 1 in den Jahren 1472-82. Er stellte diese Exzerpte in einem Codex mit der Gmünder Kaiserchronik, der Chronik von Andechs, der Scheyrer Fürstentafel und Pilgerbüchern zusammen. Die Handschrift 1 befand sich in jener Zeit im Nürnberger Karmeliterkloster, wo sie vermutlich auch entstanden ist. In dieser Zeit waren die ‚Buch der Welt'-Abschrift und die Gmünder Kaiserchronik des Aalener Stadtschreibers (Hs. 024, Teil B 1465) bereits im Besitz Bollstatters.

Verbindungslinien zwischen den sozialen Zusammenhängen Geistlichkeit, Adel und Stadtbürgertum zeigen sich auch an den Handschriften 8, 081, 082. Das Autograph des Lohnschreibers Leonhard Heff (Hs. 081) ist ein datierter Prachtcodex aus der 2. Hälfte des 15. Jahrhunderts: Er war eine Auftragsarbeit für den Regensburger Ratsherrn Erasmus Trainer. Seine Vorlage war vermutlich die Hs. 2 aus dem 14. Jahrhundert, deren Herkunft nicht bestimmbar ist.[19] Die Abschrift von 081, die Handschrift 8, wurde im 1. Viertel des 16. Jahrhunderts für das Regensburger St. Emmerams-Kloster geschrieben. Vielleicht steht sie im Zusammenhang mit dem Umzug der Trainers nach Nürnberg. Man wollte der Stadt Regensburg den Codex erhalten.

Es zeigt sich also hier ein Durchbrechen der gruppeninternen Schranken[20] des literarischen Marktes in der Person der einzelnen Schreiber. Durch die Person der Schreiber (geistliche oder weltliche Kanzleischreiber des Adels, städtische Lohnschreiber) wird auch eine gewisse Kanzleiorientierung der Textsorte ‚Weltchronik' im 15. Jahrhundert deutlich. Diese Kanzleiorientierung, die sich anhand der Schreiberpersönlichkeiten zeigt, ist auch auf der sprachlichen Ebene wiederzufinden.

Im 16. Jahrhundert lässt die Produktivität der Textsorte deutlich nach. Die externe Variablenkonstellation dieser Periode ist durch ein humanis-

---

18 Vgl. auch Jürgen Wolf, Bollstatter; Jürgen Wolf, Augsburger Stadt-Weltchronik; Karin Schneider, Konrad Bollstatter; Volker Mertens, Bollstatter.
19 Vgl. Jürgen Wolf, Sächsische Weltchronik, S. 187.
20 Vgl. zur Gruppenbindung des literarischen Marktes vor dem Buchdruck: Dieter Mertens, Jacobus Carthusiensis, S. 103; ders., Früher Buchdruck, S. 83-111; Anna-Dorothee von den Brincken, Die Rezeption, S. 215ff.

tisches Interesse oder auch durch ein antiquarisches, bibliophiles, auf das Sammeln von Büchern ausgerichtetes Interesse gekennzeichnet. Der Inhalt des Buches kann dabei deutlich in den Hintergrund treten. Die Bücher werden nicht mehr – wie noch im 15. Jahrhundert – intensiv benutzt, sondern vor allem gesammelt (d). Damit endet schließlich definitiv die Produktivität der Textsorte ‚Weltchronik'. Sie hat ihre Funktion, kollektives Wissen zu tradieren, weitgehend verloren. Interessant wird sie aber wieder in einem ganz anderen Verständnis von Memoria, das deutet sich in der handschriftlichen Überlieferung des ‚Buchs der Welt' aus dem 18. und 19. Jahrhundert bereits an: im Rahmen einer geschichtsbewussten, aber (text)kritischen Gesellschaft.

V.2   Interne Merkmale

V.2.1   *Hierarchische Strukturierungen*

V.2.1.1   *Initiatoren und Terminatoren*

Es zeigt sich von den Anfangs- und Endbegrenzungen aus gesehen zunächst eine Zweiteilung der untersuchten Codices in solche, die auf eine Fortsetzung hin angelegt sind, und solche, die vom Schreiber als geschlossene Textzusammenhänge konzipiert worden sind. Nicht immer ist dies auch von den späteren Benutzern – vor allem im 15. und 16. Jahrhundert – so respektiert worden (z.B. Hs. 1). In etlichen Fällen haben wir es mit fragmentarischer Überlieferung (s.u.) zu tun, d.h., die Anfänge und das Ende der Codices sind verloren, dann lassen sich Anfangs- und Endbegrenzungen nicht ermitteln (Hss. 022 = Ende verloren, 031 = Ende unvollständig, 032 = gesamt verloren, 5 = Ende verderbt, 10 = Ende verloren, 10a = Anfang und Ende verloren, 103 = verloren, 112 = Ende unvollständig, 122 = Anfang und Ende unvollständig, 141 = verbrannt, 143 Anfang verloren, 163 = verbrannt, 17 = Ende verloren, 20 = verbrannt; Fragmente = Hss. 071, 101, 102, 121, 13, 142, 161, 221, 241).

Zu den als geschlossen konzipierten Gesamtcodices gehören in jedem Fall folgende Handschriften: Hs. 1 (im 15. Jh. wurden weitere Texte hinzugefügt), Hs. 3, Hs. 4, Hs. 7, Hs. 6, Hs. 9, 143, 144, 15 (dennoch wurde später ein weiterer Textzusammenhang angefügt) und 23. Durch direkte Makrostrukturen abgesetzt sind die (z.T. erweiterten) Textzusammenhänge des ‚Buchs der Welt' (mit oder ohne Fortsetzung) innerhalb von Textallianzen in den Hss. 4, 6, 081, 8, 082, 9, 11, 12, 12a, 14 (dem Gesamtcodex ist im 15. Jh. jedoch noch eine chronikalische Nachricht zugefügt worden), 18, 21, 231. Indirekte Makrostrukturen, wie z.B.

ein folgender, durch Anfangsbegrenzungen abgesetzter Textzusammenhang, begrenzen die fortgesetzten und auch nicht fortgesetzten Textzusammenhänge des ‚Buchs der Welt' in den Hss. 031, 103, 104, 11, 19. Bei einigen Codices ist das Ende verloren, so dass man über die Terminatoren keine Aussagen machen kann: Hss. 022, 10, 10a, 112, 122.

Zu den auf Fortsetzung angelegten Handschriften – d.h., ohne expliziten Terminator – gehören vor allem frühe Codices und einige aus dem 15. Jahrhundert. Ich führe sie in der Reihenfolge ihrer Entstehung auf: Hs. 24, Hs. 16 (= um 1300), Hs. 17 (= 2. Hälfte 13. Jh. bis Mitte 14. Jh.), Hs. *101 (= 2. Hälfte, Ende 13. Jh.), Hs. 2 (= 1. Viertel 14. Jh., Terminatoren werden im 15. Jh. eingefügt), Hs. 111 (= 2. Hälfte 15. Jh.), Hs. 021 (= 1420-nach 1474), 023 (= nach 1465, obschon der Schluss unvollständig ist, gehört der Codex an diese Stelle), 024 (= 1465), 162 (= Mitte 15. Jh.), 22 (= 2. Viertel, Mitte 15. Jh.).

Auch wenn die Ausstattung der Codices von verschiedenen externen Faktoren wie Gebrauchszusammenhang oder Schreiberintention abhängt, lassen sich doch signifikante Tendenzen in Bezug auf das Verhältnis der Initiatoren zu den Terminatoren ausmachen, so dass man zeitlich gestaffelt zwei Gruppen erkennen kann, die mit der Entstehungszeit, nicht mit dem sozialen Entstehungsumfeld korrespondieren:

1. Gruppe, 13., Anfang 14. Jh.; Betonung der Initiatoren:
Hier zeigt die Überlieferung des ‚Buchs der Welt' eine deutliche Betonung der Initiatoren bei fehlenden Terminatoren:

Ein sechsgliedriger Initiator und kein expliziter Terminator: die Bilderhandschrift 16 aus dem Anfang des 14. Jahrhunderts.

Ein fünfgliedrigen Initiator und kein expliziter Terminator: die lateinische Handschrift *101 aus dem 13. Jahrhundert. Im 14. Jahrhundert wird ihr ein Terminator hinzugefügt.

Ein dreigliedriger Initiator und kein expliziter Terminator: die Bilderhandschriften 24 (13. Jh.) und 17 (14. Jh.) sowie die höfische Sammelhandschrift 11 (14. Jh.).

Ein zweigliedriger Initiator und kein expliziter Terminator: Handschrift 2.

Ab Mitte des 14. Jahrhunderts treten sechs- und fünfgliedrige Initiatoren nicht mehr auf. Viergliedrige Initiatoren begegnen nur bei Codices, die einen Textverbund überliefern. In der Handschrift 19 aus dem 15. Jahrhundert ist das ‚Buch der Welt' durch einen mindestens dreigliedrigen Terminator begrenzt, der Gesamtcodex allerdings ist nicht terminiert. Die Handschrift 12 – ebenfalls aus dem 15. Jahrhundert – überliefert den Textzusammenhang im Verbund mit der Österreichischen Chronik von den 95 Herrschaften; auch die Hs. 022 (15. Jh.) hat einen viergliedrigen Initiator, das Ende ist verloren.

2. *Gruppe ab Mitte bzw. Ende des 14. Jahrhunderts; Betonung der Terminatoren:*

In der zweiten Hälfte des 14. Jahrhunderts kehrt sich das Verhältnis von Initiatoren und Terminatoren beinahe um:

Ein zweigliedriger Initiator und ein siebengliedriger Terminator: Die Handschrift 1 aus dem Anfang des 14. Jahrhunderts ist der Vorreiter dieser Entwicklung.

Ein dreigliedriger Initiator und ein dreigliedriger Terminator: Handschrift 21 (1370), 14, 024, 12a aus dem 15. Jahrhundert;

Ein zweigliedriger Initiator und ein- bis mehrgliedrige Terminatoren: Hs. 6 (14. Jh.); Hs. 7 (Ende 14. Jh.), Hs. 15 (lat., 15. Jh.), Hs. 8 und 23 (beide aus dem 16. Jahrhundert).

Ein eingliedriger Initiator und ein- bis mehrgliedrige Terminatoren: Hss. 231, 104 (lat.), 081, 144 (alle aus dem 15. Jahrhundert).

Handschriften ohne Terminatoren gibt es nur noch in sehr geringer Zahl vom Ende des 14. bis zum 16. Jahrhundert. Ihre Initiatoren sind dann entweder zweigliedrig: Hs. 6 (Ende 14. Jh.) oder eingliedrig: 041 (der Codex ist aber kein Textexemplar der ‚Buch der Welt'-Überlieferung, sondern der Weltchronik des Heinrich von München; 15. Jh.), 021 (15. Jh.), 082 (Anf. 16. Jh.).

Bei den Initiatoren- und Terminatorenbündeln treten Initiatoren und Terminatoren mit und ohne Texthaftigkeit auf.[21] Initiatoren ohne Texthaftigkeit sind z.B. Eingangsinitialen, Initiatoren mit Texthaftigkeit sind z.B. Vorworte. Die Reimvorrede ist beispielsweise ein Initiator mit Texthaftigkeit, sie ist kein eigenes Textexemplar, sondern nur ein Textteil, der nach Belieben auch weggelassen werden kann. Neben der Initiatorfunktion hat sie noch die Funktion der heilsgeschichtlichen Einbettung der Chronik, sie hat die Funktion, das Verständnis des Autors von christlicher (franziskanischer) Memoria zu verdeutlichen. In der Überlieferung des ‚Buchs der Welt' kann sie unterschiedliche Positionen im Gesamtcodex einnehmen und dadurch die Aussage des Codex verändern. So steht sie beispielsweise in der Gothaer Bilderhandschrift 24 nicht an erster Stelle im Codex, dieser Platz wird von einer sächsischen Herkunftssage eingenommen. Viele Universalchroniken der externen Vari-

---

21 Vgl. auch Franz Simmler, Teil und Ganzes, S. 609.

ablengruppe c (Stadtbürgertum) aus dem 15. Jahrhundert verzichten auf die Reimvorrede. Auch die Schöpfungsgeschichte kann Initiatorfunktion haben, auch hier handelt es sich um einen Initiator mit Texthaftigkeit.

Ebenso lassen sich bei den Terminatoren solche mit (z.B. Kolophone) und ohne Texthaftigkeit (z.B. Spatien, Striche, Virgeln, Punkte) unterscheiden. Kolophone haben neben der Textbegrenzungsfunktion auch die Funktion, den Abfassungsort, das Datum und den Schreiber anzugeben. In Bezug auf die Terminierung von Weltchroniken zeigt sich am Beispiel des ‚Buchs der Welt' ein Wandel etwa seit der Mitte des 14. Jahrhunderts. Bis dahin sind abgeschlossene Handschriften, vor allem wenn sie nur den Textzusammenhang (mit oder ohne Fortsetzung) überliefern (wie die Handschrift 1), nicht charakteristisch für die Textsorte. Die Ursache für die Betonung der Terminierung, der Geschlossenheit, hat bei der Handschrift 1 vermutlich andere als textsortenspezifische Gründe: Die Handschrift 1 tradiert z.B. einen deutschen Prosatext der A-Fassung, ist also eine explizite (Rück-) Besinnung auf eine lateinische, knappere, dem *brevitas*-Gebot verpflichtete Weltchroniktradition. Die Abgeschlossenheit dieser – im Klosterzusammenhang entstandenen – Handschrift könnte sich z.B. deutlich gegen Erweiterungen im Sinne der deutsch-lateinischen Mischformen richten, wie sie z.B. in den C-Versionen des ‚Buchs der Welt' überliefert sind. Zur Terminierung der Handschriften lässt sich insgesamt feststellen, dass Datumsangaben, selbst Kolophone mit Schreiber-, Orts- und Datumsangabe nicht davor schützten, dass die Chroniken erweitert oder fortgesetzt wurden. Auch die ostmd. Handschrift 1 aus dem Anfang des 14. Jahrhunderts ist im 15. Jahrhundert erweitert und fortgesetzt worden.

Bis zum 16. Jahrhundert, das fällt zusammen mit dem Zeitraum, in dem Weltchroniken auch gedruckt[22] werden, werden sie auch ständig erweitert und fortgesetzt.

V.2.1.2   Makrostrukturen

Neben der Makrostruktur des Bildes lassen sich, wie bei den Initiatoren und Terminatoren, zwei Gruppen unterscheiden: Makrostrukturen mit und ohne Texthaftigkeit.

---

22   Für den Traditionszusammenhang des ‚Buchs der Welt' hat man bislang keine gedruckten Vertreter feststellen können. Dennoch gibt seit Ende des 15. Jahrhunderts durchaus gedruckte Weltchroniken, um nur die bekannteste zu nennen: die Schedelsche Weltchronik; sie wurde am 12. Juli 1493 in lateinischer Sprache und am 23. Dezember 1493 in Nürnberger Schreibdialekt gedruckt.

V.2.1.2.1 Die Makrostruktur des Bildes

Überblickt man die Gesamtüberlieferung der Universalchronistik – lateinisch wie volkssprachig – so scheint die Text-Bild-Kombination keine notwendige Konstituente der Textsorte zu sein.[23] Dennoch gibt es bestimmte Konstellationen, in denen das Bild notwendiger Bestandteil einer Universalchronik sein kann: Lateinische vor allem genealogisch ausgerichtete Chroniken verzichten nicht auf die bildliche Darstellung der Verwandtschaftsbeziehungen. Auch die frühen volkssprachigen Chroniken scheinen Ende des 13. und Anfang des 14. Jahrhunderts aus Gründen der Erzähltechnik (Bildmehrwert gegenüber knapperer sprachlicher Darstellung; Visualisierung kollektiver Memoria als besondere Überzeugungsstrategie) die Text-Bild-Kombination zu bevorzugen.

Die Analyse und der Vergleich der Text-Bild-Relationen in den verschiedenen Textexemplaren haben gezeigt, dass vor allem den Brustbildmedaillons eine strukturierende Funktion innerhalb der Weltchronik-Textzusammenhänge zukam. Zeitlich vor der Bebilderung der volkssprachigen Weltchroniken findet sich bereits die graphische Darstellung genealogischer Bezüge mittels beschrifteter Brustbildmedaillons in lateinischen Weltchroniken. Die erzählenden Bilder wie auch die strukturierenden Brustbilder haben zusätzlich die wichtige Funktion, die kollektive Memoria zu visualisieren. Die Handschriften 17 und 16 vermitteln ein eher konventionelles Bildprogramm, das – wie z.B. das Kreuzigungsbild in der Bremer Bilderhandschrift – den Zeitgenossen durch verschiedene christlich-europäische Bildzusammenhänge bekannt war. Der Illustrator der Gothaer Bilderhandschrift bzw. vielleicht bereits sein Vorgänger wagt sich dagegen auf ein anderes Terrain. Er visualisiert die Erinnerung eines mächtigen Herrscherhauses, das sich in Konkurrenz zu den aktuell Regierenden im Reich sieht. Dabei kann er stellenweise Redundanz erzeugen mit dem Bildprogramm sächsisch-welfischer Memoria in Monumentalbauten.

In den hier untersuchten Textexemplaren hat bereits das Autograph Frutolfs (Jena Bose q 19) Namensmedaillons zur Darstellung genealogischer Bezüge. Das frühe lateinische Fragment 101 aus der zweiten Hälfte des 13. Jahrhunderts, dessen Wirtshandschrift aus derselben Zeit und die späte lateinische Leipziger Rückübersetzung des ‚Buchs der Welt' aus dem 15. Jahrhundert stehen hier in derselben Tradition. Aufgrund der Text-Bild-Relationen, der Syntax, der inhaltlichen Zusammenhänge,

---

23 Vgl. zum Bild als notweniger oder möglicher Konstituente einer Textsorte: Franz Simmler, Teil und Ganzes, S. 613.

der Makrostrukturen und der hierarchischen Merkmale verbindet auch diese späte lateinische Weltchronik die unterschiedlichen Prinzipien: Chronologie und Genealogie, Annalistik und Narration, Linearität und Gleichzeitigkeit spannungsreich miteinander. Es liegt nun sehr nahe, hier einen Zusammenhang zu den Brustbildmedaillons der volkssprachigen Prachtcodices zu sehen. Es gibt zahlreiche Gemeinsamkeiten in der Anordnung und der Funktion der Namensmedaillons der lateinischen Textexemplare und derjenigen der Brustbildmedaillons der volkssprachigen Prachtcodices. Es gibt aber auch signifikante Unterschiede.

In der Gothaer Bilderhandschrift 24 treffen wir ebenso wie in der lateinischen Leipziger Handschrift auf die Prinzipien: Chronologie und Genealogie, Annalistik und Narration, Linearität und Gleichzeitigkeit. Sie sind anders akzentuiert und auf andere Weise komponiert. Die Bilderhandschrift 24 stellt die Brustbilder rahmenlos dar. In den lateinischen Handschriften sind die Medaillons mit Namen gefüllt, in der Handschrift 24 sind die einzelnen rahmenlosen Brustbilder mit Namen beschriftet. Die Bremer und die Berliner Bilderhandschrift sowie das Fragment 161 haben wie die lateinischen Handschriften Rahmen. Durch die Bebilderung der Medaillons in diesen Textexemplaren hat der Name aber, anders als in den lateinischen Handschriften, keinen Platz mehr im Medaillon. Er muss im Text wiederholt werden. Die Gothaer Bilderhandschrift zeigt also so etwas wie eine Vermittlung zwischen beiden Verfahren: Sie verzichtet weitgehend auf die Rahmen, beschriftet aber die Bilder – das gilt nicht nur für die Brustbilder.

Anders als in den lateinischen Handschriften fehlt in allen volkssprachigen Bilderhandschriften auch die annalistische Funktion der Medaillons. Die Medaillons enthalten hier keine Daten zu den Regierungszeiten der Herrscher und Päpste, wie es z.B. noch in der lateinischen Leipziger Handschrift (101/*101) üblich ist. In den volkssprachigen Bilderhandschriften erfüllen die Brustbilder jetzt vor allem die Funktion, den Stoff zu strukturieren. Im Text übernehmen durch Initialen oder Rubrizierung hervorgehobene Jahreszahlen und Namen nun die Funktionen der Namensmedaillons der lateinischen Chroniken. Diese Funktionen der Textstrukturierung gewinnen vor allem in den unbebilderten Handschriften an Bedeutung: Hier finden sich durchgängig rubrizierte Eigennamen und schreibtechnisch herausgehobene Jahreszahlen. Diese Strukturierungen geben dem narrativen, notwendig linearen Grundcharakter der historischen Darstellung ein zusätzliches Gerüst. Sie verdeutlichen, wie die graphische Gestaltung der lateinischen Chroniken, die „zeitgleiche Bezüglichkeit der Geschehnisse".[24]

Oft sind in den Brustbildmedaillons der Bilderhandschriften aber nicht nur Köpfe, sondern auch Hände in deutlichem Zeigegestus abgebildet. Sie verweisen auf bestimmte Textstellen, die über die betreffenden Personen handeln. Eine praktische Funktion, die daraus folgt ist die leichtere Benutzung der komplexen Geschichtsdarstellung. Die Medaillons und Namen erleichtern (neben der Nennung der Jahreszahlen etc.) das Auffinden der Ereignisse. Diese Funktion ist notwendig, sie wird mit der Zeit auch immer wichtiger, denn die Geschichtsdarstellung wird insgesamt ausführlicher und narrativer. Die zunehmende Betonung der Narrativität zeigt sich auch in den ursprünglich (in der lateinischen Chronistik) vor allem gliedernden und datenbezogenen Brustbildmedaillons. In den volkssprachigen Bilderhandschriften enthalten sie häufig außer dem Zeigegestus weitere Attribute, die für die abgebildete Person (Spruchband, Bogen, Buch) kennzeichnend sind. Dies erleichtert das Wiedererkennen und die Einordnung in bekannte biblische/historische Erzählzusammenhänge. Die größeren – in den Hss. 16, 161 und 17 meist rechteckig gerahmten – Illustrationen haben ganz explizit narrative und unterhaltende Funktion. Sie stellen häufig Gewaltszenen (Märtyrerqualen, Folter, Kampfszenen etc.) dar.

Im Chronikzusammenhang haben Bebilderungen darüber hinaus oft ganz explizit genealogische Funktionen (auch die Wappenbilder in den Hss. 12, 12a tendieren in diese Richtung). In den älteren Handschriften ist diese Funktion kompilatorisch in den Text integriert, in jüngeren Handschriften, wie z.B. in der Hs. 024, wird diese Funktion, die in vielen volkssprachigen Textexemplaren zurückgedrängt wird, einem Textexemplar des ‚Buchs der Welt' wieder zugefügt durch eine verbindende Textkombination mit dem Compendium des Petrus Pictaviensis. Auch in den Text-Bild-Relationen zeigt sich der allmähliche Wandel von der kompilatorischen Verschränkung hin zu einer zunächst verbindenden Kombination unterschiedlich markierter Basistexte (z.B. Hs. 024).

Es lassen sich insgesamt vier Funktionen der Text-Bild-Relationen feststellen, alle vier sind in der Handschrift 24 realisiert: Die Bilder verdeutlichen a) eine personenbezogene Sichtweise und können b) durch die Brustbilder der Stammväter, Herrscher, Päpste eine Indexfunktion haben. Die szenischen Bilder visualisieren häufig c) als Ergänzung zum Text eine ausführlichere Erzählstrategie. Sie sind redundant, indem sie auf be-

---

24 Gert Melville, Geschichte in graphischer Gestalt, S. 57

kannte Vorbilder und Vorlagen (Kaiserchronik/Pöhlder Annalen, St. Blasius Kirche etc.) rekurrieren. Sie entlasten die knappe chronologische Textdarstellung des ‚Buchs der Welt' und machen darüber hinaus d) durch das spezifisch sächsisch-welfische Bildprogramm deutlich, dass es sich hier um ein „sächsisches" ‚Buch der Welt' handelt. Die Text-Bild-Kombination in der Bilderhandschrift 16 hat vor allem die Funktionen a) und b).Vor allem in der lateinischen Chronistik haben Bilder die Funktion, genealogische Beziehungen zu verdeutlichen. In der Handschrift 101, wie auch in der Frutolf-Ekkehard-Chronik, stellen Bilder ebenfalls genealogische Bezüge dar. Reflexe davon sind auch in der Berliner Bilderhandschrift 17 und in der Textallianz des ‚Buchs der Welt' Hs. 024 mit dem Compendium des Petrus Pictaviensis zu erkennen.

V.2.1.2.2 Makrostrukturen mit Texthaftigkeit

Folgende Makrostrukturen mit Texthaftigkeit werden in den Universalchroniken meines Korpus überliefert:

- Reimvorrede,
- Schöpfungsgeschichte,
- die alttestamentarische Geschichte von den biblischen Stammvätern und Geschlechtern (die Genealogie des Alten Testaments),
- die jüdische Geschichte,
- die Geschichte der (heidnischen) Herrscher in den gleichzeitig bestehenden Königreichen (z.B. Troya, Athen, Makedonien),
- die römische Geschichte: die Gründung Roms und die Entstehung des römischen Reiches mit besonderem Gewicht auf der Kaiserzeit als

   staatlicher Rahmen des Neuen Bundes, der allumfassenden Kirche Christi. In diesem Kontext wird die Zeit der römischen Republik lediglich als Vorspiel zur eigentlichen Kaiserzeit gesehen, die fast synchron mit der Geburt des Erlösers von Cäsar und Augustus über Konstantin d. Großen in die Herrschaft der fränkisch-deutschen Kaiser und Könige bis in die Tage des Verfassers einmündet. Die Kaisergeschichte im eigentlichen Sinne dominiert den Text mit mehr als drei Vierteln Anteil Stoff [...][25]
- Eingeschoben in die römische Geschichte sind verschiedene Makrostrukturen, denen eine potentielle Texthaftigkeit (Teiltexte) zukommt: z.B. verschiedene Urkunden.

---

25 Dieter Hägermann, Sächsische Weltchronik, S. 7.

Eine strukturell höhere Hierarchieebene als die Absätze wird in der Gothaer Bilderhandschrift eingeführt, indem bestimmte Textallianzen makrostrukturell hervorgehoben werden. Bei diesen Textallianzen handelt es sich um Teiltexte, Makrostrukturen mit Texthaftigkeit. Es fällt auf, dass vor allem in den frühen Handschriften wie der Gothaer Bilderhandschrift Textallianzen erst geschaffen werden. Sie sind hier Pointierungen einer bestimmten (sächsisch-welfischen) Geschichtsauffassung oder entstehen aus dem Wunsch heraus, den komplexen chronologischen Erzählzusammenhang übersichtlich und zusammenfassend noch einmal zu präsentieren (z.B. Papst- und Kaiser-/Königskataloge, Zeittafeln). So waren z.B. viele Textallianzen bzw. selbständig erscheinende Teiltexte der Handschrift 24 im Zusammenhang anderer Universalchroniken unselbständige Textteile (Makrostrukturen wie z.B. Kapitel). Ihre potentielle Texthaftigkeit hat es möglich gemacht, dass der Kompilator des ältesten überlieferten sächsischen ‚Buchs der Welt' (Hs. 24) z.B. die ‚Herkunft der Sachsen' und die Welfengeschichte aus der Frutolf-Ekkehard-Chronik isolieren und in Form selbständiger Teiltexte seiner Chronik zufügen und damit seine Absicht zu sächsisch-welfischer Memoria betonen konnte. Diese Textallianzen sind im Überlieferungszusammenhang des sächsischen ‚Buchs der Welt':

- die Erzählung von der Herkunft der Sachsen,
- die Genealogie der Welfen,
- die Genealogie der Grafen von Flandern,
- die Zeittafel vom ersten Jahrhundert nach Christi Geburt,
- die Zeittafel von der Erschaffung der Welt,
- der Papstkatalog,
- das Verzeichnis der römischen Könige von Romulus und der Kaiser von Julius Cäsar an,
- die ‚Fünfzehn Zeichen des Jüngsten Gerichts'.

Im 15. Jahrhundert werden Texterweiterungen zunehmend nicht mehr kompilatorisch in den Text eingearbeitet, sondern sie werden – makrostrukturell als andere, weitere Textallianzen gekennzeichnet – dem ursprünglichen Chroniktext hinzugefügt. Diese Textallianzen (Schreiber- wie Buchbindersynthesen) unterscheiden sich aber grundlegend von den strategisch erstellten „Textallianzen" der Handschrift 24. Hatten die Teiltexte in der Gothaer Bilderhandschrift die Funktion, bestimmte Inhalte hervorzuheben und zu betonen, so dienen die makrostrukturell hervorgehobenen Textallianzen der jüngeren Handschriften (z.B. Hss 021, 9, 4 etc.) der Erweiterung durch neue Stoffkreise zum Zwecke der Wissensakkumulation, häufig unter Verzicht auf eine homogene Kompilation. Beide Verfahren haben eine Neuakzentuierung, eine Offenheit der jeweiligen Weltchronikfassung zur Voraussetzung. Die Offenheit der untersuchten Universalchroniken beruht größtenteils auf der Texthaftigkeit der meisten Makrostrukturen.[26] Die Untersuchung der Makrostrukturen hat deutlich gemacht, dass die Fortsetzung nicht die einzige Art ist, in der sich die Offenheit des ‚Buchs der Welt' zeigt. Offenheit wird darüber hinaus einmal in den verschiedenen Kompilationen, den unterschiedlichen Verbindungen deutlich, die der Textzusammenhang in den einzelnen Codices eingeht, auch in den Textallianzen, d.h. den Zusammenstellungen von verschiedenen – z.T. auch in anderen Zusammenhängen überlieferten – Textexemplaren.

V.2.1.2.3 Makrostrukturen ohne Texthaftigkeit

Makrostrukturen ohne Texthaftigkeit sind z.B. Absätze, Kapitel oder Markierungen mit formal-inhaltlicher Gliederungsfunktion: Hier lassen sich keine durchgängigen Strukturierungsmerkmale für alle Handschriften feststellen. Es lässt sich aber hervorheben, dass viele Handschriften durch einen Wechsel in der Strukturierung unterschiedliche Textteile oder auch bestimmte Haltepunkte im chronologischen Verlauf der Darstellung markieren (z.B. Hs. 24) oder dass sie, wie z.B. die Handschriften 11, 21, 18, 19, einen inhaltlichen Sinneinschnitt (beim Beginn der römischen Geschichte) kennzeichnen. Die formale hierarchische Strukturierung der handschriftlichen Textexemplare des ‚Buchs der Welt' hat weniger eine einheitliche formal-inhaltliche Gliederungsfunktion für den Gesamttextzusammenhang – wie z.B. die Editoren sie vornehmen –, sondern sie dient häufig zur Hervorhebung einzelner inhaltlicher Gliederungsgesichtspunkte oder Stilmittel, die den chronologischen Erzählverlauf strukturieren. Die Absatz- bzw. Kapitelstrukturierungen sind ebenfalls häufig von Codex zu Codex unterschiedlich. Es lassen sich aber bestimmte Tendenzen fassen, die vor allem zeittypisch sind. Um diese Tendenzen zu verdeutlichen, stelle ich zunächst exemplarisch die Distribution der Reimvorrede und danach die Absatzstrukturierungen innerhalb der Reimvorrede dar:

---

26 Die Textpassage, die Ludwig Weiland auf den Seiten 115,11-117,10 ediert, wird in der Forschung als Predigt bezeichnet. Hubert Herkommer verwendet die Bezeichnung ‚Mahnrede'. Die so genannte franziskanische Predigt ist in den einzelnen Textexemplaren in der Regel nicht durch hierarchische Strukturierungen besonders hervorgehoben, dennoch wird sie von insgesamt sieben Textexemplaren (Hss. 11, 12, 12a, 121, 122, 14 und 15) ausgelassen.

Die Distribution der Reimvorrede:
Von den 60 Handschriften überlieferten wohl insgesamt 16 die Reimvorrede: Hss. 11, 12, 12a, 122, 16, 162, 163, 17, 18, 19, 20, 21, 22, 23, 231 und 24. Von diesen Handschriften ist eine verbrannt (Hs. 20) und bei zweien ist der Anfang verloren (Hss. 122 und 22).

In vielen Handschriften ist die Reimvorrede ein Teil des Gesamtinitiators eines Codex (z.B. in den Hss. 16, 11, 21, 18, 19, 12, 12a, 162). Die Reimvorrede tritt in den Handschriften in folgenden Positionen auf:

An erster Stelle im Codex erscheint die Reimvorrede in den Handschriften 17, 11, 21, (20 ist verbrannt), 231, 12, 12a, (in 122 ist die Reimvorrede verloren), 162, (163 ist verbrannt), und 23.

An zweiter Stelle im Codex überliefern die Handschriften 24 (13. Jh., höfisch[-dynastisches] Umfeld), 16 (um 1300, Stadtbürgertum) und 19 (2. Viertel 15. Jh., städtisches Umfeld) die Reimvorrede. Hier sind signifikante Unterschiede festzustellen: An zweiter Position steht die Reimvorrede in der illuminierten Gothaer Prachthandschrift 24. Sie überliefert an erster Stelle im Codex die Erzählung von der Herkunft der Sachsen. Diese beginnt mit einer dreizeiligen verzierten W-Initiale und tritt, trotz schmuckvoller Ausstattung hinter die Reimvorrede zurück: Die Reimvorrede beginnt mit der größten Initiale, die im Codex auftritt. Die Makrostrukturen zeigen ganz deutlich, was auch die Handschriftenanalyse von Karin Schneider ergeben hat: Ursprünglich war der Codex so konzipiert, dass die Reimvorrede an erster Stelle stand.[27] Er ist so der Handschrift 17 vergleichbar und gehört der ursprünglichen Konzeption nach in die erste Gruppe.

Die Bilderhandschrift 16 ist in Bezug auf den Beginn unentschiedener, das Initiatorenbündel ist nicht so deutlich hierarchisch gewichtet. Sie schaltet vor die Reimvorrede nur das in Goldbuchstaben geschriebene, rot und blau verzierte Widmungsgedicht an Graf Gerhard von Holstein. Daran schließt sich auf Bl. 3 bzw. 1^r die Reimvorrede wie in der Handschrift 17 mit einer geschmückten, historisierenden, neunzeiligen N-Initiale mit Autorenbild auf Goldgrund an.

In der Handschrift 19 ist die Bedeutung der Reimvorrede eindeutig zurückgenommen. Der ursprünglich selbständige (heute als Buchbindersynthese zusammen mit der Engelhus-Chronik vorliegende) Codex hat als Initiator des Gesamtcodex eine fünfzeilige geschmückte W-Initiale, mit der der Papstkatalog auf Bl. 96^r beginnt. Nach dreieinhalb vakanten Blättern fängt mit einer dreizeiligen N-Initiale die Reimvorrede des

---

27 Vgl. Karin Schneider, Gothaer Codex, S. 5.

‚Buchs der Welt' als Teil eines Initiatorenbündels an, das den Chroniktextzusammenhang einleitet.

An dritter Stelle im Codex folgt die Reimvorrede in der Handschrift 18 (2. Viertel 15. Jh., geistlicher Zusammenhang, städtisches Umfeld). Das Initiatorenbündel, mit dem der Codex beginnt, besteht aus einer Überschrift, einer roten dreizeiligen W-Initiale, mit der der Papstkatalog anfängt.

Die Makrostruktur Absatz in der Reimvorrede:
In den Textexemplaren wird die Reimvorrede unterschiedlich strukturiert, wodurch sich die inhaltliche Aussage der Reimvorrede verändern kann. Die meisten Handschriften unterteilen die Reimvorrede in fünf oder in vier Absätze:

Fünf Absätze: Die Handschriften 16, 162 und 17 gliedern in fünf Absätze: *Nu vornemet* [...]; *Da na volget* [...]; *Swer nu an den sunden* [...]; *Nu vlitit* [...]; *Ich han mich des wol bedacht* [...] (zitiert nach Hs. 17). Zweimal beginnen die Absätze mit dem Temporaladverb *nu* in Spitzenstellung, einmal erscheint *nu* in zweiter Position.

Vier Absätze: Die Handschrift 11 und die beiden bairischen Handschriften 12 und 12a unterteilen in vier Absätze.

Zwei Absätze: Die Handschrift 24 verwendet zweizeilige Initialen und weist darüber hinaus eine Untergliederung mittels einzeiliger Initialen auf.

Handschrift 21 lässt beide Absätze mit *Nu* beginnen; beide sind Aufforderungen an den Zuhörer/Leser: *Nv vornemet* [...], *Nv vlizent vch* [...] Die Intensität, mit der zur sofortigen Lebensumkehr aufgerufen wird, ist dadurch sehr verstärkt. Die Dringlichkeit, es jetzt und heute zu tun, ist durch die zweigliedrige, gestraffte Strukturierung besonders betont.

Die Schreiber der Handschrift 231 greifen noch stärker in das vorgegebene Schema ein: Sie streichen den ersten Teil und beginnen mit dem Aufforderungssatz: *NV flitet ych an en sede* (Bl. 1ra, Z. 1). Die Reimvorrede ist in zwei Absätze geteilt: *NV flitet* [...], *Ich hebbe mich des wol* [...] Der Aufforderungssatz, die Chronik fortzusetzen, fehlt völlig.

In allen drei Fällen führt die Zweiteilung zu einer Straffung und Intensivierung der Form und der Aussage der Reimvorrede.

Als ein einziger Absatz: Die Handschriften 18 und 19 untergliedern die Reimvorrede nicht. Sie schreiben die Verse untereinander und beginnen jeden Vers mit einer rot durchgestrichenen Majuskel. Diese Zurückhaltung in Bezug auf die Strukturierung korrespondiert mit der deutlich zurückgenommenen Position der Reimvorrede innerhalb des Codex. Sie steht erst im Anschluss an den Katalog der Päpste. Während die gestraffte Zweigliedrigkeit der Reimvorrede in den Handschriften 24, 21 und 231 deren Bedeutung unterstreicht, führt der Verzicht auf eine Gliederung eher zu einer Zurücknahme der Bedeutung der gereimten Vorrede. Der Verzicht auf die Absatzgliederung unterstreicht die franziskanische Ausrichtung der Reimvorrede nicht und der Beginn mit dem Verzeichnis der römischen Kaiser und Könige (in 18) sowie dem Papstkatalog (in den Hss. 18 und 19) betont für die Handschrift 18 die Ausrichtung auf eine Papst-Kaiser-Chronik. Für die Handschrift 19 zeigen die Textallianzen eine stärker päpstezentrierte Gewichtung.

Die Absatzgliederung hat einen großen Einfluss auf die inhaltliche Gewichtung des Textzusammenhanges.

Makrostrukturen in den übrigen Stoffkreisen:
Während in der Reimvorrede nur Reime und Absätze – keine Gesamtsätze – markiert sind, zeigt die Schöpfungsgeschichte in allen Textexemplaren sowohl eine Gesamtsatzstrukturierung als auch Absatzmarkierungen. Es ist ein deutlicher Zusammenhang zwischen dem Umfang der Gesamtsätze und der Binnengliederung in einzelne Absätze festzustellen: In den älteren Handschriften fallen Gesamtsätze eher mit Absatzstrukturierungen zusammen. In den meisten jüngeren Handschriften – der zögernde Beginn liegt bereits im 14. Jahrhundert – werden die Gesamtsätze auch von der Interpungierung her in kürzere Sätze, z.T. in einfache Sätze mit wenigen Subordinationen, aufgeteilt.

Die Absatzgliederung kann stark stoffkreisbezogen auftreten. In der Handschrift 24 z.B. gilt in der Schöpfungsgeschichte und auch in der Geneaologie der Stammväter vor allem das Prinzip der Absatzstrukturierung. Anders als in den übrigen Stoffkreisen werden in der Schöpfungsgeschichte in vielen Handschriften Absatz und Kapitel nicht immer semantisch und formal deckungsgleich voneinander abgegrenzt. Andere Handschriften setzten – anders als die Handschrift 24 – einen hierarchisch höheren Einschnitt schon zwischen die Schöpfungsgeschichte und den Beginn des Alten Testaments (z.B. Hss. 2, 5, 19).

Eine weitere Möglichkeit der Markierung einer dritten Hierarchieebene (Kapitel) begegnet z.B. in der Hs. 10. Die Kapitel sind hier markiert durch eine Leerzeile und eine zweizeilige Initiale zu Beginn des neuen Sinnzusammenhanges. Der erste Einschnitt wird hier zwischen der Schöpfungsgeschichte und der Genealogie der Stammväter gesetzt; er liegt ganz in der Folge der Gesamtsatz- bzw. Absatzgliederung der Handschriften 24, 17, 7, 1. Auch in der Version der Hs. 10 entsteht – wie schon in der frühen gänzlich anders strukturierten Handschrift 16 – von den formalen strukturellen Merkmalen her der Eindruck einer fortlaufenden chronologischen Darstellung ohne größere Einschnitte und Höhepunkte.

Bis zum Beginn des 15. Jahrhunderts zeigt sich eine große Abhängigkeit der Absatzstrukturierungen von den externen Variablenkonstellationen. Die höfische Handschrift 11 gliedert, wie auch die höfische Handschrift 24 oder die beiden Handschriften 16 und 17, die eine Wende von der höfischen zur bürgerlichen Chronistik markieren, den gesamten Chroniktext z.B. in kürzere, übersichtliche Absätze. Das führt in der Handschrift 11 zu einer Nivellierung der formalen Unterschiede in den einzelnen Stoffkreisen und diente vermutlich der besseren Orientierung beim mündlichen Vortrag. Dem entspricht in der Reimvorrede der Handschrift 11 die übersichtliche Anordnung und Kennzeichnung der Reime. Vielleicht waren auch die illuminierten Prachthandschriften 24, 16 und 17 nicht ausschließlich zum Lesen, sondern auch zum Vorlesen gedacht.

Die Handschriften des 15. Jahrhunderts, die deutlich nicht dem mündlichen Vortrag dienten, zeigen gegenüber den älteren Handschriften (z.B. 24, 16, 17, 11) eine auffällige Tendenz zur formalen Anpassung der einzelnen Stoffkreise an die Gesamtstrukturierung, was nicht zuletzt häufig auf die kleinteiligere Interpungierung zurückzuführen ist: Es werden einerseits mehr Sätze durch Interpunktion von einander abgetrennt, andererseits gerät auch die oft stoffkreisbezogene Absatzstrukturierung ins Wanken, was zu Unsicherheiten (z.B. Hs.1, 10) führen kann.

Parallel zeigt sich dann aber auch häufig die Tendenz zur Einführung der Kapitelstrukturierung durch Überschriften (z.B. Hss. 2, 5, 19) oder durch Leerzeilen in Kombination mit Initialen (z.B. Hs. 10, 10a). Diese leserfreundliche Strukturierung begegnet am frühesten in der bairischen Handschrift 2 aus dem ersten Viertel des 14. Jahrhunderts. Die enge Beziehung zwischen Gesamtsatz- und Absatzstrukturierung lässt eine glatte Trennung zwischen diesen Bereichen nicht zu.

V.2.3   Syntaxrelevante Merkmale

Die komplette Analyse der syntaktischen Strukturen der Gesamtcodices – oder selbst enger gefasst des ‚Buchs der Welt' – würde den Rahmen dieses Untersuchungsbandes sprengen. Sie muss einem separaten Forschungsvorhaben vorbehalten bleiben. In dieser Untersuchung wurden ausschließlich textrelevante syntaktische Bezüge ausgewählter volkssprachiger Textexemplare und Textteile berücksichtigt.[28]

Im Hinblick auf die Syntax der untersuchten Textexemplare lässt sich grundlegend festhalten: Wie in den meisten Handschriften die hierarchischen Strukturierungsmerkmale je nach einzelnen Stoffkreisen der Darstellung differieren, so ist auch die Syntax der Textexemplare in den verschiedenen Stoffkreisen bzw. Basistexten z.T. unterschiedlich.

Die hier vorgelegte Analyse beruht schwerpunktmäßig auf der Auswertung der Reimvorrede und der Schöpfungsgeschichte. Diese Teiltexte können in den einzelnen Textexemplaren auch ausgelassen werden, sie haben immer (Reimvorrede) oder manchmal (Schöpfungsgeschichte) die Funktion eines Teilinitiators. Mit ihrer Analyse möchte ich auch aufzeigen, welche Veränderungen die Chronisten vornehmen, wenn sie auf die Reimvorrede, die Schöpfungsgeschichte oder die Mahnrede verzichten. In umfangreichen Stichproben habe ich auch die übrigen Stoffkreise analysiert. Ich gehe hier vor allem auf die Interpunktion und die Gesamtsätze innerhalb der Reimvorrede und der Schöpfungsgeschichte und in einem gröberen Überblick auch auf die übrigen Stoffkreise ein:

Die Reimvorrede:
a) Interpunktion:
In den Handschriften treten in der Reimvorrede mittelhohe Punkte, Virgeln, Großschreibung und markierte Kleinschreibung auf. Diese Interpungierungen können in der Reimvorrede des ‚Buchs der Welt' in keiner der Handschriften als satzrelevantes Merkmal angesehen werden. Alle genannten Strukturierungsmittel und zusätzlich in einigen Handschriften die Untereinanderschreibung der Verse kennzeichnen in den untersuchten Codices den Reim. Unmarkiert sind die Verse nur in den Handschriften 162 und 231.

Der mittelhohe bzw. niedrige Punkt tritt allein auf: Die Verse sind nicht untereinandergeschrieben, sondern fortlaufend, der Punkt hat dann allein die Funktion der Markierung des Versendes: In den frühen Bilderhandschriften 24, 16, 17 tritt der mittelhohe bis tiefe Punkt allein, ohne folgende Markierung auf; in der späten Handschrift 23 (2. Hälfte 16. Jh.) ist die Kennzeichnung durch Majuskelgebrauch innerhalb der Vorrede inkonsequent, der Punkt markiert den Reim nicht mehr durchgängig.

Der mittelhohe bzw. niedrige Punkt tritt in Kombination mit rot durchgestrichenen Majuskeln und Untereinanderschreibung der Verse

---

28 Vgl. zu allgemeinen Beobachtungen zur Syntax auch die Ausführungen von Rudolf Grosse zur Handschrift 24, Rudolf Grosse, Sprachgeschichtliche Stellung der ‚SW', S. 41.

auf: In der Handschrift 11 kennzeichnet der Punkt das Reimende, während eine rot durchgestrichene rote Minuskel den Versbeginn anzeigt. Die Verse sind übersichtlich untereinander geschrieben.

In den Handschriften 18 und 19 werden die Reime ebenfalls untereinander geschrieben und zu Beginn mit einer rot durchgestrichenen Majuskel gekennzeichnet.

Auch in der Hs. 21 werden die Verse untereinander angeordnet. In der a-Spalte verzichtete der Schreiber auf den Punkt und die Virgel am Ende des Verses. Der Vers endet mit dem Zeilenende. Die Anfänge sind durch rote Durchstreichungen markiert. In der b-Spalte gelang es ihm wohl aus Platzgründen nicht mehr, Versende und Zeilenende zur Deckung zu bringen. Er markierte dort das Versende mit Punkten oder Virgeln. Der Schreiber dieser Handschrift verwendet im zweiten Teil (ab: *Nu flitent* [...]) sowohl Punkte als auch Virgeln zur Kennzeichnung des Reimendes. Auch in anderen Stoffkreisen verwendete er sowohl den Punkt als auch die Virgel, häufig sogar miteinander kombiniert.

Die Virgel[29] erscheint als Kennzeichnungsmittel von Versen in den Handschriften 12 und 12a.

b) Satzstrukturen:
Die Untersuchungen haben gezeigt, dass in der Reimvorrede die Gesamtsatzkennzeichnung zugunsten der Reimkennzeichnung aufgegeben worden ist. Es lässt sich in der Reimvorrede mit ca. 32 % eine deutlich temporale Ausrichtung der Sätze durch Hauptsätze mit temporalen Angaben und durch temporale Nebensätze feststellen. Daneben treten Aufforderungs- und Aussagesätze auf. Die zeitliche Ausrichtung zeigt vier Kategorien:

1. die Ausrichtung auf die Gegenwart, das Hier und Jetzt;
2. die Ausrichtung auf die Zukunft;
3. die unbestimmte zeitliche Folge und
4. den Aspekt der Dauer. Trotz der inhaltlich einschneidenden Kürzungen in der Reimvorrede der Handschrift 231 sind auch hier alle Zeitaspekte beibehalten.

Die Reimvorrede hat, so zeigen die syntaktischen Strukturen, einen affirmativen und imperativen Charakter durch die überwiegend parataktische Aneinanderreihung von Aufforderungssätzen, Relativsätzen, Teilsätzen mit konditionaler Bedeutung, die zu gottgefälligem Leben aufrufen und gleichzeitig auch eindringlich vor Augen führen, worin dieses gottgefäl-

---

29 Vgl. Franz Simmler, Syntaktische Strukturen im Prosaroman, S. 165.

lige Leben besteht. Wird die Reimvorrede weggelassen, entfällt einmal die programmatische Zeitauffassung von Gegenwart, Zukunft, Dauer und es fehlt auch der affirmative, imperative Anspruch, sozusagen der Aufforderungsrahmen zu christlicher Lebensführung.

Die Schöpfungsgeschichte:
Anders als in der Reimvorrede sind die Gesamtsätze hier wie auch im folgenden Chroniktext durch syntaxrelevante Interpungierungen[30] wie Punkt-, Majuskel- und Virgelgebrauch markiert. Bei dem Zusammenfall von Gesamtsatz-, Absatz- oder Kapitelbeginn ersetzt die Kennzeichnung (in der Regel eine Initiale) der höheren Hierarchieebene die übliche Gesamtsatzmarkierung. Alle genannten Zeichen sind polyvalent.

Eine Gesamtsatzkennzeichnung durch mittelhohen Punkt und folgende Majuskel nehmen vor allem die frühen volkssprachigen Handschriften (z.B. Hss. 24, 16, 17, 2, 11, das Fragment 161) und die lateinischen Rückübersetzungen vor (z.B. Hs. 101, 15). Von den Textexemplaren aus dem 15. Jahrhundert kennzeichnet nur die Handschrift 023 die Gesamtsätze auf diese Weise. Der mittelhohe Punkt wechselt hier allerdings mit dem tiefen Punkt.

Allein durch Majuskelgebrauch werden Gesamtsätze gekennzeichnet in den Handschriften 6 (als Variante tritt auch die Kombination mittelhoher Punkt und Majuskel auf), 7, aus dem 14. Jahrhundert, und in den Handschriften des 15. Jahrhunderts: die Handschriften 231, 021, 5, 10a, 12, 12a (die Handschriften 12 und 12a verwenden Virgeln zur Kennzeichnung von Sinneinheiten innerhalb des Gesamtsatzes, nicht immer sind diese Markierungen aber mit den Einheiten „einfacher Satz" oder „Teilsatz" identisch), 024, 112, 143 (als Variante tritt die rot durchgestrichene Majuskel auf), 144 (auch hier tritt als Variante die rot durchgestrichene Majuskel auf) sowie in den Handschriften aus dem 16. Jahrhundert: 082, 8, 23 (als Variante erscheint hier auch die rot durchgestrichene Majuskel sowie die Virgel in Kombination mit der Majuskel).

Rot durchgestrichene Majuskeln als Beginn des Gesamtsatzes führen z.B. die Handschriften 1 (hier findet sich daneben noch die Variante: mittelhoher Punkt in Kombination mit einer rot durchgestrichenen Majuskel), 3 (in der Schöpfungsgeschichte fallen die Gesamtsätze häufig mit Absätzen zusammen und sind dann zusätzlich durch ein *capitulum-*

---

30 Vgl. auch: Franz Simmler, Zur Geschichte der direkten Rede und ihrer Interpungierungen, S. 651-674; ders., Interpungierungsmittel und ihre Funktionen, S. 93-114; ders., Zur Geschichte der Interpunktion im Deutschen, S. 43-115; ders., Zur Textfunktion von Nominalsätzen in der Lyrik, S. 105-135.

Zeichen markiert), 162, 144, 031, 18, 19 (hier finden sich daneben noch die Varianten: rot durchgestrichene Majuskeln oder auch Virgeln in Kombination mit einer Majuskel), 22 (daneben werden als Varianten verwendet: einfache Majuskeln oder auch Majuskeln in Kombination mit dem mittelhohen Punkt).

Rot durchgestrichene Majuskeln in Kombination mit dem mittelhohen Punkt finden sich im Übergang vom 14. zum 15. Jahrhundert in der Handschrift 122.

Rot durchgestrichene Majuskeln in Kombination mit einer Tilde (Strich oder Doppelstrich), die den vorhergehenden Satz terminiert, verwendet im 15. Jahrhundert die Handschrift 10.

Majuskeln in Kombination mit Virgeln, die den vorhergehenden Satz terminieren, haben die Handschriften 14, 4, 081 (als Variante: Majuskel in Kombination mit einem mittelhohen Punkt) aus dem 15. Jahrhundert.

Die Handschrift 21 aus der zweiten Hälfte des 14. Jahrhunderts verwendet Majuskeln in Kombination mit Virgeln und Punkten.

Es lassen sich aufgrund der syntaxrelevanten Interpungierungen nach Sichtung der Textexemplare für die Schöpfungsgeschichte mindestens 10, maximal 21 (Hs. 10; in der Handschrift 5 sind es 18 Sätze zuzüglich 8 Überschriften) eindeutig markierte Gesamtsätze feststellen. Die Weilandsche Edition unterscheidet auf der Grundlage der ihr bekannten Handschriften 19 Gesamtsätze.

Es lassen sich in den Textexemplaren in Bezug auf die Länge der Gesamtsätze der Schöpfungsgeschichte drei Arten der Unterteilung feststellen. Sie sind zeitlich gestaffelt. Ich erläutere dies zusammenfassend am ersten Gesamtsatz:

1. Gesamtsatz:
Die Handschriften des 13. und beginnenden 14. Jahrhunderts (24, 16, 17, sowie die vorlagentreuen Hss. 12 und 12a aus dem 15. Jh.) zeigen eine Tendenz dazu, den ersten Gesamtsatz und den ersten Abschnitt nahezu deckungsgleich zu markieren. Handschrift 12 folgt z.B. mit der Gesamtsatzaufteilung der Gothaer Bilderhandschrift 24. Sie überliefern als ersten Gesamtsatz drei asyndetisch miteinander verbundene einfache Sätze. Die ebenfalls nd. Handschrift 16 aus der Wende vom 13. zum 14. Jahrhundert erweitert den ersten Gesamtsatz noch um einen weiteren grammatisch selbständigen Teilsatz: [...] . *in deme neghenden core . was lucifer der sconeste . uñ hereste . der enghele .* Handschrift 12a folgt der Bremer Bilderhandschrift 16. Die Handschrift 16 verwendet den mittelhohen Punkt in derselben Funktion wie die Handschrift 24. Die Gesamt-

satzkennzeichnung geschieht ebenfalls in der gleichen Weise wie in der Gothaer Bilderhandschrift und auch in der Berliner Bilderhandschrift 17. Bemerkenswert ist der Umfang des ersten Gesamtsatzes der Schöpfungsgeschichte in der nd. Handschrift 17 aus dem ersten Viertel des 14. Jahrhunderts. Er umfasst hier den gesamten ersten Absatz der Schöpfungsgeschichte und geht somit von einer Initiale zur nächsten.

2. Gesamtsatz:
Die Handschriften des 14. und 15. Jahrhunderts verbinden nur noch zwei asyndetisch angeschlossene einfache Sätze miteinander: z.B. Hs. 1 (ostmd. Anf. 14. Jh.): *Zu aller dinge beginne schuf got ze erst himel vnd erde vnd wazzer vnd vŭr vnd . luft diu vier elementa . waren . vngeschaden .*

So verfahren auch die Handschrift 2 (bair., 1. Viertel 14. Jh.) und die Handschrift 6 (bairisch mit md., Ende 14. Jh.) und zahlreiche Handschriften aus dem 15. Jahrhundert (Hss.18, 19, 081, 8, 082, 14, 162, 21, 22, 022, 024, 031, 3).

Die späten Handschriften 144 (15. Jh.) und 231(16. Jh.) erweitern den ersten Gesamtsatz um einen weiteren einfachen Satz:

In deme anbegiñe al der dinghe schop got den hemel vnde erde den watter vnde dat vŭr vnde de lücht de hetten de veer elementen de weren in den tyden noch nicht van ene anderen gescheden (Hs. 144, Bl. 2ra).

3. Gesamtsatz:
Im 15. Jahrhundert gibt es daneben die Tendenz, ausschließlich einfache Sätze zu verwenden (z.B. Hs. 10).

Die Schöpfungsgeschichte hat in allen Handschriften – völlig unabhängig von der hierarchischen Strukturierung – eine überwiegend temporale Ausrichtung. Sie entsteht nicht durch den Verbgebrauch, sondern durch temporale Angaben in Spitzenstellung. In den Handschriften, in denen Gesamtsatz und Absatz weitgehend deckungsgleich sind (Hss. 16, 17, 24), ist die temporale Ausrichtung besonders betont. In Handschriften, die wie die Hs. 1 auf die Darstellung der Schöpfungsstunden verzichten (z.B. Hs. 1, 2 etc., alle A_1 mit Ausnahme der Handschrift 10), beginnen insgesamt weniger Sätze mit einer temporalen Angabe. Darüber hinaus werden in den langen Gesamtsätzen der älteren Handschriften temporale Angaben in anderen Positionen verwendet, z.B. in Mittelposition eines Satzes (z.B. Hs. 24: *to erst* Bl. 10^r, Z. 13, *ne [...] ene ganze stunde* Bl. 10^r, Z. 19), in der Spitzenstellung eines Teilsatzes (z.B. Hs. 24: *dar ‚darnach'* Bl. 10^v, Z. 14; *in der dridden stunde* Bl. 10^v, Z. 15; *na desses liues wandelunge* Bl. 10^v, Z. 21f.). Nur einmal begegnet in der Schöpfungsgeschichte ein Ortsadverbial in Spitzenstellung eines Gesamtsatzes (*In deme tegeden kore*, Hs. 24, Bl. 10^r, Z. 17), zweimal in Spitzenstellung eines Teilsatzes (*in deme himele*, Bl. 10^r, Z. 4; *dar ne blef he nicht*, Bl. 10^r, Z. 18) und einmal wird ein Gesamtsatz, einmal ein Teilsatz (*da vmme valde ene got in dat afgrunde de' helle* [...] Bl. 10^r, Z. 20f.) kausal eingeleitet. In Folge einer kleinteiligeren Satzstrukturierung in den jüngeren Handschriften kommt es vor, dass andere temporale Angaben in Spitzenstellung eines Gesamtsatzes erscheinen als z.B. in der Hs. 24, zahlenmäßig bleibt die Verteilung aber gleich.

Die temporalen Angaben drücken in allen Textexemplaren die Geschehensfolge aus. Sie stellen den chronologischen Aspekt in den Vordergrund durch eine genaue Angabe der Reihenfolge der Schöpfungstage und Stunden. Die Temporaladverbiale *to erst, dar, do* unterstreichen den Aspekt der Abfolge und der (kurzen) Dauer *ne* [...] *ene ganze stunde; in der selbin stunde*. Gegenüber der Reimvorrede ist in der Schöpfungsgeschichte der Aspekt der Dauer eher in zweiter Linie, der Aspekt der zeitlichen Folge jedoch sehr betont.

Die Zeitaspekte werden vor allem durch die temporalen Angaben und nicht durch die Verben signalisiert. Die wenigen temporalen Verben, die in der Schöpfungsgeschichte verwendet werden, drücken sowohl den Aspekt der Folge als auch den der Dauer aus. An verschiedenen Stellen sowie mit dem letzten Schöpfungstag verweist auch die Schöpfungsgeschichte durch die verbale Konstruktion und durch die temporalen Angaben auf die Zukunft. Einen ganz wesentlichen Zeitaspekt vermitteln aber die Verben durch das nahezu durchgängig verwendete Tempus: Vergangenheit. Die Reimvorrede ist in allen Textexemplaren im Präsens abgefasst, mit der Schöpfungsgeschichte beginnt die Vergangenheit. In der Schöpfungsgeschichte werden überproportional viele Handlungsverben verwendet, die den Schöpfungsakt Gottes nachvollziehen lassen. Der Verbgebrauch ist bestimmend für die Erzählstruktur.

Die übrigen Stoffkreise
Direkt an die Schöpfungsgeschichte schließt die Genealogie des Alten Testaments an. Ihr Beginn bzw. das Ende der Schöpfungsgeschichte wird in den einzelnen Textexemplaren unterschiedlich überliefert: Bei der Überlieferung des letzten Schöpfungstages lassen sich neben der Satzinterpungierung noch zwei Arten – Absatz und Kapitel – einer hierarchischen Strukturierung in den untersuchten Textexemplaren unterscheiden: Ihre Relevanz für die Syntax lässt sich am besten demonstrieren an der Art und Weise, wie die untersuchten Textexemplare den letzten Gesamtsatz der Schöpfungsgeschichte überliefern. Es lassen sich

hier im Groben zwei Versionen unterscheiden. Sie differieren vor allem in der Art und Weise, wie sie den letzten Teil des in Handschrift 24 langen Gesamtsatzes: *wie die welt von adame wart gestan* [...] kennzeichnen. In der Edition von Weiland ist dieser Teilsatz der eigenständige erste Gesamtsatz, mit dem das zweite Kapitel beginnt. Eine ebensolche Hierarchisierung findet sich in einigen Handschriften sowohl des 14. Jahrhunderts (Hs. 2) als auch des 15. Jahrhunderts (Hs. 5, 19).

Wie in der Schöpfungsgeschichte wird die temporale Ausrichtung des gesamten chronikalischen Textzusammenhanges nicht durch die Verbwahl hergestellt, sondern durch das Verbtempus und durch temporale Angaben. Die Gesamtsätze (Hs. 24, Bl. Bl. 10^v, Z. 26f.: *Do adam drittich vñ hund't iar alt was . do gewan he sethe* [...]) oder Teilsätze (*do abel drittich iar alt was do sloch in Kain sin broder dot*. Hs. 24, Bl. 10^v, Z. 25f.) beginnen entweder mit temporalen Adverbialen in Spitzenstellung oder mit dem Namen der Personen, von denen der Text handelt, oder einer Kombination von beidem. Die Temporaladverbiale bestehen aus einem (*do, nu, da, na*) oder auch aus mehreren Segmenten *In aller dinge beginne, An dem* [...] *iare na rome stiftunge, dar nach* und später mit dem Zusatz der Zeitrechnung seit Rom oder allein: *na gots geburt* [...]

Alle Textexemplare sind durch das chronologische Prinzip strukturiert. Das zeigt sich formal in der Absatzbildung zu den biblischen Personen, den Herrschern und/oder (vor allem seit der Gründung Roms) in der Absatzbildung zu Beginn der Regierungszeiten der einzelnen Herrscher. Die Absätze beginnen – je nach dem vorherrschenden Prinzip: personenbezogen oder annalistisch – entweder mit dem Namen oder mit der Jahreszahl (z.B. ab Christi Geburt begegnet die Wendung *In dem* [...] *iar von vnsers herren geburt vnd von rome stiftunge* [...] *iar*).

Gesamtsätze beginnen häufig mit adverbialen Bestimmungen der Zeit: *Zu* (*aller dinge beginne*), *An, Da, Do, Danoch, Nach, Nu, Dar nach, Bie des ziten* [...]; *In den ziten* [...] Die Temporalsätze und die Temporaladverbiale bilden zwei sich ergänzende Gruppen: Unbestimmte Zeitangaben wie *Da, nu, darnach, in den zeiten* etc. dienen der Darstellung des zeitlichen linearen Nacheinanders und repräsentieren zumeist eine eher narrative Darstellungsweise.

Die Funktion, die Chronologie zu sichern, kommt auch der ständigen Wiederholung der Geburtsabfolge in den Geschlechterreihen des Alten Testaments zu: *Adam gewan*[31] *kain vñ abele*; *Enos ghewan kaynan*;

---

[31] In den süddeutschen Codices wird *gepar* ‚brachte hervor' (von *gepërn* ‚hervorbringen, gebären') verwendet.

Enoch wan mathusalame (Hs. 17, Bl. 3va, Z. 16f., Bl. 3vb, Z. 18f., Bl. 4ra, Z. 15f.); dieselbe Funktion haben die wiederholten Hinweise auf die unterschiedlichen Geschlechter und die verschiedenen Stammväter: [...] *uan der aller geslechte swige we . un van sethes slechte segge we* (Hs. 16: Bl. 3 bzw. 5va, Z. 27ff.); *Uan noes sonen quamen tve vñ seuentich slechte .* (Hs. 24, Bl. 12^r, Z. 11f.) etc. Seit der Zeit der römischen Kaiser und Könige werden genealogische Zusammenhänge durch Ergänzungen im Genitiv: *In deme xvi . iare . van d' bort unses h'ren . vnde d' stichtunge to rome . dcc . lxviii . iare . Tyberius keiser wart augusti stefsone den augustus to eneme sone hadde irkorn . vñ was dar ane xxiii iar* (Hs. 24, Bl. 26^r, Z. 31-26^v, Z. 3) oder *karol' de grote des koning pippines sone* (Hs. 24, Bl. 74^r, Z. 12f.) gekennzeichnet.

Die Mittel der narrativen Chronologie werden durch konkrete Zeitangaben ergänzt, die zu annalistischen Reihungen werden können (z.B. im Chroniktext der Handschriften 18 und 19 oder in den Kaiser- und Papstreihen). Bis zur Geburt Christi ist der Zeitpunkt der Erschaffung der Welt und der darin lebenden Menschen – bzw. ihr Alter –, der Zeitpunkt der Zerstörung Trojas oder der Gründung Roms die Richtschnur für die Berechnung der Zeit. Diese Zählung wird ab Christi Geburt z.T. noch beibehalten, fällt später (außer in den Handschriften 18 und 19) aber völlig weg, so dass nur noch die Jahreszahl von Christi Geburt an als konkrete Zeitangabe fungiert. Die feste Wendung ist dann: *na gots geburt* [...] *iar* bzw. *In deme* [...] *iare van godes gebort* u.ä.

Durch die Angabe der Jahreszahlen wie durch die Temporalsätze und die Temporaladverbien wird also die Chronologie gesichert, gleichzeitig auch die Linearität des Geschehens betont. Die Linearität jedoch wird auch hier immer wieder aufgebrochen durch den Hinweis auf die Gleichzeitigkeit der Ereignisse; die Kombination der Temporaladverbien, die dies besonders hervorheben ist: *Bi den tiden* [...], *In den tiden* [...] z.B.: Hs. 21, Bl. 39^v: *By adriani gecziten.*

Auch die Erwähnung des Alters einer bestimmten historischen Person ist ein Mittel, den chronologischen Fluss zu unterbrechen und auf die Gleichzeitigkeit bestimmter Ereignisse hinzuweisen: So wird z.B. die Darstellung der Genealogie des Alten Testament immer wieder durch den Hinweis auf das Alter eines der noch lebenden Patriarchen unterbrochen und in einen festen Zeitrahmen eingeordnet, z.B.: *dan noch leuede adam vñ was tvehundert . vñ vif vñ dritich iar alt* (Bl. 11^r, Z. 3f.); *dan noch leuede adam vñ was seshund't vñ twei vñ tvintich iar alt* (Bl. 11^r, Z. 16f.); *dan noch leuede adam vñ was seshund't vñ seuene vñ achtentich iar alt* (Bl. 11^r, Z. 19f.); *dan noch leuede Adam vñ was acht-*

hund't und vñ vier vñ seventich iar alt (Bl. 11ʳ, Z. 24f.). Auch die ständige Präsenz eines Zeitrahmens, z.B. die Zeit seit Christi Geburt oder seit der Gründung Roms, ist ein Mittel, die Darstellung der einzelnen Ereignisse in einen verbindenden Gesamtrahmen einzuordnen.

Insgesamt werden in der Chronik Vergangenheitsformen des Hilfsverbs *sein*, darstellende, erzählende Verben, vor allem Handlungsverben, verwendet. Die Verben, die die Erzählhandlung charakterisieren, werden häufig variiert (*sacz, lag, hub, wollt, geschah, karde, buwede, vor* ‚fuhr' etc.). Häufig begegnen auch Passivkonstruktionen wie ‚er/sie wurde getauft; er wurde verbrannt, er wurde geschlagen'. Es zeigt sich auch an der Verwendung der Verben ein Wechsel von chronologischem, narrativem und genealogischem Prinzip.

Die Gesamtsatzstrukturierung macht den Eindruck einer starken *schriftsprachlichen* Orientierung. Besonders bei den frühen Handschriften 24, 16 und besonders 17 entsteht der Eindruck einer vor allem am lateinischen Satzbau und dessen Sinnstrukturierungen orientierten Interpunktion. Sie hat zu sehr umfassenden Gesamtsätzen geführt hat. Die späteren Handschriften, vor allem schließlich die Handschrift 23, lösen sich zunehmend von diesem lateinischen Einfluss und kommen zu einer eigenständigen Interpunktion.

V.2.4 Textbestand, Texterweiterungen und -kürzungen, Textallianzen

V.2.4.1 Textbestand

Die Untersuchung über die Art und Weise der Präsentation und den Umfang des Textzusammenhanges des ‚Buchs der Welt' in den einzelnen Textexemplaren hat weniger die Rezensionsbindungen veranschaulicht, als vielmehr deutlich gemacht, dass die Textexemplare den Textbestand in sehr unterschiedlicher Weise übernommen haben. Auch innerhalb einer Rezension kann der Textzusammenhang durchaus unterschiedlich kompiliert sein; z.T. ist der Textzusammenhang nur auszugsweise in Form von Exzerptensammlungen (Hss. 141, 041)[32] oder auch als Teil einer neuen Textallianz verwendet worden (vgl. dazu die Tabellen). Diese neue Textverbindung war dann häufig kein ‚Buch der Welt' (z.B. die Hss. 8, 081,

---

[32] Die Handschrift 141 zeigt eine thematisch gebundene Exzerptensammlung, die hier die Funktion der Veranschaulichung des hauptsächlich überlieferten Rechtstextes (Sachsenspiegel) hat. Die Handschrift 041 ist eine Materialsammlung zu Karl dem Großen. Zu der im Spätmittelalter durchaus gebräuchlichen Form der Exzerptensammlungen von chronikalischem Wissen vgl. auch Peter Johanek, Weltchronik, S. 309, 325.

082, 022, 162, 163) mehr. Sie konnte darüber hinaus auch die Textsortengrenzen überschreiten (z.B. die Historienbibeln Hss. 111, 143, 144). Im Laufe der Überlieferung ist der Textzusammenhang nicht nur erweitert worden, er ist in vielen Textexemplaren auch gekürzt worden.
Das geschah
a) zu Beginn des Textzusammenhanges: indem die Reimvorrede (Hss. 1, 2, 021, 022, 023, 024, 3, 031, 032, 4, 5, 6, 7, 8, 081, 082, 10, 103, 104, 14, 143, 144, 15) oder die Schöpfungsgeschichte weggelassen wurde bzw. erst mit dem römischen Reich (z.B. Hss. 021, 111, 112) oder mit Chrsti Geburt (Hss. 9) begonnen wurde;
b) am Ende des Textzusammenhanges: meist mit der Absicht, das ‚Buch der Welt' mit anderen Textzusammenhängen zu kombinieren (Hss. 022, 8, 081, 082, 143,144, 162, 163);
c) innerhalb des Textzusammenhanges: So kürzt beispielsweise die Handschrift 231, indem sie Passagen der Reimvorrede und auch der Kaiserchroniküberlieferung weglässt, die Handschriften 11, 12, 12a, 121, 122, 14 und 15 überliefern die franziskanische Predigt nicht. Die Handschrift 111 (eine Historienbibel) kürzt hier stark.

Der zeitlich kürzeste und gleichzeitig inhaltlich knappste Textzusammenhang ist in der Hs. 1 tradiert. Vor allem die Frutolf-Ekkehard-Chronik und die Pöhlder Annalen lassen sich als Quellengrundlage der Hs. 1 ausmachen.[33] In der Gruppe der Textexemplare der A-Version weicht die Handschrift 6 sehr stark von den übrigen Handschriften ab, denn sie tradiert mehr als nur Kaiserchronik-Reste,[34] darüber hinaus integriert sie auch Legenden, die möglicherweise aus der Sammlung des Jakobus de Voragine stammen und Informationen aus der Chronik Martins von Troppau.[35] Innerhalb des Rezensionszusammenhanges B weicht der Textzusammenhang der Handschrift 14 von den übrigen Textexemplaren ab, sie interpoliert aus der Bibel, der Historia Scholastica, der Chronik Martins von Troppau, der Lüneburger Chronik und einer der *Legenda aurea* nahestehenden Sammlung. Diese Kompilation wurde später zur Grundlage von zwei Historienbibeln.

Es wurden insgesamt unterschiedliche Verfahren der Verbindung von Texten bei der Herstellung von Weltchroniken deutlich. Kompiliert wurden die untersuchten Texte vor allem und fast ausschließlich ohne

---

33 Vgl. dazu Hubert Herkommer, Sächsische Weltchronik, S. 129ff.; Michael Menzel, Sächsische Weltchronik, S.148ff..
34 Vgl. Hubert Herkommer, Sächsische Weltchronik, S. 229-234.
35 Vgl. auch Michael Menzel, Sächsische Weltchronik, S. 148ff.

andere zusätzliche Erweiterungsverfahren bis zum 14. Jahrhundert. Der Forschung gelten vor allem die eng verzahnten Texterweiterungen, die Kompilationen, allenfalls noch die Fortsetzungen als ‚Buch der Welt'. Die anderen Textallianzen, auf die ich später eingehen werde, sind vor allem als Begleitüberlieferung betrachtet worden.

Wie man sich das Verfahren der Kompilation, der engen Verzahnung verschiedener Textzusammenhänge zu einem neuen, in sich stimmigen Textexemplar vorstellen muss, wird am besten anhand eines lateinischen Leipziger Fragments aus der zweiten Hälfte des 13. Jh.s (mit der Sigle 101) und seiner Wirtshandschrift (Sigle *101) deutlich. Wir haben es hier mit einem Glücksfall der Überlieferung zu tun: Das Fragment des ‚Buchs der Welt' diente als Einband für einen Rezipienten: die lateinische Leipziger Weltchronik, ebenfalls aus der 2. Hälfte des 13. Jahrhunderts (Sigle *101, Leipzig UB Ms.1314), entstand wie das Fragment im Zisterzienserkloster Altzelle. Der neue Weltchronikzusammenhang ist eine von den Makrostrukturen und den hierarchischen Merkmalen her gesehen homogene Kompilation aus dem ‚Buch der Welt', der Bibel und einer Fortsetzung der Erfurter ‚Cronica Minor' bis 1261. Es schließt sich – von späterer Hand, Mitte des 14. Jh.s – eine weitere Fortsetzung von Wilhelm von Holland bis zu Ludwig dem Bayern an. Alle Basistexte, alle Fortsetzungen – auch diejenigen, die von einem späteren Schreiber stammten, sind homogenisiert: Auf Bl. 1ra beginnt die lateinische Handschrift mit einem fünfgliedrigen Initiator. Das Textexemplar hatte ursprünglich keinen Terminator. Im 14. Jahrhundert fügte ein anderer Bearbeiter eine Fortsetzung von Wilhelm von Holland bis zu Ludwig dem Bayern an. Nachträglich wurde das Textexemplar (auf Bl. 48vb) durch terminierende Schlussstriche und den Eintrag: *a mundo condito usque ad 1257* begrenzt. Das Schicksal des alten Codex war nach der Fertigstellung des neuen besiegelt: Er wurde zerschnitten und als Einband verwendet. Die Aktualisierung der Weltgeschichte war entscheidend; die Bewahrung oder Konservierung einer älteren Geschichtsauffassung lag zu jener Zeit bei einem Gebrauchszusammenhang wie dem der Weltchronistik nicht im Interesse des Auftraggebers/Herstellers (= Kloster).

Im Folgenden stelle ich zusammenfassend das Textvorkommen, wie es in den einzelnen Textexemplaren auftritt, in den Tabellen 22 bis 31[36] dar:

---

[36] Abkürzungen: Abschr. = Abschrift; AT = Altes Testament; Kchr = Kaiserchronik; o = ohne; m = mit; MT = Chronik Martin von Troppaus; NT = Neues Testament; RV =

Tab. 10: Das Textvorkommen des ‚Buch der Welt' (SW) in den einzelnen Textexemplaren Hs. 1-Hs. 032

Text / Codex	‚gemeiner' Text (= A₁) ohne Interpolation	‚gemeiner' Text mit Interpolation	überwiegend anderer Text	Anfang des ‚gemeinen' Textes	Ende des ‚gemeinen' Textes
Hs. 1	X			ÜS SchG (SW 67,1)	1225 (SW 244,32)
Hs. 2	X			ÜS SchG (SW 67,1)	1225 (SW 244,32)
Hs. 021		Basler Zusätze, Basler Alexander		ÜS Römische Gesch. (SW78,1)	1223 (SW 243,19)
Hs. 022		Königshofen Hs. 023 (marg.)	Augsb. Stadtchr. v. röm. G. bis ~1100	ÜS SchG (SW 67,1)	(SW 82,30)
Hs. 023		Gmünd. Kchr		ÜS SchG (SW 67,1)	1225 (SW 244,32)
Hs. 024	X			ÜS SchG (SW 67,1)	1225 (SW 244,32)
Hs. 3	X			ÜS SchG(SW 67,1)	1225 (SW 244,32)
Hs. 031	X			ÜS SchG(SW 67,1)	1225 (SW 244,32)
Hs. 032	Aventin Abschr. gekürzt			ÜS gekürzt.Anfang (SW 69,11)	1225 (SW 243,24)
Hs. 4	X			Anfang fehlt; ÜS Röm. Reich (SW 78,11)	1225 (SW 244,32)
Hs. 4a	Abschr. von 4				
Hs. 041	Exzerpte zu Karl d. Großen			(SW 147,6-148,11; 150,28-150,40; 148,36-38)	
Hs. 5	X			ÜS SchG (SW 67,1)	1225 (SW 244,32)
Hs. 6	X	Kchr, MT, Legenden		ÜS SchG (SW 67,1)	1225 (SW 244,32)
Hs. 7	X			ÜS SchG (SW 67,1)	1225 (SW 244,32)
Hs. 071	(SW 75,23ff.; 77,29-77,40)			Fragment	

Reimvorrede; SchG = Schöpfungsgeschichte; SW = Sächsische Weltchronik; ÜS = Überschrift.

Codex \ Text	‚gemeiner' Text (= A₁) ohne Interpolation	‚gemeiner' Text mit Interpolation	überwiegend anderer Text	Anfang des ‚gemeinen' Textes	Ende des ‚gemeinen' Textes
Hs. 8	X		Andreas v. Regensburg-Übersetz.	SchG (SW 67,1)	Christi Geburt (SW 87,32)
Hs. 081	X		"	"	"
Hs. 082	X		"	"	"
Hs. 9	X		*Vinzenz v. Beauvais* SchG bis Christi Geburt	Christi Geburt (SW 90,1)	1225 (SW 245,35)
Hs. 10	X			SchG (SW 67,1)	1226 (SW 246,5)
Hs. 10a		Von Adams Tod bis Alexander = SW + Vulgata		Adams Tod (SW 68,24-8,12) o. Interpolation (SW 75,5) Bl. 34ʳ	1225 (SW 246,5)
Hs. 101	(SW 218,15-246,5)			Fragment	Fragment
Hs. 102	(SW 233,15-234,5 u. 237,6-238,17)			Fragment	Fragment
Hs. 103	X	Von Lothar III. bis Konradin/Nicolaus III. = SW-MT-Kompilation		SchG bis zur Bannung Heinrichs o. Interpolation (SW 67,1-203,31)	~ 1277/80 (SW 228,1-241,11 u. MT 469,23-474)
Hs. 104	X	"		"	"

Tab. 11: Das Textvorkommen des ‚Buchs der Welt' (SW) in den einzelnen Textexemplaren Hs. 11-Hs.112

Codex \ Text	‚gemeiner' Text (= A₂) ohne Interpolation	‚gemeiner' Text mit Interpolation	überwiegend anderer Text	Anfang des ‚gemeinen' Textes	Ende des ‚gemeinen' Textes
Hs. 11	X	–		Überschrift RV (SW65,1-66,98) SchG (SW67,1)	1230 (SW 248,23)

Codex \ Text	‚gemeiner' Text (= A_2) ohne Interpolation	‚gemeiner' Text mit Interpolation	überwiegend anderer Text	Anfang des ‚gemeinen' Textes	Ende des ‚gemeinen' Textes
Hs. 111		Im NT SW erweitert Legenda aurea, Prosaauflösung v. Bruder Philipps Marienleben	Mitteldt. Hist.bibel AT / NT	Im AT nur kleine SW-Einschübe Im NT SW 78,22	1226 (SW 246,9)
Hs. 112			Kölner Prosa-Kchr ab Cäsar/Christi Geburt = Kompilation aus: MT + Kölner Fortsetzung, FE, Kölner Chr, SW	Anfang verloren: SchG bis Zacharias fehlt. Beginn bei Zacharias (SW 73,29)	Tod Cäsars (SW 88,13)
Hs. 12	X		Leopold Stainreuter: Österr. Chr. v.d. 95 Herrschaft.	ÜS RV SchG (SW 65,1)	1230 (SW 248,23)
Hs. 12a	X		"	(ÜS von späterer Hand)	"
Hs. 121	SW 134,3-139,17; 160,12-161,1; 200,1-200,26; 200,32-201,1; 218,2-9;218, 13-19; 218,26-229,6; 230,20-237,20; 239,4-240,9; 243,22-247,22			Fragment	Fragmentar. bis 1228
Hs. 122	X			Incipit verloren (RV) (SW 67,15)	Explicit verloren (SW 233,20)

701

Tab. 12: Das Textvorkommen des ‚Buchs der Welt' (SW) in den einzelnen Textexemplaren Hs. 13-Hs. 17

Text \ Codex	‚gemeiner' Text (= B) ohne Interpolation	‚gemeiner' Text mit Interpolation	überwiegend anderer Text	Anfang des ‚gemeinen' Textes	Ende des ‚gemeinen' Textes
Hs. 13		SW 113,13-117,20; MT		Fragment	Fragment
Hs. 14		Bibel; Hist. Scholastica; MT; Lüneburg. Chr.; Legenden; Artusstoff	–	Überschrift zweisprachig SchG (SW 67,1)	1235 (SW 251,16)
Hs. 141	SW 90,1ff.; 128,16; 143,27ff147,6ff.; 152,40; 154,2ff.; 154,26ff157,30ff158,18ff160,31ff162,27f.; 159,38f.; 159,24ff		Sammelhs. (Rechtstexte)	Exzerpte aus SW	Exzerpte aus SW
Hs. 142	SW 104,34-105,25	MT Pilatuslegende		Fragment	Fragment
Hs. 143			Historienbibel	Anfang verlor. (1 Bl.); SchG (SW 68,3)	Abraham (SW 71,7)
Hs. 144			"	SchG (SW 67,1)	"
Hs. 15		aus den Chron. Helmolds u. Arnolds v. Lübeck		SchG (SW 67,1)	1235 (SW 251,16)
Hs. 16	X			ÜS RV SchG (SW 65,1)	1260 (SW 258,24)
Hs.161	SW 76,11-77,8			Fragment	Fragment
Hs. 162			Detmar-Chronik (1105-1386)	RV SchG (SW 65,1)	Alexander d. Große (SW 78,22)
Hs. 163			"	"	"
Hs. 17	X			RV SchG (SW 65,1)	1229 (SW 248,8)

Tab. 13: Das Textvorkommen des ‚Buchs der Welt' (SW) in den einzelnen Textexemplaren Hs. 18 und Hs. 19

Text \ Codex	‚gemeiner' Text (= A₁-B) ohne Interpolation	‚gemeiner' Text mit Interpolationen (C₃)	überwiegend anderer Text	Anfang des ‚gemeinen' Textes	Ende des ‚gemeinen' Textes
Hs. 18		X		RV (SW 65,1-66,98) SchG (SW 67,1)	1260 (SW 258,24)
Hs. 19		X		RV (SW 65,1-66,98) SchG (SW 67,1)	1260 (SW 258,24)

Tab. 14: Das Textvorkommen des ‚Buchs der Welt' (SW) in den einzelnen Textexemplaren Hs. 20-Hs. 221

Text \ Codex	‚gemeiner' Text (= A₁-B) ohne Interpolation	‚gemeiner' Text mit Interpolationen (C₂)	überwiegend anderer Text	Anfang des ‚gemeinen' Textes	Ende des ‚gemeinen' Textes
Hs. 20		X Verbrannt		RV (SW 65,1-66,98) SchG (SW 67,1)	1260 (SW 258,24)
Hs. 21		X		RV (SW 65,1-66,98) SchG (SW 67,1)	1260 (SW 258,24)
Hs. 22		X		RV fehlt ÜS aus dem 17./18. Jh. SchG (SW 67,1)	1260 (SW 258,24)
Hs. 221		SW 154,1-6 u. 10-15 (MT/SW)		Fragment	Fragment

Tab. 15: Das Textvorkommen des ‚Buchs der Welt' (SW) in den einzelnen Textexemplaren Hs. 23-Hs. 241

Text \ Codex	‚gemeiner' Text (= A₁-B) ohne Interpolation	‚gemeiner' Text mit Interpolation (C₁)	überwiegend anderer Text	Anfang des ‚gemeinen' Textes	Ende des ‚gemeinen' Textes
Hs. 23		X		RV SchG (SW 65,1)	1260 (SW 258,24)
Hs. *23		Vermutl. Vorlage v. 23; verschollen		"	"

Text\Codex	‚gemeiner' Text (= A$_1$-B) ohne Interpolation	‚gemeiner' Text mit Interpolation (C$_1$)	überwiegend anderer Text	Anfang des ‚gemeinen' Textes	Ende des ‚gemeinen' Textes
Hs. 231		X		ÜS von jüngerer Hand RV ohne Passage m.d. Jüngsten Ge-richt(SW 66,55 -84) SchG (SW67,1)	1260 (SW 258,24)
Hs. 24		X		RV SchG (SW 65,1)	1248 (SW 258,13)
Hs. 24a		Teilabschr. v. 4			
Hs. 24b		Teilabr. v. 4			
Hs. 241		Fragment	Herkunft der Sachsen (SW 260,42-262,22)	Fragment	Fragment

V.2.4.2 Texterweiterungen (Fortsetzungen)

Die unterschiedlichen Fortsetzungen der Textzusammenhänge bündelte Weiland als Erste, Zweite, Dritte und Vierte Bairische Fortsetzung; als Sächsische und Thüringische Fortsetzung. In der empirischen Textanalyse können darüber hinaus noch zahlreiche andere Fortsetzungen festgestellt werden. Einige Handschriften, die diese Fortsetzungen überliefern, waren schon Weiland bekannt – wie die Straßburger Handschrift 9, die eine Fortsetzung bis zur Absetzung Wenzels (um 1400) bzw. bis zu Jan Hus (gebannt 1410), also bis zum Beginn des 15. Jahrhunderts, enthält, oder die Kopenhagener Handschrift 14, die einzige Fortsetzung innerhalb der Rezension B, mit einer allerdings sehr fehlerhaften Fortsetzung, die der Intention nach über die Ereignisse des Zeitraums von 1225 bis 1337 berichten sollte. Tatsächlich sind diesen Jahreszahlen aber Ereignisse aus mehr als einem Jahrhundert früher zugeordnet (von Heinrich IV. 1056-1106 bis zum Regierungsantritt Friedrichs von Staufen 1212/ 1220).[37] Seit Weiland, dem insgesamt 24 Handschriften (= 20 vollständige, drei Fragmente und eine lateinische Rückübersetzung) bekannt waren, sind viele weitere Textzeugen hinzugekommen.

Insgesamt lassen sich heute 40 Textzeugen für fortgesetzte Textzusammenhänge des ‚Buchs der Welt' feststellen. Die Fortsetzungen sind

---

37 Vgl. auch Jürgen Wolf, Sächsische Weltchronik, S. 338f.

makrostrukturell nicht vom übrigen Chroniktext unterschieden, wenn sie nicht marginal zugefügt oder wie z.B. bei der Hs. 021 in die Textlücken nachgetragen wurden (siehe unten unter b). Bei den Fortsetzungen[38] ist im Wesentlichen zwischen drei Varianten zu unterscheiden:

Es gibt a) Fortsetzungen, die in ähnlicher Weise von verschiedenen Textexemplaren überliefert werden wie die Erste (Hs. 2, 021, 023, 3, 031, 032, 4, 4a, 5, 6, 7) und die Zweite Bairische Fortsetzung (3, 031, 032, 5), die Thüringische (10, 10a), die Sächsische Fortsetzung[39] (18, 19, 20, 21, 22, 23, 231) und die ‚Geschichte der Päpste' (20, 21, 22).

Es finden sich b) ‚selbständige' Fortsetzungen (Hss. 1, 021, 023, 024, 032, 4, 4a, 6, 9, 103, 111, 14, 18, 19). ‚Selbständig' ist hier allerdings in der Regel in Anführungsstrichen zu sehen, denn die meisten Fortsetzungen schöpfen aus anderen jüngeren Chroniken (so z.B. der Augsburger Stadtschreiber Konrad Bollstatter – Hs. 023 –, der aus Martins von Troppau lateinischer Chronik, aus Jakob Twingers von Königshofen Chronik, aus der in seinem Besitz befindlichen Hs. 024 und aus eigener Kenntnis der Ereignisse schöpfte.) Diese Fortsetzungen sind oft nur Einschübe, Randbemerkungen oder sporadische, spätere Weiterführungen mit einzelnen, locker gereihten Daten: z.B. die Nachträge in der Handschrift 1, zusammenhängender sind die so genannte Aalener (Hs. 024 = Fortsetzung der bis 1350 erweiterten Ersten Bairischen Fortsetzung), Basler (021 = Fortsetzung der bis 1350 erweiterten Ersten Bairischen Fortsetzung), Augsburger (023 = Fortsetzung der bis 1350 erweiterten Ersten Bairischen Fortsetzung) Burghauser (032 = Fortsetzung der bis 1314 reichendenden Ersten und bis 1348 reichenden Zweiten Bairischen Fortsetzung) und die Straßburger Fortsetzung (Hs. 9 von 1225 bis 1400/1411). Die Dritte (Hs. 6) und die Vierte Bairische Fortsetzung (H. 4, 4a) gehören auch in diese Gruppe, denn sie sind in dieser Form einmalige Erweiterungen und Fortsetzungen der Ersten Bairischen Fortsetzung und werden – soweit im Augenblick bekannt – nur von jeweils einer Handschrift tradiert: die Dritte Bair. Fortsetzung von der Hs. 6 und die Vierte Bair.

---

38 Ludwig Weiland, Sächsische Weltchronik druckte einige Fortsetzungen im Anhang zu seiner Edition der Sächsischen Weltchronik ab: die Sächsische Fortsetzung (SW 280-287,16); die Thüringische Fortsetzung (SW 287,18-319,6); die Erste Bairische Fortsetzung (SW 319,8-336,14); die Zweite Bairische Fortsetzung endet 1348 nicht 1350 (SW 336,16-340,12); die Dritte Bairische Fortsetzung (SW 340,14-348,33); die Vierte Bairische Fortsetzung (SW 352-384,5).

39 Vgl. zu den Fortsetzungen auch Gabriele von Olberg, Textfunktionen, S. 332-334; dies., Makrostrukturen, S. 298ff.

Fortsetzung von der Handschrift 4 (und ihrer Abschrift aus dem 18. Jahrhundert Hs. 4a).

c) Die dritte Gruppe der Fortsetzungen bildet die Weiterführung durch jüngere aktuelle Chroniken: z.B. die so genannte Augsburger Stadtweltchronik (022), die Lübecker (Detmar-)Chronik (Hss. 162, 163), die Kölner Prosa-Kaiserchronik (Hs. 112), die Österreichische Chronik von den 95 Herrschaften (12, 12a) oder die Handschriften 8, 081, 082, die den Anfang der Sächsischen Weltchronik mit der Übersetzung des lateinischen *Speculum historiale* des Andreas von Regensburg verbinden.

In einigen C-Handschriften sind die Fortsetzungen nicht aktualisiert worden, aber die Papst- und/oder Kaiserkataloge (Hss. 21, 22) wurden weitergeführt.

Für die Chronikkompilationen, die zumindest in Teilen auf dem ‚Buch der Welt' basieren, lassen sich sehr unterschiedliche Enddaten feststellen. In der zeitlichen Ausdehnung von der Schöpfungsgeschichte bis zum Jahre 1225 tritt der Textzusammenhang nur in der Handschrift 1 aus dem Anfang des 14. Jahrhunderts auf. Als Enddaten der Chronikdarstellungen (nicht des ‚gemeinen' Textes) lassen sich bei den vollständigen Handschriften feststellen: 1225 (Hs. 1); 1226 (Hs. 111); 1229 (Hs. 17), 1230 (Hss. 11, 12, 12a), 1235 (Hs. 15); 1248 (Hs. 24); 1260 (Hss. 16); 1261 (Hs. *101); 1275 (Hss. 20, 21, 22, 23, 231); 1280 (Hss. 103, 104, 14); 1314 (Hss. 2, 7); 1342 (Hs. 6); 1348 (Hss. 031, 3); 1353 (Hs. 10); 1378 (Hss. 18, 19); 1386 (Hss. 162, 163); 1400/1411 (Hs. 9); 1410 (Hs. 032); 1447 (Hs. 023); 1454 (Hs. 4); 1460 (Hs. 024); 1474 (Hs. 021).

Die Verteilung der Fortsetzungen in den einzelnen Textexemplaren des ‚Buchs der Welt' habe ich zur Übersicht in Tabelle 16 zusammengestellt.[40]

Tab. 16: Fortsetzungen des ‚Buchs der Welt' (SW)

Fortsetz. Hss.	Ende SW gem. Text 1225	1. BF 1227-1314 SW 323-336,14 (a)	2. BF 1316-1348 SW 337,8-340,12 (a)	ThF 1227-1353 SW 219,39-319,6 (a)	SF (SW 284,1-287,16) (a)	Gesch.d. Päpste bis 1342/52 (a)	Andere Fortsetzungen (b)	Weiterführungen durch andere Chroniken (c)
Hs. 1	1225 (244, 32)							15. Jh.
Hs. 2	1225	1227-1314						

---

40 Abkürzungen in den Tabellen: BF = Bairische Fortsetzung; SF = Sächsische Fortsetzung; ThF = Thüringische Fortetzung; Chr = Chronik; gem. Text = ‚gemeiner Text'; Gesch. = Geschichte; Kch = Kaiserchronik.

Fortsetz. Hss.	Ende SW gem. Text 1225	1. BF 1227-1314 SW 323-336,14 (a)	2. BF 1316-1348 SW 337,8-340,12 (a)	ThF 1227-1353 SW 219,39-319,6 (a)	SF (SW 284,1-287,16) (a)	Gesch.d. Päpste bis 1342/52 (a)	Andere Fortsetzungen (b)	Weiterführungen durch andere Chroniken (c)
Hs. 021	1225	1356					Baseler Forts. (bis 1474 u. Nachtr. 16. Jh.)	
Hs. 022	SW 82,30							Augsburger Stadtweltchr
Hs. 023	1225 (244, 32)	1350					Augsburg-Forts. (-1445) Ende unvollst.	
Hs. 024	1225	-1350					Aalener Forts. (-1465)	
Hs. 3	1225	1227-1314	1316-1348					
Hs. 031	1225	1227-1314	1316-1348					
Hs. 032	1225	1227-1314	1316-1348				Burgh. Forts. ~ 1. H. 15. Jh.	
Hs. 4	1225	1227-1312					4. BF 1314-1454 (SW 356,1-384,5)	
Hs. 4a	1225	1227-1312					4. BF 1314-1454 (SW 356,1-384,5)	
Hs. 5	1225 (244, 32)	1227-1314	1316-1335 Ende verl.					
Hs. 6	1225	1227-1314					3.BF 1316-1342 (SW 342,21-348,33)	

Fortsetz. Hss.	Ende SW gem. Text 1225	1. BF 1227-1314 SW 323-336,14 (a)	2. BF 1316-1348 SW 337,8-340,12 (a)	ThF 1227-1353 SW 219,39-319,6 (a)	SF (SW 284,1-287,16) (a)	Gesch.d. Päpste bis 1342/52 (a)	Andere Fortsetzungen (b)	Weiterführungen durch andere Chroniken (c)
Hs. 7	1225	1227-1314						
Hs. 8	SW 87,32							Andr.v. Regensburg
Hs. 081	SW 87,32							"
Hs. 082	SW 87,32							"
Hs. 9	1225 (244,35)						Straßburger Forts. (1225-400/1411)	
Hs. 10	1225 (246,5)			Bricht 1350/53 ab				
Hs. 10a	1225 (246,5)			1322, Ende unvollst.				
Hs. 103	Bannung Heinrichs 1119 (203,31)						(Chronikende ~ 1280)	
Hs. 104	1119							
Hs. 11	1230 (248,23)							
Hs. 111	1226 (246,9)						Forts. zu Friedr. II.	
Hs. 112	Tod Cäsars (88,13)							Kölner Prosa Kch (bis 1311)
Hs. 12	1230 (248,23)							Österr. Chr (b. 1398)
Hs. 12a	1230							Österr. Chr (b. 1398)

Fortsetz. Hss.	Ende SW gem. Text 1225	1. BF 1227-1314 SW 323-336,14 (a)	2. BF 1316-1348 SW 337,8-340,12 (a)	ThF 1227-1353 SW 219,39-319,6 (a)	SF (SW 284,1-287,16) (a)	Gesch.d. Päpste bis 1342/52 (a)	Andere Fortsetzungen (b)	Weiterführungen durch andere Chroniken (c)
Hs. 14	1235 (252, 16)						Kopenhagener Forts. Versuch	
Hs. 15	1235 (251, 16)							
Hs. 16	1260 (258, 24)							
Hs. 162	Alex. (78, 22)							Detmar-Chr 1105-1386
Hs. 163	Alexander							Detmar-Chr 1105-1386
Hs. 17	1229 (248, 8)							
Hs. 18	1260 (258, 24)				1260-1275			bis zu Karl V. †1378
Hs. 19	1260				1260-1275			bis zu Karl V. †1378
Hs. 20	1260 (258, 24)				1260-1275	bis 1342/1352		
Hs. 21	1260				1260-1275	bis 1342/1352		
Hs. 22	1260				1260-1275	bis 1342/1352		
Hs. 23	1260				1260-1275			
Hs. 231	1260				1260-1275			
Hs. 24	1248							

V.2.4.3 Textallianzen

Die Beschreibung der Gesamtcodices hat gezeigt, dass nicht alle Überlieferungsgemeinschaften das ‚Buch der Welt' in eine neue Universalchronik einbinden: Die Handschriften 143, 144 überschreiten die Textsortengrenze – es handelt sich hier um Historienbibeln, da in ihnen das biblische Geschichtswissen deutlich Vorrang vor dem profanen Geschichtswissen hat. In den Handschriften 143 und 144 ist nur der Anfang bis Abraham aus dem ‚Buch der Welt' übernommen und mit dem Textzusammenhang einer Historienbibel bis zum Buch der Könige (Sanherib) kombiniert worden. Die Zwickauer Handschrift 111 lässt sich nicht ohne weiteres als Historienbibel einordnen, sie hat Gemeinsamkeiten mit den Reimchroniken, aber auch mit den Historienbibeln. Bislang gibt es keine gesicherten Abgrenzungskriterien zwischen Universalchroniken und Historienbibeln.[41] Die Handschrift 11 nimmt eine Zweiteilung in Altes und Neues Testament vor, die sowohl in Choniken als auch in der Bibel angelegt ist. Sie beendet den profangeschichtlichen Chronikzusammenhang mit Friedrich II. Der Codex stammt aus dem 15. Jahrhundert, d.h. eine profangeschichtliche Aktualisierung geschieht nicht. Dies könnte man als Kriterium für eine Textsorte Historienbibel ansehen. Die neutestamentarische Geschichte wird durch das Prosa-Marienleben des Karthäuser-Bruders Philipp erweitert, diese Textallianz allerdings weist in Richtung auf eine Historienbibel. Eine Kompilation mit dem gereimten Marienleben zeigt sich auch bei Reimchroniken, wenn sie die Textsortengrenze überschreiten und zu Historienbibeln werden. Hier liegt noch ein möglicher Ansatzpunkt, doch von einer Historienbibel zu sprechen. Als Nebenprodukt meiner Untersuchung lassen sich folgende ab-

---

41 Vgl. z.B. Franz Simmler, Grundlage einer Typologie religiöser Textsorten, S. 350: „Abschließend ergibt sich folgende, textlinguistisch begründete und gegenüber der Definition von H. Vollmer präzisere Definition: Die Historienbibel wird extern von einem unbekannten Autor oder von mehreren Autoren überwiegend für Adelige, Weltgeistliche und Vertreter einer städtischen Oberschicht verfasst und durch das Medium der Handschrift verbreitet. Sie ist in Prosa geschrieben und besteht intern aus einem spezifischen Merkmalbündel mit dem Textsinn, ein heilsgeschichtlich orientiertes Geschichtsbild und biblisches, theologisches und historisches Grundwissen zu vermitteln, das das Heilswirken Gottes in der Geschichte sichtbar macht. Das interne Merkmalbündel setzt sich aus Initiatoren, Terminatoren und den Makrostrukturen der Kapitel, Unterkapitel und Absätze zusammen, die explizit aufeinander bezogen sind und durch Hinweise auf das AT und NT und die Bücher des AT bzw. solche auf die sechs Weltalter ein biblisches bzw. historisches Erzählgerüst bilden, in das verschiedene als relevant angesehene Aspekte einbezogen werden können, was zu Variantenbildungen der Textsorte führt. Syntaktisch und lexikalisch zeigen sich Hinweise auf die herangezogenen biblischen und profanen Quellen, von denen vor allem erstere auswählend markiert sind und sich durch Paraphrasen, Kürzungen und Erweiterungen deulich vom Bibeltext, auf den sie sich beziehen, unterscheiden." (S. 373f.) Siehe auch Franz Simmler, Artikel ‚Textsorten des religiösen und kirchlichen Bereichs', S. 676-690 und ders., Biblische Textsorten. Ihre Merkmale und Traditionen, S. 379-546. Franz Simmler entwickelt auf der Grundlage von Textexemplaren, die von Hans Vollmer unter den 9 Gruppen den ‚Historienbibeln' zugerechnet werden, eine Textsortendefinition. Er analysiert die Textexemplare unter dem Gesichtspunkt ‚religiöse Textsorten' und behandelt das Abgrenzungsproblem zu den gereimten Weltchroniken nicht. Simmlers Textsortendefiniton könnte so auch auf die Universalchroniken zutreffen. Siehe auch Kapitel III.3.27 Die Zwickauer Handschrift.

grenzende Merkmale zwischen Universalchronik und Historienbibel zunächst festhalten:
1. Der Anteil der biblischen Geschichte ist gegenüber der Profangeschichte dominant.
2. Die Profangeschichte wird nicht bis zur Gegenwart des Schreibers forgesetzt.
3. Bestimmte tyische Textallianzen treten auf: wie z.b. die Allianz mit dem Marienleben des Kartäuser-Bruders Philipp.

Ein sächsisch-welfisches ‚Buch der Welt' liegt nur in der Handschrift 24 vor. Die übrigen Handschriften der C-Gruppen vermitteln in ihren tradierten „Textallianzen" nur noch Reflexe dieser ehemaligen Ausrichtung. Sie haben unterschiedlichste Umdeutungen erfahren. Thüringische Kaiserchroniken mit zumeist auf Erfurt oder Mühlhausen bezogenen regionalen Nachrichten sind die volkssprachigen Handschriften: 10, 10a; auch die lateinische Handschrift *101 zeigt durch Kompilation mit der Erfurter Chronica Minor deutlich regionale Bezüge. Als Papst-/Kaiserchroniken aus Thüringen ohne explizit regionale Prägung sind die Hs. 18 und 19 anzusehen.

Von den reichshistorisch ausgerichteten Chroniken hatten nur wenige keine ursprüngliche regionale Prägung: Die Handschrift 1 erhält erst im 15. Jahrhundert regionale Zusätze: z.B. den Nachtrag zur Überführung der Reichskleinodien nach Nürnberg; die Handschrift 11 weist nur durch ihre ripuarische Sprache regionale Bezüge auf; die Reichshistorie, die sie vermittelt, hat deutlich höfischen Chrarakter. Viele Chroniken sind oberdeutsche: bairische, oberrheinische, schwäbische Reichschroniken: Hss. 2, 021, 023, 024, 3, 031, 032, 4, 5, 6, 7 mit mehr- oder weniger starken Bezügen zur Geschichte einer Stadt. So zeigt die Handschrift 021 nicht nur eine regionale Ausrichtung auf das Oberrheingebiet, sondern auch auf die Stadt Basel. Sie bekommt zudem von ihren jeweiligen Besitzern noch starke persönliche Prägungen.

Die Stadtweltchroniken der Städte Lübeck (162, 163), Augsburg (022) und Köln (112) sind aus makrostrukturell markierten oder unmarkierten Textallianzen mit dem ‚Buch der Welt' entstanden. Auch die Heffsche Verbindung vom ‚Buch der Welt' und Andreas von Regensburg-Übersetzung (081, 8, 082) zielt auf eine städtische Weltchronik für das Regensburger Patriziat. Regionale Ausrichtungen können durch makrostrukturell gekennzeichnete Textallianzen (s.o.), durch Fortsetzungen (z.B. Hss. 2, 021, 3, 024 etc. vgl. Tabelle 44) oder durch interpolierende Textkombinationen (z.B. Hss. 021, 023, 6, 10a etc. vgl. Tabellen 38-43) hergestellt werden.

Die Grenzziehung zwischen dem ‚Buch der Welt' und seinen Rezipienten ist sehr schwer. Bei der Betrachtung der Textallianzen fiel auf, dass die Handschriften 021, 022, 041, 8, 081, 082, 111, 112, 141, 143, 144, 162, 163 wohl eher Rezipienten sind als „echte" Vertreter des ‚Buchs der Welt'.

Es lässt sich anhand des hier untersuchten Textzusammenhanges und der Textallianzen, die er eingegangen ist, beobachten, dass bestimmte Wissensbereiche vorzugsweise in Weltchroniken vorkommen bzw. mit ihnen verbunden werden: z.B. Heilsgeschichte oder biblische Geschichte mit der ausführlichen Darstellung der gleichzeitigen orientalischen Königreiche. Diese zweite Tendenz findet sich vor allem in Chroniken des 15. Jahrhunderts. Hier wird die Reiseliteratur, wie in der Hs. 9, zusätzlich herangezogen, um über christlich-europäische Wissenstraditionen hinauszugehen. Beschreibungen der Stadt Rom begegnen im Textzusammenhang und auch in der Verstärkung durch zusätzliche Textallianzen (Hss. 18 und 19).

Die Textallianzen können auch die Funktion haben, eine Zukunftsorientierung herzustellen (die ‚Fünfzehn Zeichen' = Hss. 18, 19, 20, 21, 22, 23, die Prophezeiungen des Johannes de Rupecissa = Hs. 9). Moralisch-didaktische Aspekte dagegen sind im Textzusammenhang an verschiedenen Stellen enthalten: in der Predigt, in den Herrscherdarstellungen, den Märtyrerlegenden, den Sagen. Z.T. werden sie durch Interpolationen (z.B. die C-Handschriften, Hs. 14, 6) oder durch makrostrukturell gekennzeichnete Textverbindungen (z.B. Hs. 5, 14) verstärkt. Die Antikenrezeption wird vor allem im 15. Jahrhundert favorisiert und ausführlicher gestaltet – in der Kompilation wie auch als Textkombination –, der Dietrichstoff findet sich bereits bei Frutolf-Ekkehard in den Chroniktext interpoliert. Die Artussage überliefert die Handschrift 14 aus der ersten Hälfte des 15. Jahrhunderts, indem sie diese in die chronikalische Darstellung einbaut.

Die Textallianzen in der Gothaer Bilderhandschrift haben dagegen einen anderen Status: Herkunftssagen der unterschiedlichen Völker werden schon von Frutolf-Ekkehard ausführlich erzählt. Im sächsischen ‚Buch der Welt' und in seinen späteren Überlieferungszeugen (Rezensionen C_{1-3}) wird die Herkunftssage der Sachsen aus dem laufenden Textzusammenhang herausgenommen. Sie erhält eine Sonderstellung, damit wird in besonderer Weise die sächsisch-welfische Memoria betont. Diese Teiltexte sind als Textteile schon in der lateinischen Universalchronistik tradiert worden. Jetzt erscheinen sie als Textallianzen, als Begleitüberlieferung. Ludwig Weiland ediert sie als gesonderte Anhänge zur ‚Sächsischen Weltchronik'. Ich möchte hier von strategischen Textallianzen sprechen, da sie Teil einer besonderen Überzeugungsstrategie sind. Sie leisten einen wesentlichen Beitrag, die kollektive reichshistorische Memoria in welfisch-dynastische Memoria umzudeuten.

Die Analyse und Beschreibung des ‚Buchs der Welt' in seinen Ausprägungen vom 13. bis zum 16. Jahrhundert hat gezeigt, dass dieser sehr vielfältige Überlieferungszusammenhang keineswegs offen war „für Veränderungen aller Art".[42] Obschon jede Handschrift als „ein Individuum betrachtet werden"[43] muss, lassen sich doch bestimmte typische Textstrukturen – im Wandel der Zeit – feststellen. Die textlinguistische Untersuchung konnte sowohl die Besonderheiten eines jeden Textexemplars verdeutlichen, als auch darüber hinausgehend bestimmte, den einzelnen Textvorkommen zugrundeliegende typische Tendenzen feststellen; sie hat auch gezeigt, dass es für viele der untersuchten Textvorkommen eine gemeinsame Textsortenbindung gibt. In Tabelle 17 sollen die Textverbindungen, die das ‚Buch der Welt' im Laufe der Zeit eingeht, noch einmal in einer Übersicht zusammengefasst werden.[44]

---

42 So Jürgen Wolf, Swaz dan gesche, der scrive daz, S. 285
43 Ebd., S. 295.
44 Zu den Abkürzungen in den Tabellen: Chr. = Chronik; GGF = Genealogie der Grafen von Flandern; GK = Gmünder Kaiserchronik; GW = Genealogie der Welfen; HB = Historienbibel(n); HS = Herkunft der Sachsen; KG = Kaisergeschichte; KKK = Kaiser- und Königskataloge; PF = Pilgerführer; PG = Papstgeschichte; PK = Papstkataloge; RB = Reiseberichte; TA = Textallianzen; ZT = Zeittafeln.

Tab. 17: Textallianzen (TA) in den einzelnen Codices

TA \ Hss.	a) Ende SW b) Ende Forts.	andere Chroniken	Chr. Nachträge	a) PK b) PG	a) KKK b) KG	ZT	a) RB b) PF	HB	Sächs.-welf. TA a) HS b) GW c) GGF	eschatolog. Texte	andere Texte
Hs. 1	1225		15. Jh.							Fragm. Jüngst. Gericht (15.Jh.)	
Hs. 2	a)1225 b)1314									–	
Hs. 021	a)1223 b)1356	Rudolf v. Ems, SW, Enikel; Annalen d. Klosters Pairis; Basler Chr. -1474								–	Troja-Gedicht, Basler Alexand.
Hs. 022	Röm. Reich	Augsb. Chr. ~1100								–	
Hs. 023	a)1225 b)1447 Ende unvollst.									–	
Hs. 024	a)1225 b)1460	GK Flores tempor.								–	Kostenaufstellg. Register

TA \ Hss.	a) Ende SW b) Ende Forts.	andere Chroniken	Chr. Nachträge	a) PK b) PG	a) KKK b) KG	ZT	a) RB b) PF	HB	Sächs.-welf. TA a) HS b) GW c) GGF	eschatolog. Texte	andere Texte
Hs. 3	a)1225 b)1348									–	
Hs. 031	a)1225 b)1348	Scheyrer Fürstentafel; Chron. v. Andechs								–	Leben d. Hl. Hieronymus -J.v. Neumarkt: Rechtstexte
Hs. 032	a)1223 b) ~1410									–	
Hs. 4	a)1225 b)1454								–	–	Flucht v.d. Hussiten; Geg. d. Türken; Bruder Philipp: Marienleben
Hs. 4a	"									–	Hinweise zur Abschrift
Hs. 041	Exzerpte	H. v. München, SW, GK u.a.							–	–	Epistel d. Rabbi Samuel; Megenberg: Dt. Sphaera
Hs. 5	a)1225 b)1335 Ende verloren									–	Epistel Rabbi Sam.; J.d. Theramo Belial; J.d. Cessolis: Schachzabelb.

TA / Hss.	a) Ende SW b) Ende Forts.	andere Chroniken	Chr. Nachträge	a) PK b) PG	a) KKK b) KG	ZT	a) RB b) PF	HB	Sächs.-welf. TA a) HS b) GW c) GGF	eschatolog. Texte	andere Texte
Hs. 6	a)1225 b)1342			~ 1153	~ 1152 u. n. Otto v. Freising bis ~ 1190				–	–	Rechtstexte
Hs. 7	a)1225 b)1314										
Hs. 071	Frgm.										
Hs. 8	Christi Geburt	-Andreas v. Regensburg		b) PG KG bis 2. H. 15. Jh.	← b)						
Hs. 081	"	"									
Hs. 082	"	"									
Hs. 9	a) 1225 b) 1400/ 1411	V.v. Beauvais: Spec. hist. bis Cäsar					a) Mandeville-Schiltberger			-J. de Rupescissa: Weissagungen; 15 Zeichen	Historia Troy... Alexander-chr; Gebete

TA / Hss.	a) Ende SW b) Ende Forts.	andere Chroniken	Chr. Nachträge	a) PK b) PG	a) KKK b) KG	ZT	a) RB b) PF	HB	Sächs.-welf. TA a) HS b) GW c) GGF	eschatolog. Texte	andere Texte
Hs. 10	a)1225 b)1353 umvollständ.										
Hs. 10a	a)1225 b)1322 Ende verl.	Am Anf. Kompil.: SW / Vulg.									
Hs. 101	Frgm.										
Hs. *101	a)1225 b)1261	SW, Bibel Cron. Minor	bis zu Lud. d. Bayern								
Hs. 102	Frgm.										
Hs. 103	a) 1119 b) 1280	SW und MT; Annales Silesiae superioris		a) Nach Gilbert 2x, I) Christus bis Konstantin II) bis Chr.-Friedr. II.	a) Cäs. - Friedr. II. II.) nach Gilbert: Cronic. Pont. et Imperat Rman. ↓					–	Lat. u. lat.,griech. Vokabularien u. Grammatiken

TA Hss.	a) Ende SW b) Ende Forts.	andere Chroniken	Chr. Nachträge	a) PK b) PG	a) KKK b) KG	ZT	a) RB b) PF	HB	Sächs.-welf. TA a) HS b) GW c) GGF	eschatolog. Texte	andere Texte
Hs. 104	dito	SW und MT; Verz. d. Christenverfolgungen; Verz. d. Eroberungen Roms			a) Cäsar bis Friedr. II.					–	Geistl. Texte: Bernh. v. Clairvaux; Nicolaus v. Lyra; Alph. Bonihominis (Epistel des Rabbi Sam.); Capellanus; Bonaventura, Augustinus; seltene Bibelwörter z.T. m. dt. Erkl.; bibl. Merkw.
Hs. 11	1230 + RV								–	–	Kleinep. Texte, Minnelieder, Sprüche, Gottfr. v. Straßbg.: Tristan u. Isolde; Ulrich v. Türheim Tristan-Forts.
Hs. 111	1226 erweitert aus d. Legenda aurea							Rudolf v. Ems Lucidarius u.a. Quellen = Alte Ee			In SW: Prosaauflösung v. Bruder Philipps Marienleben

TA	a) Ende SW b) Ende Forts.	andere Chroniken	Chr. Nachträge	a) PK b) PG	a) KKK b) KG	ZT	a) RB b) PF	HB	Sächs.-welf. TA a) HS b) GW c) GGF	eschatolog. Texte	andere Texte
Hss.											
Hs. 112	Bis z. Tod Cäsars		Köln. Prosa-Kch bis 1311; Ende unvollst								
Hs. 12	1230 + RV		Öster. Chr bis 1398								
Hs. 12a	1230 + RV		Dito Ende unvollst								
Hs. 121	Frgm										
Hs. 122	1190 Anf., Ende verl.										
Hs. 13	Frgm										
Hs. 14	a) 1235 b) ~1280	1459	Hierarch. d. röm. Kardinäle (MT)	Gesch.v. Christi Geburt b. Petrus u. Paulus (MT)							Äsop. und Avian. Fabeln

TA Hss.	a) Ende SW b) Ende Forts.	andere Chroniken	Chr. Nachträge	a) PK b) PG	a) KKK b) KG	ZT	a) RB b) PF	HB	Sächs.-welf. TA a) HS b) GW c) GGF	eschatolog. Texte	andere Texte
Hs. 141	Exzerpte									–	Rechtstexte = Sachsenspiegel Land u. Lehnrecht; Jo. Klenkok etc.
Hs. 142	Frgm										
Hs. 143	Abraham							bis Richter 16		–	
Hs. 144	Abraham							bis Sanherib		–	Sprüche n. Augustinus u. Bernardus
Hs. 15	1235		Weltgesch bis zur Erob. Akkons 1291	b) PG bis 1280; a) PK bis Honorius III.	a) v. Romulus bis Otto IV. (SW, Anh 3)	bis z. Jahr 1229 (SW Anh. 7); 1. Jh. nach Chr.Geb. (SW Anh. 5)	b) Pilgerstationen i. Hl Land	Reihe d.Geschlechter, Richter u. Könige des Alten Testaments			Guido de Columnis: Hist. destructionis Troiae; Verzeichnis aller Bistümer, Lat. Sprichwörter
Hs. 16	1260 + RV	1580									
Hs. 161	Frgm.										

TA Hss.	a) Ende SW b) Ende Forts.	andere Chroniken	Chr. Nachträge	a) PK b) PG	a) KKK b) KG	ZT	a) RB b) PF	HB	Sächs.-welf. TA a) HS b) GW c) GGF	eschatolog. Texte	andere Texte
Hs. 162	bis Alexander		Detmar-Chr (1105-1386)						–	–	Rechtstexte
Hs. 163	dito		Dito								
Hs. 17	1229 + RV								–	–	
Hs. 18	a) 1260 + RV b) 1275 ~1378			a) SW Anh. 2, verl. Bis Martin V. (~1431)	a) SW Anh.1, verl. bis Friedr.III. (~1493)		kalenarisches Verzeichnis der römischen Stationskirchen nach dem Kirchenjahr		a)	15 Zeichen des Jüngsten Gerichts	
Hs. 19	a) 1260 + RV b) 1275 Zus. üb. d.Päpste ~1292; ~1378	Engelhus-Chr.	Zur Engelhus-Chr. 1446 1477 1540	a) SW Anh. 2. b. Martin V. (~1431); später bis ~1447			dito		a)	15 Zeichen des Jüngsten Gerichts	

TA / Hss.	a) Ende SW b) Ende Forts.	andere Chroniken	Chr. Nachträge	a) PK b) PG	a) KKK b) KG	ZT	a) RB b) PF	HB	Sächs.-welf. TA a) HS b) GW c) GGF	eschatolog. Texte	andere Texte
Hs. 20	a) 1260 + RV b) 1275			a) SW Anh. 2 - 1389 b) PG 1275-1342/52		-1. Jhs. n. Christi Geb. bis zum Jahr 1240			b), c), a)	15 Zeichen des Jüngsten Gerichts	
Hs. 21	a) 1260 + RV b) 1275			b) PG 1275-1342/52 a) bis zu Sixtus IV. (†1484)	a) SW Anh. 1 bis Karl IV. (†1378)	dito			b), c), a)	15 Zeichen	Lat.-dt. Vokabular; Bekehrung d. Thüringer (von späterem Schreiber); Rechtstexte
Hs. 22	a) 1260 (+ RV) am Anf. unvollst. b) 1275			b) PG 1275-1342/52 a) SW Anh. 2, bis zu Urbanus (†1370) bis Paul II. (†1471)	a) SW Anh. 1 bis Karl IV. (†1378) am Anf. Unvollständig	dito			b), c), a)	15 Zeichen	
Hs. 221	Frgm.										

TA Hss.	a) Ende SW b) Ende Forts.	andere Chroniken	Chr. Nachträge	a) PK b) PG	a) KKK b) KG	ZT	a) RB b) PF	HB	Sächs.-welf. TA a) HS b) GW c) GGF	eschatolog. Texte	andere Texte
Hs. 23	a) 1260 + RV b) 1271 1275			a) SW Anh. 2, bis zu Innoz. IV. († 1254)		- 1. Jhs. Christi Geb. bis zum Jahr 1240			b), c), a)	15 Zeichen	
Hs. 231	a) 1260 + RV ohne jüngstes Gericht b) 1271 1275			a) SW Anh. 2, bis zu Joh. XXI († 1277)		dito			b), c), a)	-	Großer Seelentrost; Register zum Großen Seelentrost
Hs. 24	a) 1248			a) SW Anh. 2, b. Innozenz IV. († 1254)	a) SW Anh. 1 bis Friedr. II.	dito			a), b), c)	—	
Hs. 24a	Teilabschrift von Hs. 24			dito	dito				a), c)	—	
Hs. 24b	dito								—	—	
Hs. 241	Frgm.								a)		

V.2.4.4   Arten der Veränderungen von Prosa-Weltchroniken

Kurt Gärtner differenzierte 1985 auf der Grundlage der Handschriften, genauer gesagt auf der Grundlage der „Beschreibungen der Handschriften", der „Untersuchungen zu den Handschriftenverhältnissen und der Dokumentation der Überlieferungsvarianten in den Apparaten der Ausgaben"[45] von „sechs deutschen Chroniken, die zwischen 1150 und 1350 entstanden sind und eine große Wirkung hatten",[46] vier Überlieferungstypen: Der älteste Überlieferungstyp ist nach Gärtner die „autornahe Fassung".[47] Er nimmt eine solche autornahe Fassung für alle von ihm untersuchten Chroniken an: die Kaiserchronik, das ‚Buch der Welt', Rudolfs von Ems Weltchronik, die Christherre-Chronik, Jansen Enikels Weltchronik, Heinrichs von München Weltchronik.

Ganz sicher ist Gärtner, der an sich der überlieferungsbezogenen Methode verpflichtet ist,[48] hier ein Opfer der textkritischen Sichtweise geworden, denn die Textvorkommen selbst bieten keine Hinweise für Autornähe. Der Ich- bzw. Wir-Erzähler der ‚Buch der Welt'-Handschriften bezieht in den ganz überwiegenden Fällen seinen Leser/Hörer mit ein. Er tritt in keiner Handschrift als Autorperson auf. Jede Handschrift hat vielmehr ihre eigene Prägung durch das Zusammenspiel von Autor und Rezipienten.

Auch der zweite Typ, den Gärtner unterscheidet: die planvolle „Zusammenstellung von Werken (heils)geschichtlichen Inhalts nach chronologischen Prinzipien ohne Veränderung der Werke selbst",[49] ließ sich anhand der ‚Buch der Welt'-Überlieferung so nicht wiederfinden. Auch die chronikalischen Textzusammenhänge, die makrostrukturell terminiert und mit anderen makrostrukturell markierten Textzusammenhängen in einem Codex verbunden waren, wiesen zum Teil gravierende Veränderungen auf. Diesen zweiten Typ sieht Gärtner als eine Vorstufe der Kompilation an. Auch hierin kann ich Gärtner nicht folgen. Allenfalls die späten Buchbindersynthesen (zweite Hälfte des 15. Jahrhunderts) überliefern einen gegenüber der Entstehung der einzelnen Handschriften unveränderten Textbestand. Für die volkssprachigen Handschriften meines Untersuchungszusammenhanges zeigte sich allerdings, dass der Typ der Sammelhandschrift mit thematisch und makrostruktu-

---

45 Kurt Gärtner, Überlieferungstypen, S. 112f.
46 Ebd., S. 111.
47 Ebd., S. 113.
48 Ebd., S. 111.
49 Ebd., S. 115.

rell eher unverbundenen Textvorkommen relativ früh im höfischen Zusammenhang auftritt (Hs. 11). Aber der höfische Autor der Handschrift 11 greift durchaus gestaltend in den Textzusammenhang der Sächsischen Weltchronik ein.

Als dritten Typ sieht Gärtner die „Bearbeitungen der autornahen Fassungen"[50] an; damit meint er z.B. die Bearbeitung der unreinen Reime der Kaiserchronik oder die Kürzungen des Textzusammenhanges.

Die Kompilation schließlich sieht Gärtner als „letzten und für die Chroniken typischen Überlieferungstyp" an: „ihm sind die meisten erhaltenen Weltchronikhandschriften zuzuweisen".[51]

Anhand der Handschriften der ‚Buch der Welt'-Überlieferung zeigte sich ein ganz anderes Bild. Autornahe Chroniken ließen sich für das untersuchte Material und den Untersuchungszeitraum nicht feststellen. Auch die Frutolf-Ekkehard-Chronik möchte ich – anders als Gärtner[52] – nicht für eine autornahe Chronik halten, obschon ihre Autoren durch die Arbeit der Historiker heute bekannt sind. Was jedoch zählt, ist, dass sie ihre Chroniken nicht autorisiert haben, sondern sie sozusagen als Allgemeinwissen betrachteten. Für die untersuchten Chroniken ließ sich als früheste Textverbindung die Kompilation feststellen:

Die Analyse der textexternen, der textinternen Merkmale und des Textbestandes des ‚Buchs der Welt' sowie seiner Entwicklungen vom 13. bis zum 16. Jahrhundert hat deutlich gemacht, dass das ‚Buch der Welt' vier Arten von Textveränderungen unterworfen war:

a) Fortsetzungen = Verlängerungen des Textzusammenhanges in die Gegenwart der Chronisten:
Sie lassen sich vom 13. Jahrhundert bis zum 15. Jahrhundert feststellen: Belege dafür sind einmal die Verlängerungen des Textzusammenhanges in den Rezensionen von A_1 bis C und von der Handschrift 24 zu den übrigen Handschriften der C-Redaktion: Die Handschriften 2, 021, 023, 024, 3, 031, 032, 4, 4a, 5, 6, 7 der Rezension A_1 schließen alle die erste Bairische Fortsetzung direkt an den 1225 endenden Textzusammenhang der Sächsischen Weltchronik an. Diese Fortsetzung ist vermutlich in zwei Etappen entstanden, denn eine Version endet 1314 und ist vermutlich kurz nach diesem Zeitpunkt entstanden und eine zweite weitergeführte Fassung endet 1350. Die Handschriften 10 und 10a aus dem Anfang des 15. Jahrhunderts – ebenfalls der Rezension A_1 zugeordnet –

---
50   Ebd., S. 115f.
51   Ebd., S. 116f.
52   Ebd., S.113

überliefern die Thüringische Fortsetzung. In der Rezension C tradieren die Handschriften 18,19, 20, 21, 22, 23, 231 die Sächsische Fortsetzung und die Handschriften 20, 21 und 22 die päpstezentrierte Fortsetzung. Darüber hinaus sind noch weitere Fortsetzungen in einzelnen Handschriften festzustellen, die vor allem im 15. Jahrhundert hinzugefügt worden sind: Solche Fortsetzungen überliefern z.B. die Hss. 021, 023, 024, 032, 4, 4a, 6, 9. Die Weiterführung durch jüngere aktuelle Chroniken z.B. die so genannte Augsburger Stadtweltchronik (022), die Lübecker (Detmar-) Chronik (Hss. 162, 163), die Kölner Prosa-Kaiserchronik (Hs. 112), die Österreichische Chronik von den 95 Herrschaften (12, 12a) oder die Handschriften 8, 081, 082, die den Anfang der Sächsischen Weltchronik mit der Übersetzung des lateinischen *Speculum historiale* des Andreas von Regensburg verbinden, zeigt, dass sich auch in Bezug auf die Fortsetzungen im 15. Jahrhundert ein anderer Typ der Textallianz – die absetzende Textkombination (Sammelhandschrift) – durchsetzt. Alle diese zuletzt genannten Chroniken stammen aus der zweiten Hälfte des 15. Jahrhunderts.

b) Kürzungen:
Es wird also nicht nur erweitert, sondern Textstellen, die nicht mehr in das Konzept des Chronisten passen, werden gestrichen. Insgesamt lassen sich 40 Textzeugen für fortgesetzte Textzusammenhänge feststellen. Kürzungen finden sich vom 13. bis ins 15. Jahrhundert. Kürzungen des interpolierten Kaiserchroniktextes weisen die Handschriften 24 (13. Jh.) und 231 (1416) auf. Die städtische Handschrift 021 aus dem 15. Jahrhundert zeigt Kürzungen (Schwärzungen) später nicht mehr genehmer Textstellen.

c) Textkompilationen:
Hier handelt es sich um interpolierende Textverbindungen, d.h., inhaltliche und makrostrukturelle Verschränkungen verschiedener Basistexte. Textkompilationen werden in den unterschiedlichen Rezensionen greifbar. Sie sind schwerpunktmäßig vom 13. bis 14. Jahrhundert zu beobachten.

d) Textallianzen:
Sie verbinden verschiedene Basistexte so miteinander, dass sie als ursprünglich selbständige Basistexte auch makrostrukturell noch erkennbar sind. Die jüngste Veränderung des Textzusammenhanges ist die Textallianz. Schwerpunktmäßig lassen sich Textzusammenstellungen bei den Handschriften des ‚Buchs der Welt' im 15. Jahrhundert beobachten: Die Handschriften 021, 022, 023, 024, 031, 032, 4, 041, 5, 6, 081,

9, 10a, 103, 104 , 111, 112, 12, 12a, 14, 141, 143, 144, 15, 162, 163, 18, 19, 22, 231, 23 sind über die Kompilation hinaus auch noch Textzusammenstellungen. Diese Neu-Kombinationen wurden alle im 15. bis 17. Jahrhundert zusammengesellt.

Aus diesem Zeitrahmen fallen drei Codices heraus, die schon im 13. Jahrhundert und im 14. Jahrhundert Basistexte nicht nur kompilieren, sondern auch zusammenstellen.[53] Sie tun dies, indem sie durch die makrostrukturelle Kennzeichnung hervorheben, dass es sich um verschiedene Basistexte handelt: Hierher gehören die höfischen Handschriften 24 (3./4. Viertel 13. Jh.) und 11 (Mitte/3. Viertel 14. Jh.), die verbrannte Handschrift 20 (Mitte/Ende 14. Jahrhundert) und die Handschrift 21. Die beiden letzteren Handschriften zeigen große Vorlagenabhängigkeit von Handschriften des Typs der Handschrift 24, sie spiegeln die Textkomposition ihrer Vorlage.

Diese Gruppe ist noch weiter zu differenzieren in

d1) zusammenfügende ,
d2) absetzende und
d3) strategische Textallianzen.

Diese Unterscheidung hat ihren Grund in der jeweils anderen Funktion der Makrostrukturen: Im ersten Fall (d1) haben die Makrostrukturen die Funktion, die unterschiedlichen inhaltlich aufeinander verweisenden Basistexte miteinander zu verbinden. Im Vergleich mit den beiden anderen ist dies die älteste Strategie. Im zweiten Fall (d2) besteht die Funktion der Makrostrukturen darin, die Basistexte voneinander abzusetzen. Die so kombinierten Basistexte können, müssen aber nicht zwingend inhaltlich zusammengehören. Erst bei dieser zweiten Art von Textkombination möchte ich (im Unterschied zur bisherigen Forschung) von Sammelhandschriften sprechen. Auch bei Fortsetzungen zeigen sich diese beiden Varianten der Textverbindungen.

Mit strategischen Textallianzen (d3) möchte ich Teiltexte wie z.B. die ‚Herkunft der Sachen' bezeichnen, die aus einem fortlaufenden Text der Vorlage herausgenommen und mit eigenen Initiatoren und Terminatoren versehen wurden, so dass der Eindruck entsteht, es habe sich hier um zuvor eigenständige Basistexte gehandelt. Die Handschrift 24 ver-

---

53 Beispiele für frühe volkssprachige Handschriften mit verbindenden, zusammenfügenden Textallianzen sind auch die nicht zu meinem Korpus gehörende Vorauer Handschrift aus dem letzten Viertel des 12. Jahrhunderts und die um ca. 1200 entstandene Millstädter Handschrift. Vgl. dazu: Dorothea Klein, Durchbruch einer neuen Gattung, S. 78 und Fritz Peter Knapp, Die Literatur des Früh- und Hochmittelalters, S. 454.

bindet strategische mit zusammenfügenden Textallianzen. Die Funktion der strategischen Textallianzen liegt in der besonderen Überzeugungsstrategie (z.B. Verbreitung sächsisch-welfischer Memoria).

V.2.5   Lexik/Semantik

V.2.5.1   Gattungsbezeichnungen

In dem hier untersuchten Korpus treten als Werkbezeichnungen vor allem *buch* und *chronik* auf. Beide Bezeichnungen sind im Mittelalter polysem. Das zeigt sich auch anhand der ‚Buch der Welt'-Überlieferung. *Buch* tritt vor allem als Selbstbezeichnung, als Fremdbezeichnung und als Bezeichnung für einzelne biblische Bücher auf. Das Wort *chronic* kommt aus dem Griechischen und ist über das Lateinische *chronica, chronicorum* (Pl., N.) in die deutsche Volkssprache entlehnt worden. Als Übersetzungswort tritt in den hier untersuchten Textexemplaren nicht *Zeitbuch* wie im Althochdeutschen auf (*zîtpuoh*), sondern *zal* bzw. *tal*. Neben *buch* und *cronek/coronica* tritt auch das volkssprachige, nd. *tale* ← mhd. *zal(e)* auf. Mit dem gemeingermanischen Wort *zal*[54] ‚Zahl, bestimmte oder unbestimmte Anzahl, Menge, Schar, Zählung, Berechnung, Aufzählung, die Zählung oder Zeitrechung nach Jahrhunderten, innerhalb eines Jahrhunderts nach der Zahl der Jahre, Alter, Bericht, Erzählung, Rede' ist auch der Zusammenhang zur Chronologie greifbar.

Alle Belege verweisen sehr weitgreifend auf die Werkeinheit *Buch*, eine bestimmte Gattungsvorstellung lässt sich aufgrund des Verwendungskontextes nicht erkennen. Allenfalls kann man hinter der Bezeichnung die Vorstellung eines größeren Erzählzusammenhanges vermuten. In welcher Art und Weise dieser Erzählzusammenhang strukturiert ist, darüber geben die Bezeichnungen *chronik* und *zal/tal* Auskunft: Er ist chronologisch organisiert.

Gattungs- bzw. Werkbezeichnungen kommen im ‚Buch der Welt' in unterschiedlichen Bedeutungen und in unterschiedlichen Positionen vor: Innerhalb des Chroniktextes und in den Initiatoren oder den Terminatoren.

Auftreten und Bedeutung der „Gattungsbezeichnungen" innerhalb des Textkontextes:

Das Wort *buch* wird verwendet:
1. bezogen auf das ‚Buch der Welt' [...] *we div werlt van adame gestan hebbe dat v'neme we an deme dat dat boch hir na segit* (Hs. 24;

---

[54] Mhd. *zal, zale* stf. – der *zal buoch* ‚Chronik', hierzu: DWB, Bd. 31, Sp. 36-41.

Bl. 10^v, Z. 22-24); [...] *Vuo de werlt van adame herewerth gestan hebbe dat uorneme we an deme dit boch hir na segit.* (Hs. 16, Bl. 4 bzw. 2va, Z. 8-12); *wie die (welt) von adam her gestanden habe daz vernemen wir an dem daz ditz buch her nach saget* (Hs. 1, Bl. 1^v, Z. 10f.); [...] *wo de werlt van adame . wente herestan hebbe . dat verneme we an deme dat dit boch hir na seget.* (Hs. 17, Bl. 3va, Z. 11-15); [...] *wante an des koning pippines tiden . wo dat allet were dat vintmē an dissem boke vorewart* (Hs. 24, Bl. 48^v, Z. 4-6); [...] *untz an kunich pippins zide wie alles daz wer daz vint man an disem bůch vůr wart* (Hs. 1, Bl. 33^r, Z. 17-19); *dat sal men allet uinden noch gescreuen in dissen boke.* (Hs. 24, Bl. 81^r, Z. 17f.); *dat schalmen noch vinden gheschreuen . an desen boken* (Hs. 17, Bl. 71vb, Z. 21-23) etc. *daz sol mā alles vindē noch geschribē an disē buche .* (Hs. 1, Bl. 52^r, Z. 32); *daz sol man allez vinden geschriben an disem bůche* (Hs. 2, Bl. 41^v, Z. 6f.) In den Handschriften 18, 19, 21, 22, 23 und 231 verweist *buch* abweichend von der Gothaer Bilderhandschrift 24 (hier fehlt die Bezeichnung ganz) im letzten Satz der Herkunftssage der Sachsen auf das gesamte ‚Buch der Welt' (*vindet man hivor in dießem buche*).

2. bezogen auf andere Texte: *. vñ lesit in den bůken . dar men de warheit sůchen mach* [...] (Hs. 24, Bl. 9^v, Z. 26f.); *vñ leset in den bochen . dar men de warheyt sochen mach* [...] (Hs. 24, Bl. 2ra, Z. 17-19); *Enoch makede och boche* (Hs. 17, Bl. 4vb, Z. 20f.); *Enoc makede oc boke* (Hs. 24, Bl. 11^v, Z. 24); *. uñ leset in den boken . dar men de warheit soken mach ..* (Hs. 16, Bl. 3 bzw. 1rb, Z. 28f.); *Enoch machede och boche* (Hs. 16, Bl. 6 bzw. 3va, Z. 19). In den Handschriften der C-Gruppe kommen noch Belege aus der Kaiserchronik hinzu: im Anschluss an die aus der Kaiserchronik übernommene Darstellung der römischen Tagesgötter: *van disen afgoden . de hirvore gescriven sin . ne wet men de vollen warheit nicht . noch van den scellen . men vint et iedoch gescreven an etteliken boken .* (Hs. 24, Bl. 20^r) und einige Blätter weiter: *Men vint gescreven oc an enen boke dat vaspanianus vñ sin sone tytus stridden mit eneme konninge van babylonie* [...] (Hs. 24, Bl. 35^r, Z. 20-22). Hier bezieht sich der Chronist wohl ebenfalls auf die Kaiserchronik,[55] dennoch verwendet er auch hier die allgemeine Bezeichnung *bok*. An anderer Stelle bezieht sich der Schreiber auf Ekkehards von Aura *Hierosolymita* (Der Jerusalempilger):[56] [...] *de groten hereuard div geschah bi deme hertogen godefride dar*

---

55 Siehe Das Buch der Welt (1996), S. 62.
56 Ebd., S. 181f.

wille we en wenich van seggen swe so it vorbat weten wille de lese dat bok van d' seluen hereuard . (Hs. 24, Bl. 101ᵛ, Z. 23-25). Auch die heidnischen Bücher werden erwähnt: *heidnischen boken* (Hs. 24, Bl. 54ʳ, Z. 29). 2 etc.

3. **Buch** bezieht sich auf die biblischen Bücher: *De dese wůnder al will weten de lese alexandrum magnum . vñ dat bok machabeorum* (Hs. 24, Bl. 21ᵛ, Z. 15f.). *De dese wunder al wille weten . de lese allexādrum magnum . vnde dat boch machabeorum* (Hs. 17, Bl. 20ᵛᵃ, Z. 15-18); *De desse wunderen wille weten alle . de lese alexandrm magnum . vñ . dat boch machabeorum .* (Hs. 16, Bl. 17 bzw. 15ᵛᵃ, Z. 17-19); *Der disev mer elliu wollt wizzen . der les den grozzen Alexander . oder daz bůch der Machabeis .* (Hs. 2, Bl. 11ʳ, Z. 11f.). Die Übersetzung der Psalter, Evangelien und der Bücher der Propheten ins Lateinische durch den hl. Hieronimus wird ebenfalls erwähnt und dabei werden die Bezeichnungen *bok/bůken* verwendet: ***IN** den tiden was sente ieronimus de den salter vñ de evangelia vñ de alden boke de propheten van hebraischen to latinischen bůken makede .* (Bl. 54ᵛ, Z. 25-28). Im ‚Buch der Welt' tritt diese Bedeutung allerdings nur sehr selten auf, da es keine Makrostrukturen gibt, die einen eindeutigen Bezug zu den Büchern des Alten Testaments haben. Dies verhält sich bei den Historienbibeln völlig anders.[57] Die beiden Handschriften 143 und 144, sie sind eindeutig als Historienbibeln zu identifizieren, verwenden die Bezeichnung *buch* in diesem Sinne:

Hs. 143: *Hyr gheit an dat bok der hiligen schrift geheten Exodus*; Bl. 65ᵛᵃ, Z. 21-23: *Hir na volget dat drudde bok der hilgen schrift geheten Leuiticus. Men lest indeme drudden boke Moysy dat dat dar is genomet Leuicici* [...]; Bl. 70ᵛᵇ, Z. 3: *Hyr na volget dat verde boek der hilgen schrift gheheten Numerus des talles*; *M̄En lesst indeme veerden boke Moysy unde dat het dat bock des talles also de ioden an dat veffte bok Moyse unde dat het dat bock des talles also de ioden togen* [...]; Bl. 85ᵛᵇ, Z.12-13: ***H**lr geit an dat veffte bok Moyse und hir sint mede ingeschreuen vele stucke de hier vor nicht geschreuen stan* [...]; das letzte Buch beginnt auf Bl. 96ʳᵇ, Z. 9-10 wieder mit einer roten Überschrift: *Hyr na volget dat bok der Richtere*, der Textzusammenhang des Buches beginnt mit einer fünfzeilgen roten M-Initiale in Kombination mit einer rot durchgestrichenen E-Majuskel (Z. 11). *M̄En lest indeme boke der rychtere do Josue dot was.*

---

57 Siehe auch: Franz Simmler, Grundlage einer Typologie religiöser Textsorten, S. 350.

Das Wort *Chronik* wird in zwei Bedeutungen verwendet:
1. Bezogen auf das ‚Buch der Welt' bzw. seine chronologische Struktur: z.B. Hs. 24, Bl. 75^r, Z. 7: *Nu kome we wider to d'cronekeN*. *Hir wille wi laten de cronica unde seggen van irme slechte* (Verbindung der Billunger zu den Welfen, Hs. 24, Bl. 109^r, Z. 12); *Nu van we wider an de cronika* (Hs. 24, Bl. 109^v, Z. 3).
2. in Bezug auf andere chronologische Geschichtswerke: *We romisch rike here komen si . dat will ich iv kortelike seggen . swer vorbat weten wille de lese cronica . oder lucanum oder den gůden orosium*; ebenso auch: *der levent vint men gescreuen in cronicis* [...] (Hs. 24, Bl. 18^r, Z. 27).

Die Bezeichnung *Zal(e)/tal(e)* kommt ebenfalls in zwei Bedeutungen vor:
1. Nach längeren Erzähleinschüben in die chronologische Darstellung führt der Chronist die Chronologie häufig weiter mit den Worten: *Nu van we wider to der ersten tale.* (Hs. 24, Bl. 20^r im Anschluss an die Darstellung der römischen Tagesgötter); *Nv vare we wider to der ersten tale* (Hs. 24, Bl. 81^r, Z. 18) etc.
2. *Tale* kann aber auch die ‚(chronologische) Geschichtserzählung', die Kaiserchronik bezeichnen: *dese is buten der keiseren tale* (Hs. 24, Bl. 28^r, Z. 21f.); *dit mere is gescreuen buten der tale de men den keiseren to scrift* (Hs. 24, Bl. 32^r, Z. 19f.).

Distribution der Bezeichnungen:
Die Bezeichnung *buch* tritt in der Reimvorrede auf, also im Initiatorenbündel derjenigen Textexemplare, die mit Reimvorrede überliefert sind. In der Handschrift 16 wird das Wort auch noch im Widmungsgedicht: *Diz bovch ist eines herren* [...] verwendet.

Generell sind die älteren Textexemplare des ‚Buchs der Welt', eher ‚überschriftslos', sie führen Gattungszuordnungen in der Reimvorrede, wohingegen ab dem Ende des 14. Jahrhunderts das Bemühen um einordnende Überschriften deutlich wird. Häufig ersetzt jetzt die Überschrift als Initiator die Reimvorrede. Diese Tendenz beginnt bereits im ersten Viertel des 14. Jahrhunderts, verstärkt jedoch treten Überschriften im 15. Jahrhundert auf.

In den Überschriften begegnet:
1. die Bezeichnung *buch*:
   Dit is der Koninge bůch (Hs. 11, Mitte bis 3. Viertel 14. Jh.)
   In dem namen der heiligen triualtickait vnd vnser lieben frwen hebt sich an das půch von der welt wie di gestanden ist sider Adams zeiten uncz her vnd

des ersten di capitel als got alle ding beschaffen hat wie got die vier element des ersten beschuff vnd dar nach anderers mer (Hs. 5, 2. Viertel 15. Jh.)

2. die Bezeichnung *chronik*:
   Daz ist diu kronick (Hs. 2, 1. Viertel 14. Jh.);
   Hi hebt sich an dy Romisch kroniken und sagt von dem Romischen reich (Hs. 12, um 1450)
   Dit ist ein kronike von allen königen vnd pabesten vnd wie alle konigrich von erst her komen sint (Hs. 6, Ende 14. Jh)
   Cronica romanorum imperatorum (Hs. 7, Ende 14. Jh.)
   Das ist dú kronick von allen kúnigen vnd baebsten vnd wie allú kunigrych her kommen seind vnd allú land von anfang der welt (Hs. 024, 1465)
   Dicz ist dew kronik wie manig chünig vnd kayser sey gewesen vnd auch päbst zu Rome (Hs. 3, Anfang 15. Jh.)
   Römische Cronica von Rom ünd dem Röm. Reich (Hs. 4a, 1758)

3. die Bezeichnung *zal/tal*:
   zal der romischen kunige (Hs. 1, Anfang 14. Jh.)

4. eine Kombination mehrerer Bezeichnungen:
   Hic sequitur coronica romanorum – Dit is dat buk hetet cronica romanorum (Hs. 14, 1434)
   bůch der kronighen der Römischen kaiser und bäbst (übersetzte Chronik des Andreas von Regensburg in der Hs.081, Autograph des Übersetzers Leonhard Heff, 1471)
   Hie hebet scih an ain kurtze Cronick Von anfang der welt vnd würett genannt die zale der Römischen kůnig so geregnieret hond vnd auch ettlichen babsten vnd geschehen dingen als hernach geschriben stått (Hs. 023, nach 1465, vor 1476)
   Ein kurtze Cronig von aller ding begynne vnd anfang der welte, wie der Allmächtig Gott die beschaffen vnd gemcht hatt vnd ist auch genant die zale der Römischen kůnig (Hs. 022, 1476);

5. keine Werkbezeichnung, nur die Angabe des Inhalts:
   De regno Romanorum (Hs. 021, 1420/1430);

Es fällt auf, dass die Chronisten seit der Mitte des 14. Jahrhunderts in ihren Überschriften betonen, dass es sich um eine chronologische Darstellung der Geschichte des römischen Reiches handelt, einige verweisen auf den universalhistorischen Zusammenhang (Hs. 023, nach 1465; Hs. 022, 1476; Hs. 5, 2. Viertel 15. Jh.; Hs. 024, 1465); andere darauf, dass es sich nicht nur um Reichschroniken, sondern um Papst-Kaiserchroniken handelt (Hss. 023, 081. 3).

Auftreten im Terminator:
Hs. 21, 1370: *Explicit liber anno domini MCCCLXX* (Bl. 144[r])

Hs. 4, 1423: *hie hat das puch ein end*
Maria vnd dein liebes chind
iesus enphinc vns als vnser
ellend. Amen (Bl. 232ᵛ)

Hs. 14, 1434; *Et sic est finis huius Coronice romanorum Sub anno domini M°Ccxxxiiii Quarta die pentecostes de mane Ruue per Johannem Vicken ibidem capellanum* (Bl. 211ʳ)

Hs. 081, 1471: *Das bůech ist geendet An Sandt Pauls abent Anno Domini Mccclxxj. Jare* (Bl. 253ʳᵃ, Z. 35ff.)

Hs. 082, 1501: *Das bůch ist geendt Ann sannt Paulus Abendt Anno domini 1501* (Bl. 180ʳ, Z. 28)

Im Explicit überwiegt die Bezeichnung *liber* bzw. *buch*; *chronik* ist nur einmal vertreten.

Es lässt sich insgesamt keine große Variation bei den Werkbezeichnungen feststellen: Die Textexemplare verwenden die Bezeichnung *buch* allgemein als Werkbezeichnung,[58] mit lat. *cronica* wird ein lat. Geschichtswerk bezeichnet, das chronologisch aufgebaut ist. Die Eindeutschung *cronek* kann sich ebenfalls auf die chronologische Darstellungsweise innerhalb des ‚Buchs der Welt' beziehen. Die volkssprachige Bezeichnung *tale* tritt vor allem dann auf, wenn die Erzählstrategie des ‚Buchs der Welt' zur Chronologie bzw. auf den ursprünglichen Erzählzusammenhang zurückgeführt wird. Sie kann aber auch als Bezeichnung für eine (chronologisch aufgebaute) Geschichtserzählung wie die Kaiserchronik verwendet werden.

Die Verwendung von einigen wenigen immer wiederkehrenden Bezeichnungen lässt die Annahme zu, dass ein gewisses alltagssprachliches Klassenbewusstsein bei den mittelalterlichen und frühneuzeitlichen Chronisten vorhanden war. Seit der zweiten Hälfte des 14. Jahrhunderts kommt mit den Überschriften die Betonung der chronologischen Darstellung der Geschichte des römischen Reiches hinzu und seit der zweiten Hälfte des 15. Jahrhunderts wird die Anlage als Papst-Kaiserchronik besonders hervorgehoben. Diese Klassifizierungen unterscheiden allerdings nicht zwischen dem ‚Buch der Welt' und anderen Chroniken wie der des Andreas von Regensburg. Auffällig ist an den Klassenbezeichnungen, dass hier nur ein einziges Mal *bibel* verwendet wird: Im Anschluss an den Textteil, der das Alte Testament nebst Einschüben aus der Profangeschichte enthält, verwendet der Redaktor der Handschrift 111 die Bezeichnung *bibel*. Hier lassen sich Parallelen in der gereimten Universalchronistik und bei den prosaisierten nicht bis in die Gegenwart

---

58 Auch in der Kaiserchronik tritt die Selbstbezeichnung *bůch* auf (z.B. V. 4038).

fortgesetzten Reimchroniken, den so genannten Historienbibeln, finden: Der Überlieferungszusammenhang der gereimten Universalchronik des Heinrich von München wird immer wieder mit der Doppelformel *chronik* und *bibel* bezeichnet.[59] In der Tat enthalten die gereimten Chroniken erheblich mehr biblische Geschichte als die hier untersuchten Prosa-Universalchroniken, die der Profangeschichte eindeutig den Vorrang geben. Ein Traditionsstrang der in Prosa verfassten Historienbibeln beruht auf der Reimchronik-Überlieferung des Heinrich von München.

V.2.5.2   Wochentagsbezeichnungen

Eberhard Kranzmayer[60] und Peter Wiesinger[61] untersuchten die Wochentagsbezeichnungen in mittelalterlichen und frühneuhochdeutschen Urkunden. Peter Wiesinger bearbeitet die Urkunden des 13. Jahrhunderts in Bezug auf die bairischen Wochentagsnamen. Die Wortformen für Montag untersucht er in Urkunden des 13. bis 15. Jahrhunderts. Die Untersuchungen Kranzmayers berücksichtigen Urkundenmaterial vom 13. bis zum 16. Jahrhundert. Franz Simmler analysierte die Verwendung von *Dienstag* und *Donnerstag* in der Benediktinerregelüberlieferung vom 9. bis zum 16. Jahrhundert.[62]

Der Textzusammenhang des ‚Buchs der Welt' wurde bisher noch nicht ausreichend schreibdialektal untersucht. Die verschiedenen Einzelbeurteilungen sind nicht im Gesamtzusammenhang der Überlieferung analysiert worden. Diese Analyse kann auch hier nicht geleistet werden. Ich beziehe mich in dieser Studie zunächst auf die in der Literatur üblichen (z.T. nicht übereinstimmenden) Einordnungen, möchte aber darauf hinweisen, dass sie lediglich als grobe regionale Zuweisungen zu verstehen sind. Die Funktion der Untersuchung der Wochentagsbezeichnun-

---

59 So beginnen z.B. die meisten Handschriften der α-Redaktion und einige der β-Redaktion der Weltchronik des Heinrich von München die Genesis bzw. das Erste Weltalter mit dieser Doppelform, zur Charakterisierung des Inhalts, der dann auch noch genauer spezifiziert wird. Ich zitiere aus der Wolfenbütteler Handschrift, Herzog August Bibliothek, Cod. Guelf. 1.5.2. Aug fol. – „vollständigster Vertreter der EF [= Erstfassung der Chronik Heinrichs von München, die Verf.]": *Hie hebt sich an die wibel vnd die chronik vnd von erst mit dem pûch der geschepf vnd dar nach von allen haydenischen chûnigen vnd auch von allen rômischen chûnigen vnd chaisern vnd von allen pâbsten* (Bl. 1ra).
60 Eberhard Kranzmayer, Die Namen der Wochentage.
61 Peter Wiesinger, Die bairischen Wochentagsnamen, S. 639-654; ders., Vom Wandel einer Wortform, S. 361-398.
62 Franz Simmler, Quelle, S. 163-208.

gen ist an dieser Stelle ganz vorrangig die Textsorten- und nicht die Schreibdialektbestimmung.[63]

Die im ‚Buch der Welt' gut belegten Wochentagsbezeichnungen waren bisher noch nicht Gegenstand der Forschung. Die Wochentagsnamen werden innerhalb der Schöpfungsgeschichte immer in dem gleichen syntaktischen Zusammenhang überliefert. Ich zitiere aus der Weilandschen Ausgabe: „*Dit was der erste dach de ie gewart; dene hete we oc sundach. Des anderen dages, dene we dar hetet manendach* [...]" (SW 67,9-11) Es folgt die Wochentagsbezeichnung also immer im Akkusativ. Eine Ausnahme macht die Handschrift 14, die innerhalb der Schöpfungsgeschichte mit (zum Teil rot durchgestrichenen) Kapitelüberschriften im Genitiv auf die einzelnen Tage des Sechstagewerkes hinweist und sie dann ein zweites Mal in dem oben genannten Kontext nennt: z.B. Bl. 55^r, Z. 17: *des sonedaghes* und Zeile 23: *sonendaghes*; 24: *manendaghes, des mandaghes*; Bl. 55v, Z. 3: *dinsestedach* (nur einmal); 8: *des midwekes*, 9: *mydweken*; 11: *des donredaghen*, 12: *donresdach*; 14: *des vryedaghes*; 15: *wryedaghes*; 27: *sonnauent* (nur einmal).

In den Kaiserchronikpassagen steht die Bezeichnung des Sonntages in den Handschriften 24 und 21 im Nominativ und die der übrigen Wochentagsnamen im Dativ. Ich zitiere aus der Weilandschen Ausgabe: „*Swenne quam de sonendach* [...] *In deme manendage darna* [...] *Tohant na deme manendage* (Dienstag) [...] *In der midweken iren market so hadden se gelget* [...] *In deme donresdage so hadden se* [...] *In deme sunnavende* [...]"[64] Die Handschriften 18 und 19 setzen alle Wochentagsbezeichnungen in den Dativ: *Am suntage* [...], *Am mantage* [...], *Am dinstage, Am mittewochin* [...]„ *Am dornstage* [...], *Am fritage* [...], *Am sunnabinde* [...][65]

Die insgesamt neun niederdeutschen Belegtexte führe ich hier in chronologischer Reihenfolge auf: Hs. 24, 2. Hälfte 13. Jh.; Hs. 16, um 1300/Anf. 14. Jh.; Hs. 17, 1. Viertel 14. Jh.; Hs. 231, 13.4.1416; Hs. 22, 2. Viertel/Mitte 15. Jh.; Hs. 14, 1434; Hs. 162, Mitte 15. Jh.; Hs. 144, 21.9.1482; Hs. 23, Mitte/3.Viertel 16. Jh.; nicht berücksichtigt wurden folgende Handschriften: Hs. 20 aus der Mitte/Ende des 14. Jh.s, Hs. 141 aus dem Jahr 1434 und Hs. 163 – 15. Jh. sind verbrannt; die ostfäl. Hss. 161 – Ende 13. Jh., Hs. 13 – 1. Hälfte/Mitte 14. Jh., Hs. 142 – 1. Hälfte/

---

63 Vgl. die generelle Schwierigkeit einer schreibdialektalen Zuweisung, da der Textzusammenhang in nahezu allen Textexemplaren sprachlich ein eher auf Überregionalität zielendes kanzleisprachliches Niveau zeigt, passim.
64 Ludwig Weiland, Sächsische Weltchronik, S. 80f., Kap. 16
65 Z.B. Hs. 18: Bl. 34^r, Z. 21, 24, 27, 31f.; Bl. 34^v, Z. 3, 8, 11.

Mitte 14. Jh., Hs. 221 – 2. Viertel/Mitte 15. Jh. und Hs. 241 sind nur fragmentarisch überliefert; bei der Handschrift 143 fehlt der Anfang; die rekonstruierte Hs. *23 entzieht sich der sprachlichen Analyse; Hs. 24a ist eine „historisch treue" Abschrift des 18. Jh.s; Hs. 24b überliefert den Anfang nicht). Die neun niederdeutschen Belege zeigen eine Streuung von der zweiten Hälfte des 13. Jahrhunderts bis zum 15. Jahrhundert: Sechs Handschriften stammen aus diesem Zeitraum, drei sind immerhin sehr frühe Handschriften aus dem 13. und beginnenden 14. Jahrhundert.

Es lassen sich insgesamt sieben mitteldeutsche Belegtexte zusammenstellen (Hs. 1, Anfang 14. Jh.; Hs. 11, Mitte bis 3. Viertel 14. Jh.; Hs. 21, 1370, Hs. 10, Anfang 15. Jh.; Hs. 18, 2. Viertel 15. Jh.; Hs. 19 – 2. Viertel/Mitte 15. Jh., evtl. 1432; Hs. 111, 2. Hälfte des 15. Jh.s; nicht berücksichtigt wurden: das Fragment 102 aus der 1. Hälfte/Mitte 14. Jh. und die Handschriften 10 (1. Hälfte/Mitte 15. Jh.), Hs. 111 (2. Hälfte 15. Jh.), Hs. 112 (3. Viertel des 15. Jh.s, da sie den Beginn der Schöpfungsgeschichte nicht oder nicht vergleichbar überliefern). Ein Grenzfall ist die vermutlich aus Nürnberg stammende Handschrift 1, die in der Forschung dem Ostmitteldeutschen zugerechnet wird. Drei Handschriften stammen aus der zweiten Hälfte des 14. Jahrhunderts und drei aus der ersten Hälfte des 15. Jahrhunderts. Es zeigt sich also eine zeitliche Konzentration innerhalb der ca. hundertfünfzig Jahre vom Beginn des 14. Jahrhunderts bis zum 2. Viertel bzw. zur Mitte des 15. Jahrhunderts.

Die größte Gruppe der überlieferten – vollständigen wie unvollständigen – Handschriften bilden die oberdeutschen Codices. Insgesamt sind die Wochentagsbezeichnungen zehnmal im Bairischen und dreimal im Schwäbischen belegt (bair.: Hs. 2, 1. Viertel. 14. Jh.; Hs. 6, Ende 14. Jh.; Hs. 7, Ende 14. Jh.; Hs. 122, Ende 14./Anfang 15. Jh.; Hs. 3, Anf. 15. Jh.; Hs. 5, 2. Viertel 15. Jh.; Hs. 12, 1450; Hs. 081, 24. 1. 1471; 031, 2. Hälfte/Ende 15. Jh.; Hs. 12a, 1467; Hs. 082, 1501; Hs. 8, 1. Viertel 16. Jh.; schwäb.: Hs. 024, 1456; Hs. 023, nach 1465 vor 1476; Hs. 022, 1476). Nicht berücksichtigt wurden die Fragmente Hs. 071 – 14. Jh., Hs. 121 – um 1400 und die Handschriften, die nicht mit der Schöpfungsgeschichte beginnen wie Hs. 041, 1415; Hs. 4, Mitte 15. Jh.; Hs. 9, vor 1461 und die alem. Hs. 021.

Die lateinischen Handschriften 104 und 15 (beide erste Hälfte 15. Jh.) vermeiden die heidnischen Bezeichnungen und benennen die Wochentage wie die Frutolf-Ekkehard-Chronik und die Wirtshandschrift des Fragments 101, der Altzeller Codex, nach ihrer Reihenfolge als erster, zweiter, dritter etc. Tag. Die lat. Handschrift 103 aus der Zeit nach 1290 ist verschollen.

Die Bezeichnung der Wochentage geschah in der Antike nach babylonischem Muster mit den Namen der Planeten. Die Planetennamen waren oftmals identisch mit den Namen einheimischer Götter. Die Germanen übernahmen diese Bezeichnungsweise aus dem Griechischen (vor allem in Baiern) oder aus dem Lateinischen, so kam es zu schreibdialektalen Unterschieden bei der Benennung der Wochentage.[66] Ich stelle die Untersuchungsergebnisse in der Reihenfolge der Wochentagsbezeichnungen vor:

Sonntag: Diese Bezeichnung ist eine Entlehnung aus dem Lateinischen.[67] Ihr entspricht lat. *dies solis* ‚Tag der Sonne' → ahd. *sunnûn tag*, ags. *sunnandaeg*, engl. *sunday*, anord. *sunnu(n) dagr*. In die germanischen Sprachen wurde *dies solis* schon sehr früh, vor dem 4. Jahrhundert entlehnt, denn seit dieser Zeit setzte sich im Lateinischen die christliche Bezeichnung *dominicus* (*dies*) oder auch *dominica* – ital. *domenica*, frz. *dimanche* – gegenüber der heidnischen durch. Die analoge Bildung im deutschen Sprachraum: *frontag* ‚Tag des Herrn' konnte sich nicht durchsetzen.

In den untersuchten Handschriften überwiegen die Formen mit *u*. Formen mit Vokalsenkung treten in der ersten Hälfte des 15. Jahrhunderts nur in den niederdeutschen und mitteldeutschen Handschriften auf:

Hs. 231, 13. April 1416, nd.: *sondach* (aber: *sunauent*);
Hs. 10, 1. Hälfte Mitte 15. Jh, thüring. (omd.): *sontag*;
Hs. 22, 2. Viertel /Mitte 15. Jh., nd.: *Sondach* (*sonauend*);
Hs. 14, 1434, nd.: *sonedaghes, sonnendaghes, Sungdaghes (sonnauent)*;
Hs. 144, 1482, nd.: *sondagh*.

Bei den oberdeutschen Handschriften erscheinen Formen mit Senkung erst im 16. Jahrhundert und dann in voneinander abhängenden Codices: Hs. 082 (Regensburg 1501) und Hs. 8 (Regensburg 1. Viertel 16. Jh.). Die Handschrift, von der beide direkt oder indirekt abhängen, ist das Autograph Leonard Heffs (Hs. 081). Heff bekam als Lohnschreiber Zugriff zu verschiedenen Codices,[68] vielleicht konnte er so auch Mittler der neu-

---

66 Vgl. Friedrich Kluge, Elmar Seebold, Etymologisches Wörterbuch, S. 143 (Dienstag). Jakob Grimm, DWB, Bd. 10,1, 1905, Sp. 1710.
67 Vgl. Jakob Grimm, DWB, Bd. 10,1, Sp. 1710-1719, bes. 1710 sieht das Lateinische *dies solis* (1. Jahrtausend nach Christus) als früher an als die griechische Bezeichnung *hēméra hēliou* f. (2. Jahrtausend n. Chr.). Elmar Seebold dagegen hält das Griechische *hēméra hēliou* f.. für die Vorgängerform von *dies solis*. Friedrich Kluge, Elmar Seebold, Etymologisches Wörterbuch, S. 680.
68 Vgl. zu Heff: Peter Johanek, Artikel ‚Leonhard Heff', in: ²VL 3, 1981, Sp. 569-572.

hochdeutschen, gesenkten Form werden. Er verwendet eine vermittelnde Form: *u* mit übergeschriebenen *o*: *sůntag* – ein graphischer Ausdruck für das Voranschreiten der gesenkten Formen. Die Regensburger Abschriften von Heffs Chronik zeigen dann – als einzige Codices aus dem oberdeutschen Gebiet – ca. dreißig Jahre später die Etablierung von *Sontag* (Hs. 8, 082).

Erstaunlicherweise hat unter den niederdt. Handschriften die früheste Handschrift, die Gothaer Bilderhandschrift 24 aus der Wende vom 13. zum 14. Jahrhundert, in der Schöpfungsgeschichte die Variante mit übergeschriebenem *o*: *sůndach* (aber *sunavent*) und in der aus der Kaiserchronik übernommenen Passage zu den römischen Tagesgöttern tritt sogar die eindeutig gesenkte Form *sonendach* auf. Das Grimmsche Wörterbuch registriert Formen mit *o* erstmals im 15. Jahrhundert im Mitteldeutschen und Niederdeutschen.[69] Zu diesem Befund passen der oben genannte thüringische *sontag*-Beleg und auch die oben genannten *sonedaghes*-Belege aus der ersten Hälfte des 15. Jahrhunderts (Hss. 231, 22, 14). Wir haben in der Handschrift 24 einen frühen zur Rundung tendierenden Beleg vorliegen. Das würde ein frühes niederdeutsches Vorkommen unterstützen. Anlass für die frühen Ausgleichsformen kann in der Handschrift 24 die Quellenrezeption sein. Die ursprünglich aus Regensburg stammende Kaiserchronik hatte in der Vorlage gesenkte Formen, die dann auch auf die Schreibung der Wochentage in der Schöpfungsgeschichte gewirkt haben könnten. Die Handschrift 21 bleibt dagegen auch in der Kaiserchronikpassage bei der in der Schöpfungsgeschichte verwendeten Form *suntag* (Bl. 7va, Z. 53).

Eine Besonderheit zeigen der ripuarische Beleg aus dem 3. Viertel des 14. Jahrhunderts in der Handschrift 11 mit der umgelauteten Form *sündag* und der thüringische Beleg *süntag* (Bl. 4^v, Z. 9) in der mitteldeutschen Handschrift 111. Im Zusammenhang mit den Wochentagsbezeichnungen lässt sich ein Vorlagenzusammenhang der beiden Handschriften aber nur bei der Benennung des ersten Wochentages feststellen. Mit den übrigen Wochentagsbezeichnungen bleibt die Handschrift 111 im Rahmen der übrigen thüringischen Belege.

Die Wochentagsbezeichnung *Sontag/Suntag/Sunnendag* (etc.) tritt überlandschaftlich als genitivisch gefügtes Kompositum im ‚Buch der Welt' auf. Gegenüber den fünf Vollformen: *sunnendach* (nd.: Hss. 16,

---

[69] DWB (Grimm) Bd. 10,1, (Sonntag) Sp. 1711f. Jedoch ist auch hier ein Beleg aus dem Jahre 1351 angegeben: „Scherz-Oberlin 1522 belegt jedoch uf den naechsten sonnentag bereits aus einer urk. v. 1351."

17, 162), *sunnentag* (obd. Hs. 7) und *sonnendaghes* (Hs. 14, hier allerdings neben *sonedaghes* und *sungdaghes*) überwiegen in der Überlieferung des ‚Buchs der Welt' die synkopierten Formen: *suntag(e)* (Hss. 1, 21, 2, 6, 3, 5, 031, 18, 19, 12, 12a, 024, 023, 022), *sundach* (Hs. 23), *sůndach* (Hss. 24, 081), *sontag* (Hs. 10, Hs. 082, Hs. 8) und *sondach* bzw. *sondagh* (Hss. 231, 22, 144). Innerhalb der Darstellung der römischen Tagesgötter hat die Gothaer Bilderhandschrift die gesenkte, aber nicht synkopierte Form *sonendach* (Bl. 19^r, Z. 18). Die Handschrift 22 führt die Bezeichnung *sondach* in der Schöpfungsgeschichte und in der aus der Kaiserchronik übernommenen Passage über die römischen Tagesgötter. Die Vollformen sind Belege für mhd. *sunnentac*, die Abschwächung vom ahd. Kompositum *sunnuntac* mit Genitivfuge (analog zu lat. *dies solis*). Das Deutsche Wörterbuch stellt für die Vollformen und die synkopierten Formen seit dem 12. Jahrhundert ein gleichberechtigtes Nebeneinander fest.

Im Niederdeutschen zeigt sich schon früh die Durchsetzung neuhochdeutscher Vokalsenkung (Hs. 24), im Mitteldeutschen erst Anfang des 15. Jahrhunderts (hier auch nur sehr sporadisch: die Hss. 18 und 19 bleiben bei *suntag*) und sehr spät im Oberdeutschen, wo nur zwei Handschriften aus dem Regensburger Raum die gerundete Form *Sonntag* verwenden. Die – wie im Neuhochdeutschen synkopierte – Form überwiegt insgesamt gegenüber der mhd. genitivischen Vollform des Kompositums.

Montag: „*Montag* ist eine gesamtdeutsch, ja gemeindeutsch übliche Bezeichnung als Lehnübersetzung von lat. *lunae dies*, deren Bildung in die ersten nachchristlichen Jahrhunderte fällt, als die Germanen in den römisch-germanischen Grenzbereichen an Rhein und Donau in engen Beziehungen mit den Römern standen."[70] Im Althochdeutschen standen vermutlich verschiedene Formen nebeneinander: ahd. *mânatag* mit dem schwachen Maskulinum *mano* ‚Mond' als Bestimmungswort, ahd. **mânintag* – entweder als analoge Genitivbildung zu *sunnuntag* oder mit einem movierten starken Femininum der ja-Deklination *mânin* ‚Mond, Mondgöttin' als Bestimmungswort – und ahd. **mânitag* – eine, so nimmt Wiesinger an, analogische (zu anderen ahd. -*tag*-Komposita) Umbildung von **mânintag* mit kurzem Fugenvokal -*i*-. Von diesen letzeren Formen ist die umgelautete Bezeichnung mhd. *mæntac* herzuleiten.[71] Im Mittelhochdeutschen stehen sich im oberdeutschen Sprachgebiet die umgelauteten und die Formen mit *a* gegenüber. Wiesinger konn-

---

70 Peter Wiesinger, VomWandel einer Wortform, S. 364.
71 Ebd., S. 365f.

te anhand von Urkundenbelegen des ausgehenden 13. und beginnenden 14. Jahrhunderts eine deutliche „Dominanz der umgelauteten Bildung *mæntag* mit der variablen Umlautbezeichnung als *æ, å, e* oder *ê* im Süd- und Mittelbairischen und am alemannischen Ostrand des Schwäbischen"[72] feststellen. Seit dem Beginn des 14. Jahrhunderts lässt sich an den Urkundenbelegen für die Kanzleisprache des Mittel- und Südbairischen ein „Ersatz der umgelauteten Form *mæntag* durch das sprachsoziologisch höher eingeschätzte umlautlose *montag*" feststellen. Im östlichen Schwäbischen hält sich dagegen das heimische *mæntag* erheblich länger, aber man kann „sagen, daß in der Urkundensprache des 15. Jhs. *montag* im Bairischen bereits die allgemein gebräuchliche Form ist und daß sie es im östlichen Schwäbischen wird".[73]

Im Überlieferungszusammenhang des ‚Buchs der Welt' ist nur in der Basler Handschrift 021 ein Beleg mit *a*-Umlaut nachzuweisen: Im Hochalemannischen, in der Schweiz, hat sich die Form *Mentag* bis heute erhalten. Die Basler Handschrift 021 überliefert die Schöpfungsgeschichte nicht, deshalb lässt sich zu der Beleglage an jener Stelle nichts sagen. Innerhalb Appenwilers zeitgenössischer Schilderung der Krönung Friedrichs III. in Aachen 1442 (Bl. 195ᵛ-196ʳ) verwendet er jedoch alemannisch *mentag*: *Item an mentag post leich der kunig dem pfaltzgreven lechen mit 3 banern* (Bl. 196ʳ). Die beiden schwäbischen Belege aus Augsburg (Hs 023, 022) haben keine Form mit a-Umlaut. Der Beleg aus Aalen (024) ist mehrdeutig: Der Aalener Stadtschreiber, dessen Schwäbisch mit vielen bairischen Formen durchsetzt ist, verwendet *mo̊ntag*. Es kann sich hier um palatovelares *o* handeln und nicht um eine umgelautete Form.[74] Es könnte aber auch durchaus möglich sein, dass sich der Aalener Stadtschreiber in dem Dilemma befand, zwischen dem kanzleisprachlich sich durchsetzenden *montag* und dem schreibdialektalen, ge-

---

72 Ebd., S. 366.
73 Ebd., S. 374.
74 Ebd., S. 369: „Daß sich auch die über den gesamten bairischen Raum verbreiteten wenigen o̊-Schreibungen auf die umlautlose Form beziehen, kann als so gut wie sicher gelten, denn mhd. *æ* wird in der spätmittelalterlichen bairischen Schreibsprache niemals mit oe bezeichnet. Da es aber des öfteren für mhd. ô begegnet und vor Nasal mhd. â und mhd. ô in den mittel- und nordbairischen Dialekten zusammenfallen, versteht sich die Austauschbarkeit dieser Graphie. Ihr Lautwert ist mehrfach zu deuten versucht worden, wobei jene Interpretation den größten Wahrscheinlichkeitsanspruch besitzt, die darin die Wiedergabe einer im Spätmittelalter weit verbreiteten ö-artigen palatovelaren Artikulation von mhd. ô erkennen möchte, wie ihre Nachwirkungen noch in den westmittelbairischen Dialekten von Ober- und Niederbayern und von Oberösterreich zu beobachten sind." Vgl. auch ders., Phonetisch-phonologische Studien zur Vokalentwicklung in den oberdeutschen Dialekten, 2 Bde., Berlin 1970.

sprochenen *mentag* entscheiden zu müssen[75] und dass er deshalb die hyperkorrekte Umlautwiedergabe von *mentag* vor dem Hintergrund des kanzleisprachlich vordringenden gerundeten, umlautlosen *montag* wählte.[76] Konrad Bollstatter verwendet in seinen Handschriften (022 und 023), die auf der Grundlage der Textüberlieferung des Aalener Stadtschreibers (024) und der Nürnberger Handschrift 1 entstanden sind, umlautloses, gerundetes *montag*, – das „moderne" kanzleisprachliche Wort und nicht das Schreibdialektwort seiner Region.

Der früheste bair. Beleg findet sich in der Handschrift 2 aus dem 1. Viertel des 14. Jahrhunderts. Auch die vielleicht in Nürnberg entstandene Handschrift 1 aus dem Anfang des 14. Jahrhunderts, die sonst viele omd. Schreibdialekteigenschaften hat,[77] überliefert *montag*. Beide Belege sind ein Zeugnis für die frühe *o*-Schreibung des unumgelauteten *mântag*. In 61 von insgesamt 243 Belegen stellt auch Wiesinger im Zeitraum von 1288-1329 in den Urkunden *o*-Schreibung fest. Hs. 2 wird in die Umgebung von München (Freising) lokalisiert. Wiesinger stellt überwiegendes Montag-Vorkommen für Nordbayern (siehe Hs.1) mit Auswirkungen nach Niederbayern fest und ebenso in den Städten München (siehe Hs. 2), Salzburg, Wien, Innsbruck, Meran, Bruneck, Friesach, Judenburg.[78]

Die Bezeichnungen für den Montag in den oberdeutschen Handschriften zeigen vor allem die Opposition *mantag – montag*, die aber bei einem Verhältnis von 4:10 deutlich zugunsten von *Montag* entschieden ist.

Die *montag*-Formen finden sich vom Anfang des 14. Jahrhunderts bis zum Anfang des 16. Jahrhunderts:

Hs. 1, Nürnberg Anfang 14. Jh.: *montage*;
Hs. 2, evtl. Freising 1. Viertel 14. Jh.: *montag*;
Hs. 3, Kärten Villach, Anf. 15. Jh.: *montag;*
Hs. 12, Wiener Neustadt, 1450: *montag;*
Hs. 024, Aalen, 1456: *môntag*;
Hs. 023, Augsburg, zwischen 1465 und 1476, Konrad Bollstatter: *montag;*
Hs. 022, Augsburg, 1476, Konrad Bollstatter: *montag;*

---

75 Vgl. Peter Wiesinger, Vom Wandel einer Wortform, S. 379, Karte 4. In der Benediktinerregelüberlieferung zeigt sich in der Schriftsprache der heimische Schreibdialekt stärker: Sowohl im 15. als auch im 16. Jahrhundert lässt sich der Umlaut – hier in der Bezeichnung *Aftermentag* ‚Dienstag' – nachweisen. Franz Simmler, Regula Benedicti-Quelle dt. Sprachgeschichte, S. 166f.
76 Vgl. auch Kap. 1.3.21. Handschrift 024, „Gattungs"bezeichnungen. Siehe auch Peter Wiesinger, Vom Wandel einer Wortform, S. 374.
77 So Karin Schneider, Gotische Schriften, Bd. 1, S. 274, Anm. 286.
78 Peter Wiesinger, Vom Wandel einer Wortform, S. 368.

Hs. 081, Regensburg 1471: *montag;*
Hs. 031, Dingolfinger Raum 2. Hälfte/Ende 15. Jh.: *montag*;
Hs. 082, Regensburg 1501: *montag;*
Hs. 8, Regensburg 1. Viertel 16. Jh.: *montag;*
Die *mantag*-Belege sind über das bairisch-alemannische Sprachgebiet verstreut, lassen sich aber zum Teil nicht genau lokalisieren: zwei Belege stammen aus dem Ende des 14. Jahrhunderts, der eine aus Benediktbeuren (Hs. 6) und der andere aus der Handschrift 7, deren genaue Herkunft nicht bestimmbar ist, für die in der Forschung aber sowohl bairische als auch schwäbische Schreibdialektmerkmale festgestellt wurden.[79] Die beiden anderen Belege sind spätere *mantag*-Vorkommen: einmal aus dem 2. Viertel des 15. Jahrhunderts (Hs. 5) aus Nürnberg bzw. Regensburg und ein bair.-österr. *mantag*-Vorkommen in der Hs. 12a aus dem Jahr 1467. Die Handschrift überliefert dieselbe Kombination von Textvorkommen („Buch der Welt' in Verbindung mit der ‚Österreichischen Reimchronik von den 95 Herrschaften') wie die 1450 in der Wiener Neustadt entstandene Handschrift 12, die jedoch *montag* verwendet. Jürgen Wolf sieht eine enge Abhängigkeit zwischen 12, 12a und 122.[80] In der Handschrift 122 ist der Anfang mit den Wochentagsbezeichnungen für *Sonntag, Montag* und *Dienstag* verloren.

Die niederdeutschen Belege zeigen in den frühen Handschriften (Hss. 24, 16, 17) mittelniederdeutsches, schreibsprachliches *mânendach* aus as., anfrk. *mânundag*,[81] zu dem – nach Ausweis unserer Quellen – spätestens im 14. Jahrhundert synkopiertes *mândach* in Konkurrenz tritt: in den Handschriften 21 (24. April 1370 – *mantag*), 231 (13.4.1416 – *mandach*), 22 (2. Viertel, Mitte 15. Jh. – *mandach*; in der Kaiserchronik-Passage: *mandagh*), 144 (21.9.1482 – *mandagh*), 162 (15. Jh. – *des mandaghes, mandach*), 18 (2. Viertel 15. Jh. – *mantag,* in der Kaiserchronikpassage abweichend *mante*, Bl. 34^r, Z. 24), 19 (2. Viertel-Mitte 15. Jh. – *mantag*, in der Kaiserchronikpassage, Bl. 118^v, Z. 13f. *mante* wie in Hs. 18) tritt *mandach/mantag* und noch die Verkürzung *mante* auf. In der frühesten Handschrift 24 steht *manendach* (Akk.) in der Schöpfungsgeschichte (Bl. 10^r, Z. 26f.) und *manendage* (Dat.) in der Darstellung der Tagesgötter Roms (Bl .19^r, Z. 24). Die Handschriften 18, 19, 21 haben synkopiertes *mantag* bzw. *mante* auch in den Kaiserchronikpassagen.

---

[79] Hubert Herkommer, Sächsische Weltchronik, S. 55; Schneider, V,1 (1970), S. 333.
[80] Jürgen Wolf, Sächsische Weltchronik, S. 80, Anm. 216 und S. 81, Anm. 220.
[81] Jakob Grimm, DWB, Bd. 6, Sp. 2514f., Karl Schiller, August Lübben, Mnd. Wörterbuch, Bd. 3, S. 21.

Allein die Handschrift 14 aus dem Jahre 1434 hat beide Formen nebeneinander: *manendaghes* und *mandaghes*. Die späteste Handschrift – Hs. 23 aus der Mitte bzw. dem 3. Viertel des 16. Jahrhunderts – schließlich führt die nhd. Bezeichnung *Montag*.

Die thüringischen Handschriften überliefern sowohl die Form *mantag* – bereits Ende des 14. Jahrhunderts (Hs. 21, 24. April 1370) und im zweiten Viertel des 15. Jahrhunderts (Hs. 18, 19) – und Anfang des 15. Jahrhunderts auch schon nhd. *montag* (Hs. 10 und Hs. 111: *montagk*). Die Handschrift 21 schreibt *mantag* in der Schöpfungsgeschichte und *mantage* in der Darstellung der römischen Tagesgötter (Bl. 7vb, Z. 31).

Stärker noch als bei der Wochentagsbezeichnung *Sonntag* – wo die Tendenz nur angedeutet erschien – zeigen vor allem die oberdeutschen Handschriften bei den Wochentagsbezeichnungen für den *Montag* eine Tendenz zur Überregionalität, sie sind in Bezug auf die Lautform ein Spiegel der oberdeutschen Kanzleisprache. Sprachsoziologisch wird eine Kluft zwischen den regionalen Schreibdialekten und der Schreibsprache der Chronisten ganz deutlich. Auch die niederdeutschen Belege zeigen eine gewisse Überregionalität, die zunächst jedoch auf das niederdeutsche Sprachgebiet beschränkt bleibt: Es werden Bezeichnungen der mnd. Kanzleisprache verwendet; vielleicht in Analogie zum oberdeutschen *Montag* setzt sich seit dem Anfang des 14. Jahrhunderts *mandag* in den Handschriften durch. Erst in der zweiten Hälfte des 16. Jahrhunderts verwendet auch eine mitteldeutsche Handschrift das nhd. Wort *Montag*.

Dienstag/Ertag/Aftermontag: Bei der Wochentagsbezeichnung für den Dienstag zeigen sich im deutschen Sprachgebiet nicht ausschließlich phonetische, sondern auch lexikalische Unterschiede: In der römischen Antike war der Dienstag dem Gott Mars geweiht: *Martis dies*, frz. *mardi*. Mars entsprach bei den Germanen dem Gott **Teiwa* > anord. *Týr*, ae. *Tiw, Ti(g)*, ahd. *Ziu*, die ahd. Wochentagsbezeichnung war *ziostag, zîestag*. Die spätere Form *Zinstag* ist eine volksetymologische Umdeutung vor dem Hintergrund des Wortes *Zins* ‚Steuer, Abgabe'.[82] Die Bezeichnungen *Ziestag* und *Zinstag* wurden immer stärker durch die sich schon in der niederdeutschen Urkundensprache des 13. Jahrhunderts etablierende Form *Dinstag* verdrängt und haben in den heutigen Mundarten nur noch im Alemannischen Geltung. Im Alemannischen und hier vor allem im schwäbischen Gebiet um Augsburg ist bereits im Mittelhochdeutschen schwäb. *aftermântag, aftermentag* ‚der Tag nach Montag, Diens-

---

82 Dtv-Atlas, S. 187; Jakob Grimm, DWB, Bd. 2, 1860, Sp.1120; Friedrich Kluge, Elmar Seebold, Etymologisches Wörterbuch, S. 143 und 814.

tag'[83] die Konkurrenzbezeichnung zu *Ziestag, Zinstag*. Franz Simmler kann in der Benediktinerregelüberlieferung die Bezeichnungen *Zinstag* und *Aftermentag* nachweisen.[84]

Die Belege aus dem ‚Buch der Welt' geben kein Zeugnis für *Ziestag* oder *Zinstag*; das mag daran liegen, dass die Basler Handschrift 021 – aus einem *Ziestag*-Gebiet – erst nach der Schöpfungsgeschichte beginnt. Auch *aftermentag*-Belege sind nicht vertreten. Zwei Belege jedoch lassen sich für *aftermontag* (!) und einer für *aftermôntag* anführen. Der letzte stammt vom Aalener Stadtschreiber (Hs. 024) und lässt sich wie der oben schon besprochene *moentag* als hyperkorrekte Umlautwiedergabe vor dem Hintergrund kanzleisprachlich vordringendem *aftermontag* deuten. Die beiden *aftermontag*-Belege bestätigen dies, sie stammen vom Augsburger Schreiber Konrad Bollstatter (Hss. 023 und 024), in dessen Besitz auch die Handschrift des Aalener Stadtschreibers war. Eberhard Kranzmayer[85] kommt aufgrund seines Urkundenmaterials dazu, die Formen *aftermentag* etc. als „Umgehungsformen" zu bezeichnen, die vor allem im Bistum Augsburg vorherrschten, wo sie vermutlich auf die Anstrengungen der Geistlichkeit zurückgehen, durch eine neutrale Bezeichnung die Erinnerung an den germanisch-heidnischen Gott *Ziu* zu löschen. Die Chronikbelege decken sich mit dem urkundlichen, kanzleisprachlichen Befund. Die Bendiktinerregelüberlieferung – sie repräsentiert vielleicht stärker die regionalen Mundarten als dies die Urkunden und auch die Chronik tun – zeigt jedoch „noch andere AFTERMENTAG-Gebiete, bei denen eine Deutung als Umgehungsform ausscheidet".[86]

Die drei schwäbischen Chroniküberlieferungen zeigen besonders klar, wie stark sprachausgleichend die Schreiber wirken konnten und tatsächlich wirkten: Konrad Bollstatter, der in Öttingen geborene Sohn eines Kanzleischreibers, hatte große Erfahrung im Schreiben amtlicher Schriftstücke und auch im Schreiben und Kompilieren sehr unterschiedlicher literarischer Texte. Bollstatter kam mit vielfältigen Texten in Berührung, bevor er sich in seinen letzten Lebensjahren auf Chroniken ‚spezialisierte'. Er schrieb wie sein Vater in der Öttinger Kanzlei (Eintragungen ins Öttinger Lehnbuch, Sterbebücher), aber daneben schrieb er Auftragsarbeiten oder Handschriften, die er bewusst für den Verkauf oder für seine eigene Bibliothek sozusagen als ‚Musterbücher' vorgese-

---

83 Matthias Lexer, Mittelhochdeutsches Handwörterbuch, Bd. 1, Sp. 25; zum Vokalismus vgl. Peter Wiesinger, Vom Wandel einer Wortform.
84 Franz Simmler, Quelle, S. 166f.
85 Eberhard Kranzmayer, Die Namen der Wochentage.
86 Franz Simmler, Quelle, S. 167.

hen hatte. Die 19 heute von ihm bekannten Handschriften – es waren sicherlich insgesamt mehr – zeigen ein breites Spektrum: Reiseliteratur und Prosaromane (Lucidarius, Griseldis), Rudolf von Ems Willehalm, Legenden, eine Spruchsammlung etc.[87] Die drei Handschriften 022, 023, 024 gehören in Bollstatters letzte Schaffensperiode. Die Handschrift 024 ist eine Buchbindersynthese aus drei ehemals selbständigen Teilen, zwei der Teile schrieb Konrad Bollstatter, der Teil mit dem ‚Buch der Welt' stammt vom Aalener Stadtschreiber. Handschrift 023 ist eine Kompilation aus dem ‚Buch der Welt' mit Textzusammenhängen (z.B. die Gmünder Kaiserchronik), wie sie der Aalener Stadtschreiber in der Handschrift 024 als Textallianz realisiert hat. Bollstatter verwendet in seinem ‚Buch der Welt' knapp zehn Jahre nach dem Aalener Stadtschreiber nicht die überkorrekten Formen *m☐ntag* und *afterm☐ntag*, sondern vermeidet die auf Umlaut hinweisende Graphie und bedient sich der kanzleisprachlichen, überregionalen Formen *montag* und *aftermontag*. Mit der dritten Handschrift 022 haben wir aller Wahrscheinlichkeit nach den Beginn einer eigenständigen Augsburger Weltchronik aus der Feder Konrad Bollstatters vorliegen. Den Anfang von der Schöpfungsgeschichte bis Lucius Tarquinius übernimmt Bollstatter aus dem ‚Buch der Welt'. Er bedient sich hier nicht nur einer Vorlage, sondern er benutzt neben dem ‚Buch der Welt' des Aalener Stadtschreibers (024) seine eigene Abschrift (023) und die Nürnberger Handschrift 1 aus dem Anfang des 14. Jahrhunderts, die für den dritten Wochentag das Wort *dinstag* verwendet.[88] Bollstatter verwendet nun in seiner ‚Augsburger Stadtchronik' nicht allein *aftermontag*, sondern auch zwei andere Bezeichnungen: *dinstag* und *Erichtag*. In dieser dreifachen Form der Wochentagsbenennung nimmt *aftermontag* die letzte und *dinstag* die erste Position ein.

Aus dem Griechischen kam über die Donaustraße eine andere Bezeichnung nach Bayern: *erintag* aus gr. *Arêos hêméra*, benannt nach Ares, der griechischen Entsprechung zu Mars. Die arianischen Goten haben Ares vielleicht mit dem gotischen Bischof Arius (†336) in Zusammenhang gebracht und damit war der Boden für eine Entlehnung bereitet. Altbair. *erintag* auch *erichtag*, *ergetag* etc. – in den heutigen Mundarten Bayerns überwiegt *Ertag* oder *Erchtag* – gehört zur ältesten Grup-

---

87 Siehe oben Kapitel V.1 Externe Merkmale, vgl. auch Jürgen Wolf, Bollstatter, Karin Schneider, Bollstatter; Volker Mertens, Konrad Bollstatter.
88 Vgl. Jürgen Wolf, Sächsische Weltchronik, S. 23 und 365.

pe der so genannten bairischen Kennwörter,[89] das sind in der Definition Eberhard Kranzmayers Wörter und Wortvarianten, die spezifisch bairische Dialektmerkmale aufweisen.

Eberhard Kranzmayer, der trotz des ausschließlich aus Urkunden geschöpften Materials nicht textsortenbezogen argumentiert, kam zu dem Ergebnis, dass das hochsprachliche *Dienstag* etwa seit 1500 zunächst in der Oberpfalz in das *Ertag* (*Ergetag, Erichtag, Eritag*)-Gebiet eindringt und sehr spät erst – etwa 1650 – „in den Briefen der kaiserlichen Familie nachweisbar" sei. Es habe sich dann aber ziemlich rasch im übrigen bairischen Schreibdialekt verbreitet. Franz Simmler kam auf der Grundlage der 1200-jährigen Texttradition der deutschsprachigen Benediktinerregel zu einem differenzierteren und – was die zeitliche Dimension angeht – erheblich abweichenden Ergebnis: die bairische Bezeichnung *Ertag* hält sich im Vergleich mit anderen Wochentagsbezeichnungen (z.B. bair. *Pfinztag* gegenüber hochdeutschem *Donnerstag*) erheblich länger in der Benediktinerregelüberlieferung. Selbst die bairischen Drucke verwenden noch bis 1619 *Erichtag*.[90]

In der Chroniküberlieferung ist das bairische Wort *eritag, ergtag, erichtag, erchtag* vom ersten Viertel des 14. Jahrhunderts bis zum Beginn des 16. Jahrhunderts zahlreich vertreten: Hs. 2 (1. Viertel 14. Jh.; Freising) *eritag*; Hs. 7 (Ende 14. Jh., Ort unbek., bair.-schwäb.?) *eritag*; Hs. 3 (Anf. 15. Jh., Kärnten/Villach) *Ergtag*; Hs. 12 (1450, Wiener Neustadt) *Eritag*; Hs. 081 (1471, Regensburg) *Erchtag*; Hs. 031 (2. Hälfte/ Ende 15. Jh.) *eritag*, Hs. 12a (1467, bair.-österr.) *Eritag*; Hs. 082 (1501, Regensburg?) *Erichtag*; Hs. 8 (1. Viertel 16. Jh., Regensburg) *Erchtag*. Schon im 14. Jahrhundert lassen sich jedoch vereinzelt Verdrängungen durch das sich überregional behauptende Wort *din(g)stag* in den oberdeutschen Handschriften feststellen: Die vielleicht in Nürnberg entstandene (ostmitteldeutsche) Handschrift 1 (14. Jh.) führt *dinstag* und die in Benediktbeuren geschriebene Handschrift 6 aus dem Ende des 14. Jahrhunderts *dingstag*. Die nordbairische Handschrift 5 aus dem 2. Viertel des 15. Jahrhunderts überliefert als Paarformel *dinstag* und *erichtag*.

Bollstatters oben besprochene Handschrift 022 vereint also das seit Ende des 14. Jahrhunderts in die oberdeutschen Schreibsprachen eindringende *dinstag* mit dem sich dennoch weiterhin behauptenden bairi-

---

[89] Erhard Kranzmayer, Die bairischen Kennwörter und ihre Geschichte, bes. S. 8f: „Wir bezeichnen diese älteste Gruppe bairischer Kennwörter am besten als ostgermanische Lehnwörter."
[90] Franz Simmler, Quelle, S. 169. Zur Verbreitung von *Ertag* vgl. Friedhelm Debus, Deutsche Dialektgebiete, S. 930-960, S. 943, Karte 49.10.

schen, kanzleisprachlichen *Erichtag* – das er soweit ersichtlich nicht in einer direkten Vorlage fand – mit dem schon kanzleisprachlich gewandelten Wort seiner Dialektregion *aftermontag*; hier fand also ein Sprachausgleich auf höchster Schreibsprachenebene des 15. Jahrhunderts statt. Erstaunlich ist das sehr frühe Eindringen des mnd. Wortes *dinstag* in die oberdeutschen Handschriften. Es lässt sich aber vielleicht durch die ursprüngliche Herkunft des ‚Buchs der Welt' aus dem nieder- und mitteldeutschen Sprachraum erklären.

Die niederdeutschen und mitteldeutschen Handschriften überliefern in der Schöpfungsgeschichte ausnahmslos Varianten von *dinstag*: *dinsedach* = Hss. 24, 16, 17, 231; *dinstag* = Hss. 21, 11, 10, 18, 19, 111; *dinstach* = Hs. 23; *dinsestedach* = Hs. 14. Die ursprünglich fränkische, am Niederrhein gebräuchliche mittelniederdeutsche Bezeichnung *Dingstag* ← mnd. *dingesdach, dinschedach*, mndl. *dinxendach*, nl. *din(g)sdag* bezeichnet den Tag, der dem germanischen Gott *Mars Thingsus* geweiht ist. *Mars Thingsus* ist inschriftlich bezeugt, es ist aber darüber hinaus nichts über ihn bekannt.[91] Die ripuarische Handschrift 11 gibt kein Zeugnis von dieser Variante, sie überliefert *dinstag*. Einige Handschriften haben Varianten von *dinxtag*, die vielleicht an die Form *dingstag* denken lassen, sie weisen aber in einen anderen Dialektraum: die von der historischen Forschung in den Braunschweiger Raum lokalisierte Handschrift 22 verwendet die Form *dinxdach*, die Lübecker Handschrift 162 *dinxtedages* bzw. *dinxtedach* und *dinxstedach* in der Greifswalder bzw. Ålborger Handschrift 144 aus dem Ende des 15. Jahrhunderts. Franz Simmler stellt vor allem für die Kölner Drucke seit 1618 ein Nebeneinander von *dinstag* und *dingstag* fest.[92]

Anders stellt sich das Bild dar, das die römischen Wochentage innerhalb der Passagen vermitteln, die aus der Kaiserchronik direkt übernommen sind: Die meisten nd./md. Handschriften, die die Darstellung der römischen Tagesgötter aus der oberdeutschen Kaiserchronik-Vorlage[93]

---

91 Friedrich Kluge, Elmar Seebold, Etymologisches Wörterbuch, S. 143; Friedrich Kluge, Deutsche Sprachgeschichte, S. 187.
92 Franz Simmler, Quelle, S. 171.
93 Vgl. Eduard Schröder, Kaiserchronik, S. 81–83; siehe auch: Hans Ferdinand Massmann, Der keiser und der kunige buoch, S. 10f.: „Der selbst niederdeutsche Schreiber der Handschrift [20, die Verf.] hatte eine gänzlich niederdeutsche Handschrift des repkauischen Königebuches, eine oberdeutsche des Kaiserbuches vor sich, die er ins Niederdeutsche umschrieb, wodurch sich die Mischungen von *van* und *von*, *her* und *er*, *vorht* und *vroht*, *vuoz* und *vuot*, *grotz* und *grot*, *zv* (selbst so) und *to*, *wazzer* und *watter*, *uz* und *ut*, *uf* und *up*, *heiz* und *hez*, *vride* und *vrede*, *schacht* und *scacht*, *leben* und *leuen*, und meist *mich* statt *mir* erklären."

übernehmen, halten sich hier streng an ihre Vorlage: Der Dienstag wird als *na deme manetage* bezeichnet (Hs. 24, Bl. 19^v, Z. 1, Hs. 21, Bl. 7vb, Z. 50f.: *nach dem mantage*, Hs. 22, Bl. 12va, Z. 11f.: *na deme mandaghe*). Die Wendung *nach dem mantage* ist direkt aus der Kaiserchronik entnommen.[94]

Nur die späteren md. Handschriften 18 und 19 lösen sich hier wieder (wie in anderen Zusammenhängen auch) ein Stück weit von ihren Vorlagen und verwenden an dieser Stelle das md./nd./hd.-kanzleisprachliche Wort *dinstag(e)* (Hs. 19, Bl. 126^v, Z. 2).

Mittwoch: Auch dieser Tag war in der Antike einer Gottheit geweiht: Mercur (→ ital. *mercoledi*, frz. *mercredi*). Die germanische Entsprechung **Wodanstag*, ags. *wôdnesdæg*, anord. *odinsdagr*, afries. *wônsdei*, engl. *wednesday* ist im Althochdeutschen schon verdrängt worden durch die Lehnübersetzung des kirchenlateinischen *media hebdomas* spätahd. *mittawëhha*, mhd. *mittewoche*, mnd. *middeweke* ‚Mittwoch'.[95] Bis auf eine Ausnahme haben alle Handschriften Varianten von *Mittwoch*: In der Schöpfungsgeschichte variieren die nd. Handschriften zwischen *midweke* und *midweken/mydweken*, die md. zwischen *mitwoche/ myttewoche* und *mitwochen* und die obd. Handschriften haben die größte Variationsbreite: *mit(t)wochen/mytwochen, mitwoch*. Konrad Bollstatter verwendet in seinen Handschriften *mittwůchen* (Hs. 023) und *mitwochen* (Hs. 022). Die bair.-österr. Handschriften 12 und 12a führen die geschwächte, auch heute noch in den bairischen und pfälzischen Mundarten auftretende Form *mitichen*. Die vermutlich in Nürnberg entstandene, aber von Karin Schneider als ostmitteldeutsch eingestufte Handschrift 1 hat wie die thüringischen Handschriften *mitwoche*.

Niederdeutsch *midweke(n)* kommt vor in den Handschriften 24, 16, 17, 231, 22, 14, 162, 144 und 23. Die Handschrift 24 (*mitweken*) verwendet auch in der Kaiserchronikpassage *mitweken*; Hs. 16 (*midweken*); Hs. 17 (*midweken*); Hs. 231 (*mydweken*); Hs. 22 hat *midweken* sowohl in der Schöpfungsgeschichte als auch in der Darstellung der röm. Tagesgötter; Hs. 14 (*midwekes, mydweken*); Hs. 162 (*mydweken*); Hs. 144 (*mytweken*), Hs. 23 (*mitweke*).

Ostmitteldeutsch, thüringisch *mitwoche(n)* tritt auf in: Hs. 1; Hs. 21; Hs. 10 (*mitwoche, mitwochen, myttewoche*); Hs. 18 und Hs. 19 (*mittewochin*); Hs. 111 (*mittewochn*). Auch in der aus der Kaiserchronik entnom-

---

94 Vgl. ebd., S.81.
95 Vgl. Friedrich Kluge, Elmar Seebold, Etymologisches Wörterbuch, S. 483.

menen Darstellung der röm. Tagesgötter verwenden die Handschriften 18, 19 und 21 *mittewochin* bzw. *mitwochen*.
Oberdeutsch *mi(t)wochen* oder Varianten finden sich in: Hs. 2; Hs. 6; Hs. 7; Hs. 122 (= *medewoche*); Hs. 3 (= *mitwoch*), Hs. 5; Hs. 024; Hs. 023 (= *mittwůchen*); Hs. 022; Hs. 12 (= *mitichen*); Hs. 081 (= *mytwochen*); Hs. 031 (= *mitichn*); Hs. 12a (= *mitichen*); Hs. 082 (= *mitwoch*); Hs. 8.
Nur die ripuarische Handschrift 11 verwendet eine ganz abweichende Bezeichnung: *guodestag*. Die Deutung dieses Wortes ist umstritten. Es könnte zu mnd. *gudensdach, godensdach, gunsdach* und *gonsdach*, mnl. *woensdagh, goensdagh* gestellt und als Ableitung zu germanisch *Wodanstag gedeutet werden.[96] Der Zusammenhang zwischen *gudensdach, gutentag* etc. und *Wodanstag ist jedoch nicht unbedingt einsichtig, da der *g*-Anlaut in diesem Zusammenhang nicht befriedigend erklärt werden kann. Seit Ende des 13. Jahrhunderts erscheint vor allem im Schwäbischen *gutentag* als Bezeichnung für den Montag (*kuomtag, kwumtig, guamtag, gutemtag*).[97] Die Beziehung zwischen der schwäbischen Bezeichnung für den Montag und dem westmitteldeutsch – ripuarischen – Mittwoch-Beleg aus dem ‚Buch der Welt' ist nicht befriedigend zu erklären.

Donnerstag/Pfintztag: Wie bei *Dienstag/Ertag* gibt es auch bei der Bezeichnung für den fünften Wochentag eine lexikalische Opposition zwischen dem bairischen „Kennwort" *Pfinztag*, das eine Lehnübersetzung von kirchengriechisch *pémptē hēméra* ‚fünfter Wochentag' ist, und der vom germanischen Wettergott *Donar* abgeleiteten Wochentagsbezeichnung ahd. *donares tag, donnerstag*.[98]

Franz Simmler sieht bei der Bezeichnung *Pfinztag* eine unterschiedliche Entwicklung in den Handschriften und in den Drucken gegeben, die sich von dem Befund bei *Dienstag/Ertag* unterschiedet: Die bair. Bezeichnung *Pfinztag* erscheint nach 1574 nicht mehr in den Drucken, sondern nur noch in Handschriften. Es ist also im Wesentlichen das Medium und nicht die Textsorte, das die Ausrichtung auf andere Schreibdialektwörter und überregionale Wendungen befördert: Erst mit dem Druck der *Regula Benedicti*

---

[96] So: Jakob Grimm, DWB, Bd. 6, 1885, Sp. 2427 (Mittwoch), dagegen: Jakob Grimm, DWB, Bd. 4,I. Abteilung, 6. Teil, 1935, Sp. 1415 (Gutentag).
[97] Jakob Grimm, DWB, Bd. 4, I. Abteilung, 6. Teil, 1935, Sp. 1415. Vgl. auch Eberhard Kranzmayer, Die bairischen Kennwörter, S. 8f. ders., Die Namen der Wochentage, S. 80.
[98] Friedrich Kluge, Elmar Seebold, Etymologisches Wörterbuch, S. 151.

wird der Adressatenkreis für die Käufer und Benutzer der Drucke über den örtlich gebundenen Kreis der Klostergemeinschaft hinaus ausgeweitet, so daß sich eine Notwendigkeit zur Ausrichtung auf die Sprache der Anderen ergibt [...] Die Ausrichtung auf die Sprache der Anderen erfolgt jedoch im gesamten Wortschatz der Regula Benedicti nicht in gleicher Weise. Das wird an den Bezeichnungen für DIENSTAG deutlich [...][99]

Vom ‚Buch der Welt' gibt es – soweit im Augenblick bekannt ist – keine Drucke. Aber innerhalb der Handschriften zeigt sich als Befund, dass in den bairischen Handschriften *pfincztag* schon früh durch *donerstag* ersetzt wird. Das Bild ist bei weitem nicht so homogen wie bei *Dienstag/Ertag*: Die frühe bairische Handschrift 2 (1. Viertel 14. Jh.) überliefert *eritag*, aber *donerstag*. Handschrift 7 (Ende 14. Jh.), über deren genaue Herkunft nichts bekannt ist, die aber von den Dialektkriterien her bislang als bair.-schwäb. eingeordnet wird, verwendet – wie die bair. Handschriften 12, Wiener Neustadt 1450); 081 (Regensburg, 1471, bair.-md.?), 031 (Dingolfingern Raum, 2. Hälfte/Ende 15. Jh.); 12a (1467, bair.-österr.); 082 (Regensburg? 1501) und 8 (Regensburg, 1. Viertel 16. Jh.) – beide bairischen Kennwörter: *eritag* und *pfincztag/pfintztag*. Die Handschrift 3 (Anf. 15. Jh.) aus Kärnten/Villach hat *Ergtag* aber für den fünften Tag eine Doppelform: *donerstag* oder *pfincztag*. Der Schreiber der Handschrift 5 verfährt in Bezug auf den fünften Tag genauso und hat sich zudem auch bei *Dienstag* für eine Doppelform *dinsttag* oder *erichtag* entschieden. Die als bairisch/md. Mischhandschrift bzw. als böhmisch angesehene Hs. 122 aus dem Ende des 14. bzw. Anfang des 15. Jahrhunderts verwendet *dornstag*, die ersten Blätter der Handschrift sind verloren. Die Bezeichnung für *Dienstag* ist nicht überliefert.

Die schwäbischen Handschriften Bollstatters haben *donnestag* (Hs. 023) und *donnerstag* (Hs. 022), der Aalener Stadtschreiber entschied sich für *donderstag*.

Die übrigen Handschriften führen weitere Variationen von *donre(s)dach* (Hs. 24 Schöpfungsgeschichte: *donresdach*, Kaiserchronik: *donresdage*, Hss. 16, 17, 22 *donersdach* in der Schöpfungsgeschichte und *donerstage* in der Kaiserchronik-Passage, Hss. 231, 14, 162 *donredaghes, donredach, donredaghen*, Hs. 144 *donre dach*), *donrstag* (Hs. 1, 10, 21), *donerstagk* (Hs. 111) und die rip. Hs. 11 verwendet *dŭnrstag*. Leicht abweichend und noch deutlich auf den germ. Gott (*Thor*; röm. Entsprechung: *Jupiter*) hinweisend, dem der Tag geweiht ist, verwendet

---

99 Franz Simmler, Quelle, S. 169.

die Handschrift 19 *tornstage* in der Kaiserchronikpassage, in der Schöpfungsgeschichte aber wie die Hs. 18: *dornstag*.

Die frühe (vorlutherische)[100] Ersetzung von *pfincztag* durch *donerstag* in bair. Handschriften bestätigt auch von hier aus gesehen den Eindruck einer Ausgleichssprache, einer gehobenen kanzleisprachlich orientierten Schreibsprache.

Freitag: Der Freitag ist in der Antike *Venus* geweiht (*Veneris dies*, frz. *vendredi*). Ihre germ. Entsprechung ist *Freya*. Von diesem Götternamen abgeleitet sind: ahd. *fria-, frijetag*, ags. *frigetag*. Die bairische Sonderentwicklung altbair. *pferintag* zu griech. *paraskeúe* ‚Rüsttag, Vorbereitungstag auf den Sabbat', die über das Gotische ins Altbairische entlehnt wurde, ist heute ausgestorben.[101] In den Chronikhandschriften wird ausschließlich *Freitag* überliefert. Die Schreibdialektunterschiede zeigen sich vor allem in der differierenden Realisation des Vokals: nd., md. *i, ig* oder obd. *ei*. Die nd. und md. Handschriften haben den Vokal *i*, wohingegen in den oberdeutschen Handschriften ausschließlich der Diphthong *ei* auftritt.

Die nd. Handschriften führen die Bezeichnung *vridag(h)/vridach/fridagh* (Hss. 24, 17, 231, 23) oder Varianten davon: die um 1300 vermutlich in Hamburg entstandene Bilderhandschrift 16 hat *urigedach,* die Braunschweiger Handschrift 22 aus dem 2. Viertel/Mitte 15. Jh.s verwendet *vrigdach* und die Schleswiger Handschrift 14, *vryedaghes* bzw. *wryedaghes,* die Lübecker Handschrift 162: *des vrigedages, den vrighdach*, die Greifswalder bzw. Ålborger Handschrift 144 führt *vry dagh*. In den Handschriften 24, 21, 22 wird innerhalb der Kaiserchronik-Übernahme zu den römischen Tagesgöttern der Venus geweihte Freitag nicht bezeichnet. Dieselben Handschriften 24, 21, 22 und 23 (sie gehören den Rezensionen C_1 und C_2 an), die auch den Dienstag umschreiben, benennen ebenfalls den Freitag[102] nicht.

Zum Vergleich führe ich zunächst die Stelle aus der Kaiserchronik an, die das von Rom ausgehende Gebot der Verehrung der sieben Tages-

---

100 Friedrich Kluge, Elmar Seebold, Etymologisches Wörterbuch, S. 143 gehen davon aus, dass *dinstag* „die Form Luthers und danach die der Hochsprache" geworden sei. Zur Problematik, die mit der Feststellung von Luthers Einfluss auf die Entstehung der neuhochdeutschen Schriftsprache verbunden ist, vgl. mit weiterführender Literatur Franz Simmler, Quelle, 171f.
101 dtv-Atlas, S. 187; Etymologisches Wörterbuch, Bd. A-G, S. 472; Friedrich Kluge, Elmar Seebold, Etymologisches Wörterbuch, S. 231.
102 SW 81,4ff.: *To Rome wart ein hus geworcht; dat cirede al de stat, vrowen Veneri to eren unde ire lof darmide meren.* [...]

götter für den Ehrentag der Venus, den Freitag so beschreibt, dass die Römer ein Haus gebaut hätten, in das alle Unzüchtigen – arme wie reiche – würdig aufgenommen worden seien:
Eduard Schröder, Kaiserchronik, S. 82, Vers 158ff:

Ein hûs ze Rôme geworht wart,
daz zierte alle die stat,
frowen Vêneri ze êren,
ir lop dâ mit ze mêren.
alle die unkûsclîche lebeten
oder hures dâ pflegeten,
si wæren arm oder rîche,
man enpfie si dâ wirdichlîche.

Die Handschriften 21 und 22 übernehmen diese Stelle gereimt aus der Kaiserchronik. Beide jedoch verändern den Text:
Die Pommersfeldener Handschrift 21, Bl. 8ra hält sich zwar auch in der Form an die gereimte Vorlage, kommt aber mit dem Reim in Schwierigkeiten und fügt deshalb weitere Zeilen ein:

Ein hus zcu rome geworht
war uor alle vorchte
vn cyrte alle die stat
als mā ouch horē mag
vrouwe veneri zcu erē
ir lop sie do mit merē
alle die unkuschlich lebtē
und hures do pflegtē
un waren arm od' rich
man enfing sie wirdiclich

Die Hs. 22 (Bl. 12vb Z. 14ff.) verzichtet z.T. auf den Reim, gerät aber auch mit dem Inhalt in Schwierigkeiten (die Abkürzungen habe ich hier aufgelöst):

Eyn hus wart to rome wol ghecziret van den erbaren fruwen umme nasage willen dat schach . Dar mede heren alle vnkusche vrouwen der hure men one dure plach se weren arm efte rike . yo entpfengh men se da werdichlike.

Das Haus in Rom war in dieser Version nicht für Venus gebaut, sondern von den ehrbaren Frauen schön hergerichtet worden, wegen der üblen Nachrede. In dem Haus sollten die unkeuschen Frauen leben, ob arm oder reich.

Formal und inhaltlich am nächsten an dem ursprünglichen Text bleiben die Versionen der Hss. 24 und 23.

Hs. 24 (Bl. 19ᵛ, Z. 23ff.): *To rome wart ein hus geworcht dat cirede al de stat urowen veneri to eren vñ ire lof dar mide meren alle de unkuslike leueden se waren arm od' rike men untfienc se w'dichlike* [...] Es liegt hier deutlich eine gereimte Übernahme vor, die auch vom Reim her gesehen näher an der Kaiserchronikversion ist als die Hs. 21. Die Handschrift 23 aus dem 16. Jahrhundert zeigt auch an dieser Stelle wieder stark konservative Züge, der Kompilator greift weder in den Reim noch in den Inhalt ein.

Bl. 121ʳ, Z.16ff.: *Zu Rome was ein huß gevorcht daz cyrde al die stat der vrowen V e n e r i zu Eren vnnd ire lob dar mede meren . alle de vnkusche Leuenden sie waren arm oder rike man vntfing sie wirdelichen* [...]

Vor allem die Handschriften 18 und 19 der C₃-Rezension zeigen wieder eine Sonderstellung, sie nennen den Tag *vritag*, Bl. 118ᵛ, Z. 25. Sie überliefern einen völlig anderen Text als die anderen Handschriften, ich zitiere aus der Handschrift 19, Bl. 126ᵛ, Z. 13ff.: *Am fritage hatten sie zcu eren ein schones hus gesaczt deme apgote / veneri / also daz den tag nymant unkuschlich noch irdisch leben torfte*. Diese Auflösung greift stark in den Kaiserchroniktext ein und gibt diesen vollkommen falsch wieder. Dennoch war diese Interpretation den Zeitgenossen wie den Chronisten – vor allem wohl in einem geistlichen Kontext (Hs. 18 stammte wohl aus einem Kloster und vielleicht kam auch die Vorlage beider Handschriften aus dem geistlichen Umfeld) – sicher verständlicher als andere Versionen (z.B. Hs. 21 oder 22). Die lateinische Dativform der Göttin Venus haben die Chronisten hier wie auch in den anderen Textexemplaren beibehalten.

Die westmd., rip. Handschrift 11 verwendet wie die nd. Handschriften *vridag*. Die thüringischen Handschriften einschließlich der vermutlich in Nürnberg entstandenen md. Handschrift 1 überliefern die Form *vritag/fritag(k)* (Hs. 1, 21, 10, 18, 19, 111).

In den obd. Handschriften begegnen – mit zwei Ausnahmen: die stark mit md. Schreibdialektformen durchsetzte Benediktbeurener Handschrift 6 und die vermutlich aus Böhmen stammende Handschrift 122 überliefern *frytag* – die diphthongierten Formen *freitag* (Hss. 2, 7, 5, 12, 12a) und *freytag* (Hss. 3, 024, 023, 022, 081, 082, 8).

Die Handschriften verwenden vom Lautstand her also das in ihrer Region vorherrschende schreibsprachliche Wort. Die Grenze verläuft zwischen dem Mitteldeutschen und dem Oberdeutschen.

Samstag/Sonnabend: Samstag und *Sonnabend* sind beides hochsprachliche Bezeichnungen, die regional gebunden auftreten. In den heutigen deutschen Mundarten verläuft die Grenze zwischen nd./omd. *Sonnabend* und obd.-westmd. *Samstag* nördlich von Köln und Frankfurt.[103] Beide Bezeichnungen sind nicht von Götternamen hergeleitet. *Samstag* ist wie andere bairische Wochentagsbezeichnungen auch über die Donaustraße vom Griechischen (vulgärgriech. *sábbaton* ← griech.-jüd. Wochentagszählung von hebr. *sabbat* ‚Ruhetag') ins Bairische entlehnt worden. Von dort hat es sich zunehmend im Hochdeutschen verbreitet (ahd. *sambaztag, samiztag,* mhd. *sam[e]ztac*).[104] *Sonnabend* ist etymologisch durchsichtig und benennt den Abend vor dem Sonntag, also eigentlich *Sonntagabend* (nd., md. mhd. *sun(en)abend,* ahd. *sunnunaband*). *Sonnabend* ist eine Klammerform, bei der das mittlere Glied -*tag,* ausgefallen ist. Die dritte germanische Bezeichnung *Sater(s)tag* ist von der römischen Gottheit – *Saturn* (lat. *Saturni dies,* engl. *saturday*) – abgeleitet. In den heutigen Mundarten kommt sie im Nordwesten des deutschen Sprachgebietes vor. Die handschriftliche Überlieferung des ‚Buchs der Welt' verwendet das Wort nicht.

Die nd. Handschriften haben als ältere und häufiger vertretene Bezeichnung *sunnauent,* daneben aber auch *sonnauent* und *sunnabend* (die *u*-Schreibung hält sich in dieser Bezeichnung konstanter als in *sundach/ sůndach/sondagh*): *sun(n)auent*: Hss. 24 (in der Kaiserchronik-Stelle: *sunnavende*), 16, 17, 231; *son(n)auent*: Hss. 14, 162 (aber: *sunnendach*), 22; *sunnabend*: Hs. 23.

Eine Ausnahme machen die Handschriften 21 und 22 in der Kaiserchronik-Passage: Sie verwenden an dieser Stelle das süddeutsch/ostmitteldeutsche Wort *samesdage.* Die gleichzeitige Verwendung von *Sonnabend* und *Samstag* in der Handschrift 21 lässt sich neben der Vorlagenabhängigkeit (so z.B. im Falle der nd. Hs. 22) auch noch sprachlich rechtfertigen: Speziell das Thüringische erscheint von der Überlieferung des ‚Buchs der Welt' her gesehen in Bezug auf die Bezeichnung *Sonnabend/ Samstag* als ein Interferenzgebiet. Auch die thüringische Handschrift 10 aus der 1. Hälfte des 15. Jahrhunderts führt in der Schöpfungsgeschichte den Wochentagsnamen *samestag.* Die beiden anderen Erfurter Handschriften aus dem 2. Viertel des 15. Jahrhunderts – die Handschriften 18 und 19 – haben dagegen sowohl in der Schöpfungsgeschichte als auch in der Kaiserchronik-Passage *sunabind* (Hs. 19). Das Nebeneinander von *Samstag* und *Sonnabend* in der Handschrift 21 könnte also anders als in der Handschrift 22 als schreibdialekttypisch interpretiert

---

103 Deutscher Wortatlas (DWA), Bd. 8, Giessen 1958.
104 Friedrich Kluge, Elmar Seebold, Etymologisches Wörterbuch, S. 616.

werden. Die omd. Handschrift 1 aus dem Anfang des 14. Jahrhunderts verwendet in der Schöpfungsgeschichte wiederum *Samstag*.

Die obd. Handschriften überliefern Varianten von *Samstag*: *samztag* Hss. 2, 6; *sampstag* Hss. 7, 023, 022; *sambstag* Hss. 12, 12a, 082, *sampcztag* Hss. 3, 5, *sambtztag* Hss. 081, 8; *samstag* Hs. 024. Eine Ausnahme macht die vermutlich böhmische[105] Handschrift 122 (Bl. 1^v: *svnnabend*).

Im mitteldeutschen Sprachraum zeigen die Handschriften ein Nebeneinander von *Samstag*- und *Sonnabend*-Formen, zum Teil sogar in demselben Dialektraum: Die ripuarische Handschrift 11 (*sunauent*) aus der zweiten Hälfte des 14. Jahrhunderts verwendet wie die niederdeutschen Handschriften und die thüringischen Handschriften 21 (1370 *sunabend*), 111 (*Suñabint*), 18 und 19 (*Sunnabind*) eine Variante von *Sonnabend*. Handschrift 10 dagegen, die wie 18 und 19 zu Beginn des 15. Jahrhunderts in Erfurt entstanden ist, verwendet *samestag*. Auch die Handschrift 1 aus dem Anfang des 14. Jahrhunderts – vermutlich in Nürnberg entstanden, aber mit md. Schreibdialekt – überliefert *samstag*. Die beiden Handschriften 18 und 19 der C$_3$-Rezension verwenden *sunnabinde* auch in der Kaiserchronik-Passage, wohingegen Handschrift 21 aus dem 14. Jahrhundert hier die Bezeichnung der Kaiserchronik (*sameztage*)[106] entgegen der eigenen regionalen Herkunft und entgegen der Wortwahl in der Schöpfungsgeschichte beibehält.

Zusammenfassend lässt sich feststellen: Insgesamt zeigen sich anhand der Wochentagsbezeichnungen sehr früh schon Ausgleichsbewegungen. Verwendet werden insgesamt immer eher die moderneren und neueren kanzleisprachlichen, überregionalen Bezeichnungen. Deutlich spürbar wird der Schreibereinfluss und seine sprachausgleichende Wirkung (z.B. Konrad Bollstatter). Erstaunlich ist das frühe Dienstagsvorkommen in bairischen Handschriften, das möglicherweise über die Ausgleichsbewegungen hinaus auch auf die Sogwirkung der nd./md. Handschriftenvorlagen zurückzuführen ist.

An den Wochentagsbezeichnungen in der Passage zu den römischen Tagesgöttern, die innerhalb des ‚Buchs der Welt' aus der Kaiserchronik entnommen sind, zeigen sich im Vergleich zu den Wochentagsnamen aus der Schöpfungsgeschichte zum Teil signifikante Unterschiede, die

---

105 Vgl. zur Dialektbestimmung sowohl Michael Menzel, Sächsische Weltchronik, S. 19 (obd.) als auch Oskar Pausch, Sächsische Weltchronik, S. 29 (böhmisch).
106 Eduard Schröder, Kaiserchronik, S. 82, Z. 171.

aber die Tendenz der Ergebnisse der Wochentagsuntersuchung anhand der Schöpfungsgeschichte bestätigen:

Die Handschriften, die Passagen aus der Kaiserchronik übernommen haben, setzen sich in unterschiedlicher Weise mit der oberdeutschen Kaiserchronik-Vorlage bzw. deren Rezeption auseinander. Sie tun dies, indem sie etwa oberdeutsche Wochentagsbezeichnungen übernehmen – allerdings nur solche, die regional eine große Verbreitung hatten: Die niederdeutsche Handschrift 22 hat wie die thüringische Handschrift 21 aus dem 2. Viertel bzw. der Mitte des 15. Jahrhunderts dialektgerecht in der Schöpfungsgeschichte die Bezeichnung *sonauent*; in der aus der obd. Kaiserchronik entnommenen Stelle hingegen wurde auch die dort verwendete Wochentagsbezeichnung *samsdage* mit übernommen. Die frühe Handschrift 24 (3./4. Viertel 13 Jh.) dagegen bleibt auch in der Schöpfungsgeschichte und in der Darstellung der römischen Tagesgötter ihrem eigenen Schreibdialektraum treu und verwendet die nd. Bezeichnung *sunnavent*. Ebenso verfahren die Handschriften 23, 18 und 19. Die der Rezension C₁ zugerechnete Handschrift 231 verzichtet demgegenüber hier ganz auf die Kaiserchronikstelle und lässt auch vorhergehenden Text ausfallen. (Insgesamt fehlt an dieser Stelle: SW 79,36-81,27. Es schließen hintereinander an: *Alsus wart Rome gesticht do diu werlt driudusent unde tweihundert unde eleven jar gestan hadde van Troie verstorunge vierhundert unde en unde viertich jar.* [SW 79,36] und *Tullius Hostilius wart darna de dridde koning 32 jar.* [SW 81,27]).

Es zeigen sich anhand der Wochentagsnamen in den Textexemplaren der Rezension C weitgehend dieselben Tendenzen, wie sie sich bei der Einarbeitung der Kaiserchronikpassagen in das ‚Buch der Welt' insgesamt feststellen lassen:

Die C₁-Handschriften 24 und 23 übernehmen die Kaiserchronikvorlage relativ vorlagentreu:[107] Sie verwenden hier auch Verse und nicht Prosa. Sie übernehmen die Bezeichnung des Dienstags mit *nach dem Montag* und benennen auch den Freitag nicht. In der Verwendung von *Sonnabend* bleiben sie jedoch konsequent gegenüber *Samstag* der Kaiserchronik-Vorlage. Nur die Handschrift 231 greift stärker ein und ver-

---

107 Wenn ich im Verlauf der Untersuchung von ‚Vorlagentreue oder relativer Vorlagenabhängigkeit' spreche, so meine ich keinen Bezug zu einer konkreten Vorlage, aus der die hierarchischen Strukturierungen übernommen worden wären, sondern ich meine die Tendenz zur formalen Kennzeichnung unterschiedlicher, miteinander kompilierter Stoffkreise. Neben dieser relativen Vorlagenabhängigkeit zeigt sich bei vielen Handschriften noch eine ‚direkte Vorlagenabhängigkeit', wie sie z.B. nicht nur beim Bildprogramm der Handschrift 24 nachgewiesen werden kann.

zichtet auf die Textstelle über die heidnischen römischen Tagesgötter, weil sie nicht in das franziskanische Weltbild passt.

Bewahrend und vorlagengetreu ist die Hs. 21 (Rezension C_2) sogar in der formalen Kennzeichnung der Verse. Nicht immer wird der Inhalt in der Hs. 21 und in der Hs. 22 (Rezension C_2) richtig verstanden. Wo der Schreiber der Handschrift 21 den Text offensichtlich nicht versteht, versucht er dennoch, im Reim zu bleiben. In der Tagesgötterpassage verlässt der Schreiber der Hs. 22 dagegen öfter den Reim und gibt auch den Inhalt sehr großzügig interpretierend wieder. Die C_2-Handschriften bleiben bei den Wochentagsnamen der Kaiserchronik, selbst wenn es dadurch zu Unstimmigkeiten in der Verwendung der Wochentagsbezeichnungen in der Chronik insgesamt kommt (*Samstag/Sonnabend*).

Die C_3-Handschriften bzw. ihre Vorlage verändern insgesamt stärker, sie strukturieren den überlieferten Textzusammenhang auch neu (z.B. gegenüber Frutolf nach dem Personenprinzip und nicht vorrangig annalistisch), durchgängig benennen sie alle Wochentage auch in den Kaiserchronikpassagen mit den in ihrer Schreibdialektregion üblichen kanzleisprachigen Bezeichnungen. Die zur C_3-Redaktion zusammengefassten Handschriften 18 und 19 verfahren bei der Wiedergabe der Wochentagsnamen aus der Kaiserchronik viel eigenständiger als die übrigen C-Handschriften. (Das gilt ebenso für die inhaltliche Übernahme und insgesamt auch für die hierarchischen Strukturierungsmerkmale der Handschriften 18 und 19.)

Anhand der Verwendung der Wochentagsbezeichnungen in den Textexemplaren des ‚Buchs der Welt' wird eine sprachausgleichende Wirkung der meisten Bearbeitungen deutlich. Die Sprache ist textsortenspezifisch auf Überregionalität hin angelegt. In den folgenden Tabellen sind die Wochentagsbezeichnungen der untersuchten Handschriften zur Übersicht noch einmal zusammengestellt:

Tab. 18: Die nd., md., obd. Wochentagsnamen

Niederdeutsch Ostfäl.	Mitteldt. Ostmd.	Oberdeutsch Bair.
Hs. 24 – Wende 3.-4. Viertel 13. Jh. (Braunschweig oder Lüneburg, südostf.) *sůndach, manendach, dinsedach, mitweken, donresdach vridach, sunnavent* KChr.: *sonendach, manendage, na deme manendage, mitweken, donresdage, –, sunnavende*	**Hs. 1** – Anfang 14. Jh. (Nürnberg) *suntage, montage, dinstag, mitwoche, donrstag ,vritag, samstag*	**Hs. 2** – 1. Viertel 14. Jh. (evtl. Freising) *Suntag, Montag, eritag, mitwochen, donerstag, Freitag, Samztag*
Hs. 17 – 1. Viertel 14. Jh. (Lüneburg?) (südostf.) *sunnendach, manendach, dinsedach, midweken, donersdach, vridach, sunauent*	**Hs. 21** – 24. April 1370 (Arnstadt, Erfurt) *suntag, mantag, dinstag, mitwochen, donrstag, fritag, sunabend*, KChr: *suntag, mantage, nach dem mantage, mitwochen, donerstag, –, samstage*	**Hs. 6** – Ende 14. Jh. (+ md./ Benediktbeuren) *svntag, mantag, dingstag, mitwochen, donrstag, frytag, samztag*
Hs. 231 – 13. April 1416 (Quedlinburg/ Halberstadt) *sondach, mandach, dinsedach, mydweken, donresdach, fridagh, sunauent* KChr: fehlt	**Hs. 10** – Anfang 1. H./15. Jh. (Erfurt) *sontag, montag, dinstag,, myttewoche, donerstag, vrytag, samestag*	**Hs. 7** – Ende 14. Jh. (bair.-schwäb., Ort?) *sunnentag, mantag, eritag, mitwochen, pfincztag, freitag, sampstag*
Hs. 22 – 2. Viertel/Mitte 15.Jh. (Braunschweiger Raum?) *sondach, mandach, dinxdach, midweken, donersdach, vrigdach, sonauent* KChr.: *sondach, mandaghe, na deme mandaghe, midweken, donerstage, –, samesdage*	**Hs. 18** – 2. Viertel 15. Jh. (Erfurter Raum?) *suntag, mantag, dinstag, mittewochin, dornstag, fritag, Sunnabind* KChr.: *suntage, mante, dinstage, mittewochin, dornstage, fritage, sunnabinde*	**Hs. 122** – Ende 14./Anf. 15. Jh. (bair.-md. Interferenzraum, Böhmen) Anfang verloren, beginnt erst SW 67,15 (Bl. 3ʳ): *medewoche, dornstag, frytag, svnnabent*
Hs. 14 – 1434 (Schleswig) *des soncdaghes, des Sungdaghes, soncdagh; manendaghes, mandagh; dinsstedach; midwekes, mydweken; donredaghen, donresdach; vrycdaghes; wrycdagh; sonnauent*	**Hs. 19** – 2. Viertel 15. Jh. (Erfurter Raum) *suntag, mantag, dinstag, mittewochin, dornstag, fritag, Sunnabind*; KChr.: *suntage, mante, dinstage, mittewochin, tornstage, fritage, sunnabinde*	**Hs. 3** – Anf. 15. Jh. (Kärnten/Villach) *suntag, montag, ergtag, mitwoch, donerstag oder pfincztag, freytag, sampcztag*
Hs. 162 – 15. Jh. (Lübeck) *Sunnendach, des mandaghes, mandach, Des dinxtedages, dinxtedach, Des mydweken, den mydweken, Des donredaghes, den donredach,Des vridages, den vrighdach, Des sonnauent, sonnauent*	**Hs. 111** – 2. Hälfte 15. Jh. (Zwickau) *süntag, montagk, dinstag, mittewochin, donerstagk, fritagk, Suñabint*	**Hs. 5** – 2. Viertel 15. Jh. nordbair (Nürnberg-Regensburg) *suntag, mantag, dinsttag oder erichtag, mitwochen, donerstag oder pfincztag, freitag, sambcztag*

758

Niederdeutsch	Mitteldt.	Oberdeutsch
Ostfäl.	**Ostmd.**	**Bair.**
Hs. 144 – 21. Sept. 1482 (Greifswald/Lübeck od. Ålborg) *sondagh, mandagh, dingste dach, mydweken, donre dach, vry dagh, sonnauent*		**Hs. 12** – 450 (bair. Österr., Wiener Neustadt) *suntag, montag, eritag, mitichen, pfincztag, freitag, sambstag*
Hs. 23 – Mitte 3. Viertel 16. Jh. (Ort?) *sundach montag, dinstach, mitweke, donnerstach, vridach, sunnabend*, KChr.: *sundach, manendage, nach dem manendage, mideweken, donerstage, –, sunnabend*		**Hs. 081** – 24. Jan. 1471 (Regensburg, bair./md.) *suontag, montag, erchtag, mytwochen, pfintztag, freytag, sambtztag*
		Hs. 031 – 2. Hälfte Ende 15. Jh. (Dingolfinger Raum) *suntag, montag, eritag, mitichn, pfincztag, freitag, samcztag*
		Hs. 12a – 1467 bair.-österr. *suntag, mantag, eritag, mitichen, pfincztag, freitag, sambstag*
		Hs. 082 – 1501 (Regensburg?) *sontag, montag, erichtag, mitwoch, pfinztag, freytag, sambstag*
		Hs. 8 – 1.Viertel 16. Jh. (Regensburg) *sontag, montag, erchtag, mitwochen, pfintztag, freytag, sambtztag*

Tab. 19: Die nordalb., rip., schwäb./alem. Wochentagsnamen

Nordalbingisch	Ripuarisch	Schwäbisch/Alem.
Hs. 16 – um 1300 Hamburg *sunnendach, manendach, dinsedach, midweken, donredach, urigedach, sunnauent*	**Hs. 11** – Mitte bis 3. Viertel 14. Jh. (um Köln) *sůndag, mandag, dinsdag, gůdestag, důnrstag, vridag, sunauent*	**Hs. 024** – 1456 (Aalener Stadtschr. Schwäb. mit bair?) *suntag, moᵉntag, aftermŏntag, mittwochen, donderstag, freytag, Samstag*
		Hs. 023 – nach 1465 vor 1476 Bollstattter (Augsburg, ostschwäb.) *sunntag, montag, aftermontag, mittwůchen, donnestag, freytag, sampstag*

Nordalbingisch	Ripuarisch	Schwäbisch/Alem.
		Hs. 022 – 1476 (Bollstatter, ostschwäb) *sunntag, montag, dinstage, erichtag oder aftermontag, mitwochen, donnerstag, freytag, sampstag*
		Hs. 021 – (1439-1471) Basel (Appenwiler) überliefert die Schöpfungsgeschichte nicht, hat aber im Text: *mentag*

V.2.5.2 Latein – Volkssprache

Es sind zum Beleg der Wahrheit im ‚Buch der Welt' zahlreiche Autoritäten herangezogen worden,[108] dieselben, die auch für die lateinische Chronistik gültig waren: z.b. Lucanus und Orosius (SW 79,2); die Bibel (*dat bok Machabeorum* SW 83,17f; *in Actibus apostolorum*, SW 92,31 und 116,9), die Kirchengeschichte des Eusebius von Cäsarea (SW 117,1f.), Legenden (*Vita Basilii* SW 128,8 und Vita Silvestri SW 120,16 und SW 121,11), zwei Schriften des heiligen Papstes Gregor I. (SW 134,9; SW 134,18: *scrift sente Gregorius in Dialogo* ‚Dialogi de vita et miraculis patrum italicorum' und SW 135,5: *Omelia* ‚Homilia in Evangelia'), das *Corpus iuris civilis* des Kaisers Justinian (SW 135,13), das *Decretum Gratiani* (*in Decretis* SW 118, 40), die Dekretalensammlung des Papstes Innozenz III. (*decretale* SW 273,6) und nur eine lateinische Chronik des Hochmittelalters: die *Cronica Slavorum* des Helmold von Bosau (*Cronica Wilhelmi van deme lande over Elbe* SW 163,26f.).

Die lateinischen Hauptgrundlagen des ‚Buchs der Welt' – die Frutolf-Ekkehard-Chronik und die Pöhlder Annalen – werden jedoch namentlich nicht erwähnt. Sie sind der Grundstock des volkssprachigen Chronisten. Das ‚Buch der Welt' ist aber dennoch keine Übersetzung der Frutolf-Ekkehard-Chronik im engeren Sinne. Sie ist eine Adaption des chronikalischen Wissens, das zielgerichtet zu einer neuen Weltchronik verarbeitet wurde. Hier verfahren die Chronisten der ‚Buch der Welt'-Überlieferung wie viele andere Chronisten, die die Frutolf-Ekkehard-Chronik zu ihrer Grundlage gemacht haben. Anders als die lateinischen Chronisten konnten die volkssprachigen Chronisten ihre Vorlage aber nicht – mehr oder weniger interpretierend – übernehmen, sie mussten sie zunächst zudem auch noch übersetzen. Es zeigt sich insgesamt sowohl eine starke Vorlagentreue als auch die eingreifende Überarbeitung der

---

108 Vgl dazu auch Hubert Herkommer, Einführung, S. XIX und Gabriele von Olberg, *Loghene schal uns wesen leyt*.

Vorlagen. Beides steht in den hier untersuchten Weltchroniken in einem Spannungsverhältnis zueinander. Es wechseln auch die Übersetzungsstrategien: *verbum-de-verbo*-Verfahren und sinngemäße Verfahren sind miteinander verbunden.

Auch auf sprachlicher Ebene wird insgesamt ein spannungsreicher Wechsel deutlich: Einerseits zeigt sich eine enge Anlehnung an die durch das Latein vermittelten sprachlichen Vorbilder, andererseits aber auch Offenheit gegenüber Neuerungen. Die Übernahme von Nachrichten aus der Frutolf-Ekkehard-Chronik geschah in einem Spannungsbogen, der von einer wörtlichen bis zu einer sehr präzisen, sinngemäßen Übersetzung reichte. Der Übersetzer bemühte sich bei der Wiedergabe der Frutolf-Ekkehard-Passagen um eine adäquate, auf Äquivalenz zielende Wiedergabe.[109] Die Übernahme aus den Pöhlder Annalen geschah weitaus selektiver und weniger eng am Text. Es liegt hier das Prinzip einer eher lockeren Adäquatheit zugrunde. Auch bei der Übernahme der durch die lateinische Chronistik vermittelten Stoffkreise zeigen sich Unterschiede: Bei der Weitergabe des ursprünglich geschriebenen, z.T. im Brief, z.T. in Urkunden, rechtskräftigen Wortes sind die Chronisten der Vorlage vielfach treuer, bei der Darstellung der übrigen Geschichtserzählung sind sie häufig offener und freier.

Der Vergleich zwischen der Überlieferung der lateinischen Frutolf-Ekkehard-Chronik, den lateinischen Pöhlder Annalen einerseits und zwischen den verschiedenen Textexemplaren des ‚Buchs der Welt' andererseits hat gezeigt, dass man nicht pauschalierend von der Kürze der lateinischen Chronistik und der narrativeren Darstellung in der Volkssprache ausgehen kann – auch nicht bei den Vorlagen des ‚Buch der Welt'. Die volkssprachigen Chronisten erweitern gegenüber den lateinischen Vorlagen, sie straffen aber auch. Sie lassen in ihrer Gliederung z.B. nach den Inkarnationsjahren und den Regierungszeiten die straffe annalistische Struktur der Frutolf-Chronik erkennen,[110] aber sie sind insgesamt erzählende Geschichtsdarstellungen und auch damit folgen sie lateinischen Vorbildern: der Ekkehardschen Überarbeitung Frutolfs und auch den Pöhlder Annalen. Auch bei einem punktuellen Vergleich auf unterschiedlichen sprachlichen Ebenen (Wortbildung, Textzusammenhänge) zwischen den Textexemplaren des ‚Buchs der Welt' und den lateinischen Vorbildern bestätigt sich, was sich bei der Untersuchung der Mak-

---

109 Vgl. Katharina Reiss, Hans J. Vermeer, Translationstheorie.
110 Vgl. dazu auch Hubert Herkommer, Einführung, S. XXIf. Das Beispiel aus der Geschichte Karls des Großen.

rostrukturen, der hierarchischen Strukturierungsmerkmale, der Text-Bild-Relationen, der semantischen und lexikalischen Bezüge gezeigt hat: Die untersuchten Textexemplare zeigen bis zum 14. Jahrhundert deutlich, dass es sich hier um z.T. noch sehr eng an die Vorlagen gebundene Mischformen zwischen der volkssprachigen und der lateinischen Weltchroniktradition handelt. Erst mit dem 15. Jahrhundert gewinnen die Chroniken zunehmend eine andere Orientierung, die aber dennoch weiterhin von der lateinischen Sprache und der durch das Latein vermittelten Bildung beeinflusst sein kann. Dies zeigt sich auch am Interesse der Humanisten für die volkssprachige Chronistik (z.B. Aventin) und an den vielen Rückübersetzungen volkssprachiger Chroniken im 15. Jahrhundert.[111]

Die Rückübersetzungen des ‚Buchs der Welt' beginnen schon im 13. Jahrhundert und reichen bis zur Humanistenchronik ins 16. Jahrhundert. Alle vollständig überlieferten Rückübersetzungen zeigen deutliche Eingriffe in den Textzusammenhang. Rolf Sprandel stellt ein besonders hohes Aufkommen von lateinischen Chronik-Rückübersetzungen erst für das 15. Jahrhundert fest: „Der lateinkundige Laie ist im 15. Jahrhundert im Vordringen und läßt eine ältere Funktion volkssprachiger Fassungen überholt erscheinen [...] Wir fassen hier offenbar Vorläufer einer Entwicklung, wo sich ein gebildetes Publikum deutschen Texten mit einem eigenen Interesse an dieser Sprache zuwendet."[112] Die Überlieferungslage des ‚Buchs der Welt' ist etwas anders, die frühen und die späten Rückübersetzungen halten sich fast die Waage: zwei von fünf Rückübersetzungen stammen schon aus dem 13. Jahrhundert, zwei aus dem Anfang des 15. Jahrhunderts und eine aus dem Anfang des 16. Jahrhunderts. Vier der Rückübersetzungen gehören der Rezension A_1 an und eine der Rezension B (1417). In den Rezensionen A_2 und in allen C-Rezensionen finden sich bislang keine Rückübersetzungen. Ich möchte das Vorkommen der Rückübersetzungen aus dem 15. und 16. Jahrhundert für vorrangig textsortenrelevant halten – sie bestätigen, vor allem mit der Humanistenübersetzung, die textsortenrelevante Variablenkonstellation städtischer Universalchroniken mit reichshistorischer und heilsgeschichtlicher Ausrichtung (Varainate IV).

Ausgehend von den frühen Rückübersetzungen zeigt sich der Entstehungszusammenhang der Textexemplare, die den Textzusammenhang des ‚Buchs der Welt' überliefern, zudem in einem anderen Licht als bisher: Das ‚Buch der Welt' könnte in einer frühen Langfassung etwa 1230

---

111 Rolf Sprandel, Zweisprachige Geschichtsschreibung.
112 Rolf Sprandel, Einleitung, S. 5.

entstanden sein. Die Urfassung war vielleicht identisch mit der Vorlage der Gothaer Bilderhandschrift, ihre Intention war vermutlich die Verbindung der jüngeren, vorwiegend gereimten höfischen volkssprachigen Chronistik mit der älteren, ausschließlich lateinischen Prosaweltchroniktaradition. Die Einheit beider Traditionen geschah durch die Zusammenfügung der lateinischen Frutolf-Ekkehard-Chronik mit der deutschsprachigen Kaiserchronik. Für die Kaiserchronik kann man von einem (bayrisch) welfischen Entstehungszusammenhang ausgehen. Die dynastische-welfische Ausrichtung geschieht durch die Verbindung mit welfischer Überlieferung, wie z.B. mit der *Genealogia Welforum*. Die Planung einer dynastisch ausgerichteten Weltchronik geht eventuell bereits auf Heinrich den Löwen zurück; hier kann man von einem textgenetischen Zusammenhang mit der Braunschweiger Reimchronik ausgehen. Die C-Fassung würde ich demgemäß als die ursprünglichere ansehen, denn ich möchte davon ausgehen, dass die B- und die A_1-Fassungen aus Rückübersetzungen der ursprünglicheren C-Fassungen ins Lateinische entstanden sind. Die älteste welfisch dynastische Fassung formte also Prosa nach lateinischem Vorbild aus und ergänzte sie durch volkssprachig gereimte Passagen aus der Kaiserchronik. Dies war der Ausgangspunkt der Überlieferung. Sie wurde dann in klösterlichem Umfeld und später in städtischem umgeformt, einerseits reichschronistisch, andererseits auch regional ausgerichtet.

Sprachmischungen kommen bei den untersuchten Textexemplaren im adeligen Umfeld (Hs.24) vor – hier sind vor allem die Bildunterschriften lateinisch bzw. die Übersetzung hält sich textteilbezogen sehr eng an die lateinischen Vorgaben, sie kommen im städtischen Umfeld (Hss. 021, 8, 081, 082) vor – hier können Einleitungen und Vorreden zweisprachig (Hss. 8, 081, 082) sein oder auch Textteile (Hs. 021) in lateinischer Sprache wiedergegeben werden – und sie können im klösterlichen (Hss. 14, 21, 231, 18) Umfeld vorkommen – hier können Schreibersprüche (Explicit) in lateinischer Sprache auftreten oder ebenfalls ganze Textteile bzw. Teiltexte lateinisch sein. Diese Mischungen sind ganz häufig durch die Schreiberpersönlichkeiten begründet, die zumeist gute Kenntnisse der lateinischen Sprache hatten.

Die Untersuchung hat gezeigt: Latein war den meisten Schreibern zumindest ebenso geläufig als Schriftsprache, wie es die Volkssprache für sie gewesen ist. Die volkssprachige Weltchronistik – repräsentiert durch den Textzusammenhang des ‚Buchs der Welt' – ist ganz wesentlich geprägt durch die Auseinandersetzung mit der lateinischen Sprache auf einem kanzleisprachlichen volkssprachigen Niveau.

Die zweisprachige Prägung war schichtenübergreifend – so hat die Untersuchung gezeigt; sie trat zwar – wie oben ausgeführt – in unterschiedlicher Ausprägung auf, war aber an eine sozusagen alles verbindende und auch sozial durchlässige Ebene gebunden: an die Kanzlei. Die Geistlichkeit, adelige Kreise, später ein Teil des Bürgertum verfügten – zumindest auf der Ebene der Kanzleien, der Schreibstuben – selbstverständlich über Zwei- oder Mehrsprachigkeit.

Die Überlieferungslage des ‚Buchs der Welt' zeigt eine Wechselbeziehung zwischen lateinischer und deutscher Weltchroniktradition, die sehr facettenreich ist. Für den hier untersuchten Textzusammenhang gilt es im Wesentlichen vier Arten der Berührung von Latein und Volkssprache zu unterscheiden:

1. die Anlehnung an lateinische Vorbilder bei der Chronikkompilation,
2. die Rückübersetzungen: Mitteldeutsche, niederdeutsch/mitteldeutsche, niederdeutsche und bairische Vorlagen werden ins Lateinische zurückübersetzt, d.h., der Austausch zwischen den deutschen Schreibdialekten und der lateinischen Bildungssprache ist rege. Die Rückübersetzungen beginnen schon im 13. Jahrhundert und reichen bis ins 16. Jahrhundert.
3. Verschiedene Ausprägungen von lateinisch-deutschen Sprachmischungen begegnen in den frühen Chroniken des 13. wie auch in denen des 15. Jahrhunderts.

V.2.5.4 Inhaltliche Ordnungsprinzipien

Weit verbreitet war in der Universalchronistik die inhaltliche Strukturierung nach Regierungszeiten (*regna*) und nach weiteren sehr differenzierten Zeitmesssystemen.[113] Für das ‚Buch der Welt' ist eine annalistische Struktur durch die Vorlage der Frutolf-Ekkehard-Chronik bereits vorgegeben; die Kaiserchronik, eine wichtige Vorlage der C-Handschriften, gliedert vorrangig nach Personen. Die Untersuchung der hierarchischen Strukturierungsmerkmale und der Text-Bild-Bezüge hat für den Textzusammenhang des ‚Buchs der Welt' – wie er sich in den einzelnen Handschriften darstellt – unterschiedliche Gliederungsprinzipien sichtbar gemacht: A) die annalistisch-datenbezogene Gliederung nach unterschiedlichen Zeitmesssystemen; B) die narrative chronologische Ordnung nach historisch bedeutenden Personen; C) die geneologische Darstellungsweise; D) die Zweiteilung der Weltgeschichte in vorrömische Geschichte

---

113 Vgl. z.B. grundlegend zu unterschiedlichen Zeitvorstellungen in der Chronistik: Franz Josef Schmale, Funktion, S. 28-37; Gertrud Bodmann, Jahreszahlen und Weltalter.

und die mit dem römischen Reich beginnende, bis in die Gegenwart der Chronisten andauernde Geschichte. Im Folgenden fasse ich zunächst zusammen, in welcher Weise den formalen Strukturierungen inhaltliche Ordnungen zugrundeliegen und in welchem Maße annalistische/datenbezogene (A), genealogische (B) und personenbezogene (C) Strukturierungen in den einzelnen Textexemplaren vorgenommen wurden.

A) Datenbezogene Darstellung: In der zeitlichen Struktrierung richten sich die Textexemplare in vielem nach dem lateinischen Vorbild, nach der Frutolf-Ekkehard-Chronik: Diese Strukturierung bedeutet bei Frutolf vor allem eine sehr strenge chronologische Zuordnung der Ereignisse: „Frutolf ist der erste mittelalterliche Chronist, der tatsächlich die gesamte im Mittelalter zugängliche Geschichte von der Erschaffung der Welt an bis auf seine Gegenwart beschreibt und chronologisch genau zu ordnen sucht."[114] Frutolf richtete sich in der Anlage seiner Weltgeschichte nach der Chronik des Eusebius in der Vermittlung durch die lateinische Übersetzung des Hieronymus, der die Weltgeschichte bis in seine Gegenwart (378) fortgesetzt hatte. Die streng annalistische Anlage des Eusebius, der auch Frutolf weitgehend folgt, bot die Möglichkeit, weiteres ‚Weltwissen' zeitlich korrekt hinzuzufügen. Frutolf bedient sich hier verschiedener Zeitmesssysteme: die Zählung seit der Gründung Roms,[115] die Zählung nach Olympiaden,[116] die Zählung nach Indiktionen,[117] die Zeitrechnung seit der Geburt Christi.[118] Alle diese Zählweisen beginnen mit einem bestimmten Zeitpunkt und werden von Frutolf dann weitergeführt bis in seine Gegenwart. Daneben verwendet er „Systeme, die nur für bestimmte Epochen gelten: Jahre der Verheißung ab Abraham (nach Hieronymus), Jahre seit der Errichtung des Tempels in Jerusalem, Jahre seit der Zerstörung des Tempels, Jahre seit der Wie-

---

114 Frutolfs und Ekkehards Chroniken, Einleitung, S. 8.
115 Diese Zählweise beginnt am 21. April 753 v. Christus.
116 Dies ist ein vierjähriger Zyklus, beginnend mit dem 1.7.776 vor Christus.
117 Diese Zählweise legt einen durchgängigen Zyklus von 15 Jahren zugrunde. Der Indiktionszyklus diente in der Antike steuerrechtlichen Zwecken, seit Beda beginnen die Indiktionen am 24. September, die römischen Indiktionen begannen am 1. Januar oder am 25. Dezember. Das Jahr 1 nach Christus hat die Indiktion 4. Vorteil dieser Zahlung ist, dass sie die Zählweisen nach Herrscherjahren oder Konsulaten sicherer macht.
118 Die Zählweise nach Christi Geburt (*anni ab incarnatione Christi*) wurde im 6. Jahrhundert durch den röm. Abt Dionysos Exiguus eingeführt. Sie setzte sich im Mittelalter schließlich als gebräuchlichste Form der Zeitrechnung durch und wurde im Laufe der Zeit fast auf der ganzen Welt verwendet. Eine Ausnahme ist der mohammendanische Bereich. Hier ist die Zählung nach Jahren seit der Hedschra gebräuchlich.

dererrichtung des Tempels".[119] Bis „etwa zur Gründung Roms" überwiegt „tabellarisches Zahlenmaterial; von dieser Zeit an wird der berichtende Text immer umfangreicher".[120]

Die Textexemplare des ‚Buchs der Welt' verwenden keine Zeittabellen, die Zeitrechnungssysteme sind nicht so vielfältig wie in der Frutolf-Ekkehard-Chronik. Sie folgen auch nicht explizit der von Beda übernommenen Einteilung in die Weltalter und in die sechs Weltreiche.[121] Obschon diese Einteilung punktuell erkennbar ist. Die Textexemplare des ‚Buchs der Welt' übernehmen andere Techniken der Frutolf-Ekkehard-Chronik, um den mächtigen Geschichtsstoff zu strukturieren. Verschiedene annalistische Elemente sind im Textzusammenhang präsent:

Die Jahresangaben sind oft durch eine besondere Schreibweise oder durch Rubrizierung hervorgehoben, durch Punkte begrenzt. Mit den einschneidenden Ereignissen, den Regierungsantritten der Herrscher, beginnt oft ein gesonderter Absatz, der durch Initialen – entweder allein oder in Kombination mit vorhergehenden Leerzeilen, *capitulum*-Zeichen oder nachfolgenden (durchgestrichenen) Majuskeln – hervorgehoben ist. Das Prinzip der Zeitberechnungssysteme ist also stark in den hierarchischen Strukturierungsmerkmalen präsent.

In den einzelnen Stoffkreisen variieren die Zählweisen, bedingt durch die thematische Ausrichtung: In der Schöpfungsgeschichte zählen zunächst die Tage und Stunden des Schöpfungsaktes im Sechstagewerk. In der biblischen Geschichte seit Adam steht das Alter der Stammväter im Vordergrund. Wie eine Zeitleiste wird z.B. in den C-Handschriften Adams Alter bis zu seinem Tode mit 930 Jahren immer wieder in die übrigen Ereignisse hineingeblendet. Auf diese Weise wird ein Gesamtzusammenhang zwischen den einzelnen Ereignissen hergestellt:

Ich zitiere aus der Handschrift 24:

Bl. 11^r, Z. 18ff.: ***Do seth was uif iar vñ hundert alt . he gewan enos . dan** noch leuede adam vñ was twehundert . vñ vif vñ dritich iar alt .* (Beginnt mit einer einzeiligen farbigen Initiale.)

Bl. 11^r, Z. 5ff.: ***Enos gewan kaynan do he was negentich iar alt . dan noch** leuede adam vñ was drier hund't vñ vif vñ twentich iar alt .* (Beginnt mit einer einzeiligen farbigen Initiale.)

---

119 Frutolfs und Ekkehards Chroniken, Einleitung, S. 11.
120 Ebd., S. 9.
121 Vgl. dazu auch Frutolfs und Ekkehards Chroniken, Einleitung, S. 12.

usw.

Bl. 11ʳ, Z. 18ff.: *Enoch gewan matusalā do he was vif vñ sestich iar alt . dan noch leuede adā vñ was seshund't vñ seuene vñ sestich iar alt .* (Beginnt mit einer einzeiligen farbigen Initiale.)

bis:

Bl. 11ʳ, Z. 23ff.: *Mathusalam gewan lamech do he was hundert vñ seuene vñ achtentich iar alt . dan noch leuede adam vñ was achtehund't vñ vier vñ seuentich iar alt . do mathusalam was twierhund't vnde vier vñ viertich iar alt . vñ lamech sin son sesse vñ viftich . do was adam negenhund't vñ dritich iar alt . vñ starf .*

Andere Handschriften vereinfachen demgegenüber dieses Prinzip. Die Handschrift 1 lässt einmal die Altersangabe aus (460 Jahre). Im Übrigen überliefert die Hs. 1, in der Forschung der Rezension A₁ zugerechnet, abgesehen von einigen kleineren Fehlern, die Version der Hs. 24. Die Weilandsche Ausgabe suggeriert hier ein anderes Bild von einer geschlossenen, anderen Überlieferung der A- und B-Handschriften.[122]

Hs. 1, Bl. 1ᵛ, Z. 20ff.: *Do seth was fůnf vnd hundert iar alt er gewan enos dānoch lebt adam vnd waz zweⁱhundert iar vnd fůnf vnd drizic iar alt* (Beginnt mit einer rot durchgestrichenen Majuskel.)

Hs. 1, Bl. 1ᵛ, Z. 25ff.: *Enos gewan kaynam do er waz neunczig iar alt Dānoch lebt adam vnd waz driu hundert vnd fůnf vnd zweinzig iar alt* (Beginnt in beiden Fällen mit einer rot durchgestrichenen Majuskel.)

Hs. 1, Bl. 1ᵛ, Z. 28ff.: *kaynan wan malalel . do er waz sibenzig iar alt dannoch lebet adam vnd waz driuhundert vnd fůᵉnf vnd neuntzig iar alt_* (Beginnt mit einer rot durchgestrichenen Majuskel.)

Hs. 1, Bl. 2ʳ, Z. 2ff.: *Jareth gewan Enoch do er waz hundert vnd zwai vnd sehzic iar alt dannoch lebt adam vñ was sehs vnd hundert vnd zwai vnd zweinzig iar alt* (Beginnt mit einer einzeiligen farbigen Initiale.)

Hs. 1, Bl. 2ʳ, Z. 4ff.: *Enoch gewan matusalam do er waz fuenf vnd sehzig iar alt dannoch lebt adam vnd waz sehshund't vnd siben vnd ahzig iar alt .* (Beginnt mit einer rot durchgestrichenen Majuskel.)

Hs. 1, Bl. 2ʳ, Z. 10ff.: *Mathusalam gewan lamech do er waz hund't vnd siben vnd achzig iar alt dannoch lebt adam vnd waz ahthundert vñ vier vñ sibenzig iar alt vnd lamech sin sun waz sehs vnd funfzig iar alt do waz adam neunhundert vnd drizig iar alt vn starp* (Beginnt mit einer rot durchgestrichenen Majuskel.)

---

122 Ludwig Weiland, Sächsische Weltchronik, S. 68,24ff.

Die Bilderhandschrift 16 (Rezension B) vereinfacht erheblich mehr,[123] indem sie während der Aufzählung der Nachkommenschaft nur zweimal das Alter Adams angibt:

Hs. 16, Bl. 2 bzw. 4va: *Do seth was uif iar . un hundert alt. he ghewan enos . dannoch leuede adam . un was twehundert . un uif un dritich iar alt .* (Beginnt mit einer einzeiligen blauen Initiale)
Hs. 16, Bl. 3 bzw. 5ra: *bi lameches tiden starf adam . do he was neghenhunderth un dritich iar alt .*

Eine Rechenkontinuität bleibt aber in allen Handschriften gewahrt, da das Alter der Nachkommen Adams durchgängig angegeben wird. Nach dem Tode Adams ist dieses Prinzip der Altersangabe des Vaters bei der Geburt seiner Söhne ohnehin zunächst das vorherrschende Zählsystem. Neben Adams Alter wird auch das anderer Stammväter (z.B. Methusalems) im chronologischen Geschehen an verschiedenen Stellen erwähnt.

Ein weiteres Zählsystem wird später eingeführt, indem die Zeiträume zwischen verschiedenen Ereignissen berechnet werden, z.B. der Zeitraum zwischen der Sintflut und der babylonischen Sprachverwirrung: Ich zitiere aus der Handschrift 16 als Beispiel für die übrigen untersuchten Textexemplare: Bl. 4 bzw.6rb (vgl. SW 70,2ff.): *Van der watervluot wante an der sprake tuiunge was en iar . un hunderith [...]*

Auch dieses Berechnungssystem kann andere Systeme begleiten und untermauern:

Hs. 16, Bl. 4 bzw. 6rb (vgl. SW 70,4ff.): *He wan och arfaxat . do he was hunderth iar alt . twe iar na der waterulot [...]*

Weitere Zeitmesssysteme kommen hinzu, z.B. die im späteren Chronikzusammenhang vorherrschende Zählung nach Regierungsjahren der Herrscher oder die Zählung seit der Gründung Roms: Bei der Geburt Abrahams wird sowohl das Alter seines Vaters erwähnt, als auch das Regierungsjahr des Königs Ninus von Assyrien, die Sintflut, die babylonische Sprachverwirrung, der Zeitraum seit der Entstehung der Welt und – auf die Zukunft gerichtet – die Gründung der Stadt Rom; ich zitiere stellvertretend aus der Handschrift 11, Bl. 3ra, Z. 37-Bl. 3rb, Z. 7 (SW 70,30-71,6):

Tare gewan abraham do he was lxx iar alt . in deme . xliii . iare des koninges Ninus van assiria Abraham [= zweizeilige A-Initiale] *wart geboren e man rome bůwede m inde ij c. inde lxiii iar . vā der wasser vlůyt bis an abraham*

---

[123] Auch diese Vereinfachung lässt sich nicht aus der Edition Weilands erkennen.

warē ii c.inde lxxxxii iar . van der wasser vlüyt. Bis an de zweiünge der sprage warē c inde eyn iar [...]

Die Gliederung nach den verschiedenen Zeitmesssystemen und nach Regierungsjahren der Herrscher, seit der Gründung Roms und schließlich nach den Jahren seit der Inkarnation Christi, wird in allen Textexemplaren übernommen. Die Handschriften 18 und 19 führen die Zählung seit der Gründung Roms wie die Frutolf-Ekkehard-Chronik bis zum Ende weiter, während die übrigen Textexemplare schon früh darauf verzichten, sie führen – ganz im Sinne christlicher Chronistik – nur die Inkarnationsjahre weiter.

Anhand der Beispiele zeigen sich verschiedene Funktionen der annalistisch-datenbezogenen Gliederung:

1. eine ordnende Chronologie herzustellen;
2. die ‚Berechenbarkeit' der Welt vor Augen zu führen;
3. neben der Linearität von Geschichte auch die Gleichzeitigkeit von Ereignissen (z.B. in den Tabellen der Frutolf-Ekkehard-Chronik, das Nebeneinander unterschiedlicher Zeitberechnungen, die ineinandergreifen) darzustellen.

B) Personenbezogene Darstellung: Die Kaiserchronik ist nach dem personenbezogenen Prinzip strukturiert und auch die Frutolf-Ekkehard-Chronik gliedert innerhalb verschiedener Rechensysteme vor allem nach Personen, die das historische Geschehen entscheidend beeinflussten. Die Textexemplare, die das ‚Buch der Welt' überliefern, folgen ihr darin. Auch diese inhaltliche Gliederung findet ihren Ausdruck in den formalen hierarchischen Strukturierungsmerkmalen. Die Namen der Stammväter des Alten Testaments, die Namen der Herrscher werden in den einzelnen Textexemplaren durch Rubrizierung, durch rote Markierung des ersten Namensbuchstabens oder durch Majuskelgebrauch hervorgehoben. Die Kombination von Annalistik und narrativer, an historischen Personen orientierter Chronistik stellt für die Chronisten eine nicht leicht zu lösende Aufgabe dar. Immer wieder zeigt sich, dass die Narration den Rahmen, den die Annalistik vorgibt, zu sprengen droht.

Schon Frutolf und Ekkehard sahen sich mit diesen Problemen konfrontiert; die Chronisten des ‚Buchs der Welt' – vor allem der durch die Kaiserchronik und Legenden, Sagen erweiterten C-Fassungen – versuchten wie Frutolf und Ekkehard Annalistik und Geschichtserzählung so miteinander zu verbinden, dass ein les- bzw. vortragbarer Textzusammenhang entstehen konnte. Die Darstellung der Geschich-

te Karls des Großen machte den Chronisten besondere Probleme; die vielen Ereignisse, die zumeist aus der Vita Einhards bekannt waren, sprengten immer wieder den annalistisch-datenbezogenen Rahmen.
Frutolf-Ekkehard, Autograph, Bl. 135^v, Z. 15ff. (Abb. 5) fängt die Geschichte Karls des Großen mit dem Jahre 769 an. An dieser Stelle setzt am Rand eine Zeitleiste mit den Regierungsjahren Karls des Großen ein: *Anni karoli*. Der Text beginnt, wie auch bei den anderen Herrschern vorher üblich – und wie später bei jedem chronologisch zugeordneten Ereignis aus dem Leben Karls des Großen – in der ersten Zeile mit Kapitälchen:

Anno DŇ IncarŇ dcc LXVIIII Karolus Magnus pippini filius diuiso post patrē regno cū frē karolomanno regnato cepit . xlvi regnavit anñ [...]

Die Gothaer Bilderhandschrift 24, Bl. 74^r, Z. 11ff. beginnt mit einer einzeiligen, roten I-Initiale und nachfolgender durchgestrichener Majuskel. Am linken Rand des Textes folgt nach dem einleitenden *In* ein Brustbild mit der Beischrift *karolus*:

IN deme . dcc . lxix . iare van d' bort unses herren . karol' de grote des koning pippines sone . wart koning ov' al vranken lant . na sines uader dode vñ was daran ses vñ uertich iar .

Auch die Bilderhandschrift 17 beginnt mit einer farbigen I-Initiale, in den Text ist ein gerahmtes, viereckiges Brustbildmedaillon eingefügt, Bl. 64vb, Z. 4ff.:

In deme . dcc . lxix. Iare . na godes bort . karolus de grote . des koning pippines sone . wart koning ouer al vranchriken lant . na sines uader dode vnde was daran . xlvi . iar [...]

Mit abweichender Jahreszahl (776 statt 779) überliefert die Handschrift 1 den Regierungsantritt Karls des Großen. Sie beginnt mit einer zweizeiligen I-Initiale mit folgender rot durchgestrichener N-Majuskel, Bl. 47^v, Z. 7f.:

IN dem sibenhūd'sten vñ sehs vñ sibentzigsten iar vō vnsers herren geburt karolus d' gz' kunich des pippins suon wart kunich vb' alle vranchen lant nach sines vat' tod vñ waz dar an sehs vñ vierzig iar d'waz driv iar bi sinē brud' karolomanno an glichem tail nach des tod' waz er allein vñ an romischē riche vierzehen iar [...]

In der Handschrift 10 beginnt der Absatz mit einer Leerzeile und dann mit einer mehr als zweizeiligen I-Initiale mit folgender durchgestrichener N-Majuskel, Bl. 59ra, Z. 23ff.:

IN deme iare vō gotes geburt sobin hūdirt vñ nv̄n vnde seschczig iar karolus d' grosze wart konig vbir allez vranken lant noch pippī synez vatir tode vñ waz dar an sech vñ virczig iar /

In all diesen Fällen ist das annalistische Prinzip mit dem Prinzip der narrativen Darstellung einer Herrschervita verbunden. Das annalistische Prinzip – hier die Rechnung seit Christi Geburt bzw. bei Frutolf-Ekkehard und in den Handschriften 18/19 zusätzlich noch die Rechnung seit der Gründung Roms – ist dominant, mit dieser Rechnung als zentraler Information beginnt die Darstellung zu Karl dem Großen. Nach der Nennung des Herrschers, über den zu berichten ist, wird – wie in allen anderen Herrscherdarstellungen – eine genealogische Zuordnung vorgenommen: Karl ist der Sohn des fränkischen Königs Pippin. Anschließend werden in allen Handschriften noch verschiedene andere Zeitmessverfahren herangezogen: nach Regierungszeiten insgesamt (46 Jahre), nach gemeinsamen Regierungszeiten mit dem Bruder Karlmann (3 Jahre), nach der Zeit alleiniger Herrschaft über das römische Reich (14 Jahre).

Beispiele für eine Gewichtsverlagerung zwischen den genannten Prinzipien sind die höfische, ripuraische Handschrift 11 aus dem 14. Jahrhundert und die vermutlich mitteldeutschen Handschriften 18 (aus Klosterbesitz) und 19 (vermutlich aus städt.-bürgerl. Umfeld). Die Handschrift 11 greift den inhaltlichen Hinweis auf Karl den Großen im vorhergehenden Absatz (im Zusammenhang mit Pippins Tod wird im Text der Sächsischen Weltchronik schon dessen Nachfolger genannt) auf und weist in einer Rubrik am Ende der Zeile auf das Kommende hin, indem sie den Namen Karls des Großen aufführt (dieses Verfahren der rubrizierten Herrschernamen vor der jeweiligen Vita ist in der Handschrift 11 durchgängig), z.B. Bl. 27va, Z. 22f.:

karl der grote (in Rubrum am Ende der vorhergehenden Zeile)
In deme viic unde lxix na godes gebort Karl de grote quā ā dat rige koninc pippins sün war dar koninc ouer al vrancrige . na sins vad' dode inde was was da ā xlvi iar . der was he dru iar mit sime brod' Karlomāno ā gelicheme deile . na sinne dode was he alleyne da ā ī de ā romeschē rige xiiii iar. (Beginnt mit einer mehr als einzeiligen I-Initiale.)

Der Regierungsantritt Karls des Großen ist im Textzusammenhang der Frutolf-Ekkehard-Chronik wie auch im ‚Buch der Welt' vor allem der Anlass, ausführlich über die Taten Karls des Großen zu berichten. Die Handschriften tun dies in unterschiedlicher Intensität. Alle Handschriften jedoch berichten über die verschiedenen Kriege

Karls gegen Aquitanien, gegen die Briten, gegen die Spanier, über die Sachsen- und Bayernkriege, fast alle über die Taufe Widukinds, den Kampf gegen die Hunnen, über die Auffindung von Etzels Schatz, die Bautätigkeiten Karls des Großen etc. Gegenüber Frutolf-Ekkehard kürzen sie jedoch (in diesem Teil) erheblich, so sind z.B. die dort ausführlich erzählten Stammessagen über die Franken, Langobarden, Sachsen, Hunnen etc. stark gekürzt.[124] Die C-Handschriften übernehmen die Stammessage der Sachsen in ihrer Ausführlichkeit aus Frutolf-Ekkehard, isolieren sie jedoch aus dem bei Frutolf-Ekkehard gegebenen Textzusammenhang und stellen sie – wie vor allem die Handschrift 24 – an eine herausgehobene Position innerhalb des Codex.

Obschon die Chronisten des ‚Buchs der Welt' erheblich straffer vorgehen als z.B. Frutolf-Ekkehard, müssen auch sie am Ende ihrer – wenn auch kürzeren – Exkurse über Einzelheiten aus dem Leben Karls des Großen mühsam wieder in den Gang der nach annalistischen Prinzipien geordneten Chronologie zurückfinden. Sie tun dies auch für die Hörer/Leser deutlich mit dem Satz (vgl. auch SW 148,13ff.):

Hs. 24, Bl. 75^r, Z. 7: *Nu kome we wid' to d' croneken* .
Hs. 17, Bl. 66ra, Z. 12f.: *Nu kome we to der croniken* .
Hs. 1, Bl. 48^v, Z. 27f.: *Ditz habē wir kurtzlich gesaget vō d'e lebē kunich karls nu welle wir chomē wid' an die hystoriē kronicorum [...]*
Hs. 10, Bl. 60rb, Z. 23ff.: *Dit han wir korczlichē gesagit vō konig karlez lebin nu sullewir wed' komē an die kronicorum historia [...]*

Die ‚Buch der Welt'-Handschriften verzichten auf die Zeitleiste. Das führt in vielen Handschriften gerade bei den narrativen Passagen zu einer Störung des stringenten Zeitprinzips. Im Frutolf-Ekkehard-Autograph hilft die Zeitleiste auch, die Übersicht über die Fülle des historischen Materials zu behalten. Gerade bei der Regierungszeit Karls des Großen – über die es Vieles zu berichten gibt – zeigt sich die Schwierigkeit der Chronisten deutlich. Durch die Text-Bild-Verschränkungen in den Handschriften 16, 17 und 24 lässt sich das Problem ein Stück weit lösen. Das Brustbildmedaillon mit Karl dem Großen erscheint neben den Jahreszahlen an zwei verschiedenen Stellen: beim Regierungsantritt 779 als fränkischer König und bei der Kaiserkrönung durch den Papst Leo in Rom 801. Karl der Große ist zwar

---

[124] Vgl. z.B. Michael Menzel, Sächsische Weltchronik, S. 228ff. Vgl. auch Frutolfs und Ekkehards Chroniken, Einleitung, S. 13.

nicht durchängig präsent, wie in der Zeitleiste Frutolfs, er wird aber durch die Miniatur erneut für den Leser gegenwärtig.
Die unbebilderten Handschriften bedienen sich hier anderer Strukturierungsmittel, um die Übersicht zu bewahren:
Die Handschrift 10 beginnt mit einer Leerzeile und einer dreizeiligen farbigen A-Initiale als Absatzkennzeichnung, Bl. 61vb, Z. 23f.:

Achte hundirt iar vñ eyn iar von d' geburt vnses herē karolus d' große wart czv rome keyser d' dry vñ sobinczigiste von augusto vñ waz dar an virczen iar [...]

Handschriften, die wie die ripuarische höfische Handschrift 11 das Personenprinzip dem annalistischen Prinzip übergeordnet haben, müssen nun ein zweites Mal auf Karl den Großen hinweisen:
Bl. 29rb, Z. 20ff.: in Rubrum am Ende der Zeile 20 *karl der grote*. Mit einer zweizeiligen roten Initiale beginnt der folgende Textzusammenhang nach dem annalistischen Prinzip:

Na deme . viiic . inde . i . iar na godes geburt . karl de grote wart zuo rome keiser der lxxiij na augusto . inde was da ā xiiii iar . dat geschag alsus .

Konsequenter verfahren die Handschriften 18 und 19 nach dem Personenprinzip, dem sie das annalistische Prinzip unterordnen. Das annalistische Prinzip ist aber durchgängig bewahrt; die beiden Zeitmesssysteme: seit der Gründung Roms und seit der Geburt Christi sind nur in diesen beiden Handschriften bis in die Gegenwart der Chronisten hindurch weitergeführt. Die beiden Textexemplare strukturieren die Regierungszeiten der römischen Kaiser durch Hierarchieeinheiten, die z.B. in der Hs. 19 mit einer dreizeiligen roten und in der Handschrift 18 mit einer zweizeiligen Initiale beginnen. Die Initialen sind immer die Anfangsbuchstaben der Kaisernamen. Innerhalb dieser Hierarchieeinheiten werden weitere Sinneinschnitte durch *capitulum*-Zeichen oder durch meist einzeilige Initialen gekennzeichnet (eine Ausnahme macht das I am Rande, das meistens mehrere Zeilen umfasst). Die beiden Handschriften erwähnen den Regierungsantritt Karls als König der Franken innerhalb der Regierungszeit des oströmischen Kaisers Konstantinos V (741-775) ohne besondere Hervorhebung, z.B. Hs. 19, Bl. 195^v, Z. 13ff. beginnt ein Gesamtsatz mit einer rot durchgestrichenen I-Initiale:

In den geziten twang konig pipping die sachssin / dar czu daz sie yme alle iar gebin iij c pherde / dar nach starb her mit grossin eren / dar nach wart konig sins son karolus der sedder keiser czu rome wart / alz nu karolus czu franckriche konig wart / nach sines vater pippinges tode / da waz her / dar an deme konigriche xlvi iar / dry myt syme bruder karlomanno an glicheme teile [...]

Es folgt auf Blatt 196ᵛ, Z. 15 bis Bl. 197ʳ, Z. 3 die Regierungszeit des oströmischen Kaisers Leo IV. (775-780) und dann von Bl. 197ʳ, Z. 4 bis Bl. 198ᵛ, Z. 23 die Regierungszeit des oströmischen Kaisers Constantinus VI. (780-797). Erst mit Karls Kaiserkrönung durch Papst Leo III. in Rom bekommt auch Karl der Große seine eigene Hierarchieebene, die mit einer dreizeiligen roten K-Initiale (in 18 mit einer zweizeiligen) eingeleitet wird.

Hs. 19, Bl. 198ᵛ, Z. 24f.: *Karolus magnus als man yn nēnet Γ der quam Γ an das riche Γ nach gotis gebort viic vnde lxxxix iar von rome stifftunge MV^C vnde xxxvii iar Γ vnde waz dar an xiiij iar*

Dieses Gliederungsprinzip, das zunächst ganz konsequent nach den (ost)römischen Kaisern strukturiert und zur Orientierung durchgängig eine doppelte Zeitangabe mitführt – Zeitberechnung seit der Gründung Roms und seit der Geburt Christi – lässt auch noch Raum für andere Zeitmesssysteme wie z.B. die Dauer der Regierungszeit. Es wirkt stringenter; der ausufernde Exkurs zu Karl dem Großen fällt als Ereignisgeschichte zum Teil unter die Regierungszeit verschiedener (ost)römischer Kaiser. Die letzten Ereignisse fallen schließlich in die Periode der Regierung Karls des Großen. Die Chronisten der Handschriften 18 und 19 (bzw. der Chronist ihrer Vorlage) strafften auch den ausführlichen Text an manchen Stellen, z.B. ließen sie die Erzählung vom Schatz Etzels und von einigen Kriegen und Bautätigkeiten Karls aus. Sie konnten deshalb auch getrost auf den Satz *Nu kome we wider to de croniken* verzichten.[125]

Die Ergebnisse sind auch ein Beleg dafür, dass man a) nicht von vorneherein, ungeprüft die lateinische Weltchronistik für den strafferen, annalistischen Umgang mit dem Stoff ansehen kann: selbst der „Annalist" Frutolf behandelt z.B. die Ereignisse in der Zeit Karls des Großen erheblich ausführlicher als alle volkssprachigen Textexemplare des ‚Buchs der Welt'; b) auch die pauschale Angabe, die C-Handschriften seien ausufernder und weniger annalistisch organisiert als die übrigen Textexemplare, ist in dieser Pauschalierung ein ‚Vor'-Urteil. So straffen sie ebenso wie die A- und B-Handschriften den Erzählfluss Frutolfs über die germanischen Stämme. Gemäß ihrem sächsisch-welfischen Interesse verzichten sie nicht auf die Herkunfts-

---

125 Die Hss. 18 und 19 lassen die Passage SW 148,1 *In deme selven lande* [...] bis 148,13 [...] *croneken* aus.

sage der Sachsen. Sie isolieren sie aber und erzählen sie nicht innerhalb des engeren Chronikzusammenhanges. Die formale hierarchische und inhaltliche Strukturierung der Handschriften 18 und 19 zeigt eine erneute ordnende Durchdringung des mindestens seit dem 11. Jahrhundert überlieferten Chronikstoffes. Insgesamt vereinfacht sich das System der Zeitberechnung von der lateinischen zur deutschen Chronistik, der Stoff wird gestrafft und stärker auf ein bestimmtes Erzählinteresse, ein bestimmtes Erinnerungsinteresse hin ausgerichtet.

C) Genealogische Darstellung: Im ‚Buch der Welt' werden vor allem die genealogischen Zusammenhänge im Alten Testament betont, das geschieht einmal durch die wiederholten Hinweise auf die unterschiedlichen Geschlechter und Stammväter, z.B. [...] *Uan noes sonen qaumen tve vň seuentich slechte* (Hs. 24, Bl. 12^r, Z. 11f.). Zum anderen verdeutlicht die Verbwahl die Genealogie. Es tritt entweder *gewan* ‚bekam' oder in süddetuschen Handschriften (2, 3, 031, 081, 082, 8) *gepar* ‚brachte hervor' in ständiger Wiederholung auf. Diese Wiederholung zieht sich wie eine stemmatische Linie durch die Darstellung: *Adam gewan kain vň abel* [...]; *Ane kain vň abele wan adam drittich sone vň dochtere* (Bl. 10^v); *Enos gewan kaynan* [...]; *Caynan wan malaleel* [...]; *Malaleel waň Jiarech* [...]; *Jarech gewan enoch* [...]; *Enoch gewan matusalā* [...]; *Mathusalam gewan lamech* [...] usw. (Bl. 11^r). In der Bilderhandschrift 16 sind die genealogischen Zusammenhänge des Alten Textaments aber im Bildprogramm verdeutlicht: Adam z.B. hält ein Spruchband in Händen: Er ist der Stammvater der Menschen. Auch Seth, als Stammvater des Geschlechts, hält ein Spruchband in seinen Händen. Eine gold-rot gestaltete Stammtafel zum Alten Testament findet sich auf Bl. 7 bzw. 5vb. Hier ist also ganz deutlich – sowohl im Text, als auch im Bild – ein genealogisches Muster zu erkennen. Der Illustrator hat ein Stemma mittels untereinanderstehender Brustbilder und verbindender Linien hergestellt. Die Handschrift 16 ist aber der lateinischen Handschrift 101 vergleichbar, die die brustbildartigen Namenmedaillons ebenfalls zu einem Stammbaum verbindet. Die stemmatische Darstellung der genealogischen Zusammenhänge des Alten Testaments und auch die Gegenüberstellung von Papst- und Kaiserreihen erinnert an die graphische Umsetzung von Geschichte, wie sie Pertus Pictaviensis in seinem *Compendium historiae in genealogia Christi*

(1125/30-1205) wohl als Erster vorgenommen hat und wie es seine Rezipienten später weiter ausgefeilt haben.[126]
Frühe Beispiele für die Übertragung stemmatischer graphischer Muster auf dynastische Zusammenhänge sind auch die Handschriften der Frutolf-Ekkehard-Chronik: z.B. die stemmatische Darstellung der Nachfahren Arnulfs von Metz in der Frutolf-Ekkehard-Chronik (Karolinger). Das Autograph Frutolfs (Handschrift Ms. Bose q. 19 Universitätsbibliothek Jena = A) wurde 1099 beendet und bis 1106 von Ekkehard weitergeführt.[127] Bl. 152^v zeigt das Stemma der Nachfahren Arnulfs von Metz mit brustbildartigen Medaillons, die mit den Namen gefüllt und mit Linien untereinander verbunden sind. Das Stemma endet in der Mitte des 10. Jahrhunderts. Auf Bl. 171^v ist ein Stemma der Ottonen abgebildet. Auch die Frutolf-Ekkehard-Handschrift Karlsruhe germ. 327 bildet auf Bl. 186^v stemmatisch die Genealogie der Karolinger ab und auf Bl. 183^r den Stammbaum der Ottonen.
Seit der Zeit der römischen Kaiser und Könige werden genealogische Zusammenhänge durch Ergänzungen im Genitiv: *In deme xvi · iare · van der bort unses h'ren · vnde der stichtunge to rome · dcc · lxviii · iare · Tyberius r* (Hs. 24, Bl. 26^r, Z. 31-Bl. 26^v, Z. 3) oder *karolus de grote des koning pippines sone* (Hs. 24, Bl. 74^r, Z. 12f.) gekennzeichnet. In diesen Zusammenhängen überwiegt die Vergangenheitsform des Hilfsverbs *sein*.
Die für die sächsisch-welfische Ausrichtung der Geschichtsdarstellung wichtigen Genealogien (Welfen, Grafen von Flandern) sind in der C-Redaktion aus dem Text der Frutolf-Ekkehard-Chronik herausgenommen und in eigenen Teiltexten *keiser wart augusti stefsone den augustus to eneme sone hadde irkorn · vñ was dar ane xxiii ia* (als strategische Textallianzen) organisiert worden. Die Herleitung der Welfengenealogie aus der Wurzel Jesse ist auf Bl. 13^v[128] des lateinischen Codex D 11 der Fuldaer Landesbibliothek aus den 80er Jahren des 12. Jahrhunderts erwähnt. Ein späterer Benutzer der Handschrift hat diese erzählende Darstellung nachträglich illustriert. Er zeichnete einen Stammbaum der Sachsen von Widukind bis zu Otto IV. nachträglich auf Bl. 8^r ein.

---

126 Vgl. hierzu unten Hs. 024 und auch Gert Melville, Geschichte in graphischer Gestalt, besonders S. 68ff.
127 Vgl. dazu: Arthur Watson, The early Iconography, Abbildung: Pl. XXXVIII, S. 43 und 171. Zum genealogischen Verständnis der Karolinger vgl. Otto Gerhard Oexle, Die Karolinger und die Stadt des heiligen Arnulf, S. 250-364.
128 Vgl. Arthur Watson, The early Iconography, S. 43 und 171.

D) Zweiteilung der Weltgeschichte in vorrömische und römische Geschichte: Michael Menzel[129] sieht das Strukturierungsprinzip des ‚Buchs der Welt' nicht in der Weltreiche- oder Weltalterlehre, sondern vor allem in einer Zweiteilung der Weltgeschichte gegeben: Geschichte vor und seit dem römischen Reich. Er nimmt die Zäsur inhaltlich mit dem Beginn des römischen Reiches an der Textstelle: *Sint we der herschap over mere to ende komen sind* [...] (SW 78, 21ff.) an.

In struktureller und inhaltlicher Hinsicht heben etliche Handschriften in der Tat den Beginn des vierten Weltreiches als weltgeschichtliches Gliederungselement hervor. Die höfische Handschrift 11 aus dem 14. Jahrhundert markiert mit dem Beginn des römischen Reiches einen ganz entscheidenden Einschnitt, indem sie sich hier formaler Mittel bedient, die sie sonst nicht zur Strukturierung der Absätze verwendet: Nach dem Satz: *Sint wir der herschaf vā ouer mer zů ende komen sin* [...] (Hs. 11, Bl. 7ra, Z. 11ff.) folgt eine rote Überschrift: *Dat romesche riche* und dann eine dreizeilige rote D-Initiale, die den Satz einleitet: *Dat romesche rige was an sineme anginne . aller rige minste .* Ganz deutlich abgesetzt von den übrigen Strukturierungsmerkmalen ist der Anfang der Berichte über das römische Reich auch in der Pommersfeldener Hs. 21 (Bl. 5^r). Conrad von Tanna schrieb in die drei vakanten Zeilen als Überschrift für das Folgende: *historia romanensis*. Die Handschrift 19 macht beispielsweise dort eine formale Zäsur, wo auch Menzel sie inhaltlich für den Chronikzusammenhang annehmen möchte: Die Geschichte des römischen Reiches beginnt mit einer vierzeiligen S-Initiale und hebt den ‚gemeinen Text' wie eine Überschrift hervor: *Sint wir von der herschafft obir mer czu ende gesait haben so wollen sir nu sagen wie sich das romische rich erhaben hat.* Das ist vergleichbar mit der Strukturierung der Handschrift 11, die an dieser Stelle die deutsche Überschrift *Dat romesche riche* eingefügt hat.

Die meisten frühen Handschriften setzen an dieser Stelle keine ausdrückliche formale Zäsur (z.B. Hss. 16, 17). Die Handschriften 24 und 1 z.B. markieren einen Absatz beim Beginn der Geschichte des römischen Reiches. Die Handschrift 24 setzt die Absatzmarkierung mit dem Satz: *We romisch rike here komen si* [...] und nicht an der Stelle, die nach Menzel die Zweiteilung des Chronikzusammenhanges signalisiert. Signifikante Ausnahmen machen hier nur die Handschriften 11 und 21 aus dem 14. Jahrhundert.

---

[129] Michael Menzel, Sächsische Weltchronik, S. 198.

Dagmar Neuenhoff hat anhand der Herrscherdarstellungen für die Kaiserchronik herausgearbeitet, dass auch hier das entscheidende Gliederungselement eine Zweiteilung in der Darstellungstechnik der Chronik ist. Die strukturierungsrelevante Gewichtung der Kaiserchronik liegt nach Neuenhoff darin, dass der Chronist besonderen Wert auf die Unterscheidung zwischen guten und schlechten Herrschern legt. Dadurch ergibt sich insgesamt sehr stark der Eindruck einer Zweiteilung der Chronik. Sie weist dies nach, indem sie die expliziten Herrschercharakteristiken und die Geschichten auswertet, die über die Taten der Herrscher erzählt werden. Den Wandel vom Heidentum zum Christentum sieht sie als einen für mittelalterliches Geschichtsdenken entscheidenden Fortschritt an.

Aus dieser Konzeption resultierte die Frage, welche Stadien der Prozeß der Höherentwicklung des Reiches durchläuft und wie diese markiert sind. Grundsätzlich bot sich als solches Signalement der Übergang vom Heidentum zu Christentum an, jener Augenblick also, in dem das *imperium Romanum* seiner eigentlichen Bestimmung zugeführt wurde. Die ‚Kchr' mußte deshalb in zwei Teile geteilt werden, von denen der christliche dem heidnischen an Wert überlegen ist.[130]

Aus den Auslassungen bei der Integration der Kaiserchronik in die C-Handschriften des ‚Buchs der Welt' folgert Neuendorff:

Ziel der Auswahl scheint es zu sein, die Darstellung eines zwar nicht fehlerlosen, aber doch positiv zu wertenden Herrschertums zu übernehmen, das seine Positivität durch normethische Verhaltensweisen beweist, wie sie den *rex iustus* auszeichnen. Zusammenarbeit zwischen Papst und Kaiser, Ziel und Höhepunkt herrscherlicher Idealität in der ‚Kchr', werden in der ‚SW', Rezension C[1] [Neuendorff stützt sich hier auf die Herkommersche Zählung, die Verf.], nicht betont, wo Herrschergeschichte und Heilsgeschichte in der Form von Regenten- und Papstgeschichte nebeneinander verlaufen.[131]

Im Unterschied zur Kaiserchronik wertet aber das ‚Buch der Welt' die Christianisierung der römischen Kaiser seit Constantin (311) negativ. Die Wende des römischen Kaisertums zum Christentum wird inhaltlich im ‚Buch der Welt' auch nicht als Fortschritt, sondern als Verfall gedeutet: Denn wie die Predigt – ganz im Geiste der Minoriten – aussagt, beginnt mit der Duldung des Christentums durch die römischen Kaiser auch die Zerrüttung und das falsche, unchristliche Leben innerhalb der Geistlichkeit. Die Kaiserchronik dagegen misst der Verchrist-

---

130 Dagmar Neuendorff, Kaiserchronik und Sächsische Weltchronik, S. 184; vgl. auch Dagmar Neuendorff, Studie.
131 Dagmar Neuendorff, Kaiserchronik und Sächsische Weltchronik, S. 188.

lichung des römischen Reiches eine hohe Bedeutung zu. Das drückt sich darin aus, dass in der Kaiserchronik der Vorgang der Christianisierung personalisiert wird, „in der Vita des guten Heiden Constantius, seines sich zum Christentum bekehrenden Sohnes Constantin und des Papstes Sylvester [...]" Der Vorgang der Christianisierung wird damit „aus dem Fluss der Geschichte" herausgehoben „und gleichsam als Scharnier zwischen beide Teile" gesetzt, „so dass der 1. Teil die Geschichte des heidnischen römischen Reiches, der 2. Teil die des christlichen imperium Romanum bringt, zwischen beiden aber ‚der Mittelteil' steht, der berichtet, wie das Reich christlich wurde."[132]

Aber nicht nur die volkssprachige Vorlage des ‚Buchs der Welt', die Kaiserchronik, ist durch das Prinzip der Zweigliedrigkeit bestimmt, auch die lateinische Vorlage, die Frutolf-Ekkehard-Chronik, zeigt – trotz der Bindungen an durch die lateinische Tradition überlieferte Gliederungsschemata der Weltgeschichte (Weltalter, Weltreiche) – bereits gewisse Tendenzen zu einer Zweiteilung der Weltgeschichte:

So könnte man mit Recht sagen, dass hierdurch die gesamte Weltgeschichte gewissermaßen zweigeteilt wird in einen ersten Abschnitt, der von der Geschichte des jüdischen, des Auserwählten Volkes beherrscht wird, und in einen zweiten Abschnitt, die Geschichte des Römischen Reiches. Zweierlei ist dabei noch zu betonen und unterstreicht diese Beobachtung: bei der Geschichte keines Volkes wurde mehr kritisches Bemühen aufgewandt, und nirgends wurden die Quellen sprachlich stärker verändert als bei der Geschichte der Juden, und die Anfänge des Römischen Reiches treten durch eingehende Darstellung deutlicher hervor als die Begründung des Christentums und der Kirche; denn Christi Geburt und Tod werden nur innerhalb der betreffenden Jahresberichte und durch eine Häufung von Datierungsmerkmalen herausgehoben.[133]

Schon der Chronist der Kaiserchronik, der ebenfalls wesentlich aus der Frutolf-Ekkehard-Chronik schöpfte, nutzte ganz offensichtlich die bei Frutolf vorhandene Anlage der Zweiteilung der Welt. Er deutete sie allerdings personenbezogen und mit der Dichotomie heidnisch – christlich aus.

Der franziskanische Chronist (der C-Fassungen) konnte also für seine sächsisch-welfische Chronik – neben dem biblischen Zweiteilungsmodell in Altes und Neues Testament – auf zwei Zweiteilungsmodelle der Weltgeschichte zurückgreifen. Er erkannte die Möglichkeit, die die Gegenüberstellung jüdische Geschichte – römische Geschich-

---

132 Ebd., S. 184.
133 Frutolfs und Ekkehards Chroniken, Einleitung, S. 11f.

te für sein Weltbild bot: Nicht der christliche Herrscher steht hier wie in der Kaiserchronik im Vordergrund, sondern im Gegenteil: Mit der Christianisierung des römischen Kaisertums beginnt insgesamt der Verfall des Christentums. Die verfolgten Urchristen sind das Ideal des franziskanischen Autors. In das ‚Buch der Welt' ließ sich auch das personenbezogenene Zweiteilungsmodell der Kaiserchronik integrieren, obschon beide Geschichtsdarstellungen in Bezug auf die Bewertung der Christianisierung deutlich anderer Meinung sind.

Diese inhaltliche franziskanische Vorgabe von der zweigeteilten Weltgeschichte mit negativer Bewertung der Christianisierung des römischen Herrschertums überliefern fast alle Textexemplare des ‚Buchs der Welt' (die reichshistorisch ausgerichtete, höfische Handschrift 11, die höfisch, reichshistorisch ausgerichteten Handschriften 12, 12a und 122 und die in einem anderen geistlichen Umfeld entstandenen Handschriften 14 und 15 verzichten auf die franziskanische Mahnrede; die Hss. 14 und 15 lassen zudem auch die Reimvorrede weg). Sie markieren aber – wie bereits eingangs erwähnt – nicht alle diesen Einschnitt auch auf der Ebene der formalen hierarchischen Strukturierung. Die Handschriften 21 und 11 aus dem 14. Jahrhundert und die beiden Handschriften aus dem 15. Jahrhundert (Hss. 18 und 19) setzen zu Beginn des römischen Reiches deutlich eine Zäsur.

Am ehesten repräsentiert noch die Handschrift 21 die Intention des Chronisten, der eine sächsisch-welfische, höfische Weltchronik franziskanischer Prägung erstellen wollte. Die Handschrift 21 ist im Zusammenhang des Klosters entstanden, sie kann ihre höfisch-dynastische Vorlage nicht leugnen. Sie ist – vorlagenabhängig – sächsisch-welfisch orientiert und betont die Zweiteilung in vorrömische Geschichte und römische Geschichte ganz explizit. Die Akzentuierung der beiden volkssprachigen, im höfischen Zusammenhang entstandenen Chroniken: Kaiserchronik und sächsisch-welfische Weltchronik (z.B. Hs. 24 oder als deutlicher Reflex in der Handschrift 21) ist sehr unterschiedlich. Reichsgeschichte als Herrschergeschichte, in der römische, christliche gute Herrscher dargestellt werden, die mit den Päpsten zusammenarbeiten, bilden den Kern der Geschichtsdarstellung in den Kaiserchronikfassungen. Dagegen begegnet in der Handschrift 21 und in den Versionen des sächsichen ‚Buchs der Welt' eine Herrschergeschichte, die deutliche Kritik an den unchristlichen christlichen Herrschern sowie an den Päpsten übt. Die Herrschergeschichte wird zudem deutlich mit der Dynastiegeschichte der welfischen Sachsen kontrastiert. Ganz entscheidend ist aber die Gemeinsamkeit in der Gliederung. Nicht die in vielen lateinischen Chroniken vorherrschenden Gliederungsschemata (Weltalter, Weltreiche) sind das tragende Strukturierungsgerüst, sondern die beiden volkssprachigen Geschichtsdarstellungen bieten eine Zweiteilung der Weltgeschichte. Die Strukturierung des ‚Buchs der Welt' ist, wie die der Kaiserchronik (die keine Universalchronik ist), in besonderer Weise offen für eigene Akzentuierungen der Schreiber und Kompilatoren. Der Chronist des ‚Buchs der Welt' konnte für seine sächsisch-welfisch akzentuierte Chronik (repräsentiert in der Hs. 24, aber auch als Reflex in den C-Fassungen) deshalb ohne inhaltliche und strukturelle Probleme einen großen Teil des Textzusammenhanges der Kaiserchronik in seinen Textzusammenhang integrieren.

Die Zweiteilung der historischen, heilsgeschichtlichen Darstellung ist auch durch die biblische Geschichte vermittelt. Historienbibeln wie die Zwickauer Mitteldeutsche Historienbibel Hs. 111 sind in die Alte Ee (das Alte Testament) und die Neue Ee (das Neue Testament) zweigeteilt. Hier geht die Teilung nicht parallel mit dem Beginn des römischen Reiches, sondern mit der Geburt Christi. Auch eine solche inhaltliche Zäsur gibt der Textzusammenhang des ‚Buchs der Welt' vor: Mit der Geburt Christi schaltet der Chronist den Wir-Erzähler in die Darstellung ein und sagt: Hs. 24, Bl. 24^v, Z. 19ff. (SW 88,9f.): *Dise mere solen hebben ende we willen ener beteren rede beginnen . wo we van des duveles banden to godis kinden sin gemaket.* In den meisten Handschriften wird die inhaltliche Zäsur nicht weiter durch hierarchische Strukturierungen hervorgehoben. Der städtische Chronist, der die reichs- und heilsgeschichtliche Kölner Stadt-Weltchronik kompiliert (Hs. 112), nutzt den Satz (Bl. 17ra), um genau hier mit der Übernahme des ‚Buchs der Welt' aufzuhören und mit der auf Köln ausgerichteten Reichsgeschichte fortzufahren.

Es zeigt sich insgesamt bei der weltgeschichtlichen Gliederung sowohl Vorlagentreue als auch die geschickte Weiterentwicklung der vorliegenden Ordnungs- und Denkmodelle.

Es werden als grundlegende Gliederungsprinzipien des ‚Buchs der Welt' also insgesamt vier Prinzipien deutlich:

1. eine annalistische Gliederung nach verschiedenen (stoffkreisbezogenen) Jahresberechnungen, die nebeneinander bestehen, aber auch ineinander verwoben sein können,
2. eine personenbezogene Gliederung,
3. eine genealogische Strukturierung und

4. eine Zweiteilung der Weltgeschichte.

Alle vier Gliederungsprinzipien treten nicht völlig neu in den Textexemplaren des ‚Buchs der Welt' auf. Schon die beiden wichtigsten Vorlagen, die lateinische Frutolf-Ekkehard-Chronik und die volkssprachige Kaiserchronik verwenden sie. Die Gliederungsprinzipien werden dem jeweiligen Erinnerungsinteresse angepasst, gegenüber den verschiedenen annalistischen Strukturierungen in der lateinischen Chronistik zeigt sich in der volkssprachigen Weltgeschichte eine Straffung und Vereinfachung. Es begegnet also auch hier ein deutliches Spannungsverhältnis von Vorlagenabhängigkeit und Neuorientierung, wie es auch in den anderen Untersuchungszusammenhängen immer wieder festzustellen ist.

Die vier Gliederungsprinzipien lassen sich sowohl inhaltlich als auch anhand der hierarchischen Strukturierungsmerkmale nachweisen; sie treten in ihren konkreten Ausprägungen oft auch nur stoffkreisgebunden auf (z.B. können das personengebundene oder das annalistische Prinzip und das genealogische Prinzip auch stoffkreisgebunden abwechseln).

V. 2.5.5   Die sechs Deutungsmuster

Gegenstand meiner Untersuchung war es unter anderem zu zeigen, in wie weit die Deutungsmuster Verbindung von Heils- und Profangeschichte (a), Berufung auf die (mündliche und schriftliche) Tradition (b), wahre Geschichtsschreibung (c), Autorisierung der eigenen Aussagen (d), offene Geschichtsschreibung (e) und schließlich auf eine Endzeit und damit auf ein auf Abgeschlossenheit zielendes Geschichtsdenken (f) in den einzelnen Textzeugen des ‚Buchs der Welt' realisiert sind und welche Auswirkungen dies für das Weltbild und die Memoriavorstellung der mittelalterlichen, spätmittelalterlichen und frühneuzeitlichen Weltchronistik hat.

a) Verbindung von Profan- und Heilsgeschichte:
Ein in der lateinischen Frutolf-Ekkehard-Chronik, aber auch in volkssprachigen Reimchroniken relevantes weltgeschichtliches Gliederungselement, das Heilsgeschichte mit Profangeschichte verbindet, ist die Einteilung in die sechs Zeitalter (*aetates*), deren erstes mit Adam beginnt, das zweite mit Noe, das dritte mit Abraham, das vierte mit Moses, das fünfte mit David und deren letztes nach Augustinus die Epoche von der Geburt Christi bis zu Wiederaufrichtung des Reiches Gottes nach dem Jüngsten Tag umfasst.

Ein weiteres, sehr verbreitetes Strukturierungsprinzip ist die Lehre von den vier Weltreichen im Anschluss an die Interpretation des Hl.

Hieronymus, die dieser einer Traumdeutung des Propheten Daniel gab. In der Abfolge dieser Weltreiche nimmt das römische Reich, dem das der Assyrer, Perser und Griechen voranging, die letzte und wichtigste Stelle ein (Orosius). Beide Gliederungen kommen getrennt oder verbunden in der lateinischen Weltchronistik vor.[134] Im Textzusammenhang des ‚Buchs der Welt' sind die Weltalter- und die Weltreiche-Lehre – nicht zuletzt aufgrund der Vorlagen – als Wissen vorhanden. Dennoch gibt es keine direkte Kontinuität. Für die Gliederung der Weltgeschichte in der ‚Buch der Welt'-Überlieferung kann keines der beiden Prinzipien als tragend angesehen werden.[135] Makrostrukturell wird allenfalls das vierte Weltreich, das römische Reich, hervorgehoben, was aber vor allem mit der Zweiteilung der Weltgeschichte in vorrömische und römische Geschichte zusammenhängt. Die biblische Geschichte ist im ‚Buch der Welt' stärker zurückgenommen als in der volkssprachigen Reimchronistik, darin zeigt sich allerdings eine Kontinuität zur lateinischen Universalchronistik (z.B. Frutolf-Ekkehard).

Die mittelalterliche heilsgeschichtlich bestimmte Weltsicht wird in den meisten Textexemplaren des ‚Buchs der Welt' deutlich. Universalgeschichte ist im mittelalterlichen Verständnis zunächst immer Heilsgeschichte. Mittelalterliche Weltgeschichte beginnt in der Regel mit der Erschaffung der Welt und schließt mit der eigenen Zeit als Endzeit ab. Der christliche Glaube führt das geschichtsbezogene Weltbild über die eigene Gegenwart hinaus und richtet es aus auf die Zukunft, die Erlösung der Menschen. Weltgeschichte zielt auf das Jüngste Gericht, auf das Ende der Welt. Heilsgeschichte zeigt sich in den verschiedenen Textteilen der Weltchronik auf unterschiedliche Weise. Im 15. Jahrhundert wird ein Wandel des Deutungsmusters sichtbar, nicht alle Chroniken sind nun primär heilsgeschichtlich orientiert. Ich fasse die einzelnen Tendenzen zusammen, indem ich auf die einzelnen Textteile in den jeweiligen Textexemplaren eingehe:

Die Reimvorrede:
In der Reimvorrede betont der Chronist nicht so sehr den Anfang der Welt als vielmehr das Ende. Die Reimvorrede wird von 15 Handschriften (Hss. 11, 12, 12a, 122 fehlt – ev. früher vorhanden, 16, 162, 163, 17, 18, 19, 20, 21, 22 ev. früher vorhanden, 23, 24) überliefert. Ganz über-

---

134 Vgl. z.B. auch Karl-Heinrich Krüger, Universalchroniken, S. 13.
135 Anders gewichtet Manfred Zips, Die Heilsgeschichte in der Sächsischen Weltchronik, S. 183-200; vgl. auch: Roderich Schmidt, Aetates mundi., S. 288-317; Dorothea Klein, Heinrich von München und die Traditon, S. 3.

wiegend stammen die Textexemplare mit Reimvorrede aus dem niederdeutschen und thüringischen Schreibdialektraum. Die beiden bairischen Handschriften 12 und 12a sind in den Jahren 1450 und 1467 entstanden, der erste Teil – vermutlich mit der Reimvorrede – ist bei der böhmischen Handschrift 122 verloren gegangen. Die zeitliche Verteilung erstreckt sich vom Beginn der bekannten Überlieferung zu Beginn der zweiten Hälfte des 13. Jahrhunderts (Hs. 24) bis in die zweite Hälfte des 16. Jahrhunderts (Hs. 23). Schwerpunkte bilden jedoch die älteren Codices aus dem 13. und 14. Jahrhundert (13. Jh.: Hs. 24; um 1300 Hs. 16; im 14. Jh.: Hss. 17, 11, 20, 21,) und die Handschriften des beginnenden 15. Jahrhunderts (18, 19, 22, 162, 163).

Durch das Weglassen der Reimvorrede wird der Bezug zur Heilsgeschichte deutlich geschwächt. Die Hs. 231 tradiert nur den zweiten Teil der Reimvorrede. Die Kürzung der Reimvorrede korrespondiert hier mit der Begleitüberlieferung. Als einziger Codex überliefert Hs. 231 den Großen Seelentrost[136] – ein Exempla-Buch über die richtige christliche Lebensführung, die die Leitlinie für das richtige Leben in der Bibel findet. In der Reimvorrede haben die Schreiber durch die Streichungen vorher und nachher den Hinweis auf die guten Bücher, die dem Leser Wahrheit vermitteln, besonders herausgehoben. Der Große Seelentrost im Anschluss an die Chronik ist ein solches ‚gutes Buch',[137] das zur christlichen Lebensführung anleitet und Hilfen für ein christliches Leben gibt. Die Handschrift 231 ist eng verwandt mit dem Codex 23, der jedoch eine Textallianz mit den ‚Fünfzehn Zeichen des Jüngsten Gerichts' eingeht. Wir haben hier also eine Überarbeitung, die gezielt die eschatologische Ausrichtung tilgt und die schon im Textzusammenhang des ‚Buchs der Welt' angelegte Betonung der christlichen Lebensführung einmal mehr hervorhebt.[138] Dies unterstreicht erneut die ohnehin in der Version C_1 vorhandene franziskanische Grundtendenz.[139] Die Auffassung von der Heilsgeschichte als wesentlichem Element der Universalchronik ist ungebrochen, wenn auch modifiziert. Die Grundtendenz des ‚Buchs der Welt' ist franziskanisch, wie bereits an verschiedenen Stellen herausgearbeitet werden konnte. Abgesehen von der Reimvorrede gibt es im ‚gemeinen' Text an keiner Stelle einen Hinweis auf apokalypti-

---

136 Margarete Schmitt (Hg.), Der große Seelentrost, 1959, S. 137*-145*.
137 Als böse Bücher galten oftmals weltliche Bücher wie z.B. Ritterromane etc. vgl. Georg Steer, Der Laie, S. 356f.
138 Jürgen Wolf, Sächsische Weltchronik, S. 358-360. Vgl. auch Margarete Schmitt-Andersson, Mitteilungen zu den Quellen, 1982, S. 21-41.
139 Vgl. dazu auch Hubert Herkommer, Einführung, S. LXIIff.

sche Vorstellungen. Die wenigen Hinweise auf die Hölle, in den nur in C überlieferten Berichten zu dem vom Glauben abgefallenen Julianus und zu Dietrich von Bern, die Jürgen Wolf im Anschluss an Manfred Zips als ein vorweggenommenes Urteil mit Bezug auf das Jüngste Gericht verstehen möchte,[140] kann man wohl eher als Ermahnungen (auch im Sinne der Bettelorden) verstehen, ein christliches Leben zu führen. Wollten die Chronisten das Bild von der Apokalypse verstärken, so fügten sie dem Textzusammenhang außer der Reimvorrede noch eschatologische Texte wie z.B. das ‚Jüngste Gericht' hinzu, oder sie betonen durch eine stärkere Übernahme biblischer Texte die Heilsgeschichte erheblich mehr, dann allerdings muss man mit einer Überschreitung der Textsortengrenzen rechnen.

In der Handschrift 111 überwiegen die biblische Geschichte und die Legenden, das Marienleben Bruder Philipps gegenüber dem zeitgeschichtlichen Teil (bis 1226). Der Textzusammenhang ist in Altes (alte E) und Neues Testament (neue E) aufgeteilt: *Van dissenn dinge will ich setcze wen ich romsch riche anefangk schribe wen die alde E sich endet* (Bl. 174ra). Die Grenzen der Textsorte Weltchronik sind überschritten, es handelt sich hier um einen Textzeugen einer um Profangeschichte erweiterten Bibelerzählung aus dem Kreis der Mitteldeutschen Historienbibeln.

Auch die Handschriften 143 und 144 sind im eigentlichen Sinne keine Textzeugen einer „modernen B-Fassung",[141] sondern Historienbibeln,[142] die anders – nämlich umgekehrt – vorgehen als die Zwickauer mitteldeutsche Historienbibel: Sie beginnen mit Textauszügen aus dem ‚Buch der Welt' von der Schöpfungsgeschichte bis zu Abraham und verzichten auf die Zeitgeschichte.

Die Schöpfungsgeschichte
Die Erschaffung der Welt ist Ausdruck des göttlichen Heilswirkens. Die Schöpfungsgeschichte, der Stoffkreis, der die sieben Schöpfungstage beschreibt, wird von fast allen Handschriften überliefert. Auf die Schöpfungsgeschichte verzichten sieben städtisch orientierte Textzeugen aus dem 15. Jahrhundert.

Textallianzen
Es gehören eine Reihe eschatologischer Texte fest zum Überlieferungszusammenhang des sächsisch-dynastischen Traditionszusammenhanges

---

140 Jürgen Wolf, Sächsische Weltchronik, S. 357; Manfred Zips, Sächsische Weltchronik, 1996, S. 32ff.
141 So Jürgen Wolf, Die Sächsische Weltchronik in Riga, S. 11, 15.
142 Hans Vollmer, Niederdeutsche Historienbibeln, S. 35-38, bes. Gruppe VIII, Nr. 90 und 89.

des ‚Buches der Welt'. Sechs Handschriften verstärken die apokalyptische Aussage der Reimvorrede, indem sie dem Chroniktext eine Übersetzung der ‚Fünfzehn Zeichen des Jüngsten Gerichts' aus der *Historica Scholastica* des Petrus Comestor beigeben.

Im 15. Jahrhundert kann man ein starkes Anwachsen der städtischen Chronistik beobachten. Diese frühen Stadtchroniken hatten in der Regel einen universalhistorischen Anspruch. Das führte vielfach zu Kompilationen mit Textteilen des ‚Buchs von der Welt'. Z.B. übernahmen einige städtische Kompilatoren aus Augsburg, Lübeck und dem Kölner Raum als Einleitung ihrer Chroniken bzw. Chronikübersetzungen den alttestamentarischen Teil der Weltgeschichte aus dem ‚Buch von der Welt'. Im Anschluss daran verließen sie häufig die welthistorische Perspektive und wandten sich den regionalen, städtischen Ereignissen zu. Eher als auf die Einleitung mit der Schöpfungsgeschichte verzichten die städtischen Chronisten des 15. Jahrhunderts auf den Ausblick auf das Jüngste Gericht. Sechzehn Textzeugen des ‚Buchs der Welt', alle aus dem 15. Jahrhundert und alle mit ausgesprochen städtischer Ausrichtung, überliefern weder die Reimvorrede noch eschatologische Zusätze.

Zusammenfassend lässt sich sagen, dass die Verbindung von Heils- und Profangeschichte als ein Textsortenmerkmal der Prosa-Universalchronik gelten kann. Weltgeschichte wurde insgesamt als ein dynamischer Prozess erlebt, war aber in der Überzeugung der Zeitgenossen trotzdem ein abgerundetes Ganzes, ein Produkt des göttlichen Willens. Der Bogen spannt sich von der Schöpfungsgeschichte bis hin zur Androhung des Jüngsten Gerichts. Im 15. Jahrhundert – besonders in der städtischen Chronistik – zeigen sich deutliche Traditionsbrüche. Besonders bemerkenswert ist die Strukturierung und Akzentsetzung der Basler Handschrift 021. Durch verschiedene makrostrukurelle und hierarchische Besonderheiten der Handschrift, die bisher in der Forschung nicht beachtet wurden, wird der Blick auch für inhaltliche Zusammenhänge geschärft, die diesen Baseler Codex deutlich von anderen Textexemplaren des ‚Buchs der Welt' unterscheiden. Die Basler Bearbeitung des Textzusammenhanges lässt die heilsgeschichtliche Gesamtkonzeption vermissen. Es handelt sich um eine Baseler Antikenrezeption, die in eine regional geprägte, sehr weltliche Chronik integriert ist. In einem solchen Gesamtzusammenhang konnten auch die Annalen des Klosters Pairis und die Oberrheinisch-Baseler Chronik Appenwilers und sogar die Familienchronik Heinrich Sinners von Tachsfelden ihren Platz finden: insgesamt also ein Spannungsbogen zwischen annalistischer Chronistik (hierzu gehört auch das eingefügte lateinische Textexemplar der Annalen des Klosters Pairis im Elsass) und einer sehr narrativen Darstellung (vor allem antiker Stoffe, aber auch wunderbarer und legendenhafter Ereignisse, die in der oberrheinischen Region angesiedelt werden, so wie späterer familiärer Ereignisse).

Eine ähnliche Tendenz hat auch der Codex 9 aus dem 3. Viertel des 15. Jahrhunderts. Neben einer ausführlichen Rezeption des Alexander- und des Trojastoffes ergänzen die Textallianzen diese Weltchronik um weiteres Weltwissen: Es sind Reiseberichte, vor allem Reisebeschreibungen des Orients, angefügt. Hier ist eine gewisse heilsgeschichtlich-geistliche Ausrichtung jedoch erhalten geblieben; verstärkt wird diese durch die Textkombination mit den der Schreibergegenwart angepassten übersetzten Endzeitprophezeiungen des Johannes de Rupescissa. Ein späterer Bearbeiter hat zudem noch Gebete angefügt.

Der Weltbildwandel, der auf die Erinnerungskultur rückwirkt, lässt sich auch hier an den Kompilationstechniken festmachen: Städtische Kompilatoren verzichten häufig auf Passagen wie die Reimvorrede oder auf eschatologische Zusätze, in einigen Fällen sogar auf die Schöpfungsgeschichte. Auffällig und neu im Rahmen des ‚Buchs der Welt' ist innerhalb der Stadtchroniken auch eine explizite Antikenrezeption, die sich z.B. an der Interpolation der Troja- und der Alexandergeschichte in die Chronik zeigt. Damit verliert die heilsgeschichtliche Einbettung der Weltgeschichte deutlich an Bedeutung.

b) Berufung auf die (mündliche und schriftliche) Tradition:
Anhand der Textzeugen des ‚Buchs der Welt' wollte ich die Traditionslinien volkssprachiger Universalchronistik aufzeigen, indem ich nach der Art und Weise der Überlieferung historischer Memoria im Mittelalter und in der frühen Neuzeit gefragt habe.

Die Prosa-Universalchronistik beruht vor allem auf schriftlichen Traditionszusammenhängen, Mündlichkeit spielt allenfalls bei späteren Regionalisierungen eine kleine Rolle. Im höfischen Zusammenhang kann man zwar davon ausgehen, dass die Chroniken auch vorgetragen und vorgelesen wurden, die Überlieferung geschah aber im Wesentlichen schriftlich. Die Untersuchung der externen und internen Variablenkonstellationen des ‚Buchs der Welt' hat die Annahme von verschiedenen Traditionssträngen innerhalb der Weltchronistik bestätigt. Grundlage aller Traditionslinien ist die lateinische Prosachronistik; der Anteil, den sie an ihren jeweiligen Nachfolgern hat, bestimmt deren weitere Entwicklung:

1. Die volkssprachige Prosa-Universalchronik schöpft aus den lateinischen Prosa-Universalchroniken und führt sie volkssprachig weiter,

die Unterschiede zur gleichzeitigen reichshistorisch und später stärker kurialen lateinischen Universalchronistik fallen nicht ins Gewicht. Innerhalb dieses Tradtionsstranges trifft man auch die Rückübersetzungen volkssprachiger Chroniken an. Wie die volkssprachige Universalchronistik wird auch die lateinische bereits seit Ende des 13. Jahrhunderts regionaler (z.B. die *Flores temporum* eines schwäbischen Minoriten mit ihrer großen Wirkung vor allem im Süden Deutschlands). Dieser Traditionsstrang ist in meinem Korpus stark repräsentiert. Er orientiert sich zwar grundsätzlich am (sächsischen) ‚Buch der Welt', sein Ideal ist aber die lateinische Chronistik. Diese Tradition wird vor allem durch die folgenden Textzeugen belegt: Die lateinischen Rückübersetzungen: Hs. 101 (13. Jh.), 103 (13. Jh.); 104 (15. Jh.), Hs. 032 (16. Jh.) und die volkssprachigen Codices: Hs. 1 (Anfang 14. Jh.); süddeutsche regionale Varianten: Hs. 2 (14. Jh.); 7 (Ende 14. Jh.); 3 (Anfang 15. Jh.); 023 (15. Jh.); 024 (15. Jh.); 031 (15. Jh.); 4 (15. Jh.); 5 (15. Jh.); 6 (15. Jh.); thüringische regionale Varianten: 10 (1. Hälfte 15. Jh.); Stadtweltchroniken: 022 (Augsburg, 15. Jh.). Der Anteil der biblischen Geschichte ist hier eher gering und kommt wohl aus der Universalchronik-Überlieferung und nicht mehr zusätzlich aus der *Vulgata* oder der *Historia Scholastica*.

Daneben gibt es noch zwei deutsche Traditionen, die sich nicht so sehr in der Form Reim oder Prosa, sondern stärker in der Auswahl ihrer Vorlagen unterscheiden:

2. Der früheste volkssprachige Traditionsstrang der Universalchronistik ist die volkssprachige ganz überwiegend prosaisierte Universalchronistik, die aber auch noch Passagen in Versform enthalten kann. Sie entsteht im höfisch-dynastischen Umfeld, ihre Vorlagen stammen aus der lateinischen Universalchronistik, aber zusätzlich halten sie sich sehr eng an die volkssprachige Geschichtsdichtung: an die Kaiserchronik eines anonymen Regensburger Geistlichen.

Die Handschriften 24 (13. Jh.), 21 (14. Jh.), aber auch alle übrigen Handschriften der C-Rezension – die Hss. 20 (14. Jh.), 22 (15. Jh.), 231 (Anfang 15. Jh.), 18 (15. Jh.), 19 (15. Jh.) und 23 (16. Jh.) – kann man als Repräsentanten dieses Traditionsstranges ansehen. Ihre Vorlagen waren höfisch-dynastisch, aber auch franziskanisch, also deutlich durch die Klostertradition geprägt. Mit der franziskanischen Ausrichtung jedoch wird auch gleichzeitig eine neue Tendenz der Kloster-Weltchronik deutlich: Die minoritische Auffassung von der Welt stellt Papst- und Kaisertum nebeneinander und betont nicht mehr deren Zusammenarbeit (wie z.B. ursprünglich in der Kaiserchronik). Sie postuliert ein anderes Verständnis vom Christentum, als es die in staatliche Machtkämpfe verwickelte Amtskirche repräsentiert. Hier ist es nur folgerichtig, dass sie sich auch nicht mehr der Sprache der Amtskirche bedient. Es ist bisher keine lateinische Rückübersetzung der C-Fassungen bekannt. Dennoch ist die Sprache der hier untersuchten Textexemplare – vor allem der frühen – deutlich am Latein ausgerichtet: Die franziskanischen Chronisten waren des Lateins mächtig, sie benutzten die lateinischen Vorlagen. Die C-Handschriften zeigen nun ganz deutlich beide Traditionsstränge: den der franziskanischen Weltchronistik – entstanden im Klosterzusammenhang – und den volkssprachigen gereimten – entstanden im höfischen Umfeld. Beide Traditionsstränge zeichnen sich aus durch den Wunsch, die deutsche Sprache zu benutzen. Die Handschriften der C_2-Fassungen entsprechen mit ihren gereimten Kaiserchronikpassagen am stärksten der ursprünglich gereimten deutschen Weltchroniktradition. Die Handschrift 24 überliefert eine sächsisch ausgerichtete deutsche Prosachronik, d.h., lateinische und deutsche Traditionen sind harmonisiert und regional-dynastisch (welfisch-sächsisch), nicht mehr reichsgeschichtlich ausgerichtet. Zudem weist die Handschrift in den z.T. lateinischen Bildbeischriften auf weitere Interferenzen der beiden Traditionsstränge.

Die Handschrift 231 – derselben Rezensionsgruppe zugeordnet – belässt die sächsisch-welfische Ausrichtung, nimmt jedoch in Teilen die Kaiserchronikanleihen zurück (z.B. die Passage über die römischen Tagesgötter) und gibt dem Textexemplar durch Kürzung (z.B. auch der Reimvorrede) und durch eine veränderte Textkombination eine noch stärker geistliche, franziskanische Ausrichtung.

Die übrigen ‚Buch der Welt'-Handschriften, die in diesem Zusammenhang aufgeführt werden können, sind Mischungen mit einer stärker lateinischen Prägung: Vor allem die Rückübersetzung Hs. 15 ist eine modifizierte Fortführung des lateinischen Traditionsstranges im 15. Jahrhundert unter dem Einfluss der sich weiterentwickelnden volkssprachigen Prosa-Universalchronistik. Die lateinische Leipziger Handschrift 15 – ein Repräsentant der B-Fassung – enthält aber auch Vieles, was ansonsten nur zur eher volkssprachig orientierten C-Überlieferung gehört. Hier übernimmt sie aber vor allem die annalistischen Textkombinationen (die Papst- und Kaiserkataloge und die beiden Zeittafeln) und damit ausschließlich Bestandteile, die, z.B. in der Handschrift 24 die traditionell lateinischen, annalistischen, die Übersicht erleichternden, den *brevitas*-Aspekt betonenden Elemente ausmachen. Auch die übrigen B-Handschriften zeigen Spuren des alten lateinischen Traditionsstranges und der volkssprachigen Prosa-Weltchronistik.

Es zeigt sich also, dass das ‚Buch der Welt' nicht bloß eine ‚volkssprachige Variante'[143] der lateinischen Universalchronistik war, sie klebte auch nicht sklavisch an ihren lateinischen Vorlagen.[144] Sie war vielmehr eine gezielte und bewusste Modifikation der lateinischen im Klosterzusammenhang entstandenen Universalchronistik.

Verantwortlich für die Veränderung der historischen Memoria bei gleichzeitiger relativer Vorlagentreue war zunächst vor allem die soziale Schicht des Adels, die sich durch die klösterlich-reichshistorische Memoria nur teilweise repräsentiert sah. Die Ideale dieser sozialen Gruppe – ebenso übernational und reichshistorisch geprägt –, standen jedoch in einigen wesentlichen Punkten im Gegensatz zum Weltbild der führenden Geistlichkeit.[145] Geschichtsdichtungen wie das Annolied[146] und auch die Kaiserchronik[147] weisen darauf hin. In der herr-

---

143 So: Jürgen Wolf, Sächsische Weltchronik, S. 4, Anm. 16.
144 So: Michael Menzel, Sächsische Weltchronik, S. 13.
145 Horst Wenzel, Höfische Geschichte, S. 14f.: „Grob skizziert stellt sich die Ausbildung der höfischen Ideologie folgendermaßen dar: Noch im 11. Jh. herrscht der Gegensatz von christlicher (mönchischer) Abstinenzmoral, die auf eine Verpönung von Kampf und Liebe angelegt ist, und den weniger restriktiven Orientierungsmustern konventioneller Herrenethik, die den Erfolg im Kampf prämiert und die Frau vorrangig als Trophäe schätzt. Diese beiden Moralsysteme, deren Konkurrenz sich in der geistlich dominierten Dichtung an offenen Abgrenzungsversuchen und direkter Polemik noch lange ablesen läßt, stehen weitgehend unvermittelt nebeneinander, bis die großen politischen Bewegungen der Zeit (Kloster- und Kirchenreform, Investiturstreit, Kreuzzüge) eine vertiefte Aneignung christlicher Normen und Werte in Gang setzen. Der universelle Anspruch der Kirche auf Deutung der Lebenswirklichkeit verlangt auch für die Laien ein umfassendes Verhaltensreglement geistlicher Prägung.
Die Ausbildung des höfischen Erziehungsmodells ist kaum vor der Mitte des 12. Jhs. zu erwarten, aber auch nicht viel später [...]"
146 Ein Beispiel für den Versuch der Überwindung des Gegensatzes zwischen geistlicher und weltlicher Moral ist ganz sicher das Annolied. Es stellt, bezogen auf ein höfisches Publikum, das Leben und Wirken eines hohen Kirchenmannes, des Bischofs Anno II. von Köln (Amtszeit 1056-1075), dar. Die explizit höfische Ausrichtung des Anноliedes zeigt sich einmal in der Adressierung an die „Lantherrin" (Strophe 39) und zum anderen in der sprachlichen Anlehnung an die mündliche Heldenepik (Alliteration, geschlossene Form: 49 Strophen). Die Darstellung des Lebens des hl. Anno ist eingebettet in eine nach dem Weltalter-Schema gegliederte Heilsgeschichte, wie sie die lateinische Weltchronistik vorgegeben hat. Im 11. Jahrhundert wird die lateinische Weltchronistik also in höfischer Weise interpretiert, um sie so einer anderen Zielgruppe zugänglich zu machen: dem Adel. Vgl. dazu und zur Problematik des Hof-Begriffes wie zur Diskussion um den Hof-Begriff: Bernd Schneidmüller, Einführung, S. 10-13; Peter Ganz, Heinrich der Löwe, S. 28-41; ders., Friedrich Barbarossa, S. 435-466; Joachim Bumke, Höfische Kultur; Trude Ehlers, Hof, S. 43-59; Carl-Peter Hasse, Hofämter am welfischen Fürstenhof, S. 95-122; Renate Kroos, Welfische Buchmalereiaufträge, S. 263-278; Johann-Christian Klamt, Monumentalmalerei-

schenden geistlichen Weltsicht sah sich auch die Minoritenbewegung nicht mehr repräsentiert. Durch ihre Verbindung mit dem auch politisch einflussreichen Welfenhaus war es möglich, der herrschenden reichshistorisch-amtskirchlich bestimmten Weltsicht ein anderes Weltbild und eine andere Memoriavorstellung entgegenzusetzen.
3. Es lässt sich noch ein dritter Tradtionszusammenhang feststellen: Die gereimte volkssprachige Universalchronistik. Sie weicht, so zeigen meine bisherigen Untersuchungen, stark von der überwiegend prosaisierten Universalchronistik ab, so dass man sie sogar als eine eigene Textsorte ansehen könnte. Sie unterscheidet sich einmal in der durchgängigen Versform, aber vor allem durch ihre Vorlagen von der überwiegend prosaisierten Universalchronistik. Der Anteil der biblischen Geschichte ist erheblich größer und neben der lateinischen Prosa-Universalchronistik (z.B. Frutolf-Ekkehard) hatte die *Historia Scholastica* und auch die lateinische Bibeldichtung einen entscheidenden Einfluss.[148] In meinem Korpus lässt sich die Handschrift 041, eine gereimte Heinrich von München-Chronik (mit hinten angehängten Prosa-Exzerpten aus dem ‚Buch der Welt'), diesem Traditionsstrang zuordnen.

Aus diesem Überlieferungszusammenhang entwickeln sich schließlich die so genannten Historienbibeln. Ihre Grundlage sind die gereimten Universalchroniken, deren Anspruch zwar eine Fortführung bis in die Gegenwart des Chronisten war, die diesem Anspruch aufgrund der nicht zu bewältigenden Stofffülle niemals genügen konnten. Die Historienbibeln haben die gleichen Vorlagen wie die gereimten Universalchroniken und von vorneherein kein oder ein sehr geringes Interesse an einer Fortführung bis in die aktuelle Gegenwart der Chronisten.

c) Wahre Geschichtsschreibung:
Die scharfe Parallelisierung der Dichotomien Latein vs. Volkssprache, Prosa vs. Reim, Wahrheit vs. Lüge war wohl im Wesentlichen ein Produkt des 19. Jahrhunderts, von dem sich zu lösen einige Anstrengungen bereitet.[149] Die Untersuchung hat gezeigt, dass in der volkssprachigen

---

en, S. 297-335; Georg Steer, Braunschweiger Hof, S. 347-376; Bernd Ulrich Hucker, Literatur im Umkreis Kaiser Ottos IV., S. 377-406; Gert Melville, Um Welfen und Höfe, S. 541-557; Peter Johanek, Die Schreiber und die Vergangenheit, S. 195-209.
147 Die erste deutsche gereimte Geschichtserzählung – die Kaiserchronik – entstand um 1147 vermutlich am Regensburger Welfenhof.
148 Vgl. dazu: Dorothea Klein, Durchbruch einer neuen Gattung.
149 Vgl. auch Hubert Herkommer, Sächsische Weltchronik, S. 213-238; Volker Mertens, Verslegende.

Prosa-Universalchronistik ein interkultureller Dialog zwischen Latein und Volkssprache stattfindet, dass Prosa selbstverständlich neben Reim verwendet wird. Selbst die Textsorte Prosa-Universalchronik tradiert gereimte Textteile innerhalb allerdings weit umfassenderer Prosa. Die Wahrheit der Aussagen wird durch verschiedene Überzeugungsstrategien gefestigt: Der Chronist verbürgt sich vor allem durch die wörtliche Wiedergabe von Zitaten für die Richtigkeit des Dargestellten. Die Reimvorrede und auch die strategischen Textallianzen innerhalb der C-Redaktion belegen die Allgemeingültigkeit und Wahrheit der Aussagen. Weitere Mittel, die der Veranschaulichung der Aussagen des Chronisten und gleichzeitig auch dem Wahrheitsbeweis dienen sollen, sind das Zitieren von Briefen oder Urkunden. Diese Stilmittel kommen am häufigsten in den C-Handschriften, oft auch in den B-Handschriften, am wenigsten in den Textexemplaren der Rezension A_1 vor, die durch ihre Nähe zur lateinischen Chronistik am wenigsten des Wahrheitsbeleges bedurfte. Alle Traditionsstränge bemühen sich sowohl um Kürze (*brevitas*), als auch je nach Interesse um Anschaulichkeit. Jede Weltsichtmodifikation stand in einem Begründungszusammenhang, musste erst den Wahrheitsbeweis antreten. Die Stadt-Weltchronistik allerdings mit ihren einschneidenden Weltbildveränderungen hatte den großen Vorteil genutzt, sich wiederum sehr stark der Tradition der reichshistorisch ausgerichteten lateinischen Universalchronik zuzuordnen; sie war deshalb am wenigsten einem Begründungszwang ausgesetzt.

d) Autorisierung der eigenen Aussagen:
Ein Topos, der auch als Wahrheitsbeleg diente, war das Autoritätszitat, das zunächst an Stelle der Autornennung in Prosa-Universalchroniken stand. In diesem Zusammenhang ist der Hinweis auf Lucanus, Orosius etc. zu sehen. Die tatsächlichen Vorlagen nennen die Chronisten nicht. Als Autoritätszitat ist auch der Hinweis auf Eike von Repgow zu sehen. Der Autor trat im Wesentlichen hinter sein Werk zurück, nicht zuletzt, weil er nur der Mittler einer allgemein anerkannten historischen Memoria sein wollte. Erst mit dem Ende des 14. Jahrhunderts kann man hier anhand der Schreibernennungen eine Veränderung konstatieren.

e) Offene Geschichtsschreibung und f) auf Abgeschlossenheit abzielendes Geschichtsdenken:
Weltchronistik entsteht, um eine allgemein anerkannte Memoria zu tradieren, aber auch um in diesem Rahmen eigene Weltsichten zu artikulieren, um spezielle Ansprüche zu formulieren und zu konsolidieren – und dies häufig in Krisenzeiten. Nach Ausweis der *Annales Stederburgenses*

aus dem Ende des 12. Jahrhunderts und der Braunschweiger Reimchronik aus dem 13. Jahrhundert entwickelte Heinrich der Löwe am Ende seines Lebens, in seinem letzten Lebensjahr auf dem Tiefpunkt seiner Macht und nicht auf deren Höhe, ein Interesse für die Geschichtsschreibung. Nach der erneuten Konsolidierung im welfischen Herzogtum Braunschweig-Lüneburg unter Otto dem Kind (1235-1252) könnte als Ausweis wiedererstarkender Macht in schwierigen Zeiten gerade an dessen Hof das sächsische ‚Buch der Welt' entstanden sein. Dies war vielleicht die Vorlage der Handschriften 23 und 24. Die Handschrift 24 wird mit großer Wahrscheinlichkeit unter Herzog Albrecht I. von Braunschweig (1252-1279) vielleicht zur erneuten Konsolidierung nach der Teilung des Herzogtums angefertigt worden sein.[150]

Eine weitere soziale Gruppe, das Bürgertum, gewinnt erst später politisches Durchsetzungsvermögen, das so weit geht, dass das Stadtbürgertum seine Sichtweise, sein Bild von der Welt in Universalchroniken festschreiben kann. Auch hier kann die erste deutschsprachige weltchronistisch orientierte Dichtung – das Annolied – als ein Beispiel für die Präsenz dieser Gruppe gelten. Zwar taucht das Kölner Patriziat nirgends im Text des Annoliedes auf, jedoch ist seine politische Macht wohl ein Auslöser für die Entstehung des Lobliedes auf Anno II. gewesen: Kaiser Heinrich III. hatte Anno gegen den Willen der Kölner zum Erzbischof ernannt. Das Annolied – vermutlich im Auftrag des Nachfolgers von Anno II., Sigewin (Amtszeit: 1078-1098) verfasst – sollte „wohl bei den Kölner Patriziern werben und ein gemeinsames Selbstverständnis von Stadt und Bistum unter der Führung des Erzbischofs fördern".[151]

Beispiele für eine Kölner Stadtweltchronik finden sich im Zusammenhange der Überlieferung des Textzusammenhanges des ‚Buchs der Welt': Die Handschrift 112 aus dem dritten Viertel des 15. Jahrhunderts ist eine ‚bürgerliche' Umdeutung der höfischen Handschrift 11. „Der SW-Teil zeigt überaus große Parallelen zu der ebenfalls in diesem Raum beheimateten Hs. 11. Wahrscheinlich hat der Kölner Chronist Hs. 11 als Vorlage benutzt."[152]

Eine ‚bürgerliche' Umdeutung lateinischer Weltchronistik begegnet schon früher – in anderer Weise – in der Prachthandschrift 16, die die Auftragsarbeit eines Hamburger Bürgers (Johann von dem Berge) ist,

---

150 Vgl. auch Jürgen Wolf, Sächsische Weltchronik, S. 199.
151 Volker Mertens, Kapitel 4. Die hochhöfische Zeit (1170-1230, S. 44; siehe auch: Alfred Haverkamp, Annolied.
152 Jürgen Wolf, Sächsische Weltchronik, S. 77, Anm. 208.

der sie jedoch einem Adeligen (einem Grafen Gerhard von Holstein) widmet und schenkt. Auch die Handschriften 12 und 12a aus der Wiener Neustadt zeigen eine bürgerliche Interpretation einer eher adelig-höfischen Chronikauffassung; anders als die übrigen Stadtweltchroniken übernehmen sie die Version des ‚Buchs der Welt', die die Reimvorrede tradiert. Man ist hierbei an Jans Enikel erinnert.

Weltchroniken sind also vielfach Wunschbilder von einer „heilen", ganzheitlichen christlichen Welt. Textsortenveränderungen treten häufig dann auf, wenn diese heile Welt bedroht ist und geheilt werden muss oder wenn andere, divergierende Sichtweisen auftreten, weil andere soziale Gruppen – z.B. das Bürgertum gegenüber Adel und Geistlichkeit, der Welfenhof gegenüber der Reichspolitik, die Minoriten gegenüber der Amtskirche – politisch und/oder wirtschaftlich mächtig wurden und sich im herrschenden Weltbild nicht mehr repräsentiert sahen. Die Durchsetzungsprozesse sind jedoch – wie man am Beispiel des Bürgertums und seiner anfänglichen, zaghaften Repräsentation im Annolied sehen kann – häufig sehr langsam. Sie geschehen im Wahrheitsrahmen der traditionellen Memoria. Schon allein deshalb kann man nicht von einer ‚grenzenlosen', sondern nur von einer ‚gerichteten' Offenheit der Textsorte sprechen. Sie verändert sich in einem vorgegebenen Rahmen und man kann wohl in jedem Fall sagen, dass die Weltchronistik so lange produktiv war, wie sie auch immer wieder innovative Tendenzen aufnahm, aber auch solange sie sich auf ihre Traditionen besann, sie behutsam – vorlagenabhängig – für die jeweils geänderten Interessen modifizierte.

Die interessengebundene Abtrennung einer volkssprachigen höfisch-dynastischen Universalchronistik von der lateinisch-geistlichen Reichshistorie im 13. Jahrhundert setzte fast gleichzeitig eine sehr differenzierte Modifikation der Textsorte in Gang. Für eine gewisse Kontinuität in der Übermittlung der Vorstellungen und Prinzipien der lateinischen Weltchronistik sorgten bis ins 16. Jahrhundert die lateinisch gebildeten geistlichen und weltlichen Schreiber. Das Ende der Textsorte ‚Weltchronik' begann mit dem Umbruch im 15. Jahrhundert, mit der Konsolidierung bürgerlicher Weltsichten. Diese Entwicklung hat zunächst stärker als die Zweiteilung in geistliches und höfisch-adeliges Weltbild oder minoritisches und amtskirchliches Weltbild für eine große Variationsbreite der Textsorte gesorgt. Zum Ende der Produktivität im 16. Jahrhundert haben schließlich wohl verschiedene Entwicklungen beigetragen: Die breite Öffnung für vielfältige Innovationen hat zu großen Unschärfen in Bezug auf die Abgrenzung der Textsorte geführt und dann zum anderen Extrem, zu einer bewahrenden, historisierenden Tendenz, die weitere Erneuerung verhinderte.[153] Dieses Ende der Produktivität der Textsorte ‚Weltchronik' zeigt auch eindrücklich die Grenzen der Offenheit der Textsorte.

V.3 Die Textsorte ‚Universalchronik' und ihre Varianten

Intern sind die untersuchten Textexemplare durch ein Merkmalsbündel aus Initiatoren und Terminatoren, aus spezifischen Makrostrukturen, hierarchischen syntaktischen, semantischen und lexikalischen Merkmalen gekennzeichnet, die das Spannungsverhältnis von Offenheit und Geschlossenheit, Chronologie und Genealogie, Annalistik und Narration, Linearität und Gleichzeitigkeit ausdrücken.

Es lassen sich vier Hauptvarianten unterscheiden, die die Textsorte ‚Universalchronik' in der Zeit vom 13. bis zum 16. Jahrhundert charakterisieren:

Variante I:
Im Kloster enstandene reichshistorische Papst-Kaiser-Chroniken mit heilsgeschichtlicher Ausrichtung:
Diese Variante wird aus lateinischen und volkssprachigen Prosachroniken gebildet; die Auftraggeber kommen aus dem hohen Adel, der Geistlichkeit, die Schreiber aus dem Kloster (Hss. 101, *101, 103, 1, 21). Der Entstehungszeitraum der Textexemplare ist das 13. und 14. Jahrhundert:

– Initiatoren und Terminatoren: Auffällig ist die Kombination mehrgliedriger Initiatoren mit eher unbetonten oder gänzlich fehlenden Terminatoren. Eine Ausnahme macht die Hs.1.
– Makrostrukturen: Initialen werden zur Kennzeichnung der chronologischen, linearen Abfolge (z.B. durch die Heraushebung der Personennamen) verwendet. Im Autograph der Frutolf-Ekkehard-Chronik stehen die Initialen häufig herausgehoben am Rand. In der Regel sind sie farbig gekennzeichnet. Daneben findet sich die Verwendung graphischer Elemente (Stemmata, Brustbildmedaillons), die die genealogische Dimension der chronologisch erzählten Ereignisse verdeutlichen. Sie haben auch die Funktion, ein Gerüst zu bilden, das über dem chronologischen Fluss auch die Gleichzeitigkeit bestimmter Ereignisse verdeutlichen kann.[154] Dem entspricht in der darstellenden, inhaltlichen Gliederung z.B. im Alten Testament der sich wiederho-

---

153 Hier sind auch die Historienbibeln zu nennen, die das christliche universalhistorische Weltbild – vor allem wie es die Reimchroniken übermittelten, konservieren.
154 Vgl. dazu auch die Ausführungen von Gert Melville, Geschichte in graphischer Gestalt.

lende Hinweis auf das Alter der Stammväter und die ausführliche genealogische Darstellung.
Auch annalistische Elemente (wie die Synopse der verschiedenen Zeitberechnungstabellen in den Handschriften der Frutolf-Ekkehard-Chronik) haben unter anderem die Funktion, die Narration zu durchbrechen und die Gleichzeitigkeit des nacheinander Berichteten zu verdeutlichen. In Absatz und Kapitel bzw. in Bücher gegliederte Textexemplare sind ebenso anzutreffen wie solche, deren Kapitel- und Absatzstruktur nicht oder nur unzureichend gekennzeichnet ist. Insgesamt wird eine relative Vorlagentreue auch in den hierarchischen Strukturierungsmerkmalen deutlich.
– Text-Bild-Relationen: In dem hier untersuchten Textkorpus begegnet vor allem die graphische Umsetzung genealogischer Bezüge (z.B. im Autograph der Frutolf-Ekkehard-Chronik; in der Hs. *101).
– Syntaktische Merkmale: Auf der Grundlage vor allem der lateinischen Handschriften zur Frutolf-Ekkehard-Chronik und der Textexemplare zum Textzusammenhang der Sächsischen Weltchronik zeigt sich als Haupttendenz die lineare Abfolge überwiegend parataktisch angeordneter Sätze, die die chronologische Erzählabfolge unterstützen. Genitivkonstruktionen der lateinischen Chroniken begegnen in den volkssprachigen Chroniken häufig als attributive Relativsätze.
Die Erzählzusammenhänge werden oft durch indirekte oder wörtliche Rede verlebendigt. Es werden Basistexte aus anderen Textsortenzusammenhängen übernommen: z.B. die Schöpfungsgeschichte aus der Bibel, Papst- und Kaiserurkunden etc. Das führt auch zu einer stoffkreisbezogenen Syntax. Bei den untersuchten Textexemplaren überwiegt insgesamt eine temporale Ausrichtung, die nicht durch die Verbwahl hergestellt wird, sondern durch Temporaladverbien in Spitzenposition der Gesamt- und auch der Teilsätze. In den untersuchten Textexemplaren des ‚Buchs der Welt' fehlt den Handschriften dieser Variablenkonstellation – wie auch schon der Frutolf-Ekkehard-Chronik – die explizite Zukunftsausrichtung; der Gegenwartsbezug tritt gegenüber der Hauptausrichtung auf die Vergangenheit stark zurück.
– Semantische Merkmale: Die Gliederung der Weltgeschichte geschieht nach Regierungszeiten (*regna*) oder stoffkreisgebunden nach Schöpfungstagen, nach Personen des Alten Testaments, nach Herrscherviten. Profangeschichte und Heilsgeschichte werden durch mehr oder weniger stark ausgeprägte Gliederungsschemata miteinander verbunden: personengebundene und annalistische chronologische Verfahren bestehen nebeneinander, entweder relativ gleichwertig oder

in der Dominanz des einen oder anderen Prinzips. Eine Gesamtzeitberechnung (*aerae*) setzt beim Beginn der Welt ein, folgt dem Alter der Stammväter des Alten Testaments, berechnet den Zeitabstand seit der Gründung Roms, seit der Geburt Christi. Diese Zeitberechnungen laufen nur streckenweise nebeneinander her, meist folgen sie aufeinander. Innerhalb der Geschichte der deutschen Herrscher des römischen Reiches fällt die Zeitberechnung nach der Gründung Roms in den Textexemplaren des ‚Buchs der Welt' weg, während sie beispielsweise in der Frutolf-Ekkehard-Chronik weitergeführt wird.

Im ‚Buch der Welt' zeigt sich auch in dieser Variablenkonstellation (zumindest inhaltlich – jedoch nicht explizit auf der Ebene der hierarchischen Strukturierung) die Tendenz zur Zweiteilung der Chronik in die vorrömische Geschichte und die römische Geschichte. Diese Zweiteilung ist bereits latent bei Frutolf vorhanden – überdeckt durch andere, in der lateinischen Historiographie gebräuchliche Gliederungsschemata (Weltalter, Weltreiche).[155] Die thematische Ausrichtung auf die Reichsgeschichte beansprucht überregionale Gültigkeit. Weltchroniken erscheinen im Spiegel der hier untersuchten Textexemplare dieser Variablenkonstellation als Kompendien vorrangig heilsgeschichtlichen Wissens, das sich auch als Steinbruch für moralische Exempla etc., z.B. für die Predigt, nutzen ließ und von hier wiederum auch Anregungen erhielt.

Was die Stoff- und Themenbereiche betrifft, ist in dieser Variablenkonstellation eine hohe Vorlagentreue anzutreffen – oft sogar bis zu einer vollständigen Quellenübernahme (häufig ohne die Quellen zu kennzeichnen). Autoritätszitate, die global auf ältere Chronisten und Chroniken verweisen (z.B Orosius, Lucanus, *Historia Scholastica*) dienen, wie auch die direkten und indirekten Zitate und die Erzählperspektive der ersten Person Sg./Pl. dazu, den Wahrheitsgehalt der eigenen Aussagen zu untermauern.

– Lexikalische Merkmale: die Verwendung der lateinischen Sprache garantiert die Überregionalität. Mit dem Eintritt der Volkssprache wird das Bemühen um eine überregional verwendbare, kanzleimäßige Sprache deutlich. Es lässt sich insgesamt – auch bei der Übersetzung der Vorlagen – ein Wechsel von der wörtlichen Übernahme zu einer sehr eng der Vorlage verhafteten sinngemäßen Adaption konstatieren.

---

155 Frutolf-Ekkehard unterscheiden zwischen zwei auserwählten ‚Völkern': den Juden und dem römischen Reich. Vgl. dazu Frutolfs und Ekkehards Chroniken, Einleitung, S. 11f.

- Typische Textallianzen: Die Chronisten stellen ihre Texte zusammen, indem sie Vorlagen benutzen, die sie kürzen oder erweitern (fortsetzen oder interpolieren). In den untersuchten Handschriften tritt hier – wieder mit Ausnahme der Hs. 21 – ausschließlich der Typus der kompilierenden Textverbindung auf.

Besonderes Kennzeichen dieser Variante der Textsorte ‚Universalchronik' mit dem zeitlichen Schwerpunkt im 13. und 14. Jahrhundert ist einmal ihre Tendenz zur Überregionalität, um die sich die Schreiber auch der volkssprachigen Textexemplare – sowohl inhaltlich als auch sprachlich – bemühen. Der Schwerpunkt der Textexemplare liegt auf der Wissensvermittlung und der Überlieferung reichshistorischer Memoria und nicht auf der Unterhaltung. Die sprachliche Form ist lateinische (dreimal: Hss. 101, *101, 103) und deutsche Prosa (dreimal: Hss. 1, 6, 7). Mündlich überlieferte oder aus volkssprachigen Quellen stammende Informationen werden nicht rundheraus abgelehnt, sondern mit der lateinischen schriftlichen Überlieferung verglichen und auf ihren Wahrheitsgehalt hin geprüft (Frutolf in seiner lateinischen Chronik z.B. in Bezug auf die Dietrichsage). Etliche Chronisten habe auch Freude an der ausschmückenden Erzählung, so z.B. der Chronist der Pöhlder Annalen. Die Erzählperspektive ist zumeist eine zurückgenommene Wir-Perspektive (sie wird nicht sehr häufig explizit eingesetzt), die den Leser/Hörer in den Dialog einbezieht.

Variante II:
Am Adelshof entstandene höfische bzw. partikular-dynastische Papst-Kaiser-Chroniken mit heilsgeschichtlicher Ausrichtung und reichshistorischer Memoria als Rahmen der mehr oder weniger modifizierten historischen Memoria:

Es handelt sich hier vor allem um volkssprachige, aber auch zweisprachige Weltchronistik, die von der lateinischen Bildung der Schreiber zeugt (z.B. in Bildbeischriften, Überschriften etc.); Auftraggeber ist der hohe dynastische Adel (Hs. 24), aber auch kleinere Adelshöfe geben Chroniken in Auftrag (Hss. 161, 11). Die zeitliche Verteilung erstreckt sich vom 13. bis zum 14. Jahrhundert. In meinem Corpus gibt es allerdings nur sehr wenige Handschriften, die sich dieser Variante zuordnen lassen. Vermutlich war die Textsorte ‚gereimte Universalchronik'[156] bei Hofe beliebter.

---

156 Es gibt noch keine vergleichbare Untersuchung zu den gereimten Universalchroniken, aufgrund meiner Studien möchte ich bei der ‚volkssprachigen Prosa-Universalchronik'

Die Variante II führt zunächst im 13. Jahrhundert zu volkssprachigen Mischformen zwischen Reim und Prosa, daneben aber auch zu reinen Prosatexten. Die lateinischen Vorlagen stimmen mit denen der Variante I überein, hinzu kommt aber auch die bedeutendste volkssprachige Geschichtsschreibung des 12. Jahrhunderts, die Kaiserchronik, die in den Universalchroniktext interpoliert wird. Dabei wird die Reimbindung der übernommenen Passagen häufig beibehalten. Auftraggeber sind Adelige, besonders landesherrlicher Adel, aber auch Bürgerliche. Adressat ist zunächst der Adel. Das interne Merkmalsbündel drückt vor allem ein Spannungsverhältnis zwischen Offenheit und Geschlossenheit, Chronologie und Genealogie, Annalistik und Narration, Linearität und Gleichzeitigkeit aus. Die Sprache ist überwiegend die Volkssprache, Latein tritt deutlich zurück; es können aber dennoch unterschiedliche Formen von lateinisch-volkssprachigen Mischungen vorkommen: Während im Text z.B. die Volkssprache dominiert, können die Bildbeischriften oder die Makrostruktur der Überschriften lateinisch sein. Stoffkreisbezogen werden auch im Text lateinische Sätze verwendet, z.B. werden die Worte Jesu im neutestamentlichen Teil in einigen Handschriften in lateinischer Sprache wiedergegeben.

– Initiatoren und Terminatoren: Bei den Makrostrukturen dieser Variante kommen ohne bestimmte zeitliche Gewichtung verschiedene Kombinationen vor. Die Kombination mehrgliedriger Initiatoren mit gänzlich fehlenden Terminatoren (Hss. 24) lässt sich ebenso im 13. wie im 15. Jahrhundert feststellen. Hs. 11 hat einen viergliedrigen Initiator und einen dreigliedrigen Terminator.

– Makrostrukturen: Der Initialengebrauch dient zur Kennzeichnung der chronologischen, linearen Abfolge (z.B. durch die Heraushebung der Personennamen), daneben werden graphische Elemente (Stemmata, Brustbildmedaillons) verwendet, die die genealogische und gleichzeitige Dimension der chronologisch erzählten Ereignisse verdeutlichen. Auch annalistische Elemente, wie z.B. Papst- und Königs- bzw. Kaiserlisten, haben unter anderem die Funktion, die Narration zu durchbrechen und die Gleichzeitigkeit des nacheinander Berichteten zu verdeutlichen. Absatz und Kapitel sind nicht durchgängig gekennzeichnet, es tritt eine stark stoffkreis- bzw. basistextbezogene Hierarchisierung auf (Hs. 24). In dieser Gruppe ist große Treue zu lateinischen und volkssprachigen Vorlagen festzustellen. Daneben

---

und der ‚gereimten Universalchronik' zunächst jedoch von zwei unterschiedlichen Textsorten und nicht von Textsortenvarianten ausgehen.

zeigt sich auch eine Tendenz zu einer Strukturierung, die dem mündlichen Vortrag entgegenkommt (Hs. 11).
- Text-Bild-Relationen: Die frühen Textexemplare verwenden Illustrationen, die deutlich mehr als schmückende, unterhaltende oder den leseunkundigen Betrachter informierende Funktion haben. Die Textfunktion vor allem der Brustbildmedaillons besteht, wie auch bei den Namensmedaillons der Variante I, darin, den Text zu strukturieren, genealogische Bezüge sichtbar zu machen. Wie die übrigen Miniaturen übernehmen sie aber darüber hinaus auch noch die Funktion, bestimmte Akzente der Geschichtserzählung (durch Gesten, Attribute, ausführliche szenische Darstellung) hervorzuheben oder auch hinzuzufügen. Hierin zeigt sich eine textsortenübergreifende Bild-Text-Verschränkung, die auch in anderen zeitgleichen bebilderten Handschriften aus dem höfischen oder aus dem rechtlichen Bereich deutlich wird.[157]

Die Funktion der Illustrationen wird in nicht bebilderten Handschriften häufig durch die Rubrizierung, durch die Initialenvergabe, durch Großschreibung, durch Marginalien und später durch Überschriften mit übernommen.
- Syntaktische Merkmale: Auch hier gilt auf der Grundlage der Textexemplare des ‚Buchs der Welt' die lineare Abfolge überwiegend parataktisch angeordneter Sätze, die die chronologische Erzählabfolge unterstützt.

Der Gebrauch unterschiedlicher Temporaladverbialen in Spitzenposition der Gesamt- und auch der Teilsätze hat sowohl die Funktion, die chronologische Abfolge zu verdeutlichen und damit Linearität (Temporaladverbien wie *Nu, da, darnach, dann* etc.) zu markieren, als auch auf die Gleichzeitigkeit des Geschehens hinzuweisen (Temporalverbindungen: *bi den tiden, in den Zeiten*). Wendungen wie *We willet nu sagen* können u.a. darauf hindeuten, dass die Texte vorgetragen wurden. Häufig werden der Leser und auch der Hörer angesprochen. Gegenüber der lateinischen Frutolf-Ekkehard-Chronik, die den Leser (*lector*) anspricht, wendet sich das ‚Buch der Welt' (in den Textexemplaren vom 13. bis zum 16. Jahrhundert) im gleichen (übersetzten) Kontext an den Hörer ([...] *swie so diese rede hore* [...]; Hs. 24, Bl. 7^v, SW 264,20f.). Die Form der Chronik konnte wohl als Ganzes kaum dem Vortrag dienlich sein. Teile jedoch – vor allem die

---

157 Vgl. z.B. die Beiträge in: Ruth Schmidt-Wiegand (Hg.), Text-Bild-Interpretation, Bd. 1: S. 155- 170 und Bd. 2: Tafeln CXXVII-CXXXVII

Verwendung des Reims in Passagen der höfischen Handschriften, aber auch die hierarchische Strukturierung in kürzere Absätze in der Hs. 11 sprechen dafür – werden bei Hofe vorgetragen worden sein. Insgesamt lässt sich eine stoffkreisbezogene, hochdifferenzierte Zeitstruktur feststellen: In der Reimvorrede und in der Schöpfungsgeschichte wird auf die aktuelle Gegenwart sowie auf die Zukunft verwiesen, im Gesamtzusammenhang der Chronik nimmt als Tempus die Vergangenheit breiten Raum ein. Darüber hinaus werden, wie auch in der Variante Ia, die chronologische Folge, die Dauer der Zeit und die Gleichzeitigkeit von Ereignissen hervorgehoben. Die Verbwahl ist stoffkreisgebunden, es fallen jedoch auch hier besonders viele Handlungsverben auf, die die Erzählstruktur tragen. Verlebendigt wird die Geschichtserzählung durch indirekte und direkte Rede, durch die Einfügung unterschiedlicher, kürzerer und längerer Passagen aus anderen Basistexten: Urkunden, Briefe, Legenden etc. Diese Stilmittel haben darüber hinausgehend wie in der Variante I die Funktion des Wahrheitsbeweises der chronikalischen Darstellung.
Es zeigt sich die Tendenz zu umfassenden Gesamtsätzen, deren Markierung zumindest innerhalb der Schöpfungsgeschichte mit der Absatzkennzeichnung zusammenfallen konnte.
- Semantische Merkmale: Verbindung von Profangeschichte und Heilsgeschichte durch mehr oder weniger stark ausgeprägte Gliederungsschemata. Die Gliederung der Weltgeschichte geschieht nach Regierungszeiten und nach unterschiedlichen Zeitberechnungsprinzipien, die nicht bis in die Gegenwart der Chronisten nebeneinander fortgeführt werden. Es dominiert dann das Prinzip der Zeitrechnung nach Christi Geburt.
Bei der thematischen Ausrichtung überwiegt wie in der Hs. 11 die Reichsgeschichte mit überregionaler Gültigkeit.
Es zeigt sich aber auch eine Betonung der dynastischen Geschichte im Rahmen der Reichsgeschichte (z.B. in der Hs. 24). Die Prägung ist dann eher dynastisch als regional.
Inhaltlich zeigt sich – trotz des eindeutigen Bekenntnisses zur wahren Geschichtsdarstellung (z.B. in der Reimvorrede) – eine Hinwendung zu legendenhaften, sagenhaften, sonst auch stärker mündlich tradierten Stoffzusammenhängen. In der Hs. 11 wird der eher sagen- und legendenarme Text der Fassung A_2 durch die Textallianzen mit höfischer Literatur erweitert.
- Lexikalische Merkmale: Die Verwendung der deutschen Sprache zeigt wie in der Textsortenvariante I das Bemühen um eine überregi-

onal verwendbare, kanzleimäßige Sprache. Bei der Wortwahl und der Wortbildung zeigt sich der Einfluss des Lateins der Vorlage. Hier lässt sich eine geschickte Balance zwischen einer wörtlichen und einer sinngemäßen Übersetzung konstatieren (Hs. 24).
- Typische Textallianzen: In den untersuchten Handschriften tritt der Typus der Textkompilation (z.B. Hs. 24) auf, es werden daneben in derselben Handschrift auch unterschiedliche Teiltexte makrostrukturell (strategische und verbindende Textallianzen) hervorgehoben (Hs. 24). In der Hs. 11 haben die nur scheinbar ganz entfernt thematisch zur Chronik passenden Textallianzen die Funktion, den Textzusammenhang der Fassung A_2 durch höfisch interessierende Themenkreise zu erweitern. Es deutet sich aber insgesamt in dieser höfischen Handschrift ein Textverbindungstyp an, der die Tendenz zu einer thematisch und makrostrukturell unverbundenen Textzusammenstellung hat (höfische Sammelhandschrift). Kürzungen wie Ergänzungen des Textzusammenhanges sind die Regel bei der kompilierenden und kombinierenden Weltchronikproduktion.

Die narrative Erzählstruktur überwiegt häufig gegenüber den annalistischen Elementen. Es zeigt sich eine große Bandbreite der zeitlichen Aspekte. Neben die Intention, Wissen und Wahrheit vermitteln zu wollen, tritt deutlich der Wunsch zu unterhalten. Reim und Prosa wechseln sich ab, mischen sich. Beiden Formen wird Wahrheitswert zuerkannt, in den frühen Handschriften besteht oft noch ein Rechtfertigungsbedürfnis in Bezug auf die Übernahme legendenhaften, sagenhaften, mündlich überlieferten Stoffes. Es herrscht eine den Hörer/Leser umfassende Erzählperspektive vor, die manchmal durch ein fiktives Ich, das dem Rezipienten gegenübertritt (in den aus der Kaiserchronik gereimt übernommenen Passagen der Hs. 21), oder auch durch die distanzierte Position der dritten Person Sg./Pl. unterbrochen wird. Neben die reichshistorische Memoria tritt gleichberechtigt in der Gothaer Bilderhandschrift 24 erstmalig welfisch-sächsische Memoria.

Variante III:
Reichshistorische Papst-Kaiserchroniken kombiniert mit Heilsgeschichte und deutlich regionaler (nicht primär städtischer) Ausrichtung (z.B. Hss. 2, 023, 3, 031, 4, 5, 6, 7, 10, 10a, 12, 12a, 18, 19, 21, 22, 231):
Die sozialen Sphären mischen sich, da die kopierten Vorlagen verstärkt aus unterschiedlichen Bereichen stammen können. Die Auftraggeber kommen zunehmend aus der Geistlichkeit, dem Adel und den Städten. Die Schreiber können Mönche oder Weltgeistliche oder auch Stadt-

schreiber sein. Die besonderen Kennzeichen dieser Textsortenvariante sind eine Tendenz zur Regionalität in der Auswahl der Themenkreise bei gleichzeitiger Bemühung um Überregionalität in der Lexik und der Syntax, eine Vorliebe für legendenhafte, sagenhafte und höfische Stoffe.

Diese Variablenkonstellation tritt vor allem im 15. Jahrhundert in Erscheinung. Die Sprache ist sowohl lateinisch als auch volkssprachig. Die Texte werden weiterhin kompilatorisch verbunden, daneben werden durch Fortsetzungen die regionalen Aspekte (Thüringisch, Sächsisch, Bairisch etc.) stark hervorgehoben. Die internen Merkmale stimmen weitgehend mit denen der Variante IV oder auch (für die Texte der C-Redaktion) mit denen der Variante II überein.

- Initiatoren und Terminatoren: Es überwiegt die Kombination mehrgliedriger Initiatoren und ein- bis mehrgliedriger Terminatoren (eine Ausnahme macht die Hs. 2), insgesamt sind hier auch die ‚Buch der Welt'-Textexemplare, die in umfangreicheren Codices überliefert sind, durch direkte oder indirekte Terminatoren begrenzt.
- Makrostrukturen: Initialen oder Überschriften werden zur Kennzeichnung von Absätzen und Kapiteln genutzt.
- Text-Bild-Relationen: Die Makrostruktur des Bildes tritt in den Textexemplaren dieser Variante nicht auf.
- Syntaktische Merkmale: Es zeigt sich eine Tendenz zu kürzeren Gesamtsätzen. Es lässt sich vor allem im 15. Jahrhundert deutlich ein Wechsel ausmachen von der Gliederung in lange Gesamtsätze zur Strukturierung durch einfache Sätze oder kurze Hypotaxen.
- Semantische Merkmale: Profangeschichte und Heilsgeschichte werden miteinander verbunden. Das vorrangige Interesse gilt der Verbindung von regionaler Geschichte und Reichsgeschichte. Es besteht kein ausgesprochener Rechtfertigungszwang mehr für die Übernahme mündlich tradierter Stoffkreise. Personengebundene und annalistische chronologische Verfahren bestehen nebeneinander, entweder relativ gleichwertig oder in der Dominanz des einen oder anderen Prinzips. Neben der zentralen Ausrichtung auf die Vergangenheit bekommt – vor allem durch regionale zeitgenössische Nachrichten – die Gegenwart einen größeren Stellenwert. Die Handschriften 18 und 19 z.B. führen wie die Frutolf-Ekkehard-Chronik die Zeitberechnung seit der Gründung Roms bis in die Gegenwart weiter.
- Lexikalische Merkmale: Die Volkssprache ist überregional, an der Kanzleisprache orientiert. Man kann von einem „Gattungs"bewusstsein ausgehen. Neben den Bezeichnungen im Text *zal/tal*, *chronik*,

buch werden in Überschriften Zuordnungen vorgenommen: *Dacz ist diu kronick* (Hs. 2) oder *Hie hebet sich an ein kurtze Cronick Von anfang der welt* [...] (Hs. 023) etc. In der Wortbildung werden zunehmend Bildungsweisen bevorzugt, die sich von der noch in den frühen Handschriften erkennbaren Übersetzungssprache lösen, es treten regionale oder zeittypische Varianten in Kombination mit den Übersetzungswörtern als Paarformeln auf (Hss. 18 und 19).
– Typische Textallianzen: Die Chronisten stellen ihre Texte zusammen, indem sie Vorlagen benutzen, die sie kürzen oder erweitern (fortsetzen oder interpolieren). In den späteren Chroniken erweitern die Kompilatoren den Wissenszusammenhang durch Textallianzen und durch das Zusammenbinden unterschiedlicher Handschriften (Buchbindersynthesen).

Die Überregionalität kann vor allem in den gegenwartschronistischen Passagen durch eine regionale Sichtweise zurückgedrängt werden. Die kollektive Memoria hat einen Wandel mitgemacht, sie wird kleinräumiger, landschaftsgebunden (Sachsen, Thüringen, Schwaben, Bayern).

Variante IV:
Städtische Universalchroniken mit reichshistorischer und heilsgeschichtlicher Ausrichtung:
  Zu dieser Variante sind reichshistorisch ausgerichtete volkssprachige bzw. zweisprachige Weltchroniken zu rechnen, die entweder nicht explizit regional (Hss. 16, 17, 9,) oder auf eine bestimmte Stadt orientiert sind (Hss. 022, 162, 163, 021, 081, 082, 8). Alle Ausprägungen sind in bürgerlichem, städtischem Umfeld entstanden. Auftraggeber der Textexemplare dieser Textsortenvariante ist das städtische Bürgertum. Die Schreiber sind ganz überwiegend städtische Kanzleischreiber, Lohnschreiber oder Weltgeistliche. Die zeitliche Verteilung erstreckt sich von der Wende des 13. zum 14. Jahrhundert bis zum beginnenden 16. Jahrhundert. Zahlenmäßig liegt der zeitliche Schwerpunkt dieser Textsortenvariante im 15. Jahrhundert.
  Erste Anfänge zeigen sich schon im 14. Jahrhundert. Die frühen Codices dieser Variante orientieren sich noch an höfischen Vorstellungen, die Codices des 15. und 16. Jahrhunderts dagegen verstärkt an der Weltgeschichtsschreibung der Klöster (Hss. 021, 022, 081, 082, 8, 9). Auftraggeber und Adressaten kommen aus dem Bürgertum. Es existieren bereits kommerzielle Schreiberwerkstätten, die einige Tendenzen des frühen Buchdrucks vorwegnehmen. Die Codices sind volkssprachig oder gemischtsprachlich. Es finden sich häufig deutsch-lateinische Sprachmi-

schungen, die über die Praxis der Sprachmischungen in den Handschriften der Variante II weit hinausgehen: Es gehen volkssprachige Texte mit lateinischen eine Allianz im gleichen Codex (z.B. Hs. 021) ein. In vielen Fällen sind die Codices bewusst zweisprachig angelegt (z.B. Hss. 081, 082, 8). Der Reim tritt eher zurück, ist aber in einigen Codices vorlagenbedingt noch vorhanden. Es gibt Codices, die die volkssprachige Geschichtsdichtung (Kaiserchronik) interpolieren und solche, die sich nur an Prosa-Vorlagen halten.

- Initiatoren und Terminatoren: Es begegnen in dieser Gruppe Textexemplare, die makrostrukturell Anfang und Ende markieren, und solche, bei denen der Initiator mehrgliedrig ist und der Terminator fehlt (Hs. 16 und 17).
- Makrostrukturen: Gesamtsatz- und Absatzmarkierungen sind vor allem in den frühen Handschriften des 13./14. Jahrhunderts weitgehend deckungsgleich (Hss. 16, 17). Es kommen Gebrauchshandschriften wie auch Prachtcodices vor. Der Initialengebrauch dient der Kennzeichnung der chronologischen, linearen Abfolge (z.B. durch die Heraushebung der Personennamen), der Gesamtsatz-, aber vorwiegend der Absatz- oder Kapitelkennzeichnung. Die Fülle der Nachrichten vor allem in den gegenwartsbezogenen Passagen führt immer wieder zur Störung des chronologischen Schemas, Neuigkeiten werden auf freiem Platz ohne Rücksicht auf die Chronologie oder an den Rändern hinzugefügt oder weitergeschrieben. Annalistische Elemente (wie Papst- und Kaiserkataloge) werden weiterhin verwendet. Wie in den Varianten I und III finden sich von der Ausstattung her auch in IV eher Gebrauchshandschriften. Es lassen sich verschiedene Tendenzen zu einer einheitlicheren Absatz- und Kapitelgliederung beobachten. Es zeigen sich im 15. Jahrhundert auch immer stärker Ansätze, sich stärker von den Vorlagen zu entfernen.
- Text-Bild-Relationen: Sie zeigen in den Handschriften 16 und 17 deutliche Akzentverschiebungen gegenüber der Variante II (Hs. 24). Die Veranschaulichung genealogischer Zusammenhänge tritt vergleichbar mit der Variablenkonstellation I als Funktion deutlich zurück (besonders in der Hs. 17). Seit der Mitte des 14. Jahrhunderts treten vor allem die graphischen Elemente zurück, die die Linearität durchbrechen und eine Gleichzeitigkeit der Ereignisse betonen könnten. Aus den gemeinsamen Wurzeln der Weltchronistik ist bereits eine neue, vor allem graphisch realisierte Textsorte entstanden, nämlich die der Geschichtswerke in graphischer Gestalt. Dies mag mit zu

einem Zurücktreten der graphischen Elemente in der handschriftlichen Realisation der Textsorte ‚Prosa-Universalchronik' im 15. Jahrhundert geführt haben.[158] Im ausgehenden 15. Jahrhundert werden diese Geschichtswerke in graphischer Gestalt wieder durch Textallianz mit den Weltchroniken verbunden (z.B. in der Hs. 024). Die Illustrationen gehen seit dem 14. Jahrhundert in Prosa-Universalchroniken insgesamt zurück, ihre Funktionen werden durch Rubrizierungen, Großschreibung, Initialengebrauch, erläuternde Überschriften etc. übernommen. Die Illustration gerät immer mehr zum schmückenden Beiwerk (z.B. Federzeichnungen, die Frauenköpfe, springende Löwen etc. darstellen.).

– Syntaktische Merkmale: Es zeigt sich in den frühen Handschriften eher eine Tendenz zu umfassenden Gesamtsätzen. Wie in den Textexemplaren der Variablenkonstellation II fällt ein differenziertes Zeitgefüge auf. Die Handschrift 22 setzt stärker religiöse Akzente und verstärkt – wie auch die Handschrift 21 der Variablenkonstellation I, die Handschrift 23 der Variablenkonstellation III und die Handschrift 19 der Variablenkonstellation III – die Tendenz, die Chroniken durch die Textallianz mit den ‚Fünfzehn Zeichen' bis in die Zukunft – d.h., auf das Jüngste Gericht hin – auszuweiten. Es ist von der häufigen und z.T. intensiven Benutzung her, die sich in Rand- und Interlinearzusätzen zeigt, davon auszugehen, dass die Textexemplare überhaupt nicht mehr, auch nicht in Teilen, vorgelesen oder vorgetragen wurden. Es lässt sich vor allem im 15. Jahrhundert deutlich ein Wechsel ausmachen von der Gliederung in lange Gesamtsätze zur Strukturierung durch einfache Sätze oder kurze Hypotaxen.

Die Chronisten tendieren insgesamt nicht nur zur Erweiterung der Chroniken, sondern eher stärker noch als vorher auch zur Kürzung. In Bezug auf die temporale Ausrichtung der Chroniken bedeutet dies meist eine Einbuße in der Differenzierung der unterschiedlichen Zeitebenen.

– Semantische Merkmale: Es werden zunächst vorwiegend die Merkmale der Variante II weitergeführt. Später überwiegt eine Neuakzentuierung, bei der die Merkmale der Variante I dominieren. Neben die reichshistorische und heilsgeschichtliche Ausrichtung tritt nun verstärkt allgemeines Weltwissen; Reiseberichte und detaillierte Kenntnisse einer bestimmten Region stehen gleichberechtigt nebeneinander

---

[158] Vgl. zu ‚Geschichtswerken in graphischer Gestalt' die Ausführungen von Gert Melville, Geschichte in graphischer Gestalt.

(z.B. Hs. 9). Heilsgeschichtliche Passagen – wie z.b. die Schöpfungsgeschichte – können zudem auch ausgelassen werden. Zentrale Bedeutung bekommt die Gegenwartschronistik gegenüber der „retrospektiven Geschichtsschreibung".[159] Neben der Mehrzahl der heilsgeschichtlich ausgerichteten Weltchroniken gibt es vereinzelt auch die Tendenz, auf diese Ausrichtung weitgehend zu verzichten (Hs. 021). In den Chroniken des 15. Jhs. (z.B. in den Hss. 021 und 162) kommt eine Prägung auf die Stadt hinzu, in der die Chronik entstanden ist: Lübeck (162), Basel (021). Die Quellenvorlagen werden jetzt häufig genauer benannt (z.b. Bollstatter verfährt so).

– Lexikalische Merkmale: Die Sprache ist vorwiegend eine kanzleimäßige Volkssprache mit deutlichem Bemühen um Überregionalität. In der Wortbildung werden zunehmend Bildungsweisen bevorzugt, die sich von der noch in den frühen Handschriften erkennbaren Übersetzungssprache lösen.

– Typische Textallianzen: In den untersuchten Handschriften tritt bis zum 14. Jahrhundert der Typus der kompilierenden Textverbindung auf, später kommt auch die makrostrukturell verbindende Kombination unterschiedlicher Textexemplare hinzu. Die Textzusammenhänge werden erweitert und verkürzt. Daneben wird ab der zweiten Hälfte des 15. Jahrhunderts zunehmend die Vorliebe der Schreiber/Besitzer deutlich, nicht nur makrostrukturell aufeinander hinweisende Textallianzen vorzunehmen, sondern auch abgrenzende Textzusammenstellungen. Dies zeigt sich sowohl in Schreibersynthesen als auch in Buchbindersynthesen.

Die Variante IV besinnt sich ab Ende des 14. Jahrhunderts wieder mehr auf die Prinzipien der Variante I. Ihre Intention ist es eher, Wissen zu vermitteln als zu unterhalten. Es besteht kein ausgesprochener Rechtfertigungszwang mehr für die Übernahme mündlich tradierter Stoffkreise. Es lässt sich neben der heilsgeschichtlichen Ausrichtung eine zunehmende Vorliebe für antike Stoffe feststellen. Auch hier wird die historische Memoria wie in der Variante III kleinräumiger: städtisch (Köln, Lübeck, Basel); familiär (Heinrich Sinner trägt in die Basler Handschrift 021 Nachrichten über seine Familie ein).

Variante V:
Konservierende, nicht mehr vorrangig innovative Weltgeschichtsschreibung (Hss. 032 [Aventin], 23, 4a und auch 24a und b und die Buchbin-

---

[159] Den Terminus gebraucht: Peter Johanek, Weltchronik, z.B. S. 326.

dersynthesen: Hs. 15, 19, 024 = die ursprünglich selbständigen Teilcodices, die den Textzusammenhang des ‚Buchs der Welt' enthalten, sind jeweils anderen Varianten zugeordnet):

Bestimmt in den anderen vier Varianten eine innovative, immer wieder neue Weltsichten in sich aufnehmende Memoria die Geschichtsschreibung, so schlägt dies seit dem 16. Jahrhundert um, es herrscht nun eine bewahrende, sammelnde, ausschließlich rückschauende Weltgeschichtsschreibung vor. Bis dahin zeigt sich zwar ebenfalls als textsortenbestimmend die Tendenz zu einer starken Vorlagenabhängigkeit von Weltchroniken; dennoch wurden den Vorlagen immer wieder neue Aspekte hinzugefügt. Der Dominikaner Vinzenz von Beauvais konnte im Prolog seines „Speculum Historiale" im 13. Jahrhundert noch sagen, dass sein Werk weniger ihm selbst gehöre, „als denen, aus deren Schriften er es zusammengestellt habe".[160] Mittelalterliche Geschichtsschreiber berufen sich auf Autoritäten, sie zitieren keine Quellen, sie weisen ihre Veränderungen nicht nach, sondern sehen sich ganz in der Tradition der Vorläufer. Auch hierin liegt vielleicht ein wesentlicher Unterschied zur neuzeitlichen, humanistisch geprägten Weltgeschichtsschreibung, wie sie sich im 15./16. Jahrhundert durchsetzt.

Gleichzeitig weicht – besonders im 16. Jahrhundert – das Spannungsverhältnis von Produzent und Rezipient, das bis dahin textsortenbestimmend war, einer zunehmenden deutlichen Trennung von Produzent und Rezipient. Weltchroniken werden nicht mehr aktiv, sondern eher passiv rezipiert, das dynamische Element tritt zurück.

Chroniken werden jetzt zunehmend in Sammlungen – Schreiber- oder Buchbindersynthesen – überliefert, die nicht mehr eine bestimmte inhaltliche Prägung, sondern vor allem das Interesse des Sammlers an unterschiedlichen Darstellungen der Weltgeschichte zeigen. Hierzu passt auch, dass viele der Buchbindersynthesen manche Werke doppelt überliefern. Wie die vorliegende Untersuchung gezeigt hat, haben zwei mittelalterliche Chroniken niemals eine völlig deckungsgleiche Sicht der Welt übermittelt. Werden sie nun in Sammlungen zusammengestellt, so zeigt dies einen anderen Zugriff auf Weltgeschichte als vorher: Der spätmittelalterliche/neuzeitliche Kompilator entscheidet sich nicht mehr für ein stringentes Konzept, das er durch die Zusammenstellung und Kompilation ausdrückt, sondern er sammelt – in viel größerem Maße als seine Vorgänger – verschiedene Aspekte, auch widersprüchliche, und stellt sie nebeneinander.

---

160 Martin Haeusler, Weltchronistik, S. 73.

Diese neue Tendenz drückt sich z.B. in den Buchbindersynthesen der Handschriften 024, 19 (Teilcodices = Variante III) und 15 aus. Die Handschrift 024 – zusammengebunden wohl Ende des 15. Jahrhunderts – stellt die Erzählung vom bösen Judas Sarioth mit verschiedenen Weltchroniken zusammen, die einen unterschiedlichen Zugriff auf die Weltgeschichte haben. (Die graphische Darstellung Genealogie Christi [2x] mit zwei unterschiedlichen ‚schwäbischen' Weltchroniken und mit dem ‚Buch der Welt'). In der lateinischen Handschrift 15 (der Teil mit dem ‚Buch der Welt' wurde der Variante I zugeordnet) wurden wohl um die Mitte bzw. in der zweiten Hälfte des 15. Jahrhunderts zwei Codices mit weltchronistischen Darstellungen aus der ersten Hälfte des 15. Jahrhunderts zusammengebunden. Das Ergebnis war wie auch bei der Handschrift 19 (Engelhus-Chronik und ‚Buch der Welt')[161] ein Sammelcodex mit „konkurrierenden Weltchroniken".[162]

Universalchroniken, die in gelehrtem, auch humanistischem Zusammenhang entstanden sind, führen in die landesherrlichen Bibliotheken, in Adelsbibliotheken, in die Bibliotheken bürgerlicher Gelehrter, auch in Klosterbibliotheken und in die Bibliotheken hoher Geistlicher (z.B. die lat. Handschrift 15 in die Bibliothek des Bischofs von Naumburg, Dietrich von Bocksdorf). Reiche und gebildete Personen der verschiedensten sozialen Schichten sind die tatsächlichen oder die potentiellen Auftraggeber dieser Chroniken. Ihre Sprache ist ebenso Latein wie auch die Volkssprache oder eine gelehrte Mischung. Neben den Wunsch nach Wissen und gebildeter Unterhaltung tritt auch der Wunsch nach Repräsentation, nicht nur der wirtschaftlichen oder politischen Macht, sondern auch der eigenen Bildung – und wie ließe sich dies besser ausdrücken als in einer großen Bibliothek. Die Textexemplare der Variante V werden im Wesentlichen auf der Grundlage bereits vorhandener schriftlicher Vorlagen verfasst oder sie sind durch das Zusammenbinden vorhandener Vorlagen entstanden. Sie konservieren damit auch häufig Ausprägungen, die für andere Variablenkonstellationen typisch sind. Die Handschrift 23 erinnert z.B. in Vielem an Zusammenhänge der Variablenkonstellation II; auch im Bereich des Wortschatzes und der Wortbildung überliefert sie einen der Handschrift 24 vergleichbaren Übersetzungswortschatz. Die bewahrende Tendenz dieser Variante drückt sich auch in den Benut-

---

161 Wann der Codex in dieser Weise zusammengefügt worden ist, ist nicht bekannt. Als er im 17. Jahrhundert im Besitz des Historikers Prof. J.J. Mader war, hatte er diese Form des Sammelcodex.
162 Vgl. Jürgen Wolf, Sächsische Weltchronik, S. 399.

zerspuren aus: Marginalien und andere Benutzerspuren werden seit der Mitte des 16. Jahrhunderts selten.

Wesentliche Kennzeichen dieser Variante sind also eine gewisse bewahrende, antiquarische Intention. Angehörige ganz verschiedener sozialer Schichten haben den Wunsch, ihr soziales Prestige, ihre wirtschaftliche und politische Macht durch ihr literarisches Interesse, durch die Präsentation ihrer Gelehrsamkeit und Bildung (z.B. in Bibliotheken) auszudrücken. Die Textexemplare der Variante V legen auch davon Zeugnis ab. Hinzu kommt die zunehmende Tendenz zu einer verkaufsorientierten Handschriftenproduktion (z.B. Bollstatter, Heff), wie auch dann zum Druck der Weltchroniken. Der Textzusammenhang des ‚Buchs der Welt' ist nicht gedruckt worden, andere Weltchroniken wie z.B. die Weltchronik des Nürnberger Arztes Hartmann Schedel dagegen zeigen auch in ihrer Druckgeschichte nicht nur die wirtschftliche Problematik eines aufwändigen Weltchronik-Drucks. Sie machen überdeutlich, was schon die gewerbliche Handschriftenproduktion in Bezug auf das ‚Buch der Welt' erkennen lässt: Es kommt zu einer Veränderung des Spannungsgefüges Offenheit – Geschlossenheit. Die Vertreter der Variante V tendieren zunehmend zu einer eher geschlossenen Form der Weltchronistik. In letzter Konsequenz ist hiermit das Ende der Produktivität der Textsorte eingeläutet. Obschon eine große Nachfrage an Weltchroniken auch im 16. Jahrhundert bestand, entstehen in der frühen Neuzeit kaum neue.

Die berühmte Humanistenchronik, die Schedelsche Weltchronik, „die 1493 in einer lateinischen Fassung in der deutschen (Nürnberger) Übersetzung [...] in einem mit zahlreichen Holzschnitten geschmückten Druck erscheint",[163] spiegelt noch die Vorgehensweise der handschriftlichen Überlieferung von Weltchroniken: Die gedruckten Exemplare der deutschen Ausgabe haben hinten einige leere Seiten eingebunden, die für die Weiterführung durch eigene Notizen gedacht sind. Das gedruckte Buch lässt den Eindruck entstehen, dass auch diese Chronik weiterzuschreiben ist. Dennoch aber ist sie, abweichend von den Handschriften der Varianten I-IV und vergleichbar mit denen der Variante V stärker auf Abgeschlossenheit ausgerichtet: Schedel versieht seine Chronik mit einem „Epilog über die letzten Dinge", wie in jener Zeit üblich, stehen alle zu einem modernen Titelblatt gehörenden Elemente in der Schlussschrift, dem Kolophon, das das Buch terminiert. Die ältere Praxis – immer wieder neue Kompilationen herzustellen und damit die alten Fassungen nutzlos werden zu lassen – hatte mit dem Buchdruck und auch

---

163 Martin Haeusler, Weltchonistik, S. 137.

dem humanistischen Literaturverständnis definitiv ein Ende. Der Buchdruck war durch die immer vorher zu kalkulierenden Auflagenhöhen auch ein zu teures Medium, um einer inhaltlich überholten Weltchronikversion nach kurzer Zeit eine neue folgen zu lassen, wie es bei den Handschriften möglich war.

Die Untersuchung des ‚Buchs der Welt' hat insgesamt neben den unterschiedlichen Vorstellungen von historischer Memoria einen großen Einfluss der externen Variablenkonstellation auf die Ausprägung der Weltchronistik gezeigt, das Zusammenspiel der internen und externen Merkmalbündel überschreitet die Rezensionsgrenzen. Auch die Zeitprägung macht sich z.T. über die Rezensionsgrenzen und auch über die soziale Prägung hinweg bemerkbar: Im 15. Jahrhundert zeigt sich auf den meisten Ebenen der Textexemplare deutlich eine Angleichung zwischen den Varianten I-IV.

Zusammengefasst ergibt sich folgende, textlinguistisch begründete Beschreibung der Textsorte Prosa-Universalchronik vom 13. bis zum 16. Jahrhundert:

Die Prosa-Universalchronik wird extern von einem oder von mehreren Autoren überwiegend für Klöster, Weltgeistliche, Adelige, und Vertreter einer städtischen Oberschicht verfasst und durch das Medium der Handschrift verbreitet. Die Schreiber können Mönche, Weltgeistliche oder auch städtische Lohnschreiber sein. Sie nennen sich vermehrt erst seit dem 15. Jahrhundert, vorher sind die Autoren/Schreiber/Kompilatoren in der Mehrheit anonym.

Die Textsorte besteht neben diesen externen Merkmalen aus einem spezifischen internen Merkmalbündel mit dem Textsinn, ein heilsgeschichtlich orientiertes Geschichtsbild und biblisches, theologisches und historisches Grundwissen zu vermitteln, das das Heilswirken Gottes in der Geschichte sichtbar macht. Das Ziel ist die Überlieferung reichshistorischer Memoria wobei die Profangeschichte einen größeren Raum einnimmt als die biblische Geschichte.

Hierin unterscheidet sich die Prosa-Universalchronik von der gereimten Universalchronik und von der Historienbibel. Auch die Vorlagengewichtung ist in der Prosa-Universalchronistik deutlich von der der Reimchroniken und Historienbibeln unterschieden: Sie schöpfen schwerpunktmäßig aus andern Prosa-Universalchroniken. Die *Historia Scholastica* und die Bibel werden entweder in geringem Maße oder nur mittelbar benutzt. Eine bedeutende Rolle spielt auch die volkssprachige Geschichtsdichtung (Kaiserchronik). Zwischen Reimchronik und Prosa-

Universalchronik gibt es eher selten Querverbindungen. Die Darstellung der Profangeschichte reicht in der Regel bis in die Zeit des Chronisten oder endet nur kurz vorher, meistens mit der Intention fortgesetzt zu werden. Hierin unterscheidet sich die Textsorte ‚Prosa-Universalchronik' von der Historienbibel.

Die Textsorte ‚Prosa-Universalchronik' ist ganz überwiegend und vor allem in den Textteilen, die die biblische Geschichte erzählen, in Prosa geschrieben, darin unterscheidet sie sich signifikant von der paargereimten Universalchronik. Formal können Veränderungen durch Interpolation, Fortsetzung, Kürzung und durch Textallianzen vorgenommen werden.

Die Sprache ist textsortenspezifisch auf Überregionalität hin angelegt. Sie ist zunächst lateinisch, dann volkssprachig oder es tritt eine Mischung beider Sprachen auf. Die Volkssprache strebt wie die lateinische Verkehrs- und Bildungssprache Verständlichkeit und Sprachausgleich zwischen den regionalen Varietäten an.

Autoritätszitate, die global auf ältere Chronisten und Chroniken verweisen (z.B Orosius, Lucanus, *Historia Scholastica*) dienen, wie auch die direkten und indirekten Zitate und die Erzählperspektive der ersten Person Sg./Pl., wörtliche Zitate und die Übernahmen von Urkunden dazu, den Wahrheitsgehalt der eigenen Aussagen zu untermauern.

Das interne Merkmalbündel setzt sich aus Initiatoren, Terminatoren und den Makrostrukturen der Kapitel und Absätze zusammen. Absatz und Kapitel sind nicht immer durchgängig homogen gekennzeichnet, die Strukturierung ist vielmehr stoffkreisbezogen. Sie variiert in den unterschiedlichen Textteilen (Schöpfungsgeschichte, Genealogie des Alten Testaments, jüdische Geschichte und die Geschichte der heidnischen Herrscher in den gleichzeitig bestehenden Königreichen – z.B. Troya, Athen, Makedonien – römischer Geschichte).

Initialen haben neben der Absatzkennzeichnung die Funktion, die Chronologie hervorzuheben. Die zeitliche Ausrichtung zeigt vier Kategorien:

1. die Ausrichtung auf die Gegenwart, das Hier und Jetzt;
2. die Ausrichtung auf die Zukunft;
3. die unbestimmte zeitliche Folge und
4. den Aspekt der Dauer.

Die Zeitaspekte werden syntaktisch nicht durch die Verben, sondern durch adverbiale Angaben zumeist in Spitzenstellung eines Gesamtsatzes angegeben. Es treten Passivkonstruktionen, die Vergangenheistformen der Verben *sein* und *haben* und überwiegend Handlungsverben auf, die häufig variieren. In den Genealogien wird zumeist nur ein Verb immer wiederholt *gewinnen* ‚bekommen'/*gebären* ‚hervorbringen' (süddeutsch). Das dient der Verdeutlichung der genealogischen Struktur. Es zeigt sich an der Verbwahl der Wechsel von chronologischem, narrativem und genealogischem Prinzip. Die Gesamtsatzstrukturierung macht den Eindruck einer starken schriftsprachlichen Orientierung. Besonders die frühen Prosa-Universalchroniken haben eine vor allem am lateinischen Satzbau und dessen Sinnstrukturierungen orientierte Interpunktion. Dies hat zu sehr umfassenden Gesamtsätzen geführt. Die späteren Handschriften lösen sich zunehmend von diesem lateinischen Einfluss und kommen zu einer eigenständigen Interpunktion und syntaktischen Strukturierung.

Fakultativ ist die Verwendung der Makrostruktur Bild, die zur Verdeutlichung der Genealogien, zur besseren Orientierung im Codex oder durch einen semantischen Mehrwert zur Bereicherung der historischen Erzählung beiträgt. Sie tritt häufig in Prosa-Universalchroniken bis zum 14. Jahrhundert auf. Fakultativ ist auch die Erwähnung des Jüngsten Gerichts.

Die Verwendung der Gattungsbezeichnungen *buch*, *chronik* und *zal*, sowie der Hinweis auf die Geschichte des römischen Reichs, die Geschichte von Anbeginn der Welt oder die Bezeichnung als Papst-Kaiserchronik lässt die Annahme zu, dass ein alltagssprachliches Klassenbewusstsein bei den mittelalterlichen und frühneuzeitlichen Chronisten vorhanden war. Im Unterschied zu den Reimchroniken und den Historienbibeln verwenden die Prosa-Universalchroniken *bibel* nicht als Selbstbezeichnung.

Die Gliederung der Weltgeschichte geschieht nach Regierungszeiten (*regna*) oder stoffkreisgebunden nach Schöpfungstagen, nach Personen des Alten Testaments, nach Herrscherviten. Profangeschichte und Heilsgeschichte werden durch mehr oder weniger stark ausgeprägte Gliederungsschemata miteinander verbunden: personengebundene und annalistische chronologische Verfahren bestehen nebeneinander, entweder relativ gleichwertig oder in der Dominanz des einen oder anderen Prinzips.

Eine Gesamtzeitberechnung (*aerae*) setzt beim Beginn der Welt ein, folgt dem Alter der Stammväter des Alten Testaments, berechnet den Zeitabstand seit der Gründung Roms, seit der Geburt Christi. Diese Zeitberechnungen laufen nur streckenweise nebeneinander her, meist folgen sie aufeinander. Eine Zweiteilung in vorrömische Geschichte und römische Geschichte tritt häufiger auf als die Zweiteilung in Altes und Neues Testament. Auch hierin unterscheiden sich die Prosa-Universalchroniken von den Reimchroniken und den Historienbibeln. Weitere Gliederungsschemata können die sechs Weltalter sein. Die Gliederungen werden miteinander kombiniert und variiert.

Die kollektive Memoria zielt zunächst ausschließlich auf die Reichsgeschichte. Mit Eintritt der Volkssprache in die Universalchronistik beginnt eine folgenreiche Änderung: dynastisch-welfische Memoria erscheint im Mantel der Reichschronistik. In der Folge bleibt die reichshistorische Ausrichtung dominant, aber sie öffnet sich zunehmend unterschiedlichen Gruppeninteressen, sie wird regionaler, städtischer, familiärer und eröffnet so Möglichkeiten für weitere nicht universal ausgerichtete historische Memoria. Die Textsorte ist durch Vorlagentreue gekennzeichnet. Die Offenheit der Prosa-Universalchronik bewegt sich im Rahmen der Vorgaben durch die Textsorte, sie ist nicht grenzenlos, sondern es lässt sich von einer ‚gerichteten' Offenheit sprechen. Auch der Textsortenwechsel an den Rändern der Textsorte geschieht nur in Richtung auf verwandte Textsorten: Historienbibeln, Stadtchroniken.

Es lassen sich aufgrund der externen Merkmalbündel im Zusammenwirken mit den internen Merkmalbündeln fünf Varianten der Textsorte unterscheiden: Variante I (Schwerpunkt 13./14. Jh.): im Kloster enstandene reichhistorische Papst-Kaiser-Chroniken mit heilsgeschichtlicher Ausrichtung; Variante II (Schwerpunkt 13.-15. Jh.): am Adelshof entstandene höfische bzw. partikular-dynastische Papst-Kaiser-Chroniken mit heilsgeschichtlicher Ausrichtung und reichshistorischer Memoria, die nur noch als Rahmen der mehr oder weniger modifizierten historischen Memoria (z.B. Dynastiegeschichte) fungiert; Variante III (Schwerpunkt 14./15.Jh.): reichshistorische Papst-Kaiser-Chroniken kombiniert mit Heilsgeschichte und deutlich regionaler (nicht primär städtischer) Ausrichtung; Variante IV (Schwerpunkt 13.-15. Jh.): städtische Universalchroniken mit reichshistorischer und heilsgeschichtlicher Ausrichtung und Variante V (Schwerpunkt 16.-19. Jh.): konservierende, nicht mehr vorrangig innovative Weltgeschichtsschreibung.

VI Abbildungen und Verzeichnisse

VI.1 Abbildungen

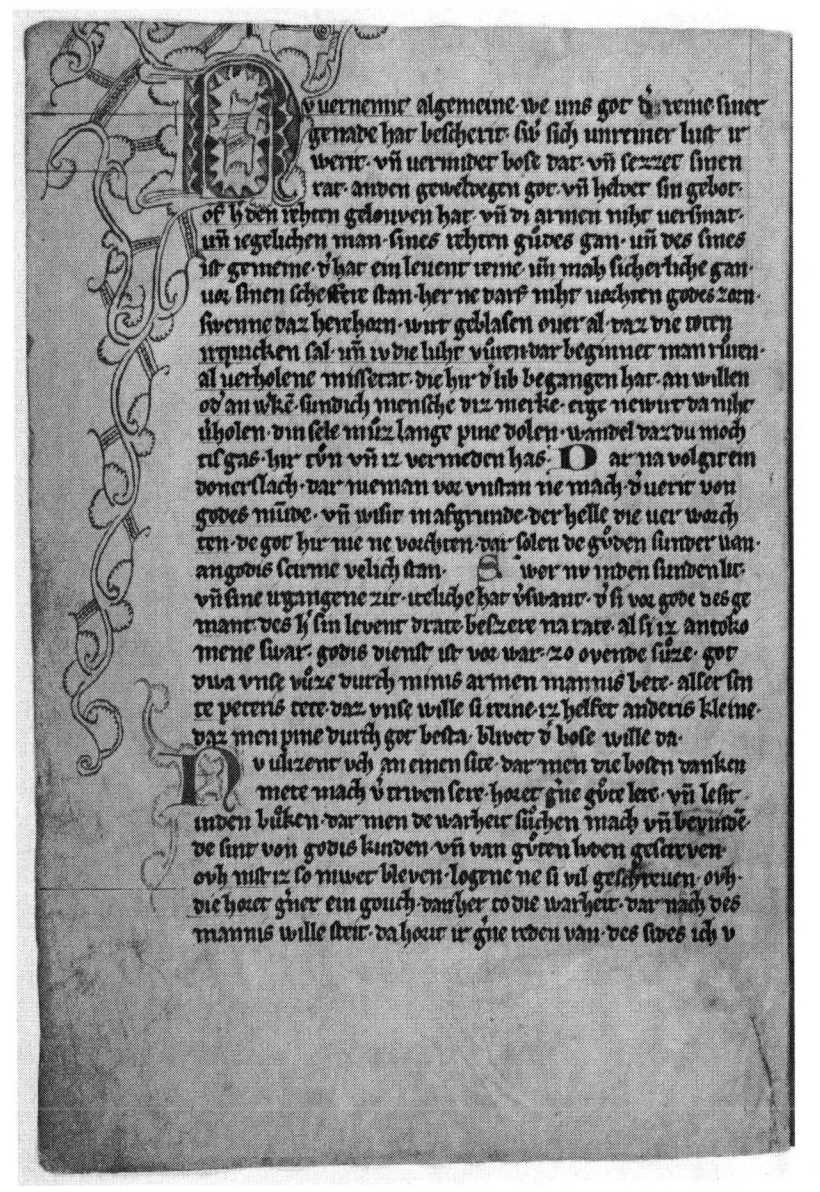

Abb. 1: Hs. 24, Forschungs- und Landesbibliothek Schloss Friedenstein, Gotha, Ms. Memb. I 90, Bl. 9ᵛ: Beginn der Reimvorrede nach der ältesten Bilderhandschrift des sächsischen ‚Buchs der Welt'.

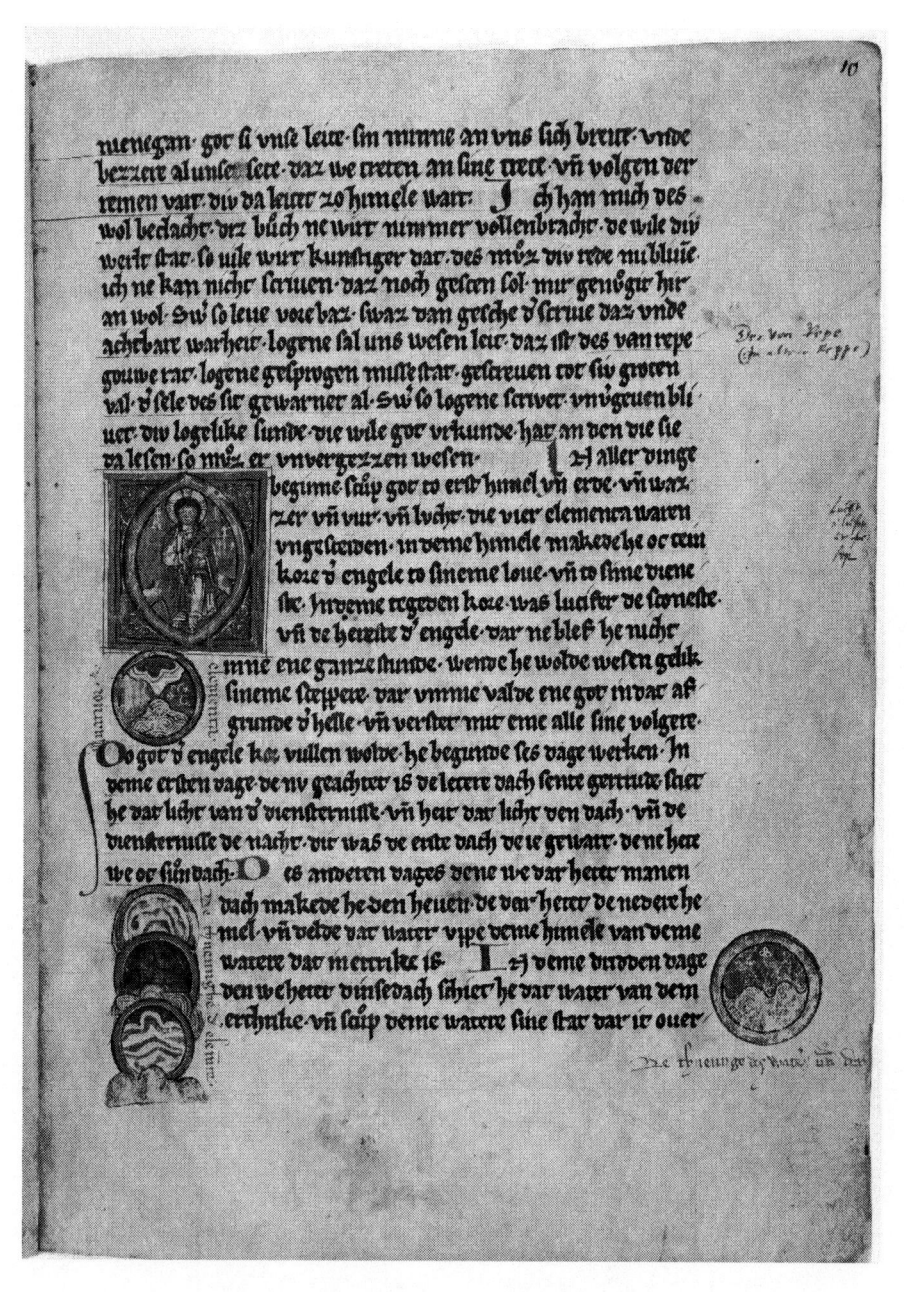

nienegan· got si vnse leue· sin minne an vns sich breue· vnde
bezzere al unser sere· daz we treten an sine trete· vn volgen der
renen vart· die da leidet zo himele wart· Ich han mich des
wol bedacht· diz buch ne wirt nummer vollenbracht· de wile die
werlt star· so vile wirt kunftiger dar· des müz die rede nu bliue·
ich ne kan nicht seruen· daz noch gesen sol· mir genuget hir
an wol· Sus so leue vore baz· swaz van geesche der serue daz vnde
achebare warheit· logene sal uns wesen leit· daz ist des van rehte
gouwe tar· logene gespruzgen muste star· gestreuen tot siu gruten
val· der sele des sir gewarner al· Sus so logene serwer· vn gruen bli-
uet· die logeliche sunde die wile got urkunde hat· an den die sie
da lesen· so mvz er vnvergezzen wesen· I·] Aller dinge
beginne schup got zu erst himel vn erde· vn wazzer vn vur· vn lucht· die vier elementen waren
vngesteiden· in deme himele makede he oc zem
koere der engele zu sineme loue· vn zu sime diene
ste· In deme zegeden koere was lucifer de stoneste·
vn de herzeste der engele· var ne bleif he nicht
inne ene ganze stunde· wente he wolde wesen gelik
sineme scheppere· dar vm me valde ene got in dar afgrunde der helle· vn verstiez mit ene alle sine volgere·
Do got der engele kor vullen wolde· he beginde ses vage werken· In
deme ersten vage· de nu geachtet is· de leste dach sente geriude hier
he dar licht van der vinsternisse· vn het dar licht den dach· vn de
vinsternisse de nacht· dir was de erste dach de ie gewart· dene het
we oc sin dach· Des anderen vages dene we dar heter manen
dach makede he den heuen· de dar heter de nedere he-
mel· vn velde dar water vn de deme himele van deme
watere dar merrike is· I·] deme dridden vage
den weherer dinse dach schier he dar water van dem
ertriche· vn saip deme watere sine stat dar ir ouer·

Abb. 2: Hs. 24, Forschungs- und Landesbibliothek Schloss Friedenstein, Gotha, Ms. Memb. I 90, Bl. 10ʳ: Fortsetzung der Reimvorrede und Beginn der Schöpfungsgeschichte.

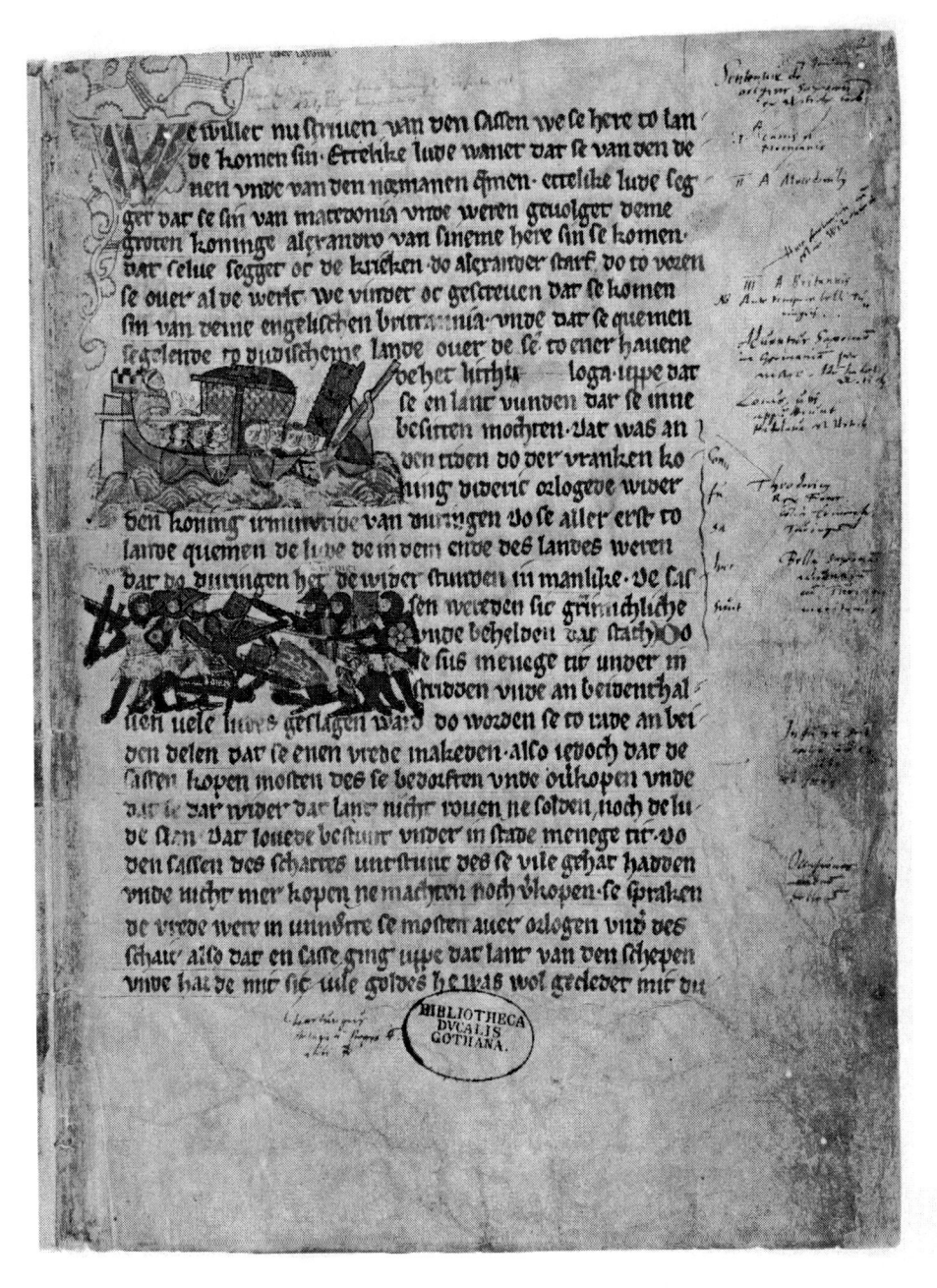

Abb. 3: Hs. 24, Forschungs- und Landesbibliothek Schloss Friedenstein, Gotha, Ms. Memb. I 90, Bl. 2ʳ: Herkunft der Sachsen.

Abb. 4: Hs. 24, Forschungs- und Landesbibliothek Schloss Friedenstein, Gotha, Ms. Memb. I 90, Bl. 10ᵛ, Kain und Abel.

Abb. 5: Hs. 24, Forschungs- und Landesbibliothek Schloss Friedenstein, Gotha, Ms. Memb. I 90, Bl. 148ʳ: Die Belehnung Ottos des Kindes durch Friedrich II. 1235.

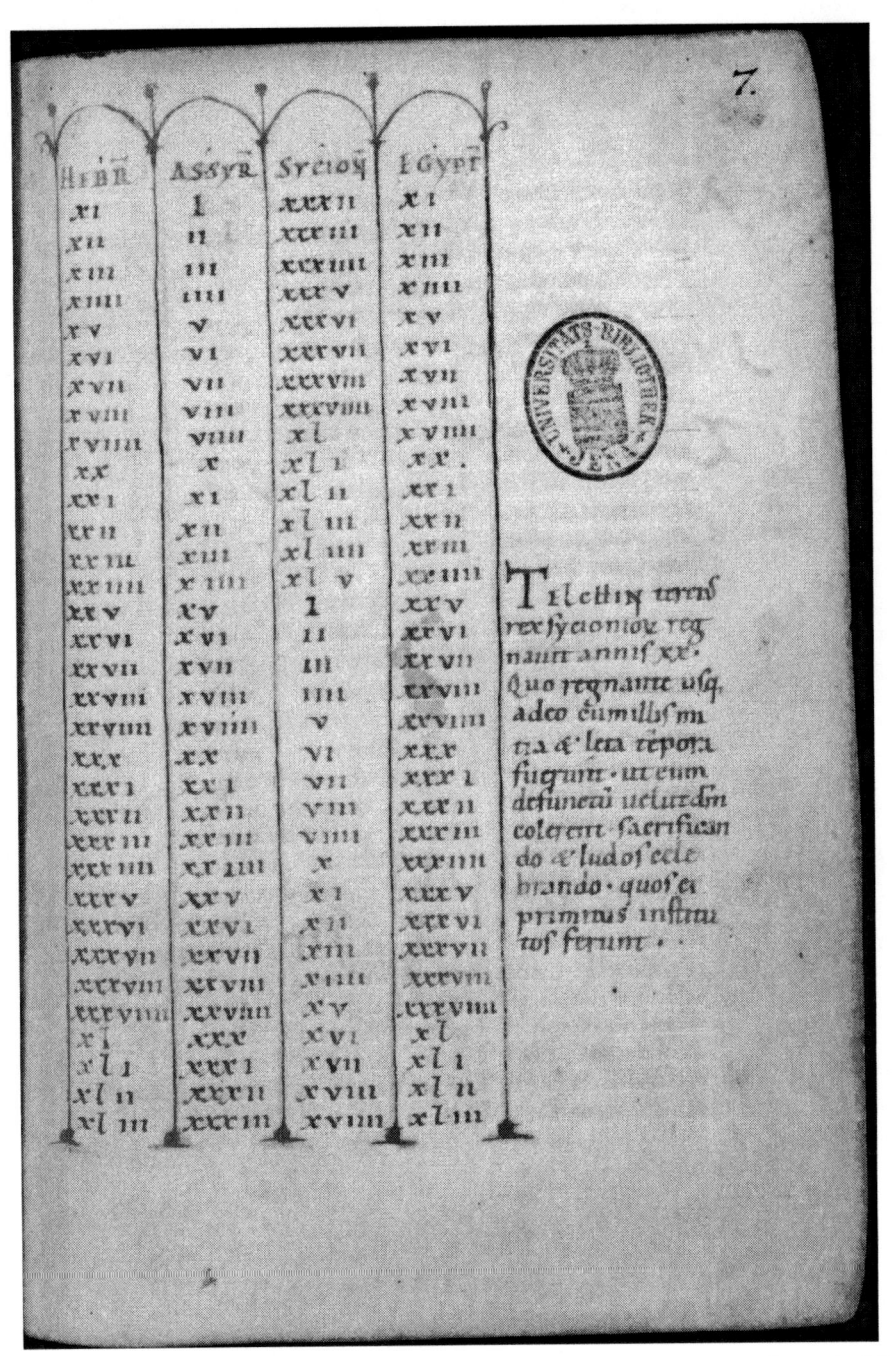

Abb. 6: Frutolf-Ekkehard-Autograph, Thüringer Universitäts- und Landesbibliothek (ThULB) Jena, Ms. Bos.q. 19, Bl. 7ʳ: Die unterschiedlichen Zeitrechnungen in synoptischer Darstellung.

fuē lxī͞ī æ ex q̄ regnare cepert xlvī · v k̄ feb· ḣ
diei teia. Cui' corpꝰ more solemni loti·] eurꝛū· mm
tonꝰ ppli luctu ecc̄lie illati ꝛeq· humatū· ē. Dubu
ē pmo ubi reponi deberet · eo q̄d ipse unuſ'de hoc nichil
cepiſſet · Tand̄e omnū animi ſedit, nuſq̄ma honeſtiꝰ
cū tumulari poſſ̄t qua in ea baſylica qua ipſe, pp̄·
dī l dm̄ nr̄i ih̄u xp̄i æ obamore sc̄ē leterne uirginſ̄cum
cis ei ꝓ ſūꝑu incodē uoc̄ conſtruxit. In haē ſēpublicā
eadē dit qua defunctus c̄ arcuſq̄ ſup tumulū deauꝛū
cū imagine æ titulo exſtruetur ē. Qui titulus hoc modo
deſcriptus ē · Sub hoc conditorio ſitū ē corpꝰ karoli
magni atq̄ orthodoxi impꝰ· q̄ regnū francoꝝ nobl̄r
ampliauit · æ p annoſ xlvi feliciter rexit.
Stephanus pp̄ Æ·iii· ſed ann·auꝝ nōs v· dieſ xxvii·
A NNO DN̄I ICE INCARN̄ dcc·lxviii· KAROLVS m̄aiox̄s
pippini filiuſ diuiſo poſt p̄ꝛr̄e regno cū fr̄e karlom̄
regnare cepit · æ xlvi regnauit ann. trib' e ſi fr̄e· xlii
ſoluſ poſtea. Cū anno p̄mo honolduſ q̄da aquitani qͥ cū
ſorte karoli ceſſeꝛat in eaſtri· æ p incolatuī animoſ ad eandm
tanda noua excertanſ · bella q̄ p̄ꝛtr̄i ei pippin occiſo wai
rio conſilium iſſe utſiuſ c̄ renouauit · Cōtra que karolus p̄
ſecutuſ fr̄is auxiliū poſtulauit · ſed impedientib' maluſ bō
nib' habere ñpotuit · colloqio tam̄ eū eo habito ad p̄ſeq̄
du hunolduū pſecutuſ ē · eiuſq̄ ad lupū wasconie ducē fugi
tium miſſa legatione recepit cū uxore ſua · ipſoq̄ in po eſ
tate waſconia ſibi obediente regreſſuſ eſt ·
A NNO DN̄I dcc·lxv· karoluſ rex habuit generale conūt
in wurmacia ciuitatē· berthrada ū mr̄ regni eū kar
manno minore filio apud ſaluſſam loc·ta · pacis cauſa im
talia, pficiſc· pactoq̄ negotio p q̄ īuāt · adorat·s
ꝓme ſcōr ap̄loꝝ liminibuſ ad filios regredit.
C orpuſ ſc̄i othm ri in īſula qua deſignata ē · p dcc·annoſ
incorrupti reperit · ablatū q̄ in baſylica ſei galli ſepelit.
A NNO DN̄I· dcc·lxxi· karlomannuſ in uilla que dict·

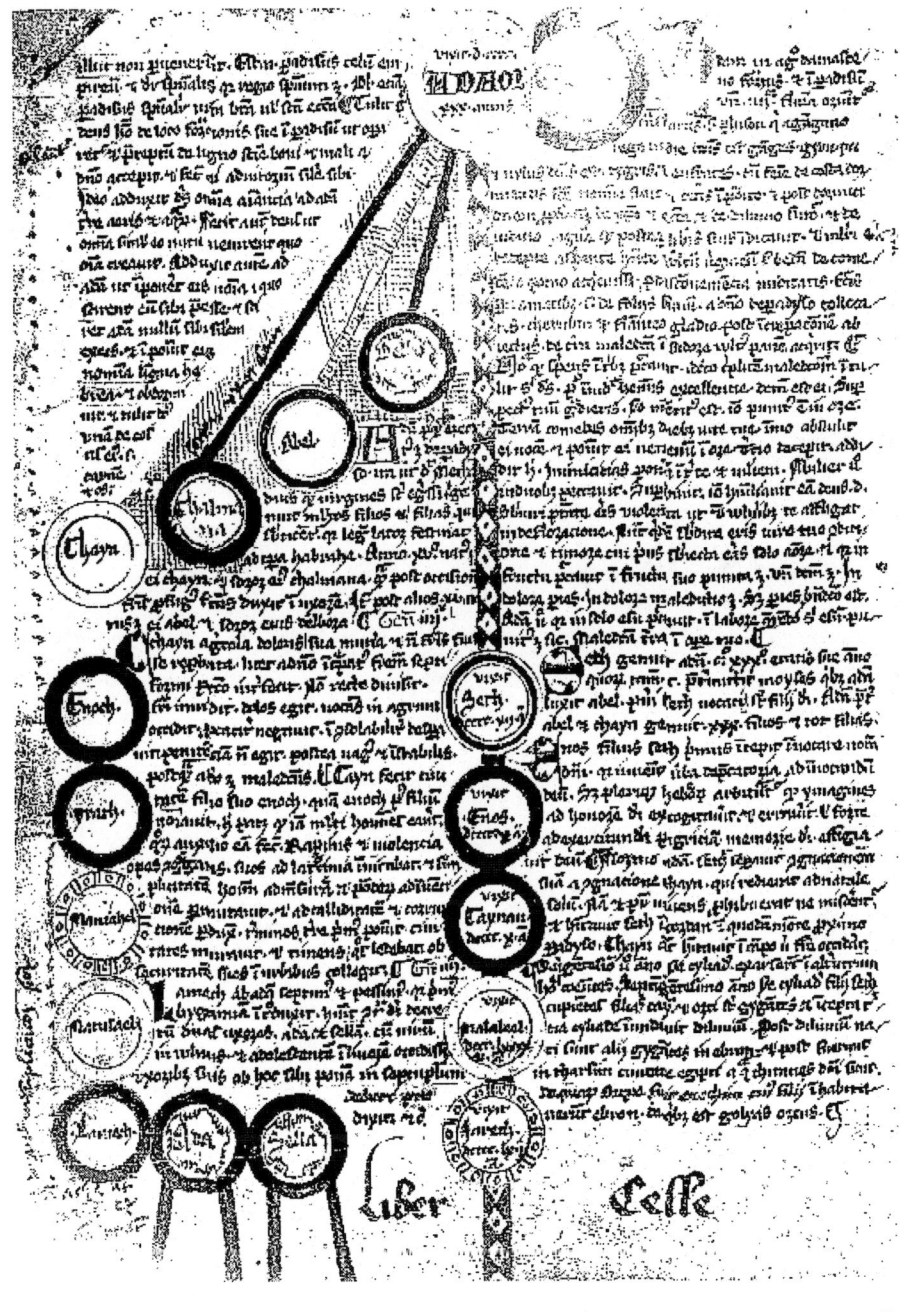

Abb. 8: Hs. *101, Universitätsbibliothek, Leipzig, Ms. 1314, fol. 45, Bl. 1^v: der Stammbaum Adams und Evas.

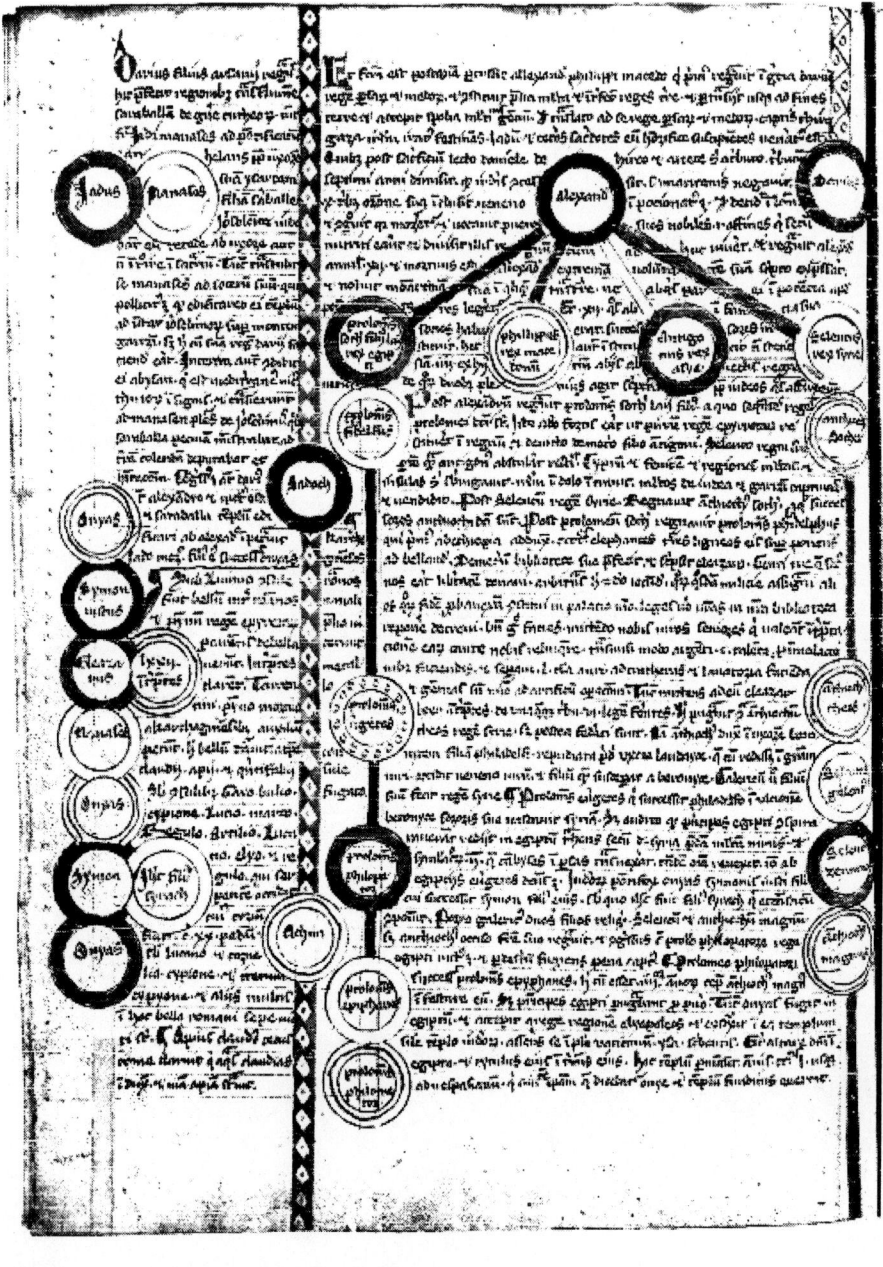

Abb. 9: Hs. *101, Universitätsbibliothek, Leipzig, Ms. 1314, fol. 45, Bl. 25^v: Stammbaum Alexanders des Großen.

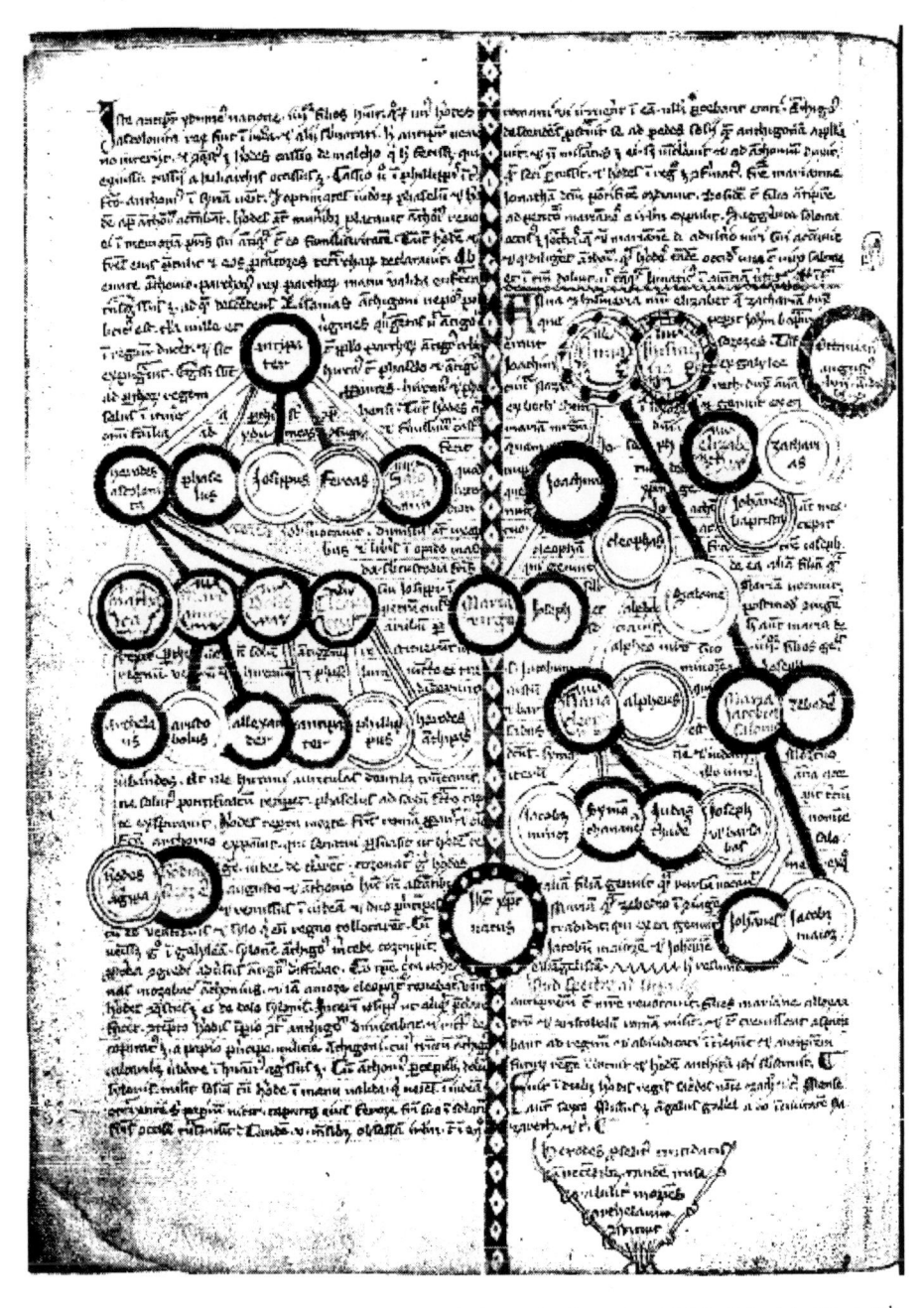

Abb. 10: Hs. *101, Universitätsbibliothek, Leipzig, Ms. 1314, fol. 45, Bl. 29vb: Stammbaum Mariens.

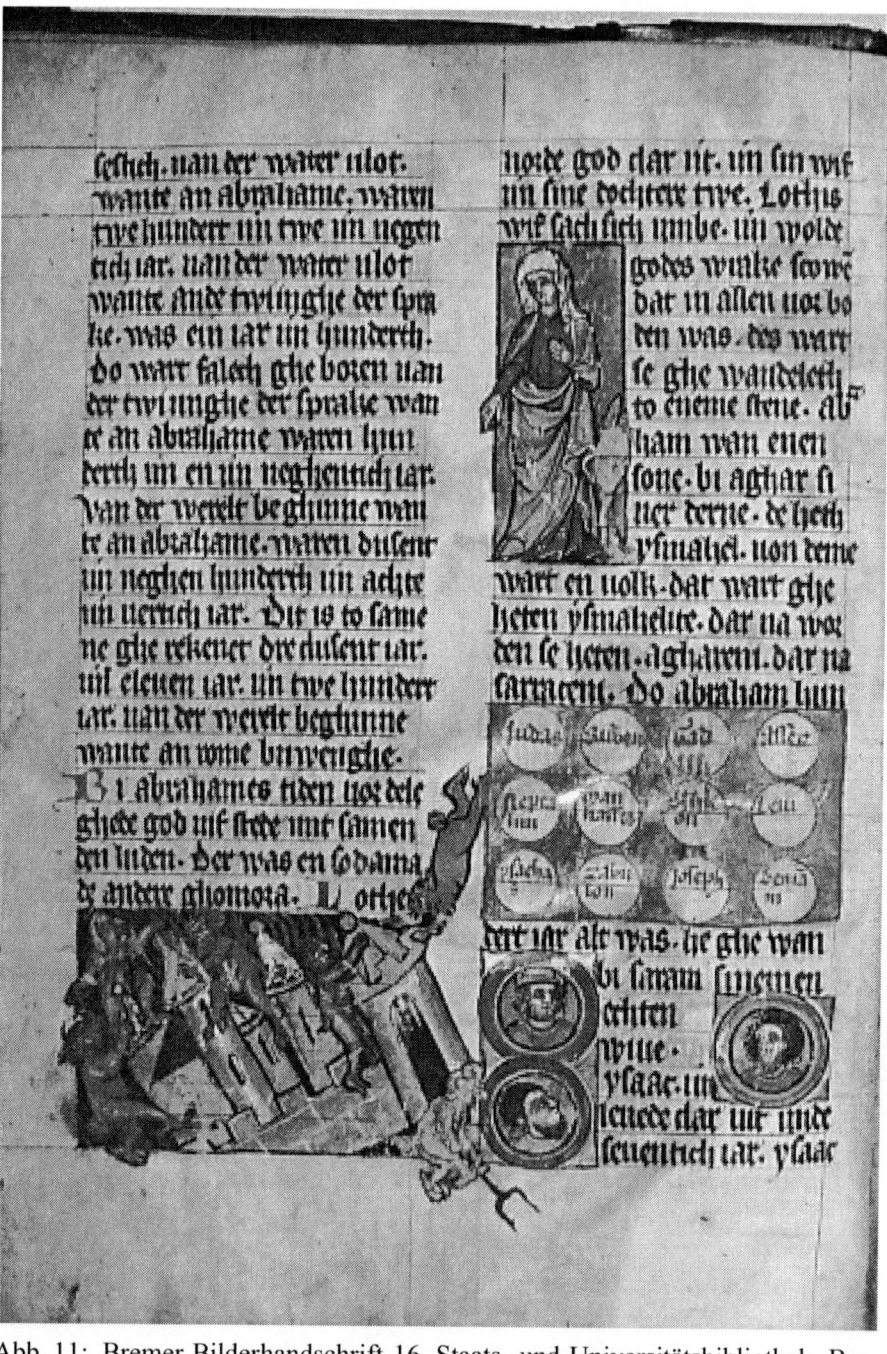

Abb. 11: Bremer Bilderhandschrift 16, Staats- und Universitätsbibliothek, Bremen, msa 0033 (ehemals Ms. a. 33), Bl. 7 bzw. 5vb: Stammtafel zur jüdischen Geschichte.

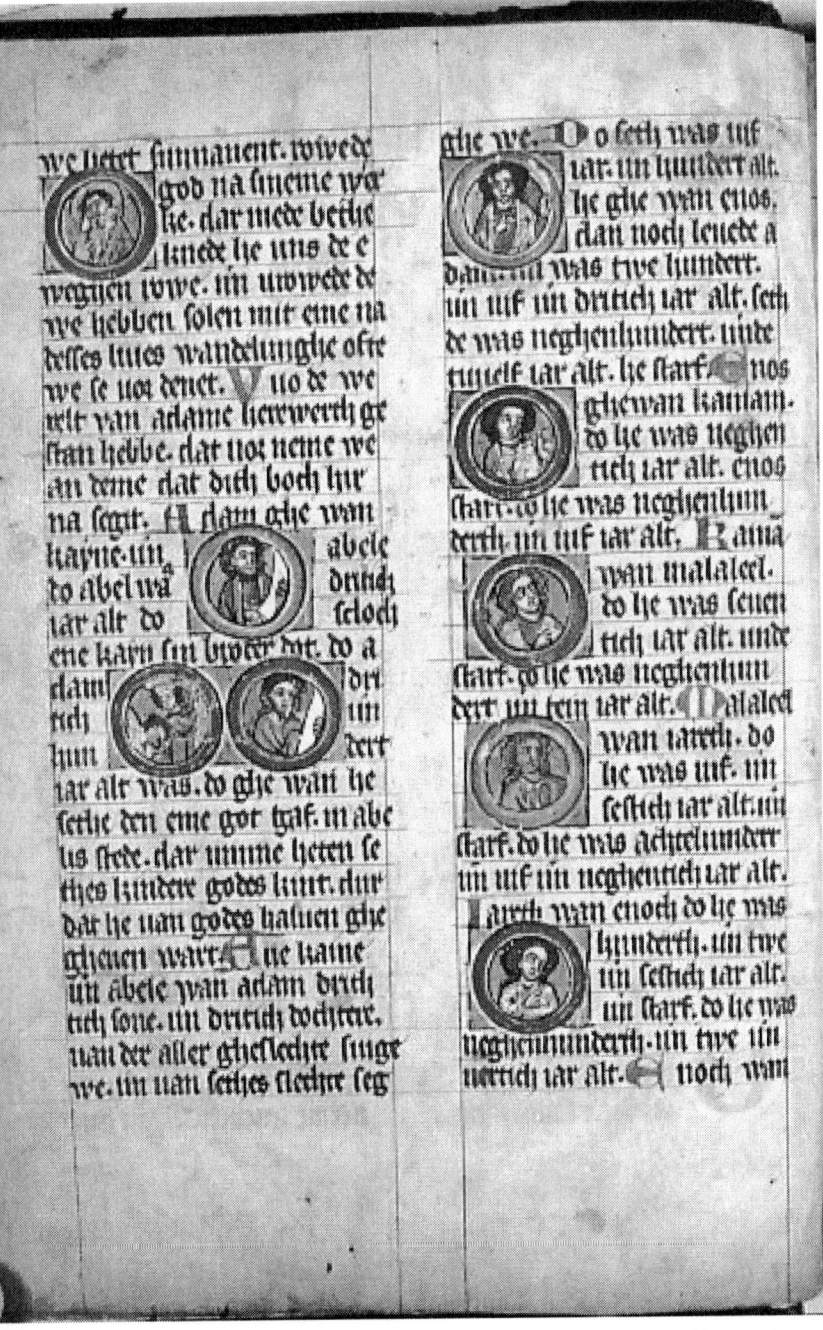

Abb. 12: Bremer Bilderhandschrift 16, Staats- und Universitätsbibliothek, Bremen, msa 0033 (ehemals Ms. a. 33), Bl. 4 bzw. 2^(va): Altes Testament, Abkommen Adams.

Abb. 13: Bremer Bilderhandschrift 16, Staats- und Universitätsbibliothek, Bremen, msa 0033 (ehemals Ms. a. 33), Bl. 25 bzw. 23va: Kreuzigung.

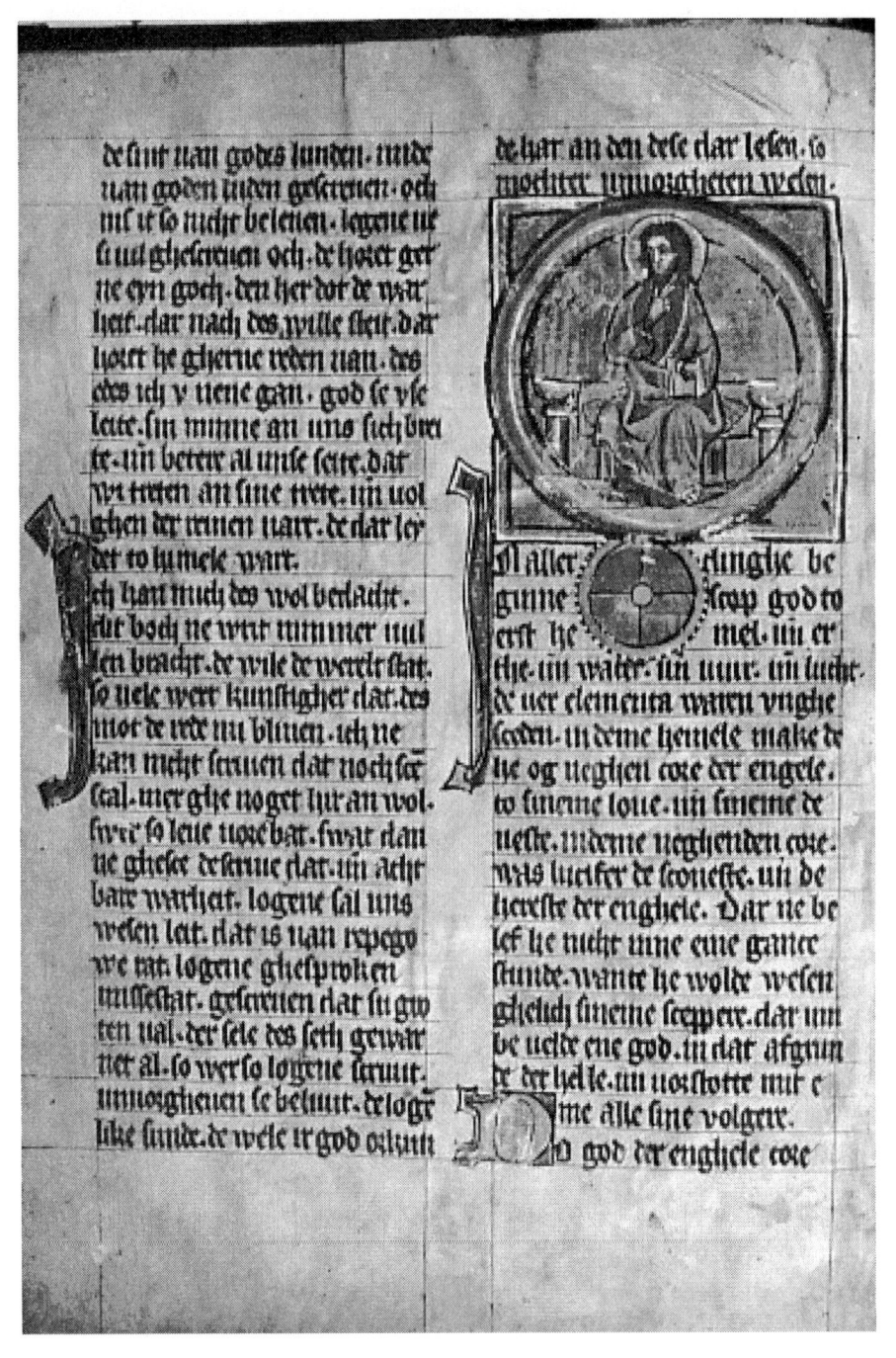

Abb. 14: Bremer Bilderhandschrift 16, Staats- und Universitätsbibliothek, Bremen, msa 0033 (ehemals Ms. a. 33), Bl. 3^v: Schöpferbild.

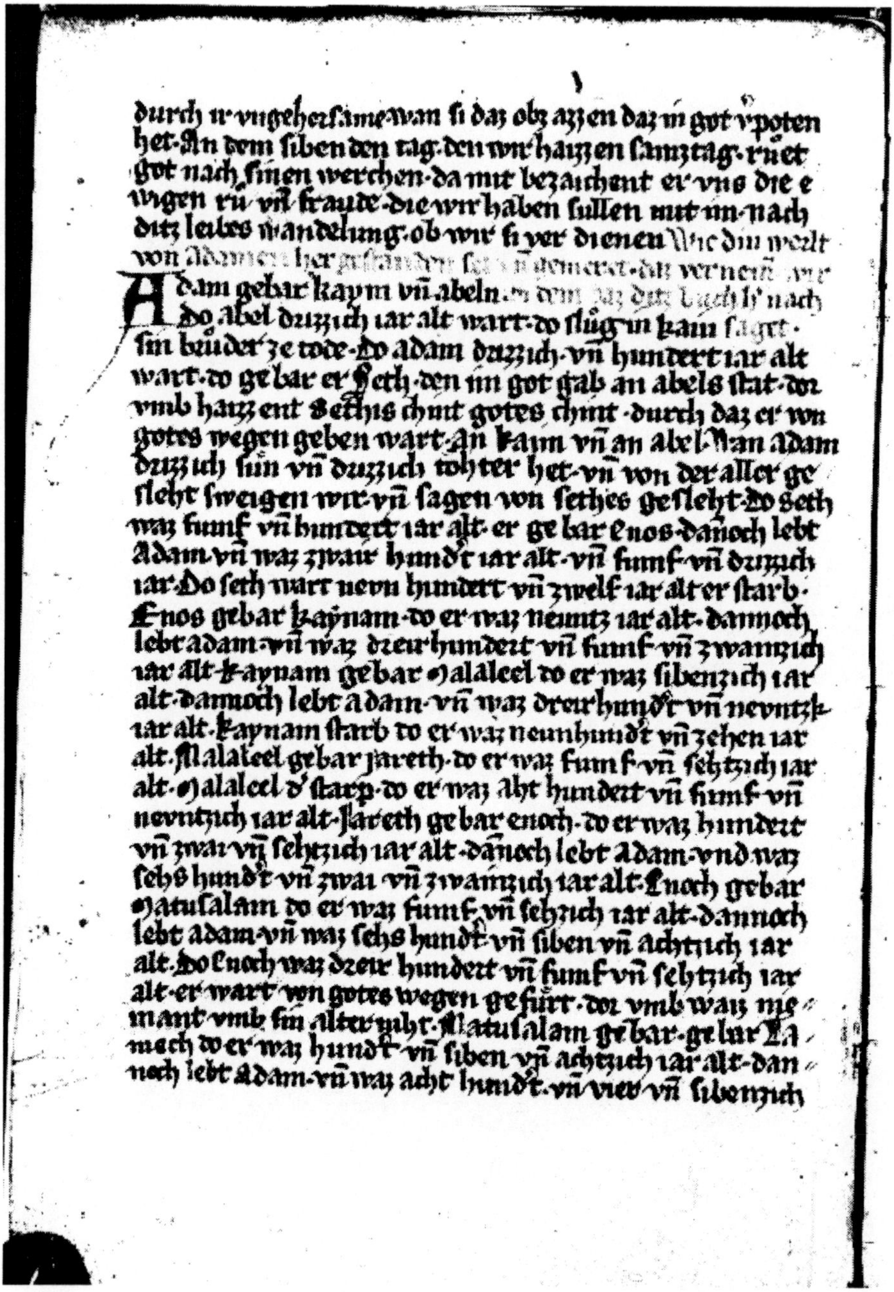

durch ir vngehorsame wan si daz obz azzen daz in got verpoten
het·An dem siben den tag·den wir haizzen samztag· ruet
got nach sinen werchen·da mit bezaichent er vns die e
wigen ru vñ fraude·die wir haben sullen mit im nach
ditz leibes wandelung·ob wir si yer dienen Wie dui welt
von Adam her gestanden sei· nu gemerket·daz vernem wir
Adam gebar kaym vñ abeln· an dem taz der nach ist nach
do abel durzich iar alt wart·do slug in kain sagit·
sin bruder ze tode·do adam durzich·vñ hundert iar alt
wart·do gebar er Seth·den im got gab an abels stat·von
vmb haizz ent Seth is chint gotes chint·durch daz er von
gotes wegen geben wart·an kaym vñ an abel·Wan adam
durzich sun vñ durzich tohter het·vñ von der aller ge
sleht sweigen wir vñ sagen von Sethes gesleht·Do Seth
was funf vñ hundert iar alt·er gebar Enos·danoch lebt
Adam vñ was zwair hundt iar alt·vñ funf vñ durzich
iar·Do Seth wart neun hundert vñ zwelf iar alt er starb·
Enos gebar kaynam·do er waz neuntz iar alt·dannoch
lebt adam·vñ was dreu hundert vñ funf vñ zwainzich
iar alt·kaynam gebar Malaleel·do er waz sibenzich iar
alt·dannoch lebt adam·vñ waz dreu hundt vñ neuntz
iar alt·kaynam starb do er waz neunhundt vñ zehen iar
alt·Malaleel gebar Iareth·do er waz funf vñ sehtzich iar
alt·Malaleel do starp·do er waz aht hundert vñ funf vñ
neuntzich iar alt·Iareth gebar enoch·do er waz hundert
vñ zwai vñ sehtzich iar alt·danoch lebt adam vnd waz
sehs hundt vñ zwai vñ zwainzich iar alt·Enoch gebar
Matusalam do er waz funf vñ sehzich iar alt·dannoch
lebt adam vñ waz sehs hundt vñ siben vñ achtzich iar
alt·do enoch waz dreu hundert vñ funf vñ sehtzich iar
alt·er wart von gotes wegen gefürt·dor vmb waz ny
mant vmb sin alter uhr·Matusalam gebar·gebar La
mech do er waz hundt vñ siben vñ achtzich iar alt·dan
noch lebt adam·vñ waz acht hundt vñ vier vñ sibenzich

Abb. 15: Hs. 2, Bayerische Staatsbibliothek, München, Cgm 55, Bl. 1ᵛ: Beginn des Alten Testaments mit dem Stammbaum Adams im Anschluss an die Schöpfungsgeschichte. Makrostrukturell hervorgehoben durch die Rubrizierung des letzten Satzes der Schöpfungsgeschichte.

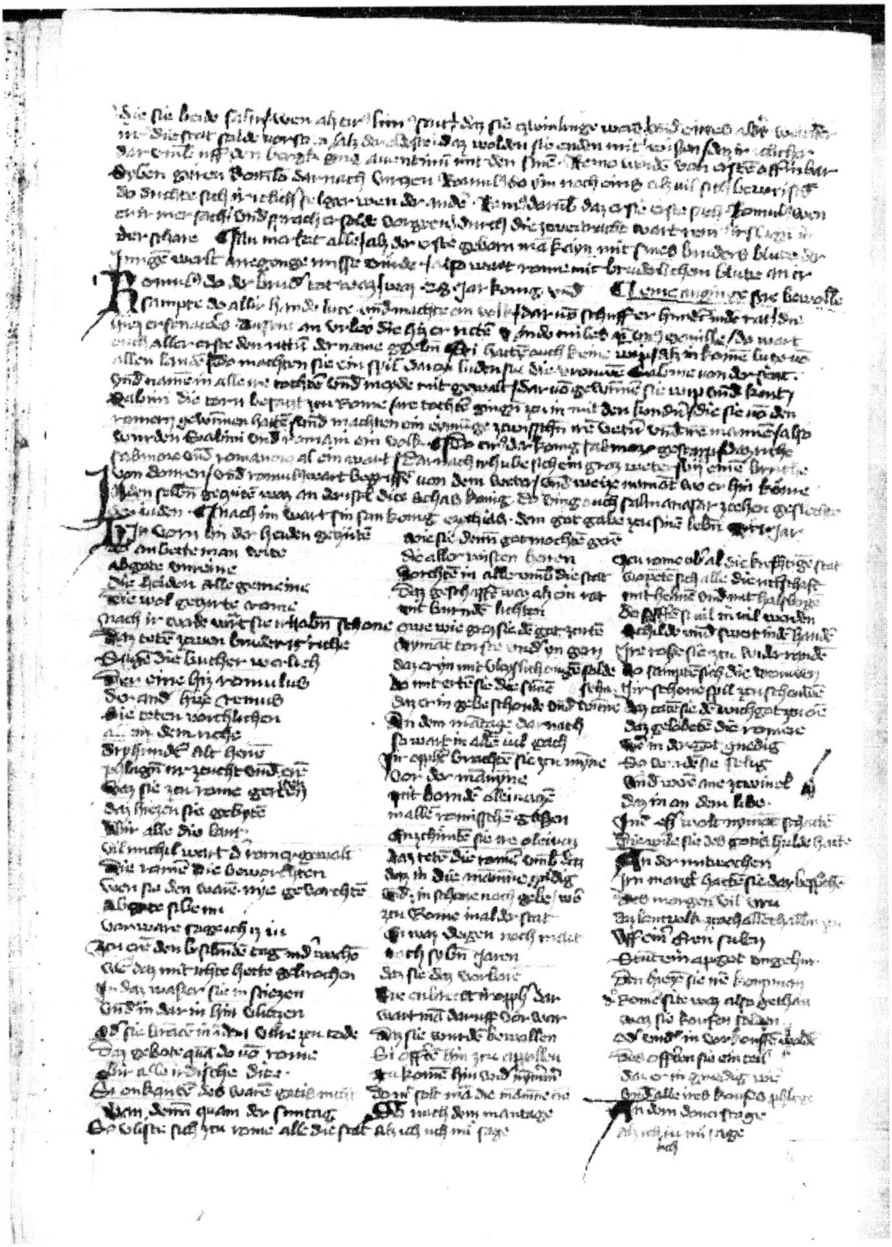

Abb. 16: Hs. 21, Graf von Schönbornsche Schlossbibliothek, Pommersfelden, Ms. 107, Bl. 7ᵛ: Passage zu den römischen Tagesgöttern: Übernahme aus der gereimten, volkssprachigen Kaiserchronik eines Regensburger Geistlichen.

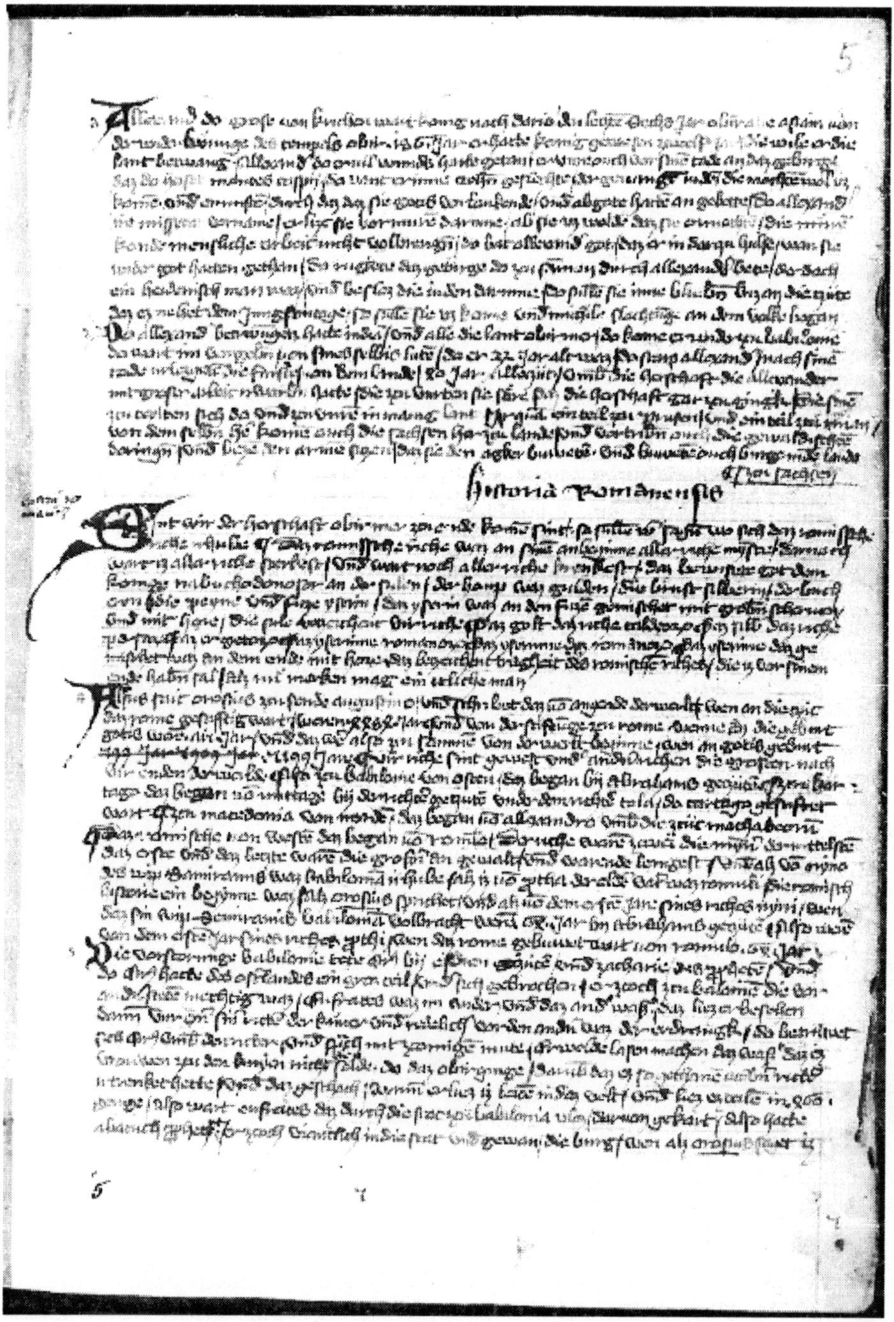

Abb. 17: Hs. 21, Graf von Schönbornsche Schlossbibliothek, Pommersfelden, Ms.107, Bl. 5^r: Beginn der Geschichte des römischen Reiches, makrostrukturell durch eine lateinische Überschrift gekennzeichnet.

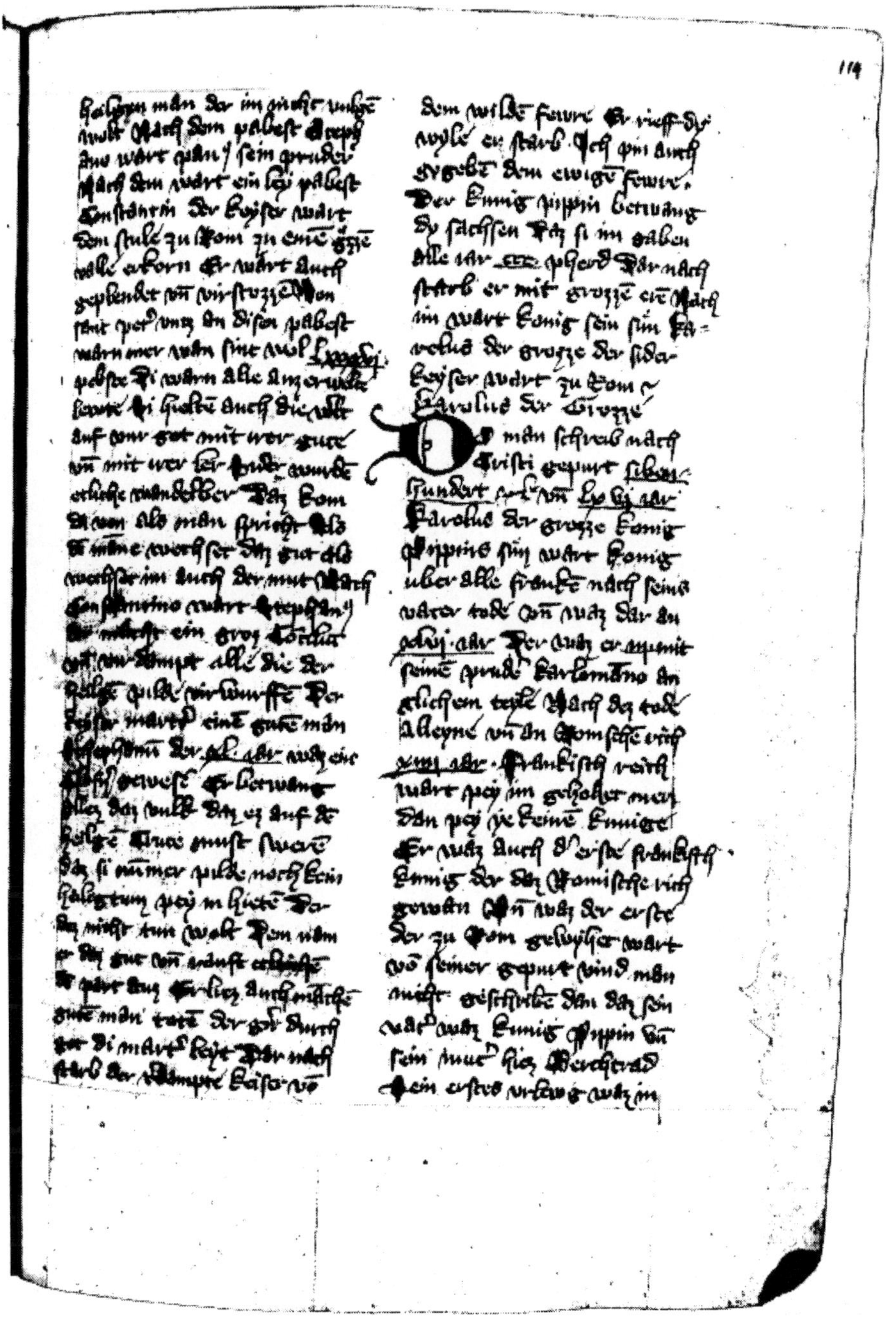

Abb. 18: Hs. 6, Bayerische Staatsbibliothek, München, Cgm 327, Bl. 114ʳ: Beginn der Geschichte Karls des Großen (Bl. 114ʳᵇ), makrostrukturell durch die Überschrift (Karl der Große) gekennzeichnet.

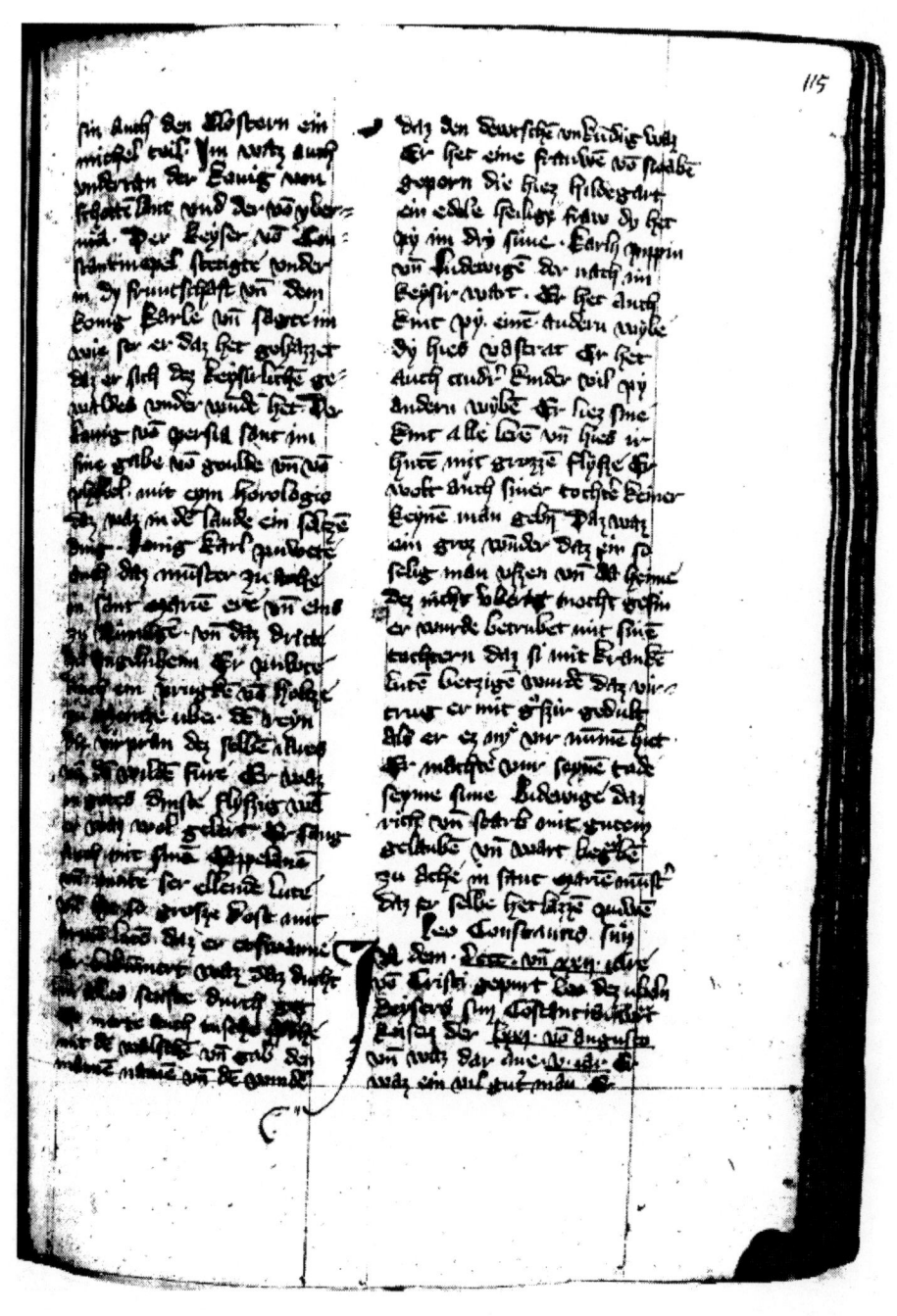

Abb. 19: Hs. 6, Bayerische Staatsbibliothek, München, Cgm 327, Bl. 115ʳ: Ende der Geschichte Karls des Großen.

VI.2 Abbildungsverzeichnis

Abb. 1: Hs. 24, Forschungs- und Landesbibliothek Schloss Friedenstein, Gotha, Ms. Memb. I 90, Bl. 9^v: Beginn der Reimvorrede nach der ältesten Bilderhandschrift des sächsischen ‚Buchs von der Welt'..................815

Abb. 2: Hs. 24, Forschungs- und Landesbibliothek Schloss Friedenstein, Gotha, Ms. Memb. I 90, Bl. 10^r: Fortsetzung der Reimvorrede und Beginn der Schöpfungsgeschichte..................816

Abb. 3: Hs. 24, Forschungs- und Landesbibliothek Schloss Friedenstein, Gotha, Ms. Memb. 90 I, Bl. 2^r: Herkunft der Sachsen..................817

Abb. 4: Hs. 24, Forschungs- und Landesbibliothek Schloss Friedenstein, Gotha, Ms. Memb. 90 I, Bl. 10^v: Kain und Abel..................818

Abb. 5: Hs. 24, Forschungs- und Landesbibliothek Schloss Friedenstein, Gotha, Ms. Memb. I 90, Bl. 148^r: Die Belehnung Ottos des Kindes durch Friedrich II. 1235..................818

Abb. 6: Frutolf-Ekkehard-Autograph, ThULB Jena, Bos.q. 19, Bl. 7^r: Die unterschiedlichen Zeitrechnungen in synoptischer Darstellung..................819

Abb. 7: Frutolf-Ekkehard-Autograph, ThULB Jena, Bos.q. 19, Bl. 135^v: Beginn der Geschichte Karls des Großen im Jahre 769. Die Zeitleiste mit den Regierungsjahren Karls des Großen setzt hier ein..................820

Abb. 8: Hs. *101, UB Leipzig, Ms. 1314, fol. 45, Bl. 1^v: der Stammbaum Adams und Evas..................821

Abb. 9: Hs.*101, UB Leipzig, Ms. 1314, fol. 45, Bl. 25^v: Stammbaum Alexanders des Großen..................822

Abb. 10: Hs. *101, UB Leipzig, Ms. 1314, fol. 45) Bl. 29vb: Stammbaum Mariens..................823

Abb. 11: Hs. 16, Bremer Bilderhandschrift, Staats- und Universitätsbibliothek, Bremen, msa 0033 (ehemals Ms. a. 33), Bl. 7 bzw. 5vb: Stammtafel zur jüdischen Geschichte..................824

Abb. 12: Hs. 16, Bremer Bilderhandschrift, Staats- und Universitätsbibliothek, Bremen, msa 0033 (ehemals Ms. a. 33) Bl. 4 bzw. 2va: Altes Testament, Abkommen Adams..................825

Abb. 13: Hs. 16, Bremer Bilderhandschrift, Staats- und Universitätsbibliothek, Bremen, msa 0033 (ehemals Ms. a. 33) Bl. 25 bzw. 23va: Kreuzigung..................826

Abb. 14: Hs. 16, Bremer Bilderhandschrift, Staats- und Universitätsbibliothek, Bremen, msa 0033 (ehemals Ms. a. 33) Bl. 3^v: Schöpferbild..................827

Abb. 15: Hs. 2, Bayerische Staatsbibliothek, München, Cgm 55, Bl. 1^v: Beginn des Alten Testaments mit dem Stammbaum Adams im Anschluss an die Schöpfungsgeschichte. Makrostrukturell her-

Abb. 16: vorgehoben durch die Rubrizierung des letzten Satzes der Schöpfungsgeschichte 828
Abb. 16: Hs. 21, Graf von Schönbornsche Schlossbibliothek, Pommersfelden, Ms. 107, Bl. 7^r: Passage zu den römischen Tagesgöttern: Übernahme aus der gereimten, volkssprachigen Kaiserchronik eines Regensburger Geistlichen 829
Abb. 17: Hs. 21, Graf von Schönbornsche Schlossbibliothek, Pommersfelden, Ms. 107, Bl. 5^r: Beginn der Geschichte des römischen Reiches, makrostrukturell durch eine lateinische Überschrift gekennzeichnet 830
Abb. 18: Hs. 6, Bayerische Staatsbibliothek, München, Cgm 327, Bl. 114^r: Beginn der Geschichte Karls des Großen (Bl. 114rb), makrostrukturell durch die Überschrift (Karl der Große) gekennzeichnet 831
Abb. 19: Hs. 6, Bayerische Staatsbibliothek, München, Cgm 327, Bl. 115^r: Ende der Geschichte Karls des Großen 832

VI.3 Verzeichnis der Tabellen

Tab. 1: Die Überlieferung der Sächsischen Weltchronik vom 13. bis 16. Jahrhundert nach Jürgen Wolf, Sächsische Weltchronik, S. 411 28
Tab. 2: Die Rezeption der Sächsischen Weltchronik vom 13. bis 16. Jahrhundert nach Jürgen Wolf, Sächsische Weltchronik, S. 411 28
Tab. 3: Handschriften Rezension A$_1$ 47
Tab. 4: Handschriften Rezension A$_2$ 51
Tab. 14: Handschriften Rezension B 53
Tab. 6: Handschriften Rezension C$_3$ 57
Tab. 7: Handschriften Rezension C$_2$ 58
Tab. 8: Handschriften Rezension C$_1$ 60
Tab. 9: Textexterne und textinterne Merkmale 126
Tab. 10: Das Textvorkommen des ‚Buchs der Welt' (SW) in den einzelnen Textexemplaren, Hs. 1- Hs. 104 699
Tab. 11: Das Textvorkommen des ‚Buchs der Welt' (SW) in den einzelnen Textexemplaren, Hs. 11- Hs. 122 700
Tab. 12: Das Textvorkommen des ‚Buchs der Welt' (SW) in den einzelnen Textexemplaren, Hs. 13-Hs. 17 702
Tab. 13: Das Textvorkommen des ‚Buchs der Welt' (SW) in den einzelnen Textexemplaren, Hs. 18 und Hs. 19 703
Tab. 14: Das Textvorkommen des ‚Buchs der Welt' (SW) in den einzelnen Textexemplaren, Hs. 20-Hs. 221 703
Tab. 15: Das Textvorkommen des ‚Buchs der Welt' (SW) in den einzelnen Textexemplaren, Hs. 23-Hs. 241 703
Tab. 16: Fortsetzungen des ‚Buchs der Welt' (SW) 706
Tab. 17: Textallianzen in den einzelnen Codices 713

Tab. 18: Die nd., md., obd. Wochentagsnamen 758
Tab. 19: Die nordalb., rip., schwäb/alem. Wochentagsnamen 759

VI.4 Abkürzungsverzeichnis (Termini, abgekürzt zitierte Editionen, Wörterbücher und Hilfsmittel)

Aufl.	Auflage
ADB	Allgemeine Deutsche Biographie
ae.	altenglisch
AfdA	Anzeiger für deutsches Altertum und deutsche Literatur. Berlin 1876, Wiesbaden seit 1946
AFMF	Arbeiten zur Frühmittelalterforschung der Universität Münster
AGB	Archiv für Geschichte des Buchwesens
ags.	angelsächsisch
ahd.	althochdeutsch
Akad. d. Wiss.	Akademie der Wissenschaften
AK	Archiv für Kulturgeschichte
alem.	alemannisch
AM	Sammlung Arne Magnussen der Universitätsbibliothek Kopenhagen
Anm.	Anm.
AnzfKdVz	Anzeiger für Kunde der deutschen Vorzeit, NF 1853ff. (ab 1884 Anzeiger des Germanischen Nationalmuseums Nürnberg)
AnzSchwG	Anzeiger für Schweizerische Geschichte
AÖG	Archiv für Osterreichische Geschichte
Archiv	Archiv der Gesellschaft für ältere deutsche Geschichtskunde
ASNS	Archiv für das Studium der neueren Sprachen und Literaturen. Berlin/New York seit 1846
as.	altsächsisch
ATB	Altdeutsche Textbibliothek
bair.	bairisch
Bd.	Band
Bde.	Bände
bearb.	bearbeitet
BES	Beiträge zur Erforschung der deutschen Sprache, Leipzig seit 1981
Bibl.d. ges. dt.Nat.-Lit	Bibliothek der gesamten deutschen National-Literatur von der ältesten bis auf die neuere Zeit
BMZ	Wilhelm Müller, Mittelhochdeutsches Wörterbuch. Mit Benutzung des Nachlasses von Georg Friedrich Benecke aus-

	gearbeitet von Wilhelm Müller und Friedrich Zarncke, 3 Bde. Leipzig 1854-1866
Bose	Andreas Bose (Jenaer Gelehrter, um 1650 Eigentümer des Frutolf-Autographs)
BSB	Bayerische Staatsbibliothek (München)
CbmCat.	Codices bavarici monacenses. Catalogi
Cgm	Codex germanicus monacensis
ChrDtSt	Die Chroniken der deutschen Städte vom 14. bis 16. Jahrhundert, Bd. 1-37. 1862-1968.
Chron.Hus.	Andreas von Regensburg: ‚Chronica Hussitorum'
Chron.Thür.	‚Chronica thuringorum auctore fratre Praedicatore Isenacensis' (Scriptores Rerum Germanicarum 1, 1726, Sp.1296-1365).
Clm	Codex latinus monacensis
Closener	Fritsche Closener: ‚Chronik der Stadt Straßburg' (ChrDtSt 8, 1870, 5.1-15 1).
Cons.Const.	Andreas von Regensburg: ‚Concilium Constantinense'
Cpg	Codex palatinus germanicus
DA	Deutsches Archiv für Erforschung des Mittelalters
ders.	derselbe
Detmar-Chronik	Detmar-Chronik (ChrDtSt 19, 1884 u. 26, 1899, S.3-70).
dies.	dieselbe
Diss.	Dissertation
DRWb	Deutsches Rechtswörterbuch. Wörterbuch der älteren deutschen Rechtssprache, hg. v. Richard Schröder und Eberhard Freiherr v. Künssberg (u.a.), Bd. 1ff., Weimar 1914ff.
dt.	deutsch
Dt.Chron.	Scriptores qui vernacula lingua sunt. Deutsche Chroniken und andere Geschichtsbücher des Mittelalters
DTM	Deutsche Texte des Mittelalters, hg. v. der Preußischen Akad. der Wiss. Berlin, Berlin 1904ff.
DVjs	Deutsche Vierteljahrsschrift für Literaturwissenschaft und Geistesgeschichte
DWA	Deutscher Wortatlas, hg. v. Walther Mitzka und Ludwig Erich Schmitt, Bd. 1-22, Giessen 1951-1980
DWB	Jacob und Wilhelm Grimm, Deutsches Wörterbuch, hg. v. der Deutschen Akad. d. Wiss. zu Berlin, Leipzig 1854-1860
ed.	edited
éd.	édition
FAZ	Frankfurter Allgemeine Zeitung
FDG	Forschungen zur Deutschen Geschichte
FE	Frutolf von Michelsberg und Ekkehard von Aura: ‚Chronicon Universale', (MGH SS 6. S.33-23 1).
FGB	Forschungen zur Geschichte Bayerns

FMSt.	Frühmittelalterliche Studien. Jb. des Instituts für Mittelalterforschung der Universität Münster
frk.	fränkisch
frz.	französisch
frühnhd.	frühneuhochdeutsch
FS	Festschrift
GAG	Göppinger Arbeiten zur Germanistik
Germania	Germania Vierteljahresschrift für deutsche Alterthumskunde, hg. von F. Pfeifer u.a.
GGN	Nachrichten von der Gesell. der Wissenschaften zu Göttingen. Phil-hist. Klasse
GK	‚Gmünder Kaiserchronik'
GNM	Germanisches Nationalmuseum (Nürnberg) GNM
GQProvSachs	Geschichtsquellen der Provinz Sachsen
GRM	Germanisch-Romanische Monatsschrift
GST	‚Der große Seelentrost' (hg. von M. Schmitt, 1959).
GW	Gesamtkatalog der Wiegendrucke, Bd. 1-7, 1925-38, Bd. 8ff., 1978ff.
HAB	Herzog August Bibliothek (Wolfenbüttel)
hg. v.	herausgegeben von
Hg. (Hgg.)	Herausgeber (Plural)
Hist.Welf.	‚Historia Welforum Weingartensis' (MGH SS 21, 1869, S. 454-472)
HJb	Historisches Jahrbuch
HRG	Handwörterbuch zur deutschen Rechtsgeschichte, hg. v. Adalbert Erler und Ekkehard Kaufmann (ab Bd. 2) unter philologischer Mitarbeit von Ruth Schmidt-Wiegand, mitbegründet von Wolfgang Stammler, Redaktion Dieter Werkmüller, Bd. 1ff., Berlin 1978ff.
Hs. (Hss.)	Handschrift (Handschriften)
HV	Historische Vierteljahrsschrift 1898-1937
Hwb	Handwörterbuch
HZ	Historische Zeitschrift 1859-1943, 1949ff.
Jb(b)	Jahrbuch (Jahrbücher)
KChr	‚Kaiserchronik' (MGH Dt.Chron. 1,1, 1895).
LB	Landesbibliothek
Lexer	Matthias Lexer, Mhd. Hwb. Zugleich als Supplement und alphabetischer Index zum BMZ, 3 Bde. Leipzig 1872, 1876, 1878
LGL 1973	Lexikon der Germanistischen Linguistik, hg. v. Hans Peter Althaus, Helmut Henne, Herbert Ernst Wiegand, Tübingen 1973

LGL 1980	Lexikon der Germanistischen Linguistik, hg. v. Hans Peter Althaus, Helmut Henne, Herbert Ernst Wiegand, 2. vollständig neu bearb. Aufl., Tübingen 1980
LMA	Lexikon des Mittelalters. Bde. 1ff., München 1980ff.
LThK	Lexikon für Theologie und Kirche, hg. v. Michael Buchberger, 2. völlig neu bearb. Aufl. v. Josef Höfer und Karl Rahner, 10 Bde., Freiburg l957-1965
Migne PL	Patrologiae cursus comletus: sive bibliotheca universalis ... omnium ss. Patrum, doctorum scriptorum que ecclesiasticorum qui ab aevo apostolico ad usque Innocentii III tempora floruerunt, accurante Jacques-Paul Migne, Series latina, Bd. 1-221, Paris 1844-1855
MGH	Monumenta Germaniae Historica, hg. von Georg Heinrich Pertz (bzw. von der Zentraldirektion MGH, 1936-45 vom Reichsinstitut für ältere Geschichtskunde)
mhd.	mittelhochdeutsch
Migne PL	Patrologia cursus completus [...]. Series latina, hg. v. J.P. Migne, 1844ff.
MIOG	Mitteilungen des Instituts für Österreichische Geschichtsforschung
MLR	Modern Language Review
MMS	Münstersche Mittelalter-Schriften
mnd.	mittelniederdeutsch
Mnd. Hwb	Mittelniederdeutsches Handwörterbuch, hg. v. Agathe Lasch und Conrad Borchling, fortgeführt v. Gerhard Cordes, Bd. 1ff., Neumünster 1928ff.
Mnd. Wb.	Mittelniederdeutsches Wörterbuch, hg. v. Karl Schiller und August Lübben, 6 Bde.
mnl.	mittelniederländisch
MT	(Martin von Troppau) Martini Oppaviensis ‚Chronicon pontificum et imperatorum' (MGH SS 22, 1872, S.377-482)
MTU	Münchener Texte und Untersuchungen zur deutschen Literatur des Mittelalters
NA	Neues Archiv der Gesellschaft für ältere deutsche Geschichtskunde (ab 1937 DA)
NASächsG	Neues Archiv für sächsische Geschichte und Altertumskunde
NDB	Neue Deutsche Biographie
NdJb	Niederdeutsches Jahrbuch. Jahrbuch des Vereins für niederdeutsche Sprachforschung, Neumünster seit 1875
nd.	niederdeutsch
Nd.Mitt.	Niederdeutsche Mitteilungen
Nd.Stud.	Niederdeutsche Studien
Nd.Wort	Niederdeutsches Wort

NF	Neue Folge
nhd.	neuhochdeutsch
niederdt.	niederdeutsch
oberrhein.	oberrheinisch
ÖNB	Österreichische Nationalbibliothek (Wien)
PAN	Biblioteka Polskiej Akademii Nauk (Gdansk)
PBB	Beiträge zur Geschichte der deutschen Sprache und Literatur ab 1955: PBB (Tüb.) und PBB (Halle) (1955-1979)
phil.	philologisch
phil.-hist.	philosophisch-historisch
QErörtBayerDtG	Quellen und Erörterungen zur Bayerischen und Deutschen Geschichte
QQGeistesG	Quellen zur Geistesgeschichte des Mittelalters
RDK	Reallexikon zur deutschen Kunstgeschichte, hg. v. Otto Schmidt und August Wirth, Bd. I Stuttgart 1937; Bd. II, München (Druckenmüller) 1948; Bd. III, München 1954, Bd. IV, München 1958; Bd. V, München 1967; Bd. VI, München 1973; Bd. VII, München (Beck) 1981; Bd. VIII, München 1987; Bd. IX bis zur 9. Lfg., München 1987
Rezension A	Sächsische Weltchronik, Hss. 1-122
Rezension A_1	Sächsische Weltchronik, Hss. 1-104 (n. Menzel)
Rezension A_2	Sächsische Weltchronik, Hss. 11-122 (n. Menzel)
Rezension B	Sächsische Weltchronik, Hss. 13-17
Rezension C	Sächsische Weltchronik, Hss. 18-241
Rezension C_1	Sächsische Weltchronik, Hss.23-241 (n. Menzel)
Rezension C_2	Sächsische Weltchronik, Hss.20-221 (n. Menzel)
Rezension C_3	Sächsische Weltchronik, Hss. 18-19 (n. Menzel)
RhVjbll.	Rheinische Vierteljahresblätter, Bonn seit 1931
röm.	römisch
sächs.	sächsisch
Sb(b)	Sitzungsbericht(e)
SB	Staatsbibliothek
SS	Scriptores
SS rer.Germ.	Scriptores rerum Germanicarum in usum scolarum separatim editi
StLV	Bibliothek des Stuttgarter Literarischen Vereins
SW	Sächsische Weltchronik
TdspMA	Texte des späten Mittelalters
ThULB	Thüringer Universitäts- und Landesbibliothek Jena
thüring.	thüringisch
TTG	Tübinger Texte zur Germanistik
UB	Universitätsbibliothek

VL	Die deutsche Literatur des Mittelalters. Verfasserlexikon, hg. v. Wolfgang Stammler u. Karl Langosch, 5 Bde., 1933-1955.
²VL	Die deutsche Literatur des Mittelalters. Verfasserlexikon (²VL) 2. völlig neu bearb. Aufl. hg. v. Kurt Ruh u.a., Bd.1ff., Berlin/New York 1978ff.
VF	Vorträge und Forschungen, hg. v. Institut für geschichtliche Landesforschung des Bodenseegebietes in Konstanz
ZfB	Zentralblatt für Bibliothekswesen
ZfdA	Zeitschrift für deutsches Altertum und deutsche Literatur, Berlin 1841, Wiesbaden seit 1946
ZfdPh	Zeitschrift für deutsche Philologie
ZGO	Zeitschrift für Geschichte des Oberrheins
ZHistVNdSachs	Zeitschrift des historischen Vereins für Niedersachsen
ZKG	Zeitschrift für Kirchengeschichte
ZRG GA.	Zeitschrift der Savigny-Stiftung für Rechtsgeschichte, Germanistische Abteilung
ZVThürG	Zeitschrift des Vereins für thüringische Geschichte und Alterthumskunde (hg. von O. Ehrismann 1915)

VI.4 Literaturverzeichnis

VI.4.1 Quellen

Das Alexanderlied des Pfaffen Lamprecht, Das Rolandslied des Pfaffen Konrad, hg. v. Friedrich Maurer (Deutsche Literatur. Reihe Geistliche Dichtung des Mittelalters, Bd. 5) Darmstadt 1964

Annales Palidenses auctore Theodoro monacho, hg. v. Georg Heinrich Pertz (MGH SS XVI) Hannover 1859, Nachdruck Stuttgart 1994, S. 51-98

Annales Silesiae Superioris, bearb. v. Wilhelm Arndt (MGH SS 19) Hannover 1866, S. 552-553

Das Anno-Lied, hg. v. Martin Opitz, diplomatischer Abdruck besorgt v. Walther Bulst (Editiones Heidelbergenses, H. 2) 3. unveränd. Aufl. Heidelberg 1974

Das Annolied, hg. v. Eberhard Nellmann, Stuttgart 1986

Anonymi Saxonis Historia Imperatorum, hg. v. Johannes Burchard Mencke (MGH SS rer Germ. 3) Leipzig 1730, Sp. 63-128

Aventinus (Johannes Turmair's) sämtliche Werke, hg. v. Sigmund Riezler u. Matthias Lexer, Bd. I -VI, München 1881-1908

Basler Chroniken, hg. v. der hist. und antiquarischen Gesellschaft in Basel, Bd. 1-2 hg. v. Wilhelm Vischer u. Alfred Stern, Bd. 3 hg. v. Wilhelm Vischer, Bd. 4-7 bearb. v. August Bernoulli, Leipzig 1872-1915

Aus Benediktinerregeln des 9. bis 20. Jahrhunderts. Quellen zur Geschichte einer Textsorte, hg. v. Franz Simmler (Germanische Bibliothek, begründet v.

Wilhelm Streitberg. NF, fortgeführt v. Hugo Stopp, hg. v. Rolf Bergmann, 7. Reihe: Quellen zur deutschen Literaturgeschichte) Heidelberg 1985

Das Buch der Welt (1996). Die Sächsische Weltchronik Ms. Memb. I 90 Forschungsbibliothek Gotha, Faksimile Band und Wegweiser, hg. v. Hubert Herkommer, Luzern 1996

Das Buch der Welt (2000). Die Sächsische Weltchronik Ms. Memb. I 90 Forschungsbibliothek Gotha, hg. v. Hubert Herkommer, Kommentarband, Luzern 2000

Sancti Brunonis episcopi Signensis Opera omnia Bd. 2 (Migne PL, Bd. 165) Paris 1854

Clementis III. pontificis Romani epistolae et privilegia ordine chronologico digesta; accedunt Stephani Ordinis Grandimontensium fundatoris, Laborantis, Henrici de Castro Marsiaco, S.R.E. Cardinalium Balduini Cantuariensis Archiepisc. (Migne PL, Bd. 204) Paris 1855

Bruchstücke I. Aus der Chronik des Eike von Repgow, hg. v. Franz Pfeiffer, in: Germania 11, 1866, S. 79-81

Chronicon Luneburgicum. Vernacula lingua conscriptum atque ad Wilhelmus Regem Germaniae extensum, in: Corpus historicum medii aevi, hg. von Johann Georg Eckard, T. I, Leipzig 1723, Sp. 1315-1412

Chronicon M. Theoderici Engelhusii, hg. v. Joachim Johannes Mader, Helmstedt 1671

Detmar-Chronik, Bd. I-III, hg. v. Karl Koppmann (Die Chroniken der deutschen Städte, Bd. 19 u. Bd. 26) Bremen 1884 u. 1899

Düringische Chronik des Johannes Rothe, hg. v. Rochus v. Liliencron (Thüringische Geschichtsquellen Bd. 3), Jena 1859

Einhardi Vita Karoli Magni, hg. v. Oswald Holder-Egger (MGH SS rer. Germ. 25) Hannover 1911

Jansen Enikels Werke, Weltchronik, Fürstenbuch, hg. v. Philipp Strauch (MGH Deutsche Chroniken, Bd. 3) Hannover 1900

Ekkehardi Uraugiensis chronica, Chronicon universale, hg. v. Georg Waitz (MGH, SS VI), Hannover 1844, Nachdruck Stuttgart 1980, S. 33-267: Frutolf; S. 208-267: Ekkehards Rezensionen I-IV, 1106-1125; S. 207-248: Kaiserchronik 1095-1114

Ekkehardi Uraugensis abbatis Hierosolymita, nach der Waitz'schen Recension hg. mit Erläuterungen und einem Anhang v. Heinrich Hagenmeyer, Tübingen 1877

Epkonis de Repgau breve Chronicon Magdeburgense ab anonymo germanice versum es codice Biblioth. Paulinae, in: Johannes Burchard Mencke, Scriptores rerum Germanicarum III, Leipzig 1730, Sp. 349-360

Frutolfs und Ekkehards Chroniken und die anonyme Kaiserchronik, hg. u. übersetzt v. Irene Schmale-Ott u. Franz Josef Schmale (Freiherr v. Stein-Gedächtnisausgabe 15) Darmstadt 1972

Gilberti Chronicon pontificum et imperatorum Romanorum, hg. v. Oswald Holder Egger (MGH, SS IV) Hannover 1879, Nachdruck Stuttgart/Nex York 1964, S. 122-140

Gottfried von Straßburg, Tristan, Leipzig 1906, hg. v. Karl Marold Abdruck mit einem durch F. Rankes Kollationen erw. u. verarb. Apparat besorgt mit einem Nachwort versehen v. Werner Schröder, Berlin, 3. Aufl. 1969

Göttweiger Trojanerkrieg, hg. v. Alfred Koppitz (DTM 29) Berlin 1926

Heinrich von München Weltchronik. Farbmicrofiche-Edition der Handschrift Wien, Österreichische Nationalbibliothek, Cod. 2768, Einführung zum Werk und Beschreibung der Handschrift v. Dorothea Klein (Codices illuminati medii aevi 43) München 1996

Hrotsvitha von Gandersheim, Conversio Gallicani principis militiae, bearb. v. Karl Strecker, Hrotsvithae Opera, 1930, S. 117-139

Johannes von Sacrobosco. Das Puechlein von der Spera, hg. v. Francis B. Brévart, Abbildung der gesamten Überlieferung, kritische Edition, Glossar, (Litterae 68) Göppingen 1979

Jordanes, De origine actibusque Getarum (Getica), hg. v. Theodor Mommsen (MGH AA 5,1) Berlin 1882, S. 53-138

Der keiser und der kunige buoch oder die sogenannte Kaiserchronik, Gedicht des zwölften Jahrhunderts von 18,578 Reimzeilen, hg. v. Hans Ferdinand Massmann nach 12 vollständigen und 17 unvollständigen Handschriften, so wie anderen Hilfsmitteln, mit genauen Nachweisungen über diese und Untersuchungen über Verfasser und Alter, nicht minder über die einzelnen Bestandtheile und Sagen, nebst ausführlichem Wörterbuche und Anhängen zum ersten Male herausgegeben, 3 Bde. (Bibl. der ges. dt. Nat.-Lit. 4, I-III) Quedlinburg/Leipzig 1849-1854

Kaiserchronik eines Regensburger Geistlichen, hg. v. Edward Schröder (MGH Deutsche Chroniken, Bd. I.1) Hannover 1892, Nachdruck 1969

Konrad von Megenberg ‚Deutsche Sphaera' aus der Münchener Handschrift, hg. v. Otto Matthaei (DTM 23) Berlin 1912

Konrad von Megenberg, Die deutschen Sphaera, hg. v. Francis B. Brévart (ATB 90) Tübingen 1980

Matthias Kramer, Das herrlich grosse deutsch-italiänische Dictionarium oder Wort- und Redartenschatz der unvergleichlichen hoch-teuschen Grund- und Hauptsprache, Nürnberg 1700-1702

Deutsche Liederdichter des 13. Jahrhunderts, hg. v. Carl von Kraus, Bd. I, Text, Tübingen 1952

Rochus von Liliencron, Die historischen Volkslieder der Deutschen vom 13. bis 16. Jahrhundert, Bd. 1, Leipzig 1865

Thomas Lirer, Schwäbische Chronik, hg. v. Eugen Thurnher, Bregenz o.J. (1967)

D. Martin Luther, Die gantze Heilige Schrift, Wittenberg 1545, hg. v. Hans Volz unter Mitarbeit v. Friedrich Kur, Bd. 1, Leipzig 1865

Marsilius von Inghen, Defensor pacis, hg. v. Richard Scholz (Fontes iuris Germanici antiqui 7) Hannover 1932/33

Martini Oppaviensis Chronicon, hg. v. Ludwig Weiland (MG SS 22 1872), S. 377-475
[Martin von Troppau-Fortsetzungen] Fortsetzungen zur Papst- und Kaiserchronik Martins von Troppau aus England, hg. v. Wolfgang-Valentin Ikas (MGH SS rer Germ. Nova series 19) Hannover 2004
Monumenta Erphesfurtensia saec. XII. XIII. XIV., hg. v. Oswald Holder-Egger (MGH SS rer Germ. 42) Hannover/Leipzig 1899
Niederdeutsche Pilatuslegende, hg. v. Ludwig Weiland, in: ZfdA 17, 1874, S. 147-160
Österreichische Chronik von den 95 Herrschaften, hg. v. Joseph Seemüller (MGH Dt. Chron. 6)1909, Nachdruck 1974
Das Passional. Eine Legendensammlung des dreizehnten Jahrhunderts. Zum ersten Male herausgegeben und mit einem Glossar versehen von Karl Köpke (Bibl. d. ges. dt. Nat.-Lit. 32) Quedlinburg/Leipzig 1852
Pauli Orosii Historiarum adversum paganos libri VII, bearb. v. Carl Zangenmeister (Corpus scriptorum ecclesiasticorum Latinorum 5) Wien 1882
Die Pharsalia – Lucanus, Bellum civile, bearb. u. übers. v. Widu-Wolfgang Ehlers, 1973
Proverbia sententiaque latinitatis medii aevi ac recentioris aevi = Lateinische Sprichwörter und Sentenzen des Mittelalters und der frühen Neuzeit in alphabetischer Anordung aus dem Nachlaß von Hans Walther herausgegeben von Paul Gerhard Schmidt, T. 1-6, Göttingen 1963-1969
Die Repgauische Chronik. Das Buch der Koenige, aus dem 1858er Programm der Elberfelder Realschule, hg. v. Gustav Schöne, Elberfeld 1859
Hans Rosenplüts Reimpaarsprüche und Lieder, hg. v. Jörn Reichel (ATB 105) Tübingen 1990
Rudolf von Ems, Weltchronik aus der Wernigeroder Handschrift, hg. v. Gustav Ehrismann (DTM 20) Berlin 1915, Nachdruck Dublin/Zürich 1967
Rudolf von Ems, Weltchronik. Der Stricker, Karl der Große. Faksimile der Handschrift Ms. germ. fol. 623 der Staatsbibliothek Preußischer Kulturbesitz Berlin. Text und Kommentare v. Edmund Theil. Mit einem Vorwort v. Dr. Roland Klemig, Bozen 1986
Rudolf von Ems, Weltchronik. Der Stricker, Karl der Große. Kommentar zu Ms 302 Vad., hg. v. der Kantonsbibliothek (Vadiana) St. Gallen und der Editionskommission, Ellen J. Beer, Johannes Duft, Hubert Herkommer, Karin Schneider, Stefan Sonderegger, Peter Wegelin, Luzern 1987
Rudolf von Ems, Weltchronik (Gesamthochschulbibliothek Kassel – Landesbibliothek und Murhardsche Bibliothek der Stadt Kassel 20 Ms. theol. 4) Farbmikrofiche Edition. Literarhistorische Einleitung v. Kurt Gärtner (Codices illuminati medii aevi 12) München 1989
Die Sachsengeschichte des Widukind von Korvei, in: Quellen zur Geschichte der sächsischen Kaiserzeit, neu bearb. v. Albert Bauer u. Reinhold Rau, Darmstadt 1971

Des Sachsenspiegels zweiter Theil nebst verwandten Rechtsbüchern, hg. v. Carl Gustav Homeyer, 1. Bd.: Das Sächsische Lehnrecht und der Richtsteig Lehnrechts, Berlin 1842

Sächsische Weltchronik, hg. v. Ludwig Weiland, in: Deutsche Chroniken und andere Geschichtsbücher des Mittelalters (MGH DtChron 2) Hannover 1877, Nachdruck Dublin/Zürich 1971, Neudruck 1980, S. 1-384

Sächsische Weltchronik (Staats- und Universitätsbibliothek Bremen, Ms. a. 33) Farbmicrofiche-Edition. Einführung zum Werk und Beschreibung der Handschrift v. Dieter Hägermann (Codices illuminati medii aevi 14) München 1989

Das Schachzabelbuch des Jacobus de Cessolis, O.P., in mittelhochdeutscher Prosaübersetzung. Nach den Handschriften hg. v. Gerard F. Schmidt (TdspMA 13) Berlin 1961

Der große Seelentrost, hg. v. Margarete Schmitt (Niederdt. Studien 5) Köln/ Graz 1959

Das Stralsunder Vokabular. Edition und Untersuchung einer mittelniederdeutsch-lateinischen Vokabularhandschrift des 15. Jahrhunderts von Robert Damme, Köln/Wien 1989

Das Tristan Epos Gottfrieds von Straßburg mit der Fortsetzung des Ulrich von Türheim, hg. v. Wolfgang Spiewok (DTM 75) Berlin 1989

Urkundenbuch der Stadt Braunschweig, Bd. 3, hg. v. Ludwig Haenselmann u. Heinrich Mack, Berlin 1905

Walther von der Vogelweide. Leich, Lieder, Sangsprüche, 14. völlig neu bearb. Aufl. der Ausgabe Karl Lachmanns, hg. v. Christoph Cormeau mit Beiträgen v. Thomas Bein u. Horst Brunner, Berlin/New York 1996

Die Gedichte Walthers von der Vogelweide, hg. v. Karl Lachmann, 13. aufgrund der zehnten von Carl von Kraus bearb. Ausgabe neu hg. v. Hugo Kuhn, Berlin 1965

Das Zeitbuch des Eike von Repgow in ursprünglich niederdeutscher Sprache und in früher lateinischer Übersetzung, hg. v. Hans Ferdinand Massmann (StLV 42) Stuttgart 1857, Nachdruck Amsterdam 1969

Zimmerische Chronik, hg. v. K.A. Barack Bd. I-IV, Tübingen 1869, Bd. IV, S. 462-465

VI.5.2 Sprach- und Sachwörterbücher, Handbücher, Sprachatlanten, Grammatiken

(Wörterbücher, die der Quellengrundlage dienen, sind in Teil VI.5.1 aufgeführt. Die Artikel in Handbüchern sind, soweit sie eine Verfasserkennzeichnung tragen, einzeln nach Verfassern geordnet in Teil VI.5.3 des Literaturverzeichnisses aufgeführt)

Klaus Brinker, Gerd Antos, Wolfgang Heinemann, Sven F. Sager (Hgg.), Text- und Gesprächslinguistik. Linguistics of Text and Conversation. Ein internationales Handbuch zeitgenössischer Forschung. An International Handbook of Contempory Research, 1. Halbbd., Berlin/New York 2000

Deutsche Literatur in Schlaglichtern, hg. v. Bernd Balzer u. Volker Mertens in Zusammenarbeit mit weiteren Mitarbeitern und Meyers Lexikonredaktion, Mannheim/Wien/Zürich 1990

Deutsche Literatur des Spätmittelalters. Ergebnisse, Probleme, Perspektiven der Forschung, hg. v. der Ernst-Moritz-Arndt-Universität Greifswald (Deutsche Literatur des Mittelalters 3) Greifswald 1986

Deutsches Wörterbuch, hg. v. Jacob u. Wilhelm Grimm, Bd. 1-16 und ein Quellenverzeichnis, Leipzig 1854-1971; Neubearbeitung hg. v. der Deutschen Akademie der Wissenschaften zu Berlin in Zusammenarbeit mit der Akademie der Wissenschaften zu Göttingen, Lieferung 1ff., Leipzig 1965ff.

Deutscher Wortatlas, hg. v. Walther Mitzka u. Ludwig Erich Schmitt, Bd. 1-22, Giessen 1951-1980

Dialektologie. Ein Handbuch zur deutschen und allgemeinen Dialektforschung. Hg. v. Werner Besch, Ulrich Knoop, Wolfgang Putschke, Herbert Ernst Wiegand. 1. u. 2. Halbbd. (Handbücher zur Sprach- und Kommunikationswissenschaft. Hg. v. Gerold Ungeheuer, Herbert Ernst Wiegand, Bd. 1.1 u. 1.2) Berlin/New York 1982

Etymologisches Wörterbuch der deutschen Sprache, erarb. v. einem Autorenkollektiv des Zentralinstituts für Sprachwissenschaft unter der Leitung v. Wolfgang Pfeifer, 3 Bde. Berlin 1989

Historischer Südwestdeutscher Sprachatlas. Aufgrund von Urbaren des 13. und 15. Jahrhunderts. Von Wolfgang Kleiber, Konrad Kunze und H. Löffler. In Weiterführung der im Institut für Geschichtliche Landeskunde Freiburg unter Leitung von Friedrich Maurer geschaffenen Grundlagen, I. Text. Einleitung, Kommentare und Dokumentation, II. Karten. Einführung, Haupttonvokalismus, Nebentonvokalismus, Konsonantismus, Berlin/München 1979

Friedich Kluge, Elmar Sebold, Etymologisches Wörterbuch der deutschen Sprache, 22. Aufl. unter Mithilfe v. Max Bürgisser u. Bernd Gregor völlig neu bearb. v. Elmar Seebold, Berlin/New York 1989

Werner König, dtv-Atlas zur deutsche Sprache. Tafeln und Texte. Mit Mundartkarten, 7. Aufl. München 1989

Matthias Lexer, Mittelhochdeutsches Handwörterbuch, Zugleich als Supplement und alphabetischer Index zum BMZ, 3 Bde., Leipzig 1872, 1876, 1878, Nachdruck Stuttgart 1992

Lexikon der Germanistischen Linguistik, hg. v. Hans Peter Althaus, Helmut Henne, Herbert Ernst Wiegand, Tübingen 1973

Lexikon der Germanistischen Linguistik, hg. v. Hans Peter Althaus, Helmut Henne, Herbert Ernst Wiegand, 2. vollständig neu bearb. Aufl. Tübingen 1980

Meyers Großes Konversationslexikon. Ein Nachschlagwerk des allgemeinen Wissens, Bd. 19, Leipzig/Wien 1908

Wilhelm Meyer-Lübke, Romanisch-etymologisches Wörterbuch, 3. Aufl. Heidelberg 1935, 7. Aufl. ebd. 1972

Hermann Paul, Mittelhochdeutsche Grammatik, 23. Aufl. bearb. v. Peter Wiehl u. Siegfried Grosse, Tübingen 1989

Reallexikon zur deutschen Kunstgeschichte, hg. v. Otto Schmidt u. August Wirth, Bd. I, Stuttgart 1937; Bd. II, München (Druckenmüller) 1948; Bd. III, München 1954, Bd. IV, München 1958; Bd. V, München 1967; Bd. VI, München 1973; Bd. VII, München (Beck) 1981; Bd. VIII, München 1987; Bd. IX bis zur 9. Lfg., München 1987

Karl Schiller/August Lübben, Mnd. Wörterbuch, 6 Bde., fotomech. Nachdr. der Ausgabe v. 1877, Schaan 1983

Rudolf Schützeichel, Althochdeutsches Wörterbuch, 4. überarb. u. erg. Aufl., Tübingen 1989

Sprachgeschichte. Ein Handbuch zur Geschichte der deutschen Sprache und ihrer Erforschung, hg. v. Werner Besch, Oskar Reichmann, Stefan Sonderegger Bd. 1, Berlin/New York 1984 (Handbücher zur Sprach- und Kommunikationswissenschaft, Bd. 2.1 und 2.2), Bd. 2, Berlin/New York 1985

Trübners Deutsches Wörterbuch. Im Auftrag der Arbeitsgemeinschaft für deutsche Wortforschung hg. v. Alfred Götze, Bd. 1-8, Berlin 1939-1957

Die deutsche Literatur des Mittelalters. Verfasserlexikon, begründet von Wolfgang Stammler, fortgeführt von Karl Langosch. Zweite völlig neu bearb. Aufl. unter Mitarbeit zahlreicher Fachgelehrter hg. v. Kurt Ruh (Bd. 1-8) u. Burghart Wachinger (Bd. 9ff.) zusammen mit Gundolf Keil, Kurt Ruh (Bd. 9ff.), Werner Schröder, Burghart Wachinger (Bd. 1-8), Franz Josef Worstbrock, Redaktion Kurt Illing (Bd. 1), Christine Stöllinger-Löser (Bd. 1ff.), Bd. 1-10, Lfg. 5, Berlin/New York 1978-1999

Chr.F.T. Voigt, Deutsches Handwörterbuch für die Geschäftsführung, den Umgang und die Lektüre, Leipzig 1807

Walther von Wartburg, Französisches etymologisches Wörterbuch. Eine Darstellung des galloromanischen Wortschatzes, Bd. 1-25, Tübingen/Basel 1946ff.

VI.5.3 Weitere Literatur

Kirsten Adamzik, Forschungsstrategien im Bereich der Textlinguistik, in: Zeitschrift für Germanistik N.F.I,1, 1991, S. 99-109

Günter Adler, Identifikation und Distanzierung bei der Literaturrezeption, in: Weimarer Beiträge 26/2, 1980, S. 43-72

Jörn Albrecht, Invarianz, Äquivalenz, Adäquatheit, in: Übersetzungswissenschaft. Ergebnisse und Perspektiven. Festschrift für Wolfram Wilss zum 65. Geburtstag, hg. v. Reiner Arntz u. G. Thome (Tübinger Beiträge zur Linguistik 354) Tübingen 1990, S. 71-81

Ingeborg Anna Ali, Die Entwicklung der deutschsprachigen Weltchronistik im 12. und 13. Jahrhundert. Erscheinungsformen und Beweggründe, PhD. Toronto 1985

Gerd Althoff, Anlässe zur schriftlichen Fixierung adligen Selbstverständnisses, in: ZGO 134, 1986, S. 34-46

Gerd Althoff, Causa scribendi und Darstellungsabsicht: Die Lebensbeschreibungen der Königin Mathilde und andere Beispiele. in: Michael Borgolte u. Herrad Spilling (Hgg.), Litterae medii aevi. Festschrift für Johanne Autenrieth zu ihrem 65. Geburtstag, Sigmaringen 1988, S. 118-133

Gerd Althoff, Genealogische und andere Fiktionen in mittelalterlicher Historiographie, in: Fälschungen im Mittelalter. Internationaler Kongreß der Monumenta Germaniae Historica München 16.-19. September 1986. Teil I: Kongreßdaten und Festvorträge Literatur und Fälschung (Monumenta Germaniae Historica Schriften, Bd. 33,I) Hannover 1988. S. 417-444

Gerd Althoff, Genealogische Fiktionen und die historiographische Gattung der Genealogie im hohen Mittelalter, in: 18. Internationaler Kongress für Genealogie und Heraldik 5.-9. September 1988, Insbruck, Kongressbericht, Thaur/Tirol 1989, S. 67-79

Gerd Althoff, Verwandte, Freunde und Getreue. Zum politischen Stellenwert der Gruppenbindungen im frühen Mittelalter, Darmstadt 1990

Gerd Althoff (Hg.), Die Deutschen und ihr Mittelalter, Darmstadt 1992

Karl von Amira, Die Handgebärden in den Bilderhandschriften des Sachsenspiegels, in: Sbb. der Akad. der Wiss. zu München, 23, 2, München 1905, S. 161-263

Nancy Armstrong/Leonard Tennenhouse, History, poststructuralism an the question of narrative, in: Narrative I,1 1993, S. 45-58

Klaus Arnold, Konrad von Megenberg als Kommentator der ‚Sphaera' des Johannes von Sacrobosco, in: DA 32, 1976, S. 147-186

Jan Assmann, Das kulturelle Gedächtnis. Schrift, Erinnerung und politische Identität in den frühen Hochkulturen, München 1999

Aleida und Jan Assmann, Schrift, Tradition und Kultur, in: Wolfgang Raible (Hg.), Zwischen Festtag und Alltag. Zehn Beiträge zum Thema ‚Mündlichkeit und Schriftlichkeit' (Script-Oralia 6) Tübingen 1988, S. 25-49

Aleida Assmann/Jan Assmann/Christof Hardmeier (Hgg.), Schrift und Gedächtnis. Beiträge zu einer Archäologie der literarischen Kommunikation, München 1987

Erich Auerbach, Literatursprache und Publikum in der lateinischen Spätantike und im Mittelalter, Bern 1958

Hans-Jürgen Bachorski/Werner Röcke (Hgg.), Weltbildwandel. Selbstdeutung und Fremderfahrung im Übergang vom Spätmittelalter zur Frühen Neuzeit (Literatur, Imagination, Realität, Bd. 10) Trier 1995

Hans-Jürgen Bachorski, Rezension zu E.C. Lutz, Spiritualis fornicatio. Heinrich Wittenwiler, seine Welt und sein ‚Ring', in: Mlat.Jb. 30, 1995, S. 126-131

Hans-Jürgen Bachorski, Die Modernität der Alten. Neue Zugänge zur Literatur des Mittelalters, in: Germanistik und Deutschunterricht im Zeitalter der Technologie. Vorträge des Germanistentages Berlin 1987, Bd. 3, Tübingen 1988, S. 159-170

P. Norbert Backmund, Die mittelalterlichen Geschichtsschreiber des Prämonstratenserordens (Bibliotheca Analectorum Praemonstratensium Bd. 10) Averbode 1972

Werner Bahner (Hg.), Renaissance – Barock – Aufklärung. Epochen und Periodisierungsfragen, Kronberg Ts. 1976

Mieke Bal (Hg.), The Practice of Cultural Analysis. Exposing Interdisciplinary Interpretation, Stanford 1998

Mieke Bal, Narratology. Introduction to the Theory of Narrative, Toronto u.a. 1997

Hermann Ballschmiede, Die Sächsische Weltchronik, Phil. Diss., Berlin 1914, auch in: Niederdeutsches Jahrbuch 40, 1914, S. 81-140

Günther Bärnthaler, Übersetzen im deutschen Spätmittelalter. Der Mönch von Salzburg, Heinrich Laufenberg und Oswald von Wolkenstein als Übersetzer lateinischer Hymnen und Sequenzen (Göppinger Arbeiten zur Germanistik 371) Göppingen 1983

Guilia Barone, Artikel ‚Mirabilia urbis Romae', in: LMA 6, 1993, Sp. 655f.

Roland Barthes, Der Tod des Autors, in: Fotis Janidis u.a. (Hgg.) Texte zur Theorie der Autorschaft, Stuttgart (1968) 2000, S. 185-193

Roland Barthes, Einführung in die strukturale Analyse von Erzählungen, in: ders., Das semiologische Abenteuer, Frankfurt a.M. 1988, S. 102-143

Franz H. Bäuml, Verschriftlichte Mündlichkeit und vermündlichte Schriftlichkeit. Begriffsprüfungen an den Fällen Heliand und Liber Evangeliorum, in: Ursula Schaefer (Hg.), Schriftlichkeit im frühen Mittelalter (ScriptOralia 53) Tübingen 1993, S. 254-266

Franz H. Bäuml, Varieties and Consequences of Medieval Literacy, in: Speculum 55, 1980, S. 237-265

Karl-Richard Bausch, Sprachmittlung, in: Lexikon der Germanistischen Linguistik, Tübingen, 610-616; neubearb. Fassung: in der 2. Aufl., Tübingen 1980, S. 797-802

Karl-Richard Bausch, Die Transposition. Versuch einer neuen Klassifikation, in: Linguistca Antverpiensia II, S. 29-50, überarb. Fassung: in W. Wilß (Hg.), Übersetzungswissenschaft, Darmstadt 1981, S. 277-295

Robert-Alain de Beaugrande/Wolfgang Ulrich Dressler, Einführung in die Textlinguistik (Konzepte der Sprach- und Literaturwissenschaft 28), Tübingen 1981

Johannes Bechert/Wolfgang Wildgen, Einführung in die Sprachkontaktforschung, unter Mitarbeit v. Christoph Schroeder, Darmstadt 1991

Adolf Becker, Die deutschen Handschriften der kaiserlichen Universitäts- und Landesbibliothek zu Straßburg (Katalog der Kaiserl. Universitäts- und Landesbibliothek in Strassburg 6) Straßburg 1914

Peter Jörg Becker, Handschriften und Frühdrucke mittelhochdeutscher Epen, Wiesbaden 1977

Peter Jörg Becker, Die deutschen Handschriften der Staatsbibliothek Preußischer Kulturbesitz Berlin bis zum Jahre 1400, in: Volker Honemann/Nigel

Palmer (Hgg.), Deutsche Handschriften 1000-1400, Tübingen 1988, S. 310-367

Hartmut Beckers, Artikel ‚Kölner Prosa-Kaiserchronik', in: ²VL, Bd. 5, 1985, Sp. 60f.

Hartmut Beckers, Die mittelfränkischen Rheinlande als literarische Landschaft von 1150 bis 1450, in: ZfdPh 108, 1989, Sonderheft, S. 19-49

Hartmut Beckers, Handschriften mittelalterlicher deutscher Literatur aus der ehemaligen Schlossbibliothek Blankenheim, in: Die Manderscheider. Eine Eifeler Adelsfamilie. Herrschaft, Wirtschaft, Kultur. Katalog zur Ausstellung, Blankenheim, Gildehaus 4. Mai-29. Juli 1990, S. 57-82

Hartmut Beckers, Eine unbekannte ripuarische Bearbeitung von Wilirams Hohelied-Kommentar. Ein Beitrag zur Geschichte der sprachlichen Veränderungen eines mischsprachlichen Textes vom 11. bis zum 15. Jahrhundert, in: Nikolaus Henkel/Nigel F. Palmer (Hgg.), Latein und Volkssprache im deutschen Mittelalter 1100-1500. Regensburger Colloquium 1988, Tübingen 1992, S. 208-222

Hartmut Beckers, Literarische Interessenbildung bei einem rheinischen Grafengeschlecht um 1470/80: Die Blankenheimer Schloßbibliothek, in: Literarische Interessenbildung im Mittelalter. DFG-Symposion1991, hg. v. Joachim Heinzle (Germanistische-Symposien-Berichtsbände 14) Stuttgart/Weimar 1993, S. 5-20

Joseph Bédier, La tradition manuscrite du Lai de L'Ombre, Réflexions sur l'art d'éditer les ancien textes, in: Romania 54, 1928, S. 161-196 und 321-356

Otto Behagel, Geschichte der deutschen Sprache, 3. vollst. umgearb. Aufl. (Grundriß der germanischen Philologie) Straßburg 1911

Thomas Bein, Zum ‚Autor' im mittelalterlichen Literaturbetrieb und im Diskurs der germanistischen Mediävistik, in: Fotis Jannidis/Gerhard Lauer/Matias Martinez/Simone Winko (Hgg.), Rückkehr des Autors. Zur Erneuerung eines umstrittenen Begriffs, Tübingen 1999, S. 303-320

Antal Beke, Index Manuscriptorum Bibliothecae Battyaninae Diocesis Transylvaniensis, Károly-Fehérvár (Alba Iulia) 1871, S. 31, Nr. 314

Eduard Beneš, Thema-Rhema-Gliederung und Textlinguistik, in: Horst Klaus Brinker, Studien zur Texttheorie und zur deutschen Grammatik. Festschrift für Hans Glinz (Sprache der Gegenwart XXX) Düsseldorf 1973, S. 42-62

Eduard Beneš, On two aspects of functional sentence perspective, in: Travaux Linguistique de Prague 3, 1968, S. 267-274

Okko Behrends, Die Eindeutschung der römisch-rechtlichen Fachsprache, in: Sprache – Recht – Geschichte, Rechtshistorisches Kolloquium 5.-9. Juni 1990, hg. v. J. Eckert u. Hans Hattenhauer 1991, S. 3-24

Dieter Berg, Studien zur Geschichte und Historiographie der Franziskaner im flämischen und norddeutschen Raum im beginnenden 13. und beginnenden 14. Jahrhundert, in: FMSt 65, 1983, S. 114-155

August Bernoulli, Die Basler Handschrift der Repgauischen Chronik, in: AnzSchwG 13, 1882, S. 25-30 und 41-52

Christa Bertelsmeier-Kierst/Joachim Heinzle, Paläographische Tücken! Noch einmal zur Datierung des ‚Lohengrin', in: ZfdPh 115, 1996, S. 42-54

Werner Besch, Editionsprinzipien in interdisziplinärer Abstimmung. Annäherung bei der Herausgabe deutscher Texte der frühen Neuzeit, in: Geschichtliche Landeskunde der Rheinlande. Regionale Befunde und raumübergreifende Perspektiven. Georg Dröge zum Gedenken, hg. v. Marlene Nikolay-Panter/Wilhelm Janssen/Wolfgang Herborn, Köln/Weimar/Wien 1994, S. 467-489

Werner Besch/Klaus-Peter Wegera, Frühneuhochdeutsch. Zum Stand der sprachwissenschaftlichen Forschung (Zeitschrift für deutsche Philologie 106, Sonderheft) Berlin 1987

Werner Betz, Karl der Große und die lingua theodisca (1965), Wiederabdruck in: Hans Eggers (Hg.), Der Volksname Deutsch (Wege der Forschung 156) Darmstadt 1970, S. 392-404

Wolfgang Bibel, Wissensrepräsentation und Inferenz. Eine grundlegende Einführung, Braunschweig/Wiesbaden 1993

Bernhard Bischoff, Mittelalterliche Studien. Ausgewählte Aufsätze zur Schriftkunde und Literaturgeschichte Bd. 3, Stuttgart 1981

Bernhard Bischoff, Paläographie des römischen Altertums und des abendländischen Mittelalters (Grundlagen der Germanistik 24) 3. Aufl. Berlin 2004

Bernhard Bischoff, Das griechische Element in der abendländischen Bildung des Mittelalters, in: Byzant. Zs. 44, 1951, S. 27ff.

Karl Bischoff, Sprache und Geschichte an der mittleren Elbe und der unteren Saale, (Mitteldeutsche Forschungen 52) Köln/Graz 1967

R. Howard Bloch, New Philology and Old French, in: Speculum 65, 1990, S. 38-58

Ute von Bloh, Die illustrierten Historienbibeln. Text und Bild in Prolog und Schöpfungsgeschichte der deutschsprachigen Historienbibeln des Spätmittelalters (Vestigia Bibliae 13/14 [1991/1992]) Bern/Berlin u.a. 1993

Ulrike Bodemann, Latein und Volkssprache im Bereich von Schule und Trivialunterricht. Zur Arbeit an spätmittelalterlichen Schulgrammatiken, in: Nikolaus Henkel/Nigel F. Palmer (Hgg.), Latein und Volkssprache im deutschen Mittelalter 1100-1500. Regensburger Colloquium 1988, Tübingen 1992, S. 351-359

Gertrud Bodmann, Jahreszahlen und Weltalter. Zeit- und Raumvorstellungen im Mittelalter, Frankfurt a.M./New York 1992

Guiseppe Bonfante, Latini et Germani in Italia, Brescia 1965

Guiseppe Bonfante, Sprachgeographische Streifzüge durch Italien (Sbb. d. Bayer. Akad. d. Wiss., Phil.-hist. Kl., H. 3) München 1947

Hartmut Boockmann, Die Geschichtsschreibung des Deutschen Ordens. Gattungsfragen und Gebrauchsituationen, in: Hans Patze (Hg.), Geschichtsschreibung und Geschichtsbewußtsein im späten Mittelalter (VF Bd. 31) Sigmaringen 1987, S. 447-469

Helmut de Boor, Der Wandel des mittelalterlichen Geschichtsdenkens im Spiegel der deutschen Dichtung, in: ZfdPh 83, 1964, S. 6-22

Helmut de Boor, Die deutsche Literatur von Karl dem Großen bis zum Beginn der höfischen Dichtung, München 1949, 9. Aufl. bearb. v. Herbert Kolb, München 1979

Arno Borst, Die karolingische Kalenderreform, Hanover 1998 (= MGH, Schriften 46)

Arno Borst, Der Turmbau von Babel. Geschichte der Meinungen über Ursprung und Vielfalt der Sprachen und Völker, 4 Bde., Stuttgart 1957ff.

Walther Borvitz, Die Übersetzungstechnik Heinrich Steinhöwels. Dargestellt aufgrund seiner Verdeutschung des „Speculum vitae humanae" von Rodericus Zamorendes. Eine stilistische Untersuchung, Halle 1914

Egon Boshof, Die Entstehung des Herzogtums Braunschweig-Lüneburg, in: Heinrich der Löwe, hg. v. Wolf-Dieter Mohrmann (Veröffentlichungen der Niedersächsischen Archivverwaltung 39) Göttingen 1980, S. 249-274

Helmut Brackert, Rudolf von Ems. Dichtung und Geschichte (Germanische Bibliothek, Dritte Reihe Untersuchungen und Einzeldarstellungen) Heidelberg 1968

Helmut Brackert, Beiträge zur Handschriftenkritik des Nibelungenliedes (Quellen und Forschungen, N.F. 11) Berlin 1963

Helmut Brall/Barbara Haupt/Urban Küsters (Hgg.), Personenbeziehungen in der mittelaltelichen Literatur (Studia humaniora 25) Düsseldorf 1994

Carl Georg Brandis, Zur Entstehung der Jenaer Liederhandschrift, in: Zeitschrift für Bücherfreunde, N.F. 21, 1929, S. 108-111

Tilo Brandis, Mittelhochdeutsche, mittelniederdeutsche und mittelniederländische Minnereden. Verzeichnis der Handschriften und Drucke (MTU 25) München 1968

Maximilian Braun, Zur Frage des Heldenliedes bei den Serbokroaten, in: PBB 59, 1935, S. 261-288

Ernst Bremer, Spätmittelalterliche Reiseliteratur – ein Genre? Überlieferungssymbiosen und Gattungstypologie, in: Reisen und Reiseliteratur im Mittelalter und in der frühen Neuzeit. Vorträge eines interdisziplinären Symposions vom 3.-8. Juni 1991 an der Justus-Liebig-Universität Gießen, hg. v. Xenia v. Ertzdorff u. Dieter Neukirch, unter redaktioneller Mitarbeit v. Rudolf Schulz, Amsterdam 1992, S. 397-487

Bettina Brendel/Stephan Moser/Norbert Richard Wolf, Sprachliche Strukturen als Wissensträger, in: Horst Brunner/Norbert Richard Wolf (Hgg.), Wissensliteratur im Mittelalter und in der frühen Neuzeit. Bedingungen, Typen, Publikum, Sprache, Wiesbaden 1993, s. 347-369

Stefan Brenske, Der Hl.-Kreuz-Zyklus in der ehemaligen Braunschweiger Stiftskirche St. Blasius (Dom) (Braunschweiger Werkstücke. Reihe A 25) Braunschweig 1988

Harry Bresslau, Bamberger Studien II. Die Chroniken des Frutolf von Bamberg und des Ekkehard von Aura, in: NA 21, 1896, S. 187-234

Francis B. Brévart, Zur Überlieferungsgeschichte der ‚Deutschen Sphaera' Konrads von Megenberg, in: PBB 102, Tüb. 1980, S. 189-214

Anna-Dorothee von den Brincken, Studien zur lateinischen Weltchronistik bis in das Zeitalter Ottos von Freising, Düsseldorf 1957

Anna-Dorothee von den Brincken, Weltären, in: Archiv für Kulturgeschichte 39, 1957, S. 133-149

Anna-Dorothee von den Brincken, Die lateinische Weltchronistik, in: Mensch und Weltgeschichte. Zur Geschichte der Universalgeschichtsschreibung, hg. v. Alexander Randa, 1969, S. 43-86

Anna-Dorothee von den Brincken, Zu Herkunft und Gestalt der Martins-Chroniken, in: Deutsches Archiv für die Erforschung des Mittelalters 37, 1981, S. 694-735

Anna-Dorothee von den Brincken, Artikel ‚Martin von Troppau', in: Die deutsche Literatur des Mittelalters, Verfasserlexikon, 2., völlig neu bearbeitete Aufl., hg. v. Kurt Ruh et al., Bd. 6, 1985, Sp. 158-166

Anna-Dorothee von den Brincken, Studien zur Überlieferung der Chronik des Martin von Troppau (2 Teile), in: DA 41, 1985, S. 460-531 und 45, 1989, S. 551-591

Anna-Dorothee von den Brincken, Anniversaristische und chronikalische Geschichtsschreibung in den ‚Flores temporum' (um 1292), in: Hans Patze (Hg.), Geschichtsschreibung und Geschichtsbewußtsein im späten Mittelalter (VF 31) Sigmaringen 1987, S. 195-214

Anna-Dorothee von den Brincken, Die Rezeption mittelalterlicher Historiographie durch den Inkunabeldruck, in: Hans Patze (Hg.), Geschichtsschreibung und Geschichtsbewußtsein im späten Mittelalter (VF 31) Sigmaringen 1987, S. 215-236

Anna-Dorothee von den Brincken, Martin von Troppau, in: Hans Patze (Hg.), Geschichtsschreibung und Geschichtsbewußtsein im späten Mittelalter (VF Bd. 31) Sigmaringen 1987, S. 155-193

Anna-Dorothee von den Brincken, Fines Terrae, Hannover 1992

Klaus Brinker, Linguistische Textanalyse. Eine Einführung in Grundbegriffe und Methoden (Grundlagen der Germanistik 29) 1985, 5. durchges. u. ergänzte Aufl. Berlin 2001

Klaus Brinker, Textfunktionen. Ansätze zu ihrer Beschreibung, in: Zeitschrift für germanistische Linguistik, 11, 1983, S. 127-148

Klaus Brinker, Zum Textbegriff in der heutigen Linguistik, in: Horst Sitta/Klaus Brinker (Hgg.), Studien zur Texttheorie und zur deutschen Grammatik. Festgabe für Hans Glinz zum 60. Geburtstag, Düsseldorf 1973 (Sprache der Gegenwart XXX), S. 9-41

Henning Brinkmann, Der Prolog im Mittelalter als literarische Erschienung. Bau und Aussage, in: Wirkendes Wort 14, 1964, S. 1-21

Henning Brinkmann, Mittelalterliche Hermeneutik, Darmstadt 1980

Nicholas Brooks (Hg.), Latin and the Vernacular Languages in Early Medieval Britain, Leicester 1982

Franz Brunhölzl, Geschichte der lateinischen Literatur des Mittelalters, Bd. 1, Von Cassiodor bis zum Ausklang der karolingischen Erneuerung, München

1975; Bd. 2, Die Zwischenzeit vom Ausgang des karolingischen Zeitalters bis zur Mitte des elften Jahrhunderts, München 1992

Horst Brunner, Literarische Formen der Vermittlung historischen Wissens an nicht-lateinkundiges Publikum, in: Hans Patze (Hg.), Geschichtsschreibung und Geschichtsbewußtsein im späten Mittelalter (VF 31) Sigmaringen 1987, S. 175-186

Horst Brunner (Hg.), Die deutsche Trojaliteratur des Mittelalters und der Frühen Neuzeit. Materialien und Untersuchungen, Wiesbaden 1990

Horst Brunner (Hg.), Überlieferung, Forschungsbericht, Untersuchungen, Text. Studien zu Heinrich von München, Bd. 1, (Wissensliteratur im Mittelalter Bd. 29) Wiesbaden 1998

Horst Brunner/Norbert Richard Wolf (Hgg.), Wissensliteratur im Mittelalter und in der frühen Neuzeit. Bedingungen, Typen, Publikum, Sprache, Wiesbaden 1993

Ingeborg Buchholz-Johanek, Artikel ‚Buch, Johann v.' in: LMA, Bd. 2, München/Zürich 1982, Sp. 811

Ingeborg Buchholz-Johanek, Artikel ‚Johannes von Buch', in: ²VL 4, 1983, Sp. 551-559

Joachim Bumke, Untersuchungen zur Überlieferungsgeschichte der höfischen Epik im 13. Jahrhundert. Die Herbort-Fragmente aus Skokloster. Mit einem Exkurs zur Textkritik der höfischen Romane, in: ZfdA 120, 1991, S. 257-304

Joachim Bumke, Der unfeste Text. Überlegungen zur Überlieferungsgeschichte und Textkritik der höfischen Epik im 13. Jahrhundert, in: Jan-Dirk Müller (Hg.), ‚Aufführung' und ‚Schrift' in Mittelalter und früher Neuzeit, (Germanistische-Symposien-Berichtsbände 17) Stuttgart/Weimar 1996, S. 118-139

Joachim Bumke, Die vier Fassungen der ‚Nibelungenklage'. Untersuchungen zur Überlieferungsgeschichte und Textkritik der höfischen Epik im 13. Jahrhundert (Quellen und Forschungen zur Literatur- und Kulturgesch. 8, 242) Berlin/New York 1996

Joachim Bumke, Höfische Kultur. Literatur und Gesellschaft im hohen Mittelalter, 2 Bde., München 1986

Rüdiger Bumrich/Philipp Kaser (Hgg.), Heinrich Seuses Philosphia spiritualis. Quellen, Konzept, Formen und Rezeption, Tagung Eichstätt 2.-4.10.1991, Wiesbaden 1994

Winfrid Bungenstock, Artikel ‚Heergeräte (Heergewäte)', in: HRG 2, 1978, Sp. 29f.

Winfrid Bungenstock, Heergewäte und Gerade. Zur Geschichte des bäuerlichen Erbrechtes in Nordwestdeutschland, Diss. Jur. Göttingen 1966

Konrad Burdach, Zur Inventarisierung älterer deutscher Handschriften, in: ZfB 21, 1904, S. 183-187

Konrad Burdach, Zur Kenntnis altdeutscher Handschriften und zur Geschichte altdeutscher Literatur und Kunst, in: ZfB 8, 1891, S. 1-21

Konrad Burdach, Die pfälzischen Wittelsbacher und die altdeutschen Handschriften der Palatina, in: ZfB 5, 1888, S. 111-133

Harald Burger, Idiomatik des Deutschen, 1973, S. 100-104

Peter Burke, Küchenlatein. Sprache und Umgangssprache in der frühen Neuzeit (Kleine kulturwissenschaftliche Bibliothek 14) Berlin 1989

Danielle Buschinger, Le poème de la guerre de Troie consigné dans le manuscrit E. VI.26 de la bibliothèque de Bâle, in: La réprésentation de l'antiquité au Moyen Age, hg. v. Danielle Buschinger u. André Crepin, (Wiener Arbeiten zur germanischen Altertumskunde und Philologie 29) Wien 1982, S. 121-139

Danielle Buschinger (Hg.), Chroniques Nationales et chroniques Universelles. Actes du Colloque d'Amiens 16-17 janvier 1988, (GAG 508) Göppingen 1990

Betty Bushey, Neues Gesamtverzeichnis der Handschriften der ‚Arabel' Ulrichs von dem Türlin, in: Wolfram-Studien 7, 1982, S. 228-286

Wilhelm G. Busse, Jacob Grimms Konstruktion des Mittelalters, in: Peter Segl (Hg.), Mittelalter und Moderne. Entdeckung und Rekonstruktion der mittelalterlichen Welt. Kongreßakten des 6. Symposiums des Mediävistenverbandes in Bayreuth 1995, Sigmaringen 1997, S. 243-251

Hans Bütow, Zur Lebensgeschichte des Augustinermönchs Johannes Klenkok, Bekämpfer des Sachsenspiegels, in: HV 29, 1935, S. 541-575

Luitgard Camerer, Die Bibliothek des Franziskanerklosters in Braunschweig-Lüneburg (Braunschweiger Werkstücke, Reihe A) Braunschweig 1982

Christiane Caemmerer (Hg.), Das Berliner Modell der mittleren deutschen Literatur: Beiträge zur Tagung Kloster Zinna 29.9.-01.10.1997 (Chloe Bd. 33) Amsterdam 2000

Gualterio Calboli (Hg.), Latin vulgaire – latin tardif. Actes du IIième Colloque international (1988) Tübingen 1990

G. Cary, The Medieval Alexander, Cambridge 1956

Mary J. Carruthers, The Book of Memory. A Study of Memory in Medieval Culture (Cambridge Studies in Medieval Literature 10) Cambridge 1992

Bernard Cerquiglini, Eloge de la variante. Histoire critique de la philologie, Paris 1989

Karin Cieslik, Tradition und Innovation im Werk Rudolfs von Ems, Diss. phil. (Masch.) Greifswald 1983

Carl Cholevius, Geschichte der deutschen Poesie nach ihren antiken Elementen, Bd. 1 u. 2, Leipzig 1854

M.T. Clanchy, From Memory to Written Record. England 1066-1307. 2. Aufl., Oxford 1993

M.T. Clanchy, Remembering the past and the good old law, in: History 55, 1970, S. 165-176

Peter Classen (Hg.), Recht und Schrift im Mittelalter (VF 23) Sigmaringen 1977

Janet Coleman, Ancient and Medieval Memories. Studies in the Reconstruction of the Past, Cambridge 1992

Rita Copeland, Rhetoric, Hermeneutics, and Translation in the Middle Ages. Academic Traditions and Vernacular Texts (Cambridge Studies in Medieval Literature) Cambridge 1991

Gerhard Cordes, Rezension zu Herkommer, Sächsische Weltchronik, in: Niederdeutsches Jahrbuch 96, 1973, S. 181-190

Eugenio Coseriu, Determinación y entorno. Dos problemas de una lingüística del hablar, in: Romanistisches Jahrbuch VII (1955/56), S. 29-54

Eugenio Coseriu, Sprachtheorie und allgemeine Sprachwissenschaft. Teoría del y lingüística general, 5 Studien (Internationale Bibliothek für allgemeine Linguistik 2) München 1975

Eugenio Coseriu, Die sprachlichen und die anderen Universalien, in: Brigitte Schlieben-Lange (Hg.), Sprachtheorie, Hamburg 1975, S. 127-161

Thomas Cramer, Die kleineren Liederdichter des 14. und 15. Jahrhunderts, Bd. 2, München 1979

William Crossgrove, Die deutsche Sachliteratur des Mittelalters, (Germanistische Lehrbuchsammlung 63: Abt. 2 Reihe B) Bern/Berlin/Frankfurt a.M./ Paris/Wien 1994

Michael Curschmann, Hören – Lesen – Sehen. Buch und Schriftlichkeit im Selbstverständnis der volkssprachigen literarischen Kulturen Deutschlands um 1200, in: PBB 106, 1984, S. 218-257

Ernst Robert Curtius, Europäische Literatur und lateinisches Mittelalter, Bern 1948, 11. Aufl. Tübingen/Basel 1993

Ernst Robert Curtius, Nennung des Autornamens im Mittelalter, in: ders., Europäische Literatur und lateinisches Mittelalter, S. 503-505

David Dalby, Two middle franconian hunting allegories, in: Medieval german Studies presented to Frederick Norman, London 1965, S. 255-261

František Daneš, Zur linguistischen Analyse der Textstruktur, in: Folia Linguistica 4, 1970, S. 72-78

František Daneš, One instance of Prague school methodology: functional analysis of utterance and text, in: P. Garvin (Hg.), Method and theory in linguistics, Den Haag 1970, S. 132-146

František Daneš/ Dieter Viehweger (Hgg.), Ebenen der Textstruktur, Akademie der Wiss. der DDR, Zentralinstitut für Sprache (Linguistische Studien, Reihe A, Arbeitsberichte 112) Berlin 1983

František Daneš/Dieter Viehweger, (Hgg.), Probleme der Textgrammatik (Studia grammatica XI) Berlin 1976

Friedhelm Debus, Luther als Sprachschöpfer. Die Bibelübersetzung in ihrer Bedeutung für die Formung der deutschen Schriftsprache, in: Jürgen Becker (Hg.), Luthers bleibende Bedeutung, Husum 1983, S. 22-52

Friedhelm Debus, Deutsche Dialektgebiete in älterer Zeit: Probleme und Ergebnisse ihrer Rekonstruktion, in: Werner Besch/Ulrich Knoop/Wolfgang Putschke/Herbert Ernst Wiegand (Hgg.), Dialektologie. Ein Handbuch zur deutschen und allgemeinen Dialektforschung, 2. Halbbd. (Handbücher zur Sprach- und Kommunikationswissenschaft 1.2) Berlin/New York 1983, S. 930-960

Ernst Deecke, Beiträge zur Lübecker Geschichtskunde, 1. H. Lübeck 1835

Deutsche Literatur in Schlaglichtern, hg. v. Bernd Balzer und Volker Mertens in Zusammenarbeit mit weiteren Mitarbeitern und Meyers Lexikonredaktion, Mannheim/Wien/Zürich 1990

Deutsche Literatur des Spätmittelalters. Ergebnisse, Probleme, Perspektiven der Forschung, hg. v. d. Ernst-Moritz-Arndt-Universität Greifswald (Deutsche Literatur des Mittelalters 3) Greifswald 1986

Bernd Dewe, Soziale Deutungsmuster, in: H. Kerber/A. Schmieder (Hgg.), Handbuch zur Soziologie, 2. Aufl. Reinbek 1996

Harald Dickerhoff, Bildungs- und schulgeschichtliche Studien zu Spätmittelalter, Reformation und konfessionellem Zeitalter, Wiesbaden 1994

Gabriele Maria Diewald, Deixis und Textsorten im Deutschen (RGL 118) Tübingen 1991

Matthias Dimter, Textklassenkonzepte heutiger Alltagssprache, Kommunikationssituation, Textfunktion und Textinhalt als Kategorien alltagssprachlicher Textklassifikation (Germanistische Linguistik 32) Tübingen 1981

Peter Dinzelbacher, Volkskultur und Hochkultur im Spätmittelalter, in: Volkskultur des europäischen Spätmittelalters, hg. v. Peter Dinzelbacher u. Hans-Dieter Mück (Böblinger Forum 1) Stuttgart 1987, S. 1-14

Peter Dinzelbacher, Christliche Mystik im Abendland. Ihre Geschichte von den Anfängen bis zum Ende des Mittelalters, Paderborn 1993

Peter Dinzelbacher, Mittelalterliche Frauenmystik, Paderborn 1993

A.N. Doane/Carol Braun Pasternack (Hgg.) Vox intexta. Orality and Textuality in the Middle Ages, Wisconsin 1991

Fridolin Dressler, Die Exlibris der Bayerischen Hof- und Staatsbibliothek, Wiesbaden 1972

Wolfgang Ulrich Dressler, Einführung in die Textlinguistik, Tübingen 1972, 2. durchges. Aufl. 1973

Wolfgang Ulrich Dressler (Hg.), Texlinguistik (Wege der Forschung 427) Darmstadt 1978

Richard Drögereit, Die ‚Sächsische Stammessage'. Überlieferung, Benutzung und Entstehung, in: ders., Sachsen, Angelsachsen, Niedersachsen. Ausgewählte Aufsätze, hg. v. Carl Röper u. Herbert Huster, Bd. I, Hamburg/Otterndorf 1978, S. 321-372

Rudolf Drux, Artikel ‚Lateinisch/Deutsch', in: Werner Besch/Oskar Reichmann/ Stefan Sonderegger (Hgg.), Sprachgeschichte. Ein Handbuch zur Geschichte der deutschen Sprache und ihrer Erforschung, 1. Halbbd. (Handbücher zur Sprach- und Kommunikationswissenschaft 2.1) Berlin/New York 1984, S. 854-861

Jean Baptiste Dubos, Historique critique de l'établissement de la Monarchie Françoise dans les Gaules, 3 Bde., Amsterdam 1734, nouvelle édition 2 Bde., Paris 1742

Raymond Graeme Dunphy, The presentation of old testament material in Jans Enikel's Weltchronik: daz was ein michel wunder (GAG 650) Göppingen 1998

Klaus Düwel, Werkbezeichnungen der mittelhochdeutschen Erzählliteratur (1050-1250) (Palaestra. Untersuchungen aus der deutschen und englischen Philologie und Literaturgeschichte 277) Göttingen 1983

Umberto Eco, Apokalyptiker und Integrierte. Zur krischen Kritik der Massenkultur, Frankfurt a.M. 1984.

Friedrich Eckel, Der Fremdwortschatz Thomas Murners. Ein Beitrag zur Wortgeschichte des frühen 16. Jahrhunderts, Göppingen 1978

Karl August Eckhardt, Die Entstehungszeit des Sachsenspiegels und der Sächsischen Weltchronik. Rechtsbücherstudien II, Abh. der Gesellschaft der Wissenschaften zu Göttingen. Phil.-hist. Klasse X,2, Göttingen 1931

Karl August Eckhardt, Miszelle zur Sächsischen Weltchronik, in: ZRG.GA 53, 1933, S. 311-316

Hans Eggers (Hg.), Der Volksname Deutsch (Wege der Forschung 156) Darmstadt 1970

Hans Eggers, Artikel ‚Fünfzehn Vorzeichen des Jüngsten Gerichts', in: ²VL 2, 1980, Sp. 1013-1020

Hans Eggers, Von den fünfzehen zaichen vor dem ivngsten tag, in: PBB 74, 1952, S. 355-409

Hans Eggers, Deutsche Sprachgeschichte, B. I, Das Alhochdeutsche und Mittelhochdeutsche, Bd. II, Das Frühneuhochdeutsche und das Neuhochdeutsche, Reinbek b. Hamburg 1993-1996

Joachim Ehlers, Historiographische Literatur, in: Henning Krauss (Hg.), Europäisches Hochmittelalter (Neues Handbuch der Literaturwissenschaft 7) Wiesbaden 1981, S. 425-460

Joachim Ehlers, Der Hof Heinrichs des Löwen, in: Bernd Schneidmüller (Hg.), Die Welfen und ihr Braunschweiger Hof im hohen Mittelalter. Vorträge gehalten anläßlich des 33. Wolfenbütteler Symposions vom 16. bis 19. Februar 1993 (Wolfenbütteler Mittelalter Studien 7), Wiesbaden 1995, S. 43-59

Otfried Ehrismann, Volk. Mediävistische Studien zur Semantik und Pragmatik von Kollektiven (GAG 575) Göppingen 1993

Trude Ehlert, Deutschsprachige Alexanderdichtung im Mittelalter, Frankfurt a.M./Bern/New York/Paris 1989

Otfried-Reinald Ehrismann, Volk. Eine Wortgeschichte vom Ende des 8. Jahrhunderts bis zum Barock, Gießen 1970

Gerhard Eis, Forschungen zur Fachprosa. Ausgewählte Beiträge, Bern/München 1971

Kaspar Elm, Vitasfratrum. Beiträge zur Geschichte der Eremiten- und Medikantenorden des zwölften und dreizehnten Jahrhunderts. Festgabe zum 65. Geburtstag, hg. von Dieter Berg unter Mitwirkung des Friedrich-Meinecke-Instituts der Freien Universität Berlin (Saxonia Franciscana 5) Werl 1994

Ernst Engelbert, Zu methodologischen Problemen der Periodisierung, in: ders. (Hg.), Probleme der Geschichtsmethodologie, Berlin 1972, S. 121-154

Ernst Englisch, Deutsche Predigten als Vermittler zwischen Gelehrtenkultur und Volkskultur, in: Volkskultur des europäischen Mittelalters, hg. v. Peter Dinzelbacher u. Hans-Dieter Mück (Böblinger Forum 1) Stuttgart 1987, S. 147-158

Wilhelm Erben, Mühldorfer Ritterweihen der Jahre 1319 und 1322, Graz/Wien/Leipzig 1932

Wilhelm Erben, Die Berichte der erzählenden Quellen über die Schlacht bei Mühldorf, in: AÖG 105, 1917, S. 229-515

Hartmut Erbse, Überlieferungsgeschichte der griechischen klassischen und hellenistischen Literatur, in: Geschichte der Textüberlieferung der antiken und mittelalterlichen Literatur, Bd. I. Antikes und mittelalterliches Buch- und Schriftwesen. Überlieferungsgeschichte der antiken Literatur, Zürich 1961, S. 207-283

Adalbert Erler, Thomas Murner als Jurist, (Frankfurter wissenschaftliche Beiträge. Rechts- und wirtschaftswissenschaftliche Reihe 13) Frankfurt a.M. 1956

Hans-Werner Eroms, Funktionale Satzperspektive (Germanistische Arbeitshefte 31) Tübingen 1986

Xenia von Ertzdorff, Rudolf von Ems. Untersuchungen zum höfischen Roman im 13. Jahrhundert, München 1967

Karl-Georg Faber, Artikel ‚Hermeneutik, Verstehen', in: Handbuch der Geschichtsdidaktik, Bd. 1, hg. v. Klaus Bergmann, Annette Kuhn, Jörn Rüsen, Gerhard Schneider u.a., Düsseldorf 1979, S. 108-111

Werner Fechter, Das Publikum der mhd. Dichtung (Deutsche Forschungen 28) Frankfurt a.M. 1935

Joerg O. Fichte u.a. (Hgg.), Zusammenhänge, Einflüsse, Wirkungen. Kongreßakten zum ersten Symposion des Mediävistenverbandes in Tübingen 1984, Berlin/New York 1986

Heinrich Fichtenau, Vom Verständnis der römischen Geschichte bei deutschen Chronisten des Mittelalters, in: Peter Classen/Peter Scheibert (Hgg.), Festschrift für Percy Ernst Schramm zuseinem 70. Geburtstag, Wiesbaden 1964, Bd. I, S. 401-419

Annegret Fiebig/Hans-Jochen Schiewer (Hgg.), Deutsche Literatur und Sprache von 1050-1200. Festschrift für Ursula Hennig zum 65. Geburtstag, Berlin 1995

Udo L. Figge, Die kognitive Wende in der Textlinguistik, in: Klaus Brincker/Gerd Antos/Wolfgang Heinemann (Hgg.) Text- und Gesprächslinguistik. Ein internationales Handbuch zeitgenössischer Forschung, Bd. 1, Berlin 2000, S. 96-104

Jan Firbas, On defining the theme in functional sentence analysis, in: Travaux Linguistiques de Prague 1, 1964, S. 267-280

Jan Firbas, A note on transition proper in functional sentence analysis, in: Philologica Pragensia 8, 1965, S. 170-176

Hanns Fischer, Deutsche Literatur und lateinisches Mittelalter, in: Werk – Typ – Situation. Studien zu poetologischen Bedingungen in der älteren deutschen Literatur, hg. v. Ingeborg Glier u.a., Stuttgart 1969, S. 1-19

Heidi Fischer/Luise Karl, Die Lagenzusammensetzung des Ms. Memb. I 90, in: Hubert Herkommer (Hg.), Das Buch der Welt. Die Sächsische Weltchronik Ms. Memb. I 90 Forschung Gotha, Kommentarband, Luzern 2000, S. 3-4

Walter Fischli, Studien zum Fortleben der Pharsalia des M. Annaeus Lucanus, Luzern 1945, S. 18-44

Suzanne Fleischmann, Philology, Linguistics, and the Discourse of the Medieval Text, in: Speculum 65, 1990, S. 19-37

Gabriele Fleskes, Untersuchungen zur Textsortengeschichte im 19. Jahrhundert. Am Beispiel der ersten deutschen Eisenbahnen. (Reihe Germanistische Linguistik 176) Tübingen 1996

Michel Focault, Was ist ein Autor? in: Fotis Jannidis u.a. (Hgg.) Texte zur Theorie der Autorschaft, Stuttgart (1969) 2000, S. 198-229

Petra Fochler, Fiktion als Historie. Der Trojanische Krieg in der deutschen Literatur des 16. Jahrhunderts, Wiesbaden 1990

Gianfranco F. Folena, „Valgarizzare" e „tradurre". Idea e terminologia della traduzione dal medioevo italiano e romanzo all' umanesimo europeo, in: La traduzione. Saggi e studi. Atti del convegno organizzato dal Centro per lo studio dell' insegnamento all' estero dell' italiano, Università degli studi di Trieste, Triest 1973, S. 59-120

John Miles Foley, The singer of tales in performance, Bloomington 1995

John Miles Foley, Oral-formulaic theory: a folklore casebook, New York 1990

John Miles Foley (Hg.), Oral tradition in literature: interpretation in context, Columbia 1986

John Miles Foley, The theory of Oral Composition. History and Methodology, Bloomington/Indianapolis 1988

John Miles Foley (Hg.), Oral traditional literature: a Festschrift for Albert Bates Lord, Columbus, Ohio 1981

R. Förster, Kaiser Julian in der Dichtung alter und neuer Zeit, in: Studien zur vergleichenden Literaturgeschichte 5, 1905, S. 1-120

Robert Fossier, Enfance de l'Europe, Paris 1982

Wilhelm Franke, Texttypen – Textsorten – Textexemplare: ein Ansatz zu ihrer Klassifizierung und Beschreibung, in: Zeitschrift für germanistische Linguistik 15, 1987, S. 263-281

Wiebke Freytag, Otfrieds Briefvorrede ‚Ad Liutbertum' und die Accessis ad Auctores, in: ZfdA 1982, S. 168-193

Eckhard Freise, Die Welfen und der Sachsenspiegel, in: Bernd Schneidmüller (Hg.), Die Welfen und ihr Braunschweiger Hof im hohen Mittelalter. Vorträge gehalten anläßlich des 33. Wolfenbütteler Symposions vom 16. bis 19. Februar 1993 (Wolfenbütteler Mittelalter Studien 7) Wiesbaden 1995, S. 439-482

Johannes Fried, Königsgedanken Heinrichs des Löwen, in: AK 55, 1973, S. 312-351

Johannes Fried (Hg.), Schulen und Studium im sozialen Wandel des hohen und späten Mittelalters (VF 30) Sigmaringen 1986

Wolf Hartmut Friedrich/Walther Killy, Artikel ‚Textkritik', in: dies., Das Fischer Lexikon. Literatur 2/1 u. 2, Frankfurt 1965, S. 549-563

Theodor Frings, Germania Romania I, 2. Aufl. besorgt v. G. Müller (Mitteldeutsche Studien, Bd. 19,1) Halle 1966

Theodor Frings, Europäische Heldendichtung, in: Neophilologus 24 1939, S. 1-29

Hans Fromm, Die Disputation in der Faustinianlegende der ‚Kaiserchronik'. Zum literarischen Dialog im 12. Jahrhundert, in: Annegret Fiebig/Hans-Jochen Schiewer (Hgg.), Deutsche Literatur und Sprache von 1050-1200. Festschrift für Ursula Hennig zum 65. Geburtstag, Berlin 1995, S. 51-69

Hans Fromm/Wolfgang Harms/Uwe Ruberg (Hgg.), Verbum et Signum. Beiträge zur mediävistischen Bedeutungsforschung. Studien zu Semantik und Sinntradition im Mittelalter, 2 Bde. München 1975

Frühneuhochdeutsches Lesebuch, hg. v. Oskar Reichmann u. Klaus-Peter Wegera, Tübingen 1988

Manfred Fuhrmann, Vom Übersetzen aus dem Lateinischen (Sdr. der Stiftung ‚Humanismus heute' des Landes Baden-Württemberg) Stuttgart 1986

Manfred Fuhrmann, Die gute Übersetzung. Was zeichnet sie aus, und gehört sie zum Pensum des altsprachlichen Unterrichts?, in: tijdschrift voor nederlandse classici, 25e jaargang nr. 2, mei 1992, S. 97-116

Manfred Fuhrmann, Übersetzungen antiker Autoren, in: Die Antike in der europäischen Gegenwart (Veröffentlichungen Joachim Jungius-Gesellschaft Wiss. Hamburg 72) 1993, S. 19-30

Amos Funkenstein, Heilsplan und natürliche Entwicklung. Formen der Gegenwartsbestimmung im Geschichtsdenken des hohen Mittelalters (Sammlung Dialog 5) München 1965

Kurt Gärtner, Die Kaiserchronik und ihre Bearbeitungen. Editionsdesiderate der Versepik des 13. Jahrhunderts, in: bickelwort und wildiu maere. Festschrift für Eberhard Nellmann, hg. v. Dorothee Lindemann, Berndt Vollmann u. Klaus-Peter Wegera, Göppingen 1995, S. 366-379

Kurt Gärtner, Der Landgraf Heirich von Thüringen in den Gönnerzeugnissen der ‚Christherre-Chronik', in: Ingrid Kühn/Gotthard Lerchner (Hgg.), Von wyßheit würt der mensch geert ... Festschrift für Manfred Lemmer zum 65. Geburtstag, Frankfurt a.M. u.a. 1993, S. 65-86, mit Edition der Gönnerzeugnisse, S. 70-78

Kurt Gärtner, Editionsprobleme bei mittelhochdeutschen Weltchroniken. Zu einer Ausgabe der Christherre-Chronik, in: Textkonstitution bei mündlicher und bei schriftlicher Überlieferung. Basler Editoren-Kolloquium 19.-22. März 1990, autor- und werkbezogene Referate, hg. v. M. Stern unter Mitarbeit v. B. Grob, W. Groddeck u. H. Puff, Tübingen 1991, S. 7-14

Kurt Gärtner, Zu den Handschriften mit dem deutschen Kommentarteil des Hoheliedkommentars Williams von Ebersberg, in: Deutsche Handschriften 11-1400, Oxforder Kolloquium 1985, hg. v. Volker Honemann u. Nigel F. Palmer, Tübingen 1988, S. 1-34

Kurt Gärtner, Überlieferungstypen mittelhochdeutscher Weltchroniken, in: Geschichtsbewußtsein in der deutschen Literatur des Mittelalters. Tübinger Colloquium 1983, hg. v. Christoph Gerhardt, Nigel F. Palmer u. Burghart Wachinger, Tübingen 1985, S. 110-118

Kurt Gärtner, Die Überlieferungsgeschichte von Bruder Philipps Marienleben, Masch. Habil, Marburg 1978

Kurt Gärtner/Ralf Plate/Monika Schwabbauer, Zur Ausgabe der ‚Christherre-Chronik' nach der Göttinger Handschrift SuUB, Cod. 20 Philol. 188/10 (olim Gotha, Membr. I 88), in: Anton Schwob unter Mitarbeit v. Rolf Bergmann, Kurt Gärtner/Volker Mertens/Ulrich Müller (Hgg.), Editionsberichte zur mittelalterlichen deutschen Literatur. Beiträge der Bamberger Tagung ‚Methoden und Probleme der Edition mittelalterlicher deutscher Texte', 26.-29. Juli 1991 (Litterae 117) Göppingen 1994, S. 43-56

Kurt Gärtner/Frank Shaw, Zur Edition der Neuen Ee der ‚Weltchronik' Heinrichs von München, in: Horst Brunner (Hg.), Überlieferung, Forschungsbericht, Untersuchungen, Texte. Studien zur ‚Weltchronik' Heinrichs von München, Bd. 1 (Wissensliteratur im Mittelalter 29) Wiesbaden 1998, S. 569-582

Richard Gameson (Hg.), The Eary Medieval Bibel. Its Production, Decoration, and Use (Cambridge Studies in Paleography an Codicology 3) Cambridge 1994

Ernst Gamillscheg, Romania Germanica. Sprach- und Siedlungsgeschichte der Germanen auf dem Boden des alten Römerreiches, Bd. 1: Zu den ältesten Berührungen zwischen Römern und Germanen. Die Franken, 2. vollständig neu bearb. Aufl. Berlin 1970; Bd. 2: Die Ostgoten. Die Langobarden. Die Altgermanischen Bestandteile des Ostromanischen. Altgermanisches im Alpenromanischen, Berlin/Leipzig 1935; Bd. 3: Die Burgunder. Schlußwort, Berlin/Leipzig 1936

Ernst Gamillscheg, Zur Geschichte der lateinischen Lehnwörter im Westgermanischen, in: Festschrift Marchand, hg. v. Brekle u. Lipka, The Hague 1968

Peter Ganz, Heinrich der Löwe und sein Hof in Braunschweig, in: Das Evangeliar Heinrichs des Löwen. Kommentar zum Faksimile, hg. v. Dietrich Kötzsche, Frankfurt a.M. 1989, S. 28-41

Peter Ganz, Friedrich Barbarossa: Hof und Kultur, in: Friedrich Barbarossa. Handlungsspielräume und Wirkungsweisen des staufischen Kaisers, hg. v. Alfred Haverkamp (VF 40) Sigmaringen 1992, S. 435-466

Andreas Gardt, Die Übersetzungstheorie Martin Luthers, in: ZfDPh 111, H. 1, 1992, S. 87-111

Raphaela Gasser, Propter lamentabilem vocem hominis. Zur Theorie der Volkssprache in althochdeutscher Zeit, in: Freiburger Zeitschrift f. Philosophie und Theologie 17, 1970, S. 3-83

Gerard Genette, Die Erzählung, München 1994

Karl-Ernst Geith, Zur Überlieferungsgeschichte und Textgestalt der Sächsischen Weltchronik aus Anlaß von Hubert Herkommers Buch, in: PBB 96 (Tübingen) 1974, S. 103-119

Karl-Ernst Geith, Carolus Magnus. Studien zur Darstellung Karls des Großen in der deutschen Literatur des 12. und 13. Jahrhunderts (Bibliotheca Germanica 19) Bern/München 1977

Karl-Ernst Geith, Artikel ‚Enikel, Jans‘, in: ²VL, Bd. 2, Sp. 565-569

Karl Ernst Geith, Karlsdichtung im Umkreis des welfischen Hofes, in: Bernd Schneidmüller (Hg.), Die Welfen und ihr Braunschweiger Hof im hohen Mittelalter. Vorträge gehalten anläßlich des 33. Wolfenbütteler Symposions vom 16. bis 19. Februar 1993 (Wolfenbütteler Mittelalter-Studien 7) Wiesbaden 1995, S. 337-346

Hermann Gelhaus, Der Streit um Luthers Bibelverdeutschung im 16. und 17. Jahrhundert. Mit einer Identifizierung Friedrich Traubs, 2 Bde. Tübingen 1989

Christian Gellinek, Die deutsche Kaiserchronik. Erzähltechnik und Kritik, Frankfurt a.M. 1971

Innocent Gentillet, Discours contre Machiavel, Florenz 1974

Adolph Gerber, Niccolò Machiavelli. Die Handschriften, Ausgaben und Übersetzungen seiner Werke im 16. und 17. Jahrhundert, Gotha 1912 (Nachdruck, besorgt v. Luigi Firpo, Torino 1962)

Adolph Gerber, Kurze Übersicht über die mir bekannten reichlich 200 Aretino-Ausgaben und Uebersetzungen des 16. und 17. Jahrhunderts, Freudenstadt 1923

Christoph Gerhardt, Artikel ‚Historienbibeln‘, in ²VL 4, 1983, Sp. 67-75

Christoph Gerhardt/Nigel Palmer, Signa ante iudicium. Studien und Texte zur Überlieferungsgeschichte eines eschatologischen Themas, Reprint des Katalogteils, Oxford/Trier 1986

Annette Gerlach, Das Übersetzungswerk Dietrichs von Pleningen, (Germanistische Arbeiten zur Sprache und Kulturgeschichte 25) Frankfurt a.M./Berlin/New York/Paris/Wien 1993

Dieter Geuenich, Die volkssprachliche Überlieferung der Karolingerzeit aus der Sicht des Historikers, in: DA 39, 1983, S. 104-130

Gertrud Gigglberger, Untersuchungen über das Annolied, Diss (masch.) Würzburg 1954

Michael Giesecke, Sinnenwandel, Sprachwandel, Kulturwandel. Studien zur Vorgeschichte der Informationsgesellschaft (Suhrkamp Taschenbuch Wissenschaft 997) Frankfurt a.M. 1992

Gudrun Gleba, Vorwort, in: Das Mittelalter, Perspektiven mediävistischer Forschung. Zeitschrift des Mediävistenverbandes, Bd. 5, H. 2: Instrumentalisierung von Historiographie im Mittelalter, Berlin 2000, S. 3-13

Ewald Gleisberg, Die Historienbibel (Merzdorf I.) und ihr Verhältnis zur rudolfinischen und thüringischen Weltchronik, Diss. Phil. Leipzig/Gera 1885.

Jack Goody (Hg.), Literacy in traditional societies, Cambridge 1968 (deutsch v. Friedhelm Herborth u. Thomas Lindquist, Literalität in traditionalen Gesellschaften, Frankfurt a.M. 1981)

Jack Goody/Ian Watt/Kathleen Gough, Entstehung und Folgen der Schriftkultur, übersetzt v. Friedhelm Herboth (Suhrkamp Taschenbuch Wissenschaft 600) Frankfurt a.M. 1986

Konrad Górski, Zwei grundlegende Bedeutungen des Terminus ‚text', in: Gunter Martens/Hans Zeller (Hgg.), Texte und Varianten. Probleme ihrer Edition und Interpretation, München 1971, S. 337-343

Elvira Glaser, Edition und Dokumentation althochdeutscher Griffelglossen, in: Probleme der Edition althochdeutscher Texte, hg. v. Rolf Bermann, Tübingen 1993, S. 9-17

Elvira Glaser, Glosse incise. Studi sugli inizi della lingua scritta tedesca, in: Annali. Sez. Germanica. Nuova serie II, 1-3, 1992 [1994], S. 119-136

Renate Glaser/Martin Luserke (Hg.), Literaturwissenschaft – Kulturwissenschaft. Positionen, Themen, Perspektiven, (WV studium 171) Opladen 1996

Ingeborg Glier, Artes amandi. Untersuchungen zu Geschichte, Überlieferung und Typologie der deutschen Minnereden (MTU 34) München 1971, S. 262-266

Ingeborg Glier u.a. (Hgg.), Werk – Typ – Situation, Studien zu poetologischen Bedingungen in der älteren deutschen Literatur, Stuttgart 1969

Helmut Gneuss, Lehnbildungen und Lehnbedeutungen im Altenglischen, Berlin 1955

Hans-Werner Goetz, Das Problem der Epochengrenzen und die Epoche des Mittelalters, in: Peter Segl (Hg.), Mittelalter und Moderne. Entdeckung und Rekonstruktion der mittelalterlichen Welt. Kongreßakten des 6. Symposums des Mediävistenverbandes in Bayreuth 1995, Sigmaringen 1997, S.163-172

Hans-Werner Goetz, Geschichtsschreibung und Geschichtsbewußtsein im hohen Mittelalter, Berlin 1999

Hans-Werner Goetz, Verschriftlichung von Geschichtskenntnissen: Die Historiographie der Karolingerzeit, in: Ursula Schaefer (Hg.), Schriftlichkeit im frühen Mittelalter (ScriptOralia 53) Tübingen 1993, S. 229-253

Hans-Werner Goetz, Artikel ‚Albert von Stade', in: LThK, Bd. 1, 1993, Sp. 335

Hans-Werner Goetz, Das Geschichtsbild Ottos von Freising. Ein Beitrag zur historischen Vorstellungswelt und zur Geschichte des 12. Jahrhunderts (Archiv für Kulturgeschichte Beiheft 19) Köln 1984

Günther Goldschmidt, Die Handschriften und Autographen der Universitätsbibliothek Münster, in: Münster, Stadt des Buches (Das schöne Münster, 1. Sonderheft 1954) Münster 1954

Jan Goossens, Areallinguistik, in: Lexikon der Germanistischen Linguistik, hg. v. H.P. Althaus, Helmut Henne/H.E. Wiegand, 2. vollständig neu bearb. Aufl. Tübingen 1980, S. 445-453

George N. Gordon, Persuasion. The theory and practise of manipulative communication, New York 1971

Dagmar Gottschall, Artikel ‚Lucidarius (Elucidarium), -rezeption', in: LMA, Bd. 5, 1991, Sp. 2159-2161

Klaus Graf, Exemplarische Geschichten. Thomas Lirers ‚Schwäbische Chronik' und die ‚Gmünder Kaiserchronik', (Forschungen zur Geschichte der älteren deutschen Literatur 7) München 1987

Klaus Graf, Gmünder Chroniken im 16. Jahrhundert. Texte und Untersuchungen zur Geschichtsschreibung der Reichsstadt Schwäbisch Gmünd, Schwäbisch Gmünd 1984

Klaus Graf, Ordensreform und Literatur in Augsburg während des 15. Jahrhunderts, in: Johannes Janota/Werner Williams-Krapp (Hgg.), Literarisches Leben in Augsburg während des 15. Jahrhunderts (Studia Augustana 7) Tübingen 1995, S. 100-159

Annelise Grau, Der Gedanke der Herkunft in der deutschen Geschichtsschreibung des Mittelalters (Trojasage und Verwandtes), Diss. Leipzig 1938

František Graus, Sozialgeschichtliche Aspekte der Hagiogaphie der Merowinger- und Karolingerzeit. Die Viten der Heiligen des südalemannischen Raumes und die sogenannten Adelsheiligen, in: Mönchtum. Episkopat und Adel zur Gründungszeit des Klosters Reichenau, hg. v. Arno Borst (VF 20) Sigmaringen 1974 S. 131-17

František Graus, Volk, Herrscher und Heiliger im Reich der Merowinger, Prag 1965

František Graus (Hg.), Mentalitäten im Mittelalter. Methodische und inhaltliche Probleme (VF 35) Sigmaringen 1987

František Graus, Verfassungsgeschichte des Mittelalters, in: HZ 243, 1986, S. 529-589

František Graus, Funktionen der spätmittelalterlichen Geschichtsschreibung, in: Hans Patze (Hg.) Geschichtsschreibung und Geschichtsbewußtsein im späten Mittelalter (VF 31) Sigmaringen 1987, S. 11-55

Dennis H. Green, Orality and Reading. The State of Research in Medieval Studies, Speculum 65, 1990, S. 267-280

Dennis H. Green, Medieval Listening an Reading. The Primary Reception of German Literature 800-1300, Cambridge 1994

Ludger Grenzmann/Karl Stackmann (Hg.). Literatur und Laienbildung im Spätmittelalter und in der Reformationszeit. Symposion (Germanistische Symposien. Berichtsbände 5) Wolfenbüttel 1981

Albrecht Greule (Hg.), Valenztheorie und historische Sprachwissenschaft. Beiträge zur sprachgeschichtlichen Beschreibung des Deutschen (Germanistische Linguistik 42) Tübingen 1982

Jacob Grimm, Kleinere Schriften Bd. 3: Abhandlungen zur Literatur und Grammatik, Berlin 1866

Jakob Grimm, Kleinere Schriften, Bd. 4: Von Übereinstimmung der alten Sagen, Berlin 1869

Ernst Ulrich Grosse, Text und Kommunikation. Eine linguistische Einführung in die Funktion der Texte, Stuttgart 1976

Rudolf Grosse/Hans Wellmann (Hgg.), Textarten und Sprachwandel nach der Erfindung des Buchdrucks (Sprache, Literatur und Geschichte. Studien zur Linguistik/Germanistik 13) 1996

Rudolf Grosse, Sprachgeschichtliche Stellung der ‚Sächsischen Weltchronik' und der Gothaer Handschrift, in: Hubert Herkommer (Hg.), Das Buch der Welt. Die Sächsische Weltchronik Ms. Memb. I 90 Forschung Gotha, Kommentarband, Luzern 2000, S. 19-45

Max Grosse, Das Buch im Roman. Studien zu Buchverweis und Autoritätszitat in altfranzösischen Texten, München 1994

Klaus Grubmüller u.a., Spätmittelalterliche Prosaforschung. DFG-Forschergruppe-Programm am Seminar für deutsche Philologie der Universität Würzburg, in: Jb. f. internat. Germanistik 5, 1973, S. 156-176

Klaus Grubmüller/Ruth Schmidt-Wiegand/Klaus Speckenbach (Hgg.), Geistliche Denkformen in der Literatur des Mittelalters. Symposion Münster 1982 (MMS 51) München 1984

Klaus Grubmüller, Elemente einer literarischen Gebrauchssituation. Zur Rezeption der aesopischen Fabel im 15. Jahrhundert, in: Würzburger Prosastudien Bd. 2, Kurt Ruh zum 60. Geburtstag, hg. v. Peter Kesting, München 1975, S. 139-159

Klaus Grubmüller, Der Lehrgang des Triviums und die Rolle der Volkssprache im späten Mittelalter, in: Studien zum städtischen Bildungswesen des späten Mittelalters und der frühen Neuzeit. Bericht über die Kolloquien der Kommission zur Erforschung der Kultur des Spätmittelalters 1978-1981, hg. v. Bernd Moeller/Hans Patze/Karl Stackmann (Abh. der Akademie der Wissenschaften in Göttingen, phil.-hist. Kl., 3. Folge Nr. 137) Göttingen 1983, S. 371-397

Klaus Grubmüller, Sprache und ihre Verschriftlichung in der Geschichte des Deutschen, in: Werner Besch/Oskar Reichmann/Stefan Sonderegger (Hgg.), Sprachgeschichte. Ein Handbuch zur Geschichte der deutschen Sprache und ihrer Erforschung, 1. Halbbd. (Handbücher zur Sprach- und Kommunikationswissenschaft 2.1) Berlin/New York 1984, S. 205-214

Klaus Grubmüller, Gegebenheiten deutschsprachiger Textüberlieferung bis zum Ausgang des Mittelalters, in: Sprachgeschichte. Ein Handbuch zur Geschichte der deutschen Sprache und ihrer Erforschung, hg. v. Werner Besch, Oskar Reichmann u. Stefan Sonderegger, 1. Halbbd. (Handbücher zur Sprach- und Kommunikationswissenschaft 2.1) Berlin/New York 1984, S. 214-223

Klaus Grubmüller, Latein und Deutsch im 15. Jahrhundert. Zur literarhistorischen Physiognomie der ‚Epoche', in: Deutsche Literatur des Spätmittelalters. Ergebnisse, Probleme, Perspektiven der Forschung, hg. v. d. Ernst-Moritz-Arndt-Universität Greifswald (Deutsche Literatur des Mittelalters 3) Greifswald 1986, S. 35-49

Klaus Grubmüller, Ich als Rolle. ‚Subjektivität' als höfische Kategorie im Minnesang, in: Gert Kaiser/Jan-Dirk Müller (Hgg.), Höfische Literatur, Hofgesellschaft, höfische Lebensformen um 1200 (Studia Humanioria 6) Düsseldorf 1986, S. 387-406

Klaus Grubmüller, Mündlichkeit, Schriftlichkeit und Unterricht. Zur Erforschung ihrer Interferenzen in der Kultur des Mittelalters, in: Der Deutschunterricht 41, 1989, S. 41-54

August Grünwald, Die lateinischen Einschiebsel in deutschen Gedichten von der Mitte des 11. bis gegen Ende des 12 Jahrhunderts, Diss. Göttingen 1908

Elisabeth Grünwald (Bearb.), Das älteste Lehenbuch der Grafschaft Öttingen, 14. Jahrhundert bis 1477, Bd. 1: Einleitung, Öttingen 1975, S. 74-81

Herbert Grundmann, Übersetzungsprobleme im Spätmittelalter, in: ZfdPh 70, 1947/48, S. 113-145

Herbert Grundmann, Geschichtsschreibung im Mittelalter. Gattung – Epochen – Eigenart (Kleine Vandenhoek Reihe 209/210) Göttingen 1965, 3. Aufl. 1978

Herbert Grundmann, Die Grundzüge der mittelalterlichen Geschichtsanschauungen, in: AK 24, 1934, S. 326-336, Wiederabdruck in: Walter Lammers (Hg.), Geschichtsdenken und Geschichtsbild im Mittelalter. Ausgewählte Aufsätze und Arbeiten aus den Jahren 1933 bis 1959 (Wege der Forschung 21) 2. Aufl. Darmstadt 1965, S. 418-429

Otto Gschwandtler, Formen langobardischer mündlicher Überlieferung, in: Jb. f. Internationale Germanistik, Jg. 10, H. 1, 1978, S. 58-85

Bernard Guenée, Histoires, annales chroniques. Essai sur les genres historiques au Moyen Age, in: Annales 1973, S. 997-1016

Bernard Guenée, „Autentique et approuvé". Recherches sur les principes de la critique historique au moyen âge, in: Actes du colloque international sur la lexicographie du latin mediéval, Editions du C.N.R.S, Paris 1981, S. 215-229

Bernard Guenée, Histoire et Culture historique dans l'Occident médiéval, Paris 1980

Bernard Guenée, Histoire et culture historique dans l'Occident médiéval (Collection historique) Paris 1991

Otto Günther, Katalog der Danziger Stadtbibliothek, Bd. V,5: Die Handschriften der Kirchenbibliothek von St. Marien Danzig, Danzig 1921, S. 1-2

Elisabeth Gülich/Wolfgang Raible (Hgg.), Textsorten, Differenzierungskriterien aus linguistischer Sicht (Athenaion-Skripten Linguistik. Bd. 5, hg. v. Werner Abraham u. Roland Posner) 2. Aufl., Wiesbaden 1975

Aaron Gurjewitsch, Mittelalterliche Volkskultur. Probleme zur Forschung, Dresden 1986

Jürgen Habermas, Theorie des kommunikativen Handelns, Bd. 1: Handlungsrationalität und gesellschaftliche Rationalität, Frankfurt a.M. 1987

Dieter Hägermann, Die ‚Sächsische Weltchronik'. Inhalt und Aufbau, in: Sächsische Weltchronik (Staats- und Univ. bibl. Bremen, Ms. A. 33), hg. v. Dieter Hägermann (Codices illuminati medii aevi 14.) München 1989

Dieter Hägermann, Die „deutsche" Frühgeschichte und zeitgenössische „Verfassungsfragen" im Verständnis der Sächsischen Weltchronik, in: Geschichte in der Region. Zum 65. Geburtstag von Heinrich Schmidt, hg. v. Dieter Brosius u.a. (Veröffentlichungen der Hist. Kommision für Niedersachsen und Bremen, Sonderband) Hannover 1993, S. 55-65

Wilfried Härle/Christian Polke, Das Weltbild des christlichen Glaubens, in: Hans Gebhardt/Helmuth Kiesel (Hgg.), Weltbilder (Heidelberger Jahrbücher 47, 2003) Heidelberg 2004, S. 241-262

Helmar Härtel, Herzog August als Büchersammler. Zum Aufbau seiner Bibliothek, in: Herzog August zu Braunschweig und Lüneburg 1579-1666. Fürst. Gelehrter. Niedersächsische Landesausstellung in Wolfenbüttel vom 26. Mai bis 31. Oktober 1979, Wolfenbüttel 1979, S. 315-333

Helmar Härtel, Herzog August und sein Bücheragent Johann Georg Anckel. Studien zum Erwerbungsvorgang, in: Wolfenbüttler Beiträge 3, 1978, S. 235-282

Martin Haeusler, Das Ende der Geschichte in der mittelalterlichen Weltchronistik, Köln/Wien 1980

A.L.H. Hage s. D. Hoeges

Albrecht Hagenlocher, Littera meretrix. Brun von Schöneck und die Autorität der Schrift im Mittelalter, in: ZfdA 118, 1989, S.131-163

Gerhard Hahn, Walther von der Vogelweide. Eine Einführung, München/Zürich 1986

Michael A. Halliday, Notes on transitivity and theme in English, in: Journal of Linguistics 3, 1967, S. 37-81 und 4, 1968, S. 179-215

Wolfgang Hardtwig/Hans Ulrich Wehler (Hgg.), Kulturgeschichte heute (Geschichte und Gesellschaft. Sonderheft 16) Göttingen 1996

Dietrich Harth, Fiktion, Erfahrung, Gewißheit. Second thougts, in: Reinhart Koselleck/Heinrich Lutz/Jörn Rüsen (Hgg.), Formen der Geschichtsschreibung (Theorie der Geschichte. Beiträge zur Historik, Bd. 4) München 1982, S. 621-630

Dietrich Harth, Die Geschichte ist ein Text. Versuch über die Metamorphosen des historischen Diskurses, in: Reinhart Koselleck/Heinrich Lutz/Jörn Rüsen (Hgg.), Formen der Geschichtsschreibung (Theorie der Geschichte. Beiträge zur Historik, Bd. 4) München 1982, S. 452-479

Peter Hartmann, Textlinguistische Tendenzen in der Sprachwissenschaft, in: Folia Linguistica VIII, 1975, S. 1-49

Peter Hartmann, Texte als linguistisches Objekt, in: Beiträge zur Textlinguistik, hg. v. W.D. Stempel, München 1971, S. 9-29

Peter Hartmann, Text, Texte, Klassen von Texten, in: Bogawus 2, 1964, S. 15-25

Zellig Harris, Discourse Analysis Reprints, Haag 1963

Zellig Harris, Discourse Analysis, in: Language 28, 1952, S. 1-30 und S. 474-494

Arthur Haseloff, Die mittelalterliche Kunst, in: Oscar Döring/Georg Voss, Meisterwerke aus Sachsen und Thüringen, Magdeburg 1905, S. 109ff.

Arthur Haseloff, Eine thüringisch-sächsische Malerschule des 13. Jahrhunderts (Studien zur Kunstgeschichte 9) Straßburg 1897

Carl-Peter Hasse, Hofämter am welfischen Fürstenhof, in: Bernd Schneidmüller (Hg.), Die Welfen und ihr Braunschweiger Hof im hohen Mittelalter. Vorträge gehalten anläßlich des 33. Wolfenbütteler Symposions vom 16. bis 19.

Februar 1993 (Wolfenbütteler Mittelalter-Studien 7) Wiesbaden 1995, S. 95-122

Hans Hattenhauer, Zum Übersetzungsproblem im hohen Mittelalter, in: ZRG. GA 81, 1964, S. 341-358

Hans Hattenhauer, Lingua vernacula, Rechtssprache zwischen Volkssprache und Gelehrtensprache, in: Sprache – Recht – Geschichte, Rechtshistorisches Kolloquium 5.-9. Juni 1990, hg. v. J. Eckert u. Hans Hattenhauer 1991, S. 49-68

Wolfgang Haubrichs, Die Anfänge volkssprachiger Schriftlichkeit im frühen Mittelalter (ca. 700-1150/1160). (Geschichte der deutschen Literatur von den Anfängen bis zum Beginn der Neuzeit, hg. v. Joachim Heinzle, Bd. I, Von den Anfängen zum hohen Mittelalter, Teilbd. 1) Frankfurt a.M. 1988

Wolfgang Haubbrichs, Zur Relevanz von Rezeption und Rezeptionshemmung in einem kybernetischen Modell der Literaturgeschichte. Ein Beitrag zur Periodisierung, in: Historizität in Sprach- und Literaturwissenschaft, hg. v. W. Müller-Seidel, München 1974, S. 97-121

Karl Hauck, Mittellateinische Literatur, in: Deutsche Philologie im Aufriß II., 2. überarb. Aufl., hg. v. Wolfgang Stammler, Berlin 1960, Sp. 2555-2624

Walter Haug/Burghart Wachinger (Hgg.) Autortypen (Fortuna Vitrea 4) Tübingen 1991

Walter Haug, Literaturtheorie im deutschen Mittelalter. Von den Anfängen bis zum Ende des 13. Jahrhunderts. Eine Einführung, Darmstadt 1985

Walter Haug/Timothy R. Jackson/Johannes Janota (Hgg.), Zur deutschen Literatur und Sprache des 14. Jahrhunderts, Dubliner Colloquium 1981, Heidelberg 1983

Walter Haug, Die historische Dietrichsage. Zum Problem der Literarisierung geschichtlicher Fakten, in: ZfdA 100, 1971, S. 43-62

Rugaiya Hasan, Text in the Systematic-Functional Model, in: Current Trends in Textlinguistics, hg. v. Wolfgang U. Dressler, Berlin/New York 1978

Einar Haugen, The Analysis of Linguistic Borrowing, in: Language 26, 1950, S. 210-231

Studies by Einar Haugen, hg. v. Evelyn Scherabon Firchow u.a., Mouton 1972, S. 324-330

Eric Havelock, Preface to Plato, Cambridge 1963

Eric Havelock, The Muse Learns to Write. Reflections on Orality and Literacy from Antiquity to the Present, New Haven/London 1986

Anselm Haverkamp, Typik und Politik im Annolied. Zum Konflikt der Interpretationen im Mittelalter, Stuttgart 1979

Alfred Haverkamp (Hg.), Friedrich Barbarossa. Handlungsspielräume und Wirkungsweisen des staufischen Kaisers (VF 40) Sigmaringen 1992

Görg Haverkate, Verfassungslehre. Verfassung als Gegenseitigkeitsordnung, München 1992

Wilhelm Havers, Über den Einfluß der christlichen Kultursprache auf die Profansprache mit besonderer Berücksichtigung des Germanischen und Romanischen, in: ASNS 1947, S. 24-35

Louis Haye, Le texte n'existe pas, in: Edition et Manuscripts. Probleme der Prosaedition, hg. v. Michael Werner u. Winfried Woesler (Jb. für Internationale Germanistik, Reihe A) Bern/Frankfurt a.M./New York/Paris 1987, S. 147-156
Philipp Heck, Übersetzungsprobleme im frühen Mittelalter, Tübingen 1931
Marta Maria Heff, Studien zur Kaiserchronik, Hildesheim 1972
Carl Hegel, Lateinische Wörter und deutsche Begriffe, Neues Archiv 18, 1893, S. 209ff.
Wolf-Dieter Heim, Romanen und Germanen in Charlemagnes Reich. Untersuchungen zur Benennung romanischer und germanischer Völker, Sprachen und Länder in französischen Dichtungen des Mittelalters (MMS) München 1984
Wolfgang Heinemann/Dieter Viehweger, Textlinguistik. Eine Einführung (Reihe Germanistische Linguistik 115) Tübingen 1991
Joachim Heinzle (Hg.), Modernes Mittelalter, Frankfurt a.M./Leipzig 1994
Joachim Heinzle, Geschichte der deutschen Literatur II, 2, 1984, S. 213-215
Gerhard Helbig, Entwicklung der Sprachwissenschaft seit 1970, 2. unveränd. Aufl. Leipzig 1988
Ernst Hellgardt, Dietrich von Bern in der deutschen ‚Kaiserchronik'. Zur Begegnung mündlicher und schriftlicher Traditionen, in: Annegret Fiebig/Hans-Jochen Schiewer (Hgg.), Deutsche Literatur und Sprache von 1050-1200. Festschrift für Ursula Hennig zum 65. Geburtstag, Berlin 1995, S. 93-110
Ernst Hellgardt, Zur Poetik frühmittelhochdeutscher Dichtung, in: Klaus Grubmüller/Ruth Schmidt-Wiegand/Klaus Speckenbach (Hgg.), Geistliche Denkformen in der Literatur des Mittelalters. Symposion Münster 1982 (MMS 51) München 1984, S. 131-138
Ernst Hellgardt, Deutsche Gebetsanweisungen zum Psalter in lateinischen und deutschen Handschriften und Drucken des 12.-16. Jahrhunderts. Bemerkungen zu Tradition, Überlieferung, Funktion und Text, in: Deutsche Bibelübersetzungen des Mittelalters. Beiträge eines Kolloquiums im Deutschen Bibel-Archiv, hg. v. Heimo Reinitzer (Vestigia Biblia 9/10) Bern/Berlin u.a. 1991, S. 400-413
Ernst Hellgardt, Lateinisch-deutsche Textensembles in Handschriften des 12. Jahrhunderts, in: Nikolaus Henkel/Nigel Palmer, Regensburger Colloquium, Tübingen 1992, S. 19-31
Klaus W. Hempfer, Gattungstheorie. Information und Synthese (UTB 133) München 1973
Nikolaus Henkel, Deutsche Übersetzungen lateinischer Schultexte. Ihre Verbreitung und Funktion im Mittelalter und in der frühen Neuzeit. Mit einem Verzeichnis der Texte (MTU 90), München 1988
Nikolaus Henkel/Nigel F. Palmer, Latein und Volkssprache im deutschen Mittelalter 1100-1500. Zum Rahmenthema des Regensburger Colloquiums. Ein Forschungsbericht, in: dies., Latein und Volkssprache im deutschen Mittelalter 1100-1500. Regensburger Colloquium 1988, Tübingen 1992, S. 1-18
Nikolaus Henkel/Nigel F. Palmer (Hgg.), Latein und Volkssprache im deutschen Mittelalter 1100-1500. Regensburger Colloquium 1988, Tübingen 1992

Emil Henrici, Sprachmischungen in älterer Dichtung Deutschlands, Berlin 1913

Hubert Herkommer, Überlieferungsgeschichte der ‚Sächsischen Weltchronik' (MTU 38) München 1972

Hubert Herkommer, Eike von Repgows ‚Sachsenspiegel' und die ‚Sächsische Weltchronik'. Prolegommena zur Bestimmung des Sächsischen Weltchronisten, in: Niederdt. Jb 100, 1977, S. 7-42

Hubert Herkommer, Rezension Martin Haeusler, Das Ende der Geschichte in der mittelalterlichen Weltchronistik, in: Germanistik 22, 1981, S. 357, Nr. 2667

Hubert Herkommer, Artikel ‚Erhard von Appenwiler', in: Deutsche Literatur des Mittelalters, ²VL, Bd. 2, Berlin/New York 1980, Sp. 584

Hubert Herkommer, Artikel ‚Johannes de Rupescissa', in: ²VL, Bd. 4, Berlin/New York 1983, Sp. 724-729

Hubert Herkommer, Artikel ‚Mittelniederdeutsche Chronik', in: ²VL, Bd. 6, Berlin/New York 1987, Sp. 623-625

Hubert Herkommer, Der St. Galler Kodex als literarhistorisches Monument, in: Rudolf v. Ems, Weltchronik. Der Stricker, Karl der Große. Kommentar zu Ms 302 Vad. Luzern 1987

Hubert Herkommer, Artikel ‚Sächsische Weltchronik', in: ²VL, Bd. 8, Berlin/New York 1992, Sp. 473-500

Hubert Herkommer, Einführung, in: ders. (Hg.), Das Buch der Welt. Die Sächsische Weltchronik Ms. Memb. I 90 Forschung Gotha, Kommentarband, Luzern 2000, S. III*-LIX*

Hubert Herkommer, Vorwort, in: ders. (Hg.), Das Buch der Welt. Die Sächsische Weltchronik Ms. Memb. I 90 Forschung Gotha, Kommentarband, Luzern 2000, S. X-XII

Jozef Herman (Hg.), Latin vulgaire – latin tardif. Actes du Ier Colloque international (1985) Tübingen 1987

Günter Herold, Der Volksbegriff im Sprachschatz des Althochdeutschen und Altniederdeutschen, Halle 1941

Matthias Hessenhauer, La Lumière as Lais – Pierre de Peckhams Vermittlung scholastischer Theologie, Wiesbaden 1989

Armin Hetzer, Textkohärenz in mittelniederdeutschen Chroniken, in: Niederdeutsches Jahrbuch des Vereins für niederdeutsche Sprachforschung 117, 1994, S. 24-57

Ernst Hildebrandt, Die kurfürstliche Bibliothek zu Wittenberg, 1512-1547, in: Zeitschrift für Buchkunde 2, 1925, S. 34-42 und 41-44

Walter Hinck (Hg.), Textsortenlehre – Gattungsgeschichte, mit Beiträgen v. Alexander von Vormann, Ulrich Füllborn, Klaus W. Hempfer, Jost Hermand, Walter Hinck, Helmut Koopmann u. Wilhem Vosskamp (medium literatur 4) Heidelberg 1977

D. Hoeges/U. Liebertz-Grün/A.L.H. Hage/K. Bitterling/R. Volz, Artikel ‚Reimchronik', in: LMA, Bd. 7, 1995, Sp. 649-653

D. Hoeges, I. Allgemein. Romanische Literaturen, in: Hoeges et al., Artikel ‚Reimchronik', LMA, Bd. 7, 1995, Sp. 649f.

Julianus B.M. van Hoek, Eine Untersuchung nach dem Verhältnis der Fassungen der Sächsischen Weltchronik, in: Amsterdamer Beiträge zur älteren Germanistik 13, 1978, S. 119-146

Julianus B.M. van Hoek, Eike von Repgow's rechtsboek in beeld. Observaties omtrent de verluchting van de Saksenspiegel, Zutphen 1982

Julianus B.M. van Hoek, Zwischen Eike von Repgow und Johann von Buch leuchtet das lehrreiche Bild, in: Ruth Schmidt-Wiegand (Hg.), Text-Bild-Interpretation. Untersuchungen zu den Bilderhandschriften des Sachsenspiegels, Bd. 1 (Textband), München 1986, S. 59-76

Lucian Hölscher, Die Entdeckung der Zukunft, Frankfurt 1999

Franz Hofinger, Studien zu den deutschen Chroniken des Fritsche Closener von Strassburg und des Jakob Twinger von Königshofen, Burglengenfeld 1974

Ludger Hoffmann (Hg.) Rechtsdiskurse. Untersuchungen zur Kommunikation in Gerichtsverfahren, Tübingen 1989

Dietrich Hofmann, Die Skaldendichtung aus heutiger Sicht, in: skandinavistik, Jg. 11, H. 1, 1981, S. 9-22

Michael Hofmann, Persuasive Denk- und Sprachstile, in: Zeitschrift f. Germanistik NF. 6, 1996, S. 293-307

Adolf Hofmeister, Die Matrikel der Universität Rostock, Bd. 1-5, Rostock 1889-1912; Bd. 6-7 (Register), Schwerin 1919-1922

Adolf Hofmeister, Ueber eine Handschrift der Sächsischen Weltchronik, in: NA 32, 1907, S. 83-132

Adolf Hofmeister, Zu der Zwickauer Handschrift der Sächsischen Weltchronik, in: NA 38, 1913, S. 566-568

Adolf Hofmeister, Das Wormser Konkordat. Zum Streit um seine Bedeutung. Mit einer textkritischen Beilage, in: Festschrift für Dietrich Schäfer, Jena 1915, S. 64-148, Nachdruck mit einem Vorwort von Roderich Schmidt (Libelli) Darmstadt 1962

Thomas Hohmann, Heinrich von Langensteins „Unterscheidung der Geister" lateinisch und deutsch. Texte und Untersuchungen zu Übersetzungsliteratur aus der Wiener Schule (MTU 63) München 1977

Oswald Holder-Egger, Ueber eine Chronik aus Altzelle, in: NA 6, 1881, S. 399-414, bes. S. 401-414

G. Holmes, Florence, Rome an the Origins of the Renaissance, Oxford 1986

Franz-Josef Holznagel, Minnesang-Florilegien. Zur Lyriküberlieferung im Rappolsteiner Parzifal, im Berner Hausbuch und in der Berliner Tristan-Handschrift N, in: Rüdiger Krohn (Hg.), Dâ hœret ouch geloubge zuo. Überlieferungs- und Echtheitsfragen zum Minnesang. Festschrift für Günther Schweikle, Stuttgart/Leipzig 1995, S. 65-88

Carl Gustav Homeyer, Die Deutschen Rechtsbücher und ihre Handschriften, neu bearb. v. Conrad Borchling, Karl August Eckhardt, Julius von Gierke, 1.

Abt. Verzeichnis der Rechtsbücher und 2. Abt. Verzeichnis der Handschriften, Weimar 1931/1934

Carl Gustav Homeyer, Johannes Klenkok wider den Sachsenspiegel, in: Abh. Der kgl. Akademie der Wiss. zu Berlin, Phil.-hist. Kl. 1855, 1856, S. 379-432

Volker Honemann, Artikel ‚Mirabila Romae' in: Verfasserlexikon 6, 1987, Sp. 602-606

Volker Honemann/Kurt Ruh/Bernhard Schnell/Werner Wegstein (Hgg.), Poesie und Gebrauchsliteratur im deutschen Mittelalter. Würzburger Colloquium 1978, Tübingen 1979

J.C. Houzeau/A.B.M. Lancaster, Bibliographie général de l'astronomie, Bruxelles 1882-1889, 2 Bd. In 3. Teilen, London 1964

Christoph Huber, Wort-Ding-Entsprechungen. Zur Sprach- und Stiltheorie Gottfrieds von Straßburg, in: Befund und Deutung. Zum Verhältnis von Empirie und Interpretation, Festschrift f. Hans Fromm, hg. v. Klaus Grubmüller u.a., Tübingen 1979, S. 268-302

Bernd Ulrich Hucker, Literatur im Umkreis Ottos IV., in: Bernd Schneidmüller (Hg.), Die Welfen und ihr Braunschweiger Hof im hohen Mittelalter. Vorträge gehalten anläßlich des 33. Wolfenbütteler Symposions vom 16. bis 19. Februar 1993 (Wolfenbütteler Mittelalter-Studien 7) Wiesbaden 1995, S. 377-406

Bernd Ulrich Hucker, Kaiser Otto IV (MGH Schriften 34) Hannover 1990

Paul Egon Hübinger, Spätantike und frühes Mittelalter, in: DVJS 26 (1952), Wiederabdruck in: ders. (Hg.), Zur Frage der Periodengrenze zwischen Altertum und Mittelalter (Wege der Forschung Bd. LI) Darmstadt 1969

Paul Egon Hübinger (Hg.), Zur Frage der Periodengrenze zwischen Altertum und Mittelalter (Wege der Forschung Bd. LI) Darmstadt 1969

Paul Egon Hübinger, Spätantike und frühes Mittelalter. Ein Problem historischer Periodenbildung, in: DVjs 26, 1952, 1-48

Dagmar Hüpper, *Buoh* und *scrift*. Gattungen und Textsorten in frühmittelalterlichen volkssprachigen Schriftzeugnissen: Zur Ausbildung einer Begrifflichkeit, in: FmSt 20, S. 94-122

Franz Hundsnurscher/Ulrich Müller/Cornelius Sommer (Hgg.), ‚Getempert und gemischet' für Wolfgang Mohr zum 65. Geburtstag von seinen Tübinger Schülern (Göttinger Arbeiten zur Germanistik 65) Göppingen 1972

Herbert Hunger/Otto Stegmüller u.a. (Hgg.), Geschichte der Textüberlieferung der antiken und mittelalterlichen Literatur, Bd. 1, Zürich 1961, Bd. 2, Zürich 1964

Helmut Ibach, Leben und Schriften des Konard von Megenberg (Neue deutsche Forschungen 210) Berlin 1938

Elrud Ibsch, The Cognitive Turn in Narratology, in: Poetics Today 11/2, 1990, S. 411-418

Wolfgang-Valentin Ikas, Martinus Polonus' Chronicle of the Popes and Emperors: a Medieval Bestseller and its Neglected Influence on English Medieval Chroniclers, in: The English Historical Review 116, 2001, S. 327-341

Wolfgang-Valentin Ikas, Neue Handschriftenfunde zum Chronicon pontificum et imperatorum des Martin von Troppau, in: DA 58, 2002, S. 521-537

Wolfgang-Valentin Ikas, Martin von Troppau (Martinus Polonus), O.P. (gest. 1278) in England. Überlieferungs- und wirkungsgeschichtliche Studien zu dessen Papst- und Kaiserchronik (Wissensliteratur im Mittelalter 40) Wiesbaden 2002

Horst Isenberg, Grundfragen der Texttypologie, in: František Daneš/Dieter Viehweger (Hgg.), Ebenen der Textstruktur, Berlin Akademie der Wiss. (Linguistische Studien, Reihe A: Arbeitsberichte 112) Berlin 1983, S. 303-342

Horst Isenberg, Einige Grundbegriffe für eine linguistische Texttheorie, in: František Daneš/Dieter Viehweger, (Hgg.), Probleme der Textgrammatik (Studia grammatica XI) Berlin 1976, S. 47-146

Reinhard Jakob, Schulen in Franken und in der Kuroberpfalz 1250-1520. Verbreitung – Organisation – Gesellschaftliche Bedeutung, Wiesbaden 1993

Roman Jakobson, Linguistische Aspekte der Übersetzung, in: ders., Form und Sinn, sprachwissenschaftliche Betrachtungen (Internationale Bibliothek für Allgemeine Linguistik 13) München 1974, S. 154-161

Dieter Janik, Die Kommunikationsstruktur des Erzählwerks. Ein semiologisches Modell, Bebenhausen 1973

Fotis Jannidis, Der nützliche Autor. Möglichkeiten eines Begrifs zwischen Text und historischem Kontext, in: ders./Gerhard Lauer/Matias Martinez/Simone Winko (Hgg.), Rückkehr des Autors. Zur Erneuerung eines umstrittenen Begriffs, Tübingen 1999, S. 353-389

Fotis Jannidis/Gerhard Lauer/Matias Martinez/Simone Winko (Hgg.), Rückkehr des Autors. Zur Erneuerung eines umstrittenen Begriffs, Tübingen 1999

Fotis Jannidis, Zwischen Autor und Erzähler, in: Heinrich Detering (Hg.) Autorschaft. Positionen und Revisionen (Germ. Symposien Berichtsbände 24) Stuttgart/Weimar 2002, S. 540-556

Fotis Jannidis, Figur und Person. Beitrag zu einer historischen Narratologie, Berlin/New York 2004

Fotis Jannidis/Gerhard Lauer/Matias Martinez/Simone Winko (Hgg.), Texte zur Theorie der Autorschaft, Stuttgart 2000

Johannes Janota/Werner Williams-Krapp (Hgg.), Literarisches Leben in Augsburg während des 15. Jahrhunderts (Studia Augustana 7) Tübingen 1995

Brigitte Janz, Wir sezzen unde gebiten. Der Mainzer Reichslandfriede in den Bilderhandschriften des Sachsenspiegels, Beitr. z. Gesch. d. dt. Sprache u. Literatur 112, H. 2, 1990, S. 242-266

Danielle Jaurant, Rudolfs ‚Weltchronik' als offene Form. Überlieferungsstruktur und Wirkungsgeschichte, Tübingen/Basel 1995

Hans Robert Jauss, Alterität und Modernität der mittelalterlichen Literatur. Gesammelte Aufsätze 1956-1976, München 1977

Hubert Jedin, Einleitung in die Kirchengeschichte, in: Handbuch der Kirchengeschichte, hg. von Hubert Jedin u. Karl Baus, Bd. I, Freiburg 3. Aufl. 1973, S. 1-55.
Heinrich Jerchel, Die Bilder der südwestdeutschen Weltchroniken des 14. Jahrhunderts, in: Zeitschrift f. Kunstgeschichte 2, 1933, S. 381-398
Heinrich Jerchel, Die bayerische Buchmalerei des 14. Jahrhunderts, in: Münchner Jahrbuch der bildenden Kunst N.F. 10, 1933, S. 70-109
Peter Johanek, Artikel ‚Flores Temporum', in: ²VL, Bd. 2, 1980, S. 753-758
Peter Johanek, Artikel ‚Leonhard Heff', in: ²VL, Bd. 3, 1981, Sp. 569-572
Peter Johanek, Artikel ‚Gmünder Chronik', in: ²VL, Bd. 3, 1981, Sp. 67-70
Peter Johanek, Rechtsschrifttum, in: Geschichte der deutschen Literatur von den Anfängen bis zur Gegenwart, begr. v. Helmut de Boor u. Richard Newald, 3. Bd., Die deutsche Literatur im späten Mittelalter 1250-1370, 2. Teil, Reimpaargedichte, Drama, Prosa, hg. v. Ingeborg Glier, München 1987, S. 396-515
Peter Johanek, Weltchronistik und regionale Geschichtsschreibung im Spätmittelalter, in: Geschichtsschreibung und Geschichtsbewußtsein im späten Mittelalter, hg. v. Hans Patze (VF 31) Sigmaringen 1987, S. 287-330
Peter Johanek, Hofhistoriograph und Stadtchronist, in: Walther Haug/Burghart Wachinger (Hgg.), Autorentypen (Fortuna vitrea. Arbeiten zur literarischen Tradition zwischen dem 13 und 16. Jahrhundert 6) Tübingen 1991, S. 50-68 (Wiederabdruck in: Peter Johanek, Was weiter wirkt ..., S. 353-371)
Peter Johanek, Die Schreiber und die Vergangenheit. Zur Entfaltung einer dynastischen Geschichtsschreibung an den Fürstenhöfen des 15. Jahrhunderts, in: Hagen Keller/Klaus Grubmüller/Nikolaus Staubach (Hgg.), Pragmatische Schriftlichkeit im Mittelalter. Erscheinungsformen und Entwicklungsstufen (Akten des Internationalen Kolloquiums, 17.-19. Mai 1989) (MMS 65) München 1992, S. 195-209 (Wiederabdruck in: Peter Johanek, Was weiter wirkt ..., S. 313-327)
Peter Johanek, Höfe und Residenzen, Herrschaft und Repräsentation, in: Eckart Conrad Lutz (Hg.), Mittelalterliche Literatur im Lebenszusammenhang (Scrinium Fribugense 8) Freiburg, Schweiz, 1997, S. 45-78
Peter Johanek, Was weiter wirkt ... Recht und Geschichte in Überlieferung und Schriftkultur des Mittelalters, hg. v. Antje Sander-Berke u. Birgit Studt, Münster 1997
Fritz Jülicher, Zur Charakteristik des Elbostfälischen, in: Niederdeutsches Jahrbuch 52, 1926, S. 1-30
Albrecht Juergens, ‚Wilhelm von Österreich'. Johanns von Würzburg ‚Historica Poetica' (Mikrokosmos. Beiträge zur Literaturwissenschaft und Bedeutungsforschung 21) Frankfurt a.M./Bern/New York/Paris 1990
Janos Juhasz, Überlegungen zum Stellenwert der Interferenz, in: Sprachliche Interferenz, Festschrift für Werner Betz, Tübingen 1977, S. 1-12

Andreas Kablitz, Erzählperspektive – Point of View – Focalisation. Überlegungen zu einem Konzept des Erzählens, in: Zeitschrift für französische Sprache und Literatur 98, 1988, S. 237-255

Hannes Kästner/Bernd Schirok, Die Textsorten des Mittelhochdeutschen, in: Werner Besch/Oskar Reichmann/Stefan Sonderegger (Hgg.), Sprachgeschichte. Ein Handbuch zur Geschichte der deutschen Sprache und ihrer Erforschung, 2. Halbbd. (Handbücher zur Sprach- und Kommunikationswissenschaft 2.2) Berlin/New York 1985, S. 1164-1179

Hannes Kästner/Eva Schütz/Johannes Schwitalla, Die Textsorten des Frühneuhochdeutschen, in: Sprachgeschichte. Ein Handbuch zur Geschichte der deutschen Sprache und ihrer Erforschung, hg. v. Werner Besch, Oskar Reichmann u. Stefan Sonderegger, 2. Halbbd. (Handbücher zur Sprach- und Kommunikationswissenschaft 2.2) Berlin/New York 1985, S. 1355-1368

Werner Kallmeyer/Reinhard Meyer-Hermann, Artikel ‚Textlinguistik', in: Hans Peter Althaus/Helmut Henne/Herbert Ernst Wiegand (Hgg.), Lexikon der Germanistischen Linguistik, 2. vollständig neu bearb. Aufl. Tübingen 1980, S. 242-258

Dieter Kartschoke, Bibeldichtung. Studien zur Geschichte der epischen Bibelparaphrase von Juvencus bis Otfrid von Weißenburg, München 1975

Dieter Kartschoke, Biblia versificata. Bibeldichtung als Übersetzungsliteratur betrachtet, in: Vestigia Bibliae 4, 1982, S. 23-41

Dieter Kartschoke, in die latine bedwungin. Kommunikationsprobleme im Mittelalter und die Übersetzung der ‚Chanson de Roland' durch den Pfaffen Konrad, in: PBB 111, 1989, S. 196-209

Rudolf Kassühlke, Eine Bibel – viele Übersetzungen, in: Bibel und Liturgie, Wien 1976, H. 4, S. 1-7

Gundolf Keil, Seuchenzüge des Mittelalters, in: Bernhard Hermann (Hg.) Mensch und Umwelt im Mittelalter, Stuttgart 1986, S. 109-128

Gundolf Keil (Hg.), ‚ein teutsch puech machen'. Untersuchungen zur landessprachlichen Vermittlung medizinischen Wissens. Ortolf-Studien 1, Wiesbaden 1993

Hagen Keller/Klaus Grubmüller/Nikolaus Staubach (Hgg.), Pragmatische Schriftlichkeit im Mittelalter (MMS 65) München 1992

Karl Heinz Keller, Textgemeinschaften im Überlieferungsvorgang. Fallstudie aus der Überlieferung der ‚Epistel Rabbi Samuels an Rabbi Isaac' in der volkssprachigen Übertragung des Irmhart Ösers (GAG 527) Göppingen 1992

Karl Heinz Keller, Artikel ‚Irmhart Öser', in: ²VL, Bd. 7, Sp. 84-89

Verena Kessel, Die süddeutschen Weltchroniken der Mitte des 14. Jahrhunderts. Studien zur Kunstgeschichte in der Zeit der großen Pest (Bamberger Studien zur Kunstgeschichte und Denkmalspflege 1) Bamberg 1984

Klaus Kirchert, Städtische Geschichtsschreibung und Schulliteratur. Rezeptionsgeschichtliche Studien zum Werk von Fritsche Closener und Jakob Twinger von Königshofen, Wiesbaden 1993

Paul Kirchhoff, Die Bestimmtheit und Offenheit der Rechtssprache, in: ders., Stetige Verfassung und politische Erneuerung, Goldbach 1995, S. 9-41

Friedrich A. Kittler, Aufschreibesysteme 1800-1900. 3. vollständig überarb. Aufl., München 1995

Johann-Christian Klamt, Die mittelalterlichen Monumentalmalereien in der Stiftskirche St. Blasius zu Braunschweig, in: Bernd Schneidmüller (Hg.), Die Welfen und ihr Braunschweiger Hof im hohen Mittelalter. Vorträge gehalten anläßlich des 33. Wolfenbütteler Symposions vom 16. bis 19. Februar 1993 (Wolfenbütteler Mittelalter-Studien 7) Wiesbaden 1995, S. 297-317

Wolfgang Kleiber, Otfrid von Wissenburg. Untersuchungen zur handschriftlichen Überlieferung und Studien zum Aufbau des Evangelienbuches, Bern/ München 1971

Wolfgang Kleiber, Zwischen Antike und Mittelalter. Das Kontinuitätsproblem in Südwestdeutschland im Lichte der Sprachgeschichtsforschung, in: FMSt 7, 1973, S. 27-52

Dorothea Klein, Einführung zum Werk und Beschreibung der Handschrift, in: Heinrich von München Weltchronik. Farbmicrofiche-Edition der Handschrift Wien, Österreichische Nationalbibliothek, Cod. 2768 (Codices illuminati medii aevi 43) München 1996

Dorothea Klein, Heinrich von München und die Tradition der gereimten deutschen Weltchronistik, in: Horst Brunner (Hg.), Studien zur Weltchronistik, Bd. 1: Überlieferung, Forschungsbericht, Untersuchungen, Texte, Wiesbaden 1998, S. 1-112

Dorothea Klein, Die ‚Weltchronik' Heinrichs von München. Ergebnisse der Forschung, in: Horst Brunner (Hg.), Studien zur Weltchronistik, Bd. 1: Überlieferung, Forschungsbericht, Untersuchungen, Texte, Wiesbaden 1998, S. 199-239

Dorothea Klein, Die Hioberzählung als philologisches Exempel: Textgeschichte und konzeptionelle Umgestaltung, in: Horst Brunner (Hg.), Studien zur Weltchronistik, Bd. 1: Überlieferung, Forschungsbericht, Untersuchungen, Texte, Wiesbaden 1998, S. 333-420

Dorothea Klein, Text- und überlieferungsgeschichtliche Untersuchungen. Studien zur Weltchronik Heinrichs von München, Bd. 3,1 (Wissensliteratur im Mittelalter Bd. 31,1) Wiesbaden 1998

Dorothea Klein, Die wichtigsten Textfassungen in synoptischer Darstellung, Studien zur Weltchronik Heinrichs von München, Bd. 3,2 (Wissensliteratur im Mittelalter 31,2) Wiesbaden 1998

Dorothea Klein (Hg.), Vom Mittelalter zur Neuzeit. Festschrift für Horst Brunner, Wiesbaden 2000

Dorothea Klein, Durchbruch einer neuen Gattung. Volkssprachige Weltchroniken bis 1300, in: Christa Bertelsmeier-Kierst/Christopher Young (Hgg.), Eine Epoche im Umbruch. Volkssprachige Literalität 1200-1300, Tübingen 2003, S. 73-90

Thomas Klein, Ermittlung, Darstellung und Deutung von Verbreitungstypen in der Handschriftenüberlieferung mittelhochdeutscher Epik, in: Deutsche Handschriften 1100-1400. Oxforder Kolloquium 1985, hg. v. Volker Honemann u. Nigel F. Palmer, Tübingen 1988, S. 110-167

Hugo von Kleinmayr, Handschriftliches zur Pilatuslegende, in: Zs. für deutsches Altertum und deutsche Literatur 62, NF. 15, 1925, S. 241-250

Paul Klopsch, Anonymität und Selbstnennung mittellateinischer Autoren, in: Mittellateinisches Jahrbuch, 4. Jg., 1967

Friedrich Kluge, Deutsche Sprachgeschichte. Werden und Wachsen unserer Muttersprache von ihren Anfängen bis zur Gegenwart, 2. Aufl., Leipzig 1925

Friedrich Kluge, Altdeutsches Sprachgut im Mittellatein, Sbb. d. Akad. d. Wiss. Heidelberg, Heidelberg 1915

Friedrich Kluge, Der altgermanische Lautstand zu Anfang unserer Zeitrechnung, in: GRM 4, 1912, S. 251-259

Doris Knab, Das Annolied. Probleme seiner literarischen Einordnung (Hermea 11) Tübingen 1962

Joachim Knape, Dichtung, Recht und Freiheit. Studien zu Leben und Werk Sebastian Brants 1457-1521, Baden-Baden 1992

Joachim Knape, Zur Typik historischer Personen-Erinnerung in der mittelhochdeutschen Weltchronistik des 12. und 13. Jahrhunderts, in: Nigel F. Palmer/ Burghart Wachinger (Hgg.), Geschichtsbewusstsein in der deutschen Literatur des Mittelalters, Tübinger Colloquium 1983, Tübingen 1985, S. 17-36

Fritz Peter Knapp, Die Literatur des Früh- und Hochmittelalters in den Bistümern Passau, Salzburg, Brixen und Trient von den Anfängen bis zum Jahre 1273 (Geschichte der Literatur in Österreich von den Anfängen bis zur Gegenwart 1) Graz 1994

Fritz Peter Knapp, Das Weltbild des Mittelalters, in: Hans Gehardt/Helmut Kiesel (Hgg.), Weltbilder (Heidelberger Jahrbücher 47) Heidelberg 2003, S. 127-153

G.P. Knapp, Hector und Achill, Bern/Frankfurt 1974

J. Knepper, Jakob Wimpfeling. Erläuterungen und Ergänzungen zu Janssens Geschichte des deutschen Volkes III, 2-4, 1902

Clemens Knobloch, Zum Status und zur Geschichte des Textbegriffs. Eine Skizze, in: Zeitschrift für Literaturwissenschaft und Linguistik, Jg. 20, 1990, H. 77: Philologische Grundbegriffe, S. 66-87

Rolf Knütel, Einzelne Probleme bei der Übersetzung der Digesten, in: ZRG.RA. 111, 1994, S. 376-402

Peter Koch, Von Frater Semeno zum Bojaren Neacsu. Listen als Domäne früh verschrifteter Volkssprache in der Romania, in: Wolfgang Raible (Hg.), Erscheinungsformen kultureller Prozesse. Jahrbuch 1988 des Sonderforschungsbereichs ‚Übergänge und Spannungsfelder zwischen Mündlichkeit und Schriftlichkeit', Tübingen 1990, S. 121-165

Peter Koch, Distanz im Dictamen. Zur Schriftlichkeit und Pragmatik mittelalterlicher Brief- und Redemodelle in Italien, Freiburg (masch. Habil.) 1987

Peter Koch/Wulf Oesterreicher, Sprache der Nähe – Sprache der Distanz, in: Romanistisches Jahrbuch 36, 1985, S. 15-45

Peter Koch/Wulf Oesterreicher, Geprochene Sprache in der Romania: Französisch, Italienisch, Spanisch, Tübingen 1990

Rolf Köhn, Latein und Volkssprache. Schriftlichkeit und Mündlichkeit in der Korrespondenz des lateinischen Mittelalters, in: Zusammenhänge, Einflüsse, Wirkungen. Kongreßakten zum ersten Symposion des Mediävistenverbandes in Tübingen 1984, hg. v. Joerg O. Fichte u.a., Berlin/New York 1986, S. 340-356

B. Kölling, Kiel UB. Cod. MS.K.B. 145. Studien zu den althochdeutschen Glossen, Göttingen 1983

G. Koffmane, Geschichte des Kirchenlateins, Bd. 1 und 2, Breslau 1879/81

Winfried Kolb, Die Bibelübersetzung Luthers und ihre mittelalterlichen deutschen Vorgänger im Urteil der deutschen Geistesgeschichte von der Reformation bis zur Gegenwart. Ein Beitrag zur Wirkungsgeschichte Luthers, Diss., Saarbrücken 1972

Werner Koller, Grundprobleme der Übersetzungstheorie unter besonderer Berücksichtigung schwed.-dt. Übersetzungsfälle, Bern/München 1972

Werner Koller, Übersetzungen ins Deutsche und ihre Bedeutung für die deutsche Sprachgeschichte, in: Werner Besch/Oskar Reichmann/Stefan Sonderegger (Hgg.), Sprachgeschichte. Ein Handbuch zur Geschichte der deutschen Sprache und ihrer Erforschung, 1. Halbbd. (Handbücher zur Sprach- und Kommunikationswissenschaft 2.1) Berlin/New York 1984, S. 112-129

Werner Koller, Einführung in die Übersetzungswissenschaft, 4. Aufl., Heidelberg/Wiesbaden 1992

Martin Komorowski, Das Schicksal der Staats- und Universitätsbibliothek Königsberg, in: Bibliothek 4, 1980, Nr. 2, S. 139-154

Josef Kopperschmidt, Allgemeine Rhetorik. Einführung in die Theorie der persuasiven Kommunikation, Stuttgart 1973

Josef Kopperschmidt, Argumentation, Stuttgart 1980

Josef Kopperschmidt, Methodik der Argumentationsanalyse, Stuttgart-Bad Cannstadt 1989

Josef Kopperschmidt, Argumentationslehre zur Einführung, Hamburg 2000

Gustav Korlén, Die mittelniederdeutschen Texte des 13. Jahrhunderts. Beiträge zur Quellenkunde und Grammatik des Frühmittelniederdeutschen, Lund 1945

Gisela Kornrumpf, Artikel ‚Sentlinger, Heinz', in: ²VL, Bd. 8, Sp. 1102-1105

Gisela Kornrumpf, Handschriftenkataloge und Überlieferungsgeschichte, in: Beiträge zur Überlieferung und Beschreibung deutscher Texte des Mittelalters, hg. v. Ingo Reifenstein, (GAG 402) Göppingen 1983, S. 1-23

Gisela Kornrumpf, Heldenepik und Historie im 14. Jahrhundert. Dietrich und Etzel in der Weltchronik Heinrichs von München, in: Geschichtsbewusstsein in der deutschen Literatur des Mittelalters, Tübinger Kollquium 1983, Tübingen 1985

Gisela Kornrumpf, Die ‚Weltchronik' Heinrichs von München. Zu Überlieferung und Wirkung, in: Festschrift für Ingo Reifenstein, hg. v. P.K. Stein, A. Weiss u. G. Hayer (GAG 478) Göppingen 1988, S. 493-509

Reinhart Koselleck/Heinrich Lutz/Jörn Rüsen, Formen der Geschichtsschreibung (Theorie der Geschichte 4) München 1982.

Eberhard Kranzmayer, Die Namen der Wochentage in den Mundarten von Bayern und Österreich. Mit einer Grundkarte und elf Pausen (Arbeiten zur Baierisch-Österreichischen Dialektgeographie 1) Wien/München 1929

Eberhard Kranzmayer, Die bairischen Kennwörter und ihre Geschichte. Mit 5 Skizzen, Wien 1960

Christine Kratzert, Die illustrierten Handschriften der Weltchronik des Rudolf von Ems, Diss. phil. Berlin 1974

Julia Kristeva, Le texte clos, in: dies., Sémiotiké – recherches pour une sémeanalyse, Paris 1969, S. 113-142 (deutsche Übersetzung: J.K., Der geschlossene Text, in: Peter Zima (Hg.) Textsemiotik als Ideologiekritik, Frankfurt a.M. 1977, S. 194-228)

Karl Kroeschell, Rechtsaufzeichnung und Rechtswirklichkeit: Das Beispiel des Sachsenspiegels, in: Peter Classen (Hg.) Recht und Schrift im Mittelalter (VF 23) Sigmaringen 1977, S. 349-380

Willy Krogmann, Artikel ‚Detmar von Lübeck', in: VL Bd. 5, 1. Aufl. 1955, S. 148-152

Renate Kroos, Welfische Buchmalereiaufträge des 11. bis 15. Jahrhunderts, in: Bernd Schneidmüller (Hg.), Die Welfen und ihr Braunschweiger Hof im hohen Mittelalter. Vorträge gehalten anläßlich des 33. Wolfenbütteler Symposions vom 16. bIs 19. Februar 1993 (Wolfenbütteler Mittelalter-Studien 7) Wiesbaden 1995, S. 263-278

Renate Kroos, Die Miniaturen, in: Hubert Herkommer (Hg.), Das Buch der Welt. Die Sächsische Weltchronik Ms. Memb. I 90 Forschung Gotha, Kommentarband, Luzern 2000, S. 47-97

Heribert Krüger, Das Stader Itinerar des Abtes Albert aus der Zeit um 1250, 3 Teile, in: Stader Jahrbücher 1956, S. 71-124, 1957, S. 87-136, 1958, S. 39-76

Karl Heinrich Krüger, Die Universalchroniken (Typologie des sources du moyen âge occidental, fasc. 16) Turnhout 1976

Bruno Krusch, Die Übertragung des Hl. Alexander von Rom nach Wildeshausen durch den Enkel Widukinds 851. Das älteste niedersächsische Geschichtsdenkmal, in: GGN 1933, S. 405-436

Ludolf Kuchenbuch, Verrechtlichung der Erinnerung im Medium der Schrift (9. Jahrhundert), in: Aleida Assmann/Dietrich Harth (Hgg.), Mnemosyne. Formen und Funktionen der kulturellen Erinnerung, Frankfurt a.M. 1991, S. 36-46

Ludolf Kuchenbuch, Teilen, Aufzählen, Summieren. Zum Verfahren in ausgewählten Güter- und Einkünfteverzeichnissen des 9. Jahrhunderts, in: Ursula Schaefer (Hg.), Schriftlichkeit im frühen Mittelalter (ScriptOralia 53) Tübingen 1993, S. 181-206

Jürgen Kühnel, Der „offene" Text. Beitrag zur Überlieferungsgeschichte volkssprachiger Texte des Mittelalters, in: Leonard Foster/Hans-Gert Roloff (Hgg.), Akten des V. Internationalen Germanisten-Kongresses Cambridge 1975, Bern/Frankfurt 1976, H. 2, S. 311-321

Jürgen Kühnel, Wolframs von Eschenbachs ‚Parzival' in der Überlieferung der Handschriften D (Cod. Sangall. 857) und G (cgm 19). Zur Textgestalt des „Dritten Buches", in: Rose Beate Schäfer-Maulbetsch/Manfred Günter Scholz (Hgg.), Festschrift für Kurt Halbach zum 70. Geburtstag. Arbeiten aus seinem Schülerkreis (GAG, Bd. 70) Göppingen 1972, S. 145-213

Hans-Jörg Künast, Gedruckt zu Augsburg. Buchdruck und Handel in Augsburg zwischen 1460 und 1555, Tübingen 1997

Hugo Kuhn, Versuch über das 15. Jahrhundert in der deutschen Literatur, in: ders., Liebe und Gesellschaft, hg. v. Wolfgang Waliczek, Stuttgart 1980, S. 135-155

Hugo Kuhn, Liebe und Gesellschaft, hg. v. Wolfgang Waliczek, Stuttgart 1980

Hugo Kuhn, Entwürfe zur Literatursystematik des Spätmittelalters, Tübingen 1980

Konrad Kunze, Lateinische Adaption mittelhochdeutscher Literatur. Mit Edition der ‚Infantia Jesu' nach Konrad von Fußesbrunn, in: Überlieferungsgeschichtliche Editionen und Studien zur deutschen Literatur des Mittelalters. Kurt Ruh zum 75. Geb., hg. v. Konrad Kunze u.a. (Texte und Texgeschichte 31) Tübingen 1989, S. 245-313

Lotte Kurras, Die Handschriften des Germanischen Nationalmuseums Nürnberg, Bd. I,2: Die deutschen mittelalterlichen Handschriften (Kataloge des GNM Nürnberg I,2) Wiesbaden 1980

Susanne Kusicke, Die Altgermanistik ist bescheiden geworden. Das Mittelalter ist so populär wie seit 200 Jahren nicht mehr, in: FAZ v. 4.2.1999, Nr. 29, S. 3

Ernst Kyriss, Nürnberger Klostereinbände der Jahre 1433 bis 1525, Diss. Erlangen 1940

Ernst Kyriss, Verzierte gotische Einbände im alten deutschen Sprachgebiet, Bd. 1: Textband, Stuttgart 1951, S. 29f. und Tafelband 1, Stuttgart 1954

Karl Lachmann, Mittelalterliche Texte als Aufgabe, in: Festschrift für Jost Trier zum 70. Geburtstag, hg. v. William Foerste u. Karl-Heinz Borck, Köln/Graz 1964, S. 240-267

B. Lacroix, L'historien au moyem âge, Montréal/Paris 1971

Jerôme de Lalande, Bibliographie astronomique; avec l'histoire de l'astronomie depuis 1781 jusqu'à 1802, Paris, Reprint Amsterdam 1970

Walter Lammers (Hg.), Geschichtsdenken und Geschichtsbild im Mittelalter. Ausgewählte Aufsätze und Arbeiten aus den Jahren 1933 bis 1959 (Wege der Forschung 21) 2. Aufl., Darmstadt 1965

Fritz Landsberg, Das Bild der alten Geschichte in mittelalterlichen Weltchroniken, Berlin 1934

Karl Langosch, Artikel ‚Mittellateinische Dichtung in Deutschland', in: Reallexikon der deutschen Literaturgeschichte, begründet v. Paul Merker u. Wolfgang Stammler, 2. Aufl. neubearb. und unter Mitwirkung zahlreicher Fachgelehrter hg. v. Werner Kohlschmidt, u. Wolfgang Mohr, Bd. 2, Berlin 1959, S. 335-389

Karl Langosch, Die deutsche Literatur in ihrer geschichtlichen Entwicklung, Berlin 1964

Karl Langosch, Die mutter- und die vatersprachige Literatur des Mittelalters in der Entwicklung der Künste in Deutschland, in: Mlat. Jb. 1, 1964, S. 9-33

Karl Langosch, Lateinisches Mittelalter. Einleitung in Sprache und Literatur, 5. Aufl., Darmstadt 1988

Karl Langosch, Europas Latein des Mittelalters. Wesen und Wirkung – Essays und Quellen, Darmstadt 1990

Karl Langosch, Mittellatein und Europa. Führung in die Hauptliteratur des Mittelalters, Darmstadt 1990

Hans Lanzhammer, Alt-Sendling und seine Beziehungen zu München. Ein Beitrag zur Orts- und Schulgeschichte, München 1926

Jean Larmat, Julien dans les textes du moyen âge, in: Jean Richer (Hg.), De l'histoire à la légende (331-1715), Paris 1978, S. 269-294

Heinrich Lausberg, Romanische Sprachwissenschaft, Bd. I: Einleitung und Vokalismus, 2. Aufl., Berlin 1963

Jacques Le Goff, Für ein anderes Mittelalter, 2. Aufl. Berlin, 1987

Jacques Le Goff (Hg.), Le Moyen Âge aujourd'hui. Trois regards contemporains sur le Moyen Âge, actes Cerisy-la-Salle (juillet 1991), Paris 1998

Jacques Le Goff, Un autre Moyen Age. Temps, travail et culture en Occident médiéval, Paris 1999

Jacques Le Goff: Le Moyen Age de Michelet, in: ders., Un autre Moyen Age, Paris 1999, S. 19-45

Paul Lehmann, Mittelalter und Küchenlatein, in: ders., Erforschung des Mittelalters. Ausgewählte Aufsätze, Bd. 1, Leipzig 1941, S. 46-52

Wilhelm Lehmann, Kann eine Übersetzung besser als das Original sein? in: ders., Dichtung als Dasein. Poetologische und klassische Schriften (Akademie der Wissenschaften und der Literatur, Klasse der Literatur, Mainz, Bd. 5) Hamburg 1956

Helmut Lehmann-Haupt, Schwäbische Federzeichnungen. Studien zur Buchillustration Augsburgs im XV. Jahrhundert, Berlin/Leizig 1929

Ursula Lesser-Sherman, Rom in der deutschsprachigen Literatur des Mittelalters, Phil. Diss., Pennsylvania 1974

Alphons Lhotsky, Die Wiener Palatina und die Geschichtsforschung unter Sebastian Tengnagel, in: Die ÖNB. Festschrift zum 25-jährigen Dienstjubiläum des Generaldirektors Josef Bick, hg. v. Josef Stummvoll, Wien 1948, S. 450-462

Dimitrij Sergeevič Lichačev (auch: Lichatschow), Nach dem Formalismus. Aufsätze zur russischen Literaturtheorie. Aus dem Russischen übersetzt, hg. u. mit einem Nachwort versehen v. Alexander Kaempfe (Reihe Hanser 4) München 1968

Dimitrij Sergeevič Lichačev, Grundprinzipien textologischer Untersuchungen der altrussischen Literaturdenkmäler, in: Gunter Martens/Hans Zeller (Hg.), Texte und Varianten. Probleme ihrer Edition und Interpretation, München 1971, S. 301-315

Ursula Liebertz-Grün, Gesellschaftsdarstellung und Geschichtsbild in Jans Enikels ‚Weltchronik', in: Euphorion 75, 1981, S. 71-99

Ursula Liebertz-Grün, II. Deutsche Literatur, in: Hoeges et al., Reimchronik, Sp. 650

Elisabeth Liebert, Antikenroman und Geschichtswissen. Zu den kompilierten Trojanerkriegen in der ‚Erweiterten Christherre-Chronik' und in der ‚Weltchronik' Heinrichs von München, in: Die deutsche Trojaliteratur, Wiesbaden 1990, S. 407-456

Gurdrun Lindkvist, Beitrag zu den Studien und Materialien zur Geschichte des Elbostfälischen im Mittelalter, in: Niederdeutsche Mitteilungen 3, 1947, S. 104-155

Hannelore Link, Rezeptionsforschung. Eine Einführung in Methoden und Probleme, Stuttgart 1980

Martin Lintzel, Zur Entstehungsgeschichte des sächsischen Stammes, in: ders., ausgewählte Schriften, Bd. I, Berlin 1961, S. 1-35, Wiederabdruck, in: Walther Lammers (Hg.), Entstehung und Verfasung des Sachsenstammes, Darmstadt 1967

Woldemar Lippert, Der älteste kursächsische Bibliothekskatalog aus dem Jahre 1437, in: NaSächsG 16, 1895, S. 135-139

E. Löfstedt, Late Latin, Orb 1959

Silke Logemann, Die Franziskaner im mittelalterlichen Lüneburg (Saxonia Franziscana 7) Werl 1996

Brigitte Lohse, Katalog der Handschriften der Staats- und Universitätsbibliothek Hamburg. Bd. VI: Die historischen Handschriften der Staats- und Universitätsbibliothek Hamburg (Cod. Hist. 1-100) Hamburg 1968

Albert Bates Lord, The singer of the tales, 2. Aufl. Cambridge, Mass. 2000

Albert Bates Lord, The singer resumes the tales, Ithaca 1995

Jochen Luckenradt/Franz Niehoff (Hgg.), Katalog Heinrich der Löwe und seine Zeit, Bd. 1-3 (Bd. 3 zusammen mit Gerd Biegel) Braunschweig 1995

Heiner Lück, Über den Sachsenspiegel. Entstehung, Inhalt und Wirkung des Rechtsbuches, Halle 1999

Heiner Lück, Eike von Repgow und der Saalkreis, in: Heimat-Jahrbuch Saalkreis 5, 1999, S. 31-39

Heiner Lück, Eike von Repgow und die Moderne. Denkmäler und sonstige Darstellungen, in: Forschungen zur Rechtsarchäologie und Rechtlichen Volkskunde 19, Zürich 2001, S. 49-69

Heiner Lück, Die Askanier und der Sachsenspiegel. Zu Recht und Verfassung im anhaltischen Raum während des 13. Jahrhunderts, in: Die frühen Askanier, hg. v. Landesheimatbund Sachsen-Anhalt (= Beiträge zur Regional- und Landeskultur Sachsen-Anhalts 28) Halle 2003, S. 107-121

E. Luginbühl, Studien zu Notkers Übersetzungskunst. Mit einem Anhang, Die Altdeutsche Kirchensprache. Einleitung von St. Sonderegger Photomech. nachdr. der Phil. Diss. Zürich 1933, Berlin 1970

S. Lundström, Übersetzungstechnische Untersuchungen auf dem Gebiet der christlichen Latinität, Lund 1955

Serge Lusignan, Le français et le latin aux XIIIe-XIVe siècles. Pratique des langues et pensées linguistiques, in: Annales ESC, juillet-août 1987, no 4, S. 955-967

Serge Lusignan, Parler vulgairement. Les intellectuels et la langue française aux XIIIe-XIVe siècles, 2. Aufl., Paris/Montréal 1987

Dieter Lutz, Zur Formelhaftigkeit der mittelhochdeutschen Texte und zur „theory of oral-formulaic composition", in: DVjs 48, 1974, S. 432-447, Wiederabdruck 1979 in: Norbert Voorwinden/Max de Haan, Oral Poetry, S. 251ff.

E. Maartins, Studien zur Frage der linguistischen Interferenz, Stockholm 1970

Paul Maas, Textkritik, Leipzig 1927, 41960

Christoph Mackert, Die Alexandergeschichte in der Version des „Pfaffen" Lambrecht, München 1999

Maria Mairold, Die datierten Handschriften der Universitätsbibliothek zu Graz bis zum Jahre 1600, T. 1-2 (Katalog der datierten Handschriften in lateinischer Schrift in Österreich 6) Wien 1979

Alfred Malblanc, Stylistique comparée du français et de l'allemand. Essai de représentation linguistique comparée et Etude de traduction (Bibliothèque de stylistique comparée, II), 5. Aufl., Paris 1980

Christoph März, Von der Interlinea zur Linea. Überlegungen zur Teleologie althochdeutschen Übersetzens, in: Wolfram-Studien 14, 1996, S. 73-86

Thomas L. Markey, Reconstruction of a lost original via earliest distribution: Die Sächsische Weltchronik, in: Neophilologus 63, 1979, S. 551-573

Sophie Marnette, Narrateur et point de vue dans les chroniques médiévales: une approche linguistique, in: Erik Cooper (Hg.), The Medieval Chronicle, Proceedings of the 1st Internatonal Conference on the Medieval Chronicle, Driebergen/Utrecht 13-16 July 1996, Amsterdam/Atlanta 1999, S. 174-190

Sophie Marnette, Narrateur et point de vue dans la littérature française médiévale: une approche linguistique, Bernes 1998

Sophie Marnette, Réflexions sur le discours indirect libre en français médiéval, in: Romania 114, 1996, S. 1-49

Monika Marsmann, Die Epistel des Rabbi Samuel an Rabbi Isaak. Untersuchung und Edition, ungedruckte Diss. München, Siegen 1971

Gunter Martens, Was ist ein Text? Ansätze zur Bestimmung eines Leitbegriffs der Textphilologie, in: Poetica. Zeitschrift für Sprach- und Literaturwissenschaft 21, 1989, H. 1-2.

Gunter Martens/Hans Zeller (Hgg.), Texte und Varianten. Probleme ihrer Edition und Interpretation, München 1971

Achim Masser, Aufgabe und Leistung der frühen volkssprachigen Literatur, in: Geistesleben um den Bodensee im frühen Mittelalter. Vorträge eines mediävistischen Symposions vom 30. September bis zum 3. Oktober auf Schloß Hofen am Bodensee, hg. v. Achim Masser, Freiburg i. Breisgau 1989, S. 87-106

Hans Ferdinand Massmann, Rezension von: Das hohe Lied Salomonis in drei und vierzig Minneliedern aus dem dreizehnten und vierzehnten Jahrhundert ..., hg. v. J.G. Bartholomä, 1827, in: Heidelberger Jahrbücher der Literatur 21, 1828, S. 180-210

Klaus Matzel, Karl der Große und die lingua theodisca, in: RVjBll. 34, 1970, S. 172-189

Klaus Matzel, Untersuchungen zur Verfasserschaft, Sprache und Herkunft der althochdeutschen Übersetzungen der Isidor-Sippe (Rheinisches Archiv 75) Bonn 1970

Rosamond McKitterick, The Carolingians and the Written Word, Cambridge 1989

Rosamond McKitterick (Hg.), The Uses of Literacy in Early Medieval Europe, Cambridge 1992

Rosamond McKitterick (Hg.), Carolingian Culture. Emulation and Innovation, Cambridge 1993

Cord Meckseper (Hg.), Katalog zur Ausstellung Stadt im Wandel, Braunschweig/Stuttgart-Bad Cannstadt 1985, Bd. I

Christian Meier, Kontinuität – Diskontinuität im Übergang von der Antike zum Mittelalter, in: Kontinuität – Diskontinuität in den Geisteswissenschaften, hg. v. Hans Trümpy, Darmstadt 1973, S. 53-94

John Meier (Hg.) Balladen, 2 Bde. (Deutsche Literatur in Entwicklungsreihen) Leipzig 1935. Unveränd. reprogr. Nachdruck 1970 und 1964

Rainer Meisch, Troja und die Reichsstadt Nördlingen. Studien zum ‚Buch von Troja' (1390/92) des Hans Mair, Wiesbaden 1994

Trudel Meisenburg, Die großen Buchstaben und was sie bewirken können: Zur Geschichte der Majuskel im Französischen und Deutschen, in: Erscheinungsformen kultureller Prozesse. Jahrbuch 1988 des Sonderforschungsbereichs ‚Übergänge und Spannungsfelder zwischen Mündlichkeit und Schriftlichkeit', Tübingen 1990, S. 281-315

Gert Melville, Zur „Flores-Metaphorik" in der mittelalterlichen Geschichtsschreibung. Ausdruck eines Formungsprinzips, in: HJb 90, 1970, S. 65-80

Gert Melville, System und Diachronie. Untersuchungen zur theoretischen Grundlegung geschichtsschreiberischer Praxis im Mittelalter, in: HJb 95, 1975, S. 33-67 und 308-341

Gert Melville, Spätmittelalterliche Geschichtskompendien – eine Aufgabenstellung, in: Römische Historische Mitteilungen 22, 1980, S. 51-104

Gert Melville, Wozu Geschichte schreiben? Stellung und Funktion der Historie im Mittelalter, in: Reinhart Koselleck/Heinrich Lutz/Jörn Rüsen, Formen der Geschichtsschreibung (Theorie der Geschichte 4) München 1982, S. 86-146

Gert Melville, Der Zugriff auf Geschichte in der Gelehrtenkultur des Mittelalters, in: Grundriß der romanischen Literaturen des Mittelaters XI, 1, La littérature historiographique des origines à 1500, hg. v. Hans Ulrich Gumbrecht u.a., 1986, S. 157-228

Gert Melville, Geschichte in graphischer Gestalt. Beobachtungen zu einer spätmittelalterlichen Darstellungsweise, in: Hans Patze (Hg.), Geschichtsschreibung und Geschichtsbewußtsein im späten Mittelalter (VF 31) Sigmaringen 1987, S. 57-154

Gert Melville, Vorfahren und Vorgänger. Spätmittelalterliche Genealogien als dynastische Legitimation zur Herrschaft, in: Peter Johannes Schuler (Hg.), Die Familie als sozialer und historischer Verband. Untersuchungen zum Spätmittelalter und zur frühen Neuzeit, Sigmaringen 1987, S. 203-309

Gert Melville, Le problème des connaissances historiques au Moyen Age. Compilation et transmission des textes, in: Jean-Philippe Genet (Hg.) L'historiographie médiévale en Europe, Paris 1991, S. 21-41

Gert Melville, Um Welfen und Höfe. Streiflichter am Schluß einer Tagung, in: Bernd Schneidmüller (Hg.), Die Welfen und ihr Braunschweiger Hof im hohen Mittelalter. Vorträge gehalten anläßlich des 33. Wolfenbütteler Symposions vom 16.-19. Februar 1993 (Wolfenbütteler Mittelalter Studien 7), Wiesbaden 1995, S. 541-557

Gert Melville/Karl Siegbert Rehberg, Gründungsmythen – Genealogien – Memorialzeichen. Beiträge zur institutionellen Konstruktion von Kontinuität, Köln/Weimar 2004

Hermann Menhardt, Verzeichnis der altdeutschen literarischen Handschriften der ÖNB, Bd. 1 (Dt. Akad. der Wiss. zu Berlin. Veröffentl. des Instituts für dt. Sprache u. Lit. 13,1) Berlin 1960

Hermann Menhardt, Zur Weltchronik-Literatur, in: PBB 61, 1937, S. 402-462

Hermann Menhardt, Eine Kärtner Handschrift der Weltchronik des Heinrichs von München, in: Carinthia I 126, 1936, S. 29-31

Johannes Bernhard Menke, Geschichtsschreibung und Politik in deutschen Städten des Spätmittelalters, in: Jb. des Kölnischen Geschichtsvereins 33, 1958, S. 1-84 und 256f. und 34/35, 1959/60, S. 85-194

Michael Menzel, Ein Hildesheimer Fragment der Sächsischen Stammessage, in: ZfdA 116, 1987, S. 124-133

Michael Menzel, Die Sächsische Weltchronik. Quellen und Stoffauswahl (Vorträge und Forschungen, Sonderband 34) Sigmaringen 1985

Dieter Mertens, Mittelalterbilder in der frühen Neuzeit, in: Gerd Althoff (Hg.), Die Deutschen und ihr Mittelalter, Darmstadt 1992, S. 29-54

Dieter Mertens, Früher Buchdruck und Historiographie. Zur Rezeption historiographischer Literatur im Bürgertum des deutschen Spätmittelalters beim Übergang vom Schreiben zum Drucken, in: Studien zum städtischen Bildungswesen des späten Mittelalters und der frühen Neuzeit, hg. v. Bernd Moeller, Hans Patze u. Karl Stackmann (Abhandlungen der Akad. der Wisschenschaften in Göttingen, Phil.-hist. Klasse 3. Folge Nr. 137) Göttingen 1983, S. 83-111

Dieter Mertens, Jacobus Carthusiensis. Untersuchungen zur Rezeption der Werke des Kartäusers Jakob von Paradies (1381-1465), Göttingen 1976

Volker Mertens, Verslegende und Prosalegendar. Zur Prosafassung von Legendenromanen, in: ‚Der Heiligen Leben', in: Volker Honemann/Kurt Ruh/ Bernhard Schnell/Werner Wegstein (Hgg.), Poesie und Gebrauchsliteratur im deutschen Mittelalter. Würzburger Colloquium 1978, Tübingen 1979, S. 265-289

Volker Mertens, Artikel ‚Konrad Bollstatter', in: LMA, Bd. 2, 1983, S. 369f.

Volker Mertens, Kapitel 3. Vor- und frühhöfische Literatur (1050-1170) in: Deutsche Literatur in Schlaglichtern, hg. v. Bernd Balzer u. Volker Mertens in Zusammenarbeit mit weiteren Mitarbeitern und Meyers Lexikonredaktion, Mannheim/Wien/Zürich 1990, S. 43-51

Volker Mertens, Kapitel 4. Die hochhöfische Zeit (1170-1230) in: Deutsche Literatur in Schlaglichtern, hg. v. Bernd Balzer u. Volker Mertens in Zusammenarbeit mit weiteren Mitarbeitern und Meyers Lexikonredaktion, Mannheim/Wien/Zürich 1990, S.52-74

Volker Mertens, Kapitel 1, Beginn und Entwicklung der Schriftlichkeit bis zum Jahre 1000, in: Deutsche Literatur in Schlaglichtern, hg. v. Bernd Balzer u. Volker Mertens, Mannheim/Wien/Zürich 1990, S. 19-34

Volker Mertens, „gewisse lêre." Zum Verhältnis von Fiktion und Didaxe im späten Mittelalter, in: F. Wolfzettel (Hg.), Artusroman und Intertextualität (Beiträge zur deutschen Philologie 67) Gießen 1990, S. 85-106

Volker Mertens, Deutsche Literatur am Welfenhof, in: Heinrich der Löwe und seine Zeit. Herrschaft und Repräsentation der Welfen 1125-1235. Katalog der Ausstellung, hg. v. Jochen Luckhardt u. Franz Niehoff (Bd. 3 zusammen mit Gerd Biegel), 3 Bde., München 1995, Bd. 2, S. 204-212

Johann Friedrich Ludwig Theodor Merzdorf, Die deutschen Historienbibeln des Mittelalters nach vierzig Handschriften, Oldenburg 1850

Johann Friedrich Ludwig Theodor Merzdorf, Bibliothekarische Unterhaltungen. Neue Sammlung, Teil 2, Oldenburg 1850

Siegfried Meurer (Hg.), Eine Bibel – viele Übersetzungen. Not oder Notwendigkeit? Stuttgart 1978

W. Wilhelm Meyer, Der Ludus de Antichristo, Sitzungsberichte der Akademie der Wiss. zu München 1882, 1, S. 1-192 (Wiederabdruck in: ders., Gesammelte Abhandlungen zur mittellateinischen Rhytmik, Bd. 1, 1905)

Nine Robintje Miedema, Die ‚Mirabilia Romae'. Untersuchungen zu ihrer Überlieferung mit Edition der deutschen und niederländischen Texte (MTU 108) Tübingen 1996

Nine Robintje Miedema, Artikel ‚Stationes ecclesiarum urbis Romae', in: ²VL 9, 1994, Sp. 234-238

Jürgen Miethke, Ockhams Weg zur Sozialphilosophie, Berlin 1969

Heike-Johanna Mierau/Antje Sander-Berke/Birgit Studt, Studien zur Überlieferung der Flores Temporum (MGH Studien und Texte 14) Hannover 1996

Alain Minc, Le nouveau moyen âge, Paris 1994 (dt.: Das neue Mittelalter, übers. v. Holger Fock, Hamburg 1994)
Alastair J. Minnis, Medieval Theory of Autorship, 2. Aufl., Aldershot 1988
Alastair J. Minnis/A. Brian Scott/David Wallace (Hgg.), The Commentary-Tradtion, Oxford 1988
Rudolf Minzloff, Die altdeutschen Handschriften der kaiserlichen öffentlichen Bibliothek zu St. Petersburg, St. Petersburg 1853, Nachdruck 1966
Heinrich Modern, Die Zimmern'schen Handschriften der k.k. Hofbibliothek. Ein Beitrag zur Geschichte der Ambraser Sammlung und der k.k. Hofbibliothek, in: Jb. der kunsthist. Sammlung des allerhöchsten Kaiserhauses 20, Wien 1899, S. 113-180
Helga Möhring-Müller, Die ‚Chronica Novella' des Lübecker Dominikanermönchs Hermann Korner. Untersuchungen zu Gattung, Sprache, Publikum und Inhalt der lateinischen und mittelniederdeutschen Fassungen, in: Rolf Sprandel (Hg.), Zweisprachige Geschichtsschreibung (Wissensliteratur im Mittelalter. Schriften des Sonderforschungsbereichs 226 Würzburg/Eichstätt, Bd. 14) Wiesbaden 1993, S. 27-121
Helga Möhring-Müller/Dieter Rödel/Joachim Schneider, Spätmittelalterliche Adelsterminologie bei Hermann Korner, Andreas von Regensburg und seinen Übersetzern, Veit Arnpeck und Sigismund Meisterlin, in: Rolf Sprandel (Hg.), Zweisprachige Geschichtsschreibung (Wissensliteratur im Mittelalter. Schriften des Sonderforschungsbereichs 226 Würzburg/Eichstätt, Bd. 14) Wiesbaden 1993, S. 385-428
P. Möller, Fremdwörter aus dem Latein im späten Mittelhochdeutsch und Mittelniederdeutschen, Diss. Gießen 1918
Peter von Moos, Poeta und historicus im Mittelalter, in: Beiträge zur Geschichte der deutschen Sprache und Literatur 98, 1976, S. 93-130
Peter von Moos, Gefahren des Mittelalterbegriffs. Diagnostische und präventive Aspekte, in: Joachim Heinzle (Hg.), Modernes Mitelalter. Neue Bilder einer populären Epoche, Frankfurt a.M./Leipzig 1994, S. 33-63
Louis Morsack, Herrscherliche Bildzeichen und die ‚Neun Chöre der Engel' als Programm politischer Ikonographie in Österreich, in: Forschungen zur Rechtsarchäologie und Rechtlichen Volkskunde, Bd. 12, hg. v. Louis Carlén, Zürich 1990, S. 39-58
Hugo Moser (Hg.), Fragen der strukturellen Syntax und der kontrastiven Grammatik, Düsseldorf 1971
Gertraud Müller/Theodor Frings, Germania Romania II, Dreißig Jahre Forschung romanischer Wörter (Mitteldeutsche Studien 19,2) Halle 1968
Jan Drik Müller (Hg.), Wissen für den Hof. Der spätmittelalterliche Verschriftungsprozeß am Beispiel Heidelberg im 15. Jahrhundert (MMS 67) München 1994
Jan-Dirk Müller, Einleitung, in: ders. (Hg.) Wissen für den Hof. Der spätmittelalterliche Verschriftlichungsprozeß am Beispiel Heidelberg im 15. Jahrhundert, München 1994, S. 7-28

Jan-Dirk Müller (Hg.) ‚Aufführung' und ‚Schrift' in Mittelalter und früher Neuzeit (Germ.-Symposien-Berichtsbände 17) Stuttgart/Weimar 1996

Reinhard Müller, Artikel ‚Rudolf von Ems', in: Deutsches Literatur-Lexikon, Bern/München, Bd. 13, 3. völlig neu bearb. Aufl. 1991, Sp. 447-453

Stephan Müller, Vom Annolied zur Kaiserchronik. Zu Text- und Forschungsgeschichte einer verlorenen deutschen Reimchronik, Heidelberg 1999

Joan Mulholland, A handbook of persuasive tactics. A practical language guide, London 1994

Waldemar Mutschall, Gundacker von Judenburgs „Christi Hort" in der Weltchronik des Johann von Esslingen nach der Grazer Handschrift Nr. II 470. Eine sprachliche Untersuchung. Maschinenschriftliche phil. Diss. Graz 1943

Klaus Naß, Geschichtsschreibung am Hofe Heinrichs des Löwen, in: Bernd Schneidmüller (Hg.), Die Welfen und ihr Braunschweiger Hof im hohen Mittelalter. Vorträge gehalten anläßlich des 33. Wolfenbütteler Symposions vom 16. bis 19. Februar 1993 (Wolfenbütteler Mittelalter-Studien 7) Wiesbaden 1995, S. 122-161

Uwe Neddermeyer, „Was hat man von solchen confusionibus ... recht und vollkömmlichen berichten können? Der Zusammenbruch des einheitlichen europäischen Geschichtsbildes nach der Reformation, in: Archiv f. Kulturgeschichte 76, H. 1, 1994, S. 77-109

Hermann Nehlsen, Zu Aktualität und Effektivität germanischer Rechtsaufzeichnungen, in: Peter Classen (Hg.), Recht und Schrift im Mittelalter, VF 23, Sigmaringen 1977, S. 449-502

Hermann Nehlsen, Der Schutz von Rechtsaufzeichnungen gegen Fälscher in den Germanenreichen, in: Fälschungen im Mittelalter, Internationaler Kongreß der Monumenta Germaniae Historica, München 16.-19. September, 1986, Bd. 1-5, Hannover 1988, Bd. 2, Gefälschte Rechtstexte. Der bestrafte Fälscher, S. 545-576

Eberhard Nellmann, Die Reichsidee in deutschen Dichtungen der Salier- und frühen Stauferzeit (Philologische Studien und Quellen, H. 16) Berlin 1963

Eberhard Nellmann, Artikel ‚Kaiserchronik', in: ²VL, Bd. 4, 1982, Sp. 949-964

Eberhard Nellmann, Wolfram und Kyot als vindaere wilder maere. Überlegungen zu ‚Tristan' 4619-4688 und ‚Parzival' 453,1-17, in: ZfdA, 1988, S. 31-67

Peter Neu, Die Grafen von Manderscheid – ein historischer Überblick, in: Die Manderscheider. Eine Eifeler Adelsfamilie. Herrschaft, Wirtschaft, Kultur, Katalog zur Ausstellung Blankenheim Gildehaus 4. Mai-29. Juli 1990, Blankenheim-Manderscheid 1990, S. 13-28

Peter Neu, Geschichte und Struktur der Eifelterritorien des Hauses Manderscheid (Rhein. Archiv 80) Bonn 1972

Dagmar Neuendorff, Studie zur Entwicklung der Herrscherdarstellung in der deutschsprachigen Literatur des 9.-12. Jahrhunderts (Acta Universitatis Stockholmiensis. Stockholmer Germanistische Forschungen 29) Stockholm 1982

Dagmar Neuendorff, Vom erlösten Heidenkönig zum Christenverfolger. Zur ‚Kaiserchronik' und ihrer Integration in die ‚Sächsische Weltchronik', in: Annegret Fiebig/Hans-Jochen Schiewer (Hgg.), Deutsche Literatur und Sprache von 1050-1200. Festschrift für Ursula Hennig zum 65. Geburtstag, Berlin 1995, S. 181-198

Margarethe Neumann, Die sogenannte ‚Erste Bairische Fortsetzung' der Sächsischen Weltchronik und ihre Beziehungen zum Oberrhein, Diss. Greifswald 1925

Richard Newald, Nachleben des antiken Geistes im Abendland bis zum Beginn des Humanismus, Tübingen 1960

Stephen G. Nichols, Introduction, Philology in a Manuscript Culture, in: Speculum 65, 1990, S. 1-10

Stephen G. Nichols, Voice and Writing in Augustine and in the Troubadour Lyric, in: A.N. Doane/Carol Braun Pasternack (Hgg.), Vox intexta. Orality and Textuality in the Middle Ages, Wisconsin 1991, S. 137-161

Annette Niederhelmann, Arzt und Heilkunde in den frühmittelalterlichen Leges. Eine wort- und sachkundliche Untersuchung (AFMF 12) Berlin/New York 1983

J.A. Niklas, Schmellers Leben und Wirken, München 1885

G. Nölle, Die Legende von den Fünfzehn Zeichen vor dem Jüngsten Gerichte, in: PBB 6, 1879, S. 413-476

Christiane Nord, Einführung in das funktionale Übersetzen, Tübingen/Basel 1993

Christiane Nord, Textanalyse und Übersetzen, Heidelberg 1991

Dagmar Obermüller, Die Tugendkataloge der Kaiserchronik: Studien zum Herrscherbild der frühmittelhochdeutschen Dichtung, Heidelberg 1971

Angelika Odenthal, Rudolf von Ems. Eine Bibliographie, Köln 1988

Wulf Oesterreicher, Competencia escrita, tradiciones discursivas y variedades lingüísticas: aspectos del español europeo y americano en lossiglos XVI y XVII; colloquio internacional, Friburgo en Brisgovia, 26-28 de Septiembre de 1996, Tübingen 1998

Wulf Oesterreicher, Verschriftung und Verschriftlichung im Kontext medialer und konzeptioneller Schriftlichkeit, in: Ursula Schaefer (Hg.), Schriftlichkeit im frühen Mittelalter (Script Oralia 53) Tübingen 1993, S. 267-292

Ulrich Oevermann, Zur Annalyse der Struktur von sozialen Deutungsmustern (1973), in: Sozialer Sinn, H. 1, 2001, S. 3-33

Ulrich Oevermann, Die Struktur sozialer Deutungsmuster. Versuch einer Aktualisierung, in: Sozialer Sinn, H. 1, 2001, S. 35-81

Otto Gerhard Oexle, Die Karolinger und die Stadt des heiligen Arnulf, in: FMSt 1, 1967, S. 250-364

Otto Gerhard Oexle, Die ‚sächsische Welfenquelle' als Zeugnis der welfischen Hausüberlieferung, in: DA 24, 1968, S. 435-497

Otto Gerhard Oexle, Welfische und staufische Hausüberlieferung in der Handschrift Fulda D 11 aus Weingarten, in: Von der Klosterbibliothek zur Landesbibliothek, hg. v. Artur Brall, Stuttgart 1978, S. 203-231

Otto Gerhard Oexle, Die funktionale Dreiteilung der ‚Gesellschaft' bei Adalbero von Laon. Deutungsschemata der sozialen Wirklichkeit im früheren Mittelalter, in: FMSt 12, 1978, S. 1-54.

Otto Gerhard Oexle, Die ‚Wirklichkeit' und das ‚Wissen'. Ein Blick auf das sozialgeschichtliche Œuvre von George Duby, in: HZ 232, 1981, S. 61-91

Otto Gerhard Oexle, Adliges Selbstverständnis und seine Verknüpfung mit dem liturgischen Gedenken – das Beispiel der Welfen, in: ZGO 134, 1986, S. 47-75

Otto Gerhard Oexle, Die Funktionale Dreiteilung als Deutungsschema der sozialen Wirklichkeit in der ständischen Gesellschaft des Mittelalters, in: Winfried Schulze (Hg.), Ständische Gesellschaft und Mobilität, München (Schriften des Historischen Kollegs München. Kolloquien 12) Wien 1988 S. 19-51

Otto Gerhard Oexle, Deutungsschemata der sozialen Wirklichkeit im frühen und hohen Mittelalter. Ein Beitrag zur Geschichte des Wissens, in: František Graus (Hg.), Mentalitäten im Mittelalter. Methodische und inhaltliche Probleme (VF 35) Sigmaringen 1987, S. 65-117

Otto Gerhard Oexle, Rezension M. Menzel, Die Sächsische Weltchronik, in: HZ 248, 1989, S. 687-689

Otto Gerhard Oexle: Das Bild der Moderne vom Mittelalter und die moderne Mittelalterforschung, in: FMSt 24, 1990, S. 1-22

Otto Gerhard Oexle, Das entzweite Mittelalter, in: Gerd Althoff (Hg.), Die Deutschen und ihr Mittelalter, Darmstadt 1992, S. 7-28

Otto Gerhard Oexle, Welfische Memoria. Zugleich ein Beitrag über adlige Hausüberlieferung und die Kriterien ihrer Erforschung, in: Bernd Schneidmüller (Hg.), Die Welfen und ihr Braunschweiger Hof im hohen Mittelalter. Vorträge gehalten anläßlich des 33. Wolfenbütteler Symposions vom 16.-19. Februar 1993 (Wolfenbütteler Mittelalter-Studien 7) Wiesbaden 1995, S. 61-94

Otto Gerhard Oexle (Hg.), Memoria als Kultur (Veröffentlichungen des Max Planck-Instituts für Geschichte 121) Göttingen 1995

Otto Gerhard Oexle, Memoria als Kultur, in: ders. (Hg.): Memoria als Kultur (Veröffentlichungen des Max-Planck-Instituts für Geschichte 121) Göttingen 1995, S. 9-78

Otto Gerhard Oexle, Fama und Memoria. Legitimation fürstlicher Herrschaften im 12. Jahrhundert, in: Jochen Luckhardt/Franz Niehoff (Hg.), Heinrich der Löwe und seine Zeit. Herrschaft und Repräsentation der Welfen 1125-1235, Bd. 2: Essays, München 1995, S. 62-68

Otto Gerhard Oexle, Geschichte als Historische Kulturwissenschaft, in: Wolfgang Hardtwig/Hans Ulrich Wehler (Hgg.), Kulturgeschichte Heute (Geschichte und Gesellschaft. Sonderheft 16) Göttingen 1996, S. 14-40

Otto Gerhard Oexle, Die Moderne und ihr Mittelalter. Eine folgenreiche Problemgeschichte, in: Peter Segl (Hg.): Mittelalter und Moderne. Entdeckung und Rekonstruktion der mittelalterlichen Welt, Göttingen 1997, S. 307-364

Otto Gerhard Oexle, Kultur, Kulturwissenschaft, Historische Kulturwissenschaft. Überlegungen zur kulturwissenschaftlichen Wende, in: Das Mittelalter. Perspektiven mediävistischer Forschung, Zeitschrift des Mediävistenverbands, Bd. 5, H. 1: Mediävistik als Kulturwissenschaft, Berlin 2000, S. 13-33.

Otto Gerhard Oexle, Historische Kulturwissenschaft heute, in: Rebekka Habermas/Rebekka von Mallinckrodt (Hgg.), Interkultureller Transfer und nationaler Eigensinn. Europäische und anglo-amerikanische Positionen der Kulturwissenschaft, Göttingen 2004, S. 25-52

Ernst Friedrich Ohly, Zum geistigen Sinn des Wortes im Mittelalter, in: ZfdA 89, 1958, S. 1-23

Ernst Friedrich Ohly, Sage und Legende in der Kaiserchronik. Untersuchungen über Quellen und Aufbau der Dichtung, (Forschungen zur deutschen Sprache und Dichtung) Münster 1940, Neudruck Darmstadt 1968

Ernst Friedrich Ohly, Schriften zur mittelalterlichen Bedeutungsforschung, Darmstadt 1977

Ernst Friedrich Ohly, Typologie als Denkform der Geschichtsbetrachtung, in: Volker Bonn (Hg.), Typologie. Internationale Beiträge zur Poetik, Frankfurt a.M. 1988, S. 22-63

Els Oksaar, Konnotationsforschung und Polaritätsprofilmethode, in: The Nordic Languages and Modern Linguistics, hg. v. H. Benediktsson, Kopenhagen 1970, S. 444-459

Els Oksaar, Artikel ‚Terminologie und Gegenstand der Sprachkontaktforschung', in: Sprachgeschichte. Ein Handbuch zur Geschichte der deutschen Sprache und ihrer Erforschung, hg. v. Werner Besch, Oskar Reichmann u. Stefan Sonderegger (Handbücher zur Sprach- und Kommunikationswissenschaft 2.1) 1. Halbbd., Berlin/New York 1984, S. 845-854

Gabriele von Olberg, Die Bezeichnungen für soziale Stände, Schichten und Gruppen in den Leges barbarorum (AFMF 11) Berlin/New York 1991

Gabriele von Olberg-Haverkate, Möglichkeiten der Bestimmung von Textfunktionen in mittelalterlicher handschriftlicher Überlieferung am Beispiel der sogenannten Sächsischen Weltchronik und ihrer ‚Mitüberlieferung', in: Franz Simmler (Hg.), Probleme der funktionellen Grammatik (Berliner Studien zur Germanistik 1) Bern/Berlin/Frankfurt a.M./New York/Paris/Wien 1993, S. 295-341

Gabriele von Olberg(-Haverkate), Übersetzungsprobleme beim Umgang mit mittelalterlichen Rechtstexten, in: ZRG.GA 110, 1993, S. 406-457

Gabriele von Olberg(-Haverkate), Die Makrostrukturen der Sächsischen Weltchronik als Beispiel für Textsortentraditionen und Textsortenwandel, in: Franz Simmler (Hg.) Textsorten und Textsortentraditionen, Bern/Berlin/ Frankfurt a.M./New York/Paris/Wien 1997, S. 287-323

Gabriele von Olberg(-Haverkate), Offene Formen? Funktionen mittelalterlicher und frühneuzeitlicher Textallianzen im Zusammenhang mit der Weltchroniküberlieferung, in: Alexander Schwarz/Laure Aplanalp Luscher (Hg.), Textallianzen am Schnittpunkt der germanistischen Disziplinen (TAUSCH 14), Bern/Berlin/Bruxelles/Frankfurt a.M./New York/Oxford/Wien 2001, S. 273-289

Gabriele von Olberg(-Haverkate), Loghene schal uns wesen leyt, dat ist van repegowe rat. Textsortentraditionen von Universalchroniken vom 11. bis zum 18. Jh., in: Franz Simmler (Hg.), Textsorten deutscher Prosa vom 12./13. bis 18. Jahrhundert. Akten zum Internationalen Kongress in Berlin 20. bis 22. September 1999 (Jb. für Internationale Germanistik Reihe A. Kongressberichte Bd. 67) Bern/Berlin/Bruxelles/Frankfurt a.M./New York/Oxford/Wien 2002, S. 385-406

Gabriele von Olberg-Haverkate, Das ‚Buch von der Welt' – Entwicklung und Wandel des geschichtlichen Weltbildes im Mittelalter, in: Hans Gebhardt/ Helmut Kiesel (Hgg.), Weltbilder (Heidelberger Jahrbücher 47, 2003) Heidelberg 2004, S. 155-177

Gabriele von Olberg-Haverkate, Überlegungen zur Edition der Sächsischen Weltchronik, in: Textsortentypologien und Textallianzen von der Mitte des 15. bis zur Mitte des 16. Jahrhunderts. Akten zum Internationalen Kongress in Berlin 21. bis 25. Mai 2003. Unter Mitarbeit von Claudia Wich-Reif hg. v. Franz Simmler (Berliner Sprachwissenschaftliche Studien 6) Berlin 2004, S. 243-265

Gabriele von Olberg-Haverkate, Basler Chroniken aus dem 15. Jahrhundert. Zum Problem der Textallianzen und Textsortenzuordnungen, in: T. Piirainen (Hg.), Textsorten und Textallianzen, internat. Kongress in Münster 2004, Berlin 2007, S. 181-193

Alexandra H. Olsen, Oral-Formulaic Research in Old English Studies I, in: Oral tradition 1, 1986, S. 548-606

David R. Olson, From Utterance to Text: the Bias of Language in Speech and Writing, in: Havard Educational Review 47, 1977, S. 257-281

Walter Jackson Ong, Oralität und Literalität. Die Technologisierung des Wortes, Opladen 1987 (deutsche Teilübersetzung von Orality and Literacy. the Technolizing of the Wort, London 1982)

Ulrich-Dieter Oppitz, Deutsche Rechtsbücher des Mittelalters, 3 Bde., Köln/ Wien 1990-92

Norbert H. Ott, Kompilation und Zitat in Weltchronik und Kathedralikonographie. Zum Wahrheitsanspruch (pseudo-) historischer Gattungen, in: Geschichtsbewußtsein in der Literatur des Mittelalters, Tübinger Colloquium 1983, hg. v. Christoph Gerhardt, Nigel F. Palmer u. Burghart Wachinger, Tübingen 1985, S. 119-135

Norbert H. Ott, Rechtspraxis und Heilsgeschichte. Zu Überlieferung, Ikonographie und Gebrauchssituation des deutschen ‚Belial' (MTU 80) München 1983

Norbert H. Ott, Überlieferung, Ikonographie-Anspruchsniveau, Gebrauchssituation. Methodisches zum Problem der Beziehungen zwischen Stoffen, Texten und Illustrationen in Handschriften des Spätmittelalters, in: Ludger Grenzmann/Karl Stackmann (Hgg.), Literatur und Laienbildung im Spätmittelalter und in der Reformationszeit. Symposion Wolfenbüttel 1981 (Germanistische Symposien. Berichtsbände 5) Stuttgart 1984, S. 356-386

Norbert H. Ott, Artikel ‚Heinrich von München', in: ^{2}VL, Bd. 3, 1981, Sp. 827-837

Norbert H. Ott, Typen der Weltchronikikonographie. Bemerkungen zu Illustration, Anspruch und Gebrauchssituation volkssprachlicher Chronistik aus überlieferungsgeschichtlicher Sicht, in: Jahrbuch der Oswald-von-Wolkenstein-Gesellschaft 1, 1980/81, S. 29-55

Norbert H. Ott, Artikel ‚Christherre-Chronik', in: ^{2}VL, Bd. 1, 1978, Sp. 1213-1217

Hermann Palm, Eine mittelhochdeutsche historienbibel. Beitrag zur geschichte der vorlutherischen deutschen bibelübersetzung, Breslau 1867.

Nigel F. Palmer, Zum Nebeneinander von Volkssprache und Latein in spätmittelalterlichen Texten, in: Ludger Grenzmann/Karl Stackmann (Hg.). Literatur und Laienbildung im Spätmittelalter und in der Reformationszeit. Symposion Wolfenbüttel (Germanistische Symposien. Berichtsbände 5) Wolfenbüttel 1981, S. 579-600

Nigel F. Palmer, Die letzten Dinge in Versdichtung und Prosa des späten Mittelalters, in: Wolfgang Harms/L. Peter Johnson (Hgg.), Deutsche Literatur des späten Mittelalters, Hamburger Colloquium 1973, Berlin 1975, S. 225-239

Nigel F. Palmer, Kapitel und Buch. Zu den Gliederungsprinzipien mittelalterlicher Bücher, in: FMSt 23, 1989, S. 43-88

Werner Paravicini (Hg.), Europäische Reiseberichte des späten Mittelalters. Eine analytische Biographie, Teil 1: Deutsche Reisebereichte bearb. von Christian Halm (Kieler Werkstücke D 5) Frankfurt a.M. u.a. 1994

Ralf G. Päsler, Anmerkungen zu den mittelniederdeutschen und mittelniederländischen Handschriften der ehemaligen SUB Königsberg, in: Korrespondenzblatt des Vereins für niederdeutsche Sprachforschung 102, 1995, S. 6-14

Milman Parry, L'épithète traditionnelle dans Homère: Essai sur un problème de style Homérique, Paris 1928

Milman Parry, Les formules et la metrique d'Homère, Paris 1928

Milman Parry, The making of Homeric verse: the collected papers of Milman Parry. Ed. by Adam Milman Parry, New York u.a. 1987

Lee Patterson, On the Margin, Postmodernism, Ironic History and Medieval Studies, in: Speculum 65, 1990, S. 87-108

Hans Patze (Hg.), Geschichtsschreibung und Geschichtsbewußtsein im späten Mittelalter (VF Bd. 31) Sigmaringen 1987

Hans Patze, Mäzene der Landesgeschichtsschreibung, in: ders. (Hg.), Geschichtsschreibung und Geschichtsbewußtsein im späten Mittelalter (VF 31) Sigmaringen 1987, S. 331-370

Hans Patze, Artikel ‚Albert von Stade', in: LMA, Bd. 1, 1980, Sp. 290

Oskar Pausch, Eine Sächsische Weltchronik in Kremsmünster, in: Mitteilungen des Ober-Österreichischen Landesarchivs 12 (Cremifanum 777-1977. Festschrift zur 1200 Jahrfeier des Stiftes Kremsmünster) Linz 1977, S. 29-36

Franzjosef Pensel, Verzeichnis der altdeutschen Handschriften der Stadtbibliothek Dessau (DTM 70,1) Berlin 1977

Herbert Penzl, Lautsystem und Lautwandel in den althochdeutschen Dialekten, München 1971

Jean Pépin, L'hermeneutique ancienne. Les mots et les idée, in: Poétique 23, 1973, S. 291-300

Robert Peters, Katalog sprachlicher Merkmale zur variablenlinguistischen Erforschung des Mittelniederdeutschen, in: Niederdeutsches Wort 27, 1987, S. 61-93

Ursula Peters, Familienhistorie als neues Paradigma der mittelalterlichen Literaturgeschichte?, in: Joachim Heinzle (Hg.), Modernes Mittelalter, Frankfurt a.M./Leipzig 1994, S. 134-162

János S. Petöfi, Text and Discourse Constitution: Empirical Aspects, Theoretical Approaches, Berlin 1988

János S. Petöfi, Transformationsgrammatiken und eine ko-textuelle Texttheorie. Grundfragen und Konzeptionen (Linguistische Forschungen 3) Frankfurt a.M. 1971

Tibor F. Pézsa, Studien zu Erzähltechnik und Figurenzeichnung in der deutschen „Kaiserchronik" (Europ. Hochschulschriften: Reihe 1, Deutsche Sprache und Literatur 1378) Frankfurt a.M./Berlin 1993

Franz Pfeiffer, Rezension Friedrich Pfeiffer, Untersuchungen über die Repegowische Chronik, in: Germania I, 1856, S. 381-384

Friedrich Pfeiffer, Untersuchungen über die Repegowische Chronik, Breslau 1854

Rudolf Pfeiffer, Küchenlatein, in: ders., Ausgewählte Schriften. Aufsätze und Vorträge zur griechischen Dichtung und zum Humanismus, hg. v. Winfried Bühler, München 1960, S. 183-187

Max Pfister, Italienisch und Rätoromanisch/Deutsch, in: Sprachgeschichte. Ein Handbuch zur Geschichte der deutschen Sprache und ihrer Erforschung, hg. v. Werner Besch, Oskar Reichmann u. Stefan Sonderegger, 1. Halbbd. (Handbücher zur Sprach- und Kommunikationswissenschaft 2.1) Berlin/ New York 1984, S. 879-893

Christine Plaß/Michael Schetsche, Grundzüge einer wissenssoziologischen Theorie sozialer Deutungsmuster, in: Sozialer Sinn, H. 3, 2001, S. 511-536

Peter v. Polenz, Karlische Renaissance, Karlische Bildungsreformen und die Anfänge der deutschen Literatur, in: Universitätsbund ‚Marburg', Mitteilungen, 1959, H. 1/2, 1959, S. 27-39

Dietmar Jürgen Ponert, Deutsch und Latein in deutscher Literatur und Geschichtsschreibung des Mittelalters (Studien zur Poetik und Geschichte der Literatur 43) Stuttgart 1975

August Potthast, Bibliotheca Historica Medii Aevi. Wegweiser durch die Geschichtswerke des europäischen Mittelalters bis 1500, 2. verb. u. vermehrte Aufl. Bd. II, Berlin 1896

Susanne M. Rabe, Der Wortschatz in den deutschen Schriften Thomas Murners, Bd. 1: Untersuchungen; Bd. 2: Wörterbuch, Berlin/New York 1990

Wolfgang Raible (Hg.) Erscheinungsformen kultureller Prozesse. Jahrbuch 1988 des Sonderforschungsbereichs ‚Übergänge und Spannungsfelder zwischen Mündlichkeit und Schriftlichkeit', Tübingen 1990

Wolfgang Raible, Zur Entwicklung der Alphabetschrift. Is fecit cui podest. (Abhandlungen der Heidelberger Akademie der Wissenschaften, phil.-hist. Kl. Jh. 1991, Berichte 1) Heidelberg 1991

Wolfgang Raible, Was sind Gattungen? Eine Antwort aus semiotischer und textlinguistischer Sicht, in: Poetica. Zeitschrift für Sprach- und Literaturwissenschaft, 12, 1980, S. 320-349

Wolfgang Raible, „Thema" und „Rhema" im französischen Satz, in: Zeitschrift für französische Sprache und Literatur 81, 1971, S. 208-224

Alexander Randa (Hg.), Mensch und Weltgeschichte. Zur Geschichte der Universalgeschichtsschreibung (Forschungsgespräch des Internationalen Forschungszentrums für Grundfragen der Wissenschaft Salzburg, Bd. 7) Salzburg/München 1969

Jörn Reichel, Der Spruchdichter Hans Rosenplüt. Literatur und Leben im spätmittelalterlichen Nürnberg, Stuttgart 1985

Oskar Reichmann, Editionsprinzipien für deutsche Texte des späten Mittelalters und der frühen Neuzeit, in: Sprachgeschichte. Ein Handbuch zur Geschichte der deutschen Sprache und ihrer Erforschung, hg. v. Werner Besch, Oskar Reichmann u. Stefan Sonderegger Bd. 1 (Handbücher zur Sprach- und Kommunikationswissenschaft, Bd. 2.1) Berlin/New York 1984, S. 693-703

Oskar Reichmann/Klaus-Peter Wegera, Frühneuhochdeutsches Lesebuch, Tübingen 1988

Arno Reiff, Interpretatio, imitatio, aemulatio. Begriff und Vorstellung literarischer Abhängigkeit bei den Römern, Diss Köln 1958, Würzburg 1959

Ingo Reiffenstein, Die althochdeutsche Kirchensprache, in: Germanistische Abhandlungen, Innsbruck 1959, S. 41-58

Ingo Reiffenstein, Deutschsprachige Arengen des 13. Jahrhunderts, in: Festschrift für Max Spindler zum 75. Geburtstag, hg. v. Dieter Albrecht/Andreas Kraus/Kurt Reindel, München 1969, S. 177-192

Ingo Reiffenstein, Deutsch und Latein im Spätmittelalter. Zur Übersetzungstheorie des 14. und 15. Jahrhunderts, in: Festschrift für Siegfried Grosse zum 60 Geburtstag, hg. v. Werner Besch u.a. (GAG 423) Göppingen 1984, S. 195-208

Ingo Reiffenstein, Übersetzungstypen im Spätmittelalter. Zu den geistlichen Liedern des Mönchs von Salzburg, in: Franz V. Spechtler (Hg.), Lyrik des ausgehenden 14. und des 15. Jahrhunderts (Chloe Bd. 1) Amsterdam 1984

Ingo Reiffenstein, Bezeichnungen der deutschen Gesamtsprache, in: Sprachgeschichte. Ein Handbuch zur Geschichte der deutschen Sprache und ihrer Erforschung, hg. v. Werner Besch, Oskar Reichmann u. Stefan Sonderegger, 2. Halbbd. (Handbücher zur Sprach- und Kommunikationswissenschaft 2.2) Berlin/New York 1985, S. 1717-1727

Ingo Reiffenstein, Zur Begründung der Schriftlichkeit in deutschen Urkunden des 13. Jahrhunderts, in: Sprache und Recht. Beiträge zur Kulturgeschichte des Mittelalters. Festschrift f. Ruth Schmidt-Wiegand zum 60. Geburtstag, hg. v. Karl Hauck, Karl Kroeschell, Stefan Sonderegger, Dagmar Hüpper u. Gabriele v. Olberg, Bd. 2, Berlin/New York 1986, S. 659-669

Heinrich Reincke, Das Geschlecht der von dem Berge (de Monte) in Hamburg, in: Zs. f. Niedersächs. Familienkunde 31, 1956, S. 81-94

Volker Reinhardt (Hg.), Hauptwerke der Geschichtsschreibung, (Kröners Taschenausgabe 435) Stuttgart 1997

Katharina Reiss, Grundfragen der Übersetzungswissenschaft. Wiener Vorlesungen, hg. v. Mary Snell-Hornby, Wien 1995

Katharina Reiss/Hans J. Vermeer, Grundlegung einer allgemeinen Translationstheorie (Linguistische Arbeiten 147) 2. Aufl., Tübingen 1991

Hans-Friedrich Reske, Das Annolied. Aufbau, Überlieferung, Gestaltung, in: Franz Hundsnurscher/Ulrich Müller (Hgg.), ‚Getempert und gemischet' für Wolfgang Mohr zum 65. Geburtstag von seinen Tübinger Schülern (Göttinger Arbeiten zur Germanistik 65) Göppingen 1972, S. 27-69

Johannes Rettelbach, Von der erweiterten Christherre-Chronik zur Redaktion α. Studien zu Heinrich von München, Bd. 2,1 und 2 (Wissensliteratur im Mittelalter 30,1 und 2) Wiesbaden 1998

Eduard Reuss, Die deutsche Historienbibel vor der Erfindung des Bücherdrucks. Separatabdruck aus den Straßburger Beiträgen zu den theol. Wissenschaften Bd. VI. Jena 1855; Nachdrucke: Wiesbaden 1966, Vaduz 1986

Eduard Reuss, Artikel ‚Historienbibel', in Realencyklopädie für protestantische Theologie und Kirche 8, Humburg ³1900, S. 152-157

Michael Richter, Kommunikationsprobleme im lateinischen Mittelalter, in: HZ 222, 1976, S. 43-80

Michael Richter, Sprache und Gesellschaft im Mittelalter. Untersuchungen zur mündlichen Kommunikation in England von der Mitte des elften bis zum Beginn des vierzehnten Jahrhunderts, Stuttgart 1979

Klaus Ridder/Jürgen Wolf, Wissen erzählen. Zur volkssprachigen Enzyklopädistik des späten Mittelalters, in: De consolatione philologiae: Studies in honor of Evelyn S. Firchow, Bd. I., hg. v. Anna Grotans, Heinrich Beck u. Anton Schwob (GAG Nr. 682/I) Göppingen 2000, S. 317-334

Klaus Ridder, Übersetzung und Fremderfahrung. Jean de Mandevilles literarische Inszenierung eines Weltbildes und die Lesarten seiner Übersetzer, in: Wolfram-Studien 14, 1996, S. 231-264

Klaus Ridder, Werktyp, Übersetzungsintention und Gebrauchsfunktion. Jean de Mandevilles Reiseerzählung in deutscher Übersetzung Ottos von Diemeringen, in: Reisen und Reiseliteratur im Mittelalter und in der frühen Neuzeit. Vorträge eines interdisziplinären Symposions vom 3.-8. Juni 1991 an der Justus-Liebig-Universität Gießen, hg. v. Xenia v. Ertzdorff u. Dieter Neukirch, unter redaktioneller Mitarbeit v. Rudolf Schulz (Chloe. Beihefte zu Daphnis 13) Amsterdam 1992, S. 357-388

Klaus Ridder, Jean de Mandevilles ‚Reisen'. Studien zur Überlieferungsgeschichte der deutschen Übersetzung des Otto von Diemeringen (MTU 99) Tübingen 1991

Ortrun Riha, Wissensorganisation in medizinischen Handschriften. Klassifikationskriterien und Kombinationsprinzipien bei Texten ohne Werkcharakter, Wiesbaden 1992

Ortrun Riha, Ortolf von Baierland und seine lateinischen Quellen. Hochschulmedizin in der Volkssprache, Wiesbaden 1992

Douglas W. Robertson: A preface to Chaucer. Studies in medieval perspectives, Princeton 1962

Werner Röcke, Sektionsbericht, in: Johannes Janota (Hg.) Kultureller Wandel und die Germanistik in der Bundesrepublik, Bd. 3, Tübingen 1993, S. 75-76

Werner Röcke, ‚New Historism'. Perspektiven einer kulturwissenschaftlichen Mediävistik, in: L. Jäger (Hg.) Germanistik – Disziplinäre Identität und kulturelle Leistung. Vorträge des deutschen Germanistentages 1994, Frankfurt a.M. 1995, S. 214-228

Werner Röcke, Alterität und Aktualität der mittelalterlichen Literatur, in: Mitteilungen des Dt. Germanistenverbandes 43, 1996, H. 1, S. 70-74

Werner Röcke, Weltbilder – Mentalitäten – kulturelle Praxis. Perspektiven einer interdisziplinären Mediävistik, in: Peter Segl (Hg.), Mittelalter und Moderne. Entdeckung und Rekonstruktion der mittelalterlichen Welt. Kongressakten des 6. Symposions des Mediävistenverbandes in Bayreuth 1995, Sigmaringen 1997, S. 3-13.

Werner Röcke, Neue und überraschende Welt. Die Altgermanistik im Portrait, in: Forschung und Lehre 7, 1999, S. 364-367

Dieter Rödel/Veit Arnpeck, Publikumsbezogene Zweisprachigkeit bei ‚Chronica Baioariorum' und ‚Bayerischer Chronik', in: Rolf Sprandel (Hg.) Zweisprachige Geschichtsschreibung, (Wissensliteratur im Mittelalter. Schriften des Sonderforschungsbereichs 226 Würzburg/Eichstätt, Bd. 14) Wiesbaden 1993, S. 227-270

Lutz Röhrich/Wolfgang Mieder, Sprichwort, Stuttgart 1977

Lutz Röhrich, Sage und Märchen. Erzählforschung heute, Stuttgart 1976

Lutz Röhrich, Sage (Sammlung Metzler M 55) Stuttgart 1966, 2. durchges. Aufl. Stuttgart 1971

Walter Röll, Rezension Herkommer: Überlieferungsgeschichte, in: Studi Medievali 15, 1974, S. 300-305

Monika Rössing-Hager, „Küchenlatein" und Sprachpurismus im frühen 16. Jahrhundert. Zum Stellenwert der „Latinismen" in frühneuhochdeutscher Prosa, in: Nikolaus Henkel/Nigel F. Palmer (Hgg.), Latein und Volkssprache im deutschen Mittelalter 1100-1500. Regensburger Colloquium 1988, Tübingen 1992, S. 360-386

Hans-Gert Roloff (Hg.), Die deutsche Literatur zwischen 1450 und 1620 (Die Deutsche Literatur. Biographisches und bibliographisches Lexikon. Reihe II, A: Autorenlexikon) Bern/Frankfurt/Las Vegas, 1. Lfg. 1985ff.; (Reihe II. B: Forschungsliteratur) 1. Lfg., Bern/Frankfurt/Las Vegas 1979ff.

Hans-Gert Roloff (Hg.), Die deutsche Literatur zwischen 1620 und 1720 (Die Deutsche Literatur. Biographisches und bibliographisches Lexikon. Reihe III) Bd. 1, Lfg. 1ff. Bern/Frankfurt/New York 1987ff.

Hans-Gert Roloff (Hg.), Die deutsche Literatur zwischen 1720 und 1830 (Die Deutsche Literatur. Biographisches und bibliographisches Lexikon. Reihe IV) Bd. 1, Lfg. 1ff., Bern/Frankfurt/New York 1998ff.

Erik Rooth, Studien und Materialien zur Geschichte des Elbostfälischen im Mittelalter, in: Niederdeutsche Mitteilungen 3, 1947, S. 104-155

Erik Rooth, Saxonica. Beiträge zur niedersächsischen Sprachgeschichte (Acta reg. Societas Humaniorum Litterarum Lundensis 44), Lund 1949

Rainer Rosenberg, Eine verworrene Geschichte. Vorüberlegungen zu einer Biographie des Literaturbegriffs, in: LiLi 20, 1990, H. 77, S. 36-65

Benno Roth, Seckau. Geschichte und Kultur 1164-1964, Wien 1964

Friedrich Wilhelm E. Roth, Altdeutsche Handschriften der Bibliothek zu Darmstadt, in: Germania 32, 1887, S. 333-351

Horst Rüdiger, Die Wiederentdeckung der antiken Literatur im Zeitalter der Renaissance, in: Herbert Hunger/Otto Stegmüller u.a.: Geschichte der Textüberlieferung der antiken und mittelalterlichen Literatur, Bd. 1, Zürich 1961, S. 511-580

Kurt Ruh (Hg.), Überlieferungsgeschichtliche Prosaforschung und Spätmittelalterliche Prosaforschung. DFG-Forschergruppe-Programm am Seminar für deutsche Philologie der Universität Würzburg, ausgearbeitet v. Klaus Grubmüller u.a., in: Jb. f. internat. Germanistik 5, 1973, S. 156-176

Kurt Ruh, Überlieferungsgeschichte mittelalterlicher Texte als methodischer Ansatz zu einer erweiterten Konzeption von Literaturgeschichte, in: Kurt Ruh (Hg.), Überlieferungsgeschichtliche Prosaforschung. Beiträge der Würzburger Forschergruppe zur Methode und Auswertung, Redaktion: Hans-Jürgen Stahl, (Texte und Textgeschichte 19) Tübingen 1985, S. 262-272

Kurt Ruh (Hg.), Überlieferungsgeschichtliche Prosaforschung Beiträge der Würzburger Forschergruppe zur Methode und Auswertung, Redaktion: Hans-Jürgen Stahl, Tübingen 1985 (Texte und Textgeschichte 19), Tübingen 1986

Kurt Ruh, Artikel ‚Nicolaus von Lyra', in: ²VL 6, 1987, Sp. 1117-1122

Doris Ruhe, Gelehrtes Wissen, ‚Aberglauben' und pastorale Praxis im französischen Spätmittelalter. Der Second Lucidaire und seine Rezeption (14.-17. Jh.), Untersuchung und Edition, Wiesbaden 1993

Ernstpeter Ruhe, Himmel und Hölle – Heilswissen für Zisterzienser. Der Lucidaire en vers des Gillebert de Cambres, Untersuchungen und kritische Erstedition, Wiesbaden 1991

Ernstpeter Ruhe (Hg.), Elucidarium und Lucidaires. Zur Rezeption des Werks von Honorius Augustodonensis in der Romania, Wiesbaden 1993

Heinz Rupp, Rudolf von Ems und Konrad von Würzburg. Das Problem des Epigonentums, in: DU 17, 1965, H. 2, S. 5-17

Heinz Rupp, Über das Verhältnis von deutscher und lateinischer Dichtung im 9.-12. Jahrhundert, in: GRM NF 8, 1958, S. 19-34

Willy Sanders, Die Textsorten des Altniederdeutschen (Altsächsischen), in: Sprachgeschichte. Ein Handbuch zur Geschichte der deutschen Sprache und ihrer Erforschung, hg. v. Werner Besch, Oskar Reichmann u. Stefan Sonderegger, 2. Halbbd. (Handbücher zur Sprach- und Kommunikationswissenschaft 2.2) Berlin/New York 1985, S. 1103-1109

Eva M. Sanford, The study of ancient history in the middle ages, in: Journal of the history of ideas 5, 1944, S. 21-43

Thomas Sandfuchs, Artikel ‚Detmar von Lübeck', in: ²VL, Bd. 2, 1980, Sp. 68-70

Thomas Sandfuchs, Artikel ‚Braunschweigische Reimchronik', in: ²VL, Bd. 1, 1978, Sp. 1007-1010

Barbara Sandig, Stylistik der deutschen Sprache, Berlin/New York 1986

Wolfgang Schadewaldt, Aus der Werkstatt meines Übersetzens, in: Schweizer Monatshefte 46, 1966, S. 851-859

Wolfgang Schadewaldt, ‚Antikes Drama auf dem Theater heute', Pfullingen 1970

Ursula Schaefer, Vokalität. Altenglische Dichtung zwischen Mündlichkeit und Schriftlichkeit (ScriptOralia 39) Tübingen 1992

Ursula Schaefer (Hg.), Schriftlichkeit im frühen Mittelalter (ScriptOralia 53) Tübingen 1993

Ursula Schaefer, Zum Problem der Mündlichkeit, in: Joachim Heinzle (Hg.), Modernes Mittelalter, Frankfurt a.M./Leipzig 1994, S. 357-375

Ursula Schaefer, Von Schreibern, Philologen und anderen Schurken. Bemerkungen zu New Philology und New Medievalism in den USA, in: Das Mittelalter. Perspektiven mediävistischer Forschung Bd. 5, H. 1: Mediävistik als Kulturwissenschaft, 2000, S. 69-81

Frieder Schanze, Artikel ‚Balthasar Mandelreiß', in: ²VL, Bd. 5, 1985, Sp. 1200f.

Siegfried Scheibe, Von den textkritischen und generischen Apparaten, in: ders. u.a.: Vom Umgang mit Editionen. Eine Einführung in Verfahrensweisen und Methoden der Textologie, Berlin (Ost) 1988, S. 85-159

Friedrich Scheele, Die Sächsische Weltchronik. Zum Verhältnis von Text und Bild am Beispiel der Bestrafungsszenen der Bremer Handschrift Ms. a. 33, in: Alles was Recht war. Rechtsliteratur und literarisches Recht, Festschrift Ruth Schmidt-Wiegand, hg. v. Hans Höfinghoff, Werner Peters, Wolfgang

Schild u. Timothy Sodmann (Item mediävistische Studien 3) Essen 1996, S. 123-137

Rudolf Schieffer, Mauern, Kirchen und Türme. Zum Erscheinungsbild Roms bei deutschen Geschichtsschreibern des 10. bis 12. Jahrhunderts, in: Rom im hohen Mittelalter. Studien zu den Romvorstellungen und zur Rompolitik vom 10. bis zum 12. Jahrhundert. Reinhart Elze zur Vollendung seines 70. Lebensjahres gewidmet, hg. v. Bernhard Schimmelpfennig u. Ludwig Schmugge, Sigmaringen 1992, S. 129-137

Hans-Jochen Schiewer, Artikel ‚Hans Schiltberger', in: Die deutsche Literatur des Mittelalters, ²VL, Bd. 8, 1992, Sp. 675-679

Hans-Jochen Schiewer, Leben unter Heiden. Hans Schiltbergers türkische und tartarische Erfahrungen, in: Daphnis 21, 1992, S. 159-178

Bruno Schilling, Kaiser Ludwig der Baier in seinen Beziehungen zum Elsaß (Veröffentlichungen des Historischen Seminars der Universität Graz XI) Graz/Wien/Leipzig 1932, S. 111-115

Walther F. Schirmer, Geschichte der englischen und amerikanischen Literatur. Von den Anfängen bis zur Gegenwart. Bd. 1,1: Die altenglische Zeit. Die mittelenglische Zeit, 6. neubearb. Aufl., Tübingen 1983

August Wilhelm Schlegel, Vorlesungen über schöne Literatur und Kunst, 3. Teil, Deutsche Literaturdenkmale des 18.und 19. Jahrhunderts, hg. v. B. Seuffert, Heilbronn 1884

August Wilhelm Schlegel, Mythologie des Mittelalters, in: Kritische Schriften und Briefe, IV: Geschichte der romantischen Literatur, hg. v. E. Lohner, Stuttgart 1965

Brigitte Schlieben-Lange (Hg.), Alterität, Stuttgart 1998

Brigitte Schlieben-Lange, Traditionen des Sprechens. Elemente einer pragmatischen Sprachgeschichtsschreibung, Stuttgart 1993

Brigitte Schlieben-Lange (Hg.): Sprachtheorie, Hamburg 1975

Sabine Schlüter, Drucktechnisch-typographisch unmarkierte Makrostrukturen und ihre Ermittlungsverfahren. – Exemplifiziert anhand von monologischen und dialogischen Textteilen in der Kurzepik, in: Franz Simmler (Hg.), Textsorten deutscher Prosa vom 12./13. bis 18. Jahrhundert. Akten zum Internationalen Kongress in Berlin 20. bis 22. September 1999 (Jb. für Internationale Germanistik Reihe A. Kongressberichte Bd. 67) Bern/Berlin/Bruxelles/Frankfurt a.M./New York/Oxford/Wien 2002, S. 159-170

Sabine Schlüter, Textsorte vs. Gattung. Textsorten literarischer Kurzprosa in der Zeit der Romantik (1795-1835), (Berliner Sprachwissenschaftliche Studien 1) Berlin 2001

Franz Josef Schmale, Mentalität und Berichtshorizont. Absicht und Situation hochmittelalterlicher Geschichtsschreiber, in: HZ 226, 1978, S. 1-16

Franz Josef Schmale, Artikel ‚Frutolf v. Michelsberg', in: ²VL, Bd. 2, 1980, Sp. 993-998

Franz Josef Schmale, Funktion und Formen mittelalterlicher Geschichtsschreibung. Eine Einführung, Darmstadt 1985

Franz Josef Schmale, Artikel ‚Ekkehard von Aura', in: LMA, Bd. 3, 1986, Sp. 1765f.

Franz Josef Schmale, Artikel ‚Frutolf', in: LMA, Bd. 4, 1989, Sp. 1002f.

Franz-Josef Schmale, Frutolf von Michelsberg, in: Volker Reinhardt (Hg.), Hauptwerke der Geschichtsschreibung, (Kröners Taschenausgabe 435), Stuttgart 1997, S. 203-206

Irene Schmale-Ott, Die fünfzehn Zeichen vor dem Weltuntergang, in: ZfdA 85, 1954/1955, S. 229-234

Johann Jacob Schmauss, Corpus Iuris Publici Sancti Romani Imperii academicum, vermehrte Auflage durch Heinrich Gottlieb, Leipzig 1774

Josefine Schmid, Studien zu Wesen und Technik der Gegenwartschronistik in der süddeutschen Historiographie des ausgehenden 13. und 14. Jahrhunderts (Diss.) Heidelberg 1963

Hans Ulrich Schmid, Eine spätmittelalterliche Übersetzung des Hohen Liedes, in: Nikolaus Henkel/Nigel F. Palmer (Hgg.), Latein und Volkssprache im deutschen Mittelalter 1100-1500. Regensburger Colloquium 1988, Tübingen 1992, S. 199-207

Karl Schmid, Welfisches Selbstverständnis, in: Josef Fleckenstein/Karl Schmid (Hgg.), Adel und Kirche, Festschrift für Gerd Tellenbach zum 65. Geburtstag, Freiburg/Basel/Wien 1968, S. 389-416

Wolf Schmid, Abstrakter Autor und abstrakter Leser, in: www.narrport.uni-hamburg.de (26.3.03)

Wolf Schmid, Narratologija (Studia Philologica) Sankt-Petersburg 2003

Harry Schmidt, Das älteste Verzeichnis der Gottorfer Bibliothek aus dem Jahre 1590, in: Nordelbingen 25, 1957, S. 19-54

Roderich Schmidt, Zu den Bilderhandschriften der Sächsischen Weltchronik, in: Karl Hauck/Karl Kroeschell/Stefan Sonderegger/Dagmar Hüpper/Gabriele von Olberg (Hgg.), Sprache und Recht. Beiträge zur Kulturgeschichte des Mittelalters. Festschrift für Ruth Schmidt Wiegand zum 60. Geburtstag, Bd. 2, Berlin/New York 1986, S. 742-779

Roderich Schmidt, Aetates mundi. Die Weltalter als Gliederungsprinzip der Geschichte, in: ZKG 67, 1955/56, S. 288-317

Wilhelm Schmidt, Vom Lesen und Schreiben im späten Mittelalter, in: Dietrich Schmidtke/Helga Schüppert, Festschrift für Ingeborg Schröbler zum 65. Geburtstag, (PBB [Tüb] 95, Sonderheft) Tübingen 1973, S. 309-327

[Wilhelm Schmidt], Geschichte der deutschen Sprache. Mit Texten und Übersetzungen, verf. v. einem Autorenkollektiv unter d. Leitung v. Wilhelm Schmidt, 5. überarb. Aufl. Berlin 1984

Ruth Schmidt-Wiegand, Rezension zu Herkommer, Sächsische Weltchronik, in: Zeitschrift für deutsche Philologie 94, 1975, S. 440ff.

Ruth Schmidt-Wiegand, Fremdeinflüsse auf die deutsche Rechtssprache, in: Festschrift f. Werner Betz zum 65. Geburtstag, hg. v. Herbert Kolb u.a., Tübigen 1977, S. 226-245

Ruth Schmidt-Wiegand, Volkssprachige Wörter der Leges barbarorum als Ausdruck sprachlicher Interferenz, in: FMSt 13, 1979, S. 56-87

Ruth Schmidt-Wiegand, Altdeutsche Scriptaquellen. Volkssprachige Aufzeichnungen des Rechtslebens als Textsorten, in: Textsorten und literarische Gattungen. Dokumentation des Germanistentages in Hamburg 1.-4. April 1979, Berlin 1983, S. 365-377

Ruth Schmidt-Wiegand, Artikel ‚Eike von Repgow', in: ²VL, Bd. 2, 1980, Sp. 400-409

Ruth Schmidt-Wiegand, Gebärdensprache im Mittelalterlichen Recht, in: FMSt 16, 1982, S. 363-379

Ruth Schmidt-Wiegand (Hg.) Text-Bild-Interpretation, Text und Tafelband, München 1986, Bd. 1, S. 155-170 und Bd. 2, Tafeln CXXVII-CXXXVII

Ruth Schmidt-Wiegand, Prolegomena zu einer Texttypologie des Mittelniederdeutschen, in: Aspekte der Germanistik. Festschrift für Hans Rosenfeld zum 90. Geburtstag, hg. v. Walter Tauber, Göppingen 1989, S. 261-283

Ruth Schmidt-Wiegand, Textsorten als Grundlage einer Texttypologie des Mittelniederdeutschen, in: Korrespondenzblatt des Vereins für niederdeutsche Sprachforschung, 96, 1989, S. 43-48

Ruth Schmidt-Wiegand, Artikel ‚Sächsische Weltchronik', in: HRG Bd. IV, 1990, Sp. 1237-1242

Ruth Schmidt-Wiegand/Dagmar Hüpper (Hgg.), Der Sachsenspiegel als Buch, Frankfurt a.M./Bern/New York/Paris 1991

Ruth Schmidt-Wiegand, Vorwort, in: dies./Dagmar Hüpper (Hgg.), Der Sachsenspiegel als Buch, Frankfurt a.M./Bern/New York/Paris 1991, S. IX-XXII

Ruth Schmidt-Wiegand, Stammesrecht und Volkssprache. Ausgewählte Aufsätze zu den Leges barbarorum. Festgabe für Ruth Schmidt-Wiegand zum 1.1.1991, hg. v. Dagmar Hüpper u. Clausdieter Schott in Verb. mit Hans Höfinghoff u. Ulrike Lade-Messerschmied, Weinheim 1991

Jean-Claude Schmitt, Die Logik der Gesten im europäischen Mittelalter, Stuttgart 1992

Ludwig Erich Schmitt, Untersuchungen zu Entstehung und Struktur der ‚Neuhochdeutschen Schriftsprache', Bd. 1: Sprachgeschichte des Thüringisch-Obersächsischen im Spätmittelalter. Die Geschäftssprache von 1300-1500 (Mitteldeutsche Forschungen 36) Köln 1966

Margarete Schmitt(-Andersson), Mitteilungen zu den Quellen des Grossen Seelentrostes. Mit einem Exkurs über die Tänzer von Kölbecke in: NdJb, 104, 1982, S. 21-41

Joachim Schneider, Heinrich Deichsler und die Nürnberger Chronistik des 15 Jahrhunderts, Wiesbaden 1991

Joachim Schneider, Neue Aspekte zu Auftrag, Strategie und Erfolg einer zweisprachigen Dynastiegeschichte des 15. Jahrhunderts, Die ‚Bayerische Chronik' des Andreas von Regensburg lateinisch und deutsch, in: Rolf Sprandel (Hg.), Zweisprachige Geschichtsschreibung im spätmittelalterlichen Deutschland (Wissensliteratur im Mittelalter. Schriften des Sonderforschungsbereichs 226 Würzburg/Eichstätt, Bd. 14) Wiesbaden 1993, S. 129-172

Joachim Schneider, Vermittlungsprobleme einer deutschen Weltchronik-Übersetzung, Leonhard Heffs Übersetzung der ‚Chronica pontificum et imperatorum Romanorum' des Andreas von Regensburg, in: Rolf Sprandel (Hg.), Zweisprachige Geschichtsschreibung im spätmittelalterlichen Deutschland (Wissensliteratur im Mittelalter. Schriften des Sonderforschungsbereichs 226 Würzburg/Eichstätt, Bd. 14) Wiesbaden 1993, S. 173-226

Joachim Schneider, Humanistischer Anspruch und städtische Realität, Die zweisprachige Nürnberger Chronik des Sigismund Meisterlin, in: Rolf Sprandel (Hg.), Zweisprachige Geschichtsschreibung im spätmittelalterlichen Deutschland (Wissensliteratur im Mittelalter. Schriften des Sonderforschungsbereichs 226 Würzburg/Eichstätt, Bd. 14) Wiesbaden 1993, S. 271-316

Joachim Schneider (Bearb.), Editions-Anhang, in: Rolf Sprandel (Hg.), Zweisprachige Geschichtsschreibung im spätmittelalterlichen Deutschland (Wissensliteratur im Mittelalter. Schriften des Sonderforschungsbereichs 226 Würzburg/Eichstätt, Bd. 14) Wiesbaden 1993, S. 429-467

Karin Schneider, Der ‚Trojanische Krieg' im späten Mittelalter. Deutsche Trojaromane des 15. Jahrhunderts (Philologische Studien und Quellen) Berlin 1968

Karin Schneider, Die deutschen Handschriften der Bayerischen Staatsbibliothek. Cgm 201-350 (Catalogus codicum manu scriptorum Bibliothecae Monacensis V, 2) München 1970

Karin Schneider, Die deutschen Handschriften der Bayerischen Staatsbibliothek. Cgm 351-500 (Catalogus codicum manu scriptorum Bibliothecae Monacensis V, 3) München 1973

Karin Schneider, Ein Losbuch Konrad Bollstatters aus Cgm 312 der Bayerischen Staatsbibliothek, München 1973

Karin Schneider, Artikel ‚Konrad Bollstatter', in: ²VL Bd. 1, 1978, Sp. 931-933

Karin Schneider, Artikel ‚Buch von Troja nach Guido de Columnis', in: Verfasserlexikon, Bd. 1, Sp. 1101-1104

Karin Schneider (Bearb.), Ein Losbuch Konrad Bollstatters. Ein mittelalterliches Wahrsagespiel in Cgm 312 der Bayerischen Staatsbibliothek, München 1978

Karin Schneider, Die deutschen Handschriften der Bayerischen Staatsbibliothek. Cgm 501-690 (Catalogus codicum manu scriptorum Bibliothecae Monacensis V, 4) München 1978

Karin Schneider, Die deutschen Handschriften der Bayerischen Staatsbibliothek. Cgm 691-867 (Catalogus codicum manu scriptorum Bibliothecae Monacensis V, 5) München 1984

Karin Schneider, Gotische Schriften in deutscher Sprache. I. Vom späten 12. Jahrhundert bis um 1300, Text- und Tafelband, Wiesbaden 1987

Karin Schneider, Die mittelalterlichen deutschen Handschriften aus Cgm 930-4000 (Catalogus codicum manu scriptorum Bibliothecae Monacensis V, 6) München 1991

Karin Schneider, Berufs- und Amateurschreiber. Zum Laien-Schreibbetrieb im spätmittelalterlichen Augsburg, in: Johannes Janota/Werner Williams-Krapp (Hgg.), Literarisches Leben in Augsburg während des 15. Jahrhunderts (Studia Augustana 7) Tübingen 1995, S. 8-26

Karin Schneider, Die Schrift des Gothaer Codex der ‚Sächsischen Weltchronik', in: Hubert Herkommer (Hg.), Das Buch der Welt. Die Sächsische Weltchronik Ms. Memb. I 90 Forschung Gotha, Kommentarband, Luzern 2000, S. 5-18

Reinhard Schneider, Zur rechtlichen Bedeutung der Kapitularientexte, in: DA 23, 1967, S. 273-294

Reinhard Schneider, Schriftlichkeit und Mündlichkeit im Bereich der Kapitularien, in: Peter Classen (Hg.), Recht und Schrift im Mittelalter (VF 23) Sigmaringen 1977, S. 257-279

Bernd Schneidmüller, Billunger – Welfen – Askanier. Eine genealogische Bildtafel aus dem Braunschweiger Blasius-Stift und das hochadelige Familienbewußtsein in Sachsen um 1300, in: AK 69, 1987, S. 30-61

Bernd Schneidmüller (Hg.), Die Welfen und ihr Braunschweiger Hof im hohen Mittelalter. Vorträge gehalten anläßlich des 33. Wolfenbütteler Symposions vom 16. bis 19. Februar 1993 (Wolfenbütteler Mittelalter Studien 7) Wiesbaden 1995

Bernd Schneidmüller, Die Welfen und ihr Braunschweiger Hof im hohen Mittelalter. Zur Einführung, in: ders. (Hg.), Die Welfen und ihr Braunschweiger Hof im hohen Mittelalter. Vorträge gehalten anläßlich des 33. Wolfenbütteler Symposions vom 16. bis 19. Februar 1993 (Wolfenbütteler Mittelalter Studien 7), Wiesbaden 1995, S. 1-15

Bernd Schneidmüller, Die Welfen. Herrschaft und Erinnerung, Stuttgart 2000

Bernhard Schnell s. Honemann, Volker

Rüdiger Schnell, Rudolf von Ems. Studien zur inneren Einheit seines Gesamtwerkes, Bern 1969

Rüdiger Schnell, Hartliebs Alexanderroman. Politisierung und Polyfunktionalität eines spätmittelalterlichen Textes, in: Alexander the Great in the Middle Ages. Ten Studies on the Last Days of Alexander in Literary and Historical Writing, hg. v. W.J. Aerts, J.M.M. Hermanns u. E. Visser (Mediaevalia Groningana 1) Nijmegen 1978 S. 267-292

Rüdiger Schnell, Zum Verhältnis von hoch- und spätmittelalterlicher Literatur. Versuch einer Kritik, Berlin 1978

Rüdiger Schnell, Prosaauflösung und Geschichtsschreibung. Zum Entstehen des frühneuhochdeutschen Prosaromans, in: Ludger Grenzmann/Karl Stackmann (Hgg.), Literatur und Laienbildung im Spätmittelalter und in der Reformationszeit. Symposion Wolfenbüttel 1981 (Germanistische Symposien Berichtsbände V) Stuttgart 1984, S. 215-251

Rüdiger Schnell, Suche nach Wahrheit. Gottfrieds „Tristan und Isold" als erkenntnistheoretischer Roman (Hermea N.F. 67) Tübingen 1992

Rüdiger Schnell, ‚Autor' und ‚Werk' im deutschen Mittelalter. Forschungskritik und Forschungsperspektiven, in: Wolfram-Studien XV: Neue Wege der Mittelalter-Philologie. Landshuter Kolloquium, hg. v. Joachim Heinzle, L. Peter Johnson u. Gisela Vollmann-Profe, Berlin 1998, S. 12-73

Franz Schnorr von Carolsfeld, Katalog der Handschriften der Königlichen Öffentlichen Bibliothek zu Dresden, Bd. 2, Leipzig 1958

Kurt Erich Schöndorf, Die Tradition der deutschen Psalterübersetzung. Untersuchungen zur Verwandtschaft und Übersetzungstradition der Psalmenverdeutschung zwischen Notker und Luther (Mitteldeutsche Forschungen 46), Köln/Graz 1967

Manfred Günter Scholz, Zum Verhältnis von Mäzen, Autor und Publikum im 14. und 15. Jahrhundert. „Wilhelm von Österreich" – „Rappoltsteiner Parzifal" – Michel Beheim, Darmstadt 1987

Clausdieter Schott (Hg.), Eike von Repgow. Der Sachsenspiegel, Zürich 1996

Justus Georg Schottelius, Ausführliche Arbeit von der Teutschen HaubtSprache, Braunschweig 1663, Nachdruck Tübingen 1967

Hans Schottmann, Die Beschreibung der Interferenz, in: Sprachliche Interferenz. Festschrift für Werner Betz, hg. v. Herbert Kolb u. Hartmut Lauffer, Tübingen 1977, S. 13-35

Percy Ernst Schramm, Kaiser, Rom und Renovatio, 2 Teile, Leipzig/Berlin 1929

Klaus Schreiner, „DIVERSITAS TEMPERORUM". Zeiterfahrung und Epochengliederung im späten Mittelalter, in: Epochenschwelle und Epochenbewußtsein, hg. v. Reinhart Herzog u. Reinhart Koselleck (Poetik und Hermeneutik 12) München 1987, S. 381-428

Josef Schrijnen, Charakteristik des altchristlichen Lateins (Latinitas Christianorum primaeva 1) Nijmegen 1932

Werner Schröder, Die ‚Neue Philologie' und das ‚Moderne Mittelalter', in: Germanistik in Jena, hg. v. G. Machnik u.a., Jena 1996, S. 33-50

E. Schubert, Artikel ‚Sächsische Weltchronik', in: Lexikon des Mittelalters, Bd. 7, Lfg. 6, 1995, Sp. 1242-1243

Alfred Schütz, Der sinnhafte Aufbau der sozialen Welt. Eine Einleitung in die verstehende Soziologie, Wien 1932, neu hg. v. Martin Endreß u. Joachim Renn (Alfred-Schütz-Werkausgabe, Band. II) Konstanz 2004

Rudolf Schützeichel, Mundart, Urkundensprache und Schriftsprache. Studien zur rheinischen Sprachgeschichte (Rheinisches Archiv 54) 2. stark erw. Aufl., Bonn 1974

Rudolf Schützeichel, Historische Treue bei historischer Wort- und Namenforschung, in: Günther Bellmann/Günter Eifler/Wolfgang Kleiber (Hgg.) Festschrift für Karl Bischoff zum 70. Geb. Mit einem Titelblatt und 22 Karten im Text, Köln/Wien 1975, S. 217-231

Rudolf Schützeichel, Vorüberlegungen zu einer Theorie des Übersetzens aus älteren Texten, in: „Sagen mit Sinne". Festschrift für Marie-Luise Dittrich zum 65. Geb., hg. v. H. Rücker u. K.O. Seidel, Göppingen 1976, S. 411-434

Rudolf Schützeichel, Zur Bedeutung der Quellenkritik für die Namensforschung, in: BNF. 13, 1962, S. 227-234, Wiederabdruck, in: Probleme der

Namensforschung im deutschsprachigen Raum, hg. v. Hugo Steger, Wege der Forschung 383, Darmstadt 1977, S. 117-125

Wolfgang Schulte, Epischer Dialog: Untersuchungen zur Gesprächstechnik in frühmittelhochdeutscher Epik (Alexanderlied, Kaiserchronik, Rolandslied, König Rother) Bonn 1970

James A. Schulz, Classical Rhetoric, Medieval Poetics, and the Medieval Vernacular Prologue, in: Speculum 59, 1984, S. 1-15

Ursula Schulze, Lateinisch-deutsche Parallelurkunden des 13. Jahrhunderts, München 1975

Ursula Schulze, Textallianzen und Authentisierung von Rechtsbüchern, in: Alexander Schwarz/Laure Aplanalp Luscher (Hg.), Textallianzen am Schnittpunkt der germanistischen Disziplinen, (TAUSCH 14) Bern/Bruxelles/ Frankfurt a.M./New York/Oxford/ Wien 2001, S. 193-204

Monika Schwabbauer, Profangeschichte in der Heilsgeschichte. Quellenuntersuchungen zu den Incidentien der ‚Christherre-Chronik' (Vestigia Bibliae 15/16) Bern/Berlin u.a. 1996

Alexander Schwarz, Glossen als Texte, in: PBB 99, 1977, S. 25-36

Alexander Schwarz, Die Textsorten des Althochdeutschen, in: Werner Besch/ Oskar Reichmann/Stefan Sonderegger (Hgg.), Sprachgeschichte. Ein Handbuch zur Geschichte der deutschen Sprache und ihrer Erforschung, 2. Halbbd. (Handbücher zur Sprach- und Kommunikationswissenschaft 2.2) Berlin/ New York 1985, S. 1053-1060

Alexander Schwarz, Verstehen als Übersetzen, in: ders./Angelika Linke/Paul Michel/Gerhild Scholz Williams (Hgg.), Alte Texte lesen. Textlinguistische Zugänge zur älteren dt. Literatur (utb 1482) Bern/Stuttgart 1988, S. 13-54

Alexander Schwarz, Vorwort (zum Begriff der Textallianz), in: Alexander Schwarz/Laure Aplanalp Luscher (Hg.), Textallianzen am Schnittpunkt der germanistischen Disziplinen, (TAUSCH 14) Bern/Bruxelles/Frankfurt a.M./ New York/Oxford/Wien 2001, S. 9-15

Alexander Schwarz/Laure Aplanalp Luscher (Hg.), Textallianzen am Schnittpunkt der germanistischen Disziplinen, (TAUSCH 14) Bern/Bruxelles/ Frankfurt a.M./New York/Oxford/ Wien 2001

Ernst Schwarz, Orts- und Personennamen, in: Deutsche Philologie im Aufriß, 2. überarb. Aufl., unter Mitarbeit zahlreicher Fachgelehrter hg. v. Wolfgang Stammler, Bd. I, Berlin 1957, S. 1523-1598

Werner Schwarz, Translation into German in the Fifteenth Century, in: Modern Language Review 39, 1944, S. 368-373

Werner Schwarz, The Meaning of fidus interpres in Medieval Translation, in: The Journal of Theological Studies 45, 1944, S. 73-78

Werner Schwarz, Schriften zur Bibelübersetzung und mittelalterlichen Übersetzungstheorie. Unter Mitwirkung v. Rainhild D. Wells u. Jochen Bepler übers. u. bearb. v. Heimo Reinitzer (Vestigia Bibliae 7) Hamburg 1986

Anton Schwob unter Mitarbeit v. Rolf Bergmann/Kurt Gärtner/Volker Mertens/ Ulrich Müller (Hgg.), Editionsberichte zur mittelalterlichen deutschen Literatur. Beiträge der Bamberger Tagung ‚Methoden und Probleme der Edition mittelalterlicher deutscher Texte', 26.-29. Juli 1991, Göppingen 1994

Günther Schweikle, Textkritik und Interpretation. Heinrich von Morungen ‚Sît siu herzeliebe heizent minne' (MF 132,19) in: ZfdA, 1964, S. 73-107

Günther Schweikle, Reinmar der Alte. Grenzen und Möglichkeiten einer Minnesangphilologie. Erster Teil: Handschriftliche und überlieferungsgeschichtliche Grundlagen, Habil. Schrift (Masch.) Tübingen 1965

Rolf Schwenk, Vorarbeiten zu einer Biographie des Niklas von Wyle und zu einer kritschen Ausgabe seiner ersten Translatze (GAG 227) Göppingen 1978

Claudius Frhr. von Schwerin, Artikel ‚Eike von Repgow', in: VL, Bd. 1, 1. Aufl. 1933, Sp. 518f.

Peter Segl (Hg.), Mittelalter und Moderne. Entdeckung und Rekonstruktion der mittelalterlichen Welt. Kongreßakten des 6. Symposiums des Mediävistenverbandes in Bayreuth 1995, Sigmaringen 1997

Thomas-M. Seibert, Schriftform und Mündlichkeitsprinzip im Rechtsdiskurs, in: Ludger Hoffmann (Hg.) Rechtsdiskurse. Untersuchungen zur Kommunikation in Gerichtsverfahren, Tübingen 1989, S. 217-250

Ferdinand Seibt, Glanz und Elend des Mittelalters. Eine endliche Geschichte, Berlin, 1987

Ferdinand Seibt, Die Zeit als Kategorie der Geschichte und als Kondition des historischen Sinns, in: Die Zeit Dauer und Augenblick (Veröffentlichungen der Carl Friedrich Siemens Stiftung 2) München 1983, 2. Aufl. 1990, S. 145-188

Petr Sgall, Topic, focus and generative semantics, Kronberg 1973

Frank Shaw, Die Darstellung Karls des Grossen in der ‚Weltchronik' Heinrichs von München, in: Walter Haug/Timothy R. Jackson/Johannes Janota (Hgg.), Zur deutschen Sprache und Literatur des 14. Jahrhunderts, Dubliner Colloquium 1981, Heidelberg 1983, S. 173-207

Frank Shaw, Die Darstellung Karls des Grossen in Jans Enikels Weltchronik und anderweit, in: David McLintock/Adrian Sevens/Fred Wagner (Hgg.), Geistliche und weltiche Epik des Mittelalters in Österreich (GAG 446) Göppingen 1987, S. 19-128

Frank Shaw, Alba Iulia I.115: Fragment einer universalhistorischen Augsburger Stadtchronik, in: PBB (Tübingen) 108, 1986, S. 212-223

Frank Shaw, Mittelhochdeutsche Weltchroniken – Geschichtsschreibung oder Literatur?, in: Danielle Buschinger (Hg.), Chroniques Nationales et chroniques Universelles. Actes du Colloque d'Amiens 16-17 janvier 1988 (GAG 508) Göppingen 1990, S. 143-153

Frank Shaw, Chronometrie und Pseudochronometrie in der Weltchronistik des Mittelalters, in: Timothy R. Jackson/Nigel F. Palmer/Almut Suerbaum (Hgg.), Die Vermittlung geistlicher Inhalte im Mittelalter. Internationales Symposium, Roscrea 1994, S. 167-181

Frank Shaw, Die Kaiserchronik-Rezeption in der Weltchronik Heinrichs von München, in: Dorothee Lindemann/Berndt Volkmann/Klaus-Peter Wegera (Hgg.), bikkelwort und wildiu mære. Festschrift für Eberhard Nellmann zum 65. Geburtstag (GAG 618) Göppingen 1995, S. 380-392

Rudolf Simek, Erde und Kosmos im Mittelalter, München 1992

Franz Simmler, Die politische Rede im deutschen Bundestag. Bestimmung ihrer Textsorten und Redesorten (GAG 245) Göppingen 1978

Franz Simmler, Zur Syntax von Volksmärchen. Untersuchungen zu Frequenz und Distribution von Satztypen und ihrer Relevanz für den Schulunterricht, in: Dorothea Ader u.a. (Hgg.), Sub tua platano. Festgabe für Alexander Beinlich. Kinder- und Jugendliteratur, Deutschunterricht, Germanistik, Emsdetten 1981, S. 361-389

Franz Simmler, Zur Valenz und Distribution von Verben in einer deutschen Benediktinerregel des 15. Jahrhunderts. Forschungsüberblick, methodologische Überlegungen und empirische Analyse, in: Albrecht Greule (Hg.), Valenztheorie und historische Sprachwissenschaft. Beiträge zur sprachgeschichtlichen Beschreibung des Deutschen (Germanistische Linguistik 42) Tübingen 1982, S. 129-183

Franz Simmler, Satztypen im ältesten deutschen Benediktinerregel-Druck, in: Regulae Benedicti Studia. Annuarium Internationale, Bd. 12, 1983, S. 121-140

Franz Simmler, Syntaktische Strukturen im Prosaroman „Die Schön Magelona", in: Sprachwissenschaft 8, 1983, S. 137-187

Franz Simmler, Textsorten politischer Rede im Deutschen Bundestag: Die Gruppe der Erklärungen, in: Vorstand der Vereinigung der deutschen Hochschulgermanisten (Hg.), Textsorten und literarische Gattungen. Dokumentation des Germanistentages in Hamburg vom 1. bis 4. April 1979, Berlin 1983, S. 186-204

Franz Simmler, Zur Fundierung des Text- und Textsorten-Begriffs, in: Hans-Werner Eroms/Bernhard Gajek/Herbert Kolb (Hgg.), Studia Linguistica et Philologica. Festschrift für Klaus Matzel zum sechzigsten Geburtstag überreicht von Freunden und Kollegen, Heidelberg 1984, S. 27-50

Franz Simmler, Syntaktische Strukturen in Kunstmärchen der Romantik, in: Akten des VII. Internationalen Germanisten-Kongresses Göttingen 1985, Kontroversen, alte und neue, Bd. III, Tübingen 1986, S. 66-96

Franz Simmler, Makrostrukturen in lateinischen und deutschen Textüberlieferungen der Regula Benedicti, in: Regulae Benedicti Studia. Annuarium Internationale, Bd. 14/15, 1985/86. Fünfter Internationaler Regula Benedicti-Kongreß, St. Benoît de Fleury 16.-21.9.1984, erschienen: Erzabtei St. Ottilien 1988, S. 213-305

Franz Simmler, Zur deutschsprachigen handschriftlichen Überlieferung der Regula Benedicti, in: Regulae Benedicti Studia. Annuarium Internationale, 16, 1987, erschienen 1989, S. 137-204

Franz Simmler, Makrostrukturelle Veränderungen in der Tradition des frühneuhochdeutschen Prosaromans, in: Werner Besch, Deutsche Sprachgeschichte. Grundlagen, Methoden, Perspektiven, Festschrift für Johannes Erben zum 65. Geburtstag, Frankfurt a.M./Bern/New York/Paris 1990, S. 187-200

Franz Simmler, Die Textsorten ‚Regelwerk' und ‚Lehrbuch' aus dem Kommunikationsbereich des Sports bei Mannschaftsspielen und ihre Funktionen, in: Sprachwissenschaft 16, 1991, S. 251-301

Franz Simmler, Vom Prosaroman zur Erzählung. Sprachliche Veränderungen in der Stoffgeschichte und ihre Rückwirkungen auf Textsorten-Differenzierungen, in: Daphnis. Zeitschrift für Mittlere Deutsche Literatur, Bd. 20, H. 3-4, 1991, S. 458-486

Franz Simmler, Die Regula Benedicti – Eine Quelle deutscher Sprachgeschichte, in: Regula Benedicti Studia. Annuarium Internationale 17, 1992, S. 163-208

Franz Simmler, Zum Verhältnis von Satz und Text in lyrischen Gedichten, in: James Hardin/Jörg Jungmayer (Hgg.), „Der Buchstabe tödt – der Geist macht lebendig", Festschrift zum 60. Geburtstag von Hans-Gert Roloff, Bern/New York 1992, Bd. I, S. 55-105

Franz Simmler, Prinzipien der Edition von Texten der Frühen Neuzeit aus sprachwissenschaftlicher Sicht, in: Lothar Mundt/Hans-Gert Roloff/Ulrich Seelbach (Hgg.), Probleme der Edition von Texten der Frühen Neuzeit. Beiträge zur Arbeitstagung der Kommisision für die Edition von Texten der Frühen Neuzeit, Tübingen 1992, S. 36-127

Franz Simmler, Zum Verhältnis von publizistischen Gattungen und linguistischen Textsorten, in: Zeitschrift für Germanstik. NF. 3, 1993, S. 349-363

Franz Simmler, Zeitungssprachliche Textsorten und ihre Varianten. Untersuchungen anhand von regionalen und überregionalen Tageszeitungen zum Kommunikationsbereich des Sports, in: ders. (Hg.), Probleme der funktionellen Grammatik (Berliner Studien zur Germanistik 1) Bern/New York 1993, S. 133-282

Franz Simmler (Hg.), Probleme der funktionellen Grammatik (Berliner Studien zur Germanistik 1) Bern/New York 1993

Franz Simmler, Die Glosse als publizistische Gattung. Eine „Glosse", in: Wolf Peter Klein/Ingwer Paul (Hgg.), Sprachliche Aufmerksamkeit. Glossen und Marginalien zur Sprache der Gegenwart, Heidelberg 1993, S. 178-182

Franz Simmler, Zum Verhältnis von publizistischen Gattungen und linguistischen Textsorten, in: Zeitschrift für Germanstik. NF, 1993, S. 349-363

Franz Simmler, Zur Textfunktion von Nominalsätzen in der Lyrik. Die Gegenstände in ihrer Verzerrung. Syntax, glatt vor Entscheidungsfremdheit, in: Klaus Deterding/Eberhard Lämmert (Hgg.), Wahrnehmungen im Poetischen All. Festschrift für Alfred Behrmann zum 65. Geburtstag (Beiträge zur neueren Literaturgeschichte. Dritte Folge 129) Heidelberg 1993, S. 105-135

Franz Simmler, Doppelformen in der deutschsprachigen Tradition der Benediktinerregel vom 9. bis 20. Jahrhundert. Vorkommen, Funktion und Relevanz für die Entstehung der neuhochdeutschen Schriftsprache, in: Daphnis 24, 1995, S. 185-239

Franz Simmler, Schreibdialektale Lexik in Benediktinerregeln des 12. und 13. Jahrhunderts. Übersetzung und Entlehnung, Geschichte und Weiterentwicklung ausgewählter Bezeichnungen für christliche Zentralbegriffe und die Schweigsamkeit, in: Annegret Fiebig/Hans-Jochen Schiewer (Hgg.), Deutsche Literatur und Sprache von 1050-1200, Festschrift für Ursula Henig zum 65. Geburtstag, Berlin 1995, S. 297-319

Franz Simmler, Teil und Ganzes in Texten. Zum Verhältnis von Textexemplar, Textteilen, Teiltexten, Textauszügen und Makrostrukturen, in: Daphnis 25, 1996, S. 597-625

Franz Simmler, Lexikalische Entwicklungsetappen bei der Entstehung der neuhochdeutschen Schriftsprache. Bezeichnungen für Kleidung, Schuhwerk und Bettzeug in der deutschsprachigen Regula Benedicti-Tradition, in: Sprachwissenschaft 21, 1996, S. 141- 210

Franz Simmler, Interpungierungsmittel und ihre Funktionen in der Lorscher Beichte und im Weißenburger Katechismus des 9. Jahrhunderts, in: Elvira Glaser/Michael Schlaefer (Hgg.), Grammatica Ianua Artium. Festschrift für Rolf Bergmann zum 60. Geburtstag, Heidelberg 1997, S. 93-114

Franz Simmler, Edition und Sprachwissenschaft, in: Hans-Gert Roloff (Hg.), Editionsdesiderate zur Frühen Neuzeit. Beiträge zur Tagung der Kommission für die Edition von Texten der Frühen Neuzeit (2. Teil) (Chloe. Beihefte zum Daphnis Bd. 25) Amsterdam 1997, S. 851-934

Franz Simmler, Makrostrukturen in der lateinisch-althochdeutschen Tatianbilingue, in: K. Dornhauser/L.M. Eichinger (Hgg.) Deutsche Grammatik – Thema in Variationen. Festschrift für Hans-Werner Eroms zum 60. Geburtstag, Heidelberg 1998, S. 299-335

Franz Simmler, Zur Geschichte der direkten Rede und ihrer Interpungierungen in Romantraditionen vom 16. bis 20. Jahrhundert, in. P. Ernst/F. Patocka (Hgg.), Deutsche Sprache in Raum und Zeit. Festschrift für Peter Wiesinger zum 60. Geburtstag, Wien 1998, S. 651-674

Franz Simmler, Morphologie des Deutschen. Flexions- und Wortbildungsmorphologie. Mit 166 Schemata, Skizzen und Tabellen (Germanistische Lehrbuchsammlung 4) Berlin 1998

Franz Simmler, Artikel ‚Textsorten des religiösen und kirchlichen Bereichs', in: Klaus Brinker/Gerd Antos/Wolfgang Heinemann/Sven F. Sager (Hgg.), Text- und Gesprächslinguistik. Linguistics of Text and Conversation. Ein internationales Handbuch zeitgenössischer Forschung. An International Handbook of Contempory Research, 1. Halbbd., Berlin/New York 2000, S. 676-690

Franz Simmler, Textsortengebundene syntaktische und interpungierende Entwicklungsetappen vom 14. bis 18. Jahrhundert, in: Hans-Gert Roloff (Hg.), Das Berliner Modell der Mittleren Deutschen Literatur (Chloe. Beihefte zum Daphnis Bd. 33) Amsterdam 2000, S. 47-68

Franz Simmler (Hg.), Textsorten deutscher Prosa vom 12./13. bis 18. Jahrhundert. Akten zum Internationalen Kongress in Berlin 20. bis 22. September 1999 (Jb. für Internationale Germanistik Reihe A. Kongressberichte Bd. 67) Bern/Berlin/Bruxelles/Frankfurt a.M./New York/Oxford/Wien 2002

Franz Simmler, Biblische Textsorten. Ihre Merkmale und Traditionen von der Mitte des 15. bis zur Mitte des 16. Jahrhunderts, in: Daphnis 33, 2004, S. 379-546

Franz Simmler, Grundlagen einer Typologie religiöser Textsorten vom 2. Viertel des 15. bis zur Mitte des 16. Jahrhunderts: Die Textsorten ‚(Geoffenbarte) Erzählung', ‚(Geoffenbarter) Bericht', ‚Historienbibel' und ‚Biblia pauperum', in: Textsortentypologien und Textallianzen von der Mitte des 15. bis zur Mitte des 16. Jahrhunderts. Akten zum Internationalen Kongress in Berlin 21. bis 25. Mai 2003. Unter Mitarbeit v. Claudia Wich-Reif hg. v. Franz Simmler (Berliner Sprachwissenschaftliche Studien 6) Berlin 2004, S. 343-427

Franz Simmler, Liturgische Textsorten und Textallianzen, in: Sandra Reimann/ Katja Kessel (Hgg.), Wissenschaften im Kontakt. Kooperationsfelder der Deutschen Sprachwissenschaft, Tübingen 2007, S. 451-468

Paul Simson, Geschichte der Stadt Danzig, Bd. 1-4, Danzig 1913-24, Neudruck Aalen 1967

Erika Sinauer, Studien zur Entstehung der Sachsenspiegelglossare, in: NA 50, 1934/35, S. 475-581

Horst Sitta/Klaus Brinker (Hgg.), Studien zur Texttheorie und zur deutschen Grammatik. Festgabe für Hans Glinz zum 60. Geburtstag, (Sprache der Gegenwart XXX) Düsseldorf 1973

Horst Sitta, Semanteme und Relationen. Zur Systematik der Inhaltsgefüge im Deutschen, Frankfurt a.M. 1971

Ludwig Söll, Gesprochenes und geschriebenes Französisch, 3 Bde. Berlin 1985

Cornelis Soeteman, Untersuchungen zur Übersetzungstechnik Otfrid von Weiszenburgs, Middelharnis 1939

Johann Sofer, Zur Problematik des Vulgärlateins, Wien 1963

Stefan Sonderegger, Frühe Übersetzungsschichten im Althochdeutschen. Ein methodischer Beitrag, in: Philologia Deutsch. Festschrift Walter Henzen, Bern 1965, S. 101-114

Stefan Sonderegger, Althochdeutsche Sprache und Literatur. Eine Einführung in das älteste Deutsch. Darstellung und Grammatik, Berlin/New York 1974, 2. Aufl. 1984

Stefan Sonderegger, Martin Luthers Ringen um den deutschen Vaterunser-Text. Eine philologische Studie mit einem Vergleich zwischen Notker von St. Gallen und Luther, in: Festschrift für Gerhard Cordes Bd. 2, Neumünster 1976, S. 403-425

Stefan Sonderegger, Grundzüge deutscher Sprachgeschichte. Diachronie des Sprachsystems, Bd. 1, Einführung – Genealogie – Konstanten, Berlin/New York 1979

Stefan Sonderegger, Althochdeutsch, in: LGL, Tübingen 1980, S. 569f.
Stefan Sonderegger, Schatzkammer deutscher Sprachdenkmäler. Die Stiftsbibliothek Sankt Gallen als Quelle germanistischer Handschriftenerschliessung vom Humanismus bis zur Gegenwart, St. Gallen/Sigmaringen 1982
Stefan Sonderegger, Geschichte deutschsprachiger Bibelübersetzungen in Grundzügen, in: Werner Besch/Oskar Reichmann/Stefan Sonderegger (Hgg.), Sprachgeschichte. Ein Handbuch zur Geschichte der deutschen Sprache und ihrer Erforschung, 1. Halbbd. (Handbücher zur Sprach- und Kommunikationswissenschaft 2.1) Berlin/New York 1984, S. 129-185
Stefan Sonderegger, Latein und Althochdeutsch. Grundsätzliche Überlegungen zu ihrem Verhältnis, in: Variorvm mvnera Florvm. Latinität als prägende Kraft mittelalterlicher Kultur, Festschrift f. Hans Haefele zu seinem 60. Geburtstag 1985, Sigmaringen 1985, S. 57-92
Stefan Sonderegger, Notkers des Deutschen Terminologie des Übersetzungsvorgangs, in: ZdPh 106, 1987, S. 15-24
Der Sonderforschungsbereich 7 „Mittelalterforschung" (Bild, Bedeutung, Sachen, Wörter und Personen) an der Westfälischen Wilhelms-Universität in Münster. Erträge und Perspektiven, Münster 1981
Bernhard Sowinski, Probleme des Übersetzens aus älteren Texten, Bern/Frankfurt a.M./New York/Paris 1992
Franz Viktor Spechtler, Das Übersetzen aus dem Mittelhochdeutschen als Problem der Mediaevistik, in: Jürgen Kühnel/Hans Dieter Mück/Ulrich Müller (Hg.): De poeticis medii aevi quaestiones. Käte Hamburger zum 85. Geburtstag (GAG 335) Göppingen 1981, S. 129-156
Mary B. Speer, Wrestling with change. Old French textual criticism and mouvance, in: Olifant 7, 1980, S. 311-326
Mary B. Speer, In defence of Philology. Two new guides to textual criticism, in: RPh 45, 1991, S. 44-72
Andrea Spielberger, Die Überlieferung der ‚Welchronik' Heinrichs von München, in: Horst Brunner (Hg.), Studien zur ‚Weltchronik' Heinrichs von München, Bd. 1: Überlieferung, Forschungsbericht, Untersuchungen, Texte, Wiesbaden 1998, S. 113-198
Lore Sporhan-Krempel, Georg Forstenheuser aus Nürnberg 1584-1659, in: Börsenblatt für den deutschen Buchhandel – Frankfurter Ausgabe 26, 1970, S. 705-743
Sprachkontakte im Nordseegebiet. Akten des 1. Symposions über Sprachkontakt in Europa, Tübingen 1978
Rolf Sprandel, Gesellschaft und Literatur im Mittelalter, Paderborn/Münnchen/Wien/Zürich 1982
Rolf Sprandel, Kurzweil durch Geschichte. Studien zur spätmittelalterlichen Geschichtsschreibung in Deutschland, in: Ernstpeter Ruhe/Rudolf Behrens (Hgg.), Mittelalterbilder aus neuer Perspektive, Kolloquium Würzburg 1984 (Beiträge zur romanischen Philologie des Mittelalters XIV) München 1985, S. 3444-3663

Rolf Sprandel, Geschichtsschreiber in Deutschland 1347-1517, in: František Graus (Hg.) Mentalitäten im Mittelalter (VF 35) Sigmaringen 1987, S. 289-314

Rolf Sprandel (Hg.), Zweisprachige Geschichtsschreibung im spätmittelalterlichen Deutschland (Wissensliteratur im Mittelalter. Schriften des Sonderforschungsbereichs 226 Würzburg/Eichstätt, Bd. 14) Wiesbaden 1993

Rolf Sprandel, Zweisprachige Geschichtsschreibung, Einleitung, in: ders. (Hg.), Zweisprachige Geschichtsschreibung im spätmittelalterlichen Deutschland, Wiesbaden 1993 (Sonderforschungsbereichs 226 Würzburg/Eichstätt, Bd. 14) Wiesbaden 1993, S. 1-6

Rolf Sprandel, Übersetzungs- und Rezeptionsprobleme am Beispiel der steirischen Chronik, in: ders. (Hg.), Zweisprachige Geschichtsschreibung im spätmittelalterlichen Deutschland (Wissensliteratur im Mittelalter. Schriften des Sonderforschungsbereichs 226 Würzburg/Eichstätt, Bd. 14) Wiesbaden 1993, S. 7-26

Rolf Sprandel, Das ‚Chronicon Sclavicum' von 1485, in: ders. (Hg.), Zweisprachige Geschichtsschreibung im spätmittelalterlichen Deutschland (Wissensliteratur im Mittelalter. Schriften des Sonderforschungsbereichs 226 Würzburg/Eichstätt, Bd. 14) Wiesbaden 1993, S. 122-128

Rolf Sprandel, Chronisten als Zeitzeugen (Kollektive Einstellungen und sozialer Wandel im Mittelalter, NF 3) Köln/Wien/Weimar 1994

Karl Stackmann, Mittelalterliche Texte als Aufgabe, in: William Foerst (Hg.), Festschrift für Jost Trier zum 70. Geburtstag, Köln 1964, S. 240-267

Karl Stackmann, Die wechselseitige Abhängigkeit von Editor und Literarhistoriker. Anmerkungen nach dem Erscheinen der Göttinger Frauenlob-Ausgabe, in: ZfdA 12, 1983, S. 37-54

Karl Stackmann, Neue Philologie?, in: Joachim Heinzle (Hg.), Modernes Mittelalter. Neue Bilder einer populären Epoche, Frankfurt a.M./Leipzig 1994, S. 398-427

Karl Stackmann, Varianz der Worte, der Form und des Sinnes, in: Helmut Tervooren/Horst Wenzel (Hgg.), Philologie als Textwissenschaft. Alte und neue Horizonte, (ZfdPh, Sonderheft 116) Tübingen 1997, S. 131-149

Karl Stackmann, Das neue Verfasserlexikon – mehr als ein Nachschlagewerk, in: ZfdA 129, 2000, S. 378-387

Rudolf Stadelmann, Grundformen der Mittelalterauffassung von Herder bis Ranke, in: DVjs 9, 1931, S. 45-88

Astrid Stedje, Die Nürnberger Historienbibel (Deutsches Bibel-Archiv 3) Hamburg 1968

Georg Steer, Der Laic als Anreger und Adressat deutscher Prosaliteratur im 14. Jahrhundert, in: Walter Haug/Timothy R. Jackson/Johannes Janota (Hgg.), Zur deutschen Sprache und Literatur des 14. Jahrhunderts, Dubliner Colloquium 1981, Heidelberg 1983, S. 354-367

Georg Steer, Textgeschichtliche Edition, in: Kurt Ruh (Hg.), Überlieferungsgeschichtliche Prosaforschung, Beiträge der Würzburger Forschergruppe zur

Methode und Auswertung, Redakton: Hans Jürgen Stahl (Texte und Textgeschichte 19) Tübingen 1986, S. 37-52

Georg Steer, Artikel ‚Lucidarius', in: ²VL, Bd. 5, 1985, Sp. 939-947

Georg Steer, Der deutsche ‚Lucidarius' – ein Auftragswerk Heinrichs des Löwen?, in: DVjs 64, 1990, S. 1-25

Georg Steer, Literatur am Braunschweiger Hof Heinrichs des Löwen, in: Bernd Schneidmüller (Hg.), Die Welfen und ihr Braunschweiger Hof im hohen Mittelalter. Vorträge gehalten anläßlich des 33. Wolfenbütteler Symposions vom 16. bis 19. Februar 1993 (Wolfenbütteler Mittelalter Studien 7) Wiesbaden 1995, S. 347-375

Emil Steffenhagen, Catalogus codicum manuscriptum Bibliothecae Regiae et Universitatis Regimanotanae, 2 Bde., Königsberg 1861-72

Emil Steffenhagen, Die Entwicklung der Landrechtsglosse des Sachsenspiegels VIII: Verzeichnis der Handschriften und Drucke, in: Sitzungsberichte der kaiserl. Akademie der Wissenschaften in Wien, Hist.-Phil. Kl. Nr. 114, 1887, S. 309-370

Hugo Steger, Probleme der religiösen Sprache und des religiösen Sprechens, in: Klaus Mönig (Hg.), Sprechend nach Worten suchen. Probleme der philosophischen, dichterischen und religiösen Sprache der Gegenwart, Freiburg i.Br./Zürich 1984, S. 96-133

Hugo Steger, Sprachgeschichte als Geschichte der Textsorten/Texttypen und ihrer kommunikativen Bezugsbereiche, in: Werner Besch/Oskar Reichmann/ Stefan Sonderegger (Hgg.) Sprachgeschichte. Ein Handbuch zur Geschichte der deutschen Sprache und ihrer Erforschung, 1. Halbbd. (Handbücher zur Sprach- und Kommunikationswissenschaft 2.1) Berlin/New York 1984, S. 186-204

Hugo Steger, Über Textsorten und andere Textklassen, in: Textsorten und literarische Gattungen. Dokumentation des Germanistentages in Hamburg vom 1.-4. April 1979, hg. vom Vorstand der Vereinigung der deutschen Hochschulgermanisten, Berlin 1983, S. 25- 67

Hugo Steger (Hg.), Probleme der Namensforschung im deutschsprachigen Raum (Wege der Forschung 383) Darmstadt 1977

Ernst Steindorff, Jahrbücher des deutschen Reiches unter Heinrich III., Bd. I. (Jahrbücher der deutschen Geschichte 12,1) Leipzig 1874

Hans Hugo Steinhoff, Artikel ‚Meister Babiloth', in: ²VL, Bd. 1, 1978, Sp. 577-579

Horst Steinmetz, Historisch-strukturelle Rekurrenz als Gattungs-/Textsortenkriterium, in: Textsorten und literarische Gattungen. Dokumentation des Germanistentages in Hamburg vom 1.-4. April 1979, hg. v. Vorstand der Vereinigung der deutschen Hochschulgermanisten, Berlin 1983, S. 66-88

G. Stikkel, Übersicht über die Arbeiten der Abteilung Kontrastive Linguistik, in: Mitteilungen des Instituts für Deutsche Sprache 4, 1977, S. 54-58

Rudolf Stinzing, Geschichte der populären Literatur des röm.-kanon. Rechts in Deutschland, 1867

Hans-Joachim Störig (Hg.), Das Problem des Übersetzens, 2. durchges. u. veränd. Aufl. (Wege der Forschung 8) Darmstadt 1969

Birgit Stolt, Die Sprachmischung in Luthers Tischreden. Studien zum Problem der Zweisprachigkeit, Stockholm/Göteborg/Uppsala 1964

Ludwig Storbeck, Die Nennung des eigenen Namens bei den deutschen Geschichtsschreibern des Mittelalters, Diss. Halle 1910

Studien zum städtischen Bildungswesen des späten Mittelalters und der frühen Neuzeit. Bericht über die Kolloquien der Kommission zur Erforschung der Kultur des Spätmittelalters 1978-1981, hg. v. Bernd Moeller, Hans Patze u. Karl Stackmann (Abh. der Akademie der Wissenschaften in Göttingen, phil.-hist. Kl., 3. Folge Nr. 137) Göttingen 1983

Birgit Studt, Fürstenhof und Geschichte. Legitimation durch Überlieferung, (Norm und Struktur. Studien zum sozialen Wandel in Mittelalter und Früher Neuzeit 2) Köln/Weimar/Wien 1992

Birgit Studt, Neue Zeitungen und politische Propaganda. Die ‚Speyrer Chronik' als Spiegel des Nachrichtenwesens im 15. Jahrhundert, in: ZGO 143, 1995, S. 145-219

Gerald Strauss, Historian in an age of crisis. The life and work of Johannes Aventinus 1477-1534, Cambridge (Mass.) 1963

Johann Georg Sulzer, Allgemeine Theorie der schönen Künste in einzelnen, nach alphabetischer Ordnung der Kunstwörter auf einander folgenden Artikeln abgehandelt, 4 Bde. Leipzig 1771-1774, neue verm. Aufl. mit Zusätzen v. Christian Friedrich von Blankenburg, Leipzig 1786-1787; neue verm. zweyte Aufl. Leipzig 1792-1794

Georg Swarzenski/Rosy Schilling, Die illuminierten Handschriften und Einzelminiaturen des Mittelalters und der Renaissance in Frankfurter Besitz, Frankfurt a.M. 1929

Robert Szentiványi, Catalogus concinnus librorum manuscriptorum blibliotheca Batthyánynae Albae in Transsilvania, Szeged 1947, 2. Aufl. 1949, 3. korr. Aufl. 1958

Rolf Tarot, Editionsprinzipien für deutsche Texte der Neuzeit, in: Werner Besch/Oskar Reichmann/Stefan Sonderegger (Hgg.), Sprachgeschichte. Ein Handbuch zur Geschichte der deutschen Sprache und ihrer Erforschung, 1. Halbbd. (Handbücher zur Sprach- und Kommunikationswissenschaft 2.1) Berlin/New York 1984, S. 703-711

Kalevi Tarvainen, Zur Problematik der sprachlichen Untersuchung historischer Chroniken des Spätmittelalters, in: Gundolf Keil (Hg.), Fachliteratur des Mittelalters. Festschrift für Gerhard Eis, Stuttgart 1968, S. 115-130

Erich Teitge, Die mittelalterlichen Handschriften der Ratsschulbibliothek Zwickau. Bestandsverzeichnis aus dem Zentralinventar mittelalterlicher Handschriften, bearb. v. Renate Schipke (Handschrifteninventare 13) Berlin 1990

Helmut Tervooren, Die Frage nach dem Autor. Authentizitätsprobleme in mittelhochdeutscher Lyrik, in: Rüdiger Krohn (Hg.), Dâ hoereet ouch geloube zuo. Überlieferungs- und Echtheitsfragen zum Minnesang. Festschrift für G. Schweikle, Stuttgart/Leipzig 1995, S. 195-204

Gerd Tesch, Linguale Interferenz, theoretische, terminologische und methodische Grundfragen zu ihrer Erforschung, Tübingen 1978

Hans Thieme, Artikel ‚Kontinuität', in: HRG, Bd. 2, Berlin 1978, Sp. 1125-1129

Hans Thieme, Artikel ‚Eike von Repgow', in: Die großen Deutschen. Deutsche Biographie, Bd. 1, 1956, S. 109

Ulrike Thies, Die volkssprachige Glossierung der Vita Martini des Sulpicius Severus, Göttingen 1994

Donatus Thürnau, Gedichtete Versionen der Welt. Nelson Goodmans Semantik fiktionaler Literatur, Paderborn u.a. 1994

Z. Thyl, A tentative bibliography of studies in functional sentence perspective, 1900-1970, Prag 1970

Heinz Thomas, Artikel ‚Glossen', in: Reallexikon der deutschen Literaturgeschichte, begründet v. Paul Merker u. Wolfgang Stammler, 2. Aufl. neubearb. und unter Mitwirkung zahlreicher Fachgelehrter hg. v. Werner Kohlschmidt/ Wolfgang Mohr, Bd. 1, Berlin 1958, S. 579-589

Heinz Thomas, Theodiscus – diutiskus – regnum teutonicum, in: RhVjbll. 51, 1987, S. 287-302

Carl-Hermann Tillhagen, Die Sprichwörterfrequenz in einigen nordschwedischen Dörfern, in: Proverbium 15, 1970, S. 538-540

Ingrid von Tippelskirch, Die ‚Weltchronik' des Rudolf von Ems. Studien zur Geschichtsauffassung und politischen Intention (GAG 267) Göppingen 1979

Boris Viktorovič Tomaševskij, Pisatel' i kniga. Ocerk telstologii (Der Schriftsteller und das Buch. Abriß der Textologie), Moskau 1928, ²1959

Leo Treittler, Oral, Written and Literate Process in the Transmission of Medieval Music, in: Speculum 56, 1981, S. 471-491

Ludwig Uhland, Vorlesungen über Sagengeschichte der germanischen und romanischen Völker, Tübingen 1831/32, in: Ludwig Uhland, Schriften zur Geschichte der Dichtung und Sage, hg. v. W.L. Holland, A. v. Keller u. F. Pfeiffer, Bd. 8, Stuttgart 1873

Helgard Ulmschneider, Artikel ‚Dietrich von Bocksdorf', in: ²VL 2, 1980, Sp. 110-115

Paul Valentin, Phonologie de l'Allemand ancien. Les systémes vocaliques (études linguistiques 8) Paris 1969

Jean-Paul Vinay/Jean Darbelnet, Stylistique comparée du français et de l'anglais. Méthode de traduction, (Bibliothèque de stylistique comparée, I) éd. revue et corr. Paris 1984

August Friedrich Christian Vilmar, Die zwei Recensionen und die Handschriftenfamilien der Weltchronik Rudolfs von Ems, mit Auszügen aus noch ungedruckten Theilen beider Bearbeitungen. (Programm des Kf. Gymnasiums) Marburg 1839

Luciano Vitacolonna, ‚Text/Diskourse' Definitions, in: János S. Petöfi (Hg.), Text and Discourse Constitution: Empirical Aspects, Theoretical Approaches, Berlin 1988

Friedrich Vittinghoff, Christliche und nichtchristliche Anschauungsmodelle, in: Alexander Randa (Hg.), Mensch und Weltgeschichte. Zur Geschichte der Universalgeschichtsschreibung, Salzburg 1969, S. 17-27

András Vizkelety, Zur Überlieferung der Weltchronik des Johannes de Utino in: Wolfgang Milde/Werner Schuder (Hgg.), De captu lectoris. Wirkungen des Buches im 15. und 16. Jahrhundert dargestellt an ausgewählten Handschriften und Drucken, Berlin/New York 1988, S. 289-309

András Vizkelety, Eine lateinische Prosabearbeitung der ‚Kaiserchronik', in: Anton Schwob (Hg.), Editionsberichte zur mittelalterlichen deutschen Literatur. Beiträge zur Bamberger Tagung ‚Methoden und Probleme der Edition mittelalterlicher deutscher Texte'. 26.-29. Juli 1991, Göppingen 1994, S. 341-345

Benedikt Konrad Vollmann, Geistliche Aspekte mittelalterlicher Naturlehre. Symposion 30. November-2. Dezember 1990, Wiesbaden 1993

Gisela Vollmann-Profe, Wiederbeginn volkssprachiger Schriftlichkeit im hohen Mittelalter (Geschichte der deutschen Literatur von den Anfängen bis zum Beginn der Neuzeit, hg. v. Joachim Heinzle, Bd. I, Von den Anfängen zum hohen Mittelalter, Teilbd. 2) Königstein 1984

Hanna Vollrath, Das Mittelalter in der Typik oraler Gesellschaften, in: HZ 233, 1981, S. 571-594

Hanna Vollrath, Oral Modes of Perception in Eleventh-Century Chronicles, in: A.N. Doane/Carol Braun Pasternack (Hgg.), Vox intexta. Orality and Textuality in the Middle Ages, Wisconsin 1991, S. 102-111

Hans Vollmer, Niederdeutsche Historienbibeln und andere Bibelbearbeitungen (Materialien zur Bibelgeschichte und religiösen Volkskunde des Mittelalters I,2) Berlin 1916

Hans Vollmer, Ober- und mitteldeutsche Historienbibeln (Materialien zur Bibelgeschichte und religiösen Volkskunde des Mittelalters I,1) Berlin 1912

Heinrich von Voltelini, Der Verfasser der Sächsischen Weltchronik (Forschungen zu den deutschen Rechtsbüchern II) Sbb. der Akademie der Wissenschaften in Wien, Phil.-hist. Klasse, Bd. 201, 4. und 5. Abh., Wien/Leipzig 1924, S. 5-60.

Norbert Voorwinden/Max de Haan, Einführung, in: dies. (Hgg.) Oral Poetry. Das Problem der Mündlichkeit mittelalterlicher epischer Dichtung (Wege der Forschung 555) Darmstadt 1979, S. 1-10

Norbert Voorwinden/Max de Haan (Hgg.), Oral Poetry. Das Problem der Mündlichkeit mittelalterlicher epischer Dichtung (Wege der Forschung 555) Darmstadt 1979

Jürgen Voss, Das Mittelalter im historischen Denken Frankreichs, München 1972, S. 1ff.

Karl Vossler, Einführung ins Vulgärlatein, hg. v. H. Schmeck, 1956

Jan de Vries, Die Ursprungssage der Sachsen, in: Niedersächsisches Jahrbuch für Landesgeschichte 31, 1959, S. 20-37, Wiederabruck, in: Walther Lammers (Hg.), Entstehung und Verfasung des Sachsenstammes, Darmstadt 1967, S. 343-360

Burghart Wachinger, Deutsche und lateinische Liebeslieder. Zu den deutschen Strophen der Carmina Burana, in: Hans Fromm (Hg.), Der Deutsche Minnesang. Aufsätze zu seiner Erforschung, Bd. 2 (Wege der Forschung 608) Darmstadt 1985, S. 275-308

Burghart Wachinger, Autorschaft und Überlieferung, in: Walter Haug/Burghart Wachinger (Hg.) Autortypen (Fortuna Vitrea 4) Tübingen 1991, S. 1-28

Wilhelm Wackernagel, Das Glücksrad und die Kugel des Glücks, in: ZfdA 6, 1948, S. 134-149

Georg Waitz, Über eine sächsische Kaiserchronik, und ihre Ableitungen, (Abh. Der hist.-phil. Classe der königl. Gesell. der Wiss. zu Göttingen, Bd. 12) Göttingen 1866

Wolfgang Walliczek, Artikel ‚Rudolf von Ems', in: ^{2}VL, Bd. 8, 1992, Sp. 322-345

Wilhelm Walther, Die deutsche Bibelübersetzung des Mittelalters, Braunschweig 1889-1892, Nachdruck Nieuwkoop 1966

Arthur Watson, The early Iconography of Tree of Jesse, Oxford/London 1934

Wilhelm Wattenbach, Das Schriftwesen im Mittelalter, 3. verm. Aufl. Leipzig 1896

Wilhelm Wattenbach/Wilhelm Levison, Deutschlands Geschichtsquellen im Mittelalter. Vorzeit und Karolinger, Weimar 1952-1957

Helmut Weck, Die ‚Rechtsumme' Bruder Bertholds. Eine deutsche abecedarische Bearbeitung der ‚Summa Confessorum' des Johannes von Freiburg. Die handschriftliche Überlieferung (Text und Textgeschichte 6) Tübingen 1982

Hilkert Weddige, Heldensage und Stammessage. Iring und der Untergang des Thüringerreiches in Historiographie und heroischer Dichtung (Hermea 61) Tübingen 1989

Hans Wegener, Artikel ‚Buchmalerei', in: RDK, Bd. II, München 1948, Sp. 1420-1524

Max Wehrli u.a. (Hg.), Das Erbe der Antike, Zürich 1963

Max Wehrli, Sacra poesis, Bibelepik als europäische Tradition, in: Siegfried Gutenbrunner/Hugo Moser/Walter Rehm/Heinz Rupp (Hgg.), Festschrift für Friedrich Maurer, Stuttgart 1963, S. 262-283

Max Wehrli, Geschichte der deutschen Literatur im Mittelalter von den Anfängen bis zum Ende des 16. Jahrhunderts, Stuttgart 1997

Rudolf Weigand, Vinzenz von Beauvais. Scholastische Universalchronistik als Quelle volkssprachiger Geschichtsschreibung (Germanistische Texte und Studien 36) Hildesheim/Zürich/New York 1991

Ludwig Weiland, Die Sachsenchronik und ihr Verfasser, in: Forschungen zur deutschen Geschichte 14, 1874, S. 457-510

Birgit Weimann, Die mittelalterlichen Handschriften der Gruppen Manuscripta Germanica (Katalog V,4) Frankfurt a.M. 1980
Uriel Weinreich, Languages in Contact. Finding and Problems, New York 1953, 7. Aufl. The Hague/Paris 1970
Harald Weinrich, Sprache in Texten, Stuttgart 1976
Harald Weinrich, Thesen zur Textsorten-Linguistik. In: Elisabeth Gülich/Wolfgang Raible (Hgg.), Textsorten, Differenzierungskriterien aus linguistischer Sicht (Athenaion-Skripten Linguistik 5) 2. Aufl., Wiesbaden 1975, S. 161-169
Harald Weinrich, Tempus. Besprochene und erzählte Welt (Sprache und Literatur 16) 5. Aufl. Stuttgart 1994
Alfred Wendehorst, Wer konnte im Mittelalter lesen und schreiben? In: Johannes Fried (Hg.), Schulen und Studium im sozialen Wandel des hohen und späten Mittelalters, (VF 30) Sigmaringen 1986, S. 9-33
Rudolf Wendorff, Zeit und Kultur. Geschichte des Zeitbewußtseins in Europa, Wiesbaden 1980
Horst Wenzel, Höfische Geschichte. Literarische Tradition und Gegenwartsdeutung in den volkssprachlichen Chroniken des hohen und späten Mittelalters (Beiträge zur älteren deutschen Literaturgeschichte 5) Bern/Frankfurt a.M./Las Vegas 1980
Horst Wenzel, Rezension zu Rüdiger Schnell, Suche nach Wahrheit, in: Zfd A 123, 1994, S. 224-230
Siegfried Wenzel, Reflections on (New) Philology, in: Speculum 65, 1990, S. 11-18
Stanley N. Werbow, ‚Die gemeine Teutsch'. Ausdruck und Begriff, in: ZFdPh 82, 1963, S. 47-50.
Egon Werlich, Typologie der Texte. Entwurf eines textlinguistischen Modells zur Grundlegung einer Textgrammatik, Heidelberg 1975, 2. durchges. Aufl. Heidelberg 1979
Michael Werner/Winfried Woesler (Hgg.), Edition et Manuscripts. Probleme der Prosaedition (Jb. für Internationale Germanistik, Reihe A) Bern/Frankfurt a.M./New York/Paris 1987
Franziska Wessel, Probleme der Metaphorik und die Minnemetaphorik in Gottfrieds von Straßburg ‚Tristan und Isolde' (MMS 54) München 1984
Ulf Wessing, Interpretatio Keronis in Regulam Sancti Benedicti. Überlieferungsgeschichtliche Untersuchungen zu Melchior Goldasts Editio princeps der lateinisch-althochdeutschen Benediktinerregel (Studien zum Althochdeutschen 18) Göttingen 1992
René Wetzel, Die handschriftliche Überlieferung des ‚Tristan' Gottfrieds von Straßburg. Untersucht an ihren Fragmenten (Germanistica Friburgensia 13) Freiburg (Schweiz) 1992
Ernest Wickersheimer, Catalogue général des manuscrits des biliothèques publiques de France. Départements, tome 47 (Strasbourg) Paris 1923
Karl Adolf Wiegel, Die Darstellungen der Kreuzauffindung bis zu Piero dela Francesca, Diss. Köln 1973

Wolfgang Wieland, Platon und die Formen des Wissens, Göttingen 1982

Peter Wiesinger, Phonetisch-phonologische Studien zur Vokalentwicklung in den oberdeutschen Dialekten, 2 Bde, Berlin 1970

Peter Wiesinger, Die Einteilung deutscher Dialekte (Kapitel VIII. Ergebnisse dialektologischer Beschreibungen: areale Bereiche deutscher Dialekte im Überblick), in: Werner Besch/Ulrich Knoop/Wolfgang Putschke/Herbert Ernst Wiegand (Hgg.), Dialektologie ein Handbuch zur deutschen und allgemeinen Dialektforschung, 2. Halbbd. (Handbücher zur Sprach- und Kommunikationswissenschaft 1.2) Berlin/New York 1983, S. 807-900

Peter Wiesinger, Die bairischen Wochentagsnamen in den deutschen Urkunden des 13. Jahrhunderts, in: Geschichte und ihre Quellen. Festschrift für Friedirch Hausmann zum 70. Geburtstag. In Verbindung mit G. Cerwinka, W. Höflechner, O. Pickl u. H. Wiesflecker, hg. v. R. Härtel, Graz 1987, S. 639-654

Peter Wiesinger, Vom Wandel einer Wortform. Der Wochentagsname Montag in der bairisch-frühneuhochdeutschen Urkundensprache des 13. bis 15. Jahrhunderts, in: ders. (Hg.), Studien zum Frühneuhochdeutschen. Emil Skála zum 60. Geburtstag am 20. November 1988, (GAG 476) Göppingen 1988, S. 361-398

Wilhelm Wiget, Zu den Widmungen Otfrids, in: PPB 49, 1925, S. 441-444

Friedrich Wilhelm, Zur Geschichte des Schrifttums in Deutschland bis zum Ausgang des 13. Jahrhunderts, I. Von der Ausbreitung der deutschen Sprache im Schriftverkehr und ihren Gründen (Münchener Archiv 8, 1) München 1920

Gero von Wilpert, Sachwörterbuch der Literatur,, 7., verb.e u. erw. Aufl., Stuttgart 1989, S. 930f.

Wolfram Wilss, Übersetzungswissenschaft. Probleme und Methoden, Stuttgart 1977

Wolfram Wilss, Übersetzungen, in: Harro Stammerjohann (Hg.), Handbuch der Linguistik. Allgemeine und angewandte Sprachwissenschaft, München 1975, S. 515-537

Rainer Wimmer, Die Textsorten des Neuhochdeutschen seit dem 17. Jahrhundert, in: Werner Besch/Oskar Reichmann/Stefan Sonderegger (Hgg.), Sprachgeschichte. Ein Handbuch zur Geschichte der deutschen Sprache und ihrer Erforschung, 2. Halbbd. (Handbücher zur Sprach- und Kommunikationswissenschaft 2.2) Berlin/New York 1985, S. 1623-1633

Alois Wolf, Heldensage und Epos. Zur Konstituierung einer mittelalterlichen volkssprachlichen Gattung im Spannungsfeld von Mündlichkeit und Schriftlichkeit (ScriptOralia 68) Tübingen 1995

Dieter Wolf, Die neutestamentlichen Übersetzungen Nikolaus Krumpachs und die 1522 anonym erschienen Übersetzungen des Markus- und Lukasevangeliums mit einem Exkurs zu der Ars moriendi Cgm. 365, Bd. 1-3, Diss. Heidelberg/Trier 1970

Jürgen Wolf, Die ‚Augsburger Stadt-Weltchronik' Konrad Bollstatter. Untersuchung und Edition, in: Zs. d. Hist. Vereins für Schwaben 87, 1995, S. 13-38

Jürgen Wolf, Ein Fragment der ‚Sächsischen Weltchronik' in Riga. Der wiedergefundene älteste Textzeuge der ‚modernen B-Version', in: NdJb 118, 1995, S. 7-26

Jürgen Wolf, Konrad Bollstatter und die Augsburger Geschichtsschreibung. Die letzte Schaffensperiode, in: ZfdA 125, 1996, S. 51-86

Jürgen Wolf, Die Sächsische Weltchronik im Spiegel ihrer Handschriften. Überlieferung, Textentwicklung, Rezeption (MMS 75) München 1997

Jürgen Wolf, ‚Swaz danne gesche, der scrive daz': Die Gegenwart als Problem der Texttradierung, in: The Medieval Chronicle. Proceedings of the 1st International Conference on the Medieval Chronicle, hg. v. Erik Kooper, Amsterdam/Atlanta 1999, S. 285-299

Norbert Richard Wolf, Wort- und Begriffsbildung in spätmittelalterlicher deutscher Wissensliteratur, in: Gotthard Lerchner (Hg.), Chronologische, areale und situative Varietäten des Deutschen. Festschrift für Rudolf Große, Frankfurt 1995, S. 237-244

Norbert Richard Wolf (Hg.), Wissensorganisierende und wissensvermittelnde Literatur im Mittelalter. Perspektiven ihrer Erforschung, Kolloquium 5.-7.12.1985 Wiesbaden 1985

Norbert Richard Wolf, Sprachwissenschaftliche Beobachtungen zu spätmittelalterlicher deutscher Ordensliteratur, in: Rudolf Benzinger/Norbert Richard Wolf (Hgg.), Arbeiten zum Frühneuhochdeutschen. Gerhard Kettmann zum 65. Geburtstag (Würzburger Beiträge zur deutschen Philologie 11) Würzburg 1993

Nobert Richard Wolf, Das Übersetzen aus dem Mittelhochdeutschen als textlinguistisches Problem, in: Studien zur deutschen Literatur des Mittelalters, in Verb. mit Ulrich Fellmann hg. v. Rudolf Schützeichel, Bonn 1979, S. 232-248

Franz Josef Worstbrock, Translatio artium. Über die Herkunft und Entwicklung einer kulturhistorischen Theorie, in: Archiv für Kulturgeschichte 47, 1965, S. 1-22

Franz Josef Worstbrock, Zur Einbürgerung der Übersetzung antiker Autoren im deutschen Humanismus, in: ZfdA 99, 1970, S. 45-81

Franz Josef Worstbrock, Über das geschichtliche Selbstverständnis des deutschen Humanismus, in: Historizität in Sprache und Literaturwissenschaft. Vorträge und Berichte der Stuttgarter Germanistentagung, hg. v. W. Müller-Seidel, München 1974, S. 499-519

Franz Josef Worstbrock, Deutsche Antikerezeption 1450-1550. Verzeichnis der deutschsprachigen Übersetzungen antiker Autoren mit einer Bibliographie der Übersetzer (Veröffentlichungen der Humanistenforschung 1) Boppard 1976

Franz Josef Worstbrock, Die Antikerezeption in der mittelalterlichen Ars dictandi, in: A. Buck (Hg.), Die Rezeption der Antike. Zum Problem der Kontinuität zwischen Mittelalter und Renaissance (Wolfenbütteler Abhandlungen zur Renaissanceforschung 1) Hamburg 1981, S. 187-207

Franz Josef Worstbrock, Spätmittelalter und Humanismus, in: Beiträge zur Lage der germanistischen Literaturwissenschaft, hg. v. H.-H. Krummacher (DFG, Kommission für germanistische Forschung. Mitteilungen 3) Boppard 1981, S. 93-109

Franz Josef Worstbrock, Artikel ‚Niclas von Wyle', in: ^{2}VL, Bd. 6, 1987, Sp. 1016-1035

Franz Josef Worstbrock, Die Berliner Schwenter-Handschrift, in: Apologia poetarum. Die Schwenter-Handschrift MS. lat.fol. 335 der Staatsbibliothek Preußischer Kulturbesitz zu Berlin mit den Illustrationen Peter Vischers des Jüngeren. Eingeleitet und kommentiert von Franz Josef Worstbrock und F. Anzelewsky, Wiesbaden 1987, S. 9-33

Franz Josef Worstbrock, Frühhumanismus in Deutschland, in: Von der Augsburger Bibelhandschrift zu Bertolt Brecht. Zeugnisse der deutschen Literatur aus der Staats- und Stadtbibliothek Augsburg. Ausstellung der Staats- und Stadtbibliothek Augsburg in Zusammenarbeit mit der Universität Augsburg anläßlich des Deutschen Germanistentages 1991 in Augsburg, 4. Oktober bis 10. November, 1991, Katalog, hg. v. H. Gier u. Johannes Janota, Augsburg 1991, S. 166-175

Klaus Wriedt, Geschichtsschreibung in den wendischen Hansestädten, in: Hans Patze (Hg.), Geschichtsschreibung und Geschichtsbewußtsein im späten Mittelalter (VF 31) Sigmaringen 1987, S. 401-426

Wilhelm Wühr, Das abendländische Bildungswesen im Mittelalter, München 1950

Würzburger Forschergruppe, Spätmittelalterliche Prosaforschung. DFG-Forschergruppe-Programm am Seminar für deutsche Philologie der Universität Würzburg. Ausgearb. v. Klaus Grubmüller u.a., in: Jb. f. internat. Germanistik 5, 1973, S. 156-176

Wolfgang Wulz, Der spätstaufische Geschichtsschreiber Burchard von Ursberg. Persönlichkeit und historisch-politisches Weltbild (Schriften zur südwestdeutschen Landeskunde 18) Stuttgart 1982

Matthias Zender, Glaube und Brauch, Fest und Spiel, in: Günther Wiegelmann/ Matthias Zender/Gerhard Heilfurth (Hgg.) Volkskunde. Eine Einführung, Berlin 1977, S. 132-197

Karl Zeumer, Die Sächsische Weltchronik, ein Werk Eikes von Repgow, in: Festschrift für Heinrich Brunner zum 70. Geb., dargebracht vo Schülern und Verehrern, Weimar 1910, S. 135-174 und S. 839-842

Peter Zima (Hg.), Textsemiotik als Ideologiekritik, Frankfurt a.M. 1977

Zimelien. Abendländische Handschriften des Mittelalters aus den Sammlungen der Stiftung Preußischer Kulturbesitz Berlin, Ausstellung Berlin 1975/76, Katalog hg. v. Tilo Brandis in Zusammenarbeit mit Gerard Achten u.a., Wiesbaden 1975

Manfred Zips, ‚Daz ist des van Repegouwe rat.' Bemerkungen zur Verfasserfrage der ‚Sächsischen Weltchronik', in: NdJb 106, 1983, S. 43-73.

Manfred Zips, Die Heilsgeschichte in der Sächsischen Weltchronik, in: Danielle Buschinger (Hg.), Chroniques Nationales et Chroniques Universelles. Actes du Colloque d'Amiens 16-17 janvier 1988 (GAG 508) Göppingen 1990, S. 183-200

Manfred Zips, Prosagestalt und Sagenbetrachtung als mittelalterliche Strategien der Vertiefung historiographischer Thesen, in: Hermann Reichert/Günter Zimmermann (Hgg.), Helden und Heldensagege, Festschrift für Otto Gschwantler (Philologica Germanica 11) Wien 1990, S. 537-564

Manfred Zips, Die Sächsische Weltchronik im Spannungsfeld von Intention und Rezeption (I), in: NdJb 119, 1996, S. 7-60

Hans Zotter, Handschriften der UB Graz, Katalog, http://www.kfunigraz.ac.at/ub/sosa/katalog/katalogisate/470.html, eingesehen Januar 1996

Adolar Zumkeller, Artikel ‚Johannes Klenkok', in: ²VL 4, 1983, Sp. 1206-1213

Adolar Zumkeller, Manuskripte von Werken der Autoren des Augustiner-Eremitenordens in mitteleuropäischen Bibliotheken (Cassiciacum 20) Würzburg 1966

Paul Zumthor, Histoire littéraire de la France médiévale (VIe-XIVe siècles), Paris 1954

Paul Zumthor, Essaie de poétique médiévale, Paris 1972

Paul Zumthor, Langue, texte énigme, Paris 1975

Paul Zumthor, Introduction et la poésie orale, Paris 1983

Paul Zumthor, La lettre et la voix. De la „littérature" médiévale, Paris 1987

Paul Zumthor, Die Stimme und die Poesie in der mittelalterlichen Gesellschaft, übers. v. Klaus Thieme (Forschungen zur Geschichte der älteren deutschen Literatur 18) München 1994 (frz.: La poésie et la voix dans la civilisation médiévale, Paris 1984)

Paul Zumthor, La glosse créatrice, in: Gisèle Mathieu-Castellani/Michel Plaisance (Hgg.), Les commentaire et la naissance de la critique littéraire, France/Italie (XIVe-XVIe siècles) Actes du Colloques international sur le Commentaire, Paris, mai 1988, Paris 1990, S. 11-18